Dietmar Franke/Martina Boden (Hrsg.)   Das Personaljahrbuch 2003

Dietmar Franke/Martina Boden (Hrsg.)

Personal Jahrbuch 2003

Wegweiser für
zeitgemäße
Personalarbeit

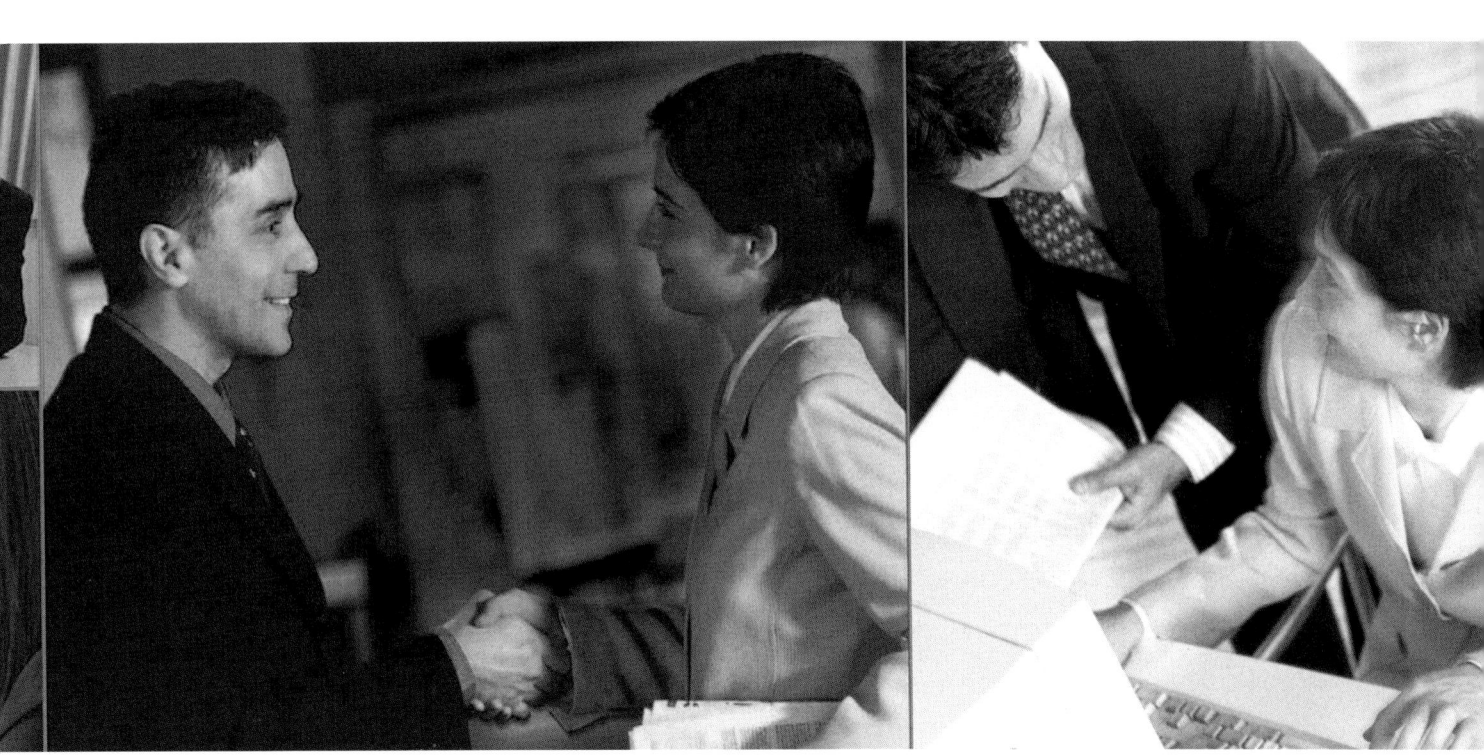

Luchterhand

Bibliographische Information der Deutschen Bibliothek

Die Deutsche Bibliothek verzeichnet diese Publikation in der Deutschen Nationalbibliographie; detaillierte bibliographische Daten sind im Internet über http://dnb.ddb.de abrufbar.

Für Ihre Kritik, Ihre Anregungen oder Vorschläge sind wir Ihnen dankbar.
Bitte schreiben Sie an:
Wolters Kluwer Deutschland GmbH, Heddesdorfer Straße 31, 56564 Neuwied
E-Mail: Info@wolters-kluwer.de
Internet: http://www.wolters-kluwer.de

Fachbeirat:
Dr. Ulrich Althauser, Schefenacker Vision Systems International AG
Jochen Flarup, Personalleiter, OTIS GmbH & Co. OHG, Berlin
Dr. Dietmar Franke, Unternehmensberater, Saarbrücken
Dr. Markus Kappenhagen, Rechtsanwalt, Baker & McKenzie, Düsseldorf
Klaus Urban, Direktor Personal, American Express Bank GmbH, Frankfurt a.M.

Verlagsmanagement:
Cecilia Szabò

Projektleitung:
Martina Boden

ISBN 3-472-05154-X (Premium-Ausgabe mit CD-ROM)
ISBN 3-472-05153-1 (ohne CD-ROM)
Alle Rechte vorbehalten
© 2003 by Wolters Kluwer Deutschland GmbH, Neuwied
Das Werk einschließlich aller seiner Teile ist urheberrechtlich geschützt. Jede Verwertung außerhalb der engen Grenzen des Urheberrechtsgesetzes ist ohne Zustimmung des Verlages unzulässig und strafbar. Das gilt insbesondere für Vervielfältigung, Übersetzung, Mikroverfilmung und die Einspeicherung und Verarbeitung in elektronischen Systemen.
Umschlaggestaltung: Reckels, Schneider-Reckels, Wiesbaden
Satz: PL Software, Frankfurt am Main
Druck, Binden: Wilhelm & Adam, Heusenstamm
Printed in Germany, November 2002
Gedruckt auf säurefreiem, alterungsbeständigem und chlorfreiem Papier

Autorinnen und Autoren

Althauser, Dr. Ulrich, Human Resources, Schefenacker Vision Systems International AG, www.schefenacker.de, (VI A/6-8, VIII A/1-7)

Andrzejewski, Laurenz, Leiter der 1 x 1 Management- und Karriereberatung, Usingen / Taunus, www.management1x1.de, (Forum III/2)

Baudis, Sabine, Leiterin Personal, Reemtsma Cigarettenfabriken GmbH, Betrieb Berlin, www.reemtsma.de, (III A/2)

Beck, Prof. Dr. Christoph, Betriebswirtschaft, Schwerpunkt Personal und Bildungswesen, Fachhochschule Koblenz, www.fh-koblenz.de, (II A/1-3)

Boden, Martina, Redaktion und Beratung, Winsen, www.concepts-and-content.de, (I A/1, Forum I/8 und Forum IV/2)

Brackert, Petra, Geschäftsführerin, kontor5 GmbH, Hamburg, www.kontor5.de, (Forum I/7)

Dunant, Sabine, Personalreferentin, Tele Atlas Deutschland GmbH, Harsum, www.teleatlas.com, (Forum I/2)

Döring, Dr. Vera, Beraterin, Dr. Dr. Heissmann GmbH Unternehmensberatung für Versorgung und Vergütung, Wiesbaden, www.heissmann.de, (V A/3)

Dybowski, Dr. Gisela, Leiterin Curriculumforschung, Bundesinstitut für Berufsbildung, Bonn, www.bibb.de, VII A/6

Emmerich, Martin, Manager, Rewards & Performance Management, Towers Perrin, Frankfurt a.M., www.towers.de, (V A/1)

Fank, Prof. Dr. Matthias, Informations- und Wissensmanagement, Vostandsvorsitzender des Instituts für E-Management, Köln, www.ifem.org, (III A/4)

Flarup, Jochen, Personalleiter, OTIS GmbH&Co.OHG, Berlin, www.otis.com, (VII A/1-4, VII B/4)

Franke, Dr. Dietmar, Unternehmensberater Saarbrücken, (Forum II/2, Forum III/3)

Gessner, Ursula, Synergiemanagement, swb AG, Bremen, www.swb-AG.de, (Forum I/4)

Hein, Hans-Jürgen, Personalberater (Schwerpunkte Arbeitszeit, Entgelt, Personalkosten und Arbeitsablaufgestaltung), geschäftsführender Gesellschafter der HMP Gesellschaft für Personalmanagementberatung mbH, www.hmp-consult.de, Bad Soden, (Forum I/9)

Heinrich, Frank, Consultant, KPMG Consulting AG, München, www.kpmg.com, (Forum I/6)

Herr, Werner, Personal- und Organisationsentwickler, Mannheim, www.werner-herr.de, (VII A/5)

Hoff, Dr. Andreas, Arbeitszeitberatung Dr. Hoff - Weidinger – Herrmann, Berlin, www.arbeitszeitberatung.de, (IV A/2)

Hoffmeister-Schönfelder, Gabriele, Geschäftsführerin, kontor5 GmbH, Hamburg, www.kontor5.de, (Forum I/7)

Hofmann, Dr. Eberhard, Diplom-Psychologe, Friedrichshafen, (Forum III/1)

Horsch, Prof. Dr. Jürgen, Wirtschaftsingenieurwesen, Schwerpunkt Controlling und Finanzwirtschaft, Fachhochschule Hildesheim/Holzminden/Göttingen, www.fh-goettingen.de, (IV A/1)

Innerhofer, Christian, ITO Individuum, Team, Organisation Unternehmensberatungs-GmbH, München, www.ito-services.com, (VI A/1-5)

Innerhofer, Prof. Dr. Paul, Perchtoldsdorf (Österreich), www.ito-services.com, (VI A/1-5)

Jeglinger, Karin, Personalentwicklung, Linde Gas Headquarter München, www.lindegas.de, (Forum I/5)

Kappenhagen, Dr. Markus, Rechtsanwalt, Baker&McKenzie, Düsseldorf, www.bakernet.com, (I B/1-3, II B/1-5, III B/1, IV B/1-5, V B/1-7, VI B/1-4, VIII B/1, 3-5)

Kersten, Isabell C., Personalleiterin, Tele Atlas Deutschland GmbH, Harsum, www.teleatlas.com, (Forum I/2)

Kolb, Prof. Dr. Meinulf, Personalmanagement, Fachhochschule Pforzheim, www.fh-pforzheim.de, (III A/1)

Krewer, Dr. Bernd, Krewer Consult, Saarbrücken, www.krewer-consult.de, (Forum I/3)

Lorenz, Sabine, Personalmanagement, swb Synor, Bremen, www.swb-synor.de, (Forum I/4)

Mülder, Prof. Dr. Wilhelm, Wirtschaftswissenschaften, Schwerpunkt Wirtschaftsinformatik, Hochschule Niederrhein, Mönchengladbach, www.hs-niederrhein.de, (III A/5)

Oppermann, Klaus, Unternehmensberater für Entgeltabrechnung, Wolfsburg, (V A/2)

Recktenwald, Stefan, Leiter Geschäftsbereich PAW, Dr. Dr. Heissmann GmbH Unternehmensberatung für Versorgung und Vergütung, Wiesbaden, www.heissmann.de, (V A/3)

Sander, Dr. Peter, Fachanwalt Bildungsrecht, Sander und Collegen, Rechtsanwälte, Berlin, www.sander-und-collegen.de, (VII B/1-3)

Schließmann, Dr. Christoph Ph., Rechtanwalt, CPS Schließmann Unternehmensberatung, Bad Homburg, www.cps-schliessmann.de, (Forum IV/1)

Schmeisser, Prof. Dr. Wilhelm, Finanzierung und Personalmanagement, FHTW Berlin und tätig an der Universität Duisburg, schmeisser1993@aol.com, (Forum II/1)

Schütz, Dr. Roland, Referatsleiter Presse- und Öffentlichkeitsarbeit, Bundesanstalt für Arbeit, Nürnberg, www.arbeitsamt.de, (Forum I/1)

Semmer, Frank, Consultant, KPMG Consulting AG, München, www.kpmg.com, (Forum I/6)

Stürk, Dr. Peter, Referatsleiter, Hauptverband der Gewerblichen Berufsgenossenschaften, Sankt Augustin, www.hvbg.de, (III A/6, III B/1-2)

Turbanski, Jochen, Leiter Personalentwicklung, Linde Gas Headquarter München, www.lindegas.de, (Forum I/5)

Wambach, Bernd H., Personalberatung Michael W. Harris GmbH, Hamburg, www.harris.de (III A/3)

Weidinger, Bernd, Arbeitszeitberatung Dr. Hoff – Weidinger – Herrmann, Berlin, www.arbeitszeitberatung.de, (IV A/2)

Weuster, Prof. Dr. Arnulf, Betriebswirtschaft und Wirtschaftsingenieurwesen, Fachhochschule Offenburg, www.fh-offenburg.de, (VIII B/6)

Wirth, Dr. Ekkehard, International Delegation Center, Siemens AG, Erlangen, www.siemens.de, (IV A/3)

Ziegler, Dr. Ulrich, Fachanwalt Arbeitsrecht, Baker&McKenzie, Frankfurt a.M., www.bakernet.com, (VIII B/2)

Inhaltsverzeichnis

Kapitelübersicht

I	Einführung in die Personalarbeit
II	Rekrutierung und Einstellung
III	Organisation und Verwaltung der Personalarbeit
IV	Personaleinsatz
V	Entlohnung und Vergütung
VI	Führung und Zusammenarbeit
VII	Personalentwicklung und Qualifikation
VIII	Beendigung von Arbeitsverhältnissen

Forum I	Best Practice
Forum II	Diskussion aktueller Rechtsprobleme
Forum III	Hintergrund / Expertenmeinung
Forum IV	Service

Inhaltsverzeichnis

I	**Einführung in die Personalarbeit**	
A	**Personalmanagement im Überblick** 3	
1	**Human Resources sind Menschen** 3	
1.1	Der Mitarbeiter als Produktionsfaktor 3	
1.2	Strategisches Personalmanagement 3	
1.3	Gezielt und effizient einsetzen, vorausschauend planen 3	
1.4	Prozessorientierte Hilfe für die Praxis 4	
1.4.1	Elemente und Instrumente der Personalwirtschaft 4	
	Personalbeschaffung 4	
	Personalmarketing 4	
	Organisation, Information, Verwaltung 4	
	Personaleinsatz 5	
	Vergütung 5	
	Personalführung 5	
	Personalentwicklung 5	
	Beendigung von Arbeitsverhältnissen 5	
B	**Rechtliche Grundlagen der Personalarbeit** 6	
1	**Rechtsquellen des Arbeitsrechts** 6	
1.1	Grundgesetz und EU-Richtlinien 6	
1.2	Arbeitsrechtlich relevante Gesetze 6	
1.3	Tarifvertrag 7	
1.3.1	Verbandstarifvertrag 7	
1.3.2	Haus-/Firmentarifvertrag 7	
1.3.3	Allgemeinverbindlicher Tarifvertrag 7	
1.3.4	Durchsetzung des Tarifabschlusses 7	
1.3.4.1	Streik 7	
1.3.4.2	Aussperrung 7	
1.3.4.3	Friedenspflicht 8	
1.3.4.4	Was unternehmen Sie bei einem Streik? 8	
1.3.5	Tarifbindung 8	
1.3.6	Öffnungsklauseln 9	
1.3.7	Günstigkeitsprinzip 9	
1.3.8	Bündnisse für Arbeit 10	
1.4	Betriebsvereinbarung 10	
1.4.1	Tarifvorbehalt/Tarifsperre 10	
1.4.2	Nachwirkung 10	
1.4.3	Verfahrensstrategie für den Abschluss 10	
1.4.4	Politische Rücksichtnahmen und Einigungsstelle 11	
1.4.5	Regelungsabrede 12	
1.5	Arbeitsvertrag 12	
1.5.1	Betriebliche Übung 12	
	Wann entsteht eine betriebliche Übung? 12	
	Wie beenden Sie eine betriebliche Übung? 13	
1.5.2	Betriebliche Einheitsregelung / Gesamtzusage 13	
2	**Arbeitsrechtliche Interessenvertretungen** 14	
2.1	Arbeitgeberverbände 14	
2.1.1	Mitgliedschaft 14	
2.1.2	Folgen eines Austritts aus dem Verband 14	
	Fortgeltung 14	
	Nachwirkung 14	
2.1.3	OT-Mitgliedschaft 14	
2.2	Gewerkschaften 14	
2.3	Betriebliche Arbeitnehmervertretung (Betriebsrat) 15	
2.3.1	Wahlen und Amtszeit des Betriebsrats 15	
2.3.2	Geschäftsführung des Betriebsrates 15	
2.3.3	Sitzungen und Beschlüsse 16	
	Termine und Arbeitgeberteilnahme 16	
	Beschlüsse 16	
2.3.4	Wirtschaftsausschuss 16	
2.3.5	Gesamtbetriebsrat/Konzernbetriebsrat 16	
2.3.6	Neue Betriebsratsformen 16	
2.3.7	Europäischer Betriebsrat (EBR) 17	
2.3.8	Sprecherausschuss der leitenden Angestellten 17	
	Richtlinien mit dem Sprecherausschuss 18	
	Wer ist leitender Angestellter? 18	
	Wahl, Geschäftsführung und Mitwirkung des Sprecherausschusses 18	
3.	**Arbeitsgerichtsverfahren** 18	
3.1	Erster Rechtszug (Arbeitsgericht) 18	
3.2	Berufungsinstanz (Landesarbeitsgericht) 18	
3.1	Revisionsinstanz (Bundesarbeitsgericht) 19	
II	**Rekrutierung und Einstellung**	
A.	**Personalmanagement und Gewinnung von Mitarbeitern** 23	
1	**Organisatorische Voraussetzungen** 23	
1.1	Personalplanung 23	
1.2	Personalanforderung 23	
1.3	Stellenbeschreibung 23	
1.4	Anforderungsprofil 24	
2	**Wege der Personalbeschaffung** 25	
2.1	Interne Personalakquise 25	
2.2	Inhouse-Stellenmärkte 26	
2.3	Externe Personalakquise 26	
2.3.1	Traditionelles Recruitment versus E-Recruitment 27	
2.3.2	Stellenanzeigen Print und Online 28	
2.3.3	Personalleasing 30	
2.3.4	Personalberater/Headhunter 31	
2.3.5	Recruiting im Web 32	
2.3.5.1	Jobbörsen 32	
2.3.5.2	Lebenslauf-Datenbank-Recherchen 33	
2.3.5.3	Die eigene HRM-Homepage 34	
2.3.5.4	Arbeitsamt im Internet 35	
2.3.5.5	Elektronische Marktplätze 36	
3	**Der Personalauswahlprozess** 36	
3.1	Analyse der Bewerbungsunterlagen 37	
	Sichtung 37	
	Kategorisierung 38	
	Zweit- und Drittsichtung 38	
3.2	Analyse von Zeugnissen und Qualifikationsnachweisen 38	
3.3	Personalauswahlgespräch 38	
3.4	Tests und Assessment Center 39	
	Online-Assessment 40	
	Recruiting-games 40	
3.5	Den Auswahlprozess richtig beenden 40	
B	**Allgemeine Rechtsaspekte bei Bewerbersuche und Einstellung** 41	
1	**Stellenausschreibung** 41	
1.1	Ausschreibungen im Betrieb 41	
1.2	Externe Ausschreibung 41	
2	**Allgemeine Rechtsbeziehungen im Rekrutierungsverfahren** 41	
2.1	Stellenanzeigen 41	
2.2	Bewerbungsgespräch 41	
2.3	Aufklärungspflichten 42	
2.4	Tests 42	
2.5	Diskretion, Sorgfalt und Rückgabe bei Absagen 42	
2.6	Verkehrssicherungspflichten 42	
2.7	Erstattungspflichten 43	
2.8	Medizinische Untersuchungen 43	
2.9	Anfechtung/Schadensersatz 43	
3	**Abschluss und Inhalt des Arbeitsvertrages** 43	
3.1	Standard Arbeitsverhältnisse und formale Voraussetzungen 43	
3.1.1	Zustandekommen des Arbeitsvertrages 43	
3.1.2	Unterschrift und Vertretung 44	
3.1.3	Bindung an Vertragsangebot 44	
3.1.4	Arbeitserlaubnis, Arbeitspapiere 44	
3.2	Inhalt des Arbeitsvertrages 44	
3.2.1	Mindestanforderungen 44	
3.2.2	Haupt- und Nebenpflichten 45	
3.2.2.1	Arbeitspflicht des Arbeitnehmers 45	
	Annahmeverzug des Arbeitgebers 45	
	Arbeitsverhinderung aus persönlichen Gründen 45	
	Sonstige Befreiungen 45	

		Nichtzahlung des Gehalts 45	**III**	**Organisation und Verwaltung der Personalarbeit**	3.3	Mengen- und Strukturkennziffern 84
3.2.2.2	Weisungsrecht des Arbeitgebers 45				3.4	Qualitative Daten 84
3.2.2.3	Nebenpflichten des Arbeitnehmers 45	**A**	**Personalmanagement in der täglichen Praxis** 65	3.5	Verhaltens- und Ereignisdaten 84
3.2.2.4	Wettbewerbsverbot während des Arbeitsverhältnisses 46	**1**	**Aufgaben und Organisation der Personalarbeit** 65	3.6	Kostendaten 84
3.2.2.5	Wettbewerbsverbot nach Beendigung des Arbeitsvertrags 46	1.1	Aufgaben der Personalarbeit 65	3.7	Leistungsdaten für Benchmarking 85
		1.2	Organisationsmodelle für die Personalarbeit 65	3.8	Personalbudget 85
3.2.2.6	Nebentätigkeiten 46	1.2.1	Geschäftsführermodell 65	3.9	Arbeitsweise bei retrograder Budgetierung 86
3.2.2.7	Lohnzahlungspflicht des Arbeitgebers 47	1.2.2	Personalleitermodell 66	
3.2.2.8	Tatsächliche Beschäftigung 47	1.2.3	Personalreferentenmodell 66	3.10	Einführung eines Personalinformationssystems 87
3.2.2.9	Schutz- und Fürsorgepflichten 47	1.2.4	Führungskräftemodell 67	3.11	Personalcontrolling-System 88
		1.3	Outsourcing von Personalleistungen 68	3.12	Der Wertschöpfungsbeitrag des Personalwesens 89
3.2.2.10	Datenschutz 47	1.4	Kundenorientierung und Profit-Center-Organisation im Personalbereich 68	3.13	Personalvorausschau als Prognose- und Steuerungsinstrument 90
3.2.2.11	Arbeitnehmererfindungen 48			
3.2.3	Probezeit 48			
	Unbefristetes Arbeitsverhältnis mit vorgeschalteter Probezeit 48	1.5	Change Management 70	3.14	Visualisierung 91
		1.6	Neues Rollenverständnis des Human Resources Managements 70	3.15	Preisermittlung und -verrechnung der Personalarbeit 92
	Befristetes Probearbeitsverhältnis 48			
3.3	Besondere Arbeitsverhältnisse 48	**2**	**Personalverwaltung und Service – Verwaltungsaufgaben und Vorgänge** 72	3.16	Verrechnungspreise für Personaldienstleistungen 93
3.3.1	Leitende Angestellte 48			
	AT-Angestellte 48	2.1	Personalakte 72	**4**	**Electronic Human Resources (E-HR) im Unternehmen** 95
3.3.2	Befristete Arbeitsverhältnisse 49	2.1.1	Fristen und Verjährungen 72	
		2.2	Personalinformationssystem 72	4.1	Lösungen für verschiedene Aufgaben des Personalmanagements 95
3.3.3	Teilzeit und 325-Euro-Beschäftigung 50			
	Anspruch auf Teilzeitarbeit 50	2.3	Personalbogen 73		*E-Recruiting 95*
	Sozialversicherung 50	2.4	Personalstatistik 73		*Personaleinsatz 96*
	Steuern 51	2.4.1	Fluktuationsstatistik 73		*Personalentwicklung 96*
	Urlaub 51	2.4.2	Altersaufbau/Altersstruktur 74	4.2	Übergreifender Einsatz von E-HR-Technologie 96
	Jobsharing 51	2.4.3	Fehlzeiten 74		
3.3.4	Telearbeit/Homeoffice 51	2.5	Arbeitszeitwirtschaft 74	4.2.1	Portal 96
3.3.5	Auszubildende 52	2.6	Urlaubsantrag 74	4.2.2	Employee Self Services 97
3.3.6	Praktikanten 53	2.7	Dienstreise und Dienstreiseabrechnung 75	4.2.3	E-HR Integration 97
3.3.7	Altersteilzeit 53			4.3	E-HR und Unternehmensstrategie 98
3.3.8	Schwerbehinderte 54	2.8	Umzugskosten 77		
3.3.9	Arbeit auf Abruf, KAPOVAZ 54	2.9	Korrespondenz mit externen Behörden und Institutionen 78	**5**	**Systeme für HR-Information, Lohn- und Gehalt, Zeit und Zutritt, Prozessmanagement** 98
3.3.10	Ruhende Arbeitsverhältnisse 55	2.9.1	Krankenkassen 78		
		2.9.2	Finanzamt 78		
	Mutterschutz/Elternzeit 55	2.9.3	Arbeitsämter 79	5.1	Computerunterstütztes Personalmanagement, Personalinformationssysteme 98
	Wehr- und Zivildienstleistende 56	2.9.4	Die gesetzlichen Rentenversicherungsträger Bundesversicherungsanstalt für Angestellte (BfA) und Landesversicherungsanstalt (LVA) 79	
3.3.11	Faktisches Arbeitsverhältnis 57			
3.4	Sonstige Vertragsverhältnisse 57			5.1.1	Aufbau eines HRIS 98
				5.1.2	Spezielle Anwendungen 99
3.4.1	Gesellschafter 57			5.2	Elektronische Lohn- und Gehaltsabrechnung 100
3.4.2	Vorstand/Geschäftsführer 57	2.10	Zuschuss zu vermögenswirksamen Leistungen 79	
3.4.3	Handelsvertreter 57			5.3	Zeitwirtschaft und Zutrittskontrolle 101
3.4.4	»Job-Rotation« 57	2.11	Vorschusszahlungen 79	
3.4.5	Freie Mitarbeiter 58	2.12	Personelle Einzelmaßnahmen 80	5.4	Prozessmanagement/Geschäftsprozessoptimierung in der Personalwirtschaft 103
3.4.5.1	Scheinselbstständigkeit 58			
3.4.6	Leiharbeitnehmer, Arbeitnehmerüberlassung 60	2.13	Kassenführung und Journal 80	
		2.13.1	Führung der Kontenbewegung 80	**6**	**Managementaspekte von Arbeitsschutz und Qualität** 104
3.4.7	Arbeitsvertrag mit einer ARGE 60			
		2.13.2	Kassenführung 81		
3.4.8	Ausländische Arbeitnehmer 60	2.14	Direktversicherung 81	6.1	Arbeitsschutz als Managementaufgabe 104
4	**Nichtvollzug des Arbeitsvertrages** 61	2.15	Betriebliches Vorschlagwesen 82	
		2.16	Zwischenzeugnisse 83	6.2	Unternehmensziel Arbeitsschutz 105
5	**Mitwirkung des Betriebsrates bei der Einstellung** 61	**3**	**Personalcontrolling** 83	
		3.1	Aufgabe 83	6.3	Arbeitsschutz und betriebliche Gesundheitsförderung 105
		3.2	Instrumentarium 83	

B	Rechtliche Aspekte der Personalverwaltung 106
1	Zusammenarbeit mit dem Betriebsrat 106
1.1	Grundsatz der vertrauensvollen Zusammenarbeit 107
1.2	Mitbestimmungs-, Veto-, sonstige Mitwirkungs- und Informationsrechte 107
1.2.1	Mitbestimmung in sozialen Angelegenheiten 107
1.2.2	Personelle Angelegenheiten 107
1.2.3	Wirtschaftliche Angelegenheiten 109
	Betriebsänderung 109
	Interessenausgleich und Sozialplan 109
1.2.4	Einführung neuer Techniken 109
1.3	Rechtsstellung der Betriebsratsmitglieder 109
1.3.1	Freistellung von Betriebsratsmitgliedern und Teilnahme an Schulungen 109
	Freistellung 109
	Schulung 110
1.3.2	Sprechstunden 110
1.3.3	Kostenübernahme für Sachaufwand 110
1.3.4	Durchführung von Betriebs- und Abteilungsversammlungen 111
1.3.5	Wirtschaftsausschuss 111
1.4	Verhandlung und Abschluss von Betriebsvereinbarungen 112
1.5	Verfahren bei Streitigkeiten 112
1.5.1	Einigungsstelle 112
1.5.2	Zustimmungsersetzungsverfahren 112
2	Arbeits- und Gesundheitsschutz 112
2.1	Gesetzliche Grundlagen 112
2.2	Gewerbeaufsicht 113
2.3	Berufsgenossenschaft 113
2.4	Arbeitsunfall und Berufskrankheit 114
2.5	Pflichten des Unternehmers 115
2.6	Pflichten und Rechte der Mitarbeiter 116
2.7	Aufgaben der Personalleitung 117
2.8	Fachkräfte für Arbeitssicherheit 117
2.9	Betriebsarzt 117
2.10	Sicherheitsbeauftragter 118
2.11	Arbeitsschutzausschuss 119
2.12	Betriebsrat und Arbeitsschutz 119
2.13	Kleinbetriebe 119
2.14	Fremdfirmen 120
2.14.1	Der Arbeitsschutzkoordinator 120
2.14.2	Leiharbeiter (Zeitarbeit) 120
2.15	Umweltschutz 120
2.16	Schutz besonderer Arbeitnehmergruppen 121
2.16.1	Jugendliche 121
2.16.2	Frauen 122
2.16.3	Schwerbehinderte 122
2.16.4	Heimarbeiter 122
2.17	Telearbeit 123
2.18	Rauchen am Arbeitsplatz 123
2.19	Arbeitsmedizinische Untersuchungen 123
2.20	Arbeitszeitfragen 124
2.21	Arbeitssicherheit und Verkehrssicherheit 124
2.22	Arbeitsunfall, Erste Hilfe 124
2.23	Entwicklungen und Tendenzen 125
3	Ergonomische Arbeitsgestaltung 125
3.1	Ergonomische Grundforderungen 125
3.2	Arbeitsplatzgestaltung 126
3.3	Maschinen und Werkzeuge 126
3.4	Bildschirmgeräte 127
3.5	Elektrosmog 128
3.6	Schwere Arbeitsmaterialien 128
3.7	Umgang mit gefährlichen Stoffen 129
3.8	Arbeitsbedingte Gesundheitsgefahren 129
3.9	Psychomentale Belastungen 129
3.10	Beleuchtung und Farbgebung 130
3.11	Klimafaktoren, Lüftung 131
3.12	Lärmschutz 131
3.13	Brandschutz 131
3.14	Persönliche Schutzausrüstungen 132
3.15	Sicherheitskennzeichnung 132

IV	Personaleinsatz
A	Personaleinsatz managen 135
1	Personalplanung 135
1.1	Personalplanung wozu? 135
1.2	Unternehmens- und Personalplanung 135
1.3	Planungszeiträume 137
	Kurzfristige, operativ orientierte Personalplanung (3 Monate bis zu einem Jahr) 137
	Mittel- und langfristige Personalplanung (bis zu 3 bzw. über 3 Jahre) 137
	Schwerpunkte: Personalbedarfs-, -entwicklungs- und -anpassungsplanung 137
1.4	Personalplanung in Klein- und Mittelbetrieben 138
1.5	Informationsbasis für die Personalplanung 138
1.6	Personalbedarfsplanung wozu? 138
1.7	Personalbedarfsplanung wie? 138
1.8	Künftiger Personalbestand und Bruttopersonalbedarf 139
1.9	Methoden zur Personalbedarfsermittlung 139
1.9.1	Schätzverfahren und Expertenbefragungen 140
1.9.2	Stellenplanmethode 140
1.9.3	Kennzahlenmethode 140
1.9.4	Arbeitsstudien 141
1.9.5	Monetäre Methoden 141
1.10	Ermittlung des Reservebedarfs 141
1.11	Nettopersonalbedarf 142
	Ersatzbedarf 142
	Zusatzbedarf 142
1.12	Internes Personalmarketing 142
1.13	Personalbeschaffungs- und -auswahlplanung 143
1.14	Personalanpassungsplanung 144
1.15	Personalentwicklungsplanung 145
1.16	Personaleinsatzplanung 146
1.17	Personalerhaltungsplanung 148
1.17.1	Anreize 148
1.17.2	Motivation 148
1.17.3	Leistungsdisposition 149
1.17.4	Leistungsfähigkeit 149
1.18	Personalkostenplanung 149
1.19	Prozesskostenrechnung 149
1.20	Mitbestimmung des Betriebsrats 150
1.21	Personalcontrolling 151
2	Auf dem Weg zum flexiblen Arbeitszeitsystem 151
2.1	Entlastung plus Effektivität: Grundlagen flexibler Arbeitszeitgestaltung 151
2.2	Von der Anwesenheitspflicht zur Leistungserbringung 154
	Servicezeit 155
	Serviceversprechen 155
	Besetzungsstärke 156
2.3	Von der Anwesenheits- zur Arbeitszeit 156
2.4	Vom Zeitkonto zur Vertrauensarbeitszeit 158
2.5	Fazit 160
3	Internationaler Einsatz von Mitarbeitern 161
3.1	Ziele internationaler Einsätze 161
3.2	Auswahl für den internationalen Einsatz 161
3.3	Vorbereitung 162
3.3.1	Kulturelle Orientierung 163
3.3.2	Sprachunterricht 163
3.3.3	Vorbesuch 163
3.3.4	Wohnen 163
3.3.5	Auto 163
3.3.6	Schule 163
3.3.7	Stellensuche des Ehepartners 163
3.3.8	Gesundheit 164
3.3.9	Visum 164
3.3.10	Versicherungen 164

3.3.11	Betriebliche Versorgungsregelung 164	1	Vergütungspolitik 181				Gewichtung und Verknüpfung der Ergebnisbereiche 193
3.3.12	Steuerberatung 164	1.1	Total-Rewards-Strategie 181				Incentive-Höhe 193
3.4	Integration im Einsatzland 164	1.2	Unternehmens- und Personalstrategie 181				Incentive-Verlauf 193
3.5	Rückkehr vom internationalen Einsatz 164	1.3	Elemente der Vergütungspolitik 182				Finanzierung/Budgetierung 194 Auszahlung 194
3.6	Entsendungsverträge 165		Zusammensetzung des Vergütungspakets 182		1.20		Langfristige variable Vergütung 194
3.6.1	Versetzung 166		Positionierung am Arbeitsmarkt 183		1.21		Modellansätze für Long-term Incentives 195
3.6.2	Projekteinsatz 166		Leistungsaspekte der Vergütung und Chance-Risiko-Relation für den Mitarbeiter 183		1.22		Plangestaltung der Long-term Incentives 195
3.7	Einkommensfindung bei internationalen Einsätzen 167						Berechtigtenkreis 195
3.8	Einkommenspflege 168		Bemessungsgrößen und Leistungsstandards 183				Planart (Bemessungsgröße) 195
3.9	Kosten eines internationalen Einsatzes 168		Entscheidungsprozesse 183 Information und Kommunikation 183		1.23		Erfolgsziele 196 Finanzierung 196 Aktienoptionspläne 196
3.10	Aufgaben des Personalmanagements 169				1.24		Wertsteigerungsrechte 196
3.11	Externe Dienstleister 169	1.4	Gestaltungsspielräume der Vergütungspolitik 183		1.25		Mitarbeiterbeteiligung 197
B	Rechtliche Aspekte des Personaleinsatzes 170		Tarifmitarbeiter 183		1.26		Sozial- und Zusatzleistungen 197
1	Personalplanung und Betriebsrat 170		Außertarifliche Mitarbeiter 183 Leitende Angestellte 184		1.27		Trends der Sozial- und Zusatzleistungen 198
1.1	Beteiligungsrecht 170	1.5	Grundregeln für eine erfolgreiche Gesamtvergütung 184		1.28		Betriebliche Altersversorgung 198
1.2	Informationsrecht des Wirtschaftsausschusses 170	1.6	Zusammensetzung der Gesamtvergütung 184		1.29		Leistungs- und Beitragszusage 199
1.3	Beratungs- und Vorschlagsrecht zur Beschäftigungssicherung 170		Die Grundvergütung 185 Die kurzfristige variable Vergütung 185		1.30		Beitragsorientierte Leistungszusage 199
2	Arbeitszeitrecht 170		Die langfristige variable Vergütung 185		1.31		Hinterbliebenenversorgung 200
2.1	Arbeitszeitgesetz 170		Unter Zusatzleistungen 185		1.32		Direktversicherung 200
2.1.1	Privates Arbeitszeitrecht 172	1.7	Marktvergleiche 185		1.33		Deferred Compensation 200
2.2	Mitbestimmungsrechte des Betriebsrates 172	1.8	Grundvergütung 186		1.34		Risikoabsicherung 200
3	Urlaubsrecht 172	1.9	Trends der Grundvergütung 187				Gehaltsfortzahlung im Krankheitsfall 200
3.1	Bundesurlaubsgesetz 172	1.10	Funktions- und Stellenbewertung 187				Unfallversicherung 200 Geschäftsreiseunfallversicherung 201
3.2	Abweichungen durch Tarifvertrag 173	1.11	Kriterien der Stellenbewertung 188		1.35		Firmenwagen 201
3.3	Mitbestimmungsrecht des Betriebsrates 174	1.12	Gehaltsstruktur und Gehaltsbänder 189		1.36		Sonstige Zusatzleistungen 201
	Freistellung 174 Unbezahlter Urlaub 174	1.13	Positionierung und Entwicklung im Gehaltsband 189		1.37 1.38		Flexible Benefits 201 Erfolgreiches Vergütungsdesign 203
	Ausübung von Ehrenämtern 174 Freistellung für Bewerbungen/ Stellensuche 174	1.14	Grundgehaltsmanagement 189		1.39		Information und Kommunikation der Vergütung 203
	Suspendierung 174 Tarifvertragliche Freistellungstatbestände 174	1.15 1.16	Job-families 190 Kurzfristige variable Vergütung 191		1.40		Optimierung von Gesamtvergütungspaketen 204
4	Änderungen des Arbeitsverhältnisses 174		Bonus 191 Tantiemen 191		1.41 1.42		Wertorientierte Vergütung 204 Einfluss der Unternehmenskultur auf Vergütung 205
4.1	Einseitige Erklärung, Versetzung 174		Prämien bzw. Einmalzahlungen 192		1.43		Karriereentwicklung und Vergütung 205
4.1.1	Direktionsrecht 175		Provisionszahlungen 192		1.44		Vergütungstrends im weltweiten Wettbewerb 206
4.1.2	Vertragsänderung 175	1.17	Trendsbei Short-term Incentives 192				
4.1.3	Änderung eines Gesetzes oder eines Tarifvertrages 175	1.18	Modellansätze für Short-term Incentives 192		2.		Entgeltabrechnung und betriebliche Sozialleistungen 206
4.1.4	Änderungskündigung 175		Profit Sharing 192 Komponenten-Konzept (Wedding Cake) 192		2.1		Brutto- und Nettoverdienstermittlung 206
4.2	Auslandseinsatz 175						
4.2.1	Arbeitsrecht 175				2.1.1		Bruttoverdienstermittlung 206
4.2.2	Steuerrecht 175		Pool-Konzept (Cascading Pool) 192		2.1.2		Nettoverdienstermittlung 207
4.2.3	Sozialversicherungsrecht 176		Gain Sharing 192		2.2		Freistellungssachverhalte mit Entgeltfortzahlung 207
4.3	Betriebsübergang 176	1.19	Gestaltungsparameter der Short-term Incentives 192		2.3		Arbeitsbefreiung ohne Entgeltanspruch 207
V	Entlohnung und Vergütung		Kreis der Berechtigten 192 Bemessungsgrundlagen 192		2.3.1		Elternzeit 207
A	Managementaspekte der Entlohnung und Vergütung 181		Leistungs- und Ergebnismessung 193		2.3.2		Kurzarbeit 209

2.3.3	Mutterschutz 209		2.26.3	Beendigung des Arbeits-verhältnisses 223		3.4.2	Rechtsanspruch auf Entgeltumwandlung 237
2.3.4	Streik und Aussperrung 209		2.26.4	Durchführung der Vorpfändung 224		3.4.3	Tarifvorrang 238
2.3.5	Unbezahlter Sonderurlaub 209					3.5	»Riester-Förderung« 238
2.3.6	Unentschuldigtes Fehlen 210		2.26.5	Grenzen des Pfändungs-schutzes 224		3.6	Ausblick 239
2.3.7	Wahrnehmung staats-bürgerlicher Rechte und Pflichten 210		2.26.6	Arbeitseinkommen 224		B	Entgelt und Recht 240
			2.26.7	Unpfändbare oder bedingt pfändbare Bezüge 224		1	Tarifvertragsrecht 240
2.3.8	Wehr- und Zivildienst 210					1.1	Entgeltgrundsätze 240
2.3.9	Sonstige Freistellungen/ Arbeitsbefreiungen 210		2.26.8	Pfändungsgrenzen 224		1.2	Zulagen 240
			2.26.9	Härtefälle 224		1.2.1	Mehrarbeit 240
2.4	Lohnersatzleistungen 211		2.26.10	Lohnabtretung 224		1.2.2	sonstige Zulagenregelungen 240
2.5	Lohnsteuer 211		2.26.11	Bearbeitungskosten für Pfändungen 224			
2.5.1	Grundsatz 211					2	Übertarifliche Zulage 241
2.5.2	Durchführung des Lohnsteuer-abzugs 212		2.27	Abschläge und Vorschüsse 224		2.1	Rechtscharakter 241
			2.28	Sonstige Zulagen 225		2.2	Anrechnungs- und Widerrufsvorbehalt 241
2.5.3	Laufender Arbeitslohn 212		2.29	Auszahlung der Bezüge 225			
2.5.4	Sonstige Bezüge 212		2.30	Jahresabschlussarbeiten 225		2.3	Anrechnung bei Tariferhöhungen 241
2.6	Begünstigte Besteuerung 212		2.31	Aufzeichnungspflichten 226			
2.7	Nettolohnbesteuerung 213		2.31.1	Buchführung 226		3	AT-Vergütung 241
2.8	Pauschalbesteuerung 213		2.31.2	Speicherbuchführung 226		4	Mitbestimmung des Betriebsrats bei Entgelt-grundsätzen 241
2.9	Progressionsvorbehalt 213		2.31.3	Mikrofilm-Verfahren 227			
2.10	Anmeldung und Abführung der Lohnsteuer 214		2.31.4	Lohnkonto 227			
			2.31.5	Automatisiertes Melde-verfahren bei der Sozial-versicherung 227		4.1	Mitbestimmungsrechte 241
2.11	Lohnsteuer-Jahres-ausgleich 215					4.1.1	Zeit, Ort und Auszahlung 242
						4.1.2	Lohngestaltung, Entlohnungsgrundsätze 242
2.12	Kirchensteuer 215						
2.13	Solidaritätszuschlag 215		2.31.6	Nachweise für Sozial-versicherungszwecke 229		4.1.3	Leistungsbezogene Entgelte 242
2.14	Sozialversicherungspflicht 215						
2.15	Versicherungspflichtige und-freie Personenkreise 216		2.31.7	Beitragsnachweis 229		4.1.4	Umgruppierung 242
			2.32	Sonstige Aufgaben im Rahmen der Entgeltabrechnung 229		4.2	Einblicksrecht in die Brutto-lohn- und Gehaltslisten 242
2.16	Sozialversicherung und Beschäftigungsverhältnis 216						
			2.32.1	Erfüllen gesetzlicher Nachweis-pflichten 229		VI	Führung und Zusammenarbeit
2.16.1	Allgemein 216						
2.16.2	Scheinselbstständige 216		2.32.2	Erstellen betrieblicher und gesetzlicher Statistiken 229		A.	Mitarbeiter Führen 245
2.16.3	Geringfügige Beschäftigungen 216					1	Grundlagen der Führung 245
			2.32.3	Erfüllen von Auskunfts-und Bescheinigungspflichten 230		1.1	Führungserfahrungen 245
2.17	Sozialversicherung und Arbeitsentgelt 217						*Eltern 245*
			2.32.4	Erstellen einer Entgelt-abrechnung für die Arbeitnehmer 230			*Geschwister 245*
2.17.1	Sozialversicherung und Beitragsberechnung 217						*Lehrer: systematische Führung 245*
							Freunde: gleichberechtigte Führung 245
2.17.2	Jahresarbeitsentgeltgrenze 218		2.33	EDV-Entgeltabrechnung 230			
2.17.3	Beitragsbemessungs-grenzen 218		2.34	Outsourcing 230		1.2	Führungsstile 245
			3	Betriebliche Alters-versorgung 231		1.3	Führungsinstrumente 246
2.17.4	Beitragssätze der Sozialversicherung 219					1.4	Verhaltensstandards 246
			3.1	Säulen der Alters-versorgung 231		1.5	Führungsleitlinien 247
2.17.5	Pflegeversicherung 219					1.6	Notwendigkeit der Führung 247
2.18	Sozialversicherung und Beitragszeit 219		3.1.1	Gesetzliche Renten-versicherung 231			
						1.7	Gründe für das Fehlen von Führung 248
2.19	Beiträge für Nettobezüge 219		3.1.2	Betriebliche Alters-versorgung 231			
2.20	Abzug und Aufbringung der Beiträge 219					1.8	Bedeutung von Hierarchien 248
			3.1.3	Private Eigenvorsorge und Entgeltumwandlung 232			
2.21	Auszubildende und Beitragszahlung 220					2.	Führungsaufgaben im Handlungsprozess 249
			3.2	Finanzierungsformen der betrieblichen Alters-versorgung 232			
2.22	Zahlung und Fälligkeit der Beiträge 220					2.1	Der Handlungs-und Führungsprozess 249
			3.2.1	Direktzusage 232			
2.23	Beitragsnachweis der Sozialversicherung 220		3.2.2	Direktversicherung 233		2.2	Informieren 250
			3.2.3	Pensionskasse 233		2.3	Das Informationsgespräch 250
2.24	Meldeverfahren der Sozialversicherung 220		3.2.4	Unterstützungskasse 234			*Vorbereitung 251*
			3.2.5	Pensionsfonds 235			*Informationsbedarf wahrnehmen 251*
2.24.1	Sozialversicherungs-ausweis 221		3.3	Leistungsplangestaltungen 235			
			3.3.1	Leistungszusage 235			*Das Timing 251*
2.24.2	Sofortmeldungen 221		3.3.2	Beitragsorientierte Leistungszusage 236			*Gesprächsinhalte 251*
2.24.3	Meldungen für geringfügig Beschäftigte 221						
			3.3.3	Beitragszusage mit Mindestleistung 236			
2.25	Krankenkassenwahl 221						
2.26	Lohnpfändungen 222		3.4	Entgeltumwandlung 236			
2.26.1	Entstehung des Pfandrechts 223		3.4.1	Wesen der Entgelt-umwandlung 236			
2.26.2	Unterbrechung des Arbeitsverhältnisses 223						

2.4	Entscheiden 252	6.1	Ziele, Planung und Konzeption 280	1.2.2	Grundsatz der Gleichbehandlung 296
	Zu welchem Typus gehören Sie? 253	6.2	Methoden 280		*Gleichberechtigungssatz* 296
2.5	Vereinbaren 253	6.2.1	Teilerhebungen 280		*Gleichbehandlungsgrundsatz* 296
2.6	Umsetzen 254	6.2.2	Offene Befragung 281		
2.7	Überprüfen 254	6.2.3	Interviews 281	2	**Rechtsfolgen bei Pflichtverletzung des Arbeitnehmers 297**
3.	**Einzelaufgaben der Führung 255**	6.2.4	Schriftliche Befragung (Fragebogen) 281		
3.1	Mitarbeiter auswählen 255	6.2.5	Postwurfsendung 281	3	**Beachtung spezieller Arbeitnehmerrechte 297**
3.2	Mitarbeiter einführen 256	6.2.6	Wahllokalverfahren 281		
3.3	Mitarbeiter weiterentwickeln 256	6.2.7	Intranetbasierte Befragungen 281	3.1	Unterrichtung und Erörterungspflicht durch den Arbeitgeber 297
3.4	Mitarbeiter beurteilen 257	6.3	Inhalte 281		
3.5	Mitarbeiter binden 258	6.4	Ablauf 281	3.2	Anhörungs- und Erörterungsrecht des Arbeitnehmers 297
3.6	Arbeitszufriedenheit 258	6.5	Erfolgsfaktoren 282		
3.7	Fehlverhalten 259	6.5.1	Klare Befürwortung durch die Unternehmensleitung 282	3.3	Beschwerderecht des Arbeitnehmers 298
3.8	Abmahnen 259				
3.9	Kündigen 259	6.5.2	Freiwilligkeit 282	4	**Mitwirkungsrechte des Betriebsrats 298**
3.10	Mobbing 260	6.5.3	Anonymität 282		
	Ursachen 260	6.5.4	Externe Durchführung mit unabhängigem Institut 283	4.1	Personalfragebogen/ Beurteilungsgrundsätze 298
	Auswirkungen 261				
3.11	Besprechungen und Meetings 261	6.5.5	Klares, nachvollziehbares Verfahren der Erhebung 283	4.2	Ausländerintegration, Bekämpfung von Rassismus und Ausländerfeindlichkeit 298
3.12	Mitarbeiterzirkel 262	6.5.6	Fragebogen (einheitliche Skalierung, verständliche Formulierung und Wortgebrauch) 284		
3.13	Gruppenführung 262			4.3	Grundsätze für die Behandlung von Betriebsangehörigen 299
3.14	Gruppen- und Teambildung 263				
3.15	Motivieren 264	6.5.7	Beteiligung des Betriebsrates 284	4.4	Anwesenheit bei Gesprächen auf Wunsch des Arbeitnehmers 299
4	**Führungspersönlichkeit 265**	6.5.8	Garantierte Rückmeldung und Nutzenaspekte 284		
4.1	Persönlichkeit und Rolle 265				
4.2	Führungseigenschaften 266	6.5.9	Kommunikation 284		
4.3	Typologie der Führungskräfte 267	6.5.10	Umsetzung der Ergebnisse 285	**VII**	**Personalentwicklung und Qualifikation**
		6.6	Verstetigung der Ergebnisse 285		
4.4	Führungskräfteauswahl 267			A	**Management und Entwicklung von Mitarbeitern 303**
	Diagnostischer Grundsatz: 267	6.7	Chancen und Risiken 286		
	Das Anforderungsprofil 267	**7**	**Change Management als Führungsaufgabe 286**	**1.**	**Personalentwicklung und Weiterbildung: Zielsetzung und Konzeption 303**
	Ansprechen von Bewerbern 268				
	Auswahl der Bewerber 268	7.1	Gestalten und Steuern von Wandlungsprozessen 286		
	Anpassung der Stelle an die Führungsperson 268			1.1	Ziele 303
		7.2	Planung 287	1.2	Konzept 303
4.5	Qualifizierung zur Führungskraft 268	7.3	Situationsanalyse 288	1.3	Zielgruppen 304
		7.4	Implementierungsrisiken 289	1.4	Verantwortliche und Beteiligte 305
5	**Führungsgespräche 269**	7.5	Akzeptanz- und Motivationsstrategie 289		
5.1	Leadership Coaching 269			1.5	Personalmarketing und Praktika 305
5.2	Zielvereinbarungsgespräch 269	7.6	Der Arbeitspfad im Veränderungsmanagement 290		
	Vorbereitung auf das Zielvereinbarungsgespräch 271			1.6	Qualifikationsbedarfsermittlung und Bedarfsorientierung 306
			Auftauen & Lösen 290		
	Durchführung des Zielvereinbarungsgesprächs 271		*Mobilisieren* 290		
			Realisieren 291	1.7	Kompetenz und Qualifikation 306
5.3	Beurteilungsgespräch 271		*Verstärken* 291		
5.4	Fördergespräch 271		*Ausbauen* 292	**2.**	**Trainee-Programm und Führungs(nachwuchs-)entwicklung 308**
5.5	Beratungsgespräch 272	7.7	Change-Treiber 292		
5.6	Coachinggespräch 273	7.8	Führung und Leadership 292		
	Vorbereitung auf das Coachinggespräch 274	7.9	Kommunikation 293	2.1	Trainee-Programm 308
		7.10	Einbindung 293	2.2	Förderung von Nachwuchsführungskräften 308
	Durchführung des Coachinggesprächs 274	7.11	Change-Fähigkeiten 294		
		7.12	Messgrößen 295	2.3	Management Audit und Management Development 308
5.7	Konfliktgespräch 274				
5.8	Das ITO-Konfliktlösungsschema 276	**B**	**Rechtliche Aspekte von Führungsaufgaben 296**		
5.9	Feedback 276			**3.**	**Instrumente und Maßnahmen von Personalentwicklung (PE) 309**
	Lob 277	**1**	**Individualrechtliche Grundlagen der Führung 296**		
	Kritik/Tadel 277				
	Analyse 278	1.1	Fürsorgepflicht des Arbeitgebers 296		
	Ignorieren 278				
5.10	Das ITO-Feedbackschema 278	1.2	Schranken der Führung 296		
5.11	Management-Coaching 278	1.2.1	Menschenwürde/ Persönlichkeitsrecht 296		
6.	**Mitarbeiterbefragung 280**			3.1	Leistungsbeurteilung 309

3.2	Potenzialermittlung und -einschätzung 309	5.14.3	Juniorfirma 330	VIII	Beendigung von Arbeitsverhältnissen		
3.3	Personalentwicklungsgespräch (Beratungs- und Fördergespräch) 310	5.15	Sozialpädagogische und überfachliche Maßnahmen 331 *Einführungswoche 331*	A	Den Austritt aus dem Unternehmen managen 347
3.4	Assessment Center (AC) 311		*Sozialpädagogische Kurse 331*	1	Personalbestandsanpassung 347
3.5	Karriereplan und Employability 312		*Aktions- und Projektwochen, Studienfahrten 331*	1.1	Anlässe des Personalabbaus 347
3.6	Nachfolgeplanung 313	5.16	Pädagogische und psychologische Grundlagen 332	1.2	Unternehmensentwicklung und Personalstruktur 347
3.7	Förderkartei und Nachwuchspool 313	5.17	Kontrolle der Berufsausbildung 332	1.3	Präventive Personalbestandspflege 347
3.8	On-the-job und Off-the-job 314		*Das Berichtsheft 332*	1.4	Rechtliche, betriebliche, situationsbezogene Bedingungen 348
3.9	Job Rotation, Job Enrichment, Job Enlargement 314		*Betriebliche Beurteilungen 332*		
3.10	Maßnahmen- und Aktivitätenplan 315	5.18	Zeugniserstellung 333	1.5	Vorbereitende Fragen 349
		5.19	Qualitätsanforderungen an die Berufsausbildung 333	1.6	Analyse der Personalstruktur 349
4.	Weiterbildungsmaßnahmen: Kriterien für Erfolg 316	6.	Neue und modernisierte Ausbildungsberufe 335	1.7	Strategie – Abbauplan 349
4.1	Betriebliche Bildungsmaßnahmen 316	6.1	Modernisierungsprozesse im Aufwind 335	1.8	Rolle des Betriebsrats 351
4.2	Inhalte der Weiterbildung 317			2	Maßnahmen der Personalbestandsanpassung 352
4.3	Methoden in der Weiterbildung 318	6.2	Perspektiven der Reform in 2002 335	2.1	Einstellungsstopp 352
4.3.1	E-Learning 319	6.3	Die vier neuen IT-Berufe auf dem Prüfstand 336	2.2	Reduzierung des Arbeitszeitvolumens 352
4.4	Trainer 320	6.4	Mit Erfolg ausbilden 337	2.2.1	Mehrarbeit sofort einstellen 352
4.5	Organisation und Durchführung der Weiterbildung 321	B	Personalentwicklung und Recht 338	2.2.2	Kürzung der vertraglichen Arbeitszeit 353
4.6	Kosten der Weiterbildung 321	1	Rechtliche Rahmenbedingungen und Mitbestimmung 338	2.2.3	Innerbetrieblicher arbeitszeitlicher Spielraum 353
4.7	Weiterbildungsberatung und -information 322			2.2.4	Änderungen der Arbeitsverträge (Teilzeit usw.) 353
4.8	Auswertung: Erfolgskontrolle und Transfersicherung 322	2	Fortbildungsvertrag und Fortbildungskosten im Arbeitsverhältnis 338	2.3	Vorzeitige Pensionierung 353
4.9	Benchmarking 322			2.4	Aufhebungsverträge und Abfindungen 353
5	Betriebliche Berufsausbildung 325		*Was ist berufliche Fortbildung? 339*	2.5	Beendigung befristeter Verträge 354
5.1	Personalentwicklung und duales Ausbildungssystem 325		*Ausnahme und Spezialfall: Die Bildungsurlaubsgesetze der Länder 339*	2.6	Eigenkündigungen 354
5.2	Voraussetzungen zum Ausbilden 325			2.7	Um- und Versetzungen 354
	Fachliche und persönliche Eignung der Ausbildenden 325	2.1	Arten der Fortbildung 340	2.8	Abspalten und Auslagern von Betriebsteilen (Outsourcing) 354
	Die Eignung der Ausbildungsstätte 325		*Arbeitsverhältnis zum Zwecke der Fortbildung 340*		
5.3	Tarifvertragliche Vereinbarungen 325		*Fortbildung im bestehenden Arbeitsverhältnis 340*	2.9	Fördern von Selbstständigkeit 355
5.4	Zuständige Stellen 326			3	Betriebsbedingte Entlassungen 355
5.5	Arbeitnehmervertretung 326		*Fortbildung außerhalb von Arbeitsverhältnissen 340*	3.1	Entlassung mit Rückkehrgarantie 355
5.6	Planung und Bedarfsanalyse 327	2.2	Träger und Teilnehmer der Fortbildung 340	3.2	Kostenplanung 355
5.7	Kosten der Berufsausbildung 327	2.3	Der Fortbildungsvertrag – Anforderungen und Inhalt 341	3.3	Interessenausgleich 356
5.8	Auszubildendenmarketing 327			3.4	Sozialplan 357
5.9	Auswahl und Einstellung der Auszubildenden 327	2.3.1	Hauptpflichten des Arbeitgebers und des Arbeitnehmers 341	3.5	Sozialauswahl 358
5.9.1	Anforderungsprofile für Auszubildende 327			4	Kündigungsgespräche 359
5.10	Berufsschule 327	2.3.2	Vergütung und Fortbildungskosten 341	5	Outplacement 360
5.11	Prüfungen 328			5.1	Hilfe zur Selbsthilfe 360
5.12	Organisationsformen 328	2.4	Beendigung des Fortbildungsvertrages 342	5.2	Beschäftigungsgesellschaft 361
5.12.1	Kooperationen 328			6	Notwendige Aufbaumaßnahmen 361
5.13	Ausbildungsziele 329	2.5	Tragung und Rückzahlung von Fortbildungskosten 343		
5.13.1	Berufliche Handlungskompetenz 329		*Tarifliche Rückzahlungsklauseln 344*	7	Kommunikation nach innen und außen 362
5.13.2	Soziale Kompetenz 329			B	Rechtsfragen bei der Beendigung von Arbeitsverhältnissen 363
5.13.3	Interkulturelle Kompetenz 330		*Einzelarbeitsvertragliche Rückzahlungsklauseln 344*		
5.14	Ausbildungsmethoden 330				
5.14.1	Vier-Stufen-Methode 330				
5.14.2	Projektmethode 330				

Inhaltsverzeichnis

1	**Umstände der Beendigung** 363	2.5.2	Personenbedingte Kündigung 378	6.1.2	Schlusszeugnis 391	

1   Umstände der Beendigung 363
1.1 Nichtigkeit des Arbeitsverhältnisses 363
1.2 Anfechtbarkeit des Arbeitsverhältnisses 363
1.3 Kündigung 363
1.4 Aufhebungsvertrag 363
1.5 Gerichtlicher Vergleich 363
1.6 Auflösung durch Gerichtsurteil 363
1.7 Ende des Arbeitsverhältnisses nach Ablauf der Befristung 364
1.8 Ende des Arbeitsverhältnisses nach Zweckerreichung 364
1.9 Beendigung durch Tod 364
1.10 Erreichen der Altersgrenze 364
1.11 Pflichten nach Beendigung des Arbeitsvertrages 364

2   Kündigung 364
2.1 Kündigungsarten 364
2.1.1 Ordentliche Kündigung 364
2.1.2 Außerordentliche Kündigung 365
2.1.3 Ordentliche Kündigung durch den Arbeitnehmer 366
2.1.3.1 Unbefristete Arbeitsverhältnisse 366
2.1.3.2 Befristete Arbeitsverhältnisse 367
2.1.4 Ordentliche Kündigung durch den Arbeitgeber 367
2.1.5 Änderungskündigung 368
2.1.6 Teilkündigung 369
2.2 Abgrenzungsfragen 369
2.2.1 Widerruf 369
2.2.2 Suspendierung 369
2.2.3 Anfechtung 369
2.3 Kündigungserklärung 369
2.3.1 Formalien der Kündigung 369
2.3.2 Kündigungszeitpunkt und Kündigungsort 371
2.3.3 Inhalt 371
2.3.4 Kündigungsberechtigte Personen 371
2.3.5 Fristen 371
2.3.6 Zugang der Kündigung 372
2.3.7 Umdeutung 373
2.4 Kündigung ohne Kündigungsschutz 374
2.4.1 Kündigung vor Arbeitsaufnahme 374
2.4.2 Kündigung vor Eintritt des Kündigungsschutzes (= während der Probezeit) 374
2.4.3 Kleinbetriebsklausel 374
2.4.4 Leitende Angestellte 375
2.5 Allgemeiner Kündigungsschutz 376
2.5.1 Betriebsbedingte Kündigung 377
2.5.1.1 Dringendes betriebliches Erfordernis für den Wegfall des Arbeitsplatzes 377
2.5.1.2 Kein sonstiger freier Arbeitsplatz 377
2.5.1.3 Sozialauswahl 378

2.5.2 Personenbedingte Kündigung 378
2.5.2.1 Krankheit und Kündigung 379
  Kündigung wegen häufiger Kurzerkrankungen 379
  Kündigung wegen lang anhaltender Krankheit 380
  Dauernde Arbeitsunfähigkeit 380
2.5.3 Verhaltensbedingte Kündigung 380
2.5.3.1 Alkohol, Drogen und Kündigung 381
  Kündigung in Suchtfällen 381
  Kündigung wegen Trunkenheit oder Drogeneinnahme ohne Vorliegen eines Suchttatbestands 382
2.5.3.2 Abmahnung und verhaltensbedingte Kündigung 383
2.6 Sonderkündigungsschutz für bestimmte Mitarbeiter 383
2.6.1 Schwerbehinderte/ Mutterschutz und Elternzeit 383
  Schwerbehinderte 383
  Mutterschutz und Elternzeit 384
2.6.2 Betriebsratsmitglieder 385
2.6.3 Wahlvorstand/sonstige gesetzliche Schutzvorschriften 385
  Wehrpflichtige und Zivildienstleistende 385
  Sonstige gesetzliche Schutzvorschriften 385
2.7 Massenentlassungen 385
2.8 Beseitigungstatbestände 386
2.8.1 Widerruf 386
2.8.2 Rücknahme 386
2.8.3 Anfechtung 386
2.8.4 Kündigung und Betriebsrat 386
2.8.4.1 Rolle des Betriebsrats bei der Personalbestandsanpassung 387
2.8.5 Kündigung und Arbeitsgericht 387
2.8.6 Kündigungsschutzprozess und Weiterbeschäftigung 388

3   **Aufhebungsvertrag** 388

4   **Abfindungsrecht** 388
4.1 Arbeitsrecht 388
4.2 Steuerrecht 388
4.3 Sozialversicherungsrecht 389

5   **Konkurs und Betriebsschließung** 390
5.1 Beendigung von Arbeitsverhältnissen bei Betriebsschließung 390
5.2 Ende von Arbeitsverhältnissen durch Konkurs 390
5.3 Beschäftigungs- und Qualifizierungsgesellschaften 390

6.   **Das Arbeitszeugnis** 391
6.1 Zeugnisarten 391
6.1.1 Zwischenzeugnis 391

6.1.2 Schlusszeugnis 391
6.1.3 Einfaches Zeugnis 391
6.1.4 Qualifiziertes Zeugnis 391
6.1.5 Zeugnis-Fragebogen 391
6.2 Anspruchsberechtigung 392
6.3 Form 392
6.4 Inhalt 394
6.4.1 Wahrheit versus Wohlwollen 394
6.4.2 Angaben zur Person 394
6.4.3 Positions- und Aufgabenbeschreibung 394
6.4.4 Leistungsbeurteilung im Zeugnis 395
6.4.5 Erkrankung und Fehlzeiten 397
6.4.6 Zeugnisse für Führungskräfte 397
6.4.7 Herausragende Erfolge 397
6.4.8 Zufriedenheitsformel 398
6.4.9 Verhalten gegenüber Internen 399
6.4.10 Verhalten gegenüber Externen 400
6.4.11 Allgemeine soziale Kompetenz 400
6.4.12 Beendigungsformel 401
6.4.13 Dankes-Bedauern-Formel 402
6.4.14 Zukunftswünsche 403
6.5 Zeugnisänderung 403
6.5.1 Widerruf 403
6.5.2 Berichtigungsanspruch 403
6.5.3 Darlegungs- und Beweislast in Prozessen 404
6.6 Haftung des Arbeitgebers 404
6.7 Generelle Formulierungs- und Gestaltungshinweise 405
6.8 Erstellung mit PC-Programmen 407

**Forum I
Best Practice**

1   Finanzielle Förderung durch die Arbeitsämter 413
  Das Angebot der Bundesanstalt für Arbeit (BA) 413
  Eingliederungszuschüsse 413
  Einstellungszuschuss bei Neugründungen 413
  Einstellungszuschuss bei Vertretung (»Job-Rotation«) 414
  Eingliederungszuschuss für besonders betroffene schwerbehinderte Menschen 414
  Zuschüsse zur Ausbildungsvergütung schwerbehinderter Menschen 414
  Beschäftigungshilfen für Langzeitarbeitslose 414
  Lohnkostenzuschüsse für arbeitslose Jugendliche 414
  Maßnahmen der Eignungsfeststellung/ Trainingsmaßnahmen 415
  Arbeitsentgeltzuschüsse bei Weiterbildung 415

Leistungen zur beruflichen Eingliederung behinderter Menschen 415
Probebeschäftigung behinderter Menschen 415
Strukturanpassungsmaßnahmen Ost für Wirtschaftsunternehmen 415
Förderung der ganzjährigen Beschäftigung in der Bauwirtschaft 415
Kurzarbeitergeld 416
Leistungen nach dem Altersteilzeitgesetz 416
Vermittlungsgutschein 416

2 **Dem Headhunter auf der Spur** 417
Know-how bedeutet Geld und Zeit 417
Teure Suche nach Ersatz 417
Spion am Telefon 418
Vor Feierabend größte Trefferquote 418
Prämie für gemeldeten Headhunter 419
Schulung im Antiheadhunting 419
Abwehrleistung steigern 419
Jagd auf Headhunter 419
Kundenfreundlichkeit trotz Antiheadhunting 420
Antiheadhunting billiger als Fluktuation 420
Attraktiver Arbeitgeber als Selbstschutz 420

3 **Proinno – ein Tool zur Optimierung des Managements internationaler Projekte** 420
Die Idee dahinter 420
Konzeption und empirische Grundlage 421
Didaktischer Aufbau des Tools 422
Die Bausteine – Meilensteine zum Erfolg internationaler Projekte 423
Projektlebensläufe 423
Fallbeispiele 423
Interkulturelle Kompetenz des Projektteams 424
Innovations- Projekt-Management 425
Unternehmenskultur 425
Kulturelle Differenzen und Stereotype 425
Anwendungsbereiche 426

4 **Aktiv in die Zukunft – Sozialverträglicher Personalabbau** 427
Zeit der Neuorientierung 427
Aktive Hilfe zum Wandel 427
Ein unbürokratisches Beratungsteam 427
Individuelle Hilfe 428
Unterstützung durch die Geschäftsleitung 428
Offene und ehrliche Kommunikation 428

5 **Mitarbeiter kultivieren ihr Unternehmen** 428
Das Prinzip der systemischen Organisationsentwicklung 429
Skepsisüberwindung als Aufgabe 429
Controlling über Access-Anwendung 429
Kultur-Audit mit Beteiligung des Betriebsrats 429
Leitthesen zur neuen Unternehmenskultur 430
Vom Multiplikator zum internen Consultant 430
Familien als Kernzellen 430
Umsetzung im Alltag schafft Vertrauen 431
Der Ideenspeicher 431
Erste Projektergebnisse 431
Ergebnisse aus LUK 2000 431

6 **Mitarbeiterportale – Leitfaden zur Einführung** 432
Per Maus-Klick verfügbar 432
Die ultimative Portalsoftware existiert nicht 432
Strategische Ziele mit individuellem Portal erreichen 432
Planung und Umsetzung 432
Kontinuierlicher Aufbau der Funktionen 432
Wichtige Anwendungen zuerst 434
Auswahl der Inhalte ist aufwändig 434
Direkt zuzuordnende Einsparungen 434
Prozessoptimierung senkt Kosten 434
Portalprojekte sind keine kostengünstigen Kleinprojekte 435
Die Zukunft ist mobil 435

7 **Work Life Balance** 435
Die aktuelle Situation 435
Folgen fehlender »Balance« 437
Flexible Arbeitszeitregelungen 437
Fallbeispiele 438
Deutsche Telekom 438
DaimlerChrysler 438
Landesbank Schleswig-Holstein 439
Elternzeit 439
Flexible Arbeitsorte 440
Kinderbetreuung 440

8 **Lehrstellen schaffen durch Kooperation: Ausbildungsverbund Celle** 441
Initiative und Gründung 441
Organisation und Konzept 441
Finanzierung 441
Partnerschaftliche Zusammenarbeit mit den Trägern 441
Die Arbeitsweise 442
Ausbildungsbetriebe finden 442
Erst kennen lernen, dann einstellen 442
Ausbildung organisieren 442
Die Bewerber 442
Mit Betreuung zum Erfolg 443
Kooperation bei der Förderung 443
Die ausbildenden Unternehmen 443
Rückblick und Ausblick 443
Berufsspektrum 443
Bildungsniveau 444
Zahl der Auszubildenden 444
Erfolge 444

9 **Betriebsversammlungen aktiv gestalten – eine Chance für den Unternehmer** 444
Betriebsversammlungen – lästiges Übel oder Chance? 444
Betriebsversammlung – ein Forum des Dialogs 445
Ohne Grundlagen keine Ergebnisse 445
Nichtöffentlichkeit und Leitungsverantwortung 445
Vertrauensverhältnis 445
Häufigkeit 445
Berichte 446
Aktiv informieren 446
Zeitrahmen 447
Themen 447
Erfolgreich – nur durch gute Vorbereitung? 448
Einstellung und Wissensprägen das Verhalten 448
Rollen, Vorurteile, Wissen 448
Wirkung 448
Erfolgsfaktoren 448
Tipps für die Praxis 449
These 1: Je konstruktiver die tägliche Arbeit, desto konfliktfreier die Betriebsversammlung! 449
These 2: Die nächste Betriebsversammlung beginnt mit dem Ende der letzten Betriebsversammlung! 449
These 3: Immer selbst initiativ werden!Information ist Bringschuld 449
These 4: Gute Vorbereitung ist die halbe Miete! 449
These 5: Alle Punkte der Tagesordnung vorher mit dem Betriebsrat erörtern, über die eigenen Themen informieren! 449
These 6: Betriebsversammlungen aktiv als Kommunikationsforum mit der Belegschaft nutzen! 450
These 7: Sich selbst nicht emotionalisieren lassen! Sachlich bleiben 450

These 8:
Immer einen klaren und begründeten Standpunkt vertreten! 450
These 9:
Nach jeder Betriebsversammlung immer ein »Feedback-Gespräch« mit dem Betriebsrat/den Gewerkschaftsvertretern führen! 450
These 10: Zusagen erfüllen und Glaubwürdigkeit beweisen! 450
Themen vermitteln 451
Themen 451
Fehler – und ihre Folgen! 452

Forum II
Diskussion aktueller Rechtsprobleme

1 Die Auswirkungen von BASEL II auf den Personalbereich mittelständischer Unternehmen 455
Rating-Begriff 455
Rating-Kultur für mittelständische Unternehmen 455
Rating-Agenturen werten Informationen aus 455
Basler Ausschuss für Bankenaufsicht 456
Internationale Neuregelung ab 2005 456
Was ist zu erwarten? 457
Idealtypisches Rating 457
Unternehmensspezifische Risiken und Risiken des Personalmanagements 458

2 Rechtsprechungsreport 459
Verhaltensbedingte Kündigung nach zahlreichen Abmahnungen BAG, 15.1.2001 – 2 AZR 609/00. 459
Rückzahlung eines Gebührendarlehens für das Studium an einer Berufsakademie BAG, 25.4.2001 – 5 AZR 509/99 –, EzA § 5 BBiG Nr. 8. 460
Abgrenzung zwischen regelmäßiger Arbeitszeit und Überstunden bei der Entgeltfortzahlung im Krankheitsfall BAG, 21.11.2001 – 5 AZR 296/00 –, EzA § 4 EntgeltfortzG Nr. 4. 461

Kein Anspruch auf Schlussformel im Arbeitszeugnis BAG, 20.2.2001 – 9 AZR 44/00 –, EzA § 630 BGB Nr. 23. 462
Verweisung auf den einschlägigen Tarifvertrag im Arbeitsvertrag und Verbandsaustritt des Arbeitgebers BAG, 26.9.2001 – 4 AZR 544/00 –, EzA § 3 TVG Bezugnahme auf Tarifvertrag Nr. 19. 462
Verweisung auf den einschlägigen Tarifvertrag im Arbeitsvertrag und Betriebsübergang BAG, 20.6.2001 – 4 AZR 295/00 –, EzA § 613 a BGB Nr 203. 464
Betriebsvereinbarung als ablösende Regelung bei Betriebsübergang BAG, 1.8.2001 – 4 AZR 82/00 –, EzA § 613 a BGB Nr. 199. 465
Verwirkung der Erstattung zuviel gezahlten Arbeitsentgelts BAG, 25.4.2001 – 5 AZR 497/99; EzA § 242 BGB Verwirkung Nr. 1. 466
Kündigungsschutz in Kleinbetrieben BAG, 21.2.2001 – 2 AZR 15/00 –, EzA § 242 BGB Kündigung Nr. 1. 467
Tariflohnerhöhung auf Grund betrieblicher Übung BAG, 16.1.2002 – 5 AZR 715/00 –, EzA § 4 Tariflohnerhöhung Nr. 37. 468

Forum III
Hintergrund / Expertenmeinung

1 Expertendiagnose Mobbing 471
Eindeutige Definition schwierig 471
Es gibt keine Checkliste 471
Täter und Opfer agieren verdeckt 472
Fachkompetente Beurteilung ist wichtig 472
Mobbing oder Selbstschutz für die Psyche 472
Unklare Rolle des Betriebsrates 473
Gegenteiliger Effekt durch Dienstvereinbarungen 473
Fallstricke bewusst umgehen 474

2 Die Psychologie der Kündigung 474

Täter, Opfer oder Helfer? 474
Das Opfer 474
Der Verfolger 474
Der Retter 474
Rollentausch 475
Rollenprägung und Rollentausch vermeiden 475
Sandwich-Position der Führungskraft 475
Reaktionstypologie bei Vorgesetzten 475
Der Verdänger 475
Der Konfrontierer 476
Verhaltenstipps für Konfrontierer 476
Der Konsens-Sucher 476
Verhaltenstipps für Konsens-Sucher 476
Experten-Tipp für alle drei Reaktionstypen 476
Reaktionen von Personalprofis als »Betroffene« 476

3 Change Management, Rahmenbedingungen gesellschaftsrechtlicher Umwandlungen 477
Ausgangssituation 477
Gesellschaftsrechtliche Fragen 477
Arbeitsverhältnis 477
Rechte und Pflichten bestehen fort 477
Änderungssperre 480
Tarifvertrag oder Betriebsvereinbarung im neuen Unternehmen 480
Wegfall der Änderungssperre 481
Bezugnahmeklausel 481
Unterrichtung 482
Widerspruchsrecht 483
Kündigungsrechtliche Stellung des Arbeitnehmers 483
Betriebsrat 483

Forum IV
Service

1 Arbeitsrechtsportale im Praxistest 487
2 Nützliche Hinweise 493
3 Stichwortverzeichnis 497

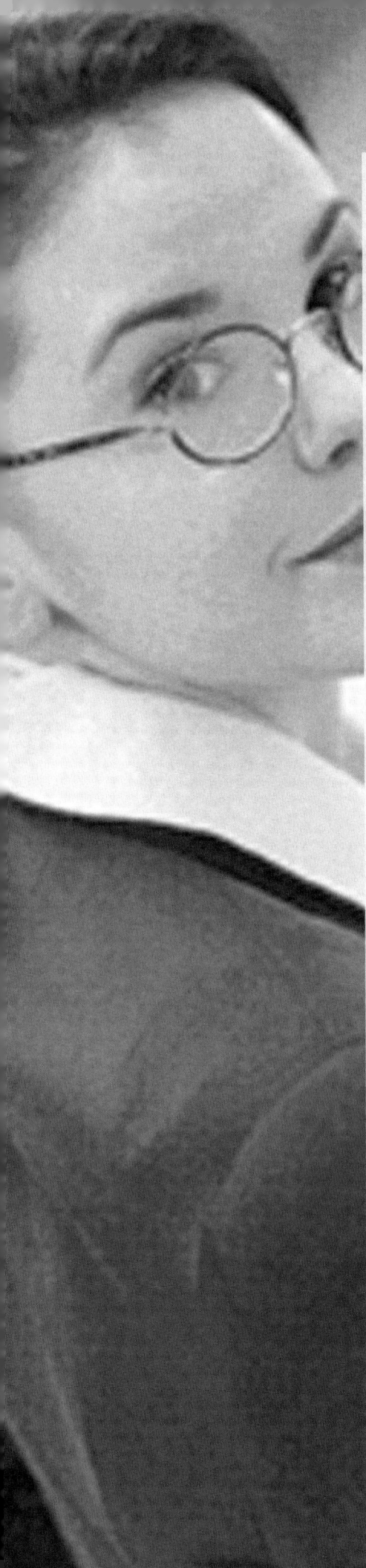

I Einführung in die Personalarbeit

Inhaltsübersicht

A Personalmanagement im Überblick
1 Human Resources sind Menschen

B Rechtliche Grundlagen der Personalarbeit
1 Rechtsquellen des Arbeitsrechts
2 Arbeitsrechtliche Interessenvertretungen
3 Arbeitsgerichtsverfahren

Inhalt Kapitel I

A	Personalmanagement im Überblick 3	
1	Human Resources sind Menschen 3	
1.1	Der Mitarbeiter als Produktionsfaktor 3	
1.2	Strategisches Personalmanagement 3	
1.3	Gezielt und effizient einsetzen, vorausschauend planen 3	
1.4	Prozessorientierte Hilfe für die Praxis 4	
1.4.1	Elemente und Instrumente der Personalwirtschaft 4	
	Personalbeschaffung 4	
	Personalmarketing 4	
	Organisation, Information, Verwaltung 4	
	Personaleinsatz 5	
	Vergütung 5	
	Personalführung 5	
	Personalentwicklung 5	
	Beendigung von Arbeitsverhältnissen 5	

B	Rechtliche Grundlagen der Personalarbeit 6	
1	Rechtsquellen des Arbeitsrechts 6	
1.1	Grundgesetz und EU-Richtlinien 6	
1.2	Arbeitsrechtlich relevante Gesetze 6	
1.3	Tarifvertrag 7	
1.3.1	Verbandstarifvertrag 7	
1.3.2	Haus- / Firmentarifvertrag 7	
1.3.3	Allgemeinverbindlicher Tarifvertrag 7	
1.3.4	Durchsetzung des Tarifabschlusses 7	
1.3.4.1	Streik 7	
1.3.4.2	Aussperrung 7	
1.3.4.3	Friedenspflicht 8	
1.3.4.4	Was unternehmen Sie bei einem Streik? 8	
1.3.5	Tarifbindung 8	
1.3.6	Öffnungsklauseln 9	
1.3.7	Günstigkeitsprinzip 9	
1.3.8	Bündnisse für Arbeit 10	
1.4	Betriebsvereinbarung 10	
1.4.1	Tarifvorbehalt/Tarifsperre 10	
1.4.2	Nachwirkung 10	
1.4.3	Verfahrensstrategie für den Abschluss 10	
	1. Schritt: 10	
	2. Schritt: 10	
	3. Schritt: 11	
1.4.4	Politische Rücksichtnahmen und Einigungsstelle 11	
1.4.5	Regelungsabrede 12	
1.5	Arbeitsvertrag 12	
1.5.1	Betriebliche Übung 12	
	Wann entsteht eine betriebliche Übung? 12	
	Wie beenden Sie ein betriebliche Übung? 13	
1.5.2	Betriebliche Einheitsregelung / Gesamtzusage 13	
2	Arbeitsrechtliche Interessenvertretungen 14	
2.1	Arbeitgeberverbände 14	
2.1.1	Mitgliedschaft 14	
2.1.2	Folgen eines Austritts aus dem Verband 14	
	Fortgeltung 14	
	Nachwirkung 14	
2.1.3	OT-Mitgliedschaft 14	
2.2	Gewerkschaften 14	
2.3	Betriebliche Arbeitnehmervertretung (Betriebsrat) 15	
2.3.1	Wahlen und Amtszeit des Betriebsrats 15	
2.3.2	Geschäftsführung des Betriebsrates 15	
2.3.3	Sitzungen und Beschlüsse 16	
	Termine und Arbeitgeberteilnahme 16	
	Beschlüsse 16	
2.3.4	Wirtschaftsausschuss 16	
2.3.5	Gesamtbetriebsrat / Konzernbetriebsrat 16	
2.3.6	Neue Betriebsratsformen 16	
2.3.7	Europäischer Betriebsrat (EBR) 17	
2.3.8	Sprecherausschuss der leitenden Angestellten 17	
	Richtlinien mit dem Sprecherausschuss 18	
	Wer ist leitender Angestellter? 18	
	Wahl, Geschäftsführung und Mitwirkung des Sprecherausschusses 18	
3.	Arbeitsgerichtsverfahren 18	
3.1	Erster Rechtszug (Arbeitsgericht) 18	
3.2	Berufungsinstanz (Landesarbeitsgericht) 18	
3.1	Revisionsinstanz (Bundesarbeitsgericht) 19	

A Personalmanagement im Überblick

1 Human Resources sind Menschen

1.1 Der Mitarbeiter als Produktionsfaktor

Human Resources ist die »neudeutsche« Bezeichnung für Personal. Das Management solcher Ressourcen umfasst alle Aufgaben rund um den »Produktionsfaktor Arbeit«. Das Spektrum dieser Aufgaben beschränkt sich dabei keineswegs auf die administrativen Aufgaben im Zusammenhang mit Einstellung, Entlohnung oder Kündigung. Wer »Human Resources« oder »Personalmanagement« sagt, meint mehr als traditionelle »Personalarbeit«. Personalverantwortliche und Personalabteilungen spielen im Management moderner Unternehmen eine aktive und strategische Rolle. Sie verstehen sich dabei als Dienstleister anderer Bereiche, aber auch als Akteure und Träger von Unternehmensstrategien.

Über Jahrzehnte beschäftigten sich neue Managementphilosophien vorrangig mit Produktion, Finanzen oder Organisationsmanagement der Unternehmen. Schlagworte waren »Kostenmanagement« und »strategische Wettbewerbsvorteile«, »Just-in-time-Organisation«, »Total Quality Management« und »Reengineering«. Zur Steigerung des »Shareholder Value« schärfte man den internen Blick auf Zahlen, die für den Kapitalmarkt wichtig sind. »Benchmarking« und »Balanced Scorecards« sollten helfen, die Wettbewerbsfähigkeit zu messen. Man bemühte sich um »Konzentration auf Kernkompetenzen«, suchte neue Vertriebswege im »E-Commerce« oder arbeitete an der besseren Kenntnis vom Kunden durch »Customer Relationship Management«.

Das Thema Personalmanagement wurde durch solche Ansätze in den Hintergrund gedrängt, lief »nebenbei« mit. Die Unternehmensführung wies ihm selten die oben erwähnte aktive Rolle zu. Die Folge war, dass Personalabteilungen verkleinert und auf ihre administrativen Aufgaben reduziert oder ausgelagert wurden, anstatt einer der Träger der strategischen Ziele des Unternehmens zu werden.

Relativ neu im Reigen der Managementtheorien sind Modelle, die den Mitarbeiter als zentralen Produktionsfaktor betrachten, der von der Personalabteilung nicht nur verwaltet wird, sondern durch ihre Betreuung effizienter zum Wohle des Unternehmens eingesetzt werden kann. Personalbezogene Schlagworte wie »Teamarbeit«, »flache Hierarchien« oder »Wissensmanagement« mischen sich unter das Vokabular der Unternehmensberater. Die Personalarbeit wird im Rahmen der Bonitätsbewertung nach Basel II ebenso kritisch betrachtet wie die Performance in anderen Unternehmensbereichen. Neben die Pflege der Beziehungen zum Kunden tritt heute das «Employee Relationship Management« – die Pflege der Beziehungen zum Mitarbeiter, und nicht nur die großen Unternehmen haben »strategisches Personalmanagement« für sich entdeckt.

1.2 Strategisches Personalmanagement

Personalwirtschaft strategisch angehen heißt nichts anderes, als den Personalbereich konstruktiv in Strategie und Politik des Unternehmens einzubinden und die Personalarbeit vorausschauend und aktiv zu gestalten. Natürlich soll sie weiterhin auch »reaktiv« sein, d.h. auf die Bedürfnisse und Wünsche der internen Kunden eingehen. Beschaffung, Einsatz, Entlohnung, Entwicklung und Entlassung bleiben weiterhin wichtige Dienstleistungen der Personaler für andere Bereiche. Personalarbeit kann aber einen Schritt weiter gehen und in Planung und Strategie ihren eigenen Beitrag leisten.

Human Resources, das sind Potenzial der Arbeitsleistung, Wissen, soziales Kapital, Lernfähigkeit und Führungs- und Organisationskompetenz eines Unternehmens. Erst die richtige Nutzung dieser Ressourcen macht ein Unternehmen konkurrenzfähig. Hier geht es darum, Leistungspotenziale der Mitarbeiter in unternehmerisches Handeln umzusetzen. Dazu können eine Reihe von Wegen beschritten werden. Organisatorische und prozessuale Veränderungen können ebenso Instrumente sein wie strukturelle Anpassungen an strategische Anforderungen. Weitere Instrumente betreffen die Führung der Mitarbeiter im Hinblick auf die Motivation oder das Lernen im Unternehmen. Führung als Ressourcenmanagement, Wissensmanagement und die kompetente Begleitung von Wandel (Change Management) sind zentrale Aspekte, wenn es um strategisches Personalmanagement geht.

1.3 Gezielt und effizient einsetzen, vorausschauend planen

Das Personalmanagement folgt in seinen Zielen den wirtschaftlichen Zielvorgaben des Unternehmens. Der Produktionsfaktor Arbeit ist ein Kostenfaktor, der effizient genutzt werden soll. Es gilt, den bestmöglichen Einsatz vorhandener Mitarbeiter sicherzustellen. Sie sollen dort arbeiten, wo sie am besten geeignet sind und auch gebraucht werden. Ebenso möchte man Kreativität und Erfahrung der Mitarbeiter zum Wohle des Unternehmens nutzen.

Neben diesen Aufgaben, die sich zeitnah auf die Kosten auswirken, sind auch langfristige Ziele zu bedenken. So ist es wichtig, die Leistungspotenziale der Mitarbeiter auch für die Zukunft zu sichern. Gutes Arbeitsklima, kooperative Führung, selbständiges Arbeiten, leistungsgerechte und faire Bezahlung sind dabei ebenso zu nennen wie Karrierechancen oder flexible Arbeitszeiten. Weiterhin gilt es, durch zielgenaue Planung die Deckung des zu erwartenden Bedarfs hinsichtlich Menge wie Qualifikation zu garantieren. Das Erkennen und Entwickeln von Potenzialen in den eigenen Reihen ist z.B. ein Instrument, das nicht nur gewachsenes Know-how für das Unternehmen nutzt, sondern im Vergleich zur Neuakquisition von Personal auch erhebliche Kosten spart.

Will sich ein Unternehmen im Wettbewerb behaupten, dann sind nicht nur Produkte und Preise wichtig. Qualifikation und Motivation der Mitarbeiter sind zentrale Assets. Gute Mitarbeiter müssen ebenso umworben werden wie Kunden.

Einen ganzheitlichen, strategischen Ansatz in der Personalwirtschaft kann der Geschäftsführer eines kleinen Unternehmens, der die Personalarbeit selbst in die Hand nehmen muss, ebenso in die Tat umsetzen wie der Personalchef eines mittleren oder großen Unternehmens. Bei den »Großen« reicht es allerdings nicht aus, wenn die Personalverantwortlichen unter sich entscheiden, das Personalmanagement künftig strategisch anzugehen. Die Ziele strategischer Personalarbeit müssen von allen Akteuren des Unternehmens mitgetragen werden: Von der Unternehmensleitung, von den Führungskräften und nicht zuletzt auch vom Betriebsrat.

Für den Erfolg von Personalstrategien ist es – ebenso wie bei anderen Managementaufgaben im Unternehmen – wichtig, dass Personalarbeit in der Unternehmenskultur als zentrale Führungsaufgabe verstanden wird. Verantwortliche anderer Bereiche sollten diese Führungsaufgabe auch als ihre persönliche Aufgabe verstehen und in ihr Tagesgeschäft einfließen lassen. Die gezielte Förderung und Entwicklung von Mitarbeitern beispielsweise lässt sich ohne aktive Mitwirkung des direkten Vorgesetzten nicht umsetzen.

Die Ansatzpunkte des Personalmanagements sind breit gefächert, die Übergänge zwischen den Aufgabenbereichen sind fließend.

1.4 Prozessorientierte Hilfe für die Praxis

Das Personal-Jahrbuch will als Standardwerk Informationen und Handlungsanleitungen für Praktiker der Personalarbeit bieten. Personalleiter, Personalverantwortliche kleinerer Betriebe aber auch Mitarbeiter mit Führungsverantwortung im mittleren Management größerer Unternehmen finden hier einen Überblick über die vielfältigen Themen und Möglichkeiten der Personalarbeit. Die Integration von Management- und Rechtsthemen ist dabei ein zentrales Merkmal der Darstellung: parallel zu aktuellen Fragestellungen aus der Praxis des Personalmanagements werden die entsprechenden rechtlichen Aspekte behandelt. Das Jahrbuch offeriert Analysen und Lösungsansätze, Instrumente und Methoden sowie praktische Anleitungen und Vorlagen für die tägliche Arbeit.

Im Fokus der Betrachtung stehen die Mitarbeiter, die bei vielen Alltagsaufgaben »Aufhänger« der Personalarbeit sind. Das Buch begleitet die Personalarbeit aus diesem Blickwinkel: beginnend mit der Suche nach einem Mitarbeiter, der Auswahl eines Bewerbers und seinem Eintritt in das Unternehmen über seine Verwaltung, den Einsatz des Mitarbeiters im Arbeitsprozess und die Leistungsvergütung, weiter über Aspekte der Mitarbeiterführung sowie Qualifikation und Weiterentwicklung bis hin zum Ausscheiden von Mitarbeitern aus dem Unternehmen. Unter der Überschrift »Forum« findet sich im Jahrbuch 2003 erstmals ein zusätzliches Angebot mit Berichten und Beispielen aus der Praxis (»best practice«), einer Diskussion aktueller Rechtsthemen sowie Expertenmeinungen und Hintergrundartikeln.

1.4.1 Elemente und Instrumente der Personalwirtschaft

Gesetze und Bestimmungen, gerichtliche Auseinandersetzungen und Fragen der Einbindung des Betriebsrates bestimmen einen Großteil der täglichen Arbeit im Personalgeschäft. Basis-Informationen zu solchen Fragen liefert Kapitel I B. Die Abschnitte B der übrigen Kapitel bieten auf den jeweiligen Kontext bezogene Erläuterungen rechtlicher Rahmenbedingungen.

Personalbeschaffung
»Ob sie passen, weiß man erst, wenn man sie am Hals hat«, diese Binsenweisheit der Frauen über Hemdkragen und Männer lässt sich leicht auf die Einstellung von Mitarbeitern übertragen. Man kann den Menschen eben nur vor den Kopf schauen, nicht hinein. Um so wichtiger sind intensive Vorbereitung der Bewerbersuche und sorgfältige Auswahl.

Welche Wege Sie bei der Bewerbersuche beschreiten können, wie Sie im Auswahlprozess sicherstellen können, den »richtigen« Kandidaten einzustellen und rechtliche Aspekte rund um Bewerbersuche und -auswahl sowie alles zum Thema Arbeitsvertrag finden Sie in Kapitel II.

Personalmarketing
Das Unternehmen aktiv und positiv am Arbeitsmarkt positionieren – als Voraussetzung für erfolgreiche Personalbeschaffung, das ist externes Personalmarketing. Analysen der Entwicklungen am Arbeitsmarkt gehören in diesen Zusammenhang ebenso wie die Kooperation mit Schulen durch Gestaltung von Schulunterricht und Präsenz an den Hochschulen einschließlich Diplomandenbetreuung, Teilnahme an Ausbildungsmessen und andern Foren oder das Angebot von Plätzen für Praktika.

Internes Personalmarketing hat zahlreiche Berührungspunkte mit den Themen Führen und Personalbetreuung. Hier geht es u.a. um die Anerkennung von Leistungen und Jubiläen oder unternehmensinterne Veranstaltungen mit »Bindungscharakter« wie z.B. Weihnachtsfeiern.

Ziel eines solchen internen Marketings ist es, Mitarbeiter an das Unternehmen zu binden, sie sollen sich mit ihrer Arbeit identifizieren. Dazu gehört auch die individuelle Beratung und Förderung der Mitarbeiter. Wenn Potenzial nicht erkannt und gefördert bzw. von den Führungskräften entsprechend begleitet wird, kann es passieren, dass gute Mitarbeiter ihre Erfüllung anderswo suchen. Dieser Themenkreis wird u.a. in Kapitel VI angesprochen.

Organisation, Information, Verwaltung
Eine Grundlage erfolgreicher Personalarbeit sind rasch verfügbare und aktuelle Informationen über die Menschen, die den Produktionsfaktor Arbeit ausmachen. Für eine vernünftige und erfolgreiche Personalplanung beispielsweise muss man

um die Fähigkeiten der Mitarbeiter wissen und diese Informationen so verfügbar haben, dass die verschiedenen Entscheider darauf zugreifen können. Ebenso wichtig sind Erfassung und Auswertung der mit ihnen verbundenen wirtschaftlichen Kennzahlen. Personalinformations- und Berichtssysteme wie auch das Personalcontrolling gehören daher zum modernen Instrumentarium der Personalarbeit. Darüber hinaus sind zentral verfügbare und kommunizierbare Stellenbeschreibungen, Anforderungsprofile und Arbeitsplatzbewertungen wichtige Bausteine dieses Aufgabenbereichs.

Neben ihrer Rolle als Dienstleister und Zulieferer anderer Unternehmensbereiche, kann die Personalabteilung auch Service-Partner der Mitarbeiter sein. Fürsorge hinsichtlich Gesundheit, Fitness und Verpflegung gehören ebenso dazu wie die Information der Mitarbeiter über relevante Entwicklungen und Entscheidungen. Die Bandbreite reicht hier vom Schwarzen Brett über die Werkszeitung bis hin zum Online-Portal (z.B: mit Employee Self Service). (Beiträge in Kapitel III)

Personaleinsatz
Den richtigen Mitarbeiter am richtigen Ort, zur richtigen Zeit einsetzen, das ist ein Teil des Themas Personaleinsatz. Der nächste Schritt sind Personalbedarfsplanung und Personalentwicklungsplanung- wie viele Mitarbeiter werden wo zu welchem Zeitpunkt und mit welcher Qualifikation benötigt? Kapitel IV behandelt verschiedene Instrumente der Planung. Für den optimalen Personaleinsatz sollte man sich heute auch mit Modellen der flexiblen Arbeitszeitgestaltung befassen. Bei grenzüberschreitenden Aktivitäten eines Unternehmens spielen Fragen der Begleitung des internationalen Einsatzes von Mitarbeitern eine wichtige Rolle.

Vergütung
Ziel der Vergütungspolitik ist es, eine Entlohnung zu bieten, die den Mitarbeiter zu maximaler Leistung motiviert, den Mitarbeiter selbst zufrieden stellt und außerdem wettbewerbstauglich ist. Je nach Modell werden Grundgehälter mit variablen Anteilen kombiniert. Durch die Koppelung solcher Anteile an Ertragskennzahlen oder persönliche Zielerreichung kann das Unternehmen sicherstellen, dass es die Leistungen bekommt, die es braucht. Kapitel V stellt Elemente der Vergütungspolitik vor und erläutert ausführlich die Handhabung von Entgeltabrechnung und betrieblichen Sozialleistungen sowie Fragen der betrieblichen Altersversorgung.

Personalführung
Noch eine »alte Personaler-Weisheit«: Nicht jeder gute Fachmann ist auch eine gute Führungskraft. Die Art und Weise, in der Vorgesetzte ihre Mitarbeiter führen und in der Zusammenarbeit funktioniert, prägt die Kultur eines Unternehmens. Die Personalabteilung ist hier in ihrer begleitenden Rolle gefordert und kann über das Coaching von Führungskräften oder die Einführung von Instrumenten, z.B. routinemäßige Führungsgespräche oder Mitarbeiterbefragungen, Hilfestellung leisten. Kapitel VI befasst sich mit Aufgaben und Umsetzung von »Führung«.

Ein weiterer Aspekt ist hier das Change Management. Eine Folge der Globalisierung sind Zusammenschlüsse und Fusionen, zuweilen werden andere Unternehmen auch »geschluckt«. Fast ausnahmslos sind solche Veränderungen mit rechtlichen wie kulturellen Schwierigkeiten verbunden, die das Personalmanagement abfedern kann (Kapitel VI A/7, Forum I/5, Forum III/3).

Personalentwicklung
Dauer und Kosten der Bewerbersuche ebenso wie das Risiko, doch nicht den richtigen Kandidaten auszuwählen, sprechen eindeutig für die intensive Beschäftigung mit den Mitarbeitern, die man schon hat.

Personalentwicklung und Qualifikation durch bedarfsgerechte Schulung, Förderung von Nachwuchskräften, Potenzialanalyse, Nachfolgeaufbau und Berufsausbildung sind die Themen in Kapitel VII. Auch moderne Formen der Weiterbildung (E-Learning) werden hier behandelt.

Beendigung von Arbeitsverhältnissen
Bei der Beendigung von Arbeitsverhältnissen sind Personalabteilungen zuweilen besonders stark gefordert. Über die korrekte Handhabung von Kündigungen und Aufhebungsverträgen oder die Formulierung von Zeugnissen hinaus kann die Unternehmensleitung beispielsweise Unterstützung bei »Schrumpfungsprozessen« benötigen (Personalbestandsanpassung). Während Kapitel VIII A die managementbezogenen Aspekte des Ausscheidens von Mitarbeitern behandelt, geht es in Teil B um die rechtlichen Umstände der Beendigung und was dabei beachtet werden muss. Kündigungsgespräche sind ebenfalls ein heikles Thema, das die Personalabteilung professionell begleiten kann (Forum III/2).

B Rechtliche Grundlagen der Personalarbeit

1 Rechtsquellen des Arbeitsrechts

Wer mit Personalfragen im Unternehmen befasst ist, muss sich – im Großkonzern wie im mittelständischen Handwerksbetrieb – mit einer Vielzahl arbeitsrechtlicher Vorgaben befassen. Dies beginnt schon vor der Einstellung eines Mitarbeiters (nämlich bei Bewerberauswahl und Vorstellungsgespräch) und dauert über das Ende des Arbeitsverhältnisses fort (nachwirkende Fürsorgepflichten, Zeugnisanspruch, etc.). Der Personalverantwortliche muss die grundlegenden gesetzlichen und richterrechtlichen Vorschriften zum Arbeitsrecht kennen, wenn er nicht Gefahr laufen will, permanent Auseinandersetzungen mit Mitarbeitern und Vorgesetzten herauf zu beschwören. Aber nicht nur im Individualarbeitsrecht, noch mehr im kollektiven Arbeitsrecht, also im Verhältnis zu Betriebsräten und Gewerkschaften, muss der Personalmanager über grundlegende Kenntnisse von Gesetz und Rechtsprechung verfügen. Anderenfalls drohen unnötige Rechtsstreitigkeiten vor den Arbeitsgerichten und ein permanentes »Störfeuer« seitens des Betriebsrats. Hierdurch kann der ordnungsgemäße Betriebsablauf, also das »eigentliche Geschäft« des Unternehmens wie z. B. Produktion und Vertrieb, erheblich beeinträchtigt werden.

1.1 Grundgesetz und EU-Richtlinien

Das Grundgesetz geht anderen arbeitsrechtlichen Rechtsquellen vor. Einzelne Mitarbeiter können jedoch keine unmittelbaren Ansprüche daraus herleiten. Artikel 3 gewährleistet die Gleichberechtigung, Artikel 5 die Freiheit der Meinungsäußerung. Eine wichtige Vorschrift ist die in Artikel 9 Absatz 2 geregelte Koalitionsfreiheit und das Recht, Beruf, Arbeitsplatz und Ausbildung frei zu wählen (Artikel 12 GG).

Die EU hat eine Vielzahl von Richtlinien auf dem Gebiet des Arbeitsrechts erlassen. Diese richten sich jedoch grundsätzlich an die Mitgliedsstaaten und sind von diesen in nationales Recht umzusetzen. Hierzu zählen die Richtlinien zum Betriebsübergang, zu Massenentlassungen, zur Unterrichtung des Arbeitnehmers über seine Arbeitsvertragsbedingungen, etc. Nach der Rechtsprechung des Europäischen Gerichtshofs können sich jedoch einzelnen Bürger dann gegenüber dem Staat auf Bestimmungen einer EU-Richtlinie berufen, wenn deren Vergünstigungen inhaltlich klar bestimmt sind und der Staat die Richtlinien nicht fristgemäß in innerstaatliches Recht umgesetzt hat.

1.2 Arbeitsrechtlich relevante Gesetze

Eine der wichtigsten Rechtsquellen sind die arbeitsrechtlichen Gesetze. Die einzelnen Gesetze in Übersicht zu 1.2 können in einem unterschiedlichen Rangverhältnis zueinander stehen. Während manche Gesetze zwingend und unabdingbar sind, lassen andere in Teilbereichen Abweichungen durch Tarifvertrag, Betriebsvereinbarung oder Arbeitsvertrag zu. Sie sollten sich daher nie ausschließlich auf eine Gesetzesvorschrift verlassen, sondern immer prüfen, ob ergänzend andere Regelungen (Tarifvertrag, Betriebsvereinbarungen, Arbeitsvertrag) bestehen.

Das Betriebsverfassungsgesetz wurde zum August 2001 neu gefasst und sieht erweiterte Mitbestimmungsrechte, zusätzliche Betriebsräte und ein erleichtertes Wahlverfahren für Kleinbetriebe vor. Auch im neuen Teilzeit- und Befristungsgesetz (TzBfG) gibt es Neuerungen für die Befristung von Arbeitsverträgen. Es gewährt Arbeitnehmern einen gesetzlichen Anspruch auf Teilzeitarbeit (siehe II B/3.3.4). Das Schwerbehindertengesetz (SchwbG) heißt jetzt Sozialgesetzbuch (SGB) IX (siehe II B/3.3.9).

Übersicht (zu 1.2) Die wichtigsten arbeitsrechtlichen Gesetze

1. Begründung und Inhalt des Arbeitsverhältnisses
Bürgerliches Gesetzbuch (BGB), Nachweisgesetz (NachwG), Handelsgesetzbuch (HGB), Gewerbeordnung (GewO), Beschäftigungsförderungsgesetz (BeschFG), Entgeltfortzahlungsgesetz (EFZG), Bundesurlaubsgesetz (BUrlG9), Arbeitszeitgesetz (ArbZG), Gesetz zur Verbesserung der betrieblichen Altersversorgung (BetrAVG), Beschäftigtenschutzgesetz (BeSchuG, Schutz gegen sexuelle Belästigungen).

2. Schutz besonderer Personengruppen, siehe auch III B/2.1.6
Mutterschutzgesetz (MuSchG), Jugendarbeitsschutzgesetz (JArbSchG), Schwerbehindertengesetz (SchwbG).

3. Berufsausbildung und Ausbildungsförderung, siehe auch VII A/5, 6
Berufsbildungsgesetz (BBiG), Berufsbildungsförderungsgesetz (BerBiFG), Sozialgesetzbuch (SGB) III.

4. Betriebsverfassung
Betriebsverfassungsgesetz (BetrVG), Sprecherausschussgesetz (SprAuG, für leitende Angestellte).

5. Beendigung des Arbeitsverhältnisses, siehe auch VIII
Bürgerliches Gesetzbuch (BGB), Kündigungsschutzgesetz (KSchG), Beschäftigungsförderungsgesetz (BeschFG, Befristung).

6. Tarif- und Arbeitskampfrecht
Grundgesetz (GG, Art. 9 Abs. 3), Tarifvertragsgesetz (TVG).

7. Arbeitsgerichtsbarkeit
Arbeitsgerichtsgesetz (ArbGG), Zivilprozessordnung (ZPO).

1.3 Tarifvertrag

In vielen Branchen werden die grundlegenden Arbeitsbedingungen durch Tarifvertrag geregelt. Sofern eine Tarifbindung für Arbeitgeber und Arbeitnehmer besteht (siehe 1.3.5), gelten die Regelungen des Tarifvertrages für das Arbeitsverhältnis unmittelbar und zwingend. Ein Abweichen von den tariflichen Bestimmungen (z.B. durch Betriebsvereinbarung oder Arbeitsvertrag) ist dann nur zu Gunsten des Arbeitnehmers (Günstigkeitsprinzip, siehe 1.3.7) möglich, und wenn der Tarifvertrag durch eine Öffnungsklausel (siehe 1.3.6) dies ausdrücklich gestattet.

1.3.1 Verbandstarifvertrag

Die »klassische« Tarifbindung besteht durch Mitgliedschaft in der jeweiligen tarifschließenden Organisation: Der Arbeitgeber muss Mitglied des betreffenden Arbeitgeberverbandes, der Arbeitnehmer Mitglied der tarifschließenden Gewerkschaft sein. Grundsätzlich müssen Sie die tarifvertraglichen Leistungen nur Gewerkschaftsangehörigen gewähren, also nicht den nicht organisierten »Außenseitern«. Auch der Gleichbehandlungsgrundsatz erlaubt eine unterschiedliche Behandlung von Gewerkschaftsmitglieder und Nicht-Mitglieder. In der Praxis wissen sie jedoch meist nicht, wer von ihren Mitarbeitern Gewerkschaftsmitglied ist (eine Frage nach der Mitgliedschaft im Einstellungsgespräch ist unzulässig). Daher wenden die meisten Arbeitgeber die Tarifverträge auf sämtliche Arbeitnehmer (außer AT-Angestellten und Leitenden Angestellten) an. Hierdurch wird auch vermieden, dass Arbeitnehmer nur deshalb in die Gewerkschaft eintreten, um die Vorteile des Tarifvertrages zu erhalten.

> Die Tarifverträge, die in Ihrem Betrieb gelten, müssen an einer allgemein zugänglichen Stelle ausgehängt werden, z. B. am schwarzen Brett. Ein Hinweis, wo die Tarifverträge eingesehen werden können, genügt ebenfalls. Ob die Möglichkeit zur Einsichtnahme in der Personalabteilung genügt, ist umstritten.

1.3.2 Haus- / Firmentarifvertrag

Wenn Sie nicht Mitglied des Arbeitgeberverbandes sind, kann für Sie ein Haustarifvertrag (Firmentarifvertrag) in Betracht kommen. Dabei schließen Sie als Arbeitgeber mit der zuständigen Gewerkschaft einen Tarifvertrag. Dieser bietet zwar die Möglichkeit, dass Sie mit der Gewerkschaft individuelle Regelungen vereinbaren, die auf die Besonderheiten Ihres Unternehmens passen. Sie müssen sich jedoch auf harte Verhandlungen gefasst machen, weil die Gewerkschaften nur ungern von den Normen der Verbandstarifverträge (Flächentarifvertrag zwischen Gewerkschaft und Arbeitgeberverband) abweichen.

Ein reiner »Anerkennungstarifvertrag« führt in der Regel dazu, dass Sie an künftige Tarifvertragsänderungen gebunden sind, ohne darauf Einflussmöglichkeiten zu haben, da Sie z.B. gerade nicht Mitglied des Arbeitgeberverbandes sind. Ein Anerkennungstarifvertrag sollte daher auf jeden Fall vermieden werden.

> Die Gewerkschaften haben das Recht, einen Haustarifvertrag mit einem einzelnen Arbeitgeber zu erstreiken!

1.3.3 Allgemeinverbindlicher Tarifvertrag

In einigen Branchen erklärt der Bundesminister für Arbeit und Sozialordnung oder die Arbeitsminister der Länder bestimmte Tarifverträge für allgemeinverbindlich. Ob für ihren Betrieb ein allgemeinverbindlicher Tarifvertrag besteht, erfragen Sie am besten beim Bundesarbeitsministerium (www.bma.de/de/arbeit/arbeitsrecht/tarifverzeichnis.htm). Dies bedeutet, dass der entsprechende Tarifvertrag unmittelbar und zwingend für alle Unternehmen und Arbeitnehmer der Branche gilt, unabhängig von einer Mitgliedschaft im Arbeitgeberverband oder der Gewerkschaft. Ein Exemplar des Tarifvertrages erhalten Sie bei den Tarifvertragsparteien.

1.3.4 Durchsetzung des Tarifabschlusses

Die Tarifparteien (Arbeitgeberbände und Gewerkschaften) unterliegen der so genannten Durchführungspflicht. Sie haben dafür zu sorgen, dass sich ihre Mitglieder entsprechend den tariflichen Vereinbarungen verhalten. Wenn eine der Tarifparteien ihre Pflicht nicht erfüllt, kann die andere Partei auf Einhaltung des Tarifvertrages vor dem Arbeitsgericht klagen.

Einzelne Arbeitnehmer sowie der Betriebsrat können auf Einhaltung des Tarifvertrages gegen den Arbeitgeber klagen.

> Das Bundesarbeitsgericht hat in einem Urteil entschieden, dass auch Gewerkschaften gegen einzelne Arbeitgeber auf Einhaltung des Tarifvertrages klagen können. Dies setzt jedoch voraus, dass der Arbeitgeber Mitglied des betreffenden Arbeitgeberverbandes ist.

1.3.4.1 Streik

Der Streik ist das Arbeitskampfmittel der Gewerkschaften. Es handelt sich um eine vorübergehende, planmäßige kollektive Störung der Arbeitsbeziehungen durch eine größere Anzahl von Arbeitnehmern. Es ist gesetzlich nicht geregelt, unter welchen Voraussetzungen ein Streik zulässig ist. Die wesentlichen Grundsätze bilden sich ausschließlich durch Gerichtsentscheidungen heraus (siehe Übersichten 1 und 2 zu 1.3.4.1).

1.3.4.2 Aussperrung

Die Aussperrung ist das Arbeitskampfmittel der Arbeitgeberverbände. Unterschieden wird zwischen Abwehr- und Angriffsaussperrung. Die Abwehraussperrung ist eine Reaktion auf einen Streik. Mit der Angriffsaussperrung will der Arbeitgeberverband selbstständig ein tariflich regelbares Ziel durchsetzen, ohne dass die Gewerkschaften ihrerseits zum Streik aufgerufen haben. Diese Art der Aussperrung kommt in der Praxis jedoch kaum vor.

Für eine Aussperrung muss ein Beschluss des Arbeitgeberverbands

I. Einführung in die Personalarbeit

Übersicht 1 (zu 1.3.4.1) Zulässigkeit und Unzulässigkeit von Streiks

Streiks sind zulässig, wenn sie:	Streiks sind unzulässig, wenn sie:
eine tarifvertragliche Regelung zum Ziel haben.	politisch motiviert sind und den Staat beeinflussen wollen.
eine Verpflichtung der Arbeitgeberseite erzielen wollen, die in einem Tarifvertrag vereinbart werden kann.	eine Betriebsvereinbarung oder sonstige betriebliche Handlungen des Arbeitgebers erzwingen wollen.
Warnstreiks für ein tariflich regelbares Ziel sind, d.h. kurzfristige Arbeitsniederlegungen, die Geschlossenheit der Arbeitnehmerschaft demonstrieren und das Interesse der Öffentlichkeit auf den Arbeitskampf lenken sollen.	sich als Sympathie- oder Solidaritätsstreiks zur Unterstützung von Forderungen anderer Gewerkschaften verstehen.
von einer Gewerkschaft geführt werden, die für den Abschluss des Tarifvertages zuständig ist.	unverhältnismäßig sind, d.h. wenn noch nicht alle Verhandlungsmöglichkeiten ausgeschöpft wurden (Gewerkschaften haben Ermessensspielraum, die Verhandlungen abzubrechen und zu Streiks aufzurufen).
nicht gegen die Friedenspflicht verstoßen (siehe 1.3.4.3).	

Übersicht 2 (zu 1.3.4.1) Begleitende Maßnahmen bei einem Streik

Was Sie zulassen müssen	Was rechtswidrig ist
Kundgebungen der Gewerkschaften am Werkstor	Verhinderung des Zugangs von Kunden und Warenlieferungen (Blockaden)
Aufstellung von Streikposten	Hinderung arbeitswilliger Arbeitnehmer am Betreten des Betriebs
Anbringen von Plakaten mit Streikaufrufen	Gewaltanwendung
Verteilen von Handzetteln	Sachbeschädigung

vorliegen, wenn die Arbeitskampfmaßnahme zum Abschluss eines Verbandstarifvertrages führen soll. Liegt ein Verbandsbeschluss nicht vor, ist die Aussperrung rechtswidrig.

Die rechtmäßigen Voraussetzungen für eine Aussperrung sind denen des Streiks ähnlich:
- Organisation durch einen Arbeitgeberverband oder einen einzelnen Arbeitgeber,
- gerichtet gegen eine Gewerkschaft,
- kein Verstoß gegen die Friedenspflicht,
- Verhältnismäßigkeit.

Es darf nur in dem Umfang (zeitlich, räumlich und im Hinblick auf die Zahl der betroffenen Arbeitnehmer) ausgesperrt werden, in dem die Arbeitgeberschaft durch einen Streik betroffen ist. Eine Aussperrung von zwei Tagen ist unzulässig, wenn damit auf einen Warnstreik von lediglich 60 Minuten reagiert wird. Die Rechtsfolgen eines rechtmäßigen Arbeitskampfs entnehmen Sie bitte der Übersicht zu 1.3.4.2.

1.3.4.3 Friedenspflicht

Die Friedenspflicht besagt, dass während der Geltungsdauer eines Tarifvertrages keine Arbeitskampfmaßnahmen (Streik/Aussperrung) bezüglich der im Tarifvertrag geregelten Fragen eingeleitet werden dürfen.

1.3.4.4 Was unternehmen Sie bei einem Streik?
(siehe Übersicht 1 zu 1.3.4.4)

 Die Mitbestimmungsrechte des Betriebsrates bei Einstellungen, Betriebsschließungen usw. sind eingeschränkt, soweit die Beteiligung des Betriebsrates die Chancengleichheit im Arbeitskampf beeinträchtigen würde. Lassen Sie sich in dieser Frage von Ihrem Arbeitgeberverband beraten.

Ihre Rechte bei einem rechtswidrigen Streik (siehe 1.3.4.1) gegenüber der Gewerkschaft und einzelnen Streikenden entnehmen Sie der Übersicht 2 zu 1.3.4.1.

1.3.5 Tarifbindung

Ein Tarifvertrag kann für Ihr Unternehmen aus folgenden Gründen Anwendung finden:
- Sie sind Mitglied im tarifschließenden Arbeitgeberverband (siehe 1.3.1).
- Sie haben mit der zuständigen Gewerkschaft einen Haustarifvertrag abgeschlossen (siehe 1.3.2).
- In Ihrer Branche ist ein Tarifvertrag für allgemeinverbindlich erklärt worden (z. B. Einzelhandel (siehe 1.3.3).

Sie haben in den Arbeitsverträgen mit Ihren Mitarbeitern die Geltung eines Tarifvertrages vereinbart. Dabei wird entweder auf den gesamten Tarifvertrag oder auf einzelne Tarifbestimmungen Bezug genommen. Es gibt dynamische (»der Tarifvertrag XY in seiner jeweils geltenden Fassung«) oder statische (»der Tarifvertrag XY in der Fassung vom ...«) Verweisungsklauseln. Formulieren Sie die Verweisungsklausel in Arbeitsverträgen eindeutig, damit spätere Rechtsstreitigkeiten vermieden werden.

> Nach Urteilen des Bundesarbeitsgerichts zum Betriebsübergang und Wechsel des Arbeitgeberverbandes werden die Tarifverträge des Betriebsveräußerers nicht ohne weiteres durch den beim Betriebserwerber geltenden Tarifvertrag verdrängt, wenn die Arbeitsverträge eine Verweisung auf einen genau bezeichneten Tarifvertrag enthalten. Um flexibel zu bleiben, sollten Sie in Arbeitsverträge Klauseln aufnehmen, die den »für den Betrieb jeweils einschlägigen« Tarifvertrag in Bezug nehmen. Noch besser ist es, zu formulieren: »Im Fall eines Tarifwechsels und/oder eines Betriebsübergangs gilt der danach für den Betrieb einschlägige Tarifvertrag.«

Durch eine Verweisungsklausel gilt der Tarifvertrag auch für Mitarbeiter, die nicht Mitglied der Gewerkschaft sind. Bei einer Bezugnahme im Vertrag gelten die Regelungen des Tarifvertrages nicht als tarifliche, sondern als vertragliche Bestimmungen. Anders als die kraft Tarifbindung geltenden Normen, können vertragliche Bestimmungen auch zu Ungunsten des Arbeitnehmers einvernehmlich geändert werden.

1.3.6 Öffnungsklauseln

Tarifverträge enthalten oft sehr weit reichende Regelungen. Wenn sie tarifrechtlich (und nicht nur durch arbeitsvertragliche Vereinbarung) gelten, wirken sie wie ein Gesetz unmittelbar und zwingend auf das Arbeitsverhältnis ein. Abweichende Vereinbarungen mit dem Betriebsrat oder einzelnen Arbeitnehmern sind nur zulässig, wenn sie für den Arbeitnehmer günstiger sind (siehe 1.3.7) oder wenn der Tarifvertrag eine Öffnungsklausel enthält. Die Öffnungsklausel erlaubt es, dass Sie mit dem Betriebsrat eine vom Tarifvertrag abweichende und den Besonderheiten Ihres Betriebes Rechnung tragende Regelung treffen.

1.3.7 Günstigkeitsprinzip

Vertragliche Vereinbarungen, die dem Tarifvertrag widersprechen und für den Arbeitnehmer ungünstiger sind, erlangen keine Rechtswirksamkeit. Sie sind nichtig. Lediglich Abmachungen, die eine Änderung zu Gunsten des Arbeitnehmers enthalten, sind zulässig. Häufig ist es schwierig, festzustellen, ob eine vertragliche Regelung günstiger ist als

Übersicht (zu 1.3.4.2) Rechtsfolgen zulässiger Streiks oder Aussperrungen

1. Die Hauptleistungspflichten aus dem Arbeitsverhältnis kommen zum Ruhen: Der Arbeitnehmer ist nicht zur Arbeit verpflichtet, Sie als Arbeitgeber nicht zur Entgeltzahlung.

2. Streikteilnehmer haben keinen Anspruch auf Entgeltfortzahlung im Krankheitsfall oder an Feiertagen.

   Achtung: Wenn der Mitarbeiter bereits vor Beginn des Arbeitskampfes arbeitsunfähig, im Urlaub oder im Mutterschaftsurlaub war und sich nicht ausdrücklich zur Teilnahme am Streik bekennt, bleibt der Gehaltsanspruch bestehen!

3. Die Nebenpflichten des Arbeitnehmers bleiben bestehen: Er darf weiterhin keine Betriebsgeheimnisse verraten und keinen Wettbewerb betreiben.

Übersicht 1 (zu 1.3.4.4) Arbeitgebermaßnahmen bei einem Streik

1. Ersatzkräfte einsetzen.
2. Notstandsarbeiten organisieren.
3. Verhandlungen mit Kunden und Lieferanten über Lieferverzögerungen aufnehmen.
4. Prüfung, ob der Betrieb mit arbeitswilligen Mitarbeitern und/oder Ersatzkräften noch aufrecht erhalten werden kann oder vorübergehend stillgelegt werden muss.
5. Bei Stilllegung: Auslagerung von Arbeiten in andere Betriebe, die nicht vom Streik betroffen sind.

Übersicht 2 (zu 1.3.4.4) Ihre Rechte bei rechtswidrigem Streik

Gegenüber den Gewerkschaften	Gegenüber einzelnen Streikenden
▪ Schadensersatzansprüche, z.B. wenn Vertreter der Gewerkschaft trotz Kenntnis rechtswidriger Handlungen die Streikenden nicht versuchen, davon abzuhalten.	▪ Kündigung, u.U. auch fristlose Kündigung, in weniger schweren Fällen Abmahnung.
▪ Für unerlaubte Handlungen des Streikleiters oder der Streikposten haftet die Gewerkschaft selbst.	▪ Schadensersatz (nur, wenn der Arbeitnehmer die Rechtswidrigkeit der Maßnahme erkennen musste).
▪ Unterlassungsansprüche, ggf. vorab per einstweiliger Verfügung.	▪ Unterlassung
	▪ Einstellung der Gehaltszahlung

diejenige des Tarifvertrages. Dies gilt insbesondere, wenn die vertragliche Vereinbarung in mehreren Punkten vom Tarifvertrag abweicht (z.B. längere Arbeitszeit und höhere Vergütung als im Tarifvertrag vorgesehen).

Nach der Rechtsprechung sind dann diejenigen Regelungen miteinander zu vergleichen, die in engem Sachzusammenhang stehen.

Der Arbeitnehmer kann sich nicht nach der »Rosinentheorie« die für ihn günstigsten Teilregelungen (z.B. höheres vertragliches Entgelt und kürzere tarifliche Arbeitszeit) heraussuchen.

Zu Gunsten des Arbeitgebers hat das Bundesarbeitsgerichte Fälle entschieden, in denen dem Arbeitnehmer ein Wahlrecht eingeräumt wurde: In der vertraglichen Vereinbarung war vorgesehen, dass sich der Arbeitnehmer entweder für die kürzere tarifliche Arbeitszeit bei Zahlung des Tarifgehalts entscheiden konnte, oder aber für eine längere Arbeitszeit bei Zahlung einer entsprechend höheren Vergütung.

1.3.8 Bündnisse für Arbeit

Umstritten ist die Frage, ob der Arbeitgeber mit dem Betriebsrat oder den einzelnen Arbeitnehmern vereinbaren kann, dass bestimmte tarifvertragliche Leistungen unterschritten bzw. nicht gewährt werden, ihnen gleichzeitig jedoch eine Beschäftigungsgarantie zusagt, also verspricht, bis zu einem bestimmten Zeitpunkt keine betriebsbedingten Kündigungen auszusprechen. Derartige »Bündnisse für Arbeit« werden von den meisten Arbeitsgerichten noch abgelehnt, weil sie dem Günstigkeitsprinzip widersprechen.

Bevor Sie derartige Vereinbarungen treffen, sollten Sie sich auf jeden Fall rechtlich beraten lassen.

1.4 Betriebsvereinbarung

Die Betriebsvereinbarung ist ein schriftlicher Vertrag zwischen Arbeitgeber und Betriebsrat (siehe 2.3). Auf bestimmten Gebieten, (z. B. bei der sogenannten sozialen oder bei der personellen Mitbestimmung) hat der Betriebsrat das Recht, den Abschluss einer Betriebsvereinbarung zu erzwingen (siehe dazu III B/1).

In anderen Bereichen können freiwillige Betriebsvereinbarungen abgeschlossen werden.

Sie wirken wie ein Gesetz unmittelbar und zwingend auf die Arbeitsverhältnisse im Betrieb und verdrängen arbeitsvertragliche Regelungen, soweit diese für den Arbeitnehmer ungünstiger sind. Eine abweichende einzelvertragliche Regelung ist also nur wirksam, wenn sie für den Mitarbeiter günstiger ist als die Betriebsvereinbarung (siehe 1.3.7).

Viele Arbeitgeber scheuen die Verhandlungen mit dem Betriebsrat über eine Betriebsvereinbarung. Vorteil der Betriebsvereinbarung ist jedoch, dass sie – soweit nichts anderes vereinbart ist – vom Arbeitgeber gekündigt oder durch eine andere Betriebsvereinbarung abgelöst werden kann. Es ist dabei zulässig, die Arbeitsbedingungen auch zu verschlechtern, was bei vertraglichen Zusagen nur sehr viel schwerer möglich ist.

1.4.1 Tarifvorbehalt/Tarifsperre

Nach dem Gesetz können Arbeitsentgelte und sonstige Arbeitsbedingungen, die durch Tarifvertrag geregelt sind oder üblicherweise geregelt werden, nicht Gegenstand einer Betriebsvereinbarung sein. Eine gleichwohl abgeschlossene Betriebsvereinbarung wäre nichtig.

> ⚠ Hier gibt es häufig Abgrenzungsfragen, insbesondere in Fragen von Arbeitszeit und Vergütung. Betriebsvereinbarungen sollten Sie nur nach rechtlicher Beratung abschließen.

1.4.2 Nachwirkung

Damit Regelungslücken vermieden werden, greift in Fällen der erzwingbaren Mitbestimmung (siehe dazu III B/1) die gesetzliche Nachwirkung ein, wenn eine Betriebsvereinbarung endet. Dies bedeutet: Endet eine Betriebsvereinbarung, weil sie von Arbeitgeber oder Betriebsrat gekündigt wurde (Kündigungsfrist grundsätzlich 3 Monate) oder weil die vereinbarte Dauer abgelaufen ist, so gilt die Betriebsvereinbarung trotzdem so lange weiter, bis sie durch eine andere Abmachung er-

setzt worden ist. Diese andere Abmachung kann sowohl eine neue Betriebsvereinbarung sein als auch eine neue Vereinbarung durch Tarifvertrag oder Einzel-Arbeitsvertrag.

Bei freiwilligen Betriebsvereinbarungen (nicht erzwingbare Mitbestimmung) greift die Nachwirkung grundsätzlich nicht, kann aber in der Betriebsvereinbarung vereinbart werden.

1.4.3 Verfahrensstrategie für den Abschluss

Verhandlungen über den Abschluss einer Betriebsvereinbarung münden oft in unerquicklichen Diskussionen und im zeitaufwendigen Verfahren vor der Einigungsstelle. Dies liegt selten an der Unüberbrückbarkeit in der Sache, sondern an einer unzureichenden Verfahrensstrategie. Wenn Sie bei selber initiierten Betriebsvereinbarungen den Ablauf in der Übersicht zu 1.4.3 beachten und sich dabei an den folgenden drei Schritten orientieren, können Sie grundsätzliche Fehler in der Vorgehensweise vermeiden.

1. Schritt:

Die Personalleitung informiert den Betriebsrat über den Beschluss der Geschäftsleitung zu dem mitbestimmungspflichtigen Vorhaben und dessen Zielen. Gleichzeitig teilt sie ihm mit, nach Abschluss einer mit der Geschäftsleitung abgestimmten Konzeption wieder auf ihn zuzukommen. Dies geschieht im Rahmen einer diskussionsfreien Präsentation, über deren Inhalt der Betriebsrat zunächst allein unter sich berät, um mit der Thematik vertraut zu werden. Eine kontroverse Diskussion mit der Arbeitgeberseite bereits im Anfangsstadium birgt die Gefahr gesprächsbelastender der Frontenbildung.

2. Schritt:

Bilden Sie eine »Projektgruppe Betriebsvereinbarung«, bestehend aus Vertretern des Personalwesens (je nach Thematik ergänzt durch sachkundige Mitarbeiter aus Fachabteilungen) und Mitgliedern des Betriebsrates. Aus dem vertrauensvollen Zusammenwirken (§ 2 Abs. 1 BetrVG) wird somit gemeinsame

Projektarbeit. Der Personalleiter fungiert als Moderator.

Die Projektgruppe beginnt ihre Arbeit, indem die Konzeption nochmals präsentiert wird und die Betriebsratsmitglieder das Ergebnis ihrer Beratung in Form von Kritik und eigenen Vorschlägen vortragen. Im Übrigen dient die Sitzung vornehmlich der (atmosphärischen) Erfassung von Meinungstendenzen und verläuft deshalb ohne Diskussion. Nach interner Beratung der Gegenvorschläge legt das Personalwesen einen 1. Entwurf vor, in welchem die unstreitigen und die streitigen Punkte ausgewiesen sind. Dieser Entwurf wird in der Projektgruppe diskutiert; die erzielten (Teil-)Ergebnisse werden auf beiden Seiten separat beraten und in Gestalt eines 2. Entwurfs wieder in die Projektgruppe eingebracht. Das Verfahren wiederholt sich solange, bis der Entwurf gemeinsam verabschiedet werden kann.

3. Schritt:
Aus dem verabschiedeten Entwurf fertigt das Personalwesen den Text einer Betriebsvereinbarung und legt diesen der Geschäftsleitung und dem Betriebsrat vor. Eventuell erfolgen noch letzte Korrekturen, dann wird die Betriebsvereinbarung unterschrieben.

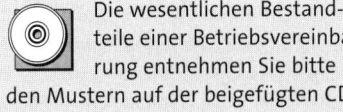

Die wesentlichen Bestandteile einer Betriebsvereinbarung entnehmen Sie bitte den Mustern auf der beigefügten CD-ROM

1.4.4 Politische Rücksichtnahmen und Einigungsstelle

Nicht jeder Versuch, eine Betriebsvereinbarung abzuschließen, führt zum Erfolg. In jedem Stadium, selbst noch in der Abschlussphase, können die Verhandlungen scheitern. Hält z.B. der Betriebsrat an einer kollektivrechtlichen Lösung fest, so bleibt nur der Weg über die Einigungsstelle (siehe Übersicht zu 1.4.4). Dies liegt nicht zwingend an einem schlechten, konsensfeindlichen Verhältnis zwischen Betriebsrat und Arbeitgeberseite. Prüfen Sie zunächst vorurteilsfrei, ob er sich der Sache selbst widersetzt oder ob er sie unausgesprochen billigt, ohne sich offen zu ihr bekennen zu können. Gerade die zweite Alternative kommt häufiger vor. Ursache sind in aller Regel »politische« Rücksichtnahmen (der Betriebsrat gegenüber der Belegschaft, dem gewerkschaftlichen Vertrauenskörper im Betrieb oder der Gewerkschaft selbst, die Arbeitgeberseite gegenüber ihrem Verband). Werden sie erkannt und entsprechende Signale während der Verhandlungsphase aufgenommen, wird die Einigungsstelle letztlich im beiderseitigen Interesse tätig. Die in der Sache von beiden Seiten angestrebte betriebliche Regelung beruht in diesem Fall zwar nicht

Übersicht (zu 1.4.3) Vorgehensweise für Betriebsvereinbarungen

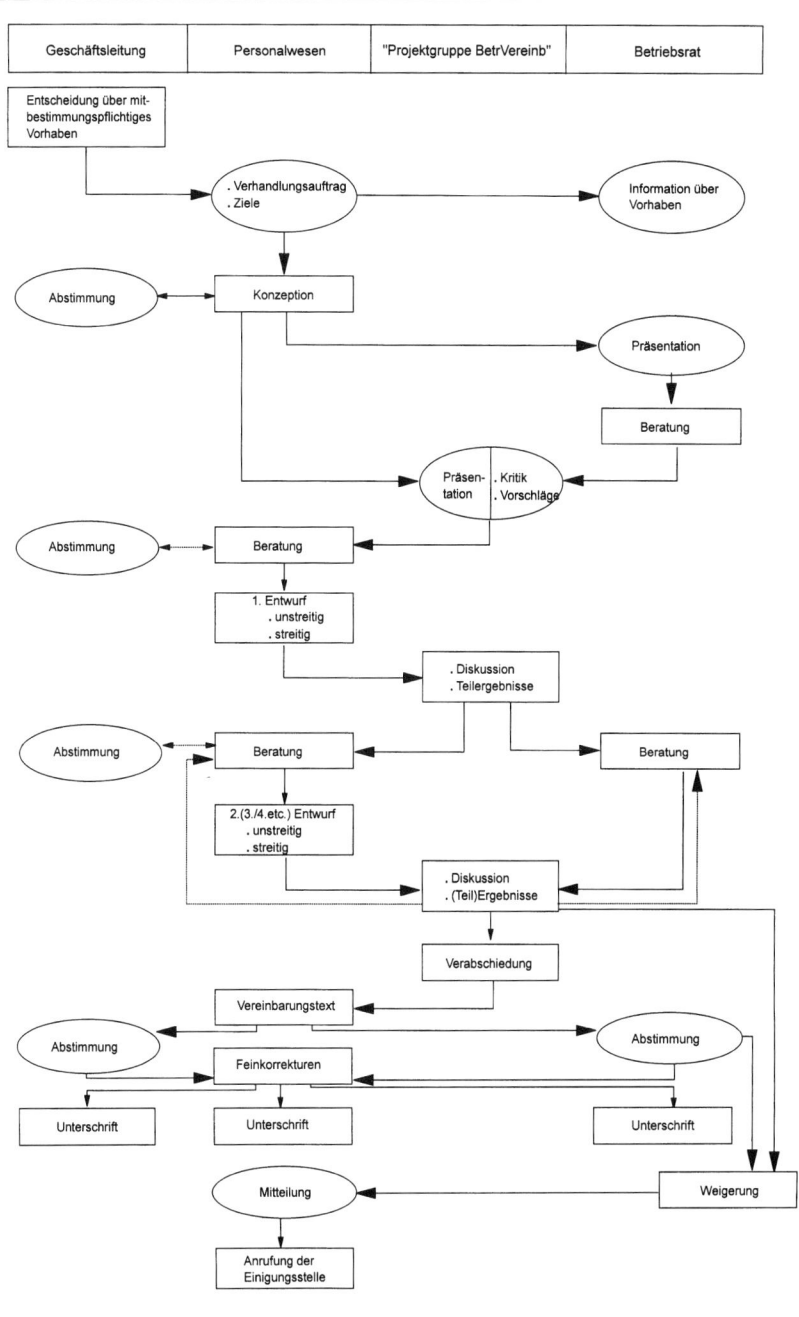

Übersicht (zu 1.4.4) Einigungsstellenverfahren

```
Personalwesen    Betriebsrat    Arbeitsgericht

Beschluß, Einigungs-
stelle anzurufen
        │
        ▼
   Mitteilung
   Vorschlag für Vorsitz
   + Zahl der Beisitzer
        │
   einverstanden
   Gegenvorschlag
        │
   einverstanden
   nicht einverstanden
        │
        ▼
   Bestellung
   . Vorsitzender
   . Zahl der Beisitzer
        │
        ▼
   E i n i g u n g s s t e l l e
   ┌─────────────┬─────────────┬─────────────┐
   │ ArbG-Beisitzer │ Vorsitzender │ ArbN-Beisitzer │
   ├──────┬──────┼─────────────┼──────┬──────┤
   │betrieblich│betriebs-│             │betrieblich│betriebs-│
   │      │fremd │             │      │fremd │
   └──────┴──────┴─────────────┴──────┴──────┘
        │
   . Eröffnung
   . Formalien
   . Sach- u. Streitstand
   . Regelungsvorschlag
        │
   Beratung          Beratung
        │                │
   Abstimmung        Abstimmung
        │                │
      Annahme         Ablehnung
        │                │
        ▼                ▼
   Regelungsvorschlag
        │
   Beratung          Beratung
        │                │
        ▼                ▼
   Abstimmung
        │
        ▼
   Spruchregelung
   (vom Vorsitzenden ausgefertigt
   und unterschrieben)
   hat die Wirkung einer Betriebs-
   vereinbarung
```

auf einer Betriebsvereinbarung, entfaltet aber die gleiche Wirkung wie sie.

1.4.5 Regelungsabrede

Auch die Regelungsabrede ist eine Vereinbarung zwischen Arbeitgeber und Betriebsrat. Im Gegensatz zur Betriebsvereinbarung hat sie jedoch keine unmittelbare und zwingende Wirkung auf die Arbeitsverhältnisse. Sie enthält in der Regel nur vertragliche Verpflichtungen zwischen Arbeitgeber und Betriebsrat, insbesondere über dessen Rechte und Pflichten.

1.5 Arbeitsvertrag

Im Arbeitsvertrag vereinbaren Arbeitgeber und Arbeitnehmer individuell, was im Arbeitsverhältnis gelten soll. Dabei werden zum Teil auch Regelungen getroffen, die von Gesetz, Tarifvertrag oder Betriebsvereinbarung abweichen. Arbeitsverträge unterliegen jedoch zahlreichen gesetzlichen Einschränkungen und einer allgemeinen »Billigkeitskontrolle«. Im Streitfall prüft ein Arbeitsgericht, ob die vertragliche Bestimmung ausgewogen ist und den beiderseitigen Interessen entspricht (zu Abschluss und Inhalt des Arbeitsvertrages siehe II B?3).

1.5.1 Betriebliche Übung

Bei zusätzlichen Leistungen (z.B. Weihnachtsgratifikationen, Betriebsrente, Fahrtkostenzuschüsse, Urlaubsgeld) spielt die betriebliche Übung eine große Rolle. Sie entsteht, wenn Sie ein bestimmtes Verhalten regelmäßig wiederholen, so dass Mitarbeiter daraus schließen können, ihnen solle die Leistung oder Vergünstigung auf Dauer eingeräumt werden. Entscheidend ist nicht Ihr Verpflichtungswille, sondern die Frage, wie die Empfänger Ihr Verhalten verstehen durften.

Nach einer vom Bundesarbeitsgericht entwickelten Formel zur Weihnachtsgratifikation lässt die dreimalige, vorbehaltlose Wiederholung einer Zahlung eine betriebliche Übung entstehen. Die Mitarbeiter können also eine Fortführung der Zahlung auch im vierten Jahr verlangen.

> Nach einer Entscheidung des BAG tritt eine betriebliche Übung nicht ein, wenn der Arbeitgeber »nach Gutdünken« mehrere Jahre hintereinander ein Weihnachtsgeld in jährlich unterschiedlicher Höhe zahlt.

Wann entsteht eine betriebliche Übung?
Eine betriebliche Übung entsteht, wenn die Mitarbeiter darauf vertrauen können, dass die Leistung auch in Zukunft gewährt wird. Daher sollten Sie unbedingt die Bindungswirkung einer bestimmten Leistung für die Zukunft ausdrücklich ausschließen, z.B. in einem Begleitschreiben zum Weihnachtsgeld die Zahlung als »freiwillige Leistung unter Ausschluss eines Rechtsanspruchs für die Zukunft« bezeichnen. Das Gleiche gilt, wenn Sie darauf hinweisen, dass die konkrete Regelung nur für das laufende Jahr gilt (siehe Muster

zu 1.5.1). Es ist sinnvoll, bereits in den Arbeitsverträgen darauf hinzuweisen, dass zusätzliche Leistungen freiwillig und jederzeit widerrufbar sind, und dass ein Rechtsanspruch auf Wiederholung der Leistung in der Zukunft nicht besteht. Auf das Begleitschreiben zum »fehlenden Bindungswillen« sollten Sie dennoch nicht verzichten.

Wie beenden Sie ein betriebliche Übung?

> ❗ Die Beendigung einer einmal entstandenen betrieblichen Übung ist schwierig, da sie Bestandteil der Arbeitsverhältnisse geworden ist. Wenn Sie also einfach nur Ihr Verhalten ändern (z.B. die Zahlung einstellen) beseitigen Sie damit die betriebliche Übung nicht.

- Leistungen ohne Vorbehalt:
Falls Sie die Leistungen bislang vorbehaltlos erbracht haben, kommt lediglich eine einvernehmliche Vertragsänderung (siehe IV B/4) oder eine Kündigung bzw. Änderungskündigung (siehe IV B/4.1.3 und VIII B/2.1.5) des Einzelarbeitsverhältnisses in Betracht. Kündigungen sowie Änderungskündigungen müssen allerdings sozial gerechtfertigt sein. Dies ist bei Änderungskündigungen zur Gehaltsreduzierung schwierig, da die Rechtsprechung derartige Kündigungen nur bei konkursreifer Lage des Arbeitgebers anerkennt.

> ❗ Nach einer Entscheidung des BAG findet eine Ablösung der früheren betrieblichen Übung statt, wenn der Arbeitgeber über einen Zeitraum von mehr als 3 Jahren zu erkennen gibt, dass er an Stelle der bisher vorbehaltlos gewährten Gratifikationszahlung diese nunmehr von einem Freiwilligkeitsvorbehalt abhängig macht. Diese Methode führt jedoch nur dann zum Erfolg, wenn der Arbeitgeber hierauf eindeutig und unmissverständlich hinweist und die Arbeitnehmer dieser geänderten Handhabung nicht widersprechen.

Muster (zu 1.5.1)
Begleitschreiben zur Vermeidung einer betrieblichen Übung

Liebe Mitarbeiterinnen und Mitarbeiter,

wir freuen uns, dass unser Unternehmen im abgelaufenen Geschäftsjahr einen deutlichen Ergebniszuwachs verzeichnen konnte. Als Anerkennung für Ihren Beitrag an dem guten Ergebnis möchte Ihnen die Firma einen einmaligen Bonus in Höhe von .... (Betrag) gewähren. Er wird mit der nächsten Gehaltsabrechnung ausgezahlt.

Wir weisen daraufhin, dass es sich hierbei um eine einmalige Sonderzahlung aus Anlass der positiven Geschäftsentwicklung im vergangenen Jahr handelt. Ein Rechtsanspruch auf Zahlung eines Bonus in den Folgejahren entsteht hierdurch nicht.

Mit freundlichen Grüßen

Sie können die betriebliche Übung auch durch eine Betriebsvereinbarung ablösen, wenn der Dotierungsrahmen für die Ansprüche insgesamt nicht herabgesetzt wird (kollektiver Günstigkeitsvergleich, siehe 1.5.2).

- Leistungen mit Vorbehalt:
Wenn Sie sich den Widerruf oder eine Änderung der Leistung vorbehalten, ist ein Widerruf grundsätzlich zulässig. Er muss jedoch billigem Ermessen entsprechen und unterliegt der gerichtlichen Überprüfung.

> ❗ Wenn Sie eine betriebliche Altersversorgung, die durch betriebliche Übung oder eine Gesamtzusage entstanden ist, einschränken oder widerrufen wollen, müssen Sie in jedem Fall einen Rechtsanwalt, am besten auch einen Steuerberater einschalten. Ein Eingriff in bereits entstandene Ansprüche und Anwartschaften kommt nur unter engen Voraussetzungen in Betracht.

1.5.2 Betriebliche Einheitsregelung / Gesamtzusage

Eine betriebliche Einheitsregelung liegt vor, wenn Sie den Inhalt des Arbeitsvertrages nicht individuell mit dem Arbeitnehmer aushandeln, sondern stattdessen auf vor formulierte Arbeitsbedingungen verweisen, die für eine Vielzahl von Verträgen gelten (allgemeine Arbeitsbedingungen). Ansprüche, die durch eine Einheitsregelung begründet worden sind, stellen vertragliche Ansprüche dar. Sie können daher nur durch einvernehmliche Vertragsänderung (siehe IV B/4.1.1) oder Änderungskündigungen (siehe IV B/4.1.3 und VIII B/2.1.5) zum Nachteil der Arbeitnehmer geändert werden. Nach der Rechtsprechung ist allerdings auch eine Änderung durch eine Betriebsvereinbarung möglich, wenn die Neuregelung insgesamt bei kollektiver Betrachtung für die Arbeitnehmer nicht ungünstiger ist (kollektiver Günstigkeitsvergleich).

Bei einer Gesamtzusage geben Sie als Arbeitgeber einseitig bekannt (z.B. durch Aushang am schwarzen Brett, Schreiben an die Mitarbeiter, Bekanntgabe auf einer Betriebsversammlung), dass Sie jedem Arbeitnehmer, der bestimmte Voraussetzungen erfüllt, bestimmte Leistungen gewähren wollen. Eine ausdrückliche Annahme des Angebots durch die Arbeitnehmer ist nicht erforderlich.

> ❗ Wegen der eintretenden Bindung für den Arbeitgeber ist dringend zu empfehlen, dass die Zusage mit einem Änderungs- und Widerrufsvorbehalt verbunden wird: »Wir behalten uns vor, die Leistung ggf. zu ändern, zu reduzieren oder auch ganz einzustellen.«

Sie müssen auch bei einem vorbehaltenen Widerruf »billiges Ermessen« anwenden und beiderseitige Interessen berücksichtigen. Der Widerruf darf nicht in den Kernbestand des Arbeitsverhältnisses eingreifen und den zwingenden Kündigungsschutz umgehen. Eine solche Umgehung wird angenommen, wenn wesentliche Elemente des Arbeitsvertrages einer einseitigen Änderung unterliegen, durch die das Gleichgewicht zwischen Leistung (Arbeit) und Gegenleistung (Vergütung) grundlegend gestört wird.

Als Faustregel gehen Sie davon aus, dass ein Widerruf von 15-20% der Gesamtvergütung noch zulässig ist. Im Fall eines Spitzenverdieners (Chefarzt) hat das Bundesarbeitsgericht sogar eine einseitige Reduzierung der Einnahmen um 40% für wirksam gehalten.

> Da die Frage des Widerrufs von Gesamtzusagen besonders bei betrieblichen Zusatzleistungen rechtlich sehr umstritten ist, sollten Sie vor Widerruf oder Änderung betrieblicher Einheitsregelungen/Gesamtzusagen auf jeden Fall Rechtsrat einholen.

2 Arbeitsrechtliche Interessenvertretungen

2.1 Arbeitgeberverbände

Die Arbeitgeberverbände sind im Tarifrecht und Arbeitskampf der Gegenpol zu den Gewerkschaften. Zielsetzung der Arbeitgeberverbände ist es primär, Tarifverträge abzuschließen und Streiks abzuwehren. Daneben wirken sie im Rahmen von Anhörungen im Gesetzgebungsverfahren mit.

2.1.1 Mitgliedschaft

Die Arbeitgeberverbände sind nach dem Industrieverbandsprinzip organisiert, d.h. es hängt vom Betriebszweck Ihres Unternehmens ab, welchem Verband Sie beitreten können. Der Arbeitgeberverband berät und vertritt seine Mitglieder in arbeitsrechtlichen Auseinandersetzungen, auch vor den Arbeitsgerichten.

Die Mitgliedschaft im Arbeitgeberverband begründet man durch Beitrittserklärung und Aufnahme in den Verband. Die Verbände sind eingetragene Vereine.

2.1.2 Folgen eines Austritts aus dem Verband

Beim Austritt aus dem Arbeitgeberverband beachten Sie die Kündigungsfristen, häufig sechs Monate zum Jahresende. Erst mit Ablauf der Kündigungsfrist erlischt die Mitgliedschaft im Verband.

> Durch Austritt aus dem Arbeitgeberverband sind Sie nicht sofort von der Einhaltung der Tarifverträge befreit.

Fortgeltung
Nach Wirksamwerden des Austritts (Ablauf der Kündigungsfrist) gelten die Tarifverträge für ausgetretene Mitglieder bis zum Ende ihrer Laufzeit weiter. Die Geltung eines Tarifvertrages endet entweder durch Zeitablauf (z.B. die jährlichen Lohn- und Gehaltstarife) oder durch Kündigung einer der Tarifvertragsparteien. Manteltarifverträge haben oft eine unbefristete Laufzeit.

Nach der Rechtsprechung des Bundesarbeitsgerichts ist allerdings eine Änderung der Tarifverträge als Beendigung der aktuellen Fassung des Tarifvertrages anzusehen. Die Fortgeltung ist also auch beendet, wenn die Tarifvertragsparteien einen Tarifvertrag ändern. Ein gewerkschaftsangehöriger Arbeitnehmer, den Sie in der Phase der Fortgeltung einstellen, kann die Leistungen des Tarifvertrages jedoch noch verlangen.

Nachwirkung
Wenn die Tarifbindung durch Ablauf der Befristung, Kündigung einer der Tarifparteien oder Änderung des Tarifvertrages endet, werden Sie jedoch noch nicht von den Bindungen des Tarifvertrages frei. Nach dem Tarifvertragsgesetz gelten die Vorschriften des Tarifvertrages auch nach dessen Beendigung weiter, bis sie durch andere Abmachungen (Haustarifverträge, Betriebsvereinbarungen, Individualverträge mit Arbeitnehmern) ersetzt werden. Es wirkt aber nur der Tarifvertrag in der Fassung zum Zeitpunkt der Beendigung nach. Spätere Tariferhöhungen müssen Sie nicht mehr mitmachen. Ein Mitarbeiter, der in der Phase der Nachwirkung eingestellt wird, unterliegt den Wirkungen des Tarifvertrages nicht mehr.

Betriebsvereinbarungen dürfen jedoch nicht über Arbeitsbedingungen abgeschlossen werden, die in einem Tarifvertrag geregelt sind »oder üblicherweise geregelt werden«. Derartige Betriebsvereinbarungen sind unwirksam.

Vertragsänderungen mit einzelnen Arbeitnehmern sind in der Praxis oft unmöglich, weil es kaum gelingt, mit allen Arbeitnehmern einheitliche Vertragsbedingungen zu vereinbaren. Theoretisch besteht zwar die Möglichkeit einer Massenänderungskündigung. Wenn Sie dies vorhaben, um z.B. Lohnkosten zu senken, so werden derartige Änderungskündigungen von der Rechtsprechung nur anerkannt, wenn das Unternehmen quasi konkursreif ist.

> Da auf diesem Gebiet vieles umstritten ist, sollten Sie sich bei einem Austritt aus dem Arbeitgeberverband und bei Betriebsvereinbarungen über bestimmte Arbeitsbedingungen vorher (!) eingehend rechtlich beraten lassen.

2.1.3 OT-Mitgliedschaft

In jüngerer Zeit haben Unternehmen versucht, durch »OT-Mitgliedschaften« im Arbeitgeberverband (Mitgliedschaften ohne Tarifbindung) eine Tarifgeltung zu vermeiden. Hierbei handelt es sich um eine besondere Art der Mitgliedschaft im Arbeitgeberverband, die nur zur Inanspruchnahme der Serviceleistungen des Verbandes berechtigt, jedoch nicht zu einer Tarifbindung führt. Umstritten ist insbesondere, ob diese Mitgliedschaft dazu führen kann, dass der Arbeitgeber den Schutz der tarifvertraglichen Friedenspflicht hat, d.h., dass die Gewerkschaft während der Laufzeit des Tarifvertrages keinen Streik durchführen darf.

2.2 Gewerkschaften

Der Deutsche Gewerkschaftsbund (DGB) ist die Dachorganisation der in ihm organisierten Einzelgewerkschaften. Nach dem Industrieverbandsprinzip ist je nach Branche nur eine Gewerkschaft des DGB zuständig, unabhängig von der beruflichen Tätigkeit der einzelnen Arbeitnehmer des Betriebes. Dies bedeutet, dass in einem Metall verarbeitenden Betrieb auch der Buchhalter und der

Koch der Kantine Mitglieder der IG Metall sein können.

Neben dem DGB sind als weitere Gewerkschaften die Deutsche Angestellten-Gewerkschaft (DAG, nur für Angestellte), der Christliche Gewerkschaftsbund (CGB) sowie der Deutsche Beamtenbund (DBB, nur für den öffentlichen Dienst) zu nennen.

Die Gewerkschaften haben nicht nur Aufgaben auf dem Gebiet der Tarifpolitik, sondern auch in der Betriebsverfassung. So können Beauftragte der Gewerkschaft im Rahmen ihrer Zusammenarbeit mit dem Betriebsrat Zutritt zum Betrieb verlangen.

2.3 Betriebliche Arbeitnehmervertretung (Betriebsrat)

Der Betriebsrat vertritt die Arbeitnehmer gegenüber dem Arbeitgeber und kann in allen Betrieben von mindestens fünf wahlberechtigten (= volljährigen) Arbeitnehmern gewählt werden. Es besteht aber keine Pflicht, einen Betriebsrat zu errichten. Das Betriebsverfassungsgesetz gibt dem Betriebsrat eine Reihe verschiedener, z.T. weit gehende Beteiligungsrechte (siehe III B/1).

2.3.1 Wahlen und Amtszeit des Betriebsrats

Der Betriebsrat wird für vier Jahre gewählt. Im Frühjahr 2002 fanden allgemeine Betriebsratswahlen statt. Die Neuwahlen richten sich nach dem Betriebsverfassungsgesetz in der neuen Fassung. Wenn in Ihrem Betrieb noch kein Betriebsrat besteht, kann er jederzeit, wie in Übersicht 1 zu 2.3.1 dargestellt, gewählt werden.

> Nach der Neuregelung findet in Kleinbetrieben (5-50 Arbeitnehmer ein vereinfachtes Wahlverfahren statt (siehe Übersicht 2 zu 2.3.1).

Im Ergebnis kann eine Minderheit von Arbeitnehmern einen Betriebsrat einsetzen, obwohl die Mehrheit der Arbeitnehmer dagegen ist. Da das Wahlverfahren relativ kompliziert ist, darf sich der Wahlvorstand hierbei von einer im Betrieb vertretenen Gewerkschaft beraten lassen.

Übersicht 1 (zu 2.3.1) Wahl des Betriebsrates

- Mindestens 3 Arbeitnehmer des Betriebes oder eine im Betrieb vertretene Gewerkschaft laden zu einer Betriebsversammlung ein.
- In der Betriebsversammlung wird über die Einsetzung eines Wahlvorstandes abgestimmt, der die Betriebsratswahlen organisiert. Der Wahlvorstand ist gewählt, wenn er die Stimmen der Mehrheit der in der Betriebsversammlung anwesenden Arbeitnehmer auf sich vereint. Ist die Mehrheit der anwesenden Arbeitnehmer gegen die Einsetzung eines Wahlvorstandes, so ist ein Wahlvorstand nicht gewählt worden.
- Mindestens 3 Arbeitnehmer oder eine im Betrieb vertretene Gewerkschaft können – wenn auf der Versammlung ein Wahlvorstand nicht gewählt worden ist – beim Arbeitsgericht den Antrag stellen, die Mitglieder des Wahlvorstandes zu benennen.
- Bei der Wahl zum Betriebsrat kommt es dann nur noch darauf an, wer die Mehrheit der abgegebenen Stimmen bekommt.

> - **Neu:** Leiharbeitnehmer, die länger als 3 Monate im Betrieb eingesetzt werden, können im Entleiherbetrieb bei der Betriebsratswahl mitwählen.
> - **Neu:** Die Arbeitnehmer eines Betriebsteils (mindestens 5 Mitarbeiter, räumlich weit vom Hauptbetrieb entfernt oder Eigenständigkeit der Organisation), in dem kein eigener Betriebsrat besteht, können mit Stimmenmehrheit beschließen, an der Wahl des Betriebsrats im Hauptbetrieb teilzunehmen.

Übersicht 2 (zu 2.3.1) Vereinfachtes Wahlverfahren für Kleinbetriebe

- In einer ersten Stufe werden der Wahlvorstand bestellt und die Wahlvorschläge vorgelegt (die Arbeitnehmer, die die Betriebsratswahl einleiten, erhalten einen zeitlich begrenzten Kündigungsschutz).
- Eine Woche später wählt die Belegschaft den Betriebsrat in geheimer und unmittelbarer Wahl.
- Dieses vereinfachte Wahlverfahren kann auch in Betrieben mit 51 bis 100 Arbeitnehmern zwischen Wahlvorstand und Arbeitgeber vereinbart werden.

Die Zahl der zu wählenden Betriebsratsmitglieder hängt von der Zahl der im Betrieb beschäftigten Arbeitnehmer ab. Will ein gewähltes Betriebsratsmitglied die Wahl nicht annehmen, muss es innerhalb von 3 Tagen ab Benachrichtigung die Ablehnung erklären. Wenn bei der Wahl gegen Verfahrensvorschriften verstoßen wurde, können Arbeitgeber, eine im Betrieb vertretene Gewerkschaft oder mindestens 3 Arbeitnehmer die Wahl beim Arbeitsgericht anfechten. Zeigt sich ein solcher Fehler bereits während des Wahlverfahrens, kommt u.U. auch eine einstweilige Verfügung in Betracht, um die Wahl abzubrechen.

2.3.2 Geschäftsführung des Betriebsrates

Die Betriebsratsmitglieder wählen einen Vorsitzenden und dessen Stellvertreter, die beide nicht derselben Arbeitnehmergruppe (Arbeiter/Angestellte) angehören sollen. Wird gegen diesen Grundsatz verstoßen, können Sie als Arbeitgeber die Wahl des Vorsitzenden anfechten. Der Betriebsrat kann sich eine Geschäftsordnung geben, die interne Regeln für die Sitzungen des Betriebsrates enthält.

Der Vorsitzende vertritt den Betriebsrat gegenüber dem Arbeitgeber. Entscheidungen des Betriebsrates trifft jedoch nicht der Vorsitzende allein, sondern der gesamte Betriebsrat durch Fassung eines Beschlusses. Achten Sie darauf, dass ggf. nicht nur eine Alleinentscheidung des Betriebsratsvorsitzenden vorliegt (z.B. wenn Sie den Betriebsratsvorsitzenden über eine geplante Kündigung informieren und dieser spontan zustimmt, ohne eine Be-

Übersicht (zu 2.3.4)
Wirtschaftliche Angelegenheiten, über die Sie informieren müssen

- Wirtschaftliche und finanzielle Lage des Unternehmens (Gewinne und Verluste, Auftragsbestand, steuerliche Aufwendungen, Personalaufwendungen, voraussichtliches Geschäftsergebnis, allgemeine Marktlage).
- Produktions- und Absatzlage (Verkauf der Produkte des Unternehmens, Kapazitätsauslastung, Warenbestand, Auftragsbücher).
- Produktions- und Investitionsprogramm (Planung neuer Produkte oder Dienstleistungen, vorgesehene Investitionen).
- Rationalisierungsvorhaben (Einführung neuer Technologien, Kosteneinsparungen).
- Fabrikations- und Arbeitsmethoden (Roboter, Einzelarbeit, Gruppenarbeit).
- Betriebseinschränkung oder -stilllegung.
- Verlegung von Betrieben oder Betriebsteilen.
- Zusammenschluss von Betrieben.
- Änderung der Betriebsorganisation oder des Betriebszwecks (Ausgliederung von Betriebsteilen, Zentralisierung, Zukauf eines Unternehmens mit anderer Produkt- oder Dienstleistungspalette).
- Sonstige Vorgänge, die Arbeitnehmerinteressen wesentlich berühren können (geplanter Unternehmensverkauf, Aufspaltung, Übertragung der Geschäftsanteile einer GmbH).

triebsratssitzung einzuberufen). Liegt der Fehler, für Sie nicht erkennbar, z.B. bei der Abstimmung in der Betriebsratssitzung, können Sie von einem gemeinsamen Betriebsratsbeschluss ausgehen.

Der Stellvertreter vertritt den Vorsitzenden, wenn dieser (z.B. durch Krankheit oder Urlaub) verhindert ist. Der Vorsitzende gilt auch dann als verhindert, wenn er durch eine Angelegenheit persönlich berührt ist, wenn z.B. der Arbeitgeber beim Betriebsrat die Zustimmung zur fristlosen Kündigung des Betriebsratsvorsitzenden beantragt hat.

2.3.3 Sitzungen und Beschlüsse
Der Vorsitzende beruft die Sitzungen des Betriebsrates ein und legt die Tagesordnung fest. Die Sitzungen finden grundsätzlich während der Arbeitszeit statt. Das Gehalt der Betriebsratsmitglieder müssen Sie dabei weiter zahlen (siehe III B/1.3.1).

Termine und Arbeitgeberteilnahme
Bei der Festlegung der Sitzungstermine muss der Betriebsratsvorsitzende auf betriebliche Notwendigkeiten Rücksicht nehmen und Sie im Voraus über den Zeitpunkt unterrichten. Im Gesetz ist keine Mindest- oder Höchstzahl von Betriebsratssitzungen pro Monat geregelt. Der Betriebsrat hat also Ermessensspielraum, ohne dass es Ihrer Zustimmung bedarf. Wenn Sie meinen, der Betriebsrat halte unnötig häufig Sitzungen ab, können Sie ein Beschlussverfahren vor dem Arbeitsgericht einleiten. Angesichts der vielfältigen im Gesetz vorgesehenen Beteiligungsrechte fällt es dem Betriebsrat jedoch meist nicht schwer, einen Grund für ein Zusammentreten zu finden.

In Eilfällen (z.B. der Termin einer Betriebsratssitzung führt zu Produktionsstillstand, weil die Betriebsratsmitglieder fehlen und Ersatz nicht beschafft werden kann) ist auch eine einstweilige Verfügung des Arbeitgebers denkbar.

Der Arbeitgeber oder der Personalleiter darf an einer Betriebsratssitzung nur auf ausdrückliche Einladung des Betriebsrates teilnehmen.

Beschlüsse
Der Betriebsrat ist nur beschlussfähig, wenn mindestens die Hälfte der Mitglieder an der Beschlussfassung teilnimmt. Für verhinderte Betriebsratsmitglieder nehmen Ersatzmitglieder teil. Wenn das Betriebsverfassungsgesetz keine besondere Mehrheit verlangt, werden die Betriebsratsbeschlüsse mit der einfachen Stimmenmehrheit der anwesenden Betriebsratsmitglieder gefasst.

2.3.4 Wirtschaftsausschuss
In Betrieben mit mehr als 100 ständig beschäftigten Arbeitnehmern kann der Betriebsrat einen Wirtschaftsausschuss einrichten, den der Arbeitgeber unter Vorlage von Unterlagen über die wirtschaftlichen Angelegenheiten des Unternehmens informieren muss. Für die Zusammenarbeit mit dem Wirtschaftsausschuss siehe III B/1.3.5 und IV B/1.1.

2.3.5 Gesamtbetriebsrat / Konzernbetriebsrat
Ein Gesamtbetriebsrat wird gebildet, wenn das Unternehmen mehrere Betriebe mit lokalen Betriebsräten hat. Die Mitglieder werden von den einzelnen Betriebsräten bestimmt und entsandt. Der Gesamtbetriebsrat ist zuständig, wenn die Angelegenheit mehrere Betriebe betrifft und nicht durch die lokalen Betriebsräte geregelt werden kann. Er ist auch dann zuständig, wenn die einzelnen Betriebsräte ihre Kompetenz in einer bestimmten Frage auf den Betriebsrat übertragen.

Mit dem Gesamtbetriebsrat abgeschlossene Betriebsvereinbarungen werden üblicherweise Gesamtbetriebsvereinbarungen genannt.

Durch Beschluss der einzelnen Gesamtbetriebsräte kann ein Konzernbetriebsrat errichtet werden. Eine Pflicht hierzu besteht jedoch nicht. Voraussetzung ist, dass mehrere Unternehmen einen Konzern bilden und in diesem Unternehmen Gesamtbetriebsräte (oder auch Einzelbetriebsräte) bestehen. Der Konzernbetriebsrat ist zuständig für Angelegenheiten, die den Konzern oder mehrere Konzernunternehmen betreffen und nicht durch die einzelnen Gesamtbetriebsräte innerhalb ihrer Unternehmen geregelt werden können.

2.3.6 Neue Betriebsratsformen
Nach der Neuregelung des Betriebsverfassungsgesetzes können Arbeitgeberverband (oder Einzelunterneh-

mer) und Gewerkschaft in einem Tarifvertrag vereinbaren, dass Betriebsräte für abweichende Organisationsformen gebildet werden. So ist nunmehr z. B. ein unternehmenseinheitlicher Betriebsrat möglich, der für sämtliche Betriebe des Unternehmens zuständig ist. Zulässig sind auch die Einrichtung von Regional-, Filial- oder Spartenbetriebsräten. Hierdurch sind möglich:
- Mehrere spartenbezogene Betriebsräte in einem Betrieb,
- ein (oder mehrere) betriebsübergreifende Sparten-Betriebsräte, die für einen bestimmten Geschäftsbereich (»Division«) eines Unternehmens zuständig sind.

Daneben bleiben weiterhin Gesamt- und Konzernbetriebsräte zulässig.

Diese Art von Betriebsräten kann grundsätzlich nur in einem Tarifvertrag vorgesehen werden. Nur wenn im Unternehmen überhaupt keine tarifliche Regelung gilt, können derartige »Spezialbetriebsräte« auch durch Betriebsvereinbarung zwischen Unternehmer und (regulärem) Betriebsrat vereinbart werden.

> Sollte Sie eine Gewerkschaft oder der Betriebsrat auffordern, über die Errichtung eines Unternehmens-, Sparten- oder Filialbetriebsrates zu verhandeln, sollten Sie sich von einem Fachanwalt für Arbeitsrecht beraten lassen.

Übersicht (zu 2.3.7) Euro-Betriebsrat-Beteiligungsrechte kraft Gesetz

- Die zentrale Leitung muss einmal jährlich über die Entwicklung der Geschäftslage unterrichten. Hierzu zählen z.B. die voraussichtliche Entwicklung der Geschäfts-, Produktions- und Absatzlage, die Beschäftigungslage und ihre voraussichtliche Entwicklung, Investitionen. Die zentrale Leitung muss ferner über geplante grundlegende Änderungen der Organisation, die Verlegung, Zusammenschließung, Spaltung, Stilllegung von Unternehmen und Betrieben berichten, ebenso über Massenentlassungen.
- Wenn es sich um außergewöhnliche Umstände mit erheblichen Auswirkungen auf die Interessen der Arbeitnehmer handelt (z.B. Verlegung oder Stilllegung von Unternehmen und Betrieben), hat der Euro-Betriebsrat Anspruch auf frühzeitige Informationen außerhalb der turnusmäßigen Treffen.
- Im Anschluss an die Unterrichtung des europäischen Betriebsrates darf und muss dieser den örtlichen Betriebsräten hierüber berichten. Betriebs- oder Geschäftsgeheimnisse unterliegen jedoch grundsätzlich der Geheimhaltungspflicht.
- Die deutschen Mitglieder des Euro-Betriebsrates haben den gleichen Schutz wie Betriebsratsmitglieder: Kündigungsschutz, bezahlte Freistellung von der Arbeit (aber keine permanente Freistellung), Freizeitausgleich bei notwendigen Tätigkeiten außerhalb der Arbeitszeit.
- Die Dauer der Mitgliedschaft im Euro-Betriebsrat beträgt grundsätzlich 4 Jahre ab Bestellung. Der europäische Betriebsrat wird nicht turnusmäßig neu gewählt, sondern die ausscheidenden Mitglieder werden ersetzt.

> Mittlerweile sind auch Mitarbeiter in Großbritannien hinzuzuzählen!

Der Begriff des »Betriebsrates« ist im Hinblick auf die Reichweite der Beteiligungsrechte nicht mit dem des deutschen Betriebsverfassungsgesetzes identisch. Der europäische Betriebsrat hat lediglich Unterrichtungs- und Beratungsrechte, jedoch keine echten Mitbestimmungsrechte (siehe auch III B/1).

Grundsätzlich zu unterscheiden ist, ob Unternehmen bereits vor dem 22.9.1996 freiwillig Vereinbarungen über europäische Betriebsräte geschlossen haben oder seit dem 1.11.1996 diesbezüglich an ein gesetzliches Verfahren gebunden sind. Nach dem gesetzlichen Verfahren soll zunächst ein »besonderes Verhandlungsgremium« (Arbeitnehmervertreter, aber auch Externe, z.B. Gewerkschaftsvertreter) mit der zentralen Leitung frei vereinbaren, wie Information und Anhörung der Arbeitnehmer europaweit sichergestellt werden können. Kommt auf diesem Wege keine Einigung bzw. kein europäischer Betriebsrat zu Stande, so erfolgt die Bestellung nach den Vorschriften des Gesetzes über die Einrichtung europäischer Betriebsräte (EBRG). Die Mitwirkungsrechte sind dann ebenfalls gesetzlich festgelegt (siehe Übersicht zu 2.3.7).

> Wird der EBR nach den Vorschriften des EBRG gewählt, müssen alle Mitglieder Arbeitnehmer der beteiligten Unternehmen sein.

2.3.8 Sprecherausschuss der leitenden Angestellten

Der Sprecherausschuss ist der »Betriebsrat der leitenden Angestellten«. Er kann in allen Betrieben gewählt werden, die mindestens 10 leitende Angestellte beschäftigen. Gehört zu einem Unternehmen wenigstens ein Betrieb mit 10 leitenden Angestellten, wählen die leitenden Angestellten anderer Betriebe, die weniger als 10 »Leitende« haben, in diesem Betrieb den Sprecherausschuss mit. Wenn in einem Unternehmen zwar mehr als 10 leitende Angestellte insgesamt vorhanden sind, jedoch in jedem Einzelbetrieb weniger als 10, können diese einen Unternehmenssprecherausschuss wählen.

2.3.7 Europäischer Betriebsrat (EBR)

Die Einrichtung europäischer Betriebsräte betrifft Unternehmen, die ihren Sitz in Deutschland haben, mindestens 1.000 Arbeitnehmer in den Mitgliedsstaaten der Europäischen Union und in je 2 Mitgliedsstaaten mindestens 150 Arbeitnehmer haben. Auch Unternehmensgruppen, deren herrschendes Unternehmen in Deutschland sitzt, und die mindestens 1.000 Mitarbeiter in mindestens 2 Unternehmen beschäftigen, deren Sitz sich in verschiedenen Mitgliedsstaaten befindet, betrifft der europäische Betriebsrat. Wiederum muss jedes dieser Unternehmen mindestens 150 Arbeitnehmer haben.

Richtlinien mit dem Sprecherausschuss

Arbeitgeber und Sprecherausschuss können Richtlinien zur Gestaltung der Arbeitsverhältnisse der leitenden Angestellten vereinbaren. Diese Richtlinien entfalten jedoch (anders als Betriebsvereinbarungen) nur dann eine unmittelbare und zwingende Wirkung, wenn dies ausdrücklich in der Richtlinie niedergelegt ist. Erst dann kann der einzelne leitende Angestellte einen echten Anspruch gegen den Arbeitgeber geltend machen.

Wer ist leitender Angestellter?

Die Abgrenzung des leitenden Angestellten ist in der Praxis oft schwierig. »Leitender« ist, wer nach seinem Arbeitsvertrag und seiner Stellung im Unternehmen oder Betrieb mindestens eines der Merkmale in Übersicht 1 zu II B/3.3.1 erfüllt. Die Konsequenzen, die sich aus diesem Status ergeben, entnehmen Sie bitte der Übersicht 2 zu II B/3.3.1.

Wenn streitig ist, ob ein Mitarbeiter leitender Angestellter ist, können Betriebsrat oder Arbeitgeber dies im arbeitsgerichtlichen Beschlussverfahren klären lassen. Nach einer Entscheidung des BAG musste bei einem Prokuristen der Betriebsrat beweisen, dass dieser Mitarbeiter nicht leitender Angestellter ist.

Wahl, Geschäftsführung und Mitwirkung des Sprecherausschusses

Wenn Ihr Betrieb mehr als 10 leitende Angestellte hat, können diese einen Sprecherausschuss einrichten. Wie beim Betriebsrat wird die Wahl des Sprecherausschusses durch einen Wahlvorstand vorbereitet. Dieser wird entweder vom bestehenden Sprecherausschuss spätestens 10 Wochen vor Ablauf der Amtszeit bestellt oder, wenn es noch keinen Sprecherausschuss gibt, von einer Versammlung der leitenden Angestellten gewählt.

Die Geschäftsführung ist ähnlich wie beim Betriebsrat. Der Vorsitzende beruft die Sitzungen ein und legt die Tagesordnung fest. Die Mitglieder sind zur Geheimhaltung über Geschäfts- und Betriebsgeheimnisse verpflichtet. Sie haben Anspruch auf bezahlte Arbeitsbefreiung, führen das Amt jedoch ehrenamtlich. Auch die Ausstattung mit Sachmitteln und der Anspruch auf Kostenübernahme richten sich nach ähnlichen Vorschriften wie beim Betriebsrat.

Sie müssen den Sprecherausschuss rechtzeitig über geplante Änderungen der Gehaltsgestaltung, der allgemeinen Arbeitsbedingungen oder der Einführung und Änderung allgemeiner Beurteilungsgrundsätze unterrichten und sich hierüber mit ihm beraten. Wenn Sie einen leitenden Angestellten einstellen oder versetzen wollen, müssen Sie dies dem Sprecherausschuss rechtzeitig mitteilen. Vor Ausspruch einer Kündigung gegenüber einem Leitenden ist der Sprecherausschuss anzuhören, sonst ist die Kündigung unwirksam.

Mindestens einmal im Kalenderjahr muss der Arbeitgeber den Sprecherausschuss über die wirtschaftlichen Angelegenheiten des Betriebes und des Unternehmens unterrichten.

3. Arbeitsgerichtsverfahren

Die Urteile und Beschlüsse der Arbeitsgerichte haben erhebliche Bedeutung. Viele Bereiche des Arbeitsrechts (z.B. Haftung des Arbeitnehmers, Arbeitskampfrecht) sind gesetzlich überhaupt nicht geregelt. Hier sind es die Urteile des Bundesarbeitsgerichts (BAG), die den rechtlichen Rahmen setzen. Wenn auch die Arbeitsrichter keine Befugnis zur Ersatzgesetzgebung haben, so kann ein Arbeitgeber gleichwohl nicht ignorieren, dass die zahlreichen Urteile des BAG und der unterinstanzlichen Gerichte die oft unbestimmten Begriffe des Gesetzes überhaupt erst verstehbar machen. Wenn Sie z.B. einem Arbeitnehmer wegen einer Vertragsverletzung fristlos kündigen wollen, so setzt dies nach § 626 BGB voraus, dass ein »wichtiger Grund« vorliegt, der die Fortsetzung des Arbeitsverhältnisses bis zum Ablauf der Kündigungsfrist unzumutbar macht. Was jedoch hierunter konkret zu verstehen ist, lässt sich nur einschätzen, wenn man die zahlreichen, hierzu ergangenen Urteile der Gerichte kennt.

> **!** Informieren Sie sich über die Grundzüge der aktuellen Rechtsprechung im Arbeitsrecht. Wenn Sie Fehlentscheidungen vermeiden wollen, nutzen Sie hierfür Fachliteratur, arbeitsrechtliche Zeitschriften, Datenbanken und Informationsdienste im Internet, Ihren Rechtsanwalt oder den Arbeitgeberverband.

3.1 Erster Rechtszug (Arbeitsgericht)

Streitigkeiten zwischen Arbeitnehmern und Arbeitgebern sowie zwischen Betriebsrat und Arbeitgeber sind vor den Arbeitsgerichten zu verhandeln. Ein Schiedsgerichtsverfahren kann grundsätzlich nicht vereinbart werden. Das Arbeitsgericht beraumt nach Eingang der Klage einen Gütetermin an. Zweck des Gütetermins ist es, den Streit zu erörtern und nach Möglichkeit eine Einigung herbeizuführen. Viele Rechtsstreitigkeiten werden bereits im Gütetermin durch Vergleich beendet. Einigt man sich nicht, setzt das Gericht den sogenannten Kammertermin an und gibt den Parteien auf, bis dahin ihre Rechtsstandpunkte schriftlich zu begründen.

In der ersten Instanz vor dem Arbeitsgericht müssen Sie nicht durch einen Rechtsanwalt oder Vertreter des Arbeitgeberverbands vertreten sein. In der Regel ist dies jedoch ratsam.

3.2 Berufungsinstanz (Landesarbeitsgericht)

Gegen Entscheidungen des Arbeitsgerichts kann die unterlegene Partei Berufung zum LAG einlegen. Voraussetzung ist, dass der Wert der Angelegenheit 600 Euro übersteigt oder dass die Berufung im Urteil des Arbeitsgerichts ausdrücklich zugelassen worden ist. In Kündigungsrechtsstreiten kann allerdings generell Berufung eingelegt werden.

Vor dem LAG herrscht Anwaltszwang, d.h., Sie müssen einen Rechtsanwalt oder einen Vertreter des Arbeitgeberverbandes mit Ihrer Vertretung beauftragen. Vor dem Landesarbeitsgericht gibt es in der Regel nur einen Verhandlungstermin (keinen Gütetermin).

3.1 Revisionsinstanz (Bundesarbeitsgericht)

In der Regel ist der Rechtsstreit mit Abschluss der zweiten Instanz beendet. Nur wenn das LAG die Revision zum BAG ausdrücklich im Urteil zulässt, ist diese möglich. Lässt das LAG die Revision nicht zu, können Sie war versuchen, diese durch Einlegung einer Nichtzulassungsbeschwerde zu erzwingen. Diese Beschwerde ist in der Praxis jedoch nur selten erfolgreich.

Die Revision wird nur zugelassen, wenn die Angelegenheit grundsätzliche Bedeutung hat oder das LAG mit seinem Urteil von einer Entscheidung eines Obergerichts (in der Regel des Bundesarbeitsgerichts) abweicht und die Entscheidung auf dieser Abweichung beruht.

II Rekrutierung und Einstellung

Inhaltsübersicht

A Personalmanagement und Gewinnung von Mitarbeitern

1. Organisatorische Voraussetzungen
2. Wege der Personalbeschaffung
3. Der Personalauswahlprozess

B Allgemeine Rechtsaspekte bei Bewerbersuche und Einstellung

1. Stellenausschreibung
2. Allgemeine Rechtsbeziehungen im Rekrutierungsverfahren
3. Abschluss und Inhalt des Arbeitsvertrages
4. Nichtvollzug des Arbeitsvertrages
5. Mitwirkung des Betriebsrates bei der Einstellung

Inhalt Kapitel II

A.	Personalmanagement und Gewinnung von Mitarbeitern 23					

1 Organisatorische Voraussetzungen 23
- 1.1 Personalplanung 23
- 1.2 Personalanforderung 23
- 1.3 Stellenbeschreibung 23
- 1.4 Anforderungsprofil 24

2 Wege der Personalbeschaffung 25
- 2.1 Interne Personalakquise 25
- 2.2 Inhouse-Stellenmärkte 26
- 2.3 Externe Personalakquise 26
- 2.3.1 Traditionelles Recruitment versus E-Recruitment 27
- 2.3.2 Stellenanzeigen Print und Online 28
- 2.3.3 Personalleasing 30
- 2.3.4 Personalberater / Headhunter 31
- 2.3.5 Recruiting im Web 32
- 2.3.5.1 Jobbörsen 32
- 2.3.5.2 Lebenslauf-Datenbank-Recherchen 33
- 2.3.5.3 Die eigene HRM-Homepage 34
- 2.3.5.4 Arbeitsamt im Internet 35
- 2.3.5.5 Elektronische Marktplätze 36

3 Der Personalauswahlprozess 36
- 3.1 Analyse der Bewerbungsunterlagen 37
  - *Sichtung* 37
  - *Kategorisierung* 38
  - *Zweit- und Drittsichtung* 38
- 3.2 Analyse von Zeugnissen und Qualifikationsnachweisen 38
- 3.3 Personalauswahlgespräch 38
- 3.4 Tests und Assessment Center 39
  - *Online-Assessment* 40
  - *Recruiting-games* 40
- 3.5 Den Auswahlprozess richtig beenden 40

B. Allgemeine Rechtsaspekte bei Bewerbersuche und Einstellung 41

1 Stellenausschreibung 41
- 1.1 Ausschreibungen im Betrieb 41
- 1.2 Externe Ausschreibung 41

2 Allgemeine Rechtsbeziehungen im Rekrutierungsverfahren 41
- 2.1 Stellenanzeigen 41
- 2.2 Bewerbungsgespräch 41
- 2.3 Aufklärungspflichten 42
- 2.4 Tests 42
- 2.5 Diskretion, Sorgfalt und Rückgabe bei Absagen 42
- 2.6 Verkehrssicherungspflichten 42
- 2.7 Erstattungspflichten 43
- 2.8 Medizinische Untersuchungen 43
- 2.9 Anfechtung/Schadensersatz 43

3 Abschluss und Inhalt des Arbeitsvertrages 43
- 3.1 Standard Arbeitsverhältnisse und formale Voraussetzungen 43
- 3.1.1 Zustandekommen des Arbeitsvertrages 43
- 3.1.2 Unterschrift und Vertretung 44
- 3.1.3 Bindung an Vertragsangebot 44
- 3.1.4 Arbeitserlaubnis, Arbeitspapiere 44
- 3.2 Inhalt des Arbeitsvertrages 44
- 3.2.1 Mindestanforderungen 44
- 3.2.2 Haupt- und Nebenpflichten 45
- 3.2.2.1 Arbeitspflicht des Arbeitnehmers 45
  - *Annahmeverzug des Arbeitgebers* 45
  - *Arbeitsverhinderung aus persönlichen Gründen* 45
  - *Sonstige Befreiungen* 45
  - *Nichtzahlung des Gehalts* 45
- 3.2.2.2 Weisungsrecht des Arbeitgebers 45
- 3.2.2.3 Nebenpflichten des Arbeitnehmers 45
- 3.2.2.4 Wettbewerbsverbot während des Arbeitsverhältnisses 46
- 3.2.2.5 Wettbewerbsverbot nach Beendigung des Arbeitsvertrags 46
- 3.2.2.6 Nebentätigkeiten 46
- 3.2.2.7 Lohnzahlungspflicht des Arbeitgebers 47
- 3.2.2.8 Tatsächliche Beschäftigung 47
- 3.2.2.9 Schutz- und Fürsorgepflichten 47
- 3.2.2.10 Datenschutz 47
- 3.2.2.11 Arbeitnehmererfindungen 48
- 3.2.3 Probezeit 48
  - *Unbefristetes Arbeitsverhältnis mit vorgeschalteter Probezeit* 48
  - *Befristetes Probearbeitsverhältnis* 48
- 3.3 Besondere Arbeitsverhältnisse 48
- 3.3.1 Leitende Angestellte 48
  - *AT-Angestellte* 48
- 3.3.2 Befristete Arbeitsverhältnisse 49
- 3.3.3 Teilzeit und 325-Euro-Beschäftigung 50
  - *Anspruch auf Teilzeitarbeit* 50
  - *Sozialversicherung* 50
  - *Steuern* 51
  - *Urlaub* 51
  - *Jobsharing* 51
- 3.3.4 Telearbeit / Homeoffice 51
- 3.3.5 Auszubildende 52
- 3.3.6 Praktikanten 53
- 3.3.7 Altersteilzeit 53
- 3.3.8 Schwerbehinderte 54
- 3.3.9 Arbeit auf Abruf, KAPOVAZ 54
- 3.3.10 Ruhende Arbeitsverhältnisse 55
  - *Mutterschutz / Elternzeit* 55
  - *Wehr- und Zivildienstleistende* 56
- 3.3.11 Faktisches Arbeitsverhältnis 57
- 3.4 Sonstige Vertragsverhältnisse 57
- 3.4.1 Gesellschafter 57
- 3.4.2 Vorstand / Geschäftsführer 57
- 3.4.3 Handelsvertreter 57
- 3.4.4 »Job-Rotation« 57
- 3.4.5 Freie Mitarbeiter 58
- 3.4.5.1 Scheinselbstständigkeit 58
- 3.4.6 Leiharbeitnehmer, Arbeitnehmerüberlassung 60
- 3.4.7 Arbeitsvertrag mit einer ARGE 60
- 3.4.8 Ausländische Arbeitnehmer 60

4 Nichtvollzug des Arbeitsvertrages 61

5 Mitwirkung des Betriebsrates bei der Einstellung 61

A. Personalmanagement und Gewinnung von Mitarbeitern

In Zeiten schwacher Konjunktur halten sich Unternehmen eher zurück und stellen weniger Personal ein. Dennoch bleibt deutlich erkennbar, wie hoch der Stellenwert der Human Ressource in den Unternehmen zwischenzeitlich gestiegen ist. Die zunehmenden Bemühungen im Rahmen des Retention-Managements (Mitarbeiterbindung) sind ein Indiz hierfür, der weiterhin hohe Bedarf an qualifizierten Mitarbeitern ein anderes. Die mangelnde Deckung dieses Bedarfes ist teilweise so immens, das er für ausgewählte Branchen und Unternehmen sogar wachstumshemmend wirkt. Die Angebots- und Nachfrageseite haben sich umgekehrt, der Käufermarkt hat sich zu einem Verkäufermarkt entwickelt. Die Vielzahl an Nachfragern (Unternehmen) fokussieren zur Zeit ihre Anstrengungen auf die angebotsseitig hochqualifizierten Arbeitskraft-Anbieter. Ein »totaler« Einstellungsstopp führt zu einer ungesunden Altersstruktur im Unternehmen und stellt viele durchgängige Konzepte der Laufbahn- und Entwicklungsplanung in Frage, daher ist die interne wie externe Personalakquise stets ein Thema für die Unternehmen. In der Praxis beginnt diese dort, wo zielgerichtet, als Ergebnis der kurz-, mittel- oder langfristigen Personalplanung, eine (oder mehrere) konkrete Stelle(n), mit angegebenem Zeithorizont, mit einer/m den Anforderungen gerecht werdenden Mitarbeiter/in, zu besetzen ist.

1 Organisatorische Voraussetzungen

Die Personalbeschaffung sollte vom Grundsatz her keine Ad-hoc-Handlung sein, sondern ein Ergebnis konsequenter Planungsarbeit. Bevor Stellen im Unternehmen geschaffen bzw. besetzt werden können, müssen hierfür zunächst die Voraussetzungen geschaffen werden.

1.1 Personalplanung

Die erste Voraussetzung ist die Ermittlung des quantitativen und qualitativen Personalbedarfs. Auf der Basis des Bruttopersonalbedarfs und des Personalbestandes kann zu den jeweiligen Betrachtungszeitpunkten der sogenannte Nettopersonalbedarf ermittelt werden, der wiederum eine Deckungsgleichheit, eine Personalunter- oder -überdeckung ausweisen kann. Im Falle der Personalunterdeckung geht dann die Personalbedarfsplanung in die Personalbeschaffungsplanung über. Diese kann zeitpunktbezogen oder zeitraumbezogen auf unterschiedliche Zielgruppen ausgerichtet sein. Eine zeitpunktbezogene Personalbeschaffung setzt die Notwendigkeit der Besetzung einer vakanten Stelle zu einem bestimmten Zeitpunkt voraus, z.B. aufgrund der Erreichung der Altersgrenze eines Mitarbeiters. Die zeitraumbezogene Personalbeschaffungsplanung beruht nicht auf einer tatsächlichen Vakanz, sondern dem kontinuierlichen Bedarf beispielsweise an hochqualifizierten Mitarbeitern. Hierauf muss dann das Personalmarketing gesondert abgestimmt sein.

Neben dem planbaren Personalbedarf ergeben sich in der Praxis jedoch immer wieder Situationen, in denen ein kurzfristiger Ad-hoc-Bedarf (Ersatz- oder Zusatzbedarf) an Personal auftritt, der so nicht vorhersehbar war. Als Beispiel kann hier die Kündigung eines Mitarbeiters oder die plötzlich längere krankheitsbedingte Abwesenheit eines Mitarbeiters genannt werden. (siehe auch IVA/1)

1.2 Personalanforderung

Wenn auch das Personalmanagement eines Unternehmens die strategischen und operativen Aufgaben der Personalbeschaffung wahrnimmt, so geht die Initiative immer von den jeweiligen Fachbereichen aus. Konkret bedeutet dies, dass die Fachbereichs-Verantwortlichen ihren Bedarf gegenüber dem Dienstleister (Personalabteilung) artikulieren sollten. Dies geschieht auf dem Wege der Personalanforderung. Entweder auf digitalem Wege oder mittels eines Formblattes (siehe IV A/1.8) konkretisiert der Fachbereich seine Anforderung und begründet die Notwendigkeit für die Bedarfsdeckung. Des Weiteren ist die Personalanforderung als Antrags- und Genehmigungsverfahren anzusehen, d.h. die Kosten- und Budgetverantwortlichen (z.B. Geschäftsleitung) müssen zunächst dem artikulierten Ersatz- oder Zusatzbedarf zustimmen, bevor die Personalabteilung aktiv werden kann.

1.3 Stellenbeschreibung

Eine weitere Voraussetzung für eine zielgerichtete Personalbeschaffung ist, dass die Stelle (Stellenbeschreibung) und die an den oder die Stelleninhaber gestellten Anforderungen (Anforderungsprofil) transparent sind. Die Stellenbeschreibung erlebte mit Einführung der ISO 9000 ff eine Renaissance in den Unternehmen und enthält alle notwendigen, personenunabhängigen, die Stelle beschreibenden Informationen. Sie enthält wesentliche Informationen zum Aufgabenbereich, zur Zielsetzung, den Kompetenzen und Befugnissen, der Verantwortung, der Eingruppierung, der Einordnung der Stelle im Stellengefüge, sowie über die unter- und übergeordneten Stellen u.v.m. (siehe Beispiel zu 1.3).

Die Stellenbeschreibung ist das fast am meisten kritisierte Instrument der Personaler. Die Befürworter der Stellenbeschreibung sehen Vorteile wie etwa Transparenz bei der Personalplanung, Ausgangsbasis für eine zielgerichtete Personalbeschaffung, mögliche Anlage zum Arbeitsvertrag, Orientierung für den Stelleninhaber, Fixierung organisatorischer Beziehungen, Grundlage für eigenverantwortliches Arbeiten, Grundlage zur objektiven Stellenbewertung, Hilfsmittel bei der Personal- und Organisationsentwicklung etc. Dem stellen die Gegner der Stellenbeschreibung die Nachteile gegenüber, wie z.B. Starrheit des Stellengefüges, Einschränkung der Flexibilität bei der Aufgabenerfüllung, Verbindlich-

Beispiel (zu 1.3) Stellenbeschreibung

Stellenbezeichnung	Stellen-Nr.:
Bauleiter beim Projekt XYZ	98123
Einordnung der Stelle:	Eingruppierung
	(Tarif oder Jahresgehalt)
Abteilungsleiter	von 34.000 € bis 55.000 €
Übergeordnete Stelle:	Projekt-Manager
Untergeordnete Stelle:	Baustellenpersonal
	(Bankkaufmann, Montageteam, …)

Organisatorische Beziehungen:
Zum Kunden, zu Subunternehmen, zum Projektbüro, …

Aufgaben:
- Koordination aller Tätigkeiten im Rahmen der Baustellenabwicklung insbesondere
- Die Planung des Personaleinsatzes
- Der Anforderung von Subunternehmen
- Der Steuerung des Baustellenpersonals
- Der Information des Projektmanagements über Projektstand (Leistungsfortschritt/Kosten/Termine etc.)
- Baustellenadministration
- …

Zielsetzung der Stelle:
Die bestmögliche Projektentwicklung unter Berücksichtigung höchstmöglicher Qualität, Einhaltung der Termine und des vorgegebenen Budgetrahmens.

Kompetenz/Befugnisse:
- Das Baustellenpersonal ist dem Bauleiter disziplinär und fachlich unterstellt
- Zukäufe in Höhe von x €
- Anforderungsrecht für zusätzliches Personal
- Anforderungsrecht für kurzfristige Überstunden auf der Baustelle
- Zeichnungsberechtigung
- …

Wird vertreten von:	Baukaufmann
Vertritt in Abwesenheit:	Projekt-Manager

Verantwortungsbereiche:
- Ergebnisverantwortung
- Budgetverantwortung
- Personalverantwortung
- …

Richtlinie / Vorschriften:
- Ausschreibungsunterlagen
- Unfallverhütungsvorschriften
- Betriebliche Arbeitszeitverordnung
- …

Genehmigt am: 01. 11. 2002 von: Profit-Center-Leiter

Unterschrift: ....

Änderungsvermerke:

Verteiler:
1x Stelleninhaber
1x Personalakte
1x Vorgesetzter

Beispiel (zu 1.4) Anforderungsprofil

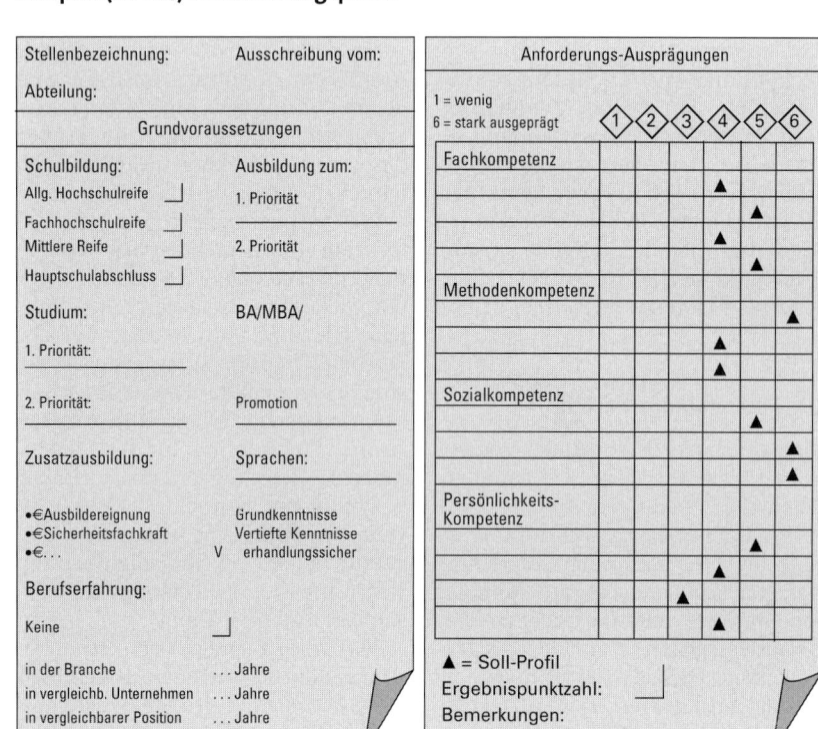

Stellenbezeichnung:	Ausschreibung vom:
Abteilung:	

Grundvoraussetzungen

Schulbildung:	Ausbildung zum:
Allg. Hochschulreife ☐	1. Priorität
Fachhochschulreife ☐	
Mittlere Reife ☐	2. Priorität
Hauptschulabschluss ☐	

Studium:	BA/MBA/
1. Priorität:	
2. Priorität:	Promotion

Zusatzausbildung:	Sprachen:
•€Ausbildereignung	Grundkenntnisse
•€Sicherheitsfachkraft	Vertiefte Kenntnisse
•€…	V erhandlungssicher

Berufserfahrung:	
Keine ☐	
in der Branche	… Jahre
in vergleichb. Unternehmen	… Jahre
in vergleichbarer Position	… Jahre

Anforderungs-Ausprägungen

1 = wenig
6 = stark ausgeprägt   ① ② ③ ④ ⑤ ⑥

Fachkompetenz

Methodenkompetenz

Sozialkompetenz

Persönlichkeits-Kompetenz

▲ = Soll-Profil
Ergebnispunktzahl:
Bemerkungen:

---

keitscharakter einer Stellenbeschreibung u.a.

Entscheidend für das Instrument der Stellenbeschreibung ist, wie Sie im Unternehmen erhoben und eingeführt und wie tagtäglich damit umgegangen wird. Oft liegt die Problematik im Umgang nicht an der Stellenbeschreibung, sondern an der jeweiligen Personalführung. Richtig eingesetzt überwiegen eindeutig die oben skizzierten Vorteile.

> Eine Stellenbeschreibung enthält so viel Information wie notwendig und so wenig Information wie möglich. Außerdem gilt: Nur eine aktuelle Stellenbeschreibung ist eine brauchbare Informationsbasis für die Nutzer.

Bei erstmaliger oder wiederholter Einführung einer Stellenbeschreibung sollten die Personaler ihren Schwerpunkt auf die Vermittlung von Sinn und Zweck der Stellenbeschreibung legen und auf die Konzeption, d.h. die Rahmenvorgaben (Raster) unter Mitwirkung des Betriebsrates und Vertretern unterschiedlicher Mitarbeitergruppen. Nach Verabschiedung sollten die jeweiligen Stelleninhaber die Stellenbeschreibungen selbst ausfüllen. Die Vorgesetzten ergänzen inhaltlich, bereinigen Redundanzen und überprüfen und konkretisieren hinsichtlich der organisatorischen Stimmigkeit. Letzteres sollte zweckmäßigerweise in Abstimmung mit den Mitarbeitern erfolgen. Anschließend werden die Stellenbeschreibungen z.B. hinsichtlich der Eingruppierung stellen- bzw. bereichsübergreifend evaluiert und verabschiedet. Die genehmigten Stellenbeschreibungen sollten dann an die Stelleninhaber, die Vorgesetzten und den zuständigen Personalreferenten (Personalabteilung) verteilt werden.

1.4 Anforderungsprofil

Während die Stellenbeschreibung mehr den organisatorischen Rahmen einer Stelle beschreibt, steht bei dem Anforderungsprofil der aktuelle bzw. zukünftige Stelleninhaber/in im Vordergrund der Betrachtung. Im Anforderungsprofil werden die Voraussetzungen hinsichtlich der Qualifikation und deren Ausprägung in den einzelnen Kompetenzbereichen definiert, die notwendig bzw. hinreichend sind, um die Aufgaben der Stelle zu erfüllen und die mit der Stelle verbundenen Ziele zu erreichen. Dabei kann zwischen sogenannten Mindestvoraussetzungen und einem Idealprofil (Soll-Profil) unterschieden werden. Das Anforderungsprofil ist ein Elementar-Instrument für die Personalbeschaffung. In der Praxis wird jedoch häufig auf die Anfertigung eines Anforderungsprofils verzichtet. Nach Einleitung des Personalbeschaffungsprozesses tritt dann die Verwunderung ein, dass man nicht die »richtigen« Bewerbungen erhält oder – im schlimmsten Fall – eine Person eingestellt wird, deren Qualifikationsprofil außerhalb aller Anforderungen liegt.

> **!** Wer eine Stelle optimal besetzen will, muss sich vorher Gedanken darüber machen, welche Voraussetzungen der Bewerber mitbringen sollte und sich auch daran halten.

Im Personalauswahl-Prozess werden die einzelnen Bewerber mit ihren jeweiligen Voraussetzungen und Fähigkeitsprofilen den tatsächlichen Anforderungen gegenübergestellt. Damit vermeidet man Fehlbesetzungen bzw. Über- oder Unterqualifikationen. Des Weiteren kann das Anforderungsprofil bzw. das beim Stelleninhaber/in festgestellte Fähigkeitsprofil dann auch als Instrument in der Personalentwicklung eingesetzt werden, um den jeweiligen Mitarbeiter hinsichtlich seiner Stärken/Schwächen weiter zu professionalisieren bzw. zu entwickeln (siehe auch VII Personalentwicklung).

Das Anforderungsprofil sollte so aufgebaut sein, dass in einem Teil die Grund- bzw. Mindestvoraussetzungen definiert werden und in einem zweiten Teil ein Qualifikationsprofil erstellt wird, entlang von vorher definierten Kompetenz-Ausprägungen. (Siehe Beispiel zu 1.4)

Ein so erstelltes Anforderungsprofil hilft im Besetzungsfall auch, eine Stellenanzeige zu formulieren. Darüber hinaus haben die jeweiligen Vorgesetzten und Verantwortlichen die Chance, ihre Vorstellungen bzw. Anforderungen an die jeweiligen Stelleninhaber konkret, klar und eindeutig zu formulieren.

2 Wege der Personalbeschaffung

Traditionell unterscheidet man zwischen den internen und den externen Personalbeschaffungswegen. Die Wahl des zu beschreitenden Weges richtet sich an den personalwirtschaftlichen Grundsätzen und Zielen des Unternehmens aus. Gilt beispielsweise der personalpolitische Grundsatz, dass Führungspositionen fast ausnahmslos aus Mitarbeitern des eigenen Unternehmens besetzt werden, so ist der Weg der internen Personalakquise zunächst eindeutig priorisiert.

2.1 Interne Personalakquise

Bei der internen Personalbeschaffung wird unterschieden zwischen der internen Personalakquise ohne Personalbewegung (z.B. durch Mehrarbeit oder Urlaubsverschiebung) und mit Personalbewegung (z.B. durch Versetzung von Mitarbeitern aufgrund systematischer Personalentwicklung oder Nachfolgeplanung).

Die interne Stellenausschreibung wird in der Praxis am häufigsten angewendet. Durch die innerbetriebliche Veröffentlichung von vakanten Stellen, mittels Aushang am Schwarzen Brett, Unternehmenszeitung, Intranet-Lösungen, Inhouse-Stellenmärkten oder Rundschreiben haben die Mitarbeiter die Möglichkeit, sich intern auf attraktive Arbeitsplätze im Unternehmen zu bewerben. Die Ausschreibung ist dabei nahezu identisch mit einer Stellenanzeige und beinhaltet demnach konkrete Angaben über die Stelle, den Aufgaben- und Verantwortungsbereich, die Gehaltseinstufung, die Organisationseinheit, den Dienstort, die Art der Beschäftigung (Vollzeit oder Teilzeit), sowie über die fachlichen und persönlichen Voraussetzungen, den Zeitpunkt der Besetzung und die bearbeitende Personalstelle. Auch bei internen Stellenausschreibungen wird eine Frist bestimmt, in der die Bewerbungen vorliegen sollten. In der Praxis ist darauf zu achten, dass nach § 93 BetrVG der Betriebsrat auf einer innerbetrieblichen Stellenausschreibung bestehen kann. (Nicht davon betroffen ist die Ausschreibung von Positionen für leitende Angestellte.) Nach § 99 Abs. 2 BetrVG kann dann der Betriebsrat der Einstellung eines Mitarbeiters widersprechen, wenn der Arbeitgeber eine Stelle nicht intern ausgeschrieben hat, woraus sich jedoch nicht unmittelbar ableiten lässt, dass prinzipiell interne Bewerber vorrangig zu berücksichtigen sind.

Bei interner Personalbeschaffung mit Personalbewegung, wird zwar der Personalbedarf an der zu besetzenden Stelle gedeckt, an anderer Stelle entsteht jedoch eine Vakanz. Die interne Personalbeschaffung hat im Vergleich zur externen einige Vorteile (siehe Übersicht zu 2.1). Dem stehen jedoch auch Nachteile

---

Übersicht (zu 2.1) Vorteile interner Personalbesetzungen

- Eigene Mitarbeiter erhalten Auftrieb und Perspektiven
- Qualifikationsportfolio des Mitarbeiters ist bekannt
- Das Risiko einer Fehlbesetzung ist wesentlich geringer
- Die Personalbeschaffungskosten sind wesentlich geringer
- Die Zeitverluste bei einer Stellensetzung können geringer ausfallen
- Entgelterwartungen orientieren sich an der innerbetrieblichen Lohn- und Gehaltsstruktur
- Die notwendige Einarbeitungszeit fällt häufig wesentlich geringer aus
- Geringere Frustrationsgefahr durch unerfüllte Erwartungen
- Kenntnisse über Betriebsinterna (Entscheidungswege, Verantwortungsbereiche, abteilungs- bzw. hierarchieübergreifende Zusammenarbeit u.s.w.) sind vorhanden

Übersicht (zu 2.3) Instrumente und Methoden der Personalbeschaffung

Präventiv
- Sponsoring
- Wettbewerbe
- Förderpreise

- Open door-Veranstaltungen
- Exkursionen/Vorträge
- Seminare/Workshops/case studies

- Projekt-/Forschungsarbeiten
- Diplomarbeiten/Dissertationen

- Praktika
- Werkstudenten

Intern
- Mehrarbeit
- Urlaubsverschiebung
- Alternative Arbeitszeitmodelle
- Altersteilzeitmodelle
- Interne Stellenausschreibung
- Personalentwicklung
- Nachfolge-/Laufbahnplanung
- Förderkreise
- Auf Vorschlag bspw. des Vorgesetzten
- Inhouse-Zeitarbeitsfirma
- Inhouse-Consulting
- Projektmanagement

Extern
- Personalanzeigen
  - Tageszeitungen
  - Fachzeitschriften
  - Studentenzeitungen
  - Info.broschüren
  - ...
- Stellengesuche
- Personalleasing
- Personalberater
- Headhunter
- Priv. Arbeitsvermittler
- Arbeitsämter
- Recruiting-Events
  - Pink-slip-Party's
  - Mobile Informationsstände
  - Unternehmensplanspiele
- Initiativ-Bewerbung/ Bewerberdatei
- Plakate/Aushänge (Hochschule/Werkstor...)
- Job-/Karriereveranstaltungen
  - Campusveranstaltungen
  - Recruiting-Messen
    - mit/ohne Bewerbervorauswahl
    - branchen-/funktionsübergreifend/-spezifisch
- Fachmessen
- Networking
  - Persönliche Kontakte (zu Mitarbeiter)
  - Institutionelle Kontakte
    - zu Hochschulen (Lehrstühlen/ Stutendenorganisat./ Studenteninitiativen
    - zu Schulen
    - zu Weiterbildungsinstitutionen
    - zur Bundeswehr
  - ...

Digital
- Websites
  - Unternehmens-Homepage
  - HR-Homepage
  - Inhouse-Stellenmarkt
- Jobbörsen
  - Job-Suchmaschinen (Meta)
  - Kommerzielle Jobbörsen
    - Branchenübergreifende Jobbörsen
    - Branchenspezifische Jobbörsen
  - Nichtkommerzielle Jobbörsen
  - Online-/Offline-Jobbörsen
- Virtuelle Recruiting-Messen
- Virtual Community
- Newsgroups
- Digitale Events (Recruiting-games)
- Online-Aktionen
- Online-Stipendien

- Digitale Stellenanzeige
- Lebenslaufdatenbanken
- Bewerbungs-Homepage
- Digitale Stellengesuche
- E-mail-Bewerbung
- Online-Formular/Tool

gegenüber. Es kann zu Problemen führen, wenn der neue Stelleninhaber beispielsweise einer Vorgesetztenrolle nicht gerecht wird oder von seinen ehemaligen Kollegen als Vorgesetzter nicht anerkannt wird. Ein weiterer Nachteil ist, dass interne Mitarbeiter wenig bis keine Impulse und Innovationen aus anderen Erfahrungsbereichen mitbringen.

2.2 Inhouse-Stellenmärkte

Angesichts zunehmender Digitalisierung in den Unternehmen sind Inhouse-Stellenmärkte eine moderne Lösung zur Veröffentlichung interner Ausschreibungen. Sie können als reine Intranet-Lösung (eigene Jobbörse ausschließlich für interne Ausschreibungen) oder als Internet-Stellenmarkt konzipiert werden. Solche Lösungen werden heute vorwiegend von den Großunternehmen genutzt. Diese gehen bereits soweit, dass auch Verbund-Jobbörsen etabliert werden, d.h. dass die offenen Stellen aller Tochter- oder Beteiligungsgesellschaften in einem solchen Stellenmarkt aufgenommen und publiziert werden. Der Vorteil von solchen Lösungen ist die die Erweiterung der Informationsreichweite. Gerade räumlich sehr stark dislozierte Unternehmen können hierdurch die eigenen Personalressourcen optimaler nutzen bzw. einsetzen und den eigenen Mitarbeitern Perspektiven bieten. Damit kann ggf. auch die Verweildauer der Mitarbeiter im Unternehmen wesentlich verlängert werden (Mitarbeiterbindung).

2.3 Externe Personalakquise

Neben der internen Personalakquise bietet eine Vielzahl von externen Personalbeschaffungsmaßnahmen Handlungsalternativen (siehe Übersicht zu 2.3). Der Kreativität sind dabei keine Grenzen gesetzt. So werden z.B. »Pink-slip-Parties« organisiert. Kündigungsschreiben stecken in den USA in rosafarbenen Umschlägen. Die Parties bringen Arbeitssuchende der IT-Branche mit Beratern oder Unternehmen zusammen. Mit mobilen Informationsständen suchen Unternehmen an den Hochschulen sogenannte High Potentials und für fast jede Branche werden nationale oder internationale Recruiting-Messen veranstaltet. Erlaubt ist was gefällt und vor allem, was Erfolg hat. So sucht die Landespolizei Rheinland Pfalz neue Mitarbeiter mittels Aufklebern auf Polizeiautos, andere nutzen den Pizza-Bringdienst, um per Anzeige auf der Pizza-Schachtel Mitarbeiter zu akquirieren. Weitere Varianten sind kulinarische Karrieretreffs in Küchen oder speziell entwickelte unternehmensspezifische Recruiting-Comics, welche die Zielgruppen in der IT-Welt ansprechen sollen.

Die Maßnahmen der externen Personalakquise können noch dahingehend unterschieden werden, ob die Bedarfsdeckung unmittelbar oder mittelbar erfolgt. Bei der unmittelbaren oder auch direkten Personalbedarfsdeckung synchronisiert der Arbeitgeber Angebot und Nachfrage selbst. Bei der mittelbaren oder indirekten Personalbedarfsdeckung wird eine Schnittstelle eingeschaltet. Der jeweilige Bedarf wird gegenüber der Schnittstelle artikuliert, z.B. erhält ein Personalberater den Auftrag, einen Bewerber für ein bestimmtes Anforderungs- und Qualifikationsprofil zu suchen oder ein Bewerber meldet seinen Arbeitsplatzbedarf dem Arbeitsamt.

Entscheidend für die Praxis ist, dass die Instrumente der externen Personalbeschaffung unterschiedliche Reichweiten und Zielorientierungen haben. Es ist Aufgabe des Personalmanagements, unter Berücksichtigung von Effizienz und Effektivität das richtige Instrument für die Personalbeschaffung auszuwählen (siehe Grafik zu 2.3).

2.3.1 Traditionelles Recruitment versus E-Recruitment

Die zunehmende Verbreitung des Internets und damit der Möglichkeit des E-Recruitment wirft die Frage auf, ob die traditionelle Personalbeschaffung ausgedient hat bzw. durch die digitale Personalbeschaffung substituiert wird. Die Antwort lautet: »Nein«. Das E-Recruitment eröffnet nur eine zusätzliches Medium für die Personalbeschaffung. Während zuvor Stellenanzeigen ausschließlich in der Zeitung geschaltet wurden, werden diese jetzt auch digitalisiert; während Bewerber Stellengesuche zuvor an Zeitungen verschickten, werden diese jetzt ins Internet gestellt und waren es zuvor Bewerbungsmappen, sind es heute per E-Mail verschickte digitale Bewerbungsunterlagen, Online-Formulare oder Bewerber-Homepages. Damit wird bereits deutlich, dass die Wahl des Terminus »traditionell« nicht gleichzusetzen ist mit veraltet bzw. überholt, sondern lediglich als Abgrenzung gegenüber dem E-Recruitment dient.

Neben dem Medium ändern sich jedoch auch für die Recruiter die einzusetzenden Instrumente (siehe Grafik zu 2.3.1).

In den Skill-Tables können spezifische Anforderungen an den/die Bewerber/in definiert werden, einschließlich sogenannter K.-o.-Kriterien. Der Skill-Table wiederum bildet die Grundlage für das automatische Bewerber-Screening, d.h. den Abgleich von Soll- und Ist-Profilen. Der Deckungsgrad der Profile kann dann angezeigt werden und dient dem Recruiter als Arbeits- und Orientierungshilfe bei der weitergehenden Selektion. Das Workflow-Management ermöglicht die Weitergabe und Kommentierung von digitalen Bewerbungsunterlagen an Fachvorgesetzte oder auch den Betriebsrat. Die Interaktionen zwischen Bewerber und Arbeitgeber stellt das Response-Management sicher, d.h. hiermit erfolgt die voll- oder auch teilautomatisierte Erstellung und Versendung von Eingangs- und Zwischenbescheiden (siehe Formulierungsvorschlag zu 2.3.1), Einladungen und Absagen (siehe Musterformulierung zu 3.5).

Während das Anzeigen-Management die Planung, Steuerung und Kontrolle von Anzeigenschaltungen ermöglicht, gibt das Bewerbungs-Controlling vorwiegend Auskunft über Zugriffszahlen auf eine digitale Stellenanzeige, eingegangene Bewerbungen etc.

Stellt man die traditionelle Personalbeschaffung dem E-Recruitment

Grafik (zu 2.3) Zielorientierung/Reichweiten von Personalbeschaffungs-Instrumenten

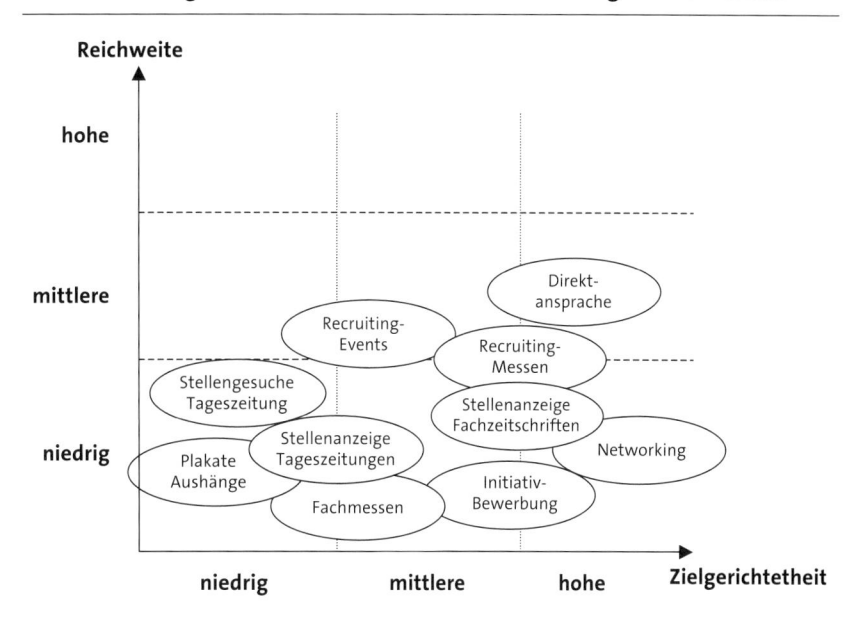

Grafik (zu 2.3.1) Instrumente/ Methoden des E-Recruitments

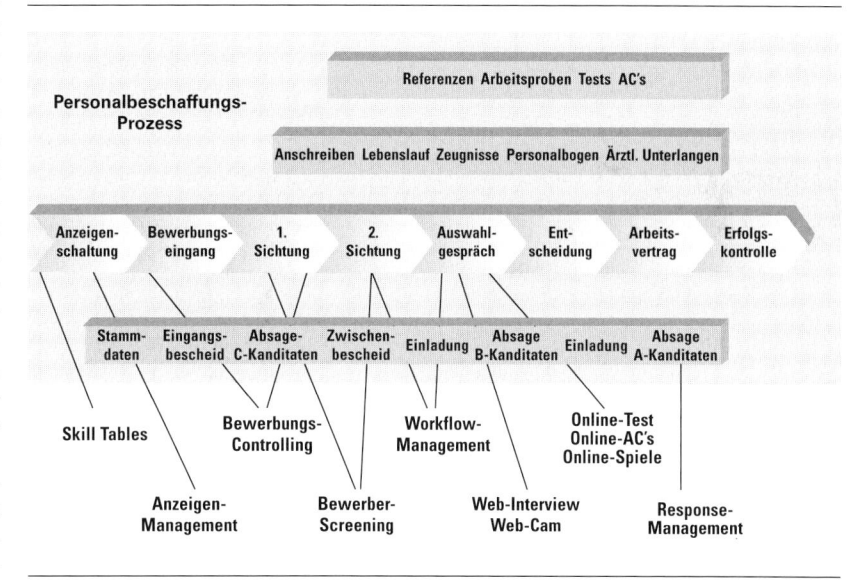

Formulierungsvorschlag (zu 2.3.1) Zwischenbescheid

Sehr geehrte/r Frau/Herr ....,

wir bestätigen den Eingang Ihrer Bewerbung und danken Ihnen für das Interesse, das Sie unserem Unternehmen entgegenbringen. Die Prüfung der Unterlagen wird eine gewisse Zeit in Anspruch nehmen. Wir bitten um etwas Geduld, bis Sie eine weitere Nachricht von uns erhalten. Sollten Sie sich in der Zwischenzeit anderweitig binden, bitten wir um eine kurze Benachrichtigung Ihrerseits.

Mit freundlichem Gruß

Übersicht (zu 2.3.1)
Unterschiede traditioneller und elektronischer Personalbeschaffung

Teil-Prozesse	*Traditionelles Recruiting*	*E-Recruiting*
Anzeigenschaltung	▪ einmalig ▪ nicht veränderbar ▪ regional ▪ Textbegrenzung ▪ kostenintensiv	▪ kontinuierlich ▪ veränderbar ▪ regional / International ▪ keine Textbegrenzung ▪ kostengünstig
Bewerbungseingang	▪ Papier ▪ nicht steuerbar	▪ Digital + Papier ▪ steuerbar
1. u. 2. Sichtung	▪ manuell	▪ manuell + automatisierbar
Auswahlgespräch	▪ persönliche Anwesenheit	▪ persönliche Anwesenheit + Raumunabhängigkeit
Entscheidung	▪ –	▪ –
Arbeitsvertrag	▪ Papierform	▪ Papierform ▪ digitale Form
Erfolgskontrolle	▪ manuell erstellte Statistiken	▪ automatisch erstellte Statistiken ▪ kontinuierlich aktualisiert
Administration	▪ Medienbruch bei Stammdateneingabe ▪ manuelle Erstellung der Korrespondenz / manueller Versand	▪ keine Medienbrüche ▪ manuelle Erstellung der Korrespondenz ▪ automatische Erstellung und Versand der Korrespondenz
Allgemein	▪ zeitintensiv ▪ persönlich	▪ zeitsparend ▪ persönlich / unpersönlich ▪ interaktiv ▪ schnell und flexibel ▪ Recherchemöglichkeit

gegenüber, so ergeben sich die in der Übersicht zu 2.3.1 dargestellten Unterschiede bzw. Gemeinsamkeiten.

Die Analyse der Unterschiede zeigt, dass E-Recruitment keine Konkurrenz zur traditionellen Suche ist, sondern sie ergänzt und zusätzliche Vorteile bietet. So muss beispielsweise eine Anzeige während der Schaltung (im Internet meist 4-6 Wochen) nicht verändert werden, sie kann aber verändert werden.

Unabhängig davon, ob die traditionellen Personalbeschaffungswege oder die des E-Recruitment eingeschlagen werden, den Ausgangspunkt jeder Maßnahme bildet die Personalbedarfsplanung. Mit einer fundierten quantitativen und qualitativen Definition des tatsächlichen Personalbedarfs und der Genehmigung zur Personalbeschaffung beginnt dann jeder Recruitment-Prozess (siehe Checkliste zu 2.3.1).

2.3.2 Stellenanzeigen Print und Online

Traditionell sind die Stellenanzeigen Bestandteil einer jeden guten Tages-, Wochen- oder Monatszeitung bzw. Fachzeitschrift. Seit Anbeginn des Internets als Massenmedium wird die Diskussion dahingehend geführt, ob der Stellenmarkt der Print-Medien durch das digitale Medium ersetzt wird oder nicht. Wie sooft wird die Wahrheit in der Mitte liegen. Eines hat sich jedoch bereits gezeigt, die Medien werden zunächst weiter nebeneinander existieren und sich ergänzen.

Dennoch existieren Unterschiede. Stellenanzeigen sollen gesucht und gefunden werden. Trotz ggf. vorhandenem Stellenindex (bei Print-Medien) liegt der Schwerpunkt des Stellensuchenden bzw. Interessenten beim »Blättern« und weniger beim »Suchen und Finden«. Da der Stellenindex meist nur nach einem, maximal zwei Kriterien aufgebaut wird, wie bspw. Bezeichnung der Stelle und / oder Fachgebiet kann die Online-Anzeige, je nach Komfort der Suchfunktionen der jeweiligen Jobbörse, durch eine Vielzahl von Kriterien eingegrenzt, gesucht und gefunden werden. Ein weiterer, damit verbundener Vorteil, ist die Schnelligkeit. Das Online-Medium ist in der Lage, nach bestimmten vom Nutzer eingegebenen Kriterien die jeweiligen Stellenanzeigen nicht nur zu suchen, sondern auch zusammenzustellen und auf einen Blick verfügbar zu machen. Damit wird eine hohe Übersichtlichkeit bzw. Transparenz bezogen auf die Stellenkategorie erzeugt. Beim Print-Medium wird dieser Vorgang weiterhin auf »Blättern« beschränkt bleiben, und damit den Vorgang zu einem zeitintensiveren Unterfangen machen. Darüber hinaus bedeutet die Schaltung einer

Print-Anzeige automatisch eine singuläre Publizität. Anders bei der Online-Anzeige. Aufgrund von Meta-Suchmaschinen kann die Online-Anzeige den Interessenten dennoch finden, ohne eine ausschließliche Anbieterfokussierung. Bei den Print-Medien entscheiden sich die Stellensuchenden bzw. Interessierten häufig für einen Anbieter, sprich für eine Zeitung, die Streuwirkung der Online-Anzeige ist höher. Während die Print-Medien eine stark regionale oder nationale Präsenz bieten, ist die Online-Anzeige überregional und international verfügbar. Dieses Maß an Omnipräsenz kann kein Print-Medium erreichen. Schaltet man eine Print-Anzeige nicht gleich mehrfach, so ist sie an einen bestimmten Tag gebunden. Die Chance, potenzielle Bewerber zu erreichen, sind daher geringer als bei der Online-Anzeige, die in der Regel, je nach Anbieter und Wahl der Anzeigendauer, zwischen vier und sechs Wochen im Netz verfügbar ist.

Auch die Kosten sind unterschiedlich. Die Online-Anzeige kostet etwa 1/3 bis 1/4 einer Print-Anzeige. Während bei der Print-Anzeige häufig die Größe der Anzeige den Preis beeinflusst, ist die Länge einer Online-Anzeige nicht begrenzt.

Eine weitere Tendenz ist in den letzten Jahren erkennbar. Die Stellenanzeigen in den Print-Medien entwickeln sich mehr und mehr zu Imageanzeigen. Individuelle Gestaltungswünsche, vom Rahmen über die Schriftart und grafische Gestaltung bis hin zu Fotos können realisiert werden.. Die Corporate Identity sowie die Unternehmensphilosophie werden mit den Stellenanzeigen transportiert. Diese Freiheiten existieren bei der Online-Anzeige in diesem Maße bei weitem nicht. Hier treten CI und vor allem das Corporate Design stark in den Hintergrund. Während das Printmedium eine sehr hohe Individualisierung unterstützt, setzt das Online-Medium weitgehend auf Standardisierung. Der Vorteil hier liegt in der Verlässlichkeit der Informations-Orte. So bieten Jobbörsen das Einstellen des Logos an, dann aber immer an der selben Stelle. Das gleiche gilt für die Kontaktadresse bzw. Links etc. Der Stellensuchende findet die Informationen immer an der gleichen Stelle. Wenn auch die Individualisierung bei der Online-Anzeige wenig ausgeprägt ist, so besteht natürlich auch nicht in so hohem Maße die Notwendigkeit hierfür, da die individuell gestalteten Anzeigen u.a. dem Zweck dienen, sich von den anderen schaltenden Unternehmen abzuheben und Aufmerksamkeit zu wecken. Die Anzeige muss auffallen. Diese Notwendigkeit ist bei Online-Anzeigen nicht in gleicher Weise gegeben, da, nicht »geblättert«, sondern »gesucht und gefunden« wird. Bei aller Standardisierung bieten einige Jobbörsen inzwischen jedoch eine bestimmte Variantenvielfalt bei der Anzeigengestaltung an.

Manche Printanzeigen fallen durch ausgefallene Stellenbezeichnungen auf, die online gar nicht gefunden würden. Eine Online-Anzeige sollte daher internetgerecht sein, d.h. sie sollte Schlagwörter enthalten, die

Checkliste (zu 2.3.1) Personalbeschaffungsprozess

Wer wird gesucht?
- Stellenbeschreibung
- Anforderungsprofil
- Anzahl
- ...

Welche Konditionen gelten?
- Gehalt
- Besondere Anreize
- Entwicklungsperspektiven
- ...

Was ist der Hintergrund zur Neubesetzung?
- Neu geschaffene Stelle
- Vakanz aufgrund von Ausscheiden
- ...

Wo und wie wird gesucht?
- Interner Arbeitsmarkt
  - Innerbetriebliche Stellenausschreibung
  - Vorschläge von Vorgesetzten
  - Nachfolge- und Laufbahnplanung
  - ...
- Externer Arbeitsmarkt
  - Personalleasing
  - Personalberater
  - Arbeitsamt
  - Personalanzeige
  - Internet
  - ...

Wie wird ausgewählt?
- Vorauswahl
  - Sichtung durch ...
  - Sichtung durch ...
- Analyse der Unterlagen
  - Analyse der Bewerbungsunterlagen
  - Analyse der Zeugnisse
  - ...
- Weitere Auswahlinstrumente
  - Testverfahren
  - Assessment Center
  - Referenzen, Auskünfte
  - Personalbogen
  - Ärztliche Eignungsuntersuchung
  - ...
- Auswahlgespräch
  - Freies Gespräch
  - Strukturiertes Gespräch
  - Standardisiertes Gespräch
  - Gruppeninterview
  - Stressinterview
  - ...
- Auswahlentscheidung
- Arbeitsvertrag
  - Unbefristeter Arbeitsvertrag
  - Befristeter Arbeitsvertrag
  - Tariflich gebundener Vertrag
  - »Freier« AT-Vertrag

Wer nimmt am Beschaffungsvorgang und am Auswahlprozess teil?
- Personalleiter / -referent
- Fachvorgesetzter
- Mitarbeiter

Wie wird überprüft, ob der Beschaffungsvorgang erfolgreich war?
- Personalbeschaffungskosten
- Zeit bis zur Besetzung der Stelle
- Reaktionen auf die Stellenanzeigen
- usw.

Übersicht (zu 2.3.2) Unterschiede zwischen Print- und Online-Anzeigen

	Print-Anzeige	Online-Anzeige
Suche	wenig zielgerichtet keine individuelle Suche zeitintensiv keine Übersicht	zielgerichtet individuell Suche schnell kumulierte Übersicht
Publizität	singulär Anbieterfocus	Pluralität keine Anbieterfocus
Zeit	Abhängigkeit	Unabhängigkeit
Raum	Abhängigkeit regional / national	Unabhängigkeit überregional / international
Kosten	kostenintensiv	kostengünstig
Gestaltung	Individuell	Standardisierung Varianten
Nutzer	alle potentiellen Käufer	Online-User

Checkliste (zu 2.3.2) Inhalte einer Stellenanzeige

- Vorstellung des Unternehmens (Name, Branche, Größe anhand von Umsatz- oder Beschäftigtenzahlen, Produkte und Dienstleistungen, Standorte und Firmenlogo)
- Aussagen über die Position (Positions-/Stellenbezeichnung, Aufgaben-, Verantwortungs- und Kompetenzbereich, Eingliederung in die Organisation, Perspektiven und Entwicklungschancen, Grund und Zeitpunkt der Besetzung)
- Qualifikatorische Anforderungen (Fachliche Ausbildung, Berufserfahrung, ggf. Alter, besondere Fähigkeiten, Fertigkeiten und Kenntnisse sowie soziale Anforderungen)
- Leistungen des Unternehmens (Gehaltseinstufung, ggf. Sozialleistungen, ggf. flexible Arbeitszeitmodelle, u.ä.)
- Erforderliche Angaben des Bewerbers (Gehaltsvorstellungen, Eintrittstermin, gewünschte Unterlagen, ggf. ergänzende Arbeitsproben)
- Informationen des Unternehmens (Adresse des Unternehmens, Ansprechpartner ggf. mit Telefonnummer)

dann auch mit den Suchfunktionen der Jobbörsen gefunden werden. Hier gilt Praktikabilität vor Kreativität. (Siehe Übersicht zu 2.3.2)

Die Struktur und Komponenten der Online-Anzeige sind von der jeweiligen Jobbörse abhängig. Idealerweise sollten folgende Möglichkeiten angeboten werden:
- Firmenlogo ohne Link
- Firmenlogo mit Link zur unternehmenseigenen Web-Site
- Firmenlogo mit Link zum Unternehmensprofil der Jobbörse oder Link zur unternehmenseigenen Web-Site
- Titel der Anzeige
- Text mit oder ohne Hervorhebung
- Kontaktadresse (Adresse / E-Mail-Kontakt)
- Link zu allen Jobs der Firma bei der Jobbörse
- Link »Weiterleitung an Freunde«
- Link »Online-Bewerbung«

Bei Ansicht der Struktur wird bereits deutlich, das die komparativen Vorteile einer Online-Anzeige eindeutig bei der Interaktivität wie bspw. Weiterleitung oder unmittelbare Bewerbung liegen, sowie bei der hohen Flexibilität durch Verlinkung, d.h. unmittelbar, ohne Medienwechsel weitere Informationen zu erhalten. Damit befriedigt das Online-Medium leichter das Informations-Bedürfnis des Einzelnen. (siehe auch die Checkliste zu 2.3.2)

2.3.3 Personalleasing

Personalleasing (oftmals auch Zeitarbeit, Leiharbeit oder Flexarbeit genannt) steht für den offiziellen, auch im Gesetz verwendeten Begriff der gewerbsmäßigen Arbeitnehmerüberlassung (siehe auch IIB/3.4.6). Bei der Arbeitnehmerüberlassung treten zwei Unternehmen (Verleiher und Entleiher) in ein Vertragsverhältnis, wobei der Vertragsgegenstand die Arbeitskraft eines Arbeitnehmers ist. Dieser befindet sich grundsätzlich in einem regulären, unbefristeten Arbeitsverhältnis bei dem Verleiher, der wiederum alle üblichen Arbeitgeberpflichten wie Lohnzahlung, Abführung von Lohnsteuern, Entrichtung der Sozialabgaben (Beiträge zur Arbeitslosen-, Kranken-, Pflege-, Renten- und Unfallversicherung) übernimmt und für die Gewährung von bezahlten Urlaub, Entgeltfortzahlung im Krankheitsfall etc. verantwortlich zeichnet. Nahezu der einzige Unterschied besteht darin, dass der Arbeitsplatz des Arbeitnehmers bei den Kunden ist (damit auch wechselnd) und nicht im eigenen Unternehmen.

Die Arbeitnehmerüberlassung erfolgt nicht auf unbestimmte Zeit, sondern ist temporär befristet. Die Höchstüberlassungsdauer für dasselbe Kundenunternehmen beträgt längstens ununterbrochen 12 Monate. Somit kann im Rahmen der Personalbeschaffung über Zeitarbeit ein temporärer Personalbedarf, aufgrund von Produktionsspitzen, Termindruck, Krankheit, Urlaub, Schwangerschaft, Bundeswehr/Zivildienst etc. gedeckt werden. Nach Angaben des Bundesverbandes Zeitarbeit Personal-Dienstleistungen e.V. (BZA) werden jedes Jahr über eine halbe Million Zeitarbeitnehmer in den Betrieben beschäftigt.

> Den Entleiher trifft nach § 28e SGB IV eine Subsidiärhaftung für vom Verleiher nicht abgeführte Sozialversicherungsbeiträge und Lohnsteuer. Während unter bestimmten Voraussetzungen der Entleiher die Haftung für die Lohnsteuer ausschließen kann (wenn der Überlassung des Zeitarbeitnehmers eine Erlaubnis nach § 1 AÜG zu Grunde liegt und der Entleiher seinen Melde- und Mitwirkungspflichten nachgekommen ist), haftet er immer für die Sozialversicherungsbeiträge.

Nach § 28 a Abs. 4 SGB IV ist der Entleiher dazu verpflichtet, innerhalb von zwei Wochen nach Beginn der Arbeitnehmerüberlassung der Krankenkasse des Zeitarbeitnehmers den Beginn und das Ende der Überlassung sowie den Arbeitgeber zu melden (Entleiherkontrollmeldung).

Vor Übernahme eines Zeitarbeitnehmers zur Arbeitsleistung ist nach § 99 BetrVG der Betriebsrat des Entleiherbetriebes zu beteiligen. Neben dem Recht auf Vorlage der schriftlichen Erklärung des Verleihers seitens des Betriebsrates, hat das Entleiherunternehmen die Verpflichtung, alle Mitteilungen des Verleihers dem Betriebsrat unverzüglich bekannt zu geben.

Informationen / Kontakt: Bundesverband Zeitarbeit Personal-Dienstleistungen e.V. (BZA), Prinz-Albert-Straße 73, 53113 Bonn, Tel. 0228/766120 Internet: http://www.bza.de.

2.3.4 Personalberater / Headhunter

Gerade die Besetzung von Stellen mit hochqualifizierten Arbeitskräften ist trotz insgesamt relativ hoher Arbeitslosigkeit oft schwierig. Häufig ist die in Frage kommende Zielgruppe sehr klein bzw. es handelt sich um Qualifikationen, die auf dem Arbeitsmarkt nahezu kaum vorhanden sind. In einer solchen Situation schalten Unternehmen häufig Personalberater ein. Deren Leistung wird auch genutzt, wenn ein Unternehmen nicht über die quantitativen und qualitativen personalwirtschaftlichen Ressourcen verfügt, um einen Personalbeschaffungsprozess in eigener Regie durchzuführen.

Von Personalberatung (hinsichtlich der Personalbeschaffung) spricht man, wenn ein Unternehmen im konkreten Einzelfall einen Berater beauftragt, an der Besetzung einer offenen Stelle mitzuwirken. Private Arbeitsvermittler dagegen suchen und vermitteln Arbeitskräfte unabhängig von einem konkreten Einzelfall oder Auftrag. In der Praxis gehen Arbeitsvermittlung und Personalberatung häufig ineinander über. Personalberater unterstützen den Beschaffungs- und Auswahlprozess und sind z.T. autorisiert, den Prozess ganzheitlich wahrzunehmen, ggf. einschließlich der Beratung bei den Vertragsverhandlungen.

> § 291 II Nr. 2 SGB III verlangt, dass es sich dabei um eine »im alleinigen Interesse und Auftrag eines Arbeitgebers erfolgende Unterstützung bei der Selbstsuche des Arbeitgebers nach Auszubildenden und Arbeitnehmern« handelt. Diese Tätigkeit ist erlaubnisfrei, wenn für diese Leistung eine erfolgsunabhängige Vergütung vereinbart und gewährt wird oder der erfolgsabhängige Teil des Honorars höchstens ein Drittel beträgt.

Für diese Dienstleistung setzen die Personalberater die genannten Methoden und Instrumente (siehe Übersicht zu 2.3.4) ein, um wechselwillige Arbeitnehmer zu erreichen und zu einer Bewerbung zu bewegen. Entscheidend ist hierbei, dass die Initiative von dem wechselwilligen Arbeitnehmer ausgeht. Anders dagegen bei der so genannten Direktansprache oder dem Headhunting, die lange Zeit als Indiz für eine unzulässige Arbeitsvermittlung gewertet wurde. Headhunting ist sie heute eine probate und zugelassene Methode, um zielgerichtet, in Frage kommende Arbeits- meist Führungskräfte zu kontaktieren, ohne dass die Initiative von der Führungskraft selbst ausgeht oder deren Wechselwilligkeit bekannt ist. Das Abwerben von Arbeitskräften ist grundsätzlich nicht sittenwidrig im Sinne von § 1 UWG. Dennoch gibt es sittenwidrige Einzelfälle, so z.B. bei der Abwerbung von Mitarbeitern aus einem Konkurrenzunternehmen mit dem Ziel, den Mitbewerber auszubeuten, zu behindern, oder den Beschäftigten in Verbindung mit der Abwerbung zum Vertragsbruch zu verleiten. (siehe auch Forum I/2)

Darüber hinaus hat das OLG Stuttgart 1999 entschieden, dass Headhunter potenzielle Kandidaten nicht mehr telefonisch an deren Arbeitsplatz kontaktieren dürfen.

Übersicht (zu 2.3.4)
Methoden und Instrumente der digitalen Personalbeschaffung

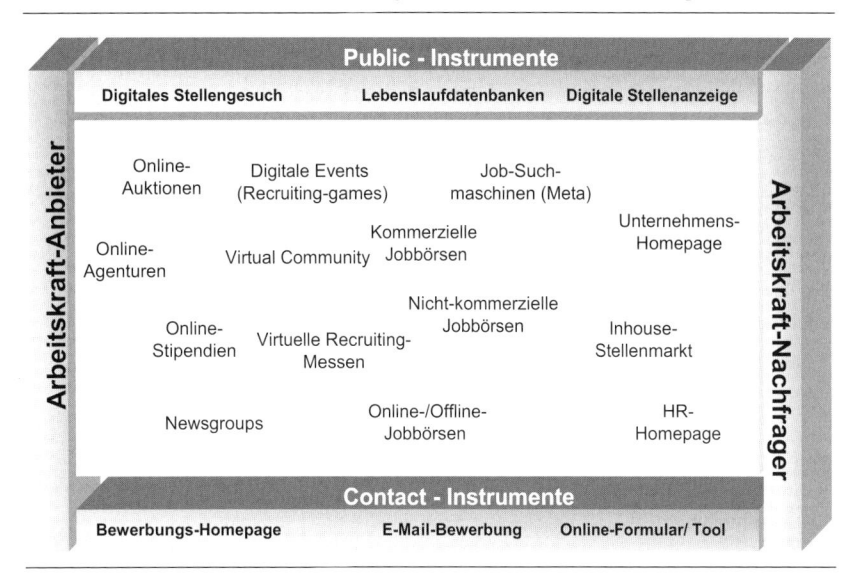

Arbeitskraft-Anbieter	Public - Instrumente			Arbeitskraft-Nachfrager
	Digitales Stellengesuch	Lebenslaufdatenbanken	Digitale Stellenanzeige	
	Online-Auktionen	Digitale Events (Recruiting-games)	Job-Suchmaschinen (Meta)	
	Online-Agenturen	Virtual Community	Kommerzielle Jobbörsen	Unternehmens-Homepage
	Online-Stipendien	Virtuelle Recruiting-Messen	Nicht-kommerzielle Jobbörsen	Inhouse-Stellenmarkt
	Newsgroups		Online-/Offline-Jobbörsen	HR-Homepage
	Contact - Instrumente			
	Bewerbungs-Homepage	E-Mail-Bewerbung	Online-Formular/ Tool	

II. Rekrutierung und Einstellung

Übersicht (zu 2.3.5.1)
Fragen- und Kriterienkatalog zum Vergleich von Jobbörsen

Daten & Fakten	Jobbörse 1	Jobbörse 2	Jobbörse 3
Anzahl der Seitenbesucher (täglich/monatlich)			
Anzahl der Seitenaufrufe (täglich/monatlich)			
Reichweite in % (Anteil der Seitenbesucher an der Gesamtheit der Internet-Nutzer)			
Anzahl Stellenangebote ▪ in Deutschland ▪ europaweit ▪ weltweit			
Updates der Stellenangebote			
Anzahl Lebensläufe / Stellengesuche			
Updates der Datenbank			
Bewerbungsaufkommen pro Stellenanzeige			
Anzahl erfolgreicher Personalbeschaffungsverfahren			
Anzahl erfolgreicher Lebenslauf-Datenbank-Recherchen			
Anzahl der Kunden			
Kunden / Stellenanzeigen			
Kosten der Anzeigenschaltung			
Kosten der Lebenslauf-Datenbank-Recherche			
Kosten für Zusatz- und Serviceleistungen			
Bekanntheitsgrad (national und international, Branche ...)			
Länderpräsenz (Anzahl und Länder)			
Kooperationspartner			
...			

Formale Kriterien	Jobbörse 1	Jobbörse 2	Jobbörse 3
Informationen über die Jobbörse			
Dienstleistungsinformationen für Stellensuchende			
Dienstleistungsinformationen für Unternehmen			
Allgemeine Geschäftsbedingungen / Nutzungsbedingungen			
Informationen zur Sicherheit & Diskretion bei Nutzung			
Referenzen von Unternehmen / Bewerber			
Übersichtlichkeit und Layout			
Nutzer-/ Anwenderfreundlichkeit			
Zielgruppenorientierung			
Mehrsprachigkeit			
Kontaktmöglichkeit			
...			

Abweichend davon sieht das OLG Karlsruhe (vom 25.07.2001) das Abwerben von Mitarbeitern eines Unternehmens als Teil einer auf Wettbewerb angelegten Marktwirtschaft, und sei deshalb grundsätzlich nicht zu beanstanden.

2.3.5 Recruiting im Web

In den letzten Jahren hat eine starke Veränderung beim Einsatz der Rekrutierungsmethoden stattgefunden. Neben den Mitarbeiterempfehlungen, Personalagenturen und der Anzeigenschaltung in Printmedien gewinnt die web- oder internetbasierte Option der Personalbeschaffung zunehmend an Bedeutung, was zahlreiche Studien belegen. Während 1998 nicht einmal 30% der größten Unternehmen der Welt ihre vakanten Positionen auf den firmeneigenen Webseiten im Internet veröffentlichten, waren es im Jahre 2002 bereits über 90%. Im Zuge dieser Entwicklung konnten sich neue, unterschiedlich erfolgreiche Instrumente und Methoden etablieren.

2.3.5.1 Jobbörsen

Der Markt der Online-Karrierenetzwerke ist in den vergangenen Jahren rasant gewachsen und hat sein Potenzial laut Analysen von Investmentbanken und Forschungsinstituten noch lange nicht ausgeschöpft. Die ersten Netzwerke entstanden um 1994 in den USA, Europa zog zwei Jahre später nach. Mit zunehmender Internetnutzung wachsen auch die virtuellen Stellenmärkte.

Dieser stark wachsende Markt ließ eine Vielzahl von Jobbörsen, Karrierenetzwerken und Portalen entstehen.

> Einen guten Überblick bieten folgende Web-Adressen:
> http://www.crosswater-systems.com/ej2000.htm (Stand 7. Juni 2002: 476 Profile deutscher Jobbörsen, 470 International Job Sites in 91 Ländern)
> http://www.jobs.zeit.de
> http://www.berufs-karriere.de

Die Online-Stellenmärkte können in kommerzielle und nichtkommerzielle Anbieter Unterschieden wer-

▼

den. Zu den nicht-kommerziellen Anbietern zählen die Stellenmärkte des Arbeitsamtes, der Hochschulen, der Verbände etc. Kommerzielle Anbieter präsentieren sich als:
- Full-Service-Anbieter (Karriereportale),
- Spezial-Jobbörsen (Spezialisierung nach Branchen, Regionen, Berufen oder Karrierephasen),
- Robots, die keine eigenen Angebote besitzen, aber mehrere Jobbörsen automatisch durchsuchen,
- Transformatoren (Umsetzung von klassischen Print-Anzeigen in elektronische Form sowie den Multiplikatoren, die bereits in Print-Medien veröffentlichte Anzeigen in einer Datenbank unter einem einheitlichen Portal anbieten.

In diesem Segment hat nach Jahren des »virtuellen gamblings« eine Konsolidierungsphase eingesetzt. Zukünftig werden wenige große Anbieter den Markt unter sich aufteilen. Nur Nischenanbieter mit hoher Dienstleistungsorientierung und herausragender Funktionalität werden dann noch bestehen können.

Einer Studie zu Folge dominieren die Jobbörsen der Bundesanstalt für Arbeit (SIS und ASIS) den Markt mit 66 Prozent. Den Rest teilt sich die Vielzahl der kommerziellen Anbieter (Crosswater Systems Ltd. Stand April / Mai 2002, siehe Forum IV/2).

Zwar bietet die Anzahl der aktuellen Stellenangebote und Visits auf den Seiten einer Jobbörse einen Anhaltspunkt für die Position am Markt, einer Zusammenarbeit sollte jedoch eine differenziertere Analyse vorangehen. Welche Jobbörse die richtige ist, muss jedes Unternehmen anhand ausgewählter Kriterien selbst bestimmen (siehe Übersicht zu 2.3.5.1).

2.3.5.2 Lebenslauf-Datenbank-Recherchen

Digitale Stellenanzeigen sind die eine Seite des E-Recruitment. Auf der anderen Seite können Unternehmen in Lebenslaufdatenbanken recherchieren. Internet-User werden zunehmend mobilisiert, ihre Bewerberprofile (meist kostenlos) in die jeweiligen Datenbanken der Jobbörsen einzustellen. Damit können Unternehmen auch ohne die Schaltung einer Anzeige auf einen Bewerberpool zugreifen (kostenpflichtig).

Der Bewerberpool ist eine Datenbank und beinhaltet, die über ein standardisiertes Online-Formular gewonnenen Benutzerdaten. Auf Grund der Qualität der gesammelten Informationen ist die Wahrscheinlichkeit eines relevanten Rechercheergebnisses hoch. Das sogenannte Bewerberprofil kann Angaben zu Beruf, Schulausbildung oder zur gewünschten beruflichen Stellung etc. beinhalten.

Kern- und Basisleistungen	Jobbörse 1	Jobbörse 2	Jobbörse 3
Stellenangebote			
Stellengesuche / Lebenslauf-Einstellung			
Lebenslauf-Datenbank-Recherche			
Anzeigenservice			
Such- und Recherchefunktionalität			
▪ Schnellsuche			
▪ Differenzierte Suche			
▪ Selektionskriterien:			
○ Berufsfelder			
○ Branchen			
○ Funktion / Stellung			
○ Anstellungsform			
○ Unternehmen			
○ Region			
○ Aktualität			
▪ Jobagenten / Suchprofile			
...			

Zusatzleistungen	Jobbörse 1	Jobbörse 2	Jobbörse 3
Prozessunterstützung (Recruiting-Tool)			
Support des In-house-Stellenmarktes			
Personalberatung			
Tests / Online-Assessment-Center			
Personalisierung der Stellenangebote			
Weitere Börsen: ▪ Ausbildungsplatz- / Lehrstellenbörse ▪ Diplomarbeitsbörse / Doktorarbeiten			
Unternehmenspräsentation ▪ Im Firmenlexikon ▪ Webcasting / Jobtelevision			
Informationen / Hilfen (FAQ's / Hotline)			
...			

Serviceleistungen	Jobbörse 1	Jobbörse 2	Jobbörse 3
Bannerschaltung			
Newsletter			
Chat & Foren			
...			

II. Rekrutierung und Einstellung

Checkliste (zu 2.3.5.3) Anforderungen an eine HRM-Homepage

Formale Anforderungen	Ja	Nein
Zugang zur Unternehmens- /HRM-Site		
▪ Intuitive Eingabe der URL		
▪ HR-Bereich auf der Homepage verlinkt		
▪ Job-Finder / Jobmarkets-Finder		
▪ …		
Layout und Navigation		
▪ Übersichtlichkeit (Layout)		
▪ Strukturierung		
▪ Komfortable Menüleiste		
▪ Bedienerfreundlichkeit		
▪ Hilfsmittel (Sitemap / Suchfunktion)		
▪ Keine »toten« Links		
▪ …		
Mehrsprachigkeit		
▪ Deutsch- und englischsprachiger Auftritt		
▪ Weitere Sprachen		
▪ Umstellung zusätzlich im HRM-Bereich möglich		
Kontaktmöglichkeiten		
▪ Spezieller Link »Kontakt«		
▪ Ansprechpartner		
▪ Telefonnummer		
▪ E-Mail / Online		
▪ Postanschrift / Anfahrtsskizzen		
Aktualität		
Datenschutz		

Basiselemente einer HRM-Homepage	Ja	Nein
Zielgruppenspezifische Ansprache		
▪ Schüler + Auszubildende		
▪ Studenten / Hochschulabsolventen		
▪ Young Professionals		
▪ Berufserfahrene		
▪ Quereinsteiger		
▪ Existenzgründer		
▪ …		
Offerten und Stellenangebote		
▪ Praktika		
▪ Ausbildungsplätze		
▪ Werkstudententätigkeit		
▪ Diplomarbeiten / Doktorarbeiten		
▪ Projekte		
▪ Stellenausschreibungen		
▪ Employability		
○ Interner Stellenmarkt		
○ In-house Zeitarbeit		

▼

Diese Recherche über die Summe aller Stellengesuche nach geeigneten Bewerbern macht den Bewerbermarkt sehr transparent. Sie bietet sich als Ergänzung zur Anzeige an. Mit der Profilrecherche kann das Unternehmen Bewerber finden, die ein ganz spezielles Anforderungsprofil erfüllen, und diese direkt via e-Mail ansprechen.. Dieses Verfahren steht und fällt jedoch mit der Qualität der eingestellten Lebensläufe und der tatsächlichen Motivation zum Stellenwechsel seitens der Bewerber. So mancher Bewerber möchte nur seinen persönlichen Marktwert testen.

Neben einer Schnellsuche und ggf. einer detaillierten Suche bieten einige Jobbörsen die Möglichkeit von so genannten Suchagenten/-Assistenten an. Dieses Tool durchsucht die Lebenslauf-Datenbank automatisch nach geeigneten Bewerbern, auch wenn der Arbeitgeber offline ist und informiert ihn automatisch über seine Such-Erfolge.

2.3.5.3 Die eigene HRM-Homepage

Die eigene HRM-Homepage ist eine weitere Möglichkeit des E-Recruitments. Die Vorteile wie, raum- und zeitunabhängige Verfügbarkeit (24 Std /pro Tag weltweit), zielgruppenspezifische Informationen, sehr gute Such- und Recherchefunktionalitäten, die Möglichkeit von Online-Bewerbungen etc. sind unbestritten. Eine wachsende Zahl von Unternehmen nutzt diesen Weg, allerdings werden die Möglichkeiten selten ausgeschöpft. Hohe Investitionen und mangelnde technische Voraussetzungen sind nur zwei mögliche Gründe, ein weiterer liegt wahrscheinlich in der Grundhaltung, der »Denke« der Verantwortlichen. Die Notwendigkeit einer virtuellen Institution wie dem Inhouse-Stellenmarkt bzw. der eigenen HRM-Homepage hat sich noch nicht durchgesetzt. Dies zeigt u.a. auch das Antwortverhalten einiger Unternehmen auf Online-Bewerbungen, wenn diese Möglichkeit überhaupt besteht. Was bei Großunternehmen inzwischen üblich ist, wird sich auch bei mittelständischen Unternehmen immer stärker durchsetzen. Bereits heute ist es möglich, dass Jobbörsen und Unternehmen eng zusammenarbeiten. So kann z.B.

das Einzelunternehmen die Plattform der Jobbörsen nutzen, um einen Inhouse-Stellenmarkt aufzubauen bzw. zu professionalisieren.

Die Checkliste zu 2.3.5.3 enthält Anforderungskriterien an die Websites aus personalwirtschaftlicher Sicht.

2.3.5.4 Arbeitsamt im Internet

Zur Leistungsfähigkeit der Arbeitsämter sind die Personalerstimmen sehr unterschiedlich. Nach wie vor ist die Bundesanstalt für Arbeit eine erfolgreiche Arbeitsvermittlung. Die 1997 realisierte Homepage der Bundesanstalt für Arbeit gewinnt dabei an Bedeutung. Unter www.arbeitsamt.de stehen zahlreiche Dienstleistungen des Arbeitsamtes zur Verfügung, die von verschiedenen Zielgruppen wie Arbeitgebern, Arbeitslosen, Arbeitsuchenden, Schülern, Studierenden etc. in Anspruch genommen werden können.

Im Bereich des Online-Recruitings sind vor allem die beiden folgenden Informationssysteme zu nennen:
- SIS – Stellen-Informations-Service
- AIS – Arbeitgeber-Informations-Service

Neben SIS und AIS hat die Bundesanstalt für Arbeit in den letzten Jahren die nationalen und internationalen Vermittlungsangebote im Internet zusätzlich erweitert. So gehören nunmehr zur kostenlosen Dienstleistungspalette:
- der Ausbildungs-Stellen-Informations-Service (ASIS),
- die Vermittlungsbörse für IT-Kräfte, für Firmennachfolgen, Kooperationen und Existenzgründungen,
- der Künstlerdienst und die Zentrale Bühnen-, Fernseh- und Filmvermittlung (ZBF),
- die Managementvermittlung,
- die Zentrale und internationale Vermittlung von Managern, Fach- und Führungskräften und Hotel- und Gaststättenpersonal (ZIHOGA),
- die Bewerberbörse für Ingenieurinnen und Ingenieure, sowie die neueste Dienstleistung,
- die Job-Vermittlungsbörse für befristete Beschäftigungen und geringfügige Beschäftigungsverhältnisse.

Stellenbezogene Informationen	Ja	Nein
Stellenbeschreibung		
Anforderungsprofil		
Einsatzorte		
Perspektiven		
Sozial- und Sonderleistungen		
Hintergrundinformationen		
Aktuelle Projekte		
Näheres Arbeitsumfeld		
Ansprechpartner		
Weiterleitungsmöglichkeit der Ausschreibung		
Unternehmensinformationen		
Historie des Unternehmens		
Unternehmensphilosophie		
Unternehmensziele / -strategie		
Standorte / Unternehmensbereiche		
Produkt- & Dienstleistungsinformationen		
Geschäftsentwicklung / Geschäftsbericht		
...		
Bewerbungsmöglichkeit		
E-Mail		
Online-Formular		
Postweg		

Zusatzelemente einer HRM-Homepage	Ja	Nein
Möglichkeit zur Initiativ-Bewerbung		
HR-Info-Base		
Personalpolitik		
Personalwirtschaftliche Ziele		
Personalwirtschaftliche Grundsätze		
Statements zu Beschäftigung / Veränderung		
Daten & Fakten:		
– Mitarbeiterstruktur		
– Betriebszugehörigkeit		
– Entwicklung Mitarbeiterbestand		
– Ausbildungsquote		
– ...		
Spezielle Themen:		
○ Entgeltpolitik		
○ Sozial- und Sonderleistungen		
○ Health Care (BKK / Betriebssport / etc.)		
○ Arbeitszeit		
○ Chancengleichheit		
○ ...		
Personalentwicklung		
Ausbildung		
○ Ausbildungsberufe		

▼

Personalentwicklung (Forts.)	Ja	Nein
○ Voraussetzungen		
○ Ausbildungsdauer		
○ Ausbildungsablauf		
○ Inhalte praktische Ausbildung		
○ Inhalte theoretische Ausbildung		
○ Übernahmemöglichkeiten		
○ Ausbildungsvergütung		
○ Spezielle Ausbildungsprogramme		
○ Weiterbildungs- und Entwicklungsmöglichkeiten		
○ Unterkunftsmöglichkeiten / -vermittlung		
○ Infoveranstaltungen		
○ Ansprechpartner		
○ FAQ`s		
○ ...		
■ Weiterbildung		
○ Allgemeines Weiterbildungsangebot		
○ Integrations-Programme (neue Mitarbeiter)		
○ Aufbau- und Entwicklungs-Programme		
○ Management-Entwicklungs-Programme		
○ Seminare und Vorträge		
○ ...		
■ Spezielle Programme		
○ Frauenförderungs-Programm		
○ Berufsgruppenspezifische Förderungsprogramme		
○ Randgruppenspezifische Förderungsprogramme		
○ Stipendiaten-Programme		
○ ...		
■ Personalisierung		
○ Erfahrungsberichte von Auszubildenden		
○ Kurzportraits von Mitarbeitern		
○ Persönliche Statements		
○ Erfolgsstories		
○ Bildergalerie		
○ Video		
○ ...		

Serviceelemente einer HRM-Homepage	Ja	Nein
Jobagent mit Mail-Funktion		
Eignungs- und Orientierungstests		
Erweiterte Kommunikationsmöglichkeiten		
■ Chat & Foren		
■ Interaktive Kommunikation mit Auszubildenden		
■ Interaktive Kommunikation mit Mitarbeitern		
■ Blind Date Option		
■ ...		

Ein Problem bei der Online-Personalsuche ist, dass moderne Berufsbezeichnungen (bspw. Key-account-Manager) von dem System oft nicht direkt erkannt werden. Hier bedarf es einiger Anwendungen Rechercheerfahrung seitens der User. Online-Bewerbungen und Links zum gewünschten Unternehmen sind nicht möglich, ebenso die Möglichkeit, dass Arbeitgeber und Arbeitssuchende bei fast allen Vermittlungsbörsen der BA nicht direkt online die Stellenangebote bzw. die Stellengesuche abgeben können. Die Stärken der Jobbörse liegen jedoch eindeutig in der schieren Zahl der Stellenangebote und Stellengesuche, in der bundesweiten Vernetzung sowie in der kostenlosen Nutzung der Dienste. Die Übersicht im Service-Teil (Forum IV/2) fasst die Online-Leistungen der unterschiedlichen Dienste der Bundesanstalt für Arbeit zusammen.

2.3.5.5 Elektronische Marktplätze

Jedes Unternehmen möchte die »besten« Mitarbeiter gewinnen und zu marktgerechten Preisen einkaufen. Hohe Personalbeschaffungskosten legen den Gedanken an kooperative Lösungen (Collaboration) nahe. Über einen elektronischen Einkaufsverbund könnten beispielsweise mehrere Unternehmen (einer oder verschiedener Branchen) Mitarbeiter und HR-Dienstleistungen gemeinsam einkaufen, gemeinsam Rekrutierungsveranstaltungen durchführen, eine Verbund-Jobbörse etablieren, oder sich für eine Assessment-Center-Dienstleistung zusammenschließen. Verfolgt man diesen Gedanken weiter, könnten Unternehmen nicht ausgelastete Human Ressourcen Partnerunternehmen anbieten, oder Projekt-Teams unternehmensübergreifend einsetzen. Ein elektronischer Marktplatz wäre dann die Plattform (bzw. die Drehscheibe) zur Synchronisation von angebotener und nachgefragter Arbeitsleistung bzw. von Dienstleistungen im HR-Bereich.

3 Der Personalauswahlprozess

Die gewählte Strategie und die Qualität der Personalbeschaffungsmaßnahmen bestimmt wesentlich den

▼

sich hieran anschließenden Auswahlprozess. Sowohl die Wahl des Mediums, als auch die in der Ausschreibung artikulierten Anforderungen oder Anreize sind beispielsweise ausschlaggebend für die Qualität und die Quantität der eingehenden Bewerbungen. Hier ist auch die Schnittstelle zwischen der Personalbeschaffung und der Personalauswahl zu sehen.

3.1 Analyse der Bewerbungsunterlagen

Grundsätzlich bestehen die Bewerbungsunterlagen aus
- individuellem, auf das Unternehmen und die Stelle abgestimmtem Anschreiben,
- Lebenslauf,
- Lichtbild,
- Arbeits- und Schulzeugnissen,
- Fortbildungs- /Qualifikationsnachweisen (siehe auch 3.2)

Zusätzlich reichen Berufserfahrene selbsterstellte Kompetenz- oder Erfahrungsprofile, Projektlisten und/oder eine Aufstellung von Veröffentlichungen ein. Diese Unterlagen sind bei jedem Bewerber/in hinsichtlich ihrer Vollständigkeit, ihres Stils, des Inhaltes und der Form zu analysieren. Entscheidend für die Personalentscheidung ist die Aussagefähigkeit der vorgelegten Unterlagen.

Sichtung
Bei der Erst-Sichtung werden zunächst Vollständigkeit und Deckungsgrad mit dem Anforderungsprofil intuitiv beurteilt. Neben den wesentlichen Bewerbungsunterlagen können auch weitergehende Unterlagen wie etwa Schriftproben, Arbeitsproben etc. angefordert werden, ebenso üblich ist die Frage nach ergänzende Angaben (z.B. Eintrittstermin oder Gehaltsvorstellungen). Je nach Menge der verfügbaren Bewerbungen kann man auf das Fehlen von Unterlagen oder Angaben unterschiedlich reagieren. Ist bspw. eine Vielzahl an Bewerbungen von guter Qualität eingegangen, führt die Unvollständigkeit häufig zum Ausschluss aus dem Verfahren. Sind jedoch nur wenige Bewerbungen eingegangen, wird der Personaler ein ergänzendes Telefoninterview füh-

Bewerber-Informationen	Ja	Nein
Informationen zu Bewerbung / Auswahlverfahren /etc.		
Literaturhinweise / Links / Institutionen / etc.		
Library / Glossare		
FAQ`s		
Karriere-Newsletter		
...		
Veranstaltungskalender		
Download- und Bestellmöglichkeiten		
Feedback-Funktionalität		
Weitere Serviceelemente		
E-Card-Service		
SMS-Service		
Routenplaner		
Lexika Tochterunternehmen		
...		

Checkliste (zu 3.1) Analyse-Leitfragen

Anschreiben:
- Aufgrund welcher Motivation erfolgt die Bewerbung?
- Welche Qualifikation zeichnet den Bewerber aus?
- Welche Tätigkeit wird seitens des Bewerbers zur Zeit ausgeübt?
- Welche besonderen Fähigkeiten – auf das Unternehmen / die Stelle – zeichnen den Bewerber aus?
- Welche Erwartungen artikuliert der Bewerber?
- Wird auf das Anforderungsprofil (bspw. in der Anzeige) Bezug genommen?
- Existieren Widersprüche zu Arbeits- oder Schulzeugnissen?
- ...

Lebenslauf
- Wie häufig erfolgte ein Stellen- oder Positionswechsel?
- Wie lange war die jeweilige Verweildauer auf einer Position?
- Erfolgten Positionswechsel während der Probezeit?
- Gibt es Abweichungen zu den Zeugnisangaben?
- Ist die berufliche Entwicklung nachvollziehbar?
- Existieren gravierende Brüche in der beruflichen Entwicklung?
- Werden Veränderungen begründet und Wechselmotive genannt?
- In welchen Firmengrößen war die vornehmliche Tätigkeit?
- Sind verwertbare Branchenkenntnisse erkennbar?
- ...

Arbeits-Zeugnisse
- Stimmen die Angaben mit denen im Anschreiben / Lebenslauf überein?
- Welche Tätigkeit / Position hat der Bewerber ausgeübt? (Angaben zu Aufgabenbereichen / Kompetenzen / Befugnissen / Verantwortlichkeiten usw.)
- Wie wurden die Leistungen bewertet?
- Wie wurde das Verhalten des Bewerbers eingeschätzt?
- Sind die Einschätzungen und Beurteilungen über die Summe aller Arbeitszeugnisse stimmig?
- ...

ren. Dies erfolgt meist jedoch in einer späteren Selektionsphase.

Kategorisierung
Nach der Erst-Sichtung sind die eingegangenen Bewerbungen in drei Kategorien unterteilt:
- erste Kategorie (A-Stapel) = hoher Deckungsgrad zum Anforderungsprofil,
- zweite Kategorie (B-Stapel) = hoher bis mittlerer Deckungsgrad
- die dritte Kategorie (C-Stapel) = nicht in Frage kommende Bewerbungen. Die Bewerbungen der dritten Kategorie sollten, im Sinne der Kundenorientierung unmittelbar eine Absage erhalten, mit der die Bewerbungsunterlagen zurückgesandt werden Alle anderen Unterlagen behalten Sie bis zum Abschluss des Verfahrens, da vorkommt, dass der ausgewählte Bewerber den Arbeitsvertrag dann am Ende doch nicht unterschreibt. Erst nach Vertragsschluss kann das Beschaffungsverfahren abgeschlossen werden und alle Unterlagen gehen an die Bewerber zurück.

Zweit- und Drittsichtung
Sind viele Bewerbungen eingegangen, muss oft eine zweite und dritte Sichtung folgen, um die Zahl schrittweise zu reduzieren und die Kandidaten genauer zu analysieren. Die Checkliste zu 3.1 bietet einige Leitfragen für die Analyse und Kategorisierung.

3.2 Analyse von Zeugnissen und Qualifikationsnachweisen

Neben dem Anschreiben und dem Lebenslauf stellen insbesondere die Zeugnisse (und hier vor allem die qualifizierten Arbeitszeugnisse nicht nur eine wesentliche Auswahl-, sondern vor allem eine Entscheidungsgrundlage für den Personaler dar. Dieser muss die Arbeitszeugnisse richtig lesen und vor allem interpretieren und auch einschätzen können. War z.B. der Verfasser ein Fachmann, wurden die Formulierungen bewusst gewählt, haben die Verfasser voneinander abgeschrieben u.v.m. (siehe auch VIIIB/6).

Neben den objektiven Tatbeständen wie persönliche Daten, Dauer der Tätigkeit, Tätigkeitsinhalte, Vollmachten etc. gilt es bei der Personalauswahl eine Plausibilitätsprüfung von Positionsbezeichnungen und Firmenart/-größe sowie Aufgabenumfang und Erfahrungshintergrund durchzuführen. Gleichzeitig sollte aber auch immer ein Quervergleich zu Angaben im Anschreiben und im Lebenslauf erfolgen.

Ebenfalls Bestandteil der Bewerbungsunterlagen sind die sogenannten Qualifikations- oder auch Fortbildungsnachweise. Diese stellen für die Personaler eine besondere Herausforderung in der Analyse dar. Erstens bedeutet ein schriftlicher Nachweis noch lange nicht, dass der Bewerber die Fähigkeiten, Fertigkeiten und Kenntnisse auch einsetzen kann. Zweitens erfordert die Analyse bzw. Beurteilung der einzelnen Fortbildungs- bzw. Qualifikationsmaßnahmen eine hohe Transparenz und Kenntnis über die unterschiedlichen Institutionen, die Vergleichbarkeit von Abschlüssen oder Zertifikaten u.v.m. Es ist unmöglich alle Trainingsinstitutionen oder Bildungsträger zu kennen, ihre Qualität in der Vermittlung der Fähigkeiten / Fertigkeiten und Kenntnisse zu beurteilen u.s.w. Bei der Einschätzung helfen eigene Erfahrungen ebenso wie die von Kollegen und Fachvorgesetzten, oder auch die Erfahrungen der Personalentwicklungsabteilung, mit denen von ihr beauftragten Institutionen und Trägern.

Wenig aussagefähig sind bei den Bewerbungsunterlagen Zertifikate und Bescheinigungen, die lediglich einen wohlklingenden Namen oder Abschluss, aber keine Inhalte beschreiben (Ausnahme: allgemein anerkannte Abschlüsse von Hochschulen oder Programmen der Aufstiegsfortbildung). Prüfen Sie, ob es sich bei den nachgewiesenen Maßnahmen der Fort- und Weiterbildung um Qualifikationen mit oder ohne Prüfung gehandelt hat, auch wenn Qualifikationsmaßnahmen mit Prüfung nicht generell vorzuziehen sind. Hier gilt es, die Inhalte und die Qualität der Maßnahme, sowie den Träger einzuschätzen. Auch die absolute Dauer kann beurteilt werden, sowie der Tatbestand, ob es sich um eine nebenberufliche Qualifikationsmaßnahme gehandelt hat oder um einen Kompakt-Lehrgang während der Arbeitszeit. Allgemein geben die Fortbildungs- und Qualifikationsnachweise Auskunft über die Bereitschaft zur Aus-/Fort- und Weiterbildung, sowie die Zielorientierung des Bewerbers.

3.3 Personalauswahlgespräch

Die Wahl des Beschaffungsweges, die Zielgruppenansprache und die geforderten Anforderungen an die Bewerberklientel bestimmen im wesentlichen die Quantität und die Qualität der zur Verfügung stehenden Bewerber. Traditionell erfolgt nach Bewerbungseingang die Sichtung und Kategorisierung nach in Frage kommenden Bewerbern. Dieser Auswahl nach den Selbstauskünften der Bewerber folgt im nächsten Schritt das Auswahlgespräch. Hier werden weitere, ergänzende Kriterien, für die anschließende Entscheidungsfindung, herangezogen.

Das Auswahlgespräch ist nach wie vor das zentrale Instrument um den Bewerber mit der größtmöglichen Deckungsgleichheit zwischen der persönlicher Eignung und Anforderungen der zu besetzenden Stelle zu finden. Dazu sollten sich alle am Auswahlprozess beteiligten Personen (Personalverantwortlicher, Fachvorgesetzte, ggf. Mitarbeiter) auf das Auswahlgespräch vorbereiten (siehe Übersicht 1 zu 3.3).

> Der Erfolg eines Auswahlgespräches hängt von der Selbstdisziplin des Interviewers ab. Der Grundsatz lautet: Wer fragt, führt. Es gilt die 20-80-Regel, d.h. der Redeanteil des Bewerbers sollte ca. 80% betragen. Dabei sollte die Dauer des Gespräches der Position angemessen sein.

Eine fundierte Entscheidung kann nur dann getroffen werden, wenn die Gespräche mit verschiedenen Bewerbern auch vergleichbar geführt und protokolliert wurden. Außerdem sollte eine systematische Nachbereitung mit allen Beteiligten erfolgen. Einen idealtypischen Gesprächsverlauf mit Zielsetzungen und Inhalten für die Gesprächsphasen zeigt Übersicht 2 zu 3.3.

3.4 Tests und Assessment Center

Das Personalauswahlgespräch vervollständigt zwar die Information über den Bewerber/in, bleibt aber eine Momentaufnahme. Daher werden häufig Tests eingesetzt, um validere Aussagen über den Deckungsgrad zwischen Anforderung und Eignung machen zu können. Personalauswahltests sind nicht auf spezielle Mitarbeitergruppen beschränkt, sondern werden bei Auszubildenden und Sachbearbeitern ebenso eingesetzt wie bei Führungsnachwuchs und Führungskräften. Sie können in unterschiedlichen Phasen des Auswahlprozesses eingesetzt werden. So dienen zu Beginn des Auswahlprozesses eingesetzte Tests häufig der Vorauswahl von Bewerbern. Am häufigsten werden Intelligenztests, Leistungs- und Konzentrationstests sowie Persönlichkeitstests angewendet. Ergänzend kommen oft Personalfragebogen und/oder Biographische Fragebögen hinzu.

> Bevor ein Test zur Anwendung kommt, sollte genau überprüft werden, was getestet werden soll (Anforderungen), und was wirklich getestet wird. Bestimmte Tests sollten nur von fachkompetenten Experten richtig eingesetzt, ausgewertet bzw. interpretiert werden.

Ein weiteres Instrument zur Personalauswahl ist das Assessment Center. Hierbei handelt es sich um eine Übungs- und Test-Sequenz, die zwischen einem und drei Tagen dauert. Die Bewerber durchlaufen unterschiedliche Übungs- und Prüfsituationen und werden dabei von unabhängigen Assessoren hinsichtlich bestimmter Anforderungs- und Beurteilungskriterien beobachtet. Typische Bestandteile eines Assessment Centers sind z.B:
- Selbst-Präsentation,
- Postkorb-Übungen,
- Kurzvorträge,

Übersicht 1 (zu 3.3) Auswahlgespräche vorbereiten

Zur Vorbereitung des Gesprächs mit einem Bewerber sollten alle Beteiligten folgende Punkte im Vorfeld abarbeiten:

- Wann und wo soll das Gespräch stattfinden?
- Für welche Anforderungen wird ein Kandidat gesucht?
- Wie sehen die Bewerbungsunterlagen aus und was steht drin?
- Zusammenstellung aller offenen Fragen aus den Bewerbungsunterlagen.
- Zusammenstellung ggf. diagnostischer Fragestellungen.
- Zusammenstellung stellenbezogener situativer Fragestellungen.
- Informationsmaterial für den Bewerber bereitstellen
- Bei mehreren Interviewern ggf. eine Rollenverteilung festlegen.
- In welcher Form soll das Auswahlgespräch protokolliert werden, wer übernimmt das Protokoll?

Übersicht 2 (zu 3.3) Idealtypischer Phasenverlauf eines Auswahlgespräches

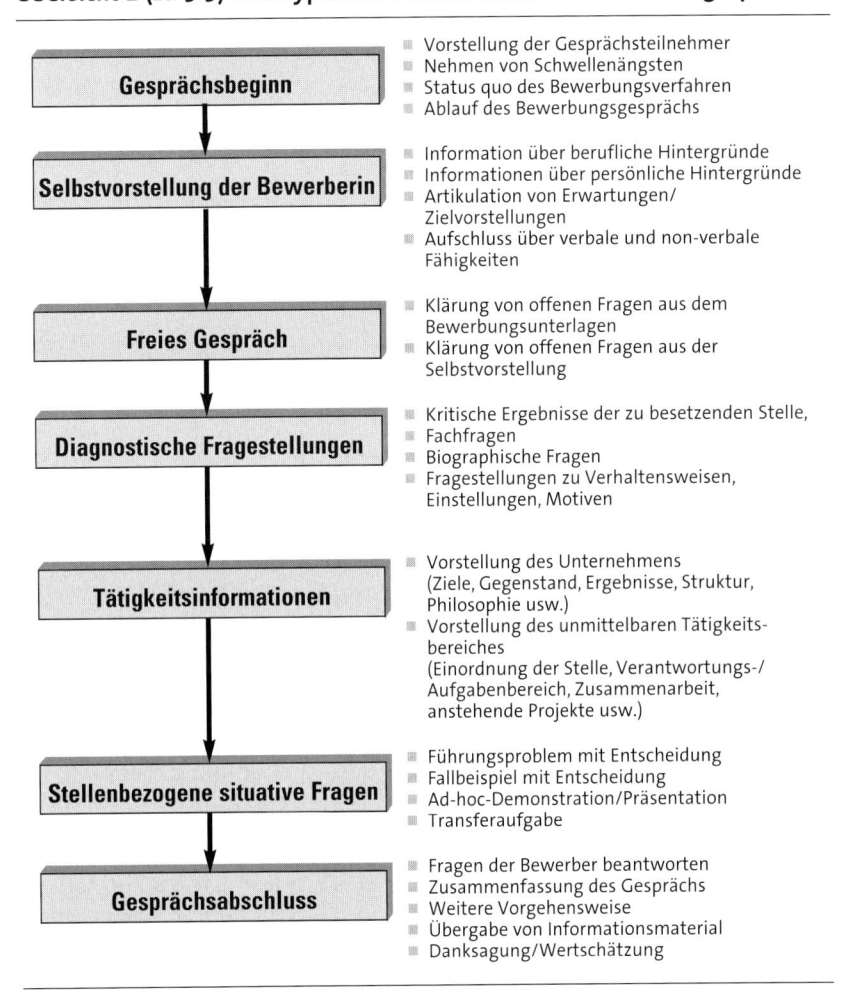

Gesprächsbeginn
- Vorstellung der Gesprächsteilnehmer
- Nehmen von Schwellenängsten
- Status quo des Bewerbungsverfahren
- Ablauf des Bewerbungsgesprächs

Selbstvorstellung der Bewerberin
- Information über berufliche Hintergründe
- Informationen über persönliche Hintergründe
- Artikulation von Erwartungen/Zielvorstellungen
- Aufschluss über verbale und non-verbale Fähigkeiten

Freies Gespräch
- Klärung von offenen Fragen aus dem Bewerbungsunterlagen
- Klärung von offenen Fragen aus der Selbstvorstellung

Diagnostische Fragestellungen
- Kritische Ergebnisse der zu besetzenden Stelle,
- Fachfragen
- Biographische Fragen
- Fragestellungen zu Verhaltensweisen, Einstellungen, Motiven

Tätigkeitsinformationen
- Vorstellung des Unternehmens (Ziele, Gegenstand, Ergebnisse, Struktur, Philosophie usw.)
- Vorstellung des unmittelbaren Tätigkeitsbereiches (Einordnung der Stelle, Verantwortungs-/Aufgabenbereich, Zusammenarbeit, anstehende Projekte usw.)

Stellenbezogene situative Fragen
- Führungsproblem mit Entscheidung
- Fallbeispiel mit Entscheidung
- Ad-hoc-Demonstration/Präsentation
- Transferaufgabe

Gesprächsabschluss
- Fragen der Bewerber beantworten
- Zusammenfassung des Gesprächs
- Weitere Vorgehensweise
- Übergabe von Informationsmaterial
- Danksagung/Wertschätzung

- Gruppendiskussionen mit und ohne gemeinsame Entscheidungsfindung,
- Gruppenübungen,
- Einzelübungen,
- Rollenspiele,
- Einzelinterviews,
- Fallstudien,
- Persönlichkeits-, Intelligenz- und Leistungstests.

Assessmenter Center sind aufwendig und kostenintensiv. Sie werden nicht nur zur Personalauswahl, sondern auch zunehmend als Basis der Personalentwicklung eingesetzt.

> ⚠ Assessment Center sind nur dann effektiv und effizient, wenn betriebsspezifische Übungen aus dem Anforderungsprofil abgeleitet werden. Es reicht nicht aus, einzelne Merkmale nur einmal zu erheben. Validität, Gültigkeit und Objektivität sind nur gegeben, wenn jedes Merkmal (z.B. Durchsetzungsvermögen) wiederholt von unterschiedlichen Assessoren beobachtet wird.

Es reicht nicht, die eingesetzten Assessoren nur in die Übungs- und Test-Sequenzen einzuweisen. Sie sollten hinsichtlich der Beobachtungsmerkmale geschult werden. Dazu müssen die Kriterien hinsichtlich ihrer Bedeutung und Beobachtungsmerkmale konkretisiert werden. Will man z.B. das Kriterium »Belastbarkeit« bei den Kandidaten beobachten, so sollten die Assessoren ein einheitliches Verständnis des Kriteriums haben.

> ⚠ Belastbarkeit bedeutet, »bei hohen Anforderungen bzw. hohem Zeitdruck sachlich statt emotional zu agieren bzw. zu reagieren, sowie ruhig und ausgeglichen die gestellten Aufgaben zielgerichtet zu lösen.« Beobachtungsmerkmale dazu sind: Emotionale Stabilität, Frustrationstoleranz, Kontinuierliche Arbeitsqualität und -quantität usw.

Im Assessment Center werden Beobachtung und Bewertung strikt getrennt. So finden sich meist am Ende eines Tages bzw. einer Übungs- und Test-Sequenz, die Assessoren zu einer Beobachterkonferenz zusammen. Hier werden dann die einzelnen Kandidaten hinsichtlich der gezeigten Fähigkeiten und Fertigkeiten, sowie deren einzelnen Profilausprägungen konstruktiv verhandelt. Den möglichen Ablauf eines Assessment Centers finden sie in Beispiel zu 3.4.

Beispiel (zu 3.4) Beispielhafter Ablauf eines Assessment Centers

1. Tag

09:00	Begrüßung • Vorstellung des Unternehmens • Vorstellung des Assessment-Centers • Zielsetzung • Ablauf • Organisation • Vorstellung der Beteiligten
10:00	Intelligenztest
11:15	Gruppenübung
12:15	Mittagessen
13:30	Gruppendiskussion
14:45	Persönlichkeitstest
15:45	Strukturiertes Einzelinterview
16:00	Sprachtest
18:30	Gem. Abendessen
	Aufgabe/Fallstudie

2. Tag

09:00	Präsentation des Ergebnisses
10:30	Postkorbübung
11:30	Gruppenübung
12:30	Mittagessen
14:00	Individuelles Feedback-Gespräch
16:30	Verabschiedung • Danksagung • Feedback-Abfrage • Weitere Vorgehensweise

> ⚠ Assessment Center sind ein ergänzendes Instrumentarium und ersetzen das Personalauswahlgespräch nicht.

Online-Assessment
Mit zunehmender Nutzung des Internets wird auch versucht, auch Assessments zu digitalisieren. Unter der Bezeichnung »Online-Assessment« findet man Selektionstests, d.h. spezielle Fragebögen, durch die eine Vorauswahl der Bewerber stattfindet. Die Auswertung gibt den Unternehmen einen ersten Eindruck über Stärken, Schwächen und Neigungen des Kandidaten. Virtuelle Assessment Center, die sich in ihrem Umfang und ihrer Zielsetzung an »herkömmlichen« Assessment Centern orientieren, sind noch selten. Die Entwicklung in diese Richtung ist jedoch erkennbar. Online-Assessments bieten komplexe Szenarien, in denen der Bewerber eine bestimmte Rolle spielt und unterschiedliche Situationen und Aufgaben (»Slices of life«) bewältigen muss.

Recruiting-games
In diese Kategorie fallen auch die Online-Spiele zu Recruiting-Zwecken. Dabei werden Elemente der Assessment Center in eine spielerische Rahmenhandlung eingebettet. Die Leistungsergebnisse können nach Qualität sortiert und mit den Anforderungen des Unternehmens abgeglichen werden. Der Event- und Fun-Charakter soll Bewerber ansprechen, die durch herkömmliche Methoden nicht mehr zu erreichen sind. Die Positionierung als attraktives und innovatives Unternehmen ist ein weiteres Ziel.

3.5 Den Auswahlprozess richtig beenden

Am Ende des Auswahlprozesses steht die endgültige Entscheidung. Der Personalverantwortliche sollte sich hierbei seiner Dienstleistungsfunktion gegenüber den Fachabteilungen bewusst sein und die Entscheidung nicht alleine, sondern gemeinsam mit den zukünftigen Fachvorgesetzten treffen, die mit den neu eingestellten Mitarbeitern zusammen arbeiten. Wichtig ist auch, das Bewerbungsverfahren ordentlich abzuschließen. Dazu gehört neben der Prüfung von finanziellen Förderungsmöglichkeiten von Arbeitsämtern (siehe auch Forum I/1) und der Erarbeitung des Arbeitsvertrages (siehe auch IIB/3) auch die Versendung von Absagen und die

Rücksendung der Bewerbungsunterlagen an die Bewerber. Auch Absagenbriefe sind ein Aushängeschild eines Unternehmens und sollten entsprechend sauber formuliert sein. Auf Floskeln, wie z.B. »Fassen Sie dies nicht als ein Werturteil auf«, sollte man verzichten. Sind Bewerber positiv aufgefallen, so kann man mit der Absage den Hinweis verbinden, dass das Unternehmen sie gerne in einen Talent-Pool aufnehmen möchte und bei entsprechendem Bedarf erneut Kontakt aufnimmt (siehe Musterformulierung zu 3.5).

Musterformulierung (zu 3.5) Absagebrief an Bewerber

Sehr geehrte/r Frau/Herr ...,

wir danken für Ihre Bewerbung und das unserem Unternehmen entgegengebrachte Vertrauen.

Leider müssen wir Ihnen mitteilen, dass wir Ihre Bewerbung nach der Prüfung ihrer Unterlagen und dem Vergleich mit anderen Bewerbern bei diesem Bewerbungsverfahren nicht weiter berücksichtigen können. Die uns freundlicherweise überlassenen Unterlagen fügen wir diesem Schreiben wieder bei.

Für Ihren weiteren Berufsweg wünschen wir Ihnen alles Gute.

Mit freundlichem Gruß

B Allgemeine Rechtsaspekte bei Bewerbersuche und Einstellung

1 Stellenausschreibung

1.1 Ausschreibungen im Betrieb

Insbesondere in größeren Unternehmen kann es sinnvoll sein, eine freie Stelle durch eigene Mitarbeiter zu besetzen und hierzu eine Ausschreibung vorzunehmen. Der Betriebsrat hat darüber hinaus das Recht, eine solche innerbetriebliche Ausschreibung zu verlangen. Die Ausschreibung erfolgt meist durch einen Aushang am schwarzen Brett, Umlauf einer Mitteilung an alle Mitarbeiter usw. Sofern nicht mit dem Betriebsrat in einer Betriebsvereinbarung andere Fristen festgelegt worden sind, sollte ein Aushang ca. 1 bis 2 Wochen hängen, bis die Besetzung der Stelle erfolgt.

Aus der Ausschreibung muss hervorgehen, welcher konkrete Arbeitsplatz besetzt werden soll und welche Qualifikation erforderlich ist.

Sofern zugleich auch Stellenanzeigen (siehe II A/2.3) aufgegeben werden, sollten Sie darauf achten, dass Ausschreibung und Stellenanzeige dieselben Anforderungen enthalten. Weichen die Anforderungen voneinander ab, kann der Betriebsrat im Einzelfall seine Zustimmung zur Einstellung eines externen Bewerbers verweigern. Grundsätzlich ist der Arbeitgeber jedoch nicht verpflichtet, einen Betriebsangehörigen, der sich auf eine Ausschreibung hin bewirbt, einem externen Bewerber vorzuziehen.

1.2 Externe Ausschreibung

Siehe Abschnitt Personalbeschaffung, Kapitel II A/2.

2 Allgemeine Rechtsbeziehungen im Rekrutierungsverfahren

Schon bei der Kontaktaufnahme und dem tatsächlichen Beginn von Vertragsverhandlungen zwischen dem Bewerber und dem potenziellen Arbeitgeber entstehen Pflichten zwischen den Beteiligten, insbesondere die Pflicht zur gegenseitigen Sorgfalt und Rücksichtnahme. Bei Verletzung dieser Pflichten können Schadensersatzansprüche entstehen.

2.1 Stellenanzeigen

Werben Sie durch Zeitungsinserate Arbeitskräfte an, so stellt das Inserat noch kein Angebot dar, sondern lediglich die Aufforderung, Arbeitsangebote abzugeben (siehe auch II A/2.3). Wenn sich ein Arbeitnehmer daraufhin unaufgefordert vorstellt, müssen Sie die Vorstellungskosten nicht ersetzen. Kündigt der Arbeitgeber im Inserat bestimmte Sozialleistungen an (z.B. eine betriebliche Altersversorgung), so kann der Arbeitnehmer je nach den Umständen des Einzelfalls darauf vertrauen, dass ihm derartige Leistungen später auch gewährt werden. Deshalb ist bei der Formulierung von Stellenanzeigen Vorsicht geboten. In jedem Fall sollten die Arbeitsbedingungen und Vergütungsbestandteile in den späteren Gesprächen im Einzelnen verhandelt werden.

Nach dem Gesetz müssen Stellenanzeigen geschlechtsneutral formuliert werden, um die Bewerber eines bestimmten Geschlechts nicht zu diskriminieren. Wird dies nicht beachtet, drohen Schadensersatzansprüche.

> Der Europäische Gerichtshof hat entschieden, dass diese Schadensersatzansprüche nicht auf die in der deutschen Regelung vorgesehene Grenze von maximal 3 Monatsverdiensten beschränkt ist, sondern auch darüber hinaus gehen kann!

2.2 Bewerbungsgespräch

Beim Bewerbungsgespräch bringen beide Beteiligten ihr Interesse an der Aufnahme eines Arbeitsverhältnisses zum Ausdruck (siehe auch II A/3.3). Aus dem Gespräch allein ergibt sich noch keine Verpflichtung, auch tatsächlich einen Arbeitsvertrag abzuschließen. Allerdings ist bei den

Formulierungen im Gespräch Vorsicht geboten: Eine echte Zusage von Ihrer Seite, einen Arbeitsvertrag abzuschließen, kann zu Schadensersatzforderungen des Arbeitnehmers führen, wenn Sie den Vertragsschluss später nicht mehr wollen. Der Arbeitgeber sollte deutlich darauf hinweisen, dass das Arbeitsverhältnis erst mit Unterzeichnung des schriftlichen Arbeitsvertrags zustande kommt. Um später keine Beweisprobleme zu bekommen, wenn es um die Auslegung einzelner Vertragsklauseln geht (z.B. Vergütungsbestandteile, Tätigkeitsbeschreibung), empfiehlt es sich, das Gespräch nicht unter vier Augen zu führen, sondern mit zwei Personen auf Arbeitgeberseite.

2.3 Aufklärungspflichten

Der Arbeitgeber ist verpflichtet, die Gegenpartei über alle Umstände zu informieren, die erkennbar für den Abschluss des Arbeitsvertrags von besonderer Bedeutung sind, insbesondere über Umstände, die der Begründung des konkreten Arbeitsverhältnisses entgegenstehen könnten (besondere körperliche Anforderungen an Tätigkeiten, Reisetätigkeit). Ebenso ist über andere wichtige Umstände zu informieren, so z.B. über bevorstehende grundlegende Änderungen des Betriebs (Schließung von Betriebsteilen, Sitzverlegung), besondere Gefahren der konkreten Tätigkeit usw.).

In der Praxis sind Personalfragebögen im Rahmen des Vorstellungsgesprächs üblich und sinnvoll. Die Zulässigkeit der einzelnen Fragen ist häufig problematisch, insbesondere wenn es sich um Fragen zu privaten Angelegenheiten handelt. Nur zulässige Fragen müssen wahrheitsgemäß und vollständig beantwortet werden. Nach der Rechtsprechung hat der Bewerber bei unzulässigen Fragen ein »Recht zur Lüge«, das Sie nicht zur Anfechtung des abgeschlossenen Arbeitsvertrags berechtigt.

Fragen nach Krankheiten sind nur zulässig, wenn diese für das konkrete Arbeitsverhältnis wichtig sein könnten (z.B. Augenerkrankungen bei Feinmechanikern oder Autofahrern). Außerdem sind Fragen nach ansteckenden Krankheiten, durch die andere Mitarbeiter oder Kunden gefährdet werden könnten, zulässig. Fragen nach der Schwangerschaft einer Bewerberin sind grundsätzlich unzulässig. Der Arbeitgeber hat das Recht, nach dem Vorliegen einer Schwerbehinderteneigenschaft zu fragen. Die Frage nach Vorstrafen ist nur zulässig, soweit die Art des konkret zu besetzenden Arbeitsplatzes dies erfordert (z.B. Vorstrafen wegen Straftaten gegen das Vermögen bei einem Bankkassierer oder verkehrsrechtlichen Vorstrafen bei einem Kraftfahrer).

Nach umstrittener Auffassung dürfen Sie auch nach Lohnpfändungen und Lohnabtretungen fragen. Unproblematisch sind Fragen nach der Art der zuletzt ausgeübten Tätigkeit und andere berufsspezifische Fragen.

Bei der Aufstellung und inhaltlichen Ausgestaltung eines Personalfragebogens hat der Betriebsrat ein Mitbestimmungsrecht (siehe III B/1.2.2 und VI B/4.1).

Unabhängig vom Recht des Arbeitgebers, nach bestimmten Eigenschaften und Umständen zu fragen, besteht in Einzelfällen auch für den Bewerber die Pflicht, unaufgefordert bestimmte Umstände zu offenbaren. Ist der Arbeitnehmer schwer behindert und muss er erkennen, dass er wegen der Behinderung die vorgesehene Tätigkeit nicht ausüben kann, muss er den Arbeitgeber darauf hinweisen. Das Gleiche gilt, wenn der Bewerber an einer Krankheit leidet, die für das konkrete Arbeitsverhältnis von Bedeutung sein kann.

Ebenso gilt, dass eine schwangere Bewerberin auf ihren Zustand hinweisen muss, wenn sie infolge der Schwangerschaft die Anforderungen an den konkreten Arbeitsplatz nicht erfüllen könnte (z.B. Gymnastiklehrerin, Tätigkeit in Nachtarbeit). Der Arbeitnehmer muss nicht auf ein laufendes Ermittlungs- oder Strafverfahren hinweisen. Eine demnächst anzutretende, mehrmonatige Freiheitsstrafe muss jedoch offenbart werden.

2.4 Tests

Häufig möchten Arbeitgeber die Bewerber einer Reihe von Tests unterziehen, um die Eignung für die Arbeitsstelle zu prüfen (siehe II A/3). In aller Regel sind derartige Tests nur mit der ausdrücklichen oder stillschweigenden Zustimmung der Bewerber zulässig. Bei einfachen Eignungstests liegt die Zustimmung des Bewerbers meist bereits darin, dass er sich dem Test unterzieht. Die Anfertigung eines grafologischen Gutachtens auf der Basis eines handgeschriebenen Lebenslaufs bedarf jedoch der ausdrücklichen Zustimmung des Bewerbers. Aus Beweisgründen sollten Sie sich die Zustimmung schriftlich geben lassen. In der Einreichung eines handgeschriebenen Lebenslaufs liegt eine solche Zustimmung grundsätzlich nicht

In der Teilnahme an einem so genannten Assessment Center (siehe auch II A/3.4 und VII A/3.4) liegt regelmäßig die Einwilligung, sich einem solchen Auswahlseminar zu unterziehen. Allerdings sollte der Bewerber zuvor darüber informiert werden, was ihn bei diesem Test erwartet. Der Inhalt derartiger Tests unterliegt ebenfalls dem Mitbestimmungsrecht des Betriebsrats.

Psychologische Tests bedürfen ebenfalls der Einwilligung des Bewerbers. Auch hier muss er darüber informiert werden, was ihn in dem Test erwartet. Die Testergebnisse sind vertraulich zu behandeln. Im Hinblick auf die Persönlichkeitsrechte des Bewerbers ist es ratsam, die Ergebnisse nach Beendigung des Verfahrens mit dem Einverständnis des Kandidaten zu vernichten.

2.5 Diskretion, Sorgfalt und Rückgabe bei Absagen

Die Bewerbungsunterlagen und Zeugnisse des Kandidaten sind sorgfältig aufzubewahren, vertraulich zu behandeln und an den Bewerber zurückzugeben, wenn er nicht eingestellt wird. Dies gilt jedenfalls dann, wenn das Unternehmen zu Bewerbungen aufgefordert hat, z.B. durch Inserate. Auf unverlangt eingesandte Bewerbungen brauchen Sie nicht zu reagieren.

2.6 Verkehrssicherungspflichten

Der Arbeitgeber hat dafür zu sorgen, dass der Verhandlungspartner keine

Schäden an Gesundheit, Körper oder Eigentum erleidet.

2.7 Erstattungspflichten

Wird ein Bewerber ausdrücklich zur Vorstellung eingeladen, müssen ihm die Vorstellungskosten erstattet werden. Anderes gilt nur, wenn Sie den Bewerber zuvor darauf hingewiesen haben, dass Sie die Kosten nicht erstatten.

Zu ersetzen sind alle Kosten, die der Bewerber den Umständen nach für erforderlich halten durfte. Bei der Benutzung des eigenen Autos richtet sich die Erstattung von Kilometergeld in der Regel nach steuerlichen Grundsätzen.

Müssen Sie damit rechnen, dass der Bewerber wegen eines langen Anreiseweges das Flugzeug nimmt, sollten Sie zuvor klarstellen, ob diese Kosten übernommen werden, damit es später keine Streitigkeiten hierüber gibt.

2.8 Medizinische Untersuchungen

Häufig möchte der Arbeitgeber die Einstellung des Bewerbers von einer Gesundheitsuntersuchung durch einen Arzt abhängig machen (siehe auch III B/2.19). Hierzu ist der Arbeitnehmer (abgesehen von gesetzlichen Ausnahmefällen z.B. im Lebensmittelbereich) jedoch nicht verpflichtet (es sei denn, eine solche Untersuchung ist im Anstellungsvertrag ausdrücklich vereinbart).

2.9 Anfechtung/Schadensersatz

Hat der Bewerber bei der Vorstellung auf zulässige Fragen nicht wahrheitsgemäß geantwortet, kann Sie dies zur Anfechtung des abgeschlossenen Arbeitsvertrags berechtigen. Ein solches Anfechtungsrecht besteht im Fall einer arglistigen Täuschung. Auch ein Irrtum des Arbeitgebers kann ein Anfechtungsrecht auslösen,
- wenn der Arbeitnehmer eine entscheidende Tatsache verschwiegen hat, die er auch ohne besondere Befragung hätte offen legen müssen, oder
- wenn er auf eine zulässige Frage bewusst wahrheitswidrig antwortet.

Dies gilt im Fall eines Irrtums beim Arbeitgeber, wenn
- die betreffende Tatsache von entscheidender Wichtigkeit für das konkrete Arbeitsverhältnis ist und
- der Arbeitgeber bei Kenntnis des wahren Sachverhalts den Arbeitsvertrag nicht abgeschlossen hätte.

Die erfolgreiche Anfechtung hat folgende Wirkungen:
- Ist das Arbeitsverhältnis noch nicht in Vollzug gesetzt worden, vernichtet die Anfechtung den Arbeitsvertrag rückwirkend;
- hatte der Arbeitnehmer seine Tätigkeit bereits aufgenommen, wirkt die Anfechtung nur für die Zukunft ähnlich wie eine Kündigung. Bis zu diesem Zeitpunkt ist der Arbeitsvertrag uneingeschränkt wirksam, d.h., der Arbeitnehmer kann grundsätzlich seine Vergütung bis zu diesem Datum verlangen. Allerdings können Sie möglicherweise mit Schadensersatzansprüchen aufrechnen.

Können Sie Vorsatz oder Fahrlässigkeit des Arbeitnehmers bei der Beantwortung der Fragen bzw. der unterlassenen Aufklärung nachweisen, können Sie Schadensersatz verlangen. Hierunter können die Aufwendungen für die Neubesetzung der Stelle fallen. Der Nachweis eines konkreten Schadens ist aber häufig schwierig.

3 Abschluss und Inhalt des Arbeitsvertrages

Im Arbeitsvertrag vereinbaren Arbeitgeber und Arbeitnehmer individuell, was im Arbeitsverhältnis gelten soll, u.U. auch in Abweichung von Gesetz, Tarifvertrag oder Betriebsvereinbarung. Arbeitsverträge unterliegen jedoch zahlreichen gesetzlichen Einschränkungen und einer allgemeinen Billigkeitskontrolle. Im Streitfall prüft ein Arbeitsgericht, ob die betreffende vertragliche Bestimmung ausgewogen ist und den beiderseitigen Interessen entspricht.

Das neue Recht gilt für vorformulierte Arbeitsverträge, die ab dem 1. Januar 2002 abgeschlossen wurde. Für Verträge, die vor diesem Datum abgeschlossen wurden, gilt das alte Recht für einen Übergangszeitraum bis zum 31. Dezember 2002. Erst da-

> **Inhaltskontrolle vorformulierter Arbeitsverträge**
> Seit dem 1. Januar 2002 gilt die Inhaltskontrolle nach dem AGB-Gesetz nunmehr auch für Arbeitsverträge. Dabei sind die »im Arbeitsrecht geltenden Besonderheiten angemessen zu berücksichtigen«. Was hierunter allerdings konkret zu verstehen ist, ist noch unklar und wird erst durch die Rechtsprechung näher präzisiert werden.

nach gilt für diese »Altverträge« ebenfalls das neue Recht.

Insbesondere werden künftig überraschende und unklare Klauseln, wenn sie in Formularverträgen vom Arbeitgeber vorgegeben werden, unwirksam sein. Die Arbeitsgerichte hatten allerdings auch schon in der Vergangenheit ähnliche Grundsätze angewandt, so dass man wohl nicht mit größeren Änderungen der Rechtsprechung rechnen muss.

Dies kann – Urteile dazu bleiben abzuwarten – insbesondere folgende Vertragsklauseln betreffen:
- Verfallklauseln/Ausschlussfristen
- Vertragsstrafe bei Vertragsbruch
- Änderungs- und Widerrufsvorbehalte
- Versetzungsklauseln

Für die Vertragsgestaltung kann derzeit noch keine abschließende Empfehlung gegeben werden. Sicher ist jedoch, dass man darauf achten sollte, die Vertragsklauseln sorgfältig und unmissverständlich zu formulieren sowie alle Fälle, die von der Klausel erfasst werden sollen, möglichst konkret im Arbeitsvertrag zu formulieren.

3.1 Standard Arbeitsverhältnisse und formale Voraussetzungen

3.1.1 Zustandekommen des Arbeitsvertrages

Der Arbeitsvertrag kommt dadurch zustande, dass eine Vertragspartei ein Angebot abgibt und die andere Partei dieses annimmt. Ein Arbeitsvertragsschluss ist auch mit einem Minderjährigen möglich, sofern der gesetzliche Vertreter zustimmt. Bei Vertragsschluss muss Einvernehmen über die beteiligten Parteien, die Art der kon-

II. Rekrutierung und Einstellung

Übersicht (zu 3.2) Die wichtigsten Inhalte eines Arbeitsvertrages

- Art der Tätigkeit;
- Beginn der Tätigkeit;
- Vergütung;
- anwendbare Kündigungsfristen (siehe VIII B/2);
- Urlaubsdauer
  (jährlich mindestens 24 Werktage; da grundsätzlich auch der Samstag als Werktag gilt, beträgt der Mindesturlaubsanspruch für Arbeitnehmer, die lediglich an fünf Tagen der Woche arbeiten, nur 20 Arbeitstage);
- Geheimhaltungspflichten.

Weitere, nicht ausdrücklich geregelte Punkte unterliegen in der Regel dem Direktionsrecht des Arbeitgebers (z.B. Arbeitszeit).

---

kreten Tätigkeit sowie den Beginn des Arbeitsverhältnisses bestehen.

3.1.2 Unterschrift und Vertretung

Sowohl Arbeitgeber als auch Arbeitnehmer können sich bei Abschluss des Arbeitsvertrags durch Stellvertreter vertreten lassen. Auf Seiten des Arbeitgebers handelt häufig der Leiter der Personalabteilung oder ein Prokurist. Sofern der Eingestellte auf Grund der Gesamtumstände darauf vertrauen durfte, dass der auf Seiten des Arbeitgebers Handelnde hierzu auch bevollmächtigt war, muss sich der Arbeitgeber das Verhalten seines Mitarbeiters zurechnen lassen. Der Arbeitsvertrag ist in diesem Fall selbst dann zu Stande gekommen, wenn der Handelnde intern nicht bevollmächtigt war (Anscheins-/Duldungsvollmacht).

3.1.3 Bindung an Vertragsangebot

Es ist empfehlenswert, dem Bewerber ein Vertragsangebot mit einer ausdrücklichen Annahmefrist zu machen. Hierdurch wird vermieden, dass später darüber gestritten wird, ob der Kandidat das Angebot rechtzeitig angenommen hat.

3.1.4 Arbeitserlaubnis, Arbeitspapiere

Zu Beginn des Arbeitsverhältnisses muss der Arbeitnehmer Ihnen die Arbeitspapiere aushändigen. Hierzu gehören
- Lohnsteuerkarte,
- Sozialversicherungsnachweisheft,
- Vorlage des Sozialversicherungsausweises,
- Urlaubsbescheinigung des Vorarbeitgebers,
- gegebenenfalls Arbeitserlaubnis,
- gegebenenfalls Gesundheitszeugnis,
- Unterlagen über vermögenswirksame Leistungen.

3.2 Inhalt des Arbeitsvertrages

Grundsätzlich können die Parteien nach dem Grundsatz der Vertragsfreiheit den Inhalt des Arbeitsvertrags frei verhandeln und vereinbaren (siehe Übersicht zu 3.2). Einschränkungen ergeben sich aus einer Reihe von Arbeitnehmerschutzvorschriften. Die Nichtbeachtung oder Umgehung dieser Schutzvorschriften führt zur Unwirksamkeit der entsprechenden Bestimmung des Arbeitsvertrags. Dies gilt z.B., wenn die Vertragsbedingungen für den Arbeitnehmer ungünstiger sind, als die Konditionen eines anwendbaren Tarifvertrags.

Arbeitsverträge können grundsätzlich mündlich, schriftlich oder »durch schlüssiges Verhalten« abgeschlossen werden. Der Arbeitgeber muss jedoch spätestens einen Monat nach Beginn des Arbeitsverhältnisses die wesentlichen Vertragsbedingungen schriftlich niederlegen, die Niederschrift ist zu unterzeichnen und dem Arbeitnehmer auszuhändigen. Alternativ – und dies ist zu empfehlen – vereinbaren Sie mit dem Arbeitnehmer einen schriftlichen Arbeitsvertrag.

> Einen Mustervertrag für unbefristete Arbeitsverhältnisse finden Sie unter den Materialien auf der beigefügten CD-ROM.

> Eine Befristung des Arbeitsvertrages muss schriftlich vereinbart werden. Andernfalls gilt das Arbeitsverhältnis als unbefristet.

3.2.1 Mindestanforderungen

Nach dem Gesetz muss die Niederschrift oder der Arbeitsvertrag mindestens folgende Punkte enthalten:

1. Name und Anschrift der Vertragsparteien;
2. Zeitpunkt des Beginns des Arbeitsverhältnisses;
3. bei befristeten Arbeitsverhältnissen: die vorhersehbare Dauer des Arbeitsverhältnisses;
4. den Arbeitsort bzw. ein Hinweis darauf, dass der Arbeitnehmer an verschiedenen Orten beschäftigt werden kann;
5. die Bezeichnung oder allgemeine Beschreibung der vom Arbeitnehmer zu leistenden Tätigkeit;
6. die Zusammensetzung und Höhe des Arbeitsentgelts einschließlich der Zuschläge, Zulagen, Prämien und Sonderzahlungen;
7. die vereinbarte Arbeitszeit;
8. die Dauer des jährlichen Erholungsurlaubs;
9. die Fristen für die Kündigung des Arbeitsverhältnisses;
10. ein in allgemeiner Form gehaltener Hinweis auf die Tarifverträge, Betriebs- oder Dienstvereinbarungen, die auf das Arbeitsverhältnis anzuwenden sind.

In manchen Branchen ist ein schriftlicher Arbeitsvertrag durch Tarifvertrag vorgeschrieben. Selbst wenn das Schriftformerfordernis nicht eingehalten wird, der Arbeitnehmer die Arbeit jedoch aufnimmt, besteht ein Arbeitsverhältnis mit den anwendbaren gesetzlichen oder tarifvertraglichen Rechten.

Wenn sich wesentliche Vertragsbedingungen ändern, muss der Arbeitgeber dem Mitarbeiter dies spätestens einen Monat nach der Änderung schriftlich mitteilen.

> Ein Nachweis der Vertragsbedingungen in elektronischer Form, also per E-Mail genügt nicht. Es muss sich um ein schriftliches, mit Unterschrift versehenes Dokument handeln.

3.2.2 Haupt- und Nebenpflichten
3.2.2.1 Arbeitspflicht des Arbeitnehmers

Nach dem Arbeitsvertrag ist der Arbeitnehmer verpflichtet, die geschuldete Arbeitsleistung zu erbringen. Unter bestimmten Voraussetzungen ist er von der Pflicht zur Erbringung der Arbeitsleistung befreit, ohne seinen Lohnanspruch zu verlieren (siehe auch V A/2.2).

Annahmeverzug des Arbeitgebers
Wenn der Arbeitnehmer die Arbeitsleistung anbietet, der Arbeitgeber sie aber nicht annimmt, kommen Sie als Arbeitgeber in Annahmeverzug. Dies ist z.B. der Fall, wenn Sie den Arbeitnehmer wegen einer Betriebsstörung nicht beschäftigen können oder ihn Ihrerseits von der Arbeit freistellen.

Arbeitsverhinderung aus persönlichen Gründen
Dazu zählen z.B. Hochzeit, Geburt eines Kindes, Tod naher Angehöriger, goldene Hochzeit, Betreuung oder Pflege eines erkrankten Kindes und die Wahrnehmung gerichtlicher Termine. Solche Verhinderungsgründe sind häufig gesondert in Betriebsordnungen, Betriebsvereinbarungen oder auch Arbeitsverträgen ausdrücklich geregelt.

Sonstige Befreiungen
Zu den sonstigen Befreiungen von der Arbeitspflicht zählen z.B. Erholungsurlaub, Tätigkeit als Betriebsratsmitglied, Tätigkeit als Vertrauensmann für Schwerbehinderte oder als Sicherheitsbeauftragter, Stellensuche nach Kündigung.

Nichtzahlung des Gehalts
Bei einem erheblichen Lohnrückstand braucht der Arbeitnehmer ebenfalls nicht zu arbeiten.

3.2.2.2 Weisungsrecht des Arbeitgebers

Die »Kehrseite« der Arbeitspflicht des Arbeitnehmers ist Ihr Weisungsrecht als Arbeitgeber. Häufig wird die zu erbringende Arbeitsleistung im Arbeitsvertrag nur durch die Bezeichnung der Position festgelegt (z.B. Sachbearbeiter, kaufmännischer Angestellter, Maschinenarbeiter usw.). Die nähere Konkretisierung der Tätigkeit erfolgt dann im Rahmen des Direktions- oder Weisungsrecht des Arbeitgebers. Der Arbeitgeber kann die Art, die Zeit und den Ort der zu erbringenden Arbeitsleistung bestimmen, soweit dabei die Grenzen der Zumutbarkeit eingehalten werden. Eine möglichst generelle Formulierung im Arbeitsvertrag ermöglicht Ihnen als Arbeitgeber mehr Flexibilität.

Unzulässige Weisungen muss der Arbeitnehmer nicht befolgen. So ist eine Weisung rechtswidrig und unbeachtlich, die dem Arbeitnehmer auferlegt, ein verkehrsunsicheres Fahrzeug zu benutzen oder ohne Fahrerlaubnis zu fahren. Gleiches gilt, wenn der Arbeitnehmer die gesetzlich vorgeschriebenen Ruhezeiten überschreiten soll.

Das Direktionsrecht wird auch durch die Regelungen des Arbeitsvertrags beschränkt. Je konkreter die Arbeitsaufgaben im Arbeitsvertrag festgelegt ist, umso geringer ist der Spielraum des Arbeitgebers, einseitig Änderungen durchzusetzen. Insofern sollten auch Stellenbeschreibungen als Anlage bzw. Bestandteil des Arbeitsvertrages nicht zu detailliert formuliert sein.

Um den Spielraum für den Arbeitgeber zu erhalten, kann der Arbeitsvertrag eine Versetzungsklausel enthalten: »*Der Arbeitgeber ist berechtigt, dem Arbeitnehmer eine andere zumutbare Tätigkeit zu übertragen, die seiner Ausbildung und seinen Fähigkeiten entspricht.*«

Enthält der Arbeitsvertrag keine Versetzungsklausel, kann der Inhalt der Arbeitsleistung nur noch durch eine Änderungskündigung (siehe IV B/4.1.3 und VIII B/2.1.5) geändert werden.

> **!** Arbeitet der Arbeitnehmer über Jahre hinweg auf einem bestimmten Arbeitsplatz, kann sich die Arbeitspflicht im Wege einer stillschweigenden vertraglichen Abrede auf diese Tätigkeit konkretisieren. Folge ist, dass Sie in Ausübung des Weisungsrechts keinen anderen Arbeitsplatz mehr zuweisen können! Eine Änderungskündigung oder ein Änderungsvertrag sind erforderlich.

Eine Reihe von Maßnahmen, die Ihrem Direktionsrecht unterliegen, können Sie nur in Abstimmung mit dem Betriebsrat durchführen (siehe III B/1). Hierzu gehören z.B.:
- Versetzung eines Arbeitnehmers,
- Einführung eines Rauchverbots,
- Einführung einer Kleiderordnung,
- Regelungen zur Benutzung des Firmenparkplatzes usw.

3.2.2.3 Nebenpflichten des Arbeitnehmers

Außer der Arbeitspflicht hat der Arbeitnehmer eine Reihe von Nebenpflichten zu beachten. Er muss sich im Rahmen des Zumutbaren für die Interessen des Arbeitgebers und des Betriebs einsetzen und alles unterlassen, was für Sie schädlich sein kann (siehe Übersicht zu 3.2.2.3).

Abwerbungsmaßnahmen sind dem Arbeitnehmer nicht generell verboten. Nach der Rechtsprechung

---

Übersicht (zu 3.2.2.3) Nebenpflichten des Arbeitnehmers

Der Arbeitnehmer darf ... :
- dem Arbeitgeber keinen Wettbewerb machen;
- keiner Nebentätigkeit nachgehen, die seine Arbeitspflichten beeinträchtigt.
- Er muss sich im Fall der Krankheit so verhalten, dass er möglichst bald wieder gesund wird.

Der Arbeitnehmer muss ... :
- den Arbeitgeber auf Anzeichen einer bevorstehenden Betriebsstörung, eines Maschinendefektes usw. hinweisen;
- seine Arbeitsunfähigkeit unverzüglich dem Arbeitgeber mitteilen;
- über Geschäfts- und Betriebsgeheimnisse des Arbeitgebers auch noch nach Beendigung des Arbeitsverhältnisses Verschwiegenheit wahren.

**Übersicht (zu 3.2.2.5)
Voraussetzung eines wirksamen nachvertraglichen Wettbewerbsverbots**

- Schriftliche Form (häufig bereits in Arbeitsverträgen);
- Laufzeit nicht länger als zwei Jahre nach Beendigung des Arbeitsverhältnisses;
- Zusage einer Entschädigung in Höhe von mindestens der Hälfte der vom Arbeitnehmer zuletzt bezogenen vertragsmäßen Leistungen für jedes Jahr des Verbots;
- berechtigtes, geschäftliches Interesse des Arbeitgebers an der Unterlassung von Konkurrenz.

darf er Kollegen darauf ansprechen, gemeinsam mit ihm zu einem anderen Arbeitgeber zu wechseln. Nur wenn die Umstände des Einzelfalls sich als Verstoß gegen die guten Sitten darstellen, liegt eine Verletzung der Treuepflicht vor (z.B. Verleitung zum Ausscheiden unter Vertragsbruch, gezieltes und wiederholtes Ansprechen von Arbeitnehmern in Schlüsselpositionen).

3.2.2.4 Wettbewerbsverbot während des Arbeitsverhältnisses

Während der gesamten Dauer des Arbeitsverhältnisses ist es dem Arbeitnehmer untersagt, Ihnen in Ihrem Geschäfts- und Marktbereich Konkurrenz zu machen. Untersagt sind alle Aktivitäten, die die Interessen des Arbeitgebers gefährden können. Hierzu gehört

- das Betreiben eines Handelsgewerbes im eigenen oder fremden Namen,
- Beteiligung als persönlich haftender Gesellschafter einer Personengesellschaft,
- das Anbieten von Leistungen oder Diensten auf Grund eines Werk- oder Dienstvertrags.

Das Wettbewerbsverbot während der Dauer des Arbeitsverhältnisses gilt auch dann, wenn es nicht gesondert vertraglich vereinbart ist. Dies gilt im Übrigen auch während einer Freistellung! Dabei darf der Arbeitnehmer nach der Rechtsprechung zwar unter Umständen eine Nebentätigkeit ausüben, jedoch nicht eine Konkurrenztätigkeit.

Andererseits sind Vorbereitungshandlungen für eine künftige Konkurrenztätigkeit nach Ausscheiden aus dem Unternehmen gestattet. Hierzu gehört die Gründung und Anmeldung einer Gesellschaft, das Anmieten von Räumen, das Einstellen von Personal und Ähnliches.

Unerlaubter Wettbewerb kann Sie zur fristlosen Kündigung berechtigen.

3.2.2.5 Wettbewerbsverbot nach Beendigung des Arbeitsvertrags

Nach dem Ausscheiden aus dem Arbeitsverhältnis (Ablauf der Kündigungsfrist) ist der Arbeitnehmer grundsätzlich frei, in Konkurrenz zu seinem früheren Arbeitgeber zu treten. Der frühere Arbeitgeber kann dem Mitarbeiter nur dann eine nachvertragliche Konkurrenztätigkeit untersagen, wenn die Parteien ein nachvertragliches Wettbewerbsverbot abgeschlossen haben (siehe Übersicht zu 3.2.2.5).

Überlegen Sie jedoch vor Abschluss eines nachvertraglichen Wettbewerbsverbots sorgfältig, ob dies wirklich sinnvoll ist. Die Möglichkeiten, sich später einseitig vom Wettbewerbsverbot zu lösen, weil Sie z.B. keinen Wert mehr darauf legen, sind begrenzt! Ein einseitiger Verzicht Ihrerseits ist nur zulässig, wenn Sie dies schriftlich während des Bestands des Arbeitsverhältnisses (also vor Ablauf der Kündigungsfrist) erklären. Auch dieser Verzicht hat jedoch nur zur Folge, dass sich die Pflicht zur Zahlung der Karenzentschädigung auf ein Jahr seit Ausspruch der Verzichtserklärung reduziert. Umgekehrt wird der Arbeitnehmer sofort nach Ende des Arbeitsverhältnisses frei, Wettbewerb zu betreiben. Das nachvertragliche Wettbewerbsverbot kann daher erhebliche Kosten mit sich bringen. Der Arbeitnehmer muss sich Einkünfte aus einem anderen Arbeitsverhältnis (das kein Konkurrenz-Arbeitsverhältnis ist) allerdings in gewissem Umfang auf die Karenzentschädigung anrechnen lassen.

> Da der Arbeitnehmer durch das Wettbewerbsverbot für das Arbeitsamt schwerer zu vermitteln ist, muss der Arbeitgeber dem Arbeitsamt das an den ehemaligen Mitarbeiter gezahlte Arbeitslosengeld erstatten. Das Bundesverfassungsgericht hat diese Regelung für verfassungswidrig erklärt, so dass die Arbeitsämter diese Ansprüche gegenüber den Arbeitgebern derzeit nicht durchsetzen. Der Gesetzgeber soll bis Ende 2001 eine Neuregelung des Gesetzes verabschieden.

> Auch ein ausgeschiedener Arbeitnehmer, der keinem nachvertraglichen Wettbewerbsverbot unterliegt, ist verpflichtet, Geschäfts- und Betriebsgeheimnisse nicht zu verraten oder für sich zu verwenden. Die Abgrenzung ist allerdings häufig schwierig.

3.2.2.6 Nebentätigkeiten

Der Arbeitnehmer ist grundsätzlich nicht verpflichtet, ausschließlich für den Arbeitgeber seines Hauptarbeitsverhältnisses tätig zu sein. Nebentätigkeiten außerhalb des Hauptarbeitsverhältnisses sind prinzipiell und ohne Genehmigung des Arbeitgebers zulässig. Im Arbeitsvertrag kann jedoch ein Nebentätigkeitsverbot vereinbart werden, »soweit der Arbeitgeber hieran ein berechtigtes Interesse hat«. Dieses berechtigte Interesse ist anzunehmen, wenn die Nebentätigkeit die Arbeitspflicht aus dem Hauptarbeitsverhältnis beeinträchtigen kann. Ein vollständiges Verbot jeglicher Nebentätigkeit ist unzulässig. Allerdings können Sie den Arbeitnehmer im Vertrag verpflichten, jede geplante Nebentätigkeit anzuzeigen. Der Arbeitgeber muss dann seine Zustimmung zu der Nebentätigkeit erteilen, wenn nicht konkrete Belange des Hauptarbeitsverhältnisses entgegenstehen. Solche Belange sind z.B. eine vorhersehbare Überschreitung der zulässigen Arbeitszeit nach dem Arbeitszeitgesetz, eine Tätigkeit während des Urlaubs, eine Tätigkeit, die einen Interessenkonflikt mit sich bringt oder eine Wettbewerbstätigkeit darstellt.

3.2.2.7 Lohnzahlungspflicht des Arbeitgebers

Nach dem Arbeitsvertrag sind Sie dem Arbeitnehmer zur Zahlung der vereinbarten Vergütung verpflichtet (siehe Übersicht zu 3.2.2.7 und V A/2.2). Der Lohnzahlungsanspruch des Arbeitnehmers entsteht grundsätzlich erst am Ende des jeweiligen Zeitraums (in der Regel des Monats), d.h., er muss erst seine Arbeitsleistung erbringen, bevor er eine Vergütung verlangen kann. Häufig werden in Arbeitsverträgen Abschlagszahlungen zur Monatsmitte vereinbart.

> **!** Im Fall der Erkrankung haben Arbeitnehmer einen gesetzlichen Anspruch auf 100% ihres regelmäßigen Arbeitsentgelts für die Dauer von maximal 6 Wochen. Für die Berechnung werden Überstundenvergütungen nicht berücksichtigt. Der Anspruch auf Entgeltfortzahlung im Krankheitsfall besteht erst nach vierwöchiger Dauer des Arbeitsverhältnisses.

3.2.2.8 Tatsächliche Beschäftigung

Nach Auffassung der Rechtsprechung hat der Arbeitnehmer nicht nur Anspruch auf Lohnzahlung, sondern auch auf tatsächliche Beschäftigung. Sie können den Arbeitnehmer daher nicht beliebig von der Arbeit freistellen und nach Hause schicken. Eine Freistellung ist nach der Rechtsprechung nur zulässig, wenn entweder
- die Freistellung nach einer Kündigung erfolgt und dies im Arbeitsvertrag vereinbart war, oder
- der Arbeitgeber ein berechtigtes Interesse an der Freistellung hat (z.B. objektiver Verdacht von Unterschlagung oder sonstigen schwer wiegenden Vertragsverletzungen).

3.2.2.9 Schutz- und Fürsorgepflichten

Für den Arbeitnehmer ist die wichtigste Nebenpflicht die Treuepflicht.

Übersicht (zu 3.2.2.7) Die Lohnzahlungspflichten

Die Lohnzahlungspflicht entfällt
- Wenn der Arbeitnehmer unentschuldigt fehlt (hierzu gehört auch der Fall der vorgetäuschten Krankheit);
- Wenn die Arbeit infolge eines Streiks ausfällt;
- Bei Lohnpfändungen. In einem solchen Fall muss der Arbeitgeber das Gehalt in Höhe des gepfändeten Betrages an den Gläubiger und nicht an den Arbeitnehmer auszahlen. Dabei sind jedoch Pfändungsfreigrenzen zu beachten, bis zu deren Höhe das Gehalt in jedem Fall an den Arbeitnehmer auszuzahlen ist.

Ausnahmen vom Grundsatz »ohne Arbeit kein Lohn«
- Urlaubsvergütung;
- Entgeltfortzahlung im Krankheitsfall;
- Entgeltfortzahlung an Feiertagen;
- Annahmeverzug des Arbeitgebers, z.B. bei Betriebsstörungen oder im Fall der Freistellung;
- Entgeltfortzahlung bei mutterschutzrechtlichen Beschäftigungsverboten;
- Entgeltfortzahlung bei schuldloser Arbeitsverhinderung (Hochzeit, Geburt eines Kindes, Pflege eines erkrankten Kindes usw.);
- Tätigkeit als Betriebsratsmitglied, Vertrauensmann der Schwerbehinderten oder Sicherheitsbeauftragter;
- Teilnahme an einer Betriebsversammlung.

Grundsätzlich nicht zur Vorenthaltung des Lohns berechtigen
- Schlechtleistung des Arbeitnehmers;
- Betriebsstörungen und Betriebsunterbrechungen.

Neben der Pflicht zur Lohnzahlung sind Sie als Arbeitgeber demgegenüber insbesondere zur Fürsorge verpflichtet. Zur Fürsorgepflicht des Arbeitgebers gehören z.B.
- Pflichten zum Schutz der Person und des Eigentums des Arbeitnehmers,
- Pflicht zur Aufklärung des Arbeitnehmers in besonderen Situationen (z.B. Auswirkungen eines Aufhebungsvertrags auf den Arbeitslosengeldanspruch des Arbeitnehmers),
- Pflicht zum Persönlichkeitsschutz des Arbeitnehmers usw.

Noch ist umstritten, ob der Arbeitgeber aus seiner Fürsorgepflicht heraus verpflichtet ist, für einen rauchfreien Arbeitsplatz zu sorgen. Nach einem Urteil des BAG von 1998 ist dies der Fall, wenn es im Einzelfall aus gesundheitlichen Gründen geboten und dem Arbeitgeber zumutbar ist. Der Gesetzgeber wird voraussichtlich spätestens 2002 die Stellung der Nicht-Raucher in den Betrieben durch eine Gesetzesänderung stärken.

3.2.2.10 Datenschutz

Eine Computerdatei mit personenbezogenen Daten der Arbeitnehmer, z.B. in einem Personalverwaltungssystem (siehe III A/5), stellt eine automatisierte Datei im Sinne des Bundesdatenschutzgesetzes dar. Der Arbeitgeber muss daher die Vorschriften dieses Gesetzes beachten, um die Persönlichkeitsrechte seiner Mitarbeiter zu wahren.

Ohne besondere Erlaubnis des Mitarbeiters ist es vom Zweck des Arbeitsverhältnisses her gerechtfertigt, Daten des Arbeitnehmers über Familienstand, Geschlecht, Ausbildung, aber auch Krankheitsdaten zu speichern. Wiederum ist das Mitbestimmungsrecht des Betriebsrats zu beachten. Mit dem Betriebsrat kann der Arbeitgeber im Übrigen eine Betriebsvereinbarung über Einzelheiten des Datenschutzes schließen. Häufig findet sich in Arbeitsverträgen eine Einwilligung des Arbeitnehmers in die Datenspeicherung. Empfehlenswert ist auch die vertraglich vorgesehene Erlaubnis der Weitergabe an ein Rechenzentrum oder Konzerngesellschaften. In diesem Fall muss die Einwilligungserklärung detailliert formuliert und im äußeren Erscheinungsbild des Arbeitsvertrags deutlich hervorgehoben sein (z.B. Fettdruck, Unterstreichung). Andere Vorschriften gelten, wenn es um die Übermittlung von Daten ins Ausland, z.B. an die Muttergesellschaft in den USA, geht. Hier kommt es auf den Einzelfall an.

3.2.2.11 Arbeitnehmererfindungen

Wenn der Arbeitnehmer während des Arbeitsverhältnisses etwas erfindet, so muss er diese Erfindung unverzüglich nach Fertigstellung dem Arbeitgeber schriftlich melden.

Als Arbeitgeber können Sie:
- die Erfindung unbeschränkt oder beschränkt in Anspruch nehmen. Dann gehen die Nutzungsrechte auf Sie über und der Arbeitnehmer hat Anspruch auf eine angemessene Vergütung.
- die Erfindung freigeben. In diesem Fall kann der Arbeitnehmer über seine Erfindung selbst verfügen und sie kommerziell verwerten.

Das Arbeitnehmererfindungsgesetz, das diese Regelungen vorschreibt, ist zwingend. Zur Berechnung der Vergütung für eine Arbeitnehmererfindung hat das Bundesministerium für Arbeit Vergütungsrichtlinien entwickelt, die die Kalkulation erleichtern. Diese Richtlinien können Sie zusammen mit dem Text des Arbeitnehmererfindungsgesetzes im Fachhandel oder bei einem Rechtsanwalt erhalten. In schwierigen Fällen sollte zur Berechnung der Vergütung ein Patentanwalt eingeschaltet werden.

> **!** Wenn Sie eine Erfindung in Anspruch nehmen wollen, müssen Sie dies dem Arbeitnehmer so bald wie möglich, spätestens bis zum Ablauf von 4 Monaten nach Eingang der Meldung schriftlich mitteilen. Andernfalls ist der Arbeitnehmer in der Verwertung frei.

3.2.3 Probezeit

Die Probezeit soll beiden Parteien Gelegenheit geben, sich über einen angemessenen Zeitraum gegenseitig zu prüfen und die Entscheidung darüber zu treffen, ob eine langfristige Zusammenarbeit sinnvoll ist. Die Dauer der Probezeit ist gesetzlich nicht vorgeschrieben. Sie beträgt jedoch häufig 6 Monate, weil nach 6 Monaten auch der allgemeine Kündigungsschutz eingreift. Lediglich in Ausnahmefällen (etwa bei anspruchsvollen wissenschaftlichen oder künstlerischen Berufen) kann eine längere Probezeit vereinbart werden. Auch in diesen Fällen greift jedoch nach 6 Monaten der allgemeine Kündigungsschutz. Nach den gesetzlichen Mindestkündigungsfristen kann während der Probezeit eine Kündigungsfrist von 2 Wochen vereinbart werden. Hierbei ist nur entscheidend, dass der Ausspruch der Kündigung während der Probezeit erfolgt, auch wenn der Beendigungspunkt außerhalb der Probezeit liegt.

Unbefristetes Arbeitsverhältnis mit vorgeschalteter Probezeit
Bei dieser Regelung wird das Arbeitsverhältnis nach Ablauf der Probezeit fortgesetzt, sofern vorher nicht gekündigt wurde. Eine häufig verwendete Klausel ist z.B.: »Das Arbeitsverhältnis beginnt am 1.1.2002 und wird auf unbestimmte Dauer geschlossen. Die ersten 6 Monate sind die Probezeit. Innerhalb der Probezeit kann das Arbeitsverhältnis beiderseitig mit einer Frist von 2 Wochen gekündigt werden«.

Befristetes Probearbeitsverhältnis (siehe auch 3.3)
In diesem Fall ist das Arbeitsverhältnis fest auf 6 Monate abgeschlossen. Auch für Befristungen ist die Schriftform erforderlich. Nach Ablauf der Frist endet es automatisch, ohne dass eine Kündigung ausgesprochen werden muss. Eine Fortsetzung des Arbeitsverhältnisses bedarf einer ausdrücklichen Vereinbarung zwischen den Parteien.

> **!** Wird das Arbeitsverhältnis stillschweigend fortgesetzt, geht es in ein unbefristetes Arbeitsverhältnis über.

> **!** In einer neuen Entscheidung hat es das Bundesarbeitsgericht für zulässig gehalten, kurz vor Ablauf der Probezeit mit dem Mitarbeiter einen Aufhebungsvertrag zu schließen, durch den das Arbeitsverhältnis erst vier Monate später enden sollte. Die Parteien hatten vereinbart, dass der Aufhebungsvertrag gegenstandslos sein sollte, wenn sich der Mitarbeiter in dieser »verlängerten Probezeit« bewähren würde. Das BAG hat in dieser Vereinbarung keine Umgehung des Kündigungsschutzes gesehen. Die Beweggründe für diese Konstruktion sowie die Gespräche mit dem Arbeitnehmer sollten jedoch sorgfältig dokumentiert werden.

3.3 Besondere Arbeitsverhältnisse

3.3.1 Leitende Angestellte

Leitende Angestellte sind solche, die nach Arbeitsvertrag und Stellung im Unternehmen oder Betrieb mindestens eines der Merkmale in Übersicht 1 zu 3.3.1 erfüllen. Für sie gilt das Betriebsverfassungsgesetz nicht, der Betriebsrat ist für sie nicht zuständig. Die Vertretung der leitenden Angestellten ist der Sprecherausschuss (siehe I B/2.4). Für die Konsequenzen, die sich aus dem Status eines Arbeitnehmers als leitender Angestellter ergeben, siehe Übersicht 2 zu 3.3.1.

> **!** Viele Mitarbeiter fühlen sich als leitende Angestellte und werden im Betrieb auch als solche angesehen. Manchmal ist dieser Status sogar im Anstellungsvertrag festgehalten. Dies bewirkt jedoch nicht ohne weiteres, dass es sich tatsächlich um leitende Angestellte handelt. Es kommt ausschließlich auf das objektive Vorliegen der oben genannten Kriterien an. Dies kann für den Unternehmer z. B. im Fall einer Trennung wichtig werden, ebenso bei der Frage, ob der Betriebsrat für diese Mitarbeiter zuständig ist.

AT-Angestellte
AT-Angestellte sind Mitarbeiter, die aufgrund ihrer Aufgaben oder ihrer Vergütung nicht mehr unter den persönlichen Geltungsbereich des einschlägigen Tarifvertrags fallen. Die von ihnen ausgeübte Tätigkeit ist

»oberhalb« der im Tarifvertrag definierten Tätigkeitsgruppen angesiedelt. Da der Tarifvertrag nicht anwendbar ist, müssen die Parteien also die Arbeitsbedingungen im Einzelarbeitsvertrag detailliert regeln. Meist haben AT-Angestellte keine festgelegte Arbeitszeit. Die Vergütung orientiert sich nicht am Tarifgehalt, sondern wird individuell ausgehandelt.

Für die Frage, ob der Betriebsrat für diese Mitarbeiter zuständig ist, bringt der Status eines AT-Angestellten jedoch keine Besonderheiten: So lange AT-Angestellte nicht zugleich leitende Angestellte im Sinne von § 5 Abs. 3 BetrVG sind, unterfallen sie dem Betriebsverfassungsgesetz grundsätzlich genauso wie Tarifangestellte.

Auch hier ist zu beachten, dass es bei der Klassifizierung als AT-Angestellter weder auf das Selbstverständnis des Mitarbeiters noch auf die Bezeichnung im Arbeitsvertrag ankommt. Es kommt ausschließlich darauf an, dass der Mitarbeiter objektiv aufgrund der ausgeübten Tätigkeit dem Tarifvertrag nicht unterfällt.

3.3.2 Befristete Arbeitsverhältnisse

> Das Teilzeit- und Befristungsgesetz schreibt fest, dass befristete Arbeitsverträge grundsätzlich nur mit einem sachlichen Grund zulässig sind.

Sachliche Gründe in diesem Sinne entnehmen Sie bitte der Übersicht zu 3.3.2. Damit soll vermieden werden, dass durch Befristungen der gesetzliche Kündigungsschutz umgangen wird. Gefährlich sind so genannte Kettenarbeitsverträge, die mehrfach verlängert werden. In diesem Fall ist jedes Mal ein sachlicher Grund erforderlich. Mit zunehmender Dauer »verfestigt« sich das Arbeitsverhältnis, die Anforderungen an den sachlichen Grund werden höher.

Die Alternative zur Befristung aus sachlichem Grund ist die »Befristung ohne Sachgrund«. Hier ist kein sachlicher Grund erforderlich. Diese Art der Befristung ist – wie bisher – bis zur Höchstdauer von 2 Jahren zulässig. Arbeitsverhältnisse können innerhalb dieser 2 Jahre bis zu dreimal erneut befristet fortgesetzt werden, wenn der erste befristete Arbeitsvertrag diesen Zeitrahmen nicht ausgeschöpft hat.

Übersicht 1 (zu 3.3.1) Wer ist leitender Angestellter?

- stellt selbstständig Arbeitnehmer ein und entlässt sie,
- hat Prokura oder Generalvollmacht (keine »Titularprokura« ohne echte Befugnisse),
- nimmt Leitungsaufgaben wahr, die für den Bestand und die Entwicklung des Unternehmens oder eines Betriebes von Bedeutung sind,
- trifft Entscheidungen im Wesentlichen frei von Weisungen oder kann diese maßgeblich beeinflussen,
- ist bei der letzten Wahl des Betriebsrates, des Sprecherausschusses oder des Aufsichtsrats den leitenden Angestellten zugeordnet worden,
- gehört einer Leitungsebene an, auf der im Unternehmen überwiegend (d.h. mehr als 50%) leitende Angestellte vertreten sind,
- erhält ein regelmäßiges Jahresgehalt, das für leitende Angestellte in dem Unternehmen üblich ist,
- bezieht ein Jahresgehalt, das größer als das Dreifache der Bezugsgrößen nach § 18 SGB IV ist.

Achtung: Allein diese objektiven Kriterien sind entscheidend. Es ist unerheblich, ob der Mitarbeiter im Arbeitsvertrag als leitender Angestellter bezeichnet wird. Durch Vereinbarung allein macht man keinen Mitarbeiter zum leitenden Angestellten.

Übersicht 2 (zu 3.3.1) Welche Konsequenzen hat der Status eines leitenden Angestellten?

- Allgemeiner Kündigungsschutz wie »normale« Arbeitnehmer. Aber: Auf Antrag des Arbeitgebers kann das Arbeitsgericht selbst bei einer unwirksamen Kündigung das Arbeitsverhältnis gegen Zahlung einer Abfindung auflösen (kein Wiedereinstellungsanspruch).
- Keine Geltung des Betriebsverfassungsgesetzes. Der Betriebsrat ist nicht zuständig. Der Arbeitgeber muss Einstellungen, Versetzungen oder Kündigungen in Bezug auf leitende Angestellte dem Betriebsrat lediglich mitteilen. Der Betriebsrat hat jedoch kein Recht zur Erörterung oder Mitentscheidung.
- Wenn ein Sprecherausschuss gewählt ist, müssen Sie dessen Rechte beachten (z.B. Anhörung vor Kündigung).

> Eine Befristung ohne Sachgrund ist unzulässig, wenn der Mitarbeiter zuvor bereits einmal in einem Arbeitsverhältnis zum Arbeitgeber gestanden hat (z.B. Aushilfsjob als Student). Ein sachlicher Grund ist nicht erforderlich, wenn der Arbeitnehmer zu Beginn des befristeten Arbeitsverhältnisses das 58. (bisher: 60.) Lebensjahr vollendet hat. Voraussetzung ist allerdings, dass der Mitarbeiter in den letzten 6 Monaten vor Beginn des befristeten Arbeitsverhältnisses bereits in einem Arbeitsverhältnis zum Arbeitgeber gestanden hat.

> Das Schriftformerfordernis für Befristungen ist erweitert worden. Befristete Arbeitsverträge müssen im Ganzen schriftlich gefasst werden, es reicht nicht aus, lediglich die Befristungsabrede selbst schriftlich zu treffen. Geschieht dies nicht, ist die Befristung nicht wirksam, das Arbeitsverhältnis gilt als unbefristet. Das Gleiche gilt, wenn der Arbeitgeber einen sachlichen Grund oder eine zulässige Befristung ohne Sachgrund nach dem Teilzeit- und Befristungsgesetz (TzBfG) nicht nachweisen kann.

Für die Beendigung ist eine Kündigung erforderlich und das Kündigungsschutzgesetz zu beachten! Zu-

Übersicht (zu 3.3.2) Sachliche Gründe für befristete Arbeitsverträge

- Vorübergehender Bedarf (z.B. Saisonarbeit),
- Befristung im Anschluss an Ausbildung oder Studium,
- Vertretung eines anderen Arbeitnehmers,
- Rechtfertigung der Befristung durch die »Eigenart der Arbeitsleistung« (Beispiele),
- Befristung zur Erprobung,
- Gründe, die in der Person des Arbeitnehmers liegen (Beispiele),
- Vergütung aus Haushaltsmitteln, die haushaltsrechtlich für eine befristete Beschäftigung bestimmt sind,
- befristete Beschäftigung aufgrund eines gerichtlichen Vergleichs.

Übersicht (zu 3.3.3) Anspruch auf Teilzeitarbeit

- Der betreffende Mitarbeiter ist länger als 6 Monate beschäftigt.
- Der Arbeitgeber beschäftigt mehr als 15 Vollzeitarbeitnehmer.
- Der Teilzeit stehen keine betrieblichen Gründe entgegen (insbesondere wesentliche Beeinträchtigung der Organisation, des Arbeitsablaufs oder der Sicherheit im Betrieb; unverhältnismäßige Kosten).

lässig befristete Arbeitsverträge enden mit Ablauf der vereinbarten Frist. Eine gesonderte Kündigung ist nicht nötig. Sofern Sie sich im befristeten Arbeitsverhältnis nicht das Recht zur Kündigung während der Laufzeit des Vertrages vorbehalten, gilt die ordentliche Kündigung als ausgeschlossen. Sie sollten daher, wie in jedem unbefristeten Vertrag auch, Kündigungsregelung und -frist festlegen.

Setzt der Arbeitnehmer nach der Befristung das Arbeitsverhältnis fort, und Sie erheben hiergegen keinen Widerspruch, kann darin die Vereinbarung eines unbefristeten Arbeitsverhältnisses liegen. Beschäftigen Sie den Arbeitnehmer nach der Befristung dagegen nicht fort und will der Arbeitnehmer geltend machen, die Befristung sei unwirksam, so muss er innerhalb von 3 Wochen nach Ablauf der Befristung eine Feststellungsklage beim Arbeitsgericht erheben.

3.3.3 Teilzeit und 325-Euro-Beschäftigung

Teilzeitbeschäftigt sind Arbeitnehmer, deren regelmäßige Wochenarbeitszeit kürzer ist als die der Vollzeitarbeitnehmer im Betrieb. Auch Teilzeitarbeitnehmer haben ein reguläres Arbeitsverhältnis und damit z.B. allgemeinen Kündigungsschutz (siehe VIII B/2.5). Nach dem Gesetz dürfen Sie einen teilzeitbeschäftigten Arbeitnehmer nicht ohne sachlichen Grund wegen der Teilzeitarbeit gegenüber vollzeitbeschäftigten Arbeitnehmern unterschiedlich behandeln. So muss Teilzeitbeschäftigten z.B. bei der betrieblichen Altersversorgung ein anteiliger Anspruch (im Verhältnis ihrer Arbeitszeit zur Arbeitszeit der Vollbeschäftigten) eingeräumt werden.

> Seit Inkrafttreten des neuen Teilzeit- und Befristungsgesetzes (1.1.2001) können alle Arbeitnehmer, einschließlich solcher in leitenden Positionen, einen Anspruch auf Teilzeitarbeit geltend machen. Die Voraussetzungen hierfür entnehmen Sie bitte der Übersicht zu 3.3.4.

Anspruch auf Teilzeitarbeit
Voraussetzungen für einen Anspruch auf Teilzeitarbeit sind:
- Der betreffende Mitarbeiter ist länger als 6 Monate beschäftigt.
- Der Arbeitgeber beschäftigt mehr als 15 Vollzeitarbeitnehmer.
- Der Teilzeit stehen keine betrieblichen Gründe entgegen (insbesondere wesentliche Beeinträchtigung der Organisation, des Arbeitsablaufs oder der Sicherheit im Betrieb; unverhältnismäßige Kosten).

Der Arbeitnehmer muss die konkret gewünschte Reduzierung der Arbeitszeit mit dem Arbeitgeber abstimmen. Er kann hierbei Verteilungswünsche äußern. Eine Kündigung wegen des Teilzeitwunsches ist unzulässig.

Für die Praxis bleibt zu hoffen, dass die meisten Mitarbeiter aufgrund der mit der Verringerung der Arbeitszeit verbundenen Gehaltseinbuße von dem Anspruch auf Teilzeit keinen Gebrauch machen werden. Die ersten Gerichtsentscheidungen liegen jedoch mittlerweile vor: sie sind überwiegend zugunsten der Arbeitnehmer ausgegangen, weil der Arbeitgeber keine entgegenstehenden betrieblichen Gründe beweisen konnte.

> Will der Arbeitgeber dem Wunsch nach Teilzeitarbeit oder der vom Arbeitnehmer vorgeschlagenen Verteilung widersprechen, muss er dem Mitarbeiter die Ablehnung spätestens einen Monat vor dem gewünschten Beginn der Teilzeitarbeit schriftlich mitteilen. Versäumt der Arbeitgeber dies, gilt die vom Arbeitnehmer gewünschte Verringerung und Verteilung der Arbeitszeit als vereinbart!

Sozialversicherung
Drei Gruppen von geringfügig Beschäftigten sind zu unterscheiden.

Bei kurzfristiger Beschäftigung von bis zu 2 Monaten oder 50 Arbeitstagen im Jahr (vertraglich vereinbart oder nach Art des Beschäftigungsverhältnisses zeitlich begrenzt: Saisonarbeitskräfte) besteht keine Beitragspflicht zur Sozialversicherung.

Für Arbeitnehmer, deren Arbeitsentgelt insgesamt 325 Euro nicht übersteigt (geringfügige Alleinbeschäftigung), führen Sie als Arbeitgeber pauschale Beiträge ab:
- 12% des Arbeitsentgelts an die gesetzliche Rentenversicherung,

- 10% des Arbeitsentgelts an die gesetzliche Krankenversicherung.

Wenn der Arbeitnehmer kein Mitglied der gesetzlichen Krankenversicherung und familienversichert ist, besteht keine Pflicht zur Zahlung von Krankenversicherungsbeiträgen. Der Arbeitnehmer hat die Möglichkeit, den Rentenversicherungsbeitrag um 7,5% Eigenleistung aufzustocken. Der Arbeitgeberanteil bleibt auch dann bei 12%. Das Arbeitsverhältnis muss der Sozialversicherung gemeldet werden.

Wenn der geringfügig Beschäftigte ein oder mehrere weitere geringfügige Beschäftigungsverhältnisse hat, und das Arbeitsentgelt aller Beschäftigungsverhältnisse insgesamt 325 Euro pro Monat übersteigt, unterliegt das gesamte Arbeitsentgelt der üblichen Beitragspflicht. Arbeitgeber und Arbeitnehmer tragen dann die üblichen Beiträge in allen Versicherungssparten für jede einzelne geringfügige Beschäftigung je zur Hälfte.

> Es besteht die Gefahr, dass Sie zu wenig Beiträge abführen, wenn der Mitarbeiter mehrere Beschäftigungen hat. Lassen Sie sich daher schriftlich vom Mitarbeiter geben, ob bzw. welche weiteren Beschäftigungen gegen Entgelt er ausübt.

Wenn der Mitarbeiter neben der geringfügigen Beschäftigung bei Ihnen woanders eine voll beitragspflichtige weitere Beschäftigung ausübt, zahlen Sie nur die Beiträge zur Renten-, Kranken- und Pflegeversicherung auf das von Ihnen gezahlte Entgelt. Die Beiträge zur Arbeitslosenversicherung entfallen hier.

Steuern
Das Arbeitsentgelt ist steuerfrei, wenn Sie die Pauschalbeiträge zur Rentenversicherung (12%) entrichten und der Arbeitnehmer eine Freistellungsbescheinigung des Finanzamtes vorlegt. Außerdem darf der Arbeitnehmer keine anderen Einkünfte haben, die »in der Summe positiv sind« (z.B. Arbeitslohn aus anderen Arbeitsverhältnissen, Renten und Pensionen, Zinseinnahmen bisher über 1.601 Euro bzw. 3.202 Euro, Einkünfte aus selbstständiger Tätigkeit, Gewerbebetrieb oder Vermietung und Verpachtung, Unterhaltszahlungen des geschiedenen Ehegatten).

Sind die Voraussetzungen für die Steuerfreiheit nicht erfüllt, wird entweder regulär nach der Lohnsteuerkarte besteuert, oder Sie führen eine Pauschalsteuer in der Regel von 22,5% an das Finanzamt ab. Diese Pauschalisierung ist nur zulässig, wenn der Arbeitslohn monatlich 325 Euro nicht übersteigt. Außerdem darf der Lohn durchschnittlich 12 Euro pro Arbeitsstunde nicht überschreiten (siehe auch V A/2,8 und 2.16.3).

> Einen Musterarbeitsvertrag für geringfügige Beschäftigte (325-Euro-Job) finden Sie auf der beigefügten CD-ROM.

Urlaub
Beim Urlaubsanspruch ergeben sich Unterschiede danach, ob der Teilzeitbeschäftigte verkürzt an allen Arbeitstagen der Woche arbeitet oder voll an einzelnen Tagen. Arbeitet ein Teilzeitbeschäftigter an genauso vielen Arbeitstagen wie eine Vollzeitkraft, hat der Teilzeitbeschäftigte einen ebenso hohen Urlaubsanspruch. Bei Teilzeitkräften, die nur an einzelnen Tagen der Woche arbeiten, wird der Urlaubsanspruch im Verhältnis gekürzt.

Beispiel: Arbeit an 2 Tagen pro Woche = Urlaubsanspruch 2/5 der Urlaubstage einer Vollzeitkraft.

Hätte der Teilzeitmitarbeiter nach der vertraglichen Vereinbarung an einem Wochentag arbeiten müssen, auf den ein Feiertag fällt, hat er Anspruch auf Feiertagsvergütung.

Jobsharing
Jobsharing ist ebenfalls Teilzeitarbeit. In diesem Fall teilen sich zwei oder mehrere Arbeitnehmer die Arbeitszeit an einem Arbeitsplatz. Die Arbeitszeitverteilung wird zwischen den Arbeitnehmern geregelt. Erst wenn diese sich nicht einigen können, kann der Arbeitgeber die Arbeitszeit bestimmen.

Probleme können sich bei der Kündigung ergeben: Scheidet ein Jobsharer aus, kann dem anderen nicht aus diesem Grund gekündigt werden. In Betracht kommt eine Änderungskündigung (siehe VIII B/2.1.5 und IV B/4.1.3) zur Durchsetzung einer anderen Arbeitszeit.

> Die Jobsharer können nicht im Voraus vertraglich verpflichtet werden, sich im Fall von Krankheit oder Urlaub wechselseitig zu vertreten. Für jeden Vertretungsfall muss eine gesonderte Vereinbarung abgeschlossen werden.

3.3.4 Telearbeit / Homeoffice
Telearbeit verrichten Arbeitnehmer, die von zu Hause aus oder in einer vom Arbeitgeber bereitgestellten Arbeitsstätte Tätigkeiten an EDV-Anlagen ausüben, die durch elektronische Kommunikationsmittel mit dem Betrieb des Arbeitgebers verbunden sind. Telearbeit kommt sowohl im Rahmen eines Arbeitsverhältnisses als auch auf der Basis eines Werk- oder freien Mitarbeiterverhältnisses vor.

Sie sollten mit einem »Tele-Arbeitnehmer« möglichst klare Regelungen zur Arbeitszeit (Zeiterfassung), Vergütung, Ausrüstung des Büros, Aufwendungsersatz (Telefon- und Faxgebühren), Versicherungsschutz, Rückkehr in den Betrieb usw. vereinbaren.

Für die Beteiligungsrechte des Betriebsrats gehört der Tele-Arbeitnehmer zu dem Haupt- oder Nebenbetrieb, dem der Mitarbeiter zugeordnet wird. Es kommt darauf an, ob der Tele-Arbeitnehmer persönlich und funktional in die Betriebsorganisation seines Arbeitgebers eingegliedert ist. Dies ist der Fall, wenn der Arbeitgeber den Inhalt der Tätigkeit festlegt und überwacht, die Arbeitszeit bestimmt und Urlaub gewährt. Der Betriebsrat hat in einem solchen Fall die gleichen Beteiligungsrechte wie bei Mitarbeitern, die im Betrieb selbst tätig sind (siehe auch III B/2.17).

Heimarbeiter ist, wer in seiner eigenen Wohnung oder einer anderen selbst gewählten Betriebsstätte allein

II. Rekrutierung und Einstellung

Übersicht (zu 3.3.4) Kündigung von Heimarbeitern

1. Das Kündigungsschutzgesetz ist nicht anwendbar; eine soziale Rechtfertigung für eine Kündigung ist nicht erforderlich.
2. Kündigungsfristen (bei überwiegender Tätigkeit für einen Auftraggeber):
   - in den ersten 4 Wochen ein Tag
   - ab der 5. Woche 2 Wochen
   - nach 2 Jahren ein Monat
   - nach 5 Jahren 2 Monate
   - nach 8 Jahren 3 Monate
   - nach 10 Jahren 4 Monate
   - nach 12 Jahren 5 Monate
   - nach 15 Jahren 6 Monate
   - nach 20 Jahren 7 Monate.
3. Beschäftigungszeiten vor Vollendung des 25. Lebensjahrs werden nicht berücksichtigt.
4. Eine fristlose Kündigung ist nur bei Vorliegen eines wichtigen Grundes möglich.

---

oder mit seinen Familienangehörigen im Auftrag von Gewerbetreibenden oder Zwischenmeistern erwerbsmäßig arbeitet und seine Arbeitsergebnisse nicht selbst verwertet, sondern die Verwertung dem Auftraggeber überlässt. Heimarbeiter sind jedoch keine »Außenarbeitnehmer«, die einem bestimmten Arbeitnehmer weisungsunterworfen sind (vorgeschriebene Arbeitszeit, Aufsicht des Arbeitgebers), jedoch von zu Hause aus arbeiten (siehe auch 3.3.5). Hierunter fallen z.B. Sekretärinnen, die von zu Hause aus arbeiten; auch Telearbeiter können dazu gehören. In der Praxis ergeben sich häufig Abgrenzungsschwierigkeiten zum Arbeitsverhältnis, aber auch zu einem freien Mitarbeitervertrag. Der Heimarbeiter als arbeitnehmerähnliche Person wird durch das Heimarbeitsgesetz geschützt (siehe auch III B/2.16.4).

Das Arbeitsamt errichtet für einzelne Gewerbezweige und Beschäftigungsarten Heimarbeitsausschüsse, die aus Vertretern der Auftraggeber und der Beschäftigten gebildet werden. Der Heimarbeitsausschuss kann Entgelte und sonstige Vertragsbedingungen mit bindender Wirkung für alle Auftraggeber und Beschäftigten seines Zuständigkeitsbereichs festsetzen, wenn »unzulängliche Entgelte« gezahlt werden. Vergewissern Sie sich daher vor der Vergabe von Heimarbeitstätigkeit darüber, ob eine solche bindende Festsetzung der Entgelte vorliegt. Eine solche Festsetzung kann auch durch einen Tarifvertrag erfolgt sein. Auskünfte erteilt das Tarifregister beim Bundesminister für Arbeit und Sozialordnung (siehe auch I B/1.4).

Vertreter der Gewerbeaufsichtsämter überprüfen regelmäßig, ob die Entgeltvorschriften eingehalten werden. Um die Überprüfbarkeit zu gewährleisten, müssen die Auftraggeber oder Zwischenmeister Entgeltverzeichnisse auslegen, in denen die von ihnen gewährten Entgelte und sonstige Vertragsbedingungen eingesehen werden können. Hat der Auftraggeber die Vorgabezeiten so kurz bemessen, dass die Normalleistung eines Heimarbeiters nicht ausreicht, um ein festgesetztes Mindeststundenentgelt zu erzielen, so ist die entsprechende Regelung unwirksam. Der Heimarbeiter kann dann den Differenzbetrag zum festgesetzten Minimum verlangen.

Heimarbeiter haben keinen Anspruch auf Entgeltfortzahlung im Krankheitsfall; die wirtschaftliche Sicherung erfolgt durch Zahlung von Zuschlägen zum laufenden Arbeitsentgelt.

Das Arbeitszeitgesetz gilt für Heimarbeiter nicht. Sie können sich ihre Arbeitszeit selbst einteilen. Der Auftraggeber ist verpflichtet, die Arbeitsmenge auf die Beschäftigten gleichmäßig zu verteilen, wobei ihre individuelle Leistungsfähigkeit berücksichtigt werden soll.

Die Kündigung des Heimarbeitsverhältnisses erfolgt nach den Grundsätzen in der Übersicht zu 3.3.4.

Der Betriebsrat des Auftraggebers ist auch für die Heimarbeiter zuständig, wenn diese hauptsächlich für einen bestimmten Betrieb arbeiten. Der Betriebsrat ist daher, z.B. vor Ausspruch einer Kündigung gegenüber einem Heimarbeiter anzuhören.

Sowohl bei der erstmaligen Vergabe von Heimarbeit als auch während der Dauer des Heimarbeitsverhältnisses, hat der Auftraggeber Meldepflichten gegenüber dem Landesarbeitsamt bzw. dem Gewerbeaufsichtsamt (siehe auch III B/2.2) zu beachten. Heimarbeiter haben Ansprüche auf ein Urlaubsentgelt in Höhe von 9,1% des Jahresbruttoentgelts und auf eine Feiertagsbezahlung in Höhe von 0,72% des Halbjahresbruttoentgelts.

3.3.5 Auszubildende

Im Rahmen des Ausbildungsverhältnisses soll der Auszubildende die notwendigen fachlichen Fertigkeiten und Kenntnisse in einem gesonderten Ausbildungsgang vermittelt bekommen. Einzelheiten sind im Berufsbildungsgesetz geregelt. Zwar ist der Abschluss des Berufsausbildungsvertrags formfrei möglich, doch muss der Ausbildende (»Arbeitgeber«) den wesentlichen Inhalt des Vertrags spätestens vor Beginn der Berufsausbildung schriftlich niederlegen (siehe Übersicht 1 zu 3.3.5). Die Niederschrift ist vom Auszubildenden, dessen gesetzlichem Vertreter und dem Ausbildenden zu unterzeichnen.

Das Ausbildungsverhältnis soll nicht länger als 3 und nicht kürzer als 2 Jahre dauern. Der Auszubildende hat kein Recht darauf, nach Ablauf des Ausbildungsverhältnisses in ein reguläres Arbeitsverhältnis übernommen zu werden. Das Ausbildungsverhältnis endet grundsätzlich mit dem Ablauf der Ausbildungszeit.

Während der Probezeit kann das Berufsausbildungsverhältnis jederzeit ohne Grund und ohne Einhalten einer Kündigungsfrist gekündigt werden. Die Probezeit muss mindestens einen Monat und darf höchstens 3 Monate betragen. Nach der Probezeit kann das Berufsausbildungsverhältnis nicht mehr ohne Weiteres gekündigt werden. Der Auszubildende kann nur noch kündigen, wenn er die Berufsausbildung aufgeben und sich für eine andere Berufstätigkeit ausbilden lassen will. Der Ausbildende kann nach Ablauf der Probezeit nur noch fristlos aus wichtigem Grund kündigen. Hier gelten grundsätzlich die gleichen Grundsätze wie bei der fristlosen Kündigung eines Arbeitsverhältnisses.

Der Ausbildende, d.h. Sie als Arbeitgeber müssen
- dafür sorgen, dass dem Auszubildenden die Fertigkeiten und Kenntnisse für das Erreichen des Ausbildungsziels vermittelt werden;
- ihn für die Teilnahme am Berufsschulunterricht freistellen und ihm die Vergütung für diese Zeit fortzahlen;
- ihm nach Beendigung des Berufsausbildungsverhältnisses ein Zeugnis ausstellen.

Sofern Jugendliche unter 15 Jahren nicht mehr schulpflichtig sind, dürfen sie ein Berufsausbildungsverhältnis eingehen. Generell dürfen sie mit leichten, geeigneten Tätigkeiten (7 Stunden täglich, 35 Stunden wöchentlich) beschäftigt werden. Zur betrieblichen Berufsausbildung lesen Sie bitte weiterführend Kapitel VII A/5 und 6. Die gesetzlichen Regelungen zur Beschäftigung von Arbeitnehmern zwischen dem 15. und 18. Lebensjahr entnehmen Sie bitte der Übersicht 2 zu 3.3.5, zusätzliche Regelungen zum Gesundheitsschutz finden Sie in III B/2.16.

3.3.6 Praktikanten

Praktikanten sind grundsätzlich Arbeitnehmer. Hierbei verpflichtet sich der Arbeitgeber, dem Praktikanten Gelegenheit zu geben, praktische Kenntnisse und Erfahrungen einer bestimmten betrieblichen Tätigkeit zu gewinnen (siehe auch VII A/1.5). Anders als der Auszubildende strebt der Praktikant keine vollständige Ausbildung in einem anerkannten Lehrberuf an.

Für Praktikanten gelten eine Reihe von Vorschriften des Berufsbildungsgesetzes mit der Maßgabe, dass die gesetzliche Probezeit abgekürzt und auf eine Vertragsniederschrift verzichtet werden kann. Die Rechte und Pflichten sind die Gleichen wie beim Ausbildungsvertrag (siehe 3.3.5). Praktikanten haben auch Anspruch auf bezahlten Erholungsurlaub.

> ! Wenn der Praktikant über einen Zeitraum von mehr als 6 Monaten nicht zum Erwerb von praktischen Kenntnissen und Erfahrungen, sondern wie ein Arbeitnehmer eingesetzt wird, kann nach der Rechtsprechung ein vollwertiges Arbeitsverhältnis vorliegen; die Regeln des Berufsbildungsgesetzes gelten dann nicht, sondern die des regulären Arbeitsrechts.

3.3.7 Altersteilzeit

Das Altersteilzeitgesetz soll älteren Arbeitnehmern einen gleitenden Übergang vom Erwerbsleben in die Altersrente ermöglichen und gleichzeitig für mehr Wachstum und Beschäftigung sorgen. Deshalb übernimmt das Arbeitsamt einen Teil der Kosten, wenn der (teilweise) frei werdende Arbeitsplatz mit einem Arbeitslosen oder einem Arbeitnehmer nach Abschluss der Ausbildung wieder besetzt wird. In der Praxis wird jedoch von der Wiederbesetzung häufig Abstand genommen. Vielen Unternehmen kommt es nur darauf an, die Arbeitszeit eines langjährigen Mitarbeiters zunächst herabzusetzen und letztlich sein Ausscheiden zu vereinbaren.

Altersteilzeit ist möglich für Arbeitnehmer

Übersicht 1 (zu 3.3.5) Inhalte eines Berufsausbildungsvertrages

- Ziel der Berufsausbildung,
- Art, sachliche und zeitliche Gliederung der Berufsausbildung,
- Beginn und Dauer der Berufsausbildung,
- Dauer der regelmäßigen täglichen Arbeitszeit,
- Dauer der Probezeit,
- Zahlung und Höhe der Vergütung,
- die Ausbildungsmaßnahmen außerhalb der Ausbildungsstätte,
- die Dauer des Urlaubs,
- die Voraussetzungen, unter denen der Berufsausbildungsvertrag gekündigt werden kann.

Übersicht 2 (z 3.3.5) Beschäftigung Jugendlicher (15 bis 18 Jahre)

Arbeitszeit:
- 8 Stunden täglich, 40 Stunden wöchentlich.

Ist an einzelnen Werktagen die Arbeitszeit auf weniger als 8 Stunden verkürzt, können Jugendliche an den übrigen Werktagen derselben Woche 8,5 Stunden beschäftigt werden.

Ruhepausen: (= mindestens 15 Minuten Arbeitsunterbrechung)
- 30 Minuten bei einer Arbeitszeit über 4,5 bis zu 6 Stunden
- 60 Minuten bei mehr als 6 Stunden.

Sonn- und Feiertage:
- (bis auf einige gesetzliche Ausnahmen) Beschäftigungsverbot.

Urlaub:
- mindestens 30 Werktage (15 Jahre alt zu Beginn des Kalenderjahrs)
- 27 Werktage (16 Jahre alt zu Beginn des Kalenderjahrs)
- 25 Werktage (17 Jahre alt zu Beginn des Kalenderjahrs).

Übersicht (zu 3.3.8) Schwerbehinderte

- Besonderer Kündigungsschutz (Kündigung nur nach vorheriger Zustimmung des Integrationsamts, früher: Hauptfürsorgestelle siehe I/Nr. 62).
- Zusatzurlaub von einer Arbeitswoche pro Jahr (nicht für Gleichgestellte).
- Auf Verlangen des Schwerbehinderten: Freistellung von Mehrarbeit.
- Begleitende Hilfe im Arbeits- und Berufsleben (z.B. Ausstattung des Arbeitsplatzes mit den erforderlichen technischen Arbeitshilfen).
- Schadensersatzanspruch, wenn ein schwerbehinderter Mitarbeiter beim beruflichen Aufstieg, bei einer Weisung oder einer Kündigung wegen seiner Behinderung benachteiligt wird.
- Sind im Betrieb mindestens 5 Schwerbehinderte beschäftigt, können diese eine Schwerbehindertenvertretung (Vertrauensmann oder Vertrauensfrau der Schwerbehinderten) wählen.

- die das 55. Lebensjahr vollendet haben,
- die in den letzten 5 Jahren unmittelbar vorher mindestens 3 Jahre voll beschäftigt waren,
- deren Arbeitszeit aufgrund einer Vereinbarung mit dem Arbeitgeber um die Hälfte vermindert wird (mindestens 15 Stunden pro Woche oder mit einem Arbeitsentgelt von regelmäßig mehr als 325,00 Euro pro Monat).

Wie die Arbeitszeit verteilt wird, bleibt den Vertragsparteien überlassen:

- Der Arbeitnehmer kann z. B. täglich mit verminderter Stundenzahl oder nur an bestimmten Tagen der Woche oder im Monatswechsel arbeiten;
- Altersteilzeit kann auch in einem Blockmodell vereinbart werden. Hierbei arbeitet der Mitarbeiter zunächst voll weiter, um im zweiten Teil der Altersteilzeit gänzlich von der Arbeit freigestellt zu sein.

Der Arbeitgeber muss das entsprechend der Reduzierung der Arbeitszeit verminderte Arbeitsentgelt um mindestens 20% des (reduzierten) Bruttoarbeitsentgelts aufstocken, mindestens jedoch auf 70% des Vollzeit-Netto.

Wenn der Arbeitgeber einen Arbeitslosen einstellt (Wiederbesetzung), kann er vom Arbeitsamt die Erstattung der Aufstockungsbeträge erlangen.

Die vom Arbeitgeber geleisteten Aufstockungsbeträge sind steuerfrei, und zwar auch dann, wenn der Arbeitgeber höhere Aufstockungsbeträge leistet als die im Gesetz genannten Mindestbeträge.

Wenn der Mitarbeiter mindestens 24 Monate in Altersteilzeit beschäftigt wurde, kann er – nach Vollendung des 60. Lebensjahres – vorgezogene Rente in Anspruch nehmen. Hierbei muss er allerdings Rentenabschläge hinnehmen.

3.3.8 Schwerbehinderte

Das Recht der Schwerbehinderten wurde zum 1.6.2001 neu gefasst (Sozialgesetzbuch, IX. Teil). Schwerbehindert ist ein Mensch, bei dem ein Grad der Behinderung (GdB) von wenigstens 50 vorliegt. Gleichgestellt sind Menschen mit einem Grad der Behinderung von weniger als 50, aber mindestens 30, wenn diese in Folge ihrer Behinderung ohne die Gleichstellung mit Schwerbehinderten einen geeigneten Arbeitsplatz nicht erlangen oder nicht behalten können (umstritten).

Alle Arbeitgeber mit mindestens 20 Arbeitsplätzen sind verpflichtet, 5% der Arbeitsplätze mit Schwerbehinderten zu besetzen. Für jeden nicht besetzten Pflichtplatz muss der Unternehmer eine Ausgleichsabgabe pro Monat und unbesetztem Pflichtarbeitsplatz – je nach der durchschnittlichen Beschäftigungsquote von Schwerbehinderten – zahlen (zwischen 105 und 260 Euro. Die im Arbeitsverhältnis mit Schwerbehinderten wichtigen Aspekte entnehmen Sie bitte der Übersicht zu 3.3.8.

Nach bisheriger Rechtsprechung dürfen Sie vor der Einstellung den Bewerber nach einer Schwerbehinderung fragen. Nach der Neuregelung könnte das nun zweifelhaft sein. Neu ist auch der Schadensersatzanspruch, wenn der Bewerber bei der Einstellung aufgrund seiner Behinderung benachteiligt wird. Der schwerbehinderte Bewerber muss glaubhaft machen, dass die Nicht-Einstellung wegen der Behinderung erfolgte. Ein Anspruch auf Einstellung besteht allerdings nicht.

Weiterhin ist ein Klagerecht für Behindertenverbände eingeführt worden. Hiernach können die Behindertenverbände im eigenen Namen wegen einer behaupteten Benachteiligung eines schwerbehinderten Arbeitnehmers klagen, wenn dieser dazu sein Einverständnis erklärt hat. Hierdurch könnte sich die Bereitschaft zur gerichtlichen Geltendmachung von Schadensersatzansprüchen erhöhen, weil dem Mitarbeiter eine mächtige Interessengruppe in Form des Verbandes zur Seite steht.

3.3.9 Arbeit auf Abruf, KAPOVAZ

Bei einem Abrufarbeitsverhältnis vereinbaren Sie in einem Rahmenvertrag, dass der Arbeitnehmer auf Ihren »Abruf« hin für den jeweiligen Arbeitsanfall tätig wird. Der Arbeitnehmer ist nur zur Arbeit verpflichtet, wenn Sie ihm den Einsatz mindestens 4 Tage im Voraus mitgeteilt haben. Ist die Ankündigungsfrist kürzer, kann er frei entscheiden, ob er dem Abruf Folge leistet. Nach dem Gesetz müssen die Parteien eine bestimmte Dauer der Arbeitszeit (Zeitdeputat) im Voraus festlegen. Wird eine solche Vereinbarung nicht getroffen, gilt eine wöchentliche Arbeitszeit von 10 Stunden als vereinbart. Diese Mindestzeit müssen Sie vergüten, auch wenn der Arbeitnehmer nicht arbeitet.

> Einen entsprechenden Bedarfsarbeitsvertrag finden Sie als Muster zu 3.3.10 und auf der beigefügten CD-ROM.

Die bedarfsabhängige Arbeitszeit wird teilweise auch als »kapazitätsorientierte variable Arbeitszeit« (KAPOVAZ) bezeichnet.

3.3.10 Ruhende Arbeitsverhältnisse
Mutterschutz / Elternzeit

Eine schwangere Arbeitnehmerin soll ihrem Arbeitgeber die Schwangerschaft und den mutmaßlichen Tag der Entbindung mitteilen. Der Arbeitgeber muss daraufhin Maßnahmen treffen, um Gefahren für Leben und Gesundheit von Mutter und Kind abzuwehren. Hierzu gehört – je nach Einzelfall – z. B. eine Veränderung der Arbeitszeit einschließlich der Pausen, geringere Zuteilung von Arbeit, Schutzkleidung, Zurverfügungstellung von Sitzgelegenheiten, etc. Werdende Mütter dürfen nicht mehr mit schweren körperlichen Arbeiten beschäftigt werden oder mit Tätigkeiten, bei denen sie ständig (mehr als vier Stunden täglich) stehen müssen. Ebenso ist Akkord- und Fließbandarbeit sowie Nachtarbeit verboten. Ein generelles Beschäftigungsverbot besteht sechs Wochen vor der voraussichtlichen Entbindung (es sei denn, die Mitarbeiterin ist ausdrücklich zur Arbeit bereit) sowie acht Wochen nach der Entbindung, bei Frühgeburten oder Mehrlingsgeburten 12 Wochen. (Siehe auch III B/2.16 sowie zum Kündigungsschutz VIII B/2.6.1).

Im Anschluss an die Mutterschutzfristen (oder auch später, bis zum 3. Geburtstag des Kindes) können Mutter oder Vater Elternzeit (früher: Erziehungsurlaub) in Anspruch nehmen. Seit der Gesetzesänderung (1.1.2001) können nunmehr auch beide Eltern zeitgleich die Freistellung von der Arbeit verlangen.

Wer Elternzeit in Anspruch nehmen will, muss dies dem Arbeitgeber unter konkreter Mitteilung der Daten für Beginn und Ende mitteilen. Der Arbeitnehmer ist an diese Erklärung gebunden. Nur in besonderen Härtefällen oder bei Geburt eines weiteren Kindes hat der Mitarbeiter/die Mitarbeiterin Anspruch auf vorzeitige Beendigung der Elternzeit.

Die Freistellung muss spätestens sechs Wochen vor Beginn verlangt werden, wenn sie unmittelbar nach der Geburt des Kindes bzw. nach der Mutterschutzfrist beginnen soll. Dies ist der Normalfall in der Praxis. Die Mitarbeiterin kann jedoch auch zunächst ihre Tätigkeit nach Ende der Mutterschutzfrist wieder aufneh-

Muster zu 3.3.9 Bedarfsarbeitsvertrag (KAPOVAZ)

B e d a r f s a r b e i t s v e r t r a g

z w i s c h e n

....

– nachstehend »Arbeitgeber« genannt –

u n d

Herrn/Frau ...

– nachstehend »Mitarbeiter« genannt –

§ 1

1.1 Mit Wirkung vom ... wird der Mitarbeiter im Rahmen eines Teilzeitarbeitsverhältnisses auf Abruf für die Tätigkeit eines ... eingestellt.

1.2 Die Tätigkeit ist nach dem Beschäftigungsförderungsgesetz auf .... Monate befristet.*

1.3 Die ersten sechs Monate sind Probezeit. In dieser Zeit kann das Arbeitsverhältnis mit einer Frist von zwei Wochen gekündigt werden. Danach kann das Arbeitsverhältnis mit den gesetzlichen Kündigungsfristen gekündigt werden. Im Fall einer ordentlichen Kündigung ist der Arbeitgeber berechtigt, den Mitarbeiter bis zum Ablauf der Kündigungsfrist von der Arbeit freizustellen. Die Kündigung bedarf der Schriftform.

1.4 Der Arbeitgeber entscheidet darüber, wann und in welchem Umfang der Arbeitsanfall den Einsatz des Mitarbeiters erforderlich macht. Der Mitarbeiter kann seine Arbeitsleistung nur nach Abruf durch den Arbeitgeber erbringen.

1.5 Der Arbeitgeber behält sich vor, dem Mitarbeiter eine andere zumutbare Arbeit zuzuweisen.

§ 2

2.1 Die wöchentliche/monatliche/jährliche Arbeitszeit beträgt ... Stunden.

Der Arbeitgeber wird den Mitarbeiter monatlich an mindestens ... Arbeitstagen beschäftigen. Die tägliche Arbeitszeit beträgt für den Mitarbeiter mindestens drei, höchstens ... Stunden.

2.2 Der Arbeitgeber bestimmt, an welchen Tagen/in welchen Monaten/Wochen der Mitarbeiter seine Arbeitsleistung zu erbringen hat. Er bestimmt Beginn und Ende der täglichen Arbeitszeit. Der Arbeitgeber wird dem Mitarbeiter den Arbeitseinsatz mindestens vier Tage im voraus mitteilen. Der Mitarbeiter teilt dem Arbeitgeber seine Telefonnummer mit. Bei einem Wechsel der Telefonnummer ist dem Arbeitgeber die neue Nummer unverzüglich mitzuteilen.

Soweit die betrieblichen Verhältnisse es zulassen, wird auf persönliche Verhinderungen des Mitarbeiters Rücksicht genommen.

§ 3

3.1 Der Mitarbeiter ist verpflichtet, auf Verlangen Über- oder Mehrarbeit zu leisten. Die Verpflichtung zur Leistung von Über- oder Mehrarbeit ist auf ... Stunden wöchentlich begrenzt.

3.2 Für Über- oder Mehrarbeitsstunden erhält der Mitarbeiter nach Wahl des Arbeitgebers Freizeitausgleich oder die auf eine Arbeitsstunde entfallende Vergütung.

---

* Nach dem Beschäftigungsgesetz dürfen Arbeitsvehältnisse ohne Begründung für bis zu zwei Jahren befristet werden. Innerhalb dieser Zeit darf das Arbeitsverhältnis maximal dreimal verlängert werden, wobei die Höchstgrenze von 24 Monaten jedoch nicht überschritten werden darf.

▼

§ 4

4.1 Der Mitarbeiter erhält für seine Tätigkeit ein Gehalt von Euro ... brutto pro geleisteter Arbeitsstunde.

4.2 Der Mitarbeiter ist verpflichtet, über seine Anwesenheitszeiten im Betrieb sorgfältig Buch zu führen. Diese Unterlagen, die vom Vorgesetzten am Ende jedes Arbeitstages gegenzuzeichnen sind, sind die Grundlage für die Abrechnung.

§ 5

5.1 Der Mitarbeiter erhält Vergütungsfortzahlung im Krankheitsfall nach den gesetzlichen Vorschriften. Im Fall der Verhinderung durch Krankheit wird der Mitarbeiter den Arbeitgeber unverzüglich verständigen.

5.2 Die Höhe der Entgeltfortzahlung im Krankheitsfall richtet sich nach dem Durchschnitt des Gesamtverdienstes der vorangegangenen drei Monate, wenn eine Beschäftigung erfolgt wäre.

§ 6

6.1 Der Mitarbeiter hat Anspruch auf einen Jahresurlaub von ... Werktagen.

6.2 Das Urlaubsentgelt richtet sich nach dem Durchschnitt des Gesamtverdienstes der vorhergehenden drei Monate.

§ 7

Der Mitarbeiter wird während der Dauer dieses Vertrages und nach dessen Beendigung über alle betrieblichen Vorgänge, insbesondere über Tatsachen vertraulicher Art, Stillschweigen bewahren.

§ 8

Änderungen und Ergänzungen dieses Vertrages bedürfen der Schriftform. Dies gilt auch für eine Aufhebung dieser Schriftformklausel.

§ 9

Der Mitarbeiter bestätigt, eine Ausfertigung dieses Vertrages erhalten zu haben.

....
Ort/Datum   Ort/Datum

....
Arbeitgeber   Mitarbeiter

men und zu einem späteren Zeitpunkt innerhalb der ersten drei Jahre nach Geburt des Kindes Elternzeit verlangen. Dann muss sie diesen Wunsch dem Arbeitgeber spätestens acht Wochen vor Beginn der gewünschten Freistellung schriftlich mitteilen.

Während der Elternzeit kann mit dem Arbeitgeber eine Teilerwerbstätigkeit von bis zu 30 Stunden pro Woche vereinbart werden.

> **!** Wenn der Arbeitgeber in der Regel mehr als 15 Arbeitnehmer beschäftigt und der Mitarbeiter in Elternzeit länger als 6 Monate beschäftigt ist, hat der Mitarbeiter einen Anspruch auf eine Herabsetzung der Arbeitszeit (Teilzeit) während der Elternzeit. Nur wenn der Arbeitgeber »dringende betriebliche Gründe« geltend machen kann, darf er das Teilzeitverlangen ablehnen! Dies wirft in der Praxis erhebliche Probleme auf.

Während der Elternzeit hat der Mitarbeiter auch Anspruch darauf, bei einem dritten Unternehmen tätig zu werden. Der Arbeitgeber muss diese Tätigkeit gestatten, wenn ihm der in Aussicht genommene Arbeitgeber, die Art der Tätigkeit und deren zeitlicher Umfang mitgeteilt worden ist und keine dringenden betrieblichen Gründe entgegenstehen. Der Arbeitgeber kann z. B. widersprechen, wenn der Mitarbeiter/die Mitarbeiterin bei einem Konkurrenten tätig werden will.

Während der Elternzeit besteht besonderer Kündigungsschutz (siehe VIII B/2.6.1). Wenn vollständige Elternzeit in Anspruch genommen wird (also keine Teilzeittätigkeit ausgeübt wird), hat der Mitarbeiter/die Mitarbeiterin keinen Anspruch auf Vergütung.

Wehr- und Zivildienstleistende
Wenn ein Arbeitnehmer zum Wehrdienst oder zu einer Wehrübung einberufen wird, ruht das Arbeitsverhältnis. Der Arbeitgeber braucht für diese Zeit keinen Arbeitslohn zu zahlen (V A/2.3.8).

Während des Wehrdienstes (schon ab Zustellung des Einberufungsbescheids) und während einer Wehrübung kann der Arbeitgeber das Arbeitsverhältnis nicht ordentlich kündigen (VIII B/2.6). Die Nebenpflichten (Treuepflicht, Fürsorgepflicht) aus dem Arbeitsverhältnis bleiben bestehen. Der Wehrpflichtige kann auch an Betriebsratswahlen teilnehmen. Anerkannte Wehrdienstverweigerer und Zivildienstleistende genießen den gleichen Arbeitsplatzschutz wie Mitarbeiter, die Wehrdienst ableisten.

> **!** Im Fall des Wehrdienstes kann ebenso wie bei der Elternzeit ein Anspruch auf Jahressonderzahlungen (z.B. 13. Monatsgehalt) bestehen, sofern im Arbeitsvertrag nicht ausdrücklich das Gegenteil geregelt ist.

Mögliche Vertragsklausel: *»Für Zeiten, in denen das Arbeitsverhältnis ruht (z.B. Erziehungsurlaub, Wehr- oder Zivildienst, unbezahlter Urlaub),* *wird der Anspruch auf das 13. Monatsgehalt anteilig gekürzt.«*

3.3.11 Faktisches Arbeitsverhältnis

Ein faktisches Arbeitsverhältnis liegt vor, wenn zwar ein Arbeitsvertrag (schriftlich oder mündlich) geschlossen und in Vollzug gesetzt worden ist, er sich später aber als nichtig herausstellt oder wirksam angefochten worden ist. Zum Schutz des Arbeitnehmers wird das so genannte faktische Arbeitsverhältnis wie ein wirksam zustande gekommenes Arbeitsverhältnis behandelt. Voraussetzung ist jedoch immer, dass der Arbeitnehmer bereits seine Arbeit begonnen hat. Auf Grund des faktischen Arbeitsverhältnisses hat der Arbeitnehmer »quasivertragliche« Ansprüche. Die Nichtigkeit des Arbeitsvertrags kann nicht mehr mit rückwirkender Kraft geltend gemacht werden, so dass der Arbeitnehmer für die geleistete Tätigkeit eine Vergütung verlangen kann. Dies gilt bis zur Beendigung des faktischen Arbeitsverhältnisses. Die Beendigung kann dadurch herbeigeführt werden, dass sich Arbeitgeber oder Arbeitnehmer durch einseitige Erklärung vom faktischen Arbeitsverhältnis lösen. Dies kann durch einfache Erklärung ohne Beachtung von Kündigungsfristen oder sonstige Kündigungseinschränkungen sowie ohne Beteiligung des Betriebsrats vorgenommen werden.

3.4 Sonstige Vertragsverhältnisse

3.4.1 Gesellschafter

Dienstverträge mit Gesellschaftern sind keine Arbeitsverträge, da das typische Element der Weisungsunterworfenheit fehlt. Grundlage der Beschäftigung sind gesellschaftsrechtliche Beziehungen.

3.4.2 Vorstand / Geschäftsführer

Organe einer juristischen Person (z.B. Geschäftsführer einer GmbH oder Vorstandsmitglieder einer Aktiengesellschaft) stehen nicht in einem Arbeitsverhältnis, sondern in einem freien Dienstverhältnis zur Gesellschaft. Sie vertreten die juristische Person auf der Arbeitgeberseite und üben für die Gesellschaft das Direktionsrecht gegenüber den Arbeitnehmern aus. Organe einer juristischen Person haben grundsätzlich keinen Kündigungsschutz. Befristete Verträge sind uneingeschränkt zulässig. Gewisse arbeitsrechtliche Vorschriften sind jedoch auch auf sie anwendbar, so z.B. Grundsätze des Erholungsurlaubs und der Gehaltsfortzahlung im Krankheitsfall.

Nach der Rechtsprechung des Bundesarbeitsgerichts kann ein Geschäftsführer unter bestimmten Voraussetzungen Kündigungsschutz haben, nämlich wenn er als so genannter »Aufsteiger-Geschäftsführer« anzusehen ist. In diesem Fall sind für Streitigkeiten nicht die Landgerichte, sondern die Arbeitsgerichte zuständig. Ein Geschäftsführer ist »Aufsteiger«, wenn er vor seiner Bestellung zum Geschäftsführer der Gesellschaft als »einfacher Arbeitnehmer« bei der Gesellschaft beschäftigt war und sein früheres Arbeitsverhältnis nicht

- ausdrücklich in einem neuen Geschäftsführer-Dienstvertrag, oder
- stillschweigend durch eine erhebliche Verbesserung der Vergütung

aufgehoben worden ist.

Um später zu vermeiden, dass sich der Betreffende z.B. auf den allgemeinen Kündigungsschutz beruft, sollte zusammen mit der Bestellung zum Geschäftsführer zugleich ein neuer Dienstvertrag abgeschlossen werden, in dem das bisherige Arbeitsverhältnis ausdrücklich aufgehoben wird.

Ferner kann ein Geschäftsführer oder Vorstand als Arbeitnehmer anzusehen sein, wenn

- er im Fall einer GmbH & Co. KG nicht bei der GmbH, sondern bei der KG angestellt ist;
- er im Konzern bei einer Gesellschaft angestellt ist, jedoch Organfunktion für ein anderes Konzernunternehmen ausübt.

3.4.3 Handelsvertreter

Selbstständige Handelsvertreter sind keine Arbeitnehmer, sondern selbstständige Gewerbetreibende. Sie unterliegen keinen Weisungen des Unternehmers und werden daher auf Grund eines freien Dienstvertrags tätig. Wenn ein Handelsvertreter nach seinem Vertrag nicht für mehrere, sondern ausschließlich für das eine Unternehmen tätig sein darf, handelt es sich um einen Einfirmenvertreter. Da bei ihm der Vertrag mit dem Unternehmen die Grundlage für den wesentlichen Verdienst ausmacht, werden Einfirmenvertreter häufig als arbeitnehmerähnliche Personen angesehen, weil sie sozial schutzbedürftiger als ein »echter« Handelsvertreter sind. In diesem Fall haben sie Anspruch auf Erholungsurlaub und Erteilung eines Zeugnisses.

Für Rechtsstreitigkeiten mit Einfirmenvertretern ist das Arbeitsgericht zuständig, wenn sie während der letzten 6 Monate des Vertragsverhältnisses durchschnittlich nicht mehr als 1.000 Euro pro Monat an Vergütung bezogen haben.

3.4.4 »Job-Rotation«

Die Vorschriften zum Eingliederungsvertrag für Langzeitarbeitslose wurden gestrichen. Statt dessen kann ein Arbeitgeber nunmehr einen Zuschuss zum Arbeitsentgelt erhalten, wenn er einem Arbeitnehmer die Teilnahme an einer beruflichen Weiterbildung ermöglicht und hierfür einen Arbeitslosen als Vertreter einstellt. Die Einstellung des Arbeitslosen kann auch befristet erfolgen. Es handelt sich jedoch – anders als früher beim Eingliederungsvertrag – um ein reguläres Arbeitsverhältnis mit allen Rechten und Pflichten. Ergänzende Hinweise erhalten Sie beim Arbeitsamt, z. B. auch auf der Website www.arbeitsamt.de.

Übersicht (zu 3.4.4) Weshalb lohnt sich ein Eingliederungsverhältnis?

- Das Arbeitsamt erstattet Ihnen die Arbeitsvergütung für Zeiten ohne Arbeitsleistung (Krankheit, Urlaub);
- Sie können die Eingliederung ohne Angabe von Gründen für gescheitert erklären (das gleiche Recht steht dem Mitarbeiter zu). Hierdurch wird das Vertragsverhältnis ohne weitere Formalitäten mit sofortiger Wirkung beendet.

Muster (zu 3.4.5) Freier Mitarbeiter-Vertrag (Beratervertrag)

§ 1 – Aufgaben

1.1 Der freie Mitarbeiter wird die Gesellschaft in allen Fragen der/des ... beraten. Hierzu gehört insbesondere:

...

1.2 Der freie Mitarbeiter ist in der Bestimmung seiner Arbeitszeit und seines Arbeitsortes frei.

1.3 Der freie Mitarbeiter wird zur Durchführung seiner Aufgaben seine eigene Organisation verwenden. Sollte dies im Einzelfall nicht möglich sein, wird die Gesellschaft ihm die notwendigen Arbeitsmittel zur Verfügung stellen.

§ 2 – Honorar

Der freie Mitarbeiter erhält für seine Tätigkeit ein Honorar zu einem Tagessatz von Euro ... inklusive Nebenkosten. Gegebenenfalls wird der freie Mitarbeiter Mehrwertsteuer zusätzlich in Rechnung stellen. Für die Versteuerung ist der Mitarbeiter selbst verantwortlich. Die Parteien sind sich darüber einig, dass die Gesellschaft keinen Sozialversicherungsabzug vornimmt.

§ 3 – Spesenersatz

Der freie Mitarbeiter erhält Ersatz der Kosten, die bei Reisen zur Erfüllung der Aufgaben aus diesem Vertrag anfallen. Die Reisekosten werden in der tatsächlich angefallenen und nachgewiesenen Höhe ersetzt.

§ 4 – Wettbewerbsverbot, Nebentätigkeit

Der freie Mitarbeiter verpflichtet sich, während der Dauer dieses Vertrages jegliche unmittelbare oder mittelbare Wettbewerbshandlung in Bezug auf das Geschäftsfeld des Unternehmens zu unterlassen. Andere entgeltliche oder unentgeltliche Tätigkeiten sind zulässig, soweit die Aufgaben aus diesem Vertrag nicht beeinträchtigt werden.

§ 5 – Verpflichtung zur Verschwiegenheit

5.1 Der freie Mitarbeiter ist verpflichtet, über Geschäfts- und Betriebsgeheimnisse, von denen er im Zusammenhang mit seiner Tätigkeit Kenntnis erlangt, und über die Ergebnisse seiner Tätigkeit strenges Stillschweigen zu bewahren. Dies bezieht sich insbesondere auf Informationen zu Kunden. Diese Verpflichtung gilt auch nach Beendigung des Beratungsverhältnisses fort.

5.2 Bei Vertragsbeendigung ist der freie Mitarbeiter verpflichtet, sämtliche ihm übergebenen Unterlagen, einschließlich etwa hiervon gefertigter Kopien, herauszugeben.

§ 6 – Vertragsdauer

6.1 Der freie Mitarbeiter nimmt seine Tätigkeit am ... auf.

6.2 Das Vertragsverhältnis kann von jeder Seite mit einer Frist von [einem/zwei] Monat/en zum Ende eines Kalendermonats gekündigt werden. Das Recht zur außerordentlichen Kündigung bleibt unberührt. Eine Kündigung bedarf der Schriftform.

§ 7 – Schlussbestimmungen

Mündliche Nebenabreden bestehen nicht. Alle Änderungen und Ergänzungen dieses Vertrages bedürfen der Schriftform.

3.4.5 Freie Mitarbeiter

Anders als ein Arbeitnehmer, ist ein freier Mitarbeiter nicht an Ihre Weisungen gebunden. Er arbeitet selbstständig und unternehmerisch auf Basis eines Dienst- oder Werkvertrags (siehe Muster zu 3.4.5 und auf der CD-ROM) und gestaltet seine Tätigkeit hinsichtlich Ort, Zeit und Art der Ausführung frei. Die Abgrenzung von freier Mitarbeit und abhängigem Arbeitsverhältnis ist in der Praxis im Einzelfall rechtlich schwierig (siehe 3.4.5.1).

Die Vorteile freier Mitarbeiter liegen auf der Hand:
- keine Sozialabgaben (Einschränkung: Unternehmen, die Leistungen selbstständiger Künstler oder Publizisten in Anspruch nehmen oder vermarkten, müssen Abgaben an die Künstlersozialversicherung zahlen),
- kein Anspruch auf bezahlten Urlaub,
- keine Lohnfortzahlung im Krankheitsfall,
- es werden nur tatsächlich geleistete Tätigkeiten vergütet,
- das Vertragsverhältnis ist ohne die Beschränkungen des Kündigungsschutzgesetzes kündbar.

3.4.5.1 Scheinselbstständigkeit

Zur Scheinselbstständigkeit ist rückwirkend zum 1.1.1999 eine Neuregelung in Kraft getreten. Die arbeitsrechtliche Abgrenzung hat sich hierdurch nicht geändert (siehe Übersicht zu 3.4.5.1). Zur Frage, ob eine sozialversicherungspflichtige Beschäftigung vorliegt, gilt der Amtsermittlungsgrundsatz. Anhaltspunkte für eine Beschäftigung sind
- eine Tätigkeit nach Weisungen und
- eine Eingliederung in die Arbeitsorganisation des Weisungsgebers.

Dieses herauszufinden, ist Aufgabe der Bundesversicherungsanstalt für Angestellte (BfA). Hierbei ist der Auftragnehmer zur Mithilfe verpflichtet. Wenn er dieser Mitwirkungspflicht nicht nachkommt, gilt die gesetzliche Vermutungsregel. Kann die gesetzliche Vermutung nicht widerlegt werden, ist der betreffende Mitarbeiter in vollem Umfang sozialversicherungspflichtig.

Eine sozialversicherungspflichtige Beschäftigung liegt vor, wenn bei dem »Selbstständigen« mindestens 3 der folgenden 5 Merkmale vorliegen:
1. keine regelmäßige Beschäftigung versicherungspflichtiger Arbeitnehmer einschließlich Familienangehörige, deren monatliches Arbeitsentgelt 325 Euro übersteigt; wenn die Beschäftigung eines solchen Arbeitnehmers bis zu 2 Monaten innerhalb eines Jahres unterbrochen wird (zum Beispiel durch Kündigung des Arbeitnehmers und Neueinstellung eines anderen), ist dies unschädlich;
2. im Wesentlichen dauerhafte Tätigkeit für nur einen Auftraggeber, mindestens 80% des Gesamtumsatzes; für das Kriterium der Dauerhaftigkeit sind neben den zeitlichen auch branchenspezifische und wirtschaftliche Besonderheiten zu beachten;
3. andere Auftraggeber lassen entsprechende Tätigkeiten regelmäßig durch von ihnen beschäftigte Arbeitnehmer verrichten;
4. die Tätigkeit lässt typische Merkmale unternehmerischen Handelns nicht erkennen, z.B. Werbung, Entscheidungsfreiheit beim Einsatz der Arbeitsmittel;
5. Tätigkeit ähnelt der Tätigkeit, die zuvor für den selben Auftraggeber im Rahmen eines Arbeitsverhältnisses ausgeübt wurde (Fälle des Outsourcing und des Outplacement).

Selbst wenn keine Beschäftigung vorliegt, unterliegt der arbeitnehmerähnliche Selbstständige immer noch der Rentenversicherungspflicht, wenn er
- keine versicherungspflichtigen Arbeitnehmer einschließlich Auszubildende und Familienangehörige beschäftigt (325-Euro-Jobs reichen nicht) und
- auf Dauer und im Wesentlichen nur für einen Auftraggeber arbeitet.

Die Rentenversicherungspflicht besteht jedoch nicht für Selbstständige in ihrer Existenzgründungsphase für einen Zeitraum von 3 Jahren nach erstmaliger Aufnahme einer selbstständigen Tätigkeit.

Problematisch ist die Prüfungspraxis. Es sind nicht mehr die Betriebsprüfer der Krankenkassen zuständig, sondern die BfA und die 23 Landesversicherungsanstalten (LVA). Diese haben ihren Personalbestand an Prüfern erheblich aufgestockt (siehe auch V A/2.16).

> Prüfen Sie die Verträge und die Praxis der Vertragsdurchführung mit Ihren freien Mitarbeitern genau. Verändern Sie Verträge und Praxis so, dass die Selbstständigkeit deutlicher wird (siehe Übersicht zu 3.4.5.1).

Wenn Zweifel bleiben, wird empfohlen, das nunmehr vorgesehene schriftliche Anfrageverfahren zur Statusklärung bei der BfA einzuleiten. Wurde die Anfrage innerhalb eines Monats nach Aufnahme der Tätigkeit eingereicht, so tritt die Versicherungspflicht für den Fall, dass die BfA ein versicherungspflichtiges Beschäftigungsverhältnis feststellt, erst mit der Bekanntgabe der Entscheidung (also nicht rückwirkend) ein. Dies steht jedoch unter dem Vorbehalt der Zustimmung des Beschäftigten. Ferner muss er in dem Zeitraum zwischen Beschäftigungsaufnahme und Entscheidung für ausreichend sozialen Schutz durch Absicherung gegen das finanzielle Risiko von Krankheit und zur Altersversorgung gesorgt haben.

Einige verschiedentlich empfohlene Lösungen bergen besondere Risiken und sollten nicht ohne vorherige rechtliche Prüfung verfolgt werden:
- Gründung einer GmbH mit dem Mitarbeiter als einzigen Angestellten,
- Austausch von Aufträgen unter mehreren Auftragnehmern (Erlangung mehrerer Auftraggeber).

Die Bezeichnung eines Vertragsverhältnisses im schriftlichen Vertrag ist unbedeutend, vielmehr kommt es für die rechtliche Beurteilung auf die

---

Übersicht (zu 3.4.5.1) Echte oder scheinbare Selbstständigkeit?

Indizien für echte Selbstständigkeit
Der Mitarbeiter ...
- kann frei entscheiden, ob er einen einzelnen Auftrag annimmt oder ablehnt,
- entscheidet selbst, wann und wo er den Auftrag ausführt,
- teilt seine Arbeitszeit frei ein (keine Einbindung in Dienstpläne),
- benutzt eigene Arbeitsorganisation (Büro, Arbeitsmittel, Fahrzeug),
- erhält keine Arbeitsmittel vom Auftraggeber,
- beantragt keinen Urlaub, sondern kündigt ihn lediglich an,
- darf während seines Urlaubs einen Vertreter einsetzen,
- führt den Auftrag ggf. nicht persönlich aus, sondern kann eigene Mitarbeiter oder Subunternehmer einsetzen,
- übernimmt vertraglich die Haftung für seine Tätigkeit,
- ist nach seinem Vertrag berechtigt, für andere Auftraggeber tätig zu werden und tut dies auch,
- verwendet einen Prospekt zu Werbezwecken, wirbt mit Inseraten, im Internet oder in sonstiger Weise für sein Unternehmen,
- ist Mitglied in einem Berufsverband, der Handwerkskammer usw.
- hat eine Berufshaftpflichtversicherung abgeschlossen.

Indizien für Scheinselbstständigkeit = Arbeitnehmereigenschaft
Der Mitarbeiter ...
- ist voll in die Organisation des Auftraggebers eingegliedert (erscheint im Organigramm, auf der Telefonliste wie ein Arbeitnehmer, benutzt Briefpapier und Visitenkarten des Auftraggebers),
- erhält und befolgt Weisungen/Anordnungen des Auftraggebers zur Arbeitszeit und für Überstunden,
- war zuvor bei gleicher Tätigkeit Arbeitnehmer des Auftraggebers,
- erhält seine Vergütung bei Krankheit oder Urlaub fortgezahlt,
- hat kein eigenes Büro, keine Arbeitsmittel oder eine sonstige Organisation.

tatsächlichen Umstände und die praktische Durchführung des Vertragsverhältnisses an. Wird ein Vertragsverhältnis praktisch so durchgeführt, als wäre es ein Arbeitsverhältnis (z.B. Weisungsunterworfenheit), hat der betreffende Mitarbeiter alle Rechte eines Arbeitnehmers, einschließlich Kündigungsschutz.

Stellt das Arbeitsgericht fest, es habe ein Arbeitsverhältnis vorgelegen, scheitert die Kündigung häufig schon daran, dass der Betriebsrat vor Ausspruch der Kündigung nicht angehört wurde. Im Einzelfall kann sich daher eine vorsorgliche Anhörung des Betriebsrats empfehlen.

Risiken für Sie, wenn in Wahrheit ein Arbeitsverhältnis vorliegt:
- Der Mitarbeiter hat Kündigungsschutz (wenn das Rechtsverhältnis mehr als 6 Monate besteht und Ihr Betrieb mehr als 5 Arbeitnehmer beschäftigt).
- Die Sozialversicherung kann bei grob fahrlässiger oder vorsätzlicher Falschqualifizierung des Vertragsverhältnisses rückwirkend für 4 Jahre die Arbeitgeber- und die Arbeitnehmerbeiträge von Ihnen verlangen.
- Das Finanzamt kann Sie rückwirkend für 4 Jahre für Lohnsteuern in Anspruch nehmen, wenn der Scheinselbstständige diese nicht abgeführt hat (Lohnsteuerhaftung des Arbeitgebers).

3.4.6 Leiharbeitnehmer, Arbeitnehmerüberlassung

Bei der Leiharbeit überlässt der Arbeitgeber (Verleiher) einem anderen Unternehmen (Entleiher) gegen Entgelt einen Arbeitnehmer. Der Leiharbeitnehmer wird in den Betrieb des Entleihers eingegliedert und unterliegt bei der Arbeit allein dessen Weisungen. Sein Gehalt bezieht er jedoch weiterhin von seinem Arbeitgeber, dem Verleiher (siehe auch II A/2.3.3). Diese gewerbsmäßige Überlassung von Arbeitnehmern an Dritte ist gesetzlich streng reglementiert. Sie bedarf einer gesetzlichen Erlaubnis durch die Bundesanstalt für Arbeit. Zwischen Verleiher und Leiharbeitnehmer muss ein Arbeitsvertrag abgeschlossen werden, der einen gesetzlich bestimmten Inhalt über Firma und Anschrift des Verleihers, Namen des Arbeitnehmers, Art der zu leistenden Tätigkeit, Kündigungsfristen usw. haben muss.

Der Leiharbeitnehmer muss seine Ansprüche aus dem Arbeitsverhältnis gegenüber seinem Arbeitgeber, dem Verleiher, geltend machen (Entgelt- und Urlaubsansprüche, Teilnahme an Betriebsratswahlen usw.). Das Weisungsrecht (siehe 3.2.2.2) und die Fürsorgepflichten (siehe 3.2.2.9) liegen beim Entleiher.

Bei der Frage, ob eine unerlaubte Arbeitnehmerüberlassung vorliegt, kann es in der Praxis erhebliche Definitionsschwierigkeiten geben. Planen Sie, einen Arbeitnehmer eines anderen Unternehmens bei sich einzusetzen oder einen Ihrer Arbeitnehmer zu »verleihen«, sollten Sie zuvor unbedingt Rechtsrat einholen. Bei einem Verstoß gegen die Gesetze drohen empfindliche Geldstrafen. Ferner kann kraft Gesetzes ein Arbeitsverhältnis zwischen dem Entleiher und dem Arbeitnehmer zustande kommen.

> **!** Nach der Neufassung des Arbeitnehmerüberlassungsgesetzes dürfen Leiharbeiter befristet nur bis zu 24 Monaten (bislang 12 Monate) bei einem Entleiher beschäftigt werden.

Im öffentlichen Dienst gibt es, z.B. im Zusammenhang mit Privatisierungen, eine Überlassung von Personal im Rahmen eines Gestellungsvertrages. Wenn z.B. die Beschäftigten bei einer Privatisierung den Übergang ihres Arbeitsverhältnisses auf einen privaten Arbeitgeber nicht wünschen, können sie durch eine Gestellung an diesen »ausgeliehen« werden. Das Arbeitsverhältnis besteht dann weiterhin zum öffentlichen Arbeitgeber.

3.4.7 Arbeitsvertrag mit einer ARGE

In der Bauindustrie finden sich rechtlich selbstständige Bauunternehmen häufig zur Durchführung eines einzelnen Projekts vorübergehend zusammen und bilden eine Arbeitsgemeinschaft (ARGE). Grundlage sind in der Regel von den Verbänden ausgearbeitete Musterverträge. Danach stellen die beteiligten Unternehmen Personal an die ARGE ab. Für kürzere Einsätze bei der ARGE werden die Arbeitnehmer von ihrem bisherigen Arbeitgeber abgeordnet. Ein neues Arbeitsverhältnis zur ARGE wird nicht begründet. Der Arbeitgeber (Entsendebetrieb) überträgt lediglich für eine bestimmte Zeit das Direktionsrecht auf die ARGE. Der Stammarbeitgeber ist jedoch weiterhin verpflichtet, den Lohn an den Arbeitnehmer zu zahlen; er verlangt hierfür einen gewissen Betrag von der ARGE.

Bei längeren Einsätzen bei einer ARGE kann zwischen dem Arbeitnehmer und der ARGE selbst ein Arbeitsverhältnis zu Stande kommen. Für diese Zeit wird der Arbeitnehmer von seinem Stammbetrieb freigestellt, und sein dortiges Arbeitsverhältnis ruht bis zur Beendigung des Einsatzes bei der ARGE.

Sofern bei der ARGE ein Betriebsrat besteht, hat er ein Mitbestimmungsrecht, wenn der Mitarbeiter eines Gesellschafterbetriebs der ARGE aufgenommen/eingestellt werden soll. Dem gegenüber muss der Betriebsrat des Stammbetriebs nicht beteiligt werden, wenn ein Mitarbeiter für eine ARGE freigestellt wird und sein Arbeitsverhältnis zum Ruhen kommt.

3.4.8 Ausländische Arbeitnehmer

Bei den Rechten und Pflichten ausländischer Arbeitnehmer ist zu unterscheiden zwischen Bürgern aus Staaten der Europäischen Union und Nicht-EU-Bürgern. EU-Bürger benötigen keine Arbeitserlaubnis. Sofern sie ein Arbeitsverhältnis von mehr als 3 Monaten eingehen wollen, erhalten EU-Angehörige außerdem auf Antrag eine Aufenthaltsgenehmigung.

Andere Ausländer benötigen eine Aufenthaltserlaubnis und eine Arbeitserlaubnis, bevor sie eine Arbeit aufnehmen können. Fehlen diese Unterlagen, kann der Arbeitgeber mit Geldbußen bis zu 50.000 Euro bestraft werden, wenn er die Arbeitnehmer beschäftigt. Läuft eine Arbeitserlaubnis ab und wird nicht verlängert, so kann dies ein Grund für eine Kündigung sein, wenn die Arbeitserlaubnis endgültig versagt wird oder in absehbarer Zeit nicht mit einer Erteilung gerechnet werden kann (siehe VIII B/2.5.2).

Die Vertragsparteien können selbst bestimmen, das Recht welchen Staates sie auf das Arbeitsverhältnis anwenden wollen. Wird keine Vereinbarung getroffen, gilt grundsätzlich das Arbeitsrecht des Staates, in dem der Arbeitnehmer tätig ist. Auch durch die Wahl einer ausländischen Rechtsordnung können jedoch zwingende Arbeitnehmerschutzvorschriften (Mutterschutzgesetz, Schwerbehindertengesetz) nicht ausgeschlossen werden.

4 Nichtvollzug des Arbeitsvertrages

In der Praxis kommt es immer wieder vor, dass es sich eine der Vertragsparteien in der Zeit zwischen Vertragsabschluss und vorgesehener Arbeitsaufnahme anders überlegt und den Arbeitsvertrag nicht mehr in Vollzug setzen möchte. Sofern eine Kündigung vor Dienstantritt nicht vertraglich ausgeschlossen worden ist, kann sie grundsätzlich schon vor Arbeitsaufnahme erklärt werden. Ob in diesem Fall noch Gehaltsansprüche oder auch Schadensersatzansprüche der anderen Partei entstehen, ist eine Frage des Einzelfalls. Sie sollten sich vor Ausspruch einer solchen Kündigung vor Dienstantritt rechtlich beraten lassen.

5 Mitwirkung des Betriebsrates bei der Einstellung

In Unternehmen mit in der Regel mehr als 20 wahlberechtigten Arbeitnehmern muss der Betriebsrat vor jeder Einstellung beteiligt werden (siehe auch III B/1.2.2). Maßgeblich ist der Beginn der tatsächlichen Beschäftigung im Betrieb. Es ist jedoch dringend zu raten, den Betriebsrat bereits vor Abschluss des Arbeitsvertrags zu beteiligen und seine Zustimmung einzuholen, damit die Beschäftigung nicht wegen eines Widerspruchs des Betriebsrats kurzfristig scheitert.

> Der Betriebsrat ist vor jeglicher Neubeschäftigung von Arbeitnehmern zu beteiligen, sei es zur Aushilfe, zur Probe, befristet oder unbefristet, ebenso vor der Arbeitsaufnahme von Leiharbeitnehmern!

Dem Betriebsrat müssen die Bewerbungsunterlagen sämtlicher Bewerber vorgelegt werden. Nach (umstrittener) Auffassung der Rechtsprechung sind die Unterlagen sämtlicher Bewerber mitzuteilen, auch von denjenigen, die der Arbeitnehmer gar nicht in die engere Wahl zieht. Zu den Bewerbungsunterlagen gehört jedoch nicht der Inhalt des Arbeitsvertrags mit der vorgesehenen Vergütung, sofern jedoch ein tarifliches oder betriebliches Gehaltssystem besteht, muss die vorgesehene Eingruppierung (Gehaltsgruppe) mitgeteilt werden.

Nur beim Vorliegen von bestimmten, im Gesetz aufgezählten Voraussetzungen kann der Betriebsrat seine Zustimmung verweigern. Tut er dies, müssen Sie als Arbeitgeber die Zustimmung beim Arbeitsgericht ersetzen lassen. In dringenden Fällen kann ein Eilverfahren durchgeführt werden. Bis zur Entscheidung in diesem Eilverfahren dürfen Sie den betreffenden Arbeitnehmer beschäftigen. Vor Gericht müssen jedoch Gründe für die Dringlichkeit bewiesen werden.

Leitet der Arbeitgeber das gerichtliche Eilverfahren nicht ein, so darf er den Arbeitnehmer nicht weiterbeschäftigen. Andernfalls besteht die Gefahr, dass der Betriebsrat gerichtlich eine Rückgängigmachung der Einstellung durchsetzt.

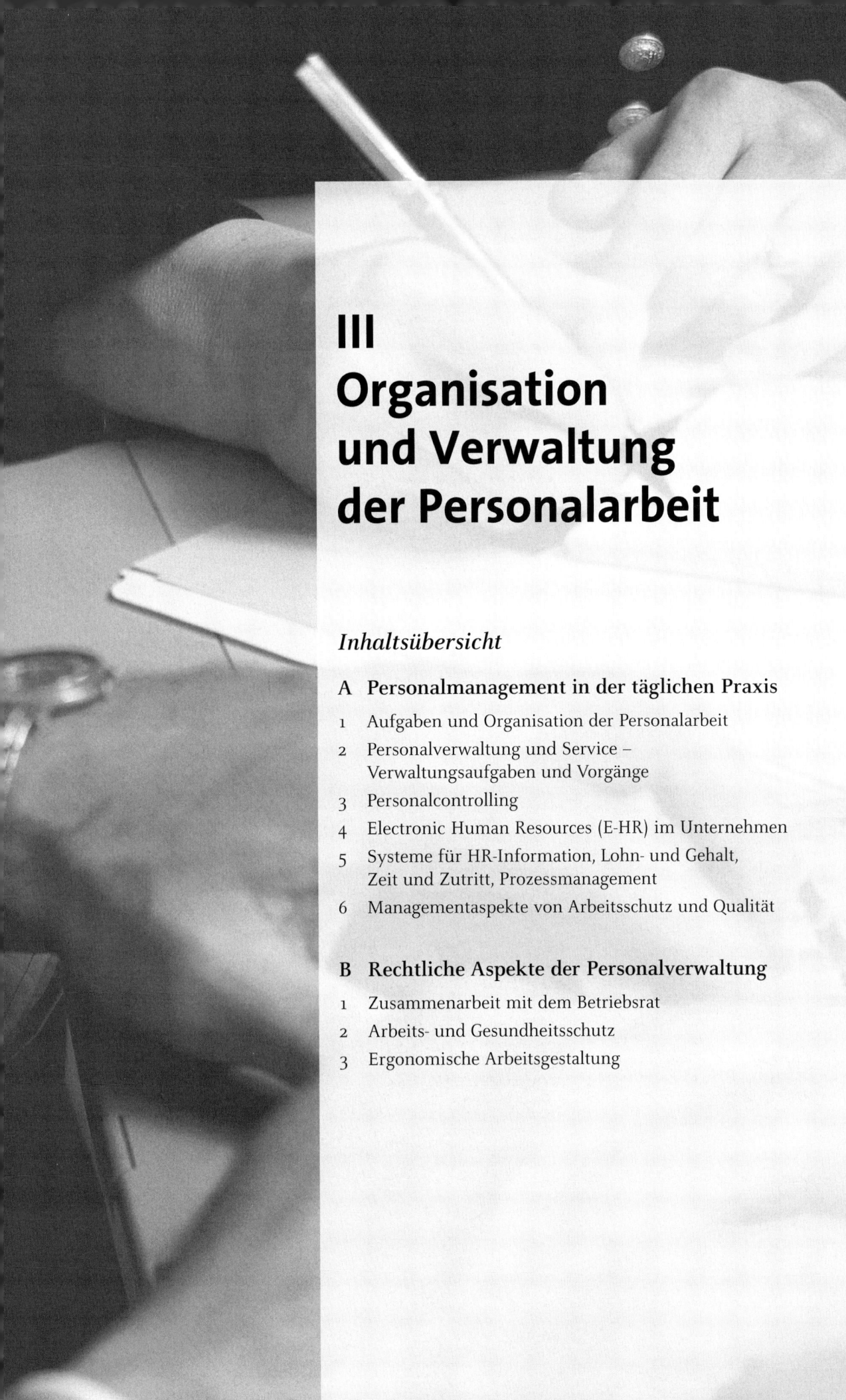

III
Organisation und Verwaltung der Personalarbeit

Inhaltsübersicht

A Personalmanagement in der täglichen Praxis
1. Aufgaben und Organisation der Personalarbeit
2. Personalverwaltung und Service – Verwaltungsaufgaben und Vorgänge
3. Personalcontrolling
4. Electronic Human Resources (E-HR) im Unternehmen
5. Systeme für HR-Information, Lohn- und Gehalt, Zeit und Zutritt, Prozessmanagement
6. Managementaspekte von Arbeitsschutz und Qualität

B Rechtliche Aspekte der Personalverwaltung
1. Zusammenarbeit mit dem Betriebsrat
2. Arbeits- und Gesundheitsschutz
3. Ergonomische Arbeitsgestaltung

Inhalt Kapitel III

- **A Personalmanagement in der täglichen Praxis** 65
- **1 Aufgaben und Organisation der Personalarbeit** 65
  - 1.1 Aufgaben der Personalarbeit 65
  - 1.2 Organisationsmodelle für die Personalarbeit 65
    - 1.2.1 Geschäftsführermodell 65
    - 1.2.2 Personalleitermodell 66
    - 1.2.3 Personalreferentenmodell 66
    - 1.2.4 Führungskräftemodell 67
  - 1.3 Outsourcing von Personalleistungen 68
  - 1.4 Kundenorientierung und Profit-Center-Organisation im Personalbereich 68
  - 1.5 Change Management 70
  - 1.6 Neues Rollenverständnis des Human Resources Managements 70
- **2 Personalverwaltung und Service – Verwaltungsaufgaben und Vorgänge** 72
  - 2.1 Personalakte 72
    - 2.1.1 Fristen und Verjährungen 72
  - 2.2 Personalinformationssystem 72
  - 2.3 Personalbogen 73
  - 2.4 Personalstatistik 73
    - 2.4.1 Fluktuationsstatistik 73
    - 2.4.2 Altersaufbau/Altersstruktur 74
    - 2.4.3 Fehlzeiten 74
  - 2.5 Arbeitszeitwirtschaft 74
  - 2.6 Urlaubsantrag 74
  - 2.7 Dienstreise und Dienstreiseabrechnung 75
  - 2.8 Umzugskosten 77
  - 2.9 Korrespondenz mit externen Behörden und Institutionen 78
    - 2.9.1 Krankenkassen 78
    - 2.9.2 Finanzamt 78
    - 2.9.3 Arbeitsämter 79
    - 2.9.4 Die gesetzlichen Rentenversicherungsträger Bundesversicherungsanstalt für Angestellte (BfA) und Landesversicherungsanstalt (LVA) 79
  - 2.10 Zuschuss zu vermögenswirksamen Leistungen 79
  - 2.11 Vorschusszahlungen 79
  - 2.12 Personelle Einzelmaßnahmen 80
  - 2.13 Kassenführung und Journal 80
    - 2.13.1 Führung der Kontenbewegung 80
    - 2.13.2 Kassenführung 81
  - 2.14 Direktversicherung 81
  - 2.15 Betriebliches Vorschlagwesen 82
  - 2.16 Zwischenzeugnisse 83
- **3 Personalcontrolling** 83
  - 3.1 Aufgabe 83
  - 3.2 Instrumentarium 83
  - 3.3 Mengen- und Strukturkennziffern 84
  - 3.4 Qualitative Daten 84
  - 3.5 Verhaltens- und Ereignisdaten 84
  - 3.6 Kostendaten 84
  - 3.7 Leistungsdaten für Benchmarking 85
  - 3.8 Personalbudget 85
  - 3.9 Arbeitsweise bei retrograder Budgetierung 86
  - 3.10 Einführung eines Personalinformationssystems 87
  - 3.11 Personalcontrolling-System 88
  - 3.12 Der Wertschöpfungsbeitrag des Personalwesens 89
  - 3.13 Personalvorausschau als Prognose- und Steuerungsinstrument 90
  - 3.14 Visualisierung 91
  - 3.15 Preisermittlung und -verrechnung der Personalarbeit 92
  - 3.16 Verrechnungspreise für Personaldienstleistungen 93
- **4 Electronic Human Resources (E-HR) im Unternehmen** 95
  - 4.1 Lösungen für verschiedene Aufgaben des Personalmanagements 95
  - 4.2 Übergreifender Einsatz von E-HR-Technologie 96
  - 4.3 E-HR und Unternehmensstrategie 98
- **5 Systeme für HR-Information, Lohn- und Gehalt, Zeit und Zutritt, Prozessmanagement** 98
  - 5.1 Computerunterstütztes Personalmanagement, Personalinformationssysteme 98
  - 5.2 Elektronische Lohn- und Gehaltsabrechnung 100
  - 5.3 Zeitwirtschaft und Zutrittskontrolle 101
  - 5.4 Prozessmanagement/ Geschäftsprozessoptimierung in der Personalwirtschaft 103
- **6 Managementaspekte von Arbeitsschutz und Qualität** 104
  - 6.1 Arbeitsschutz als Managementaufgabe 104
  - 6.2 Unternehmensziel Arbeitsschutz 105
  - 6.3 Arbeitsschutz und betriebliche Gesundheitsförderung 105
- **B Rechtliche Aspekte der Personalverwaltung** 106
- **1 Zusammenarbeit mit dem Betriebsrat** 106
  - 1.1 Grundsatz der vertrauensvollen Zusammenarbeit 107
  - 1.2 Mitbestimmungs-, Veto-, sonstige Mitwirkungs- und Informationsrechte 107
  - 1.3 Rechtsstellung der Betriebsratsmitglieder 109
    - 1.3.1 Freistellung von Betriebsratsmitgliedern und Teilnahme an Schulungen 109
    - 1.3.2 Sprechstunden 110
    - 1.3.3 Kostenübernahme für Sachaufwand 110
    - 1.3.4 Durchführung von Betriebs- und Abteilungsversammlungen 111
    - 1.3.5 Wirtschaftsausschuss 111
  - 1.4 Verhandlung und Abschluss von Betriebsvereinbarungen 112
  - 1.5 Verfahren bei Streitigkeiten 112
    - 1.5.1 Einigungsstelle 112
    - 1.5.2 Zustimmungsersetzungsverfahren 112
- **2 Arbeits- und Gesundheitsschutz** 112
  - 2.1 Gesetzliche Grundlagen 112
  - 2.2 Gewerbeaufsicht 113
  - 2.3 Berufsgenossenschaft 113
  - 2.4 Arbeitsunfall und Berufskrankheit 114
  - 2.5 Pflichten des Unternehmers 115
  - 2.6 Pflichten und Rechte der Mitarbeiter 116
  - 2.7 Aufgaben der Personalleitung 117
  - 2.8 Fachkräfte für Arbeitssicherheit 117
  - 2.9 Betriebsarzt 117
  - 2.10 Sicherheitsbeauftragter 118
  - 2.11 Arbeitsschutzausschuss 119
  - 2.12 Betriebsrat und Arbeitsschutz 119
  - 2.13 Kleinbetriebe 119
  - 2.14 Fremdfirmen 119
    - 2.14.1 Der Arbeitsschutzkoordinator 120
    - 2.14.2 Leiharbeiter (Zeitarbeit) 120
  - 2.15 Umweltschutz 120
  - 2.16 Schutz besonderer Arbeitnehmergruppen 121
  - 2.17 Telearbeit 123
  - 2.18 Rauchen am Arbeitsplatz 123
  - 2.19 Arbeitsmedizinische Untersuchungen 123
  - 2.20 Arbeitszeitfragen 124
  - 2.21 Arbeitssicherheit und Verkehrssicherheit 124
  - 2.22 Arbeitsunfall, Erste Hilfe 124
  - 2.23 Entwicklungen und Tendenzen 125
- **3 Ergonomische Arbeitsgestaltung** 125
  - 3.1 Ergonomische Grundforderungen 125
  - 3.2 Arbeitsplatzgestaltung 126
  - 3.3 Maschinen und Werkzeuge 126
  - 3.4 Bildschirmgeräte 127
  - 3.5 Elektrosmog 128
  - 3.6 Schwere Arbeitsmaterialien 128
  - 3.7 Umgang mit gefährlichen Stoffen 129
  - 3.8 Arbeitsbedingte Gesundheitsgefahren 129
  - 3.9 Psychomentale Belastungen 129
  - 3.10 Beleuchtung und Farbgebung 130
  - 3.11 Klimafaktoren, Lüftung 131
  - 3.12 Lärmschutz 131
  - 3.13 Brandschutz 131
  - 3.14 Persönliche Schutzausrüstungen 132
  - 3.15 Sicherheitskennzeichnung 132

A Personalmanagement in der täglichen Praxis

1 Aufgaben und Organisation der Personalarbeit

Wer nimmt Personalaufgaben in Kleinbetrieben zweckmäßigerweise wahr? Ab welcher Größe benötigen Unternehmen eine eigenständige Personalstelle bzw. -abteilung? Wie lassen sich Personalabteilungen in mittleren und größeren Organisationen gliedern?

Die »Organisation der betrieblichen Personalarbeit« stellt zunächst nur ein organisatorisches Problem dar, das die Prozesse (Ablauforganisation) und die Strukturen (Aufbauorganisation) betrifft. Bei näherem Hinsehen wird aber rasch deutlich, dass weitere, grundsätzliche Aspekte vorab klar sein müssen: die Bedeutung und die Aufgabenstellungen des Personalmanagements im Unternehmen, die Rollen und Leitlinien sowie die Zuständigkeiten für die Personalarbeit. Erst nach der Klärung dieser Grundfragen kann die organisatorische Seite sinnvoll angegangen werden (siehe Übersicht zu 1).

Übersicht (zu 1) Grundfragen zur Organisation der Personalarbeit

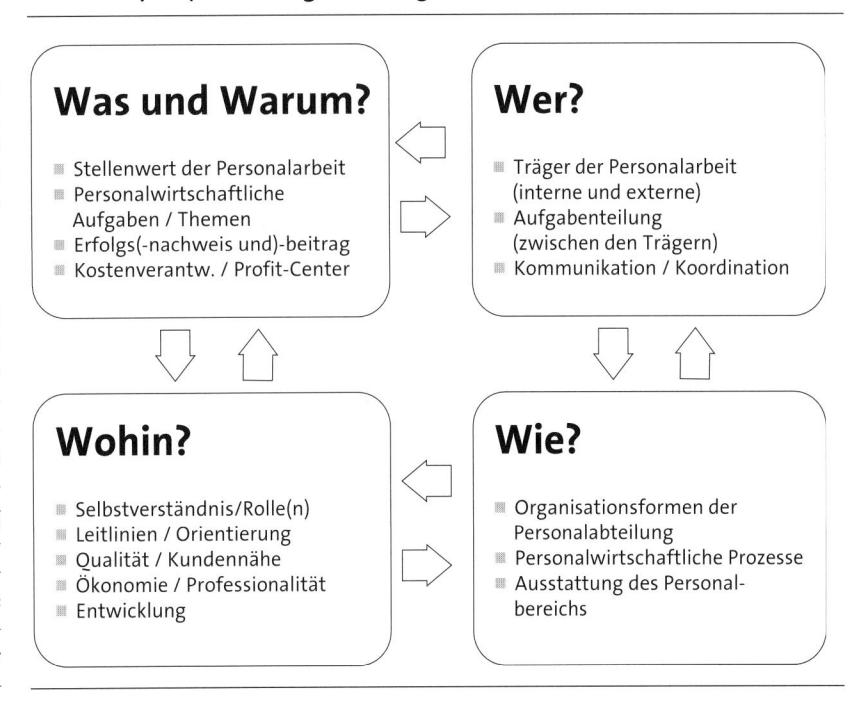

Was und Warum?
- Stellenwert der Personalarbeit
- Personalwirtschaftliche Aufgaben / Themen
- Erfolgs(-nachweis und)-beitrag
- Kostenverantw. / Profit-Center

Wer?
- Träger der Personalarbeit (interne und externe)
- Aufgabenteilung (zwischen den Trägern)
- Kommunikation / Koordination

Wohin?
- Selbstverständnis/Rolle(n)
- Leitlinien / Orientierung
- Qualität / Kundennähe
- Ökonomie / Professionalität
- Entwicklung

Wie?
- Organisationsformen der Personalabteilung
- Personalwirtschaftliche Prozesse
- Ausstattung des Personalbereichs

1.1 Aufgaben der Personalarbeit

Welche Aufgabenfelder zählen zur Personalarbeit? Eine gängige Antwort in vielen Klein- und Mittelbetrieben lautet: die Personalverwaltung. Das stimmt zweifellos, bedeutet jedoch eine stark verkürzte Sicht des betrieblichen Personalmanagements bzw. des Managements der Human Resources. Die umfassende und zukunftsweisende Antwort können Sie der folgenden Übersicht entnehmen (siehe Übersicht zu 1.1). Sie macht zunächst deutlich, dass das Personalmanagement in die Unternehmensführung eingebunden sein muss und dass übergeordnete Aspekte der Personalpolitik dazugehören. Weiter betont sie die drei Säulen der Personalarbeit:
- die klassischen Aufgaben der Personalwirtschaft und der Mitarbeiterbetreuung,
- die modernen Felder der Personal- und Organisationsentwicklung sowie
- die Mitarbeiterführung (durch die Vorgesetzten) und die Zusammenarbeit (zwischen Kollegen).

Das Personalmanagement soll schließlich zum Erfolg des Unternehmens beitragen; dafür sorgt das Personalcontrolling. Somit ist Human Resources Management deutlich mehr als nur Personalverwaltung! Wer nimmt diese Aufgaben wahr? Dafür gibt es in der Praxis verschiedene »Modelle«.

1.2 Organisationsmodelle für die Personalarbeit

1.2.1 Geschäftsführermodell

In kleineren Betrieben (bis ca. 50 Mitarbeiter) und mittleren Betrieben (bis ca. 500 Mitarbeiter) behält sich häufig der Geschäftsführer die wichtigen Entscheidungen im Personalbereich vor. Dort gibt es entweder keine Personalabteilung, oder die bedeutenden Entscheidungen gehen am Personalleiter vorbei und werden vom Geschäftsführer getroffen. Hier spielt der Rechtsanwalt des Unternehmens oft eine besondere Rolle, der auch für arbeitsrechtliche Fragen zuständig ist.

Auch in mittelständischen Unternehmen ist Personalarbeit sehr stark an die Unternehmensleitung (Geschäftsführer) gebunden. Es gilt die weit verbreitete Meinung, der Geschäftsführer müsse für alles zuständig sein, also auch für die Belange der Mitarbeiter.

Durch die breite Aufgabenpalette der Geschäftsführung bleibt in der Regel nur wenig Zeit für die Belange der Mitarbeiter. Der Geschäftsleiter ist häufig identisch mit dem Eigentümer und entscheidet nicht selten im Interessenkonflikt zwischen Geschäftsinteresse und Mitarbeiterbedürfnis für das Geschäft.

Personalarbeit wird von der Geschäftsleitung »nebenbei« erledigt oder an externe Anbieter vergeben. Der Stellenwert der Personalarbeit steht und fällt mit der persönlichen Einstellung des Geschäftsführers dazu. Betrachtet er die Mitarbeiter als strategischen Erfolgsfaktor des Unternehmens, dann wird er mit

III. Organisation und Verwaltung der Personalarbeit

Übersicht (zu 1.1) Aufgaben des Human Resource Managements

Finanzen – Kunden – Geschäftsprozesse – Innovation und Lernen

Unternehmenspolitik und Unternehmensstrategie

Personalpolitik und Strategisches Personalmanagement

Personalwirtschaft und Mitarbeiterbetreuung	Unterstützung bei Mitarbeiterführung und Zusammenarbeit	Personal- und Organisationsentwicklung
▪ Personalmarketing und Personalbeschaffung ▪ Personalauswahl ▪ Einführung neuer Mitarbeiter ▪ Personaleinsatz und Personalsteuerung ▪ Arbeitsgestaltung: Arbeitsplatz, Arbeitsorganisation, Arbeitsort, Arbeitszeit ... ▪ Vergütungssysteme ▪ Personalfreisetzung ▪ Personalplanung ▪ Personalkosten ▪ Personalabrechnung und Personalverwaltung ▪ Personalinformationssysteme ▪ Arbeitsrecht ▪ ...	▪ Führungsaufgaben ▪ Führungstheorien und Führungskonzepte ▪ Führungsinstrumente ▪ Mitarbeitergespräch ▪ Feedbackinstrumente ▪ Mitarbeiterbefragung ▪ Kommunikation und Mitarbeiterinformation ▪ Motivation und Anreizsysteme ▪ Gruppen- und Teamarbeit ▪ Projektmanagement ▪ Unternehmensstruktur ▪ ...	▪ Berufliche Erstausbildung ▪ Fachliche Weiterbildung ▪ Verhaltensorientierte Trainings ▪ Managementtrainings ▪ Mitarbeiterförderung ▪ Action Learning und selbstgesteuerte Lernprozesse ▪ Teamentwicklung ▪ Organisationslernen ▪ Begleitung von Change Management-, Total Quality- und Wissensmanagementprozessen ▪ ...
Kundenorientierte Gestaltung und Struktur	Vertrauensgeprägte Kooperation und Kultur	Ganzheitliche Veränderung und Entwicklung

Controlling – Evaluation – Qualitätsmanagement im Personalmanagement

---

entsprechendem Weitblick personalwirtschaftliche Entscheidungen treffen, statt in »ad hoc-Aktionen« kurzfristig festgestellte Bedarfe oder Defizite zu beseitigen. Oft scheitert professionelle Personalarbeit, wenn sich die Geschäftsleitung vorwiegend an kurzfristig wirkenden, kostenmäßig erfassbaren Unternehmenszielen orientiert.

Eine starke Überlastung der Geschäftsleitung in personalwirtschaftlichen Fragen kann nur dadurch kompensiert werden, dass einzelne Aufgaben an fähige Mitarbeiter delegiert werden. So könnten Sie z.B. eine Assistentenstelle schaffen, die direkt der Geschäftsleitung zugeordnet ist und sich um Fragen der Personalpolitik und um konzeptionelle Personalarbeit (z.B. Vergütungs-, Beurteilungs- oder Zielvereinbarungskonzepte) sowie um ihre betriebliche Umsetzung kümmert. Echte Abhilfe schafft allerdings nur die Stelle eines Personalleiters, die auf gleichberechtigter oberer Managementebene mit Führungskräften des Unternehmens agiert und von diesen als Partner akzeptiert wird.

1.2.2 Personalleitermodell

In vielen mittleren und allen größeren Betrieben (ab ca. 500 Mitarbeitern) existiert eine Personalabteilung, die sich die personalwirtschaftlichen Aufgaben mit der Unternehmensleitung und den Vorgesetzten teilt.

Die Zuständigkeit in Personalfragen liegt beim klassischen Personalleitermodell mehr oder weniger komplett beim Personalleiter. Im besten Fall ist er Mitglied der erweiterten Geschäftsleitung bzw. dieser direkt unterstellt. Der Personalleiter handelt eigenverantwortlich und ist durch die hierarchische Einbindung ein gleichwertiger Gesprächspartner über alle Managementebenen hinweg, wie auch für Mitarbeiter und Mitarbeitervertretung.

Häufig entwickelt er sich in der Praxis jedoch zum »Personalfürsten«, der wenig kundenorientiert agiert, sondern ausschließlich seine Vorstellungen von vernünftiger und zweckdienlicher Personalarbeit umsetzt. Das Spannungsfeld zwischen Führungskräften, Geschäftsführung und Mitarbeitern des Unternehmens birgt also Reibungsverluste, die eine optimale Personalarbeit u.U. verhindern.

Geschäftsführer- und Personalleitermodell weisen deutlich zentrale Züge auf, während Personalreferenten- und Führungskräftemodell personalwirtschaftliche Aufgaben dezentral »auf mehrere Schultern verteilen«.

1.2.3 Personalreferentenmodell

Großunternehmen mit verschiedenen Betriebsteilen (z.B. Werken oder Vertriebsstellen) dezentralisieren ihre Personalarbeit mehr und mehr. Die dezentrale Personaleinheit berät überwiegend die jeweiligen Führungskräfte, ohne selbst Personalverantwortung zu übernehmen. Sie fungiert als Bindeglied zur zentralen Personalabteilung und wird »vor Ort« zum internen Dienstleister.

Personalreferenten oder -betreuer spezialisieren sich ggf. für bestimmte Mitarbeitergruppen oder Unternehmensbereiche. Die Aufgaben des

Personalreferenten in der Zusammenarbeit mit den Führungskräften entnehmen Sie den Übersichten 1 und 2. In der Praxis wird das Personalreferentenmodell meist durch zentral angesiedelte Funktionen ergänzt, die für personalpolitische und -strategische Fragen, z.B. aus Gründen der Einheitlichkeit und Koordination, zuständig sind.

Die Frage nach der Zahl der zu betreuenden Mitarbeiter (Betreuungsquotient) erlaubt recht verschiedene Antworten. Von 150 bis ca. 1.000 Mitarbeiter reicht die Spanne. Personalreferenten übernehmen mitunter Spezialgebiete, in denen sie die aktuellen Entwicklungen verfolgen und ihre Kollegen auf dem Laufenden halten. Variabel sind auch die Ansichten zur Unterstützung der Personalreferenten durch Sachbearbeitungs- bzw. Sekretariatskräfte. Die Zuständigkeit für die Personalabrechnung (zentral/dezentral? Finanz- oder Personalabteilung?) wird intensiv und kontrovers diskutiert.

Das Personalreferentenkonzept verlangt eine klare Vorstellung davon, wie die Beteiligten zusammenwirken sollen. Das Zusammenspiel von Führungskräften, Personalreferenten, (Funktions-)Spezialisten und Personalleiter lässt sich durch einige grundsätzliche Leitlinien sicherstellen (siehe Übersicht 3).

Darüber hinaus ist eine Aufgaben- und Kompetenzabgrenzung über Stellenbeschreibungen sinnvoll. Weiter gehende Regelungen bergen die Gefahr in sich, zu bürokratisch zu werden. Verzichten Sie darauf, denn eine vertrauensvolle Zusammenarbeit lässt sich nicht primär durch formelle Regeln erzeugen!

Die grundsätzlichen Vorteile dezentraler Personalarbeit liegen in der Kundennähe, in der Identifikation, im hohen Leistungsumfang, in der Erreichbarkeit und in den klaren Zuständigkeiten sowie in kompetenten und motivierten Personalmitarbeitern.

1.2.4 Führungskräftemodell

In diesem Modell werden vielfältige Personalaufgaben direkt den Führungskräften übertragen. Dies führt zu einer stärkeren Einbindung aller Managementebenen in Personalfragen und zu stärkerer Verantwortlichkeit der Führungsebenen für die eigenen Mitarbeiter. Sie entscheiden z.B. über Auswahlfragen selbst, sind für die Förderung der Mitarbeiter zuständig und treffen Weiterbildungsentscheidungen in Absprache mit dem Mitarbeiter. Immer stärker werden Führungskräfte auch in die Personalplanung oder die Personalverwaltung eingebunden.

Der Personalbereich sieht seine Hauptaufgaben in der Wahrnehmung von bereichsübergreifenden konzeptionellen und koordinierenden Aufgaben, in der Außenvertretung gegenüber externen Institutionen (z.B. Verbänden), in zentralen Verwaltungsaufgaben, die aus organisatorischen Gründen den Führungskräften nicht übertragen werden können (z.B. Personalabrechnung) und in der Wahrnehmung von beratenden Aufgaben einschließlich Bereichs- und Organisationsentwicklung. Die Personalabteilung bietet hierfür Beratungsdienstleistungen an, die von den Führungskräften in Anspruch genommen werden können.

Im Moment geht der Trend klar zum Führungskräftemodell. An dieser Entwicklung sind die Personalabteilungen sicher nicht unschuldig, da sie in den zurück liegenden Jahrzehnten nicht immer erfolgreich agiert haben.

Übersicht 1 (zu 1.2.3) Aufgaben des Personalreferenten

Personalbedarfsplanung	Qualitative und quantitative Ermittlung der Arbeitnehmer, die in Zukunft benötigt werden.
Personalbeschaffung	Auf Grund des ermittelten Bedarfs müssen Maßnahmen in die Wege geleitet werden: Rekrutierung durch innerbetriebliche Ausschreibung oder Anwerbung und Einstellung neuer Mitarbeiter vom externen Arbeitsmarkt.
Personaleinsatz	Der Personalreferent berät beim anforderungs- und eignungsgerechten Einsatz der Mitarbeiter die Vorgesetzten der einzelnen Fachbereiche.
Lohn- und Gehaltsfindung	Gestalten eines anforderungs- und leistungsgerechten innerbetrieblichen Lohn- und Gehaltsgefüges und Beratung der Mitarbeiter bei Lohn- und Gehaltsfragen.
Personalentwicklung	Förderungs- und Entwicklungsmaßnahmen für die Mitarbeiter konzipieren und in Absprache mit dem jeweiligen Fachbereich in die Wege leiten.
Personalverwaltung	Administrative Bearbeitung aller, die Mitarbeiter betreffenden Vorgänge, von der Bewerbung über die Versetzung und Förderung, bis hin zur Freisetzung oder Pensionierung.
Betreuung der Mitarbeiter	Mitarbeiter in allen tariflichen, betrieblichen und persönlichen Angelegenheiten beraten und unterstützen.
Beratung der Führungskräfte	Bei der Personalauswahl und -entwicklung steht der Personalreferent den Vorgesetzten in den Fachabteilungen beratend zur Seite. Bei Konflikten oder sonstigen Problemen wird er auf Anforderung tätig.
Zusammenarbeit mit dem Betriebsrat	Der Personalreferent informiert den Betriebsrat umfassend und rechtzeitig. Zwischen Personalreferent und dem Betriebsrat sollte daher ein ständiger Kontakt sowie eine offene und vertrauensvolle Atmosphäre bestehen.

Übersicht 2 (zu 1.2.3)
Aufgabenteilung zwischen Führungskräften und Personalreferent

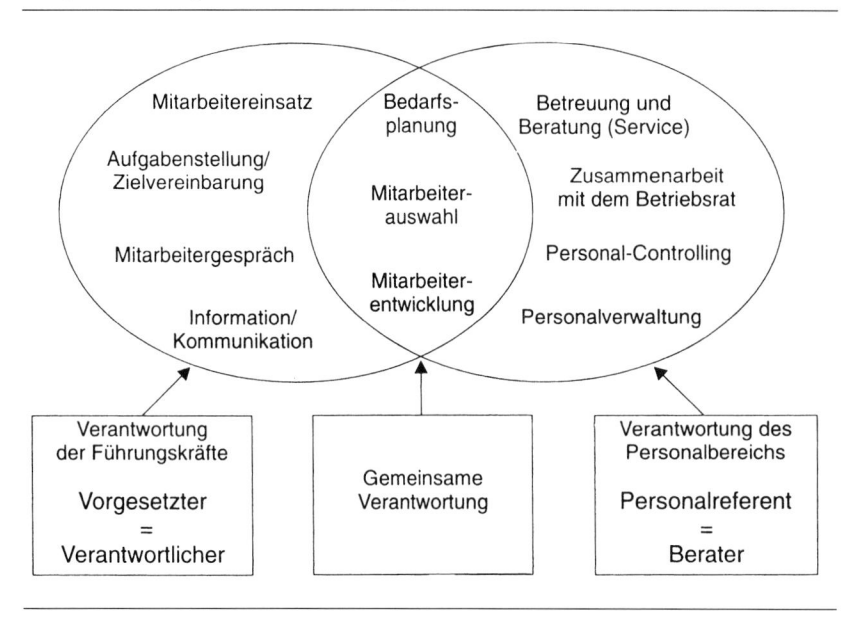

Linker Kreis (Verantwortung der Führungskräfte – Vorgesetzter = Verantwortlicher):
- Mitarbeitereinsatz
- Aufgabenstellung/Zielvereinbarung
- Mitarbeitergespräch
- Information/Kommunikation

Schnittmenge (Gemeinsame Verantwortung):
- Bedarfsplanung
- Mitarbeiterauswahl
- Mitarbeiterentwicklung

Rechter Kreis (Verantwortung des Personalbereichs – Personalreferent = Berater):
- Betreuung und Beratung (Service)
- Zusammenarbeit mit dem Betriebsrat
- Personal-Controlling
- Personalverwaltung

Übersicht 3 (zu 1.2.3) Leitlinien zur Zusammenarbeit

1. Die Verantwortlichkeit für Personalfragen liegt beim Vorgesetzten.
2. Der Führungskraft steht der Personalreferent auf Anforderung als Berater zur Verfügung.
3. Der Personalreferent kann seinerseits im Bedarfsfall auf Spezialisten zurückgreifen, z.B. bei komplizierten sozialversicherungsrechtlichen Fragen.
4. Der zentrale Personalleiter
   – koordiniert die Referentenarbeit,
   – stellt die Einhaltung der personalpolitischen Leitlinien sicher,
   – ist für bereichsübergreifende Aktivitäten (z.B. bei der Personalentwicklung) zuständig,
   – verfolgt die Entwicklung des Personalbereichs als Ganzes (z.B. im Rahmen des Personal-Controlling).

Bis hier stand die betriebsinterne Wahrnehmung der Personalaufgaben deutlich im Vordergrund. Die Aufgaben betrieblicher Personalarbeit können jedoch grundsätzlich auch extern organisiert werden (Outsourcing).

1.3 Outsourcing von Personalleistungen

Beim Outsourcing muss klar entschieden werden, welche Leistungen sinnvoller weise intern und welche extern erbracht werden sollen. Ebenso bedeutsam ist die Frage nach geeigneten Anbietern bestimmter Leistungen. Gerade bei sensiblen Themen, wie sie im personalwirtschaftlichen Aufgabengebiet häufig zu finden sind, muss ein Unternehmen dem Outsourcer ein hohes Maß an Vertrauen entgegenbringen.

Outsourcing um jeden Preis ist falsch. Wägen Sie Chancen und Risiken genau ab!

Für die Personalverwaltung (z.B. Personalabrechnung, Kantine) ist Outsourcing relativ unproblematisch. Allerdings muss man sich über die Konsequenzen des Outsourcing im klaren sein. Die Personalabrechnung durch einen externen Dienstleister bedeutet in der Regel, dass aktuelle Personaldaten im Unternehmen nicht verfügbar bzw. dv-gestützt auswertbar sind. Eine bedingte Umsetzbarkeit ergibt sich für personalwirtschaftliche Kernaufgaben (Beschaffung, Einsatz, Freisetzung von Personal). Die Vorauswahl von Bewerbern anhand der eingereichten Unterlagen lässt sich z. B. gut machen! Externe Weiterbildungsmaßnahmen und Trainings sind üblich, die Mitarbeiterförderung hingegen muss im Unternehmen verbleiben!

Outsourcing war vor einigen Jahren ein Modetrend im Personalmanagement. Dies führte für einige Zeit zu der Maxime des »Outsourcing um jeden Preis«. Inzwischen sieht die Praxis das Outsourcing abgeklärter und reflektiert die Konsequenzen realistischer. Kernkompetenzen sollen im Unternehmen bleiben. Bei allen Aspekten, die in unmittelbarem Zusammenhang mit der Unternehmenskultur stehen, wäre Outsourcing geradezu gefährlich.

1.4 Kundenorientierung und Profit-Center-Organisation im Personalbereich

Die betriebliche Personalarbeit steht seit jeher »mit dem Rücken zur Wand«. Es fällt ihr schon immer schwer, ihre Erfolge schlüssig nachzuweisen. In diesem Zusammenhang spielen zwei Trends eine besondere Rolle: die Kundenorientierung des Personalbereichs und deren Weiterführung zur Personalabteilung als Profit-Center.

Zentrale Voraussetzung für mehr Qualität im Personalmanagement ist die Ausrichtung an den Kunden betrieblicher Personalarbeit. Wesentliche Kundengruppen sind:
- Unternehmensleitung,
- Bereiche bzw. Abteilungen,
- Führungskräfte,
- Teams und
- Mitarbeiter.

Die Erwartungen und Ansprüche dieser Kundengruppen sind unterschiedlich. Der Grad der Kundenorientierung lässt sich konkret an den angebotenen Leistungen bzw. Produkten des Personalbereichs, am Service für die Kunden und an der Wirtschaftlichkeit bzw. an den Preisen für die Leistungen festmachen.

Kundenerwartungen und Kundenzufriedenheit ermitteln Sie z.B. durch schriftliche Befragungen (siehe Muster 1 zu 1.4)oder in Workshops mit Ihren wichtigsten Kundengruppen. Der Workshop bietet den Vorteil, dass Ihre Kunden die unterschiedlichen, teils widersprüchlichen Erwartungen verschiedener Kundengruppen an die Personalabteilung kennen lernen. Hierbei wird oft klar, dass nicht alle gleichzeitig bedient werden können, sondern dass für die Unternehmensziele auch Prioritäten gesetzt werden müssen.

Zur konsequenten Kundenorientierung gehören auch eine kundenorientierte Einstellung der Mitarbeiter im Personalbereich (»Auf die Sicht des Kunden kommt es an!«), ein Vertrauensverhältnis zu den Kunden, ständige Präsenz und interessierte Gespräche.

Neben Leistungen und Service muss auch der Preis für die Dienstleistungen stimmen. Herkömmliche Verfahren der Kostenumlage haben ausgedient. Realistische Kostenansätze (z.B. marktorientierte Preise, verursachungsgerechte Kostenbelastung für die einzelnen Abteilungen bzw. Bereiche) sind gefragt. Lassen Sie sich als Führungskräfte nur die Kosten zurechnen, die Sie auch wirklich veranlasst bzw. verursacht haben!

Leistungen, Service und Wirtschaftlichkeit beziehen sich auf alle personalwirtschaftlichen Aufgabenfelder, auf die Instrumente des Personalmanagements (Mitarbeiterbeurteilung, Stellenbeschreibung, Führung mit Zielen, Anreizsysteme usw.) und/oder auf die organisatorischen Strukturen. Ständige Verbesserungen und zielgerichtete Entwicklung der Personalarbeit führen im Endeffekt zu höherer Qualität beim Management der Human Resources. Diese lässt sich ermitteln, belegen und dokumentieren (siehe Übersicht zu 1.4). Aus betriebswirtschaftlicher Sicht kann der Nachweis erfolgreicher Personalarbeit am schlüssigsten in der sog. Profit-Center-Organisation gelingen, wenngleich dieses Organisationsmodell für die meisten Unternehmen noch Zukunftsmusik darstellt.

Die Personalabteilung als Profit Center ist eine eigenständige Einheit, die Verantwortung für Kosten und Erfolg der von ihr angebotenen Dienstleistungen trägt. Die Leistungen werden marktgerecht angeboten, d.h. an den Wünschen der Kunden (z.B. Geschäftsleitung, Führungskräfte, Abteilungen, Mitarbeiter) orientiert und von diesen nachgefragt. Die Verrechnung der Kosten erfolgt zu Marktpreisen.

Die Personalabteilung steht dabei in Konkurrenz zu externen Anbietern (z.B. Unternehmens- und Personalberatungen, freiberufliche Trainer, externe Abrechnungsstellen ...), die ein breites Angebot personalwirtschaftlicher Dienstleistungen offerieren. Die Qualität der Leistung wird

Muster 1 (zu 1.4) Erwartungen der Mitarbeiter zur Personalbetreuung

▪ Für wie **wichtig** halten Sie die folgenden personalwirtschaftlichen **Betreuungsaufgaben** ...

	unwichtig	wichtig
... Bildungswesen	1	5
... Fördermaßnahmen	1	5
... Entgeltpolitik	1	5
... Arbeitszeitmanagement	1	5
... Personalinformation	1	5
... ...	1	5

▪ Wie bewerten Sie die Betreuung **(Leistungen)** durch Ihren Personalreferenten, hinsichtlich ...

	schlecht	gut
... Bildungswesen	1	5
... Förderung von Mitarbeitern	1	5
... Entgeltpolitik	1	5
... Arbeitszeitmanagement	1	5
... Personalinformation	1	5
... ...	1	5

▪ Welche **Leistungen** sollten **zusätzlich** erbracht werden? _____

▪ Welche **Leistungen** können **entfallen**? _____

▪ Welchen **Eindruck** haben Sie **aus** Ihren (persönlichen) Kontakten mit dem Personalreferenten ...

	unzutreffend	zutreffend
... jederzeit ansprechbar und hilfsbereit	1	5
... freundliche und vertrauensvolle Atmosphäre	1	5
... rasche und zuverlässige Bearbeitung meiner Anliegen	1	5
... kompetente Problemlösungen	1	5
... ...	1	5

Übersicht (zu 1.4) Projekt: Kundenorientierung des Personalbereichs

Prozessschritte i.e.S.
- Auftragsklärung und Bildung einer Projektgruppe
- Kommunikation der Projektziele
- Bestimmung und Priorisierung der Kunden

Analyse-Aktivitäten »im Feld«
- Problemsensibilisierung (freie Interviews)
- Erhebung der Kundenzufriedenheit (Fragebogen) und der Kundenerwartungen (Workshop)
- Erhebung des Selbstbilds und der Ist-Organisation
- Prozessanalyse (Kennzahlen) und Benchmarking

- Auswertung des vorliegenden Materials
- Entwicklung von Maßnahmen (Programm, Service, Wirtschaftlichkeit ...) (mit unterschiedlicher Fristigkeit) (mit Prioritäten und ggf. Milestones)
- Abstimmung der Maßnahmen mit Geschäftsleitung und Betriebsrat
- Commitment des Personalbereichs
- Information der Mitarbeiter/innen (über Befragungsergebnisse und Maßnahmen, einschl. Themenfeldern in denen (derzeit) nichts getan werden soll/kann)
- Schulung und Teamentwicklung
- ggf. Leistungsvereinbarungen (Umfang, Qualität, Zeitpunkt und Preis)
- Umsetzung der Maßnahmen
- Public Relations für den Personalbereich
- Evaluation und neuer Prozess (Steuerung)

---

durch die Kunden nach erfolgter Dienstleistung direkt oder indirekt an den Anbieter zurück gemeldet. Fallen Qualität oder Kosten im Vergleich zu Konkurrenzdienstleistungen ungünstiger aus, so werden auch interne Kunden, z.B. Sie als Führungskraft, überlegen, ob Sie in Zukunft die Dienstleistung (z.B. Bildungsmaßnahme oder Unterstützung bei der Akquisition neuer Mitarbeiter) nicht besser von externen Anbietern in Anspruch nehmen (siehe Muster 2 zu 1.4).

Auf Kundenwünsche gerichtete Personalarbeit, Flexibilität, Anpassung und laufende Erfolgskontrolle als Elemente der Kundennähe machen das Profit Center für große Unternehmen zu einer »kundenfreundlichen Organisationsform« im Personalbereich. Eine weitere aktuelle »Orientierung« (Trend) ist in der Begleitung von Veränderungsprozessen (Change Management) durch den Personalbereich zu sehen.

1.5 Change Management

Nichts ist so beständig wie der permanente Wandel. Das Management von Veränderungen wird zur zentralen Themenstellung der Zukunft. Moderne Personalarbeit versteht sich als Auslöser und Begleiter innerbetrieblichen Wandels. Als Personalverantwortlicher initiieren und begleiten Sie Prozesse, die das gesamte Unternehmen oder einzelne Bereiche tangieren, z.B. die Entwicklung eines neuen Leitbilds. Ihre Funktion ist dabei die eines Organisationsentwicklers, der durch gezielte soziale Interventionen kulturprägend wirkt.

Wenn es um langfristige und nachhaltige Erfolgspotenziale bzw. um behutsame strategische Umorientierungen geht, sollten (der Organisationsentwicklung entlehnt) »Betroffene zu Beteiligten gemacht werden«, denn »der Weg ist das Ziel«. Die langfristige Anlage eines solchen unternehmensweiten Veränderungsprozesses schließt die Entwicklung der Mitarbeiter ein; Wirtschaftlichkeit und Humanität bilden gleichberechtigte Zielbündel. Hierbei handelt es sich um eine evolutionäre Form des Wandels, die zu nachhaltigen Veränderungen in der Unternehmenskultur führt.

In der Realität finden sich Veränderungsprozesse selten entweder in revolutionärer (z.B. Business Reengineering) oder evolutionärer Form. Praktisch weisen sie Elemente beider Strategien auf. Je nach Schwerpunkt erhalten dabei unterschiedliche Träger des Change Managements eine stärkere oder schwächere Bedeutung.

Bei den radikalen Veränderungsprozessen kommt es vor allem auf die Macht- und auf die Fachpromotoren an, die ihre Positionsmacht und ihr methodisch-fachliches Wissen zur Unterstützung der Projekte einsetzen. Bei den evolutionären Prozessen erhalten die Prozess- und Akzeptanzpromotoren zusätzlich Bedeutung, die das in sie gesetzte Vertrauen bzw. ihre Fähigkeiten zur sozialen (und fachlichen) Steuerung von Veränderungsprozessen einbringen. Den (externen) Fachpromotoren kommt dann deutlich weniger Gewicht zu. Am Ende entsteht ein ausgewogenes Zusammenspiel der verschiedenen Typen von Förderern bzw. Promotoren, das bestenfalls in Selbststeuerung mündet.

Das Personalmanagement begleitet immer häufiger die ständig laufenden Veränderungsprozesse, unterstützt und versucht, ihnen eine klare Richtung (Entwicklung) zu geben. Dabei ist insbesondere an die betroffenen Mitarbeiter und Führungskräfte zu denken, die mit Geduld und Offenheit ihre jeweiligen Bereiche und schließlich die Kultur des gesamten Unternehmens positiv gestalten.

1.6 Neues Rollenverständnis des Human Resources Managements

Führt man Dezentralisierung, Außenverlagerung und Marktorientierung der Personalarbeit fort, so steht am Ende ggf. die komplette Auflösung der Personalabteilung und die Aufteilung der Mitarbeiter auf andere Bereiche. Die Personalabteilung ist dann in ihrer bisherigen Struktur nicht mehr erkennbar. Sie ist in den anderen Funktionsbereichen des Unternehmens aufgegangen. Die Aufgaben der Personalabteilung wandern in die neuen Bereiche mit den bisherigen Aufgabenträgern, wo sie von diesen zusammen mit neuen, bereichsspezifischen Aufgaben weiterhin wahrgenommen werden. Es gibt keine Personalabteilung mehr. Diese Extremvorstellung vom virtuellen Personalbereich besitzt aus dem Blickwinkel der betrieblichen Praxis jedoch eher utopische Züge.

Zurück zur »Realität von heute und morgen«: Referentenmodell, Führungskräftemodell, Outsourcing und Profit-Center als realistische und aktuelle Entwicklungsschritte führen zu folgender Konsequenz: Sie als Führungskräfte in den Fachabteilungen übernehmen erheblich größere Zuständigkeiten und demzufolge mehr Verantwortung; der Personalbereich versteht sich als »interner Dienstleister«.

Und weiter: Aus der früheren Personalverwaltung wird das »Management der Human Resources«. Hierbei verändern sich Perspektive, Rollen und Schwerpunkte im Vergleich zum klassischen Aufgabenkonzept (siehe Übersicht zu 1.1) deutlich. Dies findet vor allen in den Orientierungen an der Qualität der Personalarbeit und in der Begleitung von Veränderungsprozessen seinen Niederschlag. Das Human Resources Management fungiert nicht mehr nur als administrativer Experte und Mitarbeiterbetreuer, sondern immer mehr auch als Manager von Veränderungen und als strategischer Partner der Geschäftsleitung, der den Beitrag des Personalmanagements zum Erfolg des Unternehmens unmissverständlich klarmachen und belegen kann (siehe Übersicht zu 1.6).

Muster 2 (zu 1.4) Gesamtbewertung des Personalbereichs

Aufgaben	Zeitbedarf/ Einsatz von Kapazitäten gering hoch	Bedeutung/ Wertigkeit 1 .... 5 schlecht gut	Qualität/ Arbeitsgüte 1 5
1. Kernaufgaben und Beratung/Betreuung			
▪ Personalbeschaffung			
▪ Personaleinsatz			
▪ Personalentwicklung			
▪ Personalfreisetzung			
▪ ...			
Insgesamt			
2. Verwaltung und Administration			
▪ Personalabrechung			
▪ Lohndatenerhebung			
▪ Zeiterfassung			
▪ Berichtswesen			
▪ Verwaltung i.e.S.			
▪ ...			
Insgesamt			
3. Konzeption und Projekte			
▪ ...			
▪ ...			
▪ ...			
Insgesamt			

Übersicht (zu 1.6) Neue Rollen des Personalbereichs: Veränderungen managen

Business-Partner
- Unterstützung der U-Strategie-Umsetzung
- Wertschöpfung bzw. Nutzen für die U-Bereiche
- ...

Strategie (Zukunft)

Change-Agent
- Wandel anstoßen
- Team- und Organisationsentwicklung begleiten
- Unternehmenskultur gestalten
- ...

Prozesse/ Instrumente

Rolle(n) des Personalbereichs

Mitarbeiter/ Kommunikation

Spezialist (Experte)
- Kundenorientierte Organisation des Personalbereichs
- Effiziente Personalprozesse
- Personalfachmann/-frau
- ...

Tagesgeschäft (Gegenwart)

Mitarbeiter-Betreuer
- Betreuung und Beratung der Mitarbeiter
- Empowerment/Commitment und Performance Management
- ...

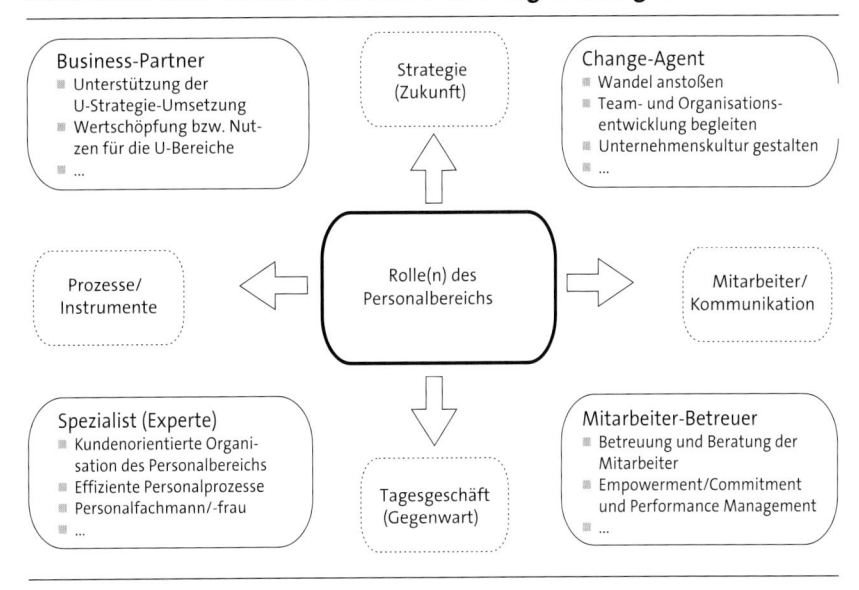

2 Personalverwaltung und Service – Verwaltungsaufgaben und Vorgänge

2.1 Personalakte

Die Personalakte kann und soll Ihnen die Verwaltung und Dokumentation sämtlicher Vorgänge einzelner Mitarbeiter in zeitlicher und sachlicher Ordnung ermöglichen.

Basis der Personalakte sind, beginnend mit der Bewerbungskorrespondenz, die Bewerbungsunterlagen, der Arbeitsvertrag sowie der Personalbogen. Die Unterteilung der Personalakte in verschiedene Rubriken erleichtert Ihnen das Nachschlagen (siehe Übersicht zu 2.1).

Das Betriebsverfassungsgesetz enthält die Regularien über Inhalte und Führung einer Personalakte sowie das Recht des Mitarbeiters auf Einsicht in die ihn betreffenden Unterlagen. Dazu kann er ein Mitglied des Betriebsrats hinzu ziehen. Stellungnahmen oder Erklärungen des Arbeitnehmers, bezogen z.B. auf eine Beurteilung (siehe VI A/3.4) oder eine Abmahnung (siehe VIII B/2.5.3.2), müssen auf Verlangen des Mitarbeiters mit in die Personalakte eingehen.

2.1.1 Fristen und Verjährungen

Es gibt einige steuerliche und sozialversicherungsrechtliche Vorschriften zur Aufbewahrung von Schriftstücken (eine Übersicht dazu finden Sie auf der beigefügten CD-ROM). Für die rein arbeitsvertraglich in der Personalakte geführten Unterlagen sind gesetzlich keine konkreten Aufbewahrungsfristen vorgeschrieben.

Wohl aber gibt es von Ihnen zu berücksichtigende Fristen, innerhalb derer ein Mitarbeiter z.B. die Höhe des Ruhegeldes, bzw. einer Prämie anfechten kann, oder innerhalb derer eventuelle Ansprüche auf Gehaltszahlungen oder Abfindungen geltend gemacht werden können.

Betreffend die Abmahnung sei erwähnt, dass es auch in diesem Fall keine absolut klare Frist zur Entnahme aus der Personalakte gibt. Die genannten zwei Jahre können sich durchaus verlängern, wenn in dem Zweijahreszeitraum eine weitere Abmahnung wegen eines gleichen oder gleichartigen Vorkommnisses erfolgt. Die Wirksamkeit der ersten Abmahnung erstreckt sich dann bis zum Ablauf der zweiten Abmahnung. Eine davon abweichende Zeitdauer des Verbleibens in der Personalakte kann tarifvertraglich vereinbart werden.

Wird ein Arbeitsverhältnis beendet, sind die dem Arbeitnehmer zustehenden Arbeitspapiere, wie die Lohnsteuerkarte, Sozialversicherungsausweis, und Sozialversicherungsnachweis auszuhändigen. Ist die entgültige Abrechnung noch nicht erfolgt, so erhält der ausscheidende Mitarbeiter eine von Ihnen ausgestellte Übergangsbescheinigung (siehe Muster auf der CD-ROM), die z.B. die Eintragungen der Lohnsteuerkarte, Rentenversicherungsnummer, restliche Urlaubsansprüche etc. für den neuen Arbeitgeber enthält.

Sinnvoll ist es sicherlich – sofern nicht betrieblich anderslautend geregelt – die Personalakte mindestens gemäß der in der Tabelle aufgeführten Fristen und Verjährungen aufzubewahren, so daß Sie auf eventuale spätere Nachfragen, z.B. der Rentenversicherungsträger, vorbereitet sind.

Um allen Fristen der Aufbewahrung und Verjährungen gerecht zu werden, verwahren viele Firmen Personalakten ausgeschiedener Mitarbeiter auf Lebenszeit.

2.2 Personalinformationssystem

Für den schnellen Zugriff bei Telefonaten oder sonstigen Nachfragen in der täglichen Personalarbeit ist es zweckmäßig – sofern Sie nicht computergestützt arbeiten – auf Karteikarten zurückgreifen zu können, die Ihnen einen sofortigen Überblick über Namen, Geburtsdatum, Adresse, Funktion, Kostenstelle, Gehaltsentwicklung, Urlaubs- und Fehlzeiten ermöglichen.

Inzwischen empfehlen sich jedoch einfach zu handhabende Systeme zur computergestützten Personalinformation (siehe dazu auch III B/4 und 5). Das Beispiel zu 2.2 zeigt Ihnen ein mit der Datenbank Access erstelltes Informationssystem, daß Ihnen neben den normalen Stammdaten gleichzeitig nach Ihren Bedarf und Vorstellungen zusammengestellte Daten liefern kann. Über die jeweils angeklickte Schaltstelle können Sie z.B. abfragen:

- die aktuelle Funktion (z.B. Projektingenieur, Staplerfahrer, Sicherheitsfachkraft),
- die Historie, d.h. den Verlauf des Mitarbeiters in Ihrem Haus, inklusive der Entgeltentwicklung,
- Ausbildung,
- ein eventuelles Studium,
- Projekte,
- Sprachkenntnisse,
- Fehlzeiten,
- Bewerbungen auf intern Stellenausschreibungen,
- u.v.m.

Die eingegebenen Daten lassen sich verknüpfen und zu statistischen Zwecken auswerten (z.B. Altersdurchschnitt der Belegschaft, Anzahl der Mitarbeiter mit spezifischen Sprachkenntnissen).

Wenn Sie ein solches System einführen möchten, beziehen Sie am besten bereits in der Planungsphase den Betriebsrat ein, um einen Konsens für den Einsatz zu erzielen. Die Mitbestimmungsrechte nach § 87 Betriebsverfassungsgesetz sind in jedem Fall zu berücksichtigen.

Übersicht (zu 2.1) Unterteilung der Personalakte

- Sozialversicherung
- beruflicher Werdegang
- Beurteilungen
- Bewerbungen auf innerbetriebliche Stellenausschreibungen
- Einstellungs-/Vertragsunterlagen
- Personalentwicklungspläne
- Dienstfahrzeug
- Verschiedenes

2.3 Personalbogen

Im Vorwege der Personalauswahl (siehe auch II A) und zur späteren Kurzübersicht über einzelne Mitarbeiter bezüglich der Schulbildung, der Ausbildung/des Studiums, vorheriger Arbeitgeber u.a.m., sollte der vom Bewerber auszufüllende Personalfragebogen eine Grundlage der Bewerbungsunterlagen sein. Der wesentliche Inhalt des Personalfragebogens bedarf der vorherigen Zustimmung des Betriebsrats (siehe auch II B/3).

2.4 Personalstatistik

Als ein Instrument betrieblicher Personalarbeit dient die Personalstatistik zur Analyse und Kontrolle Ihres Personalbestands. Gleichzeitig gewinnen Sie aus Ergebnissen der Vergangenheit gezielte Informationen für künftige Planungen und Entscheidungen und haben die Möglichkeit, diese fortlaufend zu dokumentieren.

Sinnvollerweise nach Bereichen/Abteilungen und den jeweils zugehörigen Kostenstellen unterteilt, gibt Ihnen die monatlich erstellte Personalstatistik einen Überblick über die von Ihnen erstellten Planzahlen im Vergleich zum aktuellen Ist-Zustand, d.h. wie viel Personal in welchen Bereichen, aufgeteilt nach Männern/Frauen, gewerbliche/angestellte Mitarbeiter monatlich fortlaufend geführt wird.

Die Personalstatistik lässt sich zur genaueren Analyse je nach Ihrem Bedarf beliebig erweitern. Wichtig für Ihre Personalbestandsentwicklung sind jedoch neben der Gesamtübersicht die Fluktuationsstatistik (siehe auch III A/3.5) und der Altersaufbau/die Altersstruktur.

2.4.1 Fluktuationsstatistik

Um einen genaueren Überblick über die Fluktuation in Ihrem Unternehmen zu erhalten, sollte diese nach den Verursachungsgründen unterteilt werden, z.B. nach:
- Kündigungen,
- Pensionierungen,
- Mutterschutz,
- Bundeswehr,
- Eigenkündigung

(siehe Muster zu 2.4.1 und auf der beigefügten CD-ROM).

Beispiel zu (2.2) Personaldatei

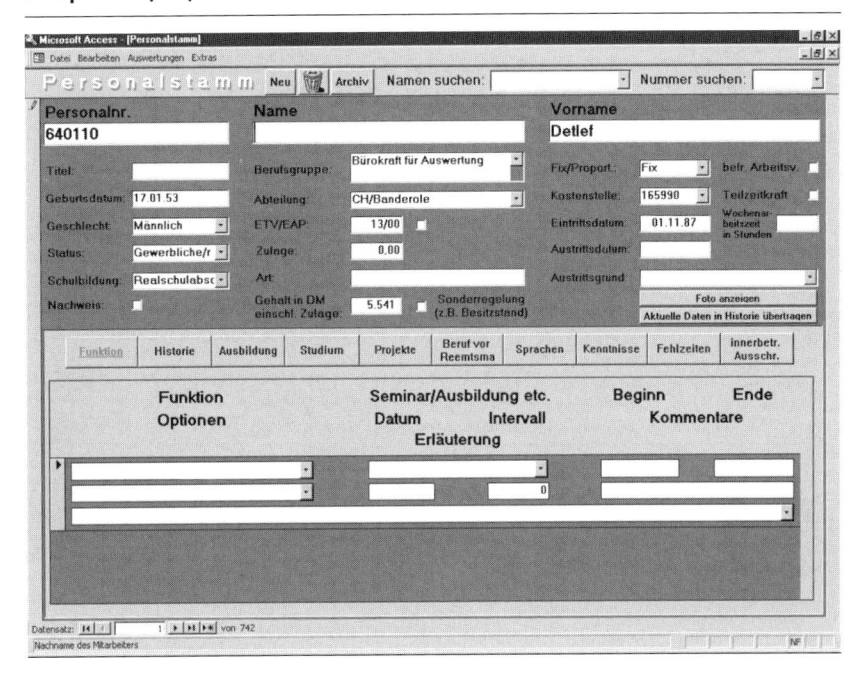

Muster (zu 2.4.1) Formblatt Fluktuationsanalyse

Fluktuationsanalyse für 2000 Bereich/Abteilung					Datum: Aufgestellt von:		
						Gesamt	Vorjahre 19.. | 19..
Gründe							
A. Natürliche Fluktuation							
1. Eigenkündigung							
2. Altersabgang							
3. Schule/Studium							
4. Wegzug							
5. Mutterschutz							
6. Bundeswehr							
7. Sonstige							
Gesamt:							
B. Betrieblich veranlasste Fluktuation							
1. Vorruhestandsregelung							
2. Rationalisierung							
3. Gegenseitiges Einvernehmen							
4. Mangelnde Eignung/Leistung							
5. Sonstige							
Gesamt:							

Muster (zu 2.5) Zeitmeldung

ZEITMELDUNG

Nachname	Firma	Personal-Nr.
Kalendertag		
am/vom 200 bis 200		
Uhrzeit		
von Uhr bis Uhr		
Aussteller		
Datum 200		
Vorgesetzter		
Datum 200		
gebucht am 200 Handzeichen		
Bemerkungen		

Ident-Nr. 88774 250/50 DK 8.89

Grund für Zeitmeldung Bitte ◯ entsprechend ankreuzen	FCD	Stunden	1 Tag	Mehrere Tage
Weiterbildung intern	028	◯	◯	◯
Weiterbildung extern	029	◯	◯	◯
Dienstgang, Dienstreise	030	◯	◯	◯
Jahresurlaub	050		◯	◯
Schichtfreizeit	052		◯	◯
Krankheit (bezahlt)	060		◯	◯
Freistellung lt. MTV (ohne Arztbesuch)	070	◯	◯	◯
Arztbesuch	071	◯		
Sonstige entschuldigte Fehlzeit	074	◯	◯	◯
Freizeitausgleich (Mehrarbeit)	090	◯	◯	
Freizeitausgleich (Gleitzeit)	091	◯	◯	
Mehrarbeit gegen Bezahlung	501		◯	
Mehrarbeit gegen Freizeit	502		◯	
Nachmelden KOMMEN/GEHEN			◯	
Wechsel Arbeitszeittyp			◯	◯
sonstige Gründe		◯	◯	◯

Zur Berechnung der Fluktuation bietet sich eine von der Bundesvereinigung der Arbeitgeberverbände (BDA) herausgegebene Formel an:

$$\text{Fluktuation} = \frac{\text{Zahl der Abgänge} \times 100}{\text{durchschnittl. Personalbestand}} = x\%$$

2.4.2 Altersaufbau/Altersstruktur

Der Altersaufbau in Ihrem Unternehmen ist insbesondere für Ihre Nachfolgeplanung von Bedeutung. Er zeigt Ihnen die altersmäßige Zusammensetzung Ihres Mitarbeiterstamms auf und macht Ihnen im Vorwege mögliche Schwachstellen durch altersbedingte Abgänge deutlich.

Sinnvolle Ergänzungen ergeben sich ebenso aus der Analyse der Entgelt- und Tarifgruppenzugehörigkeit, der Betriebszugehörigkeit, der Arbeitsunfälle, der Fehlzeiten u.a.m.

2.4.3 Fehlzeiten

Um einen genaueren Überblick über die in Ihrem Betrieb anfallenden Fehl- oder Ausfallzeiten zu erhalten, empfiehlt es sich, auch hier nach den Verursachungsgründen zu unterteilen:

- Urlaub,
- Krankheit,
- Kur/Heilverfahren,
- Mutterschutz/Elternzeit,
- Bildungsurlaub,
- entschuldigtes/unentschuldigtes Fehlen,
- Verspätungen,
- Fort-/Weiterbildung,
- Bundeswehr-/Ersatzdienstzeiten,
- vertraglich bzw. tariflich vereinbarte Freistellungen u.a.m.

Die Fehlzeiten-/Krankheitsquote können Sie folgendermaßen ermitteln:

$$\frac{\text{Fehlzeiten (gesamt Tage oder nur Krankheitstage)} \times 100}{\text{Sollarbeitszeit (vertraglich vereinbart)}} = x\%$$

Diese Quote gibt Ihnen sowohl für den Gesamtbetrieb als auch individuell auf den einzelnen Mitarbeiter bezogene Informationen.

2.5 Arbeitszeitwirtschaft

Elektronische Zeiterfassungssysteme, gekoppelt mit einem Betriebsausweis, lösen immer häufiger die alte Stechuhr ab. Je nachdem, ob Sie feste, gleitende oder variable Arbeitszeiten für Ihren Betrieb festgelegt haben, zeigen Zeiterfassungssysteme die jeweiligen Salden, d.h. die betriebliche Anwesenheitszeit, Fehlzeiten und dienstliche Abwesenheits- sowie Mehrarbeitszeiten des einzelnen Mitarbeiters auf.

Die Einführung oder Änderung eines Zeiterfassungssystems ist mitbestimmungspflichtig. Der Betriebsrat hat zudem ein volles Mitbestimmungsrecht bei der Festlegung der täglichen Arbeitszeit (Beginn und Ende bzw. Arbeitszeitspanne) und der darin enthaltenen Pausenregelung (siehe auch III B/1).

Bei der gleitenden Arbeitszeit können Mitarbeiter außerhalb einer festgelegten »Kernzeit« Arbeitsbeginn und -ende eigenständig in gewissem Rahmen selbst bestimmen. Die variable Arbeitszeit ermöglicht zudem ohne Beschränkung auf eine Kern- oder Pflichtanwesenheit ein Kommen und Gehen innerhalb einer festgelegten Arbeitszeitspanne (z.B. beginnend von 6.00 Uhr bis 19.00 Uhr, wobei zu beachten ist, dass nach dem neuesten Arbeitszeitgesetz (ArbZG) 10 Stunden/Tag nicht überschritten werden dürfen.

Dabei ist es in beiden Fällen sinnvoll, die zulässigen Plus- bzw. Minussalden im Vorwege im Rahmen einer Betriebsvereinbarung mit der Arbeitnehmervertretung festzulegen. Das im Muster zu 2.5 gezeigte Formular kann einerseits zum »Nachpflegen« geänderter Arbeits- und Anwesenheitszeiten von der jeweiligen Abteilung zur Vorlage in der Personalverwaltung genutzt werden, gleichzeitig dient es auch zur manuellen Erfassung, sofern Sie noch kein Zeiterfassungssystem eingesetzt haben. Zum Thema Arbeitszeit lesen Sie bitte weiterführend III B/2.20 und IV A/2.

2.6 Urlaubsantrag

Der Betriebsrat hat ein volles Mitbestimmungsrecht bei der Planung und der Aufstellung allgemeiner Urlaubsgrundsätze (siehe auch II B/3.2.1). Bei der zeitlichen Festlegung des Urlaubs einzelner Mitarbeiter kann er ebenfalls einzubeziehen sein, sofern Sie kein Einverständnis mit dem Arbeitnehmer erzielen.

Zur Beantragung des Urlaubs kann das unter 2.5 gezeigte Muster dienen.

2.7 Dienstreise und Dienstreiseabrechnung

Eine Dienstreise liegt vor, wenn ein Mitarbeiter aus dienstlichen Gründen abwesend von seiner Wohnung bzw. von seiner regelmäßigen Arbeitsstätte tätig wird.

Reisekosten sind alle Kosten, die durch eine Dienstreise unmittelbar verursacht werden. Sie umfassen:
- Fahrtkosten,
- Verpflegungskosten,
- Übernachtungskosten,
- Reisenebenkosten (z.B. Ferngespräche beruflichen Inhalts, Parkplatzgebühren).

Nach Beendigung der Reise werden die angefallenen Kosten abgerechnet (siehe Muster und Übersicht zu 2.7).

Die Wahl des Verkehrsmittels unterliegt wirtschaftlichen und sicherheitstechnischen Gesichtspunkten. Verpflegungskosten werden pauschal abgegolten, Einzelbelege werden nicht anerkannt. Die Höhe der Pauschbeträge bzw. deren steuerliche Anerkennung ist vom Gesetzgeber festgelegt (für EU-Länder siehe Übersicht zu 2.7) und hängt von der Abwesenheitsdauer pro Reisetag ab:
- einer Abwesenheit von mind. 8 Stunden beträgt der derzeitige Satz 6 €;
- mehr als 14 Stunden 12 €;
- einer ganztägigen Abwesenheit (0.00 Uhr bis 24.00 Uhr) 24 €. In diesem Spesensatz werden Kürzungen in Höhe von je 2,47 € für Einladungen zum Mittag- bzw. Abendessen vorgenommen.

Übernachtungskosten können wahlweise pauschal oder gegen Beleg abgerechnet werden. Die pauschalen Sätze sind ebenfalls vom Gesetzgeber vorgegeben und variieren nach Reiseziel (Inland, Ausland). Werden die Übernachtungskosten nach Beleg abgerechnet und war das Frühstück mit im Hotelpreis enthalten, so wird für jedes Frühstück 1,40 € von der Hotelrechnung abgezogen. Nebenkosten werden in der nachgewiesenen Höhe vergütet. Alle Belege müssen zum Zweck der steuerlichen Anerkennung der Reisekostenabrechnung beigefügt werden.

Übersicht (zu 2.7) Aktuelle Pauschsätze für Reisen in die Länder der EU (in Euro)

Land	24 Std. abwesend	14–24 Std. abwesend	8–14 Std. abwesend	Übernachtung
Belgien	41	28	14	77
Dänemark	47	32	16	57
Frankreich	41	28	14	52
– Paris	50	33	17	82
Griechenland	32	21	11	62
Irland	44	29	15	82
Italien	38	25	13	82
Luxemburg	41	28	14	72
Niederlande	41	28	14	72
Portugal	32	21	11	72
Spanien	32	21	11	77
Großbritannien	44	29	15	57
Österreich	35	24	12	67
– Wien	38	24	13	82

Beispiel:
Herr Müller unternimmt vom 15. bis 17.8. eine Dienstreise von Berlin nach Hamburg. Er reist mit der Bahn, die Fahrkarte wurde zuvor von seiner Sekretärin für ihn besorgt, ebenso erhielt er 200 € Spesenvorschuss. Herr Müller fährt mit seinem Pkw von seinem Unternehmen am 15.8. um 16.00 Uhr zum Bahnhof, besteigt den Zug nach Hamburg, fährt vom Hamburger Bahnhof mit dem Taxi zum Hotel, wo er um 20.00 Uhr ankommt. In Hamburg besucht er am 16./17.8. Firma Meier. Dort wird er an einem Tag zum Mittagessen eingeladen. Am 17.8. fährt Herr Müller um 15.00 Uhr von Firma Meier mit dem Taxi zum Bahnhof, nimmt den Zug nach Berlin und kommt um 19.30 Uhr in seiner Wohnung an.

Folgendes wird nun für Herrn Müller abgerechnet (siehe Muster zu 2.7):

Zeilen 7 + 8: Die außerhalb seiner regulären Arbeitszeit liegende Zeit, die er für die Reise aufgewendet hat, wird im Beispiel an Arbeitstagen mit 25 % seines Stundenentgelts verrechnet.

Zeile 10: Mit seinem Privatwagen legte Herr Müller 30 km zurück, die mit je 0,30 € vergütet werden. Die Taxifahrten, die Parkgebühr und die Übernachtungen werden nach Belegen abgerechnet (Zeilen 11, 13, 21).

Zeilen 17-20: Am Tag der Hinreise war Herr Müller 8 Stunden abwesend (von 16.00 Uhr bis 24.00 Uhr) und erhält dafür Spesen in Höhe von 6 €; am Tag der Rückreise betrug die Abwesenheitsdauer 19,5 Stunden (0.00 Uhr bis 19.30 Uhr), die Spesen dafür betragen 12 €. Für den dazwischenliegenden Tag (0.00 Uhr bis 24.00 Uhr) wird der volle Spesensatz von 24 € berechnet, davon jedoch wieder 2,47 € für eine Einladung zum Mittagessen abgezogen.

In Zeile 23 erscheint die Gesamtbruttosumme, in Zeile 25 die Nettosumme. Herr Müller hatte 200 € Reisespesenvorschuss erhalten, die in Zeile 28 von der Gesamtbruttosumme abgezogen werden. Ausbezahlt werden lt. Zeile 30 noch 47,15 €.

Bei Auslandsreisen entfällt die MwSt. für im Ausland entstandene Kosten.

In vielen Firmen gibt es mittlerweile elektronische Reisekostenabrechnungssysteme (z.B. SAP R3 4.6), mit denen die Reisenden, soweit sie Zugang zum System haben, ihre Abrechnung selbst machen können, oder das Sekretariat die Abrechnung abwickelt. Die Kostenerstattung erfolgt dann nicht mehr bar sondern zusammen mit der Entgeltabrechnung.

Muster (zu 2.7) Reisekostenabrechnung

Reisekosten (Inland)
Jede Reise ist einzeln abzurechnen

	Firma/Kurzform	alle Bereiche außer HV	HV
Buchungskreis:		Kopie an Personalbüro	Übertrag auf Vordruck Zeitmeldung (lfd.-Nr. 88714)

1. Name: **Müller, Peter** Personal-Nr. Lfd. Reise-Nr.
2. Zu belastendes Werk, Auftrags-Nr./Pos., Kostenstelle (s. Kostenstellenplan)
3. Betr. Reise nach: Hamburg – Fa. Meier
4. Zweck der Reise: Vertragsabschluss
5. Hinweise*) Grenzübergang vor/nach 24.00 Uhr**) Vor Mitternacht zuletzt erreichtes Land im Ausland
6. Rückreise*) Grenzübergang (bei Flugreisen 1. Landung im Inland) in   um   Uhr

	Arbeitszeit		Abfahrt		Ankunft		Anzahl Reisestunden außer der Arbeitszeit am:	
	Beginn	Ende	Datum	Uhrzeit	Datum	Uhrzeit	Arbeitstag	arb.freiem Tag
7. Hinreise	07:00	15.45	15.08	16.00	15.08	20.00	4,00	
8. Rückreise			17.08.	15:00	17.08	19:30	3,75	
*) nur bei mehrtätigen Auslandsreisen			**) Nichtzutreffendes bitte streichen				7,75	

Abrechnung Reisekosten				Beleg Nr.	Reisekosten/Mehrwertsteuer		Ist
9. ICE, IC/EC, D, E-Zug					0,00 Euro	13,79%	0,00 Euro
10. Privatwagen:		30 km zu 0,30 Euro			9,00 Euro	0,00%	0,00 Euro
11. Taxi					20,00 Euro	6,54%	1,31 Euro
12. Öffentl. Nahverkehr					0,00 Euro	6,54%	0,00 Euro
13. Parkgebühr					0,00 Euro	13,79%	0,00 Euro
14. Telefon					0,00 Euro	13,79%	0,00 Euro
15. Tanken					0,00 Euro	13,79%	0,00 Euro
16. Bahnpreiserstattung (priv. Pkw-Fahrt)					0,00 Euro	8,70%	0,00 Euro
Verpflegungskosten für die Tage der							0,00 Euro
		Länder	–				0,00 Euro
17. Hinreise		gruppe			6,00 Euro	0,00%	0,00 Euro
18. Rückreise			–		12,00 Euro	0,00%	0,00 Euro
für die übrige Zeit							0,00 Euro
19. 1	Tag zu	**24 Euro**	–		24,00 Euro	0,00%	0,00 Euro
20. Kürzungen: 0	*	0	–		3,85 Euro	0,00%	0,00 Euro
Frühst. = 1,38 Euro + Mittagessen = 2,47 Euro							
21. 0	Tage zu	**0,00 Euro** pro Über.			180 Euro	0,00%	0,00 Euro
22.							0,00 Euro
23. Summe		Kto. 183008	H		**247,15 Euro**		1,31 Euro
24. Mehrwertsteuer		Kto. 170000	S		**1,31 Euro**		
25. Nettobetrag	Geschäftsreise x	Kto. 471000	S			Beleg-Nr.	Monat Jahr
	Fortbildung	Kto. 471100	S		245,84 Euro		
Kassen-Abrechnung						**Bezahlt durch Firma**	
26. Summe aus Zeile 23					247,15 Euro	Ticket beifügen	Euro
27. Reisespesen-Bruttobetrag (Ident-Nr. 59401)					0,00 Euro	Flug	
28. Reisekosten- Währung: 1. _____	Kurs: 1. _____					Bahn	150,00 Euro
Vorschuss 2. _____	2. _____				200,00 Euro		
29. Rückzahlung Vorschuss					0,00 Euro	Mietwagen-Typ	
30. ☐ Auszahlung ☐ Einzahlung					47,15 Euro	gefahrene km:	
Datum Unterschrift des Reisenden			Datum Unterschrift des Vorgesetzten			Reisest.geprüft	

Anstatt Reisekostenvorschüsse zu bezahlen, statten große Firmen ihre Mitarbeiter heute oft mit personenbezogenen Kreditkarten aus, mit denen diese die Auslagen zunächst bezahlen können. Die Belastung der Kreditkarte erfolgt über das private Girokonto des Mitarbeiters. Wenn aber für die Kreditkarte ein längeres Zahlungsziel (z.B. 28 Tage) vereinbart wurde, erstattet der Arbeitgeber die Kosten vor der Belastung des privaten Girokontos.

> ❗ In der Praxis kommt es häufig zum Streit darüber, ob Reisezeit gleich Arbeitszeit (d.h. außerhalb der Arbeitszeit = Überstunden) ist und mit welchem Prozentsatz des Stundenentgelts die Reisezeit zu vergüten ist. Der Sachverhalt differiert je nach Tarifvertrag. Ohne anwendbaren Tarifvertrag kann die Pflicht, Überstunden zu vergüten, sogar entfallen, falls dies arbeitsvertraglich vereinbart worden ist. Prüfen Sie daher, ob ein Anspruch auf Vergütung besteht. Als häufige Regelung werden in der Praxis Reisestunden außerhalb der Arbeitszeit:
> - an Arbeitstagen mit 25%,
> - an arbeitsfreien Tagen mit 50%
> vergütet. Die Vergütung erfolgt mit der nächsten Entgeltabrechnung und unterliegt der Versteuerung.

> 💿 Nutzen Sie für die Reisekostenabrechnung die passenden Word-Dokumente auf der beigefügten CD-ROM.

2.8 Umzugskosten

Ein Umzug gehört in den Privatbereich Ihres Arbeitnehmers. Sofern Sie nicht tarifvertraglich gebunden oder in Betriebsvereinbarungen enthaltene Kostenübernahmeverpflichtungen eingegangen sind, entsteht kein Kostenerstattungsanspruch für einen Mitarbeiter, der ein neues Arbeitsverhältnis bei Ihnen aufnimmt oder im laufenden Arbeitsverhältnis aus privatem Interesse die Wohnung wechselt.

Anders gelagert kann der Fall sein, wenn Sie Ihren Mitarbeiter an einen anderen Ort versetzen und die dadurch entstehenden Kosten der Hin- und Rückfahrten nicht mehr zumutbar sind. Auch die Kosten für den Umzug von der Zweitwohnung am Arbeitsort in die Familienwohnung können vom Arbeitgeber ganz oder teilweise übernommen werden, wenn dadurch die aus beruflichem Anlass begründete doppelte Haushaltsführung beendet wird. Gleiches gilt, wenn Ihr Mitarbeiter aus betrieblichem Interesse eine Werks- oder Dienstwohnung beziehen soll, die in der Nähe des Arbeitsorts liegt.

Verlegen Sie Ihren Betrieb, so hat der Betriebsrat beim Vorliegen einer Betriebsänderung (siehe IIIB/3.2.3) gegebenenfalls die Möglichkeit, die Vereinbarung zur Umzugskostenerstattung über einen Interessenausgleich und einen Sozialplan zu erzwingen.

Als Maßstab für die Höhe zu erstatteter Umzugskosten wird oftmals das für den öffentlichen Dienst

Übersicht (zu 2.8)
Umzugskostenermittlung nach dem Bundesumzugskostengesetz

- Entstandene Reisekosten verursacht durch Suche und Besichtigung der neuen Wohnung (gilt auch für den Ehepartner).
- Die laut Beleg angefallenen Kosten für die Beförderung des Umzugsguts zur neuen Wohnung.
- Maklergebühren im ortsüblichen Umfang.
- Die entstandenen Fahrtkosten des Mitarbeiters und dessen Angehörigen für die Fahrt zur neuen Wohnung, ebenso Verpflegungsmehraufwendungen wie bei Dienstreisen.
- Mietentschädigung im Falle der Mietüberschneidung am bisherigen und neuen Wohnort; für die alte Wohnung bis zu 6 Monaten, für die neue Wohnung bis zu 3 Monaten, wenn diese nicht genutzt wird und gleichzeitig noch Miete für die ehemalige Wohnung bezahlt werden muß.
  Die bisherige Wohnung im eigenen Haus oder die Eigentumswohnung steht der Mietwohnung gleich. An die Stelle tritt dann der ortsübliche Wert. Die Mietentschädigung kann hierfür längstens ein Jahr gezahlt werden.
- Eine pauschale Vergütung für sonstige Umzugsauslagen in Höhe von 525,10 Euro bei ledigen und 1.050,19 Euro bei verheirateten Mitarbeitern. Die Sätze erhöhen sich für jedes Kind und/oder Angehörigen, der mit im Haushalt lebt, um je 231,10 Euro (ausgenommen der Ehegatte). Anstelle der Pauschvergütung können Sie sich die Auslagen auch laut Belegen nachweisen lassen.
- Zudem können unter bestimmten Umständen Kosten, die zur Beschaffung von Kochherden, Öfen und anderen Heizgeräten anfallen, anteilig mitübernommen werden. Darunter fallen auch Kosten, die durch den Umzug bedingten zusätzlichen Unterricht der Kinder entstanden sind (max. bis zu einem Betrag von 1.319,64 Euro je Kind).

> ❗ Wird der Mitarbeiter durch das Finanzamt zu einer Nachversteuerung der steuerfrei belassenen Umzugskostenvergütung herangezogen, kann der Arbeitgeber dafür nicht haftungsweise in Anspruch genommen werden.
> In der Praxis werden Umzugskostenvergütungen häufig als Darlehen gewährt, die sich während eines angemessenen Zeitraums (regelmäßig nicht länger als zwei Jahre) in gleichen Raten monatlich selbst tilgen, wobei der Mitarbeiter im Falle seiner eigenen Kündigung bzw. einer personen- oder verhaltensbedingten Kündigung durch den Arbeitgeber den jeweils noch offenen Restbetrag zurückzahlen muss. Grundsätzlich sind solche Regelungen zulässig. Durch sie soll die Verbundenheit des Mitarbeiters mit dem Betrieb erhöht werden.

Übersicht (zu 2.9) Inhalt der Lohnkosten

- Vor- und Zuname des Arbeitnehmers
- Geburtstag
- Wohnort
- Wohnung
- die auf der Lohnsteuerkarte eingetragenen Besteuerungsmerkmale
- Gemeinde, die die Lohnsteuerkarte ausgestellt hat
- Finanzamt, in dessen Bezirk die Lohnsteuerkarte ausgestellt wurde
- der gezahlte Arbeitslohn ohne Abzüge, getrennt nach Barlohn und Sachbezügen
- Tag der Lohn-/Gehaltszahlung
- der Lohnzahlungszeitraum
- die einzubehaltende Lohnsteuer nach der Lohnsteuerdurchführungsverordnung LStDV

geltende Bundesumzugskostengesetz (BUKG) herangezogen (siehe Übersicht 2.8).

Beruflich veranlasste Umzugskosten sind Werbungskosten und damit nach dem Einkommensteuergesetz als Aufwendungen abzugsfähig. Umzugskostenvergütungen, die durch Sie als privaten Arbeitgeber vorgenommen werden, sind insoweit steuerfrei, wie Ihr Mitarbeiter Werbungskosten geltend machen könnte. Dabei ist jedoch entscheidend, dass alle vom Mitarbeiter verauslagten Kosten anhand von Belegen ersichtlich sind. Diese Belege müssen nach Erstattung als Unterlagen zum Lohnkonto gelegt werden.

2.9 Korrespondenz mit externen Behörden und Institutionen

Unerlässlich in der administrativen Tätigkeit der Personalverwaltung ist die Zusammenarbeit und die sich daraus ergebende Korrespondenz mit den gesetzlichen und privaten Krankenversicherungen, dem Finanzamt, der Bundesanstalt für Arbeit bzw. den Arbeitsämtern und den gesetzlichen Rentenversicherungsträgern, Bundesversicherungsanstalt für Angestellte (BfA) und Landesversicherungsanstalt (LVA).

2.9.1 Krankenkassen
Die Krankenkassen benötigen z.B. für die Berechnung des Mutterschaftsgeldes, die Berechnung des Krankengeldes und die Freistellung von der Arbeit wegen Erkrankung des Kindes und Bezug von Krankengeld zur Bearbeitung bestimmte Auskünfte. Fordern Sie die Formblätter hierzu bei den Krankenkassen an.

> Bei unverschuldeter Arbeitsunfähigkeit infolge einer Erkrankung hat der Arbeitnehmer einen gesetzlichen Anspruch auf Lohn- bzw. Gehaltsfortzahlung, und zwar für die Dauer von insgesamt sechs Wochen.

Für Arbeiter ist das Lohnfortzahlungsgesetz Basis dieser Regelung, für kaufmännische Angestellte das Handelsgesetzbuch, für Angestellte in einem Gewerbeunternehmen die Gewerbeordnung und für die übrigen Angestellten das Bürgerliche Gesetzbuch (siehe auch II B/3.2.2.7).

2.9.2 Finanzamt
Sie sind nach dem Einkommensteuergesetz verpflichtet, spätestens am 10. Tag nach Ablauf des Lohnsteueranmeldungszeitraums für jede lohnsteuerliche Betriebsstätte der jeweiligen Finanzbehörde eine Lohnsteueranmeldung einzureichen. Monatlich, vierteljährlich oder jährlich ist die im Anmeldungszeitraum einzubehaltende und zu übernehmende Lohnsteuer anzugeben.

Fällt der 10. Tag auf einen Samstag/Sonntag/Feiertag, so ist die Lohnsteuer-Anmeldung dann fristgerecht bei der Finanzbehörde eingereicht, wenn sie dort am nächsten Arbeitstag eingeht.

Die Höhe der abzuführenden Lohnsteuer entscheidet über den Anmeldungszeitraum. Der Zeitraum beträgt:
1 Kalendermonat, wenn Lohnsteuer im Vorjahr > 3.000,- €
1 Kalendervierteljahr, wenn Lohnsteuer im Vorjahr > 800,- €
1 Kalenderjahr, wenn Lohnsteuer im Vorjahr < 800,- €

> Solange Sie Mitarbeiter in Ihrem Unternehmen beschäftigen, für die Sie Lohnkonten führen müssen (siehe Übersicht zu 2.9 und V A/2.31), sind Sie auch dann verpflichtet, eine Meldung abzugeben, wenn tatsächlich keine Lohnsteuer zu zahlen ist. Das Gesetz spricht in diesem Fall von einer Nullmeldung.
> Fordern Sie das Formblatt von Ihrem zuständigen Finanzamt an. In Einzelfällen werden bei maschineller Lohnabrechnung von der Oberfinanzdirektion (OFD) selbst erstellte Vordrucke genehmigt, solange sie nach Abmessung, Aufbau und Papierqualität den Originalformularen entsprechen.

Neben der Lohnsteuer sind ebenso die Kirchensteuer, die Arbeitskammerbeiträge (Bremen und Saarland) und die Angestelltenkammerbeiträge (Bremen) abzuführen. Gleichzeitig muss der Solidaritätszuschlag ausgewiesen werden. Steuerfreie Bezüge, z.B. bei Sonn- und Feiertagsarbeit, müssen im Lohnkonto, nicht aber in der Lohnsteueranmeldung aufgeführt werden. Das Finanzamt ist autorisiert, bei Nichteinhaltung der Lohnsteueranmeldung – nach Abzug der 5tägigen Schonfrist – einen Verspätungszuschlag festzusetzen. Darüber hinaus kann die Abgabe mit Zwangsmitteln durchgesetzt werden. Die von Ihnen zu führenden Lohnkonten für jeden Arbeitnehmer und jedes Kalenderjahr sowie Lohn- und Gehaltsunterlagen können von Ihrem jeweiligen Finanzamt überprüft werden.

Dazu gehören auch z.B. Unterlagen über anfallende Kosten bei Betriebsveranstaltungen sowie Sachbezüge, die als Zuwendung an Ihre Mitarbeiter gegangen sind. Bei Betriebsveranstaltungen dürfen Sie steuerfrei einen Betrag von max. 110,- € pro Mitarbeiter inklusive Mehrwertsteuer veranschlagen. Sie sind z.B. über geführte Namenslisten nachweispflichtig.

2.9.3 Arbeitsämter

Sie als Arbeitgeber sind nach dem Arbeitsförderungsgesetz (AFG) verpflichtet, jedem aus dem Arbeitsverhältnis ausscheidenden Mitarbeiter eine Arbeitsbescheinigung auszustellen. Die dort gemachten Angaben sind Basisdaten für das Arbeitsamt zur Ermittlung des eventuell einsetzenden Arbeitslosengeldes bzw. der Arbeitslosenhilfe (siehe auch VIII B/4). Unabhängig von der Form der Vertragsbeendigung, d.h., auch wenn gegebenenfalls dazu ein Rechtsstreit zwischen Ihnen und dem Mitarbeiter besteht, muss die Arbeitsbescheinigung sofort ausgestellt und dem Mitarbeiter überreicht werden. Ebenso haftet der Arbeitgeber für die Richtigkeit der angegebenen Inhalte. Im anderen Falle kann er durch die Bundesanstalt für Arbeit auf Schadensersatz verklagt werden.

2.9.4 Die gesetzlichen Rentenversicherungsträger Bundesversicherungsanstalt für Angestellte (BfA) und Landesversicherungsanstalt (LVA)

Für Mitarbeiter, die kurz vor dem Eintritt in die gesetzliche Rentenregelung stehen, müssen Sie als Arbeitgeber eine Entgeltvorausbescheinigung erstellen. Das entsprechende Formular wird Ihrem Mitarbeiter bei Erreichen der Rente von der BfA bzw. LVA zugeschickt. Einzutragen ist dort das voraussichtliche Arbeitsentgelt für die Zeit bis zum Ende des Beschäftigungsverhältnisses, längstens jedoch für drei Monate im Voraus. Buchungsgrundlage ist das in den letzten sechs Monaten bezahlte Arbeitsentgelt, im Falle dass die Höhe des Entgelts für den voraus zu bescheinigenden Zeitraum nicht vorhersehbar ist.

Den Antrag auf Befreiung von Zuzahlung seitens Ihrer Mitarbeiter bei der Inanspruchnahme von Heilverfahren/Kuren wird Ihrem Mitarbeiter von der BfA bzw. LVA zugeschickt und bezieht sich auf das von Ihnen einzutragende und bestätigte monatliche Nettoeinkommen Ihres Arbeitnehmers. Nach diesem entscheidet sich der Zuzahlungsbetrag für jeden Kalendertag einer stationären Rehabilitationsleistung.

Zur Klärung von beitraglosen Beschäftigungszeiten, oder anders ausgedrückt: für den Fall, dass Mitarbeiter keinen lückenlosen Beschäftigungsnachweis beim Einreichen ihrer Rente der BfA oder LVA vorlegen können, gibt es dort ebenfalls ein entsprechendes Formblatt. Das kann für Sie bedeuten, in lang zurückliegenden Beschäftigungszeiten und den dazugehörenden Unterlagen nachzuvollziehen, in welchem Zeitraum dieser Mitarbeiter bei Ihnen tätig gewesen ist.

Anfragen der Mitarbeiter bezogen auf das laufende Entgelt zur Vorlage bei der BfA oder LVA sind vielfach in der Trennung der Ehepartner begründet.

2.10 Zuschuss zu vermögenswirksamen Leistungen

Sinn und Ziel des Vermögensbildungsgesetzes ist die staatliche Förderung der Vermögensbildung durch den einzelnen Arbeitnehmer und seiner Familie. Der Begriff Vermögen bezieht sich dabei auf Sparguthaben, Wertpapierbesitz, Beteiligung an Unternehmen, Kapitallebensversicherungen sowie den Erwerb von Haus und Grundbesitz, soweit diese zu den durch das Gesetz geförderten Anlageformen gehören. Voraussetzung für eine staatliche Förderung ist die Einhaltung so genannter Sperrfristen. Diese betragen bei Sparverträgen sieben Jahre, bei Wertpapierkaufvertrag, Beteiligungsvertrag und Beteiligungskaufvertrag sechs Jahre. Anders verhält es sich jedoch bei Aufwendungen Ihres Mitarbeiters unmittelbar zum Wohnungsbau sowie bei erstem Erwerb von Anteilen an Bau- und Wohnungsgenossenschaften. Hier sieht der Gesetzgeber keine Sperrfristen vor.

> ! Lebensversicherungen auf Rentenbasis sind von der gesetzlichen Förderung zur Vermögensbildung ausgenommen.

Die Vermögensbeteiligung eines Arbeitnehmers wird steuerlich durch Gewährung einer Arbeitnehmersparzulage nach dem 5. Vermögensbildungsgesetz (VermBG) gefördert. Dabei zählt die Arbeitnehmersparzulage nicht zum steuerpflichtigen Bestandteil des Lohns/Gehalts, wohl aber sind die vom Arbeitgeber erbrachten vermögenswirksamen Leistungen dem zu versteuernden Entgelt hinzuzurechnen. Sie können eine Vereinbarung über Zahlungen in Form vermögenswirksamer Leistungen über Arbeitsverträge, Betriebsvereinbarungen, Tarifverträge oder sonstige bindende Festsetzungen abschließen.

Die Förderung durch Arbeitnehmersparzulagen ist auf Vermögensbeteiligungen sowie auf Anlagen zum Wohnungsbau beschränkt. Die Vorschriften bezogen auf

- die Höhe der Arbeitnehmersparzulage,
- den Anlagenkatalog,
- das Auszahlungsverfahren,
- die Vereinfachung der vom Arbeitgeber vorzunehmenden Maßnahmen

entnehmen Sie der Übersicht zu 2.10.

Nach Vorlage des von Ihrem Mitarbeiter vorgenommenen Vertragsabschlusses mit einem nach den gesetzlichen Bestimmungen zugelassenen Anlageinstitut haben Sie als Arbeitgeber die vermögenswirksame Leistung an das Anlageinstitut zu überweisen und zu kennzeichnen. Gleichzeitig muss aus Gründen des Förderungshöchstbetrags pro Jahr aus Ihrer Überweisung die Zuordnung zum jeweiligen Kalenderjahr ersichtlich sein.

Ergänzungen zu betrieblichen Sozial- und Zusatzleistungen entnehmen Sie bitte V A/1.26.

2.11 Vorschusszahlungen

Im Gegensatz zur Abschlagszahlung (= eine Leistung des Arbeitgebers auf ein bereits fälliges, aber noch nicht abgerechnetes Entgelt) ist der Arbeitgeber in keiner Weise verpflichtet, dem Arbeitnehmer einen Vorschuss vor Erbringung seiner Arbeitsleistung zu zahlen. Einzige Ausnahme dazu kann in dem Moment gegeben

Übersicht (zu 2.10) Vorschriften des Vermögensbildungsgesetzes

1. Ihr Arbeitnehmer hat einen Anspruch auf eine Arbeitnehmersparzulage für vermögenswirksam angelegte Geldleistungen. Die Höhe der Arbeitnehmersparzulage wird auf Antrag durch das für den Arbeitnehmer zuständige Finanzamt festgelegt und aus den Einnahmen an Lohnsteuer gezahlt. Sie beträgt einheitlich 10% der vermögenswirksamen Leistungen bei der Anlage in Vermögensbeteiligungen, nach dem Wohnungsbau-Prämiengesetz (WoPG) oder unmittelbar zum Wohnungsbau (Förderungshöchstbetrag 478,57 Euro pro Kalenderjahr). Bei Anlage in betriebliche und außerbetriebliche Beteiligungen (Produktivvermögen) beträgt die Arbeitnehmersparzulage 20% (Förderungshöchstbetrag 409,03 Euro pro Kalenderjahr). Ist der Hauptwohnsitz in den östlichen Bundesländern, sind es befristet bis Dezember 2004 25%. Ab 2005 gilt eine einheitliche Förderung der VWL für alle Bundesländer.
2. Nach dem neu erstellten Anlagekatalog sind außerbetriebliche Anlagearten, d.h. die Anlage in Vermögensbeteiligungen an einem Unternehmen, das weder das arbeitgebende noch ein mit ihm in Verbindung stehendes Unternehmen ist, nicht mehr zugelassen. Das sind
   - Stammeinlagen oder Geschäftsanteile an GmbHs (Gesellschaften mit beschränkter Haftung).
   - Geschäftsguthaben bei Genossenschaften (es sei denn, es handelt sich hierbei um Kreditinstitute oder bestimmte Bau- und Wohnungsgenossenschaften).
   - Aktien- und Wandelschuldverschreibungen, die keine Zulassung an einer deutschen Börse besitzen und nicht in den Freiverkehr einbezogen sind.
3. Möglich ist die Anlage in Genussscheinen, die an einer deutschen Börse zum amtlichen Handel oder zum geregelten Markt (Freiverkehr) zugelassen sind. Genussscheine sind die verbriefte Form von Genussrechten und müssen mit dem Recht am Unternehmensgewinn verbunden sein.
4. Der erste Erwerb von Anteilen an Bau- und Wohnungsgenossenschaften mit vermögenswirksamen Leistungen ist nur dann möglich, wenn die Genossenschaft selbst der Arbeitgeber oder ein mit ihm in Verbindung stehendes Unternehmen ist oder wenn die Genossenschaft ein Kreditinstitut oder eine bestimmte Bau- und Wohnungsgenossenschaft ist.
5. Das Wohnsitzfinanzamt des Arbeitnehmers setzt zwar die Sparzulage fest, diese kommt aber nunmehr nicht unmittelbar nach der Festsetzung zur Auszahlung, sondern erst, wenn
   - die Sperrfristen nach dem 5. Verm.BG oder des WoPG abgelaufen sind (Wohnungsbau-Prämiengesetz);
   - der Bausparvertrag zugeteilt worden ist oder
   - über den Vertrag »unschädlich« vorzeitig verfügt worden ist, z.B. geschieht dies im Fall der festgestellten Berufsunfähigkeit eines Arbeitnehmers ohne Verlust der staatlichen Prämie.
6. Die Bescheinigungen für den Arbeitnehmer bezogen auf
   - die Höhe des Jahresbetrags der vermögenswirksamen Leistungen,
   - das Kalenderjahr, dem die vermögenswirksamen Leistungen zuzurechnen sind sowie
   - die Laufdauer des Vertrags bzw. das Ende der Sperrfrist (abhängig vom jeweils abgeschlossenen Vertrag) sind vom Anlageinstitut vorzunehmen. Ebenso ist das Anlageinstitut verpflichtet, Ihnen als Arbeitgeber unverzüglich mitzuteilen, zu welchem Zeitpunkt eine vermögenswirksame Leistung nicht oder nicht mehr die Voraussetzung nach dem Vermögensbildungsgesetz erfüllt.

sein, in dem der Arbeitnehmer in eine, auf andere Art und Weise nicht zu lösende, finanzielle Notlage gerät. In einem solchen Fall kann der Mitarbeiter unter Umständen einen Anspruch aus der Fürsorgepflicht des Arbeitgebers geltend machen (siehe auch II B/3.2.2.9).

Wichtig ist, dass eine Vorschusszahlung deutlich als solche ausgewiesen wird. Arbeitgeber – sowie arbeitnehmerseitig muss Einigung darüber bestehen, dass es sich um eine vorschussweise Zahlung handelt, die bei Fälligkeit der Forderung mit der Entgeltzahlung verrechnet wird. Das Muster zu 2.11 zeigt ein entsprechendes Formular, das sie auch auf der beigefügten CD-ROM wiederfinden.

2.12 Personelle Einzelmaßnahmen

Beginnend mit der Einstellung eines Mitarbeiters bis hin zur Beendigung des Arbeitsverhältnisses unterliegen alle Maßnahmen, die den einzelnen Mitarbeiter betreffen, der Zustimmung des Betriebsrats (siehe III B/3.2.2).

Sie sind verpflichtet, vor jeder Einstellung und der damit verbundenen Eingruppierung sowie vor jeder Versetzung Ihren Betriebsrat zu beteiligen. Dies geschieht am besten mit einem Formblatt, das nach Unterzeichnung vom Betriebsrat an Sie zurückkommt. Ein Durchschlag für die Zeit der Bearbeitung verbleibt in der Personalabteilung.

> Nutzen Sie beim Ausscheiden eines Mitarbeiters für das Bescheinigungswesen die passenden Word-Dokumente auf der beigefügten CD-ROM (Ausgleichsquittung, Urlaubsbescheinigung, Bescheinigung nach dem Nachweisgesetz u.a.)

2.13 Kassenführung und Journal

Neben den bereits aufgeführten Tätigkeiten innerhalb des Bereichs der Personalverwaltung kommt der Führung der Kontenbewegungen sowie der Kassenführung im Haus eine wesentliche Bedeutung zu, die Ihnen den aktuellen Überblick sichert.

2.13.1 Führung der Kontenbewegung

Zur Belegung vorgenommener Banküberweisungen dienen Buchungsaufgaben. Sie beinhalten das Konto, den Firmennamen, die Kostenstelle und die entsprechende Summe. Gleichzeitig wird der Grund bzw. Anlass der Überweisung auf der Buchungsaufgabe zur späteren Prüfung der Konten festgehalten. Für die eigentliche

Überweisung können Sie die banküblichen Formulare verwenden. Gelder, die Sie mittels eines Barschecks von der Bank zum Eingang in die Kasse vor Ort abheben, müssen über einen Kasseneingangsbeleg als solche kenntlich gemacht werden.

2.13.2 Kassenführung

Jeder Ein- bzw. Ausgang der Kasse vor Ort, wie beispielsweise Spesenvorschüsse, Auslagen für Gästebewirtung, bar ausgezahlte Vorschüsse für Mitarbeiter usw., sollte über die entsprechenden Belege festgehalten werden. Dabei ist zu beobachten, dass Rechnungen und Quittungen, abgezeichnet vom jeweiligen Unterschriftsberechtigten, mit abgelegt werden.

> Betrieblich veranlasste Arbeitsessen sind nur bei »außergewöhnlichen Anlässen« und in direktem Zusammenhang mit diesen (z.B. ein bis zum Ende des Monats zu erledigendes Projekt) in Höhe von 40 € steuerfrei. Regelmäßig stattfindende Arbeitsessen oder preislich teurere Essen sind von dieser Steuerbefreiung ausgenommen.

Die entsprechenden Belege müssen Folgendes enthalten:
- Ort der Bewirtung,
- Tag,
- Namen der Teilnehmer,
- Namen des Einladenden,
- Grund für die Bewirtung,
- die einzelnen Speisen und Getränke.

Das Finanzamt erkennt nur die von der Bewirtungsstätte ausgestellten Kassenbons an.

Zur Abrechnung der Kasse vor Ort wird stets der Kassenbestand des Vortags als Anfangsbestand des Abrechnungstags in einem Journal eingetragen. Das zusätzlich erstellte Kassenprotokoll zeigt Ihnen auf Heller und Pfennig den aktuellen Kassenbestand.

Das monatlich erstellte Journal führt nun in Gesamtübersicht die vorgenommenen Buchungsvorgänge der entsprechenden Bankanweisungen, sowie die Ein- und Ausgänge der Kasse vor Ort zusammen. Sofern Sie computergestützt arbeiten, besteht natürlich die Möglichkeit, auf das manuell geführte Journal zu verzichten und die Eingabe direkt in das System vorzunehmen. Die chronologisch geführte Abrechnung am Monatsende zeigt Ihnen dann Ihre Soll- und Haben-Bestände in Abgleich zum Kassenbestand vor Ort auf.

2.14 Direktversicherung

Ihr Mitarbeiter hat die Möglichkeit, bei einem Versicherungsunternehmen seiner Wahl eine Direktversicherung (siehe auch V A/1.32 und 3) abzuschließen, zu deren vertraglichem Abschluss der Arbeitgeber herangezogen werden muss.

Die Direktversicherung ist eine Lebensversicherung auf das Leben des Arbeitnehmers, bei der er oder seine Hinterbliebenen nach Ablauf der vereinbarten Vertragslaufzeit hinsichtlich der Versorgungsleistung des Versicherers leistungsberechtigt sind. Die im Vertrag vereinbarte Sparsumme – nach momentan geltendem Recht (EStG) in Höhe von max. 1.752 € pro Jahr – wird direkt vom Arbeitgeber an die Versicherung abgeführt.

Muster (zu 2.11) Anerkenntniserklärung

Anerkenntnis-Erklärung

Ich bestätige, heute von der Firma

....

Euro ....

(in Worten: ....)

als Vorschuss auf künftige Entgeltzahlungen empfangen zu haben.

Ich erkläre mich ausdrücklich damit einverstanden, dass obiger Betrag wie folgt über die Entgeltabrechnung/en getilgt wird:

- im Monat ....
- ab .... in monatlichen Raten von   Euro ....
- ab .... in monatlichen Raten von   Euro ....
  und ab .... in monatlichen Raten von   Euro ....
  und in ....   Euro ....
- In ....
                     zusätzlich jeweils   Euro ....
- und ....
  ....
  ....

Ich bin weiter damit einverstanden, dass der Restbetrag der Schuld zur sofortigen Rückzahlung fällig wird, wenn das Arbeitsverhältnis endet. Die Firma .... ist dann berechtigt, die Restschuld – unbeschadet von der Höhe – von dem mir noch zukommenden Entgelt einzubehalten.

Dieselben Folgen treten ein, wenn der Firma .... berechtigte Pfändungsverfügungen Dritter gegen mich zugestellt werden.

.............., den ....
                                          Unterschrift

2.15 Betriebliches Vorschlagwesen

Ein Verbesserungsvorschlag ist die Beschreibung einer organisatorischen, technischen, wirtschaftlichen oder sozialen Veränderung, die bisherige Systeme oder Vorgänge vereinfacht, verbilligt, beschleunigt, sicherer macht oder zur Qualitätsverbesserung führt.

> Die Grundsätze für ein betriebliches Vorschlagwesen unterliegen dem Mitbestimmungsrecht des Betriebsrats. Dieser entscheidet im Rahmen einer Betriebsvereinbarung mit, welche Organe in welcher Zusammensetzung welche Aufgaben übernehmen und wie das Verfahren gestaltet werden soll (siehe II B/3.2.1).

Ziel des betrieblichen Vorschlagwesens ist sicherlich in erster Linie die Verbesserung des Organisations-, Verwaltungs- und Produktionsablaufs in Ihrem Betrieb. Gleichzeitig motivieren Sie Ihre Mitarbeiter in zweifacher Weise:

1. Über finanzielle Anreize in Form von Prämien, sofern der Vorschlag bewertet und umgesetzt werden kann, und dadurch dass
2. ein Mitarbeiter, der die Möglichkeit hat, mit eigenen Ideen zur Arbeitsverbesserung, -gestaltung und/oder zur Kostensenkung beizutragen, erfahrungsgemäß stärker und engagierter am Arbeitsprozess interessiert ist.

Über spontane, individuell vom Mitarbeiter vorgebrachte Vorschläge hinaus (siehe dazu Muster zu 2.15) können Sie zur Lösung anstehender Probleme oder Aufgaben eine Arbeitsgruppe bilden. Dieser Arbeitskreis – oft auch Qualitätszirkel genannt – setzt sich vorzugsweise aus Mitarbeitern verschiedener Abteilungen oder Ressorts zusammen, um möglichst alle Facetten einer speziellen Problematik zusammenzutragen und entsprechende Lösungskonzepte daraus zu erstellen.

Das betriebliche Vorschlagwesen ist sicherlich sowohl ein Verbesserungs- als auch Motivations- und Führungsinstrument, das – gezielt eingesetzt – nicht nur für große Unternehmen, sondern insbesondere

---

Muster (zu 2.15) Formblatt zum betrieblichen Vorschlagswesen

– Betriebliches Vorschlagwesen –

_____, den _____
Vor- und Zuname

Tätig als _____

im Werk / VL / VD / HV

Abteilung _____

☐ Mein Vorschlag ist bereits durchgeführt
☐ Ich lege Wert auf Anonymität
☐ Ich habe nichts dagegen, wenn mein Name bei Realisierung des Vorschlags genannt wird

(Zutreffendes bitte ankreuzen)

Mein Vorschlag zum Thema:
(Bitte beschreiben Sie den jetzigen Zustand, nennen Sie das Problem und Ihre Lösung)

Erklärt sich der Mitarbeiter bereit, den Vertrag nicht vor seinem 60. Lebensjahr zu kündigen, so besteht die Möglichkeit nach dem Einkommensteuergesetz (EstG §40 b), die Lohnsteuer für eine Direktversorgung mit einem Pauschalsteuersatz in einer seit 1990 geltenden Höhe von 20% zu belegen.

Der an die Versicherung abzuführende Betrag wird damit vor der Steuerabführung vom Gesamtbruttoentgelt abgezogen. Damit vermindert sich die vom Arbeitnehmer zu zahlende Lohnsteuer.

Der formale Weg sieht vor, dass der vom Versicherungsunternehmen und dem Mitarbeiter unterzeichnete Vertrag dem Arbeitgeber einschließlich der entsprechenden Versicherungspolice zugeht. Mit der Unterzeichnung des Vertrags verpflichtet sich der Arbeitgeber, die jeweils festgesetzte Summe monatlich, halbjährlich oder jährlich an die Versicherung abzuführen.

> Kommt es vor der Vollendung des 60. Lebensjahrs zur Beendigung des Arbeitsverhältnisses, so muss der Arbeitgeber der Versicherung und dem Arbeitnehmer gemäß des Gesetzes zur Verbesserung der betrieblichen Altersversorgung schriftlich mitteilen, dass seine Ansprüche aus dieser Versicherung auf die Leistungen begrenzt sind, die auf Grund der bis zu seinem Ausscheiden erfolgten Beitragszahlung fällig werden.

für mittlere Betriebe Bedeutung hat. Der ständig steigende Kosten- und Qualitätswettbewerb, dem Sie zwangsläufig durch nationale und internationale Anbieter ausgesetzt sind, lässt den Verzicht auf kreatives, kontinuierliches und auf die Unternehmensziele ausgerichtetes Mitdenken Ihrer Mitarbeiter nicht mehr zu.

An dieser Stelle sei kritisch angemerkt, dass auch oder gerade Instrumente wie das BVW durch Überadministration, sprich lange und umständliche Verwaltungs- und Beurteilungssysteme oftmals gelähmt werden. Zeiträume von bis zu einem Jahr, gerechnet vom Eingang des Vorschlags über die Prüfung bis hin zur Realisierung sind in der Praxis keine Seltenheit. Wichtige Frage für Sie bleibt dennoch: Wo siedeln Sie die Abwicklung eines Verbesserungsvorschlags an, um möglichst Aufwand, Zeit und Kosten gering zu halten?

2.16 Zwischenzeugnisse

Angesichts der Dynamik der Unternehmensentwicklung und der Arbeitswelt kommt es häufiger als früher zu Veränderungen im Arbeitsverhältnis. Der Arbeitnehmer wird versetzt, er erhält einen neuen Vorgesetzten oder es findet ein Betriebsübergang zu einem anderen Arbeitgeber statt. In den genannten Fällen und bei anderen triftigen Gründen kann ein Arbeitnehmer ein Zwischenzeugnis verlangen. Während in früheren Zeiten das Verlangen des Arbeitnehmers in den Unternehmen oft abgelehnt wurde, ist es inzwischen im Sinne des Servicegedankens der Personalarbeit weitgehend üblich, begründete Wünsche nach einem Zwischenzeugnis zu erfüllen. Nähere Angaben finden Sie unter VIII B/6.1.1.

3 Personalcontrolling

3.1 Aufgabe

Personalcontrolling dient der Steuerung des Unternehmens und stellt hierfür entsprechend aufbereitete Informationen über das Personal zur Verfügung.

Grafik (zu 3.1) Integriertes Personalcontrolling

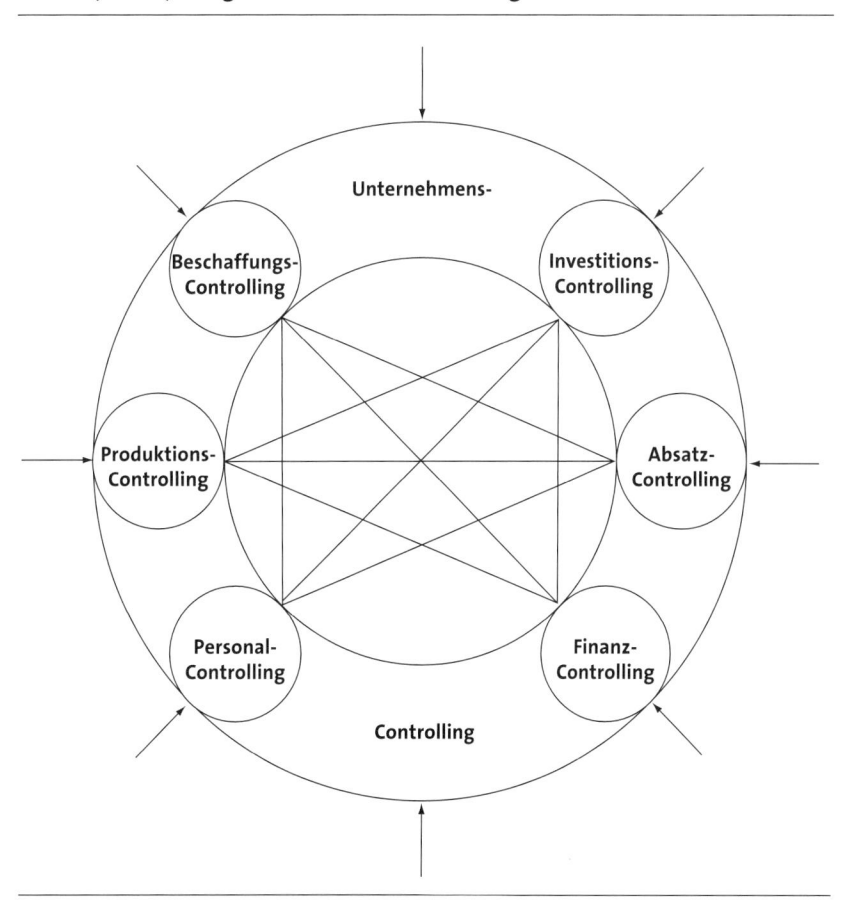

Es soll
- Zielvorgaben,
- Handlungsalternativen,
- Maßnahmen,
- Erfolgskontrollen

ermöglichen. Art und Umfang des Personalcontrolling wird von Ihrer Art, Personal und das Unternehmen zu führen, bestimmt.

Die Funktion des Personalcontrolling kann sowohl im Controlling als auch im Personalbereich angesiedelt sein. Eine eigene organisatorische Einheit (Abteilung) ist nur in Großunternehmen erforderlich. Wird die Aufgabe durch die Controlling-Abteilung wahrgenommen, stellt sich die Frage nach der Rollenverteilung zwischen Controlling und Personalabteilung. In jedem Fall sollte die Personalcontrolling-Funktion von einer gesonderten Stelle innerhalb eines der beiden Bereiche wahrgenommen werden, um die Unternehmensleitung und den Fachvorgesetzten bei der Personalführungsfunktion zu unterstützen.

Das Personalcontrolling ist Teil des Steuerungsinstrumentariums des gesamten Unternehmens und somit in unterschiedliche Planungs- und Rechenwerke des Unternehmens eingebettet (siehe Grafik zu 3.1). Dabei muss die Definitionsmacht für Personalzahlen beim Personalcontrolling liegen, so wie z.B. die Finanzbuchhaltung für den Kontenrahmen oder die Betriebsabrechnung für den Betriebsabrechnungsbogen verantwortlich ist.

3.2 Instrumentarium

Ausgangspunkt jeglichen Controllings ist die Kostenbeobachtung. Das Interesse des Personalcontrollings geht darüber jedoch hinaus. Um Handlungsalternativen aufzeigen zu können, sind neben quantitativen, kostenmäßigen Größen auch qualita-

Übersicht (zu 3.3) Mengen- und Strukturkennziffern

Mengenmäßige Daten
- Anzahl Stammbelegschaft
  - auf Kopfzahlbasis
  - auf Ganztagsbasis
- Anzahl Nicht-Stammbelegschaft
  - Aushilfen
  - Werkstudenten
  - Praktikanten
  - Diplomanden
  - Auszubildende
  - Erziehungsurlauber(innen)
  - Wehrdienstleistende
  - Ersatzdienstleistende
  - ins Ausland Entsandte
  - Dauerkranke
  - Pensionäre

Strukturdaten
- Anzahl strukturiert nach:
  - direkte/indirekte Mitarbeiter
  - Arbeiter/Angestellte
  - gewerblich/technisch/kaufmännisch
  - männlich/weiblich
- Anzahl nach Altersgruppen
- Anzahl nach Vergütungsgruppen:
  - Akkordlohn
  - Prämienlohn
  - Monatslohn
  - Tarifgehalt
  - außertarifliches Gehalt
  - Provisionsempfänger
  - Pensionsempfänger
- Anteil Mitarbeitergruppe an Gesamtbelegschaft, z.B.:
  - Anteil Entwickler
  - Anteil Personal-Controlling-Mitarbeiter

Übersicht (zu 3.4) Qualitative Daten

- Anzahl nach Ausbildungsabschluss:
  - Ungelernte
  - Auszubildende
  - Angelernte
  - Facharbeiter
  - kaufmännische Angestellte
  - staatl. gepr. Techniker
  - Ingenieure
  - sonstige Akademiker
  - Promovierte
- Anzahl nach Fortbildungsstand, z.B.:
  - E-Schweißen
  - Staplerführerschein
  - Maschinenbedienerausbildung
  - PC-Kenntnisse
  - Fremdsprachen
- Anzahl nach Einsatzmöglichkeiten, z.B.:
  - Bankvollmacht
  - Ausbildereignungsprüfung
  - Sicherheitsbelehrung
  - Schwindelfreiheit
  - Gesundheitszeugnis (Küchen)
  - Tropentauglichkeit

3.3 Mengen- und Strukturkennziffern

Es lassen sich nahezu beliebig viele mengenmäßige und Strukturdaten erfassen (siehe Übersicht zu 3.3). Die Frage ist immer: Welche Erkenntnis bringt mir die Sammlung und Aufbereitung der Daten?

> Was will ich?
> - Zielvorgaben formulieren?
> - Maßnahmen ergreifen?
> - Entwicklungen verfolgen, dokumentieren?
> - Handlungsalternativen erkennen?
> - Erfolgskontrollen durchführen?

Die Anzahl vernünftig einsetzbarer Kennzahlen ist z.B. von der Anzahl der Mitarbeiter eines Unternehmens abhängig. Eine monatliche Übersicht über die Altersstruktur der Belegschaft ist offenkundig sinnlos. Dennoch zeigt die Erfahrung, dass schon mancher mittelständischer Unternehmer überrascht Handlungsbedarf festgestellt hat, der sich erstmals die Anzahl seiner Mitarbeiter nach Altersgruppen auflisten ließ (siehe auch III A/2.4).

3.4 Qualitative Daten

Es lohnt nur selten, über jeden Mitarbeiter Aussagen über alle in Übersicht zu 3.4 beispielhaft angeführten Merkmale vorzuhalten. Praktikabel erscheint bei speziellen qualitativen Aussagen die Speicherung von besonderen Merkmalen und Fähigkeiten in einem formatfreien Textfeld. Schwierigkeit: Es muss sehr präzise festgelegt werden, was im Einzelnen in diesem Feld stehen darf.

3.5 Verhaltens- und Ereignisdaten

(siehe Übersicht zu 3.5)

3.6 Kostendaten

Die Kontrolle der Personalkosten gewinnt ständig an Bedeutung. Somit gibt es hierzu auch das beste Datenmaterial. Die exakte Erfassung des Lohn- und Gehaltsaufwandes in der Buchhaltung sowie die korrekte Ermittlung aller Personalkosten in der Betriebsabrechnung bilden das Fun-

tive und Strukturkennziffern erforderlich.

Hierzu benötigen Sie Daten, die mindestens Aussagen erlauben über die reine Anzahl der im Unternehmen beschäftigten Mitarbeiterinnen und Mitarbeiter. Sodann sind Aussagen über die Struktur der Belegschaft wichtig und auch Informationen über die Qualität der Belegschaft. Schließlich werden in den meisten Unternehmen auch Daten von Ereignissen festgehalten, die über das typische Verhalten der Mitarbeiter Aufschluss geben. Die anfallenden Kosten werden von je her ermittelt. Als Maßstab für Veränderungen und zum Vergleich mit anderen dienen Leistungsdaten. Das Personalcontrolling systematisiert diese Daten und trifft eine sinnvolle Auswahl, die dem jeweiligen Steuerungszweck entspricht.

dament für Zielvorgaben, Maßnahmen und deren Erfolgskontrolle. Durch zusätzliche Rechenwerke wie z.B. die Leistungsermittlung in der Fertigung bewegt sich das Personalkosten-Controlling als reine Kostenkontrollinstanz in der Regel auf sicherem Boden. Eine Auswahl von Daten, die sich in der Praxis bewährt haben, entnehmen Sie bitte der Übersicht zu 3.6.

3.7 Leistungsdaten für Benchmarking

Unter personalwirtschaftlichen Leistungsdaten sind nicht die individuell zu beurteilenden Leistungen einzelner Mitarbeiter zu verstehen, sondern es handelt sich um Kennzahlen, die ihren Wert als Vergleichsgröße z.B. zwischen Abteilungen oder Unternehmen haben (z.B. Umsatz pro Mitarbeiter, Wertschöpfung pro Mitarbeiter oder Kunden je Mitarbeiter). Möchten Sie dagegen Veränderungen im Zeitablauf untersuchen, ist Vorsicht geboten. Die Problematik liegt immer in der Abgrenzung der zu Grunde gelegten Einzelparameter und in der Auswahl des Messpunkts. Wollen Sie z.B. vernünftige Aussagen über den Umsatz pro Mitarbeiter erhalten, müssen drei Parameter definiert werden:
1. Welche Menge der erbrachten Güter und Dienstleistungen soll wo und für welche Periode gemessen werden?
2. Was geht in den Preis ein (z.B. Verbrauchsteuern)?
3. Wie soll die Zahl der Mitarbeiter bestimmt werden (z.B. Jahresdurchschnitt, mit/ohne Dauerkranke)?

Vergleichsdaten erhalten Sie bei den Kammern, Innungen und Arbeitgeberverbänden sowie den sonstigen berufsständischen Organisationen. Grobe Aussagen erlauben das Statistische Jahrbuch sowie z.T. die Monatsberichte der Deutschen Bundesbank. Oft geben auch die Wirtschaftsforschungsinstitute geeignetes Zahlenmaterial heraus. Zum Benchmarking der Personalentwicklung siehe VII A/4.9.

3.8 Personalbudget

Vornehmste Aufgabe des Controlling ist die Aufstellung des Kostenbud-

Übersicht (zu 3.5) Verhaltens- und Ereignisdaten

Verhaltensdaten, z.B.
- Inanspruchnahme von Bildungsurlaub
- Inanspruchnahme Erziehungsurlaub
- Inanspruchnahme der unterschiedlichen Altersgrenzen
- Inanspruchnahme Kantinenverpflegung
- Ausgelernte ohne Übernahmewunsch
- Mitarbeiter mit Teilzeitwünschen
- Inanspruchnahme Fortbildungsangebot

Ereignisdaten
- Krankenstandsquote
- Fehlzeitenquote
- Fluktuationsrate
- Schwangerschaftsfälle
- Anzahl Umgruppierungen
- Anzahl Arbeitsunfälle
- Arbeitsausfalltage (bezahlt, unbezahlt)

Beispielformeln:

$$\text{Krankenstand} = \frac{\text{Anzahl der durch Krankheit ausgefallenen Arbeitstage} \times 100}{\text{durchschn. monatl. Beschäftigtenzahl} \times \text{mögl. Arbeitstage}}$$

$$\text{Fehlzeitenquote} = \frac{\text{Ist-Anwesenheit}}{\text{Soll-Anwesenheit}}$$

$$\text{Fluktuationsrate} = \frac{\varnothing \text{ Mitarbeiterzahl}}{\text{Anzahl ausgesch. Mitarbeiter}}$$

Übersicht (zu 3.6) Kostendaten

Feste Personalkosten	Variable Personalkosten
▪ Tarifgrundvergütungen (Lohn, Gehalt)	▪ übertarifliche Zulagen
▪ tariflich abgesicherte Zulagen	▪ sonstige freiwillige Zulagen
▪ tarifliche (Mehrarbeits-)Zuschläge	▪ außertarifliche Gehälter
▪ Bezüge nach Betriebsvereinbarung	▪ Mehrarbeitsgrundvergütungen
▪ durch betriebliche Übung gezahltes Entgelt	▪ Prämien und Sonderzahlungen
▪ Aufwendungen für betriebliche Altersversorgung	▪ Honorare
▪ gesetzliche Sozialabgaben	▪ freiwillige soziale Leistungen
▪ sonstiger gesetzlicher Sozialaufwand – Urlaub – Feiertagsbezahlung – Entgeltfortzahlung im Krankheitsfall – Erziehungsurlaub	**Personalentwicklungskosten** ▪ Personalbeschaffungskosten ▪ Aus- und Fortbildungskosten ▪ Versetzungskosten ▪ Personalverwaltungs-/betreuungskosten ▪ Personalreduzierungskosten

gets (Zielvorgabe), die Kontrolle seiner Einhaltung (Erfolgskontrolle), sowie Empfehlung von Handlungsalternativen, falls dies nicht gelingt. Für die nächste Budgetperiode werden Maßnahmen zur Verbesserung der Kostensituation vorgeschlagen.

Das Personalcontrolling befasst sich zusätzlich mit der Ermittlung des Personalbudgets. Es entwickelt Verfahren, die eine möglichst treffende Vorhersage der benötigten Personalkapazität für die vorliegenden Aufgaben erlauben. Damit übernimmt das Personalcontrolling eine Funktion, die in Fabrikationsbetrieben traditionell Arbeitsvorbereitung oder Zeitermittlung haben. Dort gibt es eine Fülle von erprobten Verfahren, mit denen sich sehr genaue Personalzahlen aus einer vorgegebenen Arbeitsmenge ermitteln lassen.

Das Personalcontrolling hat seine Wurzeln jedoch in den Verwaltungsbereichen. Hier ist die Prognose des Arbeitszeitaufwandes schwieriger, weil dieser nicht direkt vom Aktivitätsniveau des Unternehmens abhängt. Man spricht in diesem Zusammenhang auch von »indirekten« Mitarbeitern im Gegensatz zu den »direkten«, deren Wertschöpfung direkt in das Produkt eingehen. Sie können das Personalbudget z.B. aus Umsatzvorausschätzungen grob ermitteln. Genauer sind Aussagen, die die Kostendaten zu 3.6 berücksichtigen.

Zusätzlich sind Daten über neue Produkte, Konkurrenzverhalten, Konjunkturentwicklung, Preisgestaltung usw. erforderlich. Das Controlling ist die geeignete Stelle im Unternehmen, um diese Daten aufzubereiten und zu einem Management-Informationssystem zusammenzuführen.

Für die Erstellung des Personalbudgets in traditioneller Form sind die Leistungsdaten von ausschlaggebender Bedeutung (siehe 3.7). Umsatz pro Mitarbeiter, Servicefälle pro Servicetechniker, Produktionsmenge je Facharbeiter, betreute Kunden je Vertriebsbeauftragter, abgerechnete Lohnkonten je Sachbearbeiter, all diese Kennziffern ermöglichen es dem Personalcontrolling, Handlungsalternativen vorzuschlagen.

> **Budget nach der traditionellen Methode:**
> Erlös – Kosten = Gewinn
> **Budget nach der retrograden Methode:**
> Erlös – Gewinn = Kosten

Immer mehr Unternehmen gehen zum Prinzip der retrograden Budgetierung über. Die erzielbaren Erlöse werden voraus geschätzt, der zu erzielende Gewinn festgelegt und der sich ergebende Rest als Kostenrahmen vorgegeben. Da bekannt ist, wie hoch die Anteile der einzelnen Kostenarten sind, steht u.a. fest, wie hoch der Personalaufwand sein darf, wenn alle anderen Umstände gleich bleiben (sollen). Dies lässt unmittelbare Rückschlüsse auf die bezahlbare Belegschaftsstärke zu. In Zeiten rückläufiger Gewinne sind Personalreduzierungen die Folge.

Die Daten zur Personalkapazität erhält das Controlling aus den Montagevorgabezeiten der Fertigung bzw. des Herstellers. Diese werden je Gerätetyp und Arbeitsumgebung beim Kunden unterschiedlich sein. Diese Daten sind im Allgemeinen sehr präzise.

Die Nettoveränderungen des Anlagenbestandes ebenso wie die Zugänge ergeben sich aus den Verkaufsvorausschätzungen, falls noch keine Auftragsbestände vorhanden sind. Hier ist das Controlling auf gute Vertriebsplanzahlen angewiesen, um verlässliche Aussagen machen zu können.

Veränderungen im Wartungs- und Reparaturverhalten der Anlagen ist gleichermaßen Ziel- wie Regelgröße. Je wartungsfreundlicher die Anlagen werden, desto geringer ist der Personalkapazitätsbedarf. Hier wird das Controlling sicher Einsparpotenziale aufzeigen.

Wichtig für die Ermittlung des Personalbudgets ist auch die Personaleinsatzplanung. Das Controlling wird hier Entscheidungshilfen geben, ob z.B. die Anschaffung von Autotelefonen zu Veränderungen bei den Anfahrtzeiten zum Kunden führt, die die Investition rentabel macht.

Arbeitszeitverkürzungen erhöhen rechnerisch die Anzahl der benötigten Mitarbeiter nur dann, wenn das Unternehmen nach traditioneller Methode budgetiert. Im Falle retrograder Budgetierung kommt es offenkundig zur rechnerischen »Vernichtung« von Arbeitsplätzen, da die Kosten pro Erlöseinheit steigen.

Rationalisierungsmöglichkeiten werden nur dann von den Betroffenen ernsthaft gesucht, wenn sie im Wege der retrograden Budgetierung als Zielvorgabe eingebaut sind. Das Personalcontrolling hat hier eine große Verantwortung. Überzogene Rationalisierungserwartungen führen zu Gewinnerwartungen an einer Stelle, die diese nicht erfüllen kann. Auf Seiten der Mitarbeiter führen unerreichbare Ziele zur Demotivation.

Die Fachabteilungen stehen nun vor der schwierigen Aufgabe, das Erforderliche mit dem Machbaren in Übereinstimmung zu bringen. Das Personalcontrolling muss seine Kopfzahlvorgaben verteidigen gegen die Argumente der sachkundigeren Fachvorgesetzten, die in aller Regel die vorhandene Personalkapazität für erforderlich, wenn nicht gar schon für zu niedrig halten.

3.9 Arbeitsweise bei retrograder Budgetierung

In der Regel gibt es eine Einigung über Einsparungen nur, wenn alle

---

Beispiel (zu 3.9) Arbeitsweise bei retrograder Budgetierung

Angenommen, ein Unternehmen schätzt den möglichen Umsatz auf 51 Millionen Euro. Der Unternehmer verlangt darauf eine Rendite von 12,5 %, das sind 6,375 Millionen Euro. Die traditionelle Budgetierung der voraussichtlichen Kosten ergab 47 Millionen Euro. Davon sind 60 % Personalkosten.

Es fehlen also 2,375 Millionen Euro Gewinn
(51 – 6,375 – 47 = –2,375)
Wenn es nicht möglich ist, im Sachkostenbereich mehr zu sparen als bei den Personalkosten, müssen also 1,425 Millionen Euro (60 % von 2,375 Millionen Euro) durch Personalabbau eingespart werden.

gleichermaßen betroffen sind. Bei rd. 47.500 € pro Vollzeit-Arbeitsverhältnis müssen im Beispiel zu 3.9 30 Mitarbeiter das Unternehmen verlassen!

Spätestens jetzt wird die Personalabteilung darauf hinweisen, dass dieser Personalabbau zunächst einmal Geld kostet (siehe VIII A/3.2), bevor Einsparungen sichtbar werden. Um bei einer durchschnittlichen Betriebszugehörigkeit von z.B. 12 Jahren (Abfindung sechs Monatsgehälter + 20%) das Budget dieses Jahres ins Gleichgewicht zu bringen, müssten aus dem Sozialplan resultierende zusätzliche Kosten in Höhe von 30 halben Jahresvergütungen, also 712.500 € über Kostenabbau finanziert werden. Davon sind rd. 427.500 € Personalkosten, was weiteren 9 Mitarbeitern entspricht. Alle 39 Mitarbeiter müssten bereits zum Budgetbeginn das Unternehmen verlassen haben, um das Personalbudget zu erreichen.

Ob nach einer solchen Maßnahme die geplanten Umsatzerlöse noch erreicht werden, bleibt fraglich. Eine Abwärtsspirale ist eingebaut. Unerwartete Kostensteigerungen z.B. durch Qualifizierungsmaßnahmen, die infolge des Sozialplans erforderlich werden, weil wichtige Knowhow-Träger das Unternehmen verlassen mussten oder von selbst gegangen sind, kommen hinzu.

Die Sinnhaftigkeit einer derartigen Maßnahme – wohlgemerkt nur, um den Gewinn von 4 auf 6.375 Millionen € hoch zu zwingen – bleibt mindestens erklärungsbedürftig.

Die vernünftigste Arbeitsweise kann in jedem Fall nur die Zusammenarbeit von Fachvorgesetztem, Personalabteilung und Personalcontrolling sein, bei der jeder für das gemeinsame Ergebnis des beschrittenen Wegs Verantwortung übernimmt. Im Beispiel zu 3.9 konnte für den Erfolg der Maßnahme im nächsten Budgetjahr z.B. auf den Abbau der letztgenannten neun Mitarbeiter gemeinsam verzichtet werden.

Die Personalabteilung braucht in einer solchen Situation Daten, die Aussagen über die Struktur der Belegschaft erlauben. Alter, Betriebszugehörigkeit, Familienstand, Schwerbehinderung sind wichtige Kriterien eines Sozialplans. Von ihnen hängt u.a. ab, bei wem, nach welcher Kündigungsfrist, zu welchen Kosten eine Beendigung des Arbeitsverhältnisses möglich ist, wenn es überhaupt gelingt, sich in der gesetzten Frist mit dem Betriebsrat auf einen Sozialplan zu einigen. Sie liefert das Personalinformationssystem (siehe 3.10).

3.10 Einführung eines Personalinformationssystems

Das Controlling bedient sich der EDV-Systeme des Unternehmens, in Sonderheit des Personalabrechnungs- und Informationssystems. In ihm sind Stammdaten der Mitarbeiter wie z.B. Name, Alter, Eintrittsdatum, Kostenstelle gespeichert. Hinzu kommen abrechnungsrelevante Daten, wie etwa Krankenkasse, Rentenversicherungsträger, Steuerklasse usw. Erst die Hinzufügung von qualitativen Daten wie Ausbildung, Fortbildung, Tätigkeit, besondere Kenntnisse, Einsatzmöglichkeiten machen aus dem Personalverwaltungs- ein Personalinformationssystem.

Übersicht (zu 3.10) Musterklauseln für eine Betriebsvereinbarung

Erprobungsklausel:
Diese Regelung gilt zunächst bis zur vollständigen Einführung des Systems, längstens bis zum ....

Gemeinsamer Ausschuss:
Geschäftsleitung und Betriebsrat bilden einen gemeinsamen Ausschuss, in den der Betriebsrat sachkundige Belegschaftsvertreter seiner Wahl entsendet. Diese werden für Sitzungen des Ausschusses freigestellt.
Aufgabe des Ausschusses ist die einvernehmliche Festlegung des Rahmens, innerhalb dessen Auswertungen als zulässig gelten sollen.
Der Arbeitgeber wird im Ausschuss ständig über den Stand der Einführung des Systems berichten und Einblick in die Systematik der Auswertungen gewähren.

Schulung:
Die Ausschussmitglieder haben das Recht, sich an den Anwenderschulungen zu beteiligen. Der Arbeitgeber trägt die Kosten.

Mißbrauchs-Klausel:
Personelle Einzelmaßnahmen, die das Ergebnis unzulässiger Auswertungen sind, sind nichtig.

Informationsrecht:
Der Mitarbeiter erhält einmal jährlich einen Auszug der über ihn gespeicherten Personal-Stammdaten und ist verpflichtet, deren Richtigkeit zu bestätigen bzw. Änderungen/Ergänzungen der Personalabteilung mitzuteilen.

> Wenn Sie die qualitativen Daten in historischer Speicherung haben möchten, um etwa eine Vielzahl von nacheinander ausgeübten Tätigkeiten abfragen zu können, wird eine Leistungs- und Verhaltenskontrolle Ihrer Mitarbeiter möglich, die nach § 87 (1) 6. BetrVG mitbestimmungspflichtig ist (siehe III B/1.2.1).

Die Installation eines Personalinformationssystems stößt häufig auf den Widerstand der Betriebsräte, wenn diese nicht frühzeitig in die Planungen einbezogen werden. Sie verlangen regelmäßig Betriebsvereinbarungen, die vor Inbetriebnahme des Systems abgeschlossen sein müssen. Die Auswahl eines Systems ist als unternehmerische Vorüberlegung nicht mitbestimmungspflichtig.

Beim Abschluss einer Betriebsvereinbarung sollten Sie darauf achten, dass Sie nicht durch zu detaillierte Vereinbarungen die technische Nutzbarkeit des Systems von vornherein

Grafik (zu 3.11)
Weshalb Personalcontrollingsysteme an Bedeutung gewinnen

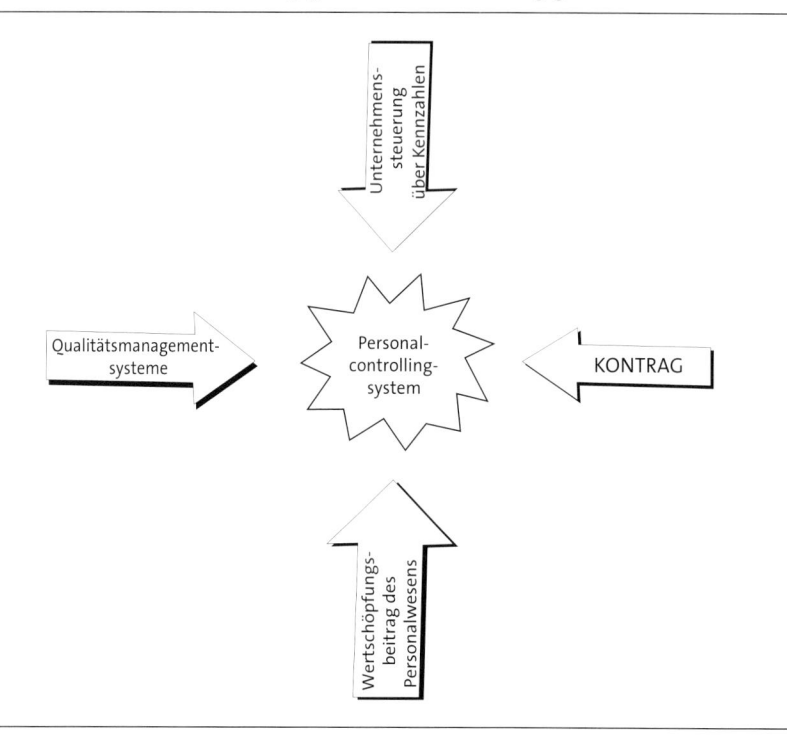

Pfeile zeigen auf das Personalcontrollingsystem:
- Unternehmenssteuerung über Kennzahlen (von oben)
- Qualitätsmanagementsysteme (von links)
- KONTRAG (von rechts)
- Wertschöpfungsbeitrag des Personalwesens (von unten)

erschweren oder unmöglich machen. Als »Tauschobjekt« bei Verhandlungen mit den Arbeitnehmervertretungen hat sich zum Schutz der Arbeitnehmer die Missbrauchs-Klausel bewährt.

Eine »Erprobungsregelung« erlaubt den einstweiligen Erprobungsbetrieb mit Echtdaten. Dem können die Arbeitnehmervertreter noch leichter zustimmen, wenn Sie ihnen einen gesondert dafür geschaffenen Ausschuss anbieten, in den der Betriebsrat Experten (die nicht unbedingt alle Betriebsratsmitglieder sein müssen!) entsendet und denen gegenüber Sie sich verpflichten, offen Auskunft zu geben. Schließlich ist es vorteilhaft, wenn Sie die Belegschaftsvertreter an Schulungen, z.B. des Software-Herstellers, beteiligen (siehe Übersicht zu 3.10). Zur flexibleren Handhabung der Betriebsvereinbarung hat es sich bewährt, etwaige unumgängliche technische Festlegungen in gesonderten Anlagen zur Betriebsvereinbarung niederzulegen, um Änderungen/Ergänzungen die im Zeitablauf erforderlich werden, leichter zu ermöglichen.

Die Missbrauchs-Klausel räumt jedem Arbeitnehmer ein individuell einklagbares Schutzrecht ein. Ist z.B. vereinbart worden, dass Auswertungen, die Rückschlüsse auf das Fahrverhalten des Mitarbeiters erlauben, unstatthaft sind und wird eine derartige Auswertung dennoch erstellt und von einer (möglicherweise nicht autorisierten) Stelle des Hauses dazu verwendet, dem Arbeitnehmer das Firmenfahrzeug zu entziehen, so kann er vor Gericht auf Nichtigkeit dieser Maßnahme klagen.

> 1. Jede Auswertung ist nur so gut, wie die Datenbasis, auf deren Grundlage sie erstellt worden ist.
> 2. Die Qualität jedes Personaldatenbestandes nimmt mit der Häufigkeit seiner Nutzung/Prüfung zu.
> 3. Die Verantwortlichkeit für die Richtigkeit der Daten soll so nah wie möglich bei der Stelle angesiedelt sein, die sie nutzt.

Die Informationsrechts-Klausel ist mit der Verpflichtung verknüpft, für die Richtigkeit der gespeicherten Daten Mitverantwortung zu übernehmen. So hilft der Mitarbeiter, die Aktualität der Personaldaten ständig auf hohem Niveau zu halten und schützt sich und andere vor falschen Auswertungen.

Mittlerweile sind eine Fülle von EDV-Lösungen für Personalinformationssysteme auf dem Markt. Der Trend geht eindeutig zum anwenderfreundlichen PC und hier zu lokalen Netzwerken, die z.B. dem Personalcontrolling Zugang zu Großrechnerdaten ermöglicht (Client/Server-Architekturen).

Alle Personaldaten fallen im Personalbereich an und sollen auch dort in das System eingegeben werden, unabhängig davon, wo das Personalcontrolling angesiedelt ist. Die Erfahrung zeigt, dass z.B. Adressdaten, die von der Personalbetreuung häufig auf Grund der Korrespondenz mit dem Mitarbeiter benutzt werden, von dieser Seite in gutem Pflegezustand gehalten werden. Daten, die von den Sozialversicherungsträgern ständig geprüft werden (z.B. die SV-Nummer), haben ebenfalls keine Fehler. Aus- und Fortbildungsdaten sind nur dann in gutem Zustand, wenn sie von den Mitarbeitern der Personalentwicklung eingegeben werden.

> Kein noch so gutes Personalinformationssystem gewährleistet eine effiziente Personalauswahl. Es kann dafür Grundlagen und Denkanstöße liefern. Aber jede Hervorhebung eines Mitarbeiters geht mit der Ausgrenzung anderer Kandidaten einher und verstellt den Blick für weitere, kreative Möglichkeiten.

Allemal zeigt eine automatisierte Personalauswahl Schwächen bei der Erstellung des Anforderungsprofils (siehe auch II A/1.4) auf. Und sie macht deutlich, wie oft Personalentscheidungen von nicht rationalen Entscheidungskriterien mitbestimmt werden.

3.11 Personalcontrolling-System

Personalentscheidungen haben auf Grund ihrer Langfristigkeit immer strategischen Charakter. Das macht Fehlentscheidungen teuer. Abhilfe kann nur ein strategisch ausgerichtetes Personalcontrolling-System schaffen, das alle mit dem Personal zusammenhängenden Informationen bündelt und zweckentsprechend aufbereitet. Das Personalcontrolling hat die Aufgabe, im Rahmen der mittel- bis langfristigen Personalplanung Szenarien zu ermitteln und vorzuschlagen, wie aus personalwirtschaftlicher Sicht die Möglichkeiten und Risiken optimiert werden können. Dies gilt für Maßnahmen der Personalreduzierung in gleicher Weise wie für die Aufstockung der Belegschaft. Immer häufiger werden auch die »weichen« Faktoren (soft facts) in das Controlling eingebunden.

Wie die Debatte um die Greencard für IT-Fachleute zeigte, sind in der Vergangenheit Risiken, die sich aus einem Fachkräftemangel für die Unternehmen ergeben können, nicht überall in vollem Umfang erkannt worden, obgleich es an warnenden Stimmen von Personalberatern nicht gefehlt hat. Wohl auch deshalb ist in letzter Zeit das Thema Personalcontrolling für die Unternehmen immer wichtiger geworden. Vor allem vier Anforderungsbereiche an das Personal- und Sozialwesen (siehe Grafik zu 3.11) machen die Einrichtung eines unternehmensspezifischen Personalcontrolling-Systems notwendig.

Unternehmungen werden immer stärker mit Kennzahlen gesteuert. Dies gilt für alle Bereiche der betrieblichen Leistungserstellung. Dem kann und sollte sich das Personal- und Sozialwesen nicht entziehen. Neue Balanced Scorecard-Systeme verlangen ebenso präzise Personalkennzahlen aus dem Personalwesen wie z.B. die Entwicklung und der Aufbau neuer Dienstleistungen. Daneben gibt man sich auch für die klassischen Personalmaßnahmen nicht mehr mit ungefähren Daten zufrieden.

Der Gesetzgeber hat mit dem Erlass des Gesetzes zur Kontrolle und Transparenz von Aktiengesellschaften und großen Gesellschaften mit beschränkter Haftung (KONTRAG) eine Vorgabe gemacht, die sich auch auf das Personal- und Sozialwesen erstreckt. Die geforderte Berichtspflicht über mögliche Risiken des Geschäfts, kann auch Risiken betreffen, die im Bereich des Personals liegen. So darf es niemanden im Unternehmen überraschen, wenn demnächst die Wirtschaftsprüfer den Nachweis über das Vorhandensein eines Personalcontrolling-Systems verlangen, das in der Lage ist, Risiken im Bereich Personal zu erkennen und zu bewerten.

Auch im Bereich Qualitätsmanagement werden immer öfter präzise Daten über die soft facts aus dem Bereich des Personalmanagements verlangt. Hier ist an die Ermittlung, Aufbereitung und Pflege von Mitarbeiterbefragungsdaten zu denken, die sinnvoller Weise in der Personalabteilung vorgehalten werden. Erkenntnisse über die Leistungsfähigkeit und Leistungsmotivation der Belegschaft sind als strategische Größe im Wettbewerb längst erkannt. Jetzt ist die Zeit, entsprechende Daten zu ermitteln und diese auch dem Personalcontrolling-System zugänglich zu machen.

Schließlich wird auch die Personalarbeit selbst immer häufiger auf den Prüfstand gestellt. Sie muss in der Lage sein, ihren eigenen wertschöpfenden Beitrag für das Unternehmen in Zahlen und Fakten darzustellen wie andere Bereiche des Unternehmens auch. Auch diese Anforderung ist leichter mit einem Personalcontrolling-System zu erfüllen, das durch ein integriertes Personalvorausschau-System in der Lage ist, seinen Beitrag zur Erreichung der Unternehmensziele sichtbar zu machen.

3.12 Der Wertschöpfungsbeitrag des Personalwesens

Die Wertschöpfung des Personal- und Sozialwesen geschieht in drei voneinander zu unterscheidenden Dimensionen: Da sind zunächst die »Administrativen Verrichtungen« (Prof. Wunderer spricht in diesem Zusammenhang von der »Business-Dimension«). Hierzu gehören alle relativ gleichförmig ablaufenden, häufig wiederkehrenden Verwaltungstätigkeiten mit Sachbearbeitungscharakter, wie z.B. die Entgeltabrechnung, Reisekostenabrechnungen, die Zeiterfassung, das Meldewesen, das Bescheinigungswesen, aber auch das Standardberichtswesen, Standard-Personalfälle, die Personalaktenpflege und andere Routinetätigkeiten. In diesem Bereich ist die Wertschöpfung regelmäßig gering, der Beitrag zum Unternehmenserfolg dementsprechend umstritten und die Rechtfertigung für diese Tätigkeiten ist oft der Rückgriff auf gesetzliche und sonstige Zwänge, so dass diese Tätigkeiten eher als lästiges Übel und Kostentreiber angesehen werden, denn als wertvoller Beitrag zum Unternehmenserfolg.

Da für die administrativen Verrichtungen leicht eine Leistungskennziffer ermittelt werden kann (Entgeltabrechnungen pro Entgeltsachbearbeiter, Standard-Personalfälle pro Personalsachbearbeiter, usw.), lassen sich unschwer die Kosten dieser Verrichtungen ermitteln. Dies ruft Unternehmen auf den Plan, die durch höhere Economies of Scale niedrigere Preise anbieten können, und schon wird die in unserem Hause erbrachte administrative Verrichtung unwirtschaftlich und müsste eigentlich nach draußen vergeben werden. Die ständig steigende Zahl der Outsourcing-Fälle in diesem Bereich belegt dies.

In Unternehmen, deren Personalabteilung sich überwiegend mit der Verwaltung des Personals beschäftigen, haben diese einen minderen Ruf und gelten als Kostentreiber. Die Anerkennung des Personalbereichs im internen Wettbewerb der Abteilungen des Unternehmens ist gering, da der wertschöpfende Beitrag zum Unternehmenserfolg gering oder sogar negativ ist.

Die zweite Dimension, in der das Personal- und Sozialwesen wertschöpfend tätig ist, sind die Betreuungs- und Beratungsleistungen. Wohl deshalb wird sie bei Prof. Wunderer die »Service-Dimension« genannt. Hier ist an die Betreuung und Beratung sowohl der Mitarbeiterinnen und Mitarbeiter als auch der Führungskräfte zu denken. Die Abwicklung von Routinemitbestimmungsfällen beim Betriebsrat zählt ebenso dazu wie die Zusammenarbeit mit Ämtern, Behörden, Sozialversicherungsträgern etc. bei Standardfällen.

Diese Leistungen sind schwerer zeitlich zu fixieren, Leistungskennziffern müssen oft als Durchschnitt über eine größere Anzahl von Fällen ermittelt werden. (»Akkordvorgaben bei Personalgesprächen?«). Und außerdem zählt hier nicht die reine Anzahl von Betreuungs- und Beratungsfällen, sondern oft auch und vor allem deren Erfolg, z.B. bei Bewerbungsgesprächen, Aufhebungsgesprächen, Auswahlgesprächen. In dieser Dimension kann die Personalabteilung einen hervorragenden Beitrag zum Unternehmenserfolg leisten. Die Wertschöpfung eines erfolgreichen Aufhebungsgespräches etwa wird leicht ein Vielfaches des Jahresaufwands für die betroffenen Mitarbeiterinnen und Mitarbeiter ergeben. Allerdings liegt es auf der Hand, dass das Personalwesen nicht ständig und wahllos Mitarbeiterinnen und Mitarbeiter entlassen kann, nur weil dies ihm eine günstige Wertschöpfung sichert. In Zeiten, in denen der Status quo gehalten werden soll, tut sich der Personalbereich schwerer, eine hohe Wertschöpfung zu erzielen, als in Zeiten großer Veränderungen. Festzuhalten bleibt, dass in der Betreuungs- und Beratungsdimension die Wertschöpfung des Personalbereichs i.d.R. erheblich höher liegt als bei den administrativen Verrichtungen.

Die dritte Dimension, in der das HR-Management wertschöpfend tätig ist, sind die »hoheitlichen Aufgaben«. Hier ist die Personalabteilung stellvertretend für die Geschäftsleitung tätig und Prof. Wunderer nennt sie die »Management-Dimension«. Dazu gehören alle Tätigkeiten, bei denen der HR-Bereich stellvertretend für die Geschäftsleitung tätig wird. Sonderaufgaben, Projekte, personalpolitische Grundsatzfragen fallen ebenso darunter wie Verhandlungen mit den Arbeitnehmervertretungen, die Einführung neuer Personalführungsinstrumente oder die Erarbeitung von Entscheidungsvorlagen für die Unternehmensführung. Die personalpolitische Steuerung, die Erstellung von Zielvorgaben und die Verfolgung der Zielerreichung gehört ebenfalls dazu. Damit ist klar, dass auch Personalcontrolling zur »Management-Dimension« der Personalarbeit zählt.

Hier leistet die Personalabteilung ihren werthaltigsten Beitrag zum Unternehmenserfolg. Die Wertschöpfung bemisst sich z.B. an den Opportunitätskosten (das sind vereinfachend die Kosten, die entstehen, wenn der Personalbereich diese Aufgaben nicht wahrnimmt) oder auch an qualitativen Messwerten. Hier kann das HR-Management durch Implementierung moderner Führungsinstrumente und Methoden nachhaltige Wertsteigerungen im Unternehmen initiieren und erwirtschaftet einen eigenständigen, hohen Wertschöpfungsbeitrag (vgl. hierzu z.B. Stichwort Balanced Scorecard).

Das HR-Management der Zukunft wird einen erheblich höheren Anteil seiner Arbeitskapazität auf die beiden letztgenannten Wertschöpfungsdimensionen, nämlich die Beratungs- und Betreuungsdimension sowie die Management-Dimension verwenden. Es wird damit dazu beitragen, gegenüber anderen Unternehmen einen Wettbewerbsvorteil durch gute Personalführung zu erzielen. In kundenorientierten Unternehmen wird dies immer wichtiger.

3.13 Personalvorausschau als Prognose- und Steuerungsinstrument

Immer mehr Unternehmen suchen nach Instrumenten, mit denen sich personalwirtschaftliche Fragestellungen der Zukunft beantworten lassen. Das führt zu einem steigenden Bedarf an Personalprognosesystemen. Korrekt spricht man von Personalvorausschau-Systemen, solange es sich nicht um Prognosesysteme handelt, die mit Eintrittswahrscheinlichkeiten für bestimmte Ereignisse rechnen.

Eine Personalvorausschau einzuführen, ist einfach, wenn Sie bereits über ein logisch durchdachtes Personalcontrolling verfügen. Mit einer Access-Datenbank oder einer Excel-Tabelle lassen sich sehr aussagekräftige Erkenntnisse über zukünftig eintretende Ereignisse gewinnen (siehe auch III 4 und 5). Die Grundüberlegung solcher einfachen Systeme ist: Nicht mit Planungsdaten arbeiten, sondern mit der heute bekannten Zukunft.

Alle Veränderungen im Personalbereich werden relativ langfristig geplant und umgesetzt. Danach zeigen sie ein relativ hohes Beharrungsvermögen. Daher liegt es auf der Hand, dass personalwirtschaftliche Ereignisse, die erst weit in der Zukunft liegen, bereits heute mit an Sicherheit grenzender Wahrscheinlichkeit bekannt sind.

Beispiele:
Wenn heute eine Mitarbeiterin ihre Schwangerschaft und deren Entwicklungsstand mitteilt, dann ist sicher, wann sie spätestens als Arbeitskraft ausfällt. Wenn ein älterer Arbeitnehmer einen Altersteilzeitvertrag unterschreibt, dann sind Kapazitäts- und Kostendaten bereits über Jahre im Voraus bekannt. Bereits heute wissen Sie von allen Mitarbeitern, wann sie welches Alter erreichen, welchen sozialen Schutz, welche Zulagen, wie viel Jubiläumsgeld, wie viel zusätzlichen Urlaub usw. sie erhalten werden.

Diese bekannten Daten zu systematisieren und für Auswertungen verfügbar zu machen, gibt das vorhandene Personalabrechnungssystem meist nicht her. Und auch in Personalinformationssystemen herkömmlicher Bauart sind diese gesicherten Erkenntnisse, die es in jedem Unternehmen gibt, nicht enthalten. Allenfalls die Personalplanungssysteme bieten Möglichkeiten, solche zukunfts- und zeitraumbezogenen Daten zu erfassen. Aus diesem Grund sollten Sie immer zuerst ins eigene Personalplanungsprogramm schauen. Eine gravierende Lücke haben aber alle diese betrieblichen Rechenwerke, die auf integrierten Daten beruhen: Sie sind nicht flexibel, und sie beinhalten nur Mitarbeiter, die auf der »pay roll« des Unternehmens stehen.

Eine aussagefähige Personalvorausschau enthält jedoch auch Daten über externe Mitarbeiter. Denken Sie hier nicht nur an Erziehungsurlauberinnen, Wehr- und Ersatzdienstleistende, ins Ausland Entsandte und Altersteilzeit-Mitarbeiter. Gemeint sind vor allem Honorarkräfte, überbetriebliche Mitarbeiter, Leihkräfte, aus dem Konzern entliehenes Personal, Betriebspensionäre, in Fortbildung befindliche Mitarbeiter, Mitarbeiter im betrieblichen Sabbatical oder Ausgeschiedene, die eine Wiedereinstellungszusage haben. Diese »Mitarbeiter« fehlen in den meisten Personalinformationssystemen. Wenn sie dort doch namentlich erfasst sind, so sicherlich nicht mit ihrem Wiedereinstellungsdatum oder der Kapazität ihrer Verfügbarkeit. Dennoch wissen Sie, dass die Erziehungsurlauberin mit großer Sicherheit z.B. in drei Jahren wiederkommt und auf einen vergleichbaren Arbeitsplatz mit reduzierter Arbeitszeit möchte.

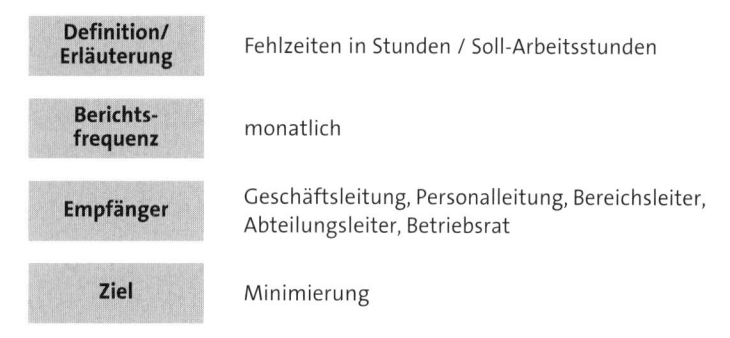

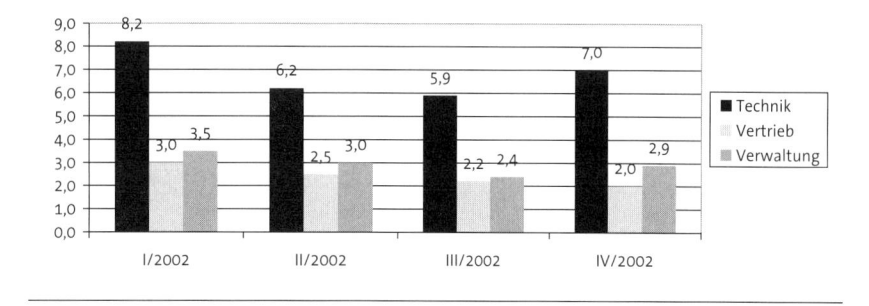

Über diese Entwicklungen einschließlich der ihr folgenden Kosten Kenntnis zu haben, ist vor aller Planung eine logische Forderung. Eine Personalvorausschau, die derartige Daten liefert, bietet der Geschäftsleitung einen strategischen Vorsprung bei der Steuerung des Personals. Sie kann frühzeitig den Personalstand des nächsten Jahresendes sehen, der eintritt, wenn sie nichts tut. Sie sieht z.B. welche Einstellungszusagen sie selbst bereits im Laufe des Jahres gemacht hat, und dass damit der angestrebte Jahresendwert bereits erreicht ist, obgleich die Mitarbeiter noch gar nicht da sind, weil z.B. der Personalsuchauftrag noch nicht erteilt oder der eingestellte Mitarbeiter seine Kündigungsfrist beim alten Unternehmen noch abwarten muss.

Die Geschäftsleitung sieht erstmals, wie sich der Lohn- und Gehaltsaufwand entwickeln wird, ohne dass sie oder die Gewerkschaften schon irgendetwas beschlossen hätten. Sie erkennt, dass durch den jahrelangen Einstellungsstopp in der Tat »weiße Jahrgänge« entstanden sind, die vielleicht dazu führen, dass typische, früher ggf. sehr geschätzte Altersgruppen demnächst völlig unterrepräsentiert sein werden. Im Bereich Personal mit der Zukunft zu rechnen ist jedoch zwingend, wenn Sie den teuren Faktor Arbeit optimal einsetzen wollen. Bei der Verarbeitung dieser Daten handelt es sich um personenbezogene Daten im Sinne des Bundesdatenschutzgesetzes.

Andererseits haben auch Betriebsräte ein großes Interesse und ein Recht auf »rechtzeitige und umfassende« Information. Wie viel einfacher, besser strukturiert und nachhaltiger ist da die Information aus einem Personalvorausschau-System. Der berühmte »Knopfdruck« ermöglicht mannigfache Sortierung und Selektion der Daten. So können Abteilungsleiter ihren zukünftigen Personalstand sehen, und auch die Geschäftsleitung erkennt sehr früh in welchen Bereichen des Unternehmens Handlungsbedarf entsteht.

Beispiel 1 (zu 3.14) Fehlzeiten

Definition/ Erläuterung	Fehlzeiten in Stunden / Soll-Arbeitsstunden
Berichtsfrequenz	monatlich
Empfänger	Geschäftsleitung, Personalleitung, Bereichsleiter, Abteilungsleiter, Betriebsrat
Ziel	Minimierung

	I/2002	II/2002	III/2002	IV/2002
Technik	8,2	6,2	5,9	7,0
Vertrieb	3,0	2,5	2,2	2,0
Verwaltung	3,5	3,0	2,4	2,9

> ⚠ Zukunftsbezogene Daten sind keine Leistungs- und Verhaltensdaten, wenn strenge Maßstäbe an die Eintrittswahrscheinlichkeit gelegt werden. Wenn als gewiss geltende Daten unter Nennung des Namens in das System kommen, dann ist eine Mitbestimmung des Betriebsrats bereits erfolgt. Die Verarbeitung von fünf »NN«, die in den nächsten zehn Monaten eingestellt werden sollen, ist in der Planung mitbestimmt worden und wird es, sobald konkrete Namen vorliegen. In beiden Fällen kann ein System, das diese als sicher geltenden Informationen verarbeitet, nicht der Mitbestimmung unterliegen.

3.14 Visualisierung

Bei der steigenden Flut von Informationen gewinnt deren Visualisierung (= bildhafte oder grafische Darstellung bestimmter Sachverhalte) zunehmend an Bedeutung. Personalcontrolling wird zum Instrument der Selbststeuerung der Mitarbeiter, wenn auch personalwirtschaftliche Kennzahlen, ähnlich wie andere Leistungsdaten, den Mitarbeitern einer Abteilung leicht zugänglich sind, z.B. am Abteilungsaushang. Hierbei sollte das Wichtigste auf einen Blick erkennbar sein (siehe Beispiel 1 und 2 zu 3.14). Gut aufbereitete Grafiken prägen sich schnell ein und erhöhen das breite Verständnis für wichtige Zusammenhänge und damit die Akzeptanz unternehmerischer Zielsetzung. Eine strukturierte »Legende« ist ein gutes Hilfsmittel, um die Definition einer Kennzahl immer wieder aufzuschreiben und gesteckte Ziele, die mit der Beobachtung dieser Kennzahl erreicht werden sollen, ständig zu wiederholen. Das stärkt

III. Organisation und Verwaltung der Personalarbeit

Beispiel 2 (zu 3.14) Management Development

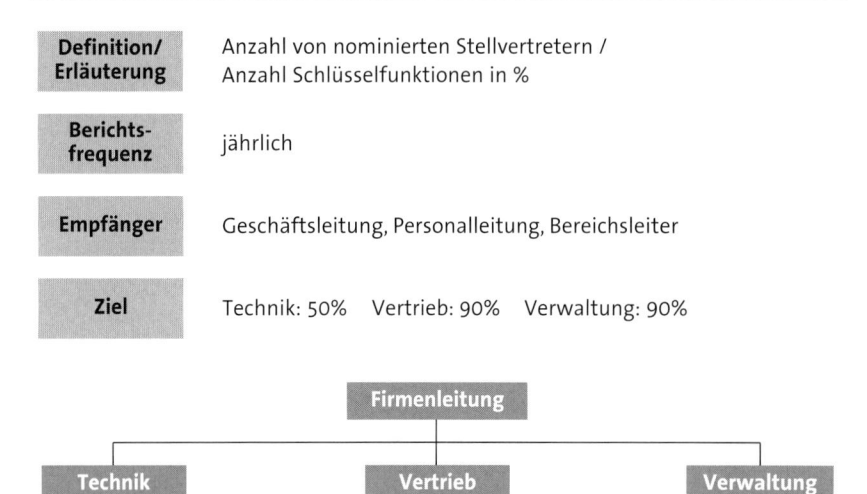

Definition/ Erläuterung	Anzahl von nominierten Stellvertretern / Anzahl Schlüsselfunktionen in %
Berichtsfrequenz	jährlich
Empfänger	Geschäftsleitung, Personalleitung, Bereichsleiter
Ziel	Technik: 50% Vertrieb: 90% Verwaltung: 90%

```
            Firmenleitung
    ┌───────────┼───────────┐
  Technik    Vertrieb    Verwaltung
   20%         46%          29%
```

Übersicht (zu 3.15) Dienstleistungen der Personalabteilung

- **Personalverwaltung**
  Entgeltabrechnung
  Personalaktenpflege
  Meldewesen
  Statistik

- **Personalbetreuung**
  Betreuung der Vorgesetzten
  Betreuung der Mitarbeiter

- **Personalentwicklung**
  Einstieg
  Aufstieg
  Ausstieg

- **Personalführung**
  Grundsatzfragen der Personalarbeit
  Kommunikation zwischen Geschäftsleitung und Belegschaft

---

die Personalführungsfunktion des Personalcontrolling. Es hat sich bewährt, zusätzlich auch die Berichtsfrequenz mit anzugeben. Die Dokumentenlenkung nach ISO 9000 gebietet es, mindestens auch den Empfängerkreis auszuweisen.

3.15 Preisermittlung und -verrechnung der Personalarbeit

Die Dienstleistungen einer Personalabteilung lassen sich in vier unterschiedliche Blöcke einteilen, für die gesondert über Verrechnungspreise entschieden wird (siehe Übersicht zu 3.15).

Die Verrechnung der Personalverwaltungskosten bereitet in der Praxis keine Schwierigkeiten. Hierunter fallen z.B. der Abrechnungsaufwand (inkl. DV-Kosten), die Führung der Personalakten, die Meldungen an staatliche Stellen, an Konzernzentrale und verbundene Unternehmen, an das Management, die Arbeitnehmervertretungen und Sozialversicherungsträger.

Beim Personalentwicklungsaufwand gibt es erprobte Verrechnungspreise, die sich sehr häufig an Konkurrenzpreisen, etwa bei Trainings oder der externen Personalbeschaffung, orientieren. Aus Kostengründen werden diese Leistungen dann häufig bei externen Beratern eingekauft.

Schwieriger ist die Ermittlung von Preisen für die Personalbetreuung. Die Beratung der Führungskräfte lässt sich noch mit einem auszuhandelnden Stundensatz der jeweiligen Kostenstelle in Rechnung stellen. Bei den Belegschaftsmitgliedern verbietet sich dieses Verfahren von selbst. Dies gilt auch für die »Betreuung« des Betriebsrats. Solange es dabei nicht um klar zuzuordnende personelle Einzelmaßnahmen oder abteilungsspezifische Regelungen geht, ist eine verursachungsgerechte Preisfindung und -verrechnung problematisch.

Dies gilt in noch größerem Umfang für die Personalführung. Für sie gibt es in der Regel gar keine Nachfrage, also auch niemanden, der diese Leistung haben möchte und bereit ist, dafür zu bezahlen. Wo es um Personalführung geht, wird die Personalabteilung im Auftrag des Unternehmers tätig. Also müsste die Geschäftsleitung mit diesen Kosten belastet werden.

Häufig wird übersehen, dass in jedem zielgerichteten Handeln der Personalabteilung ein Stück Personalführung enthalten ist. Dies gilt für personelle Einzelmaßnahmen ebenso wie für die Art und Weise, wie die Personalleitung ganz allgemein im Unternehmen kommuniziert. Hier bietet sich eine Alternativrechnung an. Wenn diese Aufgaben nicht von einer gesonderten Personalstelle wahrgenommen werden, müssen sie entweder unterbleiben oder vom Management selbst übernommen werden. Dessen Kosten stellen die Preisobergrenze für die Personaldienstleistung dar. Können die Leistungen dauerhaft unterbleiben, sind sie sofort einzustellen. Können sie es nicht, bleibt als Verursacher lediglich die Geschäftsleitung selbst, die damit einen unverhältnismäßig hohen Personalführungskostenblock in ihrem Budget vorsehen müsste. Damit wäre dann das Problem des Cost Pricing um eine Hierarchiestufe verschoben, aber nicht gelöst.

Als Lösung dieses Problems können Sie pauschal 30% der Personalabteilungskosten wie bisher nach Kopfzahl auf die Kostenstellen umlegen. Dabei wird jedoch unterstellt, dass Auszubildende, Gewerbliche, Angestellte, Leiharbeitnehmer, Aushilfskräfte, Teilzeitmitarbeiter und Dauerkranke gleich viel Personalführungsarbeit verlangen. Wie der Aufwand für Frührentner und Betriebspensionäre zu verrechnen ist, bleibt dabei offen.

Ungelöst sind alle Verrechnungsprobleme, in denen es sich um so genannte Personalgrundsatzfragen handelt. Kein Abteilungsleiter wird sich für den Verbleib im Arbeitgeberverband aussprechen, wenn er in seiner Abteilung durch einen möglichen Austritt kurzfristig Geld sparen könnte. Dasselbe gilt für die Aufrechterhaltung einer hohen Ausbildungsquote, die Werkszeitung, die Spende an die örtliche freiwillige Feuerwehr oder die Bezuschussung von Betriebssportveranstaltungen. Auch die Sicherstellung von betriebsnahen Kindergartenplätzen wird sich nicht derjenige Vorgesetzte gern anlasten lassen, der zufällig die meisten Mitarbeiter beschäftigt, die diesen Service (vorübergehend) in Anspruch nehmen. Und wer bezahlt die Verhandlungen mit dem örtlichen Nahverkehrsunternehmen über eine bessere Busanbindung? Wer die Gründung oder Aufrechterhaltung der Betriebskrankenkasse? Wer bezahlt die Bewerberabsagen, die viel wertvolle Kapazität binden? Es ist eine Grundsatzfrage, ob ein Unternehmen die Beantwortung und Rücksendung unverlangt zugehender Unterlagen einfach einstellt, weil im Hause niemand bereit ist, dafür die Kosten zu übernehmen.

Eine weitere Kategorie von Aufwendungen ergibt sich aus dem Rechnungswesen. Rückstellungen aller Art verursachungsgerecht weiterzubelasten, ist nicht immer einfach. Da heiratet ein pensionsberechtigter Mitarbeiter überraschend und bringt damit das Kostenstellenbudget der Abteilung völlig durcheinander, weil plötzlich erhebliche Rückstellungen für die Hinterbliebenenversorgung verursachungsgerecht zugeordnet werden!

3.16 Verrechnungspreise für Personaldienstleistungen

Die Übersicht zu 3.16 enthält beispielhaft Aufzählungen mit Überlegungen, die so in der Praxis oder Literatur gefunden werden und teilweise umstritten sind. Die Daten wurden auf ein Unternehmen mit ca. 500 Mitarbeitern und einer personalwirtschaftlich breit gefächerten Struktur herunter gerechnet.

Erst wenn es gelingt, allgemein akzeptierte Verrechnungspreise für die wichtigsten Leistungen der Personalfunktion zu ermitteln und zu verrechnen, wird der Beitrag deutlich, den das Personalwesen dem Unternehmen leistet. Nichts ist teurer als eine schlechte Personalführung.

Übersicht (zu 3.16) Verrechnungspreise

Personal-Dienstleistung	Bemessungsgrundlage	Preisspanne	Kostenträger
PERSONALENTWICKLUNG			
Einstieg	Einstellungskosten extern	18–30% eines Bruttojahresverdienstes + 8% der Personalleitungskosten	Kostenstelle
Ausbildung	Wertschöpfungsbeitrag des Ausgelernten in z.B. 3 Jahren	€ 13.000,– bis € 40.000,–	Unternehmen
Aufstieg	%-Satz der L+G-Summe oder externe Kosten+Wertschöpfungsausfall	Bemessungsgrundlage zzgl. 10% der Personalleitungskosten +10% Sachbearbeitung	die Kostenstellen der folgenden 3 Jahre anteilig
Ausstieg	Gespräche nach Stundensatz des Personalleiters	€ 62–180 pro Stunde	Kostenstelle
PERSONALFÜHRUNG			
Grundsatzfragen	15% des Personal-Dienstleistungsaufwands		Geschäftsleitung
Projekte	Beraterhonorar	€ 1.200,– bis € 3.000,– pro Tag	Veranlassende Kostenstelle
allgemein	15% der Personalleitungskosten	€ 23.000,– bis € 40.000,– p.a.	Geschäftsleitung
Haustarifvereinbarungen		Stundensatz der Personalleitung	Geschäftsleitung
Altersversorgung		Versicherungsmathematischer Aufwand	Unternehmen
Spenden, soziale Zuwendungen			Unternehmen

▼

Personal-Dienstleistung	Bemessungsgrundlage	Preisspanne	Kostenträger
Arbeitgeberverband			Unternehmen
Expatriates			Konzerngesellschaft
Impatriates	Inlandsaufwand Zusatzaufwand	wie übrige Mitarbeiter	Kostenstelle Konzern
PERSONALVERWALTUNG			
Entgeltabrechnung			
– Akkordlohnabrechnung	wie Akkord (Stück-, Zeit-, Qualitäts-, Gruppenakkord)	€ 12,80 bis € 23,– pro Abrechnung	wie Akkord
– Stundenlohnabrechnung	Vollzeitabrechnung (incl. Fehlzeiten)	€ 9,20 bis € 19,50 pro Abrechnung	Kostenstelle
– Monatslohnabrechnung	Vollzeitabrechnung (incl. Fehlzeiten)	€ 5,20 bis € 18,– pro Abrechnung	Kostenstelle
– Gehaltsabrechnung	Vollzeitabrechnung	€ 5,20 bis € 16,50 pro Abrechnung	Kostenstelle
– Pensionsabrechnung	Pensionär	€ 4,– bis € 9,20 pro Abrechnung	Unternehmen
– Essengeldabrechnung	Anzahl ausgegebener Essenkarten	€ 0,50 bis € 1,15 pro Monat	Essenpreis
– Dienstwagenabrechnung	Anzahl Fahrzeuge	€ 0,25 bis € 0,55	Kostenstelle
– Zeitabrechnung	Mitarbeiter nach Detaillierungsgrad	0,5 bis 1,5 Sachbearbeitervergütungen	Kostenstelle
Personalaktenführung	Mitarbeiter	€ 2,60 bis € 5,20 pro Monat	Kostenstelle
Statistik	20–50% einer qualifizierten Sachbearbeitervergütung	€ 1.000,– bis € 2.500,– pro Monat	Empfängerkostenstelle
Meldewesen	20–50% einer qualifizierten Sachbearbeitervergütung	€ 250,– bis € 500,– pro Monat (ohne DEVO/DÜVO)	Unternehmen
Sonderaktionen (Kurzarbeit, Streik, Massenentlassung, Reorganisation, Outsourcing, Fusion, gesetzliche Änderungen, ISO-Zertifizierung)	nach Aufwand; bis zu 35% der Gesamtkapazität	bis zu 35% der Gesamtkosten des Personalbereichs	Geschäftsleitung
PERSONALBETREUUNG			
Vorgesetzte	Anzahl Mitarbeiter	35% der Kosten der Personalleitung pro Jahr	Kostenstelle des Vorgesetzten
Stamm-Mitarbeiter	Gesamtbelegschaft	20% der Kosten der Personalleitung zzgl. 55% der Kosten der Personalsachbearbeitung	Unternehmen
Nichtstamm-Mitarbeiter	Gesamtbelegschaft (Leihkräfte, Aushilfen, Werkstudenten, Praktikanten, Dauerkranke, Frühpensionäre, Betriebsrentner etc.)	5% der Kosten der Personalleitung zzgl. 30% der Kosten der Sachbearbeitung	Kostenstelle
Auszubildende	Gesamtzahl	2% der Kosten der Personalleitung zzgl. 5% der Kosten der Sachbearbeitung	Unternehmen
Betriebsrat		10% der Kosten der Personalleitung	Geschäftsleitung

4 Electronic Human Resources (E-HR) im Unternehmen

Unternehmen müssen schneller und flexibler als je zuvor reagieren, um in einem dynamischen Umfeld erfolgreich zu bestehen. Human Resource Management muss dazu einen wesentlichen Beitrag leisten. Sind es doch im wesentlichen die Menschen in Unternehmen, die wirtschaftliche Werte schaffen. D.h. dem Humankapital muss ein herausragender Stellenwert für den Unternehmenserfolg eingeräumt werden. Jedes Unternehmen ist dazu angehalten wichtige Talente als Mitarbeiter zu gewinnen, sie ans Unternehmen zu binden und zu motivieren. Der Kampf um hoch qualifizierte Fachkräfte wird in der Fachsprache als »War of Talents« bezeichnet. Bei der Gewinnung, Bindung und Motivation von Mitarbeitern kann die Informations- und Kommunikationstechnologie, wenn auch indirekt, ihren Beitrag leisten. Ebenso können die Aufgaben des Personalmanagements durch den Einsatz von Softwarelösungen optimiert, flexibilisiert und mitarbeiterfreundlicher gestaltet werden. Mit dem Zusatz electronic bzw. »e«, wird dem Tatbestand Rechnung getragen, dass der Informationsaustausch auf der Basis von Internettechnologien erfolgt. Hierdurch erschließt sich das Human Resource Management neben dem Intranet auch das Internet.

Die Erkenntnis, dass das Humankapital ein wichtiger Bestandteil für den Unternehmenserfolg ist und andererseits die Informations- und Kommunikationstechnologien in allen Unternehmensbereichen immer stärker zum Einsatz kommen, stellt das Human Resource Management vor neue Herausforderungen. Zur Übersicht dient das e-HR Haus, das im unteren Bereich die Aufgaben des Personalmanagements beinhaltet, im mittleren Teil die Informations- und Kommunikationstechnologie abbildet und unterm Dach sozusagen die Unternehmensstrategie auf die IT-Landschaft des Unternehmens und das Human Resource Management abstimmt.

Für drei Aufgabenbereiche des Personalmanagements in denen die elektronische Unterstützung ein hohes Optimierungspotenzial im Unternehmen bietet, liegen einsatzfähige und z.T. erprobte IT-Lösungen vor. Über diese Lösungen hinaus sind Employee Self Services und Enterprise Information Portal wichtige Neuerungen mit Bezug zum Human Resource Management. Integration ist ein weiteres wichtiges Stichwort. E-HR Anwendungen sollten immer mit ERP-Systemen abgestimmt werden. (Der Begriff ERP = Enterprise Resource Planning, wurde maßgeblich durch den Anbieter SAP geprägt.)

IT-Anwendungen können nur dann sinnvoll und nutzbringend eingesetzt werden, wenn sie von den Mitarbeitern akzeptiert werden. Der Mensch steht darum im Mittelpunkt der Grafik zu 4. Sinnvolle erste Schritte für ein e-HR können nur aus der Unternehmensstrategie heraus abgeleitet werden.

Übersicht (zu 4) E-HR im Unternehmen

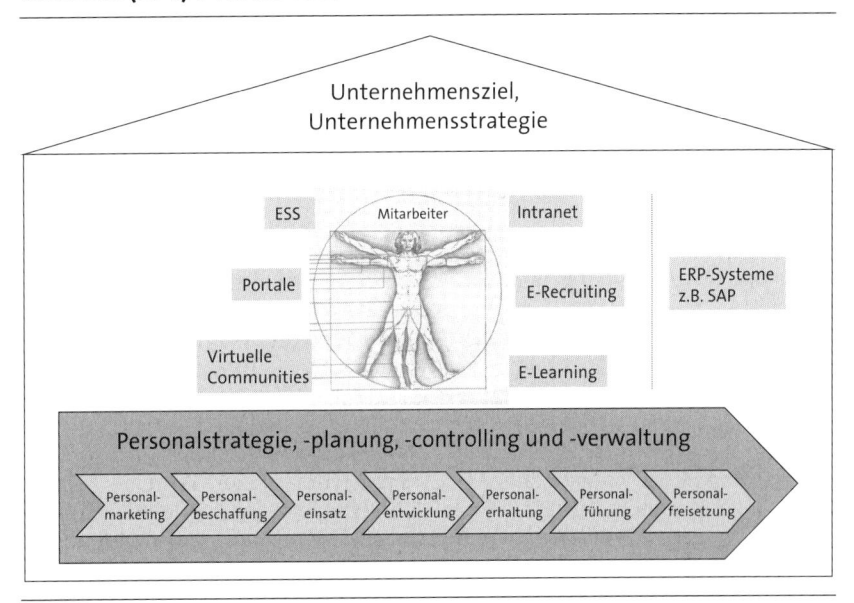

Unternehmensziel, Unternehmensstrategie

ESS — Mitarbeiter — Intranet
Portale — E-Recruiting — ERP-Systeme z.B. SAP
Virtuelle Communities — E-Learning

Personalstrategie, -planung, -controlling und -verwaltung

Personalmarketing → Personalbeschaffung → Personaleinsatz → Personalentwicklung → Personalerhaltung → Personalführung → Personalfreisetzung

4.1 Lösungen für verschiedene Aufgaben des Personalmanagements

Personalmanagement bezeichnet in diesem Zusammenhang sämtliche Instrumente, Methoden und Konzepte zur Entwicklung, Nutzung und Steuerung der Humanressourcen. Diese Aufgaben werden durch die Personalabteilung die Führungskräfte und teilweise durch die Mitarbeiter selbst wahrgenommen. Immer stärker werden sie dabei durch IT-Lösungen unterstützt, die im folgenden exemplarisch vorgestellt werden und deren Integration immer mehr an Bedeutung gewinnt.

E-Recruiting
Ein Einsatzbereich, in dem die Nutzung der elektronischen Lösungen stetig zunimmt, ist die Personalbeschaffung E-Recruiting bezeichnet die Personalbeschaffung mit elektronischer Unterstützung, die von der Nutzung des Internets für die Bewerbersuche (Jobbörsen, Firmenhomepage, virtuelle Messeplätze) über die online-gestützte Bewerberauswahl (z.B. Online-Assessment-Center) bis hin zur komplett elektronischen und automatisierten Abwicklung der Bewerberkorrespondenz reicht (siehe hierzu II A/2 und III A/5.1.2).

Viele Aspekte des E-Recruiting führen zu Kosteneinsparungen, indem Portokosten oder vergleichsweise hohe Aufwendungen für Anzeigen in Printmedien deutlich reduziert werden. Durch den Einsatz von Such-Agenten wird die Prozessgeschwindigkeit der Personalsuche deutlich verbessert. E-Recruiting sollte nicht als Insellösung sondern als Teil eines integrierten Systems gesehen werden. So kann das gesamte Personalwesen mit der E-Recruiting-Lösung kommunizieren. Bereiche wie Personalverwaltung, Personalbudgetierung, Stellenbewertung und in hohem Masse die Personalentwicklung, werden durch eine solche Integration sinnvoll ergänzt und bereichert.

Personaleinsatz
Im Mittelpunkt des Personaleinsatzes steht die Zuordnung der Mitarbeiter zu Aufgaben bzw. Stellen. Die Prozesse rund um den Personaleinsatz wurden in der Vergangenheit in vielen Unternehmen vernachlässigt. Studien belegen, das allein 1999 aufgrund mangelnder Planung und Steuerung der Mitarbeiterressourcen den Unternehmen in Deutschland über 15 Milliarden Euro verloren gingen. Diese Ineffizienz resultiert aus dem unbefriedigenden Zusammenspiel von Arbeitszeit, Personaleinsatz und Ressourcennutzung. Beispiele für Arbeitszeitflexibilisierung und Gestaltungsmöglichkeiten durch Arbeitszeitkonten, Zeitwertpapiere, Time-Banking, Job-Sharing sind ohne entsprechende IT-Unterstützung nicht handhabbar. Gleiches gilt für die Personaleinsatzplanung. Eine zeitgemäße Personaleinsatzplanung verbindet Mitarbeiter-Skills, Einsatzfrequenz und Einsatzkosten, was ohne eine entsprechende IT nicht realisierbar ist. Unterstützt durch Analysemöglichkeiten eröffnen sich Unternehmen zusätzlich die Möglichkeit aus ihren bisherigen Erfahrungen nachhaltiger zu lernen und ihre zukünftigen Entscheidungen sicherer zu Treffen.

Es gibt zahlreiche Softwarefirmen, die E-Lösungen rund um den Personaleinsatz anbieten. Integrierte Lösungen, die den Personaleinsatz als ganzheitliches Management betrachten und nicht nur Einzelaspekte wie das Zeitmanagement behandeln gibt es jedoch nur vereinzelt am Markt. Aktuelle Übersichten über Anbieter und Angebotsspektrum finden sich in personalwirtschaftlichen Fachzeitschriften (z.B. Personalwirtschaft 10/2002)

Personalentwicklung
Die Aufgabe der Personalentwicklung besteht in der zielorientierten Erweiterung der Mitarbeiterqualifikation auf den unterschiedlichsten Ebenen. Sie zielt darauf ab, das die zukünftigen Aufgaben eines Mitarbeiters optimal verrichtet werden. Der Fortschritt in den Informations- und Kommunikationstechnologien eröffnet dabei neue Möglichkeiten, wie das erforderliche unternehmensspezifische Wissen in Unternehmen das zur Erfüllung der täglichen Arbeit von Bedeutung ist den Mitarbeitern zugänglich gemacht wird.

Die technologiegestützte, insbesondere netzbasierte Organisation von Lernprozessen wird als e-Learning bezeichnet (siehe hierzu ausführlich VII A/4.3.1) Umfassende E-Learning-Lösungen bieten eine Lernplattform auf der computergestützte Trainingsprogramme bereitgestellt werden können. Diese Systeme bieten die Möglichkeit, individuelle Schulungseinheiten wie auch Kurse für mehrere Teilnehmer im Intranet oder online anzubieten. Häufig gehören Autoren- oder Redaktionssysteme zum Angebot, über die Inhalte erstellt und geändert werden können. Ebenso kann die Schulungsverwaltung über diese Systeme abgewickelt werden

Nach einer Studie der unicmind.com AG über E-Learning in deutschen Großunternehmen dominiert bei den Vorteilen gegenüber Präsenzseminaren die Kostensenkung. Die Einsparungen gegenüber Präsenzveranstaltungen ergeben sich insbesondere aufgrund wegfallender Seminargebühren und geringerer Reisekosten und Spesen. Die schnelle Vermittlung von aktuellen Inhalten an eine nahezu unbegrenzte Nutzerzahl sind weitere Vorteile, die derzeit nur aufgrund der noch niedrigen Akzeptanz bei den Mitarbeitern gebremst wird.

E-Learning ist in seiner weitestgehenden Konzeption ein strategisches Personalentwicklungsinstrument, das mit anderen Bereichen des Personalmanagements verbunden sein sollte. So ist es beispielsweise möglich, dass die Online-Buchung eines Präsenzseminars durch einen Mitarbeiter automatisch Eingang in die Personaleinsatzplanung findet und umgekehrt.

4.2 Übergreifender Einsatz von E-HR-Technologie

4.2.1 Portal
Unternehmenserfahrungen bestätigen immer häufiger, das die Informations- und Kommunikationstechnologie nicht der Treiber für Problemstellungen ist, sondern als Lösungswerkzeug fungiert (Enabler). Dadurch rückt der Faktor Mensch immer stärker in den Vordergrund der Betrachtung, denn letztendlich bestimmen Menschen über die Akzeptanz von IT-Lösungen. Im Rahmen der Informationsbereitstellung hat sich in der letzten Zeit der Begriff Portal weitgehend durchgesetzt.

Ein Portal ist ein Anwendungsprogramm oder Instrument, das eine personalisierte und adaptive Benutzer-Schnittstelle liefert. Über dieses Programm kann der Nutzer mit anderen Personen in Kontakt treten und interagieren und auf weitere Programme/Anwendungen sowie auf Inhalte d.h. Dokumente zugreifen. Besonders wichtig sind Unternehmens-Portale (Enterprise Portal) als standardisiertes Werkzeug für die Leitseite des Arbeitsplatzrechners. Ein Enterprise Portal bietet personalisierten Zugang zu Content (z.B. aus dem Internet und Intranet), Applikationen (z.B. Zeitwirtschaftssysteme, siehe II A/5.3) und Service-Angeboten (z.B. Employee Self Services) mit dem Ziel, das jeder Einzelne genau die Informationen und Möglichkeiten bekommt, die er benötigt. Der Zugang zu Informationen, Programmen und Diensten erfolgt über ein und dieselbe Benutzeroberfläche und die Funktionen können von dort aus bedient werden.

Ein zentrales Merkmal der Portale ist die Nutzung der Personalisierung nicht nur für den Zugriff auf Daten und Programme, sondern weiter für ein individuelles Angebot an den Mitarbeiter. Mit Hilfe der Personalisierung kann dem Push-Gedanken Rechnung getragen werden, indem dem Nutzer des Portals gezielt Informationen geliefert werden. Durch die Personalisierung und Beobachtung des Informationsverhaltens können Nutzerprofile erstellt werden, aufgrund derer elektronische Agenten gestartet werden, die das Intra- oder Internet nach neuen Informationen durchsuchen, die zum Profil passen, und diese dem Nutzer bereit stellen. Personalwirtschaftliche Portale eignen sich sehr gut für einen übergeordneten Einstiegspunkt für sämtliche e-HR-Anwendungen. In Analogie zur Automobilindustrie könnte man hier von einer Massenfertigung mit Typenvielfalt nach individuellen Kundenwünschen sprechen.

Enterprise Portale sind umfassender als HR-Portale. Idealerweise sollte ein HR-Portal im Unternehmensportal aufgehen. Die einleuchtende Idee, mit Portalen einen »single point of entry« zu schaffen, also einen Zugang für alle, wird wohl in der Umsetzung noch lange an den Realitäten scheitern. Ein großes Problem bereiten die Logins der User in den einzelnen Anwendungen, die in der Regel von einem einzelnen Portal aus nicht automatisch gestartet werden können. Ein sog. »single sign on« ist bislang nur mit sehr hohem Aufwand realisierbar.

Manche großen Unternehmen haben bereits Portale im Einsatz und bieten ihren Mitarbeitern die Möglichkeit, sich ihr Portal individuell zu gestalten. Die Erfahrung hat dabei gezeigt, dass nur ein Drittel der Mitarbeiter von diesen persönlichen Konfigurationsmöglichkeiten Gebrauch macht.

4.2.2 Employee Self Services

Die Grundüberlegung von Employee Self Services (ESS) ist, das Mitarbeiter einen Teil der personenbezogenen Daten selbst verwalten und pflegen sowie Informationen eigenständig abrufen können. D.h. ein Teil der bisherigen Personalverwaltungsarbeit wird hierbei automatisiert bzw. auf den Mitarbeiter übertragen. Zustimmungspflichtige Anträge wie z.B. ein Urlaubsantrag an den Vorgesetzten, können mittels eines Workflows weitgehend standardisiert werden. Typische ESS sind:
- Eigenverantwortliche Verwaltung von Personaldaten wie z.B. Anschrift, Bankverbindung
- Verdienstbescheinigung
- Urlaubskonto einsehen und Urlaub beantragen
- Interne Bewerbung
- Seminaranmeldung und -storno
- Personaleinsatzwünsche/Schichtplan

Eigenverantwortliche Dateneingabe durch den Mitarbeiter, ist nicht nur theoretisch einleuchtend und sinnvoll. Jedes Unternehmen sollte praktisch prüfen welche Akzeptanz gegenüber ESS besteht und mit jenen Services beginnen, bei denen die höchste Akzeptanz besteht. Von einer generellen Vergütung der Mitarbeiter aufgrund der Übernahme von ESS muss demgegenüber abgeraten werden. Ein Mitarbeiter, der seine Personaldaten nicht selbst verwalten möchte, wird durch eine Entlohnung in Höhe von fünf Euro auch nicht bereit sein dies zu tun.

Etwas anders verhält es sich bei Selbstbedienungsangeboten, die keines Inputs seitens der Mitarbeiter bedürfen aber für das Unternehmen eine beachtliche Kosteneinsparung bedeuten. Hierzu zählen z.B. die digitale Gehaltsabrechnung, die jederzeit vom Mitarbeiter abgerufen werden kann und dem Unternehmen Druck- und Versandkosten erspart. Wenn ein Unternehmen über ein browserbasiertes Intranet verfügt und solche Daten auch über das Internet über eine entsprechende Autorisierung erreichbar sind, kann sich dies positiv auf die Akzeptanz seitens der Mitarbeiter auswirken. Außerdem müssen die Mitarbeiter nicht speziell im Umgang mit einem System geschult werden, da die Fähigkeit einen Browser zu bedienen, meist vorhanden ist.

ESS setzen jedoch voraus, das die Mitarbeiter Zugriff auf die entsprechenden Systeme haben. Ein Unternehmen mit 1000 und mehr Mitarbeitern wird sich sicherlich nachhaltig Gedanken darüber machen müssen inwieweit man zunächst auch rein faktisch allen Mitarbeitern Zugang zu den ESS verschaffen kann und wie hoch der administrative Aufwand für die Vergabe und Verwaltung von Zugangsberechtigungen ist.

4.2.3 E-HR Integration

Integration bezeichnet die Eingliederung oder Einbeziehung in ein großes Ganzes. Unter Ganzes wird in diesem Zusammenhang ein erweitertes Unternehmen, d.h. unter Einbezug von Lieferanten und Kunden, verstanden. E-HR Aktivitäten sind demzufolge in den Gesamtkontext eines Unternehmens zu stellen und mit anderen im Einsatz befindlichen und geplanten IT-Anwendungen abzustimmen. Ein integriertes und standardisiertes unternehmensweites Informationssystem zu entwickeln und am Markt erfolgreich zu platzieren, gelang der Softwarefirma SAP. Die beiden Produkte R/2 und R/3, die mit Hilfe einer selbstentwickelten Programmiersprache erstellt wurden, sind weit verbreitet. Hier hat jedoch eine neue Entwicklung eingesetzt: Durch das Aufkommen der Internettechnologie, haben sich innerhalb kürzester Zeit verschiedene Standards wie z.B. das Übertragungsprotokoll TCP/IP oder die Programmiersprache Java etabliert. Die Verwendung solcher Standards in der Software-Entwicklung bedeutet für die Anwender größere Unabhängigkeit von einzelnen Herstellern, da die Standards die Integration verschiedener Anwendungssysteme deutlich erleichtern. SAP reagierte auf diese Entwicklung mit dem Produkt mysap.com. Gleichzeitig erweiterte man sein Produktspektrum um weitere Anwendungen wie z.B. CRM (Customer Relationship Management), SCM (Supply Chain Management), Enterprise Portals oder HR-Anwendungen. In diesen Produktbereichen, waren und sind Konkurrenten von SAP bereits mit zum Teil umfassenderen Produkten am Markt erfolgreich. Schnittstellen zu SAP und die Integration solcher Systeme in bestehende IT-Landschaften gehören zum Angebotsspektrum.

Für anstehende Entscheidungen über eine Erweiterung der IT-Landschaft eines Unternehmens etwa um ein Human Resource Informationssystem, ein System für Zeitwirtschafts- und Personaleinsatzplanung oder ESS-Portal bedeutet diese Entwicklung, dass im Einzelfall geprüft werden muss, was gebraucht wird, und welcher Hersteller die am besten passende und günstigste Lösung anbietet.

4.3 E-HR und Unternehmensstrategie

Bei der Vielzahl der technologischen Angebote die mit Hochglanzproduktbroschüren die Vorzüge von e-HR-Anwendungen preisen, liegt die Verlockung nahe die ein oder andere Anwendung im eigenen Unternehmen aus Funktionalitätsgründen zu implementieren. In der Praxis sind jedoch zahlreiche Anwender mit der angeschafften Lösung unzufrieden, weil sich der erhoffte Effekt nicht eingestellt hat.

Eigene Untersuchungen haben gezeigt, das im wesentlichen zwei wichtige Dinge nicht bedacht werden:

- IT-Anwendungen werden meist rein Funktionsgetrieben implementiert und nicht als Ergebnis von Maßnahmen, die sich aus der Unternehmensstrategie ergeben haben. Demzufolge ist es auch nicht verwunderlich wenn sich der wirtschaftliche Nutzen nicht einstellt. Ein Unternehmen, das sich beispielsweise als Kostenführer am Markt behaupten möchte, muss alle Anwendungen die im Personalmanagement zum Einsatz kommen, dahingehend prüfen inwieweit sie dazu beitragen die Kostensituation zu verbessern. Sinnvolle erste Schritte im E-HR ergeben sich aus der Unternehmensstrategie und sind demzufolge von Unternehmen zu Unternehmen verschieden. Sich von ROI-Betrachtungen, wie sie derzeit von nahezu allen IT-Anbietern angeboten werden, verleiten zu lassen ist äußerst gefährlich. Diesbezügliche Entscheidungen sollten stets nur vor dem unternehmensspezifischen Hintergrund getroffen werden.
- Der zweite häufig gemachte Fehler besteht darin, das die Aktivierung der Mitarbeiter bei der Einführung Softwarelösungen nicht berücksichtigt wird und stillschweigend davon ausgegangen wird, das die Mitarbeiter die Anwendungen schätzen, akzeptieren und anwenden werden. Eine möglichst frühe Einbindung der Mitarbeiter und begleitende Maßnahmen bei der Einführung von Software sind unabdingbar für den Erfolg von e-HR Projekten.

Bereits diese überblicksartigen Schilderungen lassen erkennen, welche Optimierungspotenziale für Unternehmen durch den Einsatz von e-HR entstehen können. Dies soll und wird in der Praxis sicherlich nicht dazu führen, dass ab morgen alle Unternehmen anfangen beispielsweise eine e-Learning-Plattform zu installieren. E-Learning ist unter anderem eine technologische Entwicklung die in den Anfängen sicherlich mehr für Großunternehmen geeignet und rentabel ist. Erst in einem zweiten Schritt werden mittlere und kleinere Unternehmen zu akzeptablen Konditionen davon profitieren können. D.h. aber nicht, das kleine und mittlere Unternehmen bestimmte Technologien einfach von sich weisen sollten, indem sie behaupten dies sei nur etwas für Großunternehmen. Viel entscheidender ist der Zeitpunkt der Einführung neuer Technologien. Neben dem Zeitpunkt spielt die Analyse der unternehmensspezifischen Gegebenheiten eine wichtige Rolle. D.h. einerseits sollten alle IT-Entscheidungen eine logische Konsequenz der Unternehmensstrategie sein und andererseits die Mitarbeiter adäquat aktiviert werden. Denn letztendlich sind es diese Mitarbeiter die die IT nutzen und nur mit ihrer Unterstützung lassen sich die versprochenen Optimierungspotenziale wie Sie IT-Unternehmen propagieren, auch realisieren.

5 Systeme für HR-Information, Lohn- und Gehalt, Zeit und Zutritt, Prozessmanagement

IT-Systeme werden im Personalbereich in nahezu allen Bereichen eingesetzt. In vielen Unternehmen, aber auch seitens der Software-Anbieter werden drei Anwendungsschwerpunkte oder Module unterschieden:

- Personalabrechnungssystem
- Personalzeitwirtschaftssystem (mit Zutrittskontrolle)
- Personalmanagementsystem.

Die drei Module oder Gruppen von Anwendungen können einzeln oder auch gemeinsam (integriert) eingesetzt werden.

5.1 Computerunterstütztes Personalmanagement, -Personalinformationssysteme

IT-Systeme unterstützen im Personalbereich auf der einen Seite administrative Aufgaben. Hierzu zählt die Verwaltung von Personalstammdaten, die Erzeugung von Bescheinigungen, die Durchführung der Entgeltabrechnung, die Anmeldung zu Seminaren, die Genehmigung und Abrechnung von Reisekosten etc. Auf der anderen Seite unterstützen sie planerische Aufgaben. Dazu zählen sämtliche Auswertungen und Analysen der gespeicherten Personaldaten, die Unterstützung von Personalcontrolling, Auswertungen, Kennzahlen, Prognosen und Entwicklungstrends.

IT-Werkzeuge für die planerischen Aufgaben werden oftmals als Personalinformationssysteme bezeichnet. International ist hierfür der Begriff »Human Resource Information System« (HRIS) üblich. Sie dienen zur Erfassung, Speicherung, Verarbeitung, Weitergabe und Auswertung von Informationen in Verbindung mit personalwirtschaftlichen Aufgaben. In der Regel gehen diese Systeme über die automatische Abwicklung der Lohn- und Gehaltsabrechnung hinaus. Ein HRIS hilft bei dem Problem, die richtigen Mitarbeiter mit der richtigen Qualifikation zur richtigen Zeit für einen bestimmten Arbeitsplatz zu finden.

HRIS erfüllen die Informationsbedürfnisse verschiedener Gruppen, z.B. Management, Personalexperten, Führungskräfte in den Fachabteilungen, Betriebsräte, externe Stellen. Im Mittelpunkt steht eine im Dialogbetrieb genutzte Personaldatenbank, mit deren Hilfe nicht nur die Personaldaten aller Mitarbeiter interaktiv gepflegt, sondern durch Kombination verschiedener Datenfelder auch flexible Abfragen und Auswertungen über alle Mitarbeiter oder über bestimmte Mitarbeitergruppen möglich sind.

Wichtige Ziele eines HRIS sind in Übersicht zu 5.1 zusammengestellt.

5.1.1 Aufbau eines HRIS

Im Mittelpunkt eines HRIS steht eine Personal- und Stellendatenbank (siehe Grafik zu 5.1.1). Die einzelnen Benutzer greifen – je nach Berechtigung – über die sog. Benutzungsschnittstelle (grafische Bedieneroberfläche mit Menüs, Icons etc.) auf das HRIS zu. Zur Datenpflege dienen Dialogprogramme, die die Benutzereingaben direkt prüfen und eventuelle Fehler anzeigen. Weiterhin können die Benutzer auf vorgefertigte Auswertungsergebnisse (Listen bzw. Auskunftsbildschirme) zugreifen. Neben Dialogprogrammen enthalten HRIS auch sog. Batchprogramme (Hintergrundprogramme), beispielsweise zur Entgeltabrechnung oder zur Datensicherung. Zur Adminstration eines HRIS benötigt man Systemprogramme, z.B. zur Verwaltung von Benutzerrechten sowie zur Anpassung von Bildschirmmasken und Auswertungen (»Customizing«). Außerdem werden Schnittstellen (d.h. Verbindungen) zu fremden Software-Systemen (z.B. Microsoft Office) und fremden Datenquellen (z.B. Bewerbungsdaten, die über das Internet kommen) benötigt.

5.1.2 Spezielle Anwendungen

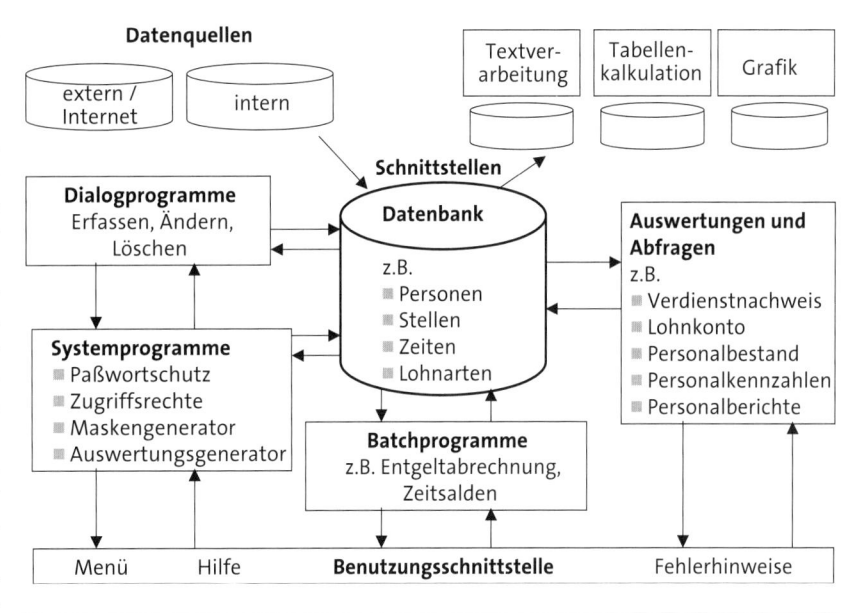

Im Gegensatz zur administrativen Personalabrechnung und Zeitwirtschaft handelt es sich in der Regel bei elektronisch gestütztem Personalmanagement nicht um Routinearbeiten, sie können dennoch ganz oder teilweise automatisiert werden.

HRIS-Anwendungen zur »Personalbeschaffung« beispielsweise unterstützen den gesamten Bewerbungsvorgang (siehe auch II A/2):
- Erfassung und Pflege der Stamm-, Ausbildungs- und Vorgangsdaten von Bewerbungen. Unter Vorgangsdaten sind Angaben über den aktuellen Status und den bisherigen Verlauf einer Bewerbung gemeint, also z.B. der Hinweis, dass bisher zwei telefonische Kontakte und ein Vorstellungsgespräch stattfanden oder die Information, dass eine Bewerbungsmappe bislang von drei Abteilungsleitern gesehen wurde.
- Sortier- und Selektionsfunktionen innerhalb eines Pools von Bewerbern, also z.B. nach bestimmten Qualifikationsmerkmalen.
- Schnittstelle zu einem Textverarbeitungsprogramm, um Einladun-

Übersicht (zu 5.1)
Wichtige Ziele eines Human Resource Information Systems

Breitere Informationsbasis
⇒ z.B. durch aktuellere oder umfangreichere Informationen

Bessere Verfügbarkeit der Informationen
⇒ z.B. durch einfachere Abfragemöglichkeiten und kürzere Antwortzeiten

Integration verschiedener Anwendungssysteme
⇒ z.B. indem mehrere isolierte Systeme durch ein umfassendes HRIS abgelöst werden

Erhöhung der Transparenz und der Systematik im Personalbereich
⇒ z.B. durch einheitliche und standardisierte Abläufe und klarere Strukturen

Effizienzsteigerung im Personalbereich
⇒ z.B. durch kürzere Reaktionszeiten, optimierten Personal- und Mitteleinsatz sowie bessere Kapazitätsauslastung

Senkung der Personal- und Verwaltungskosten im Personalbereich
⇒ z.B. durch Abbau von Personal, durch Vermeidung zukünftiger Kosten

Erhöhung der Anpassungsfähigkeit bezüglich EDV-technischer Entwicklungen
⇒ z.B. durch die Verwendung relationaler Datenbanken

Schnellere Anpassungsfähigkeit bei neuen fachlichen Anforderungen
⇒ z.B. einfachere Anpassung an gesetzliche Änderungen oder an neue Aufgaben durch komfortable Parametersteuerung

Verbesserte Unterstützung der verschiedenen Personalaufgaben
⇒ z.B. durch den Einsatz von neuen Methoden sowie infolge der breiteren Informationsbasis und der höheren Datenaktualität

Verbesserte allgemeine Arbeitssituation im Personalbereich
⇒ z.B. erhöhte Arbeitszufriedenheit durch benutzerfreundliches System;

Verbesserte Betreuung der Mitarbeiter des Unternehmens
⇒ z.B. durch Entlastung des Personalbereichs von Routinetätigkeiten oder aufgrund größerer Auskunftsbereitschaft, höherer Transparenz und besserer Verständlichkeit der Abrechnungen und der Belege

Grafik (zu 5.1.1) Personal- und Stellendatenbank im Mittelpunkt des HRIS

Datenquellen: extern / Internet, intern

Dialogprogramme: Erfassen, Ändern, Löschen

Systemprogramme:
- Paßwortschutz
- Zugriffsrechte
- Maskengenerator
- Auswertungsgenerator

Schnittstellen → **Datenbank** z.B.
- Personen
- Stellen
- Zeiten
- Lohnarten

Batchprogramme z.B. Entgeltabrechnung, Zeitsalden

Textverarbeitung, Tabellenkalkulation, Grafik

Auswertungen und Abfragen z.B.
- Verdienstnachweis
- Lohnkonto
- Personalbestand
- Personalkennzahlen
- Personalberichte

Benutzungsschnittstelle: Menü, Hilfe, Fehlerhinweise

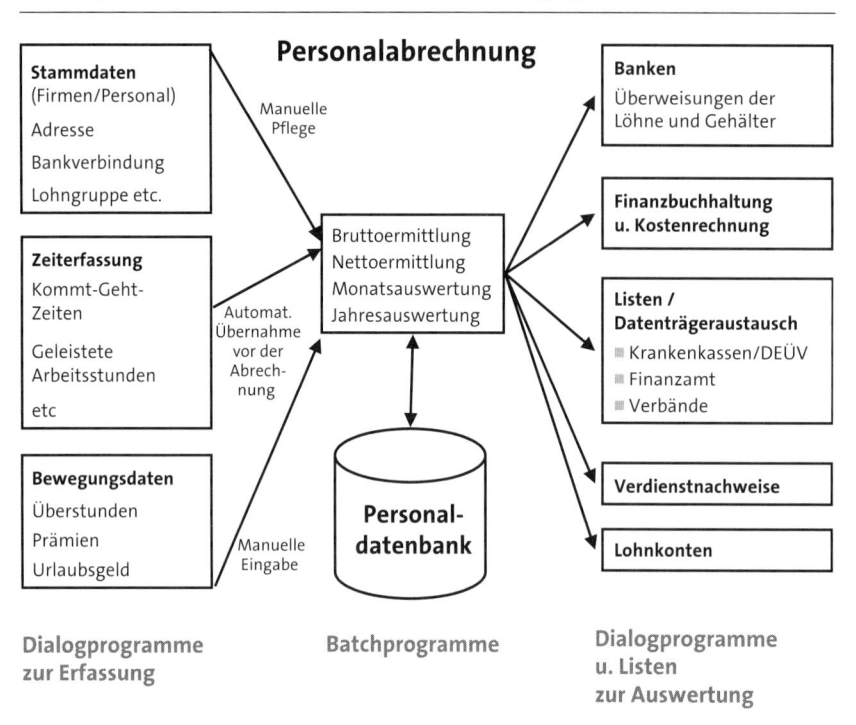

Grafik (zu 5.2) Datenfluss im Personalabrechnungssystem

Personalabrechnung

- Stammdaten (Firmen/Personal)
  - Adresse
  - Bankverbindung
  - Lohngruppe etc.

  → Manuelle Pflege

- Zeiterfassung
  - Kommt-Geht-Zeiten
  - Geleistete Arbeitsstunden
  - etc

  → Automat. Übernahme vor der Abrechnung

- Bewegungsdaten
  - Überstunden
  - Prämien
  - Urlaubsgeld

  → Manuelle Eingabe

Verarbeitung:
- Bruttoermittlung
- Nettoermittlung
- Monatsauswertung
- Jahresauswertung

↔ Personaldatenbank

Ausgaben:
- Banken – Überweisungen der Löhne und Gehälter
- Finanzbuchhaltung u. Kostenrechnung
- Listen / Datenträgeraustausch
  - Krankenkassen/DEÜV
  - Finanzamt
  - Verbände
- Verdienstnachweise
- Lohnkonten

Dialogprogramme zur Erfassung | Batchprogramme | Dialogprogramme u. Listen zur Auswertung

---

gen, Absagen, Zwischenbescheide an Bewerber zu formulieren.
- Integration mit einem Workflow-Management-System, um eine schnelle, papierlose Kommunikation zwischen den beteiligten Stellen eines Bewerbungsvorgangs zu ermöglichen.
- Integration mit E-Recruiting, um Internet-Bewerbungen direkt weiterzuverarbeiten.

HRIS-Anwendungen für die »Personalentwicklung« umfassen die Gesamtheit aller Maßnahmen, die der individuellen und beruflichen Entwicklung der Mitarbeiter auf allen hierarchischen Ebenen dienen. Unter Berücksichtigung individueller Zielvorstellungen der Mitarbeiter sollen diejenigen Qualifikationen erworben werden, die zur Erfüllung aktueller und zukünftiger betrieblicher Anforderungen notwendig sind.

Mit Hilfe dieser Software kann einerseits die Planung, Abwicklung und Kontrolle von Seminaren und Bildungsmaßnahmen unterstützt werden. Außerdem ermöglicht die Software die Referenten- und Veranstaltungsplanung, die Hotel- und Raumverwaltung sowie statistische Analysen. Hierdurch läßt sich die Verwaltungsarbeit rationeller gestalten. Wenn personenbezogene Entwicklungsdaten zusätzlich gespeichert werden, kann ein solches System Basis von systematischen Personalentwicklungsprogrammen sein.

Ein weiterer Schwerpunkt im Software-Angebot ist die Unterstützung individueller Nachfolgepläne (Management Development). In diesem Zusammenhang können z.B. Pools mit besonders qualifizierten Mitarbeitern (High Potentials) gebildet werden. Individuelle Karrierepläne können festgelegt werden und gezielte Fördermaßnahmen zum Abbau von Qualifikationsdefiziten geplant werden (z.B. Job Rotationsprogramme inkl. Auslandsversetzungen).

5.2 Elektronische Lohn- und Gehaltsabrechnung

Lohn- und Gehaltsabrechnungsprogramme sind für viele Unternehmen immer noch der wichtigste und häufig auch einzige Anwendungsbereich personalwirtschaftlicher Software. Im Kern handelt es sich hierbei um typische Batchverarbeitungsprogramme, deren Daten jedoch die Basis für viele andere Aufgaben bilden. Beispielsweise sind die Ergebnisse der Lohn- und Gehaltsabrechnung eine wichtige Grundlage für Personalcontrolling und -planung. Die Personalabrechnung läuft läuft jedoch auch im Dialogbetrieb, beispielsweise zur Durchführung von Einzelabrechnung (bei kurzfristigen Ein- und Austritten von Mitarbeitern) oder für Probeabrechnungen (bei Test und Einarbeitung).

Der grundsätzliche Ablauf der Personalabrechnung besteht aus folgenden Schritten:
- Datenerfassung
- Bruttoermittlung
- Nettoermittlung
- Monatsauswertungen
- Jahresauswertungen
- Schnittstellenversorgung/Auswertung/Datenweiterleitung

Die Grafik zu 5.2 zeigt den Datenfluss in einem Beispiel für ein Personalabrechnungssystem. Trotz dieses in vielen Unternehmen ähnlichen Ablaufs müssen die Personalabrechnungsprogramme ein hohes Maß an Flexibilität aufweisen, weil sich die steuer- und sozialversicherungsrechtlichen Vorschriften regelmäßig ändern. Je nach Tarifvertrag und Branche weisen die Abrechnungen zahlreiche Besonderheiten auf. Standardsoftware für die Personalabrechnung sollte die folgenden Abrechnungsformen ermöglichen:
- Lohn- und Gehaltsabrechnungen für die verschiedenen Tarife und Branchen der Privatwirtschaft;
- Industrielohnabrechnungen mit den zahlreichen Varianten des Zeit- und Leistungslohnes;
- Baulohnabrechnungen mit den Besonderheiten der Bauwirtschaft, wie z. B. Zahlung von Schlechtwettergeld;
- Abrechnungen von Versorgungsbezügen und Beamtenbezügen für die Tarife des öffentlichen Dienstes;
- Abrechnungen für spezielle Mitarbeitergruppen mit abrechnungstechnischen Besonderheiten wie z.B. Aushilfskräfte, Heimarbeiter, Seeleute.

Eine wichtige Anforderung an ein Personalabrechnungssystem ist die Rückrechnungsfähigkeit. Unter Rückrechnung wird die Wiederholung der Brutto- und/oder Nettoabrechnung für vergangene Zeiträume (auch Vorjahre) verstanden, die aufgrund einer Korrektur von abrechnungsrelevanten Daten erforderlich werden. Der Rückrechnungsanstoß sollte hierbei automatisch erfolgen durch die rückwirkende Änderung von Stamm- oder Bewegungsdaten. Bereits die Eingabe einer Abwesenheitszeit (z.B. wenn ein Mitarbeiter während seines Urlaubs krank wird und die Krankmeldung dem Arbeitgeber verspätet vorgelegt wird) oder die rückwirkende Erfassung von Mehrarbeitsstunden lösen eine Rückrechnung aus, soweit vergangene Abrechnungsperioden betroffen sind.

5.3 Zeitwirtschaft und Zutrittskontrolle

Personalzeitwirtschaft umfaßt das Planen, Ermitteln und Kontrollieren von betrieblichen Zeiten. Ein Ziel der Personalzeitwirtschaft (PZW) ist die optimale Abstimmung von individuellen Arbeitszeiten mit betrieblichen Anforderungen. In vielen Unternehmen stimmt die Nutzungsdauer von Maschinen und Anlagen nicht mit den Arbeitszeiten der Mitarbeiter überein, beispielsweise bei Schichtbetrieb. Durch Modelle zur Flexibilisierung von Arbeitszeiten lassen sich jedoch lange Betriebsnutzungszeiten durchaus mit kürzeren persönlichen Arbeitszeiten vereinbaren. Auch in Service und Vertrieb muss eine ausreichende Dauer von Geschäfts- und Ansprechzeiten gewährleistet sein.

PZW-Systeme unterstützen die Erfassung und Kontrolle von An- bzw. Abwesenheiten und interpretieren die Zeiten (Abwesenheits-, Zuschlagszeiten) im Vorfeld der Personalabrechnung. Hinzu kommen planerische Funktionen wie z.B. Schicht- und Personaleinsatzplanung. Die gespeicherten Daten dienen zugleich als Grundlage für Statistiken und Analysen. Durch den Einsatz von Chip- oder Magnetkarten als Identifikationsmedium lassen sich ausserdem Zutrittsdaten, Projektzeiten, Besucherdaten etc. erfassen und verwalten (siehe Übersicht zu 5.3).

Im Kern bestehen PZW-Systeme aus Hardware (Zeiterfassungsterminals) und Software, mit denen das gesamte Spektrum der personenbezogenen Zeitdatenerfassung und -verarbeitung abgedeckt wird.

Im einzelnen unterstützen PZW-Systeme folgende Aufgaben (siehe auch Grafik zu 5.3):

Übersicht (zu 5.3)
Bearbeitungsspektrum von Personalzeitwirtschaftssystemen

- Leistungsdatenerfassung im Call-Center
- Human Ressource Information System
- Zutrittskontrolle/Sicherheitssysteme
- **Personal-Zeitwirtschafts-System** (Planen, Ermitteln u. Kontrollieren betrieblicher Arbeitszeiten)
- Projektzeiten
- Personaleinsatzplanung
- Besucherdaten
- Langzeitkonten/Zeitwertpapiere
- Entgeltabrechnung
- Kantinendaten Automaten/Kopierer

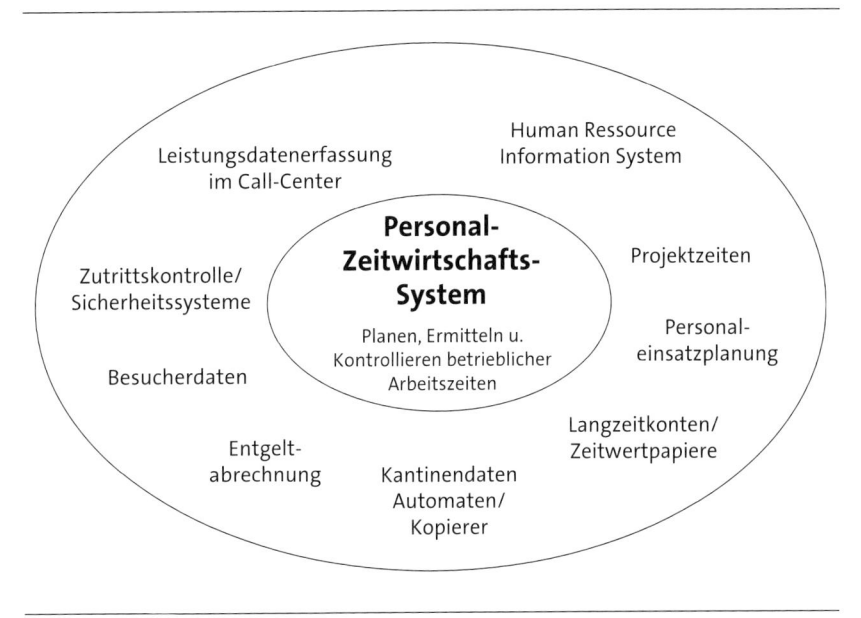

Grafik (zu 5.3)
Unterstützung von Aufgaben durch Systeme der Personalzeitwirtschaft

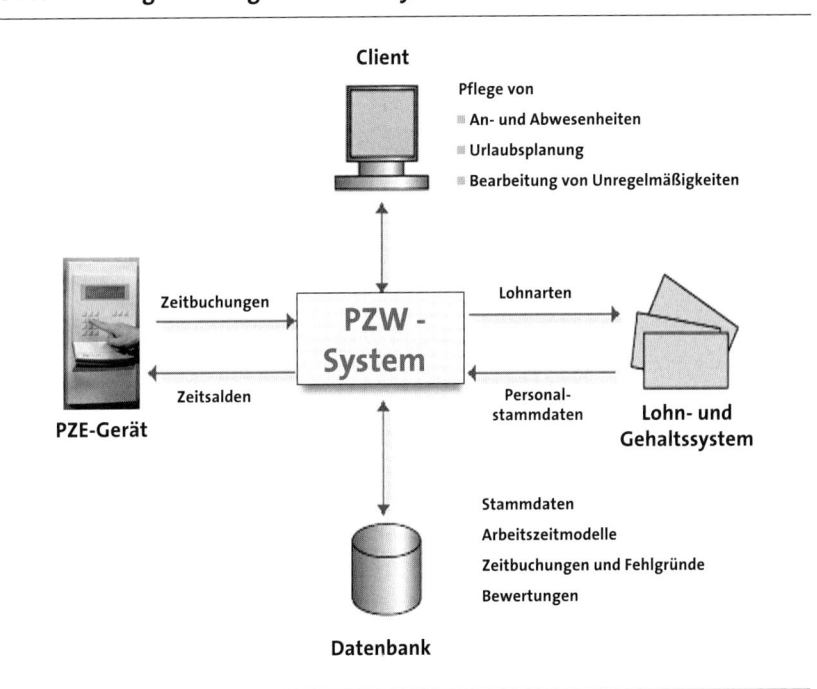

Client — Pflege von:
- An- und Abwesenheiten
- Urlaubsplanung
- Bearbeitung von Unregelmäßigkeiten

PZE-Gerät → Zeitbuchungen → **PZW-System** → Lohnarten → Lohn- und Gehaltssystem
← Zeitsalden ← / ← Personalstammdaten

Datenbank:
- Stammdaten
- Arbeitszeitmodelle
- Zeitbuchungen und Fehlgründe
- Bewertungen

III. Organisation und Verwaltung der Personalarbeit

Übersicht 1 (zu 5.4) Fokus der Geschäftsprozessanalyse

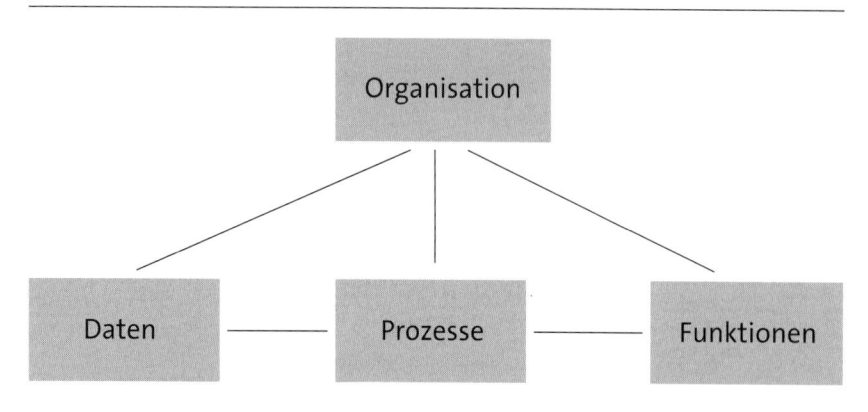

```
        Organisation
       /     |      \
   Daten — Prozesse — Funktionen
```

Übersicht 2 (zu 5.4) Personaldaten der Lohn- und Gehaltsabrechnung

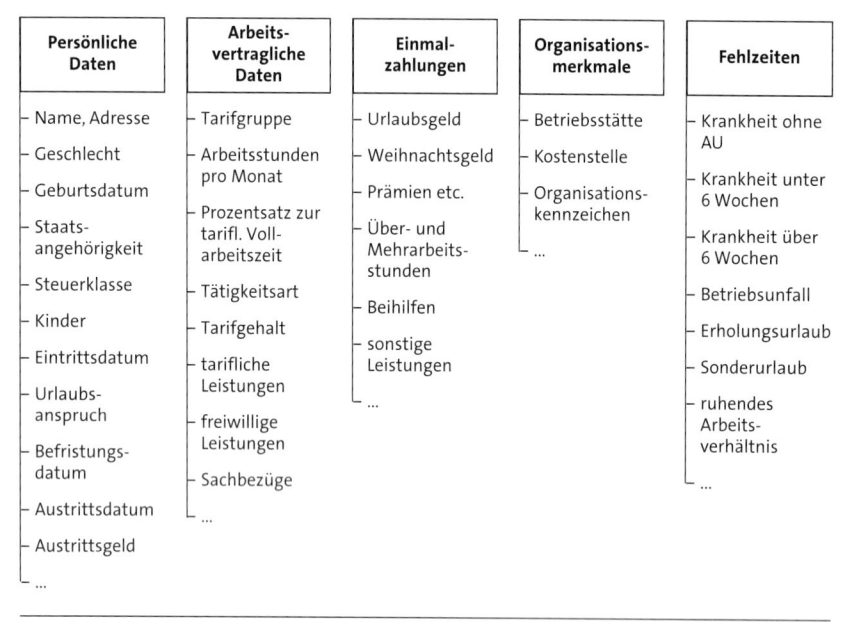

Persönliche Daten	Arbeits-vertragliche Daten	Einmal-zahlungen	Organisations-merkmale	Fehlzeiten
– Name, Adresse	– Tarifgruppe	– Urlaubsgeld	– Betriebsstätte	– Krankheit ohne AU
– Geschlecht	– Arbeitsstunden pro Monat	– Weihnachtsgeld	– Kostenstelle	– Krankheit unter 6 Wochen
– Geburtsdatum	– Prozentsatz zur tarifl. Vollarbeitszeit	– Prämien etc.	– Organisationskennzeichen	– Krankheit über 6 Wochen
– Staatsangehörigkeit	– Tätigkeitsart	– Über- und Mehrarbeitsstunden	– …	– Betriebsunfall
– Steuerklasse	– Tarifgehalt	– Beihilfen		– Erholungsurlaub
– Kinder	– tarifliche Leistungen	– sonstige Leistungen		– Sonderurlaub
– Eintrittsdatum	– freiwillige Leistungen	– …		– ruhendes Arbeitsverhältnis
– Urlaubsanspruch	– Sachbezüge			– …
– Befristungsdatum	– …			
– Austrittsdatum				
– Austrittsgeld				
– …				

- Pflege von Personenstamm- und Zeitstammdaten zum Aufbau von betrieblichen Zeitmodellen und Bewertungsvorschriften. Bei Anbindung eines Personalabrechnungssystems können die Personalstammdaten auch regelmäßig von dort per Datenschnittstelle importiert werden. Korrekturen von Zeitdaten (z.B. vergessene Gehen-Buchung) erfolgen am Bildschirm. Dazu kann etwa der PC einer Zeitbeauftragten (z.B. Abteilungssekretärin) als Client-Rechner an das PZW-System angeschlossen sein.

- Erfassung der An- und Abwesenheitszeiten am Zeiterfassungs-Gerät durch den einzelnen Mitarbeiter. Die Zeiterfassungsgeräte (Terminals) stehen meist in den Eingängen des Firmengebäudes und können mit einer Zutrittskontrolle (automatische Türöffnung) kombiniert werden. Zur Prüfung der Identifikation verwendet man heute noch üblicherweise Magnet- oder Chipkarten. Zukünftig werden biometrische Verfahren (Fingerprint, Augen, Stimme) die Karten mehr und mehr ablösen.

Neben der Erfassungsfunktion werden Zeiterfassungsgeräte auch für Korrekturen und Informationszwecke genutzt. Im einfachsten Fall vermerken die Mitarbeiter Abwesenheitsgründe per Funktionstasten; es sind aber auch mehrstufige Dialoge möglich, z.B. bei zusätzlicher Überprüfung der Identifikation mittels einer PIN-Nummer.

- Die Stammdaten und die erfaßten Zeitdaten werden in einer Datenbank gespeichert. Sie ist zugleich Basis für flexible Abfrage- und Auswertungsmöglichkeiten. Gleichzeitig nimmt die Datenbank die Ergebnisse von Zeitbewertungen auf, z.B. wenn aus der Differenz zwischen Arbeitsbeginn und -ende ein positiver Zeitsaldo von einer Stunde verbleibt, der dem Mitarbeiter auf seinem Zeitkonto gutgeschrieben wird und später in Form von Freizeitentnahme wieder ausgeglichen werden kann.

- Über Schnittstellen können PZW-Systeme mit mit anderen Systemen wie beispielsweise Personalabrechnung verbunden werden.

In vielen Unternehmen wird derzeit über die Abschaffung der minutengenauen elektronischen Zeiterfassung (sog. »Positiverfassung«) diskutiert. Häufig gibt es Bestrebungen, einfachere, an die Mitarbeiter übertragene Systeme der Personalzeitwirtschaft einzusetzen. Einerseits kann zu diesen neuen Formen die sog. »Negativzeiterfassung« gezählt werden. Hierbei werden lediglich Abweichungen und Änderungen von der »normalen« Arbeitszeit erfasst. Viele Details (z.B. wenn sich ein Mitarbeiter mit Kollegen abstimmt und am nächsten Tag erst mittags ins Büro kommt) werden nicht mehr wie bei der Positverfassung minutengenau erfasst, was im oben geschilderten Ablauf zu einem Änderungsbeleg und erheblichem Verwaltungsaufwand geführt hätte. Erfasst werden lediglich Urlaubs-, Krankheits- und vom Vorgesetzten angeordnete Mehrarbeitszeiten. Wenn ein Unternehmen sog. Employee Self Service-Systeme installiert, können die Mitarbeiter fast alle Zeitmeldungen selbständig über ihren Arbeitsplatzrechner, bzw. bei webbasierten Programmen per Browser eingeben.

Nahezu vollständig auf eine Erfassung verzichtet die sog. Vertrauensarbeitszeit. Die Unternehmensleitung vertraut hierbei darauf, dass die Mitarbeiter die laut Arbeitsvertrag vereinbarten Arbeitszeiten erbringen. Durch die Kontrolle des Arbeitsergebnisses durch den Vorgesetzten und letztlich auch durch die Kontrolle der Kollegen wird ein möglicher Missbrauch bei Vertrauensarbeitszeit als gering angesehen.

5.4 Prozessmanagement/ Geschäftsprozessoptimierung in der Personalwirtschaft

Auch in der Personalwirtschaft wird inzwischen zunehmend in zusammenhängenden Arbeitsabläufen (Geschäftsprozessen) gedacht. Wichtig ist die Geschäftsprozessanalyse bei der Umstrukturierung bzw. Reorganisations des Personalbereichs sowie bei der Einführung von IT-Lösungen.

Innerhalb der Geschäftsprozessanalyse(Ist-Analyse) wird eine detaillierte Bestandsaufnahme durchgeführt. Hierbei werden Arbeitsabläufe, Aufgaben, Daten, Informationsflüsse, Belege, Formulare und die ausführenden Stellen/Personen in einem Teilbereich des Unternehmens analysiert (siehe hierzu Übersicht 1 zu 5.4)

Unter »Daten« werden die benötigten Datenfelder bzw. Datengruppen zusammengestellt. Die Datengruppe »Lohn- und Gehaltsdaten« enthält eine Vielzahl von Datenfeldern, die zwangsläufig gepflegt und gespeichert werden müssen, um eine korrekte Entgeltabrechnung zu garantieren (siehe Übersicht 2 zu 5.4)

Unter »Organisation« werden die einzelnen Bearbeiter sowie die Organisationsstruktur des untersuchten Unternehmensbereichs zusammengefasst (siehe Übersicht 3 zu 5.4). Diese Organisationseinheiten sind die zukünftigen Benutzer des HRIS.

Unter »Funktionen« werden Aufgabenbereiche verstanden, die Gegenstand der Geschäftsprozessanalyse sind. Diese Aufgabenbereiche können in einzelne Aufgaben weiter unterteilt werden (siehe Übersicht 4 zu 5.4).

Ein »Geschäftsprozess« besteht aus mehreren Aktivitäten, die in einem zeitlichen und sachlogischen Zusammenhang stehen. Ein Geschäftsprozess benötigt zur Ausführung bestimmte Ressourcen wie z.B. Personen, Maschinen.

Jeder Geschäftsprozess hat einen definierten Prozessbeginn und ein Prozessende. Der Prozessbeginn ist das Eintreten eines Zustandes (Geschäftsereignis, z.B. Fachabteilung meldet eine offene Stelle bei der Personalabteilung). Das Prozessende bedeutet Erreichen eines Ergebnisses (z.B. Ausfertigung des Arbeitsvertrags für einen neu eingestellten Mitarbeiter).

Geschäftsprozesse sind nicht an organisatorische Strukturen, z.B. Unternehmens- oder Abteilungsgrenzen, gebunden. Sie laufen quer durch die Abteilungen. Sie enden nicht an den Unternehmensgrenzen, sondern beziehen Lieferanten und Kunden mit ein.

In der Grafik zu 5.4 ist ein Teilausschnitt des Geschäftsprozesses »Mitarbeiterrekrutierung« beispielhaft dargestellt. Die Darstellung wurde mit dem Software-Tool »ARIS« erstellt.

Übersicht 3 (zu 5.4)
Erfassung von Organisation im Rahmen einer Prozessanalyse

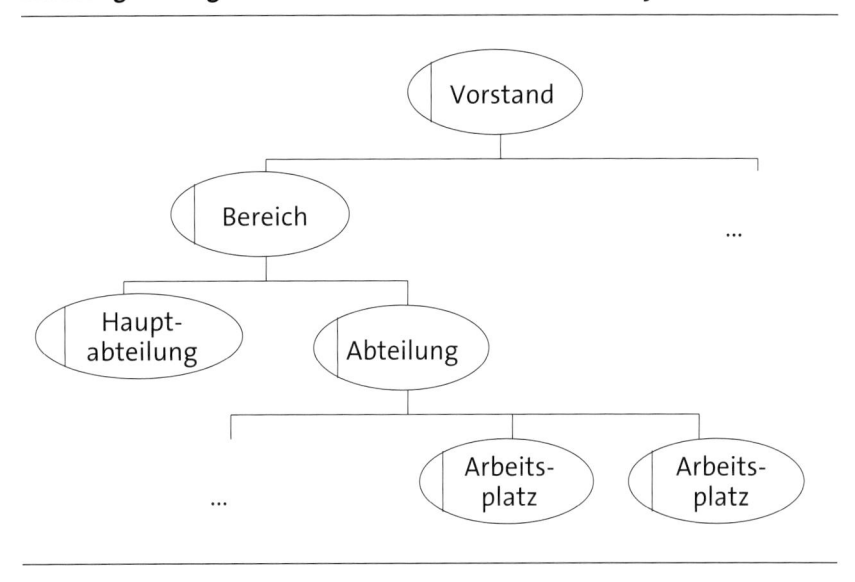

Übersicht 4 (zu 5.4) Funktionsgliederung der Lohn und Gehaltsabrechnung

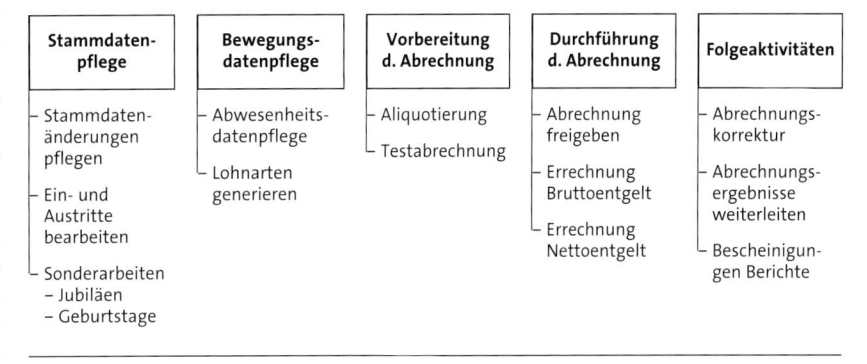

Stammdaten-pflege	Bewegungs-datenpflege	Vorbereitung d. Abrechnung	Durchführung d. Abrechnung	Folgeaktivitäten

- Stammdaten-änderungen pflegen
- Ein- und Austritte bearbeiten
- Sonderarbeiten
  – Jubiläen
  – Geburtstage
	- Abwesenheits-datenpflege
	- Lohnarten generieren
		- Aliquotierung
		- Testabrechnung
			- Abrechnung freigeben
			- Errechnung Bruttoentgelt
			- Errechnung Nettoentgelt
				- Abrechnungs-korrektur
				- Abrechnungs-ergebnisse weiterleiten
				- Bescheinigungen Berichte

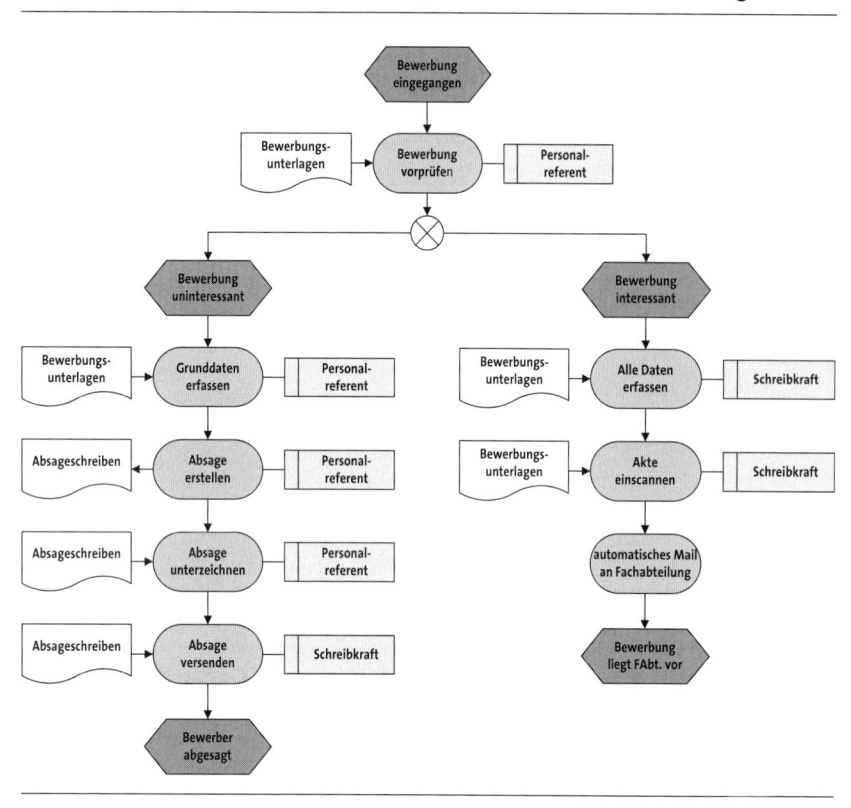

Beispiel (zu 5.4) Ausschnitt Geschäftsprozess Bewerberrekrutierung

```
                           ┌──────────────┐
                           │  Bewerbung   │
                           │  eingegangen │
                           └──────┬───────┘
                                  │
        ┌──────────────┐   ┌──────▼───────┐   ┌──────────────┐
        │ Bewerbungs-  │──▶│  Bewerbung   │──▶│  Personal-   │
        │ unterlagen   │   │  vorprüfen   │   │  referent    │
        └──────────────┘   └──────┬───────┘   └──────────────┘
                                  │
                                ⊗
                    ┌─────────────┴─────────────┐
              ┌─────▼──────┐              ┌─────▼──────┐
              │ Bewerbung  │              │ Bewerbung  │
              │uninteressant│             │interessant │
              └─────┬──────┘              └─────┬──────┘
                    │                           │
    ┌──────────┐ ┌──▼─────┐ ┌──────────┐  ┌──────────┐ ┌──▼─────┐ ┌──────────┐
    │Bewerbungs│▶│Grund-  │▶│Personal- │  │Bewerbungs│▶│Alle    │▶│Schreib-  │
    │unterlagen│ │daten   │ │referent  │  │unterlagen│ │Daten   │ │kraft     │
    │          │ │erfassen│ │          │  │          │ │erfassen│ │          │
    └──────────┘ └──┬─────┘ └──────────┘  └──────────┘ └──┬─────┘ └──────────┘
                   │                                      │
    ┌──────────┐ ┌──▼─────┐ ┌──────────┐  ┌──────────┐ ┌──▼─────┐ ┌──────────┐
    │Absage-   │▶│Absage  │▶│Personal- │  │Bewerbungs│▶│Akte    │▶│Schreib-  │
    │schreiben │ │erstellen│ │referent │  │unterlagen│ │einscannen│ │kraft   │
    └──────────┘ └──┬─────┘ └──────────┘  └──────────┘ └──┬─────┘ └──────────┘
                   │                                      │
    ┌──────────┐ ┌──▼─────┐ ┌──────────┐               ┌──▼──────────┐
    │Absage-   │▶│Absage  │▶│Personal- │               │automatisches│
    │schreiben │ │unter-  │ │referent  │               │Mail an      │
    │          │ │zeichnen│ │          │               │Fachabteilung│
    └──────────┘ └──┬─────┘ └──────────┘               └──┬──────────┘
                   │                                      │
    ┌──────────┐ ┌──▼─────┐ ┌──────────┐               ┌──▼─────────┐
    │Absage-   │▶│Absage  │▶│Schreib-  │               │ Bewerbung  │
    │schreiben │ │versenden│ │kraft    │               │ liegt FAbt.│
    │          │ │        │ │          │               │ vor        │
    └──────────┘ └──┬─────┘ └──────────┘               └────────────┘
                   │
              ┌────▼──────┐
              │ Bewerber  │
              │ abgesagt  │
              └───────────┘
```

6 Managementaspekte von Arbeitsschutz und Qualität

6.1 Arbeitsschutz als Managementaufgabe

Arbeitsschutz ist eine ureigene Managementaufgabe. Die Risikominimierung im Sinne einer optimalen Prozess-Sicherheit steht dabei für den Betrieb im Vordergrund. Gleichrangig daneben ist die Führungsaufgabe zu bewerten, für ein gesundes und humanes Arbeitsleben der Beschäftigten zu sorgen. Allgemeine betriebswirtschaftliche Argumente für mehr Arbeitsschutz sind:
- höhere Anlagensicherheit,
- höhere Produktivität,
- bessere Qualität,
- schonender Umgang mit Einrichtungen,
- weniger Ausfallzeiten,
- weniger Verluste,
- weniger Immissionen,
- weniger Ausschuss.

Jeder durch einen Arbeitsunfall verursachte Ausfalltag eines Beschäftigten kostet den Betrieb durchschnittlich rund 500 €. Diese Kosten werden verursacht durch die
- Lohnfortzahlung für den Verletzten,
- Schäden an Arbeitsmitteln und Einrichtungen,
- Kosten für zusätzliche Überstunden oder Ersatzarbeitskräfte,
- Verluste an Umsatz, Ertrag und Gewinn,
- Kosten wegen Lieferverzug,
- mögliche Geldstrafen,
- Erhöhung des Beitrags zur Berufsgenossenschaft.

Ein Mehraufwand für Arbeitsschutz zahlt sich daher aus, weil alle diese Kosten vermieden oder vermindert werden können.

> ❗ Sehen Sie Arbeitsschutz nicht als lästige zusätzliche Aufgabe an, die von Spezialkräften zu erledigen wäre, weil es der Gesetzgeber nun einmal so verlangt. Arbeitsschutz ist wirtschaftlich sinnvoll, denn er bringt Ihrem Betrieb Nutzen, den Sie sogar finanziell bewerten können.

Zeitgemäße Ansätze für Sicherheit und Gesundheitsschutz bei der Arbeit stärken den Betrieb und fördern die Qualifikation und Motivation der Beschäftigten. Es ist wirtschaftlicher, Schäden zu verhüten, als deren Folgen zu beseitigen. Arbeitsschutz ist daher Chefsache. Jede Störung verursacht Verluste.

Der Arbeitsschutz zeigt seinen Nutzen für den Betrieb auf vielfältige Weise. Er dient der Sicherstellung der Arbeitsleistung auf hohem Qualitätsniveau. Natürlich dient er auch humanen und sozialen Zielen, die betriebswirtschaftlich nicht bewertbar, aber ebenso unabdingbar für jeden Betrieb sind.

Von großer Bedeutung sind die Wechselbeziehungen zwischen Arbeitsschutz und Qualität der Arbeitsleistung. Ein gut organisierter und durchgeführter Arbeitsschutz bedeutet auch bessere Produkt- oder Dienstleistungsqualität und weniger Reklamationen. Eine ordnungsgemäße Qualitätsüberwachung und eine gute Qualitätssicherung bewirken zugleich eine Verbesserung des betrieblichen Arbeitsschutzes. Verschwendung, Unordnung, Unsauberkeit, schlechte Organisation in Produktion und Dienstleistung erhöhen dagegen die Unfall- und Gesundheitsgefahren am Arbeitsplatz.

Nahezu alle Qualitätsmanagementsysteme enthalten daher auch Vorgaben für den Arbeitsschutz, weil man erkannt hat, dass der Arbeitsprozess oder das Arbeitsprodukt nicht isoliert betrachtet werden dürfen, sondern der Faktor Mensch ein wesentliches Element in jedem Arbeitssystem ist. Qualitätsmanagementsysteme (z.B. nach ISO 9000 f.) werden daher zunehmend erweitert zu unternehmensindividuellen, ganzheitlichen Managementsystemen, in denen Qualität, Arbeitsschutz und der z. B. nach ISO 14000 f. organisierte Umweltschutz zu einem integrierten System verbunden sind.

Arbeitsschutzmanagement in diesem Sinn ist das planmäßige Vorgehen eines Betriebes zur Integration des Arbeitsschutzes in die unternehmerischen Ziele, in allen Führungsebenen und in alle weiteren Strukturen des Betriebes. In Deutschland werden zur Zeit Überlegungen angestellt, alle betrieblichen Arbeitsschutzaufgaben in einem Arbeitsschutzmanagementsystem zusammenzufassen und zu dokumentieren. Behörden und Unfallversicherungsträger entwickeln gemeinsam, aufbauend auf einem Leitfaden der Internationalen Arbeitsorganisation ILO, ein einheitliches Modell für ein solches Arbeitsschutzmanagementsystem. Vergleichbare Systeme sind bisher schon freiwillig in einzelnen Branchen eingeführt worden, so z.B. im Bereich der Chemie. Es gibt derzeit aber noch keine gesetzliche Verpflichtung für die Einführung eines Arbeitsschutzmanagementsystems.

6.2 Unternehmensziel Arbeitsschutz

Arbeitsschutz ist ein Unternehmensziel mit vergleichbar hohem Stellenwert wie jedes andere Unternehmensziel. Solche Ziele werden gesetzt, um Unternehmen durch Markterfolg und positive Ergebnisse im Wettbewerb zu erhalten und Gewinne zu erzielen. Zugleich werden damit Arbeitsplätze gesichert. Der Arbeitsschutz kann hierzu einen wichtigen Beitrag leisten (siehe Übersicht zu 6.2).

Unternehmensziele geben Führungskräften und Mitarbeitern Anreize und verdeutlichen, was von ihnen erwartet wird. Das gilt auch für den Arbeitsschutz, der in erfolgsorientierten Unternehmen als gleichrangiges Unternehmensziel anerkannt wird. Arbeitsschutz wird dadurch zum integralen Bestandteil der Unternehmenskultur, er dient durch Gewährleistung eines ungestörten Arbeitsablaufs der Kundenzufriedenheit und sichert den wirtschaftlichen Erfolg eines Unternehmens ab. Die Integration von Sicherheit und Gesundheitsschutz bei der Arbeit in alle betrieblichen Prozesse ist der richtige Weg, diese Ziele effizient zu erreichen. Arbeitsschutz ist daher eine Führungsaufgabe, die in erster Linie von der Unternehmensleitung gefordert, angenommen und gefördert werden muss.

Das Unternehmensziel Arbeitsschutz kann nur erreicht werden, wenn drei Komponenten dauerhaft gewährleistet sind:
1. der Betrieb muss richtig organisiert werden (Planung, Anweisung, Schulung, Training),
2. die Technologie muss sicher sein (Konstruktion, Wartung, Sicherheitseinrichtungen),
3. die Menschen müssen sich schützen (sicheres Verhalten, geeignete Schutzausrüstungen).

Dieses Unternehmensziel kann allerdings nur erreicht werden, wenn die Arbeitswelt gemeinsam von Führungskräften und Beschäftigten gestaltet wird. Es ist daher geboten, die Beschäftigten als Betroffene an den entsprechenden Unternehmensentscheidungen aktiv zu beteiligen. Nur dann kann der Arbeitsschutz zum Nutzen aller zur Realität werden.

6.3 Arbeitsschutz und betriebliche Gesundheitsförderung

Die Luxemburger Deklaration zur betrieblichen Gesundheitsförderung in der EU (1997) stellt fest: »Zukünftiger Unternehmenserfolg hängt von gut qualifizierten, motivierten und gesunden Mitarbeitern ab. Betriebliche Gesundheitsförderung spielt eine entscheidende Rolle dabei. (...) Dies kann durch eine Verbesserung der Arbeitsbedingungen, der Förderung einer aktiven Mitarbeiterbeteiligung und Stärkung der persönlichen Kompetenzen erreicht werden.« Die betriebliche Gesundheitsförderung ist eine unternehmenspolitische, den Arbeitsschutz ergänzende Aufgabe. Sie zielt darauf ab, die Mitarbeiter als entscheidenden Wettbewerbsfaktor eines Unternehmens gesund und leistungsfähig zu erhalten und Fehlzeiten zu vermindern. Deshalb ist sie ein sinnvoller und notwendiger Bestandteil unternehmerischer Personalpolitik.

Als Instrumente und Maßnahmen einer solchen Gesundheitsförderung bieten sich den Betrieben z.B. an:
- die Einrichtung von Gesundheitszirkeln,
- Mitarbeiterbefragungen und -gespräche,
- gesundheitsgerechte Angebote bei der Betriebsverpflegung,

Übersicht (zu 6.2) Unternehmensziel Arbeitsschutz

1. Ziele konkret setzen

Die Ziele im Arbeitsschutz müssen
- durch die Leitung vorgegeben werden,
- so festgelegt werden, dass sie messbar und erreichbar sind,
- allen Mitarbeitern bekannt gemacht werden,
- von allen betrieblichen Stellen umgesetzt und verfolgt werden.

2. Zielerreichung absichern
- Geeignete Arbeitsschutzmaßnahmen festlegen.
- Die erforderlichen Mittel dafür bereitstellen.
- Die geplanten Maßnahmen umsetzen.
- Den Arbeitsschutz bei allen betrieblichen Planungen und Entscheidungen berücksichtigen.
- Vorgesetzte dürfen keine sicherheitswidrigen Betriebszustände und Verhaltensweisen dulden.
- Alle Unfälle, Erkrankungen und sonstigen Störfälle dokumentieren und die wahren Ursachen ermitteln.
- Erkannte Mängel unbedingt abstellen.

3. Zielerreichung prüfen
- Sind die festgelegten Maßnahmen eingeführt worden?
- Ist die Wirksamkeit der Maßnahmen dauerhaft gewährleistet?
- Werden Zielsetzung und Vorgehensweise von allen Beschäftigten akzeptiert?

- Angebote zur Förderung der körperlichen Fitness (u.a. bei Bildschirmarbeit oder beim Heben und Tragen schwerer Lasten),
- Hilfen bei der Raucherentwöhnung.

Normalerweise können sich nur große Unternehmen eine umfassende Gesundheitsförderung leisten. Aber auch kleine und mittlere Unternehmen können von diesen Ansätzen profitieren, wenn sie sich auf solche Einzelmaßnahmen konzentrieren, die auf die Bewältigung akuter Probleme gerichtet sind.

Unterstützung finden die Betriebe bei ihren Bemühungen zur Gesundheitsförderung auch bei den gesetzlichen Krankenkassen. Sie können den Arbeitsschutz ergänzende Maßnahmen der betrieblichen Gesundheitsförderung durchführen oder finanzieren. Dabei konzentrieren sie sich auf die Handlungsfelder
- arbeitsbedingte körperliche Belastungen,
- Betriebsverpflegung,
- psychosozialer Stress,
- Genuss- und Suchtmittelkonsum.

Anhand der von den Krankenkassen – z.B. aus den Krankmeldungen – ermittelten jeweiligen betrieblichen Risiken und des sich daraus ergebenden konkreten betrieblichen Bedarfs entwickeln sie in Abstimmung mit dem Unternehmen ein geeignetes Vorgehenskonzept.

B Rechtliche Aspekte der Personalverwaltung

Übersicht (zu 1) Abgestufte Mitwirkungsrechte des Betriebsrates

1. Informationsrechte
Bei einigen betrieblichen Sachverhalten hat der Betriebsrat lediglich Anspruch darauf, unterrichtet zu werden:
- Personalplanung,
- Planung von Umbauten, Arbeitsabläufen oder
- Verfahren,
- personelle Einzelmaßnahmen,
- Kündigungen,
- wirtschaftliche Angelegenheiten (Betriebsänderungen).

Achtung: Aus einigen dieser Tatbestände können sich weitere Beteiligungsrechte ergeben, z.B. Versuch eines Interessenausgleichs bei Betriebsänderung.

2. Beratungs- und Vorschlagsrechte
In anderen Fällen müssen Sie sich mit dem Betriebsrat beraten und Alternativvorschläge zur Kenntnis nehmen. Teilweise darf der Betriebsrat auch selbst Vorschläge machen. Die letzte Entscheidung bleibt jedoch beim Arbeitgeber:
- Betriebsänderungen,
- Einrichtung betrieblicher Bildungsmaßnahmen,
- Einführung einer Personalplanung,
- Maßnahmen zur Sicherung und Förderung der Beschäftigung.

3. Vetorechte (Zustimmungsverweigerung, Widerspruch)
Bei diesem Sachverhalten kann der Betriebsrat seine Zustimmung verweigern, mit der Folge, dass Sie die geplante Maßnahme zunächst nicht durchführen dürfen, sondern das Arbeitsgericht anrufen müssen:
- personelle Einzelmaßnahmen.

Wichtig: Bei Widerspruch des Betriebsrates gegen eine beabsichtigte Kündigung können Sie trotzdem kündigen.

1 Zusammenarbeit mit dem Betriebsrat

Der Betriebsrat vertritt die Arbeitnehmer gegenüber dem Arbeitgeber und kann (nicht: muss) in allen Betrieben mit mindestens 5 wahlberechtigten (= volljährigen) Arbeitnehmern gewählt werden. Das Betriebsverfassungsgesetz gibt dem Betriebsrat abgestufte Beteiligungsrechte (siehe Übersicht zu 1) in personellen (siehe 1.2.2), sozialen (siehe 1.2.1) und wirtschaftlichen Angelegenheiten (siehe 1.2.3) des Betriebes. Je nach Tragweite der entsprechenden Sachfrage hat der Betriebsrat Informations-, Beratungs- oder Widerspruchsrechte. Ausführungen zum Gesamt- und Konzernbetriebsrat entnehmen Sie bitte I B/2.3.5 und zum europäischen Betriebsrat I B/2.3.7. In Betrieben mit mehr als 100 Mitarbeitern wird ferner ein Wirtschaftsausschuss gebildet (1.3.5 und I B/2.3.4). Die jugendliche Mitarbeiter unter 18 Jahren sowie Auszubildende bis 25 Jahre werden durch eine Jugend- und Auszubildendenvertretung repräsentiert. Die für die Personalarbeit relevanten Paragrafen finden Sie in der Übersicht zu IV A/1.20 aufgeführt.

▼

1.1 Grundsatz der vertrauensvollen Zusammenarbeit

Nach dem Gesetz sollen Arbeitgeber und Betriebsrat vertrauensvoll zum Wohl der Arbeitnehmer und des Betriebs zusammenarbeiten. Hieraus ergibt sich die grundsätzliche Pflicht zur gegenseitigen Rücksichtnahme, zu »Ehrlichkeit und Offenheit« (so das Bundesarbeitsgericht). In der Praxis kommt diesem Grundsatz aber wenig konkrete Bedeutung zu.

1.2 Mitbestimmungs-, Veto-, sonstige Mitwirkungs- und Informationsrechte

Die Mitwirkungsrechte des Betriebsrates sind – je nach Gegenstand der Mitbestimmung – in unterschiedlicher Intensität ausgestaltet.

1.2.1 Mitbestimmung in sozialen Angelegenheiten

Eine zentrale Vorschrift des Betriebsverfassungsgesetzes ist § 87. Er regelt, in welchen sozialen Angelegenheiten des Betriebes (siehe Übersicht zu 1.2.1) der Betriebsrat ein echtes, erzwingbares Mitbestimmungsrecht hat.

Die Einleitung des Mitbestimmungsverfahrens kann auch vom Betriebsrat selbst ausgehen (Initiativrecht). Damit kann der Betriebsrat den Abschluss einer Betriebsvereinbarung erzwingen, notfalls über die Einigungsstelle (siehe 1.5.1 und I B/1.4.4).

1.2.2 Personelle Angelegenheiten

Die Mitbestimmung des Betriebsrats in personellen Angelegenheiten umfasst insbesondere Personalplanung, Berufsbildung, personelle Einzelmaßnahmen und Kündigung.
- Personalplanung: Rechtzeitige und umfassende Unterrichtung des Betriebsrates über die Personalplanung, Beratung mit dem Betriebsrat (keine erzwingbare Mitbestimmung).
- Vorschlags- und Beratungsrecht des Betriebsrates, erzwingbares Mitbestimmungsrecht bei der Durchführung von Berufsbildungsmaßnahmen und der Auswahl der teilnehmenden Arbeitnehmer.

4. Erzwingbare Mitbestimmung (= stärkste Form der Beteiligungsrechte)

Ohne die vorherige Zustimmung des Betriebsrats dürfen Sie die betreffende Maßnahme nicht durchführen:
- soziale Angelegenheiten,
- Sozialplan,
- Maßnahmen der Berufsbildung.

Erfolgt keine Einigung, können beide Seiten die Einigungsstelle anrufen. Diese entscheidet dann, ob und in welchem Umfang der Arbeitgeber die geplante Maßnahme durchführen darf.

Achtung: Wenn Sie ohne Zustimmung des Betriebsrats handeln, sind die Maßnahmen unwirksam. Ferner kann der Betriebsrat die Unterlassung der Maßnahme fordern. Nach der Rechtsprechung des BAG kann der Betriebsrat sogar eine einstweilige Verfügung auf Unterlassung der Maßnahme beim Arbeitsgericht erwirken.

Übersicht (zu 1.2.1) Erzwingbare Mitbestimmung in sozialen Angelegenheiten

1. Fragen der Ordnung des Betriebs und des Verhaltens der Arbeitnehmer (Betriebsordnung, Rauchverbot, Alkoholverbot, Torkontrollen, Parkplatzordnung, Telefonbenutzung, Werksausweise). Nach (umstrittener) Rechtsprechung gehören Dienstreiseordnungen/Reisekostenregelungen nicht hierzu.
2. Beginn und Ende der täglichen Arbeitszeit, einschließlich der Pausen sowie Verteilung der Arbeitszeit auf die einzelnen Wochentage (nicht: Dauer der täglichen Arbeitszeit), Gleitzeit, Rufbereitschaft.
3. Vorübergehende Verkürzung oder Verlängerung der betriebsüblichen Arbeitszeit (Überstunden, Kurzarbeit).
4. Zeit, Ort und Art der Auszahlung der Vergütung.
5. Aufstellung allgemeiner Urlaubsgrundsätze und eines Urlaubsplans, Festlegung der zeitlichen Lage des Urlaubs für einzelne Arbeitnehmer, mit denen eine einvernehmliche Regelung nicht gefunden werden kann.
6. Einführung und Anwendung von technischen Einrichtungen, die dazu bestimmt (nach der Rechtsprechung: »geeignet«) sind, das Verhalten oder die Leistung der Arbeitnehmer zu überwachen (Kameras, Stechuhren, Telefondatenerfassung, PAISY). Achtung: Nach der weiten Auslegung des BAG werden hierzu auch viele EDV-Programme gezählt!
7. Regelungen über die Verhütung von Arbeitsunfällen und Berufskrankheiten sowie über Gesundheitsschutz.
8. Form, Ausgestaltung und Verwaltung von Sozialeinrichtungen (Pensions- und Unterstützungskassen, Kantinen, Kindergärten).

Aber: Die Entscheidung über die Errichtung oder komplette Schließung (nicht: Änderung/Kürzung) einer betrieblichen Sozialleistung ist mitbestimmungsfrei.

9. Zuweisung, Kündigung sowie Festlegung der Nutzungsbedingungen von Werksmietwohnungen.
10. Fragen der betrieblichen Lohngestaltung, insbesondere Aufstellung von Entlohnungsgrundsätzen und die Einführung, Anwendung und Änderung neuer Entlohnungsmethoden (Bonusregelungen, Weihnachtsgehalt, Umstellung von Akkord- auf Zeitlohn, Provisionsregelungen).
11. Festsetzung der Akkord- und Prämiensätze und vergleichbarer leistungsbezogener Entgelte.
12. Grundsätze über das betriebliche Vorschlagswesen.
13. **Neu:** Grundsätze über die Durchführung von Gruppenarbeit (= eine Gruppe von Arbeitnehmern erledigt eigenverantwortlich eine ihr übertragene Gesamtaufgabe).

III. Organisation und Verwaltung der Personalarbeit

Übersicht (zu 1.2.2)
Was tun, wenn der Betriebsrat einer Einstellung widerspricht?

1. Vor jeder Einstellung (ebenso bei beabsichtigter Versetzung, Eingruppierung, Umgruppierung):	Rechtzeitige Information an den Betriebsrat unter Mitteilung aller erforderlichen Unterlagen (nach der Rechtsprechung auch: Bewerbungsunterlagen abgelehnter Bewerber!)
2. Überlegungsfrist für den Betriebsrat:	Eine Woche
3. Stellungnahme des Betriebsrats:	a) BR stimmt zu oder äußert sich innerhalb der einen Woche nicht: Einstellung. b) Betriebsrat widerspricht: (siehe 4.).
4. Reaktionsmöglichkeiten des Arbeitgebers:	a) Einstellung ist erst in einigen Monaten geplant (kein Eilfall): Antrag auf Zustimmungsersetzung beim Arbeitsgericht (§ 99 BetrVG). b) Eilfall: Der Arbeitgeber informiert den Betriebsrat unter Angabe von Gründen darüber, dass die sofortige Einstellung aus dringenden Gründen erforderlich ist.
	Betriebsrat widerspricht erneut: Antrag des Arbeitgebers auf Zustimmungsersetzung beim Arbeitsgericht (§ 99 und § 100 BetrVG).
	Wichtig: Der Antrag muss innerhalb von 3 Tagen nach Eingang des erneuten Widerspruchs des Betriebsrats beim Arbeitsgericht sein! In diesem Fall kann der Mitarbeiter bis zur rechtskräftigen Entscheidung der Arbeitsgerichte eingestellt werden.

- Einzelmaßnahmen: Einstellung, Eingruppierung, Umgruppierung, Versetzung (Zustimmung des Betriebsrates ist erforderlich). Bei Ablehnung: Zustimmungsersetzungsverfahren vor dem Arbeitsgericht (siehe Übersicht zu 1.2.2).
- Kündigung: Umfassende Mitteilung der Kündigungsgründe vor jeder beabsichtigten Kündigung.
- Entfernung betriebsstörender Arbeitnehmer: Der Betriebsrat kann verlangen, dass einem den Betriebsfrieden störender Mitarbeiter gekündigt wird (kommt in der Praxis kaum vor).
- Leitende Angestellte: Bei Einstellungen oder personellen Veränderungen von leitenden Angestellten muss der Betriebsrat informiert werden. Ein Verstoß hiergegen hat jedoch keine Folgen (allerdings sind die Mitwirkungsrechte des Sprecherausschusses für die leitenden Angestellten zu beachten, siehe I B/2.3.8).

Ein wichtiges Mitbestimmungsrecht hat der Betriebsrat bei den personellen Einzelmaßnahmen. Diese sind:
- Einstellung,
- Versetzung,
- Eingruppierung,
- Umgruppierung.

> Das Beteiligungsrecht des Betriebsrates bei personellen Einzelmaßnahmen (z.B. Einstellung) gilt in Unternehmen mit mehr als 20 wahlberechtigten Arbeitnehmern, unabhängig davon, wie viele Mitarbeiter der Betrieb hat, für den der Mitarbeiter eingestellt werden soll.

Beispiel: Eine GmbH hat die Verwaltung mit 15 Mitarbeitern in Düsseldorf, die Produktion mit 45 Mitarbeitern in Köln. In beiden Betrieben besteht ein Betriebsrat. Bislang brauchte der Unternehmer den Betriebsrat bei einer Einstellung am Verwaltungssitz in Düsseldorf nicht zu beteiligen, weil dieser Betrieb weniger als 20 Arbeitnehmer hat.

Der Betriebsrat hat zunächst das Recht, unter Vorlage der erforderlichen Unterlagen über die geplante Maßnahme informiert zu werden. Er hat dann die Möglichkeit, aus bestimmten, im Gesetz definierten Gründen seine Zustimmung zu verweigern. Äußert er sich nicht innerhalb einer Woche, gilt die Zustimmung als erteilt. Widerspricht der Betriebsrat, müssen Sie beim Arbeitsgericht beantragen, dass das Gericht die Zustimmung des Betriebsrates durch Gerichtsbeschluss ersetzt.

Der Betriebsrat kann seine Zustimmung z.B. verweigern, wenn die personelle Maßnahme gegen ein Gesetz, einen Tarifvertrag, eine Betriebsvereinbarung oder gegen Richtlinien des Betriebes verstößt. Ein weiterer Grund ist die Besorgnis der ungerechtfertigten Benachteiligung anderer Arbeitnehmer (z.B. drohende Kündigung), eine fehlende Stellenausschreibung oder eine drohende Gefahr für den Betriebsfrieden durch den betreffenden Arbeitnehmer.

> Auch wenn Ihnen die Widerspruchsbegründung des Betriebsrates falsch erscheint, sollten Sie gleichwohl das Ersetzungsverfahren vor dem Arbeitsgericht einleiten. Nach der Rechtsprechung sind Sie nur in krassen Ausnahmefällen berechtigt, den Widerspruch des Betriebsrates zu ignorieren. Parallel dazu empfiehlt es sich aber, weiter mit dem Betriebsrat zu verhandeln. Möglicherweise ist er zu einem »Deal« bereit, d.h. er erteilt seine Zustimmung doch noch, sofern Sie ihm in einer anderen Angelegenheit entgegen kommen.

Bei einer geplanten Einstellung müssen Sie dem Betriebsrat Auskunft über die Person der Beteiligten geben, insbesondere die Personalien sämtlicher Bewerber und die Bewerbungsunterlagen mitteilen (siehe auch II A/1ff). Bei der Versetzung eines Arbeitnehmers in einen anderen Betrieb des Unternehmens müssen Sie grundsätzlich beide Betriebsräte beteiligen. Durch die Zustimmung des einen Betriebsrats wird der Betriebsrat des anderen Betriebes nicht gebunden. Auch hier kann das gerichtliche Ersetzungsverfahren erforderlich sein.

Wenn die Maßnahme besonders dringlich ist, haben Sie die Möglichkeit einer vorläufigen Durchführung. Hierfür müssen Sie den Betriebsrat unverzüglich von der vorläufigen personellen Maßnahme unterrichten (zusätzlich zur regulären Maßnahme). Bei Widerspruch des Betriebsrats müssen Sie binnen 3 Tagen beim Arbeitsgericht die Ersetzung der Zustimmung des Betriebsrats beantragen. In diesem Fall können Sie den Mitarbeiter ab Eingang des Antrages bei Gericht beschäftigen! Entscheidet das Gericht später zu Ihren Ungunsten, müssen Sie, z.B. bei einer Einstellung, dem Mitarbeiter u.U. wieder kündigen.

Wenn Sie eine personelle Maßnahme ohne Zustimmung des Betriebsrats durchführen, kann der Betriebsrat die Aufhebung der personellen Maßnahme (z.B. Entfernung des Mitarbeiters aus dem Betrieb) beantragen.

1.2.3 Wirtschaftliche Angelegenheiten

Einmal im Jahr muss der Arbeitgeber auf einer Betriebsversammlung über die wirtschaftliche Lage und Entwicklung des Betriebs berichten. In Unternehmen mit mehr als 1000 ständig beschäftigten Arbeitnehmern muss die Unterrichtung quartalsweise und in schriftlicher Form erfolgen (z.B. in der Werkszeitung oder am schwarzen Brett). In kleineren Unternehmen kann die Information mündlich gegeben werden.

Betriebsänderung
Zentraler Punkt der wirtschaftlichen Mitbestimmung ist das Beteiligungsrecht des Betriebsrats bei einer Betriebsänderung. Wenn Ihr Unternehmen mehr als 20 Arbeitnehmer hat, müssen Sie in den Fällen der Über-

Übersicht (zu 1.2.4)
Technische Veränderungen, über die Sie informieren und beraten müssen

- Neu- und Umbauten von Arbeits- und Lagerräumen, Aufenthalts- oder Waschräumen, Werkstätten, Toiletten (nicht: einfache Renovierungsarbeiten).
- Technische Anlagen (Produktionsanlagen, Maschinen, Beleuchtung, Lärmschutzanlagen, Klimaanlagen, Montagebänder) nicht: Ersatz von vorhandenen Anlagen, Reparaturen.
- Arbeitsverfahren, d.h. Technologien, die bei der Erledigung der Aufgaben angewendet werden (menschliche Arbeitskraft, Einsatz technischer Hilfsmittel wie Maschinen, computergesteuerte Geräte oder EDV-Anlagen).
- Arbeitsabläufe, Schichtarbeit, Fließbandarbeit, Einzel- oder Gruppenarbeit, Nachtschicht.
- Arbeitsplätze im Sinne der räumlichen und technischen Anordnung, Einflüsse der Arbeitsumgebung auf den Arbeitsplatz (Lärm, Hitze, Kälte, Staub).

sicht zu 1.2.3 einen Interessenausgleich mit dem Betriebsrat verhandeln.

> Bislang war ein Interessenausgleich nicht nötig in Betrieben mit weniger als 20 Arbeitnehmern. Nach der Neuregelung muss der Interessenausgleich jedoch durchgeführt werden, wenn das Gesamtunternehmen mehr als 20 Arbeitnehmer beschäftigt.

Interessenausgleich und Sozialplan
Der Interessenausgleich ist eine Vereinbarung zwischen Arbeitgeber und Betriebsrat über die Art und Weise der geplanten Maßnahme. Dem gegenüber regelt der Sozialplan den Ausgleich der wirtschaftlichen Nachteile für die betroffenen Arbeitnehmer. Im Sozialplan ist insbesondere die Formel zur Berechnung von Abfindungen für gekündigte Arbeitnehmer enthalten. In der Regel werden die Beratungen über Interessenausgleich und Sozialplan parallel stattfinden (siehe VIII A/3.3).

1.2.4 Einführung neuer Techniken
Bei der Planung und Einführung technischer Einrichtungen, die zu betrieblichen Veränderungen führen, hat der Betriebsrat ein Unterrichtungs- und Beratungsrecht (siehe Übersicht zu 1.2.4). Wenn die Einrichtungen eine Betriebsänderung darstellen oder geeignet sind, Verhalten und Leistung der Arbeitnehmer zu überwachen, gehen die Beteiligungsrechte (siehe 1.2.1 und 1.2.3) weiter.

Wenn Sie eine der genannten Veränderungen planen, müssen Sie den Betriebsrat über die Planungen rechtzeitig unterrichten. Sie müssen die Auswirkungen auf die Arbeitnehmer mit dem Betriebsrat beraten. Vorschläge und Bedenken des Betriebsrates sollten berücksichtigt werden. Grundsätzlich sind Sie durch das Beratungsrecht des Betriebsrates nicht gehindert, die vorgesehene Maßnahme nach der Beratung wie geplant durchzuführen. Wenn jedoch die geplanten Änderungen den gesicherten arbeitswissenschaftlichen Erkenntnissen über die menschengerechte Gestaltung der Arbeit widersprechen und die Arbeitnehmer hierdurch in besonderer Weise belastet werden, so erhält der Betriebsrat ein echtes Mitbestimmungsrecht. Er kann von Ihnen angemessene Maßnahmen zur Vermeidung oder zum Ausgleich der Belastungen verlangen. Erfolgt keine Einigung, kann die Einigungsstelle angerufen werden (siehe I B/1.4.4).

1.3 Rechtsstellung der Betriebsratsmitglieder

1.3.1 Freistellung von Betriebsratsmitgliedern und Teilnahme an Schulungen
Freistellung
Die Betriebsratsmitglieder können verlangen, dass sie ohne Gehaltsmin-

**Beispiele (zu 1.3.3)
Welche Kosten des Betriebsrates muss der Arbeitgeber übernehmen?**

- Reisekosten der Betriebsratsmitglieder zu Sitzungen oder Sprechstunden in auswärtigen Betrieben, Gesamtbetriebsrats- oder Konzernbetriebsratssitzungen (Fahrtkosten, Unterkunft, Verpflegung)
- Kosten eines Rundschreibens aus dringendem Anlass an alle Mitarbeiter
- Kosten von Rechtsstreitigkeiten (Anwaltsgebühren)
- Kosten von Sachverständigen (nach vorheriger Abstimmung mit dem Arbeitgeber)
- Ersatz von Schäden, die dem Betriebsrat bei seiner Tätigkeit entstanden sind (Unfall mit privatem Pkw)
- Kosten von Schulungs- und Bildungsveranstaltungen

derung von der Arbeit freigestellt werden, soweit dies für ihre Tätigkeit erforderlich ist. Wenn der Betriebsrat seine Tätigkeit aus betriebsbedingten Gründen außerhalb seiner individuellen Arbeitszeit ausübt, müssen Sie ihm innerhalb eines Monats einen Freizeitausgleich gewähren.

> ! Bereits in Betrieben mit mehr als 200 Arbeitnehmern sind einzelne Betriebsratsmitglieder gänzlich von der Arbeit freizustellen. Sie üben dann ausschließlich Betriebsratstätigkeit aus.

Betriebsratsmitglieder müssen sich beim Vorgesetzten ab- und wieder zurückmelden, um Betriebsratsaufgaben nachzugehen. Nach der geänderten Rechtsprechung des BAG ist ein Betriebsratsmitglied allerdings nicht verpflichtet, nähere Angaben zu der Betriebsratstätigkeit zu machen, ebenso wenig über die voraussichtliche Dauer. Wenn Sie jedoch nachweisen können, dass der Mitarbeiter keine erforderlichen Betriebsratsaufgaben wahrgenommen hat, besteht keine Pflicht zur Gehaltszahlung. Auch eine Abmahnung kann ausgesprochen werden.

Schulung
Betriebsratsmitglieder sind berechtigt, ohne Minderung des Gehaltes an Schulungs- und Bildungsveranstaltungen teilzunehmen, soweit die vermittelten Kenntnisse für die Betriebsratstätigkeit erforderlich sind. Was »erforderlich« ist, hängt auch von der Zahl der zu entsendenden Betriebsratsmitglieder und den Auswirkungen ihres Fehlens auf den Betriebsablauf ab. Von der Art der zu vermittelnden Kenntnisse (betriebsverfassungsrechtliche Themen) ist abhängig, ob sämtliche Betriebsratsmitglieder teilnehmen dürfen (zu bejahen für Grundkenntnisse im Arbeits- und Betriebsverfassungsrecht), oder ob es ausreicht, ein Betriebsratsmitglied zu entsenden, das sich auf dem betreffenden Gebiet (z.B. Eingruppierungsfragen) spezialisiert hat oder spezialisieren will.

Die Kosten der Teilnahme an der Schulung (Teilnahmegebühren, Fahrt, Unterkunft und Verpflegung) trägt der Arbeitgeber. Wenn Sie bestreiten, dass die Kosten erforderlich waren, können Sie das Arbeitsgericht anrufen.

> ! Besonderheiten bestehen bei gewerkschaftlich veranstalteten Schulungen. Die Gewerkschaft muss hier eine detaillierte Kostenaufstellung machen. Der Arbeitgeber hat lediglich die Kosten zu tragen, die der Gewerkschaft durch die konkrete Schulung tatsächlich entstehen. Bislang ging das Bundesarbeitsgericht davon aus, dass der Arbeitgeber für die Vorhaltekosten (Strom, Heizung, Reinigung, Wasser) gewerkschaftlicher Schulungseinrichtungen keine Kosten übernehmen muss. Das BAG hat jedoch nunmehr zu erkennen gegeben, dass derartige Kosten, wenn sie »schulungsbedingt« sind, ebenfalls erstattungsfähig sein können.

Jedes Betriebsratsmitglied hat außerdem Anspruch auf zusätzliche Freistellung für insgesamt 3 Wochen pro Jahr zur Teilnahme an Schulungs- und Bildungsveranstaltungen, die von der obersten Arbeitsbehörde des Landes (Arbeitsministerium) als geeignet anerkannt worden sind. Bei erstmaliger Wahl zum Betriebsrat besteht der Anspruch sogar auf 4 Wochen Arbeitsbefreiung. Für derartige Schulungen müssen Sie die Kosten grundsätzlich nicht tragen. Allerdings muss das Gehalt den Betriebsratsmitgliedern in dieser Zeit weiter gezahlt werden.

1.3.2 Sprechstunden

Der Betriebsrat kann feste Sprechstunden einrichten. Sie finden grundsätzlich während der Arbeitszeit statt. Über Ort und Zeit muss der Betriebsrat mit Ihnen eine Vereinbarung herbeiführen. Gelingt dies nicht, entscheidet die Einigungsstelle (siehe I B/1.4.4).

Einem Arbeitnehmer, der die Sprechstunde zur Erörterung zulässiger Themen mit dem Betriebsrat aufsucht, darf das Gehalt nicht gekürzt werden. Zulässige Themen sind alle Fragen, die mit der Stellung des Arbeitnehmers im Betrieb zusammenhängen und in den Aufgabenbereich des Betriebsrates fallen (z.B. Beschwerden über Vorgesetzte oder Kollegen). Rein gewerkschaftliche Fragen (z.B. Vorbereitung einer Gewerkschaftsveranstaltung ohne betrieblichen Bezug) gehören nicht in die Sprechstunde.

Der Arbeitnehmer muss sich vor Aufsuchen der Sprechstunde bei seinem Vorgesetzten abmelden und nach der Rückkehr wieder zurückmelden.

1.3.3 Kostenübernahme für Sachaufwand

Die Kosten, die für die Betriebsratstätigkeit erforderlich sind, tragen Sie als Arbeitgeber. Was »erforderlich« ist, bestimmt der Betriebsrat oder das einzelne Mitglied bei Abwägung aller Umstände (siehe Beispiele zu 1.3.3). Der Betriebsrat hat also einen Beurteilungsspielraum. Einer Genehmigung durch den Arbeitgeber bedarf es nicht. Bei außergewöhnlichen Kosten ist der Betriebsrat allerdings gehalten, dem Arbeitgeber zuvor Gelegenheit zur

Stellungnahme zu geben. Der Betriebsrat kann auch einen Vorschuss verlangen, über den er abrechnen muss.

Der Betriebsrat hat Anspruch auf die für seine Tätigkeit erforderlichen Räume und Sachmittel. Hierzu gehören insbesondere Schreibmaterial, Diktiergerät, verschließbare Aktenschränke, Briefpapier, Briefmarken, Telefon, arbeitsrechtliche Fachliteratur nach Wahl des Betriebsrates (Gesetzestext, Fachzeitschrift, ein Kommentar zum Betriebsverfassungsgesetz), schwarzes Brett.

> ! Nach der Neuregelung des Gesetzes dürfte der Betriebsrat nunmehr auch ein Anspruch auf Faxgerät, E-Mail und Internetanschluss haben!

Der Betriebsrat kann auch beanspruchen, dass Sie ihm zur Erledigung seiner Aufgaben Hilfskräfte überlassen. In kleineren Betrieben genügt z.B. die stundenweise Abstellung einer Schreibkraft. In größeren Betrieben kann der Betriebsrat verlangen, dass ihm eigene Bürokräfte zur Verfügung gestellt werden. Die Mitarbeiter werden vom Arbeitgeber bezahlt. Sie unterliegen, wie die Betriebsratsmitglieder selbst, den gesetzlichen Verschwiegenheitsverpflichtungen.

1.3.4 Durchführung von Betriebs- und Abteilungsversammlungen

Die Betriebsversammlung dient der innerbetrieblichen Aussprache zwischen Mitarbeitern, Betriebsrat und Arbeitgeber. Es wird unterschieden zwischen

- regelmäßigen, vierteljährlichen Betriebsversammlungen,
- Versammlungen aus besonderen Gründen,
- außerordentlichen Betriebsversammlungen auf Wunsch des Arbeitgebers, des Betriebsrates oder eines Viertels der wahlberechtigten Arbeitnehmer.

Zwei der vier Quartals-Versammlungen werden als Abteilungsversammlungen durchgeführt, wenn es sich um einen organisatorisch oder räumlich abgrenzbaren Betriebsteil handelt und die Durchführung der Versammlung als Abteilungsversammlung für die Erörterung der besonderen Belange der Arbeitnehmer erforderlich ist.

Mindestens einmal im Jahr müssen Sie oder Ihr Vertreter über die wirtschaftliche Lage und Entwicklung des Betriebes sowie über das Personal- und Sozialwesen auf einer Betriebsversammlung berichten.

Die Betriebsversammlung wird durch den Betriebsrat einberufen und von dessen Vorsitzenden geleitet. Der Arbeitgeber ist unter Mitteilung der Tagesordnung ebenfalls einzuladen. Der Arbeitgeber darf den Beauftragten eines Arbeitgeberverbandes mitnehmen. Auch Beauftragte der den Betrieb vertretenden Gewerkschaften haben Zutritts- und Rederecht.

Die Betriebsversammlung findet in der Regel im Betrieb und während der Arbeitszeit statt. Es können alle Angelegenheiten, die den Betrieb oder seine Arbeitgeber unmittelbar betreffen, besprochen werden. Dies umfasst auch tarifpolitische, sozialpolitische und wirtschaftliche Themen. Nach einem Urteil des BAG darf der Arbeitgeber auf einer Betriebsversammlung nicht die Kosten des Betriebsrats bekannt geben, weil er auf diese Weise den Betriebsrat in der Ausübung seines Amts behindert.

Die Arbeitnehmer haben Anspruch auf Bezahlung der Zeit der Teilnahme an einer Betriebsversammlung einschließlich der Wegezeiten. Auch Fahrtkosten muss der Arbeitgeber erstatten. Werden durch Art und Weise oder Treffpunkt der geplanten Betriebsversammlung die betrieblichen Abläufe in unzumutbarer Weise gestört, kann der Arbeitgeber die geplante Versammlung mit Hilfe einer einstweiligen Verfügung beim Arbeitsgericht untersagen lassen.

Zu den Gestaltungsmöglichkeiten für den Arbeitgeber siehe Forum I/9.

1.3.5 Wirtschaftsausschuss

In Betrieben mit mehr als 100 ständig beschäftigten Arbeitnehmern kann der Betriebsrat einen Wirtschaftsausschuss einrichten. Die Mitglieder werden vom Betriebsrat mit einfacher Stimmenmehrheit gewählt. Wählbar sind sämtliche Unternehmensangehörige (nicht nur Betriebsratsmitglieder) einschließlich der leitenden Angestellten. Es ist lediglich erforderlich, dass mindestens ein Betriebsratsmitglied auch

---

Übersicht (zu 1.3.5)
Wirtschaftliche Angelegenheiten, über die Sie informieren müssen

- Wirtschaftliche und finanzielle Lage des Unternehmens (Gewinne und Verluste, Auftragsbestand, steuerliche Aufwendungen, Personalaufwendungen, voraussichtliches Geschäftsergebnis, allgemeine Marktlage).
- Produktions- und Absatzlage (Verkauf der Produkte des Unternehmens, Kapazitätsauslastung, Warenbestand, Auftragsbücher).
- Produktions- und Investitionsprogramm (Planung neuer Produkte oder Dienstleistungen, vorgesehene Investitionen).
- Rationalisierungsvorhaben (Einführung neuer Technologien, Kosteneinsparungen).
- Fabrikations- und Arbeitsmethoden (Roboter, Einzelarbeit, Gruppenarbeit).
- Betriebseinschränkung oder -stilllegung.
- Verlegung von Betrieben oder Betriebsteilen.
- Zusammenschluss von Betrieben.
- Änderung der Betriebsorganisation oder des Betriebszwecks (Ausgliederung von Betriebsteilen, Zentralisierung, Zukauf eines Unternehmens mit anderer Produkt- oder Dienstleistungspalette).
- Sonstige Vorgänge, die Arbeitnehmerinteressen wesentlich berühren können (geplanter Unternehmensverkauf, Aufspaltung, Übertragung der Geschäftsanteile einer GmbH).

Mitglied des Wirtschaftsausschusses ist. Der Betriebsrat soll fachlich kompetente Arbeitnehmer in den Wirtschaftsausschuss berufen. Die Mitglieder des Wirtschaftsausschusses müssen Verschwiegenheitspflichten wie Betriebsratsmitglieder beachten. Sie haben keinen besonderen Kündigungsschutz.

Als Arbeitgeber unterrichten Sie den Wirtschaftsausschuss unter Vorlage der erforderlichen Unterlagen über sämtliche wirtschaftliche Angelegenheiten des Unternehmens (siehe Übersicht zu 1.3.5). Die Auswirkungen auf die Personalplanung müssen Sie mit einbeziehen.

1.4 Verhandlung und Abschluss von Betriebsvereinbarungen

Siehe hierzu Kapitel I B/1.4.

1.5 Verfahren bei Streitigkeiten

Wenn Sie sich mit dem Betriebsrat über eine mitbestimmungspflichtige Maßnahme nicht einigen können, so müssen Sie – je nach dem, um welches konkrete Mitbestimmungsrecht es geht – in einigen Fällen die Einigungsstelle anrufen, in anderen Fällen beim Arbeitsgericht beantragen, dass die Zustimmung des Betriebsrates ersetzt wird.

1.5.1 Einigungsstelle

Die Einigungsstelle muss insbesondere in Angelegenheiten der erzwingbaren Mitbestimmung eingeschaltet werden, wenn eine einvernehmliche Regelung mit dem Betriebsrat nicht zustande kommt. Hierzu zählen insbesondere alle in § 87 Abs. 2 BetrVG geregelten sozialen Angelegenheiten, aber auch die Mitbestimmung bei Personalfragebögen, Formulararbeitsverträgen und allgemeinen Beurteilungsgrundsätzen, Mitbestimmung bei betrieblichen Bildungsmaßnahmen, Aufstellung eines Sozialplans, Schulungs- und Bildungsveranstaltungen für Betriebsratsmitglieder, etc.

Wenn die Verhandlungen gescheitert sind, müssen Arbeitgeber und Betriebsrat sich auf einen unparteiischen Vorsitzenden, in der Regel einen Richter am Arbeitsgericht, einigen. Auch über die Zahl der Beisitzer, die von jeder Seite zu stellen sind, soll eine Einigung herbeigeführt werden. Üblicherweise haben Einigungsstellen mit durchschnittlichem Schwierigkeitsgrad jeweils zwei Beisitzer für jede Seite. Auch betriebsfremde Personen sind als Beisitzer zugelassen, z. B. Rechtsanwälte oder Vertreter von Arbeitgeberverband oder Gewerkschaft.

> Wenn sich die Parteien nicht auf einen Einigungsstellenvorsitzenden oder die Zahl der Beisitzer einigen können, ist es notwendig, das Arbeitsgericht anzurufen, mit dem Antrag, einen Vorsitzenden und die Zahl der Beisitzer zu bestimmen. Hierdurch kann es allerdings zu erheblichen Zeitverzögerungen kommen. In der Praxis ist es vorzuziehen, diese Fragen im Konsens mit dem Betriebsrat zu lösen.

Siehe hierzu auch I B/1.4.4 Politische Rücksichtnahmen und Einigungsstelle und die Übersicht zu I B/1.4.4.

1.5.2 Zustimmungsersetzungsverfahren

Dieses Verfahren ist dann einzuleiten, wenn nach dem Gesetz der Arbeitgeber ohne Zustimmung des Betriebsrats nicht handeln darf, z. B. bei personellen Angelegenheiten (Versetzung, Eingruppierung, Einstellung), bei der beabsichtigten außerordentlichen Kündigung eines Betriebsratsmitglieds, etc. In diesem Fall bringt der Arbeitgeber die Angelegenheit vor das Arbeitsgericht mit dem Antrag, die fehlende Zustimmung des Betriebsrats zu ersetzen (siehe auch Übersicht zu 1.2.2).

2 Arbeits- und Gesundheitsschutz

2.1 Gesetzliche Grundlagen

Als Unternehmer sind Sie für Sicherheit und Gesundheitsschutz bei der Arbeit aller Arbeitnehmer Ihres Betriebs verantwortlich und müssen dies durch Maßnahmen des Arbeitsschutzes dauerhaft absichern. Das Arbeitsschutzgesetz gilt in allen Tätigkeitsbereichen (z.B. Kleinbetrieb mit nur einem Arbeitnehmer, Großunternehmen in Industrie, Gewerbe, Handwerk, Handel, Dienstleistung, Landwirtschaft, produzierende, verwaltende, kaufmännische, ausbildende, pflegerische und betreuende Berufe). Die Privatwirtschaft ist ebenso erfasst wie der öffentliche Dienst.

In der gesamten Europäischen Union wird der Arbeitsschutz in gleicher Weise behandelt. Grundlage ist eine EG-Richtlinie über den Arbeitsschutz, die inzwischen in allen Mitgliedstaaten in nationales Recht umgesetzt ist.

Betrieblicher Arbeitsschutz ist nicht primär Aufgabe von Sicherheitsingenieuren, Betriebsärzten oder Sicherheitsbeauftragten. Diese Personen haben zwar einen wichtigen Beratungs- und Unterstützungsauftrag (siehe 2.8 – 2.10). In erster Linie ist der Arbeitgeber jedoch selbst verantwortlich. Er muss alle erforderlichen Maßnahmen treffen oder veranlassen, er muss überprüfen, ob sie wirksam sind, er muss sie ggf. anpassen oder anpassen lassen. Jede Führungskraft ist für ihren Teilbereich verantwortlich für die Durchführung des Arbeitsschutzes (siehe 2.5).

Die meisten Vorschriften sind so allgemein gefasst, dass sie es Ihnen ermöglichen, die Maßnahmen an die individuellen betrieblichen Situationen anzupassen und kostengünstige Alternativen zu wählen. Vorgegeben werden im Gesetz nur Schutzziele und allgemein gehaltene Anforderungen, keine Einzelmaßnahmen.

Durch den gesetzlich geforderten Arbeitsschutz sollen Sie in erster Linie Unfälle bei der Arbeit und arbeitsbedingte Gesundheitsgefahren (siehe III B/3.8) verhüten. Sie sollen die Möglichkeiten von Erkrankungen bereits im Vorfeld aufspüren und ihnen entgegenwirken. Dies bedeutet vorausschauend zu denken, zu planen und zu organisieren, damit Sie Gefahrenquellen erkennen, ehe sie sich schädigend auswirken.

> Ihre Fürsorgepflichten nach dem Gesetz sind automatisch Bestandteil jedes Arbeitsvertrags und können auch nicht durch Absprache zwischen Ihnen und den Arbeitnehmern ausgeschlossen werden (siehe auch 2.5f.).

Das Arbeitsschutzgesetz steht als Rahmen (siehe Übersicht zu 2.1) über vielen weiteren Spezialgesetzen und -verordnungen für den Arbeitsschutz, die Sie beachten müssen. Dies sind z.B. das Arbeitssicherheitsgesetz (siehe 2.8, 2.9, 2.11, 2.13), das Jugendarbeitsschutzgesetz (siehe 2.16), das Mutterschutzgesetz (siehe 2.16) und das Arbeitszeitgesetz (siehe 2.20). Hinzu kommen zahlreiche staatliche Verordnungen, in denen zusätzliche Einzelheiten geregelt werden, wie z.B. die Arbeitsstättenverordnung (siehe III B/3.2), die Bildschirmarbeitsverordnung (siehe III B/3.4), die Lastenhandhabungsverordnung (siehe III B/3.6), die Gefahrstoffverordnung (siehe III B/3.7), die Verordnung über die Benutzung persönlicher Schutzausrüstungen (siehe III B/3.14) und die Arbeitsmittelbenutzungsverordnung (siehe III B/3.3).

Auch die Unfallverhütungsvorschriften Ihrer Berufsgenossenschaft beruhen auf einer gesetzlichen Grundlage (Sozialgesetzbuch VII) und müssen in Ihrem Betrieb beachtet werden (siehe 2.3).

2.2 Gewerbeaufsicht

Die Einhaltung der Arbeitsschutzpflichten wird behördlich überwacht. Zuständige Behörden sind bei den Bundesländern eingerichtet. Die regionale Überwachung liegt bei den staatlichen »Ämtern für Arbeitsschutz« oder »Gewerbeaufsichtsämtern« (unterschiedliche Bezeichnung je nach Land). Für jede Region gibt es ein Amt, das für alle Betriebe dort zuständig ist. Es überwacht den Arbeitsschutz, z.B. durch Inspektionen der Betriebe, und berät die Arbeitgeber bei der Erfüllung ihrer Pflichten. Durchgeführt wird die Überwachung durch Gewerbeaufsichtsbeamte.

Der Gewerbeaufsichtsbeamte darf Ihren Betrieb zu den Betriebs- und Arbeitszeiten unangemeldet betreten, besichtigen und prüfen sowie Unterlagen einsehen. Sie müssen ihn auf Verlangen bei seiner Inspektion begleiten und bei der Überwachung unterstützen. Das zuständige Amt kann die erforderlichen Arbeitsschutzmaßnahmen anordnen und notfalls zwangsweise durchsetzen.

Übersicht (zu 2.1) Gesetzliche Grundlagen des Arbeitsschutzes

Allgemeiner Rahmen:
Arbeitsschutzgesetz (ArbSchG).

Spezialgesetze:
z.B. Arbeitssicherheitsgesetz, Gerätesicherheitsgesetz, Chemikaliengesetz, Atomgesetz, Gentechnikgesetz, Sprengstoffgesetz, Bundesberggesetz, Seemannsgesetz, Jugendarbeitsschutzgesetz, Mutterschutzgesetz, Arbeitszeitgesetz, Heimarbeitsgesetz, Schwerbehindertengesetz, Betriebsverfassungsgesetz, Sozialgesetzbuch VII.

Verordnungen:
z.B. Arbeitsstättenverordnung, Lastenhandhabungsverordnung, Bildschirmarbeitsverordnung, Verordnung über die Benutzung persönlicher Schutzausrüstungen, Arbeitsmittelbenutzungsverordnung, Gefahrstoffverordnung, Baustellenverordnung.

Unfallverhütungsvorschriften
der Berufsgenossenschaft.

Solche Anordnungen können sich an den Arbeitgeber, aber auch an Beschäftigte richten. Verlangen Sie in einem solchen Fall konkrete Hinweise, wie Sie Ihre Pflichten erfüllen können. Zur fachlichen Beratung durch das Amt gehören auch praktische Lösungsvorschläge, die für Sie umsetzbar sind. Wenn nicht Gefahr im Verzuge ist, muss Ihnen das Amt zur Ausführung der Anordnung eine angemessene Frist einräumen.

Bei Zuwiderhandlungen gegen Anordnungen kann das Amt nach Fristablauf Geldbußen bis zu 25.000 € gegen den Arbeitgeber und bis 5.000 € gegen Arbeitnehmer verhängen. Einsprüche hiergegen müssen vor dem Verwaltungsgericht geltend gemacht werden.

Das zuständige Amt fordert von Ihnen betriebliche Daten (z.B. Namen, Bezeichnung, Anschrift des Betriebs, Namen und Anschrift des Arbeitgebers und die Zahl der Beschäftigten nach Geschlecht, Alter und Staatsangehörigkeit geordnet). Da diese Informationen dem Datenschutz unterliegen, darf das Amt sie nur in wenigen, gesetzlich geregelten Fällen weitergeben. Wenn sich allerdings erweist, dass Sie gegen andere Gesetze verstoßen (z.B. bei Schwarzarbeit, ungenehmigter Ausländerbeschäftigung, Hinterziehung von Steuern oder Sozialabgaben), darf das Amt auch andere Behörden unterrichten.

> Sie sind gut beraten, guten Kontakt zu Ihrem zuständigen Gewerbeaufsichtsbeamten zu halten. Sehen Sie ihn nicht als lästigen Kontrolleur, sondern als hilfreichen und nützlichen Berater des Betriebs.

2.3 Berufsgenossenschaft

Die Berufsgenossenschaft ist eine öffentlich-rechtliche Einrichtung. Sie nimmt Ihnen das Haftungsrisiko bei Arbeitsunfällen und Berufskrankheiten Ihrer Beschäftigten ab und sorgt nach Personenschäden für die Entschädigung der Betroffenen. Zugleich verlangt sie von Ihnen, Schutzmaßnahmen durchzuführen, damit es erst gar nicht zu Schäden kommt (siehe Übersicht zu 2.3).

Jeder Betrieb muss, je nach Branchenzugehörigkeit, einer Berufsgenossenschaft angehören. Für jede Branche der gewerblichen Wirtschaft gibt es eine eigene Berufsgenossenschaft, insgesamt 35 an der Zahl. Für staatliche Betriebe und die Landwirtschaft gibt es eigene Unfallversicherungsträger. Jeder Betrieb muss einen Aushang haben, aus dem Name und Anschrift der zuständigen Berufsgenossenschaft hervorgehen.

Die Beiträge zur Berufsgenossenschaft werden im Umlageverfahren von den Unternehmern erhoben, die

Übersicht (zu 2.3) Leistungen Ihrer Berufsgenossenschaft

1. Unfallversicherungsträger
Die Berufsgenossenschaft ist der zuständige Unfallversicherungsträger, sie übernimmt das Haftungsrisiko des Unternehmers für Arbeitsunfälle und Berufskrankheiten und entschädigt die Betroffenen nach Arbeitsunfällen und Berufskrankheiten durch Rentenzahlungen und andere Unterstützungsleistungen.

2. Eigene Einrichtungen zur Rehabilitation
Die Berufsgenossenschaften sollen nicht nur das Unfall- und Berufskrankheitsrisiko versichern, d.h. im Eintrittsfall durch Geldzahlungen entschädigen. Sie haben auch eigene Krankenhäuser und Rehabilitationseinrichtungen, wo sie Unfallopfer besonders gut behandeln können.

3. Umschulungen für Verletzte
Sie helfen bei der Umschulung von Verletzten, falls diese ihre ursprüngliche Arbeit wegen der Art der Verletzung nicht mehr ausüben können.

4. Technischer Aufsichtsdienst/Prävention
Die besondere Leistung der Berufsgenossenschaft liegt in ihrer Mithilfe beim Arbeitsschutz im Betrieb. Hierfür hat die Berufsgenossenschaft einen eigenen technischen Aufsichtsdienst oder eine Präventionsabteilung. Die dort tätigen Aufsichtspersonen kennen die betrieblichen Gefährdungen sehr genau, da sie nur für den jeweiligen Wirtschaftszweig der Berufsgenossenschaft zuständig sind. Sie haben das Recht, den Betrieb während der Arbeitszeit ohne Anmeldung zu besichtigen und können im Gefahrfall sofort durchsetzbare Anordnungen zum Schutz der Beschäftigten treffen. In der Regel erfolgt aber vorher eine intensive Beratung. Wenn Ihr Betrieb evtl. Gefahrensituationen nicht beseitigt, ahndet die Berufsgenossenschaft die Verstöße mit Geldbuße bis zu 10.000 Euro. Rechtsgrundlage für die Tätigkeit der Aufsichtspersonen ist das Sozialgesetzbuch Teil VII.

5. Arbeitsschutz- und Gesundheitsschutzberatung
Die Aufsichtsperson stellt die persönliche Verbindung der Berufsgenossenschaft zum Betrieb dar. Sie nimmt neben der direkten Überwachung vielfältige Beratungsaufgaben wahr. Diese Beratung bezieht sich auf alle Fragen der Arbeitssicherheit und des Gesundheitsschutzes am Arbeitsplatz. Auf diese Weise kann die Aufsichtsperson bereits vor der Beschaffung von Maschinen oder vor der Errichtung von Anlagen wertvolle Hinweise geben. Spätere Korrekturen und Nachbesserungen werden somit vermieden. Spezielle Messdienste z.B. für Gefahrstoffe oder bei Lärmproblemen können zusätzlich angefordert werden.

6. Herausgabe eigener Unfallverhütungsvorschriften
Die Berufsgenossenschaften erlassen eigene Unfallverhütungsvorschriften. Deren Einhaltung wird von den Aufsichtspersonen überwacht. In ihnen wird bestimmt, welche Schutzmaßnahmen im Einzelnen erforderlich sind. Die Unfallverhütungsvorschriften sind für die Mitgliedsbetriebe der Berufsgenossenschaft und für die Beschäftigten verbindlich.

7. Bestimmungen über ärztliche Vorsorgemaßnahmen
Die Unfallverhütungsvorschriften enthalten auch Bestimmungen über ärztliche Vorsorgeuntersuchungen bei besonderen Gefährdungen.

8. Informationsdienst
Die Unfallverhütungsvorschriften werden den Betrieben kostenlos von ihrer Berufsgenossenschaft zur Verfügung gestellt.
Daneben geben die Berufsgenossenschaften eine Vielzahl von Regeln für Sicherheit und Gesundheitsschutz bei der Arbeit heraus. Auch sie werden von der Berufsgenossenschaft kostenlos an Mitgliedsbetriebe abgegeben. Sie enthalten die notwendigen Hinweise für die betriebliche Praxis in anschaulicher und verständlicher Form.
Darüber hinaus werden von der Berufsgenossenschaft zahlreiche weitere Möglichkeiten zur Information und Motivation angeboten: Filme, Videos, Plakate, Zeitschriften und Broschüren. Die Aufsichtsperson und das Mitteilungsblatt der Berufsgenossenschaft informieren die Betriebe über diese Angebote.

Beschäftigten zahlen keinen Beitrag. Die Höhe des Beitrags richtet sich nach der Lohnsumme, die im Betrieb an alle Beschäftigten gezahlt wird, nach dem jeweiligen Gefährdungsgrad des Betriebs (Gefahrtarif) und nach Zahl, Schwere oder Kosten der Unfälle des einzelnen Betriebs. Die Berufsgenossenschaften machen keine Gewinne, sondern erheben ihre Beiträge in Form einer nachträglichen Umlage zur Deckung ihres gesetzlich festgelegten Ausgabenbedarfs. Jeder Beschäftigte ist automatisch versichert, Sie als Unternehmer können sich freiwillig versichern.

Im Jahr 2001 ist der Durchschnittsbeitrag der Unternehmen für die Berufsgenossenschaft weiter gesunken: Im Durchschnitt aller Branchen mussten die Betriebe 1,3% vom Lohn oder Gehalt an die Berufsgenossenschaft abführen. Dies ist der niedrigste Wert der Nachkriegsgeschichte in Deutschland. 1998 waren es noch 1,36%, ein Jahr zuvor 1,42%. Die Entwicklung in den einzelnen Branchen ist allerdings unterschiedlich.

2.4 Arbeitsunfall und -Berufskrankheit

Der Arbeitsschutz sollte ursprünglich nur der Verhütung von Arbeitsunfällen dienen. Heute bedeutet Arbeitsschutz mehr. Gemeint sind sämtliche Maßnahmen zum Schutz der Arbeitnehmer vor Gefahren und Belastungen, die sich aus der Arbeit ergeben können. Hierzu gehören alle technischen, medizinischen, ergonomischen, hygienischen und sozialen Maßnahmen des Arbeitnehmerschutzes.

Das Arbeitsschutzgesetz verlangt die Verhütung aller arbeitsbedingten Gesundheitsgefahren und stellt den Gesundheitsschutz der Beschäftigten in den Vordergrund (siehe auch III B/3.8). Viele klassische Unfallgefahren sind heute beherrschbar. Ein umfangreicher Katalog von Schutzmaßnahmen ist bekannt und steht den Betrieben zur Verfügung. Die Anstrengungen auf diesem Gebiet dürfen nicht nachlassen. Zusätzlich geht es jedoch um ein umfassendes Schutzkonzept, das auch neuartige Gefährdungen in den heu-

▼

tigen komplexen Arbeitssystemen berücksichtigt. Nur dann stehen den Betrieben gesunde und gut motivierte Mitarbeiter zur Verfügung, die zu einem guten Betriebsergebnis beitragen.

Definition Arbeitsunfall: Plötzliche Gewalteinwirkung bei der Arbeit, die einen Körperschaden zur Folge hat (siehe auch 2.22). Unfälle auf dem Weg zur Arbeitsstätte und zurück nach Hause zählen ebenso hierzu (Wegeunfälle).

Als Berufskrankheit gilt eine Krankheit, die bei der Arbeit erworben wurde und die in einer gesetzlichen Liste aufgeführt ist.

2.5 Pflichten des Unternehmers

(siehe ergänzend III B/3)
Der Unternehmer muss die für den Arbeitsschutz erforderlichen Maßnahmen treffen, sie auf Wirksamkeit überprüfen und an neue Situationen ständig anpassen. Dafür müssen Sie organisatorische Vorbereitungen in Ihrem Betrieb treffen, die erforderlichen Mittel bereitstellen und dafür sorgen, dass die Maßnahmen in Ihre betrieblichen Führungsstrukturen eingebunden werden. Die Kosten für Schutzmaßnahmen dürfen Sie nicht Ihren Beschäftigten auferlegen.

Welche Maßnahmen erforderlich sind, ermitteln Sie durch eine Gefährdungsbeurteilung. Bei Ihrer Berufsgenossenschaft erhalten Sie branchenspezifische Handlungshilfen, Checklisten, Kataloge und Leitfäden in gedruckter Form oder als PC-Software. Das Ergebnis der Gefährdungsbeurteilung, die von Ihnen festgelegten Maßnahmen und das Ergebnis der Überprüfungen müssen Sie schriftlich festhalten. Wenn Sie zehn oder weniger Beschäftigte haben, entfällt diese Pflicht.

Bei Tätigkeitsbeginn unterweisen Sie jeden Mitarbeiter über Sicherheit und Gesundheitsschutz bei seiner Arbeit (siehe Muster zu 2.5 und auf der beigefügten CD-ROM).

Die Unterweisung ist regelmäßig zu wiederholen, z.B. bei Veränderung der Gefährdungslage oder wenn die Aufmerksamkeit des Mitarbeiters nachlässt.

Die klassischen Unternehmerpflichten im Arbeitsschutz:

9. Schulungen
Die Berufsgenossenschaften bieten spezielle Schulungskurse kostenlos an. Solche Kurse gibt es für Unternehmer und Vorgesetzte sowie für spezielle Fachkräfte, aber auch für Berufsanfänger und Neulinge. Immer geht es darum, das notwendige Wissen für Sicherheit und Gesundheitsschutz am Arbeitsplatz zu vermitteln.

10. Ausbildung »Erste Hilfe«
Die Berufsgenossenschaften verlangen auch die Ausbildung einer ausreichenden Anzahl von Beschäftigten in der Ersten Hilfe. Die Berufsgenossenschaften tragen die Kosten der Ausbildung, die Betriebe müssen die erforderlichen Erste-Hilfe-Einrichtungen (z.B. Verbandkästen, siehe 2.21) in der notwendigen Anzahl bereithalten. Auskünfte hierzu gibt ebenfalls die Aufsichtsperson.

Muster (zu 2.5) Erstunterweisung

Bestätigung der Arbeitsschutz-Unterweisung bei Tätigkeitsbeginn

Unterweisung bei Neueinstellung (Themenblöcke A + B) ☐

Unterweisung bei Arbeitsplatzwechsel (Themenblock B) ☐

Herr/Frau _____

eingestellt am _____ (Angabe nur bei Neueinstellung)

wurde bei Tätigkeitsbeginn über auftretende Gefahren sowie über Maßnahmen zu ihrer Abwendung wie folgt unterwiesen:

A Allgemein

1. Allgemeine Informationen über den Betrieb ☐
2. Überblick über die betriebliche Arbeitsschutzorganisation
   (Fachkraft für Arbeitssicherheit, Betriebsarzt, Betriebsrat,
   Sicherheitsbeauftragter, Ersthelfer) ☐
3. Hinweise auf allgemeine Gefahren und im Betrieb befindliche Gefahrstoffe ☐
4. Erklärung der Gebots- und Verbotsregelungen ☐
5. Organisation der Gefahrenabwehr (z. B. bei Feuer) und der Ersten Hilfe,
   Meldewesen im Betrieb, Notrufnummern ☐
6. Meldepflicht bei Arbeits- und Wegeunfällen ☐

B Arbeitsplatzspezifische Unterweisungen

1. Allgemeine Verhaltensregeln für den Arbeitsbereich ☐
2. Erläuterung des Alarmplans; Hinweis auf Notausgänge, Rettungswege
   und Sammelplätze, Gebrauch der Feuerlöscheinrichtungen ☐
3. Einweisung am Arbeitsplatz, Erläuterungen der Betriebsanweisungen,
   Besonderheiten des Arbeitsplatzes ☐
4. Bekanntmachung mit Sicherheitsbeauftragten, Ersthelfern ☐
5. Hinweise auf Gefährdungen am Arbeitsplatz und auf die technischen
   und organisatorischen Schutzmaßnahmen;
   Hinweis auf die Auslage der Unfallverhütungsvorschriften ☐
6. Hinweise zum Umgang mit gefährlichen Stoffen, Flüssigkeiten,
   gesundheitsschädlichen Gasen, Dämpfen, Stäuben und zu
   Schutzvorrichtungen an Maschinen ☐
7. Angabe und Zuteilung der für den Arbeitsplatz vorgeschriebenen
   persönlichen Schutzausrüstungen und Hinweis auf die Benutzungspflicht ☐
8. Spezielle Vorschriften und Regelungen (z.B. Führerschein für Staplerfahrer) ☐

Ort: Datum:

_____   _____
Unterschrift des Unternehmers   Unterschrift des Unterwiesenen

Übersicht (zu 2.7) Aufgaben der Personalleitung beim Arbeitsschutz

1. Die Personalleitung muss einen Geschäftsverteilungsplan erstellen, der die Zuständigkeiten, Aufgaben, Kompetenzen und Verantwortlichkeiten für den Arbeitsschutz aufzeigt.
2. Sie muss diesen Plan stets auf dem aktuellen Stand halten.
3. In der konkreten Stellenbeschreibung für jeden Mitarbeiter sind auch seine Aufgaben und Zuständigkeiten bezüglich des Arbeitsschutzes klar zu regeln.
4. Für Führungskräfte gibt es im Arbeitsschutz besondere schriftliche Pflichtenübertragungen. Die Personalleitung hat solche Pflichtenübertragungen vorzubereiten und zu organisieren (Muster siehe beigefügte CD-ROM).
5. Bei jeder Einstellung, Beförderung oder Umsetzung ist zu prüfen, ob eine Pflichtenübertragung berührt ist. Die Personalleitung muss feststellen, ob sie neu abgeschlossen, geändert oder zurückgenommen werden muss.
6. Die Personalleitung hat ein Exemplar des von der Leitung und dem Verpflichteten unterschriebenen Übertragungsformblattes zu verwahren, das zweite Exemplar dem Verpflichteten auszuhändigen.
7. Wichtig ist auch eine vollständige und alle Eventualitäten abdeckende Vertretungsregelung. Was ist in Notfällen am Wochenende, nachts, an Feiertagen zu tun?
8. Die Personalleitung muss eine erste Unterweisung jedes Beschäftigten (siehe Übersicht zu 2.5) über vorhandene Gefahren und Schutzmaßnahmen veranlassen. Dem Neuling muss dabei die Unternehmenspolitik im Arbeitsschutz deutlich gemacht werden.
   - Hinweise auf den Betrieb und den Betriebszweck,
   - Hinweise auf die betriebliche Arbeitsschutzorganisation,
   - Erläuterungen des betrieblichen Alarmplans,
   - Hinweise auf allgemeine Gefahren,
   - Hinweise auf besondere Betriebsregelungen, die für alle Mitarbeiter gelten,
   - Bekanntgabe der Meldepflicht von Arbeitsunfällen und Berufskrankheiten einschließlich Wegeunfällen.
9. Zur weiteren Information aller Mitarbeiter gibt es besondere Aushänge, für deren Aktualität die Personalleitung zuständig ist;
   - die Zugehörigkeit zur Berufsgenossenschaft (erhältlich bei der Berufsgenossenschaft),
   - die Anleitung zur Ersten Hilfe bei Unfällen,
   - den Alarmplan/Rettungsplan,
   - Hinweise auf den zuständigen Sicherheitsbeauftragten und die Sicherheitsfachkraft,
   - den Jugendarbeitsschutz,
   - den Mutterschutz,
   - Betriebsanweisungen für Gefahrstoffe,
   - den Strahlenschutz,
   - weitere Schutzbestimmungen aus speziellen Gesetzen und Unfallverhütungsvorschriften.

- Der Unternehmer muss für die richtige Personalauswahl sorgen.
- Der Unternehmer muss klare Anweisungen geben.
- Der Unternehmer muss kontrollieren, ob seine Anweisungen befolgt werden.

Die allgemeine Verantwortung für den Arbeitsschutz kann Ihnen niemand vollständig abnehmen. Sie können allerdings konkrete Arbeitsschutzpflichten auf betriebliche Vorgesetzte und Leitungskräfte übertragen. Jeder Vorgesetzte ist bereits durch seine Funktion verpflichtet, für den Arbeitsschutz seiner Mitarbeiter zu sorgen. Es ist jedoch üblich, diese Verantwortung durch eine schriftliche Pflichtenübertragung (siehe beigefügte CD-ROM) zu bestätigen, damit die Zuständigkeitsbereiche klargestellt sind. Keinesfalls wird die Verantwortung eines Vorgesetzten aber erst durch eine solche Pflichtenübertragung begründet.

Wichtig ist, dass jeder Vorgesetzte zu jeder Zeit Vorbild für seine Mitarbeiter in Sachen Arbeitsschutz ist. Nur dann werden die Mitarbeiter den Arbeitsschutz akzeptieren und auch zu ihrer eigenen Sache machen. Eine schriftliche Grundsatzerklärung kann die Bedeutung des Arbeitsschutzes als Teil Ihrer Unternehmenspolitik noch unterstreichen. Eine solche Erklärung stimmen Sie zweckmäßigerweise mit dem Betriebsrat ab.

2.6 Pflichten und Rechte der Mitarbeiter

Die Beschäftigten sind verpflichtet, Ihren Anweisungen zum Arbeitsschutz zu folgen, die zur Verfügung gestellten Schutzausrüstungen zu benutzen und Ihnen Gefahren und Defekte zu melden. Fördern Sie die Eigeninitiative Ihrer Mitarbeiter für den Arbeitsschutz z.B. durch Prämien: Je nach Verminderung der Unfallzahlen wird ein Geldbetrag für die erreichte Arbeitssicherheit gezahlt.

Die Mitarbeiter sind berechtigt, sich mit Beschwerden über mangelhaften Arbeitsschutz an die Gewerbeaufsicht (siehe 2.2) zu wenden. Hierfür gelten bestimmte Voraussetzungen:

1. Die Beschäftigten müssen konkrete Anhaltspunkte für ihre Beschwerde haben.
2. Sie müssen ihre Mängelmeldung zuerst dem Arbeitgeber vorgetragen haben.
3. Der Arbeitgeber hat den Grund für die Mängelmeldung nicht beseitigt.

Den Beschäftigten dürfen keine Nachteile entstehen, wenn sie die Mängel bei der Behörde melden. Im Sinne des Betriebsfriedens können sich die Beschäftigten vor einer Beschwerde bei der Behörde auch durch die Berufsgenossenschaft beraten lassen. Manche Beschwerden lassen sich auf diesem Weg erfolgreich beheben.

2.7 Aufgaben der Personalleitung

Für eine gut funktionierende Organisationsstruktur des Arbeitsschutzes übernimmt die Personalleitung wichtige Aufgaben (siehe Übersicht zu 2.7).

2.8 Fachkräfte für Arbeitssicherheit

Der Unternehmer muss Fachkräfte für Arbeitssicherheit einsetzen (Sicherheitsingenieure, Sicherheitstechniker, Sicherheitsmeister), die ihn sicherheitstechnisch in allen Fragen beraten. Die alleinige Verantwortung für den Arbeitsschutz bleibt dennoch unverändert beim Unternehmer.

Ein Sicherheitsingenieur muss die Berufsbezeichnung Ingenieur führen, nach seiner Berufsausbildung mindestens zwei Jahre praktisch als Ingenieur gearbeitet haben und einen erfolgreich abgeschlossenen Ausbildungslehrgang für Arbeitssicherheit nachweisen. Für Techniker und Meister gilt dies ähnlich. Ohne Techniker- oder Meisterprüfung sind die Voraussetzungen auch erfüllt, wenn mindestens vier Jahre Techniker- oder Meistertätigkeit vorliegen und dann der Ausbildungslehrgang erfolgreich abgeschlossen wurde.

Die Fachkraft für Arbeitssicherheit wird für eine bestimmte Mindesteinsatzzeit bestellt, die von der Art der Gefährdung und der Mitarbeiteranzahl abhängt. Genauere Angaben enthält die Unfallverhütungsvorschrift »Fachkräfte für Arbeitssicherheit« der Berufsgenossenschaft. Wenn die Mindesteinsatzzeit so gering ist, dass eine vollbeschäftigte Fachkraft nicht ausgelastet wäre, können Sie auch einen Beschäftigten Ihres Betriebes zusätzlich zur nebenamtlichen Fachkraft bestellen. Der Einsetzung und Abberufung einer Fachkraft für Arbeitssicherheit muss der Betriebsrat zustimmen.

Sie können statt eigener Fachkräfte auch einen externen sicherheitstechnischen Dienst beauftragen. Solche Dienste werden von den Berufsgenossenschaften, dem TÜV, der Dekra, Arbeitgebervereinigungen und anderen Stellen angeboten. Worauf Sie dabei achten müssen, entnehmen Sie bitte der Übersicht zu 2.8. Bei den externen Diensten gehören die Fahrzeiten und der Zeitaufwand für eigene Fortbildungsveranstaltungen nicht zur Einsatzzeit.

> Achten Sie auf die Qualität des externen Dienstes. Wenn der externe Dienst ein Zertifikat z.B. der GQA (Gesellschaft für Qualität im Arbeitsschutz) vorweisen kann, wurde die Erfüllung der gesetzlichen Anforderungen bereits überprüft.

Weder die eigene Fachkraft für Arbeitssicherheit noch ein externer Dienst haben Weisungsbefugnis im Betrieb. Sie üben ihre Tätigkeit in Form einer Stabsstelle aus und sollen unmittelbare Verbindung zu Ihnen und Ihren Führungskräften halten. Die Fachkraft für Arbeitssicherheit ist Ihnen unmittelbar unterstellt, jedoch in der Anwendung ihrer sicherheitstechnischen Fachkunde weisungsfrei. Falls Sie vorgeschlagene Maßnahmen ablehnen, müssen Sie Ihre Gründe dazu schriftlich der Fachkraft und dem Betriebsrat mitteilen.

2.9 Betriebsarzt

Der Betriebsarzt unterstützt Sie in allen Fragen des Gesundheitsschutzes (siehe auch 2.19). Was Sie bei der Bestellung eines Betriebsarztes beachten müssen, entnehmen Sie der Übersicht zu 2.9. Die Auswahl eines geeigneten betriebsärztlichen Betreuungsmodells ist Ihre Aufgabe. Dabei gibt es unterschiedliche Organisationsformen:
- betriebsärztlicher Dienst im Betrieb mit hauptberuflich angestelltem Betriebsarzt;
- Beauftragung eines überbetrieblichen arbeitsmedizinischen Dienstes;
- Beauftragung eines Betriebsarztes in freier Praxis;
- Beauftragung eines nebenberuflich tätigen Betriebsarztes.

Weitere Angaben siehe Unfallverhütungsvorschrift »Betriebsärzte«.

Übersicht (zu 2.8)
Vertragspflichten für einen externen sicherheitstechnischen Dienst

1. **Pflichtenheft.** Der externe sicherheitstechnische Dienst muss ein spezielles Pflichtenheft anbieten:
   - Analyse- und Beurteilungskonzepte für den ganzen Betrieb (Anzahl, Zeitaufwand von Betriebsbegehungen einschließlich Problemerfassung und -auswertung).
   - Beratung auf der Basis der Analyse- und Beurteilungskonzepte im Sinne eines umfassenden Arbeitsschutzverständnisses.
   - Maßnahmenkonzept zur Beseitigung von Arbeitsschutzdefiziten entwickeln, vorschlagen und überprüfen (einschließlich Aufklärungs- und Informationsarbeit).

2. **Weitere Vertragsinhalte.** Bei der Verpflichtung eines externen Dienstes muss der schriftliche Vertrag neben den oben angeführten Regelungen auch die nachfolgenden Themen regeln:
   - Fachkunde der bereit gestellten Sicherheitsfachkraft;
   - Verpflichtung zur bedarfsorientierten Beteiligung externer Experten für spezielle Fragen des Arbeitsschutzes;
   - Berichtspflicht und Leistungsdokumentation;
   - Wahrung von Betriebsgeheimnissen;
   - Vorschlagen und Durchführen mess- und prüftechnischer Leistungen;
   - Haftungs- und Haftpflichtversicherungsumfang des externen Dienstes;
   - gegebenenfalls Unterstützungsleistungen, die Sie dem externen Dienst gewähren;
   - Verpflichtung des externen Dienstes zur Zusammenarbeit mit anderen, am betrieblichen Arbeitsschutz Beteiligten (Betriebsarzt, Sicherheitsbeauftragter, Betriebsrat);
   - Verpflichtung zur Zusammenarbeit mit dem Umweltbeauftragten.

Übersicht (zu 2.9)
Was Sie bei der Bestellung eines Betriebsarztes beachten müssen

1. Der Bewerber muss berechtigt sein, den ärztlichen Beruf auszuüben.
2. Er muss die Gebietsbezeichnung »Arbeitsmedizin« oder die Zusatzbezeichnung »Betriebsmedizin« oder während der Weiterbildung zum Erwerb der Zusatzbezeichnung »Betriebsmedizin« nachweisen, dass er die vorgeschriebene klinische oder poliklinische Tätigkeit und mindestens ein Drittel des theoretischen Kurses über Arbeitsmedizin bereits absolviert hat.
3. Sie können auch Ärzte einsetzen, die stattdessen eine entsprechende Bescheinigung der zuständigen Ärztekammer besitzen.
4. Betriebsärzte können nur mit Zustimmung des Betriebsrats und nur schriftlich eingesetzt oder abberufen werden.
5. In dem Vertrag müssen angesprochen werden:
   - die rechtlichen Grundlagen der Aufgabenwahrnehmung;
   - die formelle Aufgabenübertragung nach dem Arbeitssicherheitsgesetz;
   - zeitliche Vorgaben für die Aufgabenwahrnehmung unter Berücksichtigung der Mindest-Einsatzzeiten;
   - die Verpflichtung des Betriebsarztes zur Teilnahme an geeigneten Maßnahmen der Fortbildung und des Erfahrungsaustausches.
6. Jedem Betriebsarzt muss zur Erfüllung seiner Aufgaben das erforderliche Personal zur Verfügung stehen. Hierzu zählt nichtmedizinisches Personal (Schreibkräfte) sowie medizinisches Assistenzpersonal (Krankenschwester/Krankenpfleger, Arzthelfer, medizinisch-technischer Laboratoriumsassistent). Dieses Assistenzpersonal soll möglichst eine Bescheinigung über die Teilnahme an einem anerkannten Lehrgang für arbeitsmedizinisches Fachpersonal erworben haben.
7. Für das Assistenzpersonal sowie für die räumlichen und sächlichen Mittel, die vom Betrieb zur Verfügung gestellt werden müssen, gelten die berufsgenossenschaftlichen »Grundsätze über Hilfspersonal, Räume, Einrichtungen, Geräte und Mittel für Betriebsärzte im Betrieb«.
8. Betriebsärzte unterliegen wie jeder Arzt der ärztlichen Schweigepflicht. Sie sind gegenüber dem Arbeitgeber fachlich unabhängig und weisungsfrei.
9. Angaben über Mindest-Einsatzzeiten des Betriebsarztes sind in der Unfallverhütungsvorschrift enthalten. Sie orientieren sich an der Betriebsart und damit dem Gefährdungsgrad des Betriebs sowie an der Zahl der beschäftigten Arbeitnehmer.
10. Ärzte sind durch ihre Berufsordnung grundsätzlich verpflichtet, sich fortzubilden. Dies gilt natürlich auch für den Betriebsarzt, und zwar wegen des laufenden Zuwachses an Erkenntnissen im arbeitsmedizinischen Bereich und der damit zusammenhängenden veränderten betrieblichen Anforderungen.
11. Verpflichtung zur Zusammenarbeit mit dem Umweltbeauftragten.

! Die »Gesellschaft zur Qualitätssicherung in der betriebsärztlichen Betreuung (GQB)« prüft das Betreuungsangebot von Ärzten und Diensten auf neutraler Basis und verleiht nach erfolgreicher Prüfung das Gütesiegel der GQB. Wird dieses Gütesiegel vorgewiesen, können Sie davon ausgehen, dass der Anbieter die gesetzlichen Voraussetzungen und Anforderungen für eine qualifizierte Dienstleistung erfüllt.

Zu den Aufgaben der Betriebsärzte gehört es ausdrücklich nicht, Krankmeldungen der Arbeitnehmer auf ihre Berechtigung hin zu überprüfen. Der Betriebsarzt unterliegt gegenüber dem Arbeitgeber der ärztlichen Schweigepflicht. Er darf keine Informationen, die er bei ärztlichen Beratungen erhalten hat, und keine Untersuchungsbefunde weitergeben. Nur die Endergebnisse von arbeitsmedizinischen Vorsorgeuntersuchungen (z.B. geeignet/bedingt geeignet/nicht geeignet) dürfen Ihnen zugeleitet werden, damit Sie ggf. erforderliche Schutzmaßnahmen ergreifen können.

2.10 Sicherheitsbeauftragter

Arbeiten in Ihrem Betrieb mehr als 20 Beschäftigte, müssen Sie einen Sicherheitsbeauftragten benennen. Sicherheitsbeauftragte haben keine herausgehobene Stellung im Betrieb; sie sorgen ehrenamtlich, als Kollege unter Kollegen für das erforderliche Sicherheitsbewusstsein.

Als Sicherheitsbeauftragte sollen keine Führungskräfte bestimmt werden, da es sonst zu Interessenkonflikten kommt. Auch Sicherheitsingenieure und andere Fachkräfte für Arbeitssicherheit können nicht Sicherheitsbeauftragte werden. Ideale Sicherheitsbeauftragte sind verantwortungsbewusste, erfahrene Mitarbeiter, die unter ihren Kollegen anerkannt sind und die durch ihr Vorbild akzeptiert werden. Es ist zweckmäßig, Frauen und Männer entsprechend ihrem Anteil an der Beschäftigtenzahl auszuwählen, ebenso ausländische Mitarbeiter.

Ernennen Sie Sicherheitsbeauftragte schriftlich. Dabei ist der betriebliche Zuständigkeitsbereich anzugeben. Ihre Personalleitung bereitet die Benennung vor und sammelt die Benennungsschreiben, um der Berufsgenossenschaft gegenüber auskunftsfähig zu sein. Ein Aushang der Personalleitung informiert die Mitarbeiter über den in ihrem Arbeitsbereich zuständigen Sicherheitsbeauftragten. Die Benennung unterliegt der Mitwirkung des Betriebsrats.

Die Berufsgenossenschaft (siehe 2.3) bietet Sicherheitsbeauftragten kostenlose Schulungskurse an, in denen das erforderliche Wissen vermittelt wird. Da die Sicherheitsbeauftragten ehrenamtlich arbeiten, können sie nicht für irgendwelche Versäumnisse haftbar gemacht werden. Ihre Autorität erwächst allein aus ihrem Wissen und Können, ihrer Erfahrung und ihrem Ansehen. Auch in Unternehmen, die auf Grund geringer Beschäftigtenzahl keinen Sicherheitsbeauftragten benötigen, hat es sich deshalb bewährt, freiwillig einen Sicherheitsbeauftragten zu benennen. Der betriebliche Arbeitsschutz erfährt dadurch Förderung und Unterstützung.

2.11 Arbeitsschutzausschuss

Wenn in Ihrem Unternehmen mehr als 20 Personen beschäftigt sind, müssen Sie einen Arbeitsschutzausschuss bilden. Er soll alle Anliegen des Arbeitsschutzes beraten und fördern, Vorschläge ausarbeiten und dem Erfahrungsaustausch dienen, kann aber keine bindenden Beschlüsse fassen. Die Mitglieder des Arbeitschutzausschusses sind gesetzlich vorgeschrieben:
- der Arbeitgeber oder sein Beauftragter
- bis zu zwei Betriebsratsmitglieder
- der Betriebsarzt
- die Fachkraft für Arbeitssicherheit
- der Sicherheitsbeauftragte.

Gibt es mehrere Betriebsärzte oder Fachkräfte, entscheiden diese untereinander, wer sie im Arbeitsschutzausschuss vertritt. Das Gleiche gilt für die Sicherheitsbeauftragten. Eine Fachkraft für Arbeitssicherheit oder ein Betriebsarzt kann nicht zugleich Beauftragter des Arbeitgebers im Arbeitsschutzausschuss sein, da es sonst zu Interessenkonflikten kommen könnte.

Der Arbeitsschutzausschuss tritt mindestens einmal vierteljährlich zusammen. Er gibt sich eine Geschäftsordnung, in der seine Arbeitsgrundlagen zusammengestellt sind. Hierin können Angaben über den Vorsitz, die Schriftführung, die Sitzungstermine, die Sitzungseinladungen, die Festlegung der Tagesordnung, die Erstellung und Verteilung der Niederschriften sowie die mögliche Beteiligung von Gästen und Sachverständigen gemacht werden. Die Personalleitung verwahrt zweckmäßigerweise ein Exemplar der Niederschriften.

2.12 Betriebsrat und Arbeitsschutz

Die vielfältigen Aufgaben und Rechte des Betriebsrates im Arbeitsschutz entnehmen Sie der Übersicht zu 2.12. Der Betriebsrat hat erzwingbare Mitbestimmungsrechte bei Regelungen zur Verhütung von Arbeitsunfällen und Berufskrankheiten sowie zum Gesundheitsschutz (siehe

Übersicht (zu 2.12)
Aufgaben und Rechte des Betriebsrates beim Arbeitsschutz

1. Arbeitsschutzmaßnahmen bedürfen der Zustimmung des Betriebsrats.
2. Der Betriebsrat darf ferner die Arbeitsschutzbehörden (Gewerbeaufsichtsamt/Amt für Arbeitsschutz und Berufsgenossenschaft) befragen, Auskünfte von ihnen einholen und ihnen Anregungen geben.
3. Bei Betriebsbesichtigungen dieser Stellen ist er zu beteiligen.
4. Der Betriebsrat muss von Ihnen ausreichend über alle Arbeitsschutzangelegenheiten informiert werden.
5. Der Betriebsrat kann zusätzliche Arbeitsschutzmaßnahmen im Betrieb beantragen.
6. Sie müssen dem Betriebsrat alle behördlichen Anordnungen zum Arbeitsschutz zur Kenntnis geben und ihm die Berichte über Betriebsbesichtigungen und Unfalluntersuchungen zukommen lassen.
7. Die Benennung der Fachkraft für Arbeitssicherheit, des Betriebsarztes und der Sicherheitsbeauftragten muss unter Mitwirkung des Betriebsrats erfolgen.
8. Der Betriebsrat ist am Arbeitsschutzausschuss zu beteiligen.
9. Fachkraft für Arbeitssicherheit und Betriebsarzt sollen laufend mit dem Betriebsrat zusammenarbeiten und ihn über wichtige Angelegenheiten des Arbeitsschutzes unterrichten.
10. Lehnen Sie einen Arbeitsschutzvorschlag der Fachkraft für Arbeitssicherheit oder des Betriebsarztes ab, müssen Sie das schriftlich tun und dem Betriebsrat davon eine Abschrift geben.
11. Der Betriebsrat muss auch eine Durchschrift der Unfallanzeigen (siehe 2.22) erhalten.

III B/3.8). Näheres ist im Betriebsverfassungsgesetz bestimmt.

2.13 Kleinbetriebe

Die Arbeitsschutzvorschriften gelten unabhängig von der Betriebsgröße für alle Betriebe. Dennoch ist die Ausfüllung der Vorschriften in Kleinbetrieben bisher unvollständig geblieben. Kleinbetriebe, die weniger als 20 Mitarbeiter beschäftigen, haben meist keinen Sicherheitsbeauftragten, noch weniger eine eigene Fachkraft für Arbeitssicherheit, einen Betriebsarzt oder einen Arbeitsschutzausschuss. Gemäß Arbeitssicherheitsgesetz muss aber jedes Unternehmen sicherheitstechnisch und arbeitsmedizinisch betreut werden.

Die Berufsgenossenschaften haben in ihren Unfallverhütungsvorschriften die Randbedingungen für den Einsatz der Sicherheitsfachkräfte und Betriebsärzte festgelegt. Die Betreuung kann entweder durch Mitarbeiter des eigenen Unternehmens oder durch externe Fachleute oder Dienste erbracht werden (Regelbetreuung).

Für die sicherheitstechnische Betreuung der Klein- und Mittelbetriebe haben die Berufsgenossenschaften ein betriebsbezogenes, drittes Betreuungsmodell, das Unternehmermodell, entwickelt. Es berücksichtigt, dass in kleineren Betrieben der Unternehmer in besonderem Maße in das Betriebsgeschehen einbezogen ist und deshalb unmittelbar entscheiden kann, wie die erforderlichen Maßnahmen zur Sicherheit und zum Gesundheitsschutz der Beschäftigten wirkungsvoll umgesetzt werden. Nach den Vorgaben des Bundesarbeitsministeriums kommen für diese Betreuungsform Betriebe mit bis zu 50, in Ausnahmefällen 100 Beschäftigten in Frage.

In Abhängigkeit von ihrer Mitgliederstruktur haben die meisten Berufsgenossenschaften das Unternehmermodell als Alternative zur Regelbetreuung vorgesehen (siehe Übersicht zu 2.13). Die einzelnen Varian-

Übersicht (zu 2.13) Unternehmermodell für Kleinbetriebe möglich?

Branche:		bis ... Beschäftigte
Steine und Erden	ja	29
Metallverarbeitung	ja	30/50
Elektro	ja	50/100
Chemie	ja	49
Druck und Papierverarbeitung	ja	29
Lederindustrie	ja	20/30/50
Textil	ja	49/74/99
Hoch- und Tiefbau	ja	20/50
Einzelhandel	ja	50
Banken, Versicherungen, Verwaltungen	ja	24/99
Fahrzeughaltungen	nein	
Binnen- und Seeschifffahrt	nein	
Gesundheitsdienst	nein	
Bauwirtschaft	nein	

ten der Berufsgenossenschaften unterscheiden sich, enthalten aber alle folgende Grundsätze:

- Der Unternehmer wird für Arbeitssicherheit und Gesundheitsschutz durch besondere Maßnahmen motiviert und informiert.
- Ziel der Informations- und Motivationsmaßnahmen ist es, dass der Unternehmer den Arbeitsschutz in die betrieblichen Abläufe integriert.
- Der Unternehmer soll allerdings nicht zur Fachkraft für Arbeitssicherheit ausgebildet werden.
- Auf der Basis der Informations- und Motivationsmaßnahmen beurteilt der Unternehmer die Arbeitsbedingungen in seinem Betrieb und stellt die Gefährdungen für Sicherheit und Gesundheit der Beschäftigten fest.
- Auf der Grundlage dieser Gefährdungsbeurteilung erkennt der Unternehmer, wann er zusätzlichen Beratungsbedarf hat und nimmt die Beratung durch externe Experten (Fachkräfte für Arbeitssicherheit, sicherheitstechnische Dienste) in Anspruch.

Die vorgesehenen Ausbildungsmaßnahmen werden keinen Unternehmer außergewöhnlich belasten. Sie dauern in der Regel insgesamt zwei Wochen und werden in mehrere Blöcke gegliedert, die zeitlich unabhängig voneinander sind, damit der Unternehmer nicht zu lange seinem Betrieb fernbleiben muss. Auch ist die Teilnahme an einem Fernlehrgang möglich, der nur mit kurzen Präsenzphasen ergänzt wird.

Die Vorteile des Unternehmermodells liegen für den Unternehmer darin, dass er als für den Arbeitsschutz Verantwortlicher vom Nutzen der Arbeitsschutzmaßnahmen überzeugt und auf Grund der erhaltenen Informationen in die Lage versetzt wird, seinen Verpflichtungen nachzukommen. Er erfährt, wann er hierfür Unterstützung benötigt und diese anfordern muss. Mittelfristig ergibt sich auf Grund des gegenüber der Regelbetreuung reduzierten externen Beratungsbedarfs für den Unternehmer eine finanzielle Entlastung.

2.14 Fremdfirmen

Besondere Probleme machen immer wieder Fremdfirmen im Betrieb. Wer ist für den Arbeitsschutz der Mitarbeiter von Fremdfirmen zuständig? Obwohl Sie keine Verantwortung für den Arbeitsschutz der Fremdfirmen-Mitarbeiter haben, ist es wichtig, dass diese Mitarbeiter über örtliche Betriebsgefahren informiert werden. Die Personalleitung muss sicherstellen, dass die Führungskräfte diese Informationspflicht wahrnehmen.

2.14.1 Der Arbeitsschutzkoordinator

Wenn durch die Zusammenarbeit eigener und fremder Mitarbeiter Gefahren zu befürchten sind, muss der eigene Betrieb zusätzlich einen Arbeitsschutzkoordinator benennen. Er ist Angehöriger des eigenen Betriebs und muss die Arbeiten aufeinander abstimmen. Dafür muss er Weisungsbefugnisse auch gegenüber der Fremdfirma haben. Die Verantwortung der Fremdfirma für deren Mitarbeiter bleibt aber unberührt. Der Koordinator richtet daher seine Weisungen zweckmäßigerweise an die Führungskräfte der Fremdfirma.

2.14.2 Leiharbeiter (Zeitarbeit)

Mitarbeiter fremder Firmen können auch über einen Arbeitnehmerüberlassungsvertrag in den eigenen Betrieb kommen (siehe auch II B/3.4.6 und II A/2.3.3). Solche Leiharbeitnehmer werden voll in die eigene Betriebsstruktur und damit auch Arbeitsschutzstruktur einbezogen. Die eigene betriebliche Arbeitsschutzorganisation gilt auch für die Leiharbeitnehmer. Trotzdem müssen Arbeitsschutzfragen mit dem Verleiher geklärt werden. Es muss z.B. festgelegt werden, wer die erforderliche persönliche Schutzausrüstung stellt oder wer arbeitsmedizinische Vorsorgeuntersuchungen veranlasst.

Es ist zweckmäßig, mit dem Verleiher eine vertragliche Arbeitsschutzvereinbarung abzuschließen (siehe Muster zu 2.14.2 und auf beigefügter CD-ROM). Die Personalleitung muss diese Vereinbarungen vorbereiten und ein unterschriebenes Exemplar verwahren.

2.15 Umweltschutz

Arbeitsschutz und Umweltschutz liegen nahe beieinander. Schadensereignisse im Betrieb können auch die Umwelt außerhalb des Betriebs beeinträchtigen. Umweltbelastungen wirken sich auch auf die Beschäftigten im Betrieb aus. Der Gesetzgeber hat daher für den Umweltschutz den Betrieben ähnliche Aufgaben zugewiesen wie im Arbeitsschutz. Oft werden die betrieblichen Aufgaben im Umweltschutz und Arbeitsschutz vom gleichen Personenkreis wahrgenommen, da sich Aufgabenstellung und Schutzziele vielfach ergänzen und in enger Wechselbeziehung stehen.

Das Bundesimmissionsschutzgesetz kann die Benennung von betrieblichen Beauftragten für Immissionsschutz, für den Störfall, für Abfall und für den Gewässerschutz verlangen. Im allgemeinen Sprachgebrauch werden diese Funktionen mit dem Begriff »Umweltbeauftragte« zusammengefasst (siehe Übersicht zu 2.15). Die geforderte hohe fachliche Qualifikation eines Umweltbeauftragten, z.B. den Abschluss eines Studiums als Ingenieur, Chemiker oder Physiker an einer Hochschule, die Teilnahme an anerkannten Lehrgängen und praktische Berufserfahrung, müssen Sie nachprüfen. In Ausnahmefällen kann die zuständige Behörde andere Voraussetzungen anerkennen. Der Beauftragte muss auf Grund persönlicher Eigenschaften, des Verhaltens und der Fähigkeiten zuverlässig und geeignet sein. Sie müssen mit ihm vertraglich eine regelmäßige Fortbildung vereinbaren. Der Verband der Betriebsbeauftragten für Umweltschutz kann über entsprechende Ausbildungsangebote informieren.

Alle in der Übersicht zu 2.15 genannten Funktionen können einer Person allein, aber auch mehreren Personen getrennt übertragen werden. Im letztgenannten Fall ist es erforderlich, dass alle Personen intensiv zusammenarbeiten und in einer Stabsstelle zusammengefasst werden. Umweltbeauftragte sollen eng mit dem Sicherheitsingenieur und dem Betriebsarzt zusammenarbeiten.

2.16 Schutz besonderer Arbeitnehmergruppen

2.16.1 Jugendliche

Das Gesetz schützt alle jungen Menschen unter 18 Jahren. Besonders streng sind die Vorschriften für Kinder unter 15 Jahren und Jugendliche in der Vollzeitschulpflicht. Ihre Beschäftigung ist grundsätzlich verboten. Nur geringfügige Ausnahmen sind zugelassen, z.B. im Rahmen eines Betriebspraktikums, einer Therapie und, für über 13-jährige, bei leichten und für sie geeigneten Arbeiten (z.B. in der Landwirtschaft, bei kulturellen und sportlichen Veranstaltungen, im Haushalt, bei der

Muster (zu 2.14.1)
Arbeitsschutzvereinbarungen im Arbeitnehmerüberlassungsvertrag

Arbeitsschutz
Gemäß § 11 (6) Arbeitnehmerüberlassungsgesetz unterliegt die Tätigkeit des Leiharbeitnehmers den für den Betrieb des Entleihers geltenden öffentlich-rechtlichen Vorschriften des Arbeitsschutzrechts; die sich hieraus ergebenden Pflichten für den Arbeitgeber obliegen dem Entleiher unbeschadet der Pflichten des Verleihers.

Tätigkeit des Leiharbeitnehmers: ....

Besondere Merkmale der Tätigkeit: ....

Berufliche Qualifikation dafür: ....

Arbeitssicherheit
1. Persönliche Schutzausrüstungen
Für die Tätigkeit im Rahmen dieses Auftrags sind folgende persönliche Schutzausrüstungen erforderlich:

1. ....
2. ....
3. ....
4. ....

Davon stellt der Verleiher: ....

Davon stellt der Entleiher: ....

2. Erste Hilfe
Einrichtungen und Maßnahmen der Ersten Hilfe werden vom Entleiher gestellt.

3. Arbeitsmedizinische Vorsorge
Für die Tätigkeit sind arbeitsmedizinische Vorsorgeuntersuchungen nicht erforderlich/folgende arbeitsmedizinischen Vorsorgeuntersuchungen erforderlich:

1. ....
2. ....
3. ....
4. ....

Folgende Bescheinigungen liegen vor:

....

Der Verleiher veranlasst folgende Untersuchungen:

....

Der Entleiher veranlasst folgende Untersuchungen:

....

und sendet dem Verleiher die Bescheinigungen zu.

4. Sicherheitstechnische Einweisung am Tätigkeitsort
Der Leiharbeitnehmer wird vor der Arbeitsaufnahme durch den zuständigen Mitarbeiter des Entleihers in die spezifischen Gefahren des Tätigkeitsorts und in die Maßnahmen zu deren Abwendung eingewiesen.

5. Arbeitsunfall
Der Entleiher verpflichtet sich, dem Verleiher einen Arbeitsunfall unverzüglich zu melden. Ein meldepflichtiger Arbeitsunfall ist gemeinsam zu untersuchen.

...., den ....
Ort   Datum

....
Unterschrift des Verleihers   Unterschrift des Entleihers

Übersicht (zu 2.15) Funktionen der Umweltbeauftragten

a) Der Betriebsbeauftrage für den Immissionsschutz
Der Umweltbeauftragte soll als »Betriebsbeauftragter für den Immissionsschutz« auf einen intensiven Schutz der Umwelt hinwirken. Er soll umweltfreundliche Verfahren unterstützen und umweltfreundliche Erzeugnisse fördern.

b) Der Betriebsbeauftragte für Abfall
Wenn Ihr Betrieb besondere Abfallprobleme verursacht, müssen Sie einen »Betriebsbeauftragten für Abfall« benennen, der für eine sachgemäße Behandlung und Beseitigung der Abfälle sorgt.

c) Der Beauftragte für Gewässerschutz
Leitet der Betrieb eine entsprechende Menge Abwasser ein, muss ein »Beauftragter für Gewässerschutz« tätig werden. Er soll auf geeignete Abwasserbehandlungsverfahren hinwirken.

d) Der Störfallbeauftragte
Ein »Störfallbeauftragter« muss in besonderen genehmigungsbedürftigen Anlagen benannt werden. Er muss für die Verhinderung von Störfällen (ernste Gefahr z.B. durch Gasausbruch, Brand, Explosion) oder deren Minimierung sorgen.

Kinderbetreuung, Zeitungsaustragen). Während der Schulferien dürfen Schüler über 15 Jahre höchstens vier Wochen im Jahr beschäftigt werden. Für besondere Veranstaltungen (Konzerte, Theater) gibt es Ausnahmen. Für Jugendliche (über 14 Jahre bis 18 Jahre) sind die Dauer der Arbeitszeit, die Freistellung zur Berufsschule, die Ruhepausen und die Freizeit, Nacht- und Feiertagsruhe sowie der Urlaub gesetzlich geregelt. Darüber hinaus gibt es für sie Beschäftigungsverbote und -beschränkungen bei gefährlichen Arbeiten, Akkordarbeit und Arbeiten unter Tage. Diese Arbeiten sind nur für Jugendliche über 16 Jahre im Rahmen ihrer Ausbildung und unter Aufsicht eines Fachkundigen erlaubt.

Sie dürfen keine Jugendlichen ohne ärztliche Untersuchung einstellen (Ausnahme: geringfügige, kurzfristige Beschäftigungsverhältnisse mit leichten Arbeiten).

Die Untersuchung ist nach einem Jahr zu wiederholen. Das Vorliegen dieser Gesundheitszeugnisse wird vom Gewerbeaufsichtsamt (siehe 2.2), das für den Jugendarbeitsschutz zuständig ist, streng kontrolliert. Die Kosten für diese Untersuchungen werden vom Bundesland getragen. Berechtigungsscheine für die Untersuchungen gibt es bei der Stadt- oder Gemeindeverwaltung. Bewahren Sie die ärztlichen Bescheinigungen auf und legen Sie diese den Behörden auf Verlangen vor. Sobald auch nur ein Jugendlicher beschäftigt wird, müssen Sie einen Abdruck des Jugendarbeitsschutzgesetzes und die Anschrift der zuständigen Aufsichtsbehörde aushängen oder auslegen. Wenn mindestens drei Jugendliche beschäftigt werden, muss ein zusätzlicher Aushang über Beginn und Ende der täglichen Arbeitszeit und Pausen der Jugendlichen angebracht werden. Sie sind für diese Aushänge verantwortlich. Führen Sie zusätzlich ein Verzeichnis aller beschäftigten Jugendlichen.

2.16.2 Frauen
Ein besonderer Gesundheitsschutz wird Müttern vor und nach der Geburt ihres Kindes durch das Mutterschutzgesetz und durch die Verordnung zum Schutz der Mütter am Arbeitsplatz gegeben (siehe auch V A/2.3). Sie enthalten ein Beschäftigungsverbot in den letzten sechs Wochen vor und in den ersten acht, u.U. zwölf Wochen nach der Entbindung. Werdende Mütter müssen die Personalleitung rechtzeitig auf die Schwangerschaft hinweisen. Nur dann kann sichergestellt werden, dass weitere Schutzvorschriften des Gesetzes und der Verordnung angewendet werden können (z.B. keine schweren körperlichen oder bestimmte gefährliche Arbeiten, Bereitstellung von Sitz- und Ruhegelegenheiten, Beschränkungen der Arbeitszeit, der Akkord- und Nachtarbeit, besondere Beurteilung der Arbeitsbedingungen von Müttern und ihre Unterrichtung über das Ergebnis der Gefährdungsbeurteilung).

2.16.3 Schwerbehinderte
Das Schwerbehindertengesetz schützt alle Personen mit einer Behinderung von mindestens 50%. Sie haben Schwerbehinderte beruflich zu fördern und für eine geeignete Ausstattung des Betriebs zu sorgen, damit Schwerbehinderte dort gefahrlos arbeiten können. Statten Sie dazu den Arbeitsplatz mit den erforderlichen technischen Hilfen aus. Falls der Betrieb finanziell dazu nicht in der Lage ist, können diese Kosten vom Arbeitsamt übernommen werden (siehe auch II B/3.3.9 und Forum I/1).

Der Schwerbehinderte kann Mehrarbeit ablehnen, die über die vertragliche Arbeit hinausgeht, und hat Anspruch auf bezahlten Zusatzurlaub (fünf Arbeitstage).

Personen mit einem Behinderungsgrad von mindestens 30% können auf Antrag beim Arbeitsamt den Schwerbehinderten gleichgestellt werden. Sie haben dann im Wesentlichen die gleichen Rechte wie Schwerbehinderte. Zusatzurlaub müssen Sie hier jedoch nicht gewähren.

Arbeitgeber, die über mindestens 16 Arbeitsplätze verfügen, müssen auf wenigstens 6% der Arbeitsplätze Schwerbehinderte beschäftigen. Kommt Ihr Betrieb dem nicht nach, müssen Sie für jeden unbesetzten Platz eine Ausgleichsabgabe in Höhe von monatlich 100 € zahlen. Diese Gelder stehen dann über die Hauptfürsorgestelle wieder zur behindertengerechten Ausstattung von Arbeitsplätzen zur Verfügung.

2.16.4 Heimarbeiter
Der Gesundheitsschutz der Heimarbeiter (siehe auch II B/3.3.5) wird durch das Heimarbeitsgesetz sichergestellt. Zu Ihren Pflichten gehören:
- Meldung der Heimarbeiter an das Gewerbeaufsichtsamt,
- Führung einer Liste der Heimarbeiter,
- Unterweisung der Heimarbeiter im Arbeitsschutz.

Sorgen Sie ferner dafür, dass am Arbeitsplatz der Heimarbeiter keine

Gefahren für Leben und Gesundheit entstehen. Die Gefahrstoffverordnung gilt auch ausdrücklich für die Heimarbeit. Teilen Sie schriftlich den Heimarbeitern die erforderlichen Schutzmaßnahmen beim Umgang mit Gefahrstoffen mit. Der besondere Schutz der Mütter gilt auch für Heimarbeiterinnen.

2.17 Telearbeit

Wenn Büroarbeiten unter Einsatz neuer Informations- und Kommunikationstechniken aus dem Unternehmen an andere Plätze (zuhause, mobil, in Regionalbüros) ausgegliedert werden, spricht man von Telearbeit. Telearbeit kann als Heimarbeit (siehe 2.16) gestaltet sein, so dass dann auch das Heimarbeitsgesetz entsprechend gilt. In den meisten Fällen ist die Telearbeit aber organisatorisch in die betrieblichen Arbeitsabläufe eingebunden, so dass hier das normale Arbeitsrecht und somit auch die Arbeitsschutzvorschriften in vollem Umfang gelten. Sie müssen dafür sorgen, dass Telearbeiter einen vorschriftsmäßigen Arbeitsplatz haben, was sich besonders auf die Gestaltung der Bildschirmarbeit bezieht (siehe III B/3.4). Wegen des Grundrechts der Unverletzlichkeit der Wohnung müssen Sie arbeitsvertraglich ein Zutrittsrecht mit denjenigen Telearbeitern, die zu Hause arbeiten, vereinbaren, damit Sie Ihre Aufsichts- und Fürsorgepflichten auch dort wahrnehmen können (siehe auch II B/3.2.2.9).

2.18 Rauchen am Arbeitsplatz

Rauchen kann zu Gefahren für die Mitarbeiter und die Produktion führen. Deshalb müssen Sie das Rauchen bei bestimmten Arbeiten verbieten: z.B. bei Brand- oder Explosionsgefahr, bei Beeinträchtigung der Produktion z.B. in Pharma- oder Nahrungsmittelbereichen sowie in Laboratorien. Auch für die anderen Arbeitsplätze müssen Sie sich des Schutzes der Nichtraucher vor gesundheitlichen Beeinträchtigungen durch Tabakrauch annehmen. Der Schutz der Raucher vor Gesundheitsgefahren durch ihren eigenen Rauch ist allerdings nicht Ihre Angelegen-

Übersicht (zu 2.19)
Das müssen Sie bei arbeitsmedizinischen Untersuchungen beachten:

1. Sie müssen ermitteln, für welche Mitarbeiter die Pflicht besteht, an speziellen Vorsorgeuntersuchungen teilzunehmen.
2. Sie dürfen Mitarbeiter, die der Untersuchungspflicht unterliegen, nur beschäftigen, wenn sie fristgerecht untersucht worden sind.
3. Die Kosten für diese Untersuchungen müssen Sie selbst tragen, soweit sie nicht von der Berufsgenossenschaft übernommen werden.
4. Die Untersuchungen dürfen nur von Ärzten durchgeführt werden, die hierfür von der Berufsgenossenschaft oder der zuständigen Behörde besonders ermächtigt worden sind. Die Landesverbände der gewerblichen Berufsgenossenschaften geben Auskunft über ermächtigte Ärzte im Einzugsbereich des Betriebs.
5. Der ermächtigte Arzt stellt über seine Untersuchung eine Bescheinigung aus.
6. Die Untersuchungsbefunde und Diagnosen unterliegen der ärztlichen Schweigepflicht und dürfen nur dem Mitarbeiter bekannt gegeben werden. Sie erhalten vom Arzt nur eine Bescheinigung darüber, ob gegen die Beschäftigung des Mitarbeiters ärztliche Bedenken bestehen oder nicht.
7. Sie müssen diese Bescheinigungen sammeln.
8. Legen Sie außerdem eine Vorsorgekartei für jeden Mitarbeiter an, der untersucht worden ist.
9. Beim Ausscheiden des Mitarbeiters aus dem Betrieb sind ihm sein Auszug aus der Kartei und seine ärztlichen Bescheinigungen auszuhändigen.

heit. Jeder Raucher wird z. B. auf den Zigarettenpackungen entsprechend gewarnt. In letzter Zeit setzt sich aber die Erkenntnis durch, dass Tabakrauch auch andere Personen der näheren Umgebung schädigen kann (Passivrauchen). Für die Nichtraucher können deshalb Schutzmaßnahmen notwendig werden. Die Arbeitsstättenverordnung verlangt, dass Sie die nichtrauchenden Beschäftigten wirksam vor den Gesundheitsgefahren durch Tabakrauch schützen. Dies können Sie entweder durch Rauchverbote, die Schaffung rauchfreier Zonen im Betrieb, eine verstärkte Lüftung oder z. B. durch Bereitstellung getrennter Räume für Raucher und Nichtraucher verwirklichen. In Arbeitsstätten mit Publikumsverkehr ist dieser Nichtraucherschutz für die Beschäftigten nur insoweit zu treffen, als die Natur des Betriebes und die Art der Beschäftigung es zulassen. Dies mag z. B. für die Beschäftigten in Gaststätten oder in Raucherabteilen der Bahn der Fall sein.

Ein generelles, gesetzliches Rauchverbot an allen Arbeitsplätzen gibt es nicht. Sie können aber freiwillig ein Rauchverbot für alle Arbeitsplätze Ihres Betriebs durch eine Betriebs-

vereinbarung mit der Arbeitnehmervertretung regeln (siehe auch III B/3.2.1, I B/1.4).

2.19 Arbeitsmedizinische Untersuchungen

Zu den Aufgaben des Betriebsarztes (siehe 2.9) gehört es auch, die Beschäftigten zu untersuchen und arbeitsmedizinisch zu beurteilen. Diese Untersuchungen des Betriebsarztes zählen zur allgemeinen arbeitsmedizinischen Betreuung für jeden Beschäftigten (siehe Übersicht zu 2.19). Darüber hinaus gibt es eine Reihe von speziellen Vorsorgeuntersuchungen. Dies sind gezielte Untersuchungen, die wegen besonderer Gefährdungen an bestimmten Arbeitsplätzen zur Pflicht gemacht worden sind. Sie sind in verschiedenen Rechtsvorschriften gefordert. Erkundigen Sie sich dazu bei Ihrer Berufsgenossenschaft.

Wenn eine solche Untersuchungspflicht besteht, werden solche speziellen Vorsorgeuntersuchungen vor Aufnahme einer gefährdenden Tätigkeit (Erstuntersuchung), in bestimmten Fristen während dieser Tätigkeit (Nachuntersuchungen) und ggf. nach

Übersicht (zu 2.22) Anzahl der Verbandkästen

Betriebsart	Zahl der Beschäftigten	Kleiner Verbandkasten	Großer Verbandkasten
Verwaltungs- und Handelsbetriebe	1–50	1	
	51–300		1
	ab 301		2
	für je 300 weitere Beschäftigte		zusätzlich ein großer Verbandkasten
Herstellungs-, Verarbeitungs- und vergleichbare Betriebe	1–20	1	
	21–100		1
	ab 101		2
	für je 100 weiter Beschäftigte		zusätzlich ein großer Verbandkasten
Baustellen und baustellenähnliche Einrichtungen	1–10	1	
	11–50		1
	ab 51		2
	für je 50 weitere Beschäftigte		zusätzlich ein großer Verbandkasten

(zwei kleine Verbandkästen ersetzen einen großen Verbandkasten)

Beendigung der Tätigkeit (nachgehende Untersuchungen) gefordert.

Ihre Mitarbeiter haben das Recht auf weitere freiwillige arbeitsmedizinische Untersuchungen (§ 11 Arbeitsschutzgesetz), deren Kosten der Arbeitgeber trägt, wenn sich die Untersuchung auf spezielle Gefahren der Arbeit des jeweiligen Mitarbeiters bezieht (keine allgemeine Untersuchung) oder auf Grund der Gefährdungsbeurteilung (siehe 2.5), trotz der getroffenen Schutzmaßnahmen, mit einem Gesundheitsschaden zu rechnen ist (besondere Gefährdung).

2.20 Arbeitszeitfragen

Nach den gesetzlichen Regelungen im Arbeitszeitgesetz gilt:
- werktägliche Arbeitszeit in der Regel 8 Stunden,
- Verlängerung auf 10 Stunden möglich,
- Ausgleich der Mehrarbeit innerhalb von 6 Monaten.

Legen Sie eine Ruhepause von mindestens 30 Minuten bei einer Arbeitszeit von mehr als sechs bis zu neun Stunden fest. Bei längerer Arbeitszeit muss die Pause 45 Minuten betragen. Nach Arbeitsende muss die Ruhezeit mindestens elf Stunden dauern, ehe erneut mit der Arbeit begonnen wird.

Bei Nachtarbeit gibt es zusätzliche Bestimmungen für den Gesundheitsschutz. An Sonn- und Feiertagen ist die Beschäftigung prinzipiell verboten, Ausnahmen sind nur in bestimmten Fällen und bei Beachtung von besonderen Schutzbestimmungen zulässig.

Zuständig für die Überwachung der Betriebe hinsichtlich aller Arbeitszeitregelungen ist das Gewerbeaufsichtsamt (siehe 2.2). Beratungen über Ausnahmeregelungen können dort verabredet werden.

Sorgen Sie dafür, dass ein Abdruck des Arbeitszeitgesetzes im Betrieb ausgelegt oder ausgehängt wird.

2.21 Arbeitssicherheit und Verkehrssicherheit

Da der Berufsverkehr Teil des Arbeitslebens ist, müssen Sie sich auch für die Verkehrssicherheit der Mitarbeiter im Berufsverkehr einsetzen.

Neben der Pflicht zur Fürsorge (siehe auch II B/3.2.2.9) gelten hierfür auch wirtschaftliche Überlegungen: Mehr als 40% der Rentenzahlungen der Berufsgenossenschaften werden für Unfallopfer im Berufsverkehr geleistet. Diese Mittel müssen von den Betrieben durch Mitgliedsbeiträge aufgebracht werden.

Eine Verminderung der Unfälle im Berufsverkehr würde zu einer spürbaren Beitragsentlastung der Betriebe führen.

Was können Sie zur Verkehrssicherheit der Beschäftigten beitragen? Grundsätzlich ist es jedem Beschäftigten freigestellt, mit welchem Verkehrsmittel er zum Arbeitsplatz kommt. Der Arbeitgeber hat hier kein Weisungsrecht. Dennoch kann er steuernd einwirken:
- Job-Tickets

Fördern Sie das Umsteigen auf Busse und Bahnen durch »Job-Tickets«. Das sind Zeitfahrkarten zum reduzierten Preis, die die Mitarbeiter über Sie beziehen und teilweise auch von Ihnen finanziert bekommen.
- Gleitende bzw. flexible Arbeitszeit

Sie können einen Beitrag zur Verkehrsentzerrung im Berufsverkehr leisten, indem Sie gleitende bzw. flexible Arbeitszeiten einführen. Wenn Pkw-Fahrer nicht mehr zu Spitzenzeiten des Verkehrs fahren müssen und vom Druck befreit werden, zu einer bestimmten Zeit im Betrieb zu sein, trägt das zu ihrer Sicherheit bei.
- Weitere Maßnahmen

Beseitigen Sie Unfallschwerpunkte vor und auf dem Betriebsgelände. Bei Unterweisungen (siehe 2.5 und Übersicht zu 2.7) ist auf das Sicherheitsrisiko im Berufsverkehr hinzuweisen. Fördern Sie durch betriebliche Aktionen die Verkehrssicherheit, z.B. Kontrolle der betriebseigenen Fahrzeuge, Hinweise zur Ladungssicherung, Sicherheitstrainings für Vielfahrer, Kontrolle der Fahrzeugfeuerlöscher und Erste-Hilfe-Kästen, Verteilung von Informationsmaterial. Die Berufsgenossenschaften unterstützen diese Ansätze und geben Informationsmaterial zur Verkehrssicherheit heraus. Nutzen Sie diese Angebote für Ihre Mitarbeiter.

2.22 Arbeitsunfall, Erste Hilfe

Um nach einem Unfall sofort Erste Hilfe leisten zu können, müssen die hierfür erforderlichen Mittel ausreichend zur Verfügung stehen, z.B. Erste-Hilfe-Material (Zahl der Verbandkästen siehe Übersicht zu 2.22) und ausgebildete Mitarbeiter. Bei bis zu 20 anwesenden Beschäftigten ist ein Ersthelfer erforderlich, bei mehr als 20 anwesenden Beschäftigten in Verwaltungs- und Handelsbetrieben müssen 5%, in sonstigen Betrieben 10% der Beschäftigten in Erster Hilfe ausgebildet sein.

Wenn nach einem Arbeitsunfall mit einer Arbeitsunfähigkeit zu rechnen ist, muss der Verletzte einen Durchgangsarzt aufsuchen. Hierzu muss ihn der Unternehmer und auch der erstbehandelnde Arzt auffordern. Der Durchgangsarzt entscheidet auf Grund des erhobenen Befundes, ob die weitere Behandlung durch ihn selbst oder durch einen Kassenarzt erfolgen soll. Ein Durchgangsarzt ist als Facharzt für Chirurgie oder Orthopädie niedergelassen oder als solcher in einem Krankenhaus oder in einer Klinik tätig. Er verfügt über eine unfallmedizinische Ausbildung und besondere Kenntnisse auf dem Gebiet der Behandlung und Begutachtung Unfallverletzter. Hinzu kommt noch, dass er über umfassende unfallmedizinische Erfahrungen verfügt. Durchgangsärzte werden durch die Landesverbände der Berufsgenossenschaften bestellt. Falls Ihnen der für Ihren Betrieb nächste Durchgangsarzt unbekannt ist, gibt Ihnen Ihre zuständige Berufsgenossenschaft Auskunft.

Zeigen Sie jeden Arbeitsunfall binnen drei Tagen, nachdem Sie davon Kenntnis erhalten haben, der Gewerbeaufsicht (siehe 2.2) und der Berufsgenossenschaft (siehe 2.3) an, wenn der Mitarbeiter so schwer verletzt ist, dass er mehr als drei Tage arbeitsunfähig ist, oder gar getötet wurde. Ihr Betriebsrat muss die Anzeige mit unterschreiben. Sicherheitsingenieur und Betriebsarzt sind zu informieren. Die Unfallanzeige kann auch durch elektronische Datenübertragung an die zuständigen Stellen übermittelt werden (siehe Checkliste zu 2.22).

Die Frage nach der Schuld am Unfall wird in der Unfallanzeige nicht gestellt. Die Unfallversicherungsleistungen der Berufsgenossenschaft sind unabhängig von der Schuldfrage.

2.23 Entwicklungen und Tendenzen

Neue Arbeits- und Organisationsformen wie Telearbeit, Teilzeitarbeit, Zeitarbeit, Arbeit in Call-Centern und vermehrte selbständige Arbeit bringen neue Herausforderungen an den Arbeitsschutz mit sich. Hier muss beachtet werden, wie sich solche neuen Formen auf die Verlagerung der Verantwortlichkeiten und Kompetenzen, auf die Qualifizierung und auf die Kommunikation hinsichtlich Sicherheit und Gesundheitsschutz bei der Arbeit auswirken. Betriebsvereinbarungen über solche neuen Formen können hier hilfreich sein.

Auch die Rechtsvorschriften des Arbeitsschutzes werden ständig weiterentwickelt. Durch den europäischen Einigungsprozess kommen weitere Gesetze und Verordnungen auf die Betriebe zu. Zur Entlastung der Betriebe hat sich der Gesetzgeber verpflichtet, die Zahl der Vorschriften nicht unnötig zu erhöhen, sondern dafür zu sorgen, dass die Vorschriften überschaubarer und anwenderfreundlicher werden. Das Gleiche gilt für die Unfallverhütungsvorschriften der Berufsgenossenschaft. Sie werden zurzeit gestrafft, verdichtet und auf die notwendigen Inhalte beschränkt, damit sie verständlich und an der betrieblichen Praxis orientiert bleiben. Alle weiteren konkreten Anwendungshilfen enthalten die vielen berufsgenossenschaftlichen Regeln für Sicherheit und Gesundheitsschutz bei der Arbeit, die auf die jeweilige Tätigkeit oder Branche abgestimmt sind. Sie erhalten alle geeigneten Informationsmittel kostenlos bei Ihrer Berufsgenossenschaft (siehe 2.3).

3 Ergonomische Arbeitsgestaltung

3.1 Ergonomische Grundforderungen

Sie wollen das beste Arbeitsergebnis nach Menge und Qualität für Ihren Betrieb erreichen. Dazu gehört auch, dass Sie die ergonomischen Grundforderungen beachten. Das bedeutet in erster Linie, dass Sie die Arbeitsaufgaben an die Fähigkeiten und Eigenschaften derjenigen Beschäftig-

---

Checkliste (zu 2.22) Was müssen Sie bei Unfällen Ihrer Mitarbeiter tun?

1. Für Erste Hilfe sorgen, gegebenenfalls sofort einen Arzt herbeirufen.
2. Verständigen Sie bei tödlichen Unfällen sofort die Polizei.
3. Verändern Sie bei tödlichen Unfällen nichts am Unfallort, ehe die Polizei und der Arzt eingetroffen sind.
4. Verständigen Sie die Angehörigen des Unfallopfers.
5. Füllen Sie das Formblatt zur Unfallanzeige aus. Formblätter für die Unfallanzeige gibt es bei der Berufsgenossenschaft.
6. Sie müssen mit diesem Formblatt jeden Unfall anzeigen, der zu einer Arbeitsunfähigkeit von mehr als drei Tagen oder dem Tod eines Beschäftigten führt.
7. Dasselbe gilt auch für Unfälle auf dem Weg zwischen Wohnung und Arbeitsstätte (Wegeunfälle).
8. Die Unfallanzeige ist binnen drei Tagen zu erstatten, nachdem Sie von dem Unfall Kenntnis erhalten haben. Sie ist von Ihnen als Unternehmer oder Ihrem Stellvertreter und dem Betriebsrat zu unterschreiben. Außerdem sind der Betriebsarzt und der Sicherheitsingenieur über jede Unfallanzeige in Kenntnis zu setzen.
9. Die Unfallanzeige müssen Sie an folgende Institutionen schicken:
   - an die zuständige Berufsgenossenschaft (zweifach);
   - an das Gewerbeaufsichtsamt (Amt für Arbeitsschutz);
   - an den Betriebsrat;
   - bei tödlichen Unfällen ist zusätzlich ein Exemplar an die Ortspolizeibehörde zu senden.
10. Melden Sie tödliche Unfälle und Massenunfälle außerdem sofort telefonisch der Berufsgenossenschaft und dem Gewerbeaufsichtsamt (natürlich auch der Polizei und dem Arzt).

ten anpassen müssen, die die Arbeit ausführen sollen. Das erreichen Sie durch eine richtige Gestaltung der
- Arbeitsplätze,
- Arbeitsmittel,
- Arbeitsprodukte,
- Arbeitsumgebung und
- Arbeitsorganisation.

Außerdem müssen Sie die Beschäftigten für die jeweilige Arbeitsaufgabe richtig auswählen, und zwar hinsichtlich ihrer
- Fähigkeiten,
- Eigenschaften und
- Ausbildung.

Diese ergonomischen Grundforderungen müssen Sie bereits bei der Planung von Betrieben oder Betriebsteilen beachten, damit hinterher keine kostspieligen Umbauten und Änderungen auf Sie zukommen.

Sie müssen für Sicherheit und Gesundheitsschutz der Beschäftigten sorgen und deren Arbeit menschengerecht gestalten. Bei Ihrer Gestaltungsaufgabe halten Sie folgende Reihenfolge ein:

1. Vorrangig setzen Sie technische Maßnahmen ein, die unabhängig von Menschen wirken und damit am zuverlässigsten sind.
2. Dann führen Sie organisatorische Maßnahmen durch, z.B. Kontrolle der Arbeitsplätze, zeitliche und räumliche Trennung gefährlicher Arbeitsplätze von anderen.
3. Erst an letzter Stelle stehen individuelle Maßnahmen, weil die Wirkung dieser Maßnahmen stark von den Personen abhängt, die sie durchführen oder anwenden (z.B. persönliche Schutzausrüstungen, Belehrungen).

3.2 Arbeitsplatzgestaltung

Den individuellen Arbeitsplatz müssen Sie entsprechend den Forderungen der Arbeitsstättenverordnung und der Arbeitsstättenrichtlinien gestalten. Dazu gehört eine ausreichende Bewegungsfläche von mindestens 1,5 m² für jeden Beschäftigten. Diese Bewegungsfläche soll an keiner Stelle weniger als 1 m breit sein. Jeder Beschäftigte muss sich dort bei seiner Tätigkeit ungehindert bewegen können.

Ihre Arbeitsräume müssen eine Mindestfläche von 8 m² haben und mindestens 2,5 m hoch sein. Für jeden Beschäftigten muss ein Mindestluftraum vorhanden sein:
- bei überwiegend sitzender Tätigkeit: 12 m³,
- bei überwiegend nicht sitzender Tätigkeit: 15 m³,
- bei schwerer körperlicher Arbeit: 18m³.

Die Arbeitsplätze sollten so angeordnet sein, dass Kontakt zu anderen Beschäftigten möglich ist. Dies dient auch der Sicherheit vor Unfallgefahren. Muss allein gearbeitet werden und ist die Arbeit mit erhöhter Unfallgefahr verbunden, müssen Sie dafür sorgen, dass im Notfall Hilfe geleistet werden kann, z.B. durch
- eine Rufanlage,
- einen Signalgeber,
- regelmäßige Kontrollen oder
- ein Personenmeldesystem.

Dauerndes Stehen belastet den Körper sehr stark. Prüfen Sie deshalb, ob die Arbeit ganz oder teilweise sitzend ausgeführt werden kann. Stellen Sie für diesen Fall geeignete Sitzgelegenheiten zur Verfügung: Stühle, Hocker, Stehhilfen. Aber auch dauerndes Sitzen kann belastend wirken, v.a., wenn die Sitzhaltung nicht gewechselt wird. Besser ist das »dynamische« Sitzen, also ein Wechsel zwischen hinterer, mittlerer und vorderer Sitzhaltung. Optimal ist eine Tätigkeit, bei der sitzen, stehen und gehen wechselweise möglich ist. Sitzbälle und Kniehocker sind als dauernde Sitzgelegenheiten ungeeignet. Für die weitere Möblierung des Arbeitsraums gelten ebenfalls ergonomische Regeln: z.B. keine scharfen Kanten an Tischen zur Vermeidung von Stoßverletzungen, ausreichende Arbeitshöhen zur Vermeidung von Zwangshaltungen, keine Leitungen und Kabel auf Verkehrswegen zur Verhinderung von Stolperstellen.

3.3 Maschinen und Werkzeuge

Alle Arbeitsmittel in Ihrem Betrieb müssen den Arbeitsschutzvorschriften entsprechen. Lassen Sie sich bei jeder Neuanschaffung von Ihren Lieferanten bestätigen, dass diese Vorschriften eingehalten worden sind. Sie selbst können dies erkennen, wenn die Arbeitsmittel das GS-Zeichen (geprüfte Sicherheit) tragen. In diesem Fall ist ein Baumuster des Arbeitsmittels von einer unabhängigen Prüfstelle auf Einhaltung der Vorschriften geprüft worden. Bei solchen Arbeitsmitteln können Sie sicher sein, dass es zu keinen Beanstandungen durch die Überwa-

---

Übersicht (zu 3.3) Wichtige Anforderungen an Maschinen und Anlagen

1. Deutlich erkennbare Befehlseinrichtungen außerhalb von Gefahrenbereichen
2. Verhinderung von unbeabsichtigtem Ingangsetzen
3. Befehlseinrichtungen zum sicheren Stillsetzen
4. Trennschalter für die Energiezufuhr
5. Notausschalter
6. Schutz vor Gefahren durch Gase, Flüssigkeiten, feste Stoffe, die austreten können
7. Schutz vor Brand- und Explosionsgefahren
8. Schutz vor elektrischen Gefahren und Lärm/Vibrationen
9. Schutz vor mechanischen Gefahren durch Bewegung von Teilen oder Werkzeugen
10. Schutz gegen Splitter- und Bruchgefahr von Teilen des Arbeitsmittels
11. Schutz gegen sehr heiße oder kalte Teile
12. Deutliche Kennzeichnung der Gefahrenbereiche
13. Standfestigkeit auf dem Untergrund
14. Gute Beleuchtung der Arbeitsbereiche
15. Deutliche Warneinrichtungen, Hupen und Ähnliches
16. Sicherer Zugang zu allen Arbeitsbereichen
17. Wartungsarbeiten nur bei Stillstand

chungsbehörden (Gewerbeaufsicht, Berufsgenossenschaft) kommt (siehe 2.2.). Wichtige Anforderungen an Arbeitsmittel sind in der Übersicht zu 3.3 zusammengestellt. Darüber hinaus müssen Sie selbst feststellen, ob die von Ihnen vorgesehenen Arbeitsmittel in Ihren geplanten Arbeitsablauf passen. Insbesondere müssen Sie beachten:

- die arbeitsgerechte Aufstellung der Arbeitsmittel (richtige Höhe der Arbeitsfläche, erforderliche Körperhaltung ohne Verdrehung oder Verrenkung, gut erkennbare Anordnung der Anzeigeeinrichtungen einschließlich Bildschirme),
- den maximalen Greifraum für die Hände (Arbeitsfläche, die gut und leicht erreichbar ist),
- die maximalen Körperkräfte, die aufgewendet werden dürfen (siehe 3.6),
- den erforderlichen Wirkraum für den Körper (Mindestbewegungsraum bei der Tätigkeit),
- die nötigen Sicherheitsabstände zu Gefahrstellen und Verkehrswegen.

> ⚠ Stellen Sie Ihren Beschäftigten Betriebsanweisungen für die bei der Arbeit benutzten Arbeitsmittel zur Verfügung, die z.B. Angaben über die Einsatzbedingungen und auch über das Verhalten bei Betriebsstörungen enthalten.

Bei Werkzeugen mit ergonomisch gestalteten Griffe kann der erforderliche Kraftaufwand erheblich reduziert werden. Die Hände sollen auf den Greifflächen nicht rutschen. Solche Werkzeuge können lange Zeit sicher und wirkungsvoll gehandhabt werden.

3.4 Bildschirmgeräte

Die Bildschirmarbeitsverordnung orientiert sich an der EU-Richtlinie über Mindestanforderungen bezüglich der Sicherheit und des Gesundheitsschutzes bei der Arbeit an Bildschirmgeräten. Die Anforderungen entnehmen Sie bitte der Übersicht zu 3.4.

Die Verordnung ist dann anzuwenden, wenn Beschäftigte »gewöhnlich bei einem nicht unwesentlichen Teil ihrer Arbeit« ein Bildschirmgerät benutzen. Dazu zählen z.B. tägliche Arbeiten von zwei Stunden oder mehr. Ausgenommen von der Verordnung sind lediglich Bedienerplätze von Maschinen und Fahrzeugen, Geldautomaten, ortsveränderliche Geräte (Laptop, Notebook), Rechenmaschinen, Kassen und Schreibmaschinen mit Display.

Checkliste (zu 3.4) Anforderungen an Bildschirmarbeitsplätze

Bildschirm
1. Zeichen scharf, deutlich und ausreichend groß?
2. Zeichen- und Zeilenabstand angemessen?
3. Bild stabil, flimmerfrei und ohne Verzerrungen?
4. Helligkeit und Kontrast einstellbar?
5. Keine Reflexionen und Blendungen?
6. Bildschirm dreh- und neigbar?
7. Bildschirm strahlungsarm?

Tastatur und Maus
1. Tastatur getrennt von Bildschirm und neigbar?
2. Ausreichend Platz zum Auflegen der Handballen vor der Tastatur?
3. Oberfläche der Tastatur reflexionsarm?
4. Ergonomische Gestaltung der Tasten?
5. Deutliche Beschriftung der Tasten?
6. Variable Anordnung von Tastatur und Maus auf der Arbeitsfläche möglich?

Arbeitstisch/Arbeitsfläche
1. Ausreichend groß und reflexionsarm?
2. Flexible Anordnung von Bildschirm, Tastatur, Maus, Schriftgut möglich?
3. Ausreichend Raum für günstige Arbeitshaltung ohne Körperverdrehung vorhanden?

Stuhl
1. Ergonomisch gestaltet?
2. Höhe einstellbar?
3. Standsicher?

Vorlagenhalter
1. Stabil und verstellbar?
2. Nur geringe Kopf- und Augenbewegungen erforderlich?

Fußstütze
1. Auf Wunsch verfügbar?
2. Gegen wegrutschen gesichert?

Arbeitsumgebung
1. Genügend Raum für wechselnde Arbeitshaltungen vorhanden?
2. Beleuchtung der Sehaufgabe und dem Sehvermögen angepasst?
3. Blendwirkungen, Reflexionen und Spiegelungen auf dem Bildschirm vermieden?
4. Bildschirm quer zur Fensterfront aufgestellt?
5. Fenster mit Lichtschutzvorrichtung (Jalousie, Rollo, Vorhang) ausgestattet?
6. Lärm (Drucker, Lüfter) vermieden oder abgeschirmt?
7. Wärmebelastung durch Geräte nicht zu hoch?

Software
1. Ergonomie bei der Informationsverarbeitung (Informationsüberlastung, Informationsunterlastung) beachtet?
2. Programme an die Sehaufgabe (Format, Tempo) angepasst?
3. Dialogabläufe transparent?
4. Dialogabläufe beeinflussbar?
5. Fehler bei der Handhabung und deren Beseitigung erkennbar?
6. Programme an Kenntnisse und Erfahrungen der Benutzer anpassbar?
7. Qualitative oder quantitative Kontrolle der Benutzer ohne deren Wissen nicht verwendet?

Übersicht (zu 3.4) Anforderungen bei Bildschirmarbeit

1. **Beurteilung der Arbeitsbedingungen**
   Ermittlung und Beurteilung möglicher Gefährdungen des Sehvermögens, körperlicher Probleme und psychischer Belastungen (siehe Checkliste zu 3.4)
2. **Anforderungen an die Gestaltung**
   (siehe Checkliste zu 3.4)
3. **Arbeitsablauf- und Pausenregelungen**
   Regelmäßige Unterbrechungen der täglichen Arbeit an Bildschirmgeräten durch andere Tätigkeiten oder Kurzpausen.
4. **Augenuntersuchungen**
   Bei Beginn der Tätigkeit, in regelmäßigen Abständen (alle 5 Jahre, bei Personen über 45 Jahre alle 3 Jahre) und bei Auftreten von Sehbeschwerden.
5. **Sehhilfen**
   Bildschirmbrille, wenn ärztlich erforderlich.

Übersicht (zu 3.6) Zumutbare Lasten

(Empfehlung des Bundesarbeitsministeriums)

Lebensalter	Größte Last (kg)			
	Frauen		Männer	
	häufiges Heben	gelegentl. Heben	häufiges Heben	gelegentl. Heben
15–18	10	15	20	35
19–45	10	15	30	55
älter 45	10	15	25	45

Wie können Sie vorgehen? Zuerst beurteilen Sie die Arbeitsbedingungen. Sie sollten insbesondere auf eine mögliche Gefährdung des Sehvermögens sowie auf körperliche Probleme und psychische Belastungen achten. Wenn Sie dabei die in der Checkliste zu 3.4 aufgeführten Positionen berücksichtigen, können Sie bereits viele Gefährdungen ausschließen. Zusätzlich regeln Sie den Arbeitsablauf flexibel. Der ständige Blickkontakt zum Bildschirm sollte regelmäßig durch andere Tätigkeiten (z.B. Telefonieren, Kopieren, Verpacken) oder durch Kurzpausen (5-10 Minuten) unterbrochen werden, damit sich die Augen erholen können.

> **!** Achten Sie darauf, dass die Beschäftigten die Kurzpausen nicht zusammenziehen und aufsparen, um längere Pause zu machen oder den Arbeitsplatz früher verlassen zu können.

Die Berufsgenossenschaften (siehe 2.3) und andere Stellen bieten Programme (auch als Bildschirmschoner) an, mit denen die Beschäftigten zu körperlichen Ausgleichsübungen angeleitet werden. Diese Übungen lösen Verspannungen durch einseitige Körperhaltung und können in den Kurzpausen angewendet werden.

Sorgen Sie dafür, dass die Beschäftigten vor Aufnahme der Tätigkeit (Erstuntersuchung) und dann regelmäßig (Nachuntersuchung alle fünf Jahre, ab dem 45. Lebensjahr alle drei Jahre) eine angemessene Untersuchung der Augen und des Sehvermögens erhalten (siehe 2.19).

3.5 Elektrosmog

Elektromagnetische Felder nehmen unsere Sinnesorgane nicht wahr. Sie treten überall dort auf, wo elektrischer Strom fließt. Alle Sender, und dazu gehören auch Mobiltelefone, können ohne solche Felder gar nicht arbeiten. Mit dem Begriff Elektrosmog sind vermutete schädliche Einflüsse dieser Felder auf die Gesundheit von Menschen gemeint. Damit diese Einflüsse »verträglich« bleiben und nicht zu möglichen gesundheitlichen Schäden führen, gibt es für alle elektromagnetischen Felder Grenzwerte. So sind z.B. alle neuen Bildschirmgeräte heute strahlungsarm ausgeführt. Die Wirkungen der restlichen elektromagnetischen Felder unterhalb der Grenzwerte sind umstritten. Von manchen wird vermutet, dass sie das allgemeine Wohlbefinden, den Schlaf, die Leistungsfähigkeit oder die Gesundheit insgesamt beeinträchtigen können. Andererseits gibt es zahlreiche Forschungsprojekte, die keinerlei Zusammenhang zwischen der restlichen elektromagnetischen Strahlung und Gesundheitsschäden ermitteln konnten. Insbesondere für den Betrieb von Mobiltelefonen (Handy) und deren Sender konnten keinerlei konkrete Gesundheitsgefährdungen nachgewiesen werden.

Elektromagnetische Felder können auch auf technische Geräte einwirken. Hier kann es tatsächlich zu Störungen kommen. Computer können ausfallen, elektrische Steuerungen nicht mehr funktionieren und elektromedizinische Geräte, z.B. Herzschrittmacher, können gestört werden. Deshalb gibt es auch für diese »elektromagnetische Verträglichkeit von Geräten« gesetzlich festgelegte Grenzwerte, die die Hersteller einhalten müssen.

3.6 Schwere Arbeitsmaterialien

In vielen Betrieben werden immer noch schwere Arbeitsmaterialien gehoben und bewegt. Versuchen Sie, diese Lasten möglichst zu vermindern. Schweres Heben und Tragen führt u.a. zu den vielen Erkrankungen des Bewegungsapparats, die zum häufigsten Grund für Fehlzeiten der Beschäftigten geworden sind. Es gibt viele technische Hilfen zum Handhaben von Lasten, z.B. einfache Hebezeuge oder Transportwagen.

Die zumutbaren Lasten sind nach Alter und Geschlecht unterschiedlich groß (siehe Übersicht zu 3.6). Berücksichtigen Sie jedoch auch den jeweiligen Gesundheitszustand, die Leistungsfähigkeit, den Trainingszustand sowie Körpergröße und -gewicht Ihrer Beschäftigten. Auch können die Werte für die Lasten geringer sein, wenn sie besonders unhandlich sind, eine besondere Hubhöhe verlangen oder längere Transportwege erforderlich sind. Auch für werdende Mütter gelten geringere Werte als in der Tabelle. Sie dürfen gelegentlich nur 10 kg, häufig sogar nur 5 kg heben.

Wichtig ist eine gute Hebetechnik. Einseitige Belastungen werden vermieden, wenn die Last auf beide Arme verteilt oder beidarmig gehoben wird. Das richtige Heben erfolgt aus der Hocke mit geradem Rücken, wobei die Last dicht am Körper gehoben wird.

Für die Lagerung von Arbeitsmaterialien benötigen Sie stabile Regale, Schränke oder andere Abstellflächen. Stellen Sie den Beschäftigten geeignete Leitern oder Tritte zur Verfügung, wenn höher gelegene Flächen erreicht werden müssen. Dulden Sie auf gar keinen Fall, dass Stühle, Tische oder Hocker zum Aufsteigen benutzt werden.

3.7 Umgang mit gefährlichen Stoffen

Zahlreiche gefährliche Stoffe werden heute in den Betrieben eingesetzt oder entstehen im Produktionsprozess. Die Gefahren können ganz unterschiedlicher Art sein. So können z.B. Brand- und Explosionsgefahren bestehen. Die Stoffe können giftig oder gesundheitsschädlich sein, die Stoffe können die Umwelt gefährden.

Auf der Verpackung dieser Stoffe finden Sie Kennzeichnungen und Hinweise auf die besonderen Gefahren sowie Sicherheitsratschläge. Die Arbeitsverfahren mit diesen Stoffen müssen Sie so gestalten, dass sie vollständig erfasst und nicht freigesetzt werden. Gute Lüftungsmaßnahmen gehören dazu. Behälter und Rohrleitungen für solche Stoffe sind entsprechend zu kennzeichnen. Weisen Sie Ihre Beschäftigten auf die Gefahren hin. In einer Betriebsanweisung legen Sie die erforderlichen Schutzmaßnahmen und Verhaltensregeln fest. Vom Hersteller oder Lieferanten der Stoffe können Sie Gefahrstoff-Datenblätter anfordern, die Ihnen alle erforderlichen Informationen über betriebliche Maßnahmen geben. Auch für die Beseitigung und Entsorgung gefährlicher Stoffe gibt es festgelegte Regeln, die eine Beeinträchtigung der Umwelt verhindern sollen. Beim Umgang mit bestimmten Gefahrstoffen sind außerdem arbeitsmedizinische Vorsorgeuntersuchungen für Ihre Beschäftigten vorgeschrieben, die Sie veranlassen müssen (siehe 2.19).

Verwahren Sie gefährliche Stoffe auf jeden Fall in sicheren Behältern. Niemals dürfen sie in Lebensmittelgefäße (Wasserflaschen, Saftflaschen) abgefüllt werden, auch dann nicht, wenn diese Gefäße beschriftet sind. Die Gefahr einer Verwechslung auf Grund der bekannten Form der Flaschen ist zu groß.

3.8 Arbeitsbedingte Gesundheitsgefahren

Das Arbeitsschutzgesetz verlangt, dass Sie Ihre Mitarbeiter vor arbeitsbedingten Gesundheitsgefahren schützen. Ihre Mitarbeiter sollen durch Belastungen am Arbeitsplatz nicht gefährdet oder gar beeinträchtigt werden. Zunächst müssen Sie an die gesetzlich anerkannten Berufskrankheiten denken. Der Gesetzgeber fordert von Ihnen, alles für die Verhütung dieser Berufskrankheiten zu tun. Aber auch weitere Gesundheitsgefahren, die im Rahmen der beruflichen Tätigkeit auftreten, sollen Sie abwehren.

Nehmen Sie z.B. die beruflich bedingten Hauterkrankungen, die in letzter Zeit immer häufiger werden. Sie werden erst als Berufskrankheit anerkannt, wenn sie schwer oder wiederholt rückfällig auftreten und zur Aufgabe der Tätigkeit, bei der sie entstanden sind, geführt haben. Aber auch Hautschäden, die nicht oder noch nicht zur Berufsaufgabe zwingen, gefährden die Gesundheit Ihrer Mitarbeiter und führen zu Ausfallzeiten, die Ihren Betrieb belasten. Zahlreiche Krankmeldungen in den Betrieben sind erfahrungsgemäß auf arbeitsbedingte Gesundheitsgefahren zurückzuführen und geben Ihnen Hinweise für erforderliche Maßnahmen.

Arbeitsbedingte Gesundheitsgefahren beruhen oft auf multikausalen Faktoren. Multikausal bedeutet, dass mehrere bekannte oder neuartige Gefahren kombiniert auftreten. Es können auch Gefahren aus der Arbeitswelt, der Umwelt und dem privaten Bereich zusammenwirken und dadurch Krankheiten hervorrufen oder gesundheitliche Risiken vergrößern. So verstärken z.B. Alkoholkonsum oder Tabakrauch die negative Wirkung zahlreicher Gefahrstoffe am Arbeitsplatz.

Daher sollten Sie präventiv und ganzheitlich gegen Gesundheitsgefahren vorgehen, denn auf diese Weise fördern Sie nicht nur die Gesundheit der Beschäftigten wirkungsvoll, sondern vermindern auch krankheitsbedingte Ausfalltage. Zur Ganzheitlichkeit gehört, dass Sie alle arbeitsbedingten Belastungsfaktoren ermitteln und bewerten (Gefährdungsbeurteilung siehe auch 2.4). Wenn Sie Krankmeldungen, Arbeitsplatzwechsel, Kündigungen und andere Personalprobleme analysieren, erhalten Sie ggf. wichtige Hinweise darüber, ob und welche Gesundheitsgefahren in Ihrem Betrieb vorliegen. Gesunde und motivierte Mitarbeiter sind ein wertvolles Kapital für jeden Betrieb. Gesundheit als Unternehmensziel kann dabei auf vielen Feldern gefördert werden. Das Führungsverhalten spielt ebenso eine Rolle wie der Umgang der Beschäftigten untereinander. Alle Faktoren eines guten Betriebsklimas bis hin zur Betriebsverpflegung und zum Betriebssport können Einfluss auf Gesundheitszustand, Leistungsbereitschaft und Motivation der Beschäftigten haben.

3.9 Psychomentale Belastungen

Außer den körperlichen (physischen) Belastungen am Arbeitsplatz können auch psychomentale (nervlich-seelische) Belastungen durch die Arbeit verursacht werden (siehe Übersicht zu 3.9).

Belastung = äußere Einwirkung von Faktoren auf den Mitarbeiter.

Beanspruchung = persönliche Reaktion auf die Belastung.

Übersicht (zu 3.9) Psychomentale Belastungsfaktoren am Arbeitsplatz

- Unklarheiten bei der Arbeitsaufgabe, ungerechte Arbeitsverteilung
- mangelhafte Einweisung und Information
- Über- oder Unterforderung, Zeitdruck, Monotonie, Informationsüberfluss, Informationsmangel
- schlechte Arbeitsorganisation bei der innerbetrieblichen Zusammenarbeit
- Konflikte mit Vorgesetzten, Führungsschwächen
- Probleme mit Kollegen, Ausgrenzung, Mobbing
- sexuelle Belästigung am Arbeitsplatz
- unbefriedigende Berufsentwicklung, Angst um den Arbeitsplatz
- Probleme im Privatleben

Übersicht (zu 3.10) Erforderliche Beleuchtungsstärke

Art der Tätigkeit oder des Raums (Beispiele)	Beleuchtungsstärke (Lux)
Lagerräume für gleichartiges oder großes Lagergut	50
Personen-Verkehrswege in Gebäuden	50
Automatische Produktionsanlagen	50
Treppen, Fahrzeug-Verkehrswege in Gebäuden	100
Empfangsräume	100
Waschräume, Toiletten	100
Arbeitsplätze in verfahrenstechnischen Anlagen	200
Kantinen, Speiseräume	200
Lagerräume mit Leseaufgaben	200
Messstände, Steuerbühnen, Warten	300
Verkaufsräume, Sitzungsräume	300
Kraftfahrzeugwerkstätten	300
Büroräume, EDV-Räume	500
Haarpflege	500
Prüf- und Kontrollplätze	500
Feinmontageplätze und Werkstätten mit Feinarbeit	500
Küchen	500
Großraumbüros mit hoher Reflexion	750
Lackiererei	750
Kosmetik	750
Großraumbüros mit mittlerer Reflexion	1000
Farbprüfung, Retusche	1000
Werkzeugbau, Feinstmontage	1000
Optiker- und Uhrmacherwerkstatt	1500
Kunststopfen	1500
Stahl- und Kupferstich	2000

Die Höhe der Beanspruchung ist von Höhe und Dauer der Belastung abhängig, aber auch von Aspekten, die in der Person liegen. Gleiche Belastungen können bei unterschiedlichen Mitarbeitern unterschiedliche Beanspruchungen zur Folge haben.

Psychomentale Belastungen führen bei Ihren Mitarbeitern zu fehlender Motivation, abfallender Leistungsfähigkeit, innerer Kündigung, abnehmender Konzentration, zu Kopf- oder Rückenschmerzen bis hin zu Neurosen. Die Maßnahmen gegen solche Folgen orientieren sich vorrangig an der Situation des einzelnen Mitarbeiters. Beziehen Sie ihn von Anfang an in Ihre Überlegungen mit ein und lassen Sie ihn aktiv am Verbesserungsprozess mitwirken. Die Betroffenen können oft die Schwerpunkte ihrer Belastungen selbst am besten beschreiben. Auch wenn Sie die Belastungen nicht oder nicht ausreichend beseitigen können, ist der Mitarbeiter, wenn er über seine Belastung sprechen kann, eher in der Lage, mit der Situation zurecht zu kommen.

> Konzentrieren Sie sich zuerst auf eine Verbesserung der Arbeitsorganisation. Die Gestaltung der Arbeitsverfahren und eine sorgfältige Auswahl und Einweisung der Beschäftigten folgen. Betrachten Sie dabei die ganze komplexe Belastungssituation.

Viele Beschäftigte fürchten heute negative Folgen für ihren Arbeitsplatz, wenn sie über psychomentale Belastungen berichten. Die Folgen solcher Belastungen bekommt Ihr Betrieb, z.B. durch ein schlechtes Betriebsklima, dennoch zu spüren. Achten Sie daher aus eigener Initiative auf Signale für psychomentale Belastungen, wie z.B. Erhöhung der kurzzeitigen Krankmeldungen, Alkohol- oder Drogenmissbrauch, gehäufte Kündigungen.

3.10 Beleuchtung und Farbgebung

Eine ausreichende Beleuchtung dient der Sicherheit und Leistungsfähigkeit Ihrer Mitarbeiter. Wahrnehmbarkeit, Konzentration und Aufmerksamkeit werden durch die Beleuchtung beeinflusst. Wenn das Tageslicht nicht ausreicht, müssen Sie für eine angemessene künstliche Beleuchtung sorgen. Die erforderliche Beleuchtungsstärke richtet sich nach Art der Tätigkeit oder des Raums (siehe Übersicht zu 3.10). Ältere Mitarbeiter benötigen möglicherweise eine höhere Beleuchtungsstärke.

Die Farbgebung in Ihren Arbeitsräumen ist keine beliebig austauschbare Dekoration, sondern dient ebenfalls der Sicherheit und der Ergonomie. Eine gut gestaltete Farbgebung hat Ordnungs- und Leitfunktionen, wirkt sich positiv auf die Konzentrationsfähigkeit und Leistungsbereitschaft aus und verbessert das betriebliche Image. Farbe, insbesondere in Form von Farbstreifen, kann zudem Hindernisse, Gefahrstellen und Verkehrswege kenntlich machen und den Rettungsweg für den Notfall markieren (siehe 3.15).

Stellen Sie einen Farbplan für Ihren Betrieb auf. Darin halten Sie Farbtöne fest, die Sie für bestimmte Betriebsteile gewählt haben. Bei monotoner Arbeit können Farbelemente an Türen, Deckenträgern, Trennwänden usw. belebend wirken. Kantinen sollten einen Farbkontrast zu den Arbeitsräumen aufweisen. Werkzeuge, Leitern und Transportkarren können mit den Kennfarben der einzelnen Betriebsteile gekennzeichnet werden. Das erleichtert die Ordnung und verhindert Verwechslungen oder die Wegnahme.

Bei der Auswahl von Farben muss beachtet werden, dass die Farben Blau und Rot vom Auge nicht gleichzeitig scharf gesehen werden können. Es kommt zu Flimmereffekten und anderen Irritationen. Diese Farben sollten daher nicht nebeneinander verwendet werden.

3.11 Klimafaktoren, Lüftung

Für eine gute Arbeitsleistung benötigen Ihre Mitarbeiter eine zuträgliche Luftqualität und ein der Tätigkeit angepasstes Klima.

Für die Luftqualität sorgt die Lüftung, entweder frei durch Fenster und andere Öffnungen oder durch lüftungstechnische Anlagen (Ventilatoren, Klimaanlagen). In jedem Fall gilt als Maßstab: Die Raumluft soll im Wesentlichen die gleiche Qualität wie die Außenluft haben. Lüftungstechnische Anlagen sind erforderlich, wenn die freie Lüftung nicht ausreicht.

Die Mindesttemperatur, die erreicht werden soll, beträgt
- bei schwerer körperlicher Arbeit 12° C
- bei überwiegend nichtsitzender Tätigkeit 17° C
- bei überwiegend sitzender Tätigkeit und in Verkaufsräumen 19° C
- in Büroräumen 20° C
- in Pausen- und Sanitärräumen 21° C

Übersicht (zu 3.12) Lärmgrenzwerte

Tätigkeit	Schallpegel
Bei überwiegend geistigen Tätigkeiten	55 dB (A)
In Pausen-, Bereitschafts- und Sanitätsräumen	55 dB (A)
Bei einfachen oder überwiegend mechanisierten Bürotätigkeiten und vergleichbaren Tätigkeiten	70 dB (A)
Bei allen sonstigen Tätigkeiten	85 dB (A) (ggf. 90 dB (A))

Die Temperaturen sollen in allen Arbeitsräumen 26° C nicht überschreiten.

Die relative Luftfeuchte sollte zwischen 30% und 80% liegen. Je höher die Lufttemperatur ist, desto niedriger ist die Luftfeuchte zu halten.

Die Temperaturstrahlung z.B. von Heizkörpern oder heißen Werkstücken muss ebenfalls berücksichtigt werden. Stellen Sie sicher, dass die Mitarbeiter dadurch keinen unzuträglichen Temperaturverhältnissen ausgesetzt sind. Gegebenenfalls ist eine Abschirmung erforderlich.

Klimaanlagen haben sich insbesondere bei heißem Wetter bewährt. Dennoch beklagen die Mitarbeiter gelegentlich vermehrte Erkältungskrankheiten und andere Infektionen sowie ein allgemeines Unbehagen. Krankheiten können Sie vorbeugen durch Vermeidung von Zugluft und eine angemessene Wartung und Reinigung der Anlage. Die Filter, Luftbefeuchter und Rohrleitungen können verschmutzen oder verkeimen und müssen deshalb regelmäßig gewechselt oder gesäubert werden. Das Unbehagen entsteht oft dadurch, dass die Menschen unterschiedliche persönliche Klimabedürfnisse haben. Abhilfe bringt hier manchmal die Möglichkeit, dass den Mitarbeitern ein Nebenraum zur Verfügung steht, in dem sie Fenster öffnen und gelegentlich Kontakt zur Außenluft haben können.

3.12 Lärmschutz

Zu viel Lärm wirkt belastend. Er kann die Konzentrationsfähigkeit vermindern, notwendige Signale verdecken, die Verständigung erschweren, zu Schreckreaktionen führen und sogar unheilbar schwerhörig machen. Deshalb müssen Sie den Schallpegel in Ihrem Betrieb so niedrig wie möglich halten (siehe Übersicht zu 3.12).

Ab 85 dB (A) müssen Sie die Lärmbereiche Ihres Betriebs ermitteln, Gehörschutzmittel den Beschäftigten zur Verfügung stellen und Gehörvorsorgeuntersuchungen (siehe 2.19) veranlassen. Ab 90 dB (A) besteht für alle Beschäftigten die Pflicht, Gehörschutzmittel zu benutzen. Ab 90 dB(A) müssen Sie außerdem ein Lärmminderungsprogramm aufstellen und umsetzen.

Beschaffen Sie nur lärmarme Geräte für Ihren Betrieb. Lassen Sie sich dazu neue Geräte in Arbeit vorführen. Der Schallpegel der einzelnen Geräte setzt sich sonst schnell zu unzuträglichem Lärm zusammen. Zusätzliche Schallschutzhauben können im Einzelfall die Geräte abschirmen, vorausgesetzt, sie werden auch benutzt und während der Arbeit geschlossen gehalten.

3.13 Brandschutz

Sie müssen für Ihren Betrieb alle erforderlichen Brandschutzmaßnahmen treffen. Dazu gehören die Bereitstellung von Feuerlöschern und die Aufstellung eines Alarmplans.

Die Zahl der notwendigen Feuerlöscher richtet sich nach deren Löschvermögen sowie nach der Brandgefahr und Größe des Betriebs. Ihre zuständige Berufsgenossenschaft berät Sie bei dieser Auswahl. Die Löscher müssen an gut sichtbarer Stelle angebracht sein. Sie müssen dafür sorgen, dass die Löscher regelmäßig gewartet werden. Auch empfiehlt es sich, gelegentlich eine Übung damit abzuhalten, damit die Beschäftigten mit dem Umgang vertraut werden. Die Löschzeiten der meisten Löscher sind nur sehr kurz, sie müssen daher im Notfall richtig und gezielt eingesetzt werden können. Für die meisten Betriebe, z.B. auch für Büros, sind Pulverlöscher am geeignetsten. In EDV-Anlagen können Kohlesäurelöscher verwendet werden, weil sie zusätzliche Beschädigungen der empfindlichen Geräte vermeiden.

In einem Alarmplan sollten Sie angeben, wohin Brände gemeldet werden sollen. Im Notfall kann langes Suchen zu gefährlichen Verzögerungen führen.

> Zuerst melden, dann eigene Löschversuche unternehmen, denn die Löscher sind schneller leer als man glaubt.

3.14 Persönliche Schutzausrüstungen

Können Gesundheitsgefahren nicht anders beseitigt werden, müssen Ihre Beschäftigten sich mit persönlichen Schutzausrüstungen schützen. Das sind alle Schutzmittel, die am Körper getragen werden: z.B. Helme, Schutzbrillen, Handschuhe, Schutzschürzen, Schuhe. Sie müssen ermitteln, wo in Ihrem Betrieb solche Schutzmittel erforderlich sind, und dann geeignete Ausrüstungen beschaffen. Ihre Beschäftigten sind verpflichtet, sie zu tragen.

Hierbei kommt es oft zu Problemen. Die Schutzmittel werden von den Mitarbeitern abgelehnt, weil sie zu unbequem oder zu schwer sind, weil einem zu heiß beim Arbeiten wird, weil sie nicht richtig passen. Sie haben hier eine große Verantwortung für die Gesundheit Ihrer Mitarbeiter: Beteiligen Sie sie an der Auswahl, lassen Sie verschiedene Modelle testen, geben Sie eine Gewöhnungszeit, in der die Beschäftigten erst kürzer und dann immer länger die Schutzmittel tragen.

Eine weitere Regel gilt hier für Sie selbst: Seien Sie ein gutes Vorbild, tragen Sie die erforderlichen Schutzmittel immer und in jedem Fall bei gefährlichen Arbeiten oder in den gefährdeten Betriebsteilen. Ihre Beschäftigten werden Sie genau beobachten und sich an Ihrem Verhalten orientieren.

3.15 Sicherheitskennzeichnung

Die Kennzeichnung bestimmter Gefahrstellen durch Sicherheitsfarben hat sich bewährt. Dabei sind die Farbtöne genau festgelegt.

So werden z.B. für die Kennzeichnung von Hindernissen und Gefahrstellen gelb-schwarze oder rot-weiße Farbstreifen benutzt. Auch Verkehrswege können mit gelben Farbstreifen markiert werden. Hier soll gewarnt und zur Vorsicht gemahnt werden. Die rote Farbe wird außerdem für alle Brandschutzmittel verwendet, damit sie deutlich auffallen.

Auf diese Farbbedeutungen sind auch die Sicherheitszeichen (Schilder) abgestellt, die für betriebliche Zwecke verwendet werden sollen.

> Verwenden Sie für Ihren Betrieb nur die vorgeschriebenen, genormten Sicherheitszeichen in den vorgegebenen Farben.

Sie müssen diese Sicherheitszeichen im Übrigen alle zwei Jahre auf ordnungsgemäßen Zustand prüfen. Ein verrostetes, vergilbtes oder verschmutztes Zeichen verliert seine Wirkung und wird nicht mehr ernst genommen.

IV
Personaleinsatz

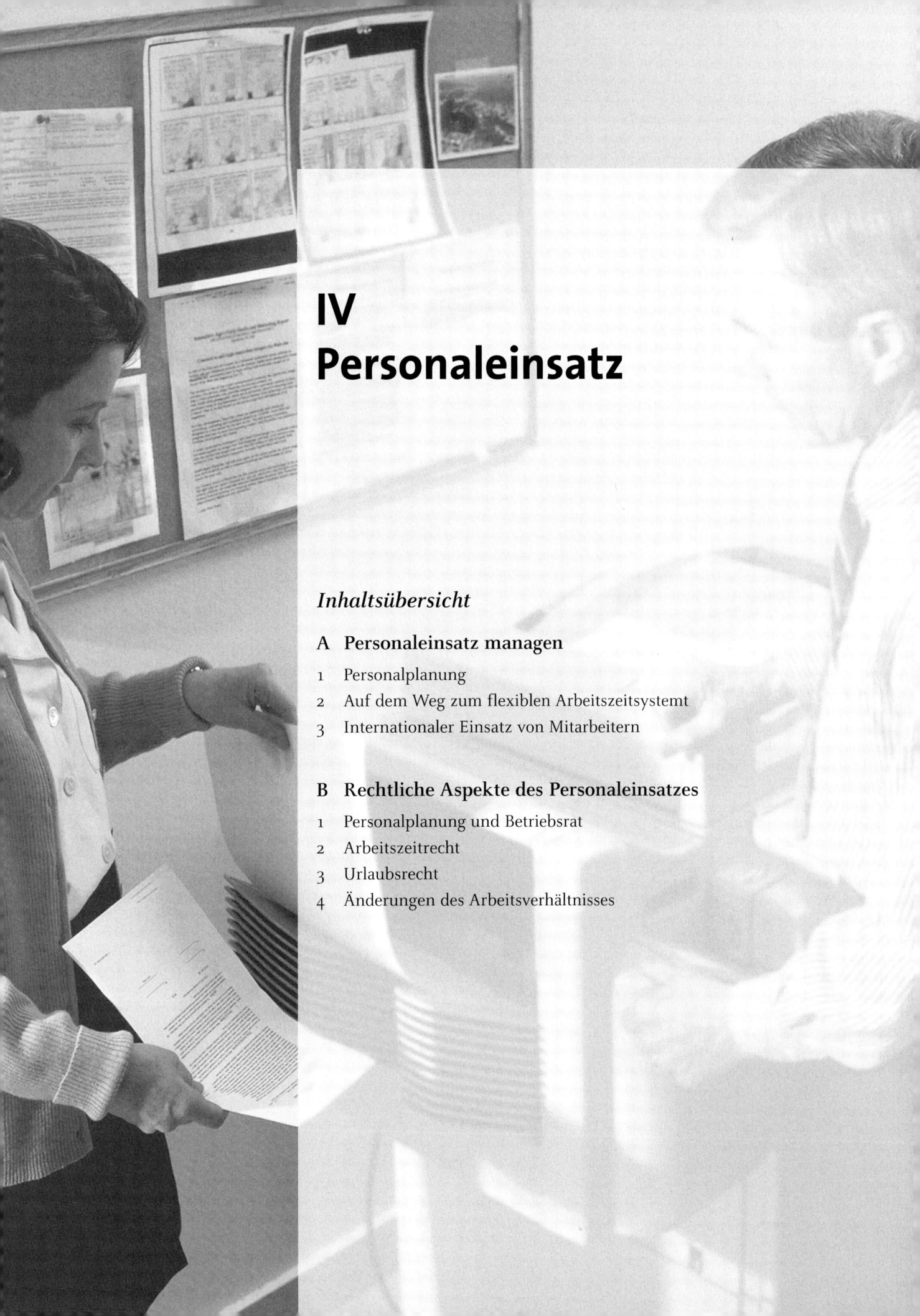

Inhaltsübersicht

A Personaleinsatz managen
1. Personalplanung
2. Auf dem Weg zum flexiblen Arbeitszeitsystemt
3. Internationaler Einsatz von Mitarbeitern

B Rechtliche Aspekte des Personaleinsatzes
1. Personalplanung und Betriebsrat
2. Arbeitszeitrecht
3. Urlaubsrecht
4. Änderungen des Arbeitsverhältnisses

A	**Personaleinsatz managen** 135	1.18	Personalkostenplanung 149	3.9	Kosten eines internationalen Einsatzes 168
1	**Personalplanung** 135	1.19	Prozesskostenrechnung 149	3.10	Aufgaben des Personalmanagements 169
1.1	Personalplanung wozu? 135	1.20	Mitbestimmung des Betriebsrats 150	3.11	Externe Dienstleister 169
1.2	Unternehmens- und Personalplanung 135	1.21	Personalcontrolling 151	B	**Rechtliche Aspekte des Personaleinsatzes** 170

A **Personaleinsatz managen** 135

1 **Personalplanung** 135
1.1 Personalplanung wozu? 135
1.2 Unternehmens- und Personalplanung 135
1.3 Planungszeiträume 137
Kurzfristige, operativ orientierte Personalplanung (3 Monate bis zu einem Jahr) 137
Mittel- und langfristige Personalplanung (bis zu 3 bzw. über 3 Jahre) 137
Schwerpunkte: Personalbedarfs-, entwicklungs- und -anpassungsplanung. 137
1.4 Personalplanung in Klein- und Mittelbetrieben 138
1.5 Informationsbasis für die Personalplanung 138
1.6 Personalbedarfsplanung wozu? 138
1.7 Personalbedarfsplanung wie? 138
1.8 Künftiger Personalbestand und Bruttopersonalbedarf 139
1.9 Methoden zur Personalbedarfsermittlung 139
1.9.1 Schätzverfahren und Expertenbefragungen 140
1.9.2 Stellenplanmethode 140
1.9.3 Kennzahlenmethode 140
1.9.4 Arbeitsstudien 141
1.9.5 Monetäre Methoden 141
1.10 Ermittlung des Reservebedarfs 141
1.11 Nettopersonalbedarf 142
Ersatzbedarf 142
Zusatzbedarf 142
1.12 Internes Personalmarketing 142
1.13 Personalbeschaffungs- und -auswahlplanung 143
1.14 Personalanpassungsplanung 144
1.15 Personalentwicklungsplanung 145
1.16 Personaleinsatzplanung 146
1.17 Personalerhaltungsplanung 148
1.17.1 Anreize 148
1.17.2 Motivation 148
1.17.3 Leistungsdisposition 149
1.17.4 Leistungsfähigkeit 149
1.18 Personalkostenplanung 149
1.19 Prozesskostenrechnung 149
1.20 Mitbestimmung des Betriebsrats 150
1.21 Personalcontrolling 151

2 **Auf dem Weg zum flexiblen Arbeitszeitsystem** 151
2.1 Entlastung plus Effektivität: Grundlagen flexibler Arbeitszeitgestaltung 151
2.2 Von der Anwesenheitspflicht zur Leistungserbringung 154
Servicezeit 155
Serviceversprechen 155
Besetzungsstärke 156
2.3 Von der Anwesenheits-zur Arbeitszeit 156
2.4 Vom Zeitkonto zur Vertrauensarbeitszeit 158
2.5 Fazit 160

3 **Internationaler Einsatz von Mitarbeitern** 161
3.1 Ziele internationaler Einsätze 161
3.2 Auswahl für den internationalen Einsatz 161
3.3 Vorbereitung 162
3.3.1 Kulturelle Orientierung 163
3.3.2 Sprachunterricht 163
3.3.3 Vorbesuch 163
3.3.4 Wohnen 163
3.3.5 Auto 163
3.3.6 Schule 163
3.3.7 Stellensuche des Ehepartners 163
3.3.8 Gesundheit 164
3.3.9 Visum 164
3.3.10 Versicherungen 164
3.3.11 Betriebliche Versorgungsregelung 164
3.3.12 Steuerberatung 164
3.4 Integration im Einsatzland 164
3.5 Rückkehr vom internationalen Einsatz 164
3.6 Entsendungsverträge 165
3.6.1 Versetzung 166
3.6.2 Projekteinsatz 166
3.7 Einkommensfindung bei internationalen Einsätzen 167
3.8 Einkommenspflege 168
3.9 Kosten eines internationalen Einsatzes 168
3.10 Aufgaben des Personalmanagements 169
3.11 Externe Dienstleister 169

B **Rechtliche Aspekte des Personaleinsatzes** 170

1 **Personalplanung und Betriebsrat** 170
1.1 Beteiligungsrecht 170
1.2 Informationsrecht des Wirtschaftsausschusses 170
1.3 Beratungs- und Vorschlagsrecht zur Beschäftigungssicherung 170

2 **Arbeitszeitrecht** 170
2.1 Arbeitszeitgesetz 170
2.1.1 Privates Arbeitszeitrecht 172
2.2 Mitbestimmungsrechte des Betriebsrates 172

3 **Urlaubsrecht** 172
3.1 Bundesurlaubsgesetz 172
3.2 Abweichungen durch Tarifvertrag 173
3.3 Mitbestimmungsrecht des Betriebsrates 174
Freistellung 174
Unbezahlter Urlaub 174
Ausübung von Ehrenämtern 174
Freistellung für Bewerbungen / Stellensuche 174
Suspendierung 174
Tarifvertragliche Freistellungstatbestände 174

4 **Änderungen des Arbeitsverhältnisses** 174
4.1 Einseitige Erklärung, Versetzung 174
4.1.1 Direktionsrecht 175
4.1.2 Vertragsänderung 175
4.1.3 Änderung eines Gesetzes oder eines Tarifvertrages 175
4.1.4 Änderungskündigung 175
4.2 Auslandseinsatz 175
4.2.1 Arbeitsrecht 175
4.2.2 Steuerrecht 175
4.2.3 Sozialversicherungsrecht 176
4.3 Betriebsübergang 176

A Personaleinsatz managen

1 Personalplanung

1.1 Personalplanung wozu?

Das Personal ist Ihr wichtigster Erfolgsfaktor. Allein die Vorstellung ist absurd, dass ein Unternehmen mit guten Produkten, ergiebigem Markt und leistungsfähigen materiellen Ressourcen ausgestattet ist, ausreichend qualifiziertes Personal jedoch fehlt.

Personalplanung ist effektiv, wenn sie nicht nur einzelne punktuelle Instrumente beinhaltet, sondern sich unternehmerisch-zielorientiert ausrichtet. Das Dilemma besteht darin, sowohl verlässliche Aussagen zur zukünftigen Bedarfslage zu liefern, als auch genügend Flexibilität für das Reagieren auf nötige Korrekturen zu ermöglichen.

Ein charakteristisches Merkmal der Ressource Personal besteht darin, dass sie sich den Marktgegebenheiten nur schleppend anpasst. Steuerungsmaßnahmen benötigen einen erheblichen Vorlauf, denn Mitarbeiter stehen nicht zu jedem Zeitpunkt und an jedem Ort mit der gewünschten Qualifikation zur Verfügung. Personalabbau in einer Betriebsstätte kann oft nicht durch Versetzung in eine andere Niederlassung kompensiert werden. Die Suche nach geeignetem Personal sowie die Aus- und Fortbildung der Mitarbeiter nimmt Zeit in Anspruch.

Gleichzeitig wachsen die Anforderungen an das Personalmanagement, denn:
- Personalkosten werden intensiver,
- das Angebot qualifizierter Arbeitskräfte (z.B. im Bereich Informatik oder Biochemie) ist knapp,
- die Anforderungen an die Qualifikation der Mitarbeiter erhöhen sich,
- der Handlungsrahmen ist durch gesetzliche, tarifliche und betriebliche Bestimmungen eingeschränkt,
- die Bedürfnisse der Mitarbeiter nach Arbeitsplatzsicherheit und Arbeitsinhalten nehmen zu,
- die Arbeitszeit verkürzt sich langfristig weiterhin.

Übersicht 1 (zu 1.1) Vorteile der Personalplanung

Aus Sicht des Unternehmens:
- Personalengpässe werden frühzeitig erkannt und berücksichtigt.
- Personal wird anforderungs- und eignungsgerecht eingesetzt.
- Personalentwicklungsbedarf wird rechtzeitig erkannt. Wenn betriebsintern eine qualifizierte Belegschaft zur Verfügung steht, bleibt man weitgehend unabhängig vom externen Arbeitsmarkt.
- Wenn rechtzeitig Klarheit über künftige Arbeitsgebiete und -anforderungen besteht, werden vorhandene Qualifikations- und Arbeitskraftreserven besser genutzt.
- Kosten für die Personalbeschaffung entfallen durch Stellenbesetzung aus den eigenen Reihen.
- Umso frühzeitiger Personalüberdeckung festgestellt wird, umso wahrscheinlicher gelingt eine soziale und kostengünstige Personalanpassung.
- Kosten durch ungeplante und damit teure personelle Maßnahmen entfallen.
- Die Entwicklung der Personalkosten ist besser vorausschaubar.
- Organisatorische und technische Innovationsprozesse lassen sich besser steuern.
- Die Zusammenarbeit mit dem Betriebsrat versachlicht sich.

Aus Sicht der Mitarbeiter:
- Durch die Planung des Personalbedarfs werden Härten bei Um- oder Freisetzungen reduziert.
- Die frühzeitige Anpassung der Mitarbeiter an veränderte bzw. wachsende Anforderungen erhöht die Sicherheit der Arbeitsplätze.
- Auf Arbeitsplatzveränderungen sind die Mitarbeiter gut vorbereitet.
- Durch eine bessere Transparenz des Personalbereichs verbessern sich die Aufstiegschancen (z.B. im Rahmen einer Laufbahn- und Nachfolgeplanung).
- Über wirtschaftliche und soziale Rahmenbedingungen des technischen und strukturellen Wandels wird frühzeitig informiert und diskutiert.

Erfolgreiches personalwirtschaftliches Handeln erfordert also ein frühzeitiges Nachdenken darüber, was erreicht werden soll und wie das gelingen kann. Improvisierte Ad-hoc-Maßnahmen haben in einer komplexer werdenden Unternehmenswelt auf Dauer keinen Erfolg.

Personalplanung hat die Aufgabe, vorausschauend personalwirtschaftliche Maßnahmen vorzubereiten und Unsicherheiten zu verringern. Dabei besteht grundsätzlich das Problem, dass Menschen zum Objekt ökonomischen Kalküls gemacht werden. Ein Spannungsfeld zwischen Ökonomie und Humanität tut sich auf. Gleichwohl hat eine effiziente Personalplanung nicht nur aus der Sicht der Unternehmensführung Vorteile, sondern ist auch aus Sicht der Mitarbeiter zu begrüßen (siehe Übersicht 1 zu 1.1). Die einzelnen Bausteine der Personalplanung veranschaulicht Übersicht 2 zu 1.1.

> Personalplanung ist ein gezieltes und prozesshaftes Vorgehen, bei dem künftige Trends, Entwicklungen und Vorhaben in ihrer Auswirkung auf Menge, Zusammensetzung und Qualifikation des Personals bewertet und in Handlungsmaximen umgesetzt werden.

1.2 Unternehmens- und Personalplanung

Eine Unternehmensplanung liefert insbesondere die Antwort auf die Frage, wie sich das Unternehmen sowohl hinsichtlich der verfügbaren und noch erschließbaren menschlichen, organisatorischen und technischen Ressourcen als auch im Hin-

Übersicht 2 (zu 1.1) Teilfunktionen der Personalplanung

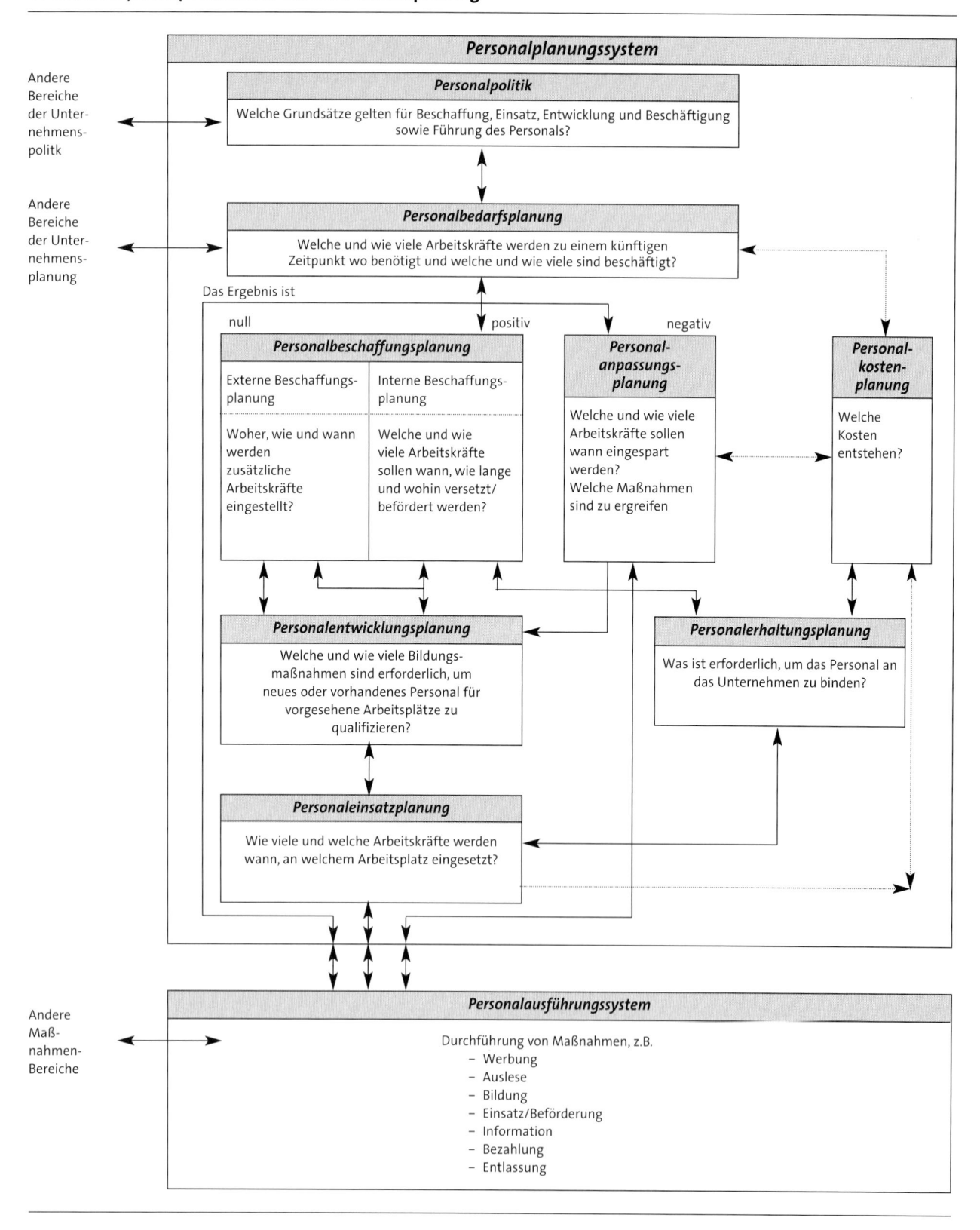

Personalplanungssystem

Andere Bereiche der Unternehmenspolitik ←→ **Personalpolitik**
Welche Grundsätze gelten für Beschaffung, Einsatz, Entwicklung und Beschäftigung sowie Führung des Personals?

Andere Bereiche der Unternehmensplanung ←→ **Personalbedarfsplanung**
Welche und wie viele Arbeitskräfte werden zu einem künftigen Zeitpunkt wo benötigt und welche und wie viele sind beschäftigt?

Das Ergebnis ist

null — positiv — negativ

Personalbeschaffungsplanung

Externe Beschaffungsplanung	Interne Beschaffungsplanung
Woher, wie und wann werden zusätzliche Arbeitskräfte eingestellt?	Welche und wie viele Arbeitskräfte sollen wann, wie lange und wohin versetzt/befördert werden?

Personalanpassungsplanung
Welche und wie viele Arbeitskräfte sollen wann eingespart werden? Welche Maßnahmen sind zu ergreifen

Personalkostenplanung
Welche Kosten entstehen?

Personalentwicklungsplanung
Welche und wie viele Bildungsmaßnahmen sind erforderlich, um neues oder vorhandenes Personal für vorgesehene Arbeitsplätze zu qualifizieren?

Personalerhaltungsplanung
Was ist erforderlich, um das Personal an das Unternehmen zu binden?

Personaleinsatzplanung
Wie viele und welche Arbeitskräfte werden wann, an welchem Arbeitsplatz eingesetzt?

Andere Maßnahmenbereiche ←→ **Personalausführungssystem**
Durchführung von Maßnahmen, z.B.
- Werbung
- Auslese
- Bildung
- Einsatz/Beförderung
- Information
- Bezahlung
- Entlassung

blick auf Kunden, Konkurrenten und den wirtschaftlich-gesellschaftlichen Rahmen in der Zukunft präsentieren will. Dabei ist es erforderlich, alle Faktoren, die für das Erreichen der gesetzten Ziele von Bedeutung sind, in die Planung einzubeziehen.

Personalplanung ist mit den übrigen Teilplanungen des Unternehmens wechselseitig verbunden. So beeinflusst z.B. die Absatzplanung Art und Anzahl des künftig benötigten Personals. Dies gilt in ähnlicher Weise für die Investitionsplanung (z.B. Aufbau neuer Betriebsstätten im In- und Ausland). Umgekehrt bestimmt der Personalbereich die künftigen Personalkosten, die in der Finanzplanung zu beachten sind, zumal sie die Finanzierbarkeit der Personalauszahlungen prüft. Gleiches gilt für die Personalentwicklungs- und -anpassungsplanungen (z.B. Lasten für Sozialpläne). Eine Personalplanung ist somit nur in einem integrierten Verbund mit anderen Teilplanungen sinnvoll (siehe Übersicht zu 1.2).

Übersicht (zu 1.2) Personalplanung als Teil der Unternehmensplanung

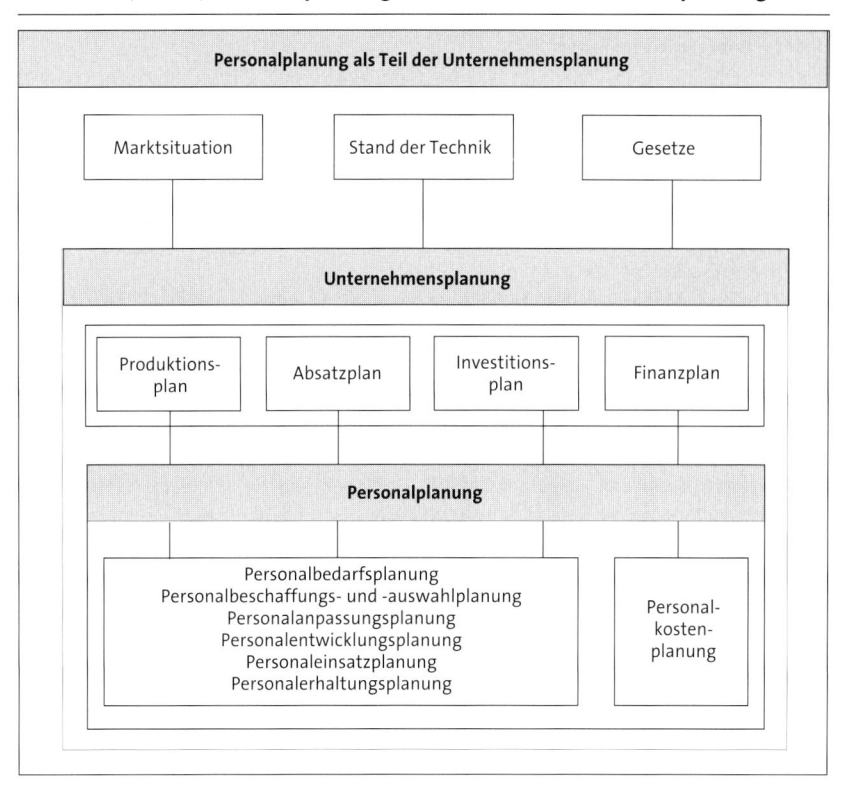

```
Personalplanung als Teil der Unternehmensplanung
    │
    ├── Marktsituation    Stand der Technik    Gesetze
    │
    Unternehmensplanung
    │
    ├── Produktionsplan  Absatzplan  Investitionsplan  Finanzplan
    │
    Personalplanung
    │
    ├── Personalbedarfsplanung
    │   Personalbeschaffungs- und -auswahlplanung
    │   Personalanpassungsplanung          Personal-
    │   Personalentwicklungsplanung        kosten-
    │   Personaleinsatzplanung             planung
    │   Personalerhaltungsplanung
```

1.3 Planungszeiträume

Kurzfristige, operativ orientierte Personalplanung (3 Monate bis zu einem Jahr)
Bezieht sich auf das direkte Entscheiden und Handeln für das jeweilige Geschäftsjahr; geht von einem festen Produktionsprogramm, einer vorgegebenen technischen und organisatorischen Struktur sowie einem festen Absatzprogramm aus. Einen großen Teil der in die Planungsüberlegungen eingehenden Größen sehen Sie somit (z.B. Arbeitsproduktivität, tarifliche Arbeitszeit) als konstant an. Schwerpunkte: Personalbedarfs-, -beschaffungs-, -einsatz- und -kostenplanung.

Mittel- und langfristige Personalplanung (bis zu 3 bzw. über 3 Jahre)
Umfasst eine perspektivische Rahmenplanung, nimmt den von der Personalstrategie festgelegten Handlungsrahmen auf. Künftige Entwicklungen (z.B. Produktion, Technik, Organisation, tarifliche Arbeitszeit) kalkulieren Sie mit ein. Mit wachsenden Planungszeiträumen wird die Planung unsicherer, da die Anzahl der veränderlichen Einflussgrößen zunimmt, die Sie für eine kurzfristige Vorausschau als konstant annehmen. Eine Planung, die über 3 Jahre hinaus geht, ist eine Grobplanung, die z.B. für Entscheidungen über die Anzahl der einzustellenden Auszubildenden oder Trainees wichtig ist.

Schwerpunkte: Personalbedarfs-, -entwicklungs- und -anpassungsplanung
Ob Sie in der Praxis kurz- oder mittel- und langfristig planen können, hängt auch von anderen Rahmenbedingungen ab:
- Branchenzugehörigkeit: In Wachstumsbranchen (z.B. Telekommunikation) ergeben sich eher Engpässe, kurzfristig hoch qualifizierte Mitarbeiter zu finden.
- Laufzeit der Pläne, aus deren Werten eine Ableitung für die Personalplanung erfolgt (z.B. Investitions- und Produktionsplan).
- Marktkontrolle: Monopolunternehmen können eher mit einer langfristig stabilen Nachfrage rechnen als Unternehmen auf umkämpften Märkten.
- Stabilität der Unternehmensumwelt: Stabile rechtliche Rahmenbedingungen (z.B. Arbeitszeit) sowie eine stabile staatliche oder private Auftragserteilung ermöglichen eine kontinuierliche Personalplanung.
- Arbeitsmarktsituation: Engpässe auf dem Arbeitsmarkt zwingen die Unternehmen zur frühzeitigen Abschätzung des Beschaffungsbedarfs.
- Personalentwicklungszeiträume: Je qualifizierter eine Mitarbeitergruppe sein soll, desto langfristiger muss die Planung sein.

Empirische Untersuchungen kommen zum Zeithorizont der Personalplanung zu folgenden Ergebnissen:
- 6% der befragten Unternehmen führen überhaupt keine Personalplanung durch.
- 33% der Unternehmen planen bis zu einem Jahr.
- 37% planen mit einem Zeithorizont bis zu zwei Jahren.
- 24% planen mehr als zwei Jahre im Voraus.

Übersicht (zu 1.5) Informationen für die Personalplanung

Unternehmensexterne Faktoren

- Branchenentwicklung/Marktstrukturveränderungen (z.B. Entwicklung der Märkte eines Unternehmens, Konkurrenzsituation)
- Technische Entwicklung (z.B. neue Produktionsmethoden, Konsequenzen des Internet-Banking für Banken, Rationalisierungspotenziale)
- Gesetze/Tarifpolitik (z.B. Veränderungen im Arbeits-/Sozialrecht bzw. in der Tarifentwicklung)

Unternehmensinterne Faktoren

- Unternehmensplanung (z.B. Art und Menge der Produkte bzw. Dienstleistungen, Produktionsverfahren, Vertriebswege, Globalisierungsstrategie)
- Arbeitsorganisation (derzeitige Stellen und Anforderungsprofile, Veränderungen der Unternehmensorganisation)
- Betriebszeiten (z.B. Verlängerung der Ladenschlusszeiten für Unternehmen des Handels)
- Arbeitszeitformen (z.B. Schichtsystem im Unternehmen, flexible Arbeitszeitformen als Konsequenz für die Personaleinsatzplanung)
- Belegschaftsdaten (z.B. Qualifikation, Alter, Fluktuation, Fehlzeiten)
- Verhalten des Betriebsrats
- Entgeltbezogene Daten (z.B. Lohn- und Gehaltskosten, Lohnnebenkosten)

1.4 Personalplanung in Klein- und Mittelbetrieben

Kleine und mittlere Unternehmen haben oft keine Personalplanung. Hemmnisse für eine stärkere Akzeptanz sind z.B.:

- negative Erfahrungen mit Planung auf Grund zu hoch gesteckter Erwartungen,
- geringe Planungsmentalität bei der Unternehmensleitung,
- negative Erfahrungen mit zu weit gehenden Mitbestimmungsforderungen von Betriebsräten,
- mit dem Begriff »Personalplanung« verbinden viele Praktiker ein hoch entwickeltes, komplexes System, das für ihren Aufgabenbereich zu aufwändig und deshalb überflüssig erscheint.

Gerade in kleinen und mittleren Unternehmen erfüllen jedoch einfache Hilfsmittel ihren Zweck. Da kaum ein Unternehmen von Anfang an über ein umfassendes Planungssystem verfügt, sollten Sie zunächst nur einzelne Bausteine konzipieren. Beginnen Sie mit einer Personalbedarfsplanung (siehe 1.6) für einzelne Mitarbeitergruppen, insbesondere für Führungs- und Führungsnachwuchskräfte. Schritt für Schritt können Sie das Personalplanungssystem dann um andere Teilfunktionen erweitern.

1.5 Informationsbasis für die Personalplanung

Die Einflussfaktoren auf die Personalplanung sind vielfältig (siehe Übersicht zu 1.5). Wenn sie sich verändern, ergeben sich für alle Funktionen der Personalplanung Konsequenzen. Insofern brauchen Sie für eine effektive Personalplanung ein Mindestgerüst dieser Informationen.

1.6 Personalbedarfsplanung wozu?

Die Personalbedarfsplanung ist die wichtigste Nahtstelle zu den anderen Bereichen der Unternehmensplanung. Da Quantität und Qualität zu besetzender Stellen das betriebliche Leistungsprofil und die Personalkosten bestimmen, ist der Personalbedarfsplan auch die Grundlage für alle anderen Teilpläne der Personalplanung. Ohne Kenntnis des Personalbedarfs ist weder eine Beschaffungs- noch eine Einsatz- oder Entwicklungsplanung möglich. Planungsfehler in dieser Phase sind deshalb besonders schwer wiegend.

Die Personalbedarfsplanung hat die Aufgabe, den Personaleinsatz durch die genaue Abstimmung von Bedarf und verfügbarem Mitarbeiterpotenzial zu rationalisieren und teure Personalüberhänge zu vermeiden. Sie soll gewährleisten, dass ausreichend Personal für das geplante Produktions- und Dienstleistungsprogramm des Unternehmens bereit steht und keine Verluste durch Personalengpässe entstehen. Wird Personal zu knapp bemessen, kann dies Konsequenzen haben:

- Das Unternehmen verliert an Reaktionsgeschwindigkeit und erwirbt sich den Ruf, schwerfällig zu sein.
- Das Potenzial teurer Anlagen wird nicht voll ausgeschöpft.
- Kunden werden durch lange Wartezeiten abgeschreckt und das Unternehmen verliert Aufträge.
- Durch die Überlastung der Beschäftigten kommt es zu Ausschuss und Qualitätsproblemen.
- Es verbleibt zu wenig Zeit zur Personalentwicklung der Mitarbeiter, was sich z.B. in geringere Produktivität und Qualitätsmängeln auswirken kann.

1.7 Personalbedarfsplanung wie?

Zu unterscheiden ist zunächst zwischen der Planung des Personalbestands und des Personalbedarfs. Die Personalbestandsplanung zeigt die künftige Entwicklung, bezogen auf die aktuelle Struktur des vorhandenen Arbeitskräftepotenzials auf. Der Bruttopersonalbedarf gibt für jede Abteilung und Mitarbeitergruppe (z.B. Außendienstmitarbeiter, Firmenkundenbetreuer, Sekretärinnen) als Soll-Wert die Anzahl der zur Durchführung der betrieblichen Aufgaben notwendigen Mitarbeiter an.

Als Saldo zwischen Bruttopersonalbedarf und Personalbestand erhalten Sie zu den jeweiligen Betrachtungszeitpunkten einen Personalüberschuss, einen -fehlbestand oder eine Deckungsgleichheit. Der Planungsprozess (siehe Übersicht zu 1.7) vollzieht sich in folgenden Stufen:

1. Ermittlung des künftigen Personalbestands (siehe 1.8).
2. Ermittlung des Bruttopersonalbedarfs (siehe 1.9 und 1.10).
3. Ermittlung des Nettopersonalbedarfs (siehe 1.11).

1.8 Künftiger Personalbestand und Bruttopersonalbedarf

Ziel ist es, den künftigen Personalbestand zu ermitteln. Für eine qualitative Personalbestandsplanung stellen Sie die Kenntnis- und Fähigkeitspotenziale der vorhandenen Mitarbeiter zum Planungszeitpunkt fest und fassen diese zu Personalkategorien (z.B. Sekretärinnen, Außendienstmitarbeiter, Facharbeiter in der Produktion) zusammen. Für den quantitativen Aspekt subtrahieren Sie dann je Personalkategorie Abgänge bzw. addieren Zugänge, soweit sie für den Personalbestand am Ende der Periode geplant sind bzw. bereits feststehen.

Aus dem Personalbestand am Ende der Planungsperiode und den damit verbundenen Personalkosten ergibt sich der Einsatzbedarf. Da grundsätzlich nicht immer alle Mitarbeiter einsatzbereit sind (z.B. durch Urlaub, Krankheit, Kuren, Weiterbildung, Mutterschutz, Freischichten), tritt zum Einsatzbedarf ein Reservebedarf hinzu.

Wenn der Personalbedarf während des Jahres schwankt und nicht durch gleichermaßen schwankende Arbeitszeiten kompensiert werden kann, müssen Sie für den Mehrbedarf Reservekräfte vorsehen.

> Bruttobedarf =
> Einsatzbedarf + Reservebedarf

Personalbedarfsangaben sind wertlos, wenn sie nicht auch Informationen zu Zeitpunkt, Dauer und Ort des Bedarfs enthalten (Muster zu 1.8, auch auf der beigefügten CD-ROM). Zeitliche Angaben beeinflussen die rechtzeitige Beschaffung, Auswahl oder Entwicklung des Personals. Örtliche Bedarfsangaben sind erforderlich, da Mitarbeiter nicht ohne weiteres von einer Niederlassung/Geschäftsstelle zur anderen wechseln, wenn dazwischen zu große Entfernungen bestehen.

1.9 Methoden zur Personalbedarfsermittlung

Die in der Praxis wichtigsten Methoden entnehmen Sie bitte der Über-

Übersicht zu (1.7) Vorgehensweise bei der Personalbedarfsplanung

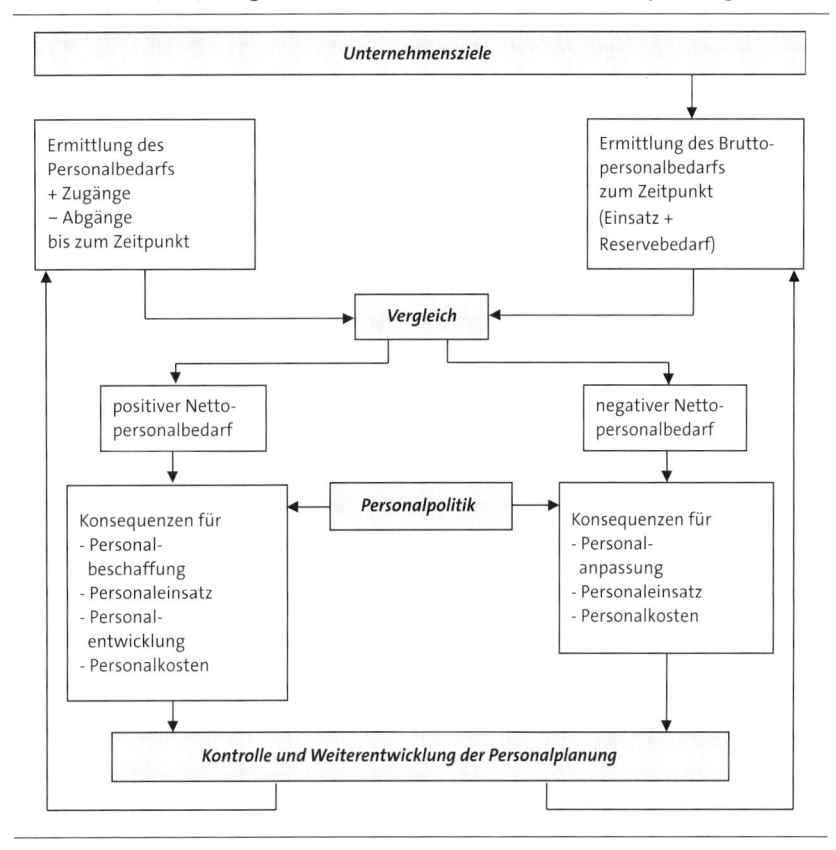

```
                        Unternehmensziele
                        │                │
                        ▼                ▼
        Ermittlung des              Ermittlung des Brutto-
        Personalbedarfs             personalbedarfs
        + Zugänge                   zum Zeitpunkt
        – Abgänge                   (Einsatz +
        bis zum Zeitpunkt           Reservebedarf)
                    ↓        Vergleich        ↓
                    ↓        ↓      ↓         ↓
          positiver Netto-         negativer Netto-
          personalbedarf           personalbedarf
                    ↓                         ↓
          Konsequenzen für   Personalpolitik  Konsequenzen für
          - Personal-                         - Personal-
            beschaffung                         anpassung
          - Personaleinsatz                   - Personaleinsatz
          - Personal-                         - Personalkosten
            entwicklung
          - Personalkosten
                    ↓                         ↓
            Kontrolle und Weiterentwicklung der Personalplanung
```

Muster (zu 1.8) Personalbedarfsmeldung

☐ Besetzung einer Stelle
☐ Genehmigung und Besetzung einer neuen Stelle

In der Abteilung .... soll die Stelle Nr. ....
eine neue Stelle mit der Bezeichnung .... und der Nr. ....
ab .... besetzt werden.

☐ befristet bis ....
☐ unbefristet.

Eine Stellenbeschreibung und ein Anforderungsprofil
☐ liegen vor mit der Nr. ....
☐ liegen nicht vor.

Die Stellenbesetzung ist zum vorgesehenen Termin notwendig, weil
....
....

Die Bewerber sollen vor allem über folgende Eignung verfügen:
(Nennung der wichtigsten Anforderungen)
....
....

Unterschriften/Genehmigung
Fachabteilung   ....
Personalabteilung   ....
Geschäftsleitung   ....

IV. Personaleinsatz

Übersicht (zu 1.9) Methoden der Personalbedarfsermittlung

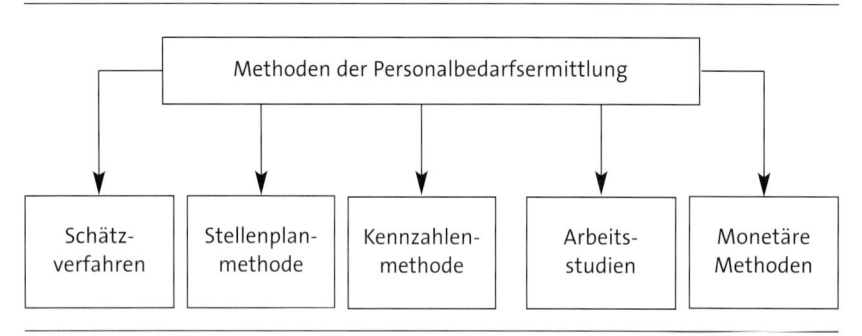

```
                Methoden der Personalbedarfsermittlung
    ┌──────────────┬──────────────┬──────────────┬──────────────┐
 Schätz-      Stellenplan-    Kennzahlen-    Arbeits-      Monetäre
 verfahren    methode         methode        studien       Methoden
```

Beispiel 1 (zu 1.9) Stellenplanmethode

	Material	Produktion	Verw./Vertrieb	Σ
Stellenbestand 01.01.	14	154	42	210
▪ Einführung neues Produkt P3		+ 10	+ 1	+ 11
▪ Neue Vertriebsniederlassung			+ 5	+ 5
▪ Erweiterung Produktion P1	+ 2	+ 6		+ 8
▪ Standortverlagerung P2	– 4	– 15	– 2	– 21
▪ Neues Fertigungsverfahren		– 8		– 8
▪ Ausweitung der Betriebszeit im Vertriebsbereich			+ 3	+ 3
▪ Zentralisierung Beschaffung	– 2			– 2
▪ Outsourcing Werbeabteilung			– 3	– 3
▪ Business-Process-Reengineering im Verwaltungsbereich			– 4	– 4
Stellenbestand 31.12.	10	147	42	199

Beispiel 2 (zu Nr. 1.9) Ermittlung des Bruttobedarfs durch Kennzahlen

a) Ausgangsdaten für 2001
   Produktionsmenge   500.000 Einheiten
   ⌀ Personalbestand in der Produktion   200 Mitarbeiter
   gearbeitete Wochen   46
   ⌀ Stundenzahl je Mitarbeiter   37 Stunden/Woche
   Gesamtstundenzahl je Mitarbeiter   1.702 Stunden/Jahr
   Gesamtstundenzahl aller Mitarbeiter
   in der Produktion   340.400 Stunden/Jahr
   Produktionsmenge je Arbeitsstunde   1,47 Einheiten

b) Plandaten für 2002
   geplante Produktionsmenge   520.000 Einheiten
   geplante Produktivitätssteigerung   5 %
   geplante Produktivität   1,54 Einheiten
   erforderliche Arbeitsstundenanzahl   337.158 Stunden/Jahr

c) Arbeitszeitverkürzung auf
   35 Stunden/Woche bezogen auf
   46 Wochen resultieren je Mitarbeiter   1.610 Stunden/Jahr

d) Bruttopersonalbedarf
   = 337.158 Std. : 1.610 Std.
   je Mitarbeiter und Jahr   210 Mitarbeiter

sicht zu 1.9. Mathematische Methoden (Trendextrapolation, Regressions- und Korrelationsrechnungen) sind eher von theoretischer Bedeutung.

> Beachten Sie für die qualitative Personalbedarfsplanung, dass die mit den Stellen verknüpften Aufgaben und Anforderungen über die einzelnen Planungsperioden hinweg nicht prinzipiell konstant bleiben.

1.9.1 Schätzverfahren und Expertenbefragungen

Führungskräfte bzw. Experten nennen den Bedarf auf Grundlage von Erfahrungen oder Analogieschlüssen. Die Personalabteilung erfragt z.B. bei allen Abteilungsleitern den Personalbedarf für die nächsten 2 Jahre. Die Ergebnisse werden auf ihre Plausibilität geprüft und ggf. korrigiert, da die Ermittlung einer recht subjektiven Bewertung unterliegt. Bei der Expertenbefragung werden die Schätzungen kompetenter Personen (z.B. Abteilungsleiter) erfasst. Aus den Einzelurteilen wird ein gemeinsames Gesamturteil gebildet. Diese Methode birgt auf Grund der Subjektivität der Einzelurteile hohe Unsicherheiten. Bei der Bildung des Gruppenurteils setzt sich häufig die Einschätzung eines Experten durch, weil dieser besonders eloquent oder durchsetzungsstark ist.

1.9.2 Stellenplanmethode

Bezugsgröße ist die Organisationsstruktur des Unternehmens. Dabei wird anhand von Stellenplänen, die in die Zukunft fortgeschrieben werden, der künftige Personalbedarf unter Berücksichtigung der avisierten Veränderungen im Unternehmen bzw. der Unternehmensziele ermittelt (Beispiel 1 zu 1.9). Die Methode ist für Betriebe aller Größenordnungen geeignet.

1.9.3 Kennzahlenmethode

Die Kennzahlenmethode setzt voraus, dass eine stabile Beziehung zwischen dem Personalbedarf und bestimmten Bezugsgrößen besteht (z.B. Arbeitsproduktivität, Anzahl der Kunden). Ziel ist es, Kennzahlen für diese Beziehungen zu ermitteln, um dann aus einer Veränderung der Bezugsgröße auf den notwendigen Personalbedarf schließen zu können. Basis sind eine Mindestzahl von verlässlichen Informationen (siehe auch. 1.5). Dies gilt insbesondere für die Produktnachfrage, die Auswirkungen des technologischen und administrativen Wandels sowie die Veränderungen im Tarifbereich.

> **Arbeitsproduktivität**
> kann durch Ergebnisgrößen, wie z.B.
> - Produktionsmenge in Stückzahl je Zeiteinheit (Arbeitsstunde, Tag),
> - Anzahl bearbeiteter Kundenaufträge je Arbeitsstunde,
> - Umsatz je Mitarbeiter und Monat oder
> - Wertschöpfung je Arbeitsstunde
>
> gemessen werden. Zur Ermittlung des zukünftigen Bedarfs wird das erwartete Ergebnis als Zielgröße vorgegeben und die künftige Arbeitsproduktivität geschätzt (siehe Beispiel 2 zu 1.9).
>
> **Anzahl der Kunden**
> Aus dem geschätzten, optimalen Verhältnis zwischen einem Stelleninhaber und einer Anzahl von Kunden kann eine Kennzahl gebildet werden. Ändert sich die Kundenanzahl oder gibt es durch technische Veränderungen Rationalisierungseffekte (z.B. Internet Banking), beeinflusst dies die Anzahl notwendiger Stellen unmittelbar.

Kennzahlen sind z.B. der Arbeitsaufwand in Zeiteinheiten für eine bestimmte Erzeugnismenge (Kehrwert der Arbeitsproduktivität) und Führungs- bzw. Kontrollspannen. Ist die Gesamtzahl der Facharbeiter eines Unternehmens proportional zur Anzahl der Meister, genügt es, den Bedarf an Facharbeitern auszurechnen, um zur Zahl der notwendigen Meister zu kommen. Die Kennzahlenmethode ist für Betriebe aller Größenordnungen geeignet.

1.9.4 Arbeitsstudien

Vor allem im mengenabhängigen Produktions- und Verwaltungsbereich, d.h. dort, wo man sich auf Arbeitseinheiten (= Arbeitsmenge) und Arbeitszeit pro Arbeitseinheit festlegen kann, werden Arbeitsstudien durchgeführt. Die Verfahren (z.B. Selbstaufschreibung, REFA-Methode) setzen jedoch voraus, dass die zu messenden Arbeitsabläufe bereits vorhanden sind und sich der Arbeitsanfall präzise erfassen lässt. Wenn Arbeiten diskontinuierlich anfallen und heterogen in der Aufgabenstellung und im Schwierigkeitsgrad sind, stößt diese Methode schnell an Grenzen.

- Selbstaufschreibung

Die Mitarbeiter schreiben auf Formblätter während eines mehrwöchigen Zeitraums die Ist-Zeiten für verschiedene Arbeitsvorgänge auf. Nach einem Vergleich dieser Zeiten wird über eine statistische Absicherung der Daten eine Standardzeit je Arbeitsvorgang ermittelt und für die Personalbedarfsplanung verwendet.

- REFA-Methode

Um eine genaue Angabe über die Zeit, die zur Produktion einer Gütermenge, zur Bearbeitung eines Vorgangs (z.B. Versicherungsantrag) notwendig ist, zu erhalten, wird der gesamte Arbeitsablauf in seine Arbeitsvorgänge zerlegt. Danach misst man für jeden einzelnen Arbeitsvorgang die Zeit, die zu seiner Ausführung erforderlich ist.

> | | | |
> |---|---|---|
> | PB | = | $\frac{\sum M \times Z}{VAZ}$ |
> | PB | = | Personalbedarf (Anzahl Arbeitskräfte) |
> | M | = | Menge einer Tätigkeit |
> | Z | = | Zeitbedarf für die einmalige Ausführung einer Tätigkeit |
> | VAZ | = | Verfügbare Arbeitszeit je Mitarbeiter pro Periode |

1.9.5 Monetäre Methoden

Monetäre Methoden sind:
- die Budgetierung,
- die Gemeinkostenwertanalyse und
- die Null-Basis-Budgetierung (Zero Base Budgeting).

Die Budgetierung leitet den quantitativen Soll-Personalbedarf aus den in der Zukunft zur Verfügung stehenden finanziellen Mitteln ab. Mit den zu erwartenden Lohnkosten kann der Personalbedarf ermittelt werden. Problem ist, dass der Personalbedarf durch Parameter (z.B. Summe der insgesamt zur Verfügung stehenden Geldmittel oder maximale Kosten) bestimmt wird, die nicht mit der notwendigen Leistungserstellung zusammenhängen.

Im Rahmen der Gemeinkostenwertanalyse werden alle Leistungen des Unternehmens (mit Ausnahme der gesetzlich vorgeschriebenen) einer kritischen Prüfung unterzogen. Ausgehend von einer Kosten-Nutzen- sowie Stärken-Schwächen-Analyse hinsichtlich der Gemeinkosten werden für die einzelnen Leistungen bzw. Tätigkeiten alternative Möglichkeiten gesucht, um die gesteckten Kosteneinsparungen zu erreichen. Dazu wird überprüft, ob eine Leistung vollständig abschaffbar ist (keine Wertschöpfung), sich schrittweise abbauen lässt, sich in ihrer Qualität, Quantität oder Häufigkeit reduzieren lässt oder durch eine andere Leistung ersetzbar ist (z.B. Outsourcing). Daraufhin wird der Personalbedarf geplant. Grundgedanke ist jedoch, dass grundsätzlich von einem Personalüberhang ausgegangen wird. Die Gemeinkostenwertanalyse unterstellt somit eine bislang unzureichende Personalbedarfsplanung.

Im Rahmen einer Null-Basis-Budgetierung werden – ausgehend von der Basis Null (damit keine Fortschreibung des Status quo) – die Notwendigkeit der einzelnen Tätigkeiten und die hierfür benötigten Budgets begründet. Hierzu werden für die Durchführung der notwendigen Tätigkeiten zur bisherigen Vorgehensweise Alternativen hinsichtlich des Leistungsumfangs bzw. -niveaus aufgezeigt, als Entscheidungspakete formuliert und dann evaluiert. Für die genehmigten Tätigkeiten wird ausgehend vom vorgesehenen Leistungsumfang der Personalbedarf ermittelt.

1.10 Ermittlung des Reservebedarfs

Einige Verfahren der Personalbestandsplanung (z.B. Schätzverfahren, Stellenplanmethode, Budgetierung) prognostizieren gleichzeitig den Einsatz- und den Reservebedarf. Andere (z.B. Kennzahlenmethode, Arbeitsstudien) gehen vom Einsatzbedarf aus und berücksichtigen den Reservebedarf durch einen Zuschlag (Beispiel zu 1.10). Diese Zuschlagsquoten unterscheiden sich zwischen

IV. Personaleinsatz

Beispiel (zu 1.10) Ermittlung des Reservebedarfs

1. Jährliche Betriebszeiten

35 Jahrestage
- 52 Samstage
- 62 Sontage
- 11 Feiertage
= 250 Arbeitstage (bei 100% → 1 Tag = 0,4%)

2. Reservebedarf

Grund	Tage	Prozent
Tariflicher Urlaub	30	12
Unbezahlter Urlaub	1	0,4
Weiterbildung/Bildungsurlaub	5	2,0
Fehlzeiten (z.B. Krankheit, Kuren)	10	4,0
Freistellung (z.B. für Betriebsrat)	1	0,4
Sonstiger Urlaub (z.B. Mutterschutz, Reserveübungen der Bundeswehr	2	0,8
Aufrechterhaltung der Wochenarbeitszeit von 40 Std. bei einer amtlichen Arbeitszeit von 37 Std. = 15 Freischichten	15	6,0
Tage durchschnittlicher Abwesenheit	64	25,6

3. Verminderter Reservebedarf durch

	Tage	Prozent
Einführung eines vierwöchigen Betriebsurlaubs im Sommer (20 Arbeitstage) und nach Weihnachten (5 Arbeitstage)	25	10,0
Tage durchschnittlicher Abwesenheit	39	15,6

Übersicht zu (1.10) Elemente zur Erfassung des Arbeitsanfalls

Dringlichkeit der Erledigung des Arbeitsanfalls

- Muss die Arbeit sofort bei Anfall erledigt werden (z.B. bei Behandlung eines Kunden)?
- Richtet sich der Personalbedarf nach dem Spitzenanfall?
- Ist die Erledigung mit Zeitverzug möglich (z.B. Bearbeitung von Statistiken)?
- Richtet sich der Personalbedarf nach dem durchschnittlichen Arbeitsanfall?

Stetigkeit des Arbeitsanfalls

- Bei stetigem Arbeitsanfall (z.B. Fließbandfertigung) ist die Personalbedarfsplanung leichter.
- Bei unregelmäßigem Arbeitsanfall (z.B. Reparaturkokonne) ist sie schwerer zu bestimmen.

Grad der Bestimmbarkeit des Arbeitsverfahrens

Der Personalbedarf ist um so exakter zu erfassen, je mehr die Art der Arbeitsausführung bestimmbar, d.h. durch standardisierte Arbeitsabläufe erfassbar ist.

Grad der Beeinflussbarkeit der Ausführungszeit

Der Personalbedarf ist um so exakter zu bestimmen, je weniger die Zeit für die Ausführung der Tätigkeit durch die Mitarbeiter beeinflussbar ist (z.B. bei vollautomatischen Fertigungsanlagen, im Gegensatz zu rein manuellen Tätigkeiten).

---

den einzelnen Betrieben und innerhalb einzelner Betriebsbereiche beträchtlich. Die Bedeutung des Reservebedarfs hängt u.a. von Dringlichkeit und Stetigkeit des Arbeitsanfalls ab (siehe Übersicht zu 1.10).

1.11 Nettopersonalbedarf

Wenn Sie den ermittelten Bruttopersonalbedarf dem künftigen Bestand je Personalkategorie (siehe 1.8) gegenüberstellen, erhalten Sie den Nettopersonalbedarf. Es ergibt sich dabei entweder eine Unterdeckung (Bruttopersonalbestand ist größer als der Ist-Personalbestand), eine Überdeckung (Bruttopersonalbestand ist kleiner als der Ist-Personalbestand) oder eine Übereinstimmung beider Komponenten.

Der ermittelte Nettopersonalbedarf setzt sich wiederum aus einem Ersatz- und einem Zusatzbedarf zusammen.

Nettopersonalbedarf
= Bruttopersonalbedarf
− künftiger Ist-Personalbestand

Ersatzbedarf
Der Ersatzbedarf gibt die Anzahl der Mitarbeiter an, die beschafft werden müssten, um den Soll-Personalbestand der aktuellen Planperiode zu erreichen. Die Gründe für diesen Bedarf liegen demnach nur in Personalbewegungen (Personalabgänge und -zugänge). Ermitteln Sie diesen Bedarf am besten durch Erfahrungswerte. Voraussetzung sind gute Personalstatistiken zur Fluktuation.

Zusatzbedarf
Zusatzbedarf entsteht, wenn die Schaffung neuer Personalstellen erwartet wird. Er kann z.B. mit einer Ausweitung der Produktion oder Verstärkung der Marketingaktivitäten (Einstellung von Außendienstmitarbeitern) begründet werden. Den Zusammenhang zwischen den einzelnen Bedarfsarten verdeutlicht die Übersicht zu 1.11.

1.12 Internes Personalmarketing

In der Unternehmenspraxis sind hinsichtlich des Personalmarketing zwar zunehmende Aktivitäten von Seiten der Unternehmen festzustellen, es ist jedoch die häufig mehr oder weniger zufällige Auswahl einzelner Maßnahmen und somit eine fehlende Strategie für das Personalmarketing zu bemängeln.

Ähnlich wie beim Produktmarketing wird eine Markenbindung zwischen Unternehmen und potenziellen Bewerbern nur über längere Zeit aufgebaut. Dabei stehen folgende Aufgaben im Mittelpunkt:
- Informationen über das Unternehmen und seine Erwartungen an seine Mitarbeiter,
- Abbau von Anonymität des Unternehmens als Arbeitgeber,
- Individualisierung des Unternehmens, um es von Konkurrenten abzuheben,
- Interesse wecken und die Zielgruppe dazu motivieren, mit dem Unternehmen Kontakt aufzunehmen.

Der Einsatz von Instrumenten des Personalmarketings kann vor dem Hintergrund einer Professionalisierung der Personalbeschaffung verstanden werden:
- Trotz hoher Arbeitslosigkeit ist die Schere zwischen verfügbarem und benötigtem Personal entweder in einzelnen Branchen (z.B. neue Medien) oder bezogen auf bestimmte Arbeitnehmersegmente (z.B. Informatiker) nicht geringer geworden.
- Unter dem Blickwinkel neuer Managementkonzeptionen wird deutlich, dass das Personal ein (bzw. der) wesentliche(r) Erfolgsfaktor darstellt. Dabei geht es nicht nur darum, qualifiziertes Personal zu akquirieren, sondern im Sinne einer Bestandspflege auch sicherzustellen, dass dieses Personal in der Unternehmung verbleibt (siehe auch VII). Insofern kann die Planung und Ausgestaltung von Personalentwicklung und Laufbahnplanung als Bestandteil eines internen Personalmarketings angesehen werden.
- Demographische Prognosen weisen auf einen Rückgang des Arbeitskräfteangebotes in den nächsten Jahren hin. Dies erfordert eine rechtzeitige Reflektion der betrieblichen Betroffenheit und die Umsetzung in geeignete Maßnahmen.

Übersicht (zu 1.11) Zusammenhänge zwischen den Personalbedarfsarten

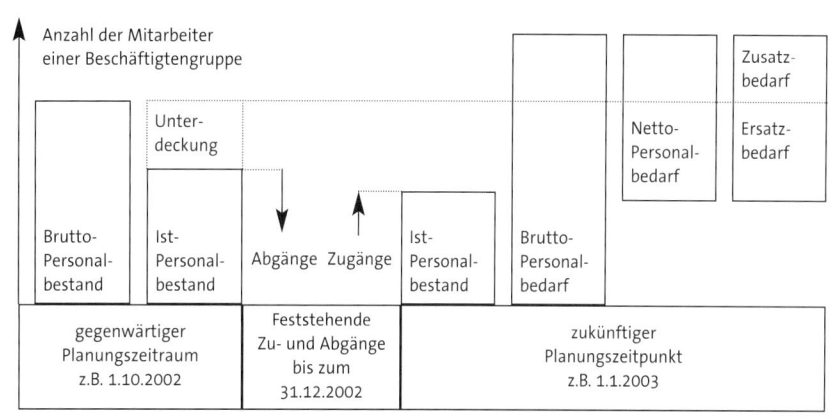

Anzahl der Mitarbeiter einer Beschäftigtengruppe

| Brutto-Personal-bestand | Ist-Personal-bestand | Unter-deckung | Abgänge | Zugänge | Ist-Personal-bestand | Brutto-Personal-bedarf | Netto-Personal-bedarf | Zusatz-bedarf | Ersatz-bedarf |

| gegenwärtiger Planungszeitraum z.B. 1.10.2002 | Feststehende Zu- und Abgänge bis zum 31.12.2002 | zukünftiger Planungszeitpunkt z.B. 1.1.2003 |

Anmerkung: Zu beachten ist das jeweilige Arbeitszeitvolumen von Stelleninhabern, das sich aus den Arbeitsverträgen ergibt (Vollzeit, Teilzeit), sowie die Befristung von Arbeitsverhältnissen während der Planungsperiode und die genauen Termine für bereits feststehende Zu- und Abgänge in 2002.

Übersicht (zu 1.12) Maßnahmen des Personalmarketing

Medien
- Broschüren des Unternehmens (z.B. Einstiegsprogramme für Hochschulabsolventen),
- Anzeigen in Zeitungen und Zeitschriften,
- Filme/Videos,
- Internet.

Events
- Messestand (z.B. Firmenkontaktbörse oder auf Messen, z.B. CeBIT für Informatik),
- Firmenbesichtigungen,
- Vorträge an Schulen und Hochschulen,
- Beteiligung an Veranstaltungen von Schulen und Studenteninitiativen (z.B. AIESEC).

On-the-Job-Maßnahme
- Praktikantenplätze,
- Diplomarbeitsthemen,
- Bereitstellung von Fallstudien für studentische Übungen.

Als in der Regel umfassend ausgebaut kann in vielen Unternehmen das Personalmarketing bei Hochschulabsolventen angesehen werden. Vorteilhaft ist dabei, dass Kontakte zu Bewerbern langfristig aufgebaut werden können und eine Art von Probezeit und Einarbeitung durch Praktikum und Diplomarbeit vorgeschaltet wird, die dem Unternehmen nur geringen Aufwand verursacht, gleichzeitig aber das Risiko der Personalauswahl für beide Seiten deutlich reduziert. Diese Fokussierung auf Hochschulabsolventen reicht jedoch zukünftig nicht aus. Vielmehr ist auch ein zielgerichtetes Personalmarketing für die Akquisition von Auszubildenden notwendig.

Einige wesentliche Maßnahmen sind in der Übersicht zu 1.12 genannt.

1.13 Personalbeschaffungs- und -auswahlplanung

Personalbeschaffungs- und -auswahlplanung haben die Aufgabe, Personalfehlbestände (Nettopersonalbedarf) zu beseitigen, d.h., die ermittelte Anzahl an Arbeitskräften, entsprechend den Anforderungsprofilen der Arbeitsplätze, rechtzeitig bereitzustellen. Für diese Aufgabe

IV. Personaleinsatz

Übersicht (zu 1.13) Ablaufplan der Personalbeschaffung und -auswahl

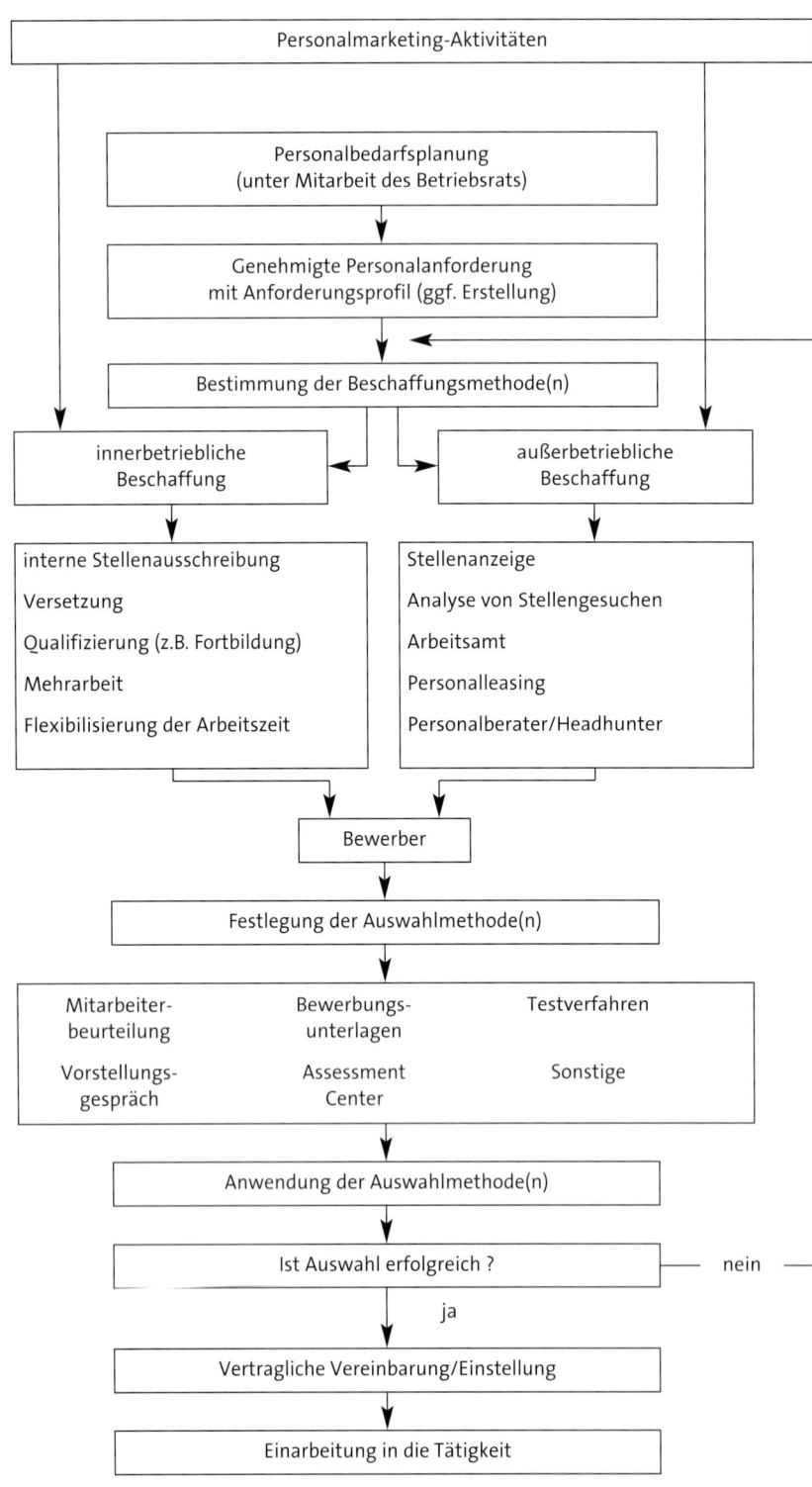

```
Personalmarketing-Aktivitäten
          │
          ▼
Personalbedarfsplanung
(unter Mitarbeit des Betriebsrats)
          │
          ▼
Genehmigte Personalanforderung
mit Anforderungsprofil (ggf. Erstellung)
          │
          ▼
Bestimmung der Beschaffungsmethode(n)
     │              │
     ▼              ▼
innerbetriebliche   außerbetriebliche
Beschaffung         Beschaffung
```

innerbetriebliche Beschaffung:
- interne Stellenausschreibung
- Versetzung
- Qualifizierung (z.B. Fortbildung)
- Mehrarbeit
- Flexibilisierung der Arbeitszeit

außerbetriebliche Beschaffung:
- Stellenanzeige
- Analyse von Stellengesuchen
- Arbeitsamt
- Personalleasing
- Personalberater/Headhunter

↓
Bewerber
↓
Festlegung der Auswahlmethode(n)
↓

- Mitarbeiterbeurteilung
- Bewerbungsunterlagen
- Testverfahren
- Vorstellungsgespräch
- Assessment Center
- Sonstige

↓
Anwendung der Auswahlmethode(n)
↓
Ist Auswahl erfolgreich? — nein →
↓ ja
Vertragliche Vereinbarung/Einstellung
↓
Einarbeitung in die Tätigkeit

sind eine Reihe von Planungsaufgaben zu erfüllen:
- Laufende Beobachtung des Arbeitsmarktes.
- Organisatorische Vorsorge für den Einzelfall der Personalbeschaffung.
- Grundsätzliche Überlegungen und Entwicklung von Kriterien zur Entscheidung, ob der Personalbedarf intern oder extern gedeckt werden soll.
- Festlegung, welche Personalauswahlverfahren Anwendung finden.

Nutzen Sie für Ihr praktisches Vorgehen die Ablaufplanung der Übersicht zu 1.13.

> **!** Um eine angemessene Deckung des künftigen Personalbedarfs sicherzustellen, müssen die Ergebnisse der Personalbedarfsplanung frühzeitig vorliegen.

Die Beschaffung kann nur dann kurzfristig erfolgen, wenn Personal einer bestimmten Qualifikation intern bzw. extern ausreichend zur Verfügung steht. Ein knappes Arbeitskräfteangebot erfordert zusätzliche Marketingmaßnahmen. Wenn Sie den außer- und innerbetriebliche Arbeitsmarkt kontinuierlich beobachten und analysieren, haben Sie im Bedarfsfall schnell einen Überblick, welche Arbeitskräfte im Planungszeitraum am günstigsten zu beschaffen sind. Diese Arbeitsmarktforschung ist besonders für die Deckung des längerfristigen Personalbedarfs relevant. Eine vorausschauende Planung mit einer zeitlichen Reichweite von mindestens einem Jahr sichert im Hinblick auf zu besetzende Stellen die Wettbewerbsfähigkeit Ihres Unternehmens.

1.14 Personalanpassungsplanung

Probleme ergeben sich auch, wenn die Personalbedarfsplanung einen Minderbedarf feststellt. Die Ursachen für notwendige Personalanpassungen liegen insbesondere in:
- strukturellen Veränderungen, z.B. geringe Wettbewerbsfähigkeit mit der Konsequenz der Schließung von Betrieben/Geschäftsstellen, Rückzug aus Geschäftsfeldern oder

der Verlagerung von Betriebsteilen ins Ausland,
- der Einführung neuer Technologien, z.B. in der Fertigung,
- betrieblichen Rationalisierungsmaßnahmen, z.B. in Verbindung mit Outsourcing),
- der Durchführung von Reorganisationsmaßnahmen (Änderung der Aufbau- und Ablauforganisation im Rahmen des Lean Managements und Business Process Reengineering).

Zur Planung der Personalanpassung gehört die rechtzeitige und offene Mitarbeiterinformation. Bei der Auswahl geeigneter Maßnahmen (Übersicht zu 1.14) kommt es vor allem darauf an, wirtschaftliche und soziale Aspekte aufeinander abzustimmen. Personalanpassung kann nicht mit Entlassung gleichgesetzt werden, da diese nur eine Alternative für nicht mehr benötigtes Personal ist. Gleichwohl wird in Unternehmen, die auf eine Personalbedarfsplanung verzichten, der Personalüberhang zu kurzfristig registriert, so dass Entlassungen sich nicht mehr vermeiden lassen (reaktive Personalanpassungsplanung).

Die Wirkung der Planung von Personalabbau darf jedoch nicht überschätzt werden, da die notwendige Personalreduzierung letztlich nicht verhindert wird. Personalabbauplanung ist aber geeignet, unerwünschte Folgen im wirtschaftlich-sozialen und im technisch-organisatorischen Bereich des Unternehmens vorbeugend zu beeinflussen.

Weitere Hinweise zu dieser Thematik finden Sie im Teil VIII A.

1.15 Personalentwicklungsplanung

Personalentwicklung hat das Ziel, Kenntnisse und Fähigkeiten der Mitarbeiter weiter zu entwickeln, da sich Aufgaben und Methoden der Aufgabenbewältigung ebenfalls ständig verändern (z.B. Internet Banking). Auch die Veränderung betrieblicher Organisationssysteme hin zu teamorientierten, flexiblen und schlanken Organisationen erfordert neue persönliche und soziale Kompetenzen (z.B. Kommunikations- und Kooperationsverhalten). Im Trend liegen arbeitsplatzbezogene Fortbildungen

Übersicht (zu 1.14) Maßnahmen der Personalanpassung

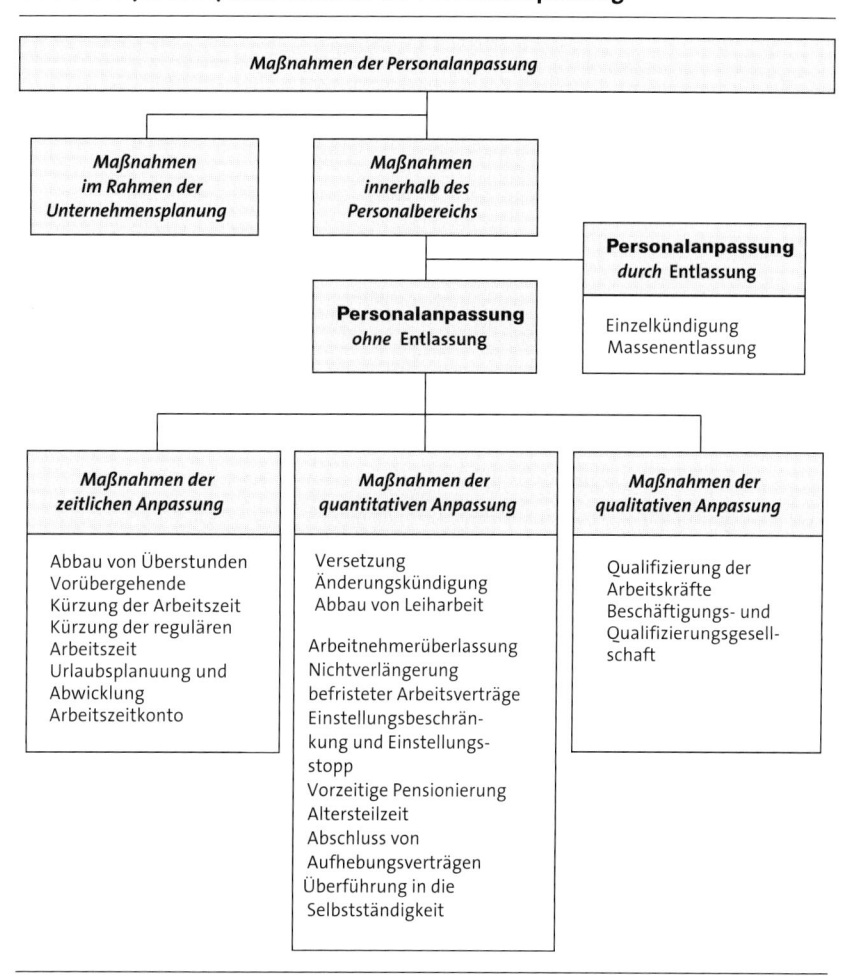

Maßnahmen der Personalanpassung
- Maßnahmen im Rahmen der Unternehmensplanung
- Maßnahmen innerhalb des Personalbereichs
  - Personalanpassung ohne Entlassung
    - Maßnahmen der zeitlichen Anpassung
      - Abbau von Überstunden
      - Vorübergehende Kürzung der Arbeitszeit
      - Kürzung der regulären Arbeitszeit
      - Urlaubsplanung und Abwicklung
      - Arbeitszeitkonto
    - Maßnahmen der quantitativen Anpassung
      - Versetzung
      - Änderungskündigung
      - Abbau von Leiharbeit
      - Arbeitnehmerüberlassung
      - Nichtverlängerung befristeter Arbeitsverträge
      - Einstellungsbeschränkung und Einstellungsstopp
      - Vorzeitige Pensionierung
      - Altersteilzeit
      - Abschluss von Aufhebungsverträgen
      - Überführung in die Selbstständigkeit
    - Maßnahmen der qualitativen Anpassung
      - Qualifizierung der Arbeitskräfte
      - Beschäftigungs- und Qualifizierungsgesellschaft
  - Personalanpassung durch Entlassung
    - Einzelkündigung
    - Massenentlassung

Übersicht 1 (zu 1.15) Aspekte der Personalentwicklung

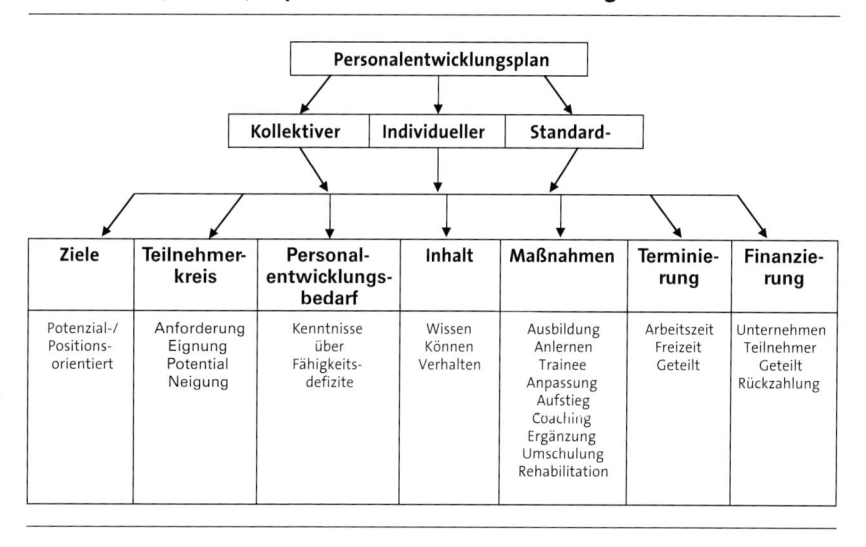

Personalentwicklungsplan
- Kollektiver
- Individueller
- Standard-

Ziele	Teilnehmerkreis	Personalentwicklungsbedarf	Inhalt	Maßnahmen	Terminierung	Finanzierung
Potenzial-/ Positionsorientiert	Anforderung Eignung Potential Neigung	Kenntnisse über Fähigkeitsdefizite	Wissen Können Verhalten	Ausbildung Anlernen Trainee Anpassung Aufstieg Coaching Ergänzung Umschulung Rehabilitation	Arbeitszeit Freizeit Geteilt	Unternehmen Teilnehmer Geteilt Rückzahlung

Übersicht 2 (zu 1.15) Instrumente der Personalentwicklungsplanung

Methode	Vorgehensweise mit Beispiel
Statistiken	indirekte Bedarfsermittlung, z.B. Qualitätsstatistiken
Unternehmensplanung	Schlussfolgerungen aus Unternehmensplanung für Personalentwicklung, z.B. ISO 9001ff.
Expertenbefragung	vorausschauende Berücksichtigung von Veränderungen in Umwelt und Unternehmen, z.B. verstärktes Engagement im Ausland
Anforderungsprofil	Konkretisierung von Aufgaben, Befugnissen und Anforderungen, z.B. PC-Kenntnisse
Personalakte/Personalentwicklungskartei	Datenerhebung auf Grundlage dieser Karteien, z.B. Fremdsprachenkenntnisse
Mitarbeiterbeurteilung	Erstellung eines Stärken-/Schwächen-Profils, z.B. Termineinhaltung
Workshop/Gruppengespräch	gemeinsame Erarbeitung des Bildungsbedarfs, z.B. Konfliktbearbeitung
Mitarbeitergespräch/ Entwicklungsgespräch	Bestimmung von Interessen und Vorstellung des Mitarbeiters zu seiner Entwicklung, z.B. Auslandseinsatz
Assessment Center/ Potenzialbeurteilung	Potenzialaufdeckung und Entwicklung, z.B. Integrationsfähigkeit

(Learning-by-doing, Training-on-the-job), da die Reorganisation in den Betrieben Gestaltungsspielräume für qualifikationsorientierte Formen der Arbeitsorganisation (z.B. job rotation, Job Enrichment, Job Enlargement) eröffnet.

Kernstück ist die Planung betrieblicher und außerbetrieblicher Maßnahmen, die auf die Erweiterung, Vertiefung bestehender und/oder die Vermittlung neuer Qualifikationen abzielen (siehe Übersicht 1 zu 1.15).

Zunächst legen Sie die Ziele fest, die realisiert werden sollen, und bestimmen den Teilnehmerkreis. Die potenzialorientierte Personalentwicklung orientiert sich an Eignung, Neigung und Interesse der Beschäftigten. Die positionsorientierte Personalentwicklung bezweckt die gezielte Qualifizierung für eine bestimmte Stelle (Anpassungs- oder Aufstiegsqualifizierung).

Beispielziele:
- Soll allgemein das Leistungsniveau der Mitarbeiter angepasst oder angehoben werden?
- Sollen bestimmte Potenziale besser gefördert werden?
- Sollen einzelne Arbeitsgruppen für jetzige oder künftige Aufgaben qualifiziert werden?
- Soll Fachkräftenachwuchs ausgebildet werden?
- Erfordern veränderte Absatzmärkte, Produkt- und Fertigungsverfahren neue Qualifikationen?
- Ergeben sich aus Stellenbesetzungen oder -wegfall Umsetzungs- bzw. Umschulungserfordernisse?

Diese Fragen muss der Personalbereich in enger Kooperation mit allen betreffenden Fachabteilungen und der Unternehmensleitung klären.

Für den Personalentwicklungsbedarf vergleichen Sie, bezogen auf eine Planungsperiode, Anforderungsprofile der Stellen und Eignungsprofile der Mitarbeiter. Durch den Vergleich der Profile werden Art und Umfang der Fähigkeitsdefizite sichtbar. Die wichtigsten Methoden zur Ermittlung des Personalentwicklungsbedarfs zeigt die Übersicht 2 zu 1.15.

Nicht alles, was Sie bei einem Mitarbeiter als verbesserungswürdig ansehen, zieht tatsächlich eine Personalentwicklungsmaßnahme nach sich. Da Personalentwicklung etwas kostet, müssen Prioritäten gesetzt werden. Nur für diesen Bedarf werden Maßnahmen der Personalentwicklung konzipiert. Im Hinblick auf mittel- und längerfristige Personalentwicklung stellt sich die Frage, auf welchen Stellen im Unternehmen Erfolg versprechende Mitarbeiter platziert sind, die Vakanzen besetzen und dabei höherwertige Aufgaben übernehmen können. Hierbei empfiehlt sich neben dem Instrument des Personalportfolios die Laufbahn- und Nachfolgeplanung.

Für die zeitliche Planung ist wichtig, bis wann der Entwicklungsbedarf gedeckt sein muss und ob die Maßnahmen während der Arbeitszeit terminiert werden. Entscheiden Sie auch, welche Maßnahmen das Unternehmen und welche der Mitarbeiter selber finanziert. Sie können Rückzahlungsklauseln vereinbaren, wenn der Beschäftigte innerhalb einer bestimmten Frist aus einem in seiner Person liegenden Grund das Unternehmen verlässt.

1.16 Personaleinsatzplanung

Die Personaleinsatzplanung ordnet die im Unternehmen vorhandenen Mitarbeiter konkreten Aufgaben und Positionen zu. Hierfür benötigt die Personalabteilung umfassende Informationen, die Sie der Übersicht zu 1.16 entnehmen können.

Aufgaben der kurzfristigen Personaleinsatzplanung sind:
- Änderungen des Arbeitsablaufs, der technischen Ausstattung oder der betrieblichen Organisation durch eine anforderungs- und eignungsgerechte Stellenbesetzung nachzuvollziehen,
- Projekte anforderungs- und eignungsgerecht zu besetzen,
- während des Urlaubs und bei Fehlzeiten von Mitarbeitern die betriebliche Leistung sicherzustellen,
- absehbare Freistellungen, z.B. wegen Mutterschaft, Erziehungsurlaub aufzufangen,
- Fehlbesetzungen von Arbeitsplätzen durch Umsetzung auf einen den Fähigkeiten besser entsprechenden Arbeitsplatz zu korrigieren,
- die Fähigkeiten der Mitarbeiter an die Arbeitsanforderungen anzu-

passen, z.B. durch Qualifizierungsmaßnahmen,
- die Arbeitsanforderungen den Fähigkeiten der Mitarbeiter anzugleichen, z.B. durch arbeitsgestalterische und organisatorische Maßnahmen.

Aus entsprechenden Arbeitsplatz- und Personaldaten lassen sich adäquate Anforderungsprofile der Stellen sowie Eignungsprofile der Mitarbeiter abgleichen:

1. Im Falle einer Übereinstimmung beider Profile erfolgt eine Stellenübertragung.
2. Wenn das Anforderungsprofil durch das Eignungsprofil noch nicht erfüllt wird (Unterdeckung), kann die Stelle erst nach Personalentwicklungs-Maßnahmen übertragen werden, oder ihre Anforderungen werden der Eignung des Mitarbeiters angepasst (Stellenänderung). Außerdem kommt die Versetzung auf eine passende Stelle in Betracht.
3. Wenn das Anforderungsprofil durch das Eignungsprofil mehr als erfüllt wird (Überdeckung), sollte eine Versetzung auf eine höher qualifizierte Position oder eine Änderung der Stelle (z.B. Job Enlargement) erfolgen.

> **!** Vermeiden Sie die Über- oder Unterforderung der Mitarbeiter. Daraus entsteht oft Unzufriedenheit, die sich in hohen Fehlzeiten- und Fluktuationsraten ausdrückt.

Mittel- und langfristig wird die Personaleinsatzplanung durch eine Anpassung an die Arbeitsanforderungen modifiziert. Denn die Stellenanforderungen (z.B. Steigerung/Verringerung der Stellenanforderungen durch technische Entwicklungen) und die Fähigkeiten der Mitarbeiter (Erweiterung der Fähigkeiten durch Personalentwicklung bzw. Nachlassen der Fähigkeiten auf Grund von Alter oder Krankheit) verändern sich im Laufe der Zeit.

Von Bedeutung sind:
- Reduzierung der Einarbeitungskosten,
- Minimierung der Lohn- und Gehaltskosten,
- Optimierung der Mengenleistung pro Arbeitsplatz sowie die
- Verringerung der Differenz zwischen Eignungs- und Anforderungsprofilen.

Verwenden Sie für die Personaleinsatzplanung die Hilfsmittel der Übersicht zu 1.16

Während der Organisationsplan die wesentlichen Strukturen des Unternehmens aufzeigt, fasst der Stellenplan die in einem Unternehmen vorhandenen Stellen zusammen, wobei arbeitsteilige Verknüpfungen sowie die hierarchischen Über- und Unterstellungen dargestellt werden. Mit Hilfe des Stellenplans ist es möglich, die Anzahl der verfügbaren Stellen und deren Austauschbarkeit der verschiedenen beruflichen Qualifikationen zu dokumentieren. Der Stellenbewertungsplan informiert zudem über die materielle Einstufung der Stellen (tariflich, außertariflich). Beide Pläne sind personenunabhängig. Werden dem Stellen- bzw. Stel-

Übersicht (zu 1.16) Instrumente der Personaleinsatzplanung

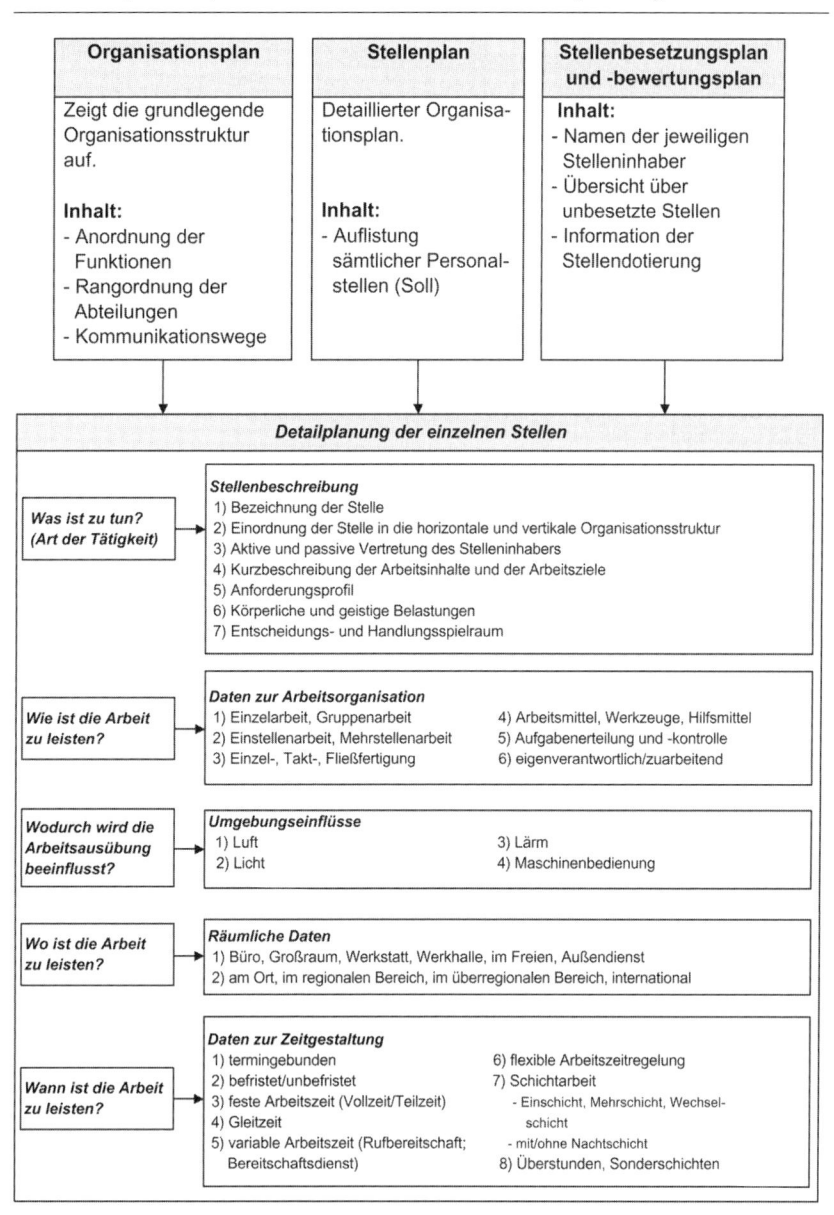

Organisationsplan
Zeigt die grundlegende Organisationsstruktur auf.
Inhalt:
- Anordnung der Funktionen
- Rangordnung der Abteilungen
- Kommunikationswege

Stellenplan
Detaillierter Organisationsplan.
Inhalt:
- Auflistung sämtlicher Personalstellen (Soll)

Stellenbesetzungsplan und -bewertungsplan
Inhalt:
- Namen der jeweiligen Stelleninhaber
- Übersicht über unbesetzte Stellen
- Information der Stellendotierung

Detailplanung der einzelnen Stellen

Was ist zu tun? (Art der Tätigkeit)	**Stellenbeschreibung** 1) Bezeichnung der Stelle 2) Einordnung der Stelle in die horizontale und vertikale Organisationsstruktur 3) Aktive und passive Vertretung des Stelleninhabers 4) Kurzbeschreibung der Arbeitsinhalte und der Arbeitsziele 5) Anforderungsprofil 6) Körperliche und geistige Belastungen 7) Entscheidungs- und Handlungsspielraum
Wie ist die Arbeit zu leisten?	**Daten zur Arbeitsorganisation** 1) Einzelarbeit, Gruppenarbeit 2) Einstellenarbeit, Mehrstellenarbeit 3) Einzel-, Takt-, Fließfertigung 4) Arbeitsmittel, Werkzeuge, Hilfsmittel 5) Aufgabenerteilung und -kontrolle 6) eigenverantwortlich/zuarbeitend
Wodurch wird die Arbeitsausübung beeinflusst?	**Umgebungseinflüsse** 1) Luft 2) Licht 3) Lärm 4) Maschinenbedienung
Wo ist die Arbeit zu leisten?	**Räumliche Daten** 1) Büro, Großraum, Werkstatt, Werkhalle, im Freien, Außendienst 2) am Ort, im regionalen Bereich, im überregionalen Bereich, international
Wann ist die Arbeit zu leisten?	**Daten zur Zeitgestaltung** 1) termingebunden 2) befristet/unbefristet 3) feste Arbeitszeit (Vollzeit/Teilzeit) 4) Gleitzeit 5) variable Arbeitszeit (Rufbereitschaft; Bereitschaftsdienst) 6) flexible Arbeitszeitregelung 7) Schichtarbeit - Einschicht, Mehrschicht, Wechselschicht - mit/ohne Nachtschicht 8) Überstunden, Sonderschichten

Beispiel (zu 1.16) Stellen-, Stellenbewertungs- und Stellenbesetzungsplan

Abteilung: Marketing
Bereich: Vertrieb
Stand 01/2002

Stellen-bezeichnung	Stellen-Nr.	Ausbildung lt. Anf.-Profil	Stellenbewertung Soll	Ist	Stellen-inhaber
Gruppenleiter	31301	Dipl.-Kfm./Oek.	K6	K6	Böll, H.
Hauptsachbearb.	31401	Betriebswirt	K5	K5	Klein, I.
Sachbearb.	31501	Industriekfm.	K4	K5	Rau, W.
	31502	Industriekfm.	K4	K4	Held, K.
	31503	Industriekfm.	K4	K4	Mill, F.
Sekretärin	31601	Sekretärin	K3	K4	Hopf, J.
Stenokontoristin	31701	Bürogehilfin	K2	K2	Dick, E.

Stellenplan
Stellen- und Stellenbewertungsplan
Stellen-, Stellenbewertungs- und Stellenbesetzungsplan

Übersicht (zu 1.17) Anreizformen

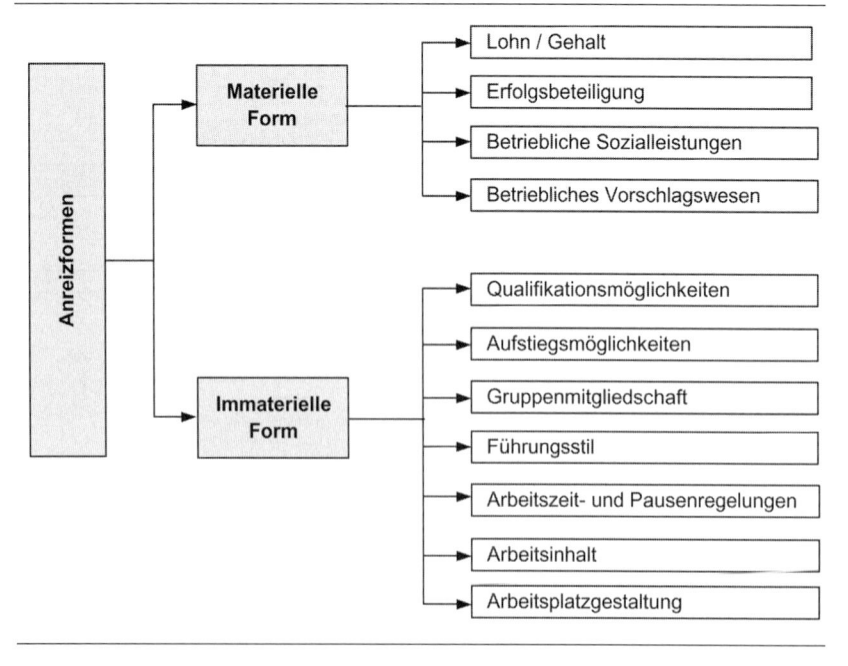

Anreizformen
- Materielle Form
  - Lohn / Gehalt
  - Erfolgsbeteiligung
  - Betriebliche Sozialleistungen
  - Betriebliches Vorschlagswesen
- Immaterielle Form
  - Qualifikationsmöglichkeiten
  - Aufstiegsmöglichkeiten
  - Gruppenmitgliedschaft
  - Führungsstil
  - Arbeitszeit- und Pausenregelungen
  - Arbeitsinhalt
  - Arbeitsplatzgestaltung

lenbewertungsplan die Mitarbeiter zugeordnet, spricht man von einem Stellenbesetzungsplan (siehe Beispiel zu 1.16). Feststehende Veränderungen (z.B. Versetzungen, Pensionierungen, Einarbeitung) sollten auch in den Stellenbesetzungsplan einfließen. Dadurch wird der künftige Personalbestand sowie Personalbedarf verdeutlicht.

1.17 Personalerhaltungsplanung

Die Personalerhaltungsplanung konzipiert Anreizsysteme, damit die beschäftigten Mitarbeiter im Unternehmen bleiben und weiterhin bereit sind, mit ihrer Leistung zum Unternehmenserfolg beizutragen. Ziel ist die Leistungsbereitschaft der Mitarbeiter. Die Qualifizierung des Personals trägt auch zur Erhaltung des Leistungsvermögens bei, zählt jedoch (akademisch) zur Personalentwicklungsplanung. In der Praxis gehen diese Bereiche ineinander über.

1.17.1 Anreize

Gegenstand eines Anreizsystems sind monetäre (siehe hierzu auch V A 1) und nichtmonetäre Anreize (siehe Übersicht zu 1.17). Bei den monetären Anreizen steht die Planung eines gerechten Entlohnungssystems im Vordergrund. Hinzu kommen geldliche oder geldwerte Leistungen des Unternehmens in Form von Erfolgs- und Kapitalbeteiligungen und betrieblichen Sozialleistungen. Bei den nichtmonetären Anreizen geht es um die Gewährung von Leistungen zur Befriedigung sozialer Bedürfnisse, z.B.

- Selbstverwirklichung bei der Aufgabenerfüllung,
- Erlebnis der Gruppenmitgliedschaft,
- Zufriedenheit am Arbeitsplatz,
- kooperative Personalführung,
- Partizipation an Entscheidungen.

1.17.2 Motivation

Um die Wirkungsweise von Anreizen besser zu analysieren, wird häufig zwischen extrinsischer und intrinsischer Motivation unterschieden. Beide dienen bzw. leisten Beiträge zur individuellen Bedürfnisbefriedigung. »Extrinsisch« meint jedoch, die Motivierung erfolgt durch äußere Anreize, z.B. Entgelt, verschiedene Statussymbole oder Karrieremöglichkeiten (Laufbahnplanung). »Intrinsisch« motiviert, führt der Mitarbeiter eine Aufgabe oder Tätigkeit um ihrer selbst willen durch. Damit belohnt sich die arbeitende Person gewissermaßen selbst. Zu denken ist hier an Aufgaben, die als attraktiv empfunden werden, wobei diese Aufgaben in der Regel einen Ganzheitscharakter besitzen, weitgehend autonom erledigt werden können und eine erkennbare Bedeutung haben. Andererseits kann dies zutreffen, wenn sich durch die

Tätigkeit sehr gute Möglichkeiten zur Befriedigung von sozialen Bedürfnissen (z.B. Zusammenarbeit in Projektteams) ergeben.

1.17.3 Leistungsdisposition

Das Leistungsangebot eines Mitarbeiters kommt nicht nur durch Anreize zu Stande sondern hängt auch von Leistungsdisposition und -fähigkeit des Mitarbeiters ab. Der Leistungsdisposition liegt die Annahme zu Grunde, dass das Ausmaß der individuellen Arbeitsleistung von der Physis des Stelleninhabers entscheidend mitbestimmt wird. Neben körperlicher Kraft und Ausdauer kommt es im Verlauf der Aufgabenerfüllung zur allmählichen Ermüdung, sodass das Leistungsvermögen einem charakteristischen Tagesrhythmus unterliegt. Auch das Lebensalter kann von Bedeutung sein. Die Leistungsdisposition ist primärer Untersuchungsgegenstand der Arbeitswissenschaft.

1.17.4 Leistungsfähigkeit

Die Leistungsfähigkeit ergibt sich teils aus angeborenen Fähigkeiten (Talenten). Vorwiegend jedoch erwirbt man sein Vermögen zur Aufgabenerfüllung durch individuelles Lernen. Damit werden verschiedene Formen der beruflichen Aus- und Fortbildung angesprochen, denn eine Stellenbesetzung mit einem Mitarbeiter, der nicht über die notwendigen Fähigkeiten verfügt, wirkt sich negativ auf die Aufgabenerfüllung aus.

Von Bedeutung ist außerdem die spezifische Organisation (z.B. Arbeitssystem, passende Stelle, Organisationssystem). Damit werden Bezüge zur Personaleinsatzplanung sichtbar.

1.18 Personalkostenplanung

Personalkosten haben wesentliche Bedeutung, da sie die wirtschaftliche Leistungsfähigkeit und Produktivität eines Unternehmens gravierend beeinflussen. Aufgabe der Personalkostenplanung ist es, die Auswirkungen aller Einzelmaßnahmen der Personalplanung zusammenzufassen und diese Plankosten zu überwachen.

- Welche Personalkosten entstehen in den verschiedenen Unternehmensbereichen während der Planperiode?
- Wie entwickeln bzw. verändern sich die Personalkosten der Planperiode im Vergleich zu Vorperioden und worin liegen die Ursachen?
- Welches sind die maßgeblichen Einflussfaktoren für eine Veränderung der Personalkosten und wie wird der zukünftige Trend dieser Faktoren beurteilt?
- Entsprechen die geplanten Personalkosten den angestrebten Produktivitätszielen?
- Entsprechen die geplanten Personalkosten den ermittelten Ist-Kosten (Wirtschaftlichkeitskontrolle)?

1.19 Prozesskostenrechnung

Die Prozesskostenrechnung verfolgt das Ziel, Kostenentstehung und -verursachung transparent zu machen. Die Personalkosten werden nicht mehr in Gemeinkostenblöcken zusammen gefasst, sondern entlang des Prozesses der Leistungserbringung verursachungsgerecht verteilt.

Für eine »Make or Buy«-Entscheidung kann z.B. analysiert werden, wo welche Leistungen des Personalbereichs in welchem Umfang in Anspruch genommen werden. Bestimmte personalwirtschaftliche Prozesse beeinflussen das Gemeinkostenvolumen. So setzt sich z.B. die Einstellung eines neuen Mitarbeiters aus Aktivitäten zusammen, die in verschiedenen Kostenstellen aufgeführt werden (siehe Übersicht zu 1.19).

Die einzelnen Prozesse sind entweder leistungsmengenneutral (lmn) oder leistungsmengeninduziert (lmi). Leistungsmengenneutrale Prozesse stehen nicht direkt im Zusammenhang mit der zu erbringenden Leistung (z.B. das Leiten einer Abteilung). Für die leistungsmengeninduzierten Prozesse sind Maßgrößen (sogenannte cost driver) für die jeweiligen Aktivitäten zu bestimmen. Im Anschluss werden die Prozessmengen je Prozess festgelegt und es erfolgt eine Bestimmung der Prozesskosten über entsprechende Planprozesskosten.

Im Beispiel zu 1.19 wird davon ausgegangen, dass fünf Vollzeitmitarbeiter (es könnten auch mehrere Teilzeitstellen sein, die sich zu fünf Vollzeitstellen aufsummieren) in der Kostenstelle Personalbeschaffung und Personalauswahl vorhanden sind (alternativ könnte auch von Mannjahren gesprochen werden). Es existieren ein Abteilungsleiter sowie vier Personalreferenten/Sachbearbeiter. Die gesamten Kosten der Kostenstelle belaufen sich auf 425.000 €. Hierin sind nicht nur die Personal-

Beispiel (zu 1.19)
Teilprozesse der Personalbeschaffung und Personalauswahl

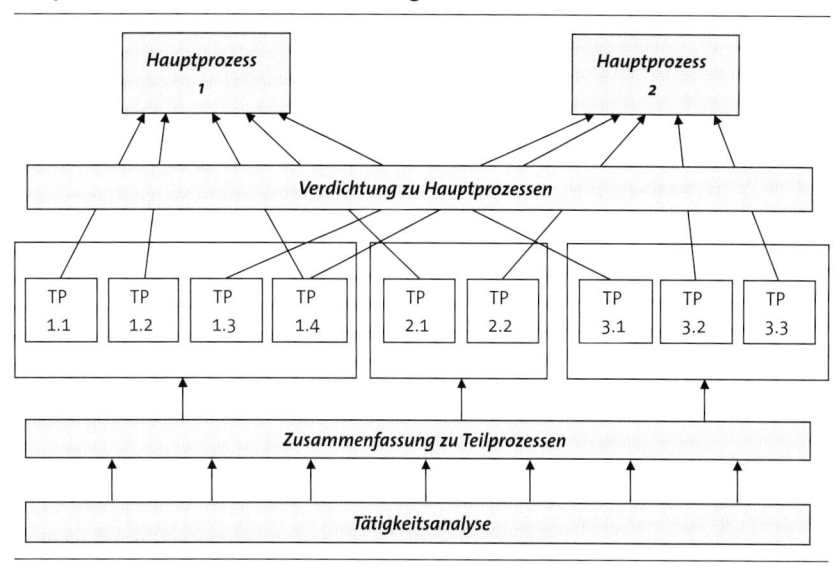

IV. Personaleinsatz

Übersicht zu (1.19) Prinzip der Hauptprozessverdichtung

Teilprozesse der Personalbeschaffung und Personalauswahl									
Teilprozesse			Cost Driver		MA-Bedarf	Prozesskosten		Prozesskostensatz	
Nr.	Bezeichnung	Art	Art	Menge		lmi	lmn	gesamt	lmi	gesamt
1	Abstimmung mit Fachabteilungen	lmi	Anzahl Beschaffungsvorgänge	100	0,5	42.500	10.625	53.125	425	531,25
2	Personalmarketing (Schul- und Hochschulkontakte)	lmi	Anzahl Beschaffungsvorgänge	100	1,25	106.250	26.562,5	132.813	1062,5	1328,13
3	Entwicklung der in-/externen Stellenanzeige	lmi	Anzahl Beschaffungsvorgänge	100	0,25	21.250	5.312,5	26.563	212,5	265,63
4	Erfassung und Bestätigung der Bewerbungseingänge	lmi	Anzahl Beschaffungsvorgänge	100	0,6	51.000	12.750	63.750	510	637,50
5	Vorauswahl und Einladung zum Vorstellungsgespräch	lmi	Anzahl Beschaffungsvorgänge	100	0,3	25.500	6.375	31.875	255	318,75
6	Planung und Durchführung von Vorstellungsgesprächen und AC	lmi	Anzahl Beschaffungsvorgänge	100	1	85.000	21.250	106.250	850	1062,50
7	Rücksendung der Bewerb.unterlagen	lmi	Anzahl Beschaffungsvorgänge	100	0,1	8.500	2.125	10.625	85	106,25
8	Abteilung leiten	lmn			1,0	85.000				
	Summe				5,0	425.000	85.000	425.000		

Übersicht (zu 1.20) Betriebsverfassungsgesetz und Personalplanung

§	Gesetzliche Grundlage	Bedeutung vor allem für die
§ 80	Überwachung der für die Arbeitnehmer geltenden Normen, z.B. Mutterschutzgesetz, Bundesurlaubsgesetz, Gleichberechtigungsgesetz usw. (Unterrichtungsrecht)	Personaleinsatzplanung
§ 87 (1)	Soziale Angelegenheiten, z.B. Lage und Verteilung der Arbeitszeit, Entlohnungsgrundsätze und -methoden (Mitbestimmungsrecht)	Personaleinsatzplanung Personalerhaltungsplanung Personalkostenplanung
§ 90	Planung von u.a. technischen Anlagen, Arbeitsverfahren und -abläufen, Arbeitsplätzen (Unterrichtungs- und Beratungsrecht)	Personalbedarfsplanung, Personalentwicklungsplanung, Personaleinsatzplanung (z.B. Veränderung von Arbeitsplätzen, -orten, -verfahren)
§ 91	Änderungen von Arbeitsplatz, -ablauf und -umgebung, wenn diese nicht menschengerecht gestaltet sind (Mitbestimmungsrecht)	Personalbedarfsplanung Personalentwicklungsplanung Personaleinsatzplanung
§ 92	Information über Personalbedarf (Informations- und Beratungsrecht), Durchführung einer Personalplanung (Vorschlagsrecht)	Bei Existenz einer Personalplanung gemeinsame Information und Beratung zwischen Arbeitgeber und Betriebsrat
§ 93	Ausschreibung von Arbeitsplätzen (Initiativ- und Mitbestimmungsrecht)	Personalbeschaffungsplanung
§ 94	Personalfragebogen, Beurteilungsgrundsätze (Mitbestimmungsrecht)	Personalentwicklungsplanung, Personaleinsatzplanung

kosten enthalten, sondern auch andere Gemeinkosten wie Büromaterial, Nutzung von Büroflächen, Abschreibungen von Betriebs- und Geschäftsausstattung usw. Allerdings machen die Personalkosten den höchsten Anteil aus, weshalb eine Verrechnung aller Kosten über den notwendigen Personalbedarf für einzelne Prozesse möglich ist.

Beispielsweise wird für den Teilprozess »Abstimmung mit den Fachabteilungen« ein gesamter Personalbedarf im Jahr von 0,5 Vollzeitstellen gesehen. Da die gesamten Kosten 425.000 € für fünf Mitarbeiter betragen, errechnen sich bei einen Bedarf von 0,5 Vollzeitstellen 42.500 €. Nachdem so für alle leistungsmengeninduzierten Teilprozesse die Kosten ermittelt werden, ist letztlich noch eine Verrechnung der leistungsmengenneutralen Kosten (für die Abteilungsleitung) in Höhe von 85.000 € nötig. Dies geschieht mittels eines Zuschlagsatzes. Da die Summe der leistungsmengeninduzierten Kosten 340.000 € betragen, ergibt sich daraus ein Zuschlagsatz von 25 % (85.000÷340.000) auf alle leistungsmengeninduzierten Kosten. Daraus ergeben sich die gesamten Kosten eines Teilprozesses. Wird dieser durch die Anzahl der geplanten Prozesse eines Jahres geteilt, ergibt sich der Prozesskostensatz.

Durch die prozessbezogene Kostenverrechnung werden im Beispiel die tatsächlich anfallenden Kosten für die Personalbeschaffung auf die jeweils zu besetzenden Stellen verteilt. Den einzelnen Führungskräften als Kostenverursachern wird dadurch der Zusammenhang zwischen eigenem Handeln und daraus resultierenden Kosten deutlich, was dazu beiträgt, das eigene Handeln ggf. kritisch zu überprüfen.

1.20 Mitbestimmung des Betriebsrats

Im Rahmen der Personalplanung sind eine Vielzahl rechtlicher Bestimmungen zu beachten. Bezüglich des Betriebsverfassungsgesetzes ergibt sich grundsätzlich aus § 92 BetrVG für den Arbeitgeber eine Verpflichtung, den Betriebsrat über die Personalplanung, insbesondere über den gegenwärtigen und künftigen Personalbedarf sowie über die sich daraus ergebenden personellen Maßnahmen, rechtzeitig und umfassend zu unterrichten bzw. sich mit ihm zu beraten. Ansonsten besteht für den Betriebsrat die Möglichkeit, personellen Einzelmaßnahmen, die aus der Personalplanung folgen, zu widersprechen. Zu beachten ist auch, dass der Betriebsrat nach § 92 Abs. 2 BetrVG Vorschläge zu Einrichtung und Durchführung einer Personalplanung einbringen kann. Darüber hinaus sind mit dem Betriebsrat weitgehend Art und Umfang der erforderlichen Maßnahmen sowie die Vermeidung von sozialen Härten zu beraten. Zusammenfassend ergeben sich hinsichtlich der einzelnen Planungstatbestände Rechte für den Betriebsrat (siehe Übersicht zu 1.20).

§ 95	Auswahlrichtlinien über Auswahl bei Einstellungen, Versetzungen, Umgruppierungen und Kündigungen (Mitbestimmungsrecht bei mehr als 1.000 MA)	Grundsätze für Personalbeschaffungsplanung, Personalanpassungsplanung, Personaleinsatzplanung
§§ 96–98	Förderung der betrieblichen Berufsbildung (Beratungs-, Vorschlags- und Mitbestimmungsrecht)	Personalentwicklungsplanung Personalhaltungsplanung
§§ 99–102	Personelle Einzelmaßnahme: Einstellungen, Eingruppierungen, Umgruppierungen, Versetzungen, Kündigungen (Informations-, Beratungs- und Vetorecht)	Personalbeschaffungsplanung Personalanpassungsplanung Personaleinsatzplanung
§§ 111–112	Planung von Betriebsänderungen, wenn für das Personal wesentliche Nachteile zu erwarten sind (Informations- und Beratungsrecht und indirektes Mitwirkungsrecht über Sozialplanandrohung nach § 112 Abs. 1 Satz 2 und Abs. 2–4)	Personalanpassungsplanung

1.21 Personalcontrolling

Personalcontrolling bedeutet die Ausrichtung der Planung, Steuerung und Kontrolle personalwirtschaftlicher Prozesse auf den wirtschaftlichen Erfolg des Unternehmens. Mit dieser Aufgabenstellung treten – wie bei der Personalplanung – zwangsläufig Abgrenzungsschwierigkeiten mit den klassischen funktionalen Teilaufgaben des Personalmanagements (z.B. Personalbeschaffung, Personalentwicklung) auf. Personalcontrolling bezieht sich dabei querschnittlich auf diese personalwirtschaftlichen Teilfunktionen mit dem besonderen Anspruch, Wirtschaftlichkeitspotenziale offen zu legen. Übersicht 1 zu 1.21 zeigt einige wesentliche Felder des Personalcontrolling auf. Zur besseren Transparenz werden in diesem Zusammenhang häufig Kennzahlen herangezogen, die aus Sicht vergleichbarer Branchen und Unternehmen bzw. im Zeitvergleich gegenübergestellt werden. Vergleichbare Kennzahlen werden dabei regelmäßig in Fachzeitschriften und Industrieverbänden veröffentlicht. Abweichungen werden dadurch leichter erkannt und entsprechende Maßnahmen diskutiert. Damit werden auch die Stärken und Schwächen der bisherigen Personalpolitik deutlich. Übersicht 2 zu 1.21 fasst einige besonders wichtige Kennzahlen zusammen. (Siehe auch III A/3)

Übersicht 1 (zu 1.21) Felder des Personalcontrolling

Personalcontrolling = Steuerung personalwirtschaftlicher Prozesse

Betriebswirtschaftliches Personalcontrolling

- Umsetzung der Personalbedarfsplanung
- Personalkostenüberwachung
- Prozesskostenrechnung

Entgeltcontrolling

- Entgeltstrukturen
- Umsetzung der Entgeltplanung

Personalstrukturcontrolling

- Personalqualifikationsstruktur
- Altersstruktur der Belegschaft
- Führungskräftestruktur

Personalentwicklungscontrolling

- Umsetzung der Personalentwicklungsplanung
- Evaluation von Bildungsmaßnahmen
- Bewertung von getroffenen Personalauswahlentscheidungen

2 Auf dem Weg zum flexiblen Arbeitszeitsystem

2.1 Entlastung plus Effektivität: Grundlagen flexibler Arbeitszeitgestaltung

»Arbeitszeitflexibilisierung« bedeutet, Lage und Verteilung der Arbeitszeit kurzfristigen Schwankungen von Arbeitsanfall und Personalverfügbarkeit, auch aufgrund von individuellen (Frei-)Zeitbedürfnissen, bestmöglich anzupassen – nicht nur im Tagesdienst Montag bis Freitag, wo flexible Arbeitszeitsysteme in Deutschland schon recht weit verbreitet sind, sondern z.B. auch im Schichtbetrieb, wo diesbezüglich noch viel Arbeit zu leisten ist.

Flexibilität ist heute und mehr noch in Zukunft in Arbeitszeitsystemen jeglicher Couleur unverzicht-

Übersicht 2 (zu 1.21) Wichtige Kennzahlen des Personalcontrolling

Kennzahl	Beispiel einer Kennzahl	Abweichungsursache (beispielhaft)	Handlungsempfehlung
Personal Soll/Ist	Vorhandenes Personal Notwendiges Personal	Fluktuation, Personalneuzugänge und Rückkehrer, zu geringer Fortschritt bei Personalanpassung	Personalbeschaffung Personalanpassung Rationalisierung Personalentwicklung
Beschäftigungsstruktur	Zahl der Mitarbeiter in der Verwaltung zu Zahl der Mitarbeiter der güterwirtschaftlichen Prozesse	zu großer Overhead veralteter Maschinenpark	s.o.
Führungskräftestruktur	Zahl Führungskräfte Zahl Mitarbeiter	aufgeblähtes Management	Umorganisation Nachwuchsförderung
Fluktuationsrate	Anzahl Abgänge Anzahl Mitarbeiter	Unzufriedenheit durch falsches Führungsverhalten, Altersstruktur	Betriebsklima und Führungsstil prüfen, Laufbahnplanung
Fehlzeitenquote	Krankheitstage Arbeitstage	mangelnde Arbeitsmoral einseitige körperliche Belastung der Mitarbeiter (Ergonomie)	Betriebsklima und Führungsstil prüfen, Rückkehrgespräche, Projekt: Gesundheit im Betrieb
Überstundenquote	Anzahl Überstunden Sollarbeitsstunden	Auftragslage Produktionsablauf Arbeitskräftemangel	Personalbeschaffung flexible Arbeitszeitmodelle
Lohn- und Gehaltsdurchschnitt	Gehaltsaufwendungen Anzahl Beschäftigte	freiwillige Sozialleistungen, Entlohnungssystem	Überprüfung Entlohnungssystem, leistungsgerechte Entlohnung, Rationalisierung

Grafik 1 (zu 2.1)
Ein flexibles 3-Schicht-Modell mit Zeitfenstern bei 35-Stunden-Woche

Schichtplan (Beispiel): ■ = planmäßige Schicht   ■ = an- bzw. absagbare Schicht

	Woche 1							Woche 2							Woche 3						
	Mo	Di	Mi	Do	Fr	Sa	So	Mo	Di	Mi	Do	Fr	Sa	So	Mo	Di	Mi	Do	Fr	Sa	So
Frühschicht																					
Spätschicht																					
Nachtschicht																					
Zeitfenster																					

Zeitkontenbewegungen:

	Mo	Di	Mi	Do	Fr	Sa	So	Mo	Di	Mi	Do	Fr	Sa	So	Mo	Di	Mi	Do	Fr	Sa	So
anteilige Vertrags-AZ	7,0	7,0	7,0	7,0	7,0	0,0	0,0	7,0	7,0	7,0	7,0	7,0			7,0	7,0	7,0	7,0	7,0	0,0	
→ ein Zeitfenster »kostet«	7,0	7,0	7,0	7,0	7,0	0,0	0,0	7,0	7,0	7,0	7,0	7,0			7,0	7,0	7,0	7,0	7,0	0,0	
ggf. planmäßige AZ	7,8	7,8	7,8	7,8	7,8	7,8	7,8	7,8	7,8	7,8	7,8	7,8			7,8	7,8	7,8	7,8	7,8	7,8	
→ ggf. Zeitgutschrift	0,8	0,8	0,8	0,8	0,8	7,8	7,8	0,8	0,8	0,8	0,8	0,8			0,8	0,8	0,8	0,8	0,8	7,8	
→ Saldo bei Volllast (ohne Belegung von Zeitfenstern)	0,8	1,6	2,4	3,2	4,0	11,8	19,6	20,4	21,2	22,0	22,8	23,6			24,4	25,2	26,0	26,8	27,6	35,4	

bar: Wie sonst sollte man denn den immer höheren Anforderungen gerecht werden können, denen Betriebe und Verwaltungen ausgesetzt sind –

- von Seiten ihrer – externen und internen – Kunden, die die von ihnen gewünschten Leistungen unverzüglich und in garantierter Qualität haben wollen und in der Regel zu Preisen, die eine hohe Effizienz der Leistungserbringung erfordern; und
- von Seiten der Mitarbeiterinnen und Mitarbeiter die zunehmend erweiterte Gestaltungsspielräume nicht nur hinsichtlich Lage und Verteilung der Vertragsarbeitszeit wünschen, sondern auch die Möglichkeit, zeitweise oder auf Dauer in den verschiedensten Formen teilzeitig zu arbeiten.

Zukunftsfähige flexible Arbeitszeitsysteme müssen in der Lage sein, diese auf den ersten Blick widersprüchlichen Zielsetzungen unter einen Hut zu bringen. Dazu ist es erforderlich, dass in ihnen

- dann gearbeitet werden kann, wenn der Kunde dies braucht;
- dann nicht gearbeitet werden muss, wenn der Kunde dies nicht braucht (nur so lässt sich mittels Arbeitszeitregelung die Arbeitsproduktivität potenziell steigern); und
- die Mitarbeiter ihre Arbeitszeiten in diesem Sinne selbst steuern – und zwar zwingend im Team, weil ohne diesen Hintergrund die für die Berücksichtigung der persönlichen Zeitinteressen (einschließlich Teilzeitarbeit, die dann, anders als in starren Arbeitszeitsystemen, kein Problem mehr darstellt) erforderlichen Spielräume nicht in ausreichendem Maße gewährleistet werden können.

Gemeinsames Kennzeichen zukunftsfähiger flexibler Arbeitszeitsysteme ist, dass sie die Verantwortung der Mitarbeiter für den Einsatz ihrer Arbeitszeit fordern und fördern. (Arbeitgeber und Betriebsrat sind nach der jüngsten Reform des Betriebsverfassungsgesetzes sogar verpflichtet, »die Selbständigkeit und Eigeninitiative der Arbeitnehmer und Arbeitsgruppen zu fördern«, § 75 Abs. 2 BetrVG.) Dieser hohe Stellenwert der Eigenverantwortlichkeit bei der Arbeitszeitgestaltung ergibt sich nicht nur und vielleicht nicht einmal vorrangig aus den Interessen der Mitarbeiter, von denen viele gern in der bequemen, weil weniger Verantwortungsübernahme erfordernden »guten alten Zeit« der Fremdsteuerung durch die Führungskraft verbleiben wollen. Er ergibt sich in erster Linie aus der Unmöglichkeit, den immer kurzfristigeren Anforderungen an Kundenorientierung und Wirtschaftlichkeit anders zu genügen.

Letzter Sinn flexibler Arbeitszeitgestaltung aus betrieblicher Sicht, zu Ende gedacht aber auch aus Sicht der Mitarbeiter, ist dabei, eine Verschwendung der wertvollen Ressource Arbeitszeit (und Lebenszeit!) zu vermeiden. Dieser Grundsatz findet in der betrieblichen Praxis immer mehr Beachtung. Das zeigt sich unter anderem darin, dass – insbesondere in den »direkten« Bereichen, in denen (auch zeitlich) messbare Leistungen erbracht werden, also etwa in der Fertigung – neben den Arbeitszeiten zunehmend auch die Abwesenheitszeiten der Mitarbeiter aktiv gesteuert werden. Am besten geschieht dies, siehe oben, durch die Mitarbeiter selbst – im Schichtbetrieb z.B. dadurch, dass in den Schicht- oder Dienstplan »Zeitfenster« eingebaut werden, die von Mitarbeiterteams eigenverantwortlich mit Abwesenheiten wie Urlaub, Weiterbildungszeiten und Freischichten belegt werden.

Die Grafik 1 zu 2.1 zeigt ein Beispiel aus dem 3-Schicht-Betrieb. Der Schichtplan sieht hier vor, dass die Betriebszeit nach an dieser Stelle nicht näher zu betrachtenden Spielregeln in einer Bandbreite von 13 bis 18 Schichten pro Woche variiert werden kann, wobei die Vertragsarbeitszeit von annahmegemäß 35 Wochenstunden grundsätzlich gleichmäßig à 7 Stunden auf die Arbeitstage Montag bis Freitag verteilt wird. Die planmäßige Arbeitszeit pro Schicht wird hier mit 7,8 Stunden angenommen.

Dieser Schichtplan sieht nun zusätzlich pro Schicht zwei Zeitfenster vor, die von den Mitarbeitern eines Teams in gegenseitiger Absprache durch planmäßige Abwesenheitszeiten belegt werden. Dies wird sinnvoller Weise über deren Zeitkonten gesteuert, die in flexiblen Schichtsystemen wie im Beispiel ohnehin geführt werden müssen. Im unteren Teil des Schaubilds sind die sich dabei ergebenden Zeitkontenbewegungen wiedergegeben. Daraus ergibt sich, dass die Mitarbeiter bei Volllast-Betrieb (18 Schichten pro Woche) innerhalb von drei Wochen einen Anspruch auf gut fünf Freischichten aufbauen. Die Führungskräfte sind dafür verantwortlich, dass die Mitarbeiter in gleicher Weise die ihnen zustehenden Zeitfenster beanspruchen (womit sich dann auch die persönlichen Zeitkonten in einer vergleichbaren Größenordnung bewegen). Sie können diese Kompetenz natürlich (widerruflich) auf die Teams delegieren. Dabei muss erfahrungsgemäß stets besonders darauf geachtet werden, dass die Zeitfenster wirklich von allen Teammitgliedern belegt werden können, es also beispielsweise keine dies verhindernden Qualifikationsengpässe gibt.

Über den beschriebenen einfachen Beispiel-Fall hinaus kann die Flexibilität von Zeitfenster-Systemen dadurch noch deutlich gesteigert werden, dass nach zu vereinbarenden Spielregeln zusätzliche Zeitfenster geöffnet und/oder vorhandene Zeitfenster wieder geschlossen werden können, um auch noch ganz kurzfristig auf Schwankungen von Arbeitsanfall und Personalverfügbarkeit reagieren und Freizeitwünschen der Mitarbeiter nachkommen zu können.

Der Übergang von anwesenheits- zu leistungs- und ergebnisorientierten Formen der Arbeitszeitgestaltung fällt nicht immer leicht. Ein wesentlicher Grund hierfür dürfte darin bestehen, dass Überbesetzung sich, wenn überhaupt, wesentlich indirekter mitteilt als Unterbesetzung. Wenn nämlich wirklich »Not am Mann« ist, muss vielleicht sogar einmal eine ganze Produktionslinie abgeschaltet werden oder die »Lost-Call-Rate« – die Anzahl der gescheiterten Anrufversuche im Callcenter – geht spürbar nach oben. Selbst wenn nur die Stapel auf den Schreibtischen wachsen: Ursache und Wirkung sind für jedermann einfach in Zusammenhang zu bringen. Anders bei Überbesetzungen: Sie sind auf den ersten Blick oft nicht zu erkennen, denn an Beschäftigung herrscht fast nirgendwo Mangel. Und Kennzahlen, die sinkende bzw. geringe Produktivität anzeigen, sind nicht selten umstritten – wenn es sie denn überhaupt gibt und sie den Beteiligten zeitnah übermittelt werden.

Besonders ausgeprägt ist dieses Problem in den »indirekten« Bereichen, in denen (auch zeitlich) nicht oder nur schwer messbare Leistungen erbracht werden – also insbesondere in Verwaltungs- und Entwicklungsbereichen, aber auch in internen Servicebereichen wie der Instandhaltung. Hier sind Überbe-

Grafik 2 (zu 2.1) Die Balance von Aufgabe und Arbeitszeit

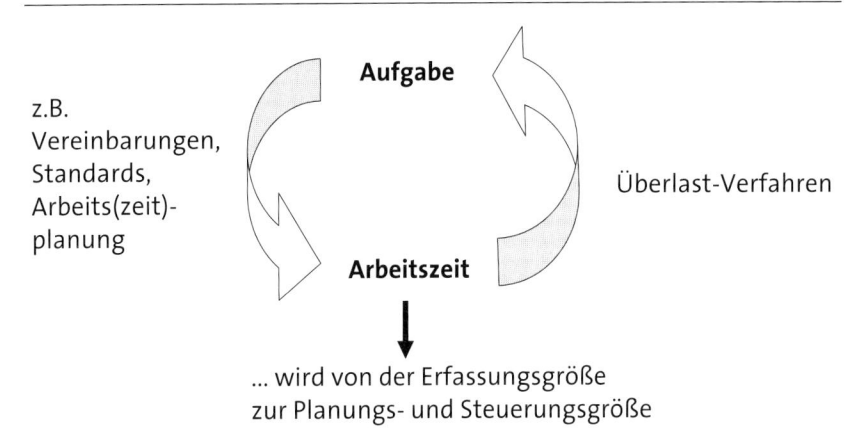

z.B. Vereinbarungen, Standards, Arbeits(zeit)-planung

Aufgabe ⇄ Arbeitszeit

Überlast-Verfahren

... wird von der Erfassungsgröße zur Planungs- und Steuerungsgröße

setzungen oftmals überhaupt nicht zu erkennen. Ganz im Gegenteil scheint hier – etwa in Stabsabteilungen – schon der Begriff keinen Sinn zu ergeben: Je mehr Arbeitszeit man investiert, desto mehr kann man schließlich schaffen. Dies gilt in Zeiten der Hochkonjunktur – und eher noch verstärkt in Zeiten der Krise: Gerade dann müssen sich alle doch besonders anstrengen...

Darüber hinaus hat gerade hier, bedingt durch immer schnellere und häufigere Veränderungen betrieblicher Organisationsstrukturen – etwa infolge von Fusionen, Kostensenkungsprogrammen, zunehmenden Wettbewerbsdrucks und/oder höherer Kundenerwartungen –, die Arbeitsmenge in den letzten Jahren vielfach kontinuierlich zugenommen. Der notwendige Ausgleich durch klare Prioritätensetzung und den Verzicht auf unnötige Arbeiten ist jedoch zumeist unterblieben – auch, weil solche Entscheidungen immer mit einem gewissen Fehlerrisiko verbunden sind, dem sich bei ungewissen Rahmenbedingungen niemand gern aussetzt.

Verstärkend tritt hinzu, dass in den indirekten Bereichen nach wie vor eine »Zeitverbrauchskultur« vorherrscht, in der Anwesenheit mit Leistung gleichgesetzt wird, zumindest aber die Anwesenheitsdauer als wichtiger Leistungsmaßstab gilt. Auch die Mitarbeiter bevorzugen Zeitguthaben (mit dem damit verbundenen Zeitausgleichs-Versprechen, am liebsten in Form ganzer freier Tage) gegenüber Zeitschulden – und zwar umso mehr, je weniger messbar bzw. definiert ihre Arbeitsaufgaben und die Kriterien für deren ordentliche Erfüllung sind.

Dadurch wird die Arbeitszeit zum Verschiebebahnhof ungelöster Organisations- und Führungsprobleme und zusätzlich zum eigenständigen Belastungsfaktor. Will man hier weiter kommen, reichen die Instrumente der Arbeitszeitgestaltung allein nicht aus. Erforderlich ist vielmehr eine engere Verknüpfung von Mittel (flexible Arbeitszeit) und Zweck (effiziente Aufgabenerledigung unter für die Mitarbeiter akzeptablen, besser: attraktiven Rahmenbedingungen). Die Grafik 2 zu 2.1 zeigt diesen Zusammenhang als Regelkreis:

- Die zu erledigenden Arbeitsaufgaben müssen unter Berücksichtigung der verfügbaren Arbeitszeit geplant werden.
- Reicht die Arbeitszeit zur Bewältigung der Arbeitsaufgaben nicht aus, müssen Korrekturen – vorrangig am Aufgabenvolumen – erfolgen, um die Balance wieder herzustellen.

Damit wird Nutzen für Arbeitgeber wie Mitarbeiter geschaffen, weil die – gegebenenfalls wieder zu entdeckende – Knappheit der Ressource Arbeitszeit als Druckmittel zur Erhöhung der betrieblichen Effektivität wirkt: Zu erledigende Aufgaben müssen dann immer wieder auf ihren Sinn und Zweck hin überprüft werden, Prioritätensetzung wird unvermeidlich. Weglassen als Stärke: Auch unter dem Aspekt einer einfachen und auf Schnelligkeit ausgerichteten Ablauforganisation ist das ein schlüssiger Gedanke. Und nicht zuletzt profitiert der Kunde von klar strukturierten Leistungserstellungsprozessen und den hierdurch erzwungenen expliziten Qualitätsstandards.

Die Arbeitszeit (wieder) als Mittel zum – definierten – Zweck zu etablieren, dürfte insbesondere in den indirekten Bereichen der einzige Weg sein, der aus dem Anwesenheitskult herausführt: Schließlich geht es darum, ohne schlechtes Gewissen auch einmal nicht anwesend sein zu können. Und dies setzt das Bewusstsein voraus, seine Arbeit entweder erledigt zu haben oder dies noch zeitnah tun zu können – unter Beachtung der entsprechenden terminlichen und qualitativen Anforderungen.

Vor diesem Hintergrund sollten die bestehenden sowie die betrieblich in die engere Wahl genommenen Instrumente und Modelle flexibler Arbeitszeitgestaltung vor allem danach bewertet werden, inwieweit sie hier einen Beitrag leisten. Denn wie etwa die ausgesprochen zeitverbrauchsorientierte und damit ebenso wenig Effizenz und Effektivität wie die Entlastung der Mitarbeiter fördernde herkömmliche Gleitzeit zeigt, gibt es diesbezüglich beträchtliche Unterschiede.

Um die Entscheidungsfindung zu erleichtern, stellen die folgenden Kapitel drei in diesem Zusammenhang besonders Erfolg versprechende Ansätze betrieblicher Arbeitszeitgestaltung vor, die zugleich Stationen auf dem Weg zu höherer Arbeitszeitflexibilität sind:

- das Ersetzen der persönlichen Anwesenheitpflicht durch teambezogene Besetzungs- bzw. Leistungsvorgaben;
- die systematische Unterscheidung zwischen Anwesenheitszeit und Arbeitszeit; und
- eine flexibilitätsfördernde Zeitkontengestaltung in Richtung »Vertrauensarbeitszeit«, wo es kein Zeitkonto mehr gibt.

2.2 Von der Anwesenheitspflicht zur Leistungserbringung

In vielen Betrieben und Verwaltungen ist in den letzten Jahren die persönliche Anwesenheitspflicht – etwa in der Kernzeit der klassischen Gleitzeit – bereits abgeschafft worden, und auch im Schichtbetrieb gibt es analoge Entwicklungen: wenn etwa der Schichtwechsel nicht unbedingt zur planmäßigen Zeit erfolgen muss, sondern dann erfolgt, wenn der Ablöser da ist. An ihre Stelle treten typischerweise teambezogene Besetzungs- und/oder Leistungsvorgaben, also eine Arbeitszeitgestaltung ausgehend vom Output – der für den externen oder internen Kunden bedarfsgerecht zu erbringenden Leistung – und nicht mehr ausgehend vom Input – dem Verbrauch von Arbeitszeit.

Für den einzelnen Mitarbeiter bedeutet dies, dass er seine Arbeitszeit in dem Maße frei gestalten kann, wie er im Rahmen einer funktionierenden Teamabsprache seinen Teil zur gemeinsamen Aufgabenerledigung beiträgt. Voraussetzung für eine solche Herangehensweise an die betriebliche Arbeitszeitgestaltung ist folglich, dass die Aufgabenerledigung im Team in den Mittelpunkt tritt.

Dieser Weg teamorientierter flexibler Arbeitszeitgestaltung soll im Folgenden am Beispiel des Konzepts »Servicezeit« näher erläutert werden. Kern dieses Konzepts ist es, auf der Basis fortlaufender Teamabsprache die Standardleistungen der jeweiligen Organisationseinheit auch dann zu garantieren, wenn der einzelne Mitarbeiter nicht anwesend ist. Damit nehmen die persönlichen Freiheitsgrade der einzelnen Teammitglieder zu – auch wenn Servicezeiten, da kundenorientiert festzulegen, häufig länger sind als die meist einheitliche Festarbeitszeit oder Kernzeit, die sie ablösen. Eine gemeinsame Erbringung der Standardleistungen tritt an die Stelle einer personenorientierten – und entsprechend schwerfälligen – Ablauforganisation. »Management by Kasperletheater« (»Seid ihr alle da?«) hat dann ausgedient. Zugleich entfallen dadurch auch die Restriktionen für den Einsatz von Teilzeitmitarbeitern.

Grafik zu 2.2 zeigt die wesentlichen Elemente des Servicezeit-Konzepts:

Servicezeit
Ausgangspunkt ist die Servicezeit selbst, die grundsätzlich gemäß den Erwartungen der externen und internen Kunden der Organisationseinheit festzulegen ist, wobei jedoch auch wirtschaftliche Gesichtspunkte (wie die Vermeidung von bloßen Bereitschaftszeiten und von Zuschlägen) und die Arbeitszeit-Wünsche der Mitarbeiter berücksichtigt werden müssen. Dabei darf allerdings nicht übersehen werden, dass bedarfsgerechte Servicezeiten immer auch ein Teil der Existenzberechtigung der jeweiligen Organisationseinheit sind.

Das Konzept Servicezeit unterscheidet sich vom Konzept persönliche Anwesenheitspflicht nicht nur durch seinen Gruppenbezug, sondern auch und vor allem durch seine Kundenorientierung. Diese wird es meist erforderlich machen, eine durchgehende Erreichbarkeit auch während der (Mittags-)Pausenzeit sicherzustellen, so dass z.B. nicht mehr die ganze Abteilung geschlossen Essen gehen kann und interne Besprechungen innerhalb der Servicezeit gewisse organisatorische Vorkehrungen erfordern – etwa in der Weise, dass jeweils ein Teil der Mitarbeiter dafür verantwortlich ist, dass Kundenanfragen auch während der Besprechung bearbeitet werden. Zum anderen fordern Servicezeiten von

Grafik (zu 2.2) Der Service-Triangel

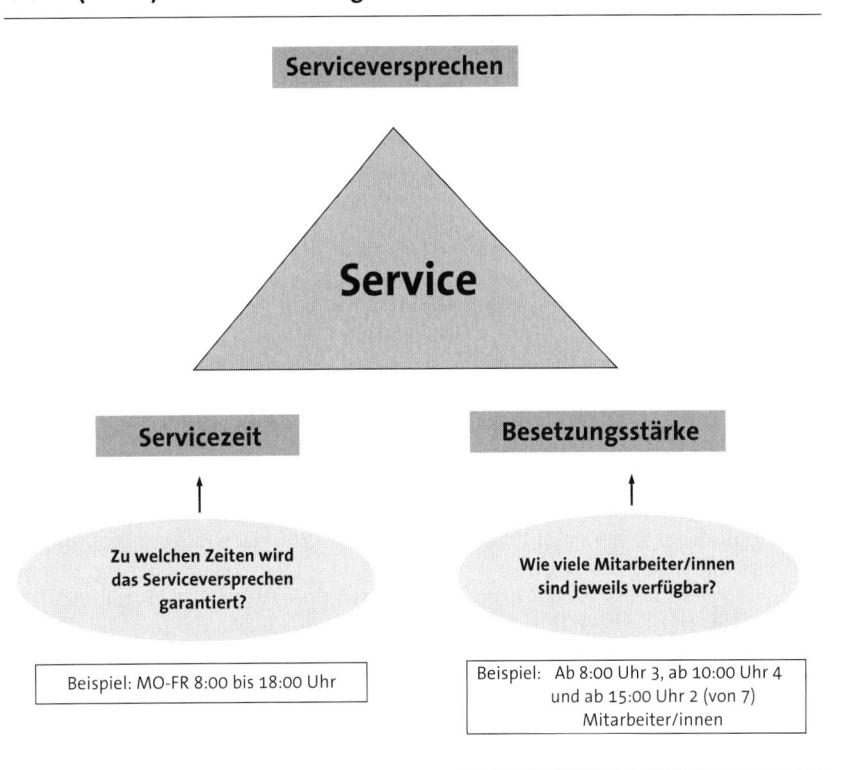

Serviceversprechen

Service

Servicezeit — Zu welchen Zeiten wird das Serviceversprechen garantiert?
Beispiel: MO-FR 8:00 bis 18:00 Uhr

Besetzungsstärke — Wie viele Mitarbeiter/innen sind jeweils verfügbar?
Beispiel: Ab 8:00 Uhr 3, ab 10:00 Uhr 4 und ab 15:00 Uhr 2 (von 7) Mitarbeiter/innen

allen Beteiligten die konsequente Weiterschaltung des eigenen Telefons im Falle der (vorübergehenden) persönlichen Abwesenheit. Wem das zu banal klingt, der möge einmal darauf achten, wie viele seiner externen und internen Ansprechpartner er beispielsweise in der Mittagszeit telefonisch nicht nur persönlich nicht erreicht (was im Sinne der Servicezeit ja keinerlei Problem ist), sondern überhaupt nicht. Servicezeiten dienen damit der Beschleunigung interner Abläufe und tragen so zur Verkürzung der heute so enorm bedeutsamen »time to market« bei.

Serviceversprechen
Wichtiger noch als die Servicezeit ist das Serviceversprechen, das – in der Verantwortung der Führungskraft – die jeweilige Organisationseinheit ihren Kunden gibt. Inhalt dieses Serviceversprechens sind die Standardleistungen, die während der Servicezeit verfügbar sind und demzufolge grundsätzlich von jedem Mitglied des sie abdeckenden Teams erbracht werden können müssen. Dies sind alle Leistungen, die während dieser Zeit sofort erbracht werden müssen oder sollen. Insbesondere gehören hierzu alle Leistungen, deren unverzügliche Erbringung der Kunde erwarten kann: beispielsweise Auskünfte zu Produkten und Dienstleistungen, die Entgegennahme und sofortige Bearbeitung von Bestellungen und einfachen Aufträgen und die Vereinbarung von Erledigungs- oder zumindest (Rückruf-)Terminen für die über die Standardleistungen hinausgehenden, besondere Qualifikation, Erfahrung oder Kundenkenntnis erfordernden »Spezialleistungen« bei Abwesenheit des »zuständigen« Kollegen. Um Spezialleistungen handelt es sich beispielsweise beim Beratungsgespräch eines Anlageberaters mit seinem langjährigen Kunden, bei die Beantwortung einer detaillierten Produktanfrage durch den hierauf spezialisierten Verkäufer, bei der Bearbeitung einer Reklamation durch den eigens hierfür geschulten Sachbearbeiter oder

bei der Behebung eines Computerproblems durch den entsprechenden Hard- oder Softwarespezialisten.

Da bei Spezialleistungen die Erledigungsfrist wesentlich über den Kundennutzen entscheidet, sollte besonders darauf geachtet werden, dass die Spezialisten nicht durch lange Tagesarbeitszeiten zusätzliche Freie-Tage-Ansprüche aufbauen, sondern an möglichst vielen Arbeitstagen auch tatsächlich verfügbar sind. Vor diesem Hintergrund zeigt sich ein wesentlicher Vorzug des Servicezeit-Konzepts auch und gerade für hoch spezialisierte Dienstleister, die dadurch von der Erbringung von Standardleistungen entlastet werden und sich so stärker auf ihre Kernkompetenzen konzentrieren können. Dies schließt selbstverständlich mit ein, dass der Chef auch einmal auf die – unter Umständen ebenso effizienz- wie motivationsfördernde – Idee verfällt, »seine« Sekretärin an einem ruhigen Freitagnachmittag am Telefon zu vertreten, die ihr Zeitkonto an diesem Tag vielleicht besonders gern um ein paar Stunden entlastet.

Die Definition von Serviceversprechen bringt mehr Transparenz für die Kunden und zwingt zugleich dazu, eingefahrene Abläufe kundenorientiert zu überdenken. Sie bietet so (hoffentlich) willkommene Ansatzpunkte für die Vereinfachung und Straffung der Organisation und das Weglassen nicht zwingend erforderlicher Aufgaben (merke: »Dringendes« ist in der Regel nicht wichtig!). Auch wenn die Kundenerwartungen bei der Definition des Serviceversprechens immer im Vordergrund stehen müssen: Meist liegt der Gewinn für die Organisationseinheit selbst über den kundenseitig erlebbaren Verbesserungen. Und nicht zuletzt profitieren die Teammitglieder: von der nunmehr klar formulierten Leistungserwartung des Arbeitgebers wie auch vom Motivationseffekt dadurch, dass man nicht mehr »für den Chef«, sondern für den Kunden arbeitet (wie auch der Chef!). Allerdings kann es auch zu gegenteiligen Reaktionen kommen: dann nämlich, wenn sich in diesem Klärungsprozess herausstellt, dass der Ist-Zustand von – zumindest für einige Mitarbeiter – komfortabler Unverbindlichkeit geprägt war, die jetzt durch klare Vereinbarungen ersetzt wird.

Besetzungsstärke
Und schließlich muss auch die Besetzungsstärke »stimmen«, damit aus der Besetzungszeit keine Besetzt-Zeit wird. Servicezeitregelungen, die schematisch eine Mindestbesetzung von einem Mitarbeiter pro Organisationseinheit vorsehen, reichen in der Regel nicht aus. Denn Maßstab für die Besetzungsstärke ist die Einhaltung des Serviceversprechens (siehe oben). Das bedeutet auch, dass die Besetzungsstärke die dynamischste der drei Komponenten des Servicezeit-Konzepts ist: Saisonale wie kurzfristige Arbeitsanfallschwankungen wollen hier berücksichtigt sein, Schwankungen der Kundennachfrage im Tagesverlauf sind die Regel. Permanentes Nachsteuern ist deshalb gerade bei Dienstleistern häufig erforderlich – besonders natürlich dort, wo der Anteil der nicht verschiebbaren »Sofortarbeit« am gesamten zu erledigenden Arbeitsvolumen hoch ist. Daher gibt es beispielsweise im Einzelhandel ausgefeilte Personaleinsatzplanungssysteme für die Marktleiter, die ihnen auf Grundlage des aktuellen Kundenverhaltens detaillierte Vorschläge zu nach Uhrzeiten differenzierten Besetzungsstärken für die nächsten Tage unterbreiten. Aber auch diese Systeme können beispielsweise nicht vorhersagen, wie das Wetter wird – ein Parameter, der hier schon für sich allein erhebliche Schwankungen der Kundenfrequenz bewirken kann. Ein gewisser Gestaltungs- und Verantwortungsspielraum besteht also für die Marktleiter noch – sonst wäre diese Funktion ja möglicherweise entbehrlich.

Ein Aspekt wird bei der Besetzungs(stärke)planung häufig übersehen: Je höher der Anteil der Sofortarbeit ist, desto mehr Beachtung verdient neben der erforderlichen Mindestbesetzung auch die unter Effizienzgesichtspunkten zu beachtende Maximalbesetzung. Allein dafür zu sorgen, dass während der Servicezeit jeweils eine ausreichende Zahl von Mitarbeitern verfügbar ist, genügt dann nicht mehr. Ebenso muss dann darauf geachtet werden, dass es nicht zu viele sind: Die fehlen schließlich in der nächsten Spitzenlastzeit – vorausgesetzt, die Personalbemessung insgesamt ist nicht so großzügig dimensioniert, dass man sich über solche Fragen keine Gedanken machen muss.

2.3 Von der Anwesenheits- zur Arbeitszeit

Bei der Unterscheidung von Anwesenheitszeit und Arbeitszeit geht es letztlich um den selben Grundgedanken wie unter Punkt 2.2, nun aber bezogen auf den einzelnen Mitarbeiter. Auch hierbei besteht der entscheidende Schritt im Perspektivenwechsel vom Input zum Output – was für den einzelnen Mitarbeiter bedeutet, von der Anwesenheits- zur Leistungszeit. Nicht mehr die Verfügbarkeit für den Arbeitgeber während bestimmter Zeiten ist dann das, was prinzipiell Arbeitszeit ausmacht. Vielmehr sind die Zeiten als Arbeitszeit zu werten, die der Mitarbeiter für die Erledigung seiner Arbeitsaufgaben aufwendet. Oder, in aller Kürze, in den Worten von Charles Handy: »Work is what you do, not where you go.« Konkret bedeutet das: Am Arbeitsplatz kann auch Privatzeit verbracht werden, außerhalb des Arbeitsplatzes (etwa beim Kunden oder zuhause) kann auch gearbeitet werden.

Sinnvoll ist die Unterscheidung zwischen Arbeits- und Anwesenheitszeit selbstverständlich nur dort, wo entsprechende Gestaltungsspielräume der Mitarbeiter bei der Erledigung ihrer Arbeitsaufgaben bestehen; das aber ist ohne jeden Zweifel zunehmend und gerade in zukunftsfähigen flexiblen Arbeitszeitsystemen der Fall. Solche Gestaltungsspielräume bestehen prinzipiell überall dort, wo

- nicht nur Sofortarbeit, sondern auch »Speicherarbeit« zu verrichten ist – Arbeit also, die innerhalb bestimmter Toleranzen auch später erledigt werden kann – und
- der Mitarbeiter bei der Entscheidung, wann diese Speicherarbeit erledigt wird, mitzureden hat oder dies gar selbst entscheidet.

Nur dort also, wo es ausschließlich Sofortarbeit gibt und/oder die Mitarbeiter bei der Aufgabenerledigung keinerlei Mitspracherecht haben, macht die herkömmliche Gleichsetzung von Anwesenheits- und Arbeitszeit noch Sinn. Aber selbst hier muss es nicht notwendig bei der (technischen) Anwesenheitszeiterfassung bleiben: Gerade in solchen Bereichen kann vielfach einfach auf Grundlage der planmäßigen Arbeitszeit abgerechnet werden.

Zur Erläuterung der zunehmend wichtiger werdenden Unterscheidung zwischen Anwesenheits- und Arbeitszeit ein einfaches Beispiel: In einem Einzelhandelsgeschäft, in dem nur ein Mitarbeiter anwesend ist, gilt »Anwesenheit = Arbeitszeit«: Schließlich könnte ja jederzeit ein Kunde hereinkommen, und außerdem muss die Ware vor Diebstahl geschützt werden – auch wenn sich den ganzen Tag lang keine Kundschaft sehen lässt. Wenn nun aber zwei oder mehr Mitarbeiter gleichzeitig im Laden sind, während einer genügen würde, um Kunden zu bedienen und Diebstahl zu verhindern, dann sind die Anwesenheitszeiten der anderen nicht notwendigerweise Arbeitszeit. Vielleicht gibt es dann ja eine betriebliche Regel, die besagt, dass die Mitarbeiter im Team selbst darauf achten, Überbesetzungen zu vermeiden, und ihre Arbeits- und Freizeiten entsprechend untereinander abstimmen. In diesem Fall müssten die »überzähligen« Mitarbeiter entweder Speicherarbeit erledigen, die nicht durch den »wachhabenden« Mitarbeiter nebenher ausgeführt werden kann, oder aber Freizeit nehmen (die sie im übrigen – wie jeder Kunde – selbstverständlich im Laden verbringen können).

Die etwaige Verpflichtung zur Freizeitnahme hat dabei natürlich ihre Grenzen. So kann sicherlich nicht vereinbart werden, dass jede Minute, in der kein Kunde im Laden ist, automatisch für alle Mitarbeiter bis auf einen als Freizeit zählt. Erforderlich ist also ein gemeinsames Verständnis darüber, was als Arbeitszeit zählen soll.

Die systematische Unterscheidung zwischen Anwesenheitszeit und Arbeitszeit zwingt zugleich alle Beteiligten dort, wo sie Sinn macht, sich über das Ausmaß des tatsächlich gegebenen gegenseitigen Vertrauens Rechenschaft abzulegen. Denn anders als die Anwesenheitszeit lässt sich die Arbeitszeit nicht objektiv kontrollieren, sondern kann letztlich nur vom Mitarbeiter selbst als solche klassifiziert werden. Kommt- und Geht-Zeiten können hier folglich nicht mehr ganz selbstverständlich als Grundlage der persönlichen Zeitkontenführung dienen. »Wenn wir schon nicht wissen, was unsere Mitarbeiter tun, möchten wir wenigstens wissen, wie lange« – dieser Spruch bringt die unter solchen Voraussetzungen offen zu Tage tretende Widersinnigkeit eines Festhaltens an der (technischen) Anwesenheitszeiterfassung auf den Punkt.

Will man die Arbeitszeit unter diesen Bedingungen überhaupt noch erfassen, kommt nur ihre eigenverantwortliche Erfassung durch den Mitarbeiter selbst in Frage. Dabei gibt es drei Alternativen:

Grafik zu 2.3 Erfassungstool auf Excel-Basis

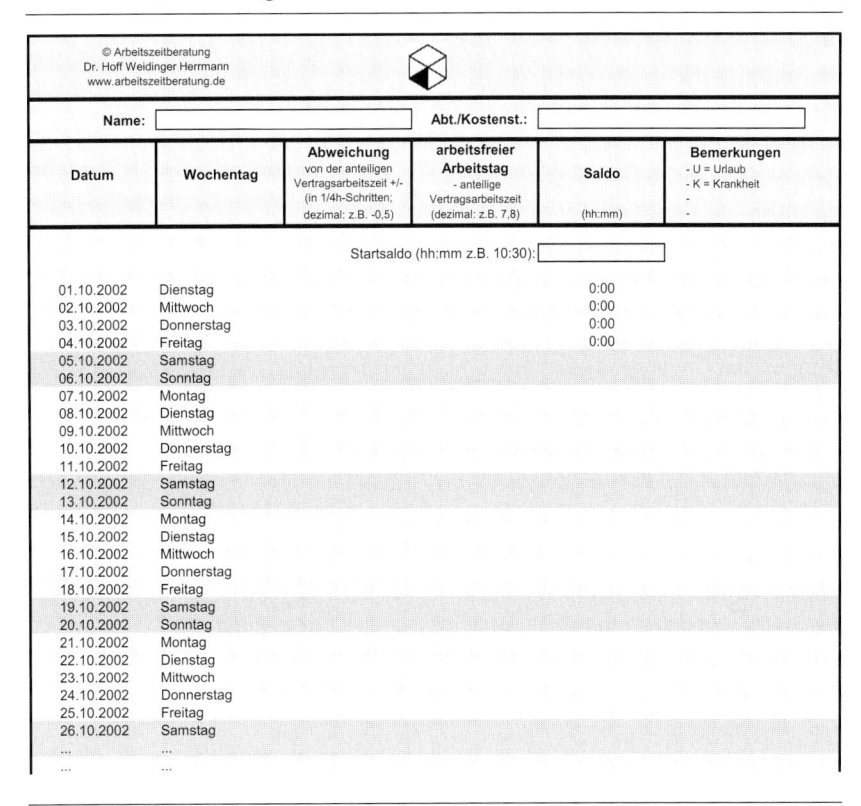

Datum	Wochentag	Abweichung von der anteiligen Vertragsarbeitszeit +/- (in 1/4h-Schritten; dezimal: z.B. -0,5)	arbeitsfreier Arbeitstag - anteilige Vertragsarbeitszeit (dezimal: z.B. 7,8)	Saldo (hh:mm)	Bemerkungen - U = Urlaub - K = Krankheit
			Startsaldo (hh:mm z.B. 10:30):		
01.10.2002	Dienstag			0:00	
02.10.2002	Mittwoch			0:00	
03.10.2002	Donnerstag			0:00	
04.10.2002	Freitag			0:00	
05.10.2002	Samstag				
06.10.2002	Sonntag				
07.10.2002	Montag				
08.10.2002	Dienstag				
09.10.2002	Mittwoch				
10.10.2002	Donnerstag				
11.10.2002	Freitag				
12.10.2002	Samstag				
13.10.2002	Sonntag				
14.10.2002	Montag				
15.10.2002	Dienstag				
16.10.2002	Mittwoch				
17.10.2002	Donnerstag				
18.10.2002	Freitag				
19.10.2002	Samstag				
20.10.2002	Sonntag				
21.10.2002	Montag				
22.10.2002	Dienstag				
23.10.2002	Mittwoch				
24.10.2002	Donnerstag				
25.10.2002	Freitag				
26.10.2002	Samstag				
...	...				

© Arbeitszeitberatung Dr. Hoff Weidinger Herrmann www.arbeitszeitberatung.de

Name: ____   Abt./Kostenst.: ____

- die Aufzeichnung nur noch des Volumens der jeweils geleisteten Tagesarbeitszeit – z.B. in Viertelstundenschritten, weil eine minutengenaue Mengenerfassung bei Arbeitszeiten kaum sinnvoll möglich ist (oder haben Sie schon einmal minutenweise gearbeitet?). Die Viertelstundenschritte sind deshalb nicht als Rundungsregel misszuverstehen, sondern stellen einen gewollten Unschärfebereich dar;
- die unmittelbare Saldierung der jeweils geleisteten Tagesarbeitszeit mit der diesbezüglichen rechnerischen Vorgabe (in herkömmlichen Gleitzeitregelungen, begrifflich unglücklich, »Sollarbeitszeit« genannt) – ebenfalls in Viertelstundenschritten als gewolltem Unschärfebereich; und
- die minutengenaue Erfassung von Arbeitsbeginn und -ende (also selbstverständlich, da zeitpunktbezogen, ohne Unschärfebereich), wobei der Mitarbeiter seine Pausen- und sonstigen längeren Pri-

vatzeiten eigenverantwortlich in Abzug bringt. Diese Variante kann den Übergang von einer gewohnten Anwesenheits- zur Arbeitszeiterfassung »psychologisch« erleichtern; andererseits könnte gerade ihre relative Nähe zur ersteren ein zu schwaches Veränderungssignal aussenden.

Die Grafik zu 2.3 zeigt ein einfaches Erfassungstool auf Excel-Basis für die mittlere Variante, die von den drei Alternativen die einfachste ist und zugleich am stärksten zu Überlegungen zur eigenen (Arbeits-)Zeitverwendung anregt. Die fortlaufende Saldierung erfolgt hierin automatisch. Für ganze freie Tage braucht man immer dann eine eigene Spalte, wenn die rechnerische Arbeitszeit pro Arbeitstag – bei Arbeitstagen Montag bis Freitag in der Regel jeweils 1/5 der vertraglichen Wochenarbeitszeit – nicht in die Viertelstundensystematik passt. Dieses und weitere Erfassungstools – auch für die beiden anderen angeführten Zeiterfassungsalternativen – können Sie unter www.arbeitszeitberatung.de ansehen und ausprobieren sowie zur kostenlosen Nutzung herunterladen.

2.4 Vom Zeitkonto zur Vertrauensarbeitszeit

Betriebe und Verwaltungen, die sich – so weit wie in den einzelnen Bereichen jeweils möglich – sowohl von der persönlichen Anwesenheitspflicht als auch von der herkömmlichen Gleichsetzung von Anwesenheitszeit und Arbeitszeit verabschieden, müssen noch eine dritte Frage schlüssig beantworten: die nach dem persönlichen Zeitausgleich oder, zutreffender formuliert, danach, wie sie die fortlaufende Ausbalancierung von Vertragsarbeitszeit einerseits und Umfang der zu erledigenden Arbeitsaufgaben andererseits sicherstellen wollen. Hierfür gibt es für zukunftsfähige betriebliche Arbeitszeitsysteme grundsätzlich zwei Wege: zum einen das Führen von Zeitkonten mit Kontrolle und Einflussnahme des Arbeitgebers und zum anderen die Vertrauensarbeitszeit mit arbeitgeberseitigem Verzicht auf Zeitkontrolle, in der die Mitarbeiter dieses Kontroll- und Einflussvakuum durch eigenverantwortliches Handeln füllen.

Allerdings können auch Zeitkonten in die zuletzt genannte Richtung weiterentwickelt werden – mit dem möglichen Ergebnis, dass individuelle Wahlfreiheit zwischen Zeitkonto plus Zeiterfassung einerseits und Vertrauensarbeitszeit andererseits geschaffen wird, weil die Unterschiede zwischen beiden Wegen des Umgangs mit der Arbeitszeit hierdurch einen großen Teil ihrer vermeintlichen Dramatik verlieren.

Wie sehen nun Zeitkonten aus, die diesen Anforderungen entsprechen?

- Sie erlauben eine Steuerung maßgeblich oder gar ausschließlich durch den Mitarbeiter selbst, die im Übrigen auch angesichts des in der betrieblichen Praxis häufig feststellbaren diesbezüglichen »Versagens« der Führungskräfte nahe liegt. Zeitkonten, die diese Voraussetzung nicht erfüllen – etwa im Schichtbetrieb bei weitgehend betrieblich vorgegebenen Plus- und Minuszeiten –, können nur in entsprechend geringem Maße nach dem Prinzip der Eigenverantwortlichkeit gesteuert werden. Sie müssen durch sogenannte »Wertkonten« ergänzt und im Extremfall ganz ersetzt werden, deren Steuerung der Arbeitgeber verantwortet und die deshalb auch aus Mitarbeitersicht unmittelbar »geldwert« sind.
- Ihr Volumen ist begrenzt (anders als bei Wertkonten, deren Volumen prinzipiell nur durch die gesetzlichen und ggf. tarifvertraglichen Bestimmungen eingeschränkt wird). Denn unbegrenzt ausufernde Konten vermengen zwei ganz verschiedene Zwecke, die sich knapp mit den Begriffen Flexibilität und Kapazität bezeichnen lassen. »Flexibilität« steht dabei für den eigentlichen Zweck eines Zeitkontos (und der Vertrauensarbeitszeit), eine kurz- bis mittelfristig ungleichmäßige Verteilung der Vertragsarbeitszeit zu ermöglichen, während »Kapazität« bedeutet, dass das kurz- bis mittelfristig verfügbare Arbeitszeitvolumen angehoben oder abgesenkt wird – angehoben etwa durch bezahlte Mehrarbeit oder den Aufbau eines langfristig angelegten, geldwerten Zeitguthabens (Langzeitkonto, Lebensarbeitszeitkonto), abgesenkt etwa durch Entnahme eines Langzeitkonten-Guthabens. Zeitkonten mit dreistelligen Plusstunden-Salden haben jedenfalls den Zweck »Flexibilität« bereits deutlich hinter sich gelassen: Sie stellen faktisch eine Anhebung der Arbeitszeit-Kapazität dar, die auf Auszahlung oder längerfristigen Zeitausgleich drängt. Damit wird der eigentliche Flexibilitäts-Zweck des Zeitkontos verfehlt, während zugleich das Halbdunkel im Nachhinein nicht mehr nachvollziehbarer Längerarbeit die Kapazitäts-Verantwortlichkeit des Arbeitgebers verdrängt, der ja auch die (finanziellen) Folgen derart überlaufender Zeitkonten zu tragen hat. Effektivität und Entlastung bleiben bei diesem Geschehen gleichermaßen auf der Strecke.
- Ihre Saldierung erfolgt fortlaufend, eine monatliche oder jährliche Abrechnung gibt es ebenso wenig wie eine Abrechnung zum Ende des Beschäftigungsverhältnisses (»Zeit bleibt Zeit« – anders als beim vom Arbeitgeber zu verantwortenden Wertkonto). Denn nur so ist zum einen sichergestellt, dass keine unsinnigen Verhaltensanreize erzeugt werden – etwa derjenige in der klassischen Gleitzeit, zum Monatsende hin mehr Freizeit zu nehmen als zu Monatsbeginn, um der ansonsten drohenden Monatsend-Kappung überschießender Guthaben zu entgehen. Und zum anderen bleiben Zeit und Geld so strikt getrennt – Voraussetzung dafür, dass kein Anreiz zum Stundensammeln entsteht, und angesichts des begrenzten Kontenvolumens auch vertretbar.

Mit etwaigen tarifvertraglich vorgegebenen Ausgleichszeiträumen ist diese Empfehlung nur eingeschränkt kompatibel. In solchen Fällen empfiehlt es sich, die in aller Regel gegebene Möglichkeit zur Individualisierung des Ausgleichszeitraums zu nutzen, der dann dem längstmöglichen Zeitintervall zwischen zwei Berührun-

gen der Nulllinie des individuellen Zeitkontos entspricht.
- Sie unterstützen ihre zukunftsgerichtete Steuerung durch den Mitarbeiter: durch zeitnahe Information über den jeweiligen Saldo, aber auch dadurch, dass alle über den zulässigen Kontenrahmen hinausgehenden Salden sofort (also nicht z.B. erst am Monatsende) verfallen. Die Grafik zu 2.4 stellt das entsprechend ausgelegte Zeitkonto der Software AG vor, in dem Plussalden über 60 Stunden unmittelbar zu Lasten des Mitarbeiters und Minussalden unter 60 Stunden unmittelbar zu Lasten des Unternehmens verfallen – wodurch den Mitarbeitern zugleich das Signal gegeben wird, dass das Ausfahren des Minusbereichs des Zeitkontos bei Unterauslastung hoch willkommen ist.
- Bevor es zum Verfall von Zeitguthaben kommt, hat der Mitarbeiter die Möglichkeit, die Unterstützung seiner Führungskraft bei der Rückführung seines Zeitsaldos zu verlangen: etwa durch Entlastung von Aufgaben und/oder eine Verbesserung der Leistungsvoraussetzungen (einschließlich der Optimierung der persönlichen Arbeitstechniken). Bei Meinungsunterschieden im Zusammenhang mit dieser Verpflichtung der Führungskraft entscheidet eine paritätisch besetzte »Clearingstelle« o.ä. nach Anhörung der Beteiligten einvernehmlich, um eine möglichst objektive Berufungsinstanz für überlastete Mitarbeiter zu sein.

Entwickeln Sie Ihr Zeitkonto (schrittweise) in diese Richtung! Solche Zeitkonten bieten zum einen eine Menge Unterstützung für Mitarbeiter, die mit ihrer Arbeitszeit nicht zu Rande kommen. Zugleich erlauben sie jedem Mitarbeiter, selbst zu entscheiden, ob er über den jeweiligen Kontenrahmen hinausgehende Plusstunden verfallen lassen will oder nicht. Voraussetzung hierfür ist allerdings, dass beide Verhaltensweisen unternehmenskulturell gleichermaßen getragen werden, weil es eben weniger auf die verbrauchte Arbeitszeit als auf das erreichte Ergebnis ankommt.

Grafik zu 2.4 Zeitkonto mit Nichtanrechnung überschießender Salden

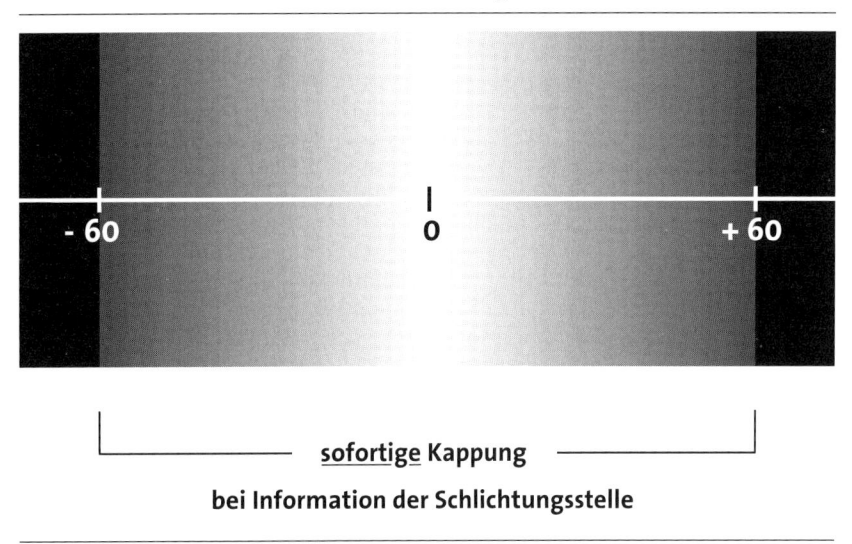

– 60 | 0 | + 60

sofortige Kappung
bei Information der Schlichtungsstelle

Damit liegen entsprechend ausgelegte Zeitkonten schon recht dicht bei der Vertrauensarbeitszeit. Denn hier steht ebenfalls der eigenverantwortliche Umgang mit der persönlichen Vertragsarbeitszeit im Mittelpunkt. Vertrauensarbeitszeit bedeutet nicht Abschaffung der Arbeitszeit, sondern »nur« Verzicht auf entsprechende arbeitgeberseitige Kontrollen und Kontierungen (mit Ausnahme der auf die Mitarbeiter delegierbaren Aufzeichnungspflicht gemäß § 16 Abs. 2 Arbeitszeitgesetz, Literaturhinweis in Forum IV/2). Die Parallelen werden deutlich, wenn man die eben aufgelisteten Zeitkonten-Merkmale zum Vergleich auf in diesem Sinne gestaltete Vertrauensarbeitszeit-Regelungen bezieht:
- Vertrauensarbeitszeit setzt gleichermaßen eine Steuerung des persönlichen Arbeitszeit-Einsatzes maßgeblich oder gar ausschließlich durch den Mitarbeiter selbst voraus. Sie ist demzufolge »nur« eine Alternative zum Zeitkonto, nicht aber zum Wertkonto, das bei ihr ggf. in gleicher Weise wie beim Zeitkonto hinzutreten kann – wenn etwa vereinbarte Mehrarbeit auf ein Langzeitkonto gebucht werden kann.
- Auch bei Vertrauensarbeitszeit dürfen die Zwecke »Flexibilität« und »Kapazität« nicht miteinander vermengt werden. Vertrauensarbeitszeit ist kein Mittel zur Anhebung der Arbeitszeit-Kapazität! Berichte, dass Mitarbeiter in Vertrauensarbeitszeit-Regelungen (etwas) länger arbeiten als bei Zeitkontenführung, lassen sich ebenso schwer verallgemeinern wie be- oder widerlegen. Aber selbst wenn es zu einem gewissen Anstieg der tatsächlich geleisteten Arbeitszeit kommen sollte, dürfte dieser in den allermeisten Fällen für die Mitarbeiter durch ein insgesamt freieres und – mangels im Hintergrund tickender Zeitkonten-Uhr – entspannteres Arbeiten aufgewogen werden.
- Ebenso wie bei Zeitkonten, die die weiter oben aufgelisteten Merkmale aufweisen, gibt es auch bei Vertrauensarbeitszeit keine Abrechnung von Plus- oder Minussalden – weder monatlich noch jährlich oder zum Ende des Beschäftigungsverhältnisses.
- Eine Verfallsregelung für überschießende Zeitsalden erübrigt sich hier allerdings: Das »virtuelle Zeitkonto« steht bei Vertrauensarbeitszeit immer auf Null.
- Vielleicht der wichtigste Punkt ist, dass der Mitarbeiter auch – und gerade! – bei Vertrauensarbeitszeit die Möglichkeit hat, in der bereits weiter oben beschriebenen Weise die Unterstützung seiner Führungskraft bei von ihm selbst wahrgenommener Überauslastung zu verlangen, wobei Meinungsunter-

schiede auch hier mittels paritätisch besetzter »Clearingstelle« o.ä. entschieden werden sollten.

Wenn die Parallelen zwischen eigenverantwortlicher Zeitkontenführung und Vertrauensarbeitszeit so weit reichen: Warum dann überhaupt noch Vertrauensarbeitszeit?

- Zum einen, weil Vertrauensarbeitszeit einen anderen Umgang aller Beteiligten mit der (Arbeits-)Zeit fördert. So kann der Umfang des persönlichen Zeitguthabens – da offiziell nicht mehr gemessen – nicht mehr zur (vermeintlichen) Beurteilung der persönlichen Leistung eingesetzt werden, womit die Arbeitszeit als eigenständiger Belastungsfaktor (besonders ausgeprägt in Betrieben und Verwaltungen mit starker Zeitverbrauchs-Kultur) tendenziell wegfällt. Auf jeden Fall vermittelt Vertrauensarbeitszeit die unmissverständliche Botschaft der Geschäftsführung – auch an die Führungskräfte (!) –, dass solche Arbeitszeit-Aufzeichnungen nur noch zum jeweiligen Privatvergnügen erstellt werden und aus ihnen beispielsweise keine Leistungsbeurteilungen mehr abgeleitet werden dürfen.
- Zum anderen, weil Vertrauensarbeitszeit einen anderen Umgang aller Beteiligten miteinander fördert. Dieser Punkt ist zweifellos der entscheidende: Vertrauensarbeitszeit ist mehr als ein flexibles Arbeitszeitmodell und deshalb auch nicht allein mit Flexibilitätszielen zu begründen. Sie signalisiert und unterstützt den Willen zur gemeinsamen Entwicklung in Richtung Vertrauen statt (Verhaltens-)Kontrolle – auf der Basis eines gemeinsamen Verständnisses von Art und Umfang der persönlich und im Team zu erledigenden Arbeitsaufgaben. Ihr Ziel ist also die Vereinfachung der Systeme zugunsten einer stärkeren Aufmerksamkeit für die einzelnen Menschen – ob Mitarbeiter, Führungskraft oder Kunde. Der Betrieb bzw. die Verwaltung soll auf diese Weise organischer werden, d.h. wandlungsfähiger, anpassungsfreudiger und reibungsärmer.

Kritiker halten die Vertrauensarbeitszeit demgegenüber für eine besonders perfide Art und Weise, das Letzte aus den Mitarbeitern herauszuholen. Die Autoren meinen aber, dass Vertrauensarbeitszeit als Signal dafür begrüßt werden sollte, dass der Kostenfaktor Arbeitskraft nunmehr auch als das angesehen wird, was er im eigentlichen Sinne ist: eine Vielzahl unterschiedlicher Persönlichkeiten, die nur dann ihr Bestes geben, wenn sie die hierfür notwendigen Rahmenbedingungen vorfinden und eine ihren persönlichen Stärken und Schwächen entsprechende Behandlung insbesondere durch ihre Führungskraft erfahren.

Wie auch immer Mitarbeiter persönlich zur Frage »Zeitkonto/Zeiterfassung oder Vertrauensarbeitszeit« stehen mögen: Bei der oben herausgearbeiteten weitgehenden Parallelität zwischen Vertrauensarbeitszeit und eigenverantwortlicher Steuerung des persönlichen Zeitkontos muss niemand zurückstecken. Denn es bietet sich an, diese Alternative zur persönlichen Wahl zu stellen. Dabei kann von der Zeitkontenführung oder von der Vertrauensarbeitszeit als betrieblichem Standard ausgegangen werden:

- Im Rahmen eines grundsätzlich für alle Mitarbeiter geltenden betrieblichen Zeitkontensystems auf Basis eigenverantwortlicher Steuerung und Zeiterfassung wird jedem Mitarbeiter die Möglichkeit gegeben, vorübergehend oder dauerhaft auf Zeitkontenführung und Zeiterfassung (mit Ausnahme der gesetzlichen Aufzeichnungspflicht; siehe weiter oben) zu verzichten (»optionale Vertrauensarbeitszeit«). Dabei wird der persönliche Zeitsaldo beim Übergang auf Vertrauensarbeitszeit »eingefroren« und lebt bei einer etwaigen Rückkehr des betreffenden Mitarbeiters zur Zeitkontenführung wieder auf.
- Im Rahmen einer grundsätzlich für alle Mitarbeiter geltenden Vertrauensarbeitszeit-Regelung wird jedem Mitarbeiter die Möglichkeit gegeben, vorübergehend oder dauerhaft auf ein eigenverantwortlich gesteuertes Zeitkonto nebst eigenverantwortlicher Zeiterfassung überzuwechseln (»optionale Zeitkontenführung«). Sollte der Mitarbeiter sich dann doch wieder für Vertrauensarbeitszeit entscheiden, so wird sein dann bestehender Zeitsaldo ebenfalls »eingefroren« und lebt bei einer etwaigen Rückkehr zu Zeitkonto und Zeiterfassung wieder auf.

Festzulegen ist hierbei vor allem, ob der Wechsel zwischen Zeitkonto/Zeiterfassung und Vertrauensarbeitszeit vom Mitarbeiter allein entschieden werden kann oder der Zustimmung seiner Führungskraft bedarf. Beim Wechsel aus einem generellen Zeitkonten- und Zeiterfassungssystem auf Vertrauensarbeitszeit ist diese als Symbol für den beiderseitigen Vertrauensvorschuss wohl unverzichtbar. In allen anderen Fällen verbietet sich ein Genehmigungsvorbehalt der Führungskraft: Schließlich wird man jeden entsprechenden Mitarbeiterwunsch als (mögliches) Zeichen mangelnden Vertrauens ansehen müssen, so dass entsprechende Wünsche generell zugestanden, zugleich aber Personalleitung und Betriebs- bzw. Personalrat hierüber informiert werden sollten.

2.5 Fazit

Flexibilisierung der Arbeitszeit ist ein Prozess, in dem schritt(chen)weise, aber mit wachsendem Tempo, alte Selbstverständlichkeiten aufgegeben werden, um den zunehmenden Anforderungen von Kunden und Mitarbeitern gerecht werden zu können. Dabei sind Lern- und Umgestaltungsprozesse vor allem in diesen beiden Dimensionen erforderlich:

- Während herkömmliche Arbeitszeitsysteme die Anwesenheit der einzelnen Mitarbeiter sicherstellen wollen, geht es in zukunftsfähigen Arbeitszeitsystemen um die Sicherstellung der Leistungserbringung für die internen und externen Kunden – was zwingend eine über den einzelnen Mitarbeiter hinausweisende Organisation der Arbeit erfordert.
- Während in herkömmlichen Arbeitszeitsystemen der Arbeitgeber kontrolliert und steuert (ggf. wiederum kontrolliert durch den Betriebs- bzw. Personalrat), obliegt dies in zukunftsfähigen Arbeitszeitsystemen grundsätzlich den Mitarbeitern im Team selbst, die

darin bei Bedarf von ihrer Führungskraft unterstützt werden (was ggf. wiederum durch den Betriebs- bzw. Personalrat kontrolliert wird). Arbeitszeitflexibilisierungs-Schritte in diese Richtung können und müssen in jedem noch nicht voll flexiblen Arbeitszeitsystem unternommen werden – also insbesondere auch im Schichtbetrieb.

3 Internationaler Einsatz von Mitarbeitern

3.1 Ziele internationaler Einsätze

Ein Auslandseinsatz ist eine zeitlich befristete Tätigkeit in einer Unternehmenseinheit im Ausland. Er findet in beiden Richtungen zwischen der Zentrale eines Unternehmens und der Landesgesellschaft statt. Internationale Einsätze sind auch zwischen den Landesgesellschaften üblich. Früher war das vorrangige Ziel von Entsendungen der Know-how-Transfer. Weil Fach- und Führungskräfte vor Ort fehlten, schloss man diese Lücken mit entsandten Mitarbeitern oder so genannten Expatriates.

Heute wird versucht, dieses Motiv gezielt mit anderen Motiven zu kombinieren. So dienen internationale Einsätze gleichzeitig der Entwicklung internationaler Kompetenzen. Mitarbeiter werden befähigt, die kuturelle Vielfalt internationaler Partner und Kollegen zu nutzen. Sie verlassen ihre Heimatländer, damit Internationalität zur individuellen Erfahrung wird (Personalentwicklung).

Ein weiteres wichtiges Motiv ist die Förderung weltweiter Zusammenarbeit. Durch internationale Einsätze wachsen persönliche Beziehungen. Über die Jahre entsteht ein tragfähiges, länderübergreifendes Netzwerk, das die Informationsvermittlung und strategische Steuerung erleichtert (Organisationsentwicklung). Vor dem Hintergrund der Globalisierung werden mit steigender Komplexität und Turbulenz auf dem Weltmarkt Expatriates zu einem kritischen Erfolgsfaktor. Das Phasenmodell in Übersicht zu 3.1 zeigt, wie sich die Entsendungsziele je nach Globalisierungsgrad wandeln.

Es liegt im Interesse des Mitarbeiters und des Unternehmens, bei internationalen Einsätzen nach einem Gesamtkonzept zu verfahren. Hierzu gehören
- Auswahl und Vorbereitung,
- Integration während des Einsatzes und
- Planung der Rückkehr.

3.2 Auswahl für den internationalen Einsatz

Kandidaten für den Auslandseinsatz werden gewöhnlich innerhalb des Unternehmens gesucht, weil diese Mitarbeiter aufgrund ihrer Erfahrungen die internen Kommunikations- und Entscheidungswege verstehen. Bevor die Suche beginnt, sollte eine Personalanforderung mit Stellenbeschreibung vorliegen und geklärt sein, ob eine Besetzung durch einen Expatriate wirklich notwendig ist. Wer aus Unternehmenssicht Potenzial für einen internationalen Einsatz hat, wird in so genannten Förderdurchsprachen diskutiert.

Um den Kreis der Kandidaten zu erweitern, kann eine unternehmensweite und internationale Stellenbörse geschaffen werden, auf die Mitarbeiter, Führungskräfte und Personalorganisationen zugreifen können. Die Mitarbeiter haben so die Chance, früh international zu arbeiten, und für das Unternehmen steigt die Wahrscheinlichkeit, dass die offene

Übersicht (zu 3.1) Globalisierungsphasen und Entwicklungsziele

	National	International	Multinational	Global
Weltgeschäft	marginal	wichtig	sehr wichtig	dominant
Orientierung	Produkt	Markt	Preis	Strategie
Struktur	zentral	dezentral	zentral	zentral + dezentral
Perspektive	ethnozentrisch	polyzentrisch	geozentrisch	geo-/regiozentrisch
Expatriates	wenige	viele	einige	viele
Ziel	Aufgabenerfüllung	Aufgabenerfüllung	Personalentwicklung	Personal- und Organisationsentwicklung
Wen?	gute Mitarbeiter	gute Mitarbeiter	sehr gute Mitarbeiter	High Potentials und Top-Führungskräfte
Interkulturelle Fähigkeiten	unwichtig	wichtig	wenig wichtig	entscheidend

Übersicht (zu 3.2) Anforderungen an Expatriates

- Positive Einstellung zum Auslandseinsatz
- Fachliche Qualifikation
- Potenzial zur Weiterentwicklung
- Gesundheitliche Eignung
- Familiäre Stabilität
- Sprachbegabung und Sprachkenntnisse
- Aufgeschlossenheit
- Gelassenheit
- Kreativität
- Kontakt- und Konfliktfähigkeit
- Belastbarkeit

IV. Personaleinsatz

Checkliste (zu 3.3) Vorbereitungen des Mitarbeiters

1. Informationen einholen
- Gespräche mit Führungskräften und Personalbereich
  Aufgaben, Stellenbeschreibung, Einsatzdauer, Rückkehrmöglichkeiten
- Gespräche mit Familie und Freunden
  Erwartungen und Wünsche, Bedenken und Ängste
- Informationen über das Einsatzland einholen, z.B. Internet, Bücher, Reiseberichte
- Informationen über die Auslandsgesellschaft
- Kontakt zu: ehemaligen Expatriates aufnehmen, Organisation der Gesellschaft, künftige Führungskräfte und Kollegen
- Beschäftigungsmöglichkeiten für Ehepartner prüfen
  Bewerbungen an Firmen vor Ort, ehrenamtliche Tätigkeiten

2. Umzug
- Wohnung/Haus vermieten bzw. Mietvertrag kündigen (Fristen beachten)
- Benötigter Hausrat
- Umzugsgut einlagern, mitnehmen, verkaufen
- Umzug in Abstimmung mit der Umzugsfirma organisieren
  Laufzeit des Umzugs, Einfuhr- und Zollbestimmungen beachten
- Umzugsliste erstellen
- Fahrzeug verkaufen, abmelden
- Abmelden von:
  - Elektrizität/Gas/Wasser
  - Müllabfuhr
  - Telefon
  - Zeitungen
  - Radio/Fernsehen (GEZ)
  - Internetanschluss
  - Schule/Kindergarten
- Mitgliedschaften kündigen/ruhend stellen (ADAC, Vereine usw.)
- Postnachsendeantrag stellen
- Wohnortwechsel melden, z.B. Einwohnermeldeamt, Kindergeldkasse
- Wertsachen und Schmuck evtl. zu Verwandten oder zur Bank

3. Gesundheitsvorsorge
- Untersuchung beim Haus- und Zahnarzt
- Untersuchung beim Betriebsarzt (ggf. Tropenmedizinische Untersuchung)
  Impfschutz überprüfen, Impfplan/Impfpass mitnehmen
  Brillenpass, Röntgenpass, Krankenhistorie
  kleine Hausapotheke (Packungsbeilagen), Medikamentenliste

4. Versicherungen
- Kranken-, Pflegeversicherung
- Altersvorsorge (Lebensversicherung), evtl. Rentenberater einschalten
- Unfallversicherung
- Kraftfahrzeugversicherung (Schadenfreiheitsrabatt-Bescheinigung)
- Hausratversicherung
- Haftpflichtversicherung
- Rechtschutzversicherung
- sonstige Versicherungen

5. Bankgeschäfte organisieren
- Daueraufträge überprüfen
- Geldanlagen prüfen (z.B. Sparverträge, Fonds, Beteiligungen, usw.)
- Zusendung Kontoauszüge regeln
- Vollmachten erteilen
- Darlehen
- Kreditkarten
- Auslandskonto

Stelle nicht mit dem nächstbesten, sondern mit dem besten Mitarbeiter besetzt wird.

In Auswahlgesprächen wird die Eignung für den internationalen Einsatz auf verschiedenen Ebenen geprüft. Die Anforderungen sind in Übersicht zu 3.2 zusammengefasst. Zunächst muss eine positive Einstellung, die Bereitschaft zur Entsendung vorhanden sein. Neben der fachlichen, gesundheitlichen und sprachlichen Eignung ist es günstig, wenn der Expatriate andersartigen Kulturen bzw. der jeweiligen Landeskultur aufgeschlossen gegenüber tritt. Kleinkariertheit, Unbeweglichkeit und Arroganz sind bei einem Auslandseinsatz fehl am Platz. Erforderlich sind psychisch und emotional stabile, gereifte Persönlichkeiten, die sich besonders durch Gelassenheit in ungewissen Situationen auszeichnen. Auch die Familie muss hinter dem internationalen Einsatz stehen, denn familiäre Stabilität beeinflusst den Erfolg eines Auslandseinsatzes maßgeblich. Der Ehepartner sollte schon bei der Auswahl einbezogen und die Fragen seiner bzw. ihrer weiteren beruflichen Entwicklung im Vorfeld besprochen werden. Die Zufriedenheit des Ehepartners ist mit der wichtigste Faktor für einen erfolgreichen Auslandseinsatz.

3.3 Vorbereitung

Ist die Entscheidung für einen Mitarbeiter gefallen, wird das Ausreisedatum so gewählt, dass ausreichend Zeit zur Vorbereitung bleibt. Ein Auslandseinsatz ist ein tiefer Einschnitt im Leben des Mitarbeiters und seiner Familie. Es stellen sich viele Fragen, für die es noch keine Antworten gibt. Vieles muss vor der Ausreise noch zu Hause geregelt werden. Die Checkliste zu 3.3 nennt die wichtigsten Punkte.

Die Personalabteilung unterstützt den Mitarbeiter und dessen Familie bei der Vorbereitung. In Beratungsgesprächen, an denen auch der Ehepartner teilnehmen sollte, werden verschiedene Vorbereitungsmaßnahmen geplant, Vertrags- und Einkommensthemen ausführlich besprochen und Fragen zu Umzug, Visum,

▼

Sozialversicherung, Steuern und zur kulturellen Orientierung geklärt.

3.3.1 Kulturelle Orientierung

Rechtzeitig vor Antritt des Auslandseinsatzes, in der Regel etwa drei Monate vor der Ausreise, wird ein interkulturelles Training geplant. Idealerweise ist es auf den spezifischen Kulturkreis des Einsatzlandes bezogen und gibt die Möglichkeit, die fremde Kultur durch den direkten Kontakt mit Menschen aus diesem Kulturkreis kennen zu lernen. Kommunikationsprobleme unterscheiden sich meist, je nach dem, welche Kulturen aufeinandertreffen. Die Trainer, die beide Kulturkreise kennen, können in simulierten Gesprächssituationen aufgetretene Missverständnisse aus dem Blickwinkel der eigenen und fremden Kultur diskutieren, reflektieren und klären.

Je näher der Ausreisetermin rückt, desto mehr sind konkrete Informationen zu »Überlebensmöglichkeiten« gefragt. Dies gilt auch für die erste Zeit in der neuen, fremden Umgebung. zwei Monate vor und nach der Ausreise sollten konkrete Länderinformationen vermittelt werden (z.B. durch interessant gestaltete Ländermappen, Vorbereitungsseminare oder Gespräche mit zurückgekehrten Expatriates bzw. im Gastland mit erfahrenen Entsandten). Etwa zwei Monate nach dem Start im Ausland, d.h. nach der ersten Faszination über das Neue, nimmt die Bereitschaft wieder zu, tieferliegende Fragen nach unterschiedlichen Verhaltensweisen und Einstellungen im Gastland zu stellen.

3.3.2 Sprachunterricht

Zur Integration im Land sind Sprachkenntnisse unabdingbar, denn in der Sprache drückt sich das Wesen einer Kultur aus. Das Argument, der Mitarbeiter lerne doch die Sprache vor Ort automatisch, lässt außer Acht, dass fehlende Sprachkenntnisse die Arbeitsleistung in der Anfangsphase erheblich mindern. Deshalb kann auch die Firma bei der Übernahme der Kosten für Sprachkurse großzügig sein. Der Mitarbeiter sollte noch vor der Ausreise zumindest Grundkenntnisse (survival knowledge) der Landessprache erwerben. Dies gilt ins besondere auch für Familienmitglieder, die ohne die Einbindung in das Unternehmen noch stärker auf die fremde Sprache angewiesen sind.

3.3.3 Vorbesuch

Eine Orientierungsreise des Mitarbeiters und seines Ehepartners für ca. eine Woche ins Einsatzland ist eine sinnvolle Investition. Ein Erfolg wird dieser Look-and-see-trip aber nur bei einer sorgfältigen Planung im Vorfeld. So müssen z.B. Termine mit der zukünftigen Führungskraft und Kollegen, mit einem Relocationservice oder Makler zwecks Wohnungssuche und zur Anmeldung in der Schule vereinbart werden.

3.3.4 Wohnen

Wohnung oder Haus im Heimatland werden bei über zweijährigen Einsätzen meist vermietet oder aufgegeben. Die Organisation des Umzuges wird an einen Spediteur vermittelt. Abhängig vom Einsatzland sind die Wohnkostenregelungen recht vielfältig. Erstattet wird meist die Differenz zwischen den Wohnkosten im Einsatz- und im Herkunftsland. Dabei wird nicht von tatsächlichen sondern von statistischen Kosten ausgegangen (z.B. bei Wohnkosten im Herkunftsland 15% des letzten Nettoeinkommens). Die Obergrenzen im Einsatzland orientieren sich an der lokalen Mietstruktur. Sie können bei international tätigen Beratungsfirmen abgefragt werden.

3.3.5 Auto

Wenn das Auto im Herkunftsland veräußert und im Einsatzland erworben wird, kann das Unternehmen einen Kfz-Zuschuss leisten (z.B. 3000 Euro brutto). Je nach Funktion des Mitarbeiters und den Regeln im Einsatzland kann auch ein Dienstwagen in Betracht kommen. Eventuell muss ein internationaler Führerschein beantragt werden.

3.3.6 Schule

Fragen zur Schulausbildung der Kindern haben einen großen Stellenwert. Ziel ist, den Kindern nach der Rückkehr eine reibungslose Wiedereingliederung ins heimische Schulsystem zu ermöglichen. Bei Bedarf übernimmt die Firma die Kosten für die internationale Schule (oder je nach Herkunftsland: z.B. deutsche, französische, amerikanische Schule).

3.3.7 Stellensuche des Ehepartners

Eine geeignete entgeltliche Aufgabe für den Ehepartner zu finden, bereitet in vielen Ländern außerhalb der EU wegen der fehlenden Arbeitserlaubnis große Schwierigkeiten. Die Firma kann Kontakte zu Personalstellen anderer großer Unternehmen am Einsatzort vermitteln oder eine Pauschale zur Weiterbildung des Ehepartners zahlen, um bei der Rückkehr den Wiedereinstieg zu erleichtern. Eine finanzielle Kompensation des entgangenen Einkommens empfiehlt sich nicht, da dies das eigentliche Problem nicht löst und zu Ungerechtigkeiten führt gegenüber den Ehepaaren, bei denen wegen der Betreuung der Kinder zumeist nur ein Ehepartner berufstätig ist. Falls für den Ehepartner eine Arbeitsaufnahme im bisherigen Berufsfeld nicht möglich ist, können sich im kulturellen Bereich, in internationalen oder deutschen Schulen, in Kirchen, Botschaften und Goethe-In-

6. Sonstiges
- Gültigkeit Reisepass
- Visum, Aufenthaltserlaubnis
- Flüge buchen
- Resturlaub planen
- Sprachkurs
- Interkulturelles Training
- Flugtickets, Reisedokumente auf Richtigkeit überprüfen
- Adressverzeichnis für Heimatland/Einsatzland erstellen (ggf. Kopie)
- Steuerfragen klären
- Internationaler Führerschein
- Testament (Anerkennung im Ausland)

stituten interessante Aufgaben bieten.

3.3.8 Gesundheit
In großen Unternehmen haben meist die betriebsärztlichen Abteilungen spezielle Vorsorgeprogramme für Auslandskandidaten entwickelt. Folgeuntersuchungen werden alle zwei Jahre empfohlen, bei der Rückkehr sind sie Pflicht.

3.3.9 Visum
Je nach Land kann das Besorgen des Visums sowie die Erlangung der Aufenthaltserlaubnis und Arbeitsgenehmigung ein recht aufwändiger Vorgang sein (z.B. notwendige Übersetzungen und Beglaubigungen anfordern).

3.3.10 Versicherungen
Die Sozialversicherung sollte nach Möglichkeit im Herkunftsland fortgeführt werden. Dies ist kein Problem, wenn es zwischen Herkunfts- und Einsatzland ein Sozialversicherungsabkommen gibt (z.B. innerhalb der EU, zwischen Deutschland und USA, Japan oder China). Bei Versetzungen in Nicht-Abkommensländer ist die Fortführung der deutschen Rentenversicherung als Pflichtversicherung auf Antrag möglich. Eine freiwillige Fortführung der deutschen Arbeitslosenversicherung ist nicht möglich. Die Kranken- und Pflegeversicherung kann für die Zeit des Auslandseinsatzes in eine Anwartschaftsversicherung umgewandelt werden (niedrigere Beiträge, kein Leistungsanspruch) und zusätzlich eine Auslandskrankenversicherung abgeschlossen werden.

Die Notwendigkeit, weitere Versicherungen abzuschließen, hängt von den Bedingungen des jeweiligen Einsatzlandes ab. Über die Vielzahl dieser Versicherungen (Unfall-, Haftpflicht-, Kfz-, Krankenrücktransport-, Reisegepäck-, Umzugsgutversicherung) informiert die Versicherungsabteilung oder ein externer Versicherungsberater.

3.3.11 Betriebliche Versorgungsregelung
Die meisten Unternehmen ermöglichen ihren Expatriates die Fortführung der betrieblichen Alters- und Hinterbliebenenversorgung im Herkunftsland. Dies ist sinnvoll, weil eine mehrjährige Unterbrechung die Versorgung für Alter, Invalidität und Tod wesentlich mindern würde. Basis für die Beitragsberechnung ist nicht das Auslandsgehalt, sondern das fortgeschriebene Inlandsgehalt (Schattengehalt). Gibt es im Einsatzland aufgrund gesetzlicher Verpflichtungen Versorgungsansprüche (z.B. Abfindungen), sollte vorab vereinbart werden, diese auf die betrieblichen Versorgungsleistungen anzurechnen.

3.3.12 Steuerberatung
Einkünfte aller Tätigkeiten, deren Ergebnisse im Ausland verwertet werden, sind bei Wohnsitz im Ausland grundsätzlich im Inland steuerfrei. Arbeitet der Mitarbeiter im Ausland, ohne gleichzeitig seinen Wohnsitz dorthin zu verlagern, können weitere Möglichkeiten der Befreiung von der Versteuerung im Inland geprüft werden. Beim Einsatz in einem Land mit DBA (Abkommen zur Vermeidung der Doppelbesteuerung) ist z.B. der Antrag des Arbeitgebers beim Finanzamt auf Steuerbefreiung möglich, wenn die Einsatzdauer über 183 Tage im Kalender- bzw. Steuerjahr des Einsatzlandes beträgt.

> ! Wegen der Komplexität der persönlichen Besteuerung des Mitarbeiters und der Unternehmensbesteuerung (z.B. Betriebsstättenproblematik) wird die Einbeziehung eines international erfahrenen Steuerberaters empfohlen, der auch die Steuererklärung im Jahr der Ausreise und Rückkehr auf Firmenkosten machen sollte.

3.4 Integration im Einsatzland

Der entsandte Mitarbeiter erlebt nach der Ankunft im Gastland vielfache Belastungen. Das neue berufliche Umfeld ist eine Herausforderung. Das Einleben in die neue Kultur verursacht ggf. Unsicherheit beim Mitarbeiters und der Familie. Hinzu kommen fast immer organisatorische Probleme. Die Aufgabe, sich einzuleben und einzugewöhnen, kann dem Mitarbeiter nicht abgenommen werden. Das Unternehmen kann aber Integrationsprogramme anbieten, die ihn dabei unterstützen. In der Checkliste zu 3.4 finden Sie alle Bereiche aufgeführt, die zu einer erfolgreichen Integration gehören. Diese Checkliste ist bereits beim Vorbesuch im Einsatzland ein wichtiges Hilfsmittel zur Orientierung.

Besonders wichtig ist in der ersten Zeit die Betreuung der Familie, da sie in viel stärkerem Maße auf sich gestellt und isoliert ist. Sie wird vom ersten Tag an mit Wohnungsfragen, Behördengängen, Schulfragen, Einkauf, Hauspersonal usw. konfrontiert. Die aufnehmende Gesellschaft kann einen professionellen Relocation Service einschalten. Dessen Dienstleistungen reichen von der Organisation des Vorbesuches in der Vorbereitungsphase über Wohnungssuche, Anmeldungen, Konten eröffnen bis zur Unterstützung beim gesellschaftlichen Einleben. Eine wertvolle Hilfe ist auch ein landesspezifischer Leitfaden (Welcome Package), der dem Neuankömmling in der ersten Zeit als Orientierungshilfe dient.

Je nach Einsatzland spielt auch der Sicherheitsaspekt der Expatriates und ihrer Familien eine große Rolle. Sicherheitsexperten geben spezifische Verhaltenshinweise z.B. zur Sicherheit im Haus (Grundstück, Wahl der Wohngegend), im Auto, auf Reisen, zum Verhalten im Katastrophenfall. So können mögliche Gefahren bewertet aber auch unbegründete Ängste vermieden werden.

Im Einsatzland verlagert sich ein Teil der Betreuungsverantwortung auf die Personalabteilung der Landesgesellschaft. Trotzdem bleibt die Betreuung durch die Heimatgesellschaft von großer Bedeutung. Der Mitarbeiter muss die Gewissheit haben, nicht von der Heimat abgeschnitten zu sein. Die Betreuung kann durch einen Mentor (z.B. letzte Führungskraft) unterstützt werden, der sich zu Hause für die Belange des entsandten Mitarbeiters einsetzt und auch bei seiner Rückkehr tätig wird.

3.5 Rückkehr vom internationalen Einsatz

Auch wenn internationale Erfahrung den eigenen »Marktwert« am internen Arbeitsmarkt erhöht, kann sich die Entfernung von der Heimatgesellschaft auch nachteilig auswirken. Die Rückkehrplanung beginnt bereits bei der Auswahl. Je größer das Entwicklungspotenzial, desto einfacher gestaltet sich in der Regel auch das Finden einer Anschlussaufgabe. Sie kann dadurch erleichtert werden, dass bereits vor Entsendung die Absicht der Stammabteilung (»Heimathafen«) hinsichtlich der späteren Beschäftigung schriftlich festgelegt und »jährlich« in Förderdurchsprachen überprüft wird. Etwa neun Monate vor Ende der ursprünglich vorgesehenen Versetzungsdauer wird die Personalabteilung im Herkunftsland aktiv. Drei Monate vor Rückkehr sollte die neue Stelle feststehen. Ziel des Mitarbeiters und des Unternehmens sollte es sein, die im Ausland gesammelten Erfahrungen und gewachsenen Beziehungen in der neuen Aufgabe nutzbar zu machen.

Rückkehrinformationen der Personalabteilung sind eine große Hilfe, da auf den Mitarbeiter und seine Familie viele administrative Gänge zukommen: Anmietung/Kauf/Renovierung einer Wohnung, Schule/Kindergarten, Pkw, Anmeldung bei Behörden, Lohnsteuerkarte usw. Wiedereinstiegs-Workshops (Reentry Workshops) und Gespräche mit anderen Rückkehrern können beitragen, den »umgekehrten Kulturschock« zu überwinden. So ist es oft eine schmerzliche Erfahrung, wenn sich Kollegen oder frühere Freunde nicht für die Eindrücke aus dem fremden Land interessieren. Wenn ein Mitarbeiter im Ausland eine ausgeprägte Loyalität für seine Firma entwickelt hat, tut er sich schwer mit möglicherweise eng abgezirkelten Zuständigkeiten. Probleme können auch bei der Wiedereingliederung der Kinder ins heimische Schulsystem entstehen. Darum werden meist auch die Kosten für Nachhilfe für eine befristete Zeit von der Firma übernommen.

3.6 Entsendungsverträge

Bei allen internationalen Einsätzen, die länger als drei Monate dauern und nicht mehr als Dienstreise gelten, sollten Unternehmen und Mitarbeiter im beiderseitigen Interesse einen Vertrag schließen, in dem Aufgaben und Konditionen des Einsatzes geregelt sind. Für diese befristeten Mitarbeitereinsätze wird in Deutschland auch der Begriff »Entsendung« aus dem Sozialversicherungsrecht verwendet. In der Praxis haben sich

---

Checkliste (zu 3.4) Integration im Einsatzland

1. Berufliches
- Zukünftige Führungskraft, Kollegen, Mitarbeiter kennen lernen
- Aufgabenverteilung und Ziele klären
- Gespräche mit Expatriates vor Ort führen
- Kontakt zur lokalen Personalabteilung und ggf. Relocation Service

2. Wohnen
- Vorübergehende Unterkunft
- Wohnungssuche
- Kontakt mit Makler
- Internetangebote
- Laufzeit des Umzuges
- Verkehrsanbindung (große Straßen, Flughafen, Bahnhof) öffentliche Verkehrsmittel (Preise, Anbindung)
- Sicherheit
- Anmeldeformalitäten (Strom, Wasser, Telefon, TV)
- Versicherungen

3. Schule/Kindergarten
- Standort
- Zugangsvoraussetzungen
- Anmeldegebühr, Jahresbeiträge
- Schulbus/Verkehrsanbindung
- Lehrpläne, Abschlüsse (Anerkennung)
- Ferientermine
- Betreuungsangebot

4. Einkaufsmöglichkeiten
- Nächstes Einkaufszentrum
- Nächste Bank, Bankkonto, Kreditkarte
- Warenangebot / Preise
- Öffnungszeiten
- Was bringt man aus dem Heimatland mit?

5. Freizeitgestaltung
- Clubs (Eintrittsgebühr, Beitrag)
- Restaurants
- Sportmöglichkeiten
- Kulturelles Angebot, Gottesdienste
- Naherholungsgebiete

6. Gesundheit
- Nächster Arzt, nächstes Krankenhaus
- Nächste Apotheke
- Notrufnummern
- Trinkwasserqualität (evtll. Filter für Leitungswasser)

7. Auto
- Auto kaufen oder leasen
- Preisniveau, Wiederverkaufwert, Lieferzeiten
- Zulassungsformalitäten
- Steuer/Versicherung (Schadensfreiheitsrabatt)
- Führerschein
- Verkehrsregeln

Übersicht 1 (zu 3.6) Entsendungsarten

	Versetzung	Projekteinsatz
Vertrag mit	Landesgesellschaft	Heimatgesellschaft
Tätigkeit im Interesse	Landesgesellschaft	Heimatgesellschaft
Vergütung	Funktionseinkommen Einsatzland und ggf. Expatriate Allowance	Bisheriges Einkommen Heimatland + Zulagen
Dauer	2-4 Jahre (max. 5 Jahre)	3-12 Monate (max. 24 Monate)

Übersicht 2 (zu 3.6) Transfer Policy

- Allgemeine Grundsätze
  - Entsendungsarten
  - Entsendungsziele
  - Entsendungsdauer
  - Auswahl
  - Personalbetreuung
  - Rückkehr/Heimathafen
  - lokale Übernahme, Kündigung
  - Organisation von internationalen Einsätzen
- Einkommen
  - Grundgehalt
  - Bonus
  - Expatriate Allowance
  - Steuern
  - Einkommenspflege
  - Kursausgleich
  - Schattengehalt
- Wohnen
  - Wohnen im Einsatzland
  - Transport des Hausrats
  - Vorläufige Unterkunft
  - Umzugspauschalen
  - Rückumzug
- Nebenleistungen
  - Kfz-Zuschuss
  - Heimaturlaub
  - Ausbildung der Kinder
  - Unterstützung der Familie
  - Interkulturelle Vorbereitung und Sprachunterricht
  - Urlaub und Feiertage
  - Sozialversicherung und Versorgungsregelung

zwei Entsendungsarten mit entsprechenden Vertragstypen herausgebildet: Versetzungen und Projekteinsätze (siehe Übersicht 1 zu 3.6).

3.6.1 Versetzung

Bei der Versetzung wird der Mitarbeiter in die Landesgesellschaft befristet eingebunden. Er zieht mit seiner Familie für zwei bis maximal vier Jahre ins Einsatzland, übernimmt dort eine Funktion im Interesse der Landesgesellschaft und erhält ein Einkommen direkt durch die Landesgesellschaft in lokaler Währung. Der mit der Heimatgesellschaft bestehende Arbeitsvertrag ruht, es entfallen also vorübergehend bis zum Ende des Auslandseinsatzes die Hauptpflichten der Arbeit und des Arbeitsentgelts, während die Nebenpflichten wie Fürsorge- und Treuepflicht bestehen bleiben (wie beim Wehrdienst und der Elternzeit). Mit der Landesgesellschaft wird ein neues Anstellungsverhältnis gegründet. Dies wird, je nach lokalen Regeln, schriftlich fixiert oder nicht. Die entsendungsbedingten Konditionen werden zusätzlich in einem Entsendungsvertrag zwischen der Heimatgesellschaft (oder auch der Landesgesellschaft) und dem Mitarbeiter festgehalten. Dieser enthält:

- Funktion und Zuordnung
- Entsendungsdauer
- Einkommen (Kurssicherung)
- Aufenthalts- und Arbeitserlaubnis
- Wohnen
- Urlaub
- Heimfahrten
- Sozialversicherung
- betriebliche Versorgungsregelung
- Rückkehrgarantie und
- Sonstiges.

3.6.2 Projekteinsatz

Bei einem Projekteinsatz (auch Abordnung, Montage, Infoaufenthalt genannt) wird der Mitarbeiter im Interesse seiner Heimatgesellschaft befristet im Ausland tätig. Er behält seine Wohnung im Heimatland. Seine Familie bleibt meist dort zurück, weil sich ein Umzug für eine Dauer von drei bis 12 Monaten nicht lohnt. Das Gehalt wird zusammen mit verschiedenen Auslandszulagen im Heimatland weitergezahlt. Mit der Landesgesellschaft wird kein Vertragsverhältnis begründet. In einer ergänzenden Vereinbarung zwischen Heimatgesellschaft und Mitarbeiter werden den Auslandseinsatz betreffende Bedingungen geregelt:

- Funktion
- Entsendungsdauer
- Einkommen (Steuern)
- Aufenthalts- und Arbeitserlaubnis
- Wohnen
- Urlaub/Feiertage
- Heimfahrten (Reisekosten)
- Kranken- und Unfallversicherung
- Sonstiges.

Um den Umfang dieser Entsendungsverträge überschaubar zu halten, haben größere Unternehmen Grundsätze für internationale Einsätze in Entsendungsrichtlinien bzw. einer Transfer Policyzusammengefasst (siehe Übersicht 2 zu 3.6)

3.7 Einkommensfindung bei internationalen Einsätzen

Das Einkommen auf nationaler Ebene wird durch drei Faktoren bestimmt (siehe auch V/A):
- Wert der Stelle (Stellenbewertung)
- Marktwert (Gehaltsvergleich) und
- Mitarbeiterleistung (Leistungsbeurteilung).

Bei internationalen Tätigkeiten müssen jedoch drei weitere Faktoren berücksichtigt werden:
- Lebensqualität
- Lebenshaltungskosten und
- Nettovergleichsrechnung.

Je nach Lebensqualität (QOL: quality of living) im Einsatzland erfolgt die Festlegung einer Länderzulage. Unterschiede bei den Lebenshaltungskosten (COL: cost of living) werden durch einen Kaufkraftausgleich berücksichtigt. Diese beiden Komponenten werden nicht gesondert ausgezahlt, sondern fließen in die Nettovergleichsrechnung (balance sheet approach) ein, in der das bisherige Einkommen in steuerneutralisierter Form dem zukünftigen Einkommen gegenübergestellt wird.

Aufgabe der Personalabteilung im Einsatzland ist es, auf Basis der ersten drei Faktoren das Funktionseinkommen zu ermitteln. Die Personalabteilung im Herkunftsland errechnet mit Hilfe der zweiten drei Faktoren in der Nettovergleichsrechnung ein Soll-Einkommen. Beide Ergebnisse werden anschließend miteinander verglichen. Liegt das Soll-Einkommen der Vergleichsrechnung über dem von der Landesgesellschaft angebotenen Funktionseinkommen, kann die Differenz in Form einer Expatriate-allowance ausgeglichen werden (siehe Übersicht 1 zu 3.7).

Nettovergleichsrechnungen können bei Beratungsfirmen in Auftrag gegeben werden. Firmen, die diese Berechnungen selbst durchführen, müssen die notwendigen Steuerinformationen über das Einsatzland bei der Landesgesellschaft oder bei internationalen Steuerberatungsfirmen abfragen bzw. entsprechende Literatur besorgen. Informationen zu Lebenshaltungsindices (COL) und zur Einteilung der Länder nach Lebensqualität (QOL) entnehmen Sie bitte den Übersichten 2 und 3 zu 3.7. Weiterführende Informationen erhalten Sie von darauf spezialisierten Beratungsfirmen (siehe 3.11). Kriterien für die Ermittlung der Lebensqualität sind z.B. Sprache, Sicherheit, Klima, Umwelt, Infrastruktur, politisches Umfeld, soziokulturelles Umfeld, medizinische Betreuung, Schulen und Bildung, Freizeit und Wohnen.

Die Auszahlung der Einkommen (Grundgehalt und landesübliche Boni) erfolgt bei der Versetzung im Einsatzland in Landeswährung. Eini-

Übersicht 1 (zu 3.7) Nettovergleichsrechnung

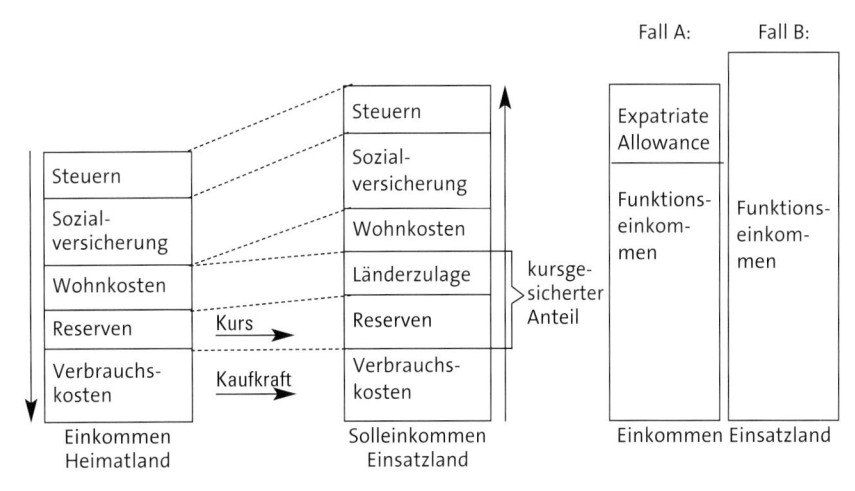

Übersicht 2 (zu 3.7) Vergleich der Lebenshaltungskosten

	Index		Index
Tokio	200	London	150
Moskau	190	Atlanta	140
New York	160	Paris	130
Singapur	160	Neu-Delhi	100
Shanghai	160	Johannesburg	80
Basis: Nürnberg	100		

Übersicht 3 (zu 3.7) Kursausgleich

	Länderzulage in % des Nettoeinkommens
EU-Länder, USA	0
Australien, Singapur, Hong Kong, Japan, Argentinien, Tschechien, Ungarn	10
Brasilien, Mexiko, Israel, Südafrika, Malaysia, Thailand, Korea, Philippinen	20
China (Peking, Shanghai), Indonesien, Kolumbien, Kenia	30
China (außer Peking, Shanghai), Russland, Indien, Pakistan, Vietnam, Nigeria	40

Beispiel (zu 3.9) Kostenvergleich internationaler Einsatz

	USA	Brasilien
	(in T Euro, verh. 1 Kind)	
Gehalt	70	70
Bonus	20	20
Expatriate Allowance	10	30
1. Einkommen p.a.	100	120
Sozialversicherung	10	10
Wohnkosten	12	50
Heimflug	3	10
Steuerberatung	2	2
Schulkosten	/	15
Weiterbildung Ehepartner	3	3
2. Nebenkosten p.a.	30	40
1. + 2. Gesamtkosten p.a.	130	210
Vorbesuch	4	10
Sprachkurs	2	4
Interkulturelles Training	4	4
Umzugstransport	10	12
Umzugspauschalen	20	20
Ausreisetickets	3	10
Vorläufige Unterkunft	3	6
sonstige Startkosten	4	4
= Vorbereitungskosten	50	70

Übersicht (zu 3.10) Aufgabenbeschreibung Personalreferent Ausland

Zweck der Stelle
Durchführen von Auslandsentsendungen. Beraten des Expatriates vor und während des internationalen Einsatzes und Bearbeiten der Verträge im Rahmen der Transfer Policy und in Abstimmung mit dem Geschäftsbereich und der Landesgesellschaft

Aufgaben
1. Beraten des ins Ausland zu entsendenden Mitarbeiter und deren Familien bei der Vorbereitung auf den Auslandseinsatz.
2. Erarbeiten von Einkommensvorschlägen mit Hilfe der Nettovergleichsrechnung und lokaler Gehaltsvergleiche.
3. Erstellen von Entsendungsverträgen unter Berücksichtigung landesspezifischer Vorschriften.
4. Effizientes Durchführen des Entsendungsprozesses (u.a. Abführen der Sozialversicherungsbeiträge).
5. Betreuen des Expatriates während des internationalen Einsatzes und bei Rückkehr.
6. Beraten der Geschäftsbereiche und Landesgesellschaften in Entsendungsfragen.
7. Pflege der Transfer Policy und Bearbeitung von Grundsatzfragen.

ge Firmen führen auch ein sogenanntes Einkommenssplitting durch, bei dem ein Teil der Vergütung (z.B. der für den täglichen Verbrauch notwendige Teil) in Landeswährung und der andere Teil (z.B. der für Verpflichtungen im Heimatland notwendige Teil für Kapitalbildung, Darlehen, Sozialversicherung) in Heimatwährung ausgezahlt wird.

> Bei Zahlungen im Heimatland ist auf eine Versteuerung im Einsatzland sowie auf die Weiterbelastung der Kosten ins Einsatzland zu achten.

Bei Projekteinsätzen erhält der Mitarbeiter sein Einkommen weiter im Heimatland, wo sich auch meist der Lebensmittelpunkt der Familie befindet und somit der größte Teil der Verbrauchskosten anfällt.

3.8 Einkommenspflege

Das Gehalt des Expatriates wird wie für seine lokalen Kollegen im Einsatzland nach nationalen Vorgaben angepasst. Der Bonus wird ebenfalls entsprechend lokaler Regelungen und meist auf Basis individueller Zielvereinbarungen errechnet. Lediglich der Teil des Einkommens, der üblicherweise ins Heimatland für dortige Verpflichtungen und zum Sparen transferiert wird, sollte bei Expatriates zusätzlich überprüft und bei gravierenden Kursverlusten ein Kursausgleich gezahlt werden. Den Text für einen Kursausgleich im Entsendungsvertrag entnehmen Sie bitte dem Muster zu 3.8.

Die Einkommen der Leitungsebene der Landesgesellschaften (Expatriates und lokale Führungskräfte) werden vom zentralen Personalmanagement überprüft, weil sich meist die Entscheider über die Gehaltsanpassung in der Unternehmenszentrale befinden und dadurch der Abstimmungsprozess erleichtert wird.

3.9 Kosten eines internationalen Einsatzes

Bereits im Vorfeld einer Versetzung oder eines Projekteinsatzes entsteht durch individuelle Kosten-Nutzen-Rechnung ein klares Bild der Gesamtkosten und der erwarteten Leistung eines Mitarbeiters. Im Beispiel zu 3.9 sind die Kosten für einen Einsatz in den USA und Brasilien für einen verheirateten Mitarbeiter mit einem schulpflichtigen Kind gegenüber gestellt. Ein Kostenkalkulationsprogramm kann helfen, stets eine genaue Übersicht über die Kosten internationaler Einsätze zu haben.

3.10 Aufgaben des Personalmanagements

Die Betreuung im Ausland eingesetzter Mitarbeiter ist viel intensiver und komplexer als bei vergleichbaren Mitarbeitern im Inland. In den meisten Unternehmen, die Fach- und Führungskräfte ins Ausland entsenden, gibt es eine Stelle im Personalbereich, die sich um im Ausland eingesetzte und aus dem Ausland ins Inland delegierte Mitarbeiter kümmert (Personalreferat Ausland, siehe Aufgabenbeschreibung in Übersicht zu 3.10). In großen Unternehmen haben die Geschäftsbereiche diese Aufgabe an einen zentralen Dienstleister delegiert. So wird sichergestellt, dass das Unternehmen internationale Einsätze weltweit nach den gleichen Standards durchführt. Außerdem muss das Länder-Know-how und das Fach-Know-how nur an einer Stelle aufgebaut und gepflegt werden. Der Geschäftsbereich koordiniert jedoch die Auswahl der Expatriates und die Rückkehrplanung selbst, weil dort auch die Verantwortung für Personalentwicklung und Personalplanung liegt.

Die zentrale Stelle ist zuständig für die Beratung der Geschäftsbereiche sowie für die Begleitung des Mitarbeiters vor und während des internationalen Einsatzes. Das zentrale Expatriate Management Center großer Unternehmen sollte idealer Weise in den Regionen, in denen Expatriates tätig sind, regionale Kompetenzzentren haben oder zumindest mit den Personalkollegen der Landesgesellschaften eng zusammenarbeiten. So kann erreicht werden, dass der Mitarbeiter für die gesamte Betreuungszeit im Herkunfts- und Einsatzland kompetent beraten und unterstützt wird und internationale Einsätze sowohl für die Mitarbeiter als auch für das Unternehmen gelingen und zum Geschäftserfolg beitragen.

3.11 Externe Dienstleister

Um Professionalität zu steigern und Arbeitsprozesse zu optimieren, können Teile der Aufgaben des Personalreferats Ausland an externe Dienstleister vergeben werden, z.B. Umzugsorganisation, Relocation Service, Länderinfos, interkulturelles Training, Steuerberatung, Sozialversicherungsberatung und Visa-Beantragung. Vorteile sind neben der Entlastung auch ein Abbau fixer Kosten und eine Vereinfachung der administrativen Abläufe. Nachteile auf der anderen Seite sind Kompetenzverlust und zusätzlicher Abstimmungsbedarf.

Bei der Auswahl externer Partner sollten Anforderungen wie Kompetenz, Erreichbarkeit, Berufs- und Lebenserfahrung, Zuverlässigkeit, Beziehungsfähigkeit, Zuhören können, Englisch und internationales Netzwerk geprüft werden.

Der Übersicht zu 3.11 entnehmen Sie bitte externe Dienstleister, die auf dem Gebiet des Expatriate Managements zu spezifischen Aspekten entsprechende Erfahrungen haben.

Übersicht (zu 3.11) Dienstleister Expatriate Managment

Länderinfo, Lebenshaltungskosten, Nettovergleichsrechnungen
- Employment Conditions Abroad (ECA), London, Frankfurt, 06127-5206
- Mercer-CRG, Genf, Düsseldorf, 0211/25 11 90
- Organization Resources Counselors (ORC), London, München, 089-47084686
- Statistisches Bundesamt Wiesbaden, 0611-752901

Relocation Services
- RSB, Frankfurt, 069/6 10 94 70
- C+S Relocation Management, Bergisch Gladbach, 02204-92770
- Professional Organizing Relocation Consult, 06196-59460
- Crown Relocations, Dreieich, 06103-4859312

Internationale Steuerberatung
- Price Waterhouse Coopers, Frankfurt, 069-95856432
- KPMG, Frankfurt, 069-95872237
- Ernst & Young, München, 089-559853610
- Arthur Anderson, London, 0044-1-950-8141

Sozialversicherung
- Deutsche Verbindungsstelle Krankenversicherung Ausland, Bonn, 0228-9530644
- BKK, Bundesverband der Betriebskrankenkassen, Essen, 02533-93 00-0
- BfA Berlin, 01803-331919

Interkulturelles Training
- Institut für interkulturelles Management (IFIM), Königswinter, 02223-9245-0
- Carl Duisberg Centren (CDC), Köln, 0221-1626250
- Center for International Briefing, GB-Farnham, 0044-1-252-721194
- Siemens Qualifizierung und Training (SQT), München, 089-636-82193

Information über Auslandsschulen
- Bundesverwaltungsamt, Zentralstelle für Auslandsschulen, Köln, 0211-758-0

Informationsangebote für Expatriates
- Bundesverwaltungsamt, Infostelle für Auslandstätige, Köln, 0211-7 58-2765
- Going Global, Kronberg, 06173-952688

Service für Ehepartner von Expatriates
- Sponse Employment Centre, Shell Den Haag, 0031-70-3774514

Erfahrungsaustausch, Seminare
- Deutsche Gesellschaft für Personalführung (DGFP), Düsseldorf, 0211-5780-102

B Rechtliche Aspekte des Personaleinsatzes

1 Personalplanung und Betriebsrat

Die Mitwirkungsrechte des Betriebsrates in sozialen, personellen und wirtschaftlichen Angelegenheiten müssen bei der Personalplanung und Einsatzplanung berücksichtigt werden. Für die Beteiligungs-, Informations- und Mitbestimmungsrechte des Betriebsrates siehe III B/1.

1.1 Beteiligungsrecht

Der Betriebsrat hat ein Informationsrecht im Hinblick auf die Personalplanung im Unternehmen, insbesondere hinsichtlich des gegenwärtigen und künftigen Personalbedarfs und der sich daraus ergebenden personellen Maßnahmen. Sobald die Personalüberlegungen des Arbeitgebers das Stadium der Planung erreichen, muss er den Betriebsrat rechtzeitig und umfassend unterrichten. Reine »Planspiele« stellen noch keine Personalplanung dar. Eine regelmäßige Unterrichtung des Betriebsrates sieht das Gesetz nicht vor. Umfang und Zeitpunkt der Unterrichtung hängen von Art und Größe des Betriebes ab.

> Hierbei handelt es sich lediglich um ein Unterrichtungsrecht des Betriebsrates. Erst wenn die Planung in konkret beabsichtigte Maßnahmen wie Einstellung oder Versetzungen mündet, greifen die stärkeren Beteilungsrechte des Betriebsrates (Zustimmungserfordernis) bei Einstellung, Versetzung, Eingruppierung und Umgruppierung (siehe III B/1).

1.2 Informationsrecht des Wirtschaftsausschusses

In Unternehmen mit mehr als 100 Mitarbeitern wird – sofern ein Betriebsrat besteht – ein Wirtschaftsausschuss gebildet. Der Wirtschaftsausschuss ist rechtzeitig und umfassend über die wirtschaftlichen Angelegenheiten des Unternehmens zu unterrichten. Außerdem muss der Arbeitgeber die sich hieraus ergebenden Auswirkungen auf die Personalplanung darstellen. Die Personalplanung erfolgt zumindest in allgemeiner Form in der Regel bereits bei der Aufstellung der für die Gesamtplanung des Unternehmens zu entwickelnden Pläne, wie z. B. der Planung von Umsatzerwartung, Produktion, Investitionen, etc. In der Regel wird der Wirtschaftsausschuss lediglich über den allgemeinen Personalbedarf (Zielplanung) informiert, während die Betriebsräte der einzelnen Betriebe sodann in konkreten Fragen der Personalbeschaffung, – entwicklung, bzw. Personalabbau unterrichtet werden.

1.3 Beratungs- und Vorschlagsrecht zur Beschäftigungssicherung

Seit Mitte 2001 hat der Betriebsrat ein umfassendes Vorschlagsrecht für beschäftigungsfördernde Maßnahmen. Der Betriebsrat kann dem Arbeitgeber Vorschläge zur Sicherung und Förderung der Beschäftigung machen, z. B.:

- Flexible Gestaltung der Arbeitszeit
- Förderung von Teilzeitarbeit und Altersteilzeit
- Neue Formen der Arbeitsorganisation
- Änderungen der Arbeitsverfahren und Arbeitsabläufe
- Qualifizierung der Mitarbeiter
- Alternativen zur Ausgliederung von Arbeit oder ihrer Vergabe an andere Unternehmen (Outsourcing)
- Produktions- und Investitionsvorhaben

Diese neue Vorschrift bringt dem Betriebsrat kein echtes Mitbestimmungsrecht, begründet aber die Pflicht für den Arbeitgeber, sich mit den Vorschlägen auseinander zu setzen. Er ist verpflichtet, den Vorschlag mit dem Betriebsrat zu beraten und seine Argumente anzuhören. Hält der Arbeitgeber die Vorschläge des Betriebsrates für ungeeignet, muss er die Ablehnung begründen. In Betrieben mit mehr als 100 Arbeitnehmern muss die Begründung sogar schriftlich erfolgen.

Für die Praxis bringt diese Vorschrift nur weitere Diskussionen mit dem Betriebsrat und Zeitverzögerung. Dies kann sich insbesondere dann negativ für den Unternehmer auswirken, wenn er Personalabbau plant und hierüber in Verhandlungen mit dem Betriebsrat über einen Interessenausgleich und Sozialplan steht! Hier hat der Betriebsrat ein neues Mittel in der Hand, um die Verhandlungen zu verzögern.

2 Arbeitszeitrecht

Das Arbeitszeitrecht umfasst einerseits die nach dem Arbeitzeitgesetz von Arbeitgeber und Arbeitnehmer einzuhaltenden Grenzen der täglichen Arbeitzeit (Arbeitsschutz), zum anderen aber auch die Frage, in welchem zeitlichen Umfang der Mitarbeiter zur Arbeitsleistung verpflichtet ist und Anspruch auf Vergütung hat. Dies ist in Tarifverträgen bzw. im Arbeitsvertrag geregelt.

2.1 Arbeitszeitgesetz

Das Arbeitszeitgesetz gilt für nahezu alle Arbeitnehmer mit Ausnahme der leitenden Angestellten im Sinne des Betriebsverfassungsgesetzes. Für Jugendliche unter 18 Jahren gelten die Arbeitszeitregelungen des Jugendarbeitsschutzgesetzes.

Arbeitszeit ist die Zeit von Beginn bis zum Ende der Arbeit ohne die Ruhepausen. Beginn und Ende werden durch Tarifvertrag, Betriebsvereinbarung oder Arbeitvertrag geregelt (siehe auch die Übersicht 1 zu 2.1).

Grundsätzlich dürfen Arbeitnehmer nicht länger als 8 Stunden pro Werktag arbeiten. Werktage sind jedoch die Tage von Montag bis Samstag, so dass grundsätzlich die 48-Stunden-Woche gilt (viele Tarifverträge sehen jedoch eine kürzer Wochenarbeitzeit vor).

Wenn an Samstagen generell arbeitsfrei ist, können also die wöchentlichen 48 Stunden auf die Tage

Montags bis Freitags verteilt werden, ohne dass Freizeitausgleich gewährt werden muss.

Die werktägliche Arbeitszeit darf auf 10 Stunden verlängert werden, jedoch muss dann über einen Zeitraum von 6 Kalendermonaten oder 24 Wochen ein Durchschnitt von 8 Stunden werktäglich wieder hergestellt werden, d. h der Arbeitgeber muss in entsprechenden Umfang Freizeit gewähren.

Nach dem Gesetz sind Ruhepausen vorgeschrieben. Bei einer Arbeitszeit von mehr als 6 Stunden und bis zu 9 Stunden muss die Arbeit durch eine im voraus feststehende Ruhepause von mindestens 30 Minuten unterbrochen werden. Bei einer Arbeitszeit von mehr als 9 Stunden muss spätestens nach 6 Stunden eine 45minütige Pause gewährt werden. Die Dauer der Pausen ist für Männer und Frauen gleich. Durch Tarifvertrag oder (wenn ein Tarifvertrag dies vorsieht) durch Betriebsvereinbarung kann die Gesamtdauer der Ruhepausen auf Kurzpausen verteilt werden.

> ! Ruhepause bedeutet, dass der Arbeitnehmer weder Arbeit leistet noch sich dafür bereithalten muss. Bereitschaftsdienst ist keine Ruhepause!

> ! Der Unternehmer muss Beginn und Ende der Ruhepausen im voraus festlegen. Die Vorgabe eines Zeitrahmens (»von 12 Uhr bis 14 Uhr«, spätestens 4 Stunden nach Arbeitsaufnahme) ist zulässig. Der Betriebsrat hat hierbei ein Mitbestimmungsrecht (siehe 2.3).

Ein Arbeitgeber, der keine Ruhepausen oder nicht mit der vorgeschriebenen Mindestdauer gewährt, riskiert ein Bußgeld.

Nach Beendigung der täglichen Arbeitszeit müssen die Arbeitnehmer eine ununterbrochene Ruhezeit von mindestens 11 Stunden haben.

> ! Die Unterbrechung einer Rufbereitschaft durch einen Einsatz des Mitarbeiters unterbricht die Ruhezeit! Ausnahmen gelten für Krankenhäuser, Altenheime, etc.

Übersicht 1 (zu 2.1) Arbeitszeitregelungen

Nicht zur Arbeitzeit gehören
- Wegezeiten
- Umkleidezeiten
- Waschzeiten
- Rufbereitschaft
  (der Arbeitnehmer hält sich an einem Ort seiner Wahl (z. B. zu Hause) auf, muss jedoch über »Piepser« oder Mobiltelefon erreichbar sein und auf Abruf die Arbeit aufnehmen)

Zur Arbeitszeit gehört:
- Bereitschaftsdienst
  (der Arbeitnehmer hält sich an seinem üblichen Arbeitplatz zum Abruf auf)

Übersicht 2 (zu 2.1) Zulässigkeit der Arbeit an Sonn- und Feiertagen

Sonn- und Feiertagsarbeit ist zulässig in folgenden Betrieben (Auszug):
- Not- und Rettungsdienste, Feuerwehr;
- zur Aufrechterhaltung der öffentlichen Sicherheit und Ordnung, in Gerichten und Behörden sowie für Zwecke der Verteidigung;
- in Krankenhäusern und anderen Einrichtung zur Behandlung, Pflege und Betreuung von Personen;
- in Gaststätten und anderen Bewirtungseinrichtungen sowie im Haushalt;
- bei Musikaufführungen, Theater- und Filmvorführungen, Schaustellungen, etc.;
- bei nichtgewerblichen Veranstaltungen der Kirchen, Religionsgemeinschaften, Verbände, Vereine, Parteien;
- beim Sport und in Freizeit-, Erholungs- und Vergnügungseinrichtungen;
- beim Fremdenverkehr, in Museen und wissenschaftlichen Bibliotheken;
- bei Rundfunk und Presse sowie Nachrichtenagenturen;
- bei der Herstellung von Satz-, Filmen und Druckformen für tagesaktuelle Nachrichten und Bilder;
- bei Messen, Ausstellungen, Märkten und Volksfesten;
- in Verkehrsbetrieben sowie beim Transport leicht verderblicher Waren;
- in Betrieben der Energie- und Wasserversorgung sowie der Abfall- und Abwasserentsorgung;
- in der Landwirtschaft;
- im Bewachungsgewerbe;
- bei der Reinigung und Instandhaltung von Betriebseinrichtungen.

Abweichungen von den Schutzbestimmungen des Arbeitszeitgesetzes sind möglich durch:
- Tarifvertrag
- Betriebsvereinbarung (sofern der Tarifvertrag eine »Öffnungsklausel« hierfür enthält)
- Zustimmung der Aufsichtbehörde

> ! Der Unternehmer muss einen Abdruck des Arbeitszeitgesetzes und der für den Betrieb geltenden Tarifverträge und Betriebsvereinbarungen im Betrieb auslegen oder aushängen. Er muss außerdem jede Arbeitstunde, die über die regelmäßige werktägliche Arbeitszeit von 8 Stunden hinausgeht, aufzeichnen und die Aufzeichnungen mindestens 2 Jahre aufbewahren. Verletzungen der Aufzeichnungspflicht können mit Geldbussen von bis zu € 15.000 geahndet werden.

An Sonn- und Feiertagen soll grundsätzlich nicht gearbeitet werden. Das Gesetz enthält jedoch zahlreiche Ausnahmen von diesem Grundsatz. Voraussetzung ist jeweils, dass die Arbeiten nicht an Werktagen vorgenommen werden können. Der Arbeitgeber kann daher nur dann den Einsatz der Mitarbeiter anordnen, wenn die Arbeiten weder einen Aufschub noch eine Unterbrechung gestatten (siehe auch Übersicht 2 zu 2.1).

Bund und Länder haben außerdem Rechtsverordnungen erlassen, die weitere Ausnahmen zulassen, so z. B. in der Eisen- und Stahlindustrie sowie in der Papierindustrie.

Mindestens 15 Sonntage im Jahr müssen für jeden Arbeitnehmer beschäftigungsfrei bleiben. Wird der Arbeitnehmer an einem Sonn- oder Feiertag tätig, muss der Arbeitgeber außerdem innerhalb der folgenden 2 Wochen einen Ersatzruhetag gewähren. Bei Arbeit an Feiertagen muss der Ersatzruhetag innerhalb von 8 Wochen gegeben werden.

> Als Ersatzruhetag kommt jeder Werktag in Betracht, also auch ein Samstag, der ohnehin arbeitsfrei ist. Auch zur Sonn- und Feiertagsarbeit kann durch Tarifvertrag oder (bei Öffnungsklausel) durch Betriebsvereinbarung eine abweichende Regelung getroffen werden.

Weitere Ausnahmen vom Verbot ergeben sich aus dem Ladenschlussgesetz, z.B. für Apotheken, Tankstellen, Verkaufsstellen auf Bahnhöfen, Flug- und Fährhäfen und Kioske.

Auch hier ist der Arbeitgeber verpflichtet, Sonn- und Feiertagsarbeitsstunden aufzuzeichnen und die Unterlagen 2 Jahre lang aufzubewahren.

2.1.1 Privates Arbeitszeitrecht

Hiernach richtet sich die Dauer und Lage der Arbeitszeit. Die Dauer der Arbeitszeit ergibt sich entweder aus Tarifverträgen, aus vertraglichen Vereinbarungen oder aus der betrieblichen Üblichkeit und Praxis.

Nach der Rechtssprechung des Bundesarbeitsgerichts kann der Arbeitgeber – sofern ein Tarifvertrag nicht entgegen steht und der Betriebsrat zustimmt – auch den Arbeitszeitrahmen einseitig verändern, z. B. Schichtdienst oder Rufbereitschaft einführen. Auf diesem Wege kann selbst Arbeitnehmern, die jahrelang in einem bestimmten Arbeitszeitrahmen tätig waren, eine andere Lage der Arbeitszeit zugewiesen werden. Im Einzelfall müssen jedoch die berechtigten Interessen des Mitarbeiters (z. B. Pflege und Erziehung eines Kindes) berücksichtigt werden.

> Die Dauer der Arbeitszeit unterliegt nicht dem Weisungsrecht des Arbeitgebers. Er kann daher nicht die vom Arbeitnehmer zu leistende Stundenzahl bestimmen, da dies unmittelbar Einfluss auf die Vergütung und damit auf die Hauptleistungspflichten aus dem Arbeitsvertrag hätte.
> Anders ist es bei der Lage der Arbeitszeit: Im Einvernehmen mit dem Betriebsrat kann der Arbeitgeber Beginn und Ende der täglichen Arbeit sowie die Lage der Pausen aufgrund seines Weisungsrechts festlegen.

2.2 Mitbestimmungsrechte des Betriebsrates

Der Betriebsrat hat ein erzwingbares Mitbestimmungsrecht bei der
- Festlegung von Beginn und Ende der täglichen Arbeitszeit
- Festlegung der Pausen
- Verteilung der Arbeitszeit auf die einzelnen Wochentage
- Vorübergehenden Verkürzung (Kurzarbeit) oder Verlängerung (Überstunden) der betriebsüblichen Arbeitszeit.

Dies gilt jedoch nur bei kollektiven Tatbeständen, wenn also sämtliche Mitarbeiter oder Gruppen von Mitarbeitern betroffen sind, nicht in Einzelfällen.

Die Dauer der individuellen Arbeitszeit ist kein Gegenstand der Mitbestimmung des Betriebsrates. Diese ist vielmehr im Tarifvertrag oder im Einzelarbeitsvertrag geregelt.

> Die Zustimmung des Betriebsrates muss auch bei kurzfristig notwendig werdenden Überstunden von Mitarbeitern eingeholt werden! Für Eilfälle gibt es keine Sonderregelungen. Um dem Betriebsrat in diesem Punkt keine »Blockademöglichkeit« an die Hand zu geben, sollte mit ihm eine Rahmenbetriebsvereinbarung vereinbart werden, die es dem Arbeitgeber ermöglicht, in einem bestimmten Rahmen ohne Zustimmung des Betriebsrates im Einzelfall Überstunden anzuordnen.

3 Urlaubsrecht

3.1 Bundesurlaubsgesetz

Unter Urlaub wird die bezahlte Freistellung von der Arbeitpflicht zum Zwecke der Erholung verstanden.
- Der gesetzliche Mindesturlaub beträgt 24 Werktage. Da hierzu auch Samstage zählen, rechnet das Bundesarbeitsgericht bei einer 5-Tage-Woche (Montag bis Freitag) den Urlaubsanspruch um und ermittelt einen Mindesturlaubsanspruch von 20 Arbeitstagen (die Samstage sind bei dieser Variante ohnehin frei).
- Der volle Urlaubsanspruch entsteht erstmalig mit Ablauf von 6 Monaten nach Aufnahme der Tätigkeit. Die gilt auch dann, wenn der Mitarbeiter während der Wartezeit arbeitsunfähig ist. Scheidet der Mitarbeiter vor Erfüllung dieser Wartezeit wieder aus, hat er Anspruch auf 1/12 des Jahresurlaubs für jeden vollen Monat des Bestehend des Arbeitsverhältnisses.
- Der Urlaub muss grundsätzlich im laufenden Kalenderjahr genommen werden. Eine Übertagung des Urlaubs auf das Folgejahr erfolgt »automatisch« (ohne Antrag des Arbeitnehmers oder Genehmigung des Arbeitgebers), wenn der Mitarbeiter den Urlaub aus dringenden betrieblichen Gründen (starke Arbeitsbelastung) oder aus persönlichen Gründen (andauernde Erkrankung) nicht im Urlaubsjahr nehmen konnte. Nimmt der Mitarbeiter den übertragenen Urlaub nicht bis zum 31.03. des Folgejahres, verfällt er.
- Der Urlaub muss vom Arbeitnehmer beantragt werden. Sodann muss der Arbeitgeber entscheiden, ob er den Urlaub in dem beantrag-

ten Zeitraum gewährt. Nach der Rechtssprechung darf er den Urlaubsantrag nur ablehnen, wenn »dringende betriebliche Belange« dagegen sprechen. Hierbei kommen in Betracht: personelle Engpässe bei Saisonbetrieben, plötzlich aufgetretene erhöhte Nachfrage, Inventurarbeiten für den Jahresabschluss, Gefahr des Verderbens von hochwertigen Produkten (Nahrungsmittelindustrie).

> Kommt eine Einigung über den Urlaub nicht zustande, kann der Mitarbeiter nicht etwa eigenmächtig in Urlaub gehen (Selbstbeurlaubung). Hierdurch riskiert er eine fristlose Kündigung. Der Mitarbeiter muss vielmehr vom Arbeitsgericht eine einstweilige Verfügung auf Urlaubsgewährung beantragen.

Erlischt der Urlaubsanspruch mit dem 31.3. des Folgejahres, obwohl der Arbeitnehmer den Urlaub fristgerecht beantragt hat, wandelt sich der Urlaubsanspruch um in einen Schadensersatzanspruch in Form von Ersatzurlaubstagen. Diese Ersatzurlaubstage können auch noch nach dem 31.03. des Folgejahres genommen werden.
- Während des Urlaubs ist die vertragliche Vergütung weiter zu zahlen (Urlaubsentgelt, siehe Übersicht zu 3.1). Maßgeblich ist der durchschnittliche Verdienst, den der Arbeitnehmer in den letzten 13 Wochen vor Beginn des Urlaubs erhalten hat. Vergütungen, die er für Überstunden erhalten hat, sind jedoch ausgenommen. Bei einer 5-Tage-Woche lautet die Berechnungsformel für das Urlaubsentgelt:
Gesamtverdienst der letzten 13 Wochen : 65 Arbeitstage = Urlaubsentgelt je Urlaubstag
Das Urlaubsentgelt muss vor Antritt des Urlaubs ausgezahlt werden.
- Umstritten ist, ob der Arbeitgeber nach Ausspruch einer Kündigung den Urlaubsanspruch des Mitarbeiters dadurch erfüllen kann, dass er ihn von der Arbeit freistellt. Nach der Rechtssprechung ist dies zulässig. Wichtig ist jedoch, dass der Arbeitgeber die eindeutige Erklärung abgibt, dass die Freistellung zugleich den Urlaubsanspruch des Mitarbeiters erfüllen soll (Freistellung »unter Anrechnung auf den Urlaubsanspruch«).

> Diese Formulierung sollte auf jeden Fall verwendet werden. Anderenfalls kann der Arbeitnehmer trotz Nicht-Arbeit während der Freistellung noch Urlaubsabgeltung verlangen.

Wenn der Arbeitnehmer den Urlaub nicht mehr bis zum Ende des Arbeitsverhältnisses nehmen kann, muss der Arbeitgeber ihn finanziell abgelten. Die Berechnung erfolgt wie beim Urlaubsentgelt. Hierdurch können erhebliche Beträge auflaufen. Es kann daher sinnvoll sein (vorausgesetzt, der Mitarbeiter wird während der Kündigungsfrist nicht mehr benötigt) den Arbeitnehmer unter Urlaubsanrechnung von der Arbeit frei zu stellen.

3.2 Abweichungen durch Tarifvertrag

Von einzelnen Regelungen des Bundesurlaubsgesetzes kann durch Tarifvertrag abgewichen werden. Die Dauer des gesetzlichen Mindesturlaubs, das Urlaubsjahr und der Anspruch des Mitarbeiters auf Entgeltfortzahlung während des Urlaubs sind jedoch nicht abdingbar.

Übersicht (zu 3.1) Urlaubsentgelt

Beim Urlaubsentgelt zu berücksichtigen sind:
- Provisionen, Prämien,
- Gefahren- und Nachtzulagen
- Zulagen für Bereitschaftsdienst und Rufbereitschaft
- Sachbezüge (Deputatkohle, Freibier)

Nicht beim Urlaubsentgelt zur berücksichtigen sind:
- Gewinnbeteiligungen und Gratifikationen, wenn diese für das gesamte Jahr gezahlt werden
- Aufwendungsersatz
- Weihnachtsgeld
- 13. Monatsgehalt
- Erfindervergütungen
- Jubiläumsleistungen
- Vermögenswirksame Leistungen

Viele Tarifverträge sehen eine Verlängerung des gesetzlichen Urlaubs (28 bis 30 Tage) vor, häufig gestaffelt nach Betriebszugehörigkeit oder Alter des Mitarbeiters. Im übrigen kommen tarifliche Abweichungen vor im Hinblick auf die Wartezeit, auf Teilurlaub, Rundungen von Bruchteilen von Urlaubstagen, etc.

> Wenn Sie in einer Branche tätig sind, in der ein allgemeinverbindlicher Tarifvertrag gilt (z. B. Groß- und Außenhandel) müssen Sie Ihren Mitarbeitern den (erhöhten) tariflichen Urlaub gewähren, auch wenn Ihr Unternehmen nicht Mitglied im Arbeitgeberverband ist.

> Die allgemeine Ausgleichsklausel in einem Aufhebungsvertrag erfasst nicht Urlaubsansprüche des Arbeitnehmers. Von den Gerichten anerkannt ist jedoch ein sogenannter »Tatsachenvergleich«: Der Mitarbeiter bestätigt, dass er seinen Urlaub vollständig genommen hat.
> Ohne eine solche Regelung im Aufhebungsvertrag besteht die Gefahr, dass der Mitarbeiter trotz allgemeiner Erledigungsklausel im Nachhinein eine finanzielle Abgeltung seines Urlaubsanspruchs verlangt.

3.3 Mitbestimmungsrecht des Betriebsrates

Der Betriebsrat hat kein Mitbestimmungsrecht in bezug auf die Dauer des Urlaubs und das Urlaubsentgelt. Zahlt der Arbeitgeber jedoch zusätzlich zum Urlaubsentgelt ein Urlaubsgeld, so kann der Betriebsrat – sofern nicht eine tarifliche Regelung besteht – bei der Ausgestaltung dieser Zahlung mitbestimmen.

Ferner hat der Betriebsrat ein Mitbestimmungsrecht bei der Aufstellung allgemeiner Urlaubsgrundsätze (z. B. Festlegung von allgemeinen Betriebsferien) sowie bei der Erstellung eines Urlaubsplans, der den konkreten Urlaub der einzelnen Mitarbeiter des Betriebes auf bestimmte Zeiten festlegt.

Schließlich besteht ein Mitbestimmungsrecht auch dann, wenn sich Arbeitgeber und einzelne Arbeitnehmer bezüglich der Festlegung der zeitlichen Lage des Urlaubs nicht einigen können (weil mehrere Arbeitnehmer gleichzeitig Urlaub nehmen wollen, der Arbeitgeber dies jedoch ablehnt). Gelingt auch nach Einschaltung des Betriebsrates keine Einigung, entscheidet die Einigungsstelle über die zeitliche Festlegung des Urlaubs.

Sofern der Arbeitgeber allgemeine Grundsätze für Bildungsurlaub oder unbezahlten Sonderurlaub aufstellen will, unterliegt auch dies der Mitbestimmung des Betriebsrates.

Freistellung
Bei der Personalplanung und Einsatzplanung ist zu berücksichtigen, dass Arbeitnehmer aus einer Reihe von Gründen freigestellt werden können, mit und ohne Entgeltfortzahlung. Die Freistellungssachverhalte mit Entgeltfortzahlung sind:
- Arbeitsunfähigkeit wegen Krankheit,
- Bildungsurlaub
- Erholungsurlaub
- Feiertage
- Kuren (Maßnahmen der medizinischen Vorsorge und Rehabilitation)
- Pflege eines kranken Kindes
- Wehrerfassung und Musterung
- Wehrübungen
- Wiedereingliederung in das Erwerbsleben
- Teilnahme am Berufsschulunterricht und Prüfungen (Jugendliche und Auszubildende)
- Betriebsratstätigkeit
- Familiäre und andere Ereignisse (z.B. Eheschließungen, Todesfälle, Arbeitsjubiläen etc.)
- Freistellung aus Wertguthaben (z.B. bei Altersteilzeit)

Zu den Sachverhalten siehe im Einzelnen die Übersicht zu V A/2.2.

Unbezahlter Urlaub
Bei unbezahltem Urlaub wird der Arbeitnehmer auf seinen Wunsch hin von der Arbeitspflicht freigestellt. Der Anspruch auf Vergütung entfällt für diese Zeit. Häufig wird auch von Sonderurlaub oder Beurlaubung gesprochen, z. B. im Fall eines ausländischen Mitarbeiters, der für eine längere Zeit in seine Heimat zurückkehren will.

Die Beurlaubung sollte schriftlich vereinbart werden. In dieser Zeit ruht das Arbeitsverhältnis.

Ein Anspruch auf Gewährung von unbezahltem Urlaub besteht in der Regel nicht, der Arbeitgeber ist in seiner Entscheidung darüber frei. Ausnahmen bestehen in manchen Tarifverträgen. Danach kann ein Arbeitnehmer unter Verzicht auf seine Bezüge aus wichtigem Grund Sonderurlaub erhalten, sofern keine betrieblichen Gründe dem entgegen stehen.

Wird der Mitarbeiter während eines unbezahlten Sonderurlaubs krank (arbeitsunfähig), hat er keinen Anspruch auf Entgeltfortzahlung.

Ausübung von Ehrenämtern
Umstritten ist, ob Mitarbeiter Anspruch auf bezahlte Freistellung für Zeiten haben, in denen sie politische oder religiöse Ämter oder karitative Aufgaben wahrnehmen. Nach überwiegender Meinung besteht kein solcher Anspruch, da diese Dinge zur privaten Lebensführung des Arbeitnehmers gehören. Er kann allenfalls unbezahlte Freistellung oder Anrechnung auf den Jahresurlaub verlangen. Nach einigen Tarifverträgen besteht allerdings Anspruch auf bezahlte Freistellung, sofern der Arbeitnehmer gesetzlich verpflichtet ist, ein öffentliches Ehrenamt anzunehmen (z. B. als Schöffe beim Strafgericht).

Freistellung für Bewerbungen / Stellensuche
Wenn die Kündigung des Arbeitsverhältnisses ausgesprochen worden ist – egal von welcher Seite – kann der Arbeitnehmer verlangen, Freizeit für die Stellensuche unter Fortzahlung des Gehalts zu bekommen. Der Arbeitnehmer darf den Arbeitsplatz aber nicht eigenmächtig verlassen oder ihm fern bleiben. Er muss sich zuvor mit dem Arbeitgeber abstimmen und die Termine koordinieren. Verweigert der Arbeitgeber die Freizeit zur Stellensuche grundlos, kann der Arbeitnehmer seinen Anspruch bei Eilbedürftigkeit im Wege der einstweiligen Verfügung vor dem Arbeitsgericht durchsetzen.

Suspendierung
Unter Suspendierung versteht man die einseitige Freistellung des Mitarbeiters durch den Arbeitgeber. (siehe hierzu II B/3.2.2.8)

Tarifvertragliche Freistellungstatbestände
Ein Anspruch des Mitarbeiters auf bezahlte Freistellung kann sich auch aus einem Tarifvertrag ergeben, wenn dieser anwendbar ist.

So hat ein Arbeitnehmer z. B. nach dem (allgemeinverbindlichen!) Manteltarifvertrag für Arbeitnehmer im Groß- und Außenhandel Nordrhein-Westfalen Anspruch auf bezahlte Freistellung von der Arbeit zwischen 1 und 3 Werktagen bei eigener Eheschließung, Niederkunft der Ehefrau, Eheschließung von Eltern, Kindern und Geschwistern, Silberhochzeit, Tod von Eltern, Ehegatten oder Kindern, Wohnungsumzug, etc.

4 Änderungen des Arbeitsverhältnisses

4.1 Einseitige Erklärung, Versetzung

Die Arbeitsvertragsbedingungen sind grundsätzlich für beide Seiten verbindlich. Die Möglichkeit des Arbeitgebers, Vertragsbedingungen durch einseitige Erklärung zu ändern, sind beschränkt. Sofern nicht das Direktionsrecht des Arbeitgebers greift (II B/3.2.2.2), sind einseitige Änderungen (z.B. Versetzungen) nur möglich, wenn sich der Arbeitgeber das Recht hierzu ausdrücklich vorbehalten hat. Aber auch dann sind Änderungen nur in einem für den Arbeitnehmer zumutbaren Umfang zulässig. Selbst wenn der Arbeitsvertrag eine Versetzung zulässt, ist die Versetzung unwirksam, wenn die Beteiligungsrechte des Betriebsrats missachtet werden. Der Arbeitgeber muss die Zustimmung des Betriebsrats einholen, wenn es sich um die Zuweisung eines anderen Arbeitsbereichs für die Dauer von mehr als einem Monat handelt oder die Versetzung mit einer erheblichen Änderung der Umstände verbunden ist, unter denen die Arbeit zu leisten ist.

Widerspricht der Betriebsrat der geplanten Versetzung, dürfen Sie die Versetzung nur aufrecht erhalten, wenn Sie – wie im Falle der Einstellung – ein arbeitsgerichtliches Eilverfahren durchführen. Dies gilt selbst dann, wenn der betroffene Arbeitnehmer mit der Versetzung einverstanden ist!

In Zweifelsfragen sollten Sie Ihren Rechtsanwalt befragen.

4.1.1 Direktionsrecht
Der Arbeitgeber hat ein Direktions- oder Weisungsrecht gegenüber seinen Mitarbeitern II B/3.2.2.2.

4.1.2 Vertragsänderung
Arbeitgeber und Mitarbeiter können einzelne Punkte des Arbeitsvertrags (oder auch den gesamten Arbeitsvertrag) ändern. Eine Änderung der wesentlichen Vertragsbedingungen müssen Sie dem Arbeitnehmer spätestens einen Monat nach der Änderung schriftlich mitteilen. Am besten schließen Sie einen schriftlichen Änderungsvertrag.

4.1.3 Änderung eines Gesetzes oder eines Tarifvertrages
Sofern Arbeitsbedingungen durch die Änderung eines Gesetzes oder eines Tarifvertrags geändert werden, so gelten die neuen Bestimmungen mit Inkrafttreten des Gesetzes oder des Tarifvertrags (siehe I B/1.3 und I B/1.3.5). Sie werden für das Arbeitsverhältnis wirksam, wenn sie für den Arbeitnehmer günstiger sind als die bisherige Regelung. So änderte z.B. die gesetzliche Erhöhung des Mindesturlaubsanspruchs auf 24 Tage unmittelbar solche Arbeitsverträge, die eine geringere Zahl von Urlaubstagen vorsahen, z.B. die nach dem früheren Recht zulässigen 18 Tage.

4.1.4 Änderungskündigung
Wenn der Arbeitgeber eine Vertragsänderung nicht im Wege des Direktionsrechts (siehe II B/3.2.2.2) herbeiführen kann und der Arbeitnehmer einer Vertragsänderung nicht zustimmt, bleibt nur der Weg einer Änderungskündigung (siehe auch VIII B/2.1.5). Hierbei wird (unter Beachtung der anwendbaren Kündigungsfristen) das bestehende Arbeitsverhältnis gekündigt; gleichzeitig bietet der Arbeitgeber dem Mitarbeiter eine Fortsetzung des Arbeitsverhältnisses zu geänderten Bedingungen an.

> ❗ Das Angebot muss so konkret und genau mitgeteilt werden, dass der Arbeitnehmer in der Lage ist, das Angebot ohne weitere Rückfragen anzunehmen. Wenn ein Betriebsrat besteht, muss dieser vorher angehört werden.
> In der Praxis ist die Änderungskündigung häufig problematisch. Zur Beseitigung oder Kürzung von Sozialleistungen bzw. Vergütungsbestandteilen wird sie von den Gerichten nur anerkannt, wenn Ihr Unternehmen quasi konkursreif ist. Wenn irgend möglich, sollten stattdessen Änderungsverträge angestrebt werden.

4.2 Auslandseinsatz
Im Zuge der Globalisierung der Wirtschaft werden Arbeitnehmer immer häufiger vorübergehend auch im Ausland eingesetzt. In der Regel wird eine solche Entsendung auf 1 bis 3 Jahre vorgenommen. Bei längerfristigen Entsendungen wird der Arbeitsvertrag mit der deutschen Muttergesellschaft zum Ruhen gebracht und ein neues Arbeitsverhältnis mit der ausländischen Tochtergesellschaft eingegangen. Bei einer kürzerfristigen Entsendung wird meist nur ein Zusatz zum (deutschen Arbeitsvertrag) vereinbart. Zu weiteren Aspekten des Auslandseinsatzes siehe auch Kapitel IV A/3 und Forum I/3.

4.2.1 Arbeitsrecht
Siehe die Übersicht zu 4.2.1.

4.2.2 Steuerrecht
Grundsätzlich unterliegt ein Steuerpflichtiger mit seinen weltweiten Einnahmen (»Welteinkommen«) der Besteuerung des Staates, in dem er seinen Wohnsitz oder gewöhnlichen Aufenthalt hat.

Übersicht (zu 4.2.1)
Vertragliche Vereinbarungen bei Auslandsentsendungen

Folgende Punkte sollten bei einer Auslandsentsendung vertraglich vereinbart werden:
- Anwendbares Recht (deutsche Recht oder Recht im Gastland)
- Dauer der Entsendung
- Tätigkeitsbeschreibung/Berichtslinie
- Vergütung einschließlich Auslandszulage
- Urlaub/Feiertage
- Entgeltfortzahlung
- Reisekosten (für die ganze Familie? Business Class? Umfang des Hausrats?)
- Zuschuss zur Unterkunft
- Zusatzversicherungen
- Rückrufrecht
- Befristung oder Kündigung
- Tätigkeit nach Rückkehr (in der Praxis häufig ein Streitpunkt)
- Entwicklung des Gehalts während der Auslandstätigkeit (Orientierung an einem vergleichbaren Mitarbeiter in Deutschland/»Schattengehalt«).

Mit vielen Staaten unterhält die Bundesrepublik Doppelbesteuerungsabkommen. Diese führen in der Regel dazu, dass der Arbeitnehmer bei einem nur vorübergehenden Aufenthalt im Ausland weiterhin in Deutschland steuerpflichtig bleibt. Voraussetzung hierfür ist

- der Arbeitnehmer hält sich nur vorübergehend und nicht länger als 183 während des Kalenderjahres im Ausland auf und
- er wird in dieser Zeit von einem nicht im Tätigkeitsland ansässigen Unternehmen vergütet und
- die Vergütung für die Tätigkeit erfolgt nicht zu Lasten einer im Ausland befindlichen Betriebsstätte oder festen Einrichtung des Arbeitgebers.

Ist eine dieser drei Voraussetzungen nicht erfüllt, so fällt das Besteuerungsrecht dem Tätigkeitsstaat zu. In der Regel greift jedoch auch in diesem Fall der sogenannte »Progressionsvorbehalt«. Die bedeutet, dass im Ausland erziele Einkünfte bei der Ermittlung des Steuersatzes für in Deutschland erzielte Einkünfte mit berücksichtigt werden. Rechnerisch wird das im Ausland erzielte und dort steuerpflichtige Einkommen unter das in Deutschland erzielte und in Deutschland steuerpflichtige Einkommen »geschoben«. Folge ist, dass das in Deutschland erzielte Einkommen mit einem hohen Steuersatz (in der Spitze der Progression) besteuert wird.

Häufig sind die Mitarbeiter aus Steuergründen gerade daran interessiert, ihre Steuern nicht in Deutschland, sondern im Ausland zu zahlen. Dies kann in Staaten mit Doppelbesteuerungsabkommen recht leicht bewerkstelligt werden, indem z. B. eine Tochtergesellschaft/Betriebsstätte im Ausland mit der Vergütungszahlung belastet wird.

Wenn der Mitarbeiter in einen ausländischen Staat entsandt wird, mit dem kein DBA besteht, wird das gesamte Einkommen des Mitarbeiters in Deutschland besteuert, es sei denn, Sonderregelungen, wie z. B. der Auslandstätigkeitserlass (ATE) sind anwendbar. Der ATE stellt bestimmte Tätigkeit von der deutschen Besteuerung frei. Hierzu gehören insbesondere

- Planung, Errichtung und Wartung von Anlagen
- Consulting für ausländische Auftraggeber.

Vorraussetzung ist, dass die Tätigkeit länger als 3 Monate dauert.

Bei Anwendung des ATE ist der Arbeitnehmer ab Beginn der Entsendung mit den auf das Ausland entfallenden Einkünften von der deutschen Besteuerung freigestellt.

Bei einer Entsendung zu einer selbständigen Tochtergesellschaft ist das Arbeitseinkommen in Deutschland steuerfrei und stattdessen im Ausland steuerpflichtig, wenn die Tochtergesellschaft Arbeitgeber des Mitarbeiters und die Vergütung von ihr getragen wird. Gleiches gilt, wenn die deutsche Muttergesellschaft die Vergütung zunächst an den Mitarbeiter zahlt, diese Zahlungen jedoch später der Tochtergesellschaft belastet werden. Auch hier greift die ausländische Besteuerung.

Eine Entsendung sollte mit Hilfe eines Steuerberaters vorbereitet werden. Weitere Informationen sind in einem Schreiben des Bundesfinanzministeriums enthalten (BMF-Schreiben vom 9. November 2001), das Sie auf der Website des Bundesfinanzministeriums (www.bundesfinanzministerium.de) finden können.

4.2.3 Sozialversicherungsrecht

Während der ins Ausland entsandte Mitarbeiter regelmäßig daran interessiert, die deutsche Besteuerung zu vermeiden und seine Steuern im Ausland zu entrichten, liegt das versicherungsrechtliche Interesse des Mitarbeiters dagegen meist in der Beibehaltung der deutschen Sozialversicherungspflicht. Insbesondere das Verbleiben in der deutschen Rentenversicherung ist dann vorteilhaft, wenn sich der Mitarbeiter einer unterbrochenen Anwartschaft verdienen will, während die ausländische Rentenversicherung u. U. erst nach jahrelanger Beitragszahlung, vielleicht auch nie einen Rentenanspruch gewährt.

Mit einer Reihe von Staaten bestehen Sozialversicherungsabkommen, die die nationalen Systeme sozialer Sicherheit so koordinieren, dass durch einen Wechsel in den jeweils anderen Staat keine Nachteile entstehen.

Wenn keine derartigen Abkommen bestehen, greifen die gesetzlichen Vorschriften des SGB IV. Danach unterliegt ein Mitarbeiter eines inländischen Arbeitgebers, der im Ausland tätig wird, weiterhin der deutschen Sozialversicherungspflicht, wenn

- das Beschäftigungsverhältnis mit dem deutschen Arbeitgeber fortbesteht (nicht beendet wird);
- der Mitarbeiter seine Arbeitsleistung im Ausland erbringt;
- und dies von vornherein zeitlich begrenzt (Vertrag) oder von seiner Natur her vorübergehend ist (Projekt).

Die sozialversicherungsrechtlichen Folgen einer Entsendung bilden häufig einen Schwerpunkt in den Verhandlungen mit Mitarbeitern, die ins Ausland entsandt werden sollen. Weitere Informationen zu dieser Thematik sind erhältlich bei der Deutschen Verbindungsstelle Krankenversicherung Ausland in Bonn (www.dvka.de).

4.3 Betriebsübergang

Wird ein Betrieb oder Betriebsteil durch Übertragung der wesentlichen Betriebsmittel auf eine andere Person oder Gesellschaft übertragen, so tritt der Erwerber in vollem Umfang auf der Arbeitgeberseite in die bestehenden Arbeitsverhältnisse ein (§ 613a BGB).

Der Arbeitnehmer bekommt einen neuen Arbeitgeber, ohne dass hierfür neue Arbeitsverträge usw. notwendig wären.

> **Neu:** Nunmehr sind gesetzlich geregelt:
> - die Pflicht des alten/neuen Arbeitgebers, die Mitarbeiter über den Betriebsübergang zu informieren und
> - das Widerspruchsrecht der Mitarbeiter.

Zur Unterrichtungspflicht für Veräußerer oder Erwerber siehe die Übersicht zu 4.3. Die Mitteilung muss in Textform erfolgen und den Aussteller erkennen lassen. E-Mail genügt.

Die betroffenen Mitarbeiter haben ab vollständiger (!) Unterrichtung 1

Monat Zeit, den Widerspruch gegen den Übergang ihres Arbeitsverhältnisses schriftlich (mit Originalunterschrift) gegenüber dem Veräußerer oder Erwerber zu erklären.

Wenn die Mitteilung unvollständig oder unzutreffend ist, beginnt die Frist nicht zu laufen! Es besteht dann die Gefahr, dass Mitarbeiter noch Monate nach dem Übergang des Betriebes ihren Widerspruch erklären, z. B. wenn sie feststellen, dass der Erwerber tatsächlich Personalabbaumaßnahmen durchführt. Es bleibt abzuwarten, ob erste Gerichtsurteile zu diesem Themenkomplex mehr Klarheit in diese misslungene Gesetzesänderung bringen werden. (Siehe auch Forum II/2)

Geht das Arbeitsverhältnis jedoch auf den Erwerber über, hat der Arbeitnehmer zunächst eine weit gehende Besitzstandsgarantie. Arbeitsbedingungen, die bei seinem früheren Arbeitgeber in einem Tarifvertrag oder einer Betriebsvereinbarung geregelt waren (z.B. Weihnachtsgeld, Gratifikationen), werden Bestandteil der (übergehenden) Arbeitsverträge. Der Betriebserwerber ist an diese Regelungen für ein Jahr gebunden. Erst danach kann der Erwerber diese Bedingungen ändern, entweder durch Änderungsvertrag, Änderungskündigung oder (eingeschränkt) Betriebsvereinbarung.

Besteht jedoch auch beim Erwerber ein Tarifvertrag oder eine Betriebsvereinbarung über solche Punkte, kann sich der Arbeitnehmer nicht auf eine Weitergeltung der bisherigen Regelungen berufen; es gelten dann ausschließlich die Kollektivregelungen beim Erwerber, selbst wenn diese ungünstiger sind als die Regelungen des Betriebsveräußerers.

Eine Kündigung, die ausschließlich wegen des Betriebsübergangs ausgesprochen wird, ist unwirksam. Kündigungen aus anderen Gründen (z.B. einer Restrukturierung nach dem Betriebsübergang) bleiben jedoch zulässig. Im Ernstfall kommt es hier in der Praxis zu erheblichen Abgrenzungsschwierigkeiten.

Umstritten ist, ob der Erwerber mit den Arbeitnehmern neue, geänderte Arbeitsverträge schließen kann. Die Rechtsprechung lässt solche Änderungen nur zu, wenn hierfür ein sachlicher Grund besteht. Kann dieser sachliche Grund nicht nachgewiesen werden, haben die Mitarbeiter selbst dann Anspruch auf Erfüllung der früheren Arbeitsbedingungen, wenn sie einen neuen geänderten Arbeitsvertrag unterschrieben haben.

Die Rechtslage im Fall des Betriebsübergangs wird durch jede neue Entscheidung des Bundesarbeitsgerichts komplizierter.

> Bevor Sie Entscheidungen im Zusammenhang mit einem Betriebsübergang treffen, sollten Sie unbedingt kompetenten Rechtsrat einholen.

Übersicht (zu 4.3)
Pflicht zur Unterrichtung der Arbeitnehmer vor dem Betriebsübergang

Veräußerer oder Erwerber müssen die Arbeitnehmer zeitlich vor dem Betriebsübergang unterrichten über

- den Zeitpunkt oder geplanten Zeitpunkt des Betriebsübergangs;
- den Grund des Übergangs (»Beschränkung auf Kernkompetenzen«, »Kostenreduzierung«);
- die rechtlichen, wirtschaftlichen und sozialen Folgen des Übergangs. Was hierunter zu verstehen ist, kann zur Zeit konkret noch nicht abgeschätzt werden. Dazu zählt aber wohl: der Übergang des Arbeitsvertrages mit seinen Rechten und Pflichten; Fortgeltung von Betriebsvereinbarungen und Tarifverträgen oder Ablösung durch Betriebsvereinbarungen und Tarifverträge, die beim Erwerber gelten; Haftungsverteilung zwischen Veräußerer und Erwerber; Verbot der Kündigung »wegen Betriebsübergangs«.)
- die »hinsichtlich der Arbeitnehmer in Aussicht genommen Maßnahmen« (Schulungsmaßnahmen, Einweisung in neue Produkte, wohl auch bereits konkret geplante Kündigungen, Betriebsschließung, etc.);
- des weiteren sollten die Mitarbeiter über das ihnen zustehende Widerspruchsrecht informiert werden, jedoch auch die daraus möglicherweise folgende Konsequenz einer betriebsbedingten Kündigung, wenn der Veräußerer nach dem Betriebsübergang keinen Geschäftsbetrieb mehr unterhält.

V Entlohnung und Vergütung

Inhaltsübersicht

A Managementaspekte der Entlohnung und Vergütung
1 Vergütungspolitik
2 Entgeltabrechnung und betriebliche Sozialleistungen
3 Betriebliche Altersversorgung

B Entgelt und Recht
1 Tarifvertragsrecht
2 Übertarifliche Zulage
3 AT-Vergütung
4 Mitbestimmung bei Entgeltgrundsätzen

A Managementaspekte der Entlohnung und Vergütung 181

1 Vergütungspolitik 181
1.1 Total-Rewards-Strategie 181
1.2 Unternehmens- und Personalstrategie 181
1.3 Elemente der Vergütungspolitik 182
1.4 Gestaltungsspielräume der Vergütungspolitik 183
1.5 Grundregeln für eine erfolgreiche Gesamtvergütung 184
1.6 Zusammensetzung der Gesamtvergütung 184
1.7 Marktvergleiche 185
1.8 Grundvergütung 186
1.9 Trends der Grundvergütung 187
1.10 Funktions- und Stellenbewertung 187
1.11 Kriterien der Stellenbewertung 188
1.12 Gehaltsstruktur und Gehaltsbänder 189
1.13 Positionierung und Entwicklung im Gehaltsband 189
1.14 Grundgehaltsmanagement 189
1.15 Job-families 190
1.16 Kurzfristige variable Vergütung 191
1.17 Trends bei Short-term Incentives 192
1.18 Modellansätze für Short-term-incentives 192
1.19 Gestaltungsparameter der Short-term Incentives 192
1.20 Langfristige variable Vergütung 194
1.21 Modellansätze für Long-term Incentives 195
1.22 Plangestaltung der Long-term Incentives 195
1.23 Aktienoptionspläne 196
1.24 Wertsteigerungsrechte 196
1.25 Mitarbeiterbeteiligung 197
1.26 Sozial- und Zusatzleistungen 197
1.27 Trends der Sozial- und Zusatzleistungen 198
1.28 Betriebliche Altersversorgung 198
1.29 Leistungs- und Beitragszusage 199
1.30 Beitragsorientierte Leistungszusage 199
1.31 Hinterbliebenenversorgung 200
1.32 Direktversicherung 200
1.33 Deferred Compensation 200
1.34 Risikoabsicherung 200
1.35 Firmenwagen 201
1.36 Sonstige Zusatzleistungen 201
1.37 Flexible Benefits 201
1.38 Erfolgreiches Vergütungsdesign 203
1.39 Information und Kommunikation der Vergütung 203
1.40 Optimierung von Gesamtvergütungspaketen 204
1.41 Wertorientierte Vergütung 204
1.42 Einfluss der Unternehmenskultur auf Vergütung 205
1.43 Karriereentwicklung und Vergütung 205
1.44 Vergütungstrends im weltweiten Wettbewerb 206

2. Entgeltabrechnung und betriebliche Sozialleistungen 206
2.1 Brutto- und Nettoverdienstermittlung 206
2.2 Freistellungssachverhalte mit Entgeltfortzahlung 207
2.3 Arbeitsbefreiung ohne Entgeltanspruch 207
2.4 Lohnersatzleistungen 211
2.5 Lohnsteuer 211
2.6 Begünstigte Besteuerung 212
2.7 Nettolohnbesteuerung 213
2.8 Pauschalbesteuerung 213
2.9 Progressionsvorbehalt 213
2.10 Anmeldung und Abführung der Lohnsteuer 214
2.11 Lohnsteuer-Jahresausgleich 215
2.12 Kirchensteuer 215
2.13 Solidaritätszuschlag 215
2.14 Sozialversicherungspflicht 215
2.15 Versicherungspflichtige und -freie Personenkreise 216
2.16 Sozialversicherung und Beschäftigungsverhältnis 216
2.17 Sozialversicherung und Arbeitsentgelt 217
2.18 Sozialversicherung und Beitragszeit 219
2.19 Beiträge für Nettobezüge 219
2.20 Abzug und Aufbringung der Beiträge 219
2.21 Auszubildende und Beitragszahlung 220
2.22 Zahlung und Fälligkeit der Beiträge 220
2.23 Beitragsnachweis der Sozialversicherung 220
2.24 Meldeverfahren der Sozialversicherung 220
2.25 Krankenkassenwahl 221
2.26 Lohnpfändungen 222
2.27 Abschläge und Vorschüsse 224
2.28 Sonstige Zulagen 225
2.29 Auszahlung der Bezüge 225
2.30 Jahresabschlussarbeiten 225
2.31 Aufzeichnungspflichten 226
2.32 Sonstige Aufgaben im Rahmen der Entgeltabrechnung 229
2.33 EDV-Entgeltabrechnung 230
2.34 Outsourcing 230

3 Betriebliche Altersversorgung 231
3.1 Säulen der Altersversorgung 231
3.2 Finanzierungsformen der betrieblichen Altersversorgung 232
3.3 Leistungsplangestaltungen 235
3.4 Entgeltumwandlung 236
3.5 »Riester-Förderung« 238
3.6 Ausblick 239

B Entgelt und Recht 240

1 Tarifvertragsrecht 240
1.1 Entgeltgrundsätze 240
1.2 Zulagen 240

2 Übertarifliche Zulage 241
2.1 Rechtscharakter 241
2.2 Anrechnungs- und Widerrufsvorbehalt 241
2.3 Anrechnung bei Tariferhöhungen 241

3 AT-Vergütung 241

4 Mitbestimmung des Betriebsrats bei Entgeltgrundsätzen 241
4.1 Mitbestimmungsrechte 241
4.2 Einblicksrecht in die Bruttolohn- und Gehaltslisten 242

A Managementaspekte der Entlohnung und Vergütung

1 Vergütungspolitik

1.1 Total-Rewards-Strategie

Die geschäftspolitischen Herausforderungen für Unternehmen zu Beginn des 21. Jahrhunderts sind größer denn je. Im Mittelpunkt stehen u.a. Globalisierung, Internationalisierung der Kapitalmärkte, neue Technologien, zunehmender Wettbewerb, Restrukturierung, Kostendruck, Deregulierungen, zunehmende Dynamik von Veränderungsprozessen, Mergers & Acquisitions, Shareholder-value-Orientierung sowie Veränderungen der rechtlichen Rahmenbedingungen.

Vor diesem Hintergrund zeigt sich, dass Unternehmen wieder vermehrt den Menschen als Differenzierungsfaktor im globalen Wettbewerb identifiziert haben und ihn in den Mittelpunkt strategischer Überlegungen stellen. Unabhängig von Größe und Branche legen erfolgreiche Unternehmen deshalb allergrößten Wert darauf, qualifizierte Mitarbeiter zu finden, sie für sich zu gewinnen und sie zur Erreichung der Geschäftsziele zu motivieren.

Der Vergütungspolitik des Unternehmens kommt dabei eine zentrale Bedeutung zu. Sie stellt ein Kernelement dar, denn eine gute Vergütungspolitik bringt die aus der Unternehmensstrategie abgeleiteten Anforderungen bestmöglich mit den Einstellungen und Erwartungen der Mitarbeiter in Einklang. Um diese Zielsetzung zu erreichen, geht es nicht mehr nur ums Geld. Erforderlich ist ein breiterer Ansatz der Vergütung als bislang üblich. Herkömmliche Vergütungspolitik umfasste im engeren Sinne bare Entgeltkomponenten, z.B. Grundgehalt, variable Vergütung sowie gesetzliche und betriebliche Vorsorgeleistungen (Gehaltsfortzahlung, Altersversorgung usw.).

Die Einstellungsveränderung der Mitarbeiter zeigt, dass neben der monetären Vergütung auch andere Aspekte großen Einfluss darauf haben, ob sie bereit sind in ein Unternehmen einzutreten, zu wechseln oder

Übersicht (zu 1.1) Bestandteile einer Gesamt-Vergütungsstrategie

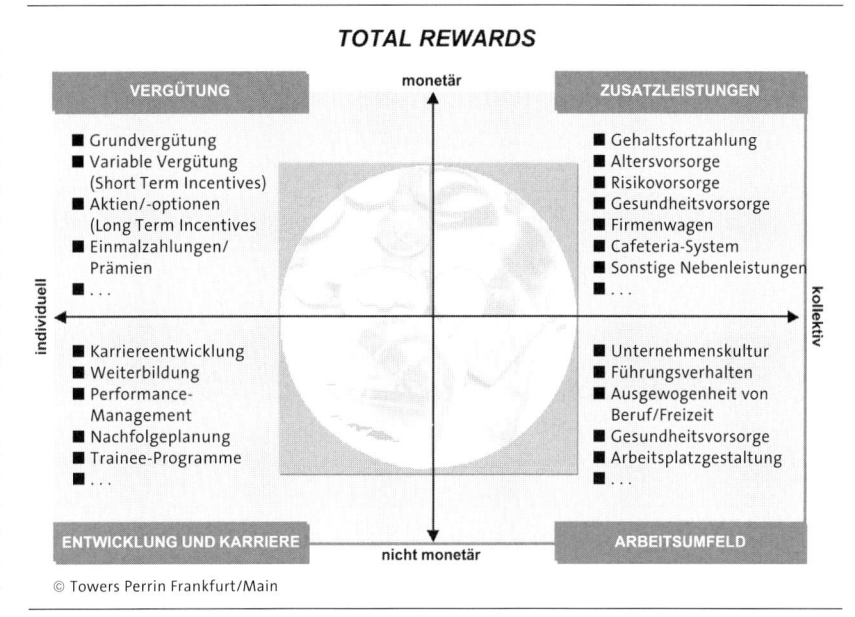

TOTAL REWARDS

VERGÜTUNG (monetär, individuell)
- Grundvergütung
- Variable Vergütung (Short Term Incentives)
- Aktien/-optionen (Long Term Incentives)
- Einmalzahlungen/Prämien
- ...

ZUSATZLEISTUNGEN (monetär, kollektiv)
- Gehaltsfortzahlung
- Altersvorsorge
- Risikovorsorge
- Gesundheitsvorsorge
- Firmenwagen
- Cafeteria-System
- Sonstige Nebenleistungen
- ...

ENTWICKLUNG UND KARRIERE (nicht monetär, individuell)
- Karriereentwicklung
- Weiterbildung
- Performance-Management
- Nachfolgeplanung
- Trainee-Programme
- ...

ARBEITSUMFELD (nicht monetär, kollektiv)
- Unternehmenskultur
- Führungsverhalten
- Ausgewogenheit von Beruf/Freizeit
- Gesundheitsvorsorge
- Arbeitsplatzgestaltung
- ...

© Towers Perrin Frankfurt/Main

Höchstleistungen zu erbringen. Dies sind z.B. Karriere- und Entwicklungsmöglichkeiten, die einem Mitarbeiter geboten werden oder Angebote, die es ermöglichen, berufliche und private Interessen besser in Einklang zu bringen. Vergütungspolitik muss daher alle Komponenten umfassen, die von einem Mitarbeiter wertgeschätzt werden. Diese umfassende Strategie (Total-rewards-Strategie) umfasst monetäre Vergütung und nicht monetäre Komponenten (siehe Übersicht zu 1.1).

> ⚠ Nur eine Vergütungspolitik, die alle Elemente umfasst, kann optimal dazu beitragen, die besten Mitarbeiter zu gewinnen, sie an das Unternehmen zu binden und so zu motivieren, dass sie Höchstleistungen erbringen.

Zu den nichtmonetären Aspekten lesen Sie bitte weiterführend I A/2, VII A/1-4. Die nachfolgenden Ausführungen beziehen sich auf die Direktvergütung als Summe von Grundgehalt, variabler Vergütung und langfristiger Vergütung sowie auf Zusatzleistungen, d.h. insbesondere Alters- und Risikovorsorge und quasi-monetäre Leistungen (z.B. Firmenwagen, Urlaub).

1.2 Unternehmens- und Personalstrategie

Die Vergütungspolitik muss in die Gesamtheit der unternehmerischen Ausrichtung passen. Die Unternehmensstrategie definiert zusammen mit dem Wettbewerbsumfeld die Erwartungen eines Unternehmens an seine Mitarbeiter, um die unternehmerischen Zielsetzungen zu erreichen. Ein Unternehmen sollte wissen, inwieweit die für die Zukunft erforderlichen Kompetenzen und Fähigkeiten bei den Mitarbeitern bereits vorhanden sind, möglicherweise entwickelt oder aber neu akquiriert werden müssen. Auf der anderen Seite haben die Mitarbeiter Vorstellungen darüber, was sie bereit sind, ins Unternehmen einzubringen und welche »Entlohnung« sie erwarten (siehe Grafik zu 1.2). Das Zusammenführen der Erwartungshaltung des Unternehmens mit den Vorstellungen der Mitarbeiter hat zwei Konsequenzen:

Grafik (zu 1.2) Verbindung von Unternehmens- und Personalstrategien

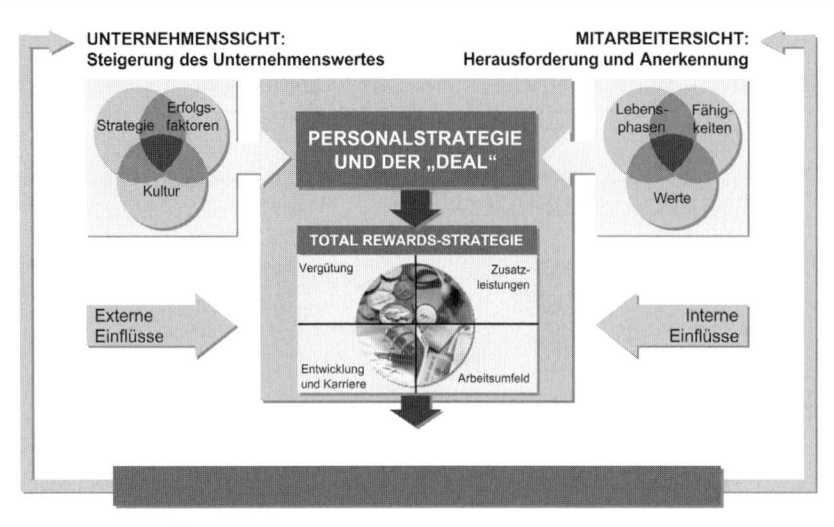

[Grafik: Towers Perrin Frankfurt/Main – Darstellung der Verbindung von Unternehmenssicht (Steigerung des Unternehmenswertes) mit Strategie, Erfolgsfaktoren und Kultur sowie Mitarbeitersicht (Herausforderung und Anerkennung) mit Lebensphasen, Fähigkeiten und Werten; im Zentrum „Personalstrategie und der DEAL" und darunter die Total Rewards-Strategie mit Vergütung, Zusatzleistungen, Entwicklung und Karriere sowie Arbeitsumfeld, eingerahmt von externen und internen Einflüssen.]

© Towers Perrin Frankfurt/Main

Checkliste (zu 1.3) Fragen zur Festlegung der Vergütungsstrategie

- Was sind Verhaltensweisen und erfolgskritische Kompetenzen, die unsere Mitarbeiter benötigen, um unseren Geschäftserfolg sicherzustellen?
- Welche wollen wir belohnen?
- Mit welchen Wettbewerbern wollen wir uns am Arbeitsmarkt vergleichen?
- Wie wollen wir uns gegenüber unseren Wettbewerbern positionieren?
- Wie stellen wir eine im Unternehmen als »gerecht« empfundene Vergütung sicher?
- Wie gehen wir mit unterschiedlichen Marktniveaus für einzelne Funktionen um?
- Für welche Mitarbeitergruppe(n) soll die Strategie definiert werden?
- Werden Vergütungsstrategien zentral oder dezentral festgelegt?
- Aus welchen einzelnen Elementen setzt sich die Gesamtvergütung der Mitarbeiter(-gruppen) zusammen?
- Wie ist die Relation zwischen fixen und variablen Entgeltkomponenten?
- Wie messen wir Leistung im Unternehmen (Unternehmensleistung/individuelle Leistung)?
- Wie verknüpfen wir die Leistung mit der Vergütung?
- Wie sind persönliche Karriereplanung und -entwicklung mit der individuellen Einkommensentwicklung verknüpft?
- Wie viel oder wenig Flexibilität wollen wir den Mitarbeitern bei der Gestaltung individueller Vergütungspakete einräumen?
- Wie können wir unser Personalkostenbudget am effizientesten einsetzen?
- Welche Nebenleistungen wollen wir unseren Mitarbeitern offerieren?
- Wollen wir unseren Mitarbeitern Wahlmöglichkeiten bei den Nebenleistungen einräumen und wie flexibel sind diese gestaltet?
- Welche Strategie wählen wir, um die Vergütungsstrategie den Mitarbeitern zu kommunizieren und wer ist dafür verantwortlich?
- Welche Prozesse sind im Rahmen der Administration der Vergütungselemente erforderlich und wie können diese effizient gestaltet werden?

- der »Deal« wird deutlich, der die Basis für eine erfolgreiche Zusammenarbeit zwischen Unternehmen und Mitarbeiter darstellt,
- der Rahmen für die Ausgestaltung der einzelnen Elemente des Vergütungspaketes wird definiert.

Bei der Gestaltung des Vergütungspaketes gibt es kein Patentrezept, vielmehr muss jedes Unternehmen entscheiden, wie es die knappen Ressourcen bestmöglich einsetzt. Es kommt also auf die Allokation der Mittel auf verschiedene Elemente an. Die Prioritäten können je nach Größe des Unternehmens, der Branche sowie dem Lebenszyklus des Unternehmens sehr unterschiedlich sein.

> **!** Setzen Sie Schwerpunkte, die sich aus der Strategie des Unternehmens am Markt, dem Wettbewerb, dem »Deal«, der demographischen Struktur des Unternehmens, den gesetzlichen Rahmenbedingungen, der Situation am Arbeitsmarkt sowie der internen Unternehmensstruktur und -kultur ergeben.

1.3 Elemente der Vergütungspolitik

Effektive Vergütungsstrategien unterstützen die Umsetzung der Unternehmensstrategie und orientieren sich eng am Markt. Bei ihrer Ausgestaltung setzen Unternehmen individuelle Schwerpunkte, um sich als attraktiver Arbeitgeber am Markt zu platzieren. Grundsätzlich sind im Rahmen der Definition einer Vergütungsstrategie unterschiedliche Elemente zu berücksichtigen.

Zusammensetzung des Vergütungspakets
Es ist zu entscheiden, welche Vergütungselemente in die Gesamtvergütung eingebaut werden. Aus den einzelnen Komponenten
- Grundvergütung,
- kurzfristige variable Vergütung,
- Aktien-Optionen,
- Einmalzahlungen und
- Zusatzleistungen

wird ein Gesamtpaket zusammengestellt und der richtige Mix der einzelnen Komponenten gefunden. Die Anforderungen der Mitarbeiter, ihre

Erwartungshaltung und Interessenlage ist hier von besonderer Bedeutung.

> **!** Nur die Vergütungselemente, die Mitarbeiter besonders wertschätzen, motivieren zu Höchstleistungen.

Positionierung am Arbeitsmarkt
Hierzu legt das Unternehmen zunächst Referenzunternehmen fest, mit denen es sich am Markt vergleichen will. Dann ist zu entscheiden, welches Marktniveau man bei der Vergütung (insgesamt und für die einzelnen Komponenten) anstrebt. Schließlich ist auch die Frage zu beantworten, ob die Positionierung für alle Mitarbeiter(-gruppen) gleich ist oder ggf. einzelne Unternehmensbereiche, Abteilungen und/oder Mitarbeitergruppen unterschiedlich behandelt werden.

In diesem Zusammenhang haben Gehaltsvergleiche, wie sie externe Beratungsunternehmen anbieten, eine große Bedeutung. Sie ermöglichen Unternehmen, sich mit Wettbewerbern am Arbeitsmarkt zu vergleichen und zu entscheiden, wie man talentierte Mitarbeiter gewinnen und an das Unternehmen binden kann (siehe 1.7).

Leistungsaspekte der Vergütung und Chance-Risiko-Relation für den Mitarbeiter
Neben der Relation zwischen Grundvergütung und variablen Vergütungselementen ist zusätzlich zu entscheiden, inwieweit eine direkte Verknüpfung zwischen Vergütung und individueller Leistung des einzelnen Mitarbeiters existieren soll. Wichtig ist auch die Frage, wie unterschiedliche Leistungen der Mitarbeiter bei der Vergütung berücksichtigt werden.

Bemessungsgrößen und Leistungsstandards
Es ist festzulegen, anhand welcher Bemessungsgrößen Leistung ermittelt wird und wie diese gemessen werden soll. Hier ist zu entscheiden, ob ausschließlich finanzielle Messgrößen relevant sind oder ggf. nichtfinanzielle Kenngrößen genutzt werden. Darüber hinaus ist zu entscheiden, auf welcher organisatorischen Ebene (Unternehmen, Bereich, Abteilung, Team, Individuum) die Leistung gemessen wird und wie Ebenen ggf. miteinander verknüpft werden. Die entscheidenden Fragen sind, welchen Beitrag ein Mitarbeiter in einer bestimmten Rolle für das Unternehmensergebnis leistet und wie dieser Beitrag über Kennzahlen oder andere Wege transparent gemacht werden kann.

Entscheidungsprozesse
Das Unternehmen legt fest, wie Vergütungsentscheidungen getroffen werden, d.h. wer, wann, mit welchen Kompetenzen in den Prozess eingebunden ist. Hier ist auch zu definieren, welche Entscheidungen zentral durch die Personalabteilung oder dezentral durch Linienverantwortliche getroffen werden.

Information und Kommunikation
Berücksichtigen Sie auch die Frage, wie viele und welche Informationen bezüglich der Vergütungsstrategie im Unternehmen kommuniziert werden und wie diese Informationen den Mitarbeitern zugänglich gemacht werden. Entschieden werden muss auch über Umfang und Ausgestaltung erforderlicher Schulungsmaßnahmen für Führungskräfte. Nutzen Sie zur Festlegung der Vergütungsstrategie insgesamt die Leitfragen der Checkliste zu 1.3.

1.4 Gestaltungsspielräume der Vergütungspolitik

Personalkosten sind für alle Unternehmen der größte Aufwandsfaktor. Daher sind sie bemüht, Vergütungselemente möglichst so zu gestalten, dass sie einen optimalen Return on Investment erzielen. Hinsichtlich der Gestaltungsspielräume sind sie hier jedoch nicht völlig frei, sondern müssen je Mitarbeitergruppe bestimmte Rahmenbedingungen beachten.

Tarifmitarbeiter
Der Großteil der Mitarbeiter unterliegt in Deutschland tarifvertraglichen Regelungen. Im Rahmen von Flächentarifverträgen werden Vergütungsfragen zwischen Gewerkschaften und Arbeitgeberverbänden verhandelt und festgelegt. Diese Regelungen sind damit für die Unternehmen bindend, sofern sie Mitglied des für ihre Branche relevanten Arbeitgeberverbandes sind. Vergütungspolitische Fragen sind daher den entsprechenden Tarifverträgen zu entnehmen und vom Unternehmen umzusetzen (siehe auch I B/ 1.3.5).

Betriebsspezifische Regelungen sind nur dann möglich, wenn sie über die im Mantel- bzw. Gehaltstarifvertrag festgelegten Mindestbedingungen hinausgehen. Eine Zahlung solcher übertariflichen Leistungen an die Mitarbeiter ist jederzeit möglich.

Sofern das Unternehmen keinem Arbeitgeberverband angeschlossen ist und kein als allgemein verbindlich erklärter Tarifvertrag Anwendung findet, besteht die Möglichkeit, einen Haustarifvertrag abzuschließen (siehe auch I B/1.3.2). Hierbei kann das Unternehmen Verfahren und Systeme zur Bestimmung der Vergütung frei wählen und die Vergütungshöhen unternehmensindividuell festlegen. Es bedarf hierfür allerdings der Verhandlung und Einigung mit dem Betriebsrat und der Gewerkschaft.

Außertarifliche Mitarbeiter
Für außertarifliche Mitarbeiter besteht in Vergütungsfragen mehr Gestaltungsspielraum. Hierzu zählen alle Mitarbeiter, deren Tätigkeit nicht den Eingruppierungsmerkmalen des Tarifvertrages entspricht und deren Gehalt oberhalb der im Gehaltstarifvertrag festgelegten Höchstwerte liegt. Bei dieser Mitarbeitergruppe sind die Unternehmen in der Lage, individuelle, einzelvertragliche Gehaltsvereinbarungen zu treffen. Dies wird in der Regel in Unternehmen mit einer überschaubaren Mitarbeiteranzahl die effizienteste und zu präferierende Vorgehensweise sein. In Unternehmen mit einer größeren Anzahl AT-Mitarbeiter führt dies jedoch zu einem hohen administrativen Aufwand. Daher empfiehlt sich für diese Unternehmen Vergütungsstrukturen festzulegen, welche Rahmenregelungen darstellen, die für alle AT-Mitarbeiter Anwendung finden. Die Ausgestaltung dieser Vergü-

V. Entlohnung und Vergütung

Übersicht (zu 1.5) Grundregeln für eine erfolgreiche Gesamtvergütung

1. Die Vergütungsstrategie/-philosophie ist an den spezifischen Geschäftsanforderungen des Unternehmens und den Erwartungen der Mitarbeiter ausgerichtet, es gibt ggf. bereichsspezifische Unterschiede.
2. Die Gesamtvergütung ist wettbewerbsfähig, d.h. sie ist so gestaltet, dass Mitarbeiter gewonnen, gehalten und bestmöglich motiviert werden.
3. Individuelle Leistungsunterschiede der Mitarbeiter werden durch deutliche Unterschiede, sowohl bei den jährlichen Gehaltserhöhungen als auch bei der Höhe des gesamten Vergütungspaketes, abgebildet.
4. Für jeden Mitarbeiter besteht Transparenz über die zu erreichenden Unternehmensziele und es ist klar, wie er zum Unternehmenserfolg beitragen kann.
5. Individuelle Messgrößen werden für jeden Mitarbeiter sorgfältig ermittelt und bilden die Grundlage für jährliche Zielvereinbarungen.
6. Die Zielerreichung des Mitarbeiters ist direkt mit der variablen Vergütung verknüpft. Die Top-Leister erhalten eine deutlich höhere variable Vergütung als Mitarbeiter mit normaler Leistung.
7. Die gesamte Bar-Vergütung (Grundgehalt zzgl. variabler Vergütung) ist mit dem Geschäftserfolg des Unternehmens verknüpft.
8. Long-term-incentives sind Bestandteil der Gesamtvergütung und stellen sicher, dass ausgewählte Mitarbeiter am zukünftigen Wertzuwachs des Unternehmens teilhaben.
9. Das eingesetzte Stellenbewertungssystem ist leicht zu administrieren und weist ausreichende Flexibilität zur Berücksichtigung von Marktaspekten auf.
10. Es existieren eindeutige Regeln für alle Vergütungsprozesse. Mitarbeiter sind über Ziele und Wirkungsweise der Vergütungselemente informiert und Führungskräfte sind diesbezüglich geschult.
11. Die Sozial- und Zusatzleistungen orientieren sich an den Bedürfnissen der Mitarbeiter.
12. Bei der Zusammensetzung der Gesamtvergütung existieren für die Mitarbeiter flexible Wahlmöglichkeiten, so dass jeder Mitarbeiter sein individuelles Gehaltspaket seinen Bedürfnissen entsprechend zusammenstellen kann.

tungsstrukturen unterliegt der Mitbestimmung.

> Beziehen Sie den Betriebs- bzw. Personalrat rechtzeitig bei der Entwicklung entsprechender Systeme ein.

Leitende Angestellte
Grundsätzlich orientiert sich die Vergütungspraxis für leitende Angestellte eng an der Praxis für außertarifliche Mitarbeiter. Die Grundsätze der Vergütung sind häufig ähnlich gestaltet. Unterschiede bestehen primär bezüglich der Höhe und Zusammensetzung der Vergütungspakete. Insgesamt sind die Unternehmen jedoch bestrebt, zwischen der Vergütungspraxis beider Zielgruppen keinen Bruch entstehen zu lassen. Bei der Gestaltung der Vergütung für leitende Angestellte unterliegen die Unternehmen keinen nennenswerten Reglementierungen. Jedoch empfiehlt es sich, die Interessenvertretung der leitenden Angestellten (Sprecherausschuss, siehe I B/2.3.8) frühzeitig in die Gestaltung der Grundsätze mit einzubeziehen.

> Da die Spielräume der Vergütungspolitik im tariflichen Bereich stark reglementiert sind, beziehen sich die Ausführungen dieses Kapitels zur Gestaltung der Gesamtvergütung primär auf Mitarbeiter des außertariflichen Bereichs und auf leitende Angestellte.

1.5 Grundregeln für eine erfolgreiche Gesamtvergütung

Die Gesamtvergütung eines Unternehmens orientiert sich immer stärker am Markt. Gleichzeitig nehmen funktions- bzw. stellenbezogene Vergütungsansätze zugunsten personen- oder teamorientierter Ansätze ab. Die Grundvergütung war bislang das dominierende Vergütungselement. Sie nimmt in der Gesamtvergütung tendenziell ab, während variable Vergütungsbestandteile an Bedeutung gewinnen. Bei der variablen Vergütung werden neben quantitativen Ergebnisgrößen qualitative Komponenten immer wichtiger. Die Frage, »wie« Ergebnisse erzielt wurden, gewinnt zunehmend an Bedeutung. Neben die Marktorientierung der Gesamtvergütung tritt die Performance-Orientierung.

> Vergütung wird mehr und mehr als Führungsinstrument im Unternehmen verstanden. Linienverantwortliche fordern dies entsprechend ein. Bislang eher zentral getroffene Vergütungsentscheidungen verschieben sich mehr in dezentrale Prozesse.

Gleichzeitig mit diesen Veränderungen weisen Gesamtvergütungssysteme häufig deutliche Schwächen auf. Sie sind
- in ihrer Zusammensetzung und Zielsetzung nur unzureichend an der Unternehmensstrategie ausgerichtet,
- spiegeln entsprechende Veränderungen im geschäftlichen Umfeld nicht ausreichend wider,
- unterstützen nicht die Erfolgsfaktoren des Unternehmens,
- stehen nicht im Einklang mit der Unternehmenskultur und den Führungsprinzipien,
- werden schlecht oder überhaupt nicht »gemanagt«.

Die Aufstellung in der Übersicht zu 1.5 zeigt, wie effiziente Gesamtvergütungssysteme gestaltet sind.

1.6 Zusammensetzung der Gesamtvergütung

Die Gesamtvergütung eines Mitarbeiters kann sich aus mehreren Elementen zusammensetzen. In wie weit Unternehmen einzelne Elemente anbieten, hängt von der jeweiligen Vergütungsstrategie (siehe 1.3) ab.

Die Grundvergütung
umfasst alle dem Mitarbeiter fest zugesagten Gehaltsbestandteile, d.h. das monatliche Bruttogehalt, zuzüglich etwaiger vertraglich vereinbarter Sonderzahlungen, wie z.B.
- das 13. oder 14. Monatsgehalt,
- Weihnachtsgeld,
- Urlaubsgeld oder
- sonstige vertraglich fest vereinbarte Zahlungen.

Im außertariflichen Bereich wird es in der Regel als Jahresgehalt festgelegt. Im tariflichen Bereich ergibt sich das Grundgehalt aus den Bestimmungen des relevanten Gehaltstarifvertrages. Das Jahresgrundgehalt bildet, sofern dies im Arbeitsvertrag nicht anderweitig geregelt ist, die Bemessungsgrundlage für die betriebliche Altersversorgung des Mitarbeiters. Dies ist bei der Festlegung bzw. Anpassung der Grundgehälter entsprechend zu berücksichtigen.

Die kurzfristige variable Vergütung
umfasst alle nicht fest zugesagten Vergütungselemente. Sie können in Abhängigkeit vom Geschäftsergebnis des Unternehmens, des Bereichs oder der Abteilung sowie der individuellen Leistung des Mitarbeiters von Jahr zu Jahr schwanken. Hierunter fallen u.a. die an den Mitarbeiter gezahlten
- Boni,
- Erfolgs- oder Gewinnbeteiligungen,
- Prämien,
- Provisionen oder
- Tantiemen.

Die langfristige variable Vergütung
umfasst alle Vergütungsbestandteile, die sich in der Regel auf einen Zeitraum, der länger als ein Jahr ist, beziehen. Dies sind z.B.
- Aktien,
- Aktienoptionen,
- Wandel- oder Optionsanleihen oder
- langfristige Bonuszahlungen.

Unter Zusatzleistungen
sind die Aufwendungen des Arbeitgebers für die Alters- und Risikovorsorge des Mitarbeiters, für Lebens-

Übersicht (zu 1.7) Anteil der Vergütungselemente an der Gesamtvergütung

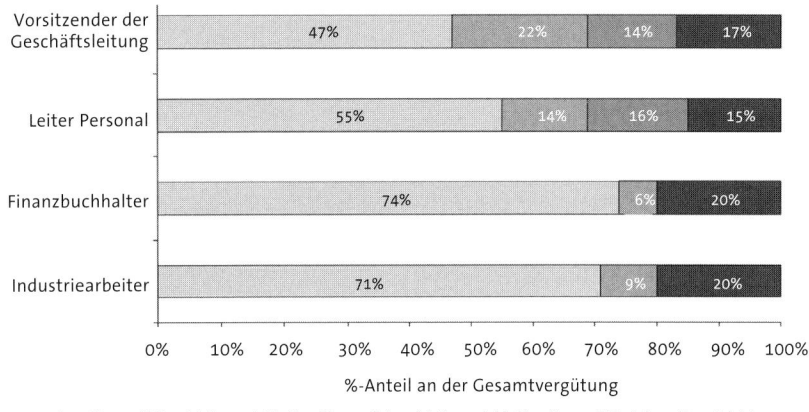

Funktion	Grundvergütung	Kurzfristige variable Vergütung	Langfristige variable Vergütung	Sozial- und Zusatzleistungen
Vorsitzender der Geschäftsleitung	47%	22%	14%	17%
Leiter Personal	55%	14%	16%	15%
Finanzbuchhalter	74%		6%	20%
Industriearbeiter	71%		9%	20%

Quelle: Towers Perrin, Total Renummeration, Survey 2001

versicherungen, Invaliditätsschutz, Gehaltsfortzahlung im Krankheitsfall sowie die Geldwerte für die Überlassung eines Firmenwagens und alle sonstigen Nebenleistungen zusammengefasst.

1.7 Marktvergleiche

Durch Marktvergleiche erhalten Unternehmen einen Überblick über die Wettbewerbsfähigkeit der eigenen Vergütungspraxis. Darüber hinaus sind sie von großer Bedeutung bei der Entscheidung, wie sich das Unternehmen im Gehaltsmarkt positionieren will. Im Allgemeinen geben Marktvergleiche detaillierte Vergütungsinformationen zu ausgewählten Positionen. Die Übersicht zu 1.7 zeigt z.B. den Anteil einzelner Vergütungselemente an der Gesamtvergütung für ausgewählte Funktionen.

Das Kernproblem jedes Gehaltsvergleiches ist es, die eigenen Funktionen mit den Positionen in anderen Unternehmen zu vergleichen (Jobmatching). Vergleiche, die auf Grundlage von Positionsbezeichnungen oder ergänzenden Positionsbeschreibungen basieren, sind häufig wenig hilfreich, da Verantwortungsumfang, organisatorische Einbindung sowie konkrete Aufgaben und Verantwortlichkeiten von Unternehmen zu Unternehmen erheblich variieren. Eine eindeutige Zuordnung der eigenen Funktionen ist nur selten möglich. Gehaltsvergleiche dienen daher nur bedingt als Datenquelle.

Neuere Marktvergleiche basieren auf Karrieremodellen, welche unterschiedliche Kompetenzanforderungen, die an die Funktion gestellt werden, als Vergleichsmaßstab nutzen. Unternehmen sind so leichter in der Lage, ihre eigenen Anforderungen zu ermitteln und sich auf dieser Basis mit anderen zu vergleichen. Das Beispiel 1 zu 1.7 zeigt exemplarisch ein Karrieremodell, das eine Basis für Marktvergleiche darstellt.

Grundsätzlich haben Unternehmen im Rahmen von Gehaltsvergleichen folgende Möglichkeiten:
- Bezug von standardisierten Gehaltsvergleichen,
- Erwerb von Zugriffsberechtigungen zu Gehaltsdatenbanken,
- Durchführung unternehmensspezifischer Sondervergleiche (Club Surveys),
- Durchführung eines individuellen Gehaltsvergleichs.

Standardisierte Gehaltsvergleiche basieren in der Regel auf Funktionsbezeichnungen. Sie eignen sich für Unternehmen, die sporadische Gehaltsentscheidungen treffen und dafür Marktinformationen benötigen.

Online-Gehaltsdatenbanken sind das Instrument der Zukunft. Hier haben Sie die Möglichkeit, jederzeit Gehaltsinformationen abzurufen. Darü-

Beispiel 1 (zu 1.7) Karrieremodell: Kapitalmarktfunktionen

Competencies	Karriere-Level				
	K1 Associate	**K2 Intermediate**	**K3 Senior**	**K4 Advanced**	**K5 Principal**
Businessorientierung/ Kundenorientierung	■ greift vom Kunden dargelegte Fragestellungen auf und leitet diese weiter ■ arbeitet in Kundenprojekten mit	■ interpretiert Bedürfnisse der Kunden und leitet zugrunde liegende Problemstellungen ab ■ erarbeitet fachliche Problemlösungen für den Kunden	■ versucht proaktiv, die Bedürfnisse der Kunden zu verstehen und Lösungen für Aufgaben/Anfragen zu finden; identifiziert potenzielle Geschäftschancen ■ erarbeitet ganzheitliche Lösungen für den Kunden	■ antizipiert und adressiert die Bedürfnisse der Kunden sowie entsprechende Lösungen für nicht-alltägliche Problemstellungen ■ entwickelt aktiv Geschäftsmöglichkeiten	■ konzentriert sich auf die Entwicklung von langfristigen Partnerschaften mit den wichtigsten Kunden ■ erstellt langfristige Geschäftsstrategien und leitet Teams, um diese zu operationalisieren
Geschäftsverständnis	■ hat ein grundlegendes Verständnis des geschäftlichen Hintergrunds seines Bereiches und des Zusammenhangs zwischen seinen eigenen Aktivitäten und denen des Bereiches	■ hat ein weitreichendes Verständnis des geschäftlichen Hintergrundes seines Bereiches; wendet dieses Wissen zur Ausrichtung seiner eigenen Tätigkeit an	■ ist sich interner/ externer geschäftlicher Hintergründe und Best Practices im eigenen Fachgebiet bewusst, wendet diese auf die eigene Rolle an	■ Interpretiert interne/ externe geschäftliche Hintergründe und Best Practices im eigenen Fachgebiet; nimmt Änderungen an seiner und der Tätigkeit anderer vor, um diesen zu entsprechen	■ erkennt frühzeitig interne/externe geschäftliche Entwicklungen, die Auswirkungen auf andere Bereiche des Geschäfts haben; leitet proaktiv strategische Maßnahmen ein
Ergebnisorientierung	■ kennt die wichtigsten ergebnisbeeinflussenden Komponenten	■ ist sich des Zusammenhangs zwischen seiner eigenen Tätigkeit und den ergebnisbeeinflussenden Komponenten bewusst	■ steuert eigene Tätigkeiten zur Erreichung definierter Teilziele im Rahmen übergeordneter Ergebnisziele und/oder Projekte	■ ist verantwortlich für die Erreichung definierter Ergebnisziele im eigenen Aufgabengebiet und/oder eigener Projekte	■ ist verantwortlich für die Erreichung definierter Ergebnisziele mehrerer Aufgabenbereiche und/oder Projekte

Beispiel 2 (zu 1.7) Gehaltsanalyse

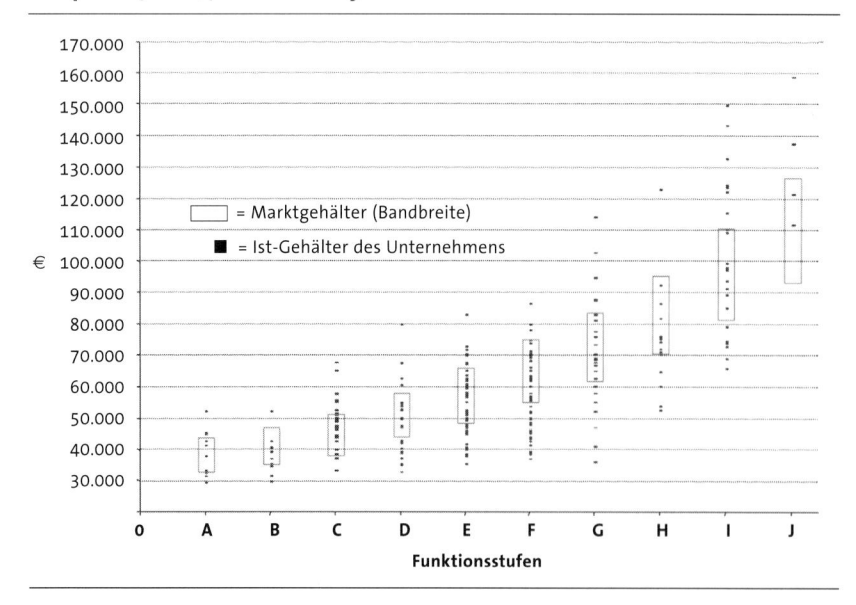

ber hinaus werden die Gehaltsdaten permanent aktualisiert. Voraussetzung für die Datenabfrage ist allerdings, dass man auch die eigenen Gehaltsinformationen in die Datenbank einspeist. Datenbanken eignen sich für große, international tätige Unternehmen sowie für Unternehmen, die sich in dynamischen Arbeitsmärkten bewegen und daher häufig Gehaltsentscheidungen treffen müssen.

Bei unternehmensspezifischen Gehaltsvergleichen erhält ein Unternehmen detaillierte, auf die Unternehmensbedürfnisse zugeschnittene Informationen über die Marktpraxis. Umfang, Inhalt und Vergleichsunternehmen werden in diesem Fall von dem Unternehmen im Voraus vorgegeben. Das mit der Durchführung des Sondervergleiches beauftragte Beratungsunternehmen kontaktiert dann die Teilnehmer, sammelt und verdichtet die Gehaltsinformationen, wertet sie aus und bereitet die Ergebnisberichte für die Teilnehmer auf. Gehaltsvergleiche stellen sowohl die Gehaltspraxis des Unternehmens insgesamt, als auch die Marktgehälter einzelner Positionen detailliert dar. Sie werden von unterschiedlichen Beratungsgesellschaften durchgeführt. Das Beispiel 2 zu 1.7 stellt exemplarisch den Vergleich der Gehaltspraxis eines Unternehmens mit den relevanten Marktgehältern dar.

1.8 Grundvergütung

Die Grundvergütung hat in der Regel den größten Anteil der Gesamtvergütung und umfasst sämtliche dem Mitarbeiter vertraglich fest zugesagten Vergütungselemente (einschließlich 13. und 14. Monatsgehalt, Weihnachtsgeld, Urlaubsgeld und sonstige fest vereinbarte Zahlungen). Es wird meist als Jahres- oder Monatsgehalt festgelegt.

Die Grundvergütung honoriert die Ausführung der übertragenen Aufgaben sowie die Erbringung der erwarteten quantitativen und qualitativen Arbeitsergebnisse des Mitarbeiters. Es dient als Bemessungsgrundlage für die variable Vergütung, da Boni häufig in Relation zum Grundgehalt definiert werden, und auch als Bezugsbasis für die Altersversorgung. Dies ist bei Anpassungen der Grundvergütung entsprechend zu berücksichtigen.

Mitarbeiter empfinden die Grundvergütung als »fair«, wenn sie
- die Bedeutung der Funktion für das Unternehmen und ihren Beitrag zum Unternehmenserfolg widerspiegelt,
- in Relation zu vergleichbaren Funktionen am Markt angemessen ist und
- die individuelle Qualifikation und Leistung des Mitarbeiters berücksichtigt (siehe Übersicht zu 1.8).

Die Bedeutung der Funktionen im Unternehmen wird häufig durch ein Stellenbewertungsverfahren ermittelt und festgelegt. Je nach Größe des Unternehmens und spezifischer Zielsetzung kommen dabei unterschiedliche Verfahren und Vorgehensweisen zur Anwendung (siehe 1.10f). Auf Grundlage der bewerteten Anforderungen an die Funktionen können dann unterschiedliche Vergütungsgruppen entwickelt werden.

Das Gehaltsniveau für vergleichbare Funktionen am Markt sowie die übliche Zusammensetzung des Gehaltspaketes lässt sich auf Grundlage von Marktvergleichen, die Beratungsunternehmen durchführen, ermitteln (siehe 1.7). Die Marktvergleiche erfassen die aktuellen Gehälter für vergleichbare Positionen in unterschiedlichen Unternehmen und stellen den Teilnehmern verdichtete Marktinformationen zu den einzelnen Vergütungskomponenten zur Verfügung.

Die Leistung des Mitarbeiters schätzt am besten der direkte Vorge-

Übersicht (zu 1.8) Einflussgrößen der Grundvergütung

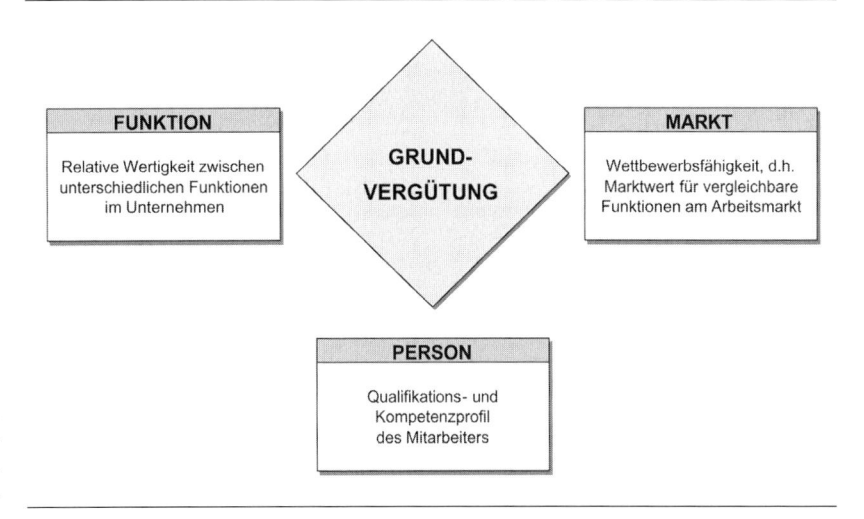

FUNKTION — Relative Wertigkeit zwischen unterschiedlichen Funktionen im Unternehmen

GRUNDVERGÜTUNG

MARKT — Wettbewerbsfähigkeit, d.h. Marktwert für vergleichbare Funktionen am Arbeitsmarkt

PERSON — Qualifikations- und Kompetenzprofil des Mitarbeiters

setzte im Rahmen der formalen Leistungsbeurteilung ein. Die Kriterien der Leistungsbeurteilung umfassen dabei häufig
- Arbeitsquantität,
- Arbeitsqualität,
- Arbeitseinsatz und
- das Arbeitsverhalten des Mitarbeiters (siehe auch VI A/3.4).

1.9 Trends der Grundvergütung

Viele Unternehmen haben in den letzten Jahren die Struktur ihrer Grundvergütung überarbeitet und beabsichtigen, auch in Zukunft weitere Modifizierungen vorzunehmen. Im Mittelpunkt stand die Abkehr von Vergütungsstrukturen, die sich stark an Titeln und Hierarchiestufen orientierten. Sie wurden abgelöst durch Strukturen, die stärker den Beitrag der Funktionen für den Geschäftserfolg des Unternehmens in den Blick nehmen. Viele Unternehmen haben daher Grundgehaltsstrukturen entwickelt, die auf Stellenbewertungen aufbauen. Gleichzeitig sind die Unternehmen bestrebt, unterschiedliche Leistungen der Mitarbeiter bei der Grundvergütung noch stärker zu berücksichtigen. Das Gehalt eines Top-Leisters wird sich zukünftig noch deutlicher von dem eines NormalLeisters unterscheiden.

Ein weiterer Trend ist, Teile der bislang fix zugesagten Vergütungsbestandteile zu flexibilisieren, um die Personalkostenbudgets stärker an konjunkturelle Schwankungen anzupassen. Dem Mitarbeiter wird dabei als Anreiz die Möglichkeit in Aussicht gestellt, bei positivem Geschäftsgang des Unternehmens mehr zu verdienen. Er trägt jedoch auf der anderen Seite das Risiko, bisherige Gehaltsbestandteile zu verlieren, sofern das Geschäftsergebnis des Unternehmens nicht den Erwartungen entspricht.

1.10 Funktions- und Stellenbewertung

Die Funktions- bzw. Stellenbewertung ist ein systematischer Prozess zur Bestimmung der relativen Wertigkeit einer Funktion innerhalb eines Unternehmens oder Unternehmensbereiches. Sie dient dazu, die Funktionen entsprechend ihrer Bedeutung für das Unternehmen zu ordnen und eine interne Vergleichbarkeit der Positionen untereinander herzustellen.

Die Bewertung bezieht sich dabei immer auf die Funktion bzw. Stelle und nicht auf die Leistung des Stelleninhabers. Bewertet werden die Aufgabeninhalte der Funktion und die Anforderungen (Schwierigkeitsgrade), die sich aus der zu leistenden Arbeit ergeben. Ausgehend von Größe und Komplexität der Organisation sowie der spezifischen Zielsetzung werden summarische oder analyti-

V. Entlohnung und Vergütung

Übersicht (zu 1.10) Funktions- und Stellenbewertungsverfahren

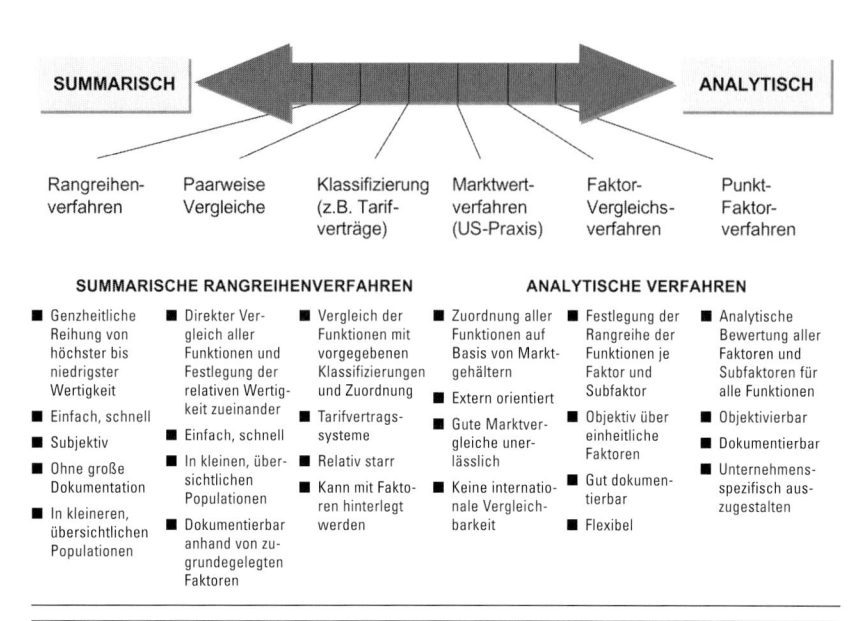

SUMMARISCH ←→ **ANALYTISCH**

- Rangreihenverfahren
- Paarweise Vergleiche
- Klassifizierung (z.B. Tarifverträge)
- Marktwertverfahren (US-Praxis)
- Faktor-Vergleichsverfahren
- Punkt-Faktorverfahren

SUMMARISCHE RANGREIHENVERFAHREN

- Ganzheitliche Reihung von höchster bis niedrigster Wertigkeit
- Einfach, schnell
- Subjektiv
- Ohne große Dokumentation
- In kleineren, übersichtlichen Populationen

- Direkter Vergleich aller Funktionen und Festlegung der relativen Wertigkeit zueinander
- Einfach, schnell
- In kleinen, übersichtlichen Populationen
- Dokumentierbar anhand von zugrundegelegten Faktoren

- Vergleich der Funktionen mit vorgegebenen Klassifizierungen und Zuordnung
- Tarifvertragssysteme
- Relativ starr
- Kann mit Faktoren hinterlegt werden

ANALYTISCHE VERFAHREN

- Zuordnung aller Funktionen auf Basis von Marktgehältern
- Extern orientiert
- Gute Marktvergleiche unerlässlich
- Keine internationale Vergleichbarkeit

- Festlegung der Rangreihe der Funktionen je Faktor und Subfaktor
- Objektiv über einheitliche Faktoren
- Gut dokumentierbar
- Flexibel

- Analytische Bewertung aller Faktoren und Subfaktoren für alle Funktionen
- Objektivierbar
- Dokumentierbar
- Unternehmensspezifisch auszugestalten

Beispiel (zu 1.11) Bewertungskriterien und ihre Definitionen

FAKTOR 5: KOMPLEXITÄT DES AUFGABENFELDES
Schwierigkeit des eigenen Aufgabenumfeldes hervorgerufen durch die Komplexität der mit den Aufgaben verbundenen Prozessen (eigene und vernetzte), die erforderliche Berücksichtigung unterschiedlicher Kulturkreise und Sprache, sowie die Notwendigkeit, Entscheidungen aufgrund komplexer, möglicherweise unvollständiger Informationen zu treffen.

KOMPLEXITÄT DES AUFGABENFELDES	NIVEAU
▪ Das Aufgabengebiet ist äußerst komplex und erfordert höchste Flexibilität des Positionsinhabers, um sich den ständig wechselnden Herausforderungen zu stellen und sie im Sinne der Unternehmensziele zu bestehen. ▪ Die Aufgaben erfordern hochgradig vernetztes Denken und Handeln in komplexen Strukturen und Prozessen, den Umgang mit unterschiedlichen Unternehmenskulturen, u.U. auch fremden Sprachen und Kulturkreisen. ▪ Die mit den verbundenen Aufgaben getroffenen Entscheidungen erfordern das schnelle Erfassen von hochkomplexen Informationen, die oft auch unvollständig sein können.	A
▪ Das Aufgabengebiet ist komplex und erfordert eine hohe Flexibilität des Positionsinhabers, sich auf immer wieder veränderte Sachverhalte einzustellen. Prozesse werden wesentlich vom Positionsinhaber gestaltet. ▪ Die Aufgaben erfordern vernetztes Denken und Handeln im Konzernumfeld, aber auch nach außen. Der Umgang mit unterschiedlichen Unternehmenskulturen ist in begrenztem Umfang erforderlich, u.U. auch in fremden Sprachen. ▪ Die den Entscheidungen zugrunde liegenden Informationen sind komplex, teilweise unvollständig.	B
▪ Das Aufgabengebiet ist schwierig aber weitgehend abgegrenzt. Die Aufgaben erfordern unter Umständen lange Erfahrung, basieren aber im Wesentlichen auf bekannten und abgestimmten Prozessen, die einem ständigen aber nicht abruptem Wandel unterworfen sind. Prozesse werden mitgestaltet. ▪ Die Aufgaben erfordern umfangreiche Sammlung und Verarbeitung von Informationen, Entscheidungen werden aber in der Regel auf der Grundlage strukturierter und vollständiger Informationen getroffen.	C
▪ Das Aufgabengebiet ist weitgehend abgegrenzt und beinhaltet im Wesentlichen definierte und stabile Prozesse. Veränderungen werden von anderen initiiert und vom Positionsinhaber adaptiert. ▪ Die Aufgaben erfordern die Sammlung und Aufbereitung von im Wesentlichen strukturierten Informationen, wodurch Entscheidungen vorbereitet werden.	D

sche Bewertungsverfahren angewandt. Die Übersicht zu 1.10 fasst unterschiedliche Verfahren im Überblick zusammen.

Die ganzheitlichen Rangreihenverfahren sind relativ einfach im Unternehmen zu handhaben. Bei diesen Verfahren werden die Anforderungen einer Funktion in ihrer Gesamtheit, also summarisch betrachtet und in eine Reihenfolge von höchster bis niedrigster Wertigkeit gebracht. Beim paarweisen Vergleich werden alle Funktionen relativ zueinander eingeschätzt, während bei der Klassifizierung Funktionen definierten Funktionsgruppen zugeordnet werden. Das Marktwertverfahren ähnelt dem Rangreihenverfahren, jedoch wird hier auf Grundlage von Marktgehältern eine Rangreihe für ausgewählte Referenzfunktionen festgelegt. Alle restlichen Funktionen werden im Anschluss den Referenzfunktionen und entsprechenden Marktgehältern zugeordnet. Die faktorbasierten Verfahren sind etwas aufwändiger, da hier die Anforderungen an die einzelnen Funktionen anhand von definierten Faktoren eingeschätzt werden. Sie passen daher eher zu größeren Unternehmen.

Beim Faktor-Vergleichsverfahren werden die Funktionen Faktor für Faktor in eine Rangreihe gebracht. Beim Punkt-Faktorverfahren werden für einzelne Faktoren und Subfaktoren Ausprägungsstufen definiert und diese mit Punktwerten versehen. Für jede Funktion wird im Bewertungsprozess die entsprechende Ausprägungsstufe ermittelt. Das Bewertungsergebnis ergibt sich dann aus der Addition der Einzelpunkte.

> Bei der Einführung einer Bewertungssystematik ist neben der Auswahl des geeigneten Systems die Gestaltung des Bewertungsprozesses von gleichwertiger Bedeutung.

1.11 Kriterien der Stellenbewertung

Die Kriterien, die im Rahmen von Bewertungssystemen angewandt werden, sind häufig sehr ähnlich. Typische Bewertungsfaktoren sind:

- Ausbildung und Erfahrung,
- Komplexität des Aufgabenfeldes,
- Verantwortungsrahmen oder Führungsverantwortung.

Das Beispiel zu 1.11 umschreibt den Faktor »Komplexität des Aufgabenfeldes« für unterschiedliche Niveaus. Diese anforderungsorientierten Kriterien haben die Aufgaben und Verantwortlichkeiten einer Funktion im Blick sowie die Schwierigkeitsgrade, die sich im Rahmen der Aufgabenbewältigung ergeben.

Innovativere und flexiblere Formen der Stellenbewertung konzentrieren sich auf die Art und Weise, wie Mitarbeiter die gewünschten Ergebnisse erzielen sollen. Im Mittelpunkt steht dabei nicht »was« zu tun ist, sondern »wie« es erreicht werden soll. Verhaltensorientierte Kriterien, wie z.B. Kundenorientierung, Initiative, Veränderungsbereitschaft oder unternehmerisches Denken und Handeln, gewinnen in solchen Systemen stärker an Bedeutung. Unternehmen leiten diese so genannten Competencies aus den unternehmensspezifischen Kernkompetenzen ab. Es handelt sich hierbei um Fähigkeiten, die das Unternehmen benötigt, um in Zukunft erfolgreich zu sein.

1.12 Gehaltsstruktur und Gehaltsbänder

In Unternehmen mit vielen Mitarbeitern empfiehlt sich die Festlegung einer Gehaltsstruktur. Die Anzahl der Gehaltsbänder, die ein Unternehmen festlegen sollte, und die Spannbreite der Gehälter in einer Stufe hängen stark ab
- von der Größe des Unternehmens,
- der Organisationsstruktur sowie
- der Unternehmenskultur.

Traditionelle, stark hierarchisch organisierte Unternehmen tendieren zu einer größeren Anzahl von relativ schmalen Gehaltsbändern, während Unternehmen mit flachen Organisationsstrukturen und wenigen Ebenen mit wenigen und entsprechend breiten Bändern auskommen (siehe Beispiel zu 1.12).

Traditionelle Gehaltsstrukturen sind in der Regel so angelegt, dass die Differenz zwischen Mindest- und Höchstgehalt einer Gehaltsbandbreite ca. 50% beträgt. Dies stellt sicher, dass bei der Gehaltsfestlegung neben der Wertigkeit der Funktion auch die individuelle Leistung des Mitarbeiters ausreichend berücksichtigt werden kann. Für Funktionen im tariflichen Bereich ist diese Bandbreite jedoch häufig deutlich geringer. Im oberen Führungskräftebereich hingegen kann sie diesen Wert deutlich überschreiten.

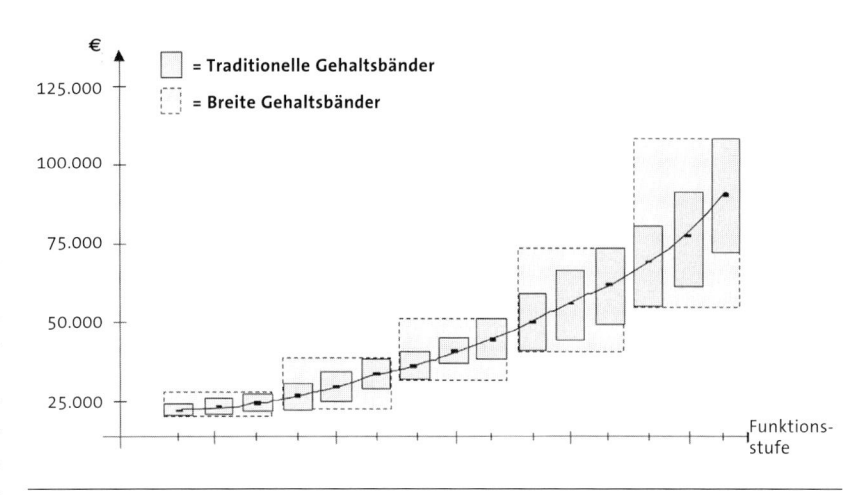

Neben den traditionellen Gehaltsstrukturen gehen Unternehmen vermehrt dazu über, breitere Strukturen umzusetzen, so genannte Broad-banding-Konzepte. Hierbei beträgt die Spanne vom unteren bis zum oberen Ende des Gehaltsbandes 75% bis 100% oder mehr. Unter Umständen werden sogar nur untere Orientierungspunkte festgelegt und feste Bandbreiten gänzlich vermieden. Dies hat zur Konsequenz, dass die Bedeutung der internen Wertigkeit abnimmt und individuelle sowie marktbezogene Aspekte bei der Gehaltsfindung stärker berücksichtigt werden (siehe 1.15).

1.13 Positionierung und Entwicklung im Gehaltsband

Die für den Mitarbeiter in Frage kommende Bandbreite seines Grundgehaltes ergibt sich aus der Zuordnung seiner Funktion zu den Gehaltsbändern. Im nächsten Schritt ist zu entscheiden, wo der Mitarbeiter innerhalb dieses Bandes zu positionieren ist und welches Zielgehalt für ihn anzustreben ist.

Zur besseren Orientierung besteht die Möglichkeit, die teilweise relativ breiten Gehaltsbänder zusätzlich in Zonen zu unterteilen. In der Praxis haben sich 3 Zonen bewährt. Im oberen Bereich des Gehaltsbandes sollten sich die Mitarbeiter befinden, die dauerhaft deutlich über den Anforderungen liegende Leistungen erbringen. Im mittleren Bereich sind die Mitarbeiter anzusiedeln, die ihre Aufgaben zur vollen Zufriedenheit bewältigen. Im unteren Bereich des Bandes finden sich die Mitarbeiter, die sich noch in die Funktion einarbeiten oder deren Arbeitsergebnisse nicht in vollem Umfang den Anforderungen entsprechen (siehe Beispiel zu 1.13).

Viele Unternehmen nutzen als zusätzliche Grundlage für die Entscheidung über die Positionierung des Mitarbeiters im Gehaltsband die Ergebnisse von Leistungsbeurteilungen (siehe VI A/3.4). Die auf Grundlage der Leistungseinschätzung ermittelten Zielgehälter stellen Orientierungswerte dar, die durch differenzierte Grundgehaltserhöhungen mittelfristig erreicht werden können (siehe 1.14).

1.14 Grundgehaltsmanagement

Die Unternehmen überprüfen die Grundgehälter der außertariflichen Mitarbeiter in der Regel einmal im

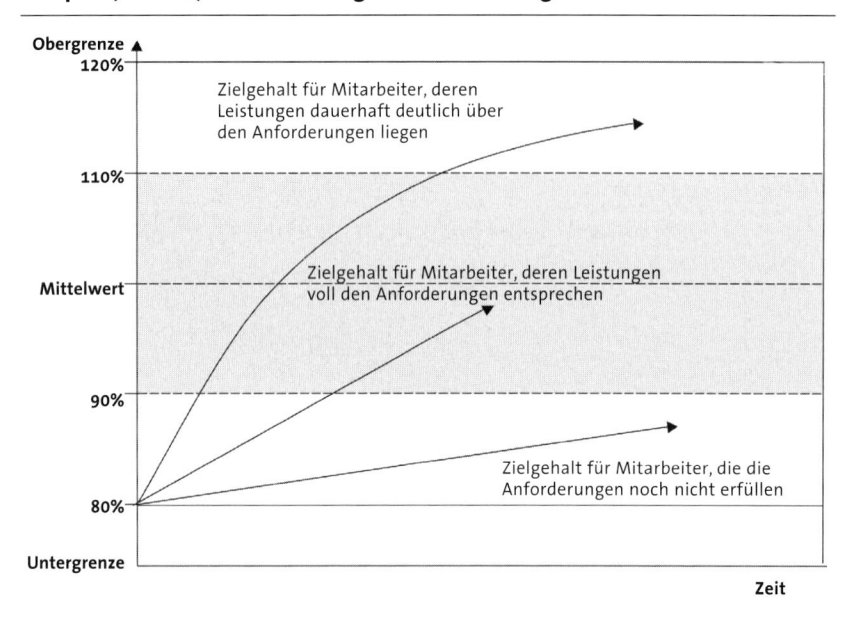

Beispiel (zu 1.13) Positionierung und Entwicklung im Gehaltband

```
Obergrenze
120% ┤
        Zielgehalt für Mitarbeiter, deren
        Leistungen dauerhaft deutlich über
        den Anforderungen liegen
110% ┤

Mittelwert
        Zielgehalt für Mitarbeiter, deren Leistungen
        voll den Anforderungen entsprechen

90% ┤
        Zielgehalt für Mitarbeiter, die die
        Anforderungen noch nicht erfüllen
80% ┤
Untergrenze
                                                Zeit
```

Beispiel (zu 1.14) Gehaltserhöhungsmatrix

Orientierungsmatrix	LAGE IM GEHALTSBAND*		
Mitarbeiterbeurteilung	Unterer Bereich (80%–89,9%)	Mittlerer Bereich (90%–109,9%)	Oberer Bereich (110%–120%)
Weit übertroffen	3,5%	3%	2,5%
Teilweise übertroffen/ übertroffen	3%	2,5%	2%
Voll erfüllt	2,5%	2%	1,5%
Teilweise/fast erfüllt	2%	1,5%	1%
Nicht erfüllt	0%	0%	0%

* Der Mittelwert des jeweiligen Gehaltsbandes = 100%

Anmerkung: In diesem Beispiel wird eine durchschnittliche Grundgehaltserhöhung von 2% angenommen.

Jahr. Dabei steht jedes Unternehmen vor der Herausforderung, knappe Budgets möglichst zielgerichtet für die Anpassungen der Gehälter einzusetzen. In diesem Zusammenhang empfiehlt sich die Durchführung von Marktvergleichen, um zu überprüfen, in wie weit die Gehaltsstruktur noch mit dem Markt mithalten kann (siehe hierzu 1.7).

Vermeiden Sie bei den Gehaltsanpassungen der Mitarbeiter generelle, allgemein gültige Erhöhungen. Vielmehr empfiehlt es sich, differenziert in Abhängigkeit von der Leistung des Mitarbeiters vorzugehen. Hierdurch kann sichergestellt werden, dass Top-Leister bei den Grundgehaltserhöhungen im Vergleich zu anderen Mitarbeitern stärker berücksichtigt werden. Die Gehaltserhöhungen dieser Mitarbeiter sollten deutlich höher ausfallen, als die der restlichen Mitarbeiter. Zusätzlich ist zu berücksichtigen, wie weit der Mitarbeiter mit seinem derzeitigen Gehalt vom Zielgehalt entfernt ist. Mitarbeiter mit hervorragenden Leistungen, deren Gehalt deutlich vom Zielgehalt abweicht, erhalten die höchsten Gehaltszuwächse. Umgekehrt sollten Mitarbeiter, deren Gehalt bereits den gezeigten Leistungen entspricht, langsamer weiterentwickelt werden. Das Beispiel zu 1.14 zeigt eine Orientierungsmatrix, die eine differenzierte Anhebung der Gehälter in Abhängigkeit von der Leistung des Mitarbeiters und der derzeitigen Positionierung im Gehaltsband ermöglicht.

1.15 Job-families

In jüngerer Vergangenheit gehen Unternehmen in Deutschland immer stärker dazu über, bei der Entwicklung ihrer Gehaltsstrukturen eine flexible und entwicklungsorientierte Systematik zu verwenden, die so genannten Funktionsfamilien bzw. Job-families.

Hierbei werden ähnliche Funktionen zu Gruppen bzw. Familien zusammengefasst. Sinnvolle Gruppierungen können z.B. nach funktionalen Aspekten (Vertrieb, Marketing, Personal) oder nach dem Charakter der Aufgabe (z.B. Spezialisten, Projektverantwortliche, Sachbearbeiter, Führungskräfte) vorgenommen werden.

Zielsetzung dieser Vorgehensweise ist es, Gehaltsstrukturen zu flexibilisieren und diese mit Laufbahnmodellen für die individuelle Karriereentwicklung zu verknüpfen (siehe 1.43). Innerhalb jeder einzelnen Funktionsfamilie werden Karrierestufen definiert, denen dann entsprechende Gehaltsbänder zugeordnet werden. Die Gehaltsbänder der einzelnen Job-families können dabei durchaus unterschiedliche Höhen und Bandbreiten aufweisen (siehe Beispiel zu 1.15). Häufig sind diese Gehaltsbänder jedoch relativ breit. Sie weisen nicht selten bis zu 100% Differenz oder mehr vom Mindest- bis zum Maximalwert des Bandes auf. In diesem Zusammenhang spricht man von so genannten Broad-banding-Konzepten. Zur Differenzierung einzelner Karrierestufen innerhalb der Gehaltsbänder sind daher zusätzliche Instrumente nötig.

Die Differenzierung innerhalb einer Funktionsfamilie erfolgt anhand der erforderlichen Competencies

(siehe 1.11). Für jede Karrierestufe wird ein competency-basiertes Anforderungsprofil festgelegt. Diese Profile bilden die Grundlage, sowohl für die Mitarbeiterentwicklung als auch für die Vergütung:
- Aus dem Abgleich des Competency Profils (Soll-Profil) der Funktion mit dem Ist-Profil des Mitarbeiters kann Entwicklungsbedarf abgeleitet werden.
- Der Abgleich von Soll- und Ist-Profil ermöglicht darüber hinaus die Ableitung von Gehaltsentscheidungen.

Die Vorteile der Job-families sind die Verzahnung von Gehaltsstruktur und Karrieremodell sowie die Schaffung von flexiblen Gehaltsbändern, die unterschiedlichen Markterfordernissen Rechnung tragen können.

1.16 Kurzfristige variable Vergütung

Die kurzfristige variable Vergütung (Short-term Incentives) umfasst alle dem Mitarbeiter nicht fest zugesagten Vergütungselemente. Sie können in Abhängigkeit von bestimmten Erfolgsgrößen schwanken und werden in der Regel einmal im Jahr gezahlt. In der Praxis haben sich in Abhängigkeit vom gewählten Modellansatz unterschiedliche Begriffe etabliert: Bonus, Tantieme, Prämie/Einmalzahlung und Provision.

Bonus
Darunter werden einmalige Zahlungen an den Mitarbeiter verstanden, die von der Erreichung kurzfristiger, meist jahresbezogener Ziele abhängig sind. Ziele können dabei sowohl Unternehmens-, Bereichs-, Abteilungs-, Team- oder individuelle Ziele des Mitarbeiters sein. Der Bonus wird nach Abschluss des Geschäftsjahres auf Grundlage der ermittelten Zielerreichung ausgezahlt. Häufig nutzen Unternehmen für Zielfestlegung und -beurteilung entsprechende zielorientierte Führungssysteme (siehe VI A/5.2).

Tantiemen
sind Zahlungen an den Mitarbeiter aus dem erzielten Geschäftsergebnis des Unternehmens. Die Höhe der Tantieme ermittelt sich in der Regel auf Basis des erzielten Unternehmensergebnisses. Die Auszahlung erfolgt nach Ermittlung des Jahresabschlusses.

Beispiel (zu 1.15) Vergütungsstruktur auf der Basis von Funktionsfamilien

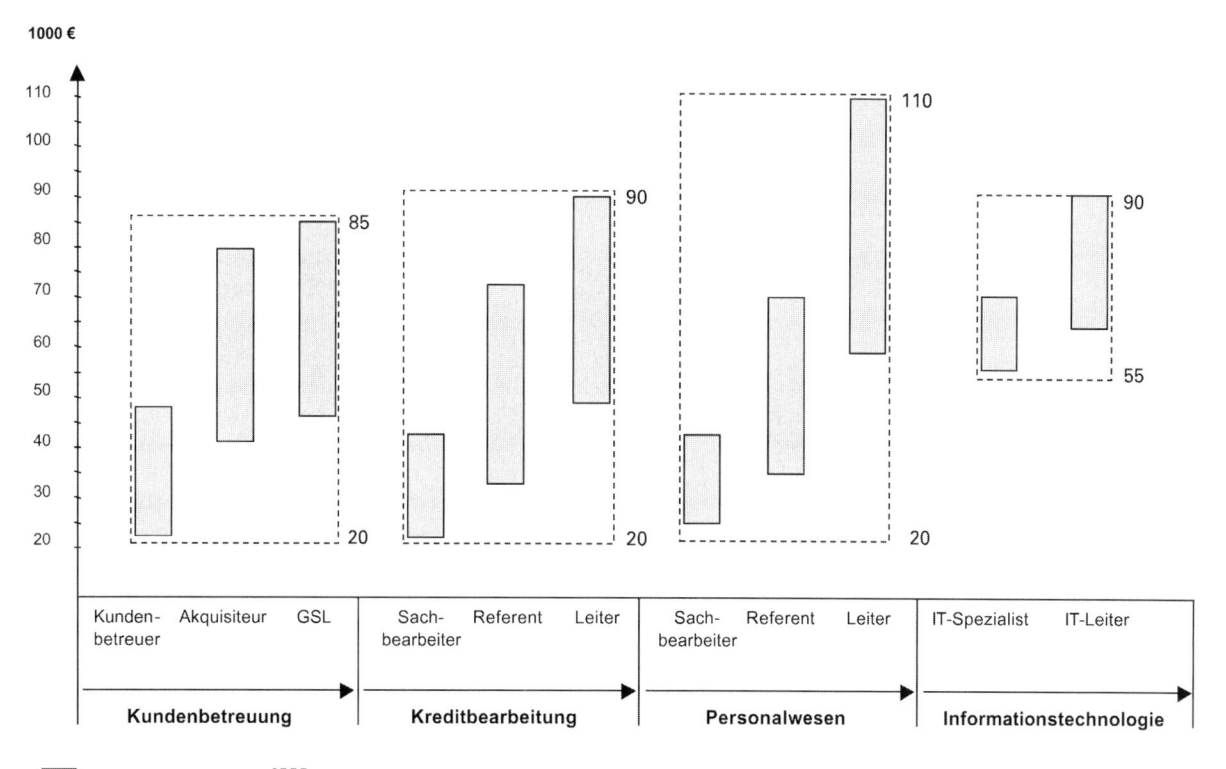

□ = Vergütungsband der einzelnen Funktionen
┌╌╌┐
└╌╌┘ = Vergütungsspanne der Funktionsfamilie

Die €-Zahlen sind willkürlich und nur zu Demonstrationszwecken gewählt.

Prämien bzw. Einmalzahlungen
sind meist individuelle Zahlungen außerhalb existierender Bonussysteme. Die Zahlungen können ggf. auch unterjährig erfolgen und haben das Ziel, herausragende Leistungen einzelner Mitarbeiter bzw. von Teams zusätzlich zu honorieren. Sie haben eine relativ große Motivationswirkung.

Provisionszahlungen
sind ein weit verbreiteter Vergütungsbestandteil für Mitarbeiter mit Vertriebs- und Außendiensttätigkeit. Provisionen ergeben sich durch direkte Kopplung an zu erreichende Vertriebsergebnisse (Umsatz, Volumen, Stückzahl). Ziel ist die verstärkte Ausrichtung der Mitarbeiter auf die Erreichung der Vertriebsziele.

1.17 Trends bei Short-term Incentives

Viele Unternehmen haben in den letzten Jahren ihre Vergütungsstrategien überarbeitet und an den geschäftspolitischen Zielsetzungen des Unternehmens neu ausgerichtet. Im Mittelpunkt der Veränderungen standen dabei oft variable Vergütungssysteme, deren Bedeutung deutlich zugenommen hat. Unternehmen haben sowohl die Höhe der variablen Vergütung als auch den Anteil an der Gesamtvergütung in den letzten Jahren deutlich ausgeweitet.

Gleichzeitig wird der Kreis der Mitarbeiter, die eine variable Vergütung erhalten, kontinuierlich erweitert. Systeme, die bislang ausschließlich oberen Führungskräften gewährt wurden, werden sukzessive auf AT-Mitarbeiter ausgedehnt. Vereinzelt gehen Unternehmen auch dazu über, entsprechende Systeme auf tarifliche Mitarbeiter zu erweitern.

Daneben streben Unternehmen eine stärkere Systematisierung der variablen Vergütung an. Die Verknüpfung der variablen Vergütung mit dem Erfolg des Unternehmens, einzelner Bereiche und Organisationseinheiten sowie der individuellen Leistung des Mitarbeiters stehen dabei im Mittelpunkt. Ausschließlich diskretionäre oder senioritätsorientierte Praktiken sind kaum noch anzutreffen.

Deutlich zu erkennen ist auch der Trend, dass Unternehmen die variable Vergütung nicht als isolierten Vergütungsbestandteil handhaben, sondern sie vielmehr in eine Gesamt-Vergütungsstrategie einbinden. Diese wird zielgerichteter und flexibler den unterschiedlichen Interessen und Bedürfnissen der Mitarbeiter gerecht. Beispielsweise erhalten Mitarbeiter häufig die Möglichkeit, einen Teil ihrer variablen Vergütung zur Aufbesserung der individuellen Altersversorgung einzusetzen, statt ihn bar ausgezahlt zu bekommen. Solche Deferredcompensation-Modelle wurden zwischenzeitlich von vielen Unternehmen eingeführt (siehe 1.33 und V A/3.1.3).

1.18 Modellansätze für Short-term Incentives

Mit dem Einsatz variabler Vergütungselemente sind primär folgende Zielsetzungen verbunden:
- Ausrichtung der Mitarbeiter auf die Unternehmensziele,
- Partizipation der Mitarbeiter am Erfolg/Misserfolg des Unternehmens,
- Förderung unternehmerischen Denkens und Handelns der Mitarbeiter,
- Bereitstellung einer wettbewerbsfähigen Gesamtvergütung, die es den Unternehmen ermöglicht, Top-Talente zu gewinnen, zu halten und zu motivieren.

Grundsätzlich sind bei der Gestaltung kurzfristiger Incentive-Systeme unterschiedliche Modelle möglich. Die Ansätze unterscheiden sich danach, auf welcher Ebene die Performance, die für die Bemessung der variablen Vergütung ausschlaggebend ist, gemessen wird (Gesamtunternehmen, Bereich, Abteilung, Gruppe, Team, Individuum) und wie unterschiedliche Messgrößen miteinander verknüpft werden. Jede der dargestellten Modellvarianten weist spezifische Vor- und Nachteile auf. Dies führt in der Praxis dazu, dass je nach unternehmensspezifischer Zielsetzung unterschiedliche Systeme zur Anwendung kommen.

Profit Sharing
Dem Mitarbeiter wird bei Erreichung eines definierten Unternehmensergebnisses eine variable Vergütung aus dem Gewinn ausgeschüttet.

Komponenten-Konzept (Wedding Cake)
Der Bonus ergibt sich aus unterschiedlichen Zielerreichungsgrößen voneinander unabhängiger Ebenen (z.B. Unternehmens-, Bereichs-, Abteilungs-, Gruppen-, Team- und/oder Individualebene). Für die unterschiedlichen Zielgrößen wird jeweils ein eigener Bonus generiert und zwar auf der Ebene, auf der die Leistung entsteht.

Pool-Konzept (Cascading Pool)
Auch in diesem Modell soll die Leistung möglichst nahe an der Entstehung gemessen und belohnt werden. Allerdings ist für eine Bonuszahlung nicht nur die individuelle Leistung Voraussetzung, sondern auch die Leistung aller darüber liegenden Einheiten. Individuelle Leistung und übergeordnete Performance werden hier miteinander verknüpft.

Gain Sharing
In diesem Modell wird die variable Vergütung ausschließlich an die Ergebnisse geknüpft, die vom Mitarbeiter in seinem Arbeitsumfeld direkt (mit-)beeinflusst werden, z.B. direkte Provisionsbeteiligungen für Vertriebsmitarbeiter.

1.19 Gestaltungsparameter der Short-term Incentives

Kreis der Berechtigten
Bei der Entwicklung eines variablen Vergütungssystems ist zunächst zu entscheiden, wer an dem System partizipieren soll. Soll ein einheitliches System entwickelt oder zwischen einzelnen Mitarbeitergruppen differenziert werden? Sollen unterschiedliche Modelle etabliert werden oder unterscheiden sich lediglich einzelne Gestaltungsparameter des Modells?

Bemessungsgrundlagen
Die Wahl der Bemessungsgrundlagen hat zentrale Bedeutung, denn es macht einen Unterschied, ob betriebswirtschaftliche und/oder »weiche« Faktoren die Grundlage bilden. Die Frage ist, welche Messgrößen

A – 1 Vergütungspolitik

Beispiel (zu 1.19) Bonustableau

Ergebnis-bereich	Funktions-gruppe	Zielbonus Gesamt	Gewichtung am Zielbonus	Ergebniskorridore und Bonushöhe (in % vom Grundgehalt)						Individuelle Bonushöhe
				0	1	2	3	4	5	
Unternehmen Gesamt	IV	20%	30%	0%	3,0 %	4,5 %	6,0%	7,5 %	9,0 %	4,5 %
	III	15%	30%	0%	2,25%	3,375%	4,5%	5,625%	6,75%	
	II	15%	20%	0%	1,5 %	2,25 %	3,0%	3,75 %	4,5 %	
	I	10%	20%	0%	1,0 %	1,5 %	2,0%	2,5 %	3,0 %	
Bereich	IV	20%	30%	0%	3,0 %	4,5 %	6,0%	7,5 %	9,9 %	3,375%
	III	15%	30%	0%	2,25%	3,375%	4,5%	5,625%	6,75%	
	II	15%	40%	0%	3,0 %	4,5 %	6,0%	7,5 %	9,0 %	
	I	10%	40%	0%	2,0 %	3,0 %	4,0%	5,0 %	6,0 %	
Individuum/ Team	IV	20%	40%	0%	4,0 %	6,0 %	8,0%	10,0 %	12,0 %	7,5 %
	III	15%	40%	0%	3,0 %	4,5 %	6,0%	7,5 %	9,0 %	
	II	15%	40%	0%	3,0 %	4,5 %	6,0%	7,5 %	9,0 %	
	I	10%	40%	0%	2,0 %	3,0 %	4,0%	5,0 %	6,0 %	
SUMME										15,375%

Ergebniskorridore: 0 = deutlich verfehlt   1 = verfehlt   2 = annähernd erreicht   3 = erreicht   4 = überschritten   5 = deutlich überschritten

und wie viele Messgrößen definiert werden sollen.

Leistungs- und Ergebnismessung
Besonders für die Messung betriebswirtschaftlicher Kennzahlen ist zu entscheiden, auf welcher Ebene des Unternehmens die Leistungs- und Ergebnismessung erfolgt (Unternehmensergebnis, Bereichsergebnis, Teamergebnis, Einzelbeiträge). In der Regel erfolgt die Festlegung der Messgrößen im Rahmen eines Zielvereinbarungsprozesses. Dabei ist es wichtig, dass die positionsspezifischen Ziele stringent aus den Unternehmenszielen abgeleitet werden.

Gewichtung und Verknüpfung der Ergebnisbereiche
Bei der Definition mehrerer Messgrößen ist eine Gewichtung der Ergebnisbereiche vorzunehmen und zu entscheiden, ob diese Zielgrößen additiv oder multiplikativ miteinander verknüpft sind. Das Beispiel zu 1.19 zeigt in einem Bonustableau die Gewichtung und Verknüpfung der Boni mit Ergebniskorridoren.

Incentive-Höhe
Die absolute Höhe der variablen Vergütung sowie der relative Anteil an der Gesamtvergütung werden auf Grundlage der Vergütungspolitik definiert. Des Weiteren ist hinsichtlich der Differenzierung der Vergütungshöhen bei unterschiedlichen Mitarbeitergruppen (leitende Angestellte, AT- Mitarbeiter) zu entscheiden.

Grafik (zu 1.19) Typischer Incentive-Verlauf

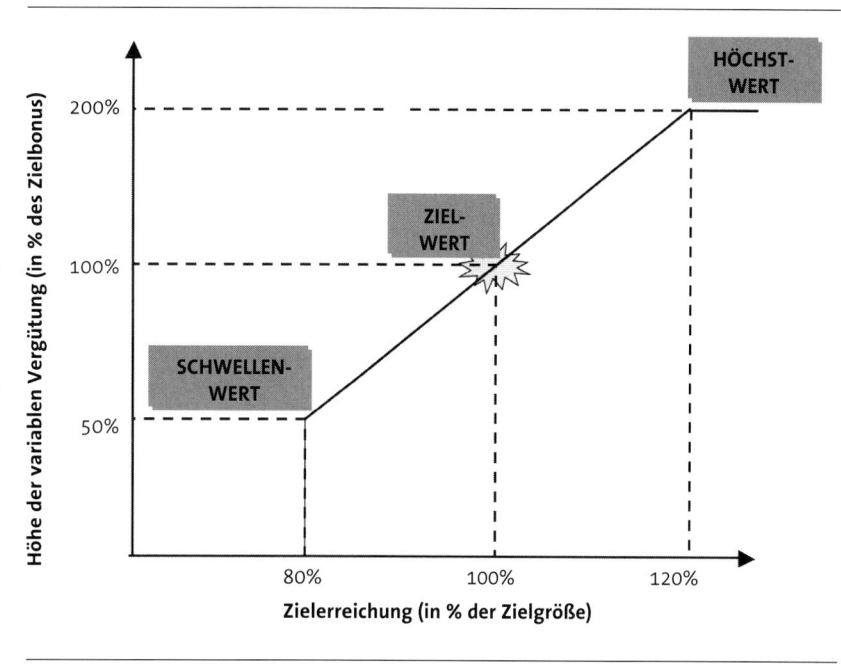

Incentive-Verlauf
Der Verlauf beschreibt die Entwicklung der Bonuszahlung im Vergleich zur Entwicklung der maßgeblichen Bemessungsgrundlage. Um sicherzustellen, dass vorgegebene Mindest-

Checkliste (zu 1.19) Short-term Incentives

■ **Echte Variabilität**
Der »variable« Teil der Vergütung darf nicht nur so bezeichnet werden, d.h. er sollte nicht garantiert und unverändert Jahr für Jahr ausgezahlt werden. Er muss vielmehr an echte Leistungskriterien (des Unternehmens, Bereiches, Projektes- bzw. Teams oder Individuums) gekoppelt sein. Die Höhe schwankt bei unterschiedlichen Leistungen demzufolge deutlich von Jahr zu Jahr.

■ **Großer Berechtigtenkreis**
Idealerweise sollten alle Mitarbeiter des Unternehmens einen variablen Gehaltsanteil haben.

■ **Angemessene Höhe**
Die variable Vergütung ist nur dann sinnvoll, wenn der Anteil an der Gesamtvergütung signifikant ist. In der Praxis sind relativ große Bandbreiten (von 5% bis 100% des Grundgehaltes) anzutreffen. Vermeiden Sie eine variable Vergütung unter 10%, da hier die Anreizwirkung relativ gering ist.

■ **Sinnvolle Bemessungskriterien**
Idealerweise sind dies finanzielle Kennzahlen, die im direkten Einflussbereich des Mitarbeiters stehen. Daneben machen Teamleistung, Projektleistung, Leistung der Abteilung, des Bereiches oder des Unternehmens Sinn. Für übergeordnete Bemessungsgrößen ist wichtig, dass der Mitarbeiter den Zusammenhang zwischen seinem eigenen Ergebnisbeitrag und dem Beitrag der übergeordneten Einheit erkennt.

■ **Einbindung in den Zielvereinbarungsprozess**
Wichtig hierbei ist, dass der Zielvereinbarungsprozess definiert ist, Ziele einvernehmlich vereinbart (d.h. nicht starr von oben vorgegeben) werden und ein kontinuierliches Feedback bezüglich der Zielerreichung an die Mitarbeiter erfolgt. Darüber hinaus muss der Zusammenhang zwischen Zielerreichung und variabler Vergütung für den Mitarbeiter erkennbar sein.

■ **Einfach**
Je einfacher, desto besser. Wichtig ist, dass das variable Vergütungssystem transparent, nicht manipulierbar, und vor allem für jeden verständlich und nachvollziehbar ist. Die vereinbarten Ziele sollten »smart« (spezifisch, messbar, angepasst, realistisch und transparent) sein.

■ **Führungsinstrument**
Variable Vergütung ist kein Verteilungsmechanismus, sondern wird als Steuerungsinstrument zur Erreichung der Unternehmensziele eingesetzt. Durch die Vergütung soll eine Verknüpfung der Mitarbeiterleistung mit den Unternehmensergebnissen und ein stärkeres Engagement und Verständnis der Mitarbeiter für den Unternehmenserfolg erreicht werden.

■ **Verstanden und verinnerlicht**
Es ist unabdingbar, dass die Mitarbeiter die Zielsetzung und Wirkungsweise der variablen Vergütung verstehen. Umfassende Schulungs- und Kommunikationsmaßnahmen bei der Einführung und danach in regelmäßigen Abständen sind daher unverzichtbar.

---

ziele erreicht werden, können Schwellen- bzw. Zielwerte als Untergrenze vereinbart werden. Entsprechend können auch Höchstwerte festgelegt werden, welche die Zahlungen nach oben begrenzen. Zwischen dem Schwellenwert und dem Höchstwert ist ein linearer, progressiver oder degressiver Verlauf möglich. Die Grafik zu 1.19 zeigt schematisch einen typischen Incentive-Verlauf.

Finanzierung/Budgetierung
Für die Finanzierung besteht die Möglichkeit, ein Poolkonzept zur Steuerung des Gesamtaufwands zu nutzen, also den Gesamtaufwand an die Erreichung bestimmter Ergebnisse zu koppeln. Sie können auch rückwirkend eine Einzelbetrachtung vornehmen bzw. die erwarteten Beträge von vornherein bei der Budgetierung einbauen.

Auszahlung
Bonuszahlungen können sowohl jährlich als auch unterjährig erfolgen, um so die zeitliche Nähe zu der zugrunde liegenden Leistung zu wahren.

Die Checkliste zu 1.19 stellt die wichtigsten Aspekte zusammen, die Sie bei der Entwicklung eines variablen Vergütungssystems unbedingt beachten sollten.

1.20 Langfristige variable Vergütung

Long-term Incentives sind langfristige, am nachhaltigen Erfolg des Unternehmens orientierte Vergütungsbestandteile. Sie stellen dem Mitarbeiter einen materiellen Wert unter der Bedingung in Aussicht, dass gewisse langfristige Unternehmensziele, insbesondere die Steigerung des Unternehmenswertes, erfüllt werden. Damit ergänzt diese Entgeltkomponente die Short-term Incentives, welche primär auf die Erreichung kurzfristiger, operativer Zielsetzungen ausgerichtet sind und neben den unternehmensbezogenen Kenngrößen vor allem bereichsspezifische und individuelle Zielgrößen berücksichtigen (siehe 1.16-1.19).

Die langfristige variable Vergütung hat in den letzten Jahren als Bestandteil der Gesamtvergütung besonders bei Führungskräften deutlich an Bedeutung gewonnen. Mittlerweile setzt die Mehrzahl der DAX-100-Unternehmen bereits Long-term Incentives ein. Im Vergleich zu einigen anderen Ländern begünstigt die deutsche Steuergesetzgebung Long-term Incentives nicht, denn der erzielte Gewinn ist nach dem individuell anzusetzenden Tarif zu versteuern. Dennoch sehen viele Unternehmen in dieser Form der Vergütung eine gelungene Verknüpfung der Interessen ihrer Aktionäre mit denen der Führungskräfte.

Im Vergleich zur amerikanischen Praxis hat sich in Deutschland eine deutlich andere Handhabung etabliert: Der Anteil an der Gesamtvergütung ist hier niedriger, die Erfolgsziele sind ambitionierter und die Wartefristen, nach denen eine Ausübung erstmalig möglich ist, sind länger als in den USA.

In Deutschland wurde insbesondere mit dem Gesetz zur Kontrolle und Transparenz im Unternehmensbereich (KonTraG) im Mai 1998 ein wichtiger Schritt in Richtung Strukturierung, Rechtssicherheit und Transparenz für aktienbasierte Longterm Incentives gemacht. Das Beispiel zu 1.20 zeigt den Anteil der variablen Vergütung in ausgewählten Ländern für die Funktion des Leiters Personal 1996 und 2001. Der Trend zur Ausweitung langfristiger variabler Vergütungsbestandteile wird auch in Zukunft weiter anhalten. Dabei dürfte sich der Kreis der Berechtigten sukzessive erweitern und der Anteil an der Gesamtvergütung deutlich vergrößern. Aktienoptionspläne werden als Gestaltungselement weiterhin die wichtigste Rolle spielen.

1.21 Modellansätze für Long-term Incentives

Die Zielsetzungen langfristiger variabler Vergütungselemente sind im Wesentlichen:
- Ausrichtung der Mitarbeiter auf eine nachhaltige Steigerung des Unternehmenswertes,
- Partizipation des Mitarbeiters am »langfristigen« Unternehmenserfolg,
- Harmonisierung der Interessen der Mitarbeiter und des Managements mit denen der Anteilseigner.

Bei der Gestaltung entsprechender Systeme sind grundsätzlich verschiedene Modellansätze möglich. Sie unterscheiden sich durch die Wahl der Bemessungsgröße, die zur Ermittlung des Unternehmenserfolges herangezogen wird, bezüglich der Finanzierung sowie hinsichtlich des für die Realisierung gewählten Instrumentes.

Als Bemessungsgröße für die Ermittlung des Unternehmenswertes wird vornehmlich der Aktienkurs herangezogen. Hier ist zwischen der absoluten und relativen Performancemessung zu einer Benchmark (meist ein Börsenindex) zu unter-

Beispiel (zu 1.20) Variable Vergütung im 5-Jahres-Vergleich

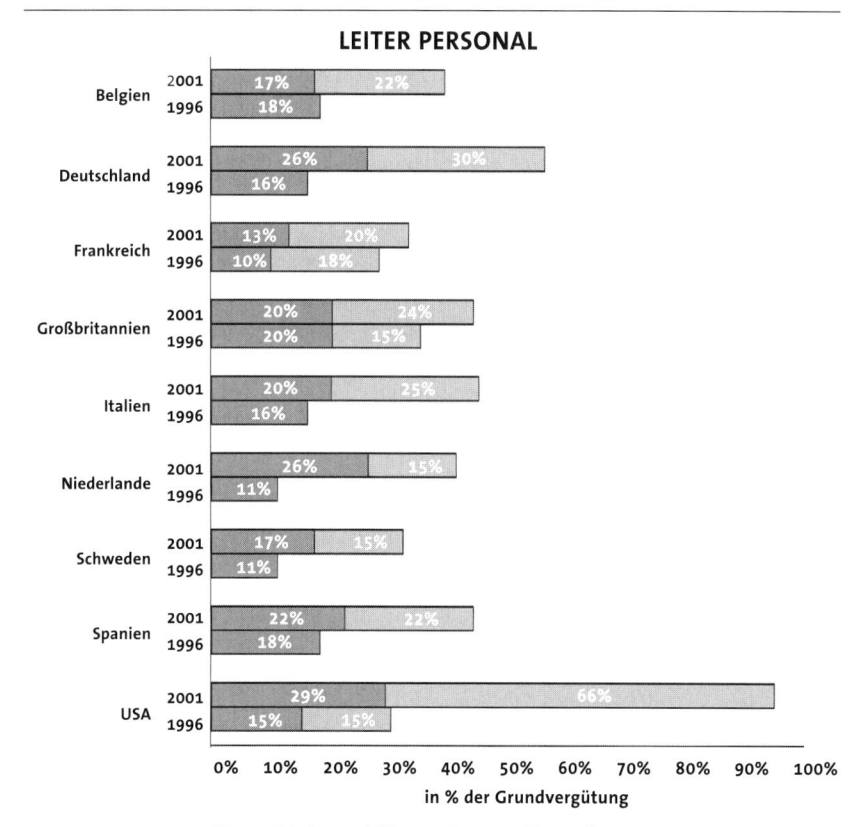

LEITER PERSONAL

Land	Jahr	Kurzfristige variable Vergütung	Langfristige variable Vergütung
Belgien	2001	17%	22%
	1996	18%	
Deutschland	2001	26%	30%
	1996	16%	
Frankreich	2001	13%	20%
	1996	10%	18%
Großbritannien	2001	20%	24%
	1996	20%	15%
Italien	2001	20%	25%
	1996	16%	
Niederlande	2001	26%	15%
	1996	11%	
Schweden	2001	17%	15%
	1996	11%	
Spanien	2001	22%	22%
	1996	18%	
USA	2001	29%	66%
	1996	15%	15%

in % der Grundvergütung

Quelle: Towers Perrin, Total Renummeration, Survey 2001

scheiden. In Ausnahmefällen kann der Aktienkurs als Bemessungsgröße ggf. problematisch sein. Dann werden alternativ geeignetere Unternehmenskennzahlen betrachtet oder entwickelt. Zur Realisierung werden als Instrument am häufigsten Optionen, gelegentlich auch Wertsteigerungsrechte eingesetzt.

1.22 Plangestaltung der Long-term Incentives

Wenn Sie eine langfristige variable Vergütungskomponente in Ihrem Unternehmen einführen wollen, berücksichtigen und entscheiden Sie nacheinander über folgende Parameter:
- Berechtigtenkreis,
- Planart bzw. Bemessungsgröße als Basis für die Gewährung,
- Erfolgsziele und
- Finanzierung.

Daneben sind eine Reihe weiterer Bedingungen im Rahmen des Designs festzulegen, u.a. zeitliche Fragen: Wann können z.B. Aktienoptionen ausgeübt werden?

Berechtigtenkreis
Primär richten sich Long-term Incentives an Führungskräfte, da diese durch ihre Entscheidungen einen relativ großen Einfluss auf die Wertentwicklung des Unternehmens haben. In der Praxis umfasst der Kreis der Berechtigten in Deutschland meist die oberen Hierarchiestufen eines Unternehmens. Vereinzelt gehen Unternehmen dazu über, sie einer breiteren Mitarbeiterschicht, d.h. auch Tarifmitarbeitern anzubieten. Dies trifft besonders auf Unternehmen in der Start-up-Phase zu.

Planart (Bemessungsgröße)
Bei der Planart ist zunächst zu entscheiden, ob der Plan auf der Steigerung des Aktienkurses beruhen soll. Der Unternehmenserfolg kann auch

anhand der Entwicklung einer rechnerischen Kennzahl ermittelt werden. Sofern Sie den Aktienkurs als Bezugsmaßstab wählen, ist wiederum zu entscheiden, ob hier die absolute Performance maßgeblich ist. Möglich ist ebenso die relative Performance im Vergleich zu einer Benchmark (z.B. einem Börsenindex).

Erfolgsziele
Durch die Definition von Erfolgszielen werden die erwartete Unternehmensperformance und die Ausübungsbedingungen festgelegt, d.h. es wird bestimmt, welche Performance eintreten muss, damit der an dem Plan beteiligte Mitarbeiter einen eingetretenen Wertzuwachs auch realisieren kann. Die Erfolgsziele bestimmen in hohem Maße die Attraktivität des Plans.

Finanzierung
Die Wahl der Finanzierungsform legt die Art der Mittelherkunft fest. Unternehmen wählen oft die Finanzierung über den Kapitalmarkt, d.h. Gewährung von Aktienoptionen und die damit verbundene Ausgabe von Aktien (siehe 1.23). Möglich ist auch eine Geldzahlung zu Lasten der Gewinn- und Verlustrechnung (Personalaufwand, siehe 1.24).

1.23 Aktienoptionspläne

Aktienoptionspläne gewähren dem Mitarbeiter Rechte zum Erwerb von Aktien des eigenen Unternehmens (Optionen) zu einem bestimmten Preis. Diese Optionen können innerhalb eines vorgegebenen Zeitraumes und bei Eintritt gewisser Bedingungen ausgeübt werden.

Aktienoptionen stellen international die verbreitetste Form der langfristigen Vergütung dar. In den USA und einigen europäischen Ländern, besonders England und Frankreich, werden sie seit geraumer Zeit eingesetzt. In Deutschland hingegen sind Stock Options in bedeutendem Umfang erst seit Mitte der 90er Jahre üblich.

Der Gewinn für den Mitarbeiter entsteht aus der Differenz zwischen dem Ausübungspreis für das Optionsrecht und dem an der Börse realisierten höheren Verkaufspreis der Aktie.

1.24 Wertsteigerungsrechte

Mit Wertsteigerungsrechten partizipieren Mitarbeiter, wie bei der Aktienoption, an der Wertsteigerung des Unternehmens. Bemessungsgröße ist auch der Aktienkurs oder ein rechnerisch ermittelter Unternehmenswert. Im Gegensatz zur Aktienoption erwirbt der Teilnehmer jedoch nicht das Recht auf Bezug von Aktien des Unternehmens, sondern lediglich das Recht auf Zahlung des Differenzbetrages zwischen dem festgelegten Basispreis und dem bei »Ausübung« relevanten Aktienkurs.

Übersicht (zu 1.25) Mitarbeiterbeteiligungsprogramme

Anlageform	Kurzbeschreibung	Motive des Betriebs	Rechte der Mitarbeiter	Risiko
Belegschaftsaktie	Mitarbeiter erhalten Aktien des Unternehmens zu ermäßigten Kursen, die aber aus steuerlichen Gründen nicht sofort weiterveräußert werden dürfen.	• Ausgabe an alle Mitarbeiter im Rahmen der Vermögensbildung • Keine personelle Einzelförderungen; in Ausnahmefällen Finanzierungsmotiv	Gleiche Rechte wie Aktionär	Kursrisiko wie alle Aktionäre. Bei Verlust entfällt die Dividende.
GmbH-Beteiligung	Mitarbeiter bringt Geld- und/oder Sachvermögen in den Betrieb ein und wird dadurch zum Gesellschafter.	• Gute Mitarbeiter im Betrieb halten • Nachfolger für die Geschäftsleitung einarbeiten oder auch Ausgründung (Management-Buy-Out)	Verwaltungs- und Vermögensrechte in der Gesellschafterversammlung	Gesellschafter ist an Gewinn und Verlust beteiligt und haftet bei Konkurs mit seiner Einlage. Wichtig: Nachschusspflicht ausschließen.
Stille Beteiligung	Mitarbeiter erwirbt durch die Einzahlung eines Geldbetrags einen Anteil am Unternehmen. Oft schließen sich die stillen Gesellschaften in einer Beteiligungsgesellschaft zusammen.	• Finanzierungsspielraum erhöhen • Gute Mitarbeiter motivieren und im Betrieb halten	Informations- und Kontrollrechte	Verlustbeteiligung kann ausgeschlossen werden, ansonsten muss sie auf die Höhe der Einlage beschränkt sein. In manchen Bundesländern Bankbürgschaften möglich.
Genussrecht	Mitarbeiter erlangt durch Einzahlung eines Geldbetrags Vermögensrechte an seinem Betrieb. Bei staatlicher Förderung ist eine gewinnabhängige Verzinsung vorgeschrieben.	• Finanzierungsspielraum erhöhen • Mitarbeiter motivieren und im Betrieb halten	Wenn nicht anders vereinbart, nur Vermögensrechte	Bei staatlicher Förderung muss auch eine Verlustbeteiligung vorgesehen sein. Bei Konkurs haftet das Kapital aus dem Genussrecht nachrangig.
Mitarbeiterdarlehen	Mitarbeiter leiht dem Betrieb für einen vereinbarten Zeitraum Geld und erhält dafür eine feste oder ertragsabhängige Verzinsung. Die Mittel werden oft im Rahmen der vermögenswirksamen Leistung erbracht.	• Finanzierungsspielraum erhöhen • Einstieg in die Mitarbeiterbeteiligung anbieten	Recht auf Rückzahlung plus Zinsen; kein Mitspracherecht	Keines, da der Gesetzgeber eine Absicherung des Darlehens durch eine Bankbürgschaft vorschreibt.

Wertsteigerungsrechte stellen damit eine Geldzahlung (Personalaufwand) an den Mitarbeiter dar und werden im Gegensatz zu aktienbasierten Instrumenten über die Gewinn- und Verlustrechnung finanziert. Sie führen somit auch zu keinen »indirekten« Kosten für die Aktionäre durch »Verwässerung«. Einige Unternehmen haben sich aus Transparenzgründen für Wertsteigerungsrechte statt Aktienoptionen als Modellansatz entschieden.

1.25 Mitarbeiterbeteiligung

Die in 1.20 bis 1.24 genannten Möglichkeiten der Beteiligung der Mitarbeiter am langfristigen Unternehmenserfolg sind deutlich gegenüber den traditionellen Ansätzen der Mitarbeiterbeteiligung abzugrenzen.

> Im Gegensatz zu den Longterm Incentives, die den Mitarbeiter am Erfolg des Unternehmens beteiligen, stellen die Programme zur Mitarbeiterbeteiligung eine Beteiligung am Kapital des Unternehmens dar.

Zielsetzung dieser Modelle ist es, durch die direkte Kapitalbeteiligung des Mitarbeiters die Identifikation mit dem Unternehmen zu erhöhen, ihn stärker in unternehmerische Entscheidungsprozesse einzubinden und die Vermögensbildung zu fördern.

Unterschiede in den Gestaltungsansätzen der Mitarbeiterbeteiligung ergeben sich im Wesentlichen durch die rechtliche Stellung des Mitarbeiters. Zu unterscheiden sind:
- Genussrechte,
- Übernahme von Gesellschafteranteilen (GmbH),
- Belegschaftsaktien,
- Mitarbeiterdarlehen und
- stille Beteiligungen.

Bei der Übernahme von Genussrechten erwirbt der Arbeitnehmer Vermögensrechte an seinem Unternehmen, die eine Beteiligung am Gewinn und Verlust des Unternehmens beinhalten. Bei der GmbH-Beteiligung wird der Mitarbeiter Gesellschafter, bei den Belegschaftsaktien Aktionär des Unternehmens. Beim Mitarbeiterdarlehen stellt der Mitarbeiter dem Unternehmen für einen festgesetzten Zeitraum einen gewissen Geldbetrag zur Verfügung und erhält dafür eine feste oder ertragsabhängige Verzinsung. Die stille Beteiligung umfasst lediglich eine finanzielle Beteiligung des Mitarbeiters am Unternehmen, ohne dass er formal nach außen in Erscheinung tritt. Die Übersicht zu 1.25 fasst die Gestaltungsmerkmale der unterschiedlichen Anlageformen zusammen.

Übersicht (zu 1.26) Betriebliche Sozial- und Zusatzleistungen

Abschlussgratifikationen
Abschlussprämien
Altersentgelt/-lohn
Anerkennungsgeschenk
Arbeitgeberbeiträge
Arbeitskleidung
Arbeitszeitverkürzung
Ausbildung
Ausbildungshilfen
Baudarlehen
Baukostenzuschuss
Beihilfen
Belegschaftsaktien
Belegschaftsvereine
Belegschaftsverkauf
Beratung von Betriebsangehörigen
Betriebsausflug
Betriebsfeste
Betriebskrankenkasse
Betriebssport
Betriebsunterricht
Buchgemeinschaft
Bücherei
Darlehen
Deputate
Dienstwagen
Dienstwohnung
Direktversicherung
Dolmetscher
Dusch- und Umkleideräume
Eheschließungsbeihilfen
Eigenheimbau, werkgefördert
Einkaufsmöglichkeiten
Erfindungsvergütung
Erfolgsbeteiligung
Erfolgsprovision
Erholungsheime
Erholungskuren
Ertragsbeteiligung
Essengeld

Fahrgeldzuschuss
Familienfürsorge
Firmenaktien
Firmenbürgschaft
Firmenjubiläum
Fortbildung
Freizeitclubs
Fürsorgerin
Geburtsbeihilfen
Geburtstagsfeier
Gehaltsfortzahlung
Gesundheitsvorsorge
Gewinnbeteiligung
Gratifikationen
Handwerksleistungen
Hausstandszulage
Hobbyräume
Invalidenrente
Jahresabschlussprämie
Jubiläumsgeschenke
Jugendfahrten
Kaffeeküche
Kantine
Kindergeld
Krankengeldzuschuss
Krankenversicherung
Kündigungsfristen
Kündigungsschutz
Kulturelle Förderung
Kunstausstellungen
Kurzpausen
Mietbeihilfe
Musik bei der Arbeit
Naturallöhne
Notstandsbeihilfe
Parkplatz
Patentvergütung
Pausen
Pension
Pensionskasse
Pensionszusage
Personalkredit
Personalrabatt

Prämien
Provision
Reisegepäckversicherung
Ruhegeld
Schutzkleidung
Schwangerschaftshilfen
Sonderurlaubsregelungen
Sozialbetreuung
Sozialhilfen
Sozialplan
Sozialräume
Sport
Sprachkurse
Sterbegeld
Stipendien
Studienförderung
Tantieme
Trennungsentschädigungen
Umzugskosten
Unfallrente
Unfallschutz
Unfallverhütung
Unfallversicherung
Unterstützungskassen
Urlaub
Urlaubsgeld
Vermögensbildung
Verpflegung
Versicherungsbeihilfen
Vorbereitung auf den Ruhestand
Waisenrente
Weihnachtsfeier
Weihnachtsgeld
Weiterbildungseinrichtungen
Weiterbildungshilfen
Werkzeitschrift
Werkarzt
Wohngeldzuschuss
Zinszuschüsse

1.26 Sozial- und Zusatzleistungen

Die betrieblichen Sozial- und Zusatzleistungen fassen alle Zuwendungen des Unternehmens zusammen, die nicht zur direkten Vergütung (Grundgehalt, variable Vergütung oder langfristige Vergütung) zählen.

Grundlage für die Gewährung der Zusatzleistungen können gesetzliche, tarifliche oder betriebliche Regelungen sein. Das Minimum der vom Unternehmen zur Verfügung gestell-

ten Sozial- und Zusatzleistungen ist gesetzlich geregelt. In entsprechenden Gesetzen sind Leistungen verankert, die von allen Unternehmen gezahlt werden müssen:
- Sozialversicherungsbeiträge, d.h. Beiträge zur Renten-, Kranken-, Pflege- und Arbeitslosenversicherung,
- Beiträge zur Unfallversicherung,
- Gehaltsfortzahlungen bei Fehlzeiten (Krankheit, Mutterschutz, Kuren usw.) und
- Urlaub.

Die tariflichen Sozialleistungen ergeben sich aus den Bestimmungen des jeweils relevanten Tarifvertrages. Die Unternehmen sind auch hier verpflichtet, ihren Mitarbeitern die im Rahmen von tarifvertraglichen Regelungen definierten Leistungen zu gewähren. Sie gehen entweder über die gesetzlich geregelten Mindestansprüche hinaus oder werden zusätzlich gewährt. Dies sind z.B. erweiterter Urlaubsanspruch, Weihnachtsgeld oder vermögenswirksame Leistungen.

Die betrieblichen oder freiwilligen Nebenleistungen werden oft auf Basis von Betriebsvereinbarungen geregelt (siehe I /1.4) oder kommen durch Gewohnheitsrecht (betriebliche Übung, siehe I B/1.5.1) zustande. Zu ihnen zählen u.a. übertarifliches Urlaubsgeld, betriebliche Altersversorgung, Arbeitgeberdarlehen, Beihilfen und eine Vielzahl sonstiger Leistungen, die der Arbeitgeber seinen Mitarbeitern zur Verfügung stellen kann. Die Liste in Übersicht zu 1.26 zeigt mögliche betriebliche Sozial- und Zusatzleistungen.

1.27 Trends der Sozial- und Zusatzleistungen

In der Vergangenheit wurden die Sozial- und Zusatzleistungen des Unternehmens vielfach isoliert betrachtet. Bei der Einstellung neuer Mitarbeiter verhandelte man zwar das Grundgehalt und den zu erreichenden Bonus. Die Zusatzleistungen kamen, quasi automatisch, als »Standardpaket« später hinzu. Die individuellen Interessen und Zielsetzungen der Mitarbeiter spielten dabei eine untergeordnete Rolle.

Seit einigen Jahren gehen Unternehmen dazu über, die Zusatzleistungen als integrierten Bestandteil eines Gesamt-Vergütungspaketes anzusehen und sie bewusst dafür einzusetzen, Mitarbeiter zu gewinnen, zu halten und zu motivieren. Ziel ist es, den Personalaufwand so zu optimieren, dass die spezifischen Bedürfnisse der Mitarbeiter bestmöglich berücksichtigt werden. Außerdem fördert eine höhere Transparenz die Wertschätzung einzelner Leistungen.

Die Nebenleistungspolitik des Unternehmens wird deutlich flexibler gestaltet. Im Rahmen von flexiblen Nebenleistungs-Modellen (Flexible Benefits) bekommen Mitarbeiter z.B. die Möglichkeit, einzelne Nebenleistungskomponenten aus einem Gesamtangebot auszuwählen (siehe 1.37). Traditionelle Elemente (z.B. Beihilfen oder Jubiläumsleistungen) finden bei Mitarbeitern immer weniger Wertschätzung. Sie können im Rahmen einer Neuausrichtung der Zusatzleistungen durch innovativere Formen (z.B. flexible Arbeitszeiten, Arbeitszeitkonten) ausgetauscht werden.

Gleichzeitig streben die Unternehmen an, die Mitarbeiter angemessen an der Finanzierung betrieblicher Leistungen zu beteiligen. Der Aufbau einer zusätzlichen Altersversorgung durch Entgeltumwandlungs-Modelle (Deferred Compensation) sowie die geförderte »Riester-Rente« stehen hierbei im Mittelpunkt (siehe 1.31 und V A/3.1.3 und 3.5).

1.28 Betriebliche Altersversorgung

Die betriebliche Altersversorgung ist mit Abstand die wichtigste Zusatzleistung, die ein Unternehmen seinen Mitarbeitern zur Verfügung stellen kann (siehe auch V A/3.1.2). Sie ist in Deutschland weit verbreitet und stellt neben der gesetzlichen Rente und der privaten Vorsorge des Mitarbeiters eine von drei Säulen der Altersversorgung dar. Studien zeigen, dass 97% aller Unternehmen mit mehr als 1000 Mitarbeitern heute eine betriebliche Altersversorgung anbieten. Lediglich in kleineren Unternehmen (bis ca. 50 Mitarbeiter) ist dies noch nicht so verbreitet. Hier gewährt nur jeder zweite Arbeitgeber eine entsprechende Versorgung.

Beispiel (zu 1.29) Traditionelle Altersvorsorge

PLANTYP:	Leistungszusage
UMFANG DER ZUSAGE:	Altersrente, vorgezogene Altersrente, Berufs- und Erwerbsfähigkeitsrente, Witwen-/Witwerrente, Waisenrente
FORM DER LEISTUNG:	Monatliche Zahlungen
PENSIONIERUNG MIT:	Normalerweise mit Alter 65; vorgezogene Zahlung möglich, sofern vorgezogene Altersrente aus der gesetzlichen Rentenversicherung in Anspruch genommen wird
PENSIONSFÄHIGES EINKOMMEN:	Grundgehalt, häufig als Durchschnitt der letzten 3–5 Berufsjahre
PENSIONSHÖHE:	9%–15% des letzten Grundgehaltes bis BBG* plus 30%–60% des letzten Grundgehaltes über BBG
INVALIDITÄTSRENTE:	In Höhe der Altersrente, für die Dauer der Erwerbs- bzw. Berufsunfähigkeit
WITWEN-/WITWERRENTE: WAISENRENTE:	50%–60% der Altersrente 10%–20% der Altersrente
DAUER BIS ZUM ERWERB VON ANWARTSCHAFTEN:	Gesetzliche Mindestanforderungen (ab Januar 2001): Alter des Berechtigten 30 Jahre, Dauer der Zusage mindestens 5 Jahre
ARBEITNEHMERBEITRÄGE:	Keine
FINANZIERUNGSFORM:	Pensionsrückstellung

* BBG: Beitragsbemessungsgrenze der gesetzlichen Rentenversicherung

Im Allgemeinen unterscheidet man in der betrieblichen Altersversorgung zwischen Leistungs- und Beitragszusagen (siehe 1.30 und 1.31).

Die Regelungen im Rahmen der Rentenreform, die demographische Entwicklung in Deutschland sowie veränderte Ansprüche und Erwartungshaltungen der Mitarbeiter erfordern neue Wege der betrieblichen Altersversorgung. Es ist zu erkennen, dass der Staat seine Fürsorgepflicht im Rahmen der gesetzlichen Alterssicherung reduziert. Damit geht die Verantwortung zur Sicherung des Lebensstandards mehr und mehr auf den Einzelnen (private Altersvorsorge) und auf die Arbeitgeber (betriebliche Altersversorgung) über. Die soziale Verantwortung des Staates verlagert sich hin zu Unternehmen und dem Einzelnen.

Gleichzeitig werden neue Anforderungen an die Alterssicherung gestellt, z.B. mehr Flexibilität bei den Formen der Versorgungszusage. Immer seltener beginnt und endet das Arbeitsleben eines Mitarbeiters beim gleichen Arbeitgeber. Eine gewisse Mobilität wird sogar erwartet, die durchaus über Landesgrenzen hinausgeht. Traditionelle Formen der betrieblichen Altersversorgung werden diesen veränderten Ansprüchen nicht mehr gerecht. Früher war die betriebliche Altersversorgung geprägt durch das Fürsorgeprinzip des Arbeitgebers und hatte vorwiegend Versorgungscharakter. Heute ist die betriebliche Altersversorgung immer häufiger ein Baustein eines Gesamt-Vergütungskonzepts und hat sowohl Versorgungs- als auch Entgeltcharakter.

1.29 Leistungs- und Beitragszusage

Bei einer Leistungszusage wird eine Leistung (z.B. eine Rente in Höhe eines bestimmten Prozentsatzes vom letzten Gehalt) für den Versorgungsberechtigten (Arbeitnehmer) explizit definiert und vom Arbeitgeber zugesagt.

Aufwendungen zur Erfüllung der Zusage (Finanzierung der Zusage) können hierbei variieren und sind im Voraus nicht exakt bestimmbar. Sie lassen sich jedoch mit Hilfe von Prognoserechnungen eingrenzen. Die Leistungszusage durch Pensionsrückstellungen zu finanzieren, ist in Deutschland am weitesten verbreitet. Das Beispiel zu 1.29 zeigt einen traditionellen, leistungsorientierten und endgehaltsbezogenen Versorgungsplan, der typischerweise eine Alters-, Invaliditäts- und Hinterbliebenenversorgung umfasst und sich über Pensionsrückstellungen finanziert.

Eine Beitragszusage ist über die Höhe des Beitrags definiert, den der Arbeitgeber dem Versorgungsberechtigten zusagt.

Hier ist die Höhe der Leistung im Voraus nicht bekannt und kann variieren. In Deutschland gibt es zumindest keine steuereffizienten »echten« Beitragszusagen in der betrieblichen Altersversorgung, weil nach deutschem Recht eine garantierte Verzinsung (oder mindestens die Garantie der eingezahlten Beiträge) implizit enthalten sein muss.

1.30 Beitragsorientierte Leistungszusage

Die beitragsorientierte Leistungszusage garantiert dem Mitarbeiter eine bestimmte Mindestleistung bei festen Beiträgen.

In der Praxis gewinnt diese Form zwischen Leistungs- und Beitragszusage zunehmend an Popularität. Aus Sicht des Mitarbeiters bestehen folgende Vorteile für die beitragsorientierte Leistungszusage:
- einfache Übertragbarkeit bei Arbeitsplatzwechsel,
- Flexibilität bei der Ausgestaltung,
- Aufwand (Beiträge) und Wert der Zusage (Versorgungsleistung) sind jederzeit quantifizierbar.

Beispiel (zu 1.30) Beitragsorientierte Leistungszusage

PLANTYP:	Beitragsorientierte Zusage
UMFANG DER ZUSAGE:	Klassische Leistungselemente, wie Altersleistung, Erwerbsminderungsleistung, Hinterbliebenenleistung; zunehmend mit Optionen (z.B. Erhöhung der Altersleistung durch Verzicht auf Hinterbliebenenleistung)
FORM DER LEISTUNG:	Optional als Einmalkapital, Raten, monatliche Renten
PENSIONIERUNG MIT:	Normalerweise mit Alter 65; vorgezogene Zahlung möglich, sofern vorgezogene Altersrente aus der gesetzlichen Rentenversicherung in Anspruch genommen wird
BEITRAGSFÄHIGES EINKOMMEN:	Grundgehalt je Dienstjahr; oft mit zusätzlichen Einkommens**bestand**teilen (z.B. Sonderzahlungen, variable Vergütungsbestandteile) mit Deckelung
BEITRAGSHÖHE/ VERZINSUNG:	1% bis 2% des beitragsfähigen Einkommens +4,5% bis 9% des beitragsfähigen Einkommens oberhalb der BBG*; 3,5% bis 6% garantierte Mindestverzinsung
INVALIDITÄTSLEISTUNG:	In Höhe der erworbenen Anwartschaften; optional als Einmalkapital, Raten, monatliche Renten
HINTERBLIEBENEN- LEISTUNG:	In Höhe der erworbenen Anwartschaften; optional als Einmalkapital, Raten, monatliche Renten
DAUER BIS ZUM ERWERB VON ANWARTSCHAFTEN:	Gesetzliche Mindestanforderungen (ab Januar 2001): Alter des Berechtigten 30 Jahre, Dauer der Zusage mindestens 5 Jahre
ARBEITNEHMERBEITRÄGE:	Verstärkte Eigenbeteiligung der Mitarbeiter
FINANZIERUNGSFORM:	Pensionsrückstellungen; verstärkt auch andere Finanzierungsformen, z.B. Pensionsfonds und Pensionskasse

* BBG: Beitragsbemessungsgrenze der gesetzlichen Rentenversicherung

Aus Sicht des Arbeitgebers bietet sie u.a. den Vorteil der Kostenkontrolle, da die Aufwendungen durch festgelegte Beiträge fixiert und auch für die Zukunft bekannt sind. Darüber hinaus erhöht die beitragsorientierte Leistungszulage die Flexibilität des Arbeitgebers bei der Dotierung der Pläne. Das Beispiel zu 1.30 zeigt einen entsprechenden Versorgungsplan.

1.31 Hinterbliebenenversorgung

Bei der betrieblichen Altersversorgung steht, neben der Versorgung des Mitarbeiters im Alters- und Invaliditätsfall, auch die Versorgung der Hinterbliebenen im Todesfall im Mittelpunkt. Regelungen der betrieblichen Altersversorgung umfassen daher fast immer auch Bestimmungen, die Hinterbliebene begünstigen. Die Witwen- bzw. Witwerrente beträgt in der Regel 50% bis 60% der Rente des verstorbenen Partners. Waisen erhalten ca.10% bis 20% der Altersrente des Verstorbenen.

Traditionelle Versorgungspläne gewährten dem Mitarbeiter von Beginn an eine hohe Versorgung, da als Bemessungsgrundlage für die Hinterbliebenenversorgung die im Rentenalter zu erwartende (fiktive) Leistung herangezogen wurde. Unternehmen kommen von dieser Praxis der »fiktiven Zurechnung« von Dienstjahren mehr und mehr ab und stellen die Betrachtung der tatsächlich geleisteten Dienstjahre des Mitarbeiters stärker in den Vordergrund.

1.32 Direktversicherung

Die Direktversicherung ist eine Möglichkeit für die Durchführung der betrieblichen Altersversorgung. Das Unternehmen schließt auf das Leben des Mitarbeiters einen Lebensversicherungsvertrag ab, aus dem der Mitarbeiter bzw. die Hinterbliebenen unmittelbar bezugsberechtigt sind (siehe auch V A/3.2.2 und III A/2.14). Der Abschluss einer Direktversicherung hat steuerliche Vorteile, denn bis zu einem Betrag von jährlich 1.752 € unterliegen die Beiträge zur Versicherung der Pauschalversteuerung in Höhe von 20%.

Die Anwartschaften, die mit einem solchen Beitrag erworben werden, sind allerdings relativ gering. Dies gilt insbesondere, wenn die Versicherung für ältere Mitarbeiter abgeschlossen wird. Daher reicht für viele Arbeitnehmer die Direktversicherung als alleinige Altersversorgung nicht aus. Dennoch stellt für kleinere und mittlere Betriebe die Direktversicherung häufig die einzige Form der betrieblichen Altersversorgung dar.

1.33 Deferred Compensation

Eine Sonderform der betrieblichen Altersversorgung ist die aufgeschobene Vergütung oder Deferred Compensation. Der Mitarbeiter verzichtet im Voraus, einmalig oder laufend auf einen Teil seiner zukünftigen Vergütung und erhält dafür im Gegenzug vom Unternehmen eine Versorgungszusage. Die effektive Zahlung der Vergütung wird somit in die Zukunft verlagert. Dies hat für den Mitarbeiter steuerliche Vorteile, denn die Besteuerung der Zahlungen wird erst im Versorgungsfall, also in der Regel nach dem Ausscheiden aus dem Berufsleben, vorgenommen. Der dann günstigere individuelle Steuersatz mindert so die Steuerbelastung.

Mit dem Einsatz von Deferred Compensation-Modellen kann das Unternehmen den Mitarbeitern eine interessante Alternative zur Begründung einer zusätzlichen Altersversorgung bieten. Der Ablauf im Einzelnen gestaltet sich wie folgt:

1. Mitarbeiter und Arbeitgeber vereinbaren schriftlich, dass die Mitarbeiter anstelle bestimmter zukünftiger Barbezüge eine wertgleiche betriebliche Zusatzversorgung erhalten möchten (Entgeltumwandlung).
2. Sobald die betreffenden Barbezüge fällig geworden wären, gewährt der Arbeitgeber den Mitarbeitern, die sich für eine Entgeltumwandlung entschieden haben, eine entsprechende Versorgungszusage.
3. In den Folgejahren kann jeweils erneut eine Entgeltumwandlung zwischen Mitarbeiter und Arbeitgeber vereinbart werden; die Versorgungszusage wird dann entsprechend erhöht.

> ! Die Umwandlung darf nur Arbeitslohnansprüche, die dem Grunde nach rechtlich noch nicht entstanden sind (künftigen Arbeitslohn), umfassen. Daneben existieren Bestimmungen zur Regelung gewisser Mindestbeträge und Höchstgrenzen für die Umwandlung.

1.34 Risikoabsicherung

Die Absicherung der Mitarbeiter gegen unvorhersehbare Risiken stellt eine weit verbreitete Praxis im Bereich der Zusatzleistungen dar. Unternehmen konzentrieren sich dabei im Wesentlichen auf Gehaltsfortzahlung im Krankheitsfall und Unfallversicherungen.

Gehaltsfortzahlung im Krankheitsfall
Die gesetzliche Lohnfortzahlungspflicht des Arbeitgebers im Krankheitsfall des Mitarbeiters beträgt 6 Wochen nach Eintritt der Krankheit. Für diesen Zeitraum muss der Arbeitgeber das volle Gehalt weiterzahlen. Im Anschluss daran tritt das Krankengeld der entsprechenden Krankenkasse des Mitarbeiters an die Stelle des Gehaltes. Das Krankengeld ist allerdings auf 78 Wochen und 70% des Bruttogehaltes bis zur Beitragsbemessungsgrenze (siehe V A/2.17.3) in der Krankenversicherung begrenzt und beträgt maximal 90% des Nettoarbeitsentgeltes. Mitarbeiter, deren Gehälter deutlich oberhalb der Beitragsbemessungsgrenze liegt, hätten im Falle einer längeren Krankheit daher eine relativ hohe Versorgungslücke hinzunehmen.

Um diese Härten für die Mitarbeiter zu mildern, weiten die Unternehmen die Lohnfortzahlung in der Regel deutlich aus. Sie übernehmen dabei die Differenz zwischen dem gezahlten Krankengeld und dem vollen Nettoeinkommen (Grundgehalt) des Mitarbeiters. Die Dauer, für die diese Zahlungen gewährt wird, schwankt dabei von drei Monaten bis zu einem Jahr, in Abhängigkeit von der Betriebszugehörigkeit oder dem Status des Mitarbeiters.

Unfallversicherung
Jedes Unternehmen ist kraft Gesetz Mitglied bei der hierfür sachlich zu-

ständigen Berufsgenossenschaft (siehe III B/2.3). Die Haftung des Unternehmens gegenüber seinen Mitarbeitern wird dadurch vom einzelnen Unternehmen auf die Berufsgenossenschaft übertragen. Dies bedeutet, dass jeder Mitarbeiter gegen eventuelle Folgen von Arbeitsunfällen, Wegeunfällen oder Berufskrankheiten versichert ist.

Das Unternehmen hat die Möglichkeit, einen erweiterten Versicherungsschutz für die Mitarbeiter zu begründen, indem es eine zusätzliche Unfallversicherung abschließt. Diese Versicherung deckt dann in der Regel berufliche und auch private Unfälle der Mitarbeiter ab (24-Stunden-Deckung). Die Höhe der Versicherung umfasst häufig das Ein- bis Zweifache des Jahres-Grundgehaltes bzw. ca. 50.000-100.000 Euro im Todesfall und das Zwei- bis Vierfache des Jahres-Grundgehaltes bzw. ca. 100.000-200.000 Euro im Falle der Invalidität.

Geschäftsreiseunfallversicherung
Für Führungskräfte und Mitarbeiter, die häufig auf Geschäftsreisen sind, wird vielfach eine zusätzliche Versicherung abgeschlossen, die das Unfallrisiko im Rahmen von Geschäftsreisen absichert (Business Travel Insurance). Analog der Unfallversicherung wird im Leistungsfall (Tod oder Invalidität) häufig eine deutlich höhere Kapitalleistung fällig.

1.35 Firmenwagen

Die Überlassung eines Firmenwagens stellt in vielen deutschen Unternehmen eine gängige Praxis im Rahmen der Zusatz- und Nebenleistungspolitik dar. Grundsätzlich ist bei der Vergabe von Firmenwagen zwischen Funktions- und Statusfahrzeugen zu unterscheiden. Funktionsfahrzeuge werden Mitarbeitern überlassen, die diese zur Ausübung ihrer Tätigkeit zwingend benötigen. Mitarbeiter in Vertriebseinheiten, die häufig ihre Kunden vor Ort besuchen, stellen einen typischen Berechtigtenkreis für funktionsbedingte Firmenwagen dar. Im Gegensatz hierzu sind Statusfahrzeuge Dienstwagen, die aufgrund der Bedeutung der Position im Unternehmen vergeben werden.

Die dienstliche Notwendigkeit ist in diesen Fällen von untergeordneter Bedeutung. Der Firmenwagen des Geschäftsführers eines größeren Unternehmens wäre ggf. dieser Gruppe zuzuordnen. In vielen Großunternehmen stellen Firmenwagen ein wichtiges Element der Gesamt-Vergütung der Führungskräfte dar.

Ist die Einführung einer Firmenwagenregelung geplant, dann sollten Sie folgende Regelungsinhalte beachten:
- Berechtigtenkreis,
- Wagentyp einschließlich entsprechender Wahlmöglichkeiten,
- Anschaffungspreis,
- Kostenübernahme des Arbeitgebers,
- Nutzungsdauer,
- Nutzungsumfang (geschäftliche und ggf. private Nutzung),
- Kostenbeteiligung durch den Arbeitnehmer.

In der Praxis haben die Mitarbeiter häufig die Möglichkeit, aus einer Liste von Fahrzeugen auszuwählen. Oder sie haben einen vorgegebenen Betrag zur Verfügung und können unter Beachtung dieses Rahmens ihr Fahrzeug frei auswählen. Die Nutzungsdauer der Fahrzeuge beträgt üblicherweise drei Jahre bzw. 120.000 km, wobei in dieser Zeit Kosten für Wartung- und Instandhaltung, Versicherung, Zulassung und Benzin vom Unternehmen übernommen werden.

Trends gehen dahin, dass Unternehmen vermehrt Full-service-leasing-Verträge abschließen und die Administration der Firmenwagen komplett an ein Leasingunternehmen auslagern. Dies erhöht die Flexibilität des Angebotes an die Mitarbeiter, hat positive Liquiditätseffekte für das Unternehmen und spart Kosten im Rahmen der Verwaltung.

1.36 Sonstige Zusatzleistungen

Punkt 1.26 enthält die Liste sehr vieler Sozial- und Zusatzleistungen, die von Unternehmen gewährt werden. In der Praxis sind folgende Zusatzleistungen am häufigsten anzutreffen:
- vermögenswirksame Leistungen,
- Urlaubsgeld,
- Weihnachtsgeld,
- Zulagen und Beihilfen,
- Kantinen- oder Essensgeldzuschüsse sowie
- Fahrtkostenzuschüsse.

Obere Führungskräfte erhalten häufig noch zusätzliche Leistungen z.B. regelmäßige medizinische Check-ups, kostenlose Kreditkarten und Telekommunikationsausstattung (Mobil-Telefon, Laptop). Urlaubsgeld, Weihnachtsgeld und vermögenswirksame Leistungen stellen Zahlungen des Arbeitgebers dar, die sich aufgrund tarifvertraglicher Regelungen ergeben. Daher werden sie überwiegend an Tarifmitarbeiter im Unternehmen gezahlt. In der Praxis weiten Unternehmen sie jedoch auch auf die außertariflichen Mitarbeiter aus. Im Rahmen der Neuausrichtung ihrer Vergütungsstrukturen gehen Firmen vermehrt dazu über, diese »Sonderzahlungen« zusammen mit dem Grundgehalt in ein festes Jahresgehalt umzustellen, das dann in zwölf gleich hohen Monatsraten ausgezahlt wird.

Zulagen und Beihilfen sind insbesondere für Mitarbeiter in unteren Einkommensstufen von Bedeutung. Für Mitarbeiter des außertariflichen Bereiches sowie für Führungskräfte sind sie eher unbedeutend und wurden von vielen Unternehmen in der Vergangenheit gestrichen.

Kantinen- und Essensgeldzuschüsse sowie Zuschüsse zu den Fahrtkosten haben bei den Mitarbeitern meist einen hohen Stellenwert, da diese Kosten im Rahmen der Lebenshaltung doch einen relativ hohen Anteil ausmachen.

1.37 Flexible Benefits

Viele Mitarbeiter beurteilen einen Großteil der angebotenen Entgeltbausteine im Bereich der Versorgungs- und Zusatzleistungen als nicht mehr bedarfs- und zeitgerecht. Vielfach unterschätzen sie auch den Wert der angebotenen Leistungen erheblich, da sie die Kosten, die für die Bereitstellung der Leistung anfallen, nicht einschätzen können. Zielsetzung flexibler Nebenleistungsmodelle ist es,
- den Wert der einzelnen Zusatzleistungen für den Mitarbeiter transparent zu machen und

V. Entlohnung und Vergütung

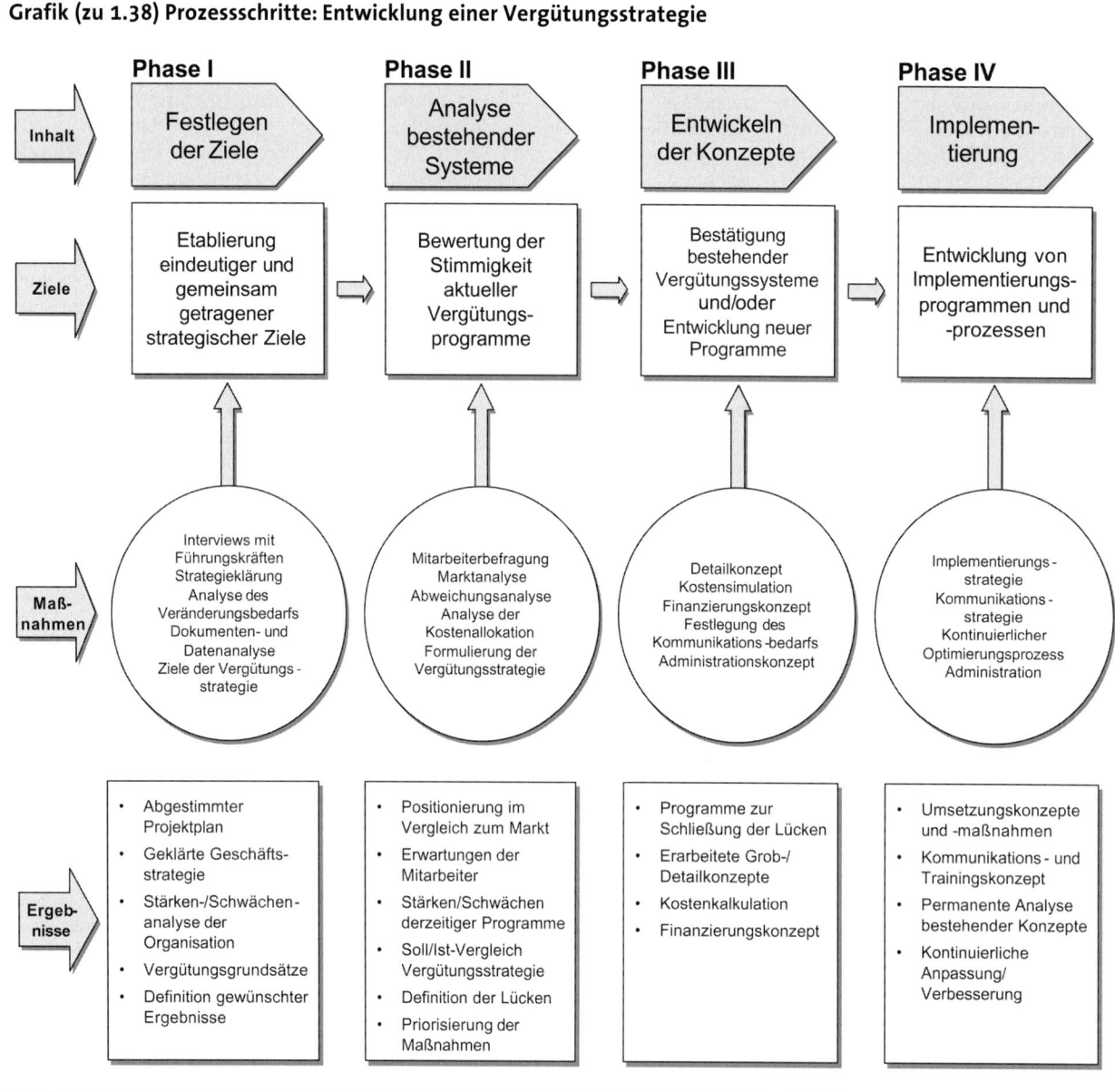

Grafik (zu 1.38) Prozessschritte: Entwicklung einer Vergütungsstrategie

	Phase I Festlegen der Ziele	Phase II Analyse bestehender Systeme	Phase III Entwickeln der Konzepte	Phase IV Implementierung
Ziele	Etablierung eindeutiger und gemeinsam getragener strategischer Ziele	Bewertung der Stimmigkeit aktueller Vergütungsprogramme	Bestätigung bestehender Vergütungssysteme und/oder Entwicklung neuer Programme	Entwicklung von Implementierungsprogrammen und -prozessen
Maßnahmen	Interviews mit Führungskräften, Strategieklärung, Analyse des Veränderungsbedarfs, Dokumenten- und Datenanalyse, Ziele der Vergütungsstrategie	Mitarbeiterbefragung, Marktanalyse, Abweichungsanalyse, Analyse der Kostenallokation, Formulierung der Vergütungsstrategie	Detailkonzept, Kostensimulation, Finanzierungskonzept, Festlegung des Kommunikations-bedarfs, Administrationskonzept	Implementierungsstrategie, Kommunikationsstrategie, Kontinuierlicher Optimierungsprozess, Administration
Ergebnisse	• Abgestimmter Projektplan • Geklärte Geschäftsstrategie • Stärken-/Schwächenanalyse der Organisation • Vergütungsgrundsätze • Definition gewünschter Ergebnisse	• Positionierung im Vergleich zum Markt • Erwartungen der Mitarbeiter • Stärken/Schwächen derzeitiger Programme • Soll/Ist-Vergleich Vergütungsstrategie • Definition der Lücken • Priorisierung der Maßnahmen	• Programme zur Schließung der Lücken • Erarbeitete Grob-/Detailkonzepte • Kostenkalkulation • Finanzierungskonzept	• Umsetzungskonzepte und -maßnahmen • Kommunikations- und Trainingskonzept • Permanente Analyse bestehender Konzepte • Kontinuierliche Anpassung/Verbesserung

- dem Mitarbeiter flexible Wahlmöglichkeiten einzuräumen, welche Vergütungselemente seinen individuellen Bedürfnissen am ehesten entsprechen.

Mitarbeiter stellen sich ihr individuelles Vergütungspaket selber zusammen. Im Mittelpunkt der Wahlmöglichkeiten stehen die klassischen Nebenleistungen wie Altersversorgung, Risikovorsorge und der Firmenwagen. Mehr und mehr gehen die Unternehmen jedoch dazu über, weitere Komponenten der Gesamtvergütung in diese Systeme einzubeziehen. Hierunter fallen u.a. erweiterte Trainings- und Weiterbildungsmaßnahmen, Ausgleich zwischen Arbeits- und Privatleben oder die Gewährung von Sabbaticals.

Die Gesamtvergütung wird immer flexibler und individueller. Wenn Mitarbeiter ihre Vergütung in dieser Form selber gestalten können, fördert dies ihre Eigenverantwortung. Insgesamt erhöht sich bei flexiblen Nebenleistungsmodellen die Anreizwirkung des zur Verfügung gestellten Vergütungspaketes für die Mitarbeiter, was sich wiederum positiv auf die Motivation auswirkt. Die seit einigen Jahren bekannten Cafeteria-Modelle optimieren Nebenleistungsangebote vor allem unter Ausnutzung steuerlicher Vorteile für die Mitarbeiter. Neue Nebenleistungsmodelle gehen deutlich darüber hinaus und sind Teil einer Gesamtvergütungspolitik.

> **!** Prüfen Sie genau, welche Leistungen angeboten werden sollen, wie diese bewertet werden können und welche Verknüpfung die einzelnen Komponen-

ten mit der Erreichung der Unternehmensziele haben. Die individuelle Bedürfnisse der Mitarbeiter und die Ausrichtung an den Unternehmenszielen bilden die Grundlage für ein sinnvolles flexibles Nebenleistungsmodell.

1.38 Erfolgreiches Vergütungsdesign

Die Grafik zu 1.38 zeigt Ihnen schematisch die Prozessschritte, auf die es in der Praxis bei der Vergütungsgestaltung ankommt. Diese Schrittfolge hat sich nicht nur für umfassende Design-Prozesse, die alle Total-rewards-Elemente einbeziehen, bewährt. Sie sind auch für die Gestaltung einzelner Elemente, z.B. eines variablen Vergütungskonzeptes, geeignet.

Die erste Phase dient einem eindeutigen Verständnis über die strategische Ausrichtung des Unternehmens. Dies ist die Voraussetzung für eine optimale Vergütungsstrategie, denn ein erfolgreiches Vergütungssystem unterstützt die Erreichung der unternehmerischen Ziele. Im Mittelpunkt der zweiten Phase stehen die umfassende Analyse der bestehenden Systeme und Programme sowie die Erwartungshaltungen der Mitarbeiter. In der dritten Phase werden Grobkonzepte entwickelt, validiert und im Anschluss daran die entsprechenden Detailkonzepte erarbeitet. In der vierten Phase wird die Implementierung der Konzepte geplant und umgesetzt. Diese Phase ist von besonderer Bedeutung, da jedes Konzept nur in dem Maße wirkungsvoll sein kann, wie die Mitarbeiter und Führungskräfte informiert und geschult sind und ein Verständnis darüber haben, in welchen Unternehmenskontext das Konzept einzuordnen ist.

Studien zeigen immer wieder den Mangel bei der Umsetzung der Konzepte. Vergütungssysteme werden zentral erarbeitet, ohne angemessene Berücksichtigung der Mitarbeiterinteressen. Die Informationen an die Mitarbeiter beschränken sich in der Regel auf technische Details und die Kommunikation erfolgt nach dem klassischen Top-down-Prinzip. Das Linienmanagement wird nur unzureichend in die Vorbereitung einbezogen und bleibt bei der Umsetzung neuer Vergütungssysteme weitgehend auf sich allein gestellt.

1.39 Information und Kommunikation der Vergütung

Die Art und Weise, wie die Vergütungsstrategie und die einzelnen Vergütungselemente im Unternehmen kommuniziert werden, ist von entscheidender Bedeutung für deren Effektivität. Die rechtzeitige, zielgruppengerechte und adäquate Information bietet die Chance, neben der optimalen Vermittlung der Sachinformationen, auch die Identifikation der Mitarbeiter mit dem Unternehmen zu erhöhen. Es ist immer wieder festzustellen, dass Unternehmen viel Zeit und Kosten in die Anpassung ihrer Vergütungssysteme investieren und dann bei der Umsetzung und Kommunikation sparen. Die nachfolgenden Hinweise sind grundsätzlicher Natur und sollten bei der Kommunikation an die Mitarbeiter immer berücksichtigt werden:

Checkliste (zu 1.39) Leitfragen: Kommunikationsstrategie

■ **Zielgruppe**
Wen will ich mit meiner Botschaft erreichen? Was sind deren Informationsbedürfnisse? Wie unterscheiden sie sich ggf.? Gibt es Besonderheiten, die adressiert werden müssen? Was sind ihre Sorgen und Bedenken? Wer sind die Multiplikatoren und daher für den Erfolg von großer Bedeutung?

■ **Ziele**
Was sind die Ziele des Vergütungssystems? Wie kann die Kommunikationsstrategie die Ziele unterstützen? Woran erkenne ich, dass die Ziele erreicht sind? Wie messe ich den Erfolg?

■ **Umfeld**
Welche Ereignisse stehen in der Zukunft an, die Einfluss auf die Kommunikation des Vergütungssystems haben? Wie werden dadurch die Ziele beeinflusst? Wie umfassend ist der angestoßene Veränderungsprozess?

■ **Kern-Botschaften**
Was sind die kritischen Inhalte, die die Zielgruppe erreichen muss? Welche Methoden nutze ich für die Vermittlung welcher Informationen?

■ **Medien**
Welche Vehikel nutze ich für die Informationsweitergabe? Sind diese effizient? Gibt es bessere? Welche Medien sind vorhanden? Welche innovativen Formen sollten wir einbinden? Welche Kanäle sind für welche Informationen besonders geeignet?

■ **Stil**
Welche Ansätze haben in der Vergangenheit gut funktioniert? Konnten die Mitarbeiter erfolgreich zu Veränderungen bewegt werden? Wie sollten wir mit unseren Mitarbeitern »sprechen«? Wer transportiert welche Inhalte? Wie ist die Unternehmensleitung in den Prozess eingebunden?

■ **Zeitrahmen**
Wann sollten wir kommunizieren? Wer benötigt wann, welche Informationen? Welchen Zeitrahmen können wir für die Kommunikation des Vergütungssystems definieren, um sicherzustellen, dass sie nicht durch andere Informationen überlagert werden?

■ **Hinderungsgründe**
Was sind Hinderungsgründe und Blockaden für eine effektive Kommunikation? Wie können wir diese beseitigen? Was würde passieren, wenn wir Information und Kommunikation nicht strukturieren würden? Welche Fehlinformationen würden entstehen? Was würden die Mitarbeiter daraus ableiten und wie würden sie sich daraufhin verhalten?

Grafik (zu 1.41) Unterschiedliche Kategorien von Wertetreibern

Finanzielle Perspektive

ROCE

Kundenperspektive

Kundentreue

Pünktliche Lieferung

Interne (Geschäftsprozess-) Perspektive

Prozessqualität — Prozessdurchlaufzeit

Mitarbeiterperspektive

Fachwissen der Mitarbeiter

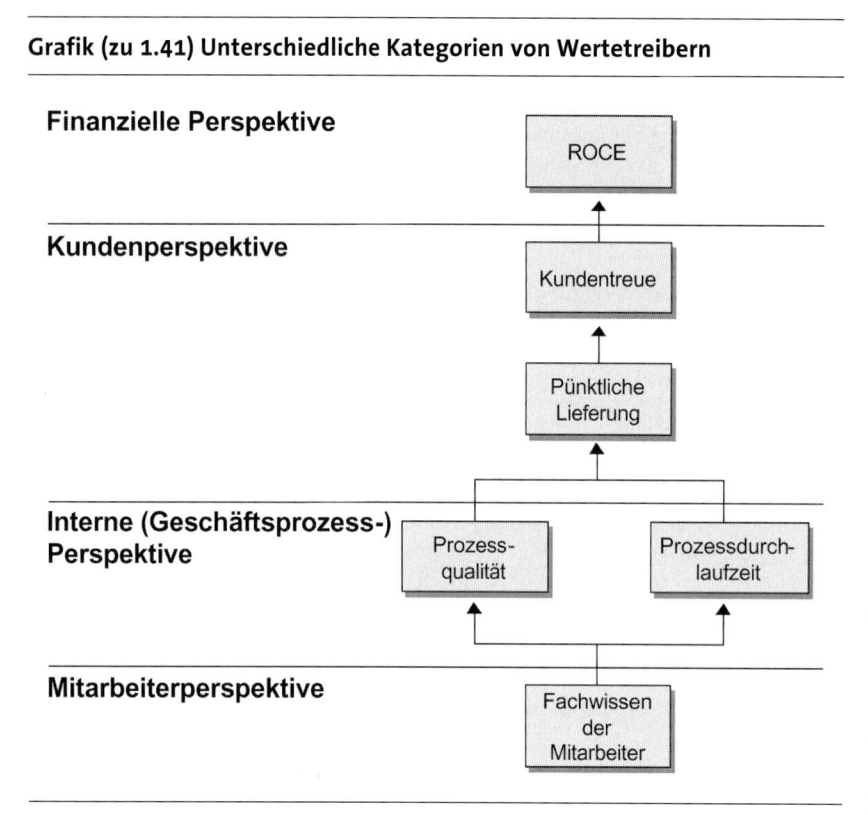

- Es ist eine Kommunikationsstrategie zu definieren, die Teil der Geschäftsstrategie ist.
- Es muss sichergestellt werden, dass die richtige Information zum richtigen Zeitpunkt an die entsprechenden Mitarbeiter geht.
- Die Führungskräfte müssen über die Vergütungsprogramme informiert sein und über die wichtigsten Fragen Auskunft geben können.
- Es sind einheitliche, konsistente Informationen zu vermitteln um »Gerüchte« möglichst gering zu halten.
- Auf Ängste und Bedenken der Mitarbeiter muss proaktiv eingegangen werden, statt erst im Nachhinein zu reagieren.

Eine effiziente Kommunikationsstrategie geht auf bestimmte Fragen ein und beachtet Zielgruppen, Ziele, Umfeld, Kern-Botschaften, Medien, Stil, Zeitrahmen und Hinderungsgründe. Die Leitfragen der Checkliste zu 1.39 erleichtern insbesondere Führungskräften die Kommunikation im Unternehmen.

1.40 Optimierung von Gesamtvergütungspaketen

Vergütungspakete müssen so gestaltet sein, dass Mitarbeiter gewonnen, motiviert und vor allem gehalten werden können. Im Kampf um Talente muss jedes Unternehmen sicherstellen, dass es seine Mitarbeiter langfristig bindet. Die Kosten für Rekrutierung, Schulung und Einarbeitung stellen einen hohen Aufwandsposten dar. Untersuchungen zeigen, dass die Höhe der Vergütung allein nicht ausschlaggebend ist für die Mitarbeiterbindung. Neben der Höhe kommt es auch auf die Zusammensetzung der Vergütungselemente an.

Jedes Unternehmen sollte kritisch hinterfragen, ob der gesamte Personalaufwand einschließlich der Aufwendungen für Weiterbildung, Karriereentwicklung, Führungskräftetrainings usw. optimal strukturiert ist. Mit einem möglichst effizientem Ressourceneinsatz muss die bestmögliche Mitarbeiterbindung und -motivation erzielt werden.

Dazu empfiehlt es sich, zunächst die bestehende und zukünftige Struktur des Personalbestandes detailliert zu analysieren. Untersucht werden sollte, wie sich der heutige und zukünftige Mitarbeiterbestand zusammensetzt (Demografie) und welche individuellen Einstellungen und Werte diese Mitarbeiter besitzen. Hieraus können dann die Prioritäten für die einzelnen Vergütungselemente abgeleitet werden, die dann die Basis für entsprechende Optimierungsprogramme bilden.

In einem zweiten Schritt wird versucht den Personalaufwand zu reduzieren, ohne dabei negative Folgewirkungen hinsichtlich Mitarbeiterbindung und -motivation in Kauf nehmen zu müssen. Dies wird nur dann gelingen, wenn der verbleibende Personalaufwand so zugeteilt wird, das die Elemente mit besonderer Wertschätzung für die Mitarbeiter gestärkt werden. Die Herausforderung für Personalverantwortliche besteht somit darin, unter angemessener Berücksichtigung der Mitarbeiterbedürfnisse, ein Optimum aus der Höhe des gesamten Personalaufwandes und Verteilung des Aufwandes auf alle Total-Rewards-Elemente (siehe 1.1) zu erzielen.

1.41 Wertorientierte Vergütung

Wertorientierte Unternehmensführung richtet alle Unternehmensaktivitäten auf die Steigerung des Unternehmenswertes aus. Der Shareholder-value-Gedanke ist nicht neu. Mittlerweile hat jedoch die Wertorientierung auch in die Gestaltung der Vergütungsinstrumente Einzug gehalten. Berührt hiervon sind im Wesentlichen die Incentive-Pläne der oberen Führungskräfte, bei denen wertorientierte Erfolgskennzahlen (z.B. EVA, ROCE) die unmittelbare Bezugsgröße für die Höhe gezahlter Incentives darstellen. Diese Kennzahlen sind jedoch nur auf aggregierter Ebene, d.h. auf Ebene des Unternehmens oder Geschäftsbereichs zu ermitteln. Es stellt sich damit die Frage, wie man Vergütungselemente für eine breite Mitarbeiterschicht mit der Wertorientierung sinnvoll verknüpfen kann, so dass möglichst alle Mitarbeiter motiviert sind, auf die

Steigerung des Unternehmenswertes hinzuarbeiten.

Hierzu eignet sich das Konzept der Wertebäume. Es ermöglicht dem Unternehmen, die finanziellen Wertetreiber mit den spezifischen Aufgaben und Verantwortlichkeiten der Mitarbeiter zu verknüpfen. Die Grafik zu 1.41 stellt das Konzept der Wertebäume schematisch dar.

Prinzipiell kann das Konzept der Wertebäume überall dort verwendet werden, wo ein allgemeines übergeordnetes Ziel in seine Bestandteile und Details (finanzielle und nicht finanzielle Größen) zerlegt werden soll, um damit die Beeinflussungsmöglichkeiten aufzuzeigen. Diese Größen bilden dann die Grundlage für die Ableitung konkreter Jahresziele zwischen Mitarbeiter und Vorgesetztem und daran angeknüpft für die Bemessung der variablen Vergütung.

Unter Zuhilfenahme des Konzeptes der Wertebäume lässt sich aus der übergeordneten Unternehmenszielsetzung der Wertschaffung ein integriertes Instrumentarium zur Unternehmenssteuerung und Zielverfolgung ableiten. Die konsequente Verknüpfung dieser Ziele mit variablen Vergütungselementen fördert das stringente Ausrichten aller Aktivitäten im Unternehmen auf die Wertschaffung.

1.42 Einfluss der Unternehmenskultur auf Vergütung

In Zeiten gestiegenen Wettbewerbs und immer kürzeren Veränderungszyklen werden nur die Unternehmen erfolgreich sein, deren Werte, Normen und Managementstile optimal auf die Unternehmensziele ausgerichtet sind. Was in der Organisation als wichtig angesehen wird, welche Verhaltensweisen erwartet und toleriert werden und wie die Führungskräfte agieren, muss so gestaltet sein, dass das Engagement der Mitarbeiter gefördert wird und sie sich möglichst optimal für die Erreichung der Unternehmensziele einsetzen.

Das Vergütungssystem des Unternehmens ist in diesem Zusammenhang ein wichtiger Faktor, der die Unternehmenskultur nachhaltig beeinflussen kann. Dazu ist es allerdings erforderlich, dass die Vergütung so gestaltet ist, dass sie sich an den gewünschten Werten, Normen und Verhaltensweisen ausrichtet. Wenn z.B. eine innovationsfreudige Unternehmenskultur angestrebt wird, dann muss das Vergütungssystem so gestaltet sein, dass Initiative, Kreativität, Lernbereitschaft, Risikobereitschaft und Veränderungswille der Mitarbeiter gefördert und honoriert werden. Stehen für ein anderes Unternehmen Qualität und Kundenorientierung im Vordergrund, dann muss das Schwergewicht der Vergütung auf der Erzielung qualitativ hochwertiger Arbeitsergebnisse liegen und kundenorientiertes Verhalten entsprechend belohnt werden.

Damit jedes Unternehmen die passende Ausrichtung finden kann, ist es zunächst erforderlich zu definieren, was die erfolgskritischen Faktoren des Unternehmens sind und welche kulturellen Attribute die Organisation auszeichnen soll. Darauf aufbauend kann dann eine Gesamtvergütung gestaltet werden, welche die gewünschte Unternehmenskultur möglichst optimal unterstützt. Die Effektivität des Vergütungssystems wird in dem Maße gesteigert, wie die gewünschten Werte und Normen im Unternehmen kommuniziert werden und wie Führungskräfte sie durch ihr Verhalten den Mitarbeitern vermitteln.

Grafik (zu 1.42) Förderung des Engagements der Mitarbeiter

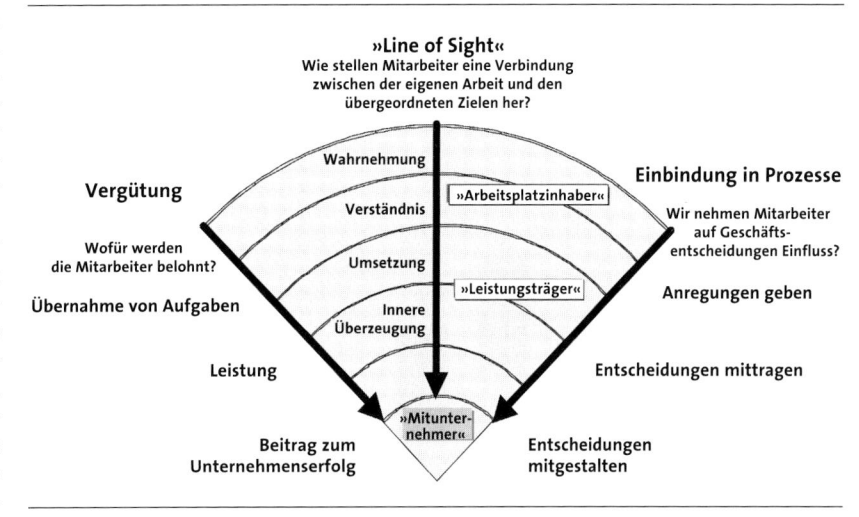

»Line of Sight«
Wie stellen Mitarbeiter eine Verbindung zwischen der eigenen Arbeit und den übergeordneten Zielen her?

Vergütung
- Wofür werden die Mitarbeiter belohnt?
- Übernahme von Aufgaben
- Leistung
- Beitrag zum Unternehmenserfolg

Wahrnehmung – Verständnis – Umsetzung – Innere Überzeugung

»Arbeitsplatzinhaber« → »Leistungsträger« → »Mitunternehmer«

Einbindung in Prozesse
Wir nehmen Mitarbeiter auf Geschäftsentscheidungen Einfluss?
- Anregungen geben
- Entscheidungen mittragen
- Entscheidungen mitgestalten

Untersuchungen zeigen, dass das größtmögliche Engagement der Mitarbeiter dann erreicht wird, wenn sich einerseits ihre Vergütung in hohem Maße am Erfolg des Unternehmens ausrichtet, sie andererseits die Ziele des Unternehmens verinnerlicht haben und wenn sie aktiv in unternehmerische Entscheidungen eingebunden sind. Diesen Zusammenhang veranschaulicht die Grafik zu 1.42.

1.43 Karriereentwicklung und Vergütung

Die Karriereperspektiven, die das Unternehmen einem Mitarbeiter einräumen kann, sind neben der Vergütung der zweite wichtige Eckpfeiler der Personalpolitik (siehe auch VII A/3.5). In der Vergangenheit wurden beide Bereiche in vielen Unternehmen relativ klar voneinander abgegrenzt. Kriterien, Verfahren, Prozesse und Instrumente der Personalentwicklung waren andere als bei der Vergütungsentwicklung. Standen bei der Personalentwicklung personenspezifische Kriterien im Vordergrund, dominierten bei der Festlegung der Vergütung stellenbezogene Aspekte.

Der zunehmende Kampf um Talente sowie die organisatorischen Veränderungen vieler Unternehmen, hin zu einer stärkeren Ausrichtung auf Projekt- und Netzwerkstruktu-

Beispiel (zu 1.44) Gesamtvergütungen im internationalen Vergleich

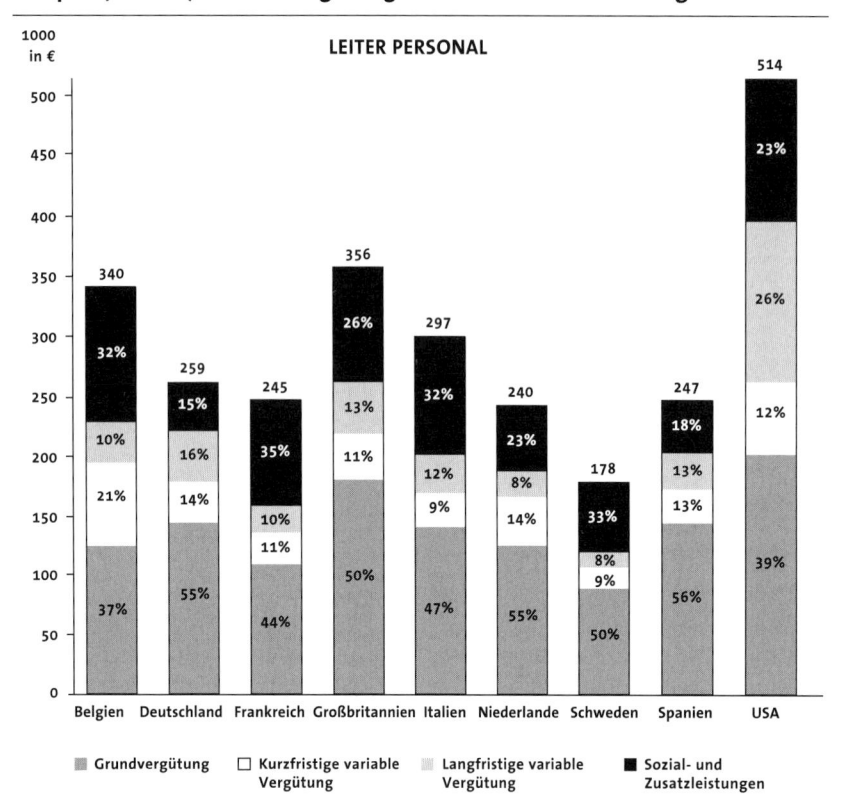

LEITER PERSONAL

Land	Gesamt (in €)	Grundvergütung	Kurzfristige variable Vergütung	Langfristige variable Vergütung	Sozial- und Zusatzleistungen
Belgien	340	37%	21%	10%	32%
Deutschland	259	55%	14%	16%	15%
Frankreich	245	44%	11%	10%	35%
Großbritannien	356	50%	11%	13%	26%
Italien	297	47%	9%	12%	32%
Niederlande	240	55%	14%	8%	23%
Schweden	178	50%	9%	8%	33%
Spanien	247	56%	13%	13%	18%
USA	514	39%	12%	26%	23%

Quelle: Towers Perrin, Total Renummeration, Survey 2001

ren, mit der einhergehenden Reduzierung von Hierarchieebenen, machen neue Wege bei der Karriereentwicklung und Vergütung erforderlich. Karriereentwicklung bedeutet in Zukunft viel mehr ein Anwachsen der individuellen Kompetenzen des Mitarbeiters, als die Übernahme einer höherwertigen Stelle im Unternehmen. Hierauf muss sich auch das Vergütungssystem ausrichten. Die Übernahme einer verantwortungsvolleren Stelle kann damit bei der Vergütung nicht mehr das Maß aller Dinge sein.

Insbesondere in wettbewerbsintensiven, dynamischen, wissensgetriebenen Branchen, wie z.B. der Informations- und Telekommunikationsbranche, ist dieser Trend deutlich zu erkennen. Hier stellen die Unternehmen bei der Vergütung die erfolgskritischen Kompetenzen, die Mitarbeiter zeigen müssen, in den Mittelpunkt, damit der zukünftige Geschäftserfolg sichergestellt ist (Competencies). Mitarbeiter, deren Competency-Profil möglichst optimal mit dem Idealprofil übereinstimmt, verdienen demnach mehr als Mitarbeiter, die in dem einen oder anderen Bereich noch Entwicklungsbedarf haben (siehe 1.15). Haben sich Mitarbeiter durch ziel-gerichtete Weiterentwicklung an das geforderte Competency-Profil angenähert, so werden sie auch gehaltlich weiterentwickelt. Damit sind Vergütung und persönliche Weiterentwicklung eng miteinander verzahnt.

1.44 Vergütungstrends im weltweiten Wettbewerb

Führende Unternehmen in der Welt entwickeln globale Vergütungsstrategien, die es ihnen gestatten, ihre Mitarbeiter weltweit nach den gleichen Prinzipien zu vergüten. Dies führt auch dazu, dass Vergütungselemente, die früher nur Führungskräften vorbehalten waren, zunehmend auch auf andere Mitarbeiter in der Organisation ausgeweitet werden. Aspekte, wie interne Gerechtigkeit und individuelle Leistung sowie der Mix der Vergütungskomponenten, spiegeln sich in den Vergütungspraktiken weltweit in ähnlicher Weise wider. Grundgehälter nähern sich in immer engeren Bandbreiten einander an. Das gilt vor allem für Länder innerhalb einer Region. Studien zeigen, dass sich die Grundgehälter für Senior-Managementpositionen in Europa auf einem Niveau von 45% bis 55% der Gesamtvergütung eingependelt haben. Ebenso werden die Strategien, wie die Vergütung festgelegt werden soll, von Land zu Land immer ähnlicher. Für mittlere Managementpositionen ist länderübergreifend festzustellen, dass die Grundgehälter mehr oder weniger stagnieren, während die variable Vergütung ansteigt (siehe Beispiel zu 1.44).

Folgende Markttrends scheinen die weitere Annäherung an globale Praktiken zu unterstützen:
- Verbesserter Zugang zu Informationen erhöht die Nachfrage der Mitarbeiter nach interner Vergleichbarkeit und Gerechtigkeit.
- Lebenshaltungs- und Währungsunterschiede in Europa werden durch die Einführung des Euro nach und nach verschwinden.
- Lokale Wettbewerber übernehmen die Praktiken globaler Unternehmen.

2. Entgeltabrechnung und betriebliche Sozialleistungen

2.1 Brutto- und Nettoverdienstermittlung

2.1.1 Bruttoverdienstermittlung

Zum Bruttoverdienst gehören alle Zuwendungen, und zwar in Form von Bargeld oder geldwerten Vorteilen bzw. Sachbezügen (z.B. Verpflegung und Wohnung/Unterkunft), die der Arbeitnehmer von Ihnen als Arbeitgeber auf Grund seines Arbeitsverhältnisses erhält, unabhängig davon, ob ein Rechtsanspruch darauf besteht oder nicht. Zum Bruttoverdienst gehören auch Zahlungen bzw. Vorteile durch Dritte, die im Zusammenhang mit dem Arbeitsverhältnis erfolgen (siehe Übersicht zu 2.1.1).

Für die Abrechnung unterteilen Sie den Bruttoverdienst nach lohnsteuerrechtlichen Gesichtspunkten (= Arbeitslohn) und sozialversicherungsrechtlichen Aspekten (= Arbeitsentgelt), um zu beurteilen, welcher Teil des Bruttoverdienstes der Steuer- und Beitragspflicht unterliegt.

Im Übrigen beeinflussen folgende Faktoren die Höhe des Bruttoverdienstes:
- feste Vorgaben auf Grund gesetzlicher, tariflicher, betrieblicher und einzelvertraglicher Regelungen,
- An- und Abwesenheitsdaten,
- Teilentgelt (wenn durch Arbeitsausfall oder Ein- bzw. Austritt nicht für einen vollen Monat Anspruch auf Arbeitsentgelt besteht),
- sonstige Zulagen/Zuwendungen,
- Bar- und Sachbezüge.

Der Bruttoverdienst ist für jeden Abrechnungszeitraum zu ermitteln. Das Schema zu 2.1.1 zeigt die Zusammensetzung.

Übersicht (zu 2.1.1) Zusammensetzung des Bruttolohns

Einnahmen im Zusammenhang mit einem Arbeitsverhältnis	laufende Einnahmen
	einmalige Einnahmen
	Zahlungen/Vorteile durch Dritte

gleichgültig, ob mit oder ohne Rechtsanspruch	z.B. gesetzlich, tarif- oder einzelvertraglich zugesicherte Einnahmen
	freiwillige Leistungen des Arbeitgebers

ohne Rücksicht auf ihre Bezeichnung	z.B. Lohn, Gehalt, Gewinnanteile, Gratifikationen, Tantiemen, Zuschläge, Trinkgelder

gleichgültig, in welcher Form	Barbezüge
	Sachbezüge

Berechnen Sie das Teilentgelt für Monatsentgeltempfänger nach folgenden Formeln:

Arbeitstage

$$\frac{\text{Monatsfixum} \times \text{Anzahl der zu bezahlenden Arbeitstage}}{\text{Anzahl der möglichen Arbeitstage des jeweiligen Kalendermonats}}$$

Arbeitsstunden

$$\frac{\text{Monatsfixum} \times \text{Anzahl der zu bezahlenden Arbeitsstunden}}{\text{Anzahl der möglichen Arbeitsstunden des jeweiligen Kalendermonats}}$$

2.1.2 Nettoverdienstermittlung

Für die Errechnung des Nettoverdiensts ziehen Sie die Sachbezüge, die abrechnungsmäßig nur für die Ermittlung der gesetzlichen Abzüge von Bedeutung sind, zunächst vom Bruttoverdienst ab. Der eigentliche Nettoverdienst ist dann der um die gesetzlichen Abzüge, wie Lohnsteuer, Kirchensteuer, Solidaritätszuschlag, Beiträge zur Renten-, Kranken-, Pflege- und Arbeitslosenversicherung, verminderte Bruttoverdienst.

Weitere Abzüge beeinflussen den Nettoverdienst nicht. Dazu gehören solche, die auf anderen gesetzlichen Bestimmungen beruhen (z.B. Pfändungseinbehaltungen) oder personenbedingt sind (z.B. Mieten oder Lebensversicherungsprämien). Das gilt ebenso für sonstige Zulagen oder Zahlungen für Dritte (z.B. Kurzarbeitergeld, Kindergeld im öffentlichen Dienst usw.). Diese sonstigen Abzüge oder Zulagen werden vom Nettoverdienst abgezogen bzw. dem ermittelten Nettoverdienst hinzugeschlagen. Das Ergebnis ist dann der Restlohn oder der an den Arbeitnehmer auszuzahlende Betrag (siehe Beispielrechnung aus 2002 in Euro zu 2.1.2).

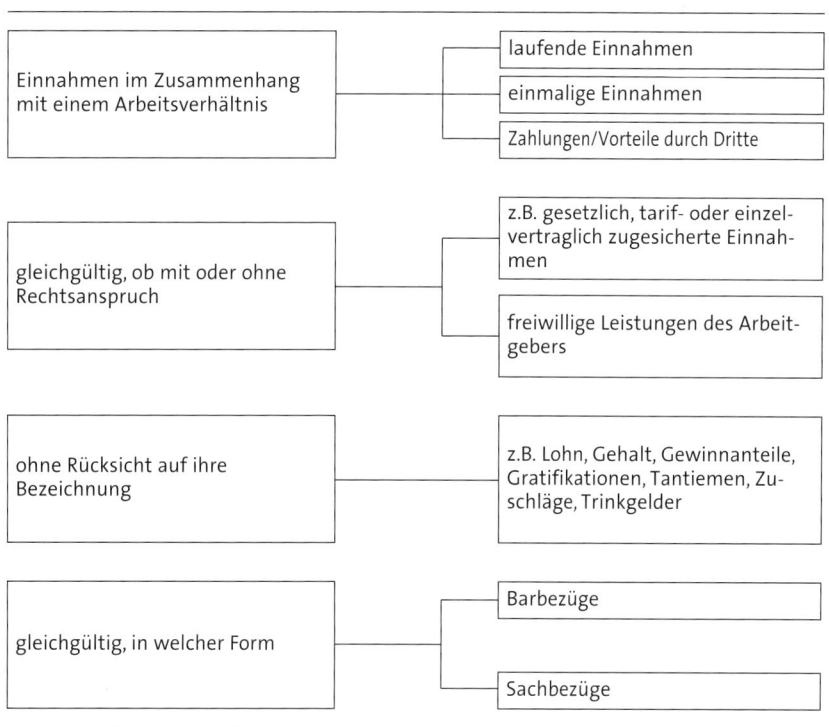

2.2 Freistellungssachverhalte mit Entgeltfortzahlung

Die Höhe des Bruttoverdienstes einer Abrechnungsperiode hängt entscheidend davon ab, ob der Arbeitnehmer ohne Unterbrechung gearbeitet bzw. einen durchgehenden Anspruch auf eine Vergütung hat.

Abgesehen von den Fällen des Ein- und Austritts sowie des Beginns und der Beendigung des Wehr- bzw. Zivildienstes während einer Abrechnungsperiode, gibt es Zeiten der Arbeitsunterbrechung oder des Arbeitsausfalls mit begrenztem oder unbegrenztem Anspruch auf Fortzahlung der Bezüge (siehe Übersicht zu 2.2).

2.3 Arbeitsbefreiung ohne Entgeltanspruch

2.3.1 Elternzeit

Die Dauer des Elternzeit für erwerbstätige Mütter und Väter – unter bestimmten Voraussetzungen auch für sonstige Anspruchsberechtigte – beträgt maximal für jedes geborene Kind 36 Monate.

Die Elternzeit muss spätestens sechs Wochen vor Beginn angemeldet werden, wenn sie unmittelbar nach der Geburt des Kindes oder nach der Mutterschutzfrist beginnen soll, sonst spätestens acht Wochen vor Beginn. Die Elternzeit kann von den Elternteilen allein oder gemeinsam auf insgesamt vier Zeitabschnitte verteilt werden. Ein Anteil von bis zu 12 Monaten ist mit Zustimmung des Arbeitgebers auf die Zeit bis zur

V. Entlohnung und Vergütung

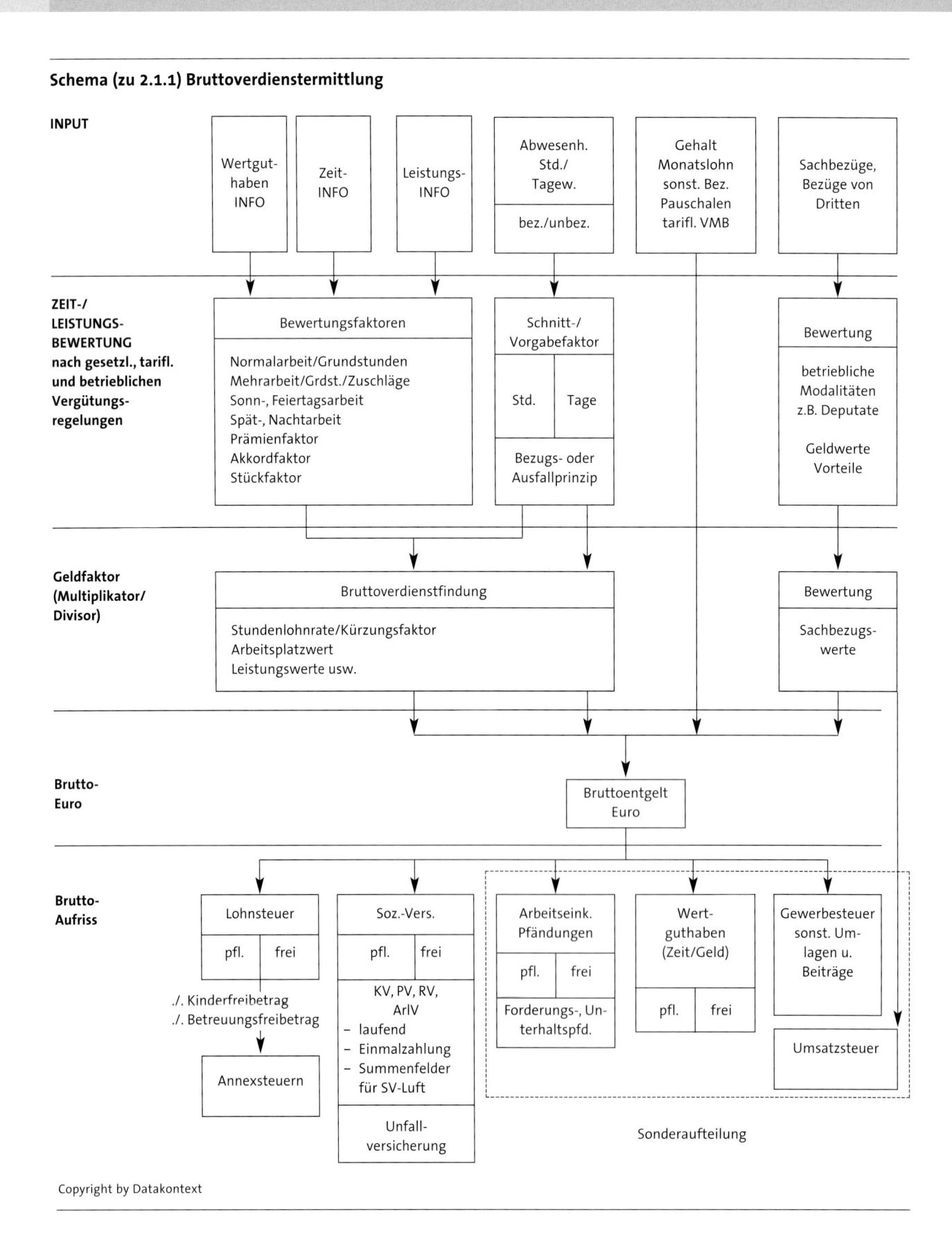

Schema (zu 2.1.1) Bruttoverdienstermittlung

INPUT

| Wertgut- haben INFO | Zeit- INFO | Leistungs- INFO | Abwesenh. Std./ Tagew. bez./unbez. | Gehalt Monatslohn sonst. Bez. Pauschalen tarifl. VMB | Sachbezüge, Bezüge von Dritten |

ZEIT-/ LEISTUNGS- BEWERTUNG nach gesetzl., tarifl. und betrieblichen Vergütungs- regelungen

Bewertungsfaktoren:
- Normalarbeit/Grundstunden
- Mehrarbeit/Grdst./Zuschläge
- Sonn-, Feiertagsarbeit
- Spät-, Nachtarbeit
- Prämienfaktor
- Akkordfaktor
- Stückfaktor

Schnitt-/Vorgabefaktor

| Std. | Tage |

Bezugs- oder Ausfallprinzip

Bewertung
- betriebliche Modalitäten z.B. Deputate
- Geldwerte Vorteile

Geldfaktor (Multiplikator/ Divisor)

Bruttoverdienstfindung
- Stundenlohnrate/Kürzungsfaktor
- Arbeitsplatzwert
- Leistungswerte usw.

Bewertung
- Sachbezugs- werte

Brutto- Euro

Bruttoentgelt Euro

Brutto- Aufriss

Lohnsteuer

| pfl. | frei |

./. Kinderfreibetrag
./. Betreuungsfreibetrag

Annexsteuern

Soz.-Vers.

| pfl. | frei |

KV, PV, RV, ArlV
- laufend
- Einmalzahlung
- Summenfelder für SV-Luft

Unfall- versicherung

Arbeitseink. Pfändungen

| pfl. | frei |

Forderungs-, Un- terhaltspfd.

Wert- guthaben (Zeit/Geld)

| pfl. | frei |

Gewerbesteuer sonst. Um- lagen u. Beiträge

Umsatzsteuer

Sonderaufteilung

Copyright by Datakontext

Vollendung des achten Lebensjahres übertragbar. Die Elternzeit kann jedoch von der Mutter nicht beansprucht werden, solange für die erwerbstätige Mutter Beschäftigungsverbot (Mutterschutzgesetz, siehe III B/2.16) besteht.

Der Bund gewährt durch die festgelegten Zahlstellen für die Betreuung und Erziehung des Kindes während der Elternzeit längstens bis zum 24. Lebensmonat Erziehungsgeld, wenn bestimmte Verdienstgrenzen nicht überschritten werden. Als Arbeitgeber stellen Sie die erforderlichen Verdienstbescheinigungen aus.

2.3.2 Kurzarbeit
Während einer Zeit der vom zuständigen Arbeitsamt genehmigten Kurzarbeit mit Zahlung von Kurzarbeitergeld, sind Sie nicht verpflichtet, die Bezüge fortzuzahlen. Es müssen jedoch zur Beanspruchung von Kurzarbeitergeld allgemeine, betriebliche und persönliche Voraussetzungen erfüllt sein.

2.3.3 Mutterschutz
Nach dem Mutterschutzgesetz gelten individuelle und generelle Beschäftigungsverbote. Bei der Berechnung der Fristen wird der Entbindungstag nicht mitgerechnet. Während der Schutzfristen wird von der zuständigen Krankenkasse oder vom Bundesversicherungsamt (Nichtversicherte und privat Versicherte) Mutterschaftsgeld gezahlt. Der Arbeitgeber zahlt einen Zuschuss, sofern das Nettoarbeitsentgelt kalendertäglich 13 € übersteigt. Dieser Zuschuss erhöht den Bruttoverdienst.

2.3.4 Streik und Aussperrung
(siehe I B/1.3.4.1 und I B/1.3.4.2)

2.3.5 Unbezahlter Sonderurlaub
Ein Anspruch auf die Gewährung unbezahlten Sonderurlaubs ist grundsätzlich nicht gegeben. Es kann allenfalls die Fürsorgepflicht des Arbeitgebers in Betracht kommen. Während eines unbezahlten Sonderurlaubs im Falle der Arbeitsunfähigkeit wegen Krankheit besteht ein Anspruch auf Krankengeld. Der Arbeitgeber zahlt keinen Krankenlohn.

Beispielrechnung (zu 2.1.2)
Nettoverdienstermittlung und Auszahlungsbetrag

■ **Bruttoverdienst**	**2.500,00 Euro**
Vermögenswirksame Leistung des Arbeitgebers	26,00 Euro
	2.526,00 Euro
Sachbezug	100,00 Euro
Steuer-/Sozialversicherungspflichtiges Entgelt	2.626,00 Euro
■ **Gesetzliche Abzüge (auf 2.626,00 Euro)**	
– Lohnsteuer (StKl III/1)	./. 210,66 Euro
– Kirchensteuer (9%)	./. 8,41 Euro
– Solidaritätszuschlag (5,5%)	./. 0,00 Euro
– *Beiträge zur Sozialversicherung*	
Krankenversicherung (6,75%)	./. 177,26 Euro
Pflegeversicherung (0,85%)	./. 22,32 Euro
Rentenversicherung (9,55%)	./. 250,78 Euro
Arbeitslosenversicherung (3,25%)	./. 85,35 Euro
■ **Nettoverdienst**	**1.871,22 Euro**
Sonstige Abzüge	
– Vermögensbildung (AN-Anteil)	./. 26,00 Euro
– Pfändung (gesetzlich)	./. 50,00 Euro
– Gebühr Pfändung (betrieblich)	./. 13,00 Euro
– Telefongebühr (betrieblich)	./. 5,00 Euro
Zwischensumme	1,777,22 Euro
Nettobezug:	
– z.B. Jahresausgleich	+ 110,00 Euro
■ **Auszahlbetrag**	**1.887,22 Euro**

Übersicht (zu 2.2) Freistellungssachverhalte

a) Arbeitsunfähigkeit wegen Krankheit
(siehe 1.3.6 und II B/3.2.2.7)

b) Bildungsurlaub
Nicht alle Bundesländer sehen einen Bildungsurlaub vor. Das jeweilige Gesetz bestimmt den anspruchsberechtigten Personenkreis, die Dauer des Anspruchs und die Höhe des fortzuzahlenden Arbeitsverdienstes. So richtet sich in Niedersachsen und Nordrhein-Westfalen das fortzuzahlende Entgelt nach der Bezahlung für Feiertage. In Berlin, Bremen, Hamburg und Hessen gelten die Vorschriften des Bundesurlaubsgesetzes über die Berechnung des Urlaubsentgelts.

c) Erholungsurlaub
Der nach den gesetzlichen Bestimmungen oder sonstigen Vereinbarungen beanspruchte Erholungsurlaub wird in natura gewährt. Eine Barabgeltung ist nur möglich, wenn er wegen Beendigung des Arbeitsverhältnisses ganz oder teilweise nicht mehr gewährt werden kann.

d) Feiertage
Für eine wegen eines gesetzlichen Feiertags ausfallende Arbeitszeit hat der Arbeitnehmer Anspruch auf das Arbeitsentgelt, das er ohne den Arbeitsausfall erhalten hätte (= Lohnausfallprinzip). Fällt der Feiertag in eine Phase der Kurzarbeit, wird für die ausgefallene Arbeitszeit kein Kurzarbeitergeld gezahlt; es ist »Feiertagsvergütung« vom Arbeitgeber zu gewähren. Arbeitnehmer, die am letzten Arbeitstag vor oder am ersten Arbeitstag nach Feiertagen unentschuldigt der Arbeit fernbleiben, haben keinen Anspruch auf Bezahlung für diese Feiertage.

▼

e) Kuren (= Maßnahmen der medizinischen Vorsorge und Rehabilitation)
Im Falle der Arbeitsverhinderung infolge einer Maßnahme der medizinischen Vorsorge oder Rehabilitation, die ein Träger der gesetzlichen Renten-, Kranken- oder Unfallversicherung, eine Verwaltungsbehörde der Kriegsopferversorgung oder ein sonstiger Sozialleistungsträger bewilligt hat und die in einer Einrichtung der medizinischen Vorsorge oder Rehabilitation stationär durchgeführt wird, gelten die Regelungen über Dauer und Höhe der Entgeltfortzahlung, Forderungsübergang bei Dritthaftung und das Leistungsverweigerungsrecht bei Arbeitsunfähigkeit infolge Krankheit nach Abschnitt a) entsprechend. Wer nicht der gesetzlichen Krankenversicherung oder Rentenversicherung angehört, muss nachweisen, dass die Maßnahme ärztlich verordnet worden ist und eine stationäre Durchführung erfolgt.

f) Pflege des kranken Kindes
Die Notwendigkeit der Pflege eines kranken Kindes muss nicht unmittelbar einen Freistellungsanspruch mit Entgeltfortzahlung auslösen. Nach dem Gesetz besteht ein solcher Anspruch nur in sehr eingeschränktem Umfang. Tarifverträge oder einzelvertragliche Vereinbarungen können hiervon jedoch abweichen.

Unabhängig davon steht den Mitarbeitern bei der Erkrankung eines pflegebedürftigen Kindes für einen bestimmten Zeitraum (grundsätzlich 10, höchstens 25 Arbeitstage, Alleinerziehenden grundsätzlich 25, höchstens 50 Arbeitstage je Kalenderjahr) ein unbezahlter Freistellungsanspruch zu, sofern sie in diesem Zeitraum Anspruch auf Krankengeld haben. Dies ist für die vorgenannten Zeiträume regelmäßig dann der Fall, wenn nach ärztlichem Zeugnis erforderlich ist,
- dass der Betreffende zur Beaufsichtigung, Betreuung oder Pflege seines erkrankten und versicherten Kindes der Arbeit fernbleibt,
- in dem Haushalt keine andere Person verfügbar ist, die das Kind beaufsichtigen, betreuen oder pflegen kann und
- das Kind das 12. Lebensjahr noch nicht vollendet hat.

g) Wehrerfassung und Musterung
Nach dem Arbeitsplatzschutzgesetz steht dem Arbeitnehmer bezahlte Freizeit zu, wenn er aufgrund seiner Wehrpflicht von der Erfassungsbehörde oder der Wehrersatzbehörde im Rahmen der Wehrerfassung oder Musterung aufgefordert wird, sich persönlich zu melden oder vorzustellen. Der Arbeitnehmer hat dem Arbeitgeber die Vorladung unverzüglich vorzulegen und die erforderliche Zeit ggf. durch eine Bescheinigung der vorladenden Behörde nachzuweisen. Für die Höhe der Vergütung gilt das Ausfallprinzip.

h) Wehrübungen
Während der Einberufung zu einer Wehrübung ruht das Arbeitsverhältnis nach dem Arbeitsplatzschutzgesetz. Mit der Einberufung zu einer Wehrübung bis zu 3 Tagen wird der Arbeitnehmer unter Weitergewährung der Bezüge von der Arbeitsleistung freigestellt. Der Arbeitgeber hat jedoch einen Anspruch auf Erstattung der Aufwendungen durch die zuständige Wehrbereichsverwaltung. Während einer Wehrübung von länger als 3 Tagen hat der Arbeitgeber die Bezüge nicht weiterzuzahlen.

i) Wiedereingliederung in das Erwerbsleben
Nach einer schweren Erkrankung und dadurch bedingter längerer Arbeitsunfähigkeit, wie beispielsweise wegen eines Herzinfarkts oder eines Unfalls, kann die Tätigkeit oftmals nicht von heute auf morgen mit der vollen Arbeitsleistung ausgeübt werden. Es ist deswegen sinnvoll, die stufenweise Wiedereingliederung in das Erwerbsleben zu ermöglichen, also die Arbeit in zeitlich begrenztem Rahmen auszuüben. Bis zur endgültigen Wiedereingliederung besteht in vollem Umfang Arbeitsunfähigkeit, da das Sozialversicherungsrecht den Begriff »Teilarbeitsunfähigkeit« nicht kennt. In diesen Fällen soll der Arzt auf der Bescheinigung über die Arbeitsunfähigkeit Art und Umfang der möglichen Tätigkeit angeben und dabei in geeigneten Fällen die Stellungnahme des Betriebsarztes oder mit Zustimmung der Krankenkasse die Stellungnahme des Medizinischen Dienstes einholen.

Nach einem höchstrichterlichen Urteil steht dem Arbeitnehmer ohne ausdrückliche Zusage weder aus dem Wiedereingliederungsvertrag noch aus Gesetz – trotz teilweiser Arbeitsleistung – ein Vergütungsanspruch zu. Die Spitzenverbände der Sozialversicherungsträger haben dazu festgelegt, dass in den Fällen, in denen Arbeitgeber wäh-

2.3.6 Unentschuldigtes Fehlen
Es ist selbstverständlich, dass für eine Zeit des unentschuldigten Fehlens kein Anspruch auf Arbeitsverdienst besteht.

2.3.7 Wahrnehmung staatsbürgerlicher Rechte und Pflichten
Zu den staatsbürgerlichen Rechten und Pflichten, die eine Freistellung von der Arbeit erfordern, gehören im Allgemeinen
- Wahlvorbereitungsaufgaben der Bewerber um einen Sitz im Deutschen Bundestag,
- Erledigung von Aufgaben im Zusammenhang mit Bundes-, Landes- und Gemeinderatswahlen,
- Ausübung der dem Arbeitnehmer übertragenen öffentlichen Ehrenämter, insbesondere im Deutschen Bundestag, in Landtagen, Städten, Gemeinden und Landkreisen, nicht jedoch Ehrenämtern in Vereinen,
- Ausüben der Tätigkeit als ehrenamtlicher Richter oder Schöffe im Bereich der ordentlichen Gerichtsbarkeit, der Arbeits-, Sozial- und Verwaltungsgerichtsbarkeit,
- Wahrnehmen eines Ehrenamtes in den Selbstverwaltungsorganen der Sozialversicherung,
- Auftreten als Zeuge oder Sachverständiger,
- Rettungsdienst im Feuerlöschdienst, Sanitäterdienst, Katastrophenschutz usw.

Der Arbeitnehmer erhält im Allgemeinen von der zuständigen Behörde eine Verdienstausfallentschädigung, zu deren Berechnung die Entgeltabrechnungsstelle eine Verdienstbescheinigung zu erstellen hat.

2.3.8 Wehr- und Zivildienst
Für die Zeit des Grundwehrdienstes und des Zivildienstes stellen Sie den Arbeitnehmer von der Arbeit frei. In beiden Fällen bleibt das Arbeitsverhältnis bestehen, es ruhen jedoch die Hauptpflichten (Arbeitsleistung und Zahlung einer Vergütung).

2.3.9 Sonstige Freistellungen / Arbeitsbefreiungen
Hierzu gehören Arbeitsunterbrechungen nach dem Infektionsschutzgesetz. Die von einer Absonderung oder einem Berufsverbot betroffe-

▼

nen Personen erhalten eine Entschädigung, die sich nach ihrem Verdienstausfall bemisst. Für die ersten sechs Wochen wird diese in Höhe des Verdienstausfalls gewährt. Als Verdienstausfall gilt bei Arbeitnehmern das auf Grund der gesetzlichen Vorschriften über die Entgeltfortzahlung im Krankheitsfall zu zahlende Arbeitsentgelt nach Abzug der Steuern und Sozialversicherungsbeiträge.

Bei Arbeitnehmern zahlt der Arbeitgeber für die Dauer des Beschäftigungsverhältnisses – längstens jedoch für sechs Wochen – die Entschädigung aus. Auf Antrag erhalten Sie die ausgezahlten Beträge von der zuständigen Behörde. Ab Beginn der 7. Woche zahlt das entschädigungspflichtige Land die Leistung selber aus. Fälligkeitstermin ist der Entgeltzahlungszeitpunkt. Ist der Betroffene arbeitsunfähig krank, sind mehrere Ansprüche nachrangig gegeben, und zwar solche auf
- Entgeltfortzahlung,
- Krankengeld,
- Entschädigungsleistung.

Die Entschädigungsleistung kommt im Allgemeinen nicht zum Zuge, weil Entgeltfortzahlung und Krankengeldgewährung vorrangig sind: Zunächst zahlen Sie das Arbeitsentgelt im Rahmen der gesetzlichen Bestimmungen fort. Gegen das sonst entschädigungspflichtige Land besteht kein Ersatzanspruch. Nach Fortfall des Entgeltanspruchs setzt die Leistungspflicht der Krankenkasse ein (Zahlung von Krankengeld). Für das von ihr gezahlte Krankengeld kann die Krankenkasse keinen Ersatzanspruch geltend machen.

2.4 Lohnersatzleistungen

Lohnersatzleistungen sind von Dritter Seite übernommene Zahlungen, die an die Stelle des üblicherweise für geleistete Arbeit oder auf Grund gesetzlicher bzw. tariflicher Bestimmungen vom Arbeitgeber zu gewährenden Arbeitslohns treten. Diese Lohnersatzleistungen werden grundsätzlich nicht im Rahmen der Abrechnung erfasst und ausgezahlt, es sei denn, Sie sind als Arbeitgeber dazu beauftragt und dazu bereit. Lediglich Kurzarbeiter- und Winterausfallgeld sind vom Betrieb zu berechnen, auszuzahlen und abzurechnen.

Alle Zahlungen (Lohnersatzleistungen) für Dritte werden als »sonstige Zulage zum Nettoverdienst« behandelt und abgerechnet.

Der Arbeitgeber hat im Allgemeinen nach amtlichem Muster Bescheinigungen insbesondere über die Höhe des Arbeitsverdienstes zur Berechnung der Leistungen auszustellen (siehe Übersicht zu 2.4).

rend einer stufenweisen Wiedereingliederung in den Arbeitsprozess die Zahlung von Arbeitsentgelt ablehnen, Krankengeld in voller Höhe zu zahlen ist. Dem steht die Zahlung eines Zuschusses zum Krankengeld bis zur Höhe des Nettoentgelts nicht entgegen.

j) Freistellungen Jugendlicher und Auszubildender
Gemäß § 9 JArbSchG hat der Arbeitgeber den Jugendlichen und Auszubildenden für die Teilnahme am Berufsschulunterricht freizustellen. Ferner gibt es im Zusammenhang mit dem Besuch der Berufsschule bestimmte Beschäftigungsverbote. Darüber hinaus sieht § 10 JArbSchG bei Teilnahme an Prüfungen und Ausbildungsmaßnahmen sowie im Zusammenhang mit der Abschlussprüfung Freistellungsverpflichtungen des Arbeitgebers vor. In allen Fällen darf kein Entgeltausfall eintreten.

k) Sonstige Freistellungs-/Arbeitsbefreiungsmöglichkeiten
- Betriebsratstätigkeit,
- eigene Eheschließung,
- Niederkunft der Ehefrau,
- Teilnahme an der Eheschließung der Eltern, Kinder und Geschwister,
- eigener Wohnungswechsel mit eigenem Hausstand,
- Todesfälle innerhalb der engeren Familie,
- schwere Erkrankung des Ehegatten, der eigenen Kinder oder der Eltern,
- Erfüllung gesetzlicher Pflichten aus öffentlichen Ehrenämtern, sofern der Verdienstausfall nicht von anderer Seite ersetzt wird,
- Vorladung vor Gericht oder Behörden aus unverschuldetem Anlass,
- Arbeitsjubiläum,
- Silberhochzeit.

l) Freistellung aus Wertguthaben (z.B. bei Altersteilzeit).

Übersicht (zu 2.4) Lohnersatzleistungen

- Kurzarbeiter und Winterausfallgeld
  (zu Lasten der Arbeitsverwaltung)
- Krankengeld, Übergangsgeld, Verletztengeld
  (zu Lasten der Krankenkasse bzw. des Rentenversicherungs- und Unfallversicherungsträgers)
- Mutterschaftsgeld
  (zu Lasten der Krankenkasse oder einer anderen Behörde)
- Erziehungsgeld
  (zu Lasten des Bundes)
- Verdienstausfallentschädigung nach dem Unterhaltssicherungsgesetz (z.B. bei Grundwehrdienst)
  (zu Lasten des Bundes)
- Entschädigungen für Verdienstausfall nach dem Infektionsschutzgesetz

2.5 Lohnsteuer

2.5.1 Grundsatz
Lohnsteuerpflicht besteht grundsätzlich, wenn im Rahmen eines Dienstverhältnisses (= unselbstständige Tätigkeit) Arbeitslohn erzielt wird. Der

Schema (zu 2.5) Ermittlung der Lohnsteuer auf einen sonstigen Bezug

		Lohnsteuer
	voraussichtlicher Arbeitslohn	
./.	Versorgungs-Freibetrag	
./.	Altersentlastungsbetrag	
./.	Freibetrag auf der Steuerkarte	
+	Hinzurechnungsbetrag lt. Lohnsteuerkarte	
=	maßgebender Jahresarbeitslohn	Y Euro
+	sonstiger Bezug (evtl. unter Berücksichtigung des Vorsorgungs-Freibetrags und des Altersentlastungsbetrags, sofern die Voraussetzungen erfüllt sind und noch kein Abzug erfolgt ist)	
=	Bemessungsgrundlage	X Euro
	Differenz der Lohnsteuer (X ./. Y)	
=	Lohnsteuer auf den sonstigen Bezug	**... Euro**

Arbeitslohn wird im Allgemeinen nach den individuellen Steuermerkmalen berechnet und vom Arbeitslohn abgezogen oder unter bestimmten Voraussetzungen pauschal zu Ihren Lasten besteuert (siehe 2.8).

Bei geringfügig Beschäftigten im Sinne der Sozialversicherung sind die Einnahmen steuerfrei, wenn Sie den Pauschalbeitrag zur Rentenversicherung (12%) zahlen und der Arbeitnehmer wegen fehlender anderer steuerpflichtiger Einkünfte dem Arbeitgeber eine Steuer-Freistellungsbescheinigung des Finanzamtes vorlegt.

2.5.2 Durchführung des Lohnsteuerabzugs

Liegt eine unselbstständige Tätigkeit vor, nehmen Sie den Lohnsteuerabzug (ggf. auch Kirchensteuer und Solidaritätszuschlag) vom Arbeitslohn vor. Dabei gilt Folgendes:
- Schuldner der Lohnsteuer ist der Arbeitnehmer.
- Grundlage für die Ermittlung der Steuern ist die Lohnsteuerkarte des Arbeitnehmers, die dieser dem Arbeitgeber vorlegen muss. Die Lohnsteuerkarte weist u.a. die Lohnsteuerklasse aus.
- Bemessungsgrundlage für die Steuern ist der steuerpflichtige Arbeitslohn.
- Die einzubehaltenden Steuern bemessen sich nach der Höhe des Arbeitslohns – ohne eine Höchstgrenze – im Lohnabrechnungszeitraum. Sonstige Bezüge gehören zum Arbeitslohn des Lohnabrechnungszeitraums, in dem sie dem Arbeitnehmer zufließen.
- Lohnzahlungszeitraum kann der Tag (z.B. bei Aushilfskräften), die Woche oder der Monat sein. Üblich ist der Monat. Verkürzt sich der Zahlungszeitraum, werden die Steuern auf Tagesbasis (=Steuertage) berechnet, und zwar bei Ein- und Austritten während des Lohnzahlungszeitraums oder bei Beginn und Ende von Wehr- und Zivildienst, wenn die Lohnsteuerkarte herausgegeben wird.

2.5.3 Laufender Arbeitslohn

Die Berechnung der Lohnsteuer für den laufenden Arbeitslohn erfolgt, indem Sie:
- die Höhe des laufenden Arbeitslohns und den Lohnzahlungszeitraum feststellen und ggf. den Vorsorgungs-Freibetrag und den Altersentlastungsbetrag abziehen,
- den in der Lohnsteuerkarte eingetragenen Freibetrag oder Hinzurechnungsbetrag abziehen bzw. addieren,
- für den so ermittelten Arbeitslohn die Lohnsteuer für den Lohnzahlungszeitraum berechnen.

2.5.4 Sonstige Bezüge

Für die Berechnung der Lohnsteuer von sonstigen Bezügen (z.B. Gratifikationen, Urlaubsgeld, Weihnachtsgeld) gilt Folgendes:
- Sie stellen den voraussichtlichen Jahresarbeitslohn ohne sonstigen Bezug fest.
- Davon sind, sofern die Voraussetzungen erfüllt sind, der Vorsorgungs-Freibetrag, der Altersentlastungsbetrag und der auf der Lohnsteuerkarte eingetragene Freibetrag oder Hinzurechnungsbetrag abzuziehen bzw. zu addieren (maßgebender Jahresarbeitslohn).
- Für den maßgebenden Jahresarbeitslohn ermitteln Sie die Lohnsteuer auf Grund der allgemeinen oder besonderen Lohnsteuertabelle. Dabei ist die auf der Lohnsteuerkarte eingetragene Steuerklasse zu berücksichtigen.
- Anschließend ermitteln Sie die Jahreslohnsteuer für den maßgebenden Jahresarbeitslohn unter Einbeziehung des sonstigen Bezuges (= Bemessungsgrundlage).
- Wenn die Voraussetzungen für den Abzug gegeben sind, kürzen Sie die sonstigen Bezüge um den Vorsorgungs-Freibetrag und um den Altersentlastungsbetrag, wenn diese Beträge nicht bereits vom voraussichtlichen Jahresarbeitslohn abgezogen wurden. Das gilt auch für einen bescheinigten Freibetrag (ein Hinzurechnungsbetrag wäre zu addieren).
- Der Unterschiedsbetrag zwischen den ermittelten Jahreslohnsteuerbeträgen ist die Lohnsteuer, die von dem sonstigen Bezug einzubehalten ist (siehe Schema zu 2.5).

2.6 Begünstigte Besteuerung

Ein sonstiger Bezug, der eine Vergütung für eine mehrjährige Tätigkeit ist (z.B. Jubiläumszuwendung), ist mit einem Fünftel anzusetzen. Die auf das Fünftel des Bezugs anfallende Steuer wird dann verfünffacht.

Das gilt auch für Entschädigungen als Ersatz für entgangene oder entgehende Einnahmen (z.B. Abfindungen wegen Auflösung des Dienstverhältnisses). Allerdings sind in diesen Fällen für die begünstigte Besteuerung im Rahmen der Entgeltabrechnung bestimmte Voraussetzungen zu erfüllen. So muss die Abfindung höher sein als die entgehenden Arbeitslöhne des Besteuerungsjahres. Andernfalls kann die begünstigte Besteuerung nur im Rahmen der Einkommensteuerveranlagung beantragt werden.

2.7 Nettolohnbesteuerung

Wenn eine Nettolohnvereinbarung vorliegt, also der Arbeitgeber die gesetzlichen Abzüge übernimmt, ergibt sich ein Vermögensvorteil für den Arbeitnehmer, der zusätzlichen Arbeitslohn darstellt.

Zum Zwecke der Bruttolohnberechnung ermitteln Sie durch Abtasten (= Hochrechnen) der Steuern und Beiträge den Bruttoarbeitslohn, der, vermindert um die errechneten Steuerbeträge und Beiträge zur Sozialversicherung, den ausgezahlten Nettobetrag ergibt (siehe Beispiel zu 2.7).

Bei der Ermittlung des maßgebenden Jahresarbeitslohns sind der voraussichtlich laufende Jahresarbeitslohn und frühere, netto gezahlte sonstige Bezüge mit den entsprechenden Bruttobeträgen anzusetzen.

Übernehmen Sie auch die auf den sonstigen Bezug entfallende Lohn- und Kirchensteuer, den Solidaritätszuschlag und ggf. die Arbeitnehmeranteile an den Sozialversicherungsbeiträgen, rechnen Sie diese dem sonstigen Bezug – unter Berücksichtigung der anteiligen Jahresbemessungsgrenzen – hinzu. Bruttobetrag des sonstigen Bezugs ist demnach der Nettobetrag zuzüglich der tatsächlich abgeführten Beträge an Lohn- und Kirchensteuer, Solidaritätszuschlag sowie der übernommenen Arbeitgeberanteile zur Sozialversicherung. Der hiernach ermittelte Bruttobetrag ist auch bei späterer Zahlung sonstiger Bezüge im selben Kalenderjahr bei der Ermittlung des maßgebenden Jahresarbeitslohns zu Grunde zu legen.

2.8 Pauschalbesteuerung

Die Lohnsteuer kann von bestimmten Bezügen mit einem pauschalen Steuersatz erhoben werden; sie wird also nicht wie üblich nach den individuellen Besteuerungskriterien anhand der Lohnsteuertabellen ermittelt. Der Arbeitgeber hat die pauschale Lohnsteuer zu übernehmen (siehe Übersicht zu 2.8).

Der pauschal besteuerte Arbeitslohn wird nicht einbezogen in
- die Ermittlung der Lohnsteuer auf einen sonstigen Bezug,
- den auf der Lohnsteuerkarte zu bescheinigenden Arbeitslohn,
- den Lohnsteuer-Jahresausgleich durch den Arbeitgeber sowie die Einkommensteuerveranlagung bzw. Antragsveranlagung.

2.9 Progressionsvorbehalt

Für Zeiten der Arbeitsunterbrechung mit Anspruch auf Lohnersatzleistungen werden diese zur Bestimmung der tariflichen Steuerbelastung dem übrigen zu versteuernden Einkommen im Rahmen der Einkommensteuer-Veranlagung durch das Finanzamt hinzugerechnet. Hierdurch ergibt sich ein besonderer Steuersatz, der auf das zu versteuernde Einkommen – ohne Lohnsatzleistungen – angewandt wird (= Progressionsvorbehalt). Damit ergibt sich vergleichsweise eine höhere Besteuerung als ohne Einbeziehung der Lohnersatzleistungen.

Beispiel (zu 2.7) Ermittlung der Steuer aus dem Bruttolohn

Sachverhalt
- Laufende Nettozuwendung in 2002: 500,00 €
- Monatsentgelt: 2.000,00 €

(Steuerklasse III / ohne Kinderfreibetrag)

Ermittlung der Abgaben

	€	1 LST €	2 KST € 9%	3 SolZ € 5,50%	4 RV € 9,55%	5 KV € 7%	6 PV € 0,85%	7 ALV € 3,25%
Monatsentgelt	2.000,00	66,83	5,92	0,00	191,00	140,00	17,00	65,00
+ Nettozuwendung	500,00							
= Zwischensumme I	2.500,00	181,00	16,29	3,80	238,75	175,00	21,25	81,25
+ Differenz 1-7	231,59							
= Zwischensumme II	2.731,59	240,83	21,67	13,24	260,87	191,21	23,22	88,78
+ Differenz 1-7	122,48							
= Zwischensumme III	2.854,07	276,16	24,85	15,18	272,56	199,78	24,26	92,76
+ Differenz 1-7	65,73							
= Zwischensumme IV	2.919,80	296,33	26,66	16,29	278,84	204,39	24,82	94,89
+ Differenz 1-7	36,67							
= Zwischensumme V	2.956,47	307,33	27,65	16,90	282,34	206,95	25,13	96,09
+ Differenz 1-7	20,17							
= Zwischensumme VI	2.976,64	313,66	28,22	17,25	284,27	208,36	25,30	96,74
+ Differenz 1-7	11,41							
= Zwischensumme VII	2.988,05	316,83	28,51	17,42	285,36	209,16	25,40	97,11
+ Differenz 1-7	5,99							
= Zwischensumme VIII	2.998,92	320,00	28,80	17,60	285,93	209,58	25,45	97,31
+ Differenz 1-7	4,88							
= Zwischensumme IX	2.908,92	320,00	28,80	17,60	286,49	209,01	25,50	97,50
+ Differenz 1-7	1,00							
= Zwischensumme X	2.999,92	320,00	28,80	17,60	286,49	209,99	25,50	97,50
+ Differenz 1-7	0,21							
= Zwischensumme XI	3.000,13	321,50	28,93	17,68	286,51	210,01	25,50	97,50
+ Differenz 1-7	1,75							
= Zwischensumme XII	3.001,88	321,50	28,93	17,68	286,68	210,13	25,52	97,56
+ Differenz 1-7	0,37							
= Zwischensumme XIII	3.002,25	321,50	28,93	17,68	286,71	210,16	25,52	97,57
+ Differenz 1-7	0,07							
= Zwischensumme XIV	3.002,32	321,50	28,93	17,86	286,72	210,52	25,52	97,58
+ Differenz 1-7	0,02							
= Endsumme XV	3.002,34	321,50	28,93	17,68	286,72	210,16	25,52	97,58

Differenz der Abgaben auf Summe XV des Monatsentgelts: 295,36   206,98

Der Nettobetrag von € 500,00 erhöht sich um € 502,34 auf € 1002,34

Übersicht (zu 2.8) Pauschalierungsmöglichkeiten

1. Pauschalierung nach besonderen Steuersätzen (repräsentativer Durchschnittssatz aus allen Steuerklassen) auf Antrag des Arbeitgebers beim Betriebsstättenfinanzamt, soweit
   - sonstige Bezüge in einer größeren Zahl von Fällen gewährt werden, z.B. Geschenke anlässlich eines 20-jährigen Geschäftsjubiläums, Freiflüge, Freifahrten, Werbe- und Anerkennungsprämien, oder
   - in einer größeren Zahl von Fällen Lohnsteuer nachzuerheben ist, weil der Arbeitgeber die Lohnsteuer nicht vorschriftsmäßig einbehalten hat.
2. Pauschalierung nach einem festen Steuersatz von 25% für
   - unentgeltliche oder verbilligte Mahlzeiten oder entsprechende Barzuschüsse,
   - Verpflegungsmehraufwendungen über den festgesetzten Pauschbeträgen (6, 12, 24 Euro),
   - Erholungsbeihilfen,
   - Zuwendungen aus Anlass von Betriebsveranstaltungen.
   - unentgeltliche oder verbilligte Überlassung von PC an Arbeitnehmer und Zuschüsse für Internetnutzung.
3. Pauschalierung nach einem festen Steuersatz von 15% für
   - Sachbezüge in Form der unentgeltlichen oder verbilligten Beförderung eines Arbeitnehmers zwischen Wohnung und Arbeitsstätte,
   - Zuschüsse zu den Aufwendungen des Arbeitnehmers für Fahrten zwischen Wohnung und Arbeitsstätte.
4. Pauschalierung nach einem festen Steuersatz von 20% bei Zukunftssicherungsleistungen, und zwar für
   - eine Direktversicherung,
   - Zuwendungen an eine Pensionskasse,
   - Beiträge an eine Unfallversicherung (Kollektivversicherung).
5. Pauschalierung für Teilzeitbeschäftigte
   - bei Dauerbeschäftigung in Höhe von 20%
     - Voraussetzung: – bis 325 Euro monatlich
       – bis 12 Euro Stundenlohn
   - bei kurzfristiger Beschäftigung in Höhe von 25%
     - Voraussetzung: – bis 18 zusammenhängende Arbeitstage
       – bis 62 Euro Arbeitslohn je Arbeitstag
       – ohne Lohnbegr. bei unvorhergesehenen Aushilfen
       – bis 12 Euro Stundenlohn.

Übersicht (zu 2.9) Lohnersatzleistungen im Progressionsvorbehalt

- Kurzarbeitergeld, Winterausfallgeld
- Krankengeld, Mutterschaftsgeld, Verletztengeld, Übergangsgeld oder vergleichbare Lohnersatzleistungen nach dem Sozialgesetzbuch, dem Gesetz oder dem Zweiten Gesetz über die Krankenversicherung der Landwirte
- Mutterschaftsgeld, Zuschuss zum Mutterschaftsgeld, die Sonderunterstützung nach dem Mutterschutzgesetz sowie der Zuschuss nach der Mutterschutzverordnung oder einer entsprechenden Landesregelung
- Entschädigung für Verdienstausfall nach dem Infektionsschutzgesetz
- Versorgungskrankengeld oder Übergangsgeld nach dem Bundesversorgungsgesetz
- Aufstockungsbeträge nach dem Altersteilzeitgesetz (auch Beiträge, die über das Gesetz hinausgehen)
- Verdienstausfallentschädigung nach dem Unterhaltssicherungsgesetz
- Vorruhestandsgeld nach der Verordnung über die Gewährung von Vorruhestandsgeld

In Fällen der Zahlung der Leistungen durch den Arbeitgeber sind bestimmte Eintragungen im Lohnkonto und in der Lohnsteuerkarte vorzunehmen.

Durch dieses Verfahren wird erreicht, dass die progressive Besteuerung nach dem Jahresprinzip nicht unangemessen ermäßigt wird, wenn der Steuerzahler an Stelle von Einnahmen, die der Besteuerung unterliegen, steuerfreie Lohnersatzleistungen erhält.

Es werden Lohnersatzleistungen, die während eines aktiven Dienstverhältnisses zum Tragen kommen, in den Progressionsvorbehalt einbezogen (siehe Übersicht zu 2.9). Außerdem werden ermäßigt besteuerte Bezüge bei Auslandstätigkeiten berücksichtigt.

Als Arbeitgeber nehmen Sie die entsprechende Eintragungen im Lohnkonto und auf der Lohnsteuerkarte vor.

2.10 Anmeldung und Abführung der Lohnsteuer

Spätestens am 10. Tag nach Ablauf jeden Lohnsteuer-Anmeldungszeitraums reichen Sie dem Betriebsstättenfinanzamt eine Lohnsteuer-Anmeldung über die im Anmeldungszeitraum (Kalendermonat, Kalendervierteljahr oder Kalenderjahr je nach Höhe der Lohnsteuer) abzuführenden Steuern ein.

Zahlt ein Arbeitgeber den in einem Lohnzahlungszeitraum verdienten Arbeitslohn nur in ungefähr Höhe aus (Abschlagszahlung) und rechnet nach einer gewissen Zeit endgültig ab, kann der Arbeitgeber den (endgültigen) Lohnabrechnungszeitraum als Lohnzahlungszeitraum betrachten und die Lohnsteuer erst bei der (endgültigen) Lohnabrechnung einbehalten. Das gilt nicht, wenn
- der Lohnabrechnungszeitraum 5 Wochen übersteigt oder
- die Lohnabrechnung nicht innerhalb von 3 Wochen nach dessen Ablauf erfolgt.

Die einbehaltenen und übernommenen Steuern werden spätestens am 10. Tag nach Ablauf des jeweiligen Lohnsteuer-Anmeldungszeitraums in einem Betrag an die Kasse des zuständigen Betriebsstättenfinanzamts oder an eine von der obersten Finanzbehörde des Landes bestimmte öffentliche Kasse abgeführt. Auf dem Zahlungsabschnitt müssen Sie angeben oder durch Ihr Kreditinstitut angeben lassen: die Steuernummer, die Bezeichnung der Steuer und den Lohnsteuer-Anmeldungszeitraum.

Wird der Fälligkeitstag nicht eingehalten, ist ein Säumniszuschlag (1% des rückständigen Steuerbetrags für jeden angefallenen Monat) zu entrichten. Hierbei gilt eine Schonfrist von 5 Tagen; die Lohnsteuer muss also spätestens am 15. Tag nach Ablauf des Lohnsteuer-Anmeldungszeitraums bei der Steuerbehörde eingehen. Die Schonfrist gilt nicht bei Barzahlung oder Zahlung durch Scheck.

2.11 Lohnsteuer-Jahresausgleich

Wenn die für das Ausgleichsjahr (Kalenderjahr) einbehaltene Lohnsteuer die auf den Jahresarbeitslohn entfallende Jahreslohnsteuer übersteigt, können Sie Ihren unbeschränkt einkommensteuerpflichtigen Arbeitnehmern, die während des abgelaufenen Ausgleichsjahr ständig in einem Dienstverhältnis standen, die zu viel einbehaltene Steuer erstatten. Zu diesem Lohnsteuer-Jahresausgleich sind Sie verpflichtet, wenn Sie am 31.12. des Ausgleichsjahrs mindestens zehn Arbeitnehmer beschäftigten. Voraussetzung für den Lohnsteuer-Jahresausgleich ist, dass Ihnen die Lohnsteuerkarte des Arbeitnehmers mit den Lohnsteuerbescheinigungen aus etwaigen vorangegangenen Dienstverhältnissen vorliegt. Sie dürfen den Lohnsteuer-Jahresausgleich nicht durchführen, wenn
- der Arbeitnehmer es beantragt oder
- der Arbeitnehmer für das Ausgleichsjahr oder für einen Teil des Ausgleichsjahres nach den Steuerklassen V oder VI zu besteuern war oder
- der Arbeitnehmer für einen Teil des Ausgleichsjahres nach den Steuerklassen II oder IV zu besteuern war oder
- der Arbeitnehmer im Ausgleichsjahr Kurzarbeitergeld, Winter-Ausfallgeld, Zuschuss zum Mutterschaftsgeld nach dem Mutterschutzgesetz, Zuschuss nach der Mutterschutzverordnung oder einer entsprechenden Landesregelung, Entschädigungen für Verdienstausfall nach dem Infektionsschutzgesetz oder Aufstockungsbeträge nach dem Altersteilzeitgesetz bezogen hat oder
- die Anzahl der im Lohnkonto eingetragenen oder auf der Lohnsteuerkarte bescheinigten Großbuchstaben U mindestens eins beträgt oder
- der Arbeitnehmer im Ausgleichsjahr nach der allgemeinen Lohnsteuertabelle und nach der besonderen Lohnsteuertabelle zu besteuern war oder
- der Arbeitnehmer im Ausgleichsjahr ausländische Einkünfte aus nicht selbstständiger Arbeit bezogen hat, die nach einem Abkommen zur Vermeidung der Doppelbesteuerung oder unter Progressionsvorbehalt von der Lohnsteuer freigestellt waren.

Der Arbeitgeber darf den Lohnsteuer-Jahresausgleich frühestens bei der Lohnabrechnung für den letzten, im Ausgleichsjahr endenden Lohnzahlungszeitraum, spätestens bei der Lohnabrechnung für den letzten Lohnzahlungszeitraum, der im Monat März des dem Ausgleichsjahr folgenden Kalenderjahr endet, vornehmen. Die zu erstattende Lohnsteuer ist dem Betrag zu entnehmen, den der Arbeitgeber für seine Arbeitnehmer für den Lohnzahlungszeitraum insgesamt an Lohnsteuer erhoben hat.

2.12 Kirchensteuer

Neben der Lohnsteuer ziehen Sie bei jeder Lohn- bzw. Gehaltszahlung auch Kirchensteuer ab und überweisen diese an das zuständige Finanzamt, wenn der Arbeitnehmer einer erhebungsberechtigten Religionsgemeinschaft angehört.

Kirchensteuerpflichtig sind Angehörige der erhebungsberechtigten Kirchen oder Religionsgemeinschaften mit Wohnsitz oder gewöhnlichen Aufenthalt im Inland. Damit sind beschränkt steuerpflichtige Arbeitnehmer nicht kirchensteuerpflichtig. Die Religionszugehörigkeit ergibt sich aus der Lohnsteuerkarte.

Die Höhe der Kirchensteuer ist in den Ländern unterschiedlich. Sie beträgt entweder 8 oder 9% der Lohnsteuer.

Im Falle der Pauschalierung der Lohnsteuer wird auch die Kirchensteuer pauschaliert. Die Sätze sind in den Bundesländern unterschiedlich. Sie schwanken zwischen 4,5 und 7%.

2.13 Solidaritätszuschlag

Der Solidaritätszuschlag ist eine Ergänzungsabgabe und wirkt sich im Ergebnis wie eine Erhöhung der Einkommens- bzw. Körperschaftssteuer aus. Zuschlagspflichtig sind alle Arbeitnehmer, denen Lohnsteuer einbehalten wird. Die Pflicht zur Zuschlagsabgabe entsteht auch, wenn die Lohnsteuer zu Lasten des Arbeitgebers erhoben wird (Pauschalbesteuerung).

Die im Lohnsteuer-Abzugsverfahren einbehaltenen Beträge werden auf den im Rahmen des Lohnsteuer-Jahresausgleichs oder der Einkommensteuerveranlagung endgültig festgesetzten Zuschlag angerechnet.

Der Solidaritätszuschlag (SolZ) beträgt 5,5% der Bemessungsgrundlage (= Lohnsteuer). Er beträgt nicht mehr als 20% des Unterschiedsbetrags zwischen der Bemessungsgrundlage und der jeweils maßgebenden Freigrenze. Dies bedeutet, dass höchstens 20% der errechneten Lohnsteuer abzüglich der maßgebenden Freigrenze als SolZ vom Arbeitslohn abgezogen werden können. Im Lohnsteuer-Jahresausgleich bemisst sich der SolZ nach der Jahreslohnsteuer. Soweit der Arbeitgeber den Lohnsteuer-Jahresausgleich durchführt (siehe 2.11), ist auch für den SolZ ein Jahresausgleich vorzunehmen. Bei Überzahlungen werden diese Beträge ausgeglichen. Der Arbeitgeber erstattet den festgestellten Unterschiedsbetrag dem Arbeitnehmer.

Im umgekehrten Falle besteht keine Verpflichtung zur Nachforderung. Sie ist nur statthaft, wenn der SolZ zu Unrecht nicht einbehalten wurde oder soweit Monatsbeträge falsch berechnet wurden. Der Arbeitgeber muss also erkennen, dass der SolZ nicht vorschriftsmäßig einbehalten wurde.

2.14 Sozialversicherungspflicht

Der mündliche oder schriftliche Abschluss eines Arbeitsvertrags und die

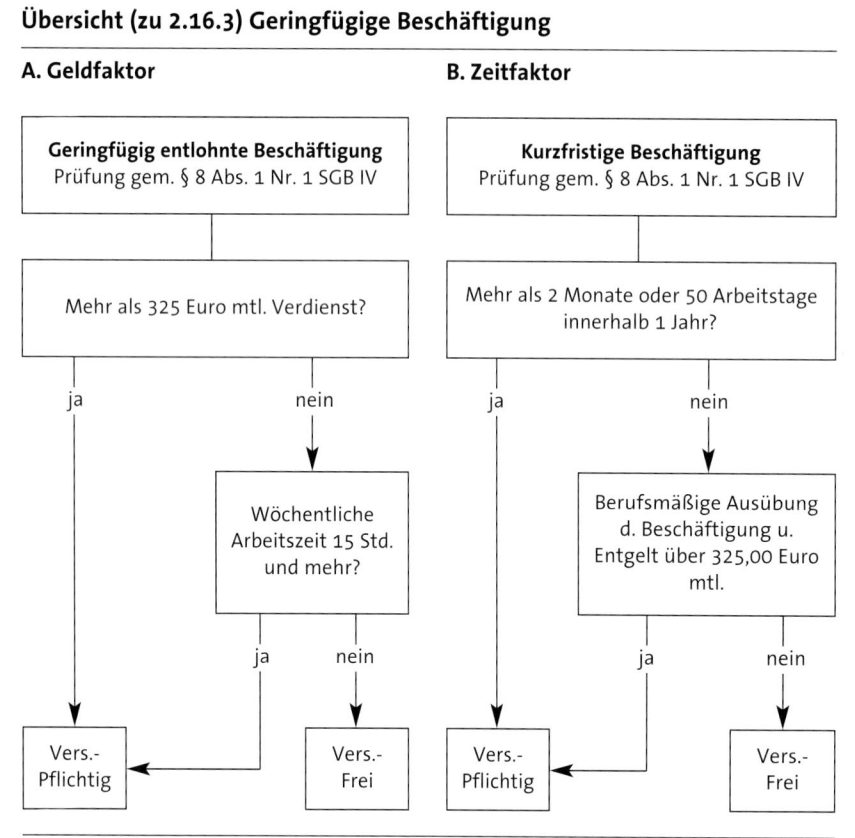

Übersicht (zu 2.16.3) Geringfügige Beschäftigung

A. Geldfaktor

Geringfügig entlohnte Beschäftigung
Prüfung gem. § 8 Abs. 1 Nr. 1 SGB IV
↓
Mehr als 325 Euro mtl. Verdienst?
— ja → Vers.-Pflichtig
— nein → Wöchentliche Arbeitszeit 15 Std. und mehr?
  — ja → Vers.-Pflichtig
  — nein → Vers.-Frei

B. Zeitfaktor

Kurzfristige Beschäftigung
Prüfung gem. § 8 Abs. 1 Nr. 1 SGB IV
↓
Mehr als 2 Monate oder 50 Arbeitstage innerhalb 1 Jahr?
— ja → Berufsmäßige Ausübung d. Beschäftigung u. Entgelt über 325,00 Euro mtl.
  — ja → Vers.-Pflichtig
  — nein → Vers.-Frei

Tatsache der Lohnsteuerpflicht führen nicht automatisch zur Versicherungspflicht. Sie ist immer dann gegeben, wenn drei Voraussetzungen erfüllt sind:
- Zugehörigkeit zu einem in den entsprechenden Gesetzen vorgesehenen Personenkreis,
- Bestehen eines Beschäftigungsverhältnisses im versicherungsrechtlichen Sinne,
- Ausübung einer Beschäftigung gegen Entgelt (ausgenommen die zur Berufsausbildung Beschäftigten).

2.15 Versicherungspflichtige und -freie Personenkreise

Die Sozialgesetzbücher sehen umfangreiche Bestimmungen über die versicherungspflichtigen und -freien Personenkreise vor. Dabei sind auch die Regelungen in den einzelnen Versicherungszweigen teilweise unterschiedlich.

So unterliegen Arbeiter und Angestellte z.B. nicht der Krankenversicherungspflicht, wenn deren regelmäßiges Arbeitsentgelt die Jahresarbeitsentgeltgrenze (siehe 2.17.2) übersteigt, während Renten- und Arbeitslosenversicherung ohne Rücksicht auf eine Grenze besteht.

2.16 Sozialversicherung und Beschäftigungsverhältnis

2.16.1 Allgemein

Die Kriterien für die Annahme eines Beschäftigungsverhältnisses im Sinne der Sozialversicherung decken sich im Wesentlichen mit denen für die Beurteilung, ob eine nicht selbstständige Arbeit (Dienstverhältnis) im Sinne des Steuerrechts vorliegt. Allerdings besteht im Gegensatz zum Steuerrecht nur Beitragspflicht für Zuwendungen, die während eines bestehenden Beschäftigungsverhältnisses gewährt werden. Ansonsten ergibt sich eine Beitragspflicht allenfalls aus Sonderregelungen (z.B. für Betriebsrenten nach den Bestimmungen über die Krankenversicherung der Rentner).

Als Voraussetzung für eine sozialversicherungspflichtige Tätigkeit ist die persönliche und wirtschaftliche Eingliederung in einen fremden Betrieb anzusehen. Der Arbeitnehmer muss vom Arbeitgeber abhängig sein und darf kein eigenes unternehmerisches Risiko tragen. Anhaltspunkte für eine selbstständige Tätigkeit sind das uneingeschränkte Recht zum freien Einsatz der eigenen Arbeitskraft sowie das Recht zur beliebigen Beschäftigung von Hilfskräften. Es kommt im Einzelfall nicht entscheidend darauf an, wie die Vertragspartner selbst das Rechtsverhältnis beurteilen. Maßgebend sind vielmehr die vertraglichen Vereinbarungen im Detail und die praktische Art der Arbeit.

2.16.2 Scheinselbstständige
(siehe auch II B/3.4.5.1)
Wenn vermutet wird, dass der für einen Arbeitgeber Tätige Scheinselbstständiger ist, also eigentlich zu den Arbeitnehmern gehört, und dies durch den Betroffenen oder den Arbeitgeber nicht widerlegt werden kann, besteht Sozialversicherungs- und damit auch Beitragspflicht.

Scheinselbstständige sind Personen, bei denen 3 der folgenden 5 Kriterien vorliegen:
1. Beschäftigung keines versicherungspflichtigen Arbeitnehmers mit mehr als 325,00 Euro Arbeitslohn.
2. Regelmäßige Tätigkeit für einen Arbeitgeber.
3. Auftraggeber/vergleichbarer Auftraggeber lässt entsprechende Tätigkeiten von seinen regelmäßig Beschäftigten verrichten.
4. Typische Merkmale unternehmerischen Handelns nicht erkennbar.
5. Tätigkeit entspricht dem äußeren Erscheinungsbild nach der Tätigkeit, die zuvor auf Grund eines Beschäftigungsverhältnisses ausgeübt wurde.

2.16.3 Geringfügige Beschäftigungen
Geringfügige Beschäftigungen sind grundsätzlich versicherungsfrei. Es ist zu unterscheiden zwischen
- geringfügig entlohnten (Dauerbeschäftigungen) und
- kurzfristigen Beschäftigungen.

Bei Dauerbeschäftigungen darf das Monatsentgelt 325,00 Euro nicht überschreiten. Außerdem muss die wöchentliche Arbeitszeit unter 15 Stunden liegen (siehe auch II B/3.3.4).

Eine kurzfristige Beschäftigung liegt vor, wenn die Beschäftigung nicht berufsmäßig ausgeübt wird (z.B. bei Hausfrauen) und nicht länger als 2 Monate oder 50 Arbeitstage in einem Jahr dauert (siehe Übersicht zu 2.16.3).

Bei mehreren geringfügig entlohnten Beschäftigungen sind die versicherungsfreien Beschäftigungen zusammenzurechnen. Bei Überschreiten der Grenzen (325,00 Euro, 15 Std.) tritt Versicherungspflicht ein. Geringfügig entlohnte und kurzfristige Beschäftigungen dürfen nicht zusammengerechnet werden. Eine geringfügig entlohnte Beschäftigung wird mit einer sozialversicherungspflichtigen Hauptbeschäftigung zusammengerechnet und ist grundsätzlich sozialversicherungspflichtig.

Bei Versicherungsfreiheit zahlen Sie als Arbeitgeber Pauschalbeträge zur Krankenversicherung (10%) bei Zugehörigkeit zu einer gesetzlichen Krankenkasse und zur Rentenversicherung (12%).

2.17 Sozialversicherung und Arbeitsentgelt

Zum beitragspflichtigen Arbeitsentgelt (= beitragspflichtige Einnahmen) gehören alle laufenden und einmaligen Einnahmen aus einer versicherungspflichtigen Beschäftigung. Im Allgemeinen sind die Zuwendungen beitragspflichtig, die der Steuerpflicht unterliegen. Steuerfreibeträge, wie z.B. auf der Lohnsteuerkarte eingetragene Freibeträge für erhöhte Werbungskosten oder Sonderausgaben oder sonstige Freibeträge (Arbeitnehmer-Pauschbetrag, Altersentlastungsbetrag, Kinderfreibeträge usw.) sowie Hinzurechnungsbeträge bleiben unberücksichtigt. In bestimmten Fällen führt die Pauschalbesteuerung zur Beitragsfreiheit. Ist ein Nettoarbeitsentgelt festgelegt oder vereinbart, gelten als Arbeitsentgelt die Einnahmen des Beschäftigten einschließlich der darauf entfallenden Steuern und der seinem gesetzlichen Anteil entsprechenden Beiträge zur Kranken-, Renten-, Arbeitslosen- und Pflegeversicherung. Im Wesentlichen ergibt sich die beitragsrechtliche Behandlung des Arbeitsentgelts aus der Arbeitsentgeltverordnung.

2.17.1 Sozialversicherung und Beitragsberechnung

Die Beiträge zur Sozialversicherung berechnen Sie für jeden Versicherten prozentual nach den festgelegten Beitragssätzen vom beitragspflichtigen Arbeitsentgelt unter Berücksichtigung der Beitragsbemessungsgrenzen (siehe 2.17.3). Arbeitgeber und Arbeitnehmer tragen die Beiträge je zur Hälfte (Ausnahme z.B. Auszubildende siehe 2.21 und geringfügig Beschäftigte siehe 2.16.3).

Laufendes Arbeitsentgelt (z.B. Gehalt, Zuschläge) ist unabhängig vom Zeitpunkt der Auszahlung grundsätzlich in dem Lohnabrechnungszeitraum für die Beitragsberechnung zu berücksichtigen, in dem es erzielt worden ist (= Entstehungsprinzip). Wertguthaben (= aufgesparte Bezüge, wie z.B. Mehrarbeitsvergütung) berücksichtigen Sie im Monat der Zahlung (= Zuflussprinzip).

Für einmalige Einnahmen (z.B. Urlaubsgeld, Weihnachtszuwendungen) wird eine besondere Beitragsberechnung dann vorgenommen, wenn die Einmalzahlung zusammen mit dem laufenden Arbeitsentgelt die für den Lohnabrechnungszeitraum maßgebenden monatlichen Beitragsbemessungsgrenzen übersteigt. In diesem Fall ziehen Sie die Einmalzahlung insoweit zur Beitragsberechnung heran, als der Teil der Jahresbeitragsbemessungsgrenze des jeweiligen Versicherungszweigs, der auf die Zeit vom Beginn des laufenden Kalenderjahrs bis zum Ende des Lohnabrechnungszeitraums der Zuordnung der einmaligen Einnahme entfällt, noch nicht dem Arbeitsentgelt belegt ist (siehe Beispielrechnung zu 2.17.1).

Rechnen Sie für die Berechnung der Sozialversicherungsbeiträge Einmalzahlungen grundsätzlich dem Lohnabrechnungszeitraum zu, in dem sie ausgezahlt werden. Zur Ver-

---

Beispielrechnung (zu 2.17.1)
Berechnung der Beträge für eine Sonderzuwendung

Monatslohn	1.840,65 Euro	
Krankengeld vom 15.02. bis zum 10.04.2003		
Tantieme im Mai 2003	5.112,92 Euro	
Monat	Beitragspflichtiges Arbeitsentgelt	SV-Tage
Januar	1.840,65 Euro	30
Februar	920,33 Euro	14
März	– Euro	–
April	1.227,10 Euro	20
Mai	1.840,65 Euro	30
Summe	5.828,73 Euro	94

	Krankenversicherung	Rentenversicherung/ Arbeitslosenversicherung
	Euro	Euro
anteilige BBG (West) bis Mai 2003 (94 SV-Tage)	10.575,00 (112,50 Euro x 94)	14.100,00 (150,00 Euro x 94)
beitragspflichtiges Arbeitsentgelt bis Mai 2003 (ohne Tantieme)	5.828,73	5.828,73
Differenz	4.746,27	8.271,27
beitragspflichtiger Teil der Tantieme	4.746,27	5.112.92

einfachung können die einmaligen Einnahmen auch dem vorhergehenden Lohnabrechnungszeitraum zugerechnet werden, wenn dieser Lohnabrechnungszeitraum im Zeitpunkt der Auszahlung der Einmalzahlung noch nicht abgerechnet ist.

Um die anteiligen Jahresbeitragsbemessungsgrenzen zu ermitteln, rechnen Sie die Beschäftigungstage (SV-Tage) zusammen, die im Laufe des Kalenderjahrs bis zum Ablauf des Lohnabrechnungszeitraums (dem die Einmalzahlung zugeordnet wird) angefallen sind. Hierbei zählen auch frühere Beschäftigungszeiten bei demselben Arbeitgeber mit.

Übersteigt die Einmalzahlung die Differenz zwischen der jeweils anteiligen Jahresbeitragsbemessungsgrenze und dem bisher beitragspflichtigen Arbeitsentgelt, dann besteht Beitragspflicht nur in Höhe der Differenzbeträge, anderenfalls unterliegt die Sonderzuwendung in voller Höhe der Beitragspflicht.

Bei Fälligkeit eines Wertguthabens im »Störfalle« (z.B. Tod des Arbeitnehmers) gilt für die Berechnung der Beiträge ein besonderes Verfahren.

2.17.2 Jahresarbeitsentgeltgrenze

Prüfen Sie jeweils zum Jahresbeginn, ob die Jahresarbeitsentgeltgrenze (JAE-Grenze) überschritten wird und Krankenversicherungsfreiheit besteht. Die JAE-Grenze wird jährlich vom Gesetzgeber festgelegt und beträgt im Kalenderjahr 2002 einheitlich für alle Bundesländer 40.500 Euro (2003 siehe Kasten).

Es ist das zu erwartende, regelmäßige Arbeitsentgelt des neuen Jahres (einschl. wiederkehrender Sonderzuwendungen) festzustellen. Dabei bleiben unberücksichtigt:
- Zuschläge, die mit Rücksicht auf den Familienstand gezahlt werden,

> **März-Klausel**
> Einmalzahlungen, die in der Zeit vom 1.1. bis 31.3. gezahlt werden, sind dem letzten Lohnabrechnungszeitraum des Vorjahrs zuzuordnen, wenn der Arbeitnehmer schon im Vorjahr beim selben Arbeitgeber beschäftigt war und die einmalige Einnahme zum Zeitpunkt der Auszahlung wegen Überschreitens der anteiligen Jahresbeitragsbemessungsgrenzen nicht mehr im vollen Umfang für die Beitragsberechnung herangezogen werden kann. Für die Beurteilung, ob die Einmalzahlung dem letzten Lohnabrechnungszeitraum des Vorjahrs zugeordnet werden muss, ist bei krankenversicherungspflichtigen Arbeitnehmern von der Beitragsbemessungsgrenze der Krankenversicherung auszugehen. Bei nicht krankenversicherungspflichtigen Arbeitnehmern beurteilen Sie allein nach der Beitragsbemessungsgrenze der Renten- bzw. Arbeitslosenversicherung.

- Vergütungen für Mehrarbeit (mit Ausnahme fester Pauschalbeträge), die über die regelmäßige Wochenarbeitszeit hinausgehen,
- vom Arbeitgeber getragene Arbeitnehmeranteile zur Krankenversicherung, wenn sie zur Überschreitung der JAE-Grenze führen.

Ob die Jahresarbeitsentgeltgrenze überschritten wird, ist auch bei Beginn der Beschäftigung und Aufnahme einer weiteren Beschäftigung festzustellen. Ergibt sich bei Beginn des Beschäftigungsverhältnisses die Überschreitung der JAE-Grenze, ist der Betreffende sofort krankenversicherungsfrei. Ansonsten scheiden Arbeitnehmer, deren Arbeitsentgelt die JAE-Grenze überschreitet, mit Ablauf des Kalenderjahrs der Überschreitung aus der Krankenversicherung aus. Voraussetzung ist allerdings, dass auch die JAE-Grenze des Folgejahrs überschritten wird.

Wird die Jahresarbeitsentgeltgrenze im Laufe eines Kalenderjahrs durch Verminderung des Arbeitsentgelts unterschritten, beginnt die Versicherungspflicht mit dem Monat, für den erstmals das niedrigere Arbeitsentgelt gewährt wird.

Arbeitnehmer, die krankenversicherungspflichtig werden, und nicht wegen Vollendung des 55. Lebensjahres und Zugehörigkeit zur Privatversicherung versicherungsfrei sind, können sich unter bestimmten Voraussetzungen auf Antrag innerhalb von 3 Monaten von der Versicherungspflicht befreien lassen.

Personen, die bei einem privaten Krankenversicherungsunternehmen versichert sind und versicherungspflichtig werden, können ihren privaten Versicherungsvertrag vorzeitig kündigen.

> **Beitragsbemessungsgrenzen zur Berechnung der Sozialversicherungsbeiträge vom beitragspflichtigen Arbeitsentgelt**
> Die Festlegung der neuen Beitragsbemessungsgrenzen war bei Redaktionsschluss des Buches noch nicht erfolgt. Experten vermuteten im Oktober 2002 folgende Tendenzen:
> - Renten- und Arbeitslosenversicherung:
>   West: 5100 Euro pro Monat
>   Ost: 4250 Euro pro Monat
>   Das wären 61.200 bzw. 51.000 Euro im Jahr.
> - Kranken- und Arbeitslosenversicherung:
>   Die Bemessungsgrenzen waren noch offen. Wenn es bei 75% der BBG West von Renten- und Arbeitslosenversicherung bliebe, ergäbe sich ein Betrag von jeweils 3825 Euro pro Monat und 45.900 Euro pro Jahr für Ost und West

2.17.3 Beitragsbemessungsgrenzen

Das Arbeitsentgelt wird nur bis zu bestimmten Grenzen zur Beitragsberechnung herangezogen. Diese Beitragsbemessungsgrenzen (BBG) werden jährlich festgelegt. Das darüber hinausgehende Entgelt bleibt sozialbeitragsfrei.

Bei bestimmten Sachverhalten, die zu einem verminderten Monatsentgelt führen, berechnen Sie die Beiträge nur für den entsprechenden Teil-Lohnabrechnungszeitraum. Das verkürzte Arbeitsentgelt kann dann nur bis zur Höhe der auf diesen Zeitraum anfallenden BBG herangezogen werden. Sachverhalte mit Teilentgelt und Beitragsbemessungsgrenzen für einen »Teil-Lohnzahlungszeitraum« sind:
- Beginn und Beendigung des Beschäftigungsverhältnisses im Laufe des Lohnabrechnungszeitraums,
- Zeiten des Anspruchs auf Krankengeld (nach Einstellung der Entgeltfortzahlung), Versorgungskrankengeld, Verletztengeld, Übergangsgeld, Mutterschaftsgeld, Elternzeit,

- Zeiten des unbezahlten Urlaubs, des unentschuldigten Fehlens von länger als einem Monat,
- Zeiten eines rechtswidrigen Arbeitskampfes von länger als einem Monat,
- Zeiten der Pflege des Kindes ohne Anspruch auf Entgelt,
- Zeiten des Wehr- und Zivildienstes sowie einer Wehrübung über 3 Tage.

Wenn Sie die BBG für einen Teil-Lohnzahlungszeitraum berechnen, vervielfachen Sie den auf den Kalendertag entfallenden Teil der Jahres-BBG (1/360) ungerundet mit der Anzahl der auf den Teil-Lohnzahlungszeitraum entfallenden Kalendertage (siehe Übersicht zu 2.17.1).

2.17.4 Beitragssätze der Sozialversicherung

Die Beiträge zur Sozialversicherung werden prozentual vom Arbeitsentgelt berechnet.

In der Krankenversicherung werden die Beitragssätze nicht wie in der Renten- und Arbeitslosenversicherung durch Gesetz bestimmt, sondern von der Krankenkasse festgesetzt. Die Beitragssätze schwanken kassenabhängig zwischen 9 und 16 %.

Jede Krankenkasse hat in ihrer Satzung drei Beitragssätze, die dort zu erfragen sind, (allgemeiner, erhöhter, ermäßigter Beitragssatz) festgelegt.

Für die Sozialversicherungsbeiträge standen die neuen Beitragssätze für 2003 bei Redaktionsschluss noch nicht fest. Eine leichte Anhebung gegenüber dem Vorjahr wurde erwartet. Zur Orientierung: Die Sätze für 2002 betrugen: Rentenversicherung der Arbeiter und Angestellten (19,1 %), Arbeitslosenversicherung 6,5 %, Krankenversicherung kassenabhängig zwischen 11 und 16 %, Pflegeversicherung 1,7 % und Knappschaft 25,4 %.

2.17.5 Pflegeversicherung

Die Beiträge zur Pflegeversicherung (fünfter Zweig der Sozialversicherung) gehören zu den gesetzlichen Abzügen, da sie kraft Gesetz zum Tragen kommen. Träger der Pflegeversicherung sind die Pflegekassen, deren Aufgaben von den Krankenkassen wahrgenommen werden.

Versicherungspflicht in der sozialen Pflegeversicherung besteht für alle Mitglieder der gesetzlichen Krankenversicherung, unabhängig davon, ob sie Pflichtversicherte oder freiwillige Mitglieder sind. Außerdem gehören auch Arbeitnehmer der Pflegeversicherung an, die bei einem privaten Versicherungsunternehmen krankenversichert sind.

Freiwillige Mitglieder der gesetzlichen Krankenversicherung können sich unter bestimmten Voraussetzungen von der Versicherungspflicht bei der Pflegekasse befreien lassen (Antragsfrist drei Monate), wenn sie zur privaten Pflegeversicherung überwechseln. Die Befreiung kann nicht widerrufen werden.

Personen, die versicherungspflichtig werden und einer privaten Krankenversicherung angehören, können ihren Versicherungsvertrag mit Wirkung zum Eintritt der Versicherungspflicht kündigen. Wenn der Nachweis eines privaten Pflegeversicherungsvertrags erbracht wurde, können noch Bescheide über die Befreiung von der Versicherungspflicht in der sozialen Pflegeversicherung (Übergangsregelung des Pflege-Versicherungsgesetzes) erteilt sein.

Auch für Beamte gilt der Grundsatz »Pflegeversicherung folgt Krankenversicherung«.

Die Beitragshöhe richtet sich nach den beitragspflichtigen Einnahmen der Mitglieder. Der Beitragssatz betrug 2002 1,7 %. Dabei gilt die Beitragsbemessungsgrenze der gesetzlichen Krankenversicherung.

2.18 Sozialversicherung und Beitragszeit

Der für die Berechnung maßgebende Zeitraum ist die Periode, für die der Arbeitgeber das Entgelt abrechnet (üblicherweise der Kalendermonat).

Beitragsfrei bleiben Zeiten, in denen
- Anspruch auf Kranken- oder Mutterschaftsgeld oder Elternzeit besteht,
- der Beschäftigte Verletztengeld, Übergangsgeld oder Versorgungskrankengeld während der Durchführung medizinischer Rehabilitationsmaßnahmen erhält,
- der Arbeitnehmer Wehr- oder Zivildienst von mehr als drei Tagen leistet oder an einer Eignungsprüfung teilnimmt.

Erhält der Arbeitnehmer während einer beitragsfreien Zeit Einmalzahlungen (z.B. Urlaubs- oder Weihnachtsgeld), so unterliegen diese gleichwohl der Beitragspflicht.

2.19 Beiträge für Nettobezüge

Bei Gewährung von Nettoarbeitsentgelt ist für die Berechnung der Sozialversicherungsbeiträge das Bruttoarbeitsentgelt maßgebend. Dies ermitteln Sie durch Hinzurechnen der vom Arbeitgeber übernommenen Lohn- und Kirchensteuer sowie des Solidaritätszuschlags und der Arbeitnehmeranteile an den Sozialversicherungsbeiträgen im »Abtastverfahren« (wie bei Steuern, siehe 2.7).

2.20 Abzug und Aufbringung der Beiträge

Grundsätzlich werden die Sozialversicherungsbeiträge vom Arbeitnehmer und Arbeitgeber je zur Hälfte getragen. Die Beitragsanteile der Arbeitnehmer werden vom Arbeitsentgelt abgezogen. Ist ein Abzug nicht möglich, weil z.B. Teile des Entgelts von Dritten gezahlt werden (Trinkgelder), hat der Arbeitnehmer dem Arbeitgeber seine Beitragsanteile zur Verfügung zu stellen. Haben Sie es als Arbeitgeber versäumt, die Beiträge abzuziehen, können Sie dies nur bei der Lohnzahlung für die nächsten drei Lohnabrechnungszeiträume nachholen. Liegt für den unterbliebenen Abzug kein Verschulden des Arbeitgebers vor, darf er dem Arbeitnehmer auch für länger zurückliegende Abrechnungszeiten die Beiträge einbehalten.

Der Arbeitgeber darf den Beitragsabzug auch über drei Monate hinaus vornehmen, wenn der Arbeitnehmer seinen Meldepflichten vorsätzlich oder grob fahrlässig nicht nachkommt, nämlich dem Arbeitgeber die zur Durchführung des Meldeverfahrens und der Beitragszahlung erforderlichen Angaben zu machen.

Ist laufendes Entgelt nachzuzahlen, können Sie auch für länger zurückliegende Zeiträume Beiträge abziehen, da durch die nachträgliche

V. Entlohnung und Vergütung

Beitragsberechnung der Arbeitnehmer nicht schlechter gestellt wird.

2.21 Auszubildende und Beitragszahlung

Übersteigt das monatliche Entgelt eines Auszubildenden die Geringverdienergrenze (mtl. 325 Euro) nicht, tragen Sie als Arbeitgeber die Sozialversicherungsbeiträge allein. Bei schwankendem Entgelt sind die Beiträge nur in den Abrechnungszeiträumen vom Arbeitgeber allein zu tragen, in denen diese Grenze nicht überschritten wird; in den übrigen Entgeltabrechnungszeiträumen tragen die Beiträge Arbeitgeber und Auszubildender je zur Hälfte.

Ist das Arbeitsentgelt in einem Monat infolge einer Einmalzahlung höher als die Geringverdienergrenze, tragen die Beiträge von dem diesen Betrag übersteigenden Teil des Arbeitsentgelts jeweils zur Hälfte der Auszubildende und sein Arbeitgeber. Beiträge, die aus dem Arbeitsentgelt bis zum Grenzwert zu errechnen sind, trägt der Arbeitgeber auch in diesem Fall allein.

2.22 Zahlung und Fälligkeit der Beiträge

Beitragsschuldner und Haftender gegenüber der Einzugsstelle ist grundsätzlich der Arbeitgeber, und zwar für den so genannten Gesamtsozialversicherungsbeitrag. Der Arbeitnehmer selbst hat also in der Regel mit der Einzahlung der Beiträge nichts zu tun.

Zuständige Einzugsstelle für den Gesamtsozialversicherungsbeitrag ist grundsätzlich die Krankenkasse, von der die Krankenversicherung durchgeführt wird. Dies gilt selbst dann, wenn es sich um eine freiwillige Krankenversicherung handelt.

Für Arbeitnehmer, die nicht bei einer gesetzlichen Krankenkasse versichert sind, aber der Renten- und/oder Arbeitslosenversicherungspflicht unterliegen, sind die Beiträge zur Renten- bzw. Arbeitslosenversicherung an die Krankenkasse abzuführen, die der Arbeitgeber aus den möglichen Krankenkassen (siehe 2.25) wählt.

Die Gesamtsozialversicherungsbeiträge zahlen Sie an dem von der zuständigen Krankenkasse festgelegten Zahltag ein. Das muss spätestens der 15. des Monats sein, der dem Monat folgt, in dem das Arbeitsentgelt erzielt wurde bzw. das Wertguthaben zur Auszahlung kommt. Die Beiträge werden jedoch spätestens am 25. eines Monats fällig, wenn das Arbeitsentgelt bis zum 15. dieses Monats gezahlt worden ist.

Wird das Arbeitsentgelt betriebsüblich erst nach dem 10. des Folgemonats abgerechnet, sind die Beiträge in voraussichtlicher Höhe bis zum satzungsmäßigen Zahltag, ein verbleibender Restbetrag dagegen erst eine Woche nach dem betrieblichen Abrechnungstermin fällig. Dabei ist der Abschlag selbstverständlich so zu bemessen, dass die Restzahlung so gering wie möglich ausfällt.

> **z.B.** Satzungsmäßiger Zahltag ist der 10. des Folgemonats, betriebsübliche Lohnabrechnung am 15. des Folgemonats. Es ergeben sich folgende Fälligkeitstermine:
> - für den Beitrag in voraussichtlicher Höhe = 10.6.
> - für einen verbleibenden Restbetrag = 22.6.

Als Tag nach der Zahlung gilt nach der Beitragszahlungsverordnung (BZVO)
- bei Barzahlung der Tag des Geldeingangs;
- bei Zahlung durch Scheck, bei Überweisung oder Einzahlung auf ein Konto der Einzugsstelle der Tag der Wertstellung zu Gunsten der Einzugsstelle. Bei rückwirkend vorgenommener Wertstellung gilt der Buchungstag der Einzugsstelle als Tag der Zahlung;
- bei Vorliegen einer Einzugsermächtigung der Tag der Fälligkeit.

Zahlungen in fremder Währung und durch Wechsel sind nicht zugelassen.

2.23 Beitragsnachweis der Sozialversicherung

Als Arbeitgeber weisen Sie der Einzugsstelle die Beiträge für die einzelnen Entgeltabrechnungszeiträume getrennt nach Beitragsgruppen nach, aus denen erkennbar ist, ob nur der Arbeitgeberanteil gezahlt wurde (z.B. bei Altersrentenbeziehern). Für den Beitragsnachweis verwenden Sie den vorgeschriebenen amtlichen Vordruck. Wird der Beitragsnachweis mit Hilfe automatischer Einrichtungen hergestellt, muss er dem Aufbau des amtlichen Vordrucks entsprechen.

2.24 Meldeverfahren der Sozialversicherung

Der Arbeitgeber ist verpflichtet, über die bei ihm Beschäftigten, für die Beiträge oder nur Beitragsanteile zur Sozialversicherung zu entrichten sind, und für versicherungsfreie geringfügig Beschäftigte auf dem bundeseinheitlichen Vordruck »Meldung zur Sozialversicherung« Daten zur Erfüllung der Aufgaben der Sozialversicherungsträger zu melden.

Um dieser Verpflichtung nachkommen zu können, fordern Sie die Beschäftigten auf, Ihnen bei Beginn des Beschäftigungsverhältnisses den auf Antrag vom zuständigen Rentenversicherungsträger ausgestellten Sozialversicherungsausweis vorzulegen und die zur Ausfüllung der Meldevorschriften erforderlichen Angaben zu machen.

Ist der Beschäftigte bereits Pflichtmitglied oder freiwilliges Mitglied einer Krankenkasse, geht die Meldung dorthin. Für Beschäftigte, die bei keiner gesetzlichen Krankenkasse versichert sind (z.B. Privatversicherte), geben die Arbeitgeber die Meldung an die Krankenkasse, die sie auswählen. Meldetatbestände sind insbesondere Beginn einer Beschäftigung (= Anmeldung), Beendigung einer Beschäftigung (= Abmeldung), Unterbrechungen ohne Entgeltfortzahlung (= Unterbrechungsmeldung), Änderungen im Beschäftigungs- oder Versicherungsverhältnis (z.B. Ende der Krankenversicherungspflicht), Jahresdaten (= Jahresmeldungen) und Berufsausbildungszeiten. Der Versicherte erhält jeweils eine Kopie der Meldung.

An Stelle des beschriebenen Meldeverfahrens ist es auch möglich, sämtliche Meldungen auf maschinell verwertbaren Datenträgern vorzunehmen, unter der Voraussetzung, dass die Beschäftigungszeiten und die Höhe der beitragspflichtigen Bruttoarbeitsentgelte aus maschinell geführten Lohn- und Gehaltskonten stammen (Ergebnisse programmierter und geprüfter Arbeitsabläufe der Lohn- und Gehaltsabrechnung). Gefordert ist auch, dass die Lohn- und Gehaltsabrechnung den »Gemeinsamen Grundsätzen für die Abrechnung der Beiträge zur Sozialversicherung« entsprechen. Das maschinelle Meldeverfahren muss grundsätzlich durch die zuständige Krankenkasse zugelassen werden. Eine Jahresmeldung ist für jeden am 31.12. eines Jahres versicherungspflichtig Beschäftigten bis zum 15. April des folgenden Jahres zu erstatten.

Nach der Datenerfassungs- und Datenübermittlungsverordnung stellen Sie als Arbeitgeber dem Beschäftigten eine maschinell erstellte Bescheinigung über alle gemeldeten Daten einmal jährlich bis zum 30.4. für das Vorjahr aus. Im Fall der Auflösung des Arbeitsverhältnisses wird diese Bescheinigung unverzüglich nach Abgabe der letzten Meldung für den Beschäftigten fällig.

2.24.1 Sozialversicherungsausweis

Bei Beginn einer Beschäftigung ist der Sozialversicherungsausweis dem Arbeitgeber vorzulegen und in bestimmten Gewerbebereichen (siehe Übersicht zu 2.24.1) vom Arbeitnehmer bei Ausübung seiner Beschäftigung mitzuführen. Der Arbeitgeber muss in diesem Fall den Arbeitnehmer darüber belehren, dass

- der Ausweis mit Lichtbild mitzuführen und
- auf Verlangen der Bundesanstalt für Arbeit bzw. den sie unterstützenden Behörden (z.B. Krankenkasse) oder von ihr beauftragten Behörden (z.B. Zollverwaltung) vorzulegen ist.

Betreiben Unternehmen neben den mitführungspflichtigen Gewerbebereichen weitere Gewerbebereiche und besteht zwischen ihnen eine klar erkennbare räumliche Abgrenzung, brauchen nur die Arbeitnehmer in den relevanten Bereichen ihre SV-Ausweise mit sich zu führen.

Bei Nichtvorlage des Ausweises im Falle der Arbeitsaufnahme ist der Arbeitgeber zu einer Kontrollmeldung

Übersicht (zu 2.24.1) Mitführungspflicht des SV-Ausweises

- Baugewerbe
- Gaststätten- und Beherbergungsgewerbe
- Personen- und Güterbeförderungsgewerbe
- nicht zum Güterbeförderungsgewerbe gehörende Gewerbebetriebe mit Personen, die zur Beförderung von Gütern außerhalb des eigenen Grundstücks des Betriebs eingesetzt werden, wenn sie nicht im Werkverkehr beschäftigt sind
- Schaustellergewerbe
- Gebäudereinigungsgewerbe
- Unternehmen, die sich am Auf- und Abbau von Messen und Ausstellungen beteiligen

(amtlicher Vordruck) verpflichtet, wenn der Arbeitnehmer die Vorlage nicht innerhalb von drei Tagen nachholt.

2.24.2 Sofortmeldungen

Zur Abgabe einer Sofortmeldung sind alle Arbeitgeber verpflichtet, die den Wirtschaftsbereichen oder Wirtschaftszweigen angehören, in denen eine Pflicht zur Mitführung des Ausweises besteht.

Die Meldung ist bereits am ersten Tag der Beschäftigung vorzunehmen und zwar auf dem amtlichen Vordruck. Die Sofortmeldung kann auch auf maschinell verwertbaren Datenträgern erstattet werden, wenn ein Arbeitgeber auch andere Daten auf diesem Wege erstattet.

2.24.3 Meldungen für geringfügig Beschäftigte

Auch für versicherungsfreie geringfügig Beschäftigte sind Sie als Arbeitgeber zur Abgabe von Meldungen (amtlicher Vordruck »Meldung zur Sozialversicherung«) an die Krankenkasse verpflichtet. Wenn der Betreffende keiner Krankenkasse angehört, ist für die Entgegennahme der Meldung die Krankenkasse zuständig, die Sie auswählen.

Meldungen für geringfügig Beschäftigte mit Ausnahme der Listenmeldungen können innerhalb der Fristen auch auf maschinell verwertbaren Datenträgern erstattet werden.

2.25 Krankenkassenwahl

Alle Arbeitnehmer können sich für ihre Krankenkasse frei entscheiden. Als »Wahlkrankenkassen« kommen grundsätzlich Allgemeine Ortskrankenkassen, bundesweite und regionale Ersatzkassen sowie Betriebs- und Innungskrankenkassen in Betracht (siehe Übersicht zu 2.25).

Das Wahlrecht kann grundsätzlich nur durch den Versicherten ausgeübt werden, und zwar durch eine schriftliche Erklärung gegenüber der gewählten Krankenkasse, die die Mitgliedschaft nicht ablehnen darf.

Berufsanfänger oder Arbeitsplatzwechsler können ab Arbeitsbeginn eine Krankenkasse wählen.

Der Arbeitgeber hat im Rahmen seiner Fürsorgepflicht den Arbeitnehmer über seine Wahlrechte und -möglichkeiten zu informieren.

Die gewählte Krankenkasse hat eine Mitgliedsbescheinigung auszustellen, die beim Arbeitgeber innerhalb von zwei Wochen einzureichen ist. Wenn der Arbeitnehmer keiner Krankenkasse angehört und von seinem Wahlrecht nicht Gebrauch gemacht hat, müssen Sie als Arbeitgeber die Krankenkasse wählen und den Arbeitnehmer darüber unterrichten.

Während eines bestehenden Beschäftigungsverhältnisses ist eine Kündigung der Mitgliedschaft zum Ablauf des übernächsten Kalendermonats möglich, gerechnet von dem Monat, in dem die Kündigung erklärt wird. Die Mitgliedschaft bei der neu gewählten Krankenkasse beginnt dann mit dem Tag nach Eintritt der Rechtswirksamkeit der Kündigung. Die Krankenkasse hat dem Mitglied unverzüglich eine Kündigungsbestätigung auszustellen. Die Kündigung

Übersicht (zu 2.25) Wählbare Krankenkassen

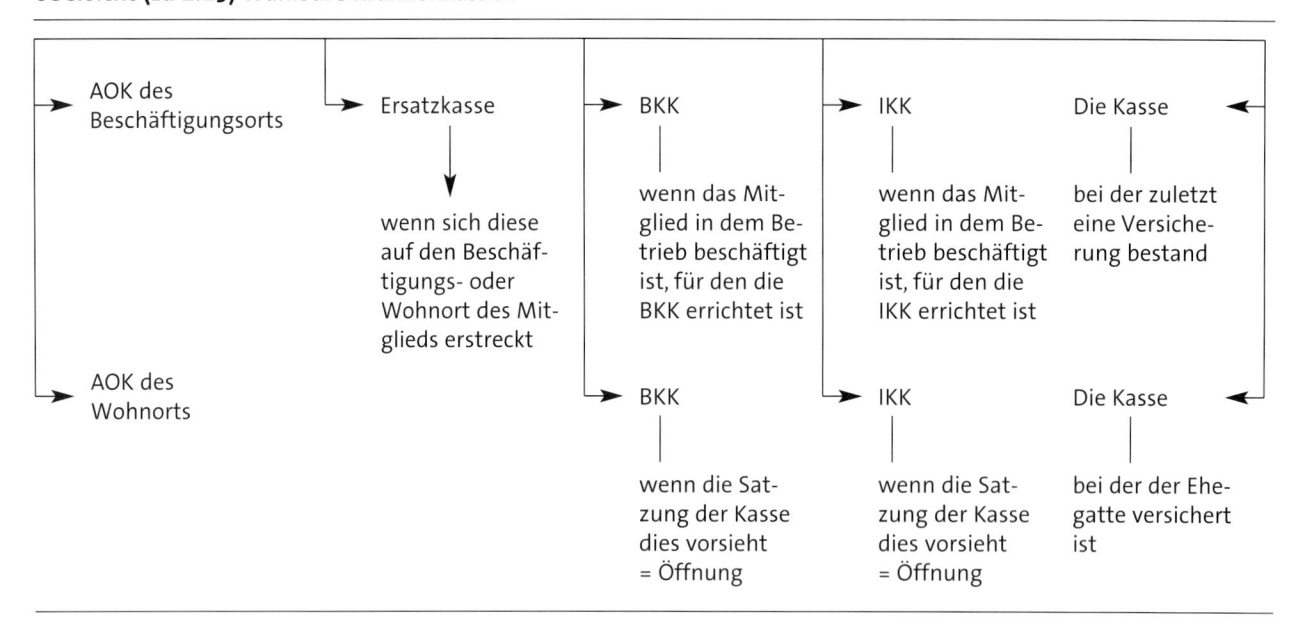

AOK des Beschäftigungsorts	→ Ersatzkasse	→ BKK	→ IKK	Die Kasse ←
	↓	wenn das Mitglied in dem Betrieb beschäftigt ist, für den die BKK errichtet ist	wenn das Mitglied in dem Betrieb beschäftigt ist, für den die IKK errichtet ist	bei der zuletzt eine Versicherung bestand
AOK des Wohnorts	wenn sich diese auf den Beschäftigungs- oder Wohnort des Mitglieds erstreckt	→ BKK	→ IKK	Die Kasse ←
		wenn die Satzung der Kasse dies vorsieht = Öffnung	wenn die Satzung der Kasse dies vorsieht = Öffnung	bei der der Ehegatte versichert ist

Muster (zu 2.26) Drittschuldnererklärung

In der Zwangsvollstreckungssache AZ . . . .

Gläubiger(in) RAE. Müller
gegen unsere(n) Mitarbeiter(in) Müller, Bärbel
bestätigen wir den Eingang des Pfändungs- und Überweisungsbeschlusses
vom . . . . . 19. . zugestellt am . . . . . 19. . und erklären gemäß Paragr. 840 ZPO:
Die Forderung wird als begründet anerkannt, soweit dem/der Schuldner(in) künftig
pfändbare Forderungen gegen uns zustehen.

Gepfändet wird bereits wegen:
gewöhnlicher Forderungen in Höhe von   Euro . . . .
bevorrechtigter Forderungen in Höhe von   Euro . . . .
Unterhaltsrückstand Euro . . . .
und laufend monatlich Euro . . . .

Im einzelnen gehen folgende Pfändungen im Range vor:
AZ zugest.	Gläubiger	Forderung
. . . .	. . . .	. . . .
. . . .	. . . .	. . . .
. . . .	. . . .	. . . .

Mit freundlichen Grüßen

Unterschriften

wird wirksam, wenn das Mitglied innerhalb der Kündigungsfrist eine Mitgliedschaft bei einer anderen Krankenkasse durch eine Mitgliedsbescheinigung nachweist. Eine Ausnahme hiervon gilt dann, wenn die Kündigung eines Versicherungsberechtigten erfolgt, weil die Voraussetzungen einer Familienversicherung (§ 10 SGB V) erfüllt sind oder weil keine Mitgliedschaft bei einer Krankenkasse begründet werden soll.

Der Versicherungspflichtige und -berechtigte ist an die Wahl der Krankenkasse mindestens 18 Monate gebunden.

Wenn eine Krankenkasse ihren Beitragssatz erhöht, verkürzt sich die Kündigungsfrist bzw. gilt diese Bindung nicht.

2.26 Lohnpfändungen

Kommt der Arbeitnehmer seinen finanziellen Verpflichtungen nicht nach (z.B. gegenüber Unterhaltsberechtigten oder bei Ratenkauf), so kann der Inhaber der Forderung (Gläubiger), wenn er einen vollstreckbaren Titel (z.B. Gerichtsurteil) gegen den Arbeitnehmer besitzt, die Lohnforderung des Arbeitnehmers gegen den Arbeitgeber vom Gericht oder einer Verwaltungsstelle im Rahmen des so genannten Verwaltungs-Zwangsverfahrens (z.B. Finanzbehörden, Bundes-, Landes- und Gemeindebehörden, Gerichtskassen) pfänden lassen. Die Einzelheiten sind in der Zivilprozessordnung (ZPO) geregelt.

Der Beschluss schafft mit Zustellung an den Drittschuldner (Arbeitgeber) und den Schuldner (Arbeitnehmer) folgende Wirkungen:
- Dem Drittschuldner wird verboten, an den Schuldner zu zahlen.
- Dem Schuldner wird auferlegt, sich jeder Verfügung über die Forderung, insbesondere aber ihrer Einziehung zu enthalten.

A – 2 Entgeltabrechnung und betriebliche Sozialleistungen

- Die Überweisung ersetzt die förmliche Erklärung des Schuldners über die Berechtigung zur Einziehung der Forderung.

Der Drittschuldner hat den Zeitpunkt der Zustellung des Beschlusses stets nach Tag und Stunde festzuhalten, da dieser grundsätzlich für den Rang maßgebend ist, wenn mehrere Pfändungen gegen ein Arbeitseinkommen eingehen. Beachten Sie aber die Besonderheiten bei der Pfändung von Unterhaltsansprüchen!

Auf Verlangen des Gläubigers durch den Vermerk in der Zustellungsurkunde hat der Drittschuldner binnen 2 Wochen nach Zustellung des Beschlusses durch die Post oder gegenüber dem Gerichtsvollzieher Antwort auf folgende Fragen zu geben (Drittschuldnererklärung):
- ob und wieweit er die Forderung als begründet anerkennt und bereit ist, Zahlung zu leisten,
- ob und welche Ansprüche andere Personen auf die Forderung erheben,
- ob und wegen welcher Ansprüche die Forderung bereits für andere Personen gepfändet ist (siehe Muster zu 2.26 auch auf der CD-ROM).

2.26.1 Entstehung des Pfandrechts

Das Pfandrecht des Gläubigers entsteht grundsätzlich mit der Pfändung. Pfandrecht an der Lohnforderung entsteht aber nur dann, wenn die zu vollstreckende Forderung (noch) besteht. Daher wird das von der Zustellung an fällig werdende Arbeitseinkommen erfasst. Bei bargeldloser Zahlung gilt das bis zur Gutschrift auf dem Bankkonto des Schuldners/Arbeitnehmers.

Das Pfandrecht gewährt dem Gläubiger ein Recht an der gepfändeten Forderung, das späteren Pfandrechten an der Forderung im Rang vorgeht.

Ist im Pfändungsbeschluss keine Beschränkung auf eine bestimmte Zeit enthalten, dauert die Pfändung bis zur völligen Befriedigung des Gläubigers an. Dazu gehört insbesondere, dass auch die Zinsansprüche des Gläubigers erfüllt werden.

Bei gerichtlicher Aufhebung der Pfändung fallen diese Wirkungen weg, außerdem bei schriftlichem Gläubigerverzicht gegenüber dem Schuldner und Drittschuldner.

Beispielrechnung (zu 2.26) Ermittlung pfändbarer Bezüge

Lohn-/Gehaltsabrechnung
Name: **A. Muster** Stamm-Nr. **1000**
Zeitraum: **Monat 2001**

					f. Pfandabzug	
Lohn für 21 Arb. Tage / Std.		168 à 7,81 Euro		1.312,08	1.312,08	100%
Jubiläumszuwendung				409,03	0,00	–
Überstunden		6 à 7,81 Euro		46,86	23,43	50%
Überstunden Zuschläge 50%				23,43	11,72	50%
Urlaubsgeld 1 Tag (50% von 8 Std. x 7,81 Euro)				31,24	0,00	–
Vermögenswirksame Leistung AG				26,00	0,00	–
■ Bruttoverdienst	1.839,61	1.347,23	für Pfandabzug	1.839,61	1.347,23	
Lst.-Freibetrag	306,00	306,00				
Steuerpfl. Verdienst	1.533,61	1.041,23				
Lst. (St.Kl. III 1,0)			./.	0,00	0,00	
K.St. rk/rk (9%)			./.	0,00	0,00	
Solidaritätszuschlag			./.	0,00	0,00	
Krankenversicherung	7,00%		./.	128,77	94,31	
Pflegeversicherung	0,85%		./.	15,64	11,45	
Rentenversicherung	9,65%		./.	175,68	128,66	
Arbeitslosenversicherung	3,25%		./.	59,79	43,78	379,88	278,20
■ Nettoverdienst nach Abzug der gesetzlichen Abgaben					1.459,73	1.069,03
Sonn-, Feiertags- u. Nachtzuschläge st.-frei						
Auslagen/Fahrgeld				12,88	12,88	
■ Nettoverdienst				1.472,61		
■ Sonstige Zulagen/Abzüge Vermögenswirksame Leistung				26,00		
Pfandeinbehaltung			./.	0,00	←	
Miete			./.	255,65		
Darlehen			./.	51,13	332,78	
■ Auszuzahlender Betrag				1.139,83		

Basis für Pfandeinbehaltung (Ergebnis = 0,00 Euro)

verhältnisse) bleibt die Pfändung wirksam.

2.26.2 Unterbrechung des Arbeitsverhältnisses

Bei vorübergehenden Unterbrechungen des Arbeitsverhältnisses (Entlassung wegen vorübergehenden Arbeitsmangels, mehrere aufeinander folgende Zeitarbeitsverträge, Einberufung zum Grundwehrdienst, Wehrübung, Saisonbeschäftigungs-

2.26.3 Beendigung des Arbeitsverhältnisses

Die Wirkung der Pfändung endet bei Beendigung des Arbeitsverhältnisses. Der Drittschuldner ist nicht verpflichtet, den Gläubiger darüber zu informieren. Zur Vermeidung von Rückfragen ist eine Information jedoch angebracht.

Ist bei Zustellung einer Pfändung das Arbeitsverhältnis bereits beendet, hat dies der Drittschuldner in der Drittschuldnererklärung mitzuteilen.

2.26.4 Durchführung der Vorpfändung

Voraussetzung für eine Vorpfändung ist das Vorliegen eines vollstreckbaren Titels, also ein
- vorläufig vollstreckbares Urteil,
- Vergleich,
- vollstreckbares Schuldanerkenntnis.

Die Vorpfändung wird wie folgt ausgeführt:
- Drittschuldner und Schuldner werden benachrichtigt, dass die Pfändung unmittelbar bevorsteht.
- Der Drittschuldner wird aufgefordert, nicht mehr an den Schuldner zu zahlen.
- Der Schuldner wird aufgefordert, sich der Verfügung über die Forderung, insbesondere ihrer Einziehung zu enthalten.
- Der Gerichtsvollzieher stellt die Benachrichtigung und die Aufforderung dem Drittschuldner und Schuldner zu.

Die Zustellung an den Drittschuldner ist Wirksamkeitsvoraussetzung für die Vorpfändung.

Wird die Lohnpfändung innerhalb der 1-Monats-Frist seit Zustellung der Vorpfändung vorgenommen, genießt sie den Rang der Vorpfändung. Unterbleibt die Lohnpfändung, so wird die Vorpfändung unwirksam.

Vorpfändungen können wiederholt ausgebracht werden. Bei mehreren Vorpfändungen bestimmt sich der Rang der Lohnpfändung nach dem Zeitpunkt der Zustellung der zeitlich letzten Vorpfändung.

2.26.5 Grenzen des Pfändungsschutzes

Hinsichtlich der Pfändbarkeit des Arbeitsverdienstes sind folgende Fälle zu unterscheiden:
- unpfändbare Bezüge,
- bedingt pfändbare Bezüge,
- relativ oder begrenzt pfändbare Bezüge,
- Bezüge besonderer Art, die dem Schuldner auf Antrag teilweise zu belassen sind, sonst aber der Pfändung voll unterliegen.

2.26.6 Arbeitseinkommen

Arbeitseinkommen sind alle in Geld zahlbaren Vergütungen, die dem Schuldner aus dem Arbeitsverhältnis zustehen, ohne Rücksicht auf Benennung und Berechnungsart. Die Berechnung des pfändbaren Teils des Arbeitslohns ist vom Nettolohn aus vorzunehmen (siehe Beispielrechnung zu 2.26).

2.26.7 Unpfändbare oder bedingt pfändbare Bezüge

Bestimmte Arten von Bezügen oder Teile davon sind absolut unpfändbar (z.B. Reisespesen, Auslösungsgelder, Gefahren-, Schmutz- und Erschwerniszulagen im üblichen Rahmen, Weihnachtsgeld zur Hälfte des monatlichen Arbeitseinkommens, höchstens 540 Euro, Vermögenswirksame Leistungen) oder bedingt pfändbar.

2.26.8 Pfändungsgrenzen

Das Gesetz sieht bestimmte pfändungsfreie Beträge beim Arbeitsverdienst vor (Pfändungsgrenzen). Die vom Gesetz vorgegebene Berechnung der Freigrenzen muss im Einzelfall nicht vom Arbeitgeber durchgeführt werden. Entnehmen Sie den pfändbaren Betrag vielmehr der amtlichen Lohnpfändungstabelle.

2.26.9 Härtefälle

Sollte der Arbeitnehmer trotz Pfändungsfreigrenzen unzumutbar belastet werden, kann auf Antrag des Arbeitnehmers eine für ihn günstigere Regelung geschaffen werden. Das Vollstreckungsgericht kann dem Arbeitnehmer auf Antrag von dem pfändbaren Teil seines Arbeitseinkommens einen Teil belassen.

Bei Unterhaltsansprüchen werden die Freigrenzen vom Vollstreckungs-Gericht (Amtsgericht) für jeden Einzelfall festgesetzt; dabei kann dem Arbeitnehmer u.U. weniger gelassen werden als bei sonstigen Pfändungen.

2.26.10 Lohnabtretung

Soweit eine Lohnforderung eines Arbeitnehmers nach den vorstehenden Ausführungen über den Pfändungsschutz nicht pfändbar ist, kann der Arbeitnehmer sie auch nicht an einen anderen abtreten. Eine trotzdem vorgenommene Abtretung ist unwirksam.

Ferner kann in Tarifvertrag, Betriebsvereinbarung und Arbeitsvertrag die Abtretung von erst noch erwachsenden Lohnansprüchen (nicht bereits erwachsenen) ausgeschlossen werden.

2.26.11 Bearbeitungskosten für Pfändungen

Wenn Ihnen im Zusammenhang mit der Abwicklung von Pfändungen Kosten entstehen, können Sie diese als Arbeitgeber beim Gläubiger geltend machen. Der gibt sie jedoch in der Regel an den Schuldner weiter. Sie können diese Kosten auch direkt vom Arbeitnehmer verlangen.

Rechtmäßig sind auf jeden Fall auch pauschal ermittelte Bearbeitungskosten, wenn diese im Einzelarbeitsvertrag bzw. in einer Betriebsvereinbarung (Arbeitsordnung) festgelegt sind. Üblich sind dabei entweder prozentuale Anteile oder Festbeträge.

Eine Aufrechnung dieser Kosten gegen den unpfändbaren Teil des Lohns ist grundsätzlich nicht zulässig.

Zur Berechnung einer Lohnpfändung nutzen Sie das passende Word-Dokument auf der beigefügten CD-ROM.

2.27 Abschläge und Vorschüsse

Bei einem Abschlag handelt es sich im Gegensatz zu einem Vorschuss um die Erfüllung einer bereits entstandenen Zahlungsschuld. Es kann beispielsweise dazu kommen, weil die Abrechnung und damit die Ermittlung des auszuzahlenden Nettobetrags nicht rechtzeitig möglich ist. Üblich ist ein automatisch für jede Periode zu gewährender Abschlag, der auf der Basis der Arbeitszeit des betreffenden Monats berechnet wird. Denkbar ist aber auch ein nach gewissen Kriterien zu ermittelnder Abschlag (z.B. feste Pauschale auf der Grundlage der durchschnittlichen Arbeitszeit).

Ein Vorschuss ist eine Vorauszahlung auf noch nicht fällige Bezüge bzw. Forderungen des Arbeitnehmers, die erst zu einem späteren Zeitpunkt rechtswirksam erhoben werden können (siehe auch III A/2.11). So wird in der Praxis im Falle der Einstellung eines Mitarbeiters im Laufe eines Monats auf Wunsch eine Vorauszahlung auf das am Monatsende fällige Arbeitsentgelt als so genannte Überbrückung geleistet.

2.28 Sonstige Zulagen

Als sonstige, dem Nettoverdienst zuzuschlagende Zulagen können grundsätzlich nur solche in Betracht kommen, die auf Grund gesetzlicher Bestimmungen vom Arbeitgeber vorzulegen sind und entweder gegen andere Forderungen aufgerechnet werden können oder aber an den Arbeitgeber zurückzuerstatten sind. Solche Zahlungen für Dritte können sein:
- Kindergeld im öffentl. Dienst,
- Kurzarbeitergeld,
- Lohnsteuer-Jahresausgleichsbeträge.

Zulagen, die ein Betrieb über die Grundbezüge hinaus gewährt (z.B. Prämien für eine Direktversicherung), sind generell Bestandteil des Bruttoarbeitsverdienstes, weil sie als Arbeitnehmerbezüge steuer- und beitragsrechtlich zu beurteilen sind (siehe V A/1.23).

Es ist allerdings auch denkbar, dass der Arbeitgeber im Auftrag ihm zugehöriger Einrichtungen oder Institutionen Zahlungen im Rahmen der Abrechnung vornimmt (Leistungen oder Beihilfen aus einer Unterstützungskasse).

Zu den sonstigen Zulagen zählen auch Zuschüsse des Arbeitgebers zu Kranken- und Pflegeversicherung für einen freiwillig krankenversicherten Arbeitnehmer, weil es sich hierbei um dem Arbeitgeberanteil im Falle der Krankenversicherungspflicht gleichzusetzende Leistungen des Arbeitgebers handelt. Insofern liegt kein Arbeitnehmerbezug vor, der dem Bruttoarbeitsverdienst hinzuzuschlagen ist. Entsprechendes gilt für Zuschüsse zu den Beiträgen für die Altersversorgung, z.B. für Personen, die einer berufsständischen Versorgungseinrichtung angehören.

2.29 Auszahlung der Bezüge

Zu den Modalitäten für die Auszahlung der Bezüge siehe Übersicht zu 2.29.

Übersicht (zu 2.29) Modalitäten für die Auszahlung von Bezügen

Zahlungsort
Zahlungsort für die Auszahlung der Bezüge ist der Betriebssitz des Arbeitgebers, sofern keine andere Vereinbarung besteht. Dies gilt grundsätzlich auch bei der Vereinbarung bargeldloser Zahlung. In diesem Fall muss der Arbeitgeber jedoch die Zahlung auf seine Gefahr und Kosten auf das Konto des Arbeitnehmers überweisen.

Zahlungsart
Geldlohn ist in gesetzlicher Währung und in bar auszuzahlen.
Nach allgemeiner Rechtsauffassung liegt aber kein Verstoß vor, wenn die Vergütung mit Einverständnis des Arbeitnehmers oder aufgrund einer tarifvertraglichen Vereinbarung auf ein Postscheck- oder Bankkonto überwiesen wird.
Nach höchstrichterlicher Rechtsprechung kann tarifvertraglich bestimmt werden, dass der Arbeitgeber, statt die Bezüge bar auszuzahlen, die Überweisung auf ein Konto der Arbeitnehmers bis zu einem bestimmten Zeitpunkt vorzunehmen und der Arbeitnehmer seinerseits ein Konto, auf das die Überweisung durchgeführt werden kann, bei einem Kreditinstitut seiner Wahl einzurichten hat.
Die bargeldlose Zahlung kann auch einzelarbeitsvertraglich oder durch eine Betriebsvereinbarung eingeführt werden. Ausgeschlossen ist es dagegen, dass der Arbeitgeber diese Auszahlungsart einseitig bestimmt.
Wurde die Auszahlung der Vergütung im Tarifvertrag nicht geregelt, so steht dem Betriebsrat ein erzwingbares Mitbestimmungsrecht in dieser Angelegenheit zu.

Kontoführungsgebühren
Grundsätzlich hat ein Mitarbeiter auf die Erstattung von Kontoführungsgebühren keinen Anspruch. Bei Abschluss einer tarifvertraglichen Vereinbarung bzw. einer Betriebsvereinbarung über die bargeldlose Zahlung wird aber häufig eine Bestimmung über die Kostenentlastung des Arbeitnehmers mit aufgenommen.
Liegt eine entsprechende Vereinbarung vor, hat der Arbeitgeber dem Arbeitnehmer die darin festgesetzten Kosten zu erstatten. Fehlt die Angabe einer genauen Berechnungsbasis, ist im Allgemeinen davon auszugehen, dass monatlich für zwei Buchungen Gebühren (Überweisung und Abhebung) anfallen. Schwierigkeiten können sich u.U. dadurch ergeben, dass die einzelnen Banken unterschiedliche Gebührensätze erheben. Daher ist es für den Arbeitgeber einfacher, einen für alle Arbeitnehmer gleichen Gebührensatz zu haben.

Geltendmachen von Ansprüchen
Die gesetzliche Verjährungsfrist für die Geltendmachung von Ansprüchen beträgt drei Jahre. Die Verjährung beginnt mit Ende des Kalenderjahrs, in dem die Ansprüche entstanden sind. Ist beispielsweise ein Anspruch am 30.6.2000 entstanden, verjährt er am 31.12.2003. Damit nicht über einen zu langen Zeitraum noch Ansprüche erhoben werden können, sehen die Tarifverträge im Allgemeinen eine kürzere Ausschlussfrist vor. Ist der Entgeltanspruch verjährt, kann der Arbeitgeber die Zahlung verweigern. Zahlt er dennoch, kann er den Betrag nicht mehr zurückfordern. Zahlt der Arbeitgeber jedoch irrtümlich zuviel Entgelt und hat er deswegen einen Rückforderungsanspruch aus ungerechtfertigter Bereicherung, so unterliegt dieser, ebenso wie der Schadenersatzanspruch aus positiver Vertragsverletzung und der Zeugnisanspruch, der »normalen« Verjährungsfrist von 30 Jahren, es sei denn, der Anspruch ist schon vorher verwirkt.

2.30 Jahresabschlussarbeiten

Im Rahmen der Entgeltabrechnung sind Aufgaben zum Jahresende bzw. Jahresanfang wahrzunehmen, die unmittelbar in den Verantwortungsbereich der Abrechnungsstelle fallen und mittelbar dadurch, dass aus der Abrechnung Daten anderen Stellen der Firma zur Verfügung gestellt werden. Zu den Abschlussarbeiten zählen aber auch Aktivitäten zur Si-

Übersicht zu (2.30) Jahresabschlussarbeiten

1. Meldungen von Daten zur Bilanzerstellung nach dem Handelsgesetzbuch, wie beispielsweise nicht zur Auszahlung gelangter Löhne, Gehälter und Ausfallvergütungen, Beihilfen und Vergütungen, Prämien für Verbesserungsvorschläge usw.
2. Ermittlung von Daten zur Bildung von Rückstellungen, u.a.:
   - Abfindungen, Entgelt-Nachzahlung auf Grund rückwirkender Erhöhungen,
   - Ansprüche aus Stock Options,
   - Beiträge zur Unfallversicherung,
   - Betriebliche Altersregelungen,
   - Bildungsurlaub,
   - Brückentage,
   - Entgeltzahlungen (noch nicht realisierte),
   - Freistellungen/Mehrarbeitsvergütung,
   - Gratifikationen,
   - Jubiläumszuwendungen,
   - Kosten aus arbeitsrechtlichen Aufhebungsverträgen,
   - Kosten aus Arbeitsgerichtsverfahren,
   - Leistungsprämien, die im Folgejahr gezahlt werden,
   - Pensionskassenzuführungen,
   - Pensionsrückstellungen (ohne künftige Beiträge an einen Pensionssicherungsverein),
   - Pensionen für 2002, die 2003 gezahlt werden,
   - Reisekosten für 2002, die 2003 abgerechnet werden,
   - Risiken von Beitragsnachforderungen der Sozialversicherungsträger auf Grund noch ausstehender Betriebsprüfungen,
   - Risiken von Steuernachforderungen,
   - Schwerbehindertenabgabe bei Nichterreichen der Beschäftigungspflichtquote,
   - Sonderfreischichten,
   - Sonderzahlungen, Weihnachtsgratifikationen (vorgetragen),
   - Sterbegeld und Nachzahlungen,
   - Umzugskosten und Nachzahlungen,
   - Tantiemen,
   - Urlaubsansprüche,
   - Versorgungszusagen,
   - Zeitguthaben,
   - Wertguthaben (z.B. bei Altersteilzeitarbeit).
3. Ermittlung der Zerlegungsgrundlage der Gewerbesteuer.
4. Zur Prämienberechnung für die Betriebshaftpflicht muss die – um risikobezogene Lohn- und Gehaltsteile gekürzte – Lohn- und Gehaltssumme ermittelt werden.
5. Zusammenstellung und Weitergabe der zu meldenden Daten, Ermittlung der abgabepflichtigen Pflichtsätze sowie nachfolgende Berechnung der Ausgleichsabgabe nach dem Schwerbehindertengesetz.
6. Zur Durchführung des Lohnsteuer-Jahresausgleichs sind u.a. der maßgebende Jahresarbeitslohn festzustellen. Durchführen des Lohnsteuer-Jahresausgleichs für den berechtigten Personenkreis.
7. Ausfüllen der Lohnsteuerkarte (manuell oder Verbinden der maschinell erstellten Bescheinigung mit der Karte) und Aushändigen an den Arbeitnehmer bzw. Weiterleiten an das Betriebsstättenfinanzamt.
8. Ausstellen einer »besonderen Lohnsteuerbescheinigung« nach amtlich vorgeschriebenem Vordruck, wenn keine Lohnsteuerkarte vorliegt.
9. Abschluss des Lohnkontos zum Ende des Kalenderjahrs bzw. Erstellen des Jahreslohnkontos.
10. Wahrnehmen zusätzlicher Aufzeichnungspflichten (z.B. Übertragung von »U«-Zeiträumen vom Lohnkonto in die Lohnsteuerbescheinigung) zur Durchführung des Progressionsvorbehalts durch das Finanzamt.

cherstellung der Abrechnungen für das neue Jahr (siehe Übersicht zu 2.30).

2.31 Aufzeichnungspflichten

Im Rahmen der Entgeltabrechnung besteht die Verpflichtung zur Dokumentation (Sammlung, Ordnung sowie Nutzbarmachung von Dokumenten). Dabei sind Dokumente in diesem Sinne nicht nur Schriftstücke, sondern auch Informationen auf Datenträgern.

Neben gesetzlich vorgeschriebenen Aufzeichnungspflichten sind Nachweise im Rahmen betrieblicher Erfordernisse und Nachweise über vertragliche Vereinbarungen mit Dritten von Bedeutung.

2.31.1 Buchführung

Nach den Grundsätzen der ordnungsmäßigen Buchführung im Sinne des Handelsgesetzbuchs, der Abgabenordnung und weiterer Gesetze sind die Daten der Entgeltabrechnung vollständig, richtig, zeitgerecht und geordnet aufzuzeichnen.

2.31.2 Speicherbuchführung

Nach den Grundsätzen »ordnungsgemäßer Speicherbuchführung« können die den steuerlichen Vorschriften entsprechenden Aufzeichnungen auf Datenträgern geführt werden, soweit diese Form der Buchführung, einschließlich der dabei angewandten Verfahren, den Grundsätzen ordnungsgemäßer Buchführung (GoB) entspricht.

Die Abgabenordnung lässt unter gewissen Voraussetzungen die Aufbewahrung von Unterlagen auf Datenträgern zu. Als »Datenträger« im Sinne dieser Vorschrift kommen in erster Linie die nur maschinell lesbaren Datenträger (z.B. Magnetband, Magnetplatte, Diskette, CD-ROM) in Betracht.

Einen wesentlichen Punkt nimmt die Frage der »Dokumentation und Prüfbarkeit« ein. Die Gesamtdokumentation von EDV-Verfahren umfasst verschiedene, unterschiedlichen Zwecken dienende Dokumentationen der jeweils beteiligten Stellen.

Es kann sich hierbei um die
- Verfahrensdokumentation,
- Programmdokumentation,

▼

- Operating-Dokumentation handeln.

Für die Abrechnungsstelle, die interne Revision und die Organisationsabteilung würde eine Verfahrensdokumentation zu erstellen sein.

2.31.3 Mikrofilm-Verfahren

Die Mikrofilm-Grundsätze gelten nur für die herkömmliche Schriftgutverfilmung und nicht für andere Aufzeichnungs- oder Speicherverfahren (z.B. EDV). Deshalb finden sie auch keine unmittelbare Anwendung auf das COM-Verfahren (Computer-Output-Microfilm), bei dem die Daten aus dem Computer direkt auf Mikrofilm ausgegeben werden; eine Verfilmung eines Originals, von der die Mikrofilm-Grundsätze ausgehen, findet bei diesem Verfahren nicht statt.

Alle aufbewahrungspflichtigen Unterlagen, mit Ausnahme der Bilanz, können als Wiedergabe auf einem Bildträger oder auf anderen Datenträgern aufbewahrt werden. Als »Wiedergabe auf einem Bildträger« kommen Mikrofilmaufnahmen in Betracht. Da auch beim Mikrofilmverfahren Fälschungen und Verfälschungen nicht ausgeschlossen werden können, muss der Aufbewahrungspflichtige durch zusätzliche Kontrollmaßnahmen sicherstellen, dass die Mikrofilmverfahren mit dem Original übereinstimmen. Sie müssen außerdem während der Dauer der Aufbewahrungsfrist verfügbar und jederzeit innerhalb angemessener Frist lesbar gemacht werden können.

Ein großer Teil der Unterlagen der Entgeltabrechnung bietet sich sowohl hinsichtlich der Mengen, als auch der Aufbewahrung für eine Mikroverfilmung an, wobei sowohl die Verfilmung von Einzelbelegen als auch das COM-Verfahren nebeneinander Anwendung finden können. Auf Grund der Vorteile, die das COM-Verfahren bietet, dürfte diesem in der Praxis allerdings die größere Bedeutung zukommen.

2.31.4 Lohnkonto

Als Arbeitgeber führen Sie für jeden Arbeitnehmer und jedes Kalenderjahr am Ort der Betriebsstätte ein Lohnkonto.

11. Prüfung des Personenkreises, für den der Altersentlastungsbetrag im Folgejahr anzuwenden ist.
12. Prüfung, ob die Bescheinigung über die beschränkte Steuerpflicht durch das Finanzamt vorliegt.
13. Bei Gestellung von Kraftwagen muss der Arbeitgeber in Abstimmung mit dem Arbeitnehmer die Anwendung eines der zwei möglichen Verfahren der Besteuerung des geldwerten Vorteils für das Kalenderjahr 2003 festlegen (z.B. Führen eines Fahrtenbuches, 1%-Regelung).
14. Auffordern der Arbeitnehmer zur Abgabe der Lohnsteuerkarte 2003.
15. Neuberechnen der Bruttobezüge bei Nettolohn-Vereinbarungen.
16. Ermittlung des regelmäßigen Jahresarbeitsentgelts zur Feststellung der Krankenversicherungspflicht/-freiheit des Arbeitnehmers in 2003.
17. Bei Eintritt der Versicherungsfreiheit infolge Überschreitens der JAE-Grenze benachrichtigen des Betroffenen und Erstellung der erforderlichen Meldung an die Krankenkasse.
18. Bei Wiedereintritt der Versicherungspflicht wegen Unterschreitens der JAE-Grenze Erstattung der erforderlichen Meldungen an die Krankenkasse.
19. Erstattung der Jahresmeldungen nach der Datenerfassungs- und Datenübermittlungsverordnung (z.B. Jahresentgelte) bis zum 15. April 2003 für das abgelaufene Jahr 2002 und Aushändigen einer Kopie oder einer maschinellen Bescheinigung an die Arbeitnehmer bis 30. April 2003.
20. Erfassen des Personenkreises, auf den die März-Klausel (siehe V A/2.17.2) Anwendung findet.
21. Auffordern der krankenversicherungsfreien und freiwillig in der gesetzlichen Krankenversicherung oder privatversicherten Beschäftigten zur Abgabe einer Bestätigung über die abgeführten Beiträge zur Gewährleistung der Steuerfreiheit der Arbeitgeberzuschüsse zu den Aufwendungen für die Krankenversicherung (entsprechend für die Pflegeversicherung).
22. Auffordern der von der Rentenversicherungspflicht befreiten Angestellten zur Vorlage einer Bestätigung über die Verwendung der etwaigen Zuschüsse des Arbeitgebers zur Lebensversicherung bzw. zu freiwilligen Rentenversicherungsbeiträgen, bis spätestens zum 30.4. des folgenden Kalenderjahrs, um die Steuerfreiheit des Zuschusses sicherzustellen.
23. Sicherstellung der Beitragsfreiheit in der Arbeitslosenversicherung von Arbeitnehmern, die in 2003 das 65. Lebensjahr vollenden.
24. Verändern der Beitragszahlung bei Wechsel der Krankenkasse zum 1.1.2003.
25. Aktualisieren der Beitragssätze für Versorgungsbezüge.
26. Ermitteln, Dokumentieren und Vortragen von Wertguthaben und der »SV-Luft« aus der Zeit bis 31.12.2002.
27. Schaffen der Voraussetzungen für die Berechnung der gesetzlichen Umlage zur Berufsgenossenschaft (im Regelfall binnen 6 Wochen nach Ablauf des Geschäftsjahrs).

Die Aufzeichnungspflichten ergeben sich aus der Lohnsteuer-Durchführungsverordnung. Es gibt auch Aufzeichnungserleichterungen, die im Allgemeinen vom Finanzamt zugelassen sein müssen (z.B. Sammellohnkonto für Aushilfskräfte, Pauschalbesteuerung).

2.31.5 Automatisiertes Meldeverfahren bei der Sozialversicherung

Für jedes Datenverarbeitungsverfahren ist eine Verfahrensdokumentation zu erstellen, die es dem Arbeitgeber und der Krankenkasse ermöglicht, das Verfahren zu beurteilen. Die Verfahrensdokumentation er-

V. Entlohnung und Vergütung

Muster zu 2.31) Lohnkonto

streckt sich auf die logische Beschreibung des Datenverarbeitungs-Verfahrens wie z.B.:
- Aufgabenstellung und
- Beschreibung der Dateneingabe.

2.31.6 Nachweise für Sozialversicherungszwecke

Insbesondere für Zwecke der Betriebsprüfung der Sozialversicherung hat der Arbeitgeber für jeden Beschäftigten, also auch für versicherungsfreie und von der Versicherungspflicht befreite Arbeitnehmer, Lohnunterlagen in deutscher Sprache zu führen. Die Lohnunterlagen sind in der Bundesrepublik Deutschland getrennt nach Kalenderjahren zu führen und bis zum Ablauf des auf die letzte Prüfung folgenden Kalenderjahrs geordnet aufzubewahren. Das bedeutet, dass Unterlagen, die 2002 geprüft wurden, bis zum 31.12.2003 aufzubewahren sind.

Die Führung der Lohnunterlagen gilt nicht für Beschäftigte in privaten Haushalten. Darüber hinaus können die landwirtschaftlichen Krankenkassen hinsichtlich der mitarbeitenden Familienangehörigen Ausnahmen zulassen. Für die Aufbewahrung der Beitragsabrechnungen und der Beitragsnachweise gilt das Gleiche.

Im Wesentlichen stimmen die Aufzeichnungen mit denen des Steuerrechts überein. Abweichungen ergeben sich nur im Hinblick auf beitragsspezifische Daten, wie z.B. die Höhe der Beiträge. Einzelheiten ergeben sich aus der Beitragsüberwachungsverordnung.

Zur Prüfung der Vollständigkeit der Lohn- und Gehaltsabrechnung sowie der Eintragungen im Beitragsnachweis erfassen Sie für jeden Abrechnungszeitraum alle Beschäftigten, also auch solche, die versicherungsfrei sind, für die deshalb Beiträge nicht entrichtet werden, mit den erforderlichen Angaben listenmäßig und nach Einzugsstellen getrennt. Dabei sind Arbeitnehmer, die in allen Zweigen der Sozialversicherung versicherungsfrei sind, der Einzugsstelle zuzuordnen, die bei Versicherungspflicht des Arbeitnehmers zuständig wäre (Pflichtkrankenkasse). Die Liste ist entsprechend der Sortierfolge der Lohnunterlagen zu erstellen.

Übersicht (zu 2.32) gesetzlich vorgeschriebene Unterlagen für die Entgeltabrechnung

- Ein Lohnnachweis zur Feststellung des auf jedes Mitgliedsunternehmen entfallenden Umlagebeitrags zur Unfallversicherung, der binnen sechs Wochen nach Ablauf eines jeden Kalenderjahres bei der jeweiligen Berufsgenossenschaft einzureichen ist.
- Eine Lohnsteuerbescheinigung nach Ablauf des Kalenderjahrs (= Ausfüllen der Lohnsteuerkarte) bzw. bei Beendigung des Arbeitsverhältnisses; liegt keine Lohnsteuerkarte vor, ist eine »besondere Lohnsteuerbescheinigung« nach amtlichem Muster zu erteilen.
- Betriebliche Nachweise, die auf Grund organisatorischer Belange zu internen Kontroll-, Abstimmungs-, Korrektur-, Referenz- und Bearbeitungszwecken notwendig sind, wie beispielsweise Entgeltnachweise für die Buchhaltung, Soll-/Ist-Gegenüberstellungen für das Controlling, Forderungsüberwachungen.
- Nachweise auf Grund von Vereinbarungen mit Dritten, wie beispielsweise Sammelinkassoaufzeichnungen für die Krankenkasse über freiwillige Beiträge, Aufzeichnungen im Rahmen des bargeldlosen Überweisungsverkehrs, Inkassoaufzeichnungen für Lebensversicherungen, Gewerkschaften usw.

Sofern in der Zeit vom 1.1. bis zum 31.3. eines Jahres einmalig gezahltes Arbeitsentgelt dem letzten Entgeltabrechnungszeitraum des vergangenen Kalenderjahres zugeordnet wurde, erstellen Sie eine besondere Beitragsabrechnung. Dies gilt nicht, wenn die Beiträge in der Beitragsabrechnung nach Kalenderjahren gesondert gekennzeichnet und summiert werden. Entsprechendes gilt für Berichtigungen oder Stornierungen, die vergangene Kalenderjahre betreffen.

Die Beitragsabrechnung kann mit Hilfe automatischer Einrichtungen erstellt oder auf Bildträgern aufgezeichnet werden.

2.31.7 Beitragsnachweis

Für jede am Beitragsverfahren des Arbeitgebers beteiligte Einzugsstelle ist ein Beitragsnachweis mittels eines amtlichen Vordrucks zu erstellen. Reichen Sie den Beitragsnachweis der zuständigen Einzugsstelle für jeden Abrechnungszeitraum rechtzeitig ein.

Wird der Beitragsnachweis maschinell erstellt, muss er dem Aufbau der amtlichen Vordrucke entsprechen. Hierbei kann auf die Unterschrift verzichtet werden.

Sofern der Beitragsnachweis für einen längeren Zeitraum unverändert gelten soll, kann ein Dauerbeitragsnachweis abgegeben werden (entsprechendes Feld ankreuzen).

2.32 Sonstige Aufgaben im Rahmen der Entgeltabrechnung

2.32.1 Erfüllen gesetzlicher Nachweispflichten

Beim Betriebsstättenfinanzamt reichen Sie die Lohnsteuer-Anmeldung nach Ablauf des jeweiligen Abrechnungszeitraums über die abzuführenden Steuern ein. Der Einzugsstelle leiten Sie den Beitragsnachweis zu. Daneben sind im Rahmen der Entgeltabrechnung u.a. weitere Unterlagen zu erstellen (siehe Übersicht zu 2.32.1).

2.32.2 Erstellen betrieblicher und gesetzlicher Statistiken

Die Bedeutung des Personal- und Entgeltwesens fordert in jedem Unternehmen die sorgfältige Beobachtung aller damit zusammenhängender Daten. Aus der Abrechnung werden Statistiken in Form von Tabellen oder Diagrammen v.a. über Arbeitszeiten, Arbeitsverdienste, Arbeitsleistungen, Lohn- und Sozialkosten erstellt.

Für amtliche Zwecke kommen u.a. folgende Statistiken in Betracht:
- Lohn- und Gehaltsstatistik über Stand, Entwicklung und Bestimmungsgründe der effektiven und tariflichen Löhne und Gehälter.

V. Entlohnung und Vergütung

- Laufende Verdienst- und Tariflohnstatistiken zur Darstellung der Entwicklung der effektiven Bruttoverdienste und bezahlten Arbeitsstunden wichtiger Arbeitnehmergruppen nach Wirtschaftszweigen und Geschlechtern.
- Gehalts- und Lohnstrukturerhebung, mit der statistische Zusammenhänge zwischen dem Lohn und den individuellen Merkmalen des Arbeitnehmers (z.B. Alter) aufgezeigt werden sollen.
- Arbeitskostenerhebung (= Erfassung der gesamten Personalkosten, einschließlich der so genannten Personalnebenkosten) für Entscheidungsprozesse der Arbeitgeber- und Arbeitnehmerverbände und für die staatliche Politik, z.B. Steuerpolitik und für Fragen der sozialen Sicherung der Arbeitnehmer.
- Sondererhebungen über die betriebliche Altersversorgung.

2.32.3 Erfüllen von Auskunfts- und Bescheinigungspflichten

Der Arbeitgeber hat umfangreiche Auskunfts- und Bescheinigungspflichten zu erfüllen. Überwiegend werden dazu amtliche Vordrucke verwendet, die entweder manuell auf der Grundlage vorliegender Entgeltabrechnungen ausgefüllt oder entsprechend maschinell erstellt werden. Im Wesentlichen geht es dabei um Beschäftigungs- und Entgeltdaten, die der Berechnung von Leistungen der Sozialversicherung (z.B. Krankengeld) und anderer Behörden (z.B. Sozialhilfe) für die Arbeitnehmer dienen.

Darüber hinaus sind Auskünfte über Einkommen an Amts- und Familiengerichte, zur Klärung der Versicherungsverhältnisse und zur Geltendmachung von Regressansprüchen erforderlich.

2.32.4 Erstellen einer Entgeltabrechnung für die Arbeitnehmer

Nach dem Betriebsverfassungsgesetz (BetrVG) kann der Arbeitnehmer verlangen, dass ihm die Berechnung und Zusammensetzung seines Arbeitsentgelts erläutert werden. Dies ist für Unternehmen gültig, die dem BetrVG unterliegen, d.h. einen Betriebsrat haben. Gemäss Gewerbeordnung hat der Arbeitgeber den Arbeitern bei regelmäßiger Lohnzahlung einen schriftlichen Beleg (Lohnzettel, Lohntüte, Lohnbuch usw.) über den Betrag des verdienten Lohns und die Zusammensetzung der vorgenommenen Abzüge auszuhändigen. Für Angestellte existiert eine solche eindeutige Rechtsvorschrift nicht, doch wird betriebsüblich für Angestellte analog wie bei den Arbeitern verfahren. Es dürfte im Interesse der Arbeitnehmer und des Betriebs sein, möglichst detaillierte Vergütungsnachweise anzufertigen, damit der Arbeitnehmer in die Lage versetzt wird, die Lohnabrechnung nachvollziehen und eventuell erforderliche Korrekturen aufzeigen zu können.

Die Entgeltabrechnung gilt gleichzeitig als Verdienstbescheinigung.

2.33 EDV-Entgeltabrechnung

Obwohl noch viele Firmen für ihre Entgeltabrechnung Individualsoftware verwenden, geht der Trend in Richtung Standardsoftware. Nicht wenige Unternehmen nutzten den Jahrtausendwechsel für diese Veränderung in ihrem EDV-Bereich, denn die meisten Standardprogramme können von Spezialisten auf die individuellen Anforderungen des Unternehmens eingestellt werden.

Vom Großrechner (Mainframe) über mittlere Datentechnik bis hin zum Personalcomputer (PC) ist die Standardsoftware in vielen Ausbaustufen und auf allen Hardware-Plattformen verfügbar. Unterschiedlich ist jedoch der Leistungsumfang. Die meisten Softwarehersteller beschränken sich nicht auf Standardprogramme für die Entgeltabrechnung, sondern versuchen mit ihren Produkten alle personalwirtschaftlichen Bereiche auf einer gemeinsamen Datenbasis zu integrieren. Ihre Software ist modular aufgebaut. So ist z.B. die Arbeitszeitverwaltung (Fehlzeiten, Anwesenheit) oft integrierbar, jedoch nicht Bestandteil des Basissystems.

In einem integrierten System sind alle Stammdaten nur einmal gespeichert, d.h. alle personalwirtschaftlichen Softwareprodukte greifen auf eine gemeinsame Datenbank zu. Da nicht jeder Softwarehersteller alle personalwirtschaftlichen Bereiche abdeckt und spezielle Software hierfür von einer Vielzahl von Herstellern angeboten wird, ist die Integrationsmöglichkeit verschiedener Programme ein wichtiger Aspekt. Generell sollten Sie vor der Anbieterauswahl alle beteiligten Personen einschließlich des Betriebsrats rechtzeitig einbinden (Mitbestimmungsrechte bei der Einführung neuer Entgelt- und Personalinformationssysteme).

2.34 Outsourcing

Beim Fullservice wird die gesamte Personalarbeit von einem externen Dienstleister durchgeführt. Da dies neben administrativen Aufgaben (z.B. Lohn- und Gehaltsabrechnung, Bescheinigungswesen) auch sensible Bereiche betrifft (z.B. Zusammenarbeit mit dem Betriebsrat, Mitarbeiterrekrutierung), ist das Vertrauen zum externen Dienstleister eine Grundvoraussetzung für den Fullservice. Firmen ohne eigene Personalabteilung bis ca. 100 Mitarbeitern entscheiden sich häufig für diese Variante. Je nach Leistungsumfang betragen die Kosten hierfür je Monat und Mitarbeiter zwischen 7,50 und 12,50 Euro.

Viele mittelständische Unternehmen lassen ihre Lohn- und Gehaltsabrechnung, Reiskostenabrechnung, Personalbeschaffung usw. von einem externen Dienstleister als Teilservice erledigen. Andere Tätigkeiten, wie z.B. die Verwaltung der Personalstammdaten oder die Pflege der Arbeitszeitkonten, bleiben als Aufgaben im Unternehmen. Die externe Lohn- und Gehaltsabrechnung wird sehr unterschiedlich gehandhabt. Kleine Firmen bis zu 50 Mitarbeitern übergeben die Stamm- und Bewegungsdaten teilweise noch per Papierbeleg, was jedoch häufig zu Nachfragen oder gar Fehleingaben führt.

Oft praktiziert wird bereits die Datenpflege per Onlinedialog. Die Kunden des externen Dienstleisters sind über öffentliche Netze (analoges Telefonnetz, digitales ISDN-Netz) mit dem Großrechner des Dienstleisters direkt verbunden. Alle Dateneingaben zur Lohn- und Gehaltsrechnung werden direkt im Großrechner bearbeitet und gespeichert. Nachteile liegen in den hohen Leitungskosten bei weit entfernten Endkunden und in der oft nicht vorhandenen Integrität zu anderen Systemen. Ein Serienbrief an ausgewählte Mitarbeiter oder die grafische Aufbereitung der Lohn- und Gehaltdaten ist häufig nur mit aufwändigen Hilfsmethoden möglich.

Der externe Dienstleister übernimmt die Pflege und Verwaltung der Lohn- und Gehaltsprogramme und verpflichtet sich, diese an die aktuellen Steuer- und Sozialversicherungsbestimmungen anzupassen. Nach dem monatlichen Datenabgleich vom Client zum Server erstellt der Dienstleister die monatliche Lohn- und Gehaltsabrechnung mit modernen Hochleistungsdruckern und Kuvertiermaschinen. Nach der Abrechnung werden die bewerteten Daten (z.B. das Lohnkonto) dem Client per ISDN zur Verfügung gestellt. Der Endkunde hat somit die Möglichkeit, die bewerteten Lohn- und Gehaltsdaten und alle Personalstammdaten vor Ort mit einem Personalinformationssystem zu bearbeiten und auszuwerten. Die Erstellung einer Lohn- und Gehaltsabrechnung, inklusive der damit verbundenen Standardauswertung (Beitragsnachweisungen, Lohnjournal usw.) kostet je nach Leistungsumfang ca. 1,25 bis 4 Euro pro Abrechnung.

3 Betriebliche Altersversorgung

3.1 Säulen der Altersversorgung

3.1.1 Gesetzliche Rentenversicherung

Bislang hat im deutschen sozialen Sicherungssystem die gesetzliche Rentenversicherung die Basisversorgung übernommen und stellt zumindest für Bezieher kleinerer bis durchschnittlicher Einkommen die quantitativ bedeutendste Einkommensquelle im Ruhestand dar. Allerdings reicht die gesetzliche Rente selbst für einen Durchschnittsverdiener nicht mehr aus, um den erreichten Lebensstandard auch im Ruhestand zu sichern. Ungewiss ist auch, wie die Umsetzung des neuen Bundesverfassungsgerichtsurteils zur Besteuerung der Renten aus der gesetzlichen Rentenversicherung das Nettorentenniveau beeinflussen wird. Es besteht somit ein zunehmender Bedarf an betrieblichen und privaten Vorsorgemaßnahmen, um bei Eintritt in den Ruhestand eine angemessene Alterssicherung zu gewährleisten.

Die Rentenreform des Jahres 2001 hat die Rahmenbedingungen für die gesetzliche, betriebliche und private Altersversorgung wesentlich verändert. Bereits unmittelbar vor dieser Rentenreform wurde die Berufs- und Erwerbsunfähigkeitsrente durch eine zweistufige Erwerbsminderungsrente ersetzt. Es wird neuerdings nicht mehr zwischen Berufs- und Erwerbsunfähigkeit, sondern zwischen voller und teilweiser Erwerbsminderung unterschieden.

Volle Erwerbsminderung liegt vor, wenn das Restleistungsvermögen auf dem allgemeinen Arbeitsmarkt unter drei Stunden am Tag liegt. Eine teilweise Erwerbsminderung ist bei einem Restleistungsvermögen zwischen drei bis unter sechs Stunden am Tag auf dem allgemeinen Arbeitsmarkt gegeben.

> ⚠ Unternehmen, die in ihren Versorgungsregelungen Invalidenleistungen bei Eintritt einer Berufs- oder Erwerbsunfähigkeit vorgesehen haben, sollten die Versorgungsregelungen nicht nur redaktionell an das neue Recht anpassen.
> So sollte z.B. genau geklärt werden, ob die betriebliche Invalidenrente bei voller und/oder teilweiser Erwerbsminderung gezahlt werden soll.

Darüber hinaus wird infolge der Rentenreform des Jahres 2001 das Niveau der gesetzlichen Rente weiter sinken. Es wird sich von heute rund 70% auf rund 67% bis zum Jahr 2030 verringern, um den Beitragssatz bis zum Jahr 2020 nicht über 20% und bis zum Jahr 2030 nicht über 22% ansteigen zu lassen. Zum Ausgleich dieser weiteren Absenkung des Rentenniveaus ist die so genannte »Riester-Förderung« bzw. »Riester-Rente« (siehe 3.5) eingeführt worden.

> ⚠ Sofern die gesetzliche Rente bei der Berechnung der Betriebsrente berücksichtigt wird, wie dies beispielsweise bei alten Gesamtversorgungszusagen (siehe 3.3.1) und Versorgungszusagen mit Gesamtversorgungsobergrenzen der Fall ist, ergeben sich dadurch Auswirkungen auf den betrieblichen Versorgungsaufwand. Unternehmen mit solchen Zusagen sollten prüfen, ob sich daraus Mehrbelastungen für sie ergeben, die gegebenenfalls durch Änderungen der Versorgungszusagen vermieden werden können.

Die Rentenreform hat auch zu Verschlechterungen bei der Witwen- bzw. Witwerrente geführt. Der Prozentsatz der Witwen- bzw. Witwerrente wird von 60 % auf 55 % abgesenkt, die so genannte kleine Witwen- bzw. Witwerrente wird auf 24 Monate begrenzt. Diese Verschlechterungen werden teilweise durch eine Verbesserung der Anrechnung von Kindererziehungszeiten ausgeglichen.

3.1.2 Betriebliche Altersversorgung

Die betriebliche Altersversorgung ist neben der gesetzlichen Rentenversicherung die zweite Quelle der Altersversorgung und trägt zur Verringerung der Versorgungslücke bei. Die Versorgungslücke ist die Differenz zwischen dem am Ende des Erwerbslebens verfügbaren Netto-Aktiveinkommen und den verfügbaren Netto-Versorgungsbezügen (Netto-Rente), die einem Rentner nach Abzug der Sozialabgaben und Steuern verbleiben.

In der gesetzlichen Rentenversicherung werden die Bruttobezüge eines Versicherten lediglich bis zur jeweils maßgebenden Beitragsbemessungsgrenze (BBG) rentensteigernd berücksichtigt. Die Wertigkeit der Sozialversicherungsrente nimmt bei Höherverdienenden mit zunehmendem Aktiveinkommen tendenziell ab, die Versorgungslücke wird größer.

Dennoch hat in der Vergangenheit die Verbreitung der betrieblichen Altersversorgung stagniert. Dies lag am steigenden Kostendruck bei den Unternehmen und den im internationalen Vergleich ohnehin hohen Arbeitskosten in Deutschland. Die Entwicklung von Gesetzgebung und

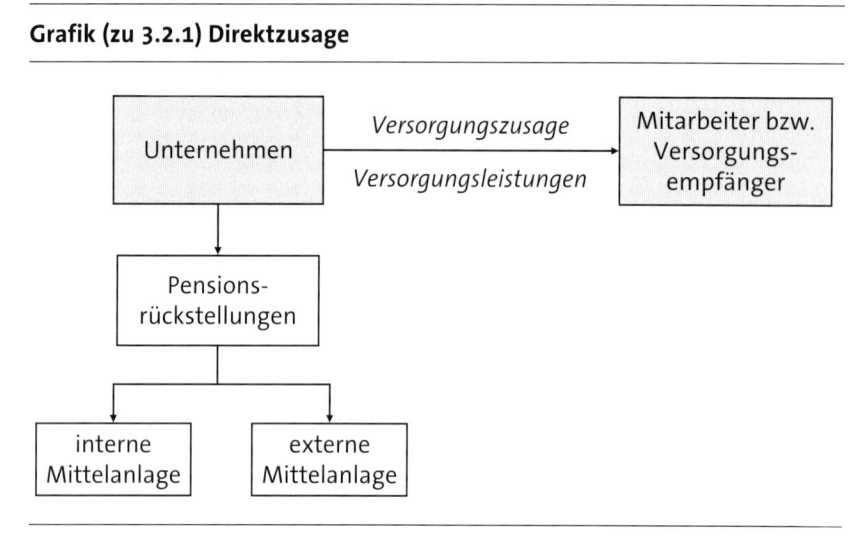

Grafik (zu 3.2.1) Direktzusage

```
                    Versorgungszusage      Mitarbeiter bzw.
    Unternehmen  ─────────────────────▶   Versorgungs-
                    Versorgungsleistungen   empfänger
         │
         ▼
    Pensions-
    rückstellungen
     │        │
     ▼        ▼
  interne   externe
  Mittelanlage  Mittelanlage
```

3.2 Finanzierungsformen der betrieblichen Altersversorgung

3.2.1 Direktzusage

Bei einer Direktzusage verpflichtet sich der Arbeitgeber, Versorgungsleistungen unmittelbar an den Mitarbeiter oder dessen Hinterbliebene zu erbringen. Dazu wird dem Mitarbeiter eine unmittelbare Versorgungszusage erteilt (siehe Grafik zu 3.2.1).

Die Unternehmen müssen die eingegangenen Versorgungsverpflichtungen durch Rückstellungen in der Handels- und Steuerbilanz ausweisen. Die Grundsätze für die Anerkennung und Bewertung von Versorgungsverpflichtungen als Pensionsrückstellungen in der Steuerbilanz sind in § 6 a EStG festgelegt. Die nach den steuerlichen Grundsätzen ermittelte Soll-Rückstellung wird als Wertuntergrenze auch in der Handelsbilanz akzeptiert.

Die jährlichen Zuführungen des Arbeitgebers zu den Pensionsrückstellungen sind bei den versorgungsberechtigten Arbeitnehmern unbegrenzt lohnsteuerfrei. Erst die späteren Versorgungsleistungen, die der Arbeitnehmer im Ruhestand erhält, sind lohnsteuerpflichtig. Es liegt hier eine so genannte »nachgelagerte Besteuerung« vor, weil nicht die Dotierungen, sondern erst die späteren Versorgungsleistungen vom Arbeitnehmer versteuert werden. Zusätzlich sind die Zuführungen des Arbeitgebers in der Anwartschaftsphase in voller Höhe von der Sozialabgabenpflicht befreit.

Vorteil der Direktzusage ist, dass das Unternehmen frei über die Vermögensanlage entscheiden kann. Die Vermögensanlage unterliegt keinen Restriktionen der Bundesanstalt für Finanzdienstleistungsaufsicht (BAFin), wie dies bei Versicherungslösungen (Direktversicherung siehe 3.2.2, Pensionskasse siehe 3.2.3) der Fall ist. Deshalb unterliegt die Direktzusage auch der Insolvenzsicherungspflicht beim Pensions-Sicherungs-Verein (PSVaG), der die zugesagten Versorgungsverpflichtungen im gesetzlich vorgegebenen Rahmen übernimmt, wenn der Arbeitgeber zahlungsunfähig wird. Die Vermögensanlage kann sowohl intern als auch extern erfolgen. Mit der freien

Rechtsprechung hat ebenfalls dazu beigetragen. Viele Unternehmen schafften die betriebliche Altersversorgung als freiwillige Sozialleistung zwar nicht ab, für neu eintretende Mitarbeiter wurden allerdings Versorgungssysteme mit einer geringeren Versorgungswertigkeit eingeführt.

Mittlerweile ist eine Trendumkehr zu erkennen. Bestehende Versorgungsregelungen werden zunehmend optimiert, d.h. an die neuen Anforderungen angepasst, wobei in der Regel keine Wertminderungen vorgenommen werden. Der zunehmende Wettbewerb um Fach- und Führungskräfte trägt dazu bei, dass die Unternehmen wieder verstärkt Altersvorsorgeleistungen als Bestandteil einer attraktiven Vergütung anbieten.

Die arbeitsrechtlichen Regelungen zur betrieblichen Altersversorgung sind im Betriebsrentengesetz (BetrAVG) zu finden. Dort ist z.B. geregelt, wann und in welcher Höhe ein Arbeitnehmer, der vor dem Versorgungsfall (Invalidität, Tod, Erreichen der Altersgrenze) aus dem Unternehmen ausscheidet, eine Anwartschaft auf eine Betriebsrente behält (so genannte unverfallbare Anwartschaft). Auch gibt es im BetrAVG umfangreiche Bestimmungen zur Sicherung der Betriebsrenten für den Fall, dass das Unternehmen insolvent wird, sowie zur Anpassung laufender Betriebsrenten, um eine allzu starke Entwertung der Renten im Zeitablauf zu vermeiden.

Darüber hinaus ist im BetrAVG geregelt, welche Finanzierungsformen für die betriebliche Altersversorgung in Frage kommen. Dies sind:
- Direktzusage (siehe 3.2.1)
- Direktversicherung (siehe 3.2.2)
- Pensionskasse (siehe 3.2.3)
- Unterstützungskasse (siehe 3.2.4) und – neu hinzu gekommen –
- Pensionsfonds (siehe 3.2.5).

Mit der Rentenreform des Jahres 2001 änderten sich auch einige Regelungen im BetrAVG. Beispielsweise wurden die Unverfallbarkeitsfristen für Anwartschaften auf Altersversorgung verkürzt und ein Rechtsanspruch auf Entgeltumwandlung (siehe 3.4.2) eingeführt.

3.1.3 Private Eigenvorsorge und Entgeltumwandlung

Die private Eigenvorsorge als dritte Alterssicherungsquelle trägt ebenfalls dazu bei, den während des Erwerbslebens erreichten Lebensstandard im Ruhestand aufrechtzuerhalten. Durch die Einführung der »Riester-Förderung« soll die private Eigenvorsorge gestärkt werden.

Die »Riester-Förderung« kann aber auch in bestimmten Finanzierungsformen der betrieblichen Altersversorgung in Anspruch genommen werden. Dies geschieht in Form der Entgeltumwandlung (siehe 3.4).

Vermögensanlage sind Renditechancen und -risiken verbunden.

Direktzusagen beinhalten auch biometrische Risiken für das Unternehmen. Denn das Unternehmen übernimmt im Fall einer unmittelbaren Versorgungszusage auch die damit verbundenen Versorgungsrisiken (Invalidität, Tod, Lebenserwartung). Zwar wird der Eintritt eines vorzeitigen Versorgungsfalls mit seiner statistischen Wahrscheinlichkeit bereits bei der Finanzierung berücksichtigt, ein ausreichender interner Risikoschutz ist aber nur bei größeren Personenbeständen nach dem »Gesetz der großen Zahl« gegeben. Je kleiner die Personenbestände und je höher die einzelnen Versorgungsverpflichtungen und damit -risiken sind, desto eher kann es infolge vorzeitigen Eintretens von Versorgungsfällen zu Liquiditätsproblemen und durch die damit verbundene Aufstockung der Pensionsrückstellungen zu »Bilanzsprüngen« kommen.

Die biometrischen Risiken können vom Unternehmen durch den Abschluss einer so genannten Rückdeckungsversicherung ganz oder teilweise abgedeckt werden. Eine Rückdeckungsversicherung stellt eine Lebensversicherung dar, die der Arbeitgeber auf das Leben des Arbeitnehmers abschließt. Hierbei ist der Arbeitgeber selbst und nicht der Arbeitnehmer hinsichtlich der Leistungen bezugsberechtigt. Bei einer kongruenten Rückdeckungsversicherung erfolgt eine deckungsgleiche Absicherung der erteilten Versorgungszusage hinsichtlich Art, Höhe und Fälligkeit der unmittelbar zugesagten Versorgungsleistungen. In diesem Fall werden auch sämtliche Versorgungsrisiken (vorzeitige Versorgungsfälle, Lebenserwartungsrisiko) auf den Versicherer abgewälzt.

Nachteile der Direktzusage mit (kongruenter) Rückdeckungsversicherung liegen in dem sofortigen Liquiditätsabfluss der Versicherungsprämien. Des Weiteren sind die Renditechancen gegenüber einer freien Vermögensanlage eingeschränkt, da der Versicherer den Restriktionen der Versicherungsaufsicht unterliegt. Für größere Unternehmen erscheint daher die externe Vermögensanlage, z.B. in Form von Spezialfonds, eine attraktive Alternative zur Rückdeckungsversicherung.

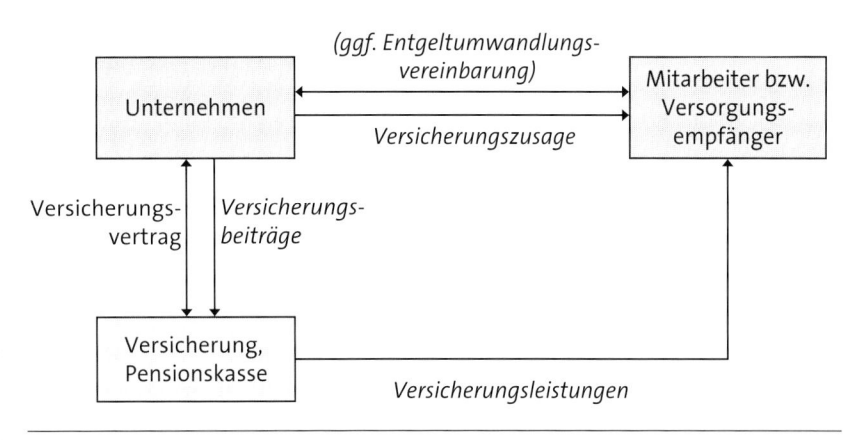

3.2.2 Direktversicherung

Die Direktversicherung ist eine Finanzierungsform, bei der die erforderlichen Mittel für die späteren Versorgungsleistungen bereits während der Anwartschaftszeit planmäßig nach versicherungsmathematischen Grundsätzen für jede einzelne Versorgungsverpflichtung gesondert angesammelt werden. Sie ist eine bei einer Versicherungsgesellschaft durch den Arbeitgeber abgeschlossene Lebensversicherung auf das Leben des Arbeitnehmers, bei der der Arbeitnehmer oder seine Hinterbliebenen hinsichtlich der Leistungen ganz oder teilweise bezugsberechtigt sind. Der Arbeitgeber zahlt Beiträge an das Versicherungsunternehmen, welches schließlich die Versorgungsleistungen an die Versorgungsberechtigten erbringt (siehe Grafik zu 3.2.2).

Die Beitragszahlungen durch den Arbeitgeber zählen zum Arbeitslohn. Damit fällt bereits während der Beitragszahlung eine Lohnbesteuerung an. Dies wird auch als »vorgelagerte Besteuerung« bezeichnet, da bereits die Beiträge an die Direktversicherung in der Anwartschaftsphase lohnsteuerpflichtig sind. Der Gesetzgeber hat hier allerdings dem Arbeitgeber die Möglichkeit der Pauschalierung der Lohnsteuer eingeräumt. Danach können Beiträge bis zu 1.752 € (bzw. im Rahmen einer Durchschnittsbetrachtung bis 2.148 €) im Kalenderjahr mit 20% (zzgl. Kirchensteuer und Solidaritätszuschlag) versteuert werden. Die Rentenleistungen aus der Direktversicherung werden nur mit dem so genannten Ertragsanteil (pauschal betrachtet ist das der in den Leistungen enthaltene Zinsanteil) steuerpflichtig und die Kapitalleistungen sind unter bestimmten Voraussetzungen völlig steuerfrei. Beiträge des Arbeitgebers für die Direktversicherung, die pauschal lohnversteuert und zusätzlich zu Löhnen und Gehältern gewährt werden, sind darüber hinaus von der Sozialversicherungspflicht befreit.

> ⚠ Die Direktversicherung ist im Rahmen der arbeitgeberfinanzierten Altersvorsorgung vor allem für kleine Unternehmen geeignet, insbesondere wegen der Auslagerung biometrischer Risiken und des Renditerisikos.

Da für große Unternehmen die Auslagerung biometrischer Risiken weniger relevant ist und dadurch der Nachteil der vorgelagerten Besteuerung (gegenüber einer vollständig nachgelagerten Besteuerung) nicht ausgeglichen werden kann, ist die Direktversicherung für größere Unternehmen weniger attraktiv. Sie wird aber von nahezu allen größeren Unternehmen regelmäßig im Rahmen der Entgeltumwandlung angeboten (Gehaltsumwandlungs-Direktversicherung).

3.2.3 Pensionskasse

Eine Pensionskasse ist eine selbstständige, rechtsfähige Versorgungs-

Grafik (zu 3.2.4) Rückgedeckte Unterstützungskasse

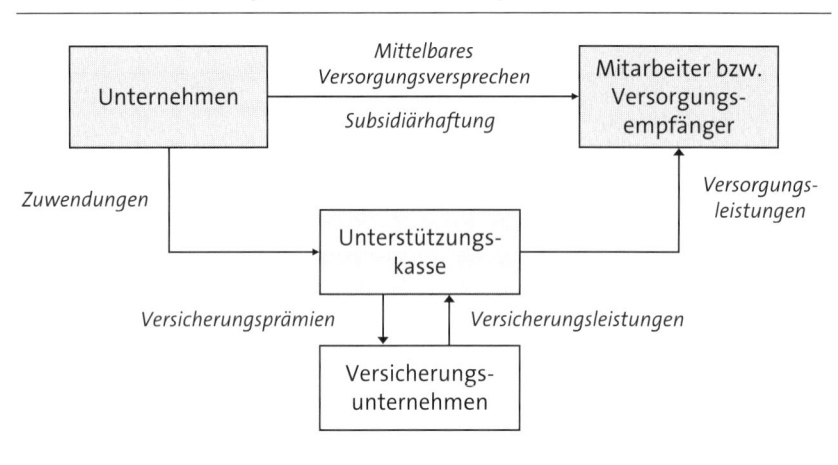

```
                  Mittelbares
                  Versorgungsversprechen
  ┌───────────┐ ──────────────────────→ ┌──────────────┐
  │ Unternehmen│                         │ Mitarbeiter bzw.│
  │           │    Subsidiärhaftung      │ Versorgungs-   │
  └───────────┘                         │ empfänger      │
       │                                 └──────────────┘
       │                                         ↑
  Zuwendungen                              Versorgungs-
       │                                     leistungen
       ↓         ┌──────────────┐              │
                 │ Unterstützungs-│──────────────┘
                 │ kasse          │
                 └──────────────┘
                    │        ↑
         Versicherungs-   Versicherungsleistungen
         prämien            │
                    ↓        │
                 ┌──────────────┐
                 │ Versicherungs-│
                 │ unternehmen   │
                 └──────────────┘
```

einrichtung, die den Leistungsberechtigten einen Rechtsanspruch auf die Versorgungsleistungen gewährt. Auch eine Pensionskasse ist im Ergebnis ein Versicherungsunternehmen, an das der Arbeitgeber Beiträge entrichtet (siehe Grafik zu 3.2.3). Pensionskassen unterscheiden sich von Versicherungsunternehmen im Wesentlichen nur darin, dass ihr Zweck darauf beschränkt ist, Leistungen der betrieblichen Altersversorgung zu erbringen, und sie somit kein sonstiges Versicherungsgeschäft betreiben.

Auch für Pensionskassen gilt, dass bereits die Beitragszahlungen durch den Arbeitgeber zum Arbeitslohn gehören und damit grundsätzlich eine vorgelagerte Besteuerung anfällt. Allerdings sind die Zuwendungen des Arbeitgebers an eine Pensionskasse aus dem ersten Dienstverhältnis seit dem 1.1.2002 bis 4% der BBG (im Jahr 2002 entspricht dies 2.160 €) lohnsteuerfrei. Darüber hinausgehende Dotierungen der Pensionskasse können pauschal lohnversteuert werden, wie Beträge für eine Direktversicherung auch. Ansonsten unterliegen sie der vollen individuellen Besteuerung. Bei Pensionskassen ist somit für Beiträge bis 4% der BBG eine nachgelagerte und für darüber hinausgehende Beiträge eine vorgelagerte Besteuerung anzuwenden. Sind die Beiträge lohnsteuerfrei, werden die daraus resultierenden Versorgungsleistungen voll versteuert. Werden die Beiträge pauschal oder individuell lohnversteuert, werden die Rentenzahlungen nur noch mit ihrem Ertragsanteil versteuert; Kapitalleistungen sind unter bestimmten Voraussetzungen steuerfrei.

> **!** Die Pensionskasse eignet sich als überbetriebliche Versorgungseinrichtung überwiegend für kleinere und mittlere Unternehmen, da diese dadurch die Möglichkeit erhalten, zumindest innerhalb eines begrenzten Rahmens eine nachgelagert lohnbesteuerte betriebliche Altersversorgung anzubieten, ohne – wie im Fall der rückstellungsfinanzierten Direktzusage – Verwaltungsaufwand, Versorgungsrisiken usw. in Kauf nehmen zu müssen.

3.2.4 Unterstützungskasse

Bei einer Unterstützungskasse handelt es sich um eine rechtlich selbstständige Versorgungseinrichtung, die auf ihre Leistungen formal keinen Rechtsanspruch gewährt und die in der Rechtsform eines eingetragenen Vereins, einer Stiftung oder einer GmbH besteht. Unterstützungskassen können sowohl für die Versorgungsberechtigten eines Unternehmens (Einzel-Unterstützungskasse) oder mehrerer Unternehmen (Gruppen-Unterstützungskasse) die Umsetzung der betrieblichen Altersversorgung wahrnehmen.

Der zwingend vorgeschriebene formale Ausschluss eines Rechtsanspruchs führt zum einen dazu, dass die Unterstützungskasse in ihrer Vermögensanlage nicht der staatlichen Versicherungsaufsicht unterliegt und zum anderen, dass die Zuwendungen des Arbeitgebers an die Unterstützungskasse beim Arbeitnehmer nicht als Arbeitslohn gelten, sondern erst die späteren Versorgungsleistungen steuerpflichtiges Einkommen darstellen (nachgelagerte Besteuerung). Arbeitsrechtlich hat allerdings der formale Ausschluss des Rechtsanspruchs nach der Rechtsprechung des Bundesarbeitsgerichts inzwischen keine weiteren Nachteile für den Arbeitnehmer gegenüber einer mit Rechtsanspruch erteilten unmittelbaren Versorgungszusage. Sollte die Unterstützungskasse nicht zahlen, müsste der Arbeitgeber aufgrund einer »Durchgriffshaftung« die Leistungen erbringen. Bei Zahlungsunfähigkeit des Arbeitgebers tritt der PSVaG ein, weshalb vom Arbeitgeber auch Beiträge zur Insolvenzsicherung an den PSVaG entrichtet werden müssen.

Der formal fehlende Rechtsanspruch führt aber dazu, dass die Finanzierung in der Anwartschaftsphase beschränkt ist und dadurch eine deutliche Unterdeckung der Versorgungsanwartschaften eintritt. Kapitalgesellschaften müssen diese Unterfinanzierungen im Bilanzanhang angeben.

Um diese Unterfinanzierung zu vermeiden, kann eine Unterstützungskasse für die in Aussicht gestellten Versorgungsleistungen eine Rückdeckungsversicherung abschließen (rückgedeckte Unterstützungskasse). Die Rückdeckungsversicherung einer Unterstützungskasse besteht im Abschluss einer Lebensversicherung durch die Kasse auf das Leben ihrer Leistungsanwärter und/oder Leistungsempfänger. Die Kasse ist Versicherungsnehmerin und Bezugsberechtigte für die Versicherungsleistungen (siehe Grafik zu 3.2.4). Im Fall einer kongruent rückgedeckten Unterstützungskasse erfolgt eine deckungsgleiche Absicherung der erteilten Versorgungszusagen hinsichtlich Art, Höhe und Fälligkeit der zugesagten Versorgungsleistungen. In diesem Fall werden sämtliche Versorgungsrisiken (vorzeitige Versorgungsfälle, Lebenserwartungsrisiko) auf den Versicherer verlagert.

Infolge der Rückdeckungsversicherung wird die ansonsten eingeschränkte Finanzierung in der Anwartschaftsphase auf eine volle Anwartschaftsdeckung ausgedehnt. Dies ist aber nur möglich, wenn die Versicherung dauerhaft bis zu dem Zeitpunkt abgeschlossen ist, für den erstmals Leistungen der Altersversorgung vorgesehen sind und wenn während dieser Zeit jährlich laufende Beiträge gezahlt werden, die der Höhe nach gleich bleiben oder steigen. Damit ist die rückgedeckte Unterstützungskasse nicht variabel dotierbar.

Bilanziell bietet die rückgedeckte Unterstützungskasse den Vorteil, dass kein Bilanzausweis erfolgen muss und damit die Unternehmenskennzahlen nicht beeinträchtigt werden.

3.2.5 Pensionsfonds

Mit der im Jahr 2001 verabschiedeten Rentenreform wurde der Pensionsfonds als neuer, fünfter Durchführungsweg der betrieblichen Altersversorgung eingeführt. Der Pensionsfonds ist im Wesentlichen der Pensionskasse nachgebildet und unterliegt wie diese der Versicherungsaufsicht. Allerdings gelten für ihn liberalere Anlagevorschriften.

Der Pensionsfonds ist eine rechtlich selbstständige Einrichtung (Aktiengesellschaft oder Pensionsfondsverein auf Gegenseitigkeit), die gegen Zahlung von Beiträgen die betriebliche Altersversorgung für den Arbeitgeber durchführt (siehe Grafik zu 3.2.5). Die Beiträge können bis zu 4% der BBG in der gesetzlichen Rentenversicherung lohnsteuerfrei zugewendet werden. Grundsätzlich sind sie in diesem Rahmen auch sozialabgabenfrei.

Wegen der Möglichkeit der weitgehend liberalen Vermögensanlage und den damit verbundenen höheren Anlagerisiken ist die über den Pensionsfonds durchgeführte betriebliche Altersversorgung, im Gegensatz zu Pensionskasse und Direktversicherung, insolvenzsicherungspflichtig durch den Arbeitgeber. Verfügt der Pensionsfonds nicht über die erforderlichen Mittel, um im Fall der Leistungszusage (siehe 3.3.1) die zugesagten Versorgungsleistungen bzw. im Fall der Beitragszusage mit Mindestleistung (siehe 3.3.3) den Nominalwert der zugesagten Versorgungsbeiträge (abzüglich der für Risikoschutz verbrauchten Beiträge) zu erfüllen, haftet der Arbeitgeber oder, wenn dieser zahlungsunfähig ist, der PSVaG im gesetzlich vorgegebenen Rahmen.

Grafik (zu 3.2.5) Pensionsfonds

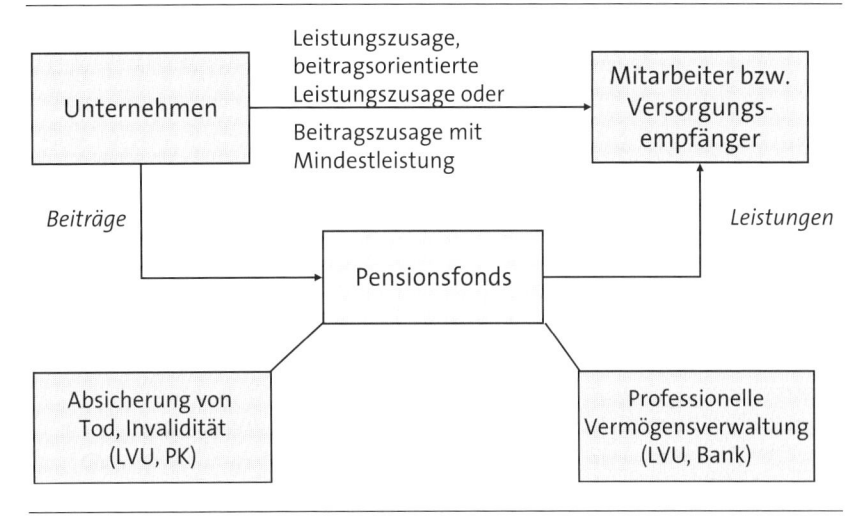

Unternehmen → Leistungszusage, beitragsorientierte Leistungszusage oder Beitragszusage mit Mindestleistung → Mitarbeiter bzw. Versorgungsempfänger

Beiträge → Pensionsfonds → Leistungen

Absicherung von Tod, Invalidität (LVU, PK)

Professionelle Vermögensverwaltung (LVU, Bank)

> Ebenso wie die Pensionskasse eignet sich der Pensionsfonds als überbetriebliche Versorgungseinrichtung überwiegend für kleinere und mittlere Unternehmen. Ein unternehmensindividueller Pensionsfonds kommt nur für Großunternehmen in Betracht, weil die Einrichtung und der Betrieb eines Pensionsfonds sehr aufwendig sind.

Ein wichtiges Entscheidungskriterium für den Pensionsfonds mag die liberalere Vermögensanlage sein. Allerdings steht diesem Vorteil des Pensionsfonds das latente Haftungsrisiko des Arbeitgebers und die Insolvenzsicherungspflicht des Arbeitgeber gegenüber. Inwieweit Unternehmen bereit sein werden, Pensionsfonds für die Umsetzung der betrieblichen Altersversorgung, insbesondere für die Entgeltumwandlung, anzubieten, bleibt abzuwarten.

3.3 Leistungsplangestaltungen

3.3.1 Leistungszusage

Bei der Gestaltung der betrieblichen Altersversorgung bestehen verschiedene Möglichkeiten. Neben der Wahl der Finanzierungsform ist auch zu entscheiden, ob dem Mitarbeiter eine definierte Leistung oder lediglich Finanzierungsbeiträge zugesagt werden.

Bis in die 80er Jahre wurden von den Unternehmen vielfach so genannte Gesamtversorgungszusagen erteilt, d.h. den Arbeitnehmern wurde ein bestimmter Prozentsatz (z.B. 75 %) des letzten ruhegehaltsfähigen Einkommens als Gesamtversorgung aus betrieblicher Altersversorgung und gesetzlicher Rentenversicherung zugesagt. Die Höhe der Betriebsrente ist bei diesen Zusagen von der Höhe der Sozialversicherungsrenten abhängig. Der Arbeitgeber übernimmt eine so genannte »Ausfallhaftung« für die Leistungen der gesetzlichen Rentenversicherung. Die mit solchen Zusagen verbundenen hohen Belastungsrisiken für den Arbeitgeber haben dazu geführt, dass die Gesamtversorgungszusagen nach und nach durch endgehaltsdynamische Zusagen abgelöst wurden.

Bei endgehaltsdynamischen Zusagen wird dem Arbeitnehmer für jedes Dienstjahr ein bestimmter Prozentsatz des letzten Gehaltes als

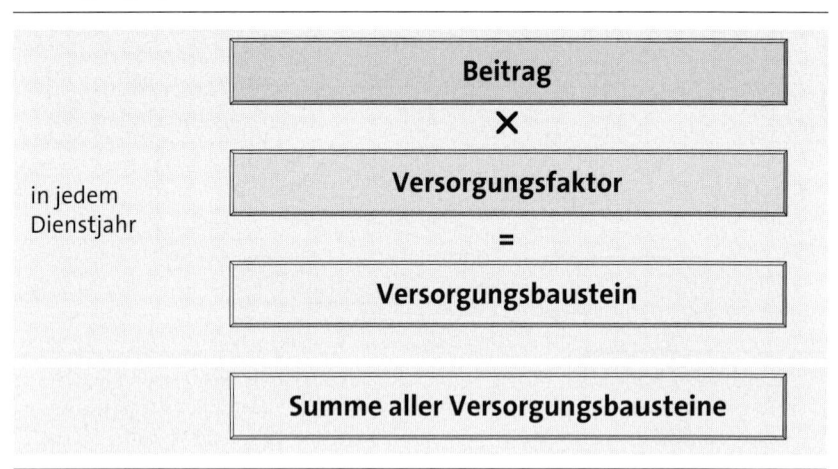

Grafik (zu 3.3). Grundprinzip eines beitragsorientierten Versorgungssystems

in jedem Dienstjahr

Beitrag
×
Versorgungsfaktor
=
Versorgungsbaustein

Summe aller Versorgungsbausteine

Rente zugesagt. Solche Zusagen sind demnach an die Entwicklung der Gehälter gebunden, welche vom Unternehmen selbst in der Regel nicht beeinflusst werden kann. Folglich sind endgehaltsdynamische Zusagen ebenfalls mit einem recht hohen Maß an Planungsunsicherheit für den Arbeitgeber verbunden.

Mehr Planungssicherheit bieten dagegen Festbetragszusagen. Hierbei wird dem Arbeitnehmer ein bestimmter Euro-Betrag als monatliche oder jährliche Rente zugesagt. Die Höhe des zugesagten Betrages kann von der Einkommens- oder Tarifgruppe und/oder der Betriebszugehörigkeit abhängen. Solche Zusagen zeichnen sich durch gute Steuerbarkeit durch den Arbeitgeber aus. Allerdings droht eine Entwertung der Betriebsrenten, wenn die Festbeträge nicht regelmäßig an die Inflation angepasst werden.

In den letzten Jahren ist die Erteilung von Festbetragszusagen eher rückläufig. Stattdessen werden zunehmend so genannte beitragsorientierte Leistungszusagen erteilt.

3.3.2 Beitragsorientierte Leistungszusage

Im Unterschied zu den in der Vergangenheit regelmäßig erteilten Leistungszusagen (Gesamtversorgungszusagen, endgehaltsdynamischen Zusagen und Festbetragszusagen) steht bei beitragsorientierten Leistungszusagen weniger eine bestimmte Versorgungsleistung im Vordergrund, sondern vielmehr der vom Arbeitgeber aufzubringende Versorgungsaufwand. Aus dem Versorgungsaufwand wird eine bestimmte Versorgungsleistung nach versicherungsmathematischen Grundsätzen berechnet, die dem Arbeitnehmer zugesagt wird. Für jedes Dienstjahr wird ein bestimmter Versorgungsbaustein ermittelt. Bei der Ermittlung des Versorgungsbausteins spielt neben der Höhe des Beitrags auch das Alter des Mitarbeiters und ein eingerechneter Zinssatz eine Rolle. Das Grundprinzip beitragsorientierter Leistungszusagen geht aus der Grafik zu 3.3.2 hervor.

Beitragsorientierte Leistungszusagen zeichnen sich durch eine gute Kalkulierbarkeit des Versorgungsaufwands für den Arbeitgeber aus. Auch bieten sie den Vorteil, dass die Karriere des Mitarbeiters berücksichtigt werden kann, was zu einer höheren Leistungsgerechtigkeit im Vergleich zu den bisherigen Leistungszusagen führt. Darüber hinaus kann dem Arbeitnehmer der Wert der Versorgung durch die Offenlegung des zugrundeliegenden Versorgungsbeitrags besser verdeutlicht werden. Darüber hinaus ist es möglich, beitragsorientierte Leistungszusagen mit der Entgeltumwandlung der Mitarbeiter zu kombinieren.

3.3.3 Beitragszusage mit Mindestleistung

Mit der Rentenreform des Jahres 2001 wurde die Beitragszusage mit Mindestleistung ins BetrAVG aufgenommen. Reine Beitragszusagen, bei denen die Leistungspflicht des Arbeitsgebers lediglich auf die Entrichtung der Beiträge beschränkt ist, sind bisher nicht möglich.

Die Beitragszusage mit Mindestleistung ist eine Beitragszusage, bei der der Arbeitgeber mindestens den Nominalwert der zugesagten Beiträge garantieren muss. Die Mindestleistungspflicht des Arbeitgebers hat der Gesetzgeber aus sozialen Erwägungen einbezogen. Er wollte vermeiden, dass der Arbeitnehmer in vollem Umfang das Vermögensanlagerisiko tragen muss.

In der Praxis wird die Mindestleistungspflicht des Arbeitgebers insbesondere bei Pensionsfonds eine Rolle spielen, da diese die Chancen und Risiken des Kapitalmarkts in größerem Umfang als z.B. eine Pensionskasse nutzen werden. Aber auch bei Direktversicherung und Pensionskasse kann die Beitragszusage mit Mindestleistung gewählt werden.

3.4 Entgeltumwandlung

3.4.1 Wesen der Entgeltumwandlung

Bei der Entgeltumwandlung verzichtet ein Arbeitnehmer auf Teile künftiger Barbezüge und erwirbt eine wertgleiche Anwartschaft auf Altersversorgung. Entgeltumwandlung ist schon seit vielen Jahren in Form der Gehaltsumwandlungs-Direktversicherung und in Form von Deferred Compensation-Modellen (im Rahmen von Direkt- und Unterstützungskassenzusagen) verbreitet.

Mit dem Rentenreformgesetz 1999 ist die Entgeltumwandlung begrifflich ins BetrAVG aufgenommen worden und gilt seitdem neben der arbeitgeberfinanzierten betrieblichen Altersversorgung offiziell als eine weitere Form der betrieblichen Altersversorgung. Mit der Einführung des Rechtsanspruchs auf Entgeltumwandlung (siehe 3.4.2) und der Möglichkeit, die »Riester-Förderung« sowohl privat als auch im Rahmen der Entgeltumwandlung in Anspruch zu nehmen, sind die Grenzen zwischen privater und betrieblicher Altersversorgung fließend geworden.

Im Vergleich zur arbeitgeberfinanzierten betrieblichen Altersversorgung gilt für Neuzusagen auf Entgeltumwandlung ab dem 1.1.2002 die sofortige gesetzliche Unverfallbarkeit und damit einhergehend ein gesetzlicher Insolvenzschutz über den PSVaG (siehe 3.2.1). Allerdings ist dieser sofortige Insolvenzschutz auf Umwandlungen in Höhe von 4% der BBG beschränkt. Werden höhere Beträge umgewandelt, unterliegen die daraus resultierenden Zusagen erst nach Ablauf von zwei Jahren dem Schutz des PSVaG.

Auch bezüglich der beitragsrechtlichen Behandlung der Entgeltumwandlung gibt es im Vergleich zur arbeitgeberfinanzierten betrieblichen Altersversorgung Unterschiede. Bei der arbeitgeberfinanzierten betrieblichen Altersversorgung sind die Zuführungen des Arbeitgebers zu den Pensionsrückstellungen (im Rahmen der Direktzusage) bzw. die Zuwendungen zur Unterstützungskasse in der Sozialversicherung nicht beitragspflichtig. Bei der Pensionskasse müssen bis 4% der BBG keine Sozialabgaben gezahlt werden. Werden der Pensionskasse mehr als 4% der BBG zugewendet bzw. wird die betriebliche Altersversorgung über den Durchführungsweg der Direktversicherung abgewickelt, besteht insoweit keine Beitragspflicht, wie diese Beträge zusätzlich zu Lohn und Gehalt gezahlt wurden und pauschal lohnversteuert wurden. Bei der Entgeltumwandlung ist die Beitragsfreiheit in den Jahren von 2002 bis 2008 nur noch in Höhe von bis zu 4% der BBG (bzw. in Höhe der pauschalierten Beträge bei Pensionskasse und Direktversicherung) gegeben. Ab 2009 besteht schließlich volle Sozialversicherungspflicht für alle Entgeltumwandlungsbeträge, unabhängig davon, welcher Durchführungsweg gewählt wird. Soll die Entgeltumwandlungsversorgung staatlich gefördert werden (siehe 3.5), besteht immer Beitragspflicht (siehe Grafik zu 3.4.1). Die Sozialversicherungspflicht spielt allerdings nur für Einkommen unterhalb den Beitragsbemessungsgrenzen in der Sozialversicherung eine Rolle.

Grafik (zu 3.4.1)
Beitragspflicht der Dotierung der betrieblichen Altersversorgung

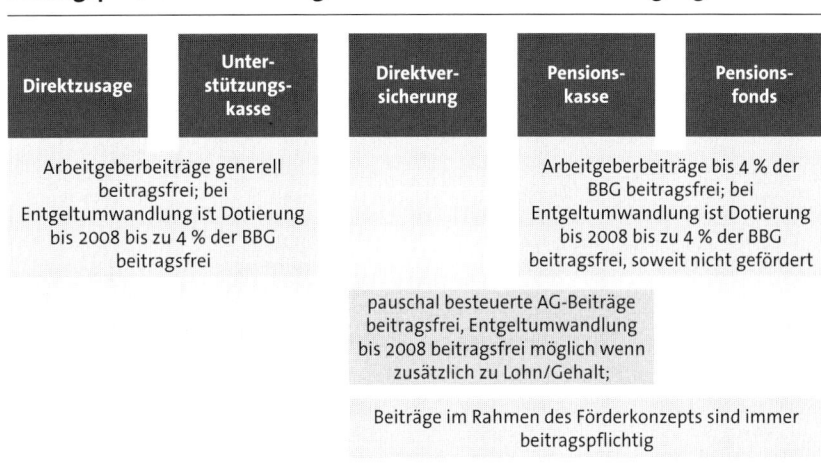

Direktzusage	Unterstützungskasse	Direktversicherung	Pensionskasse	Pensionsfonds
Arbeitgeberbeiträge generell beitragsfrei; bei Entgeltumwandlung ist Dotierung bis 2008 bis zu 4 % der BBG beitragsfrei			Arbeitgeberbeiträge bis 4 % der BBG beitragsfrei; bei Entgeltumwandlung ist Dotierung bis 2008 bis zu 4 % der BBG beitragsfrei, soweit nicht gefördert	
		pauschal besteuerte AG-Beiträge beitragsfrei, Entgeltumwandlung bis 2008 beitragsfrei möglich wenn zusätzlich zu Lohn/Gehalt;		
		Beiträge im Rahmen des Förderkonzepts sind immer beitragspflichtig		

Ob die Beitragspflicht für umgewandelte Entgelte dem Ziel der Förderung der kapitalgedeckten Altersvorsorge zuträglich ist, muss bezweifelt werden. Erschwerend kommt hinzu, dass die späteren Rentenleistungen z.B. in Verbindung mit einer Direkt- oder Unterstützungskassenzusage, wiederum der Beitragspflicht in der Kranken- und Pflegeversicherung unterliegen und somit das Problem der »Doppelverbeitragung« entsteht. Möglicherweise ergeben sich hier auch verfassungsrechtliche Bedenken.

> ⚠ Unternehmen, die bereits Entgeltumwandlungssysteme haben, sollten diese bezüglich der gesetzlichen Neuregelungen (z.B. Unverfallbarkeit, gesetzlicher Anspruch auf Entgeltumwandlung) überprüfen und ggf. anpassen.

3.4.2 Rechtsanspruch auf Entgeltumwandlung

Das BetrAVG sieht ab 1.1.2002 einen individuellen Anspruch des Arbeitnehmers auf Entgeltumwandlung für die betriebliche Altersversorgung vor. Der Arbeitnehmer kann verlangen, dass von seinen künftigen Entgeltansprüchen bis zu 4% der jeweiligen BBG in der gesetzlichen Rentenversicherung für die Entgeltumwandlung verwendet wird, und zwar unabhängig vom individuellen Arbeitsentgelt.

Dieser Anspruch besteht für alle Arbeitnehmer, die in der gesetzlichen Rentenversicherung pflichtversichert sind. Ausgenommen sind nur wenige Personenkreise, z.B. geringfügig beschäftigte Arbeitnehmer, die auf die Versicherungsfreiheit nicht verzichtet haben.

Soweit ein Arbeitnehmer bereits an einer ihm angebotenen Entgeltumwandlung teilnimmt, ist der Anspruch auf Entgeltumwandlung ausgeschlossen.

Die Finanzierungsform für den Entgeltumwandlungsanspruch wird zwischen Arbeitnehmer und Arbeitgeber frei vereinbart. Grundsätzlich sind alle fünf Finanzierungsformen (siehe 3.2) möglich. Allerdings kann der Arbeitgeber die Wahl des Pensionsfonds, der Pensionskasse und der Direktversicherung durchsetzen, wenn er diese Versorgungsträger für die Zwecke der Entgeltumwandlung anbietet. Die konkrete Wahl des Pensionsfonds, der Pensionskasse bzw. des Versicherers obliegt dem Arbeitgeber; der Arbeitnehmer hat keinen Anspruch auf einen bestimmten Versicherer oder Versicherungstarif.

Wird die Entgeltumwandlung über Pensionsfonds, Pensionskasse oder Direktversicherung durchgeführt, kann der Arbeitnehmer vom Arbeitgeber verlangen, dass die Voraussetzungen für die »Riester-För-

Grafik (zu 3.5) Fördervoraussetzungen und Leistungen im Überblick

2002/2003	2004/2005	2006/2007	ab 2008
Mindesteigenbeitrag: 1% der im Vorjahr erzielten RV-beitragspfl. Einnahmen, max. € 525; mind. € 45/38/30 bei 0/1/2 Kindern	**Mindesteigenbeitrag: 2%** der im Vorjahr erzielten RV-beitragspfl. Einnahmen, max. € 1.050; mind. € 45/38/30 bei 0/1/2 Kindern (bis 2004)	**Mindesteigenbeitrag: 3%** der im Vorjahr erzielten RV-beitragspfl. Einnahmen, max. € 1.575; mind. € 90/75/60 bei 0/1/2 Kindern (ab 2005)	**Mindesteigenbeitrag: 4%** der im Vorjahr erzielten RV-beitragspfl. Einnahmen, max. € 2.100; mind. € 90/75/60 bei 0/1/2 Kindern
Grundzulage : € 38 Kinderzulage: € 46	Grundzulage : € 76 Kinderzulage: € 92	Grundzulage : € 114 Kinderzulage: € 138	Grundzulage : € 154 Kinderzulage: € 185
Sonderausgabenabzug max. € 525	Sonderausgabenabzug max. € 1.050	Sonderausgabenabzug max. € 1.575	Sonderausgabenabzug max. € 2.100

derung« (siehe 3.5) erfüllt werden. Dies ist in der Regel dann gegeben, wenn die Vorsorgebeiträge aus dem Nettoentgelt (nach Abzug von Steuern und Sozialabgaben) aufgewendet werden. Darüber hinaus müssen als Versorgungsleistungen für den Ruhestand lebenslange Renten (kein Kapital) vorgesehen werden.

Um den arbeitnehmerseitig bestehenden Anspruch auf Entgeltumwandlungsversorgung zu erfüllen, könnte als einfachste Form von den Unternehmen eine (förderfähige) Renten-Direktversicherung angeboten werden (soweit nicht die Tarifvertragsparteien eine andere Form der Umsetzung, etwa über eine tarifliche Einrichtung, anbieten). Dagegen ist für Bezieher mittlerer bis höherer Einkommen z.B. die Direktzusage mit und ohne Rückdeckung in der Regel wirtschaftlich attraktiver.

> ! Jedes Unternehmen ist aufgefordert, eine förderfähige Entgeltumwandlung anzubieten. Unternehmen, die sich personalwirtschaftlich im Wettbewerb um qualifizierte Arbeitskräfte befinden und sich deshalb von anderen Unternehmen absetzen wollen, müssen über das gesetzliche Maß hinaus etwas anbieten. Diesen Unternehmen ist die Umsetzung eines zielgruppenorientierten Entgeltumwandlungskonzepts mit unterschiedlichen Angeboten zu empfehlen.

3.4.3 Tarifvorrang

Die Umwandlung von tarifvertraglichem Entgelt ohne entsprechende tarifvertragliche Öffnungsklauseln war in der Vergangenheit umstritten. Mit der Rentenreform des Jahres 2001 ist neuerdings verbindlich geregelt, dass eine tarifvertragliche Öffnungsklausel Voraussetzung für die Umwandlung von Tarifentgelt ist. Dies gilt auch für den Anspruch auf Entgeltumwandlung.

Von diesem neuen gesetzlichen »Tarifvorrang« sind auch bestehende Entgeltumwandlungssysteme betroffen, soweit in der Vergangenheit vereinbarte, befristete Entgeltumwandlungen künftig verlängert werden.

Aufgrund des Tarifvorrangs sind die Tarifvertragsparteien aufgefordert, über entsprechende Öffnungsklauseln zu verhandeln. Sie haben dabei die Möglichkeit, einfache oder qualifizierte Öffnungsklauseln vorzusehen. Einfache Öffnungsklauseln regeln lediglich, dass tarifliches Entgelt umgewandelt werden darf. Für die weitere Ausgestaltung der Entgeltumwandlung gelten die gesetzlichen Bestimmungen. Bei qualifizierten Öffnungsklauseln werden von den Tarifvertragsparteien zusätzlich verschiedene Ausgestaltungsformen der Entgeltumwandlung, z.B. Art der umwandelbaren Entgeltbestandteile oder mögliche Durchführungswege, festgelegt.

Die verschiedenen Branchen haben sehr unterschiedliche Tarifverträge abgeschlossen. Beispielhaft können hierbei der Tarifvertrag der Metall- und Elektrobranche oder der Tarifvertrag der chemischen Industrie genannt werden, die beide sehr unterschiedliche Philosophien verfolgen. Beide Branchen haben zusätzlich ein Angebot für die Umsetzung der Entgeltumwandlung entwickelt, damit auch kleine und mittlere Unternehmen ihren Arbeitnehmern attraktive Angebote zur Entgeltumwandlung unterbreiten können.

3.5 »Riester-Förderung«

Im Bereich der individuellen Privatvorsorge werden zertifizierte Altersvorsorgeverträge staatlich gefördert, desgleichen Direktversicherung, Pensionskasse und Pensionsfonds als Durchführungswege der betrieblichen Altersversorgung. Die Förderung besteht aus direkten Zulagen bzw. einem Sonderausgabenabzug im Rahmen der Einkommensteuerveranlagung.

Dieses Konzept zur Förderung der kapitalgedeckten Altersvorsorge (»Riester-Förderung«) wird stufenweise von 2002 bis 2008 eingeführt. Um die volle Zulage bzw. den vollen Sonderausgabenabzug zu erhalten, müssen bestimmte Mindesteigenbeiträge geleistet werden, die sich auf das rentenversicherungspflichtige Bruttoeinkommen des Vorjahrs (siehe Grafik zu 3.5) beziehen. Diese Mindesteigenbeiträge, die um die Zulagen zu vermindern sind, sind in den einzelnen Jahren nach oben und unten begrenzt. So müssen z.B. ab dem Jahr 2008 bei 0/1/2 Kindern mindestens 90/75/60 € (ohne Berücksichtigung der Zulagen) aufgewendet werden, maximal sind 2.100 € förderfähig. Die maximale Höhe der Mindesteigenbeiträge entspricht der Höhe des jeweiligen Sonderausgabenhöchstbetrags.

Die Zulagen sind von Familienstand und Kinderzahl abhängig und bis zum Jahr 2008 gestaffelt. Im Jahr 2008, in dem der volle Umfang der Zulagen erreicht wird, beträgt die Grundzulage 154 € und die Kinderzulage 185 € (siehe Grafik zu 3.5).

Für höherverdienende Arbeitnehmer, insbesondere solche ohne Kinder, bringt der Sonderausgabenabzug höhere Förderbeträge als die Zulage. Die maximale Höhe des Sonderausgabenabzugs ist im Übrigen auch bis zum Jahr 2008 gestaffelt (siehe Grafik zu 3.5).

Ähnlich wie beim Kindergeld ist es Aufgabe der Finanzbehörden festzustellen, was für den Einzelnen günstiger ist. Der Sonderausgabenabzug bewirkt, dass der Versorgungsaufwand steuerfrei gestellt und damit eine nachgelagerte Besteuerung erreicht wird, welche im Zusammenhang mit einer betrieblichen Altersversorgung über eine Direktzusage oder Unterstützungskasse ohnehin gegeben ist.

> ! Personen, die vom Sonderausgabenabzug profitieren, müssen dennoch auch die Zulage beantragen. Das Finanzamt berücksichtigt bei seiner Prüfung den Anspruch auf Zulage (nicht die tatsächlich erhaltene Zulage!) und gewährt nur den über den Anspruch auf Zulage hinausgehenden Steuervorteil.

Wenn sich der Einzelne dafür entscheidet, die staatliche Förderung nicht in Zusammenhang mit einem privaten Vorsorgevertrag, sondern im Wege der betrieblichen Altersversorgung durch Entgeltumwandlung in Anspruch zu nehmen, kann sich für ihn dadurch ein Vorteil ergeben, dass Arbeitgeber von Versorgungsträgern (Lebensversicherungsunternehmen, Pensionskassen und Pensionsfonds) günstigere Konditionen erhalten können, als der Einzelne im privaten Bereich erzielen könnte. Darüber hinaus ist für die Förderung der betrieblichen Versorgungsformen keine Zertifizierung erforderlich. Es muss lediglich eine lebenslange Versorgung (Rente oder Auszahlungsplan) sicher gestellt sein.

Andererseits hat der Einzelne im privaten Bereich eine größere Auswahl zwischen den Anbietern, weil er sich nicht auf die Angebote des Arbeitgebers bzw. der Tarifvertragsparteien beschränken muss.

Derzeit ist noch nicht abschließend feststellbar, wie die Arbeitgeber den Anspruch auf Entgeltumwandlung in Verbindung mit der »Riester-Förderung« umsetzen werden und in welchem Umfang die Arbeitnehmer diese in Anspruch nehmen werden. Es zeichnet sich eine Tendenz dahingehend ab, dass die Nachfrage der Arbeitnehmer nach den klassischen Formen der Entgeltumwandlung weiterhin im Vordergrund steht. Die Nachfrage nach der geförderten Entgeltumwandlung spielt dagegen in den Betrieben derzeit kaum eine Rolle.

Der Grund dafür könnte in den komplexen Fördervoraussetzungen und im komplizierten Verfahren zur Inanspruchnahme der Förderung liegen, die zu Beginn (in den Jahren 2002/2003) darüber hinaus sehr gering ist. Erschwerend kommt hinzu, dass die Förderung nachträglich verloren gehen kann, wenn die Versorgungsleistung als Kapital ausgezahlt wird oder der Versorgungsempfänger seine uneingeschränkte Steuerpflicht in Deutschland, z.B. durch einen Wegzug ins Ausland, aufgibt. Möglicherweise wird die »Riester-Förderung« aber auch häufiger im privaten als im betrieblichen Bereich in Anspruch genommen.

> ! Jeder Einzelne sollte zunächst prüfen, welcher Versorgungsbedarf sich unter Berücksichtigung der voraussichtlichen Leistungen aus der gesetzlichen Rentenversicherung, etwaigen betrieblichen Versorgungssystemen sowie bereits bestehenden privaten Vorsorgemaßnahmen ergibt. Ausgehend vom Versorgungsbedarf sollte jeder Arbeitnehmer überlegen, welche Vorsorgemaßnahmen, auch aus steuerlicher Sicht, ihm am sinnvollsten erscheinen. Dabei ist nicht immer die »Riester-Rente« die sinnvollste Alternative.

Dem Arbeitnehmer wird empfohlen, sich hierzu unbedingt auch Informationen von neutralen Institutionen, z.B. Bundesversicherungsanstalt für Angestellte, Verbraucherzentralen, Stiftung Warentest oder Tarifvertragsparteien, einzuholen.

3.6 Ausblick

Das Rentenniveau in der gesetzlichen Rentenversicherung wird infolge der im Jahr 2001 verabschiedeten Rentenreform sinken. Möglicherweise werden in den nächsten Jahren weitere Eingriffe folgen. Deshalb sind die Arbeitnehmer zunehmend auf betriebliche oder private Altersvorsorge angewiesen, wenn sie im Alter ihren Lebensstandard aufrecht erhalten wollen. Die betriebliche Altersversorgung wird demzufolge für die Arbeitnehmer an Attraktivität gewinnen und damit als Bestandteil der Gesamtvergütung wichtiger werden.

Durch die Einführung des Rechtsanspruchs auf Entgeltumwandlung müssen sich auch die Arbeitgeber verstärkt mit der Thematik der betrieblichen Altersversorgung auseinandersetzen, auch diejenigen, die ihren Arbeitnehmern bisher noch keine betriebliche Altersversorgung angeboten haben.

Große Branchen (z.B. die Metall- und Elektroindustrie und die chemische Industrie) stellen kleineren und mittleren Unternehmen Umsetzungsmöglichkeiten für die Entgeltumwandlung zur Verfügung. Aber die Umsetzung der Entgeltumwandlung über Branchenlösungen ersetzt nicht die Verantwortung der Arbeitgeber, eine arbeitgeberfinanzierte betriebliche Altersversorgung anzubieten. Denn der Rechtsanspruch auf Entgeltumwandlung soll lediglich die durch die Rentenreform des Jahres 2001 weitere Absenkung des Rentenniveaus ausgleichen. Auch ist zu bedenken, dass ein Anschluss an Branchenlösungen personalwirtschaftlich weniger attraktiv ist, weil man sich nicht von anderen Unternehmen abhebt.

Die Arbeitgeber sollten sich so früh wie möglich mit der Thematik der Entgeltumwandlung auseinandersetzen und unter den gesetzlichen und tarifvertraglichen Vorgaben sowie den unternehmensindividuellen Gegebenheiten ein eigenes Konzept entwickeln. Ansonsten laufen sie Gefahr, die von den Arbeitnehmern oder den Tarifvertragsparteien vorgeschlagenen Lösungen akzeptieren zu müssen.

Die betriebliche Altersversorgung bietet eine Vielzahl von Möglichkeiten. Die Einführung des Pensionsfonds und der Beitragszusage mit

Mindestleistung mit der Rentenreform des Jahres 2001 haben die Gestaltungsalternativen weiter erhöht. Allerdings gibt es weder für die Entgeltumwandlung noch für die arbeitgeberfinanzierte betriebliche Altersversorgung den »Königsweg«. Der ideale Weg hängt von den unternehmensindividuellen Gegebenheiten ab.

> Die Wahl der geeigneten Finanzierungsform und die Versorgungsgestaltung können immer nur unternehmensindividuell festgelegt werden. Die Lösungen in den Unternehmen können sehr unterschiedlich sein.

Insgesamt kann aber festgestellt werden, dass die betriebliche Altersversorgung in Deutschland auf einem guten Weg ist, die Bedeutung zu erlangen, die sie in anderen, modernen, westlichen Industrienationen bereits erreicht hat.

B Entgelt und Recht

1 Tarifvertragsrecht

In Unternehmen, in denen ein Tarifvertrag angewandt wird (vgl. dazu I B/1.3), bildet der darin festgelegte Tariflohn/das Tarifgehalt die Basis der zu zahlenden Vergütung. Nach dem Günstigkeitsprinzip sind vertragliche Vereinbarungen, durch die der Tariflohn unterschritten wird, unwirksam, ebenso Betriebsvereinbarungen.

Die tarifliche Vergütung ist auch dann Anhaltspunkt für den Gehaltsanspruch, wenn die Parteien im Ausnahmefall keine Vergütung vereinbart haben. Wenn die Dienstleistung den Umständen nach nur gegen Vergütung zu erwarten ist, gilt eine Bezahlung als stillschweigend vereinbart. Dies ist in der Regel anzunehmen, soweit es nicht um kurzfristige Gefälligkeiten, familiäre Mitarbeit oder ehrenamtliche Tätigkeiten geht. Der Mitarbeiter hat dann Anspruch auf eine »übliche Vergütung«. Dies ist grundsätzlich die tarifliche Vergütung für die ausgeübte Tätigkeit.

1.1 Entgeltgrundsätze

Der Arbeitnehmer kann die tarifliche Vergütung verlangen, wenn der Tarifvertrag nach seinem zeitlichen, räumlichen, fachlichen und persönlichen Geltungsbereich auf das Arbeitsverhältnis Anwendung findet. Es muss Tarifbindung bestehen, entweder durch Mitgliedschaft von Arbeitgeber und Arbeitnehmer in den tarifbindenden Verbänden (Arbeitgeberverband bzw. Gewerkschaft), infolge Allgemeinverbindlichkeit oder Bezugnahme im Arbeitsvertrag.

> Wenn der Tarifvertrag nur infolge einer Bezugnahme im Arbeitsvertrag gilt, besteht keine zwingende Geltung kraft Gesetzes, sondern nur eine vertragliche. Dies bedeutet, dass in Vertragsänderungen auch eine niedrigere Vergütung unterhalb des Tarifgehalts vereinbart werden kann.

Gilt der Tarifvertrag jedoch infolge Verbandsmitgliedschaft oder Allgemeinverbindlicherklärung, ist der Tarifvertrag zwingend einzuhalten. Eine Unterschreitung des Tariflohns durch vertragliche Vereinbarung ist dann grundsätzlich unzulässig. Dies gilt nur dann nicht, wenn der Tarifvertrag eine Öffnungsklausel enthält, die Abweichungen erlaubt. Eine solche Abweichung (Unterschreitung des Tariflohns) muss jedoch ausdrücklich vertraglich mit dem Arbeitnehmer vereinbart werden.

Gilt der Tarifvertrag nur noch aufgrund der gesetzlichen Nachwirkung (siehe dazu I B/2.1.2), gilt er nicht mehr zwingend. In diesem Stadium kann der Arbeitgeber mit dem Mitarbeiter eine untertarifliche Vergütung durch Vertrag vereinbaren.

Das Günstigkeitsprinzip gilt übrigens im Verhältnis von Tarifverträgen zueinander nicht: Ein neuer Tarifvertrag kann die frühere tarifliche Regelung daher auch zum Nachteil des Arbeitnehmers ändern.

1.2 Zulagen

Viele Tarifverträge sehen zusätzlich zum Tariflohn Zulagen vor. Folgende Zulagen sind gebräuchlich:
- Leistungszulagen (nach Bewertung der Arbeitsleistung)
- Erschwerniszulagen (als Ausgleich für besondere Belastungen, z. B. Schmutzzulage, Hitzezulage, Gefahrenzulage).
- Funktionszulagen (wegen der Übernahme zusätzlicher Aufgaben, z. B. Sonderprojekte, Aufsichts- und Führungstätigkeit)
- Sozialzulagen (z. B. Kinderzulage, Ortszuschläge).

1.2.1 Mehrarbeit
(auch Überstunden genannt) liegt vor, wenn der Mitarbeiter über die vertraglich vereinbarte Arbeitszeit hinaus tätig wird. Dabei sind die Grenzen des Arbeitszeitgesetzes zu beachten. Es gibt keine gesetzliche Regelung, wonach für Überstunden ein besonderer Zuschlag zu zahlen ist. Solche Zuschläge sind jedoch in vielen Tarifverträgen vorgesehen. Ein Zuschlag kann auch im Einzelvertrag vereinbart werden.

1.2.2 sonstige Zulagenregelungen
Soweit ausnahmsweise nach dem Arbeitszeitgesetz eine Tätigkeit an Sonntagen und Feiertagen erlaubt ist (z. B. für durchgehend arbeitende Betriebe, für das Gaststättengewerbe oder Speditionsbetriebe), hat der Arbeitnehmer zunächst Anspruch auf das reguläre Arbeitsentgelt. Wiederum nicht gesetzlich geregelt ist, ob er

darüber hinaus Zuschläge für Tätigkeiten an Sonn- und Feiertagen verlange kann. Ein solcher Anspruch kann sich jedoch aus einem Tarifvertrag, einer Betriebsvereinbarung oder dem Einzelvertrag ergeben.

> ! Falls der Arbeitgeber für solche Tätigkeiten (einschließlich Nachtarbeit) Zulagen zahlt, können diese unter bestimmten Voraussetzungen steuerfrei sein.

2 Übertarifliche Zulage

2.1 Rechtscharakter

Häufig gewährt der Arbeitgeber über den reinen Tariflohn hinaus eine übertarifliche Zulage. Diese kann als Bestandteil der fortlaufend gezahlten Vergütung ausgestaltet sein, jedoch auch als Jahressonderleistung, wie z. B. 13. Gehalt oder Weihnachtsgeld.

Diese Vergütungsbestandteile gehören grundsätzlich ebenso zum Entgelt wie die Grundvergütung.

2.2 Anrechnungs- und Widerrufsvorbehalt

Hat der Arbeitgeber einmal eine Zulage vertraglich zugesagt, ist er grundsätzlich an diese gebunden und kann sie nicht einseitig reduzieren oder streichen. Eine Ausnahme gilt dann, wenn sich der Arbeitgeber ausdrücklich den Widerruf vorbehalten oder die Zusatzleistung befristet hat. Ein solcher Vorbehalt ist dringend zu empfehlen, damit Sie als Unternehmer flexibel bleiben.

Durch den Widerrufsvorbehalt räumt sich der Arbeitgeber das Recht ein, die Leistung einzustellen. Der Anrechnungsvorbehalt berechtigt den Arbeitgeber, Tariflohnerhöhungen mit der bezahlten freiwilligen Zulage zu verrechnen und so das Effektivgehalt unverändert zu lassen (dazu 2.3).

Die Arbeitsgerichte halten derartige Vorbehalte dann für zulässig, wenn der »Kernbereich des Arbeitsverhältnisses« nicht angetastet und der gesetzliche Kündigungsschutz nicht umgangen wird. Dies soll z. B. bei widerruflichen Leistungszulagen der Fall sein, wenn diese nicht mehr als 20 % des tariflichen Bruttogehalts ausmachen. Bei einem Außendienstmitarbeiter wurde es vom BAG akzeptiert, dass die Entziehung eines Verkaufsbezirks Provisionen in Höhe von ebenfalls 20 % des Gesamteinkommens entfallen ließ. Auch hier ist jedoch ein ausdrücklicher Vorbehalt im Arbeitsvertrag, wonach der Arbeitgeber das Vertriebsgebiet verändern darf, notwendig.

Stets muss der Arbeitgeber den Widerruf oder die Änderung im Rahmen billigen Ermessens vornehmen und auch die Interessen des Arbeitnehmers berücksichtigen. Hier kommt es auf Kriterien wie den Zweck der Leistung, die wirtschaftliche Situation des Arbeitgebers etc. an.

Bei der Formulierung eines Änderungs- oder Widerrufsvorbehalts sollten Sie anwaltlichen Rat in Anspruch nehmen. Da Formulararbeitsverträge aufgrund einer Gesetzesänderung im Jahr 2002 nun anhand der (strengen) Vorschriften des AGB-Gesetzes geprüft werden können, ist es zu empfehlen, Widerrufsgründe im Vertrag konkret zu definieren und klarzustellen, dass der Widerruf nur in den Grenzen »billigen Ermessens« erfolgen darf. Zweifel bei der Auslegung einer Vertragsklausel gehen zu Lasten des Arbeitgebers.

2.3 Anrechnung bei Tariferhöhungen

Die Anrechnung von übertariflichen Zulagen aus Anlass einer Tariflohnerhöhung ist nach der Rechtssprechung grundsätzlich zulässig. Dies soll sogar dann gelten, wenn sich der Arbeitgeber dies vertraglich nicht ausdrücklich vorbehalten hat.

Wenn Sie übertarifliche Zulagen verrechnen wollen, müssen Sie den Gleichbehandlungsgrundsatz (siehe auch VI B/1.2.2) beachten.

Besonders wichtig bei der Anrechnung von übertariflichen Zulagen ist die Mitbestimmung des Betriebsrates. Dieses Mitbestimmungsrecht greift ein, wenn sich durch die Anrechnung die Verteilungsgrundsätze ändern und darüber hinaus ein Regelungsspielraum für eine anderweitige Anrechnung bzw. Kürzung verbleibt, der Arbeitgeber also auch in einer anderen Art und Weise hätte anrechnen können. Mitbestimmungsfrei ist die Anrechnung nur, wenn hierdurch die gesamte Zulage völlig aufgezehrt wird oder die Tariflohnerhöhung vollständig und gleichmäßig auf die übertariflichen Zulagen angerechnet wird. In diesem Fall ändert sich nicht das Verhältnis der Zulagen der verschiedenen Arbeitnehmer zueinander, ein Mitbestimmungsrecht besteht dann nicht.

Beispiel: Das Unternehmen U zahlt allen Arbeitnehmern eine übertarifliche Zulage von 10% (z. B. A: € 2.000 plus € 200; B: € 3.000 plus € 300; C: € 5.000 plus € 500). Bei einer Tariflohnerhöhung um 6% rechnet der Unternehmer 4% an: die Zulage verringert sich damit um den gleichen Prozentsatz auf 6% vom bisherigen Tariflohn (A: € 120; B: € 180; C: € 300). Das Verhältnis der Zulagen zueinander (2:3:5) bleibt unverändert. Ein Mitbestimmungsrecht des Betriebsrats besteht nicht.

3 AT-Vergütung

Von AT-Vergütung spricht man, wenn der Mitarbeiter eine Tätigkeit ausübt, die nicht mehr von den Lohngruppen des einschlägigen Tarifvertrages erfasst wird und hierfür eine Vergütung erhält, die oberhalb der Tarifvergütung liegt.

Für diese Mitarbeiter gilt der Tarifvertrag nicht, es sei denn, sie haben die Geltung des Tarifvertrages im Arbeitsvertrag vereinbart.

AT-Angestellte sind nicht zugleich leitende Angestellte! (vgl. dazu I B/2.3.8).

4 Mitbestimmung des Betriebsrats bei Entgeltgrundsätzen

4.1 Mitbestimmungsrechte

Bei Fragen der betrieblichen Lohngestaltung hat der Betriebsrat ein erzwingbares Mitbestimmungsrecht. Dies bedeutet, Sie können allgemeine Vergütungsgrundsätze im Betrieb erst nach Zustimmung des Betriebrates (ggf. im Wege eines Einigungsstellenverfahrens) einführen.

V. Entlohnung und Vergütung

Voraussetzung ist, dass es sich um eine kollektive Regelung handelt, wenn es also um Maßnahmen des Arbeitgebers geht, die sich auf den ganzen Betrieb oder zumindest eine Gruppe von Arbeitnehmern beziehen. Die Zahl der betroffenen Mitarbeiter ist nicht entscheidend. Nur bei eindeutig einzelfallbezogenen Individualvereinbarungen mit Mitarbeitern besteht das Mitbestimmungsrecht nicht.

4.1.1 Zeit, Ort und Auszahlung

Das Mitbestimmungsrecht des Betriebsrates erstreckt sich auf die Art und Weise, wann und wo die Vergütung ausgezahlt wird. Dies betrifft z. B. Fragen, wie Sachleistungen des Arbeitgebers (Deputate) gewährt werden, ob monatlich oder wöchentlich das Gehalt gezahlt wird, ob Abschläge gezahlt werden, ob die Auszahlung durch Überweisung auf ein Bankkonto oder bar erfolgt etc.

4.1.2 Lohngestaltung, Entlohnungsgrundsätze

Hierzu zählen auch freiwillige Leistungen des Arbeitgebers, wie z. B. Provisionen, Geldprämien für Außendienstmitarbeiter, Incentivereisen, Gewinnbeteiligungen, Leistungen der betrieblichen Altersversorgung, Mietzuschüsse, Ausgabe von Essensmarken für die Kantine.

Der Betriebsrat hat auch mitzubestimmen bei der Frage, ob im Zeitlohn oder im Akkord gearbeitet werden soll, ob Prämienlohn oder Leistungszulagen gewährt werden sollen.

> **!** Bei freiwilligen Vergütungsbestandteilen besteht das Mitbestimmungsrecht des Betriebsrates ebenfalls, aber in eingeschränkter Form. Die Frage, ob überhaupt eine freiwillige Leistung gewährt werden soll, ist mitbestimmungsfrei und obliegt allein dem Arbeitgeber. Gleiches gilt für die Entscheidung, eine freiwillige Zusatzleistung wieder ganz einzustellen. Der Betriebsrat kann lediglich bei der konkreten Ausgestaltung mitbestimmen, z. B. bei Leistungszulagen über die Beurteilungskriterien für Leistungsstufen und das Verfahren zur Leistungsbeurteilung.

4.1.3 Leistungsbezogene Entgelte

Das Mitbestimmungsrecht bezieht sich auch auf Akkord- und Prämienlöhne, z. B. bei Fragen des Akkordrichtsatzes (soweit nicht durch Tarifvertrag festgelegt), die Entgeltfestsetzung für das einzelne Werkstück (beim Geldakkord), die Festsetzung des Zeit- und Geldfaktors (beim Zeitakkord), etc.

4.1.4 Umgruppierung

Eine Umgruppierung ist eine Änderung der Einstufung in die tarifliche oder betriebliche Lohn- oder Gehaltsgruppenordnung. Dabei kommt es nicht darauf an, ob es sich um eine Höherstufung oder eine Herabstufung handelt. Hierbei besteht ebenfalls ein Mitbestimmungsrecht des Betriebsrates. Dies gilt unabhängig davon, ob der Mitarbeiter mit der Umgruppierung einverstanden ist. Wenn sich Arbeitgeber und Betriebsrat nicht einig werden, ist allerdings hier nicht die Einigungsstelle anzurufen. Vielmehr muss der Arbeitgeber das Zustimmungsersetzungsverfahren beim Arbeitsgericht durchführen.

4.2 Einblicksrecht in die Bruttolohn- und Gehaltslisten

Der Betriebsrat ist berechtigt, im Rahmen seiner Aufgaben Einsicht in die Listen der Bruttolöhne und -gehälter zu nehmen. Er soll insbesondere prüfen können, ob ein etwa anwendbarer Tarifvertrag und die Grundsätze der Lohngerechtigkeit eingehalten werden. Der Betriebsrat darf nur die Bruttolisten prüfen, nicht die Nettolisten. Das Recht bezieht sich auf sämtliche Lohnbestandteile und umfasst auch AT-Angestellte, nicht jedoch leitende Angestellte. Es kommt nicht darauf an, ob der einzelne Arbeitnehmer mit der Einsichtnahme einverstanden ist. Das Beteiligungsrecht des Betriebsrates hat in diesem Punkt Vorrang vor dem persönlichen Datenschutz.

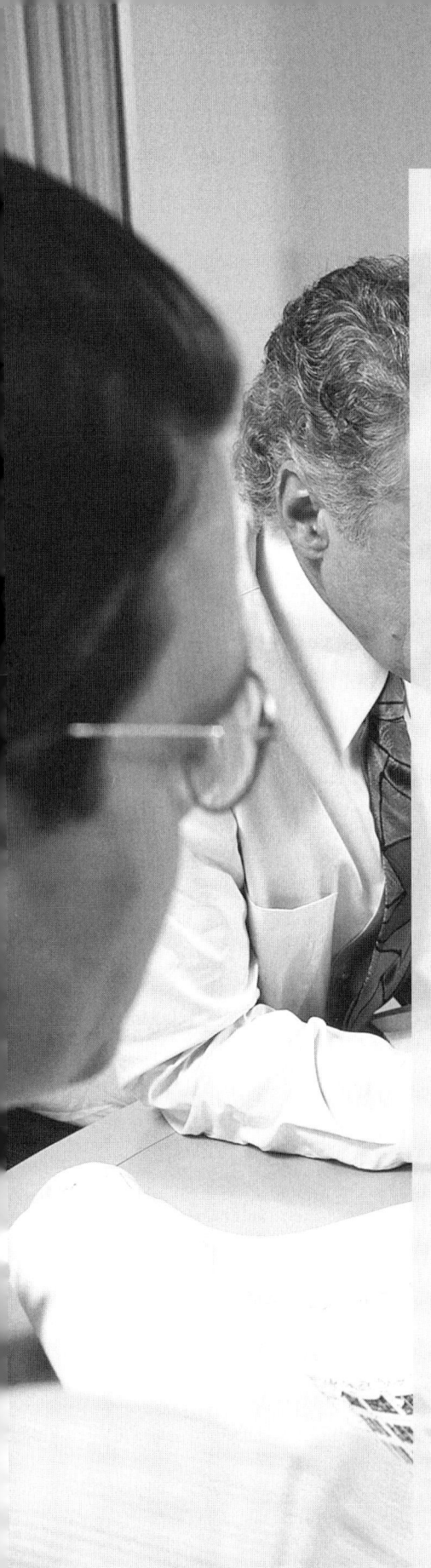

VI Führung und Zusammenarbeit

Inhaltsübersicht

A Mitarbeiter führen

1. Grundlagen der Führung
2. Führungsaufgaben im Handlungsprozess
3. Einzelaufgaben der Führung
4. Führungspersönlichkeit
5. Führungsgespräche
6. Mitarbeiterbefragung
7. Change Management als Führungsaufgabe

B Rechtliche Aspekte von Führungsaufgaben

1. Individualrechtliche Grundlagen der Führung
2. Rechtsfolgen bei Pflichtverletzung des Arbeitnehmers
3. Beachtung spezieller Arbeitnehmerrechte
4. Mitwirkungsrechte des Betriebsrates

Inhalt Kapitel VI

A. Mitarbeiter Führen 245

1 **Grundlagen der Führung** 245
1.1 Führungserfahrungen 245
Eltern 245
Geschwister 245
Lehrer: systematische Führung 245
Freunde: gleichberechtigte Führung 245
1.2 Führungsstile 245
1.3 Führungsinstrumente 246
1.4 Verhaltensstandards 246
1.5 Führungsleitlinien 247
1.6 Notwendigkeit der Führung 247
1.7 Gründe für das Fehlen von Führung 248
1.8 Bedeutung von Hierarchien 248

2. **Führungsaufgaben im Handlungsprozess** 249
2.1 Der Handlungs-und Führungsprozess 249
2.2 Informieren 250
2.3 Das Informationsgespräch 250
Vorbereitung 251
Informationsbedarf wahrnehmen 251
Das Timing 251
Gesprächsinhalte 251
2.4 Entscheiden 252
Zu welchem Typus gehören Sie? 253
2.5 Vereinbaren 253
2.6 Umsetzen 254
2.7 Überprüfen 254

3. **Einzelaufgaben der Führung** 255
3.1 Mitarbeiter auswählen 255
3.2 Mitarbeiter einführen 256
3.3 Mitarbeiter weiterentwickeln 256
3.4 Mitarbeiter beurteilen 257
3.5 Mitarbeiter binden 258
3.6 Arbeitszufriedenheit 258
3.7 Fehlverhalten 259
3.8 Abmahnen 259
3.9 Kündigen 259
3.10 Mobbing 260
Ursachen 260
Auswirkungen 261
3.11 Besprechungen und Meetings 261
3.12 Mitarbeiterzirkel 262
3.13 Gruppenführung 262
3.14 Gruppen- und Teambildung 263
3.15 Motivieren 264

4 **Führungspersönlichkeit** 265
4.1 Persönlichkeit und Rolle 265
4.2 Führungseigenschaften 266
4.3 Typologie der Führungskräfte 267
4.4 Führungskräfteauswahl 267
Diagnostischer Grundsatz: 267
Das Anforderungsprofil 267
Ansprechen von Bewerbern 268
Auswahl der Bewerber 268
Anpassung der Stelle an die Führungsperson 268
4.5 Qualifizierung zur Führungskraft 268

5 **Führungsgespräche** 269
5.1 Leadership Coaching 269
5.2 Zielvereinbarungsgespräch 269
Vorbereitung auf das Zielvereinbarungsgespräch 271
Durchführung des Zielvereinbarungsgesprächs 271
5.3 Beurteilungsgespräch 271
5.4 Fördergespräch 271
5.5 Beratungsgespräch 272
5.6 Coachinggespräch 273
Vorbereitung auf das Coachinggespräch 274
Durchführung des Coachinggesprächs 274
5.7 Konfliktgespräch 274
5.8 Das ITO-Konfliktlösungsschema 276
5.9 Feedback 276
Lob 277
Kritik/Tadel 277
Analyse 278
Ignorieren 278
5.10 Das ITO-Feedbackschema 278
5.11 Management-Coaching 278

6. **Mitarbeiterbefragung** 280
6.1 Ziele, Planung und Konzeption 280
6.2 Methoden 280
6.2.1 Teilerhebungen 280
6.2.2 Offene Befragung 281
6.2.3 Interviews 281
6.2.4 Schriftliche Befragung (Fragebogen) 281
6.2.5 Postwurfsendung 281
6.2.6 Wahllokalverfahren 281
6.2.7 Intranetbasierte Befragungen 281
6.3 Inhalte 281
6.4 Ablauf 281
6.5 Erfolgsfaktoren 282
6.5.1 Klare Befürwortung durch die Unternehmensleitung 282
6.5.2 Freiwilligkeit 282
6.5.3 Anonymität 282
6.5.4 Externe Durchführung mit unabhängigem Institut 283
6.5.5 Klares, nachvollziehbares Verfahren der Erhebung 283
6.5.6 Fragebogen (einheitliche Skalierung, verständliche Formulierung und Wortgebrauch) 284
6.5.7 Beteiligung des Betriebsrates 284
6.5.8 Garantierte Rückmeldung und Nutzenaspekte 284
6.5.9 Kommunikation 284
6.5.10 Umsetzung der Ergebnisse 285
6.6 Verstetigung der Ergebnisse 285
6.7 Chancen und Risiken 286

7 **Change Management als Führungsaufgabe** 286
7.1 Gestalten und Steuern von Wandlungsprozessen 286
7.2 Planung 287
7.3 Situationsanalyse 288
7.4 Implementierungsrisiken 289
7.5 Akzeptanz- und Motivationsstrategie 289
7.6 Der Arbeitspfad im Veränderungsmanagement 290
Auftauen & Lösen 290
Mobilisieren 290
Realisieren 291
Verstärken 291
Ausbauen 292
7.7 Change-Treiber 292
7.8 Führung und Leadership 292
7.9 Kommunikation 293
7.10 Einbindung 293
7.11 Change-Fähigkeiten 294
7.12 Messgrößen 295

B **Rechtliche Aspekte von Führungsaufgaben** 296

1 **Individualrechtliche Grundlagen der Führung** 296
1.1 Fürsorgepflicht des Arbeitgebers 296
1.2 Schranken der Führung 296
1.2.1 Menschenwürde/Persönlichkeitsrecht 296
1.2.2 Grundsatz der Gleichbehandlung 296
Gleichberechtigungssatz 296
Gleichbehandlungsgrundsatz 296

2 **Rechtsfolgen bei Pflichtverletzung des Arbeitnehmers** 297

3 **Beachtung spezieller Arbeitnehmerrechte** 297
3.1 Unterrichtung und Erörterungspflicht durch den Arbeitgeber 297
3.2 Anhörungs- und Erörterungsrecht des Arbeitnehmers 297
3.3 Beschwerderecht des Arbeitnehmers 298

4 **Mitwirkungsrechte des Betriebsrats** 298
4.1 Personalfragebogen/Beurteilungsgrundsätze 298
4.2 Ausländerintegration, Bekämpfung von Rassismus und Ausländerfeindlichkeit 298
4.3 Grundsätze für die Behandlung von Betriebsangehörigen 299
4.4 Anwesenheit bei Gesprächen auf Wunsch des Arbeitnehmers 299

A. Mitarbeiter Führen

1 Grundlagen der Führung

1.1 Führungserfahrungen

Führung beginnt mit der Frage nach der Notwendigkeit. Wer braucht Führung und warum? Was bringt Führung, was sind Vor- und Nachteile, Erfolge und Misserfolge? Warum brauchen manche Menschen Führung und lehnen andere Führung ab? Wie lernen wir zu führen und mit Führung umzugehen?

Wo Menschen zusammen kommen, entsteht der Bedarf nach Führung, teilt sich die Menge in Führende und Geführte. Nicht immer wird Führung bewusst wahrgenommen und ist formell geregelt. Dennoch ist Führung allgegenwärtig und begleitet den Menschen durch sein ganzes Leben. Vor allem frühe Erfahrungen als Kind prägen den Menschen in seinem späteren Umgang mit Führung. Wenn sich auch die Basismuster des Führens sehr früh herausbilden und Interessen formen, so muss der junge Mitarbeiter, der sich zur Führungskraft weiterentwickeln will, doch noch eine Menge lernen. Was ist der Auftrag der Führung im Unternehmen? Wie will er führen? Welche Instrumente können ihm die Führungsarbeit erleichtern usw.?

Im Laufe seines Lebens wird der Mensch mit unzähligen Führungssituationen konfrontiert. So vielfältig wie die Situationen des Lebens, so vielfältig sind auch die Führungsanforderungen und -formen. Sich mit den Mechanismen der Führung auseinander zu setzen, ihre Voraussetzungen, ihre Bedingungen und ihre Anforderungen immer besser kennen zu lernen, um Führung als positive Kraft zu gestalten, ist eine der zentralen Herausforderungen.

Eltern
Erste Führungserfahrungen beziehen sich auf die Eltern. Ermuntern sie oder blocken sie ab? Helfen oder verweigern, loben oder tadeln sie? Das Kind wird damit konfrontiert, dass es Erwartungen erfüllen muss und belohnt oder bestraft wird, je nach dem ob es diese Erwartungen erfüllt. Bald lernt es auch, sich der Führung zu widersetzen bzw. sich ihr zu entziehen. Es beginnt seinerseits die Eltern zu führen, indem es z.B. schreit, um beachtet zu werden oder lächelt, um ein Lob zu erhalten. Es lernt Autorität anzuerkennen, zu respektieren oder sie zu fürchten. Ob es später als Mitarbeiter in der Führung die Autorität wieder erkennt, die unterstützt und Sicherheit gibt oder die bedroht und hilflos macht, hängt stark von den frühen Erfahrungen in der Familie ab.

Geschwister
Auch Geschwister führt man oder wird von ihnen geführt. Studien haben gezeigt, dass Führungspersönlichkeiten oft die Ältesten einer Geschwisterreihe sind und sich unter den Jüngsten häufiger Forscher, Erfinder und Außenseiter finden. Das überrascht nicht, lernen die Älteren doch früh, dass sie sich durch ihre körperliche Überlegenheit gegenüber den Jüngeren durchsetzen können. Die Jüngeren hingegen müssen lernen, sich der Führung durch die Älteren zu entziehen, wenn sie ein eigenes Leben haben wollen. So gewöhnen sich die einen früh an eine Führungsrolle und die anderen daran, sich der Führung zu entziehen und ihren Platz in der Gemeinschaft sowie ihr Selbstwertgefühl z.B. durch Originalität zu gewinnen.

Lehrer: systematische Führung
Eine nachhaltige Führungserfahrung wartet in der Schule auf den Heranwachsenden. Hier lernt er, dass er Führung braucht bzw. dass ihn Führung dabei unterstützt, bestimmte Ziele zu erreichen. Er kann die Klasse nur dann positiv abschließen, wenn er die Autorität und das überlegene Wissen des Lehrers anerkennt. Gleichzeitig wird er noch stärker als früher damit konfrontiert, dass die eigenen Interessen im Widerspruch stehen zu den Interessen des Führenden. Er muss Verhaltensmuster lernen, diesen Konflikt auszutragen und sich zu behaupten, ohne dass er das Wohlwollen des Lehrers verliert.

Freunde: gleichberechtigte Führung
Die nächste intensive Führungserfahrung macht man in formellen und informellen Gruppen. Ob beim Sport, in einer Band oder einem Chor, Führung gibt es in allen Gruppen. Der Leiter bringt die Gruppe zusammen, er ist für die Gesamtleistung verantwortlich, für Gruppenklima und die Effektivität der Gruppe. Mit ihm identifiziert man sich, an ihm reibt man sich, um seine Rolle wird gekämpft, um seine Gunst bemüht man sich. Es gibt ähnliche Verhaltensmuster wie mit Geschwistern, nur dass hier die Führungssituation zuerst offen ist und die Führungsposition erkämpft bzw. durchgesetzt werden muss. Hier bilden sich die ersten Teams und Rollen in einem Team. Auch diese frühen Gruppenerfahrungen sind grundlegend für das spätere Verhalten und für die Grundeinstellung gegenüber Führung. Wenn der Jugendliche in die Arbeitswelt kommt, hat er schon die Basismuster des Verhaltens gewonnen, die ihn primär zu einem Führenden oder Geführten machen.

1.2 Führungsstile

Führungserfahrungen aus der Kindheit im Umgang mit Geschwistern und Freunden, im Klassenzimmer und im Freizeitklub führen zur Ausprägung von Verhaltensmustern. Auf einen Fehler mit einem Vorwurf zu reagieren, ist ein Beispiel dafür. Jeder Mensch hat Verhaltensmuster, mit Informationen umzugehen, Entscheidungen zu treffen, Aufgaben zu delegieren, Kritik zu äußern oder zu motivieren. Die Wissenschaft hat versucht, Ordnung in die Vielfalt der Verhaltensmuster zu bringen und fasst hierfür typische Muster zu einem Stil, dem Führungsstil, zusammen (siehe Übersicht zu 1.2). Der Stil begründet Führung, fungiert als Wahrnehmungsfilter und liefert Deutungsmuster.

Die Ergebnisse der Forschung zu diesem Thema wurden in der Folgezeit stark relativiert. Die Erziehungs- und Führungsstile werden heute

Übersicht (zu 1.2)
Führungsstile nach der Art, wie Entscheidungen gefällt werden (K. Lewin)

Autoritärer Führungsstil	Der Vorgesetzte entscheidet alles, ohne die Mitarbeiter einzubeziehen und ohne die Entscheidungen begründen zu müssen. Die Entscheidungen gründen in seiner Autorität.
Demokratischer Führungsstil	Entscheidungen werden durch Mehrheiten entschieden. Die Mitarbeiter werden an den Entscheidungen beteiligt und sie tauschen sich untereinander aus. Der Leiter sorgt dafür, dass zum Schluss ein Konsens zustande kommt.
Laisser-faire Führungsstil	Es gibt keine Entscheidungen, die für alle Mitglieder der Gruppe verbindlich wären. Jeder handelt nach seinem eigenen Gutdünken.

Übersicht 1 (zu 1.4) Verhaltensstandards ...

- dienen dazu, Qualitätsanliegen in einem Unternehmen durchzusetzen.
- stellen einfache Verhaltensvorschriften dar, die von jedem Mitarbeiter lernbar sind.
- sind schriftlich formuliert und verbindlich im Sinne einer Vorschrift.
- sind so allgemein formuliert, dass sie auf verschiedene Tätigkeiten übertragbar sind.
- bringen jene Grundeinstellung zum Ausdruck, die das Unternehmen in der Außenwirkung erzielen will.
- garantieren, dass ein bestimmtes Niveau nicht unterschritten wird.
- garantieren ein einheitliches Erscheinungsbild des Unternehmens vor den Kunden.
- sind auf ein Minimum zu reduzieren.

Übersicht 2 (zu 1.4) Prozess der Einführung von Standards

1. Auflistung der Aufgaben, für die Standards formuliert werden sollen.
2. Analyse der Aufgaben, um den Aspekt zu treffen, der durch die Einführung von Standards optimiert werden soll.
3. Formulieren der Standards.
4. Überarbeiten der Standards durch ein Team von Betroffenen.
5. Planung der begleitenden Unterstützung (Kontrolle der Einhaltung).
6. Kick-off: Die Standards werden den Mitarbeitern vorgestellt. Sie nehmen dazu Stellung. Eine verbindliche Vereinbarung über ihre Einhaltung und über Konsequenzen, wenn sie nicht eingehalten werden, wird getroffen.
7. Systematische Überprüfung der Einhaltung der Standards für den Zeitraum der Einführung.
8. Follow-up-Tag: Feedback an die Mitarbeiter und Überarbeitung der Standards nach einer gewissen Zeit der Einführung (Anzahl, Formulierung, Kontrolle).
9. Routinebetrieb mit unsystematischer Überprüfung der Einhaltung der Standards.

mehr als theoretische Ideen gesehen, die im konkreten Fall helfen, eine Eigenheit der Führung herauszuheben. Es ist heute nicht mehr hinreichend, eine Führungsperson durch die Angabe ihres Führungsstils zu charakterisieren.

1.3 Führungsinstrumente

Unter einem Führungsinstrument versteht man Programme, Schemata und standardisierte Gesprächsformen. Im weitesten Sinne können Führungsinstrumente auch ganze Veranstaltungen sein (z.B. Mitarbeiterfortbildung), insofern sie von der Führung eingesetzt werden, bestimmte Führungsziele zu erreichen.

Solche Instrumente helfen, wiederkehrende Aufgaben zeitsparend zu bewältigen und machen das Erreichen der Führungsziele wahrscheinlicher. Hilfreich sind sie auch bei der Lösung bestimmter Konfliktsituationen. Sie ersetzen aber keinesfalls die Führungsperson, sondern optimieren ihre Arbeit.

Die meisten Führungsinstrumente sind im Zusammenhang mit Führungsaufgaben entwickelt worden (siehe Punkte 1 bis 3). Führungsstandards (siehe 1.4) und Führungsleitlinien (siehe 1.5) gehören ebenfalls zu den Führungsinstrumenten. Sie stellen zwei sich ergänzende Ansätze dar, um die Qualität der Führungsarbeit zu erhöhen und ein unteres Niveau durchzusetzen.

1.4 Verhaltensstandards

Damit nicht jedes Mal über das richtige Vorgehen oder die richtige Aufgabenerfüllung diskutiert wird, hat es sich als hilfreich erwiesen, Verhaltensstandards einzuführen (siehe Übersicht 1 zu 1.4). Sie regeln Abläufe und die zu erbringende Qualität. Sie werden einmal gemeinsam beschlossen, sind dann für alle verbindlich und von allen einzuhalten. Diese lehr- und lernbare Verhaltensmuster sind präzise formuliert, objektiv erfassbar im Sinne einer Verhaltensregel und eignen sich dafür, die Qualität der Arbeit zu beurteilen und zu verbessern. Sie haben einen technisch-bürokratischen Charakter und werden deshalb oft von Mitarbeitern abgelehnt. Standards erfüllen dann ihren Zweck, wenn sie den kritischen Punkt der Qualität oder der Problemgenerierung einer Handlung treffen. Es hat sich bewährt, Standards bei der Einführung mehrmals zu überarbeiten, damit sie die Form bekommen, die für die Mitarbeiter unterstützend ist (siehe Übersicht 2 zu 1.4).

1.5 Führungsleitlinien

Führungsleitlinien sind das Gegenstück zu den Führungsstandards, da sie Werte zum Ausdruck bringen, nicht quantifizierbar sind und auch kein minimales Niveau festlegen. Sie zielen auf eine innere Haltung, die sich in einer Vielzahl von Verhaltensweisen äußern kann.

Beispiel: »Die Mitarbeiter kennen die Anliegen der Kunden; sie sind den Kunden ein Vorbild im partnerschaftlichen Erarbeiten von Lösungen, die das Vertrauen rechtfertigen«.

Führungsleitlinien bleiben daher unscharf und eignen sich nicht, um Mitarbeiter objektiv und nachvollziehbar zu beurteilen. Dafür geht von ihnen eine motivierende Kraft aus und sie finden bei Mitarbeitern eher Akzeptanz.

1.6 Notwendigkeit der Führung

Betrachtet man verschiedene Führungssituationen, tritt Führung immer gemeinsam mit Zielen auf und fehlt genau dort, wo Ziele von Natur aus unnötig sind. Denn Führung ist ihrer Funktion nach die Absicherung für das Erreichen eines Ziels. So finden Sie Führung beim Bundesheer, in der Bankfiliale, beim Fußballspielen und kommen ohne Führung aus bei der Schneeballschlacht am Schulhof, dem Sonnenbaden am Strand oder dem Besuch im Biergarten.

Mit der Führungskraft wird eine Instanz gesetzt, deren Aufgabe es ist, sicherzustellen, dass ein bestimmtes Ziel erreicht wird. Warum aber muss das sichergestellt werden? Würden Sie Ziele nicht auch ohne Führung erreichen? Natürlich würden Sie das. Denn nicht alle Ziele machen Führung notwendig. Genau genommen handelt es sich nur um die Ziele, deren Erreichen im Konflikt steht mit anderen Interessen. Das können Ziele sein, die wir uns selber setzen, wie auch Ziele, die wir uns setzen lassen. So lassen Sie sich z.B. lieber von einem Fitnesstrainer schikanieren, als sich alleine abzuquälen, und würden wahrscheinlich nicht bis 8 Uhr am Abend eine Präsentation überarbeiten, wenn der Abteilungsleiter das nicht verlangen würde. Überall dort, wo wir über uns hinauswachsen wollen, brauchen wir Führung. Führung zu brauchen heißt nicht, schwach zu sein, sondern noch nicht an seine Leistungsgrenze gegangen zu sein. Daraus folgt: Je anspruchsvoller die Leistung, desto mehr Führung ist notwendig.

Führung macht das Erreichen eines Ziels zu ihrer Aufgabe. Denn Führung wird eingesetzt, weil man davon ausgeht, dass Interessenskonflikte vorhanden sind, die das Erreichen des Zieles verhindern. Ob sich die Führung selbst an der Arbeit beteiligt, ist im Vergleich dazu zweitrangig. Führung als solche wird einzig und allein daran gemessen, ob das gesteckte Ziel erreicht wird.

Im Unternehmen lassen sich drei Strukturgrößen unterscheiden (siehe Grafik zu 1.6). Die Organisation gibt dem Team ein Ziel vor, gemäß der Funktion des Teams im Unternehmen. Aus diesem Teamziel ergeben sich die Ziele für die einzelnen Mitarbeiter.

Da immer wieder von einem natürlichen Interessenskonflikt zwischen den Personen und der Organisation ausgegangen werden muss, wird eine Führung installiert, um zu vermitteln und den Konflikt in soweit aufzulösen, dass das Ziel erreichbar wird.

Die gegensätzlichen Interessen von Mitarbeiter und Unternehmen (siehe Übersicht zu 1.6) lassen sich auf den Punkt bringen: die Mitarbeiter erwarten möglichst angenehme Arbeitsbedingungen, die in der Regel teuer sind und den Mitarbeiter wenig kontrollierbar machen. Das Unternehmen wünscht sich den durchsichtigen, flexibel einsetzbaren Mitarbeiter, der den Unternehmenszielen die Priorität einräumt vor den privaten Zielen.

Führung trägt dafür Sorge, dass jeder Mitarbeiter sein vorgegebenes Ziel erreicht und die verschiedenen Ziele der Mitarbeiter dem Unternehmensziel dienen. Denn im Orchester

Grafik (zu 1.6) Drei Strukturgrößen im Unternehmen

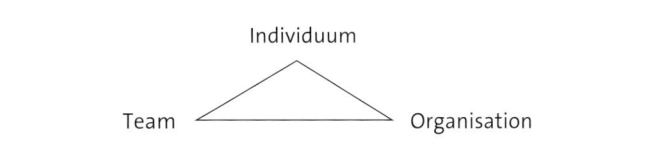

```
           Individuum
              /\
             /  \
            /    \
       Team ------ Organisation
```

Übersicht (zu 1.6) Interessenkonflikt zwischen Mitarbeitern und Unternehmen

Organisation	Individuum
Kontrolle	Freiraum
Genaue Vorgabe der Aufgaben	Freie Gestaltungsräume
Selbstverantwortliches Handeln	Sicherheit
Flexibler Einsatz	Planbarer Einsatz
Kostenkontrolle	Optimale Arbeitsbedingungen
Niedriges Einkommen	Hohes Einkommen
Verbindliche Zusagen	Entscheidungsspielraum

VI. Führung und Zusammenarbeit

Übersicht (zu 1.8) Vorteile der Hierarchien

Die Vorteile der flachen Hierarchie:
- Geringe Kosten, da die Organisation mit weniger Führungskräften auskommt.
- Kürzere Informations- und daher auch kürzere Entscheidungswege, da weniger Führungskräfte in eine Entscheidung eingebunden werden müssen.
- Geringere Abgrenzungsprobleme und daher weniger ausgeprägtes Hierarchiedenken mit besserem Zugang der Mitarbeiter zur Führungskraft.

Die Vorteile mehrerer Hierarchiestufen:
- Die Führungskraft läuft weniger Gefahr, überlastet zu werden und die Führungsaufgaben nicht mehr in vollem Umfange wahrnehmen zu können.
- Konsequentere Führung des einzelnen Mitarbeiters und damit Steigerung der Qualität.

---

muss nicht nur jeder Einzelne sein Instrument und die Partitur beherrschen, es müssen auch die Einzelleistungen so aufeinander abgestimmt sein, dass sich ein Konzert ergibt und nicht ein Nebeneinanderauftritt von 30 Solisten.

1.7 Gründe für das Fehlen von Führung

Mitarbeiter brauchen Führung. Die häufigste Kritik der Mitarbeiter an die Führung ist, dass sie nicht führt. Was sind aber die Gründe, weshalb es in einem Unternehmen zu Führungsdefiziten kommt? Fragt man Führungskräfte nach den Führungsaufgaben, so zeigt sich oft, dass sie nicht oder nicht genau genug definiert sind. Oder die Führungskraft hat noch so viele andere Aufgaben zu erledigen, dass sie die Führungsaufgaben vernachlässigen muss. Bei den normalen Aufgaben fällt es im Gegensatz zu den meisten Führungsaufgaben auf, wenn sie nicht verrichtet werden. Defizite in der Führung fallen, wenn überhaupt, erst auf, wenn die Leistungen der Mitarbeiter betrachtet werden. Selbst dann fällt es wiederum leicht, Leistungsmängel den Mitarbeitern anzulasten und nicht der Führungskraft.

Es gibt noch einen weiteren Grund. Die Führungskraft muss in die Arbeitsprozesse der Mitarbeiter hineinschauen können, um steuernd eingreifen zu können. Ist die Führungskraft weit weg vom Mitarbeiter und kennt die Prozesse nicht, so sieht sie auch keine Führungsaufgabe. Sie weiß dann gar nicht, was sie tun soll, wenn sie führen soll. Immer wieder lässt sich feststellen, dass Führungskräfte die Arbeitsprozesse ihrer Mitarbeiter nicht so genau kennen, dass bei ihnen ein dringendes Interesse entstehen könnte, einzugreifen. Die Führungskraft orientiert sich dann an Ergebnissen, nicht aber an den Prozessen der Aufgabenerfüllung. Sie mag zwar glauben, Einblick und alles im Griff zu haben, aber sie sieht tatsächlich nicht, wie die Ergebnisse zustande kommen.

Dabei kreiert das heute so beliebte Management-by-objectives (MbO) ein arges Missverständnis. Das Führen mit Zielen legt der Führungskraft nahe, den Durchblick zu haben, wenn sie die Ziele und die Zielerfüllung kennt. Es sind aber nicht die Ziele, die die Leistung bringen, es ist vielmehr die tägliche Aufgabenerfüllung, die schließlich zur Zielerfüllung führt.

> **!** Nicht die Ziele sollten im Blickpunkt der Führungskraft stehen, sondern die Prozesse der Aufgabenerfüllung.

Führen ist aber nicht nur eine Angelegenheit der Person, die führen soll, es ist auch eine Angelegenheit der Rahmenbedingungen. Die Rolle muss richtig definiert sein, d.h. sie muss mit der Macht ausgestattet sein, die Führung auch ermöglicht. Die Rahmenbedingungen müssen zumindest so gewählt sein, dass Führung nicht verhindert wird. Zu den Rahmenbedingungen gehören:

- die Definition der Führungsaufgaben im Unternehmen,
- die Bereitstellung der Ressourcen, um die Führungsaufgaben wahrnehmen zu können,
- die Freistellung der Führungskraft für die Führungsaufgaben und
- die Führung, die die Führungskraft selber erfährt.

Die Konsequenz der Führung geht Top down und nicht umgekehrt. Je konsequenter eine Führungskraft selber geführt wird, desto konsequenter wird sie führen können. Die Führungskraft muss so nah am Mitarbeiter sein, dass sie seine Arbeit sieht. Das muss nicht räumlich sein, auf jeden Fall aber inhaltlich.

1.8 Bedeutung von Hierarchien

Führung hat immer auch etwas mit Hierarchien zu tun. Sachlich betrachtet, sorgt die hierarchische Anordnung der Führung dafür, dass die einzelne Führungskraft nicht überfordert wird und die Fäden letztlich bei einer Führungsperson zusammenlaufen. So ist garantiert, dass die Teilhandlungen zu einer Einheit zusammengeführt werden und kein Gegeneinander entsteht.

Die Realität in Unternehmen sieht allerdings meist anders aus, denn Führung und besonders Hierarchien haben mit Macht zu tun. Und in Bezug auf Macht geht es nur begrenzt um Effizienz und die Erreichung von Zielen. Man spricht deshalb oft von »der Ober sticht den Unter«, d.h. hier steht nicht die Sache im Vordergrund, sondern das Machtverhältnis. Das hat zur Folge, dass Hierarchien von den meisten Menschen negativ gesehen werden. Unternehmenskulturen verweisen deshalb gerne auf Hierarchielosigkeit oder wenige Hierarchiestufen als modernes Qualitätsmerkmal. Vergessen wird dabei, dass Führungskräfte genauso Führung brauchen, um über sich hinauswachsen zu können und ein Team zu werden, wie Mitarbeiter. Denn direkt kann jede Führungskraft nur eine kleine Gruppe von Menschen führen. Je höher die Qualität der Arbeit, desto mehr Bedarf an Führung. Wer den Führungsauftrag ernst nimmt, für den kann es deshalb keine Frage sein, dass es in Unternehmen Hierarchien braucht.

Die Diskussion um die Anzahl von Hierarchiestufen wird aber noch aus einem anderen Grund geführt. Viele Hierarchiestufen verlängern den Weg von unten nach oben und führen zum Phänomen der »Stillen Post«: Wer zuletzt oben entscheidet, tut dies mit Informationen, die mitunter sehr weit weg von der Realität sind. Gleichermaßen werden Entscheidungen »von oben« unten vielleicht wieder ganz anders verstanden und umgesetzt, als sie intendiert waren. Bezüglich der Flachheit von Hierarchien gibt es deshalb verschiedene Auffassungen und Meinungen. Je nach Anzahl der Hierarchiestufen gibt es unterschiedliche Vorteile (siehe Übersicht zu 1.8).

Viele Organisationspsychologen plädieren für eine flache Hierarchie, einerseits aus Gründen der Kosten andererseits wegen kürzerer Informations- und Entscheidungswege. Als Faustregel gilt: Nicht mehr Hierarchiestufen einführen als nötig sind, um eine konsequente Führung der Mitarbeiter zu gewährleisten!

Weshalb es trotzdem zu aufgeblähten Führungshierarchien kommt, liegt an der selbstgenerierenden Dynamik der Führung und Verwaltung.

> ! Jede Organisation sollte in regelmäßigen Abständen überprüfen, ob die Hierarchiestufen noch angemessen sind und entsprechende Maßnahmen zur Korrektur einleiten.

2. Führungsaufgaben im Handlungsprozess

2.1 Der Handlungs- und Führungsprozess

Fragt man verschiedene Führungskräfte, was sie tun, wenn sie führen, bekommt man unterschiedliche Antworten. Zumeist sind es spezifische Führungsaufgaben, die genannt werden, z.B. Ziele vereinbaren, motivieren, kontrollieren, delegieren. In den seltensten Fällen haben Führungskräfte ein klares Bild vom Prozess der Handlung, in den sie eingreifen, wenn geführt wird. Dafür gibt es Gründe.

Für die meisten Führungskräfte sieht es so aus, als würden zwei Prozesse nebeneinander existieren:

Übersicht 1 (zu 2.1) Zwei Prozesse nebeneinander

Handlungsprozess	Führungsprozess
	Information, Analyse, Bewertung, Entscheidung
Information, Auftragsannahme	Delegation
Zielvereinbarung	Zielvereinbarung
Durchführung	Coaching
	Kontrolle

Übersicht 2 (zu 2.1) Integrierter Handlungs- und Führungsprozess

Handlungs- und Führungsprozess
Informieren
Entscheiden
Vereinbaren
Umsetzen
Überprüfen

Handlungs- und Führungsprozess. Der Mitarbeiter soll eine Handlung ausführen und wird dabei geführt. Eine Aufgabe wird etwa an ihn delegiert, ein Ziel wird mit ihm vereinbart, er wird während der Ausführung gecoacht, das Ergebnis wird kontrolliert (siehe Übersicht 1 zu 2.1).

Bei der Führung von hochqualifizierten und selbstständig arbeitenden Mitarbeitern, z.B. Mitarbeiter im Außendienst, ist die Führungskraft häufig sehr weit vom Mitarbeiter entfernt und hat kaum Einblick in die Prozesse seiner Aufgaben. Hier tendiert die Führungsarbeit dazu, die Führung auf das Vereinbaren von Zielen und das Kontrollieren von Ergebnissen zu reduzieren. Informieren und Motivieren werden damit zu Handlungen, die losgelöst vom Handlungsprozess sind. Es entsteht ein Führungsprozess neben dem Handlungsprozess. In dessen Folge weiß die Führungskraft oft nicht, was der Mitarbeiter tatsächlich tut, und das Führungsverhalten verkümmert zur Verwaltungsarbeit.

> ! Wo Führungsarbeit greift, gibt es keinen Führungsprozess neben dem Handlungsprozess. Legen Sie die Führungsarbeit so an, dass das Führungsverhalten Teil des Handlungsprozesses ist.

Die Frage nach dem Prozess hat große Bedeutung. Ein Hauptproblem heutiger Führung besteht darin, dass Führungskräfte sich auf den vermeintlichen Führungsprozess konzentrieren und damit den Handlungsprozess aus den Augen verlieren. Sie vereinbaren z.B. Ziele mit dem Mitarbeiter und überlassen es ihm, sich den passenden Weg zu suchen. Dabei ist für den Erfolg des Mitarbeiters entscheidend, durch den Weg geführt zu werden und das Ziel ist Teil der Vereinbarung. Wenn die Hauptaufgabe von Führung darin besteht, das Ziel der Gruppe oder des Unternehmens umzusetzen, und dabei einen Ausgleich der Interessen durchzusetzen, dann ist eben diese Handlung (Umsetzung des Auftrages) auch die ordnende Logik, die die

Übersicht (zu 2.2) Qualität der Informationsverarbeitung

Handlungsinformation	Stellen Sie sicher, dass dem Mitarbeiter die für die Handlung notwendigen Informationen zur Verfügung stehen und diese analysiert werden.
Führungsinformation	Stellen Sie sicher, dass Ihnen als Führungskraft alle Informationen, die Sie für die Führungsarbeit im weiteren Handlungsprozess benötigen, zur Verfügung stehen und diese analysiert werden.

Übersicht 1 (zu 2.3) Vorbereitung auf Informationsgespräche

Vor dem Informationsgespräch stehen die Überlegungen:
- Was will ich mitteilen?
- Wann will ich es mitteilen?
- Was soll damit erreicht werden?
- Welche Informationen will ich erhalten und warum?
- Warum sind sie für mich wichtig?
- Welche Informationen will ich nicht weitergeben?
- Was weiß der Mitarbeiter schon?
- Wie wird er die neue Information verarbeiten?
- Wo und wie könnte er mich falsch verstehen und wo könnten sich Missverständnisse ergeben?
- Was wird der Mitarbeiter mit den Informationen anfangen bzw. was lösen die Informationen aus?

verschiedenen Teilhandlungen zu einer Strategie zusammenfasst und einen Prozess erkennen lässt. Dieser Prozess gibt die Orientierung.

Die Führungskraft ist für alles verantwortlich, sie trägt die Gesamtverantwortung. Das bedeutet aber nicht, dass sie alles selber tun muss, ganz im Gegenteil. Die Führungskraft kann die Verantwortung für das Gesamte nur wahrnehmen, wenn sie möglichst viel delegiert und sich auf diese Weise die Freiheit schafft, den Gesamtprozess zu beobachten, zu analysieren, zu bewerten, Entscheidungen zu treffen und Aufgaben zu verteilen. Sie muss also frei sein, um sich dem zuwenden zu können, was nicht läuft. Zu führen heißt zuerst, den Handlungsprozess kennen und beherrschen. Dann erst können Mitarbeiter geführt werden. Die Führungsarbeit konzentriert sich damit auf die fünf Teilaufgaben des Handlungsprozesses, mit denen die Führungskraft den Handlungsprozess begleitet und laufend optimiert (siehe Übersicht 2 zu 2.1)

2.2 Informieren

Informationen klären das Motiv für die Handlung, geben Aufschluss über mögliche Ziele, zeigen Rahmenbedingungen auf, Handlungsalternativen, Handlungsbeteiligte, Nutzen, Kosten, mögliche Hemmnisse usw. Erst das Gewinnen und Analysieren dieser Informationen versetzt den Mitarbeiter in die Lage, die geplante Handlung auch erfolgreich umzusetzen. Der erste Schritt im Handlungsprozess ist somit das Informieren und das Analysieren von Informationen.

Dass der Handelnde gewisse Informationen benötigt, ist selbstverständlich. Und es ist Teil seines Jobs sich alle für seine Aufgabe notwendigen Informationen zu besorgen. Was bedeutet das nun für die Führung? Die Führungskraft überprüft den Informationsstand des Mitarbeiters und sein Verständnis und vertieft beides durch entsprechende Fragen. Es ist ihre Aufgabe sicherzustellen, dass sich der Mitarbeiter auch tatsächlich alle Informationen besorgt und diese auch entsprechend analysiert. Damit wird der Führungsschritt »Informieren« gleichzeitig zu einem Schritt in der Handlung. Führungs- und Handlungsprozess sind ein und derselbe Prozess (siehe 2.1).

Es ist selten das Problem, dass nicht informiert wird, sondern dass nicht in der erforderlichen Tiefe und Genauigkeit informiert wird. Dann weiß die Führungskraft zu wenig darüber, wie es dem Mitarbeiter mit einer Aufgabe geht, was er tut oder nicht tut, und ist auf Mutmaßungen angewiesen, die den Nährboden für Misstrauen abgeben. Umgekehrt fühlt sich der Mitarbeiter von der Führungskraft zu wenig verstanden und begleitet. Es ist die Qualität der Informationsverarbeitung, für die die Führungskraft die Verantwortung übernehmen muss. Der Handlungsschritt »Informieren« umfasst demnach die zwei Aufgaben der Übersicht zu 2.2.

An Informationen gelangen Mitarbeiter wie Führungskraft über unterschiedliche Informationsquellen. Grundsätzlich sind das schriftliche Materialien, elektronische Daten und Gespräche:
- Gespräche (Mitarbeiter, Vorgesetzte, Kunden, Externe usw.)
- Schriftliche Materialien (Arbeitsanweisungen, Standards, Instrumente, Zeitungsartikel, Bücher usw.)
- EDV-Tools (Kundendatenbank, Warenwirtschaftssystem, Internet usw.)

2.3 Das Informationsgespräch

Die wichtigste Form Informationen auszutauschen, ist das Gespräch zwischen Mitarbeiter und Führungskraft. Um effektiv zu sein, müssen solche Gespräche vor der Umsetzung von Handlungen stehen. In der Praxis passiert leider oft das Gegenteil und wichtige Informationen werden den Parteien erst im Laufe des Prozesses zugänglich. Das kann die Arbeit des Mitarbeiters ebenso wie die Arbeit der Führungskraft betreffen.

Ziel des Informationsgesprächs ist es deshalb, alle Informationen, die für die Ausführung einer Handlung relevant sind, zusammenzutragen und sich gegenseitig offen zu legen. Gemeinsam werden die Informationen dann geordnet und analysiert, um Wichtiges von Unwichtigem zu trennen und zu einem besseren Verständnis der geplanten Handlung und ihren Voraussetzungen zu kommen. Am Ende des Schritts »Informieren« sollten Mitarbeiter und Führungskraft ein gemeinsames Verständnis haben.

Vorbereitung
Beschaffenheit und Sensibilität der verschiedenen Informationen bedingen es, Informationsgespräche nicht in starre Schemen zu zwängen. Dennoch ist das Informationsgespräch kein spontan geführtes Gespräch, sondern ein Führungsinstrument. Es bedient sich verschiedener Techniken, um zum Ergebnis zu gelangen. Es empfiehlt sich daher für das Informationsgespräch eine formale Form zu wählen und es in regelmäßigen Abständen durchzuführen. Die Form soll dem Mitarbeiter bewusst machen, dass er nicht zufällig und beiläufig informiert wird, sondern dass die Führungskraft dies ganz bewusst macht, um den Mitarbeiter einzubeziehen, ihm Respekt zu erweisen und die Möglichkeit zu geben, eigenverantwortlich und selbstständig mitzuarbeiten (siehe Übersicht 2 zu 2.3). Die Leitfragen der Übersicht 1 zu 2.3 können Ihnen die Vorbereitung erleichtern, denn eine gute Vorbereitung bewahrt Sie ggf. davor, etwas nicht zu sagen, das unbedingt mitgeteilt werden sollte, oder auch etwas zu sagen, das Sie besser für sich behalten hätten.

> ⚠ Geben Sie sich nicht mit einer Information zufrieden, die noch nicht ausreichend ist, vielleicht weil Sie sie noch nicht verstanden haben, oder weil sie zu ungenau ist.

Informationsbedarf wahrnehmen
Ein gutes Informationsmanagement beginnt damit, zur rechten Zeit den Bedarf nach Informationen bei einem selbst wie bei anderen zu erken-

---

Übersicht 2 (zu 2.3) Standards für das Informationsgespräch

Informationen sollen wenn möglich persönlich vermittelt werden.
Emotional bedeutet es einen großen Unterschied, ob jemand in formeller Form oder im persönlichen Gespräch informiert wird. Die persönliche Form vermittelt mehr Wertschätzung als die formelle und ist ihr in diesem Punkt überlegen.

Für bedeutsame Informationen ist die schriftliche Form angemessener.
Die schriftliche Information ist genauer und effizienter, weil sie eher garantiert, dass das aufgenommen wird, was man vor hatte zu übermitteln. Die Diskrepanz zwischen gesendeter und empfangener Information ist geringer. Damit mindert sich auch die Gefahr eines Missverständnisses.
Andererseits jedoch kann mit einer mündlichen Information weniger leicht Missbrauch betrieben werden. Die mündliche Information bietet auch die Möglichkeit zu überprüfen, wie der Empfänger die Information aufnimmt. Man kann sie – falls nötig – korrigieren. Gewisse Informationen, wie Qualitätsstandards oder Deadlines, sollten aber unbedingt (auch) schriftlich übermittelt werden.

Die Rahmenbedingungen der Informationsübermittlung sind achtsam auszuwählen.
Die Rahmenbedingungen sind nicht unwichtig. Eine Kritik wird eher akzeptiert, wenn sie in entspannter Atmosphäre geäußert wird und nicht aktuell am Arbeitsplatz. Ein Gespräch im Arbeitsumfeld des Mitarbeiters dagegen vermittelt diesem hingegen Wertschätzung und gibt ihm Sicherheit.

Verpflichtet man sich, eine Information nicht weiterzugeben, sollte man sich unbedingt daran halten, selber jedoch sollte man solche Verpflichtungen meiden.
Informationen werden oft mit der Verpflichtung mitgeteilt, sie nicht zu verwenden oder weiterzugeben. Solche Absprachen haben einen begrenzten Wert. Es muss nicht einmal Geschwätzigkeit hinter der Verletzung der Verschwiegenheit stehen, sondern nur eine ungeschickte Bemerkung, aus der ein Dritter die Information erschließen kann. Besser ist, immer davon auszugehen, dass eine Information weitergegeben wird und sie daher zeitlich und inhaltlich so zu platzieren, dass bei der Weitergabe kein Schaden angerichtet werden kann. Informationen, von denen man will, dass sie nicht weitergegeben werden, sollte man am besten für sich behalten. Eine bessere Garantie der Verschwiegenheit gibt es nicht.

---

nen. Diese Aufgabe hat die Führungskraft sozusagen ständig wahrzunehmen, da sich das Informationsbedürfnis fortlaufend ändern kann. Nur wer den Informationsbedarf kennt, kann sicherstellen, dass die Informationen, die gebraucht werden, auch verfügbar sind.

Das Timing
Jede Information hat ein Verfallsdatum. Was das bedeutet, weiß jeder, der einmal mit Aktien spekuliert hat. Es ist deshalb nicht nur wichtig zu informieren, sondern auch zum rechten Zeitpunkt zu informieren, wobei es ein »zu früh« und ein »zu spät« gibt. Dem Verkäufer nutzen z.B. Informationen über den Verhandlungsspielraum seines Kunden nach Abschluss des Vertrags nichts mehr. Oder man hält bestimmte Informationen zurück, weil man verhindern will, dass sie vorzeitig verbreitet werden und bei Verhandlungen z.B. die Gegenseite erreichen. Wenn es aber darum geht, dem Mitarbeiter das Gefühl der Wertschätzung zu geben, ist es notwendig, dass er möglichst frühzeitig informiert wird. Umgekehrt ist es auch für die Führungskraft wichtig, Informationen, die die Arbeit des Mitarbeiters betreffen, zu einem Zeitpunkt zu erhalten, wenn noch genug Zeit ist, um unterstützend oder korrigierend einzugreifen.

Gesprächsinhalte
Inhalt des Informationsgesprächs ist alles, was die Aufgaben und Handlungen des Mitarbeiters direkt oder indirekt betrifft bzw. ihn in der Erfüllung seiner Aufgaben helfen oder blockieren könnte. Informieren Sie

VI. Führung und Zusammenarbeit

Übersicht 1 (zu 2.4) Entscheidungsfehler

Der falsche Zeitpunkt
Oft ist die richtige Alternative gewählt worden, aber die Entscheidung kommt zu spät.

Ambivalenz
Es wird eine unklare Entscheidung getroffen. Die häufigste Form: Entscheidung für eine und zugleich für eine zweite Alternative. Oder man lässt sich ein »Hintertürchen« offen.

Zaudern
Häufig wird eine Entscheidung aufgeschoben, obwohl sie dringend getroffen werden müsste. Wilhelm Busch schuf dafür die Karikatur des Esels, der zwischen zwei Heuhafen verhungert. Kern des Problems: Mit einer Entscheidung entscheidet man sich zugleich für die negativen Eigenschaften der gewählten und gegen die positiven Eigenschaften der abgelehnten Alternative.

Inkonsequenz
Man entscheidet sich für eine Alternative und nimmt die Entscheidung nach einer gewissen Zeit wieder zurück, wobei der Vorgang beliebig oft wiederholt wird.

Autoritäre Entscheidung
Entscheidungen werden getroffen, ohne die Mitbetroffenen zu konsultieren oder einzubeziehen. Wird die Entscheidung zu einem Misserfolg, wird sie von den Mitarbeitern nicht mitgetragen.

Zufallsentscheidung
Entscheidungen werden nicht aufgrund von Informationen und bewerteten Alternativen getroffen, sondern aus »dem Bauch heraus«. Solche Entscheidungen sind von den Betroffenen nicht nachvollziehbar.

Willkürentscheidungen
Entscheidungen werden nicht nach sachlichen Gesichtspunkten, sondern nach emotionalen Gesichtspunkten gefällt.

Kurzschlussentscheidungen
Eine Alternative wird gewählt, bevor man die wichtigsten Alternativen oder zumindest einige davon kennen gelernt hat.

Informationsfehler
Eine Entscheidung wird nicht zur rechten Zeit demjenigen kommuniziert, den sie betrifft.

---

deshalb den Mitarbeiter über Dinge, die nur Sie als Führungskraft wissen. Helfen Sie dem Mitarbeiter seine Informationen offen zu legen und zu besprechen, welchen Bedarf es nach Drittinformationen gibt. Zu dem ist alles Inhalt, was für die Führungskraft in ihrer Arbeit relevant ist. Dazu gehören Informationen über das Leistungsvermögen des Mitarbeiters, seinen Qualifikationsbedarf, über Konflikte, Informationen über die Arbeit des Mitarbeiters, über Erfolge und Misserfolge.

> **Informieren bedeutet aktiv zu steuern, informiert zu werden, bedeutet gesteuert zu werden.**

Wenn die Führungskraft sich vom Mitarbeiter informieren lässt, sollte sie sich stets bewusst sein, dass sie mit den Informationen vom Mitarbeiter gesteuert wird. Erwarten Sie deshalb nicht, objektiv und neutral informiert zu werden, denn zu informieren bedeutet Einfluss auszuüben. Ein Informant wird deshalb stets so informieren, dass seine eigenen Interessen gewahrt werden. Aus diesem Grund vermeiden es Mitarbeiter, Informationen, die eine Kritik am Verhalten des Vorgesetzten darstellen und ihn verletzen könnten, an ihn heranzutragen. Sie würden sein Wohlwollen verlieren und sich damit Nachteile einhandeln.

> **Achtung: So entsteht ein Informationsdefizit mit all den Gefahren, die mit einem einseitigen Informationsverhalten verbunden sind. Die Führungskraft sollte sich stets bewusst sein, dass der Mitarbeiter über den Weg der Information Einfluss auf ihre Entscheidungen zu nehmen versucht.**

2.4 Entscheiden

Der zweite Schritt im Handlungsprozess (siehe 2.1) ist das »Entscheiden«. Entscheidungen sind ein Merkmal der Führung. Indem die Führungskraft entscheidet, führt sie. Zu entscheiden ist die Aufgabe der Führungskraft und gleichzeitig ihr Privileg. Entscheidungen zu treffen, ist für viele Menschen schwierig, weil mit Entscheidungen Verantwortung übernommen wird. Was von außen wie ein Privileg aussieht, ist von innen gesehen oft eine Bürde. Tatsächlich ist das Treffen einer Entscheidung jedoch ein Schritt in einer langen Kette gleichrangiger Aufgaben auf dem Weg zum Ziel.

Entscheiden heißt für die Führungskraft, entscheiden über die Ziele, die mit dem Mitarbeiter vereinbart werden und schaffen der Rahmenbedingungen, dass das Erreichen der Ziele unterstützt wird (siehe 5.2). Entscheidungen über den Weg und die einzusetzenden Mittel sollte besser der Mitarbeiter treffen. Aufgabe der Führungskraft dabei wäre es, diese Entscheidung einzufordern und in einem Aktivitätenplan verbindlich zu vereinbaren. Die Führungskraft hat sicherzustellen, dass eine Entscheidung getroffen wird. Entscheidungen über den Weg und die Mittel sollte, wenn immer möglich, der Mitarbeiter treffen, denn er muss schließlich die Handlung ausführen. Je stärker er an den Entscheidungen beteiligt ist, desto stärker ist er in der Lage, Verantwortung zu übernehmen und sich für das Ziel zu motivieren.

Entscheidungen sind auf verschiedenen Ebenen zu treffen. Auf der obersten Ebene geht es um die Unternehmensziele, auf den unteren eher um Entscheidungen über den geeigneten Weg und die geeigneten Mittel. In einem gut geführten Unternehmen ist vieles allgemein geregelt und man versucht das Ausmaß individueller Entscheidungen zu begrenzen.

Auf den unteren Ebenen steht das Umsetzen von Entscheidungen, die die Unternehmensleitung getroffen hat, im Vordergrund. Die Führung auf der unteren Ebene ist aber auch aufgerufen dafür zu sorgen, dass die Entscheidungen auf höherer Ebene getroffen werden, sie muss Entscheidungen einfordern.

Vorbereitet werden Entscheidungen durch das Einholen und Analysieren von Informationen (siehe 2.2). Vor der eigentlichen Entscheidung sollten jedoch unterschiedliche Alternativen bewertet werden. Wenn es keine Alternativen gibt, gibt es auch keine Entscheidungen. Erst wenn mehrere Wege zum Ziel als Möglichkeiten in Betracht kommen, entsteht der Bedarf sich für einen zu entscheiden. Wichtige Entscheidungsfehler entnehmen Sie bitte der Übersicht 1 zu 2.4.

Das emotional belastende an der Entscheidung ist die Übernahme der Verantwortung, die damit verbunden ist. Menschen tun sich unterschiedlich schwer damit. Ebenfalls abhängig von der Persönlichkeit werden Entscheidungen ggf. schnell getroffen oder verzögert. Damit ist noch nichts darüber ausgesagt, ob jemand richtige oder falsche Entscheidungen trifft. In Bezug auf Entscheidungen sind die Menschen sehr verschieden. Da gibt es den »Spieler«, er sucht das Risiko, entscheidet gern und rasch. Dann gibt es als Gegenpol den »Sicherheitsdenker«. Er meidet das Risiko, entscheidet sich ungern und verzögert Entscheidungen. Es gibt Menschen, die rasch eine Entscheidung fällen, weil sie die Spannung nicht aushalten können und es gibt Menschen, die suchen die Spannung geradezu und neigen dazu Entscheidungen zu verkomplizieren.

Wie immer die Führungskraft sein mag, wenn es ihr gelingt, sich richtig einzuschätzen, ihre Stärken und Schwächen zu reflektieren, dann ist es ihr auch möglich, sich selber Regeln zu geben, um Entscheidungsfehler zu vermeiden. Denn es liegt im Verzögern von Entscheidungen auch ein Gutes, ebenso wie im raschen Entscheiden, im Alleinentscheiden genauso wie im konsenssuchenden Entscheiden.

Übersicht 2 (zu 2.4) Wie entscheidet man sich richtig?

1. **Der richtige Zeitpunkt:** Der Entscheidungsbedarf kommt auf die Agenda und der Zeitpunkt, zu dem die Entscheidung getroffen wird, wird festgelegt. (»die Agenda xy steht zur Entscheidung an; sie wird bis spätestens ... getroffen«). Der richtige Zeitpunkt ist dann gegeben, wenn die Entscheidung von den Informationen her getroffen werden kann und wenn sie aus strategischen Gründen gefordert ist.

2. **Die richtige Vorbereitung:** Zur Entscheidungsvorbereitung werden die Alternativen samt ihren Vor- und Nachteilen aufgeführt.

3. **Die richtige Absicherung:** Zur Absicherung einer Entscheidung werden die Personen mit einbezogen, die die Entscheidung fördern oder blockieren können. Ihr frühes Einbeziehen nimmt sie mit in die Verantwortung, sie können ihre Vorbehalte einbringen und können beim Erarbeiten des Kompromisses mitwirken, sodass sie sich in der Entscheidung wieder finden.

4. **Die klare Entscheidung:** Entscheidungen sollten klar und verbindlich getroffen werden.

5. **Die richtige Informationspolitik:** Ist die Entscheidung getroffen, soll sie kommuniziert werden. Das verhindert, dass andere Personen aus ihrer Sicht und ihren Interessen dienlich eine Entscheidung informell kommunizieren.

> **!** Sie müssen als Führungskraft nicht Ihren Charakter verändern, aber Sie können sich selber Regeln geben, um sich wiederholende Fehler zu vermeiden.

Zu welchem Typus gehören Sie?
- Es gibt entscheidungsfreudige Manager, die Entscheidungen anziehen und die gern und rasch entscheiden.
- Es gibt entscheidungsscheue Manager, die zaudern und Entscheidungen aufschieben oder anderen zuschieben.

Für eine gute Entscheidungskultur beherzigen Sie die folgenden fünf Entscheidungsregeln und die Hinweise in der Übersicht 2 zu 2.4:
- verbindlich entscheiden,
- zum richtigen Zeitpunkt entscheiden,
- erst bei Vorliegen bewerteter Alternativen entscheiden,
- zusammen mit den Betroffenen entscheiden,
- die Betroffenen aus erster Hand informieren.

2.5 Vereinbaren

Entscheidungen geben die Richtung vor. Vereinbarungen setzen Ziele und definieren Aktivitäten diese zu erreichen. Vereinbarungen zu treffen, scheint wieder primär eine Führungsaufgabe zu sein. Doch auch Vereinbarungen bezeichnen einen Schritt im Handlungsprozess. Für die Ausführung einer Handlung ist es zwingend notwendig, dass Ziel und Weg definiert werden, unabhängig davon, ob überhaupt eine Führungskraft zugegen ist. Wiederum ist es deshalb gemeinsame Verantwortung von Führungskraft und Mitarbeiter, dass verbindliche Vereinbarungen getroffen und am besten schriftlich niedergelegt werden.

> **!** Die Führungskraft muss sicherstellen, dass Vereinbarungen getroffen und verbindlich niedergelegt werden.

Bei den Vereinbarungen, die die Führungskraft mit dem Mitarbeiter trifft, gibt es eine Zielvereinbarung (siehe auch 5.2 und auf der beigefügten CD), die im Regelfall für ein Jahr gilt und eine Vereinbarung über den Weg, die von Woche zu Woche korrigiert werden kann. Die Vereinbarung über den Weg wird im Coachinggespräch (siehe 5.6) besprochen und für die Zeit bis zum nächsten Coachinggespräch im Aktivitätenplan verbindlich festgelegt.

Vereinbaren heißt gemeinsam mit dem Mitarbeiter ein Ziel und einen Weg zu definieren. Vereinbaren

VI. Führung und Zusammenarbeit

Übersicht (zu 2.5) Die wichtigsten Fehler beim Delegieren

- Der Auftrag wird nicht klar und verbindlich definiert: Was ist zu tun? In welcher Qualität? Bis wann?
- Es wird nicht überprüft, ob der Mitarbeiter den Auftrag auch verstanden hat.
- Es wird nicht überprüft, ob der Mitarbeiter in der Lage ist, den Auftrag auszuführen (fehlende Zeit, fehlende Motivation, fehlende Kompetenz).
- Es wird nicht die angemessene Hilfe angeboten, wenn der Mitarbeiter überfordert ist, oder wenn sich im Verlaufe der Ausführung Überforderung zeigt.
- Der Mitarbeiter versteht den Auftrag nicht oder versteht ihn anders, als er von der Führungskraft gemeint ist.
- Die Ausführung der delegierten Aufgabe wird nicht überprüft.

Delegieren will gelernt sein. So machen Sie es richtig:

- Erteilen Sie Aufträge, wenn sie komplexer sind, schriftlich.
- Ein verbindlicher Auftrag enthält eine Zeitangabe, ein Qualitätsmaß oder quantitatives Maß.
- Legen Sie Hilfsmaßnahmen fest, wenn sich mit gewisser Wahrscheinlichkeit eine Überforderung einstellen könnte.
- Der Mitarbeiter soll zur Überprüfung seines Verständnisses den Auftrag wiederholen.
- Zum Delegieren muss sich die Führungskraft genügend Zeit nehmen. Eine ungenaue Delegation kostet später Zeit und Nerven.
- Geben Sie dem Mitarbeiter die Informationen, die er braucht, um den Auftrag und den Zusammenhang, indem er steht, verstehen zu können. Ergeben sich Schwierigkeiten und er muss selbstständig entscheiden, kann er dies nur, wenn er die Zusammenhänge kennt.

Übersicht (zu 2.6) Coachingfunktion: Die Führungskraft muss...

1. ... die Arbeit regelmäßig mit dem Mitarbeiter besprechen und Schritte verbindlich und überprüfbar festlegen.
2. ... für den Mitarbeiter Arbeitsbedingungen schaffen, die seinen Erfolg wahrscheinlicher machen. Sie sollte Hindernisse wegräumen und Hilfestellung möglich machen.
3. ... dem Mitarbeiter Selbstvertrauen und Sicherheit geben, um selbstbewusst auf-zutreten und die Aufgaben ausführen zu können.
4. ... den Mitarbeiter intrinsisch durch Hilfe zum Erfolg motivieren.

---

kann aber auch die Form von Delegation annehmen, wenn dies der Aufgabenbereich der Führungskraft erfordert. Wie beim Entscheiden gibt es auch beim Delegieren Manager, die sich schwer damit tun. Sie haben Bedenken, ob die Arbeit in der von ihnen erwarteten Qualität verrichtet wird, ob dem Mitarbeiter die Arbeit zuzumuten ist, ob er sie nicht lieber selber erledigt. Wer Arbeiten delegiert, bekommt zuweilen das Etikett selbst bequem zu sein oder eine Chef-Rolle spielen zu wollen. Andererseits gilt, die Führungskraft, die nicht delegiert, macht sich selbst zum Mitarbeiter und reduziert die Kapazität des Teams auf ihre eigene Schaffenskraft. Zu delegieren ist ebenso eine notwendige Führungsaufgabe wie dafür zu sorgen, dass Entscheidungen getroffen werden. Die wichtigsten Fehler beim Delegieren und wie Sie es richtig machen können, entnehmen Sie bitte der Übersicht zu 2.5.

> ! Delegieren ist die wichtigste Fähigkeit einer Führungskraft. Die Führungskraft, die nicht delegiert, blockiert das Unternehmen.

2.6 Umsetzen

Der Handlungsschritt »Umsetzen« wird oft als alleinige Aufgabe des Mitarbeiters verstanden. Gerade in der Phase der Umsetzung ist aber die Führungskraft gefordert, den Mitarbeiter zu begleiten, ihn zu motivieren, ihm die nötige Unterstützung zu geben und bei Bedarf korrigierend einzugreifen.

> ! Die Führungskraft muss sicherstellen, dass der Mitarbeiter die Aktivitäten gemäß den Vereinbarungen umsetzt, die Zielerreichung in Etappen kontrolliert wird und bei Bedarf Anpassungen am Ziel oder am Vorgehen vorgenommen werden.

Hierbei ist die Coachingfunktion der Führungskraft besonders zu betonen (siehe Übersicht zu 2.6). Denn gerade in schwierigen Führungssituationen, in denen die Führungskraft weit weg ist vom Mitarbeiter, lassen Führungskräfte ihre Mitarbeiter in dieser Phase oft im Stich. Häufig fehlen Ideen und Sicherheit darüber, was getan werden muss, um den Mitarbeiter zu unterstützen. Vereinbaren Sie deshalb regelmäßige Coachinggespräche mit den Mitarbeitern und nehmen Sie diese konsequent wahr. Nur damit kann sichergestellt werden, dass Sie als Führungskraft immer nah am Mitarbeiter sind, die nötigen Informationen erhalten und Chancen wie Gefahren früh erkennen.

2.7 Überprüfen

Der viel zitierte Ausspruch Lenins, wonach Vertrauen gut aber Kontrolle besser ist, drückt eine grundlegende Wahrheit aus: Die Leistung eines Menschen ist abhängig vom wahrgenommenen Erfolg. So ist eine wirksame psychotherapeutische Methode bei Arbeitsstörungen, vom Klienten zu verlangen, dass er täglich die Zeit aufzeichnet, in der er arbeitet. Allein das Aufzeichnen der Minuten und

A – 3 Einzelaufgaben der Führung

Stunden, die gearbeitet werden, erhöht die Arbeitszeit. Und wenn der Trainer die gelaufene Zeit des Läufers nicht messen würde, so würde er gewiss nicht seine Laufleistung ständig steigern, sondern sie würde wohl abnehmen. Der Mensch orientiert sich am Erfolg und nichts ist motivierender als der Erfolg. Das Hauptanliegen der Kontrolle sollte stets das Aufzeigen, das Bewusstmachen und das Sichtbarmachen der Leistung sein. Das primäre Ziel der Kontrolle ist also nicht, Fehler zu finden, sondern Leistungen erfahrbar zu machen.

Der Handlungsschritt »Überprüfen« ist deshalb so wichtig, weil der Mitarbeiter kontinuierlich überprüfen muss, wo er auf dem Weg zur Zielerreichung steht, um die Aktivitäten auf den jeweiligen Status abzustimmen.

> Die Führungskraft stellt sicher, dass kontinuierlich überprüft und entsprechend reagiert wird.

Kontrolle sollte objektiv, gerecht und systematisch sein, sowie in engen Zeitabständen erfolgen. Die Kontrolle ist wirksamer, wenn sie nicht durch die Führungskraft selbst ausgeübt wird, sondern durch ein anonymes Mess-System. Oder der Mitarbeiter gibt sich selbst Feedback, indem er die Ergebnisse an seine Führungskraft berichtet.

Die Durchführung der Überprüfung ist also an verschiedene Schritte gebunden:
1. Vereinbarung. Die Überprüfung sollte vorbereitet werden durch eine genaue Vereinbarung der geforderten Leistung. Die Vereinbarung sollte die Leistung so genau beschreiben, dass sie objektiv erfasst werden kann.
2. Kriterien. Die Kriterien, nach denen die Leistung des Mitarbeiters beurteilt wird, sollten ihm zu Beginn erläutert werden, damit er sich bei der Ausführung der Aufgaben an ihnen orientieren kann.
3. Messung. Die Leistungsmessung sollte soweit wie möglich objektiv und möglichst nicht durch die Führungskraft selbst erfolgen. Das schützt die Führungskraft vor Verschleiß.

Übersicht (zu 3.1) Schritte der Stellenbesetzung

1. Analyse der Leistungen und Probleme des alten Stelleninhabers, um genauer sagen zu können, worauf es bei der Stelle ankommt (fachliche Kompetenz, Arbeitsstil, Gruppenverhalten, Bedarf an Führung).
2. Definition der Anforderungen, die darauf abzielen, die Leistungen des früheren Stelleninhabers zu wiederholen und die früher aufgetretenen Probleme zu beseitigen.
3. Ausschreibung, wobei versucht werden sollte, genau darzustellen, wer gesucht wird, was von ihm erwartet wird, und was ihn erwartet.
4. Vorauswahl, um nicht zu viele Bewerber in der Endrunde zu haben und sich differenziert mit jedem Einzelnen auseinandersetzen zu können.
5. Endauswahl. Verhaltenskompetenz und Fachwissen können in Übungen oder mit Hilfe von Tests eruiert werden; um die Motivation zu klären dient das biografische Interview. Vor allem muss darauf geachtet werden, dass der Bewerber auch ins Team passt.
6. Vertragsgestaltung. Der Vertrag soll nochmals Klarheit über die Erwartungen – beiderseits – bringen.
7. Einarbeitung. Die Einarbeitung hilft dem Mitarbeiter sich möglichst rasch in der Arbeit und im Team zurechtzufinden und seinen Platz zu finden.

4. Mitteilung. Die Mitteilung sollte möglichst offen erfolgen, im Team oder in Form einer öffentlichen Dokumentation.
5. Feedback. Die Führungskraft sollte dem Mitarbeiter Feedback geben, kritisch aber offen und fair.

3. Einzelaufgaben der Führung
3.1 Mitarbeiter auswählen

Die Auswahl der Mitarbeiter gehört zu den wichtigsten Aufgaben einer Führungskraft. Und die Qualität dieser Führungsleistung ist mit entscheidend für ihren Erfolg. Als Führungskraft werden Sie dabei auf Fachpersonal zurückgreifen, trotzdem liegt die Entscheidung letztlich bei Ihnen. Vor allem kann Ihnen das Fachpersonal nicht die Aufgabe abnehmen, die Person zu charakterisieren, die Sie brauchen. Der Mitarbeiter kommt in ein Team und hat bestimmte Aufgaben wahrzunehmen. Dass der neue Mitarbeiter ins Team passt, ist dabei ebenso wichtig, wie seine Qualifikation, die Arbeitsmotivation und seine Verhaltensmuster im Umgang mit der Führung.

Die Schrittfolge für eine erfolgreiche Auswahl entnehmen Sie bitte der Übersicht zu 3.1. Weiterführende Hinweise finden Sie im Kapitel II dieses Buches. In der Regel entstehen bei der Auswahl von Mitarbeitern immer Probleme. Stehen z.B. keine geeigneten Bewerber zur Auswahl, sollte man sich nicht mit weniger Potenzial zufrieden geben. Intensivieren Sie statt dessen die Mitarbeitersuche, suchen Sie spezifischer und sprechen Sie spezifische Gruppen gezielt an. Da auch geeignete Bewerber in der Regel nicht alle Kriterien erfüllen, können Sie z.B. das Aufgabenpensum anders zusammen stellen, Aufgaben, für die der Neue nicht geeignet ist, an das Team delegieren usw. Wenn nicht genügend Zeit zur Verfügung steht, um eine sorgfältige Auswahl zu treffen, sollte man sich vor Augen führen, wie viel Zeit eine Fehlbesetzung kosten wird.

> Die sorgfältige Auswahl der Mitarbeiter hat oberste Priorität.

Da Mittel immer nur begrenzt zur Verfügung stehen, sollte sich auch das Budget für die Stellenbesetzung daran orientieren, was eine Fehlbesetzung das Unternehmen kostet, bzw. was die Vermeidung einer Fehlbesetzung an Gewinn bringt. Auch wenn ein Bewerber, der wenig geeignet ist, jemandem vorgezogen werden soll, der geeigneter erscheint,

Übersicht (zu 3.2) Regeln für die Einführung neuer Mitarbeiter

- Der neue Mitarbeiter soll die Zeit bekommen, Kollegen kennen zu lernen.
- Er braucht einen Ansprechpartner, wenn er Fragen hat.
- Er braucht Informationen über die ungeschriebenen Regeln.
- Hilfreich ist, ihm für die ersten Wochen einen Kollegen als »Coach« zur Seite zu stellen.
- Er soll die Zeit bekommen, um sich auf eine gute Arbeit vorbereiten zu können.
- Er soll möglichst schnell mit den Aufgaben, die er auch in Zukunft wahrnehmen soll und für die er eingestellt wurde, konfrontiert werden.

Übersicht (zu 3.3) Vor- und Nachbereitung

1. **Entscheidung für eine bestimmte Fortbildung und Festlegung der Lernziele.** Sie sollte gemeinsam mit dem Mitarbeiter getroffen werden. Zur Orientierung dienen die Anforderungen der Arbeit des Mitarbeiters. Es sollte dabei festgelegt werden, wo der Mitarbeiter einen Qualifikationszuwachs braucht bzw. nutzen kann.
2. **Vorbereitung auf die Fortbildung.** Damit die Fortbildung das Lernziel erreichen kann, sollte der Mitarbeiter Arbeitsproben oder anderes Material aufbereiten und zur Fortbildung mitnehmen, damit auch der Seminarleiter nicht auf Mutmaßungen angewiesen ist, sondern sich auf Fakten beziehen kann.
3. **Nachbereitung.** Wenn der Mitarbeiter von der Fortbildung zurückkommt, sollte die Führungskraft ihn bei der Umsetzung des Gelernten unterstützen. Es wurde festgestellt, dass Fortbildung dann eine lang anhaltende Wirkung erzielt, wenn die Führungskraft sie mit ihrer Aufmerksamkeit begleitet.

kommt man am schnellsten zu einer guten Lösung, wenn man sich die Mühe macht, die Kosten und Probleme einer Fehlbesetzung aufzuzeigen.

Nicht bei allen Mitarbeitern ist das Team entscheidend, wenn es aber sehr wichtig ist, dann ist jede Wahl eines Mitarbeiters, der nicht ins Team passt, eine Fehlentscheidung.

Die wichtigsten Hilfsmittel zur Personalauswahl sind Stellenbeschreibungen (siehe II A/1.3), biografische Interviews (siehe II A/3.3), psychologische Tests (siehe II A/3.4), Assessment-Center (siehe II A/3.4) und Empfehlungen.

3.2 Mitarbeiter einführen

Die Einführung neuer Mitarbeitern hat die gleiche Bedeutung wie der Start für ein neues Projektes. In einer englischen Schulpädagogik wird den Lehrerkollegen empfohlen: »Don't smile before Christmas«. Zu Beginn werden Einstellungen geweckt und ungeschriebene Regeln geschrieben. Die Scheu dem fremden Mitarbeiter gegenüber verführt Führungskräfte dazu, dem Mitarbeiter zu Beginn viel Zeit einzuräumen, um sich zu orientieren und erst später werden dann die Zügel angezogen. Dadurch wird oft viel Zeit vertan und es führt nicht dazu, dass der neue Mitarbeiter Anerkennung und Sicherheit gewinnt. Zu empfehlen ist, ihn gleich voll einzusetzen, aber ihm die Hilfe zukommen zu lassen, dass er sich rasch einarbeiten kann. Je schneller er ein vollwertiger Mitarbeiter wird, desto eher fühlt er sich im neuen Betrieb wohl.

Die erste Zeit ist für jeden Mitarbeiter eine Zeit der Unsicherheit, die mit besonderem Stress verbunden ist. Er muss vieles lernen, sich an eine neue Umgebung gewöhnen und Kontakte zu Kollegen aufbauen. In dieser Anfangsphase werden auch die meisten Fehler gemacht und der Mitarbeiter braucht Unterstützung, Geduld und Feedback.

Oft ist die erste Zeit auch rechtlich besonders. Auf der einen Seite schützt die Probezeit vor längerfristigen Fehlbesetzungen, weil relativ schnell und problemlos gekündigt werden kann, auf der anderen Seite kann aber auch der Mitarbeiter genauso schnell wieder gehen, selbst wenn das Unternehmen mit ihm zufrieden ist (siehe II B/3.2.3).

Die erste Zeit des Mitarbeiters sollte deshalb so gestaltet werden, dass er die ihm zugedachte Arbeit schnell kennen und schätzen lernt, sich aber auch gleichzeitig in ihr erprobt, damit in dem Falle, dass er sich nicht bewähren sollte, das Vertragsverhältnis während der Probezeit auch wieder gelöst werden kann. Die wichtigsten Regeln der Einarbeitung finden Sie in der Übersicht zu 3.2.

Besondere Hilfen für die Einführung neuer Mitarbeiter sind:
- Eine genaue Vereinbarung, was in den ersten vier Wochen, in den ersten drei Monaten und bis zum Ende der Probezeit von ihm erwartet wird
- Eine Informationsbroschüre, in der die wichtigsten Informationen aufgeführt sind, die der Mitarbeiter benötigt, um sich im Unternehmen zurechtfinden zu können.
- Patenschaft: Ein erfahrener Mitarbeiter wird ihm zur Seite gestellt, die ihn bei schwierigen Arbeiten begleitet und auch sonst als Ansprechpartner für Fragen zur Verfügung steht.
- Vorstellung des Betriebes und Vorstellung des neuen Mitarbeiters bei all jenen Personen, mit denen er zukünftig zu tun haben wird
- Häufigere Feedbackgespräche

3.3 Mitarbeiter weiterentwickeln

Wer sich nicht weiterentwickelt, verliert die geistige Spannkraft und den Anschluss an die Zeit. Es ist für jeden Mitarbeiter essenziell, sich weiterzuentwickeln. Die Weiterbildung geschieht zuerst am Arbeitsplatz und hier ist es die Führungskraft, die Lehrer und Förderer ist. Zum Lernen gibt es viele Gelegenheiten und Anlässe. Das Feedback, das die Führungskraft dem Mitarbeiter gibt, die Arbeit, die sie mit ihm zusammen analysiert, die Fehler, die sie mit ihm durchgeht, das alles sind Gelegenheiten, dazu zu lernen und seine Kompetenz zu erweitern.

Eine besondere Verantwortung trägt die Führungskraft bei der Aus- und Weiterbildung durch Trainingsabteilungen oder Externe.

> **!** Mitarbeiter-Weiterbildung sollte ohne direkte Beteiligung der Führungskraft an der Vor- und Nachbereitung nicht stattfinden.

Wie die Beteiligung der Führungskraft aussehen könnte, entnehmen Sie bitte der Übersicht zu 3.3. Zusätzliche Informationen zur Personalentwicklung und Weiterbildung finden Sie in Kapitel VII dieses Buches.

Oft kommen Mitarbeiter zu einer Fortbildung und wenn zu Beginn nach den Zielen gefragt wird, kommt die Antwort: »Ich möchte sehen, was sich ergibt«. In einem solchen Falle ist der Seminarleiter gezwungen, für den Teilnehmer das Ziel zu definieren, ohne dass er die Arbeitssituation und den Qualifikationsstand des Mitarbeiters kennt.

Externe Fortbildung ist aber die Ausnahme und besonderen Inhalten vorbehalten. Der eigentliche Ort des Lernens ist immer der Arbeitsplatz. Hier braucht der Mitarbeiter die Führungskraft, die seine Arbeit fair und offen beurteilt sowie Hilfe anbietet.

3.4 Mitarbeiter beurteilen

Mitarbeiterbeurteilung ist in vielen Unternehmen ein Teil der Mitarbeiterförderung und Karriereplanung. Die Mitarbeiterbeurteilung, die meist in regelmäßigen Abständen durchgeführt wird, soll eine objektive Grundlage für Entscheidungen liefern.

Eher selten werden Führungskräfte in der Mitarbeiterbeurteilung geschult. Dabei ist die Mitarbeiterbeurteilung eine qualifizierte Handlung und es ist erwiesen, dass Laien eine Reihe von Beurteilungs- und Schätzfehlern machen. Sie neigen dazu, stark von Vorurteilen geleitet zu beobachten, bestimmte Ereignisse ohne Bezug zum Gesamtergebnis zu beurteilen und sich bei der Beurteilung von unrealistisch hohen Qualitätserwartungen leiten zu lassen. Je bewusster dem Beobachter jedoch die Fehlerquellen sind (siehe Übersicht zu 3.4), desto eher kann er Fehler vermeiden oder sie korrigieren.

Übersicht (zu 3.4) Die wichtigsten Beurteilungsfehler

Übergeneralisierung
Man hat nur wenige Verhaltensstichproben beobachtet und schließt daraus auf das generelle Verhalten des Mitarbeiters.

Hallo-Effekt
Beeinflussung der Beurteilung von Einzelmerkmalen einer Person durch den Ersteindruck oder durch eine hervorstechende Eigenschaft der beobachteten Person.

Übertreibung
Die Ausprägung einer Eigenschaft wird positiv oder negativ überzeichnet.

Nichtbeachten der Rahmenbedingungen
Verhaltensweisen werden nicht in Bezug zu den Rahmenbedingungen gesehen und dadurch falsch eingeschätzt.

Vorurteil
Beurteilung des Mitarbeiters aus einem ausgeprägten Vorurteil.

Fehlende Neutralität
Der Vorgesetzte ist nicht neutral. Hat er zum Mitarbeiter eine gute Beziehung, neigt er dazu, ihn zu positiv und im gegenteiligen Falle zu negativ zu beurteilen.

Fehlende Informationen
Vorgesetzte kennen die Arbeit ihrer Mitarbeiter weit weniger gut als sie selber glauben, sie zu kennen. Das trifft vor allem zu, wenn Vorgesetze Mitarbeiter beurteilen, mit denen sie nicht unmittelbar zusammenarbeiten.

Abhängigkeit
Der Vorgesetzte ist vom Mitarbeiter nicht unabhängig und kann ihn deshalb nicht objektiv beurteilen.

Für die Leistungsbeurteilung der Mitarbeiter werden in der Regel Fragebögen mit Schätzskalen eingesetzt. Mit diesen Bögen möchte man von der qualitativen Beschreibung wegkommen und die Beurteilungen standardisieren und vergleichbar machen. Es gibt zwei verschiedene Arten solcher Bögen. Die einen gehen von den Kernaufgaben aus und geben an, wie gut der Mitarbeiter diese Aufgaben erledigt. Diese Art stößt vor allem dann auf Probleme, wenn sich die Arbeit schlecht in einzelne Aufgaben aufspalten lässt, wie z.B. die Arbeit einer Führungskraft. Deshalb gehen andere bei der Konstruktion dieser Bögen von allgemeinen Kompetenzen aus, z.B. Leistungsmotivation, Kommunikation, Effektivität, die sie der Beurteilung zugrunde legen. Die Qualität dieser Bögen beurteilt nach den testtheoretischen Kriterien der Objektivität, Reliabilität und Validität ist kaum überprüft und dürfte den Qualitätsmaßstäben von Tests nicht standhalten. Nach unserer Einschätzung stellen sie eher ein Kommunikationsmedium von zweifelhaftem Wert dar. Es suggeriert aber denen, die sie ausfüllen das Gefühl, eine objektive und genaue Beurteilung geliefert zu haben.

Wir halten eine qualitative Beschreibung nach einem vorgegebenen Schema für brauchbarer. Dieses Schema könnte so aufgebaut werden, dass es die Führungskraft durch den Prozess der Beurteilung führt und hierbei zwingt, beobachtete Fakten, Interpretationen, Generalisierungen und Bewertungen getrennt und aufeinander aufbauend darzustellen.

In einem solchen Protokoll sollten vor allem Fakten festgehalten werden, z.B. erreichte Planzahlen, Erfolge und Misserfolge, geleistete Arbeitstage im Jahr. Aus diesen sorgfältig gesammelten Fakten, kann sich der Leser ein zutreffenderes Bild vom Mitarbeiter machen als über Beurteilungen auf einem sehr abstrak-

Übersicht (zu 3.5) Kündigungsgründe

- **Belastendes Arbeitsklima** führt bei fast allen Mitarbeitern zu vermehrten Fehlzeiten, Fehlleistungen und zu verminderten Erfolgen. Es macht damit Abwanderungsgedanken wahrscheinlich.
- **Misserfolge oder fehlender Erfolg** machen unzufrieden, schwächen das Selbstwertgefühl und führen zu Vermeidungsverhalten, als dessen stärkste Ausprägung die Kündigung anzusehen ist.
- **Konflikte am Arbeitsplatz** mindern die Zufriedenheit des Mitarbeiters, vor allem Konflikte mit dem Vorgesetzten, und machen Kündigungen wahrscheinlich.
- **Abwerbung.** Hoch qualifizierte Mitarbeiter und erfolgreiche Führungskräfte sind stark dem Werben von Headhuntern ausgesetzt. Wegen der Knappheit der personellen Ressourcen zahlen Mitbewerber oft Löhne, die der Betrieb nicht überbieten will oder kann.
- **Mangelnde Aussicht auf Weiterentwicklung** ist ein häufiger Kündigungsgrund. Vor allem jüngere Arbeitskräfte möchten sich weiterentwickeln und wechseln die Arbeitsstelle, um wieder etwas Neues lernen zu können.
- **Fehlende Karrierechancen** sind Gründe für eine Kündigung, vor allem wenn Mitarbeiter den Eindruck haben, dass sie als Interner wenig Aufstiegschancen haben, weil neue Führungskräfte extern rekrutiert werden.

---

tem Niveau, wo oft weder nachvollziehbar ist, wie der Beurteiler die Kategorien versteht, noch, was er damit ausdrücken wollte.

3.5 Mitarbeiter binden

Die Aufgabe, Mitarbeiter an das Unternehmen zu binden, gewinnt in dem Maße an Bedeutung, als es schwieriger, kostspieliger und aufwändiger wird, neue Mitarbeiter zu suchen und einzuarbeiten. Je aufwändiger Ausbildung und Einarbeitung des Mitarbeiters sind, desto größer ist der Verlust, wenn ein Mitarbeiter kündigt. Im Bereich des Kundenkontaktes ist mit der Mitarbeiterfluktuation zu dem oft auch der Verlust an Kunden verbunden.

Oft wird das Gehalt als Hauptauslöser für eine Kündigung gesehen. Gehaltssteigerungen werden jedoch oft vorgeschoben, dies sowohl vom Mitarbeiter als auch von der Führungskraft, die den Mitarbeiter verliert. Die Bedeutung des Gehalts ist u.a. davon abhängig, in welcher ökonomischen Situation der Mitarbeiter sich befindet, wie die Alternativen aussehen usw. Und für alle Gründe gilt, dass sie in ihrer Bedeutung von Mitarbeiter zu Mitarbeiter anders aussehen. Für eine Kündigung gibt es immer mehrere Gründe, denn auch die Auswirkungen auf das Leben des Mitarbeiters sind komplex.

Ein wichtiger Faktor, der oft übersehen wird, ist der soziale Faktor. Aus Untersuchungen ist bekannt, dass ein großer Teil der sozialen Kontakte über den Arbeitsplatz gewonnen werden. Fehlende soziale Kontakte und Vereinsamung können zu einer Kündigung führen. Eine gute soziale Einbettung ist dagegen ein starker Grund, die Arbeitsstelle nicht zu wechseln.

Die Gründe, die zur Kündigung des Mitarbeiter führen, sind vielfältig und von Betrieb zu Betrieb und Aufgabe zu Aufgabe verschieden. Die in der Übersicht zu 3.5 aufgeführten Gründe lassen sich auch als »Fehlen von Führung« interpretieren. Eine Führungskraft, die nah bei ihren Mitarbeitern ist, weiß was in ihnen vorgeht, weiß auch, was sie belastet und demotiviert. Sie kann, lange bevor es zu Abwanderungsplänen kommt, eingreifen.

Um die Mitarbeiterbindung zu erhöhen, müssen zunächst die Bedingungen, die zur Kündigung des Mitarbeiters führen können, erfragt und analysiert werden. Hieraus lassen sich dann aktive Maßnahmen zur Mitarbeiterbindung entwickeln. Manche Unternehmen führen z.B. spezifische Programme durch (Retention Management).

Dazu gehört die systematische Befragung der Mitarbeiter, die kündigen, und die Analyse der Information bzw. die Konzeption von Maßnahmen zur Bindung der Mitarbeiter. Ein präventiver Plan beantwortet die Frage: Wie kann vorgebeugt werden, dass der Verlust den Arbeitsbereich nicht in eine Krise stürzt? Regelmäßige Gespräche mit Mitarbeitern, um Absichten möglichst zu einem frühen Zeitpunkt zu erfahren, gehören ebenfalls zum Retention Management.

3.6 Arbeitszufriedenheit

Der Mensch verbringt einen erheblichen Teil seines Lebens am Arbeitsplatz und investiert einen großen Teil seiner Energie, Zeit und Gedanken in das Unternehmen, in dem er arbeitet. Man schätzt, dass 60% der Sozialkontakte mit dem Arbeitsplatz zusammenhängen. Das Unternehmen ist für den Mitarbeiter Lebensraum. Fühlt er sich hier wohl, dann stimmt ein wichtiger Teil seines Lebens, fühlt er sich nicht wohl, dann ist ein großer Teil seines Lebens in Unordnung. Das alleine schon sollte die Führungskraft motivieren, dafür zu sorgen, dass sich der Mitarbeiter am Arbeitsplatz gut aufgehoben fühlt. Hier kann das Unternehmen auch zeigen, dass es in der Wahrnehmung von Verantwortung dem Mitarbeiter vorausgeht und Vorbild sein will.

Gerne wird angeführt, dass sich Arbeitszufriedenheit leistungssteigernd auswirkt. Das sollte jedoch nicht das erste Motiv der Führungskraft sein, wenn sie sich um das Wohlergehen der Mitarbeiter kümmert. Arbeitszufriedenheit kann auch bedeuten, die Leistung in einem angemessenen Rahmen zu reduzieren. Die hohe Belastung, der heute viele Mitarbeiter gerade im Vertrieb ausgesetzt sind, beeinträchtigt die Zufriedenheit, sodass es durchaus sein kann, dass auf Leistung verzichtet wird, um das Klima zu verbessern. Die Führungskraft sollte hier auch längerfristig denken: Wer zugunsten von Maximalleistungen auf Arbeitszufriedenheit verzichtet, riskiert, dass Mitarbeiter zum Punkt des »burn out« kommen oder kündigen.

Fehlende Arbeitszufriedenheit hat ungute Folgen, sie baut Aggressivität auf und verhindert die Bereitschaft aufeinander einzugehen und zu hören. Es ist das Aggressionspotenzial, das sich in Fehlverhalten entlädt, zu Mobbing führt und Widerstand bzw. Kooperationsverweigerung wahrscheinlich macht. In einem guten Arbeitsklima entstehen viele Probleme erst gar nicht oder man braucht meist weniger Energie, sie wieder zu lösen.

Arbeitszufriedenheit wird gefördert durch offene Kommunikation, klare Arbeitsanweisungen, Vermeidung von Überforderung, Aufmerksamkeit und Wertschätzung. Die Mitarbeiter sagen der Führungskraft indirekt und direkt, was sie brauchen, sie muss nur hinhören und darauf eingehen. Man sagt, Führungskräfte seien einsam, dagegen ist einzuwenden: In einem Team zufriedener Mitarbeiter ist auch die Führungskraft nicht einsam.

3.7 Fehlverhalten

Die Führungskraft hat es am Arbeitsplatz mit verschiedenen Formen von Fehlern und Fehlverhalten der Mitarbeiter zu tun, z.B. Alkoholismus, Drogenabhängigkeit, Rauchen am Arbeitsplatz, Zu-spät-kommen, häufiges Fehlen wegen angeblicher Krankheit, Diebstähle, Ausplaudern von Interna, Verbreiten von diffamierenden Informationen oder einer miesen Stimmung, um nur die wichtigsten zu nennen. Sie kann nicht einfach wegsehen oder die Dinge ignorieren, ohne den Respekt der anderen Mitarbeiter einzubüßen. Anderseits werden ihr oft die fachlichen Fähigkeiten fehlen, professionell mit dem Fehlverhalten umzugehen. Einige Regeln können Ihnen helfen, sich richtig zu verhalten und größere Probleme zu verhindern.

Eine weise römische Führungsregel sagt: »Alles sehen, vieles übergehen, weniges tadeln«. In Anlehnung daran empfiehlt sich das Vorgehen in der Übersicht zu 3.7.

3.8 Abmahnen

Einen Mitarbeiter abzumahnen ist eine spezielle Form des Feedbackge-

Übersicht (zu 3.7) Mit Fehlverhalten umgehen

1. Als erste Regel gilt, die Führungskraft muss das Fehlverhalten wahrnehmen und dokumentieren. Es gibt kein Wegsehen.
2. Nicht auf jedes Fehlverhalten muss sie reagieren. Schätzen Sie die Schwere ein und beurteilen Sie, ob es sich um einmalige Ausrutscher handelt oder um eine Verhaltensgewohnheit. Schreiten Sie erst bei wiederkehrendem Fehlverhalten ein.
3. Ist das Fehlverhalten so schwerwiegend, dass ein Einschreiten geboten ist, überlegen Sie, ob Sie der Situation gewachsen sind oder lieber fachliche Unterstützung in Anspruch nehmen wollen.
4. Für einfache Formen des Fehlverhaltens, z.B. häufig zu spät zur Arbeit kommen, ist es wichtig, in einer entspannten Atmosphäre, also nicht »in flagranti« darüber zu sprechen und klare Richtlinien vorzugeben.
5. Suchtverhalten ist weder durch Sanktionen noch durch Gutzureden oder situative Hilfe in den Griff zu bekommen. Damit umzugehen ist nicht die Aufgabe der Führungskraft sondern des Fachmannes. Die Führungskraft muss den Rat des Experten einholen. Er wird die weiteren Schritte vorgeben.

bens. Die Abmahnung darf nur erteilt werden, wenn ein Verstoß gegen den Arbeitsvertrag vorliegt. Weil sie ggf. zu rechtlichen Konsequenzen führt, muss sie eine bestimmte Form haben (siehe VI B/2 und VIII B/2.5.3.2).

Die Abmahnung ist neben der Kündigung die eindrücklichste Form dem Mitarbeiter mitzuteilen, dass ein bestimmtes Verhalten gegen den Arbeitsvertrag verstößt und nicht gebilligt wird. Mit der Abmahnung sagen Sie dem Mitarbeiter, dass ihm bei weiterem Zuwiderhandeln die Kündigung droht. Da sie massiv in die Beziehung zwischen Führungskraft und Mitarbeiter eingreift, sollte und darf sie nur erteilt werden, wenn die Situation dies auch tatsächlich rechtfertigt.

Nur weil der Mitarbeiter zuweilen Fehler macht, wird man ihn nicht gleich abmahnen, sondern zuerst mit ihm reden, wenn man sonst mit der Arbeitsleistung zufrieden ist. Andererseits kann ein längeres Tolerieren von bestimmten Fehlern dazu führen, dass Gerichte im Streitfall das nicht mehr als Kündigungsgrund akzeptieren.

Eine Abmahnung ist oft der vorbereitende Schritt einer Kündigung, manchmal auch das letzte Mittel, um einen Mitarbeiter von einer nicht tolerierbaren Handlung abzubringen. Sie dient aber nie zur Motivierung der Mitarbeiter. Im Gegenteil, nach einer Abmahnung sollte sich die Führungskraft intensiver um den Mitarbeiter kümmern und ihm signalisieren, dass sie ihn halten und unterstützen will.

3.9 Kündigen

Mitarbeiter zu entlassen gehört zu den unangenehmen Aufgaben einer Führungskraft. Es gibt für Kündigungen sehr unterschiedliche Gründe aber die Folgen für den Mitarbeiter sind immer die gleichen: Er verliert seinen Arbeitsplatz. Das ist für ihn selbst dann ein einschneidendes und schmerzliches Ereignis, wenn es ihm nicht schwer fallen wird, einen neuen Arbeitsplatz zu finden oder die Gründe für die Kündigung einseitig beim Unternehmen liegen, z.B. Reorganisation oder Abbau von Arbeitskräften aus ökonomischen Gründen.

Das Kündigungsgespräch erfordert eine Reihe an Vorbereitungen, die Sie bitte der Übersicht zu 3.9 entnehmen.

Führen Sie das Gespräch mit der gleichen Sorgfalt wie ein Einstellungsgespräch. Die Verantwortung der Führungskraft für den Mitarbeiter endet erst nach seinem Ausscheiden:

- Das Gespräch beginnt damit, dem Mitarbeiter die Entscheidung in kurzen Worten mitzuteilen. In der Regel kommt für ihn die Kündigung nicht völlig unvorbereitet und er ahnt schnell, was auf ihn zukommt. Die unangenehme Wahr-

VI. Führung und Zusammenarbeit

Übersicht (zu 3.9) Das Kündigungsgespräch richtig vorbereiten

- Die rechtlichen Konsequenzen genau abklären, ggf. kann der Mitarbeiter gar nicht entlassen werden und man muss dann vielleicht einen Rückzieher machen.
- Der Grund oder die Gründe für die Entlassung müssen formuliert werden.
- Hindernisse für eine Kündigung sind zu eruieren, z.B. eine Behinderung.
- Es muss überlegt werden, mit welchen Reaktionen des Gekündigten zu rechnen ist.
- Es ist gegebenenfalls der Betriebsrat beizuziehen.
- Welcher Ausgleich kann dem Mitarbeiter gegeben werden oder welche Unterstützung kann ihm angeboten werden, die Kündigung besser zu verarbeiten und einen neuen Arbeitsplatz zu finden?

Übersicht (zu 3.10) Folgende Phänomene weisen auf Mobbing hin

- **Beteiligung:** Mehrere Personen beteiligen sich an den Angriffen auf einen Kollegen.
- **Zeitaspekt:** Die Angriffe gehen über einen längeren Zeitraum.
- **Konfliktbelastete Kommunikation:** abwertende Blicke und Gesten, hänseln, Witze und falsche Nachrichten verbreiten.
- **Isolation:** Die gemobbte Person wird ausgegrenzt und von Informationen abgeschnitten.
- **Angriff auf das Ansehen:** Verbreiten schlechter Informationen, Unterstellungen.
- **Arbeitssituation:** abwertende und kränkende Beurteilungen.

---

heit in Stücken vermittelt zu bekommen ist schmerzhafter und beschämender als direkt mit der Botschaft konfrontiert zu werden.
- Dann gilt es sich zurückzunehmen und den Mitarbeiter Fragen stellen zu lassen; vielleicht wird er auch Anschuldigungen vorbringen und Vorwürfe. Auf jeden Fall möchte er eine Begründung für die Notwendigkeit der Kündigung erhalten.
- Für eine Kündigung ist selten ein Grund verantwortlich sondern mehrere. Stellen Sie die Gründe in den Vordergrund, die das Selbstwertgefühl des Mitarbeiters am wenigsten belasten. Aber es sollten keine Pseudogründe vorgebracht werden. Das macht die Annahme und das Verarbeiten einer Kündigung nur schwerer.
- Nehmen Sie zu Anschuldigungen nur dann Stellung, wenn ein Missverständnis vorliegt. Es ist zu bedenken, dass der Mitarbeiter Schuld bei der Führungskraft und beim Unternehmen suchen muss, um das Gesicht nicht völlig zu verlieren.

Vor allem sollte die Führungskraft selbst keine Anschuldigungen vorbringen. Das Kündigungsgespräch ist nicht der geeignete Moment, den Mitarbeiter zu kritisieren. Die Gründe für das eigene Versagen sind dem Mitarbeiter bekannt und wenn er sie nicht akzeptieren will oder kann, werden ihn auch Vorwürfe nicht dazu bewegen können.

Gleichzeitig mit der Kündigung des Mitarbeiters informiert die Führungskraft die anderen Mitarbeiter darüber. Dadurch bestimmt sie, wie die Kündigung weitererzählt wird und verhindert falsche Umlaufgerüchte. Je früher die Führungskraft die Mitarbeiter informiert, desto eher lassen sich Gerüchte und Falschmeldungen vermeiden. Auch hier sollte die Führungskraft keine Pseudogründe vorbringen sondern die wirklichen Gründe ansprechen. Kann oder soll über einen Grund nicht gesprochen werden, wird das auch mitgeteilt. Jeder Mitarbeiter hat dafür Verständnis, dass es persönliche Gründe gibt, die man nicht an die Öffentlichkeit bringen will. Zu den Rechtsgrundlagen der Kündigung siehe VIII B/2.

3.10 Mobbing

Mobbing ist ein neuer Begriff für das alte Phänomen, dass ein Mitarbeiter ausgegrenzt und ihm das Leben am Arbeitsplatz zur Hölle gemacht wird. Er leitet sich vom Begriff »Mob« Pöbel ab und bedeutet soviel, wie jemanden schikanieren (to mob). Es ist ein Phänomen, das oft übergangen und bagatellisiert wird, aber im Einzelfall durchaus zur Katastrophe führen kann.

Von Mobbing spricht man, wenn ein Mitarbeiter unter Beteiligung einer Gruppe von Kollegen systematisch in seinem Selbstwertgefühl verletzt und über einen längeren Zeitraum psychischen und physischen Angriffen ausgesetzt ist. Es ist die bewusste und geplante Kränkung eines Mitarbeiters von seinen Kollegen.

Verhaltensweisen, die auf Mobbing hindeuten, entnehmen Sie bitte der Übersicht 1 zu 3.10.

Auch der Gesetzgeber hat das Problem aufgegriffen und zeigt die Verantwortung des Unternehmens auf:

»Der Arbeitgeber ist verpflichtet, die erforderlichen Maßnahmen des Arbeitsschutzes unter Berücksichtigung der Umstände zu treffen, die Sicherheit und Gesundheit der Beschäftigten bei der Arbeit beeinflussen. Er hat die Maßnahmen auf ihre Wirksamkeit zu überprüfen und erforderlichenfalls sich ändernden Gegebenheiten anzupassen. Dabei hat er eine Verbesserung von Sicherheit und Gesundheitsschutz der Beschäftigten anzustreben.«

Ursachen
Mobbing ist häufig ein Zeichen dafür, dass Mitarbeiter überlastet oder dauernden Konflikten ausgesetzt sind. Mobbing ist oft ein Ventil für angestaute Aggressionen, die so abreagiert werden. Deshalb ist es wichtig, die Beobachtungen auf Gruppe und Führung auszudehnen und auch die Rahmenbedingungen nicht außen vor zu lassen:

- Organisation der Arbeit (Überlastung, dauernde Überforderung, hoher Zeitdruck),

- Führungsverhalten (unklare Strukturen, autoritärer Führungsstil, Fehlen von Führung, keine klaren Anweisungen, Kompetenzunklarheiten),
- Kommunikation (wenig offene Informationen, Gerüchteküche),
- Konkurrenzsituation (Abbau von Arbeitsplätzen).

Anlass bei der gemobbten Person kann deren Rasse oder Nationalität sein, das Geschlecht, Aussehen oder Verhaltensweisen (z.B. Schüchternheit, Zurückgezogenheit).

> Mobbing kann jeden Mitarbeiter betreffen auch die Führungskraft selbst.

Auswirkungen
Für den Mitarbeiter wird die Arbeit zur Qual. Das Unwohlsein drückt sich aus in Beklemmung, andauernder Anspannung, Müdigkeit, Konzentrationsstörungen, Schlafstörungen, Verlust des Selbstwertgefühls und psychosomatischen Reaktionen (z.B. Kopfweh, Depressionen). Es entstehen Reaktionen der Vermeidung, Fehlzeiten und Fehlleistungen häufen sich.

Aber nicht nur die gemobbte Person ist betroffen. Insgesamt verschlechtert sich das Arbeitsklima in einem Betrieb, in dem Mobbing auftritt.

Mobbing ist auch für die Unternehmen ein belastendes Phänomen. Gerechnet werden muss mit zunehmenden Absentismus, erhöhter Fluktuation und zusätzlicher Belastung für Personaldienst sowie für soziale bzw. medizinische Einrichtungen des Betriebs. Hinzu kommen die rechtlichen Folgen, wenn Gerichte eingeschaltet werden. An Anbetracht dieser Auswirkungen sollten Sie als Führungskraft bereits bei den ersten konkreten Anzeichen entsprechend reagieren (siehe Übersicht 2 zu 3.10). Siehe auch den Beitrag in Forum III/1.

3.11 Besprechungen und Meetings

Besprechungen und Meetings sind beliebte Formen, um Informationen persönlich auszutauschen, Entscheidungen vorzubereiten oder Ergebnisse zu präsentieren. Besprechungen und Meetings werden jedoch oft als zeitraubend und ineffizient kritisiert. Die Ursache liegt in der Regel an der Art der Durchführung, die von den Teilnehmern als langatmig und langweilig erlebt wird. Die wichtigsten Fehler, die hierbei gemacht werden, finden Sie in der Übersicht 1 zu 3.11 zusammengefasst.

Um diese Fehler zu vermeiden, muss das Ziel des Meetings klar defi-

Übersicht 2 (zu 3.10) Vorgehen bei Mobbingverdacht

1. Die Führungskraft muss Anzeichen vor allem aufmerksam wahrnehmen und bei Verdacht auf Mobbing einschreiten (Übersicht zu 3.10). Dabei ist zu beachten, dass sich die Opfer aus Scham häufig nicht melden, um Hilfe zu suchen.
2. Die Beobachtungen müssen auf die gesamte Gruppe ausgedehnt werden, da die Ursachen für Mobbing oft in den Arbeitsbedingungen zu suchen sind.
3. Reden Sie als Führungskraft mit dem Opfer und den Kollegen, um sich über die Probleme, die dahinter stehen, umfassend ein Bild zu machen. Dabei geht es um folgende Fragen:
   - Was sind die Anlässe für Streit?
   - Wer ist daran beteiligt?
   - Wie äußert sich Mobbing im Verhalten?
   - Welche Grundeinstellung liegt dem Mobbing zu Grunde?
   - Wie sind die bereits eingetretenen Folgen beim Opfer und im Team?
   - Wie sehen die Betroffenen mögliche Lösungen?
4. Sobald die Führungskraft informiert ist, kann sie versuchen in einem Gespräch mit der gesamten Arbeitsgruppe das Problem zu besprechen und die Gruppe Lösungen entwickeln lassen. Damit wird die Gruppe in die Verantwortung einbezogen.
5. Gründe, die im Unternehmen, der Führung oder der Arbeitsorganisation liegen, müssen angegangen werden.
6. Nachdem eine Lösung gefunden wurde und Maßnahmen eingeleitet worden sind, überprüfen Sie zeitnah, ob die Maßnahmen zur Beseitigung des Problems geführt haben.

Übersicht 1 (zu 3.11) Die häufigsten Fehler bei Meetings

- **Fehlende Vorbereitung:** Die Tagesordnung ist nicht durchdacht, wichtige Punkte fehlen, oder die Tagesordnung wurde den Teilnehmern nicht vor dem Meeting zugeschickt und sie konnten keinen Einfluss darauf nehmen.
- **Dominanz:** Die Führungskraft redet und gestaltet das Meeting, die Mitarbeiter dürfen nur zuhören.
- **Monologisieren:** Die Redebeiträge sind sehr lang und nur wenige können sich daher zu Wort melden.
- **Zweiergespräche:** Zwei Teilnehmer streiten über einen Punkt, der die anderen nur bedingt interessiert.
- **Abgleiten auf Nebenschauplätze:** Es wird vom Thema abgegangen und ein Detail lange behandelt.
- **Fehlende Verbindlichkeit:** Am Ende wird nichts verbindlich festgelegt, alles bleibt offen, die Orientierung bleibt aus.
- **Unoffenheit:** Wichtige Informationen werden nicht eingebracht, sondern außerhalb des Meetings besprochen.
- **Leerlauf:** Es werden Punkte besprochen, die nur wenige Teilnehmer betreffen.
- **Seitengespräche:** Neben der Diskussion finden Zweiergespräche statt.
- **Fehlende Nachbearbeitung:** Punkte, die besprochen und entschieden werden, werden nicht weiter verfolgt.

Übersicht 2 (zu 3.11) Wichtige Regeln, um Meetings effizienter zu gestalten

- Jedes Meeting wird von einer definierten Person vorbereitet. Die Tagesordnung wird den Teilnehmern mindestens einen Tag vor dem Meeting zugeschickt.
- Jedes Mitglied hat die Möglichkeit, Punkte zur Tagesordnung einzubringen.
- Vor Beginn der Bearbeitung der Tagesordnung werden die Tagesordnungspunkte in eine Rangordnung gebracht, nach der sie abgearbeitete werden. Das soll sicherstellen, dass das Wichtige auf jeden Fall bearbeitet wird.
- Jedes Meeting wird von einem Chairman geleitet. Er hat darauf zu achten, dass die Meetingregeln eingehalten werden.
- Die Redezeit wird beschränkt.
- Kein Meeting dauert länger als 2 Stunden.
- Seitengespräche sind nicht erlaubt.
- Jedes Meeting endet mit einem Aktivitätenplan, in dem festgehalten wird, wer, bis wann welche Aufgabe übernimmt; beim nächsten Meeting wird überprüft, ob die Aufgaben erledigt wurden.

Übersicht (zu 3.13) Steuerung des Gruppenprozesses

Gruppensituation	Ziel	Leiterverhalten
Beginn	Herstellen einer guten Atmosphäre	■ Jeden Einzeln begrüßen, ■ zu jedem Kontakt aufnehmen.
Beginn der Arbeit	Orientieren	■ Er meldet sich zu Wort, ■ gibt das Ziel an, ■ eventuell auch die Schritte, ■ sorgt dafür, dass eine Agenda vorliegt, ■ gibt Instruktionen.
Entscheidungssituation	Treffen von Entscheidungen	■ Er sollte sich bei Entscheidungen zurückhalten, muss aber dafür sorgen, dass die Gruppe Entscheidungen trifft. ■ Er sorgt für ein Verfahren, das bei Entscheidungen alle Teilnehmer einbezieht.
Arbeitsverteilung	Der Gruppenführer sorgt dafür, dass jeder seine Arbeit hat.	■ Er muss die Arbeit nicht bestimmen, muss jedoch dafür sorgen, dass jeder seine Arbeit hat und mit ihr zufrieden ist.
Unzufriedenheit in der Gruppe	Herstellen eines konfliktfreien Arbeitens	■ Er greift Konflikte auf, ■ macht sie zum Thema der Gruppe.
Ergebnisse werden erzielt	Motivierung der Teilnehmer	■ Er greift Ergebnisse auf, stellt den Erfolg der Gruppe heraus, ■ macht Erfolge sichtbar.

▼

niert werden und die Besprechung eine formale Struktur bekommen. Meetings werden nicht nach Lust und Laune durchgeführt sondern nach festen Regeln gestaltet. Die Regeln (siehe Übersicht 2 zu 3.11) müssen einmal von der Gruppe beschlossen werden, damit sie von allen mitgetragen werden.

3.12 Mitarbeiterzirkel

Sie dienen dazu, das Potenzial an Ideen und Informationen, bei den Mitarbeitern zu nutzen. Diesem Instrument liegt die zutreffende Annahme zugrunde, dass Mitarbeiter wertvolle Informationen über Chancen und Probleme ihres Arbeitsbereiches haben und dass sie auch innovative Ideen entwickeln können, diese Chancen zu nutzen oder Probleme besser zu bewältigen oder präventiv zu verhindern. Um dieses Potential zu nutzen, treffen sich die Mitarbeiter zu Teambesprechungen, in denen sie ihre Informationen und Ideen einbringen, diskutieren und zu Vorschlägen für das Management verdichten.

Mitarbeiterzirkel können auch dazu verwendet werden, dass erfahrene Mitarbeiter ihre Kenntnisse an unerfahrene Mitarbeiter weitergeben. Beliebt sind solche Austauschveranstaltungen bei Mitarbeitern im Außendienst. Eine Gruppe von Außendienstmitarbeitern mit gleichen Aufgaben trifft sich und es werden Tipps ausgetauscht, Probleme gemeinsam besprochen und Kooperationsmöglichkeiten konzipiert.

3.13 Gruppenführung

Gruppenführung ist eine Sonderform des Führens. Eine Gruppe muss geführt werden, wenn sie effizient arbeiten und ein hohes Maß an Arbeitszufriedenheit erreichen will. Werden Gruppen gar nicht oder schlecht geführt, treten unter den Teilnehmern Flügelkämpfe, Demotivation, Unzufriedenheit und Aggressionen auf.

Eine Gruppe zu führen, will gelernt sein. Der Leiter muss eine Reihe von Verhaltensweisen beherrschen und bei Bedarf auch zeigen. Es sind bestimmte Stellen im Gruppenprozess, an denen man sich gezielt einschaltet, ansonsten ist eher Zurückhaltung gefordert. Diese Gruppensituationen finden Sie zusammen mit Zielen und positiven Verhaltensweisen in der Übersicht zu 3.13.

Der Gruppenleiter bedient sich optimaler Weise verschiedener Ausdrucksmittel:
- Sprache: laut, verständlich, klar, kurz,
- Aufmerksamkeit: alle Teilnehmer bekommen annähernd gleich viel Aufmerksamkeit,
- Blickkontakt: direkt, offen,
- Körperhaltung: stehend, aufrecht, ruhig, konzentriert,
- Gestik: Hände unterstreichen die Sprache.

Meetings und Besprechungen zu führen, setzt beim Leiter gewisse Fähigkeiten voraus. Vor allem kommt es auf Folgendes an:
- Nähe zum Thema. Der Leiter muss mit dem Thema vertraut sein. Er muss es verstehen und den Willen haben, es zu durchdringen.
- Nähe zu den Mitarbeitern. Der Leiter muss jeden Einzelnen der Gruppe sehen, auf ihn eingehen, Nähe herstellen. Günstig ist eine genaue Vorstellung von der Persönlichkeit jedes Einzelnen.
- Durchsetzungswille. Er muss den unbedingten Willen haben, den Prozess zu steuern und zu bestimmen. Er muss den Prozess im Griff haben.
- Zurückhaltung. Inhaltlich sollte sich die Führungskraft zurückhalten. Sie kann dadurch schauen, was Akzeptanz findet, ohne sich zu exponieren. Sie kann sich die besten Ideen aussuchen. Findet eine Idee nicht die Akzeptanz oder erweist sie sich später als schlecht, bleibt der Leiter davon unbeschädigt. Er darf seine Autorität nicht mit Inhalten verbrauchen.
- Um seine Autorität nicht mit Disziplinarproblemen zu verschleißen, sorgt er dafür, dass die Gruppe Regeln einführt und er in der Folge nur noch auf die Einhaltung der Regeln achten muss.
- Er muss die Stellen ausfüllen, wo Führungsverhalten gefordert ist: am Beginn, bei Entscheidungen, bei Problemen, am Ende.

Motivierung	künftigen Erfolg absichern	▪ Er wendet sich jedem Teilnehmer zu, motiviert ihn, schenkt ihm Aufmerksamkeit, ▪ gibt Feedback.
Diskussion	Effizienz	▪ Er erteilt das Wort, ▪ nimmt das Wort wieder an sich, ▪ fasst zusammen.
Gruppenarbeit insgesamt	Führungsmittel	▪ Ziele formulieren, ▪ das Wort erteilen, ▪ das Wort an sich nehmen, ▪ Entscheidungen einfordern, ▪ Motivieren, ▪ positives Feedback geben, ▪ Meinungen einholen, ▪ die Gruppe Regeln einführen lassen, ▪ auf regelkonformes Verhalten achten.

- Er sucht Verbündete, baut starke Partner auf und verpflichtet sie. Er geht Koalitionen ein.

3.14 Gruppen- und Teambildung

Ein Team ist mehr als die Summe der Teammitglieder. Die Gruppe besteht aus den Elementen:
- Teilnehmer,
- Subgruppen,
- Aufgabe (Ziele),
- Hilfsmittel,
- Rahmenbedingungen.

Die Gruppe bildet sich durch die Beziehungen, die die Teilnehmer miteinander aufnehmen. Die Beziehungen, welche eine Gruppe konstituieren, bestehen in der Regel nur partiell, d.h. Teilnehmer einer Gruppe haben zueinander auch Beziehungen, die unabhängig von der Gruppe bestehen. Die Teilnehmer beeinflussen mehr oder weniger stark die Gruppenbeziehungen und werden selbst von der Gruppe beeinflusst.

Aus dem Fußball ist bekannt, dass eine Auswahl der Weltbesten gegen eine mittlere, gut eingespielte Mannschaft verlieren kann. Das erfolgreiche Fußballteam macht deutlich, worauf es bei der Teamzusammenstellung ankommt:
- Da kein Mitarbeiter alles kann, müssen die Fähigkeiten unter den Mitgliedern so verteilt sein, dass alle Fähigkeiten vorhanden sind.
- Ein erfolgreiches Team braucht Stars und Wasserträger, Spezialisten und Allrounder. Sind zu viele Stars in einem Team, binden interner Wettstreit und Profilierungsstreben Zeit und Kräfte, die der Außenwirkung verloren gehen. Fehlen die Wasserträger, ergeben sich Engpässe bei der Umsetzung.
- Ein Team braucht ausgleichende Mitglieder, einen Kritiker, einen Unterhalter usw.

Teambildung umfasst die Aufgaben:
- Identifikation aller Mitglieder mit dem Gruppenziel,
- Akzeptanz der Rollenverteilung,
- Ausbildung gemeinsamer Regeln,
- Entwicklung eines Gruppenklimas,
- Aufbau gegenseitigen Vertrauens,
- Ausrichtung interner Spannung auf Personen und Einrichtungen außerhalb der Gruppe.

Der Teamleiter ist für die Auswahl der Mitglieder einer Gruppe verantwortlich. Er muss jedem Mitglied Raum für seine Entwicklung geben. Er ist dafür verantwortlich, dass alle Kräfte auf das Gruppenziel ausgerichtet werden und dass das Gruppenziel erreicht wird. Was tut der Leiter einer Gruppe, um die Leitung zu behalten und diese Rolle auszufüllen?

VI. Führung und Zusammenarbeit

Übersicht (zu 3.14) Phasen der Gruppenbildung

1. Phase: »Anwärmphase«	Zu Beginn steht das Bedürfnis, für die Beziehungen in der Gruppe etwas zu tun, im Vordergrund. Man kennt die anderen noch nicht. Das Bedürfnis in Tuchfühlung zueinander zu treten, ist stark. Man möchte etwas von den anderen hören und man möchte sich selber einbringen.
2. Phase: Einstieg in die Arbeit	Wird dieses Bedürfnis befriedigt, wächst das Interesse an einer sachlichen Arbeit. Nun wird mit der Arbeit ernsthaft begonnen. Dabei kommt es zu Enttäuschungen: Die Arbeit ist nicht so, oder wird nicht so organisiert, wie es sich der einzelne Teilnehmer wünscht; man kommt nicht in die Position, die man sich wünscht; was man vorbereitet hat, wird nicht gebührend gewürdigt; die Arbeitsweise passt nicht; die Erwartungen an die Arbeit sind zu verschieden usw. So kommt es zu Beginn naturgemäß zu Frustrationen und Unstimmigkeiten. Diese Unstimmigkeiten können sich rasch zu einer generellen Missstimmung steigern, wenn der Leiter nicht geschickt auf die Probleme eingeht und tragfähige Kompromisse vereinbaren lässt.
3. Phase: Sich aufeinander einstellen	Sachliche Konflikte, die Schwierigkeit sich aufeinander einzustellen und Erwartungen zu korrigieren, führen zu einer Verschlechterung des Gruppenklimas. Es entsteht ein Beziehungsproblem und entsprechend dazu das Bedürfnis, die Probleme zu bearbeiten, um sich wieder auf die Arbeit konzentrieren zu können. Gegen Ende dieser Phase hat diese Entwicklung oft ein Niveau erreicht, dass die Teilnehmer beginnen, sich in der sachlichen Arbeit zu blockieren. So dominiert wieder das Bedürfnis, an den Beziehungen zu arbeiten und das Bedürfnis nach sachlicher Arbeit zurückzustellen.
4. Phase: »Arbeitsphase«	Lässt sich der Leiter auf die Probleme ein und werden sie konstruktiv bearbeitet, so ergeben sich günstige Voraussetzungen für ein sachliches Arbeiten, das nun wieder im Vordergrund steht. Diese Phase kann immer wieder unterbrochen werden, durch Phasen, in denen wieder emotionale Probleme entstehen. Der Grund kann sein, dass Unzufriedenheit mit der Arbeitsleistung aufkommt, mit den Methoden, dem Verhalten des Leiters, der Möglichkeit, sich einzubringen usw. So wird es immer wieder zu kürzeren Unterbrechungen der sachlichen Arbeit kommen. Wenn der Leiter Raum lässt, sie zu bearbeiten, bleibt der Zeitaufwand im Rahmen bzw. eine hohe Leistungsmotivation macht den Zeitverlust später wieder wett.
5. Phase: »Abschluss«	Wenn gute Arbeit geleistet wurde und eine gewisse Ermüdung eintritt, wächst wieder das Bedürfnis, für die Beziehungen etwas zu tun. Oft wird nun der Wunsch geäußert, einen Abend miteinander zu verbringen, zu feiern und miteinander zu reden.

> **!** In einer Lerngruppe gibt es immer zwei Grundbedürfnisse, die sich miteinander, jedoch gegenläufig, verändern: das Sachinteresse und die emotionalen Bedürfnisse. Hieraus ergeben sich die Phasen des Gruppenbildungsprozesses (siehe Übersicht zu 3.14).

Der Leiter sollte die Arbeit als Einheit betrachten und nicht davon ausgehen, dass nach jeder Stunde die Teilnehmer mit dem Ergebnis zufrieden sind. Im Gegenteil, zum lebendigen Lernen gehören Konflikte und Frustrationen. Lernen lässt sich immer auf zwei Ebenen erleben: auf der Inhalts- und der Prozessebene. Es sollten daher regelmäßig Reflexionszeiten eingebaut werden, damit das, was im Prozess erlebt wurde, inhaltlich aufgearbeitet werden kann.

3.15 Motivieren

Das Motivieren der Mitarbeiter gehört zu den wichtigsten, aufwändigsten und zugleich schwierigsten Aufgaben einer Führungskraft (siehe auch 5.8). Was ist Motivation? Motivation ist Energie und Ausdauer, mit der eine Aufgabe verfolgt wird. Diese Energie ist teilweise konstant und teilweise von inneren und äußeren Faktoren abhängig (siehe Übersicht 1 zu 3.15).

Während die inneren Faktoren von außen schwer zu beeinflussen sind, bieten sich bei den äußeren Faktoren sehr verschiedene Möglichkeiten. Wenn von der Aufgabe der Mitarbeitermotivierung gesprochen wird, meint man primär den Einsatz äußerer Anreize. Diese Anreize reichen von punktuellen Ereignissen, z. B. dem ausgesprochenen Dank an die Sekretärin für den geschriebenen Brief, bis zu ausgefeilten Motivationssystemen, wie sie in vorbildlicher Weise im Spitzensport zum Einsatz kommen. Die Gliederung der Fußballverbände in Regionalliga, Zweite Liga, Erste Liga und die internationalen Wettbewerbe mit Punkten, die zusammengezählt werden und im direkten Vergleich dargestellt werden, ist so ein Anreizsystem. Wesentliche Elemente dieser Anreizsysteme sind: Objektivität und Genauigkeit der Leistungsmessung, Herstellung vergleichbarer Bedingungen, die den Vergleich unter den Bewerbern herausfordern, öffentliche Darstellung der Ergebnisse, um den Kompetitions-Effekt zu nutzen, Verbindung der Ergebnisse mit materiellen und sozialen Anreizen wie Prämien, Vergünstigungen, Ehrungen usw.

Die heute in Betrieben üblichen Anreizsysteme sind:
- leistungsbezogene Entlohnung,
- Gewinnbeteiligung,
- leistungsbezogene Beförderung,
- Prämiensysteme,
- Gewinnspiele, z.B. Ermittlung des erfolgreichsten Verkäufers.

Ausführliche Informationen zur betrieblichen Vergütungspolitik finden Sie in Kapitel V A/1 dieses Buches.

Die Installation von Anreizsystemen ist eine Aufgabe der Unternehmensleitung, die dabei in der Regel externe Beratung in Anspruch nimmt. Bei Ihnen als Führungskraft liegen vor allem zwei Aufgaben: die Überprüfung und Kontrolle der Arbeit sowie die sozialen Faktoren für die Motivierung der Mitarbeiter zu nutzen und einzusetzen. Die Wertschätzung des Mitarbeiters in jedem Fall wirksamer als die anonymen, auf materielle Werte abgestimmten, betrieblichen Anreizsysteme. Hierfür gibt es viele Möglichkeiten. Anregungen entnehmen Sie bitte der Übersicht 2 zu 3.15.

4 Führungspersönlichkeit

4.1 Persönlichkeit und Rolle

Führung im Unternehmen ist eine definierte formale Rolle. Sie erfüllt eine Funktion im System. Dem Unternehmen gegenüber ist die Führungskraft der Funktionär, der die Anliegen des Unternehmens bei den Mitarbeitern durchsetzt. Den Mitarbeitern gegenüber ist die Führungskraft der Garant für Sicherheit und Orientierung.

Das Unternehmen stellt die Führungsperson ein, definiert ihre Aufgaben und stellt ihr Ressourcen zur Verfügung, damit sie ihre Verantwortung wahrnehmen kann. Mit ihr wird eine Zielvereinbarung eingegangen und die Einhaltung wird eingefordert. Die Führungskraft repräsentiert das Unternehmen vor den Mitarbeitern, sie steht für das Unternehmen. Sie hat die Regeln und Standards als erste zu erfüllen. Sie ist Vorbild im Arbeitseinsatz, in der

Übersicht 1 (zu 3.15) Motivationsfaktoren

Innere Faktoren	Aktivitätsniveau	Manche Menschen haben von Natur aus mehr Kraft als andere oder sind ausdauernder.
	Zielorientierung	Einen großen Einfluss auf die Motivation hat das Ziel. Klarheit, Konkretion, subjektiv wahrgenommene Bedeutung und Identifikation mit dem Ziel sind die wichtigsten Kriterien.
	Werte und Interessen	Werte, noch stärker Interessen, stellen einen starken Motivationsfaktor in Form von Begeisterung, Passion und Sinnerfüllung dar.
Äußere Faktoren	Soziale Faktoren	z.B. die Attraktivität von Personen, denen man mit Leistung gefallen will, Ehrungen, Zuwendung, Lob, Anerkennung.
	Materielle Faktoren	z.B. Reisen, Schmuck, Essen.
	Generalisierte Faktoren	z.B. Geld, Karrierechancen.

Übersicht 2 (zu 3.15) Wertschätzung des Mitarbeiters

- **Sich Erfolge von den Mitarbeitern erzählen lassen:** Das Anhören, das Schenken von Aufmerksamkeit und Zeit sind eine starke Belohnung.
- **Klares und kontingentes Feedback:** Das Positive verdient mehr Aufmerksamkeit als das Fehlerhafte. Kontingent meint die zeitliche Verbindung, ein Lob wirkt umso stärker je unmittelbarer es auf die Leistung gegeben wird.
- **Informieren der Mitarbeiter:** Die Teilhabe des Mitarbeiters an Informationen über den Betrieb und wichtige Vorgänge im Betrieb geben ihm das Gefühl, geschätzt zu werden.
- **Hilfestellung bei Fehlern und Überforderung:** Die Hilfe bei Überforderung an Stelle von Kritik gibt ihm das Gefühl, nicht alleine gelassen zu werden mit seinen Aufgaben.
- **Aufgaben delegieren, die den Mitarbeiter nicht überfordern:** Die Führungskraft kann mit gutem Delegationsverhalten dafür sorgen, dass der Mitarbeiter Erfolg hat und Misserfolge verhindert werden.
- **Einbeziehen des Mitarbeiters bei Entscheidungen:** Das Einbeziehen des Mitarbeiters bei Entscheidungen, das Einholen seiner Meinung und seines Rates geben ihm das Gefühl, fachlich geschätzt zu werden.
- **Interesse zeigen für das private Leben des Mitarbeiters:** Wenn Sie z.B. Einladungen von ihm annehmen, sich familiäre Ereignisse erzählen lassen, die Familienangehörigen bei geeigneten Anlässen mit einbeziehen oder in Notfällen helfen, zeigen Sie dem Mitarbeiter, dass Sie ihn als Mensch achten und nicht nur als Leistungsbringer.
- **Erreichbarkeit für Gespräche und Mitteilungen:** Auch das sind Zeichen der Wertschätzung für die gesamte Person des Mitarbeiters.

Übersicht (zu 4.2) Führungsprofil

Führungseigenschaft	Was die Führungskraft tut
1. Übernimmt Verantwortung für die Mitglieder der Gruppe an (»Mutter der Kompanie«).	▪ Sie kümmert sich um alle Mitglieder der Gruppe. ▪ Sie kann gut zuhören. ▪ Sie stellt Nähe her. ▪ Sie trifft den richtigen Ton.
2. Eint die Gruppe und gibt ihr Sicherheit (Führungskraft als Integrationsfigur).	▪ Sie wird von der Gruppe in eine Führungsposition gebracht. ▪ Sie hat viel Kontakt mit allen Gruppenmitgliedern.
3. Wird als Vorbild angenommen (Führungskraft als Vorbild).	▪ Man bringt ihr Respekt entgegen. ▪ Man schätzt ihren Rat. ▪ Sie hat das Image, besser zu sein.
4. Begeistert und überzeugt (die mitreißende Führungskraft).	▪ Sie stellt alle anderen Anliegen zurück. ▪ Sie wirbt direkt für ihre Idee. ▪ Sie stellt alles in den Dienst dieser Idee. ▪ Sie kann begeistern.
5. Setzt ihre Anliegen durch (die durchsetzungsstarke Führungskraft).	▪ Sie spricht ihre Anliegen direkt an. ▪ Sie hat Standvermögen. ▪ Sie riskiert Zuwendung zu verlieren.
6. Hat ein Gespür für Macht, übt Macht aus (die Führungskraft als Machtmensch).	▪ Es ist ihr wichtiger Macht zu haben, als geliebt zu werden. ▪ Sie scheut die Konfrontation nicht. ▪ Sie sucht die Nähe zu Personen, die Macht haben. ▪ Sie scheut sich nicht, Personen gezielt für ihre Interessen einzusetzen.

Identifikation mit dem Unternehmen und im Einhalten der Regeln. Eine der wichtigsten Aufgaben ist es, die Mitarbeiter für das Unternehmen und ihre Aufgaben zu gewinnen, sie an das Unternehmen zu binden und zu motivieren, ihre ganze Arbeitskraft dem Unternehmen zu geben.

Auch die Mitarbeiter haben Anliegen und Erwartungen, die sie an ihre Führungskraft stellen. Jede Gruppe verlangt nach einer Person, an der sich die Mitglieder orientieren können. Sie dient als Vorbild und Identifikationsobjekt für die Geführten. Der Führer ragt heraus, er ist besser, als alle anderen; er setzt sich für die Gemeinschaft ein, geht ihr voran, an ihm kann sich jeder aufrichten. Er gibt Halt und Zuversicht, weist jedem seinen Platz zu. Im Führer finden die Geführten zu einer Einheit zusammen, erleben das Miteinander, können sich aufeinander einlassen. Die Führungskraft gibt ihnen Sicherheit und lässt sie das Wir-Gefühl erfahren. Sie ist für den Erfolg der Gruppe, für Produktivität und Zufriedenheit in ihrer Bedeutung kaum zu überschätzen. Die Leistung der Führungskraft lässt sich nicht auf eine bestimmte Aufgabe reduzieren. Der Führer muss den Geführten nahe sein, damit sie sich mit ihm identifizieren können, und er muss all das verkörpern, was die Geführten für sich wünschen, aber nicht erreichen. Er muss also zugleich Identifikations- und Projektionsobjekt sein. Er schenkt dem Mitarbeiter Beachtung und Anerkennung, die er in der Arbeit selbst oder durch sie nie finden würde. Die Zuwendung des Vorgesetzten hebt ihn heraus aus der anonymen Masse der Vielen und lässt ihn Individualität und Unverwechselbarkeit erfahren. Das macht das Charisma der begabten Führungskraft aus.

So steht die Führungsperson in Wirklichkeit zwischen Unternehmen und Mitarbeitern und muss den Erwartungen beider gerecht werden. Folglich kann sie auch auf beiden Ebenen versagen: als Funktionär und Agent eines Systems, wenn sie sich als schwach und nachgiebig gegenüber den Mitarbeitern erweist; als Identifikationsobjekt, wenn sie sich zu weit von den Geführten entfernt und als Büttel des Unternehmens oder als Verlierer erlebt wird. In diesem Falle kehrt sich alle Wut gegen sie. Hochachtung, Verehrung und Gefolgstreue schlagen ins Gegenteil um. Aus dieser Doppelfunktion ergeben sich große Spannungen.

4.2 Führungseigenschaften

Es ist daher nicht gleichgültig, wer diese Rolle bekleidet. Gibt es die Führungspersönlichkeit? Welche Eigenschaften charakterisieren sie? Früh hat sich die Forschung dem Thema zugewandt. Doch die Eigenschaften verschiedener erfolgreicher Führungspersönlichkeiten ließen sich nicht auf ein Gemeinsames zurückführen.

Nach dem heutigen Stand der Forschung nimmt man an, dass die formal definierte Führungsrolle ein breites Spektrum an Begabungen fordert und Aufgaben sowie Funktionen umfasst, die von einer Person immer nur teilweise abgedeckt werden können. Von dem gesamten Anforderungsprofil erfüllt jede Führungskraft nur einen Teil und nimmt folglich bestimmte Aufgaben stärker an als andere. Dabei zeigt sich aber auch, dass einzelne Eigenschaften durch andere kompensiert werden können.

Es gibt aber doch einige Eigenschaften, die jene Personen charakterisieren, die später als Führungskräfte überzeugen. Die konkrete Ausprägung dieser Eigenschaften ergeben das Führungsprofil einer Führungsperson (siehe Übersicht zu 4.2).

4.3 Typologie der Führungskräfte

Ausgehend von der Erfahrung, dass jede Führungskraft einseitig ist und nur einen Teil der Anforderungen abdeckt, wurde versucht, häufig zusammen auftretende Führungseigenschaften zu einer Klasse zusammenzufassen und Typen von Führungskräften zu definieren. Maccoby ist aus Interviews mit Managern z.B. zu vier Grundtypen gelangt (siehe Übersicht 1 zu 4.3).

Wir haben versucht eine Einteilung der Führungskräfte nach der Eignung vorzunehmen, bestimmte Führungsaufgaben effizient wahrzunehmen und sind dabei zu fünf verschiedenen Clustern gekommen. Es handelt sich hierbei nicht um klar voneinander abgrenzbare Persönlichkeitsprofile, sondern um Akzente und Vorlieben, die eine Führungsperson charakterisieren (siehe Übersicht 2 zu 4.3).

Für Auswahl sowie Ausbildung und Entwicklung von Führungskräften ist es ausschlaggebend, zu sehen, wie eine Person als Führungskraft zu Ergebnissen kommt und wie nicht, welche Aufgaben bei ihr in guten Händen sind und welche nicht. Entscheidend ist die Erfahrung, dass kein Bewerber die Anforderungen einer Ausschreibung erfüllen wird, weil Menschen immer einseitig sind. Die vollkommene Führungskraft ist eine Illusion.

Was macht man mit Aufgaben, die in der Stellenbeschreibung stehen, welche aber die Führungskraft nicht erfüllt?

Für diese Aufgaben muss eine Lösung gefunden werden. Leichtfertig versprechen Bewerber: »Das werde ich noch lernen! Ich werde mich anstrengen!« Wäre das Problem so einfach zu lösen, hätte sich der Kandidat längst schon geändert. Wenn die Aufgabe wichtig ist, wird sich bald herausstellen, dass sie nicht erfüllt wird. Eine tragfähige Lösung könnte darin bestehen, die Aufgaben an eine andere Person zu delegieren oder der Führungskraft eine Assistenz an die Seite zu geben, die diese Aufgaben übernimmt.

Übersicht 1 (zu 4.3) Manager-Typen

- Der Fachmann: rational, sparsam, ruhig, bescheiden. Es ist der fachlich gut ausgebildete, fleißige Experte, der Führungsaufgaben übernommen hat.
- Der Dschungelkämpfer: machtbewusst, verbreitet Angst, es geht ihm um Profit und Macht. Er hat auch taktisches Geschick.
- Der Firmenmensch: Funktionär, identifiziert sich voll mit dem Unternehmen, idealisiert es. Sein Selbstwertgefühl und seine Sicherheit gründen auf dem Wissen, Teil einer mächtigen Organisation zu sein.
- Der Spielmacher: liebt die Herausforderung, die Konkurrenzsituation, ist offen für Neues und Ideen. Er sucht den Sieg. Zäh und beherrschend aber nicht destruktiv.

Übersicht 2 (zu 4.3) Akzente und Vorlieben der Führungsperson

Fünf Hauptfunktionen der Führung	Führungsaufgaben
1. Führen von Mitarbeitern (Teamleiter, Projektleiter, Abteilungsleiter)	Er ist für ein Team und für eine Aufgabe verantwortlich. Delegieren von Aufgaben, Motivieren der Mitarbeiter und Kontrollieren von Ergebnissen stehen im Vordergrund.
2. Koordinieren von Abteilungen und Projekten (Hauptabteilungsleiter, Spartenleiter)	Er ist für mehrere Abeilungen verantwortlich, koordiniert ihre Aufgaben, repräsentiert sie im Unternehmen und sorgt für die Rahmenbedingungen.
3. Verwalten von Ressourcen und Durchsetzen von Regeln (Verwalter, Generalsekretär)	Er ist dafür verantwortlich, dass Regeln, Standards, Gesetze eingehalten werden, hat aber keine eigene Entscheidungsbefugnis.
4. Repräsentieren des Unternehmens (Unternehmenssprecher, Präsident)	Er stellt das Unternehmen oder die Gruppe nach außen dar. Für die Mitarbeiter ist er Identifikationsfigur.
5. Sorgt für die Entwicklung des Unternehmens (Geschäftsführer, Geschäftsstellenleiter)	Er ist für das gesamte Unternehmen verantwortlich, trifft Entscheidungen und gibt die Orientierung.

! Man sollte nie vergessen: Die Führungskraft überfordern, heißt den Misserfolg einplanen. Der Bogen bricht, wird er überspannt.

4.4 Führungskräfteauswahl

Um die Führungsrolle auszufüllen, bedarf es geeigneter Personen. Sie auszusuchen ist eine der wichtigen Aufgaben des Managements. Woran erkennt man sie?

Diagnostischer Grundsatz:
Man erkennt die begabte Führungskraft am sichersten daran, dass sie erfolgreich geführt hat. Wer eine besondere Begabung hat, zieht entsprechende Aufgaben an, zeigt Interesse und findet früh darin Anerkennung.

Das Anforderungsprofil
Wer etwas sucht, muss wissen, was er sucht. Das Anforderungsprofil sagt dem Diagnostiker, wonach er suchen soll. Ein umfassendes und genaues Anforderungsprofil ist daher

Übersicht (zu 4.4) Führungskräfteauswahl

- Bei der Konzeption des Anforderungsprofils sind die Erwartungen aller Personen zu berücksichtigen, die in legitimer Weise an die Führungskraft Forderungen stellen werden.
- Es ist zu überlegen, welche Stärken die Führungskraft haben muss und welche Schwächen man akzeptieren kann.
- Die Schwächen des Bewerbers sind genauso sorgfältig zu erheben wie seine Stärken. Das eine soll ausgebaut, für das andere müssen Lösungen gefunden werden.
- Bei den vorhandenen Schwächen sind echte Lösungen zu entwickeln, etwa Unterstützung durch eine andere Person, Veränderung der Aufgaben usw. Keine Lösung ist es, darauf zu vertrauen, dass der Bewerber sich ändern wird.

die Voraussetzung für das Gelingen der Personalsuche (siehe auch II A/1.4). Man kommt zu ihm, in dem:
- die Aufgaben im Detail dargestellt und analysiert werden,
- Probleme gesammelt und analysiert werden, die der Vorgänger mit der Stelle hatte,
- das Team analysiert wird, das die zukünftige Führungskraft führen soll.

Was bei der Führungskräfteauswahl besonders zu beachten ist, entnehmen Sie der Übersicht zu 4.4.

Ansprechen von Bewerbern
Nicht die Quantität macht es. Bei vielen Bewerbern steht weniger Zeit zur Verfügung, sich mit dem Einzelnen auseinander zu setzen. Daher empfiehlt es sich, Personen gezielt anzusprechen und bereits im Ausschreibungstext die Kernanforderungen darzustellen.

Immer häufiger entdecken Unternehmen, dass es sich lohnt, zuerst intern nach geeigneten Bewerbern zu suchen und den Mitarbeitern zu sagen, dass sie im Unternehmen Aufstiegschancen haben. Ein Führungskräftepool (siehe VII A/3.7) wäre das richtige Instrument dafür.

Auswahl der Bewerber
Die Führungskraft kann bei der Auswahl von Bewerbern auf verschiedene diagnostische Instrumente zurückgreifen. Bewährt hat sich dabei die Kombination von biografischem Interview und Assessment-Center (siehe II A/3). Während im biografischen Interview, die Motivation der Kandidaten erfasst wird, gibt das Assessment-Center Aufschluss über das Verhaltensrepertoire.

Abzuraten ist vom alleinigen Einsatz psychologischer Tests oder Fragebogen, da die Validitätswerte (Wahrscheinlichkeit einer guten Entscheidung) psychologischer Tests für die Mitarbeiterauswahl sehr niedrig sind. Dabei ist zu bedenken, dass der Begriff »Führungspotenzial« sehr Verschiedenes beinhalten kann und »Führen« eine interaktive Eigenschaft ist, d.h. in der Praxis bei der Entscheidung auch die Gruppe, die Aufgabe und die Rahmenbedingungen zu berücksichtigen sind.

Anpassung der Stelle an die Führungsperson
In der Regel erfüllt kein Bewerber den Ausschreibungstext ganz. Bei der Endauswahl ist daher entscheidend, dass die Führungskraft des neuen Mitarbeiters die Anforderungen in eine Prioritätenliste bringt:
- Eigenschaften, die unbedingt erforderlich sind,
- Eigenschaften, die wünschenswert wären,
- Eigenschaften, die kompensiert werden können.

Eine Gruppe ist ein lebendiger Körper und die Führungskraft hat es nicht mit Statisten zu tun, sondern mit lebendigen Mitarbeitern, die sich sehr wohl auf eine Führungskraft mit Eigenheiten und Einseitigkeiten einstellen können. Für die Auswahl einer Führungskraft spielt neben der Arbeitsplatzbeschreibung daher auch die Gruppe, die sie führen soll, eine Rolle. Gruppe und Führungsperson müssen zusammen passen.

Die Führungsposition ist anziehend und deshalb sind Führungspositionen umworben und umkämpft. Es gibt einen Platz und viele Bewerber. Wer eine Führungsposition einmal errungen hat, hat sie nicht fürs Leben. Er muss immer wieder darum kämpfen, denn er wird in seiner Führungsrolle immer wieder angegriffen. Er muss sich durchsetzen gegenüber dem Unternehmen, die Unternehmensleitung überzeugen und sich durchsetzen gegenüber seinen Mitarbeitern.

4.5 Qualifizierung zur Führungskraft

Personen, die führen, üben eine starke Faszination aus. Daher ist es nicht verwunderlich, dass viele nach Führungspositionen streben. Wie aber erreicht man Führungspositionen? Und wenn man sie erreicht hat, wie wird man ihnen gerecht?

Als Führungskraft wird man ebenso wenig geboren wie als Experte. Aber für beides wird schon in der Kindheit das Fundament gelegt. In der frühen Kindheit werden im Zusammenspiel mit den Geschwistern und mit Spielkameraden die Grundmuster erworben, die ein Leben lang Gültigkeit haben (siehe 1.1). Es wäre aber verkehrt, sich auf seine Naturbegabung zu verlassen und zu ignorieren, was Sozialwissenschaften und die Praxis an wertvollen Lernhilfen entwickelt und zusammengetragen haben. Denn so, wie der begabte Sportler erst mit Hilfe des Trainers und einem harten Training zur überragenden Leistungen kommt, so wird auch die Führungskraft erst durch eine entsprechende Formung zur modernen Führungspersönlichkeit.

Entscheidend auf dem Weg zur Führungspersönlichkeit ist das Lernen am Arbeitsplatz. Es erfordert tägliche Arbeit und tägliches Feedback. Seminare können das Gelernte nur ergänzen und zusätzliche Impulse geben. Die Aufgabe eines Führungskräftetrainings besteht somit darin, den Führungskräften zu helfen, Erfahrungen im Licht allgemeiner Erkenntnisse zu reflektieren, Anregungen zu geben, diese in Übungen zu testen und hierzu Feedback zu erhalten, damit die Teilnehmer die eigenen Möglichkeiten und Schwächen erkennen und so mit ihnen umgehen lernen, dass Entwicklung stattfinden kann.

Führung ist kein abgehobenes Tun, das getrennt von Gruppen und Aufgaben gelernt werden kann, wie z.B. Mathematik oder formale Logik. Zu führen heißt zunächst, eine Aufgabe oder eine Arbeit zu verstehen. Zu wissen, wie sie auszuführen ist. Und dieses Wissen zu übertragen auf andere Menschen, die diese Aufgabe ausführen werden. Es bedeutet, den Arbeitsprozess zu optimieren, ihn an den Mitarbeiter und seine Eigenheiten anzupassen. Und es bedeutet in und mit einer Gruppe zu arbeiten, ihre Dynamik zu nutzen, um Motivation frei zu setzen.

5 Führungsgespräche

5.1 Leadership Coaching

Die Führungskraft begleitet den Handlungs- und Führungsprozess (siehe 2.1) und schaltet sich ein, wo sie Möglichkeiten sieht, den Prozess zu optimieren (siehe 2.2 bis 2.7). Dies wird umso schwieriger, je weiter weg die Führungskraft vom Ort des Geschehens ist. Das betrifft z.B. die Arbeit von Key-Account-Managern, Außendienstmitarbeitern, Spezialisten oder Führungskräften. Die Arbeit dieser Zielgruppen stellt in Bezug auf Qualität und Einsatz besondere Anforderungen. Das traditionelle Führen stößt hierbei jedoch an Grenzen: Auf der einen Seite brauchen diese Mitarbeiter viel Freiraum und Entfaltungsmöglichkeit, auf der anderen Seite aber auch eine enge Begleitung, um den hohen Anforderungen trotz bestehender Interessenskonflikte gerecht werden zu können.

Kommt es in der Führung dieser Leistungsträger des Unternehmens zu Problemen, wie z.B. Qualitätsmängel, Abwanderung, Verfehlen der Planzahlen, so empfindet die Führungskraft eine gewisse Ratlosigkeit. Welche Mittel hat sie, die Situation zu verändern? Führungskräfte neigen in dieser Situation dazu, die Ergebnisse zu kritisieren und den Fehler beim Mitarbeiter zu suchen. Das bringt sie aber in der Zielerreichung keinen Schritt weiter.

Übersicht (zu 5.1) Verteilung der Verantwortung bei Leadership Coaching

Schritte des Handlungsprozesses	Führungskraft ...	Mitarbeiter ...
Informieren	... stellt die Fragen, damit der Mitarbeiter die relevanten Informationen einholt und analysiert.	... holt Informationen ein, analysiert sie und informiert die Führungskraft.
Entscheiden	... fordert die Entscheidung ein.	... entscheidet.
Vereinbaren	... unterstützt die Planung mit Fragen und stellt Vereinbarungen sicher.	... plant seine Arbeit und und vereinbart sie verbindlich im Aktivitätenplan.
Umsetzen	... begleitet durch Coaching.	... setzt Handlungen nach einem vereinbartem Aktivitätenplan um.
Überprüfen	.. fordert die Präsentation von Ergebnissen und Teilergebnissen ein.	... präsentiert die Ergebnisse und Teilergebnisse und gibt sich selber Feedback.

> Die Führungskraft muss in die Arbeitsprozesse der Mitarbeiter hinein schauen können, um steuernd eingreifen zu können.

Wie kann die Führungskraft die Prozesse sehen? Zur Wahrnehmung der Führungsverantwortung in diesen herausragenden Situationen wurde das Modell von Leadership Coaching entwickelt. Es hat Gesprächstypen entworfen, in denen der Mitarbeiter zusammen mit der Führungskraft die Arbeit plant, d.h. sie gehen zusammen die Prozesse durch. Am Ende des Gespräches kennen Mitarbeiter und Führungskraft den Prozess, die Schritte, die zu gehen sind, die Maßnahmen, die erfolgen müssen, die Schwierigkeiten, den Arbeitsaufwand, die Chancen und Risiken. Leadership Coaching stellt den Handlungsprozess ins Zentrum der Führungsarbeit und führt den Mitarbeiter primär mit den Mitteln der Information durch diesen Prozess. Im Zuge dessen findet auch eine Neuverteilung der Verantwortung statt (siehe Übersicht zu 5.1).

In diesem Führungssystem wird versucht, möglichst viel Verantwortung beim Mitarbeiter zu belassen. Der Druck, der die Motivation bringen soll, wird über Sachzwänge aufgebaut (vor allem durch ein kontinuierliches Offenlegen von Ergebnissen). Die Führungskraft ist frei, Informationsaufgaben wahrzunehmen, den Fortgang der Arbeit zu beobachten, die Rahmenbedingungen zu schaffen und den Mitarbeiter mit regelmäßigem Coaching zu begleiten. Entscheidend aber sind die regelmäßigen Coachinggespräche in kurzen Abständen, in denen die Führungskraft vom Mitarbeiter über die Arbeit im Detail informiert wird und ihr damit die Möglichkeit gibt, näher beim Mitarbeiter zu sein, Einblick in die Prozesse zu gewinnen und die Arbeit zu begleiten.

Um dieses Konzept in der täglichen Arbeit umzusetzen, gibt es eine Reihe von Gesprächstypen (siehe 5.2 ff). Im Zentrum stehen das periodische Zielvereinbarungsgespräch und das regelmäßige Coachinggespräch. Konflikt-, Feedback- und Beratungsgespräch sind drei Spezialformen des Coachinggesprächs.

5.2 Zielvereinbarungsgespräch

Führung hat immer mit Zielen zu tun und tritt immer gemeinsam mit

Übersicht (zu 5.2) Schema für das Zielvereinbarungsgespräch

Schritt	Verhalten
1. Begrüßen	Die Führungskraft begrüßt den Mitarbeiter und »holt ihn ab«, um eine positive Atmosphäre zu schaffen.
2 Orientieren	Das Anliegen und erwartete Ergebnis des Gesprächs wird skizziert und ein Ablauf vereinbart.
3. Bearbeiten der Aufgaben des Mitarbeiters	Jede Aufgabe des Mitarbeiters wird für sich nach der unten stehenden Struktur bearbeitet
▪ Vorstellung einer Aufgabe mit den angestrebten Zielen durch den Mitarbeiter	Der Mitarbeiter berichtet von seinen Erfahrungen. Die Führungskraft gewinnt dabei Einblick, wie der Mitarbeiter die Aufgabe versteht, welche Chancen und Gefahren er sieht, welche Hilfen er benutzt und welche Ziele er anstrebt. In dieser Phase lernt die Führungskraft den Mitarbeiter und seine Arbeit besser zu verstehen.
▪ Ergänzung der Aufgabe und der angestrebten Ziele durch die Führungskraft	Hat der Mitarbeiter seine Darstellung abgeschlossen, geht die Führungskraft darauf ein und ergänzt bei Bedarf. Auch eine andere Vorstellung bei den Zielen sollte hier eingebracht, aber noch nicht diskutiert werden.
▪ Analyse der Aufgabe und der angestreben Ziele	Hier analysieren Führungskraft und Mitarbeiter gemeinsam die Aufgabe und das Ziel, um Chancen einer Weiterentwicklung und Optimierung erkennen zu können. An dieser Stelle wird die Führungskraft auch Informationen aus dem Vorjahr und von anderen Mitarbeitern mit einer ähnlichen Aufgabe einbringen.
▪ Gemeinsames Vereinbaren der Aufgaben und der angestrebten Ziele	Ist die Analyse abgeschlossen, wird die Aufgabe nochmals genau formuliert und das Ziel der Aufgabe festgelegt, so dass die Vereinbarung überprüfbar wird. Hier soll auch das Instrument definiert werden, mit dem die Zielerreichung überprüft wird und der Zeitpunkt, zu dem überprüft wird. Bei den Zielen gibt es häufig Vorgaben vom Unternehmen, die beachtet werden müssen. Es muss aber genügend Spielraum sein, um das Ziel hinsichtlich der Realisierbarkeit beurteilen und festlegen zu können.
4. Verabschieden	Die letzten Minuten des Gespräches gehören dem Mitarbeiter. Die Führungskraft holt Feedback ein über das Gespräch und darüber, wie es der Mitarbeiter erlebt hat und festigt die Beziehung zum Mitarbeiter.

Zielen auf (siehe 1.6). Die Zielvereinbarung stellt deshalb das wichtigste und unabdinglichste Element von Leadership Coaching dar. Seit den 70er Jahren haben das die Unternehmen auch erkannt und verschiedene Formen des Management by Objectives eingeführt. Die Ergebnisse, die oft damit erzielt werden, haben aber auch Zweifel an dem Ansatz geweckt und dazu geführt, dass vielerorts nur noch pro forma Ziele vereinbart oder immer häufiger direkt vorgegeben werden.

Was hat es denn nun wirklich mit Zielen auf sich? Ziele begleiten den Menschen bei allem, was er tut. Ob er die Zeitung liest, mit dem Ziel sich zu informieren, oder seinem Partner ein Geschenk macht, um seine Zuneigung zu zeigen, oder sich um eine neue Stelle bewirbt, um mehr Geld zu verdienen, immer sind es Ziele, die unsere Handlungen lenken.

Menschen haben aber nicht nur eigene Ziele sondern werden auch für die Ziele anderer instrumentalisiert. Im Unternehmen etwa werden den Mitarbeitern die Ziele des Inhabers oder der Aktionäre vorgegeben und sie müssen an ihrer Erreichung arbeiten, ob die Ziele für sie selbst eine Relevanz haben oder nicht.

Von Natur aus ist der Mensch wenig geneigt, Ziele zu verfolgen, die nicht seine eigenen sind. Es ist deshalb das Anliegen des Unternehmens, seine Ziele, auf den Mitarbeiter »heruntergebrochen« so zu formulieren, dass sie Hand in Hand gehen mit Zielen des Mitarbeiters. So kann das Ziel des Verkäufers, viel Geld zu verdienen, vom Unternehmen genutzt werden, um viel zu verkaufen.

Dem Zielvereinbarungsgespräch kommt deshalb in der Führungsarbeit eine besondere Bedeutung zu:
▪ dem Mitarbeiter Ziele setzen (bzw. sie ihm zu kommunizieren),
▪ die Ziele des Unternehmens in Einklang bringen mit den Zielen des Mitarbeiters,
▪ die Ziele so eng und konkret vorzugeben, dass der Mitarbeiter über Ziele geführt werden kann.

Im Zielvereinbarungsgespräch werden aber nicht nur dem Mitarbeiter Ziele gesetzt. In gewissem Sinn setzt sich damit die Führungskraft ihr eigenes Ziel, nämlich sicherzustellen, dass am Ende der definierten Periode der Mitarbeiter das vereinbarte Ziel auch erreicht hat.

In der Zielvereinbarung wird das Fundament für die Führung des Mitarbeiters gelegt. Anders als in vielen Formen der Zielvereinbarung, wie sie in Unternehmen heute gelebt werden, verstehen wir unter der Zielvereinbarung eingeschränkt nur die Vereinbarung von Aufgaben und Zielen, die für eine Periode oder ein Jahr gelten. Die mühsame Arbeit, Ziele in Aktivitäten zu konkretisieren und damit auch den Weg verbindlich zwischen Führungskraft und Mitarbeiter festzulegen, ist hingegen eine kontinuierliche Aufgabe des Coachings. Ziele müssen eine gewisse Beständigkeit haben, um ihren Zweck zu erfüllen (was nicht heißt, dass sie nicht im Laufe des Jahres angepasst werden können, sollte dies notwendig werden), Aktivitäten hingegen müssen kurzfristig vereinbart und auch kurzfristig kontrolliert werden, will die Führungskraft sicherstellen, dass auch alles getan wird, um die Ziele zu erreichen.

Die Gestaltung der Zielvereinbarung sollte nicht allein dem intuitiven Gespür oder gar dem Zufall überlassen bleiben. Die Zielvereinbarung ist so zu führen, dass die Ziele als Maß des weiteren Handelns dienen und sich der Mitarbeiter mit ihnen identifiziert.

Es sind primär drei Ergebnisse, die mit der Zielvereinbarung erreicht werden sollen:
1. Der Mitarbeiter hat Klarheit über die Aufgaben und Ziele.
2. Der Mitarbeiter ist orientiert und motiviert.
3. Das Fundament für eine effektive Führung im Coachingprozess und einer begleitenden Kontrolle ist gelegt.

Vorbereitung auf das Zielvereinbarungsgespräch
Zielvereinbarungsgespräche müssen vorbereitet werden und zwar gleichermaßen von der Führungskraft wie auch vom Mitarbeiter. Die Führungskraft ist auf die Zielvereinbarung erst vorbereitet, sobald sie Klarheit hat über die Aufgaben, die Ziele, die Persönlichkeit des Mitarbeiters (Kompetenz, Motivation, Leistungsfähigkeit, Verhaltensmuster) und über die Aufgaben und erzielten Ergebnisse aus der Vorperiode. Dazu kann es hilfreich sein, wenn Mitarbeiter und Führungskraft Aufgabenlisten erstellen, in denen sie einen Überblick über das gesamte Aufgabenspektrum des Mitarbeiters erarbeiten. Zur Vorbereitung des Gesprächs gehört auch die Vorbereitung des Raumes für die Zielvereinbarung.

Durchführung des Zielvereinbarungsgesprächs
Um das Zielvereinbarungsgespräch effizient zu einem Ergebnis zu führen, ist es ratsam, sich an ein Schema zu halten (siehe Übersicht zu 5.2) und dem Mitarbeiter ein Schema für die Protokollierung an die Hand zu geben. Das Protokoll führt der Mitarbeiter, d.h. er hält erarbeitete Aufgaben und Entscheidungen fest. Die Dauer des Gesprächs wird im Normalfall zwischen 2 und 4 Stunden liegen. Es sollte in jedem Fall unter keinen Umständen abgebrochen werden, ohne alle Aufgaben und Ergebnisse zur Zufriedenheit der Führungskraft und des Mitarbeiters bearbeitet zu haben, da sonst leicht Frustration und Demotivation auftreten können.

> Für die Zielvereinbarung finden Sie eine Reihe an Hilfsmitteln auf der beigefügten CD-ROM zusammengestellt:
> - Schema für das Zielvereinbarungsgespräch,
> - Schema für das Protokoll des Zielvereinbarungsgesprächs,
> - Aufgabenlisten Mitarbeiter,
> - Aufgabenlisten Führungskraft.

5.3 Beurteilungsgespräch

Beurteilungsgespräche erfreuen sich bei vielen Unternehmen einer großen Beliebtheit, vermutlich aufgrund der scheinbaren Objektivität, mittels derer Mitarbeiter auf unterschiedlichen Levels bewertet werden können. Zumeist wird ein standardisiertes Gesprächsschema verwendet, dessen Items geclustert sind und auf einer 4er, 5er oder 7er Skala bewertet werden. Die Beurteilung wird schriftlich vorgenommen und in Einzelgesprächen mit Mitarbeitern besprochen. In den meisten Formen sind ausschließlich qualitative Faktoren Bestand der Beurteilungen. Es ist aber auch möglich, quantitative Faktoren mit auf zu nehmen, und die Beurteilung mit der variablen Entlohnung zu verknüpfen.

In der Praxis werden Beurteilungsgespräche meist eher negativ wahrgenommen. Dies liegt weniger am generellen Verfahren der Beurteilung, sondern an fehlender Transparenz, an was der Mitarbeiter gemessen wird. Es darf nicht verwundern, wenn Mitarbeiter die Beurteilung ablehnen oder sogar von ihr demotiviert werden, wenn sie die Beurteilung nicht nachvollziehen können und sich ungerecht behandelt fühlen. Eine für alle Beteiligten nachvollziehbare Bewertung vorzunehmen, stellt die meisten Führungskräfte vor eine unlösbare Aufgabe. Zu fragen ist deshalb, was überhaupt mit solchen Beurteilungen erreicht werden soll. Es ist zweifellos essentiell Mitarbeitern Feedback über ihr Tun zu geben mit dem Ziel ihre Arbeitsleistung zu erhöhen. Dies jedoch auf allgemeinen Kriterien zu tun, die von der Arbeit des Mitarbeiters allein aufgrund ihrer Abstraktheit weit entfernt sind, ist problematisch. Zu empfehlen ist eher, wie im Zielvereinbarungs- bzw. Coachinggespräch besprochen, konkrete Ziele, Aktivitäten und Messkriterien zu vereinbaren, und den Mitarbeiter daran zu messen und zu beurteilen.

5.4 Fördergespräch

Das Fördergespräch dient dem regelmäßigen Abgleich zwischen Führungskraft und Mitarbeiter, welche Initiativen zu ergreifen sind, um die Entwicklung des Mitarbeiters zu fördern. Voraussetzung für das Gespräch ist einerseits eine klare Zieldefinition für die Entwicklung und andererseits eine Transparenz darüber, wo der Mitarbeiter zurzeit steht bezüglich dieser Entwicklung.

Die Problematik im Fördergespräch liegt zumeist nicht – wie viele meinen – in einer Unklarheit, wie die Förderziele zu erreichen sind, sondern im Fehlen eben dieser Förderziele. Dies muss ein integraler Bestandteil eines jeden Zielvereinbarungsgesprächs sein, da dort die wesentlichsten Kriterien definiert werden, die die Arbeit und Zufriedenheit des Mitarbeiters bestimmen. Dabei können Förderziele sich auf das Erreichen einer anderen Position im Unternehmen beziehen, oder sich auf eine Kompetenzerhöhung in der derzeitigen Position beschränken. Nicht selten werden wir beides vorfinden.

Im Fördergespräch werden nun diese Förderziele und die Maßnahmen, diese zu erreichen, reflektiert. Der Mitarbeiter berichtet, was er zur Erreichung unternommen hat, und wie sich dies ausgewirkt hat. Es werden

Übersicht 1 (zu 5.5) Beratung erfordert bei der Führungskraft ...

Wissenskompetenz	Die Führungskraft hat von sich aus die Pflicht, sich zu informieren und sich ein tieferes Wissen anzueignen, damit sie zu einem optimalen Verständnis der Entscheidungssituation kommt.
Analysekompetenz	Die Führungskraft muss in der Lage sein, die Entscheidungssituation zu analysieren und mögliche Entscheidungsalternativen zu erarbeiten.
Beratungskompetenz	Die Führungskraft vermittelt ihre Erkenntnisse in einer Weise, dass der Ratsuchende nicht überredet und kein Widerstand den Vorschlägen des Beraters gegenüber geweckt wird.
Entscheidungszurückhaltung	Der ratsuchende Mitarbeiter wird zur Entscheidung geführt, für die er sich verantwortlich weiß. Die Führungskraft gibt ihm die Sicherheit, dass er sich frei entscheiden kann, und dass nicht die Führungskraft die Entscheidung trifft.

Vereinbarungen aus früheren Fördergesprächen besprochen, es wird deren Einhaltung kontrolliert und es werden gegebenenfalls Konsequenzen gezogen. Den größten Teil des Gesprächs wird die Besprechung von zukünftigen Aktivitäten einnehmen, die der Mitarbeiter in Abstimmung mit der Führungskraft zu ergreifen gedenkt. Dabei sollte besonders darauf geachtet werden, in welcher Beziehung die geplante Aktivität zur Erreichung der Förderziele steht, damit nicht vorschnell Dinge vereinbart werden, die wenig bis nichts mit den eigentlichen Zielen zu tun haben.

Zum Fördergespräch gehört auch die Vereinbarung von internen bzw. externen Trainings, Coachings und Fortbildungen. Dabei ist es ebenso wichtig, dass der Mitarbeiter sich im Vorfeld mit den Möglichkeiten auseinandergesetzt hat, wie auch die Führungskraft. Da dergleichen Aktivitäten Geld und Zeit kosten, ist zudem gesondert zu prüfen, ob diese Investitionen aus der Sicht des Unternehmens im rechten Verhältnis zum gewünschten Ergebnis stehen.

Das Fördergespräch soll – wie der Name schon sagt – den Mitarbeiter fördern. Der Mitarbeiter sollte demnach das Gespräch motivierend erleben und es auch motiviert für die Umsetzung verlassen. Vieles von dem, was in diesen Gesprächen besprochen wird, muss der Mitarbeiter selbst umsetzen, und nicht selten außerhalb der normalen Arbeitszeit. Wenn er im Gespräch zur Überzeugung gelangt, dass die Führungskraft ihn bei der Erreichung seiner Ziele unterstützt, wird er die nötige Motivation viel leichter aufzubringen vermögen.

Das Fördergespräch hat folgende Schritte:
- Begrüßung
- Orientierung durch die Führungskraft
- Bericht des Mitarbeiters
- Feedback der Führungskraft
- Gemeinsame Erarbeitung neuer Aktivitäten
- Vereinbarung der neuen Aktivitäten
- Verabschiedung

5.5 Beratungsgespräch

Beratung ist die zielorientierte Unterstützung in einer Entscheidungssituation. Die Unterstützung kann im Aufzeigen von Alternativen liegen, in der Klärung der Motive des Ratsuchenden oder in der Analyse der Entscheidungsbedingungen und Entscheidungsfolgen. Das Beratungsgespräch dient der Überwindung von sachlicher Überforderung, Unsicherheit und Ratlosigkeit. Beratung ist von Fortbildung und Training abzugrenzen, bei denen es um Vermittlung von Fertigkeiten und Wissen, unabhängig von einer bestimmten Entscheidungssituation, geht.

Dass ein gewisses Handlungsverständnis und Fachwissen von der Führungsfunktion und Prozesssteuerung nicht abgekoppelt werden kann, wird bei der Beratungsaufgabe am deutlichsten. Die Führungskraft muss über genügend Sachwissen verfügen, um Mitarbeitern in schwierigen Situationen helfend beistehen zu können. Es liegt an den Problemfeldern, mit denen es die Führungskraft im Normalfall zu tun hat, dass die Beraterfunktion zunehmend wichtiger wird. Mitarbeiter sehen sich im Verdrängungswettbewerb immer öfter mit Entscheidungssituationen konfrontiert, die einen erfahrenen Berater erfordern. Die Qualitätsanforderungen steigen und mit ihnen auch die Gefahr der Überforderung.

Wenn sich die Führungskraft dem Mitarbeiter als Berater zur Verfügung stellt, braucht sie bestimmte Kompetenzen (siehe Übersicht 1 zu 5.5). Sie muss gewiss nicht alles wissen und schon gar nicht »alles besser« wissen. Eine Führungskraft jedoch, die sich dem fachlichen Gespräch nicht stellen kann, ist ungeeignet mit den »Mitteln der Information« zu führen. Durch professionelle Beratungsgespräche entwickelt der Mitarbeiter mehr Verantwortung und Selbstständigkeit. Nirgendwo äußert sich das neue partnerschaftliche Verhältnis der Führungskraft zum Mitarbeiter deutlicher als im Beratungsgespräch. Hier bekommt der Mitarbeiter zum einen die Sicherheit, dass er nicht alleine dasteht, dass er, wenn er einen Rat braucht, ihn auch bekommt. Zum anderen aber erkennt er auch, dass er selbst verantwortlich ist für seinen Aufgabenbereich und ihm die Entscheidung nicht abgenommen wird.

Das Beratungsgespräch ist erfolgreich, wenn
- Entscheidungen getroffen werden bzw. verhindert wird, dass Entscheidungen verschleppt werden,
- die beste Alternative gefunden wird,
- Schritte, Methoden, Instrumente und Ansätze der Ergebniserreichung entwickelt werden,

- der Mitarbeiter subjektiv Sicherheit und Entschlossenheit gewinnt. Nach welchem Schema Sie das Gespräch am besten führen, entnehmen Sie bitte der Übersicht 2 zu 5.5.

5.6 Coachinggespräch

In der Zielvereinbarung werden dem Mitarbeiter Ziele gesetzt. Nimmt die Führungskraft ihre eigene Aufgabe ernst, nämlich sicherzustellen, dass die gesetzten Ziele auch erreicht werden, wird sie in bestimmten Abständen kontrollieren, wie weit der Mitarbeiter auf dem Weg der Zielerreichung ist und bei Bedarf korrigierend (oder motivierend, beratend usw.) eingreifen. Das geschieht generell in den Coachinggesprächen.

Das Coachinggespräch ist das zentrale Instrument von Leadership Coaching. In den Coachinggesprächen findet die eigentliche Führung des Mitarbeiters statt, die ihn von der Zielvereinbarung am Anfang einer Periode zur Zielerreichung am Ende der Periode führen soll. Im Coachinggespräch werden relevante Aufgaben bzw. Ziele herausgegriffen, im Detail besprochen und Aktivitäten erarbeitet, die zur Erreichung des Ziels führen sollen. Auf diese Art findet ein wesentlicher Teil der klassischen Zielvereinbarung (siehe 5.2) in den Coachinggesprächen statt: Das Grobziel wird in Etappenschritten mit Aktivitäten, Kontrollschritten und Unterstützungsmaßnahmen konkretisiert.

> **!** Die Unzufriedenheit mit Zielvereinbarungen in der Praxis ist gar nicht in erster Linie darauf zurückzuführen, dass die Ziele unklar oder unrealistisch sind. Es fehlen vielmehr Verständnis und Konzept dafür, wie die vereinbarten Ziele realisiert werden können.

Das Coachinggespräch im Rahmen von Leadership Coaching ist die konkrete und detaillierte Auseinandersetzung des Mitarbeiters mit seiner Führungskraft über den Weg, die vereinbarten Aufgaben wahrzunehmen, die damit verbundenen Ziele zu realisieren, eingeschlagene Wege zu reflektieren und ggf. anzupassen sowie Unterstützungsmaßnahmen einzuleiten.

Übersicht 2 (zu 5.5) Durchführung des Beratungsgesprächs

1. Kontaktaufnahme		Am Anfang des Beratungsgesprächs steht die Kontaktaufnahme. Die coachende Führungskraft geht auf die momentane Situation und Befindlichkeit des Ratsuchenden ein. Ziel ist die Herstellung einer entspannten und offenen Gesprächsatmosphäre, um Vertrauen zu wecken, Widerstand abzubauen und das sachliche Betrachten von Argumenten zu ermöglichen.
2. Erstellung der Agenda für das Gespräch		Im zweiten Schritt wird eine Agenda erstellt. Die Punkte, die zur Regelung anstehen, werden aufgelistet, in eine Rangordnung gebracht und dann nach der Rangordnung besprochen. Die Agenda garantiert einen sparsamen, ökonomischen Gesprächsverlauf und stellt sicher, dass wichtige Schritte nicht übergangen werden.
3. Abarbeiten der Agenda		Jeder Punkt wird für sich nach der unten stehenden Struktur bearbeitet.
	Sammeln der Fakten	Motivation, Ergebnisse, Erfahrungen
	Analyse der Information	Bedingungen, Absichten, Folgen
	Ausloten des Handlungsspielraumes	alternative Erfahrungen, Chancen und Risiken
	Lösungsfindung	Festlegung von Entscheidungsalternativen und Besprechung von Gründen und Gegengründen
	Festlegung der Umsetzung	Erstellung eines Aktionsplans
4. Zusammenfassung und formelle Vereinbarung		Entscheidungen werden formell festgehalten. Diese können beinhalten: weiteres Beibringen von Informationen, Abwarten von Entscheidungen Dritter, weitere Klärung von Detailfragen.
5. Beziehungsfestigung		Den letzten Schritt des Beratungsgesprächs bildet die Beziehungsfestigung zwischen Berater und Ratsuchendem. Hier ist Raum für das Besprechen von informellen Themen, für Feedback zur Beratungsstunde und für Entspannung gegeben.

Es sind primär fünf Ergebnisse, die Sie mit dem Coaching erreichen:
1. Klarheit über die Aufgaben und die Personen, die daran arbeiten, gewinnen,
2. Aktivitäten, wie die vereinbarten Ziele erreicht werden sollen, erarbeiten,
3. für die vereinbarten Aufgaben und Ziele begeistern,
4. Offenheit, Ehrlichkeit und Ernsthaftigkeit praktizieren,
5. Beziehung zwischen Mitarbeiter und Führungskraft verbessern.

Viele Coachinggespräche werden darüber hinaus noch spezifische Anliegen haben, die durch die Themen bestimmt sind, die besprochen werden. So wird der Schwerpunkt einmal mehr auf Feedback an den Mitarbeiter liegen, ein anderes Mal auf dem Lösen eines Konflikts oder der Beratung in einer Entscheidungssituation.

Übersicht 1 (zu 5.6) Leitfragen zur Vorbereitung des Coachinggesprächs

- Welche Aufgaben des Mitarbeiters sollen besprochen werden?
- Wie dringlich ist die Besprechung (Priorität)?
- Was soll durchgesetzt werden?
- Fehlen Informationen und wer kann sie geben?

Übersicht 2 (zu 5.6) Schema für das Coachinggespräch

Schritt	Verhalten
1. Begrüßen	Die Führungskraft begrüßt den Mitarbeiter und »holt ihn ab«, um eine positive Atmosphäre zu schaffen.
2. Orientieren	Die Aufgaben und Punkte, die bearbeitet werden sollen, werden gemeinsam aufgelistet und priorisiert.
3. Bearbeiten der Aufgaben und Punkte der Agenda	Jede Aufgabe wird für sich nach der unten stehenden Struktur bearbeitet.
▪ Rückblick	Die coachende Führungskraft lässt sich vom Mitarbeiter berichten, was sich seit der letzten Vereinbarung in Bezug auf die einzelne Aufgabe ergeben hat.
▪ Zielfestlegung bzw. -korrektur	Das vereinbarte Ziel wird reflektiert und evtl. korrigiert bzw. falls noch keines definiert wurde, ein neues festgelegt.
▪ Analyse und Interpretation	Es werden hemmende und fördernde Bedingungen der Zielerreichung gesammelt.
▪ Lösungsfindung	Die Führungskraft stellt dem Mitarbeiter die Fragen, die ihn zwingen, den Weg zum angestrebten Ziel im Detail zu erarbeiten. Eine Aufgabe wird ggf. in Teilaufgaben gegliedert, zu denen wiederum ein Teilziel formuliert werden kann. Es werden Aktivitäten erarbeitet, wie die Aufgaben bzw. Teilaufgaben anzugehen sind.
▪ Aktivitätenplan	Der Mitarbeiter hält die erarbeiteten Teilaufgaben, Teilziele und Aktivitäten schriftlich im Aktivitätenplan fest.
4. Vereinbaren	Führungskraft und Mitarbeiter stimmen den Vereinbarungen zu und unterschreiben den Aktivitätenplan.
5. Verabschieden	Die letzten Minuten des Gespräches gehören dem Mitarbeiter. Die Führungskraft holt Feedback ein über das Gespräch und darüber, wie es der Mitarbeiter erlebt hat und festigt die Beziehung zum Mitarbeiter.

Vorbereitung auf das Coachinggespräch

Für jede Führungskraft ist es schwierig, sich für die Vorbereitung Zeit zu nehmen. So vertraut manche Führungskraft darauf, dass sie die Themen kennt und ihr spontan das Richtige auch ohne Vorbereitung einfallen wird. Was dabei herauskommt, ist dann stark vom Zufall bestimmt. Die Vorbereitung ist aber Voraussetzung für das Gelingen eines Coachinggesprächs. Beantworten Sie hierfür die Leitfragen der Übersicht 1 zu 5.6.

> Nur mit einer sorgfältigen Vorbereitung kann sichergestellt werden, dass die Punkte nach ihrer Priorität besprochen werden und die Führungskraft die nötigen Informationen hat.

Durchführung des Coachinggesprächs

Auch das Coachinggespräch gewinnt seinen professionellen Charakter erst durch ein nachvollziehbares Schema, das die notwendige Effizienz sichert und das Vertrauen des Mitarbeiters weckt. Das Schema der Übersicht 2 zu 5.6 bringt Klarheit in den Gesprächsablauf und lässt der Führungskraft genug Gestaltungsspielraum, um dem Gespräch ihren individuellen Stempel zu geben.

> Für das Coachinggespräch finden Sie Hilfsmittel auf der beigefügten CD-ROM zusammengestellt:
> - Schema für das,
> - Schema für den Aktivitätenplan.

5.7 Konfliktgespräch

Wenn gegensätzliche Erwartungen offen ausgedrückt werden, sodass das Arbeitsklima belastet wird oder das Ziel der Gruppe gefährdet ist, entsteht ein Konflikt. Interessensgegensätze zwischen Führung und Mitarbeitern wie zwischen den Mitarbeitern selbst sind immer vorhanden. Zum Konflikt werden sie erst, wenn die Spannung soweit angestiegen ist, dass die Erwartungen direkt oder indirekt ausgedrückt und ausgetragen werden. Die Führung kann z.B. mit der Arbeitsleistung eines Mitarbeiters unzufrieden sein. Sobald sie die Unzufriedenheit anderen mitteilt oder indirekt in ihrem Verhalten dem Mitarbeiter gegenüber zeigt, spricht man von einem latenten Konflikt. Spricht die Führungskraft oder der Mitarbeiter das Thema direkt an, kommt es zum offenen Konflikt.

Konflikte werden zum Thema der Führung, wenn sie die Zielerreichung beeinflussen. Darunter fallen Konflikte zwischen Führungskraft und Mitarbeiter, ebenso wie Konflikte zwischen zwei oder mehreren Mitarbeitern. Die Führungskraft kann die Konflikte aufgreifen und im Konfliktgespräch konstruktiv lösen. Sie kann aber auch einen Interessensgegensatz aufgreifen, zum Konflikt machen und das Gespräch einsetzen, um den Konflikt konstruktiv auszutragen.

Konflikte sind unausweichlich. Das Zusammenleben auf engstem Raum, das Angewiesensein auf die Mitarbeit von anderen Personen, die Unverträglichkeit verschiedener Interessen und Ziele oder einfach die Tatsache, dass wir im Vergleich zu unseren Wünschen nur weniges erreichen können, stellen ein stetes Konfliktpotenzial dar. Hinzu kommen unterschiedliche Temperamente, Einstellungen, Arbeits- und Lebensstile sowie Missverständnisse als verschärfende Faktoren. Schon das alltägliche Leben ist voll von kleineren und größeren Konflikten, die ständig verarbeitet werden müssen. Sie fallen im einzelnen gar nicht auf und werden als zum Leben dazugehörig empfunden, auch wenn sie sich in der Menge zu einer generellen Unzufriedenheit und Gestresstheit aufaddieren können.

Konflikte sind unangenehm. Sie können die Arbeit, die Beziehung zu einem Menschen oder das Leben als Gesamtes belasten. Konflikte führen zu Verletzungen, Streit, gelegentlich auch zu physischen Aggressionen, Misshandlungen, Kündigungen, Mobbing. Es ist daher verständlich, dass die meisten Menschen in Konflikten ein Übel sehen, ein Übel, dem man am besten aus dem Weg geht. Andererseits wissen alle, dass man bestimmten Konflikten nicht aus dem Wege gehen kann, dass sie uns begleiten, wohin man auch gehen mag.

In den Interessensgegensätzen, die im offenen Konflikt konstruktiv ausgetragen werden, liegt aber auch eine Chance, nämlich ein erhebliches Lern- und Innovationspotenzial. Die ausgetragene Spannung kann Energien freisetzen und zum Motor der Entwicklung werden. Kritik zeigt auf, wie jemand uns sieht, was jemand an uns wichtig findet oder stört. Sie gibt wertvolle Hinweise für die persönliche Weiterentwicklung. Sicher ist auch, dass es in der Regel wenig Sinn macht, Konflikte einfach zu ignorieren, zu verleugnen oder vor ihnen davonzulaufen. Oft genug basieren Konflikte nur auf Missverständnissen, die aufzuklären sind. Ein Davonlaufen verlängert Konflikte unnötig oder führt dazu, dass ein Konflikt eskaliert und die Kontrolle verloren geht. Basiert der Konflikt auf einem wirklichen Problem, so ergibt sich mit der Anhörung die Möglichkeit, das Problem zu erkennen und an seiner Überwindung zu arbeiten.

Ein Konflikt besteht im Auftreten widersprüchlicher Erwartungen. Diese werden häufig von emotionalen Spannungen begleitet. Man kann daher einen Konflikt als das gleichzeitige Auftreten widersprüchlicher Erwartungen zusammen mit den sie begleitenden emotionalen Spannungen bezeichnen. Konflikte lassen sich in drei Gruppen unterteilen (siehe Übersicht 1 zu 5.7), wobei jede Konfliktart latent oder offen auftreten kann.

Konflikte wurzeln in widersprüchlichen Erwartungen. Erwartungen aber müssen mitgeteilt werden, damit der Interaktionspartner davon wissen kann. Wohl wegen der Konfrontation, die damit verbunden ist, werden Erwartungen, sobald sie als konfliktreich eingeschätzt werden, nicht mehr ohne weiteres mitgeteilt. So kann es dazu kommen, dass jemand im Konflikt mit jemandem steht, aber gar nicht darum weiß. Verdrängungsmechanismen, die dazu führen, dass Teile der eigenen Realität nicht mehr bewusst wahrgenommen werden, können sogar dazu führen, dass jemand von den eigenen inneren Kon-

Übersicht 1 (zu 5.7) Konfliktarten

Externer Konflikt	Die Erwartungen einer Person stehen im Widerspruch zu Erwartungen einer anderen Person.
Interner Konflikt	Verschiedene Erwartungen einer einzigen Person stehen miteinander im Widerspruch (z.B. Rollenkonflikte, Interessenskonflikte, Wertekonflikte).
Struktureller Konflikt	Überindividuelle Erwartungen, die an Rollen, Interessengruppen und Positionen geknüpft sind, stehen miteinander im Widerspruch (z.B. Arbeitskonflikte, Konkurrenzkonflikte, Betriebsrat-Unternehmensführung).

Übersicht 2 (zu 5.7) Signale für latente Konflikte

- Gesten, die Abwehr bedeuten, wie z.B. »wegwerfende« Gesten oder eine abgewandte Körperhaltung,
- mimische Reaktionen, die ein Missfallen ausdrücken, wie z.B. Stirnrunzeln oder ein demonstratives Unterbrechen des Blickkontaktes,
- eine gekünstelte Sprache und ein unnatürlich wirkender Ausdruck,
- Vermeidung jeder persönlichen Note und Offenheit,
- verletzende »Nadelstiche«, Sarkasmen, »spitze Bemerkungen«, ironische Bemerkungen usw.
- Sturheit, Dienst nach Vorschrift, Berufung auf allgemeine Richtlinien/Regeln oder Vorgesetzte,
- Passivität, Äußerungen der Angst oder der Resignation,
- Vermeidung von Kontakt und Auseinandersetzungen,
- Unfreundlichkeit und fehlende Sorgfalt im Umgang mit anderen Menschen,
- allgemeine Spannung und eine starke Irritierbarkeit.

Übersicht (zu 5.8) Durchführung eines Konfliktgesprächs

1. Objektivierung	Die Führungskraft versucht, die negativen Emotionen, die den Konflikt begleiten und die eine Auseinandersetzung um den Konflikt erschweren bis unmöglich machen, aufzulösen, indem jeder Konfliktpartner die Möglichkeit erhält, seinen Ärger auszudrücken. Die Argumente und Erwartungen werden schriftlich für alle sichtbar festgehalten.
2. Konfliktklärung	Nachdem dem Ärger Ausdruck verschafft wurde, gilt es nun genau abzuklären, was das Problem ist, und wie es zustande gekommen ist. Hierzu bieten sich Fragen mit dem Ziel an, den Konfliktpartner und seinen Ärger zu verstehen. Der andere beantwortet die Fragen. Es ist hilfreich, die Beiträge schriftlich zu notieren, um die Objektivierung des Konflikts weiter voranzubringen.
3. Akzeptieren	Die Konfliktpartner haben den Konflikt dargestellt und verstehen ihn. Jetzt brauchen sie noch gegenseitig die Bestätigung, dass der andere den Konflikt anerkennt, d.h. dass sie mit ihren Problemen akzeptiert sind.
4. Rückdelegation	Die Konfliktpartner haben ihr Problem vorgebracht und geben der Führungskraft damit die Verantwortung für eine Lösung. Damit ist die Führungskraft in einer unguten Position: Sie muss den Konfliktpartnern eine Lösung präsentieren, während diese ggf. nur darauf warten, mit der Kritik fortzufahren. Deshalb muss zumindest ein Teil der Verantwortung an die Konfliktpartner wieder rückdelegiert werden. Die Rückdelegation der Lösungsverantwortung erfolgt dadurch, dass die Konfliktpartner um einen Lösungsvorschlag gebeten werden.
5. Lösungsfindung	Die Führungskraft entwickelt gemeinsam mit den Konfliktpartnern Lösungsalternativen bzw. man einigt sich auf eine Lösung.
6. Vereinbarung	Verschiedene Lösungsansätze und vielleicht auch fertige Lösungen sind besprochen oder zumindest angesprochen worden. Beide Seiten signalisieren die Bereitschaft zum Kompromiss. Nun ist die Zeit reif, eine verbindliche Vereinbarung mit den Konfliktpartnern zu treffen. Ohne diese verbindliche Vereinbarung am Schluss ist das ganze Gespräch wenig wert.
7. Überleitung oder Verabschiedung	Am Ende steht die Beziehungsfestigung zwischen den Konfliktpartnern im Vordergrund.

flikten nichts weiß. Um einen offenen Konflikt handelt es sich, wenn er offen kommuniziert wird, von einem latenten Konflikt spricht man, wenn die widersprüchlichen Erwartungen unausgesprochen bleiben. Signale für latente Konflikte entnehmen Sie bitte Übersicht 2 zu 5.7.

Die Ziele eines Konfliktgesprächs bestehen darin:
- den Konflikte offen zu besprechen und zu lösen,
- die Beziehungen zwischen den Konfliktpartnern zu verbessern,
- die Chance zu nutzen, sich näher zu kommen und besser zu verstehen,
- Konflikte als sehr wertvoll zu erkennen, um Lebendigkeit in eine Beziehung und in die Arbeit zu bekommen,
- die Kraft des Konfliktes zu nutzen, um Leistungen zu verbessern und Ziele zu erreichen,
- Konflikte in ihrer Funktion für kontinuierliches Lernen und Weiterentwicklung zu erkennen.

5.8 Das ITO-Konfliktlösungsschema

Das ITO-Konfliktlösungsschema ist eine Methode zur Objektivierung emotionaler Konflikte in Form eines Gesprächs. Es geht von drei Annahmen aus:

1. Die Konfliktpartner ordnen die Information über den Konflikt in einer Weise, dass die Schuld jeweils beim anderen liegt. Eigene Fehler werden entweder nicht gesehen oder unterschätzt. Daher steht jeweils der andere als der Böse da.
2. Das verzerrte Wahrnehmungsraster wird im Laufe der Auseinandersetzung nicht korrigiert, sondern eher verschärft, indem nur negative Sequenzen registriert und die positiven ignoriert werden.
3. Die Wahrnehmungsverzerrung kann nicht durch Beibringung einzelner Argumente korrigiert werden, sondern nur durch einen ganzheitlichen, erlebnisbetonten Ansatz, wie er z.B. im Rollentausch provoziert wird.

Jede Konfliktlösung wird durch sorgfältige Vorbereitung erleichtert und optimiert. In der Vorbereitung gilt es einige Fragen zu klären:
- Was sind meine eigenen Erwartungen?
- Was sind die Erwartungen des Konfliktpartners?
- Was kann bei einer Lösung gewonnen werden?
- Was kostet der Konflikt beide Konfliktpartner?
- Was erschwert, was erleichtert eine Lösung?
- Wo sind die Grenzen, bis wohin kann ich gehen?

Die konkrete Durchführung des Konfliktgesprächs entnehmen Sie bitte dem Schema in Übersicht zu 5.8, das Sie auch auf der beigefügten CD finden. Die Führungskraft ist hierbei in der Rolle eines neutralen Schlichters bzw. Helfers für die Konfliktlösung und nicht selber Konfliktpartner.

5.9 Feedback

Wenn die Mutter das Kind anlächelt und es erwidert das Lächeln, so ist dieses Lächeln für sie Feedback. Ob wir es registrieren oder nicht, wir geben ständig Feedback und steuern damit das Verhalten anderer. Die Art und Weise wie eine Führungskraft mit Feedback umgeht, entscheidet oft, ob sie erfolgreich oder wenig erfolgreich führt. Feedback ist Rückmeldung über unser Tun. Meist als natürlicher Zusammenhang von Ursache und Wirkung erfahrbar, in Prozessen des Erziehens und Führens als Lob oder Tadel, als Bestätigung oder Kritik. Mit Feedback konstruktiv umgehen zu können, gehört zu den zentralen Fertigkeiten der Führung.

Vier grundlegende Formen des Feedbacks lassen sich unterscheiden:
- Lob,
- Kritik,
- Analyse und
- Ignorieren.

Die Regeln für das kompetente Geben von Feedback entnehmen Sie bitte der Übersicht zu 5.9.

Lob
Lob ist die mehr oder weniger direkt und emotional ausgedrückte Rückmeldung, dass die Leistung den Erwartungen entsprochen hat. Sie kann die Form von Enthusiasmus (»eine Superleistung«), Würdigung (»du hast mir mit dieser Leistung Freude gemacht«) oder emotionsloser Beurteilung (»das war gut«) annehmen. Hinter dem Lob steht eine pädagogische Absicht. Der Handelnde soll in seinem Bemühen bestätigt und damit motiviert werden, in seinem Leistungswillen auch in Zukunft nicht nachzulassen. Lob kann aber auch spontaner Ausdruck der Freude und Anerkennung sein. Lob löst in der Regel Freude und Zufriedenheit aus, je nachdem, wie man selbst die Leistung einschätzt, wie schwer es war, sie zu erbringen und wie hoch die Wertschätzung ist, die man dem Lobenden entgegenbringt. Lob entspannt und stärkt damit die Leistungsbereitschaft und die Konzentrationsfähigkeit.

Kritik/Tadel
Kritik ist eine Rückmeldung, die mehr oder weniger direkt und emotional ausdrückt, dass die Leistung nicht den Erwartungen entsprochen hat. Sie kann die Form von Enttäuschung (»das ging daneben«), Vorwürfen (»kannst du dich nicht mehr anstrengen«) oder emotionsloser Be-

Übersicht (zu 5.9) Regeln für kompetentes Feedbackgeben

Regel 1: Wo Sie Begeisterung wecken wollen, sollten Sie niemals strafen!
Strafe in diesem Sinne ist jeder Tadel. Auch Geringschätzung, jemanden vor seinen Kollegen bloßstellen, einen Kollegen betont loben, sind Strafreize.

Regel 2: Positives Feedback muss kontingent sein!
Feedback ist umso wirksamer, je enger Leistung und Feedback zeitlich zusammen liegen.

Regel 3: Das zu bewertende Verhalten muss differenziert wahrgenommen werden!
Feedback kann nur funktional eingesetzt werden, wenn zuvor die positiven, negativen und neutralen Bestandteile des Verhaltens differenziert wahrgenommen und auseinandergehalten werden.

Regel 4: Erwünschtes Verhalten positiv hervorheben, unerwünschtes Verhalten nicht emotional kritisieren!
Es gehört zu den merkwürdigen Ergebnissen der Erziehungsforschung, dass negative Kritik häufig wie eine positive Verstärkung wirkt, obwohl sie nach der Einschätzung des Laien eine Bestrafung darstellt. So erklärt man sich dieses paradoxe Phänomen: Viele Menschen haben ein Defizit an sozialer Zuwendung, sie werden insgesamt wenig beachtet. Unter diesen Bedingungen ist es für einem Menschen schon belohnend überhaupt Aufmerksamkeit der Umgebung zu bekommen, selbst wenn diese in einer Kritik besteht. Führungskräfte und Erzieher bauen daher mit ihrer Kritik häufig unerwünschtes Verhalten bei den Mitarbeitern auf und erzielen das Gegenteil von dem, was sie damit beabsichtigen.

Regel 5: Kritisches Feedback muss sachlich und emotionslos erfolgen!
Je brisanter, je emotionaler der Inhalt einer Kritik ist, desto sachlicher und emotional distanzierter sollte sie vorgebracht werden. Emotionen wecken Emotionen und wenn Kritik mit Ärger verbunden wird, ist es wahrscheinlich, dass sie auch beim Kritikempfänger Ärger und Widerstand auslöst. Damit erzielt das kritisierende Feedback das Gegenteil von dem, was damit beabsichtigt ist.

Regel 6: Feedback muss zum rechten Zeitpunkt erfolgen!
Für ein kritisches Feedback brauchen wir eine entspannte, ruhige Situation. Wir brauchen ferner ein gewisses Ausmaß an Zeit und Abstand, für die gemeinsame Analyse und Fehlerfindung. In der aktuellen Situation sollte man möglichst nicht kritisieren. Die Wahrscheinlichkeit, dass die Kritik konstruktiv wahrgenommen und daher positiv aufgenommen wird, ist sehr gering.

urteilung (»das reicht nicht aus«) annehmen.

Auch hinter der Kritik steht das Anliegen, bessere Leistungen zu fördern oder zu erzwingen. Oft aber ist sie vom Bedürfnis diktiert, sich abzureagieren und dem Ärger »Luft zu machen«.

Die erste Reaktion auf Kritik ist meist die Rechtfertigung und Entschuldigung. Es wird erklärt, weshalb das angestrebte Ergebnis nicht erreicht werden konnte. Kritik kann Selbstzweifel auslösen und zu Verunsicherung führen. Sie kann auch zu Enttäuschungen und Demotivation führen. Beides begünstigt ein Vermeidungsverhalten und schwächt sowohl die Leistungsmotivation als auch die Konzentration.

Nicht unerheblich ist, wie der Handelnde selbst seine Leistung und sein Bemühen einschätzt. Sieht er die Kritik als berechtigt an, kann sie auch zu einem stärkeren Engagement führen und zukünftige Leistungen verbessern. Letzteres haben Erzieher und Führungskräfte wohl vor Augen, wenn sie kritisieren. Sie überprüfen die Wirkung ihres Verhaltens aber kaum und geben sich mit ihrer »guten Absicht« zufrieden.

Die Auswirkungen von Lob und Tadel sind oft Gegenstand von Un-

VI. Führung und Zusammenarbeit

Übersicht (zu 5.10) Durchführung des Feedbackgesprächs

1. Das persönlich gesetzte Ziel	Die coachende Führungskraft lässt den Mitarbeiter das Ziel sagen. »Was haben Sie sich vorgenommen?«
2. Die Fakten	Die coachende Führungskraft lässt den Mitarbeiter die Ergebnisse berichten. »Was haben Sie erreicht?«
3. Analyse als Vergleich	Die coachende Führungskraft lässt Ziel und Ergebnis vom Mitarbeiter bewerten. »Was sagt Ihnen der Vergleich der Ergebnisse mit dem Ziel, das Sie sich gesetzt haben?«
4. Folgerungen	Die coachende Führungskraft lässt den Mitarbeiter die Folgerungen ziehen. »Welche Folgerungen ziehen Sie aus dem Vergleich des Ergebnisses mit dem Ziel?«
5. Neue Vereinbarung	Die Folgerungen werden in einer neuen Vereinbarung verbindlich gemacht.
6. Kontrollmaßnahmen	Schließlich wird noch festgelegt, wann und wie die Einhaltung der korrigierten Vereinbarung überprüft wird.

tersuchungen gewesen. Das Ergebnis war meist dasselbe: Kritik schwächt Leistungsbereitschaft und Konzentration und führt damit zu schlechteren Leistungen. Lob hingegen entspannt und stärkt die Leistungsmotivation und damit die Leistung. Dabei gibt es aber große Unterschiede in Abhängigkeit von der eigenen Einschätzung der Leistung, und der Schwierigkeit der Aufgabe.

Analyse
Die sachliche Analyse ist eine Rückmeldung, die auf Psychologie bewusst verzichtet, und statt dessen das Interesse an der Sache anspricht. Die Leistung wird beschrieben, ihr Zustandekommen erklärt, auf Auswirkungen und Folgen wird eingegangen und alternative Verhaltensweisen und Strategien werden im Detail aufgezeigt.

Die sachliche Analyse versteht sich als Anweisung zu einem besseren Verhalten, wobei auf Einsicht und Interesse gesetzt wird. Sie spricht das Sachverständnis an und ist daher am stärksten in der Lage, Interesse zu wecken und eine sachlich ausgerichtete Motivation. Dadurch und durch die Vermittlung von mehr Verständnis wird in der Folge die Leistung besser. Das Ausmaß der Verbesserung ist wiederum abhängig von der Schwierigkeit der Aufgabe und der Selbsteinschätzung des Handelnden. Emotionale Konflikte, wie sie häufig durch Kritik oder durch Ignorieren ausgelöst werden, sind die Ausnahme.

Ignorieren
Ignorieren ist ebenfalls eine Rückmeldung, auch wenn sie bewusst in der Unterdrückung einer Reaktion besteht, also in der Verweigerung eines Feedbacks. Ignorieren drückt aus, dass die Leistung des Mitarbeiters keine Aufmerksamkeit wert ist, oder kann eine harsche Kritik intendieren, die man zwar für angebracht hält, aber um der emotionalen und motivationalen Folgen lieber vermeidet. Man will keine Unruhe in die Arbeit oder Beziehung bringen. Ignorieren kann auch die Botschaft von Missachtung und Geringschätzung sein.

Ignorieren wirkt oft wie eine Bestrafung und führt zu Selbstzweifeln, Demotivation, Blockaden und Vermeidungsverhalten gegenüber der Aufgabe. Sie kann noch stärker als eine direkt ausgesprochene Kritik verunsichern und destabilisieren. Die Intensität der Reaktion ist wiederum abhängig von der Selbsteinschätzung und den Rahmenbedingungen, unter denen die Leistung erbracht wurde.

5.10 Das ITO-Feedbackschema

Feedbackgespräche versachlichen das Betrachten von Ergebnissen insgesamt, speziell von Fehlern und schlechten Leistungen. Wenn man sich Fehlern und schlechten Ergebnissen neutraler widmet, wird die Freiheit des Mitarbeiters, genau hinzuschauen und zu lernen, gestärkt. Es kann sogar Freude entstehen, die Qualität der Arbeit ständig zu verbessern.

Feedbackgespräche über Dinge, die gut laufen, sind ebenso wichtig. Im Ergebnis dieser Gespräche wird:
- Arbeit, die gut ausgeführt wurde, bestätigt,
- Verständnis, wie etwas gemacht werden soll bzw. welche Erwartungen auf Seiten der Führung da sind, vermittelt,
- für vergleichbare Situationen gelernt,
- die Motivation aufrechterhalten,
- die vertrauensvolle Beziehung zwischen Coach und Mitarbeiter gestärkt.

Feedbackgespräche fördern den Prozess der Selbsteinsicht des Mitarbeiters mit Hilfe der coachenden Führungskraft. Dabei steht das Erkennen seiner Grenzen und Schwächen im Vordergrund. Das macht den Feedbackprozess mitunter zur schmerzlichen Angelegenheit. Die Struktur für das Gespräch in Übersicht zu 5.10 und auf der beigefügten CD soll helfen, ihn effizienter zu gestalten.

5.11 Management-Coaching

Betrachten wir die soziale Situation der Geschäftsführer und der Topmanager, so fällt ihre herausgehobene Stellung auf, die zu einer stark selektierten Kommunikation und in Einzelfällen auch zu Einsamkeit führt. Jeder Mitarbeiter beansprucht das Recht, beachtet, gefördert und betreut zu werden. Das Topmanagement hat häufig niemandem, der ihm in kritischen Situationen beisteht. Von ihm wird viel erwartet, und es ist in der Regel niemand da, der den Topmanager oder den Geschäftsführer betreut, motiviert, und aufrichtet, wenn Misserfolge zu verarbeiten sind.

Die hervorgehobene Stellung ist noch in anderer Hinsicht kritisch. Jeder Mitarbeiter versucht, auf die Führungsspitze Einfluss zu nehmen, so es ihm durch die Nähe zu diesem möglich ist. Das geschieht durch das Weitergeben von Informationen, die – wie sollte es anders sein – stark selektiert und je nach Bedarf auch verzerrt werden. Der Manager muss daher damit rechnen, dass er falsch informiert wird und dass eine Tendenz besteht, ihn von wichtigen Informationen abzuschneiden. Dadurch kann ein einseitiges Bild entstehen, Gefahren werden nicht erkannt, Fehlentscheidungen wahrscheinlich gemacht.

Management-Coaching ist ein Ansatz, herausgehobene Führungskräfte durch einen besonders qualifizierten externen Coach zu begleiten und zu unterstützen. Einige mögliche Szenarien sollen die Vielfältigkeit der Probleme zeigen, wo Management-Coaching eine sinnvolle Hilfe sein kann:

- Eine Führungskraft ist mit einer Aufgabe fachlich überfordert, sie kennt sich in der Materie wenig aus. Hier ist die Aufgabe des externen Coachs die Probleme mit der Führungskraft zu analysieren und fachliche Beratung anzubieten. Coaching kommt damit in die Nähe der Unternehmensberatung.
- In einem anderen Fall besteht das Problem der Führungskraft in einer emotionalen Verstrickung. Hier steht die Stärkung der Persönlichkeit und die Entflechtung von Beziehungen im Vordergrund. Coaching kann in diesem Falle Züge einer Therapie annehmen.
- Auch eine Rollenkonfusion ist nicht selten der Grund für mangelnden Erfolg, für Überhandnehmen der Probleme und für persönlichen Diskomfort. Der externe Coach wird hier versuchen, Klarheit in das Netz von Erwartungen zu bringen und mit Hilfe von Vereinbarungen und Abgrenzungen eine Entlastung der Führungskraft bringen. Der Coach als Troubleshooter.
- Wieder eine andere Führungskraft erstickt in Arbeit und der Stress macht sie ineffizient. Coaching wird hier zur analytischen Planungshilfe. Entlastung von Teilaufgaben kann in einem solchen Falle durchaus mit zu den Aufgaben eines externen Coaches gerechnet werden. Coaching als Planungshilfe.
- Nicht selten bestehen bei einem Außendienstmitarbeiter hartnäckige motivationale Probleme oder größere Persönlichkeitsstörungen wie Alkoholismus. Der externe Coach kann eingesetzt werden, um eine Führungskraft zu motivieren oder seine Persönlichkeitsprobleme zu bearbeiten. Der Coach wird zum Motivator.
- Das Defizit kann auch in einer mangelnden Übersicht, fehlenden Zielklarheit und Zielvereinbarung liegen und in der Unklarheit von Erwartungen. Hier kann sich Coaching des Führungsinstrumentes der Zielvereinbarung bedienen und steuernden Charakter annehmen. Coaching als temporäres Führen.

Organisation von externem Coaching: Das Coaching einer Führungskraft durch einen externen Coach kann verschieden organisiert werden: stundenweise, tageweise, Teilnahme an einer Coachinggruppe

Wann ist ein externes Coaching sinnvoll?

Die Unterstützung durch einen externe Coach ist vor allem dann sinnvoll:

- wenn eine persönliche Thematik Neutralität verlangt
- wenn die notwendige Offenheit besonderes Vertrauen verlangt
- wenn die angewandte Methodik eine Kompetenz verlangt, die der Vorgesetzte der Führungskraft nicht hat

Dies ist der Fall:
- bei der Übernahme einer neuen Position, vor allem wenn die Führungskraft noch nicht eingearbeitet ist
- zur Unterstützung bei besonderen Aufgaben, wie z.B. bei einem Vertragsabschluß, bei einer Schwierigen Akquisition
- in Kriesensituationen

Folgende Ziele können mit Hilfe von Management-Coaching erreicht werden:

- Besprechen und Analyse von Themen, die die Firma betreffen, mit einem neutralen Fachmann
- Persönliches Feedback, das kritische Verhaltensweisen des Geschäftsführers aufgreift und thematisiert
- Betrachtung des Betriebes und der Prozesse im Betrieb mit den Augen eines außenstehenden Fachmannes
- Nutzung von Erfahrungen, die in anderen Betrieben gemacht werden
- Stärkung der Selbstkontrolle und der Selbstmotivation durch die persönliche Nähe zu einem akzeptierten Fachmann, der die Firma kennt
- Information über das Image des Managers, über Gefahren und Entwicklungen, die aus der Distanz gewonnen werden
- Harmonisierung von beruflichen und privaten Interessen durch Herbeiführen entsprechender beruflicher oder privater Entscheidungen
- Bessere Wahrnehmung der eigenen Fähigkeiten und Schwächen und damit Steigerung des persönlichen Erfolges
- Klärung von Unsicherheiten die eigene Position und Berufsrolle im Betrieb betreffend und Lösung von Karriereunsicherheiten
- Gewinnung von Freude an der Arbeit durch Anpassen des Arbeitsplatzes an die individuellen Fähigkeiten und Neigungen des Mitarbeiters
- Vermeidung von Fehlleistungen durch ein kontinuierliches Reflektieren von Ergebnissen und Prozessen
- Besseres Vorhersehen von Konflikte und Fehlentscheidungen und Bearbeitung derselben zu einem Zeitpunkt, in dem noch mehr Handlungsspielraum besteht

Das Management-Coching kann nur ein externer Coach durchführen. Die Gründe dafür liegen auf der Hand: Der Coach muss vom Gecoachten unabhängig sein, um die Forderung nach Neutralität erfüllen zu können. Er darf nicht selber Teil des Systems sein, da der Topmanager einem Mitarbeiter nicht die volle Offenheit entgegenbringen kann und er benötigt eine spezielle Ausbildung.

VI. Führung und Zusammenarbeit

Übersicht (zu 6.1) Ziele der Mitarbeiterbefragung

Das Unternehmen
- erhält detaillierte Hinweise für gestalterische Maßnahmen, etwa zu den Arbeitsbedingungen oder zur Arbeitsplatzgestaltung,
- ermittelt den Grad der Arbeitszufriedenheit,
- gewinnt Einblick in das Betriebsklima,
- erlangt Rückmeldung über personalwirtschaftliche Maßnahmen,
- klärt das Image als Arbeitgeber,
- ermittelt das Maß an Zustimmung und Verbundenheit mit dem Unternehmen,
- entdeckt Schwachstellen,
- mobilisiert die Mitarbeiter über Mitdenken und Einbeziehen,
- dokumentiert die Erwartungen von Mitarbeitern,
- erfasst die allgemeine Situation des Unternehmens aus Sicht der Befragten,
- verbessert den Kontakt zwischen Führungs- und Mitarbeiterebene,
- geht einzelnen Themen tiefer auf den Grund (z.B. Fluktuation oder vorhandenes Kündigungspotenzial).

Die Mitarbeiter
- bringen Ideen ein,
- werden Sorgen und Einwände los,
- mahnen Verbesserungen an,
- bringen die allgemeine Führungssituation auf den Prüfstand,
- nutzen die Chance, Rückmeldungen an die Unternehmensleitung zu geben.

6. Mitarbeiterbefragung

Ein unbestimmtes Gefühl, konkrete Beobachtungen, sich häufende Kündigungen oder Hinweise von Mitarbeitern signalisieren, dass »etwas nicht stimmt«. Was genau, wissen Sie jedoch nicht. Eine Befragung der Mitarbeiter verschafft Ihnen Klarheit. Als Diagnoseinstrument zeigt sie Stärken und Schwächen in einer Firma auf. Als Mittel der »richtigen Therapie« findet sie unterstützende bzw. abhelfende Maßnahmen. Wohl durchdacht angewandt ist die Mitarbeiterbefragung ein bewährtes Instrument.

6.1 Ziele, Planung und Konzeption

Erkennbare Unlust und schlechte Stimmung in der Belegschaft, steigende Fluktuation, sinkende Zahl von Verbesserungsvorschlägen, mangelndes Mitziehen bei Veränderungen, schleppende Projektarbeit, Auseinanderdriften von Innen- und Außendienst, erkennbar sinkendes Engagement können Auslöser für eine Befragung sein. Auch Initiativen wie Kundenorientierung (siehe III A/1.4) oder Qualitätsprogramme (z.B. TQM) lassen sich mit einer Mitarbeiterbefragung starten, wodurch die Vorstellungen der Mitarbeiter in die Konzeption solcher Initiativen einfließen.

Mitarbeiterbefragungen eignen sich bei regelmäßiger Durchführung ebenso als Frühwarnsystem und erlauben Ihnen als konstruktives Controllinginstrument auf den »menschlichen Faktor« einzuwirken. Die Ziele solcher Befragungen aus Sicht des Unternehmens und der Mitarbeiter entnehmen Sie bitte der Übersicht zu 6.1

> Jede Befragung ist ein Prozess und kein allein stehendes Ereignis. Bereits mit der Absicht, die Befragung durchzuführen, die situations- und betriebsspezifischen Themenbereiche zu finden und die Ziele der Befragung zu klären, beginnt der Prozess. Das Ende der Datenerhebung ist nicht das Ende der Befragung. Erst wenn Erkenntnisse in konkrete Aktionen münden, ist das Ziel erreicht und u.U. der Beginn der nächsten Befragung markiert.

Dieser Zusammenhang muss von vornherein bedacht werden. Sie schaffen bereits durch die Ankündigung eine Erwartungshaltung bei den Mitarbeitern. Führen Sie das Vorhaben daher zügig durch und vermeiden Sie Enttäuschungen durch langes Zuwarten bei der Veröffentlichung von Ergebnissen. Vermeiden Sie auf jeden Fall das Versanden daraus folgender Maßnahmen.

Wird nicht deutlich, was Ziel und Nutzen der Befragung für den einzelnen Mitarbeiter sind, wird sich die Belegschaft mit einer Teilnahme zurückhalten. Ein guter Projektplan, offene Kommunikation über Sinn und Zweck sowie ein genauer Fahrplan, wie z.B. die Fragebögen ausgeteilt werden, wann und wo die persönliche Meinung abgegeben werden soll, wie die Bögen wieder eingesammelt werden und wohin diese gehen, sind wesentliche Erfolgsfaktoren. Das gilt gerade auch für Intranet-basierte Befragungen, auch hier ist klar zu kommunizieren, was Datensicherheit und Anonymität angeht.

6.2 Methoden

Wie die Befragung durchgeführt wird, hängt von der zur Verfügung stehenden Zeit, vom Budget, dem Kreis der zu Befragenden und natürlich von der Zielsetzung ab. Möglich sind strukturierte Fragebögen mit geschlossenen, skalierten Fragen und/oder Kommentarzeilen oder unstrukturierte, offene Interviews. Die Befragung kann anonym und postalisch oder in Interviewform erfolgen. Zu entscheiden ist auch, ob eine Voll- oder Teilerhebung den gesetzten Zielen genügt. Möglich sind auch Gruppeninterviews oder Workshops mit »kritischen Geistern«. Jede Vorgehensweise, jede Methode hat ihre Vor- und Nachteile.

6.2.1 Teilerhebungen

Teilerhebungen führen zu der Frage: »Warum wurde ich nicht gefragt?« und lassen Auswertungen auf Abteilungsebene nicht zu. Sie sind dann sinnvoll, wenn genau für eine Teilgruppe Daten zu gewinnen sind. Ansonsten bilden Wiederholungsbefragungen oft nicht den gleichen Teil der Befragten ab, wodurch Vergleichsmöglichkeiten entfallen.

6.2.2 Offene Befragung

Befragungen mit offenen Fragen sind langwierig in der Auswertung und eignen sich besser für fokussierte Fragestellungen ganz bestimmter Bereiche des Unternehmens, beispielsweise wenn bei einem Bereichsworkshop die bisherige Umsetzung der Strategie behandelt werden soll.

6.2.3 Interviews

Interviews eignen sich, wenn im direkten Kontakt nicht nur »ja« und »nein« oder eine andere skalierte Antwort erwünscht sind, sondern differenzierte Kommentare, Einschätzungen und Vorschläge eingeholt werden sollen bzw. ein Thema tiefer gehend hinterfragt wird. Gruppeninterviews können einzelne Sachverhalte behandeln, sind allerdings komplex in der Auswertung.

6.2.4 Schriftliche Befragung (Fragebogen)

Die schriftliche Befragungen stellt hohe Anforderungen bezüglich des Aufbaus, der Frageformulierung, der Skalierung und der richtigen Wortwahl. Überprüfen Sie einen Entwurf mehrmals auf Unverständlichkeiten oder unlogische Antwortmöglichkeiten, die die Auswertung erschweren oder gar unmöglich machen.

6.2.5 Postwurfsendung

Eine Mitarbeiterbefragung in Form einer einfachen Postwurfsendung stößt in aller Regel auf Abwehr und bringt selten die ansonsten durchaus realistische Rücklaufquote von 70 Prozent. Besser ist es, die Fragebögen in Abteilungs- oder Gruppenbesprechungen persönlich auszugeben und kurz zu erläutern (Ziele der Befragung, Inhalt des Fragebogens, Befragungsfahrplan, Bitte um und Dank für die Mitwirkung). Versehen mit einem Rückumschlag werden die Mitarbeiter aufgefordert, möglichst gleich oder aber in den nächsten zwei Tagen den Bogen an eine bestimmte Adresse anonym und ausgefüllt zu schicken.

6.2.6 Wahllokalverfahren

Im »Wahllokalverfahren« kündigen Sie an, dass an bestimmten, zentralen Stellen im Betrieb (z.B. Kantine, Besprechungs- oder Aufenthaltsräume) zu bestimmten Zeiten die Fragebögen zu erhalten sind und in einem abgeschirmten Zimmer oder einer Wahlkabine ausgefüllt werden können. Während dieser Zeit ist ein Betreuer verfügbar, der mögliche Fragen beantwortet.

6.2.7 Intranetbasierte Befragungen

Zunehmend beliebter, da schneller und kostengünstiger sind Intranetbasierte Befragungen. Aber Vorsicht mit Standardlösungen. Meist passen die nicht zu den Rahmenbedingungen des Unternehmens und stoßen auf Ablehnung. Gerade wenn Sie in Abständen von 18 bis 24 Monaten rollierend die Mitarbeitermeinungen erfassen wollen, sollten Sie spezifische, auf Ihre Situation abzielende Fragen erarbeiten. Die Vorteile dieser Methode liegen in der Schnelligkeit, in der Verknüpfung mit Auswertungsroutinen und auch in der technisch machbaren Anonymität. Als Nachteile zählen, dass meist nicht alle Mitarbeit dem Intranet angeschlossen sind, oft zu Standardlösungen gegriffen wird und die Systeme nicht immer stabil laufen. Auch ist der Werbeaufwand nicht zu unterschätzen, der erforderlich ist, um die Mitarbeiter zur elektronischen Abgabe Ihrer Meinung zu ermuntern.

6.3 Inhalte

Die Inhalte eines Fragebogens sollten Sie stets zusammen mit wichtigen Entscheidungsträgern und/oder »kritischen Geistern« Ihres Hauses und natürlich mit Blick auf die verfolgte Zielsetzung festlegen. Die einfache Übertragung eines Standardbogens verbietet sich, da betriebsspezifische Punkte, Zusammenhänge und die aktuelle Situation keine Berücksichtigung finden. In der gemeinsamen Erarbeitung der Inhalte liegt auch die Chance, Mitarbeiter und Führungskräfte zu beteiligen.

> Auf der CD-ROM finden Sie zur Orientierung einen Musterfragebogen, der die Themengebiete der Übersicht zu 6.3 abbildet, die üblicherweise in Fragebogen vorkommen sowie eine zweite Variante.

6.4 Ablauf

Die Checkliste zu 6.4 bezieht sich auf eine schriftliche Befragung mit vorwiegend geschlossenen Fragen. Sie finden zu den Phasen:

Übersicht (zu 6.3) Themen einer Mitarbeiterbefragung

Kernbereiche	Fragestellungen zu Teilthemen
Tätigkeitsfeld/ Arbeitsorganisation	Art der Tätigkeit, Einschätzung der Zufriedenheit mit den Tätigkeiten, der Arbeitsorganisation, den Arbeitsmitteln, der Vernetzung mit anderen Arbeitsplätzen, der Arbeitsbelastung; eigene Verbesserungsvorschläge
Arbeitsbedingungen	Einschätzungen zu den Bedingungen (Klima, Raum, Beleuchtung, Lärm); Arbeitsplatzgestaltung; Arbeitszeit, Lage der Arbeitszeit; eigene Verbesserungsvorschläge
Vergütung	Entgeltfindung und -festsetzung, Durchschaubarkeit und Objektivität des Vergütungssystems, Höhe und Vergleiche, Leistungsbezug
Sozialleistungen	Wertschätzung und Bedeutung einzelner Leistungen, Wünsche und Erneuerungen
Kommunikation und Information	Information über das Gesamtunternehmen und Entwicklung des Unternehmens, zu Produkten, eingeschätzte Lücken in der Kommunikation, Wünsche; Informationen zum Arbeitsplatz; Fragen zu den Medien, gewünschte Medien

VI. Führung und Zusammenarbeit

Zusammenarbeit	vertikal mit Führungskräften, horizontal mit anderen Abteilungen und Gruppen, im Gesamtunternehmen, mit Kunden; Einschätzung der unmittelbaren Kommunikation
Möglichkeit zur Umsetzung eigener Neigungen, Leistungsfähigkeit und Leistungsbereitschaft	Eignungs- und neigungsadäquater Einsatz der Fähigkeiten, Entfaltungsmöglichkeiten, Handlungsspielraum, Wichtigkeit der Arbeit, Tätigkeit als Quelle von Motivation und Erfüllung
Entwicklungsmöglichkeiten, Weiterbildung und Förderung	Personalentwicklungsangebot, Karrierewege, Aufstiegsmöglichkeiten, Förderungsmittel, Unterstützung durch Führungskräfte, Hindernisse des Aufstiegs, gewünschte Erweiterungen; Versetzungs- und Beförderungspraxis
Verhalten der Führungskraft, Beziehung zum Management	Führungsstil, Kommunikation, Umgangston, Nähe und Distanz zu Führungskräften, Informationsverhalten und -fluss, fachliche Fähigkeiten, Offenheit und Rückmeldungen, persönliche Beziehung zu Führungskräften
Image des Unternehmens	Faktoren, die das Unternehmensimage in der Öffentlichkeit begründen; Fragen zur Arbeitsplatzsicherheit
Initiativen im Unternehmen	Fragen zum Vorschlagswesen, zum kontinuierlichen Verbesserungsprozess, zu Reorganisationen, zu Initiativen wie Qualität (Total Quality Management) u.a.
Statistik	Alter, Geschlecht, Betriebszugehörigkeit, Abteilung, Anzahl ausgefüllter Funktionen im Betrieb, Hierarchieebene, Arbeitszeitform, Einkommensform, Einkommenshöhe

Checkliste (zu 6.4) Mitarbeiterbefragung

I. Planung

Hintergrund und Ausgangslage	■ Welche konkreten Ziele waren mit ähnlichen früheren Untersuchungen verbunden? ■ Welche Erkenntnisse sind aus welchen Quellen vorhanden und sollten jetzt bei der Planung berücksichtigt werden? ■ In welchem Zusammenhang steht die Befragung mit anderen Initiativen? ■ Wann soll die Befragung durchgeführt werden? ■ Welcher Zeitraum steht zur Verfügung? ■ Welche möglichen Widerstände ergeben sich bei Führungskräften und Mitarbeitern? ■ Welche Einwände könnten seitens der Unternehmensleitung bestehen? ■ Welche Einwände sind von Seiten der Arbeitnehmervertretung aktiv anzugehen?
Zielsetzung	■ Welche Ziele werden mit der Befragung verfolgt? ■ Was sind die Erwartungen? ■ In welchem Zusammenhang stehen diese Ziele und Erwartungen mit der Unternehmensstrategie? ■ Welche positiven/negativen Ergebnisse sind wahrscheinlich? ■ Welches sind mögliche Implikationen für spätere Handlungsempfehlungen?

▼

- Planung
- Durchführung
- Interpretation und
- Umsetzung

die jeweiligen Unterabschnitte und Arbeitsschritte. Gehen Sie diese Punkte für Punkt durch und erarbeiten Sie sich so einen auf Ihre Bedürfnisse zugeschnittenen Projekt-Arbeits-Plan. Da sich eine Mitarbeiterbefragung immer auf einen bestimmten Zeitpunkt bezieht, ist es wichtig, zunächst Ausgangslage und Hintergründe der Befragung zu erfassen, um die Erhebung entsprechend zu planen und die Daten richtig interpretieren zu können.

6.5 Erfolgsfaktoren

Der Erfolg einer Mitarbeiterbefragung hängt von einer Reihe von Faktoren ab. Stellen Sie sicher, dass diese Punkte erfüllt sind und prüfen Sie die Einhaltung im Verlauf des Projekts.

6.5.1 Klare Befürwortung durch die Unternehmensleitung

Die Unternehmensleitung muss öffentlich erkennbar hinter dem Projekt stehen. Die Mitarbeiter sehen darin ein Zeichen der Wertschätzung ihrer Antworten. Es wird damit eher wahrscheinlich, dass tatsächlich aus den gefundenen Ergebnissen auch Schlussfolgerungen gezogen und Maßnahmen folgen werden.

6.5.2 Freiwilligkeit

Garantieren Sie Freiwilligkeit, stellen Sie die Mitwirkung als Recht nicht als Pflicht heraus, werben Sie für die Teilnahme, vermeiden Sie Sanktionen und interpretieren Sie im Fall des Falles einen geringen Rücklauf als ein eigenständiges Ergebnis.

6.5.3 Anonymität

Dies ist bei einer schriftlichen Befragung ein »Muss«. Sicherzustellen ist, dass durch den Ablauf der Befragung und Auswertung der Daten keine Rückschlüsse auf den Absender gezogen werden können. Deshalb ist eine offene Kommunikation und Transparenz des Ablauf, der Auswertung und der Dokumentation so wichtig. Empfehlenswert ist durchaus, über frankierte Briefumschläge die ausgefüllten Bögen an einen externen

Experten zu schicken, so dass offensichtlich wird, dass kein Interner die einzelnen Bögen erhält. Ehrliche und damit aussagekräftige Antworten sind nur durch eine garantierte Anonymität zu erwarten.

6.5.4 Externe Durchführung mit unabhängigem Institut

Die häufige Unsicherheit der Mitarbeiter, was mit den Daten wird, ob die Anonymität gewahrt bleibt, kann durch das Mitwirken externer Experten reduziert werden. Die ausgefüllten Bögen werden direkt an den Experten geschickt, dieser wertet völlig unvoreingenommen aus, verdichtet mit dem notwendigen Know-how die Erhebungsdaten und gewährleistet eine objektive Auswertung der Ergebnisse. Dieses Vorgehen muss den Mitarbeitern kommuniziert werden, da in aller Regel das Vertrauen in die Erhebung steigt und damit auch die Rücklaufquote positiv beeinflusst wird. Dies ist für Intranetbasierte Befragungen über eine Schnittstelle Intranet/Internetadresse bzw. über den direkten Einstieg mit der Webadresse eines externen Anbieters möglich. Eine bequeme Möglichkeit schnell – wenn auch meist basierend auf Standardfragebögen – zu einer Mitarbeiterbefragung zu kommen.

6.5.5 Klares, nachvollziehbares Verfahren der Erhebung

Selten gibt es Unternehmen, in denen in aller Offenheit Missstände, Schwächen, Führungsprobleme usw. angesprochen werden. Ein transparentes Verfahren ist deshalb als Schutzraum wichtig. Sozusagen als Spiegelbild der Anonymität können die Befragten nachvollziehen, wie der gesamte Prozess gestaltet ist, was mit den Daten geschieht und was für weitere Aktionen zu erwarten sind.

Insbesondere wenn Ihr Unternehmen eine Führungssituation aufweist, die eher von Konflikten denn von Vertrauen geprägt ist, wenn eher Misstrauen im Unternehmen ist, sollten Sie diesem Faktor besonderes Augenmerk schenken. Betonen Sie, dass gerade die Mitarbeiterbefragung ein Mittel sein wird, das Unternehmen positiv zu entwickeln.

	■ Inwieweit besteht Spielraum für die möglicherweise notwendig werdenden Maßnahmen auf Grund der Ergebnisse? ■ Welche personalwirtschaftlichen Instrumente sind zu bedenken und mit den Ergebnissen zu vernetzen?
Grobkonzept	■ Grobkonzept zu Zielsetzung, Umfang, Ablauf, Aufwand, Organisation und Kommunikation erarbeiten ■ Zustimmung der Unternehmensleitung zur Mitarbeiterbefragung – Ziele und Grobkonzept – einholen ■ Arbeitnehmervertretung informieren und für Vorhaben gewinnen
Organisation	■ Detaillierter Projektplan »Befragung« erstellen – wer erstellt, führt durch, wer ist beteiligt und wer überwacht den Projektplan? ■ Was für ein Budget steht zur Verfügung? ■ Wer soll die Befragung durchführen, wer zeichnet verantwortlich (Projektorganisation)? ■ Wie wird die Erhebung durchgeführt? Vollerhebung oder Teilerhebung? Postalisches Versenden oder Wahllokalmethode? ■ Fahrplan der Erhebung erarbeiten und Mitwirkende (Führungskräfte vor Ort, Betriebsrat, Berater) einbeziehen ■ Kommunikationskonzept erarbeiten, wie sind die Ergebnisse mit welchen Medien wann an die Mitarbeiter zu vermitteln? ■ Erste Information herausgeben ■ Informationsschreiben für Hauszeitung erarbeiten, Beilagen zur Gehaltsabrechnung schreiben, Information am schwarzen Brett veröffentlichen ■ Rückmeldung über Fortgang des Projektes an Unternehmensleitung – Zustimmung zur Organisation einholen
Einbinden von Führungskräften und Mitarbeitern	■ Workshop mit Unternehmensleitung, Führungskräften, Projektverantwortlichen und Betriebsrat über das Vorhaben (Anlässe, Ziele, Erwartungen), Diskussion des Grobkonzeptes ■ Workshop mit Führungskräften und Mitarbeitern sowie ggf. mit Betriebsrat über die Inhalte der Befragung (Themenbereiche) und den geplanten Ablauf ■ Werbekonzept für die Befragung erstellen ■ Über Anlässe, Sinn und Zielsetzung aufklären und die Nutzenaspekte herausstellen ■ Kommunikationskonzept erarbeiten – wie sind die Ergebnisse mit welchen Medien wann an die Mitarbeiter zu vermitteln? ■ Fortschritt des Vorhabens (Zielsetzung, Zeitraum, Nutzenaspekte) kommunizieren
Fragebogen- und Auswertungsdesign	■ Wichtige Themenbereiche vor dem Hintergrund der formulierten Zielsetzung erarbeiten und festlegen ■ Konkrete Fragestellungen formulieren ■ Kontinuität der aktuellen Befragung mit eventuellen früheren Befragungen sicherstellen ■ Fragebogen inhaltlich und methodisch gestalten ■ Antwortmöglichkeiten, Skalierung, Kommentarzeilen usw. gestalten ■ Optik des Fragebogens nicht vergessen ■ Ggf. Vergleichbarkeit mit Referenzdatenbanken bedenken ■ An EDV-technische Auswertung denken (welches Programm?) und entsprechend die Antwortmöglichkeiten konzipieren

▼

	▪ Auswertungsebenen festlegen und entsprechend das Design des Fragebogens gestalten (vor allem den Statistik-Teil) ▪ Dokumentation vorwegdenken (Tabellen, Grafiken, Zusammenhangsportfolios) ▪ Fragebogenentwurf produzieren
Pilotphase	▪ Probe und Vortest durchführen ▪ Themenbereiche eventuell ergänzen, Fragestellungen, Antwortmöglichkeiten überarbeiten ▪ Übereinstimmung mit den gesetzten Zielen prüfen ▪ Akzeptanz bei den Mitarbeitern durch Einbeziehen in den Vortest (Pilot) und durch gezielte Kommunikation erhöhen ▪ Endgültige Fassung des Fragebogens festlegen und produzieren ▪ Werbekonzept für die Mitwirkung umsetzen
II. Durchführung	
Durchführung der Befragung	▪ Ablaufprozedere der Erhebung festlegen und bekannt machen (»Fahrplan«) ▪ Informationsveranstaltungen für Mitarbeiter durchführen, Informationsschreiben herausgeben ▪ Führungskräfte vor Ort einbeziehen ▪ Fragebögen verteilen ▪ Abwesende Mitarbeiter (Krankheit, Urlaub, Mutterschutz usw.) einbeziehen ▪ Rücksendung organisieren ▪ Feed-back an Auftraggeber über Rücklaufquote veranlassen ▪ Ggf. durch Erinnerungsschreiben nachfassen
Dateneingabe	▪ Daten in EDV-Programm eingeben ▪ Datensicherheit checken ▪ Auswertungsroutinen dokumentieren, Datenbank sichern, Zugriffsrechte regeln
III. Interpretation	
Statistische Auswertung	▪ Leicht lesbare grafische Auswertungen produzieren, tabellarische Bände fertigen ▪ Daten nach festgelegten Kriterien differenzieren (Alter, Position, Organisationseinheit, Standort ...) ▪ Teilauswertungen entsprechend der Organisationsstruktur vornehmen ▪ Eventuell Vergleiche mit externen Referenzdatenbanken durchführen ▪ Zusammenhänge verschiedener Themenbereiche und verursachender Faktoren herausarbeiten ▪ Ergebnisse nach bestimmten Kriterien priorisieren, z.B. Auflisten nach eingeschätzter Bedeutung der Themen durch die Befragten (Bedeutungsranking)
Interpretation	▪ Stärken und Schwächen identifizieren, eingebrachte Meinungen analysieren und systematisieren ▪ Schlussfolgerungen formulieren ▪ Ursachenanalyse und Ergebnisse für Geschäftsführung auf die »wichtigsten 10 Punkte« verdichten ▪ Systematik der Maßnahmenplanung erarbeiten ▪ Daten für die weitere Interpretation und Weiterarbeit aufbereiten ▪ Bericht verfassen

6.5.6 Fragebogen (einheitliche Skalierung, verständliche Formulierung und Wortgebrauch)

Eine ansprechende Optik, verständlicher Aufbau, nicht ständig wechselnde Skalen und Formate, vertraute betriebsspezifische Worte und eine nicht ausufernde Länge wirken sich positiv auf die Teilnahme aus.

6.5.7 Beteiligung des Betriebsrates

Obwohl keine direkten Mitbestimmungsfragen entstehen (Personalfragebogen § 94, Abs. 1 oder § 95 Auswahlrichtlinien BetrVG), da nicht der einzelne Mitarbeiter im Mittelpunkt steht, empfiehlt sich die frühzeitige Abstimmung und ständige Mitarbeit des Betriebsrates. Dies ist ein Element des zu schaffenden Vertrauens in die Befragung. Sie können dadurch Vorbehalte und Befürchtungen von vorneherein abbauen. Letztlich lassen sich auch spätere Maßnahmen besser umsetzen, wenn Sie mit dem Betriebsrat kooperieren.

6.5.8 Garantierte Rückmeldung und Nutzenaspekte

In den Zielen spiegelt sich der erhoffte Nutzen wider. Machen Sie von Anfang an klar, dass, egal wie die Ergebnisse ausfallen, eine Rückmeldung nach Abschluss der Befragung innerhalb weniger Wochen erfolgt. Betonen Sie als Unternehmensleitung, dass Ihnen die Rückmeldung der Mitarbeiter wichtig ist, dass Sie die Ergebnisse ernst nehmen und entsprechende Maßnahmen ergreifen werden.

6.5.9 Kommunikation

Informieren Sie von den ersten Überlegungen bis zum Bericht über Umsetzungsmaßnahmen stets laufend über Absicht, Durchführung, Fortgang und Erfolg. Kommunikation beugt Gerüchten vor, schafft Transparenz und steigert die Motivation zum Mitwirken. Vermeiden Sie beim Veröffentlichen der Ergebnisse verallgemeinernde Beschreibungen, politische Aussagen und beschönigende Zusammenfassungen. Vermitteln Sie der betrieblichen Öffentlichkeit das Gefühl, dass die Befragung eine wirklich ernsthafte Sache des gesamten Unternehmens ist.

6.5.10 Umsetzung der Ergebnisse

Bereits in der Konzeptionsphase sollten Sie über das mögliche Umsetzen der Ergebnisse nachdenken. Wird dies partizipativ in Fokusgruppen geschehen? Werden die Ergebnisse nur bis zu einem gewissen Grad ausgewertet und dann z.B. abteilungsbezogen weiter verfeinert? Wird dies vor der eigentlichen Befragung kund getan, steigert dies sicherlich die Teilnahme und Offenheit in der Beantwortung. Denken Sie im Zusammenhang mit der Umsetzung bereits bei der Auswertung daran, die Daten fachkundig auszuwerten. Es zählt nicht die rein technisch-statistische Aufbereitung, sondern die inhaltliche Interpretation der Schlussfolgerungen bezogen auf die reale Situation.

6.6 Verstetigung der Ergebnisse

Viele Befragungen enden mit der Präsentation der Ergebnisse und einigen wenigen Anläufen, offenkundige Missstände zu beseitigen. Oft ist Frustration die Folge. Daher sind Umsetzungsinitiativen unter Beteiligung der Mitarbeiter am besten geeignet, die Motivation der Aufbruchstimmung aufrecht zu erhalten. Das Beispiel zu 6.6 führt aus, wie die weitere Arbeit nach der Befragung und der ersten Interpretation aussehen kann.

Der Vorteil dieses Verfahrens liegt darin, dass die Befragten keine vorgefertigten Maßnahmen bekommen, sondern selbst ihre Situation analysieren und mit Hilfe von Moderatoren zu Lösungsvorschlägen kommen. Die Identifikation mit den Erhebungsdaten und Analyseergebnissen wird damit erheblich gesteigert. Moderatoren unterstützen den Analyseprozess, bringen Methodenwissen ein und sprechen auch unliebsame Themen an. Voraussetzung ist allerdings, dass eine solche Vorgehensweise von der Leitung getragen und unterstützt wird.

> ⚠ Die Erfahrung zeigt, dass niemand besser vor Ort Bescheid weiß als die Mitarbeiter selbst. Eine gesteuerte und durch die Befragung auf bestimmte Fragestellungen fokussierte Mitarbeit kann erhebliches Verbesserungspotenzial freisetzen und zu Optimierungen führen.

Kommunikation	■ Ergebnisse vor Unternehmensleitung präsentieren (ggf. in einer gemeinsamen Veranstaltung mit Arbeitnehmervertretung) ■ Zustimmung der Unternehmensleitung für weiteres Vorgehen einholen (sofern nicht generell bereits gegeben) ■ Kommunikationskonzept eventuell anpassen und umsetzen – wie können die Ergebnisse mit welchen Medien wann mit welcher Zielsetzung an die Mitarbeiter vermittelt werden?
IV. Umsetzung	
Entwicklung und Abstimmung eines Aktionsplanes	■ Maßnahmen ableiten, systematisieren ■ Maßnahmen auf Schnittstellen mit anderen Aktionen, Instrumenten prüfen ■ Erfolgsmaßstäbe für die Maßnahmen definieren ■ Zusammenfassenden Aktionsplan aufstellen, Prioritätenliste ausweisen ■ Weitere Vorgehensweise erörtern und entscheiden ■ Fahrplan für die Umsetzung aufstellen und verabschieden
Umsetzung	■ Verantwortliche für die Umsetzungsphase benennen ■ Laufendes Feedback sicherstellen (Projektcontrolling) ■ Verantwortlichkeiten für die einzelnen Themen definieren ■ Projektgruppen für einzelne Umsetzungsinitiativen aufsetzen ■ Kommunikationskonzept hierfür erarbeiten, Erfolgsstorys erster Ergebnisse sammeln und verbreiten
Verstetigung	■ geeignete Maßnahmen vordenken, die erwarteten und erarbeiteten Ergebnisse von Umsetzungsinitiativen zu festigen (z.B. Einführung eines kontinuierlichen Verbesserungsprozesses) ■ nach einer gewissen Zeit nachprüfen, inwiefern Ergebnisse erzielt worden sind

Beispiel (zu 6.6) Weiteres Vorgehen

■ Die Ergebnisse werden für das gesamte Unternehmen analysiert und für die Gesamtebene zusammenfassend interpretiert, aber eben nicht weiter als Bereichsebene (unmittelbare Ebene nach der Unternehmensleitung). Lediglich auf der Aggregatsebene Unternehmen und Bereich werden die 10 bis 15 wichtigsten Themen zusammengefasst. Detaillierte Interpretationen erfolgen nicht, wohl aber die reine statistische Auswertung.

■ Dieser Bericht geht den zuständigen Linienvorgesetzten der einzelnen Bereiche (oder Hauptabteilungen) zur weiteren, vertiefenden Analyse zu. Selbstverständlich erhalten diese alle damit verbundenen Datensätze und den Gesamtbericht. Auf der Bereichsebene werden nun vertiefend die eigenen Daten analysiert. Dies sollte bereits in einer speziellen, hierfür bestimmten Mitarbeitergruppe geschehen. Ziel ist es, für den Bereich zielführende, optimierende Maßnahmen zu ermitteln.

■ Falls große Abteilungen vorhanden sind, werden weiter gehende Analysen nach dem Kaskadenprinzip in den organisatorischen Einheiten angestellt und auf dieser Ebene zielführende Maßnahmen abgeleitet.

Übersicht (zu 6.7) Einwände gegen Mitarbeiterbefragungen

Unternehmensleitung	■ Nutzen wird bezweifelt ■ Kostenargument ■ nur keine »schlafenden Hunde« wecken ■ Aushöhlung der Vorgesetztenfunktion ■ nicht absehbare Ergebnisse führen in Zugzwang
Mitarbeiter	■ keine Anonymität ■ mögliche Sanktionen ■ keine konstruktiven Erwartungen an Schlussfolgerungen ■ Ablenkungsmanöver vermutet (Datensammlung dient der Restrukturierung)
Betriebsrat	■ Statusverlust durch direkten Dialog zwischen Arbeitnehmer und Unternehmen (Schwächung der Rolle als Interessenvertretung) ■ befürchtet Missbrauch der Befragungsergebnisse ■ bezweifelt Anonymität

---

6.7 Chancen und Risiken

Einige Unternehmen gehen heute so weit, eine beständige Mitarbeiterbefragung via E-Mail oder Intranet-Systeme zu installieren. Wann immer jemand zu einem bestimmten Sachverhalt Stellung nehmen möchte, kann er oder sie in strukturierter Form seine oder ihre Meinung kund tun. Allerdings ist eine ständige, mit jeder Eingabe stets elektronisch sich selbst neu auswertende Befragung skeptisch zu beurteilen. Die Aktionsplanung droht zu sehr von wechselnden Aktualitäten überrollt zu werden. Periodisch werden die eingegangenen Meldungen ausgewertet und in Berichten verdichtet. Voraussetzung ist allerdings auch hier, dass in jedem Fall tatsächlich konsequent die Meldungen ausgewertet werden und der Analyse konkrete Taten folgen. Ansonsten schwindet die Mitwirkung sehr rasch. Erste Erfahrungen von verschiedenen Firmen zeigen jedoch, dass eine solche Initiative sehr konstruktiv sein kann.

Widerstände und Vorbehalte ergeben sich auf Seiten aller Beteiligten und sind in der Übersicht zu 6.7 zusammengefasst.

Gehen Sie offen mit Einwänden um, in dem Sie mögliche Widerstände z.B. selber ansprechen und entsprechende Antworten bereithalten. Führen Sie die positiven Aspekte einer Befragung an: Optimierung der Abläufe, Abstellen von Missständen, Hinweise auf »kleine« Verbesserungen, aktives Aufgreifen von Erwartungen und Einbeziehen der Mitarbeiter in Lösungen. Stellen Sie die Chance heraus, partnerschaftlich an der weiteren Entwicklung des Unternehmens zu arbeiten.

Oft empfiehlt es sich, in einer ersten Kommunikation genau diese Themen in Form einer Spalte »Fragen und Antworten« aktiv anzugehen. Sprechen Sie bei den üblichen Gelegenheiten die Argumente an (Betriebsversammlung, Monatsgespräch mit dem Betriebsrat, Abteilungsversammlungen usw.) und hinterfragen Sie mögliche Ablehnungen.

> ⚠ Risiken können durch transparentes Vorgehen, aktive Kommunikation und klares Projektmanagement wesentlich gesenkt werden.

Chancen ergeben sich vor allem durch die Mitwirkung der Mitarbeiter während der Umsetzung. Mitarbeiterbefragungen sind ein Element, die Belegschaft zu mobilisieren und in Lösungen einzubinden. Unterschätzen Sie nicht den Wunsch vieler, endlich Kommentare loszuwerden und mitzuwirken beim Abstellen von Missständen. Identifikation und eine stimulierte Dynamik lassen sich als betriebswirtschaftlicher Faktor nutzen.

Chancen liegen weiter in einem Benchmarking im eigenen Betrieb oder mit externen Datenbanken. Durch die gewonnen Ergebnisse können die vorhandenen personalwirtschaftlichen Instrumente besser auf die Notwendigkeiten ausgerichtet werden. Ein Beispiel sind die eingesetzten Finanzmittel für Nebenleistungen: Lassen sich die Gelder bündeln, besser auf die Bedürfnisse der Mitarbeiter abstimmen und so eine bessere Motivation erreichen? Stimmt das Portfolio an Sozialleistungen noch? Ist die Vergütung wirklich leistungsstimulierend? Ist das Budget für Personalentwicklungsmaßnahmen in den Augen der Befragten richtig eingesetzt? Entspricht der Führungsstil den Anforderungen? Ist ein Motivationsdefizit vorhanden, da zu wenig informiert wird?

Externe Datenbanken über Arbeitszufriedenheit, Einschätzungen zu Arbeitsplatzbedingungen, zu Sozialleistungen, Führungsstil und anderen Merkmalen stehen zur Verfügung und können bei entsprechenden Vorkehrungen im Fragebogen- und Antwortdesign wichtige Hinweise bei der Interpretation der Daten liefern. Aus dem Vergleich erfahren Sie, wo Sie stehen und welcher Nachholbedarf besteht, um z.B. das Bild als Arbeitgeber in Ihrem relevanten Arbeitsmarkt zu verbessern. Wollen Sie begehrte Talente am Arbeitsmarkt gewinnen, wird dieser Bezug zum Personalmarketing in einigen Bereichen (z.B. Banken) immer wichtiger (siehe auch IV A/1.8 und VII A/1.5).

7 Change Management als Führungsaufgabe

7.1 Gestalten und Steuern von Wandlungsprozessen

Die Kompetenz, Veränderungen anzustoßen, zu planen, durchzuführen und abzusichern, wird heute zu den Schlüsselqualifikationen von Führungskräften gezählt. Stabilität in der Unternehmensentwicklung ohne Wandel ist nicht mehr zu erreichen.

Was aber bedeutet dies, wie lassen sich Veränderungen gezielt umsetzen?

Die Ausgangslage für Veränderungen sind höchst verschieden. Es kann sich z.B. um
- die Einführung einer neuen Informationstechnologie,
- die Neustrukturierung des Unternehmens,
- eine Fusion oder
- einen absolut kritischen Sanierungsfall

handeln. Oder soll »nur« ein bestimmtes Ziel, z.B. Qualitätsverbesserung, Senkung der Ausschussquote oder Restrukturierung der eigenen Abteilung, erreicht werden? Auf jeden Fall geht es bei Veränderungen darum, entsprechende Maßnahmen zu ergreifen, um die Belegschaft zu mobilisieren und zum Mitziehen zu bewegen.

Allzu oft konzentrieren sich die Aktivitäten auf die so genannten »harten«, inhaltlichen Fragen. Problemerkennung, Problemanalyse, strukturierte Problemlösung sowie die klassische Projektsteuerung von Terminen und Ressourcen stehen im Vordergrund. Zu kurz kommt das prozessorientierte Management der Veränderung im Sinne einer geplanten und gesteuerten Berücksichtigung der sozialdynamischen Aspekte. Wie reagieren die Mitarbeiter z.B. auf die Neuerung, sind sie genügend vorbereitet, werden sie mitziehen oder zunächst einmal abwarten? Risiken der Implementierung werden häufig nicht früh genug erkannt, um entsprechende Vorkehrungen treffen zu können. Auch die Auswertung der Fallstricke voran gegangener Projekte und Veränderungen wird oft vernachlässigt, obwohl gerade hierin wichtige Lernquellen liegen, um die gleichen Fehler nicht zu wiederholen. Arbeiten Sie bewusst auf das letztlich wichtige Ziel hin, am Ende des Projektes neben der technisch einwandfreien Lösungen, eine von allen Betroffenen getragene, akzeptierte und mit erarbeitete Veränderung umgesetzt zu haben. Eine erfolgversprechende Veränderungsstrategie liegt nach aller Erfahrung dann vor, wenn die in der Übersicht zu 7.1 zusammengefassten Aspekte berücksichtigt werden.

Übersicht (zu 7.1) Erfolgsfaktoren für Veränderungen

- Die Ausgangssituation ist klar. Von allen wird verstanden, »warum« das Projekt notwendig ist, was am Ende an Gewinnen im weitesten Sinne erreicht werden soll bzw. was es das Unternehmen kostet. Umgekehrt sind die negativen Konsequenzen klar, wenn nichts unternommen wird.
- Eine erfolgversprechende Lösung, ein Ziel, ein attraktiver Zielzustand ist beschrieben, für den es sich lohnt, sich einzusetzen und zu kämpfen.
- Die kritischen Erfolgsfaktoren sind ermittelt. Situationsanalyse: In welchem Rahmen steht das Projekt? Implementierungsrisiken: Was sind die aus früheren Veränderungsprojekten bekannten Risiken?
- Verantwortliche sind vorhanden, die eindeutig das Projekt wollen, unterstützen, finanzieren und rückhaltlos im Unternehmen vertreten. Diese »Sponsoren« sind identifiziert und als öffentliche Treiber und »Botschafter« verpflichtet.
- Neben dem üblichen Projektmanagement (Budget, Organisation, Verantwortlichkeiten, Ablaufplan, Ressourcen) werden auch Fragen von Akzeptanz und Widerstand, von »Mitziehen« und Motivation bedacht.
- Kommunikation wird als aktiver Bestandteil der Veränderung konzipiert und begleitend praktiziert.
- Ein »Arbeitspfad« ist beschrieben, aus dem hervorgeht, was in welcher Stufe, in welchem Stadium der Veränderung zu tun ist.
- Messgrößen sind definiert, die den Fortschritt erkennen und Frühwarnsignale deutlich werden lassen, Hinweise auf Risiken geben und somit auch Feedbackprozesse ermöglichen.

Neben den mit dem klassischen Projektmanagement verbundenen Arbeiten sind also zusätzlich:
- die Risiken und Erfolgsfaktoren des Vorhabens zu analysieren,
- die benötigten Diagnosedaten zu Widerstand oder Bereitschaft in der Belegschaft zu beschaffen,
- der zeitlicher Ablauf im Sinne von Prozess-Steuerung vorzustrukturieren und
- die möglichen Auswirkungen der Veränderungen auf die Beteiligten vorzudenken.

7.2 Planung

Die richtige Planung dient dazu, das Vorhaben in einheitlicher Weise zu kommunizieren und klar die Kräfte auf Ziele auszurichten. Die Mitarbeiter erhalten Sicherheit darüber, wohin die Reise geht. Damit legen Sie wesentliche Grundlagen für Akzeptanz und Engagement eines Veränderungsprozesses.

Voraussetzung ist also, dass das übergeordnete Ziel einer Veränderung hinlänglich bekannt ist. Deshalb steht zu Beginn eines Veränderungsprojektes nicht selten die Klärung der Strategie und der längerfristigen Vision. Wohin soll sich das Unternehmen entwickeln? Für was steht es im Markt? In welchem Zusammenhang hierzu steht das zu planende Projekt? Welcher konkrete Nutzen wird erwartet? Ohne klare, im Kreise des Top-Managements geteilte und allseits verfolgte Strategie können die Mitarbeiter schwerlich gewonnen werden. Es wird sehr schwierig, Sinn und Zweck eines Projektes zukunftsbezogen zu vermitteln, wenn unklar bleibt, wofür das Projekt gut ist. Noch schwieriger wird es, wenn widersprüchliche Aussagen die Runde machen oder Rückzieher von Verantwortlichen die Glaubwürdigkeit beschädigen.

Aus Strategie und Vision lassen sich Zielsetzungen für die konkrete Veränderung ableiten. Die Ausgangssituation für die Veränderung wird transparent. Warum ist die Veränderung notwendig? Was soll sie bewirken, welche heutigen Fragen, Probleme, Engpässe usw. sollen dadurch gelöst werden, was soll verbessert, beseitigt werden? Bearbeiten Sie die W-Fragen in der Übersicht 1 zu 7.2 bereits im Vorfeld, damit das Projekt

Übersicht 1 (zu 7.2) W-Fragen für eine erfolgreiche Veränderungsplanung

- Warum findet das Projekt statt – was sind die Auslöser und Anlässe, was »treibt« das Projekt, ist die Dringlichkeit und der Sinn deutlich genug herausgearbeitet?
- Wie sind sich die Verantwortungsträger darüber einig – sprechen sie mit »einer Stimme« im Unternehmen über das Projekt und die Ziele, kann also eine in sich konsistente Kommunikation sichergestellt werden?
- Was genau sind die Ziele oder »wohin geht die Reise« – welche Ziele werden verfolgt, wie sieht der zu erreichende Endzustand aus, was ist daran attraktiv, welcher Nutzen wird erwartet, was ändert sich und was nicht? Haben die Verantwortlichen eine gemeinsame Zielrichtung?
- Wer sind überhaupt die Verantwortlichen, wer initiiert und will das Projekt, wer führt das Projekt durch?
- Wer unterstützt, wer blockt das Vorhaben, wer ist irritiert über das Projekt?
- Wer ist wie betroffen – welche internen und auch externen Beteiligte sind zu bedenken, inwiefern sind diese wie betroffen und einzubeziehen?
- Wie läuft das Ganze ab – welche Projektorganisation ist beabsichtigt, ist zu planen, wer tut was, welche Faktoren und Risiken sind zu bedenken?
- Wann passiert was – was sagt der Projektplan, bleibt Zeit für den Mitarbeiter, sich auf die Veränderung einzustellen, wann erhält wer welche Unterstützung (Schulung)? Wie lange dauert das Ganze?

Übersicht 2 (zu 7.2) Planungsinhalte im Überblick

- **Zeitplan:** enthält Beginn, Ende, Schritte, Meilensteine/Entscheidungs- u. Überprüfungspunkte.
- **Ressourcenplan:** Wer bringt wann wie viel Zeit ein und welche finanziellen Mittel werden benötigt?
- **Kommunikationsplan:** fasst zusammen, wann wer was mit Hilfe von welchen Medien, wo bei welcher Gelegenheit sagt.
- **Implementierungsrisiken:** Bereitschaft oder Widerstand seitens der Beteiligten für die Durchführung der Veränderung? Was sind die Quellen hierfür? Ist es Unsicherheit und Mangel an Information? Sind die Mitarbeiter über ihre Qualifikation unsicher? Haben Sie Verlustängste - warum? Welche Maßnahmen sind möglicherweise zu ergreifen?
- **Motivations- und Akzeptanzstrategie:** umfasst alle Maßnahmen, die Partizipation zulassen, Bedeutung der Führungskräfte als Leitbilder und Förderer herausstellen, positive Folgen gegenüber dem jetzigen Zustand abwägen und Chancen für die Zukunft betonen.
- **Plan der Fortschrittskontrolle:** enthält Messkriterien, erleichtert ganz wesentlich das Controlling der einzelnen Veränderungsschritte, z.B. die Arbeitsschritte Datensammlung, Analyse, Entwickeln von Alternativen und Einführungsmaßnahmen.
- **Projektorganisation:** berücksichtigt Entscheidungsregeln und Verantwortlichkeiten (Feedback-Schleifen, um aus Fehlentwicklungen zu lernen; Frühwarnsignale, um Koordinationsprobleme zu lösen und Konflikte positiv zu nutzen).
- **»Landkarte« der Beteiligten:** macht deutlich, wer Förderer (Sponsoren), betroffene Zielgruppen, Projektbeteiligte und Meinungsführer im Unternehmen für oder gegen das Vorhaben sind.

---

am Schluss in eine wirklich stabile Veränderung mündet.

Motivierender sind natürlich Ziele, die darauf abstellen, Chancen zu verwirklichen, Marktanteile durch einen restrukturierten Vertrieb zu gewinnen, bessere Kundenorientierung zu erzielen, wie z.B. durch einen besser integrierten Akquisitions-, Planungs-, Produktions- und After-Sales-Prozess.

Eine erfolgreiche Planung bezieht sich exakt auf die Ausgangssituation. Die Projektorganisation ist daraufhin auszurichten und die einzelnen Veränderungsschritte spezifisch zu planen, denn es ist wichtig, während der Arbeiten an der Veränderung stets zu wissen, wo der Prozess gerade steht (siehe Übersicht 2 zu 7.2). Ist z.B. ein absoluter Sanierungsfall Ausgangspunkt, muss sehr strikt und zeitlich eng geplant werden. Dieses Vorhaben bedarf zudem einer nachdrücklichen Unterstützung durch einen Sponsor (Machtpromotor). Die Fortschrittskontrolle eines solchen Projektes muss streng zielorientiert (zeitlich, inhaltlich, personell, finanziell) vollzogen werden. Eine exakte Durchführungsplanung der einzelnen Schritte ist unabdingbar. Die notwendige Kraft bzw. das Momentum für die Veränderung entsteht jedoch erst durch die weitgehende Beteiligung betroffener Mitarbeiter.

7.3 Situationsanalyse

Heute ist es die Regel, dass in Unternehmen viele Projekte parallel abzuarbeiten sind. Es empfiehlt sich deshalb, im Vorfeld eines Projektes die Situation genau zu analysieren. Nutzen Sie hierfür die Fragen der Übersicht zu 7.3.

Hilfreich ist es ebenfalls, sich darüber klar zu werden, auf welcher Ebene Veränderungen greifen. Was verändert sich auf der Ebene Struktur, Prozesse und Arbeitsorganisation? Was auf der Ebene der Rollen, der Kompetenzen und Inhalte? Was sind die Veränderungen bezüglich Verhalten, wird mehr Teamarbeit, ein anderer Führungsstil die Folge sein? Was spielt sich auf der Ebene Kultur, der Werte, des Umgang miteinander ab? Inwiefern werden gar die geforderten Persönlichkeitsprofile durch die Veränderung betroffen? Allzu oft wird vergessen, dass sich bei Strukturveränderungen eben nicht nur die Organigramme ändern, sondern eben auch die Verhaltensanforderungen und z. B. Handlungsweisen und die an die Rolle der Führungskräfte gestellten Erwartungen . Beziehen Sie dies in Ihre Situationsanalyse mit ein.

7.4 Implementierungsrisiken

Um die Risiken bei der Implementierung von Veränderungsprozessen zu minimieren, lohnt es sich, vergangene Projekte als Lernquelle zu nutzen.

Wenn Sie die Fragen in der Übersicht zu 7.4 nach den Kategorien
- grün: geringes Risiko
- gelb: Vorsicht
- rot: hohes Risiko

markieren, können Sie die Faktoren, die während des anstehenden Projektes besonders aufmerksam beobachtet werden müssen, ermitteln.

7.5 Akzeptanz- und Motivationsstrategie

Wenn das Warum, Was, Wann, Wer, Wie und Wohin geklärt sind, besteht eine hohe Chance, dass Mitarbeiter und Führungskräfte verstehen, worum es »eigentlich« geht, was das Projekt für die Unternehmung – für Mitarbeiter und für Führungskräfte – bedeutet und welche Folgen für sie persönlich abzusehen sind. Die Grundlage für die notwendige Einsicht und für ein Mitziehen ist damit gelegt. Wird ein Veränderungsprojekt soweit integrativ betrachtet, ergibt sich fast automatisch auch ein Nachdenken über die allzu oft vernachlässigte Akzeptanz- und Motivationsstrategie. Warum sollen die Mitarbeiter mitziehen, was haben sie davon, welche Motive werden angesprochen, was macht das Morgen wirklich attraktiv, wie sieht die Zukunft aus? Ergibt sich aus Sicht der Mitarbeiter ein klares Bild der Veränderung? Checken Sie auch den Einfluss der Veränderung auf die betroffenen Mitarbeitergruppen und Führungskräfte. Gehen Sie hierfür die Fragen der Übersicht zu 7.5 durch. Diese Fragen helfen Ihnen, die Reaktionen der Betroffenen einzuschätzen und bereits im Vorfeld Überlegungen für ein vielleicht notwendiges Gegensteuern anzustellen. So könnten Sie z.B. gegensteuern, indem Sie Führungskräfte bzw. wichtige Meinungsführer stärker einbinden oder stärker die mit der Veränderung verbundenen Vorteile herausarbeiten.

Dringend anzuraten ist die Überprüfung der Unterstützung der Führungskräfte quer durch Bereiche und

Übersicht (zu 7.3) Fragen zur Situationsanalyse

- **Ausgangssituation:** Welche Vorgeschichten gibt es, welche Erfahrungen wirken aus früheren Veränderungen nach?
- **Umfeld:** In welchem größeren Zusammenhang ist das Veränderungsprojekt zu sehen, welche Projekte laufen parallel und wirken auf den Verlauf des Veränderungsprojekts?
- **Case for Change:** Was sind die Auslöser und Anlässe für das Projekt? Um was geht es genau? Welche Notwendigkeiten bestehen und welche Chancen tun sich durch das Projekt auf?
- **Ziele:** Was sind die Ziele, was soll erreicht werden? Gibt es Messgrößen hierfür?
- **Strategische Einbindung:** In welchem Zusammenhang steht das Projekt mit der Strategie des Unternehmens, was ist der Beitrag hierfür?
- **Verantwortliche:** Wer initiierte das Projekt, wer hat welchen Nutzen davon? Wer ist verantwortlich, wer ist »Projekt- und Prozess-Eigner«?
- **Engagement der Verantwortlichen:** Welche Rollen nehmen die Verantwortlichen ein? Sind sie die treibenden Kräfte, sind sie die legitimierenden Sponsoren, sind sie diejenigen, die Mittel bereit stellen?
- **Einigkeit und Geschlossenheit der Verantwortlichen:** Wer hat die Ziele festgelegt, sind die Verantwortlichen sich über die Ziele einig?
- **Unterstützung:** Auf wen können Sie zählen?
- **Nutzen:** Worin besteht der Nutzen, ist dieser für alle gleich oder gibt es Unterschiede? Gibt es für bestimmte Gruppen unterschiedlichen Nutzen?
- **Kultur:** Was sind die vorherrschenden Bestandteile des »täglichen Miteinanders«? Liegt eher eine Misstrauens-, Vertrauens- oder gar eine Zutrauens- und Lernkultur vor?
- **Kultur und Widerstand:** Sind eher bremsende Effekte oder ist eher Unterstützung zu erwarten?
- **Kommunikation:** Was wurde wie von wem kommuniziert? Sind die mit dem Projekt verbundenen Ziele und Erwartungen bekannt? Wem sind diese bekannt? Was sind die »Gerüchte« im Unternehmen zu diesem Projekt und den Zielen?
- **Einstellung und Bereitschaft:** Haben alle Beteiligten das Ziel und den Nutzen verstanden und akzeptiert? Wie nehmen Betroffene das Projekt wahr?
- **Akzeptanz und Qualifikation:** Wie ist es um »Wandlungs-Kompetenz« und »Wandlungs-Wille« in der Organisation bestellt?
- **Akzeptanz und Widerstand:** Wie groß sind die Beharrungstendenzen im Vergleich zu Veränderungswille?
- **Projektorganisation:** Wie ist das Projekt organisiert? Wer hat welche Verantwortung, wie sind die Berichtswege, wie ist der Ablauf strukturiert, welche Gremien haben welche Entscheidungsbefugnisse, welche Meilensteine sind definiert?
- **Projektdauer:** Wie lange wird das Projekt dauern, wie wird sich das auswirken?
- **Qualifikation der Beteiligten:** Wurden die Projekt-Mitarbeiter ausreichend vorbereitet und qualifiziert?
- **Projektcontrolling:** Ist sichergestellt, dass zeitnah wichtige Entscheidungen getroffen werden, der Fortschritt des Projektes wirklich gewollt und »getrieben« wird? Werden die Projektergebnisse und der Verlauf des Projektes genügend kritisch hinterfragt – oder wird »durchgezogen«?
- **Prozess:** Inwiefern wurde die sozialdynamische Seite möglicher Veränderungen bedacht?
- **Freiräume:** Wird bei der Konzeptentwicklung und Implementierungsstrategie ein Weg bereits vorgegeben, da in den Köpfen der Entscheidungsträger »schon alles feststeht« oder sind wirkliche Freiräume zur Gestaltung da?
- **Wenn das Projekt schon läuft:** Wie lange wurde es vorbereitet, was wurde getan? Welche Erfolge sind bereits sichtbar? Was sind die offenkundig gewordenen Risikofaktoren und Hindernisse?

Übersicht (zu 7.4) Fragen zu den Implementierungsrisiken

- War es möglich, offen und ehrlich über Schwierigkeiten, offene Fragen und Probleme zu sprechen?
- Inwiefern bestand Einigkeit über die Ziele?
- War Transparenz in die Strategie und Einordnung von Projekten bzw. von Veränderungen vorhanden?
- Wurde von vornherein über die Implementierung und nicht nur über die inhaltliche Seite eines Projektes nachgedacht?
- Inwiefern bestand eine Differenz zwischen »Sagen und Tun«?
- Inwiefern wurde »nach dem Munde geredet« und wurden Probleme vertuscht?
- Kam es durch die »politische Atmosphäre« im Hause zu Schwierigkeiten?
- Inwiefern wurde genügend ermutigt und unterstützt?
- Gab es eine klare Prioritätensetzung?
- Erwachsen aus der vorherrschenden Bürokratie Risiken?
- Birgt der gewohnte Entscheidungsprozess (Beteiligte, Ablauf, Schnelligkeit usw.) Risiken in sich?
- Inwiefern wurden Widerstände vorweg analysiert und rechtzeitig Vorkehrungen getroffen?
- Wurde genügend auf das Verständnis der Betroffenen geachtet?
- War die Ressourcenplanung von Zeit, Mitarbeiterkapazität, Geld ausreichend?
- Inwiefern lag von vornherein ein klarer Zeitrahmen vor?
- Inwiefern wurden Termine eingehalten?
- Inwiefern unterstützten Führungskräfte, brachten diese sich genügend ein?
- Wie entwickelte sich die Unterstützung im Verlaufe des Projektes?
- Wurden die Auswirkungen von Projekten oder Veränderungen ausreichend antizipiert?
- Bestand ein genügend hohes Maß an Fehlertoleranz und Flexibilität?
- Waren die Verantwortlichkeiten klar, wurden Entscheidungen rechtzeitig und schnell getroffen?
- War das Projektmanagement effizient?
- Zog das Top-Management mit dem Mittelmanagement und den Mitarbeitern an einem Strang?
- Inwiefern war die erforderliche fachliche Kompetenz vorhanden?
- Welche kritischen Erfolgsfaktoren, die immer wieder bei Ihnen im Hause ein Problem werden, fallen Ihnen sonst noch ein?

Übersicht (zu 7.5) Fragen zur Akzeptanz- und Motivationsstrategie

- **Notwendigkeit:** Wie wird die Dringlichkeit eingeschätzt? (Wird diese gering eingeschätzt, ist dies ein Gefahrenmoment!)
- **Verständnis:** Ist ein Verstehen, ein Einsehen in die Notwendigkeit festzustellen?
- **Erwartungen:** Was erwarten die Betroffenen selbst von der Veränderung?
- **Machbarkeit:** Bestehen Zweifel über den erfolgreichen Ausgang des Projektes?
- **Erfolg:** Sind die Ergebnisse ungewiss oder nicht fassbar?
- **Befürchtung:** Sind negative Ergebnisse zu befürchten?
- **»Kosten-Vorteile-Bilanz«:** Bringt die Veränderung wenig Vorteile, aber viele Unannehmlichkeiten mit sich?
- **Veränderungstiefe:** Wie sehr ändert sich was, welche Konsequenzen sind für die betroffenen Mitarbeitergruppen zu bedenken?
- **Partizipation:** Inwiefern sind die Mitarbeiter einbezogen und arbeiten an Lösungen mit oder sind sie den Veränderungen ausgeliefert?

Hierarchien. Wichtig ist die Einschätzung, wer das Projekt unterstützen oder abblocken wird. Wer wird irritiert sein, und wer sind die »freundlichen Unterstützer« ohne Macht, aber mit Einsicht in die Notwendigkeit? Die Bedeutung der Führungskräfte und Sponsoren als richtungsweisende, motivierende und Sicherheit gebende »Vorbilder« kann nicht hoch genug eingeschätzt werden. Deren »Commitment« im Sinne von »Komm mit!« zu schaffen, darf nicht dem Zufall überlassen bleiben. Stellen Sie fest, ob Sie im Ganzen gesehen genügend Unterstützung bei den wichtigen Entscheidern im Hause haben. Wenn nicht, müssen Sie Mitarbeiter in Schlüsselrollen spätestens jetzt überzeugen und für das Projekt gewinnen (Führungskräfte, Betriebsrat, Mitarbeiter mit besonderer Meinungsführerschaft und auch Eigner).

7.6 Der Arbeitspfad im Veränderungsmanagement

Veränderungsmanagement bedingt eine strukturierte Vorgehensweise, die dem tatsächlichen Ablauf ständig angepasst werden muss. Die fünf Phasen eines Arbeitspfades bedienen sich besonderer Werkzeuge.

Auftauen & Lösen
In dieser Phase werden Richtung und Ziel festgelegt sowie die Bereitschaft für eine Veränderung durch entsprechende Informationen und Analysen geweckt. Als Werkzeuge stehen die Situationsanalyse (siehe 7.3) und die Risikoanalyse (siehe 7.4) auf dem Programm. Hinzu kommt eine umfassende Beschreibung der Ausgangssituation und der verfolgten Ziele. Um die Vergangenheit und den heutigen Zustand zu hinterfragen und zu »lösen«, können z.B. auch Benchmarking- oder Best Practice-Studien sehr hilfreich sein. Wie stehen wir im Vergleich zu unserem Wettbewerber? Wo haben wir Nachholbedarf?

Mobilisieren
Aktive Kommunikation über das Projekt und die Vorgehensweise dominiert diese Phase des Verlaufsmodells. Das Ziel besteht darin, Vertrauen und Zuversicht in die Verände-

Grafik (zu 7.6) Der Arbeitspfad im Change Management

© 2000 Towers Perrin, Frankfurt/Main

Auftauen & Lösen	Mobilisieren	Realisieren	Verstärken	Ausbauen
■ Ist die Ausgangssituation deutlich beschrieben?	■ Liegt eine verständliche Vision vor?	■ Demonstriert das Top-Team den eingeschlagenen Weg?	■ Besteht die begründete Aussicht, dass das Unternehmen die angepeilte Veränderung umsetzt?	■ Ist die Vision der Unternehmung noch genügend herausfordernd?
■ Sind die Auslöser und Anlässe bekannt ...	■ Sind die Ziele erarbeitet und klar?	■ Stimmen Anspruch und Wirklichkeit überein?	■ Woran ist das festzumachen?	■ Wie sieht es mit Loyalität, Bindung und Einstehen für die Unternehmung aus?
■ ... und kommuniziert?	■ Ist das Veränderungsprojekt eindeutig in die Strategie einordenbar, wird der Nutzen deutlich?	■ Ist absehbar, dass die angepeilten Ergebnisse sich realisieren lassen?	■ Sind allgemein Leistungssteigerungen auszumachen, worauf beruhen diese?	
■ Ist die Bilanz »Status quo« versus »Veränderung und deren Chancen« aufgestellt?	■ Sind die Ziele genügend herausfordernd und inspirierend?	■ Sind die Inhaber von Schlüsselpositionen vom Projekt überzeugt und zeigen sie dies?	■ Sind Leistungssteigerungen in den geplanten, zu verändernden Bereichen zu registrieren?	■ Sind die Indikatoren von Leistung noch die richtigen?
■ Was sagen Benchmarks & Best Practice?	■ Ist die Strategie und Vision kommuniziert?	■ Ist ihnen ihre Rolle im Veränderungsprozess klar?	■ Ist der Erfolg mit den Mitarbeitern ›geteilt‹ worden?	■ Konnten die erzielten ersten Leistungsverbesserungen ausgebaut werden?
■ Ist klar, was es kostet im Status quo zu verharren?	■ Ist das Top-Management fähig und willens, die Veränderung zu schaffen?	■ Verstehen die Mitarbeiter die Ziele der Veränderung und den Zusammenhang mit der Strategie?	■ Ist genügend kommuniziert?	■ Unterstützen Personalprogramme die Entwicklung?
■ Sind die Konsequenzen von Nichtstun bekannt?	■ Ist der Umfang und Sinn sowie die Tiefe der Veränderung vollständig begriffen?	■ Sind die Messgrößen des Fortgangs und Erfolgs deutlich genug? Werden diese verstanden? Akzeptiert?	■ Ist eine Müdigkeit oder eine starke Motivation für die Veränderung zu registrieren?	■ Werden die richtigen Mitarbeiter richtig ›belohnt‹?
■ Sind die Diagnose-Arbeiten getan – inwiefern besteht Bereitschaft, Widerstand, Kommunikation, Ressourcen, Kultur?	■ Ist ein Arbeitsplan mit klaren Schritten für die einzelnen Phasen vorhanden?	■ Sind Messgrößen für Indikatoren wie	■ Ist der Energielevel noch hoch genug?	■ Sind die Veränderungen verstanden und akzeptiert in der Mitarbeiterschaft?
■ Konsequenzen hieraus?	■ Inwiefern sind die Mitarbeiter eingebunden, Teamentwicklungsinstrumente eingesetzt?	■ Zeit (Termineinhaltung) ■ Qualität ■ Kundenzufriedenheit ■ Teameffektivität ■ ...	■ Sind die unterstützenden Prozesse wirklich unterstützend HR, Controlling, Admin, ... ?	■ Sind die Unterstützer der Veränderung öffentlich anerkannt und gefördert?
■ Implementierungsrisiken aus der Vergangenheit erfasst?	■ Sind Messgrößen definiert?	erfüllt?	■ Sind genügend unterstützende Führungskräfte auszumachen?	■ Ist die Marktsicht genügend berücksichtigt, sind die Kunden im Blickfeld?
■ Sponsorship – wer steht hinter der Veränderung?	■ Gibt es symbolische Hinweise bzw. Aktionen, die als Signal des Top Managements verstanden werden »Wir sollen das!«?	■ Sind erste Ergebnisse (»early wins«) erzielt worden, sind diese gefeiert worden?	■ Hat sich die Stimmung mit der Veränderung positiv verändert?	■ Unterstützt die Veränderung genügend die erforderlichen neuen Geschäftsprozesse?
■ Ist das in einer ersten Bestandsaufnahme sichtbar gemacht?	■ Ist ein Gefühl vorhanden, dass mit der Vergangenheit gebrochen werden muss, weil ...?	■ Wird sichtbar, wohin die Veränderung führt?	■ Was bringt ein Projektreview? an Erkenntnissen?	
■ Ist eine Kommunikationsstrategie und -konzept erarbeitet, wer was wie wann wem erläutert?	■ Ist genügend Energie in der Organisation, Wille und Bereitschaft, die Veränderung zu vollziehen?	■ Ist die Projektorganisation, sind die Implementierungsteams effektiv?		
■ Liegt ein erster Plan der Veränderungsschritte vor?	■ Wird deutlich, was die ›Gewinne‹ sind?	■ Was sagen die Mitarbeiter zu der Geschwindigkeit? der Veränderung?		
	■ Was macht morgen attraktiv?			

rung zu schaffen. Spätestens jetzt muss ein Konzept erarbeitet werden. Ist ein motivierendes, glaubwürdiges und realistisches Leitbild oder eine zeitliche weitergefasste Vision vorhanden? Wenn nein, erarbeiten Sie eine richtungsweisende Leitlinie im Top-Management. Die Unterstützung der Arbeitsteams durch Maßnahmen der Teamentwicklung, Problemlösungs- und Kreativitäts- sowie Konfliktlösungstechniken motivieren die Mitarbeiter und geben den inhaltlichen Arbeiten Schwung.

Realisieren
In dieser Phase werden erste Umsetzungen erprobt. Die erforderlichen Verhaltensänderungen und neuen Arbeitsweisen werden deutlich. Als Werkzeuge empfehlen sich Modellversuche und spezielle Trainingspläne (Vergleich von alt und neu, Konsequenzen für Schulungsinhalte und einem Plan didaktischer Schritte). Über die bereits in Phase »Auftauen & Lösen« erarbeiteten Messgrößen wird eine genaue Fortschrittskontrolle vorgenommen.

Verstärken
Das bewusste Würdigen, Loben und Verankern von ersten Erfolgen und Veränderungen durch Dokumentieren und die ständige Umsetzung bestimmen diese Phase. Zu den Werkzeugen gehören verankernde Maßnahmen wie die Angleichung der personalwirtschaftlichen Instrumente (Arbeitszeitsystem, Vergütungsstruktur, Führungsorganisation usw.). Faktoren, die die Umsetzung behindern, werden konsequent ermittelt und hinterfragt.

Grafik (zu 7.7) Change-Treiber

	Ziele	Leitprinzipien
Leadership	Wie begeistern und führen, wer tut das?	▪ Wie ist die Zielsetzung - wohin geht es? ▪ Wer ist Vorbild, Motivator für die Umsetzung? ▪ Laufendes Feedback - wo stehen wir im Prozess? ▪ Wer unterstützt, berät, versteht »meine« Lage? ▪ Wer hilft, Hindernisse zu beseitigen?
Kommunikation	Wie werden alle Beteiligten informiert?	▪ Weshalb tun wir das? Erklärung des »Rahmens« ▪ Konsistente Schlüsselbotschaften! ▪ Glaubwürdige, berechenbare Kommunikation durch Top-Management und Linienmanager ▪ Quer, im Dialog, nicht nur top down
Einbindung	Wie werden die Mitarbeiter mobilisiert?	▪ Was sagen die Mitarbeiter-Ideen? Beteiligung wie? ▪ Ist hierfür genügend Verständnis und Unterstützung da? ▪ Wem »gehört« die Umsetzung? Wer sollte, muss mitmachen? ▪ Gibt es ein Netzwerk von Sponsoren und Förderern?
Change-Fähigkeiten	Wie sind die Beteiligten qualifiziert?	▪ Welche Fähigkeiten werden erforderlich? ▪ Wer muss welche haben? ▪ Können die Mitarbeiter mit Veränderungen umgehen? Was fehlt in »wollen, können, dürfen?«
Messgrößen	Wie wissen wir, ob wir vorwärts kommen?	▪ Welche Messgrößen haben wir bezogen auf Fortgang der Umsetzung und deren Ziele? ▪ Wie können wir Erfolge sichtbar werden lassen? ▪ Wie können wir regelmäßig messen und Feedback geben? ▪ Gibt es genügend Feedback?

Ausbauen

In dieser Phase liegt die Betonung auf der Verstetigung des Erreichten. Das ist oft der Beginn weiterer Verbesserungen des bereits Erreichten. Als Werkzeuge kommen z.B. Techniken des Kaizen bzw. des kontinuierlichen Verbesserungsprozesses (KVP) zum Einsatz, um die Neuerung so effizient wie möglich umzusetzen und zu stabilisieren.

Der Arbeitspfad bildet eine gute Grundlage, den Verlauf eines Veränderungsprojektes Schritt für Schritt zu planen. Er gibt den Beteiligten zusammen mit einem inhaltlich orientierten Projektplan Sicherheit. Sicherheit in das »Wie« (Arbeitspfad) und die Inhalte, Sicherheit in das »Wer« und die Verantwortlichkeiten (Projektorganisation) und Sicherheit in das »Was« durch eine aktive, realistisch, und jeweils aktuelle Kommunikation. Diese dient als Transmissionsriemen, alle Betroffenen und Beteiligten einzubinden, mit dem Ziel, sie für das Projekt zu gewinnen. Damit wird dem vielfach ignorierten Grundbedürfnis aller Beteiligten Genüge getan, zu wissen, was in zeitlicher, inhaltlicher und persönlicher Hinsicht passiert. Ein so vermitteltes hohes Maß an Sicherheit und Berechenbarkeit verhindert den Absturz in Lethargie und Angst, es vermeidet das Abbröckeln von Engagement und Absinken der Produktivität. Dies zu vermeiden und die verabschiedete Zielerreichung bestens zu unterstützen, ist letztlich die Aufgabe von Change Management.

7.7 Change-Treiber

Der Erfolg von Veränderungen hängt von unterschiedlichen Faktoren ab. In der Grafik zu 7.7 sind die wichtigsten Erfolgsfaktoren als fünf »Change-Treiber« mit ihren Zielen und Leitprinzipien dargestellt. Wenn einer dieser Faktoren unberücksichtigt bleibt, laufen Sie Gefahr, dass die geplanten Veränderungen nicht erfolgreich umgesetzt werden. Change-Treiber betonen mehr das »Wie« eines Veränderungsprozesses, weniger das »Was«. Die jeweiligen Treiber lassen sich problemlos den Aufgaben der unterschiedlichen Phasen des Arbeitspfades (siehe 7.6) zuordnen.

7.8 Führung und Leadership

In Veränderungsprozessen wird mehr als Führung im Sinne von Planung, Budgetierung, operativer Zielsetzung, Organisation der Tagesarbeit und Besetzung des Projektes mit den richtigen Mitarbeitern sowie Controlling verlangt. »Leadership« ist notwendig: Führungskräfte müssen Richtung geben, für das Projekt werben, für die Veränderung motivieren, die damit verbundenen Mühen anerkennen, als Mittler für »Anlässe und Notwendigkeiten« und für die möglichen Chancen auftreten. Ihnen wächst die Aufgabe zu, durch die mit der Veränderung verbundene Unruhe, Frustration, Unsicherheiten und Ängste zu führen. Führungskräfte sind die »Botschafter« für die mit der Veränderung verbundenen Ziele, sie gehören zu den wichtigsten Kommunikatoren.

Die mit Veränderungen stets verbundenen Ablehnungs- und Widerstandsreaktionen lassen sich nur positiv aufgreifen, wenn die Hauptverantwortlichen (Sponsoren) und die einbezogenen Führungskräfte diese Reaktionen verstehen, aufgreifen und den Mitarbeitern immer wieder erläutern, warum was passiert.

> ⚠ Einsicht in die Ängste und Reaktionen Betroffener zu haben, ist Teil des Leaderships und verhindert, Widerstand mit Widerstand zu beantworten.

Es ist deshalb eine der wichtigsten Aufgaben der Change Manager, während der Veränderung die Entwicklung der durch Führungskräfte geschaffenen Unterstützung zu verfolgen und aufrechtzuerhalten.

7.9 Kommunikation

Kommunikation heißt in sechs Bereichen Antworten zu konzipieren, die Sie z.B. in der Mobilisierungsphase als Konzept nutzen können (siehe Übersicht zu 7.9). Heute gilt mehr denn je die alte Erkenntnis: »Ohne Kommunikation keine innere Beteiligung der Betroffenen, ohne wirkliche Beteiligung keine wirkliche Veränderung!«. Die alte Technik des plötzlichen »Bombenwurfs« mit 100% Überraschungseffekt mündet nur in Schock und Ablehnung. Es bedarf nachträglich erheblicher Anstrengungen, um dennoch Einsicht und Mitziehen zu erreichen. Das kostet. Besser ist es, von Beginn an die Mitarbeiter soweit wie möglich einzubeziehen und damit auch die vorhandene Kreativität zu nutzen. Bleiben Sie als Führungskraft im Dialog mit den betroffenen Mitarbeiter und scheuen Sie keine konstruktive Auseinandersetzung.

Information reicht im Allgemeinen aus, um Verstehen und vielleicht auch Einsehen zu schaffen. Darüber hinaus zu gehen, erfordert in aller Regel mehr: Klares Vertreten durch Führungskräfte, Einbeziehung und emotionale Einbindung aller. Die Grafik zu 7.9 verdeutlicht, welchen Einfluss formale und informale Kommunikationskanäle und welchen Einfluss Leadership (siehe 7.8) und Partizipation (siehe 7.10) auf die Motivationslage und das Engagement der Mitarbeiter haben. Wollen Sie Mitziehen und »Sich-zu-eigen-machen« erreichen, benötigen Sie die Mithilfe Ihrer Führungskräfte. Es geht stets darum, die Frage der Betroffenen, »wie betrifft mich das, was ändert sich für?«, möglichst klar zu beantworten. Wird diese nicht beantwortet, wird niemand sagen: »Ja, das will ich!«

> ⚠ Vernachlässigen Sie auf keinen Fall ausreichend zu kommunizieren, denn Nichtwissen und mangelnde Informiertheit führen zu Unsicherheit, ziehen Gerüchte und Uminterpretationen, also Schwierigkeiten nach sich. Daraus folgen Ablehnung und offener oder versteckter Widerstand. Eine direkte, offene, ehrliche und dialogorientierte Kommunikation führt eher zum Ziel.

Übersicht (zu 7.9) Kommunikationskonzept

- **Ziele:** Was sind die Anlässe und Ziele der Veränderung, um was geht es? Was wollen wir erreichen? Was sind die Nutzenaspekte?
- **Zielgruppen:** Wer ist wie betroffen und sollte was wissen, welche Zielgruppen sind zu berücksichtigen (auch Kunden oder Zulieferer?), wie müssen diese Zielgruppen berücksichtigt werden?
- **Verantwortliche:** Wer ist fähig und willens zu kommunizieren? Wer ist glaubwürdig, vertrauenswürdig und kompetent? Wer erstellt das Konzept, führt es durch und entwickelt es während des Veränderungsprozesses weiter? Was ist meine Rolle als Führungskraft dabei?
- **Schlüsselbotschaften:** Was sind die Kernaussagen der Veränderung, die jeder verstehen muss, die weitergetragen werden sollten?
- **Medien:** Wie können wir mit welchen Medien, Methoden, Programmen die Schlüsselbotschaften »rüberbringen«? Wann ist die richtige Zeit (Abfolge der Maßnahmen)? Welche Kommunikations-Kette ist für die nächsten Monate zu schaffen (Wann welche Medien in welcher Verkettung?)
- **Messung:** Wie kann festgestellt werden, wie die Führungskräfte und Mitarbeiter reagieren? Welche Rückmeldekanäle sind zu schalten?

Grafik (zu 7.9) Kommunikation im Change-Prozess

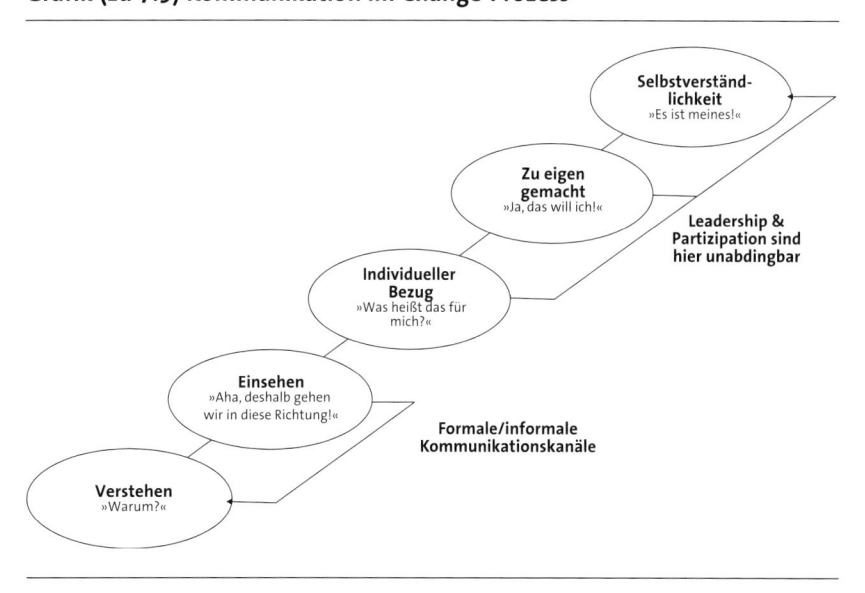

```
                                    Selbstverständ-
                                       lichkeit
                                     »Es ist meines!«
                            Zu eigen
                            gemacht
                          »Ja, das will ich!«       Leadership &
                                                    Partizipation sind
                    Individueller                   hier unabdingbar
                       Bezug
                   »Was heißt das für
                        mich?«
            Einsehen
        »Aha, deshalb gehen
        wir in diese Richtung!«
                                   Formale/informale
                                   Kommunikationskanäle
      Verstehen
       »Warum?«
```

7.10 Einbindung

Es stellt sich immer wieder die Frage, soll die Veränderung mit oder ohne Beteiligung der Belegschaft durchgeführt werden? Nach dem Betriebsverfassungsrecht ist die Antwort in vielen Fällen eindeutig: Der Betriebsrat ist weitgehend zu informieren bzw. über seine Mitbestimmungsrechte zu beteiligen. Meist sind die Paragrafen zu den Auswahlrichtlinien (§ 95), zur Änderung der Betriebsordnung (§ 82) oder zur Betriebsänderung (§ 110) zu berücksichtigen (siehe auch III B/1.2.1 ff). Hinweise auf das Umwandlungsgesetz und das Bürgerliche Gesetzbuch entnehmen Sie bitte Forum III/3.

Untersuchungen und zahlreiche Erfahrungsberichte zeigen eindeutig, dass eine Veränderung um so schneller umgesetzt wird, desto stärker die Mitarbeiter eingebunden sind. Die Veränderungen werden so in aller Regel auch umfangreicher,

Grafik (zu 7.10) Beteiligung der Mitarbeiter

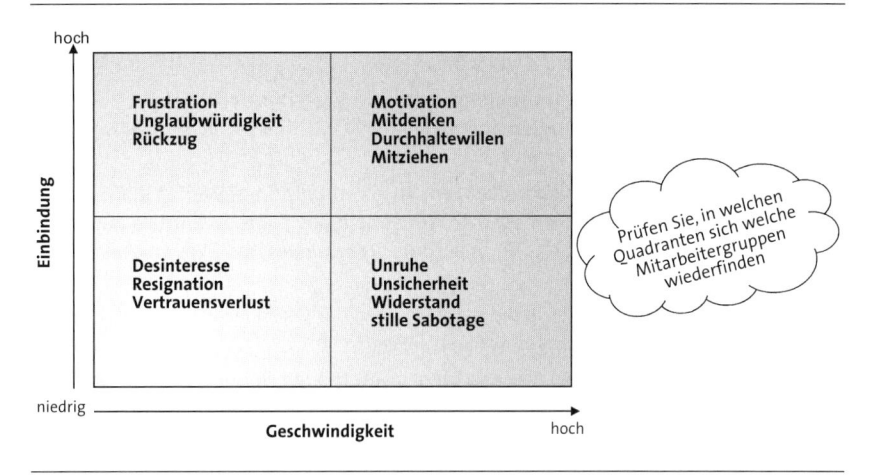

hoch	Frustration Unglaubwürdigkeit Rückzug	Motivation Mitdenken Durchhaltewillen Mitziehen
Einbindung	Desinteresse Resignation Vertrauensverlust	Unruhe Unsicherheit Widerstand stille Sabotage
niedrig	Geschwindigkeit	**hoch**

Prüfen Sie, in welchen Quadranten sich welche Mitarbeitergruppen wiederfinden

Grafik (zu 7.11) Die Gefühlskurve im Veränderungsprozess

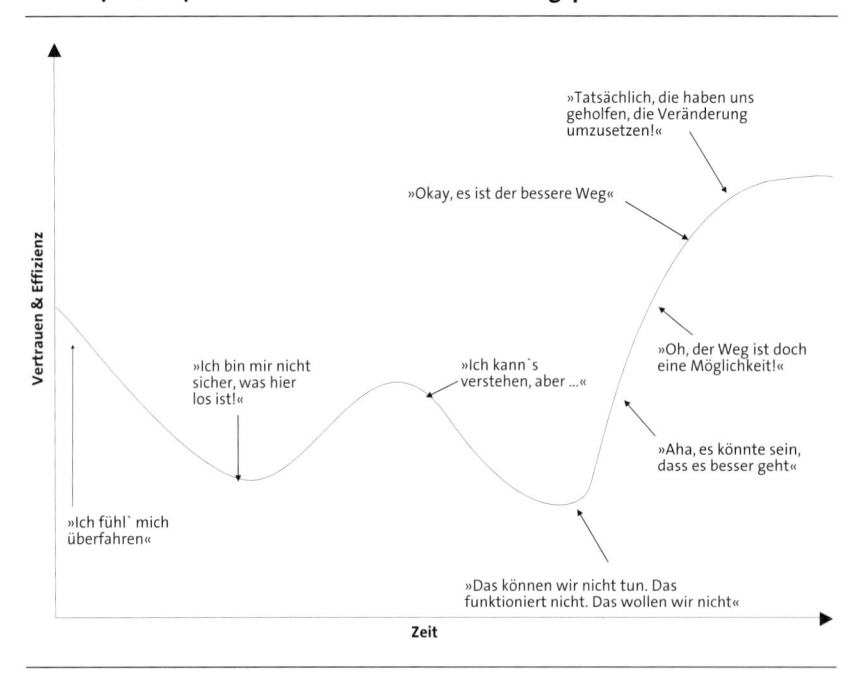

Achse: Vertrauen & Effizienz / Zeit

- »Ich fühl` mich überfahren«
- »Ich bin mir nicht sicher, was hier los ist!«
- »Ich kann`s verstehen, aber ...«
- »Das können wir nicht tun. Das funktioniert nicht. Das wollen wir nicht«
- »Okay, es ist der bessere Weg«
- »Oh, der Weg ist doch eine Möglichkeit!«
- »Aha, es könnte sein, dass es besser geht«
- »Tatsächlich, die haben uns geholfen, die Veränderung umzusetzen!«

nachhaltiger und dauerhafter umgesetzt. Die Grafik zu 7.10 zeigt, wie Mitarbeiter bei Veränderungen in Abhängigkeit von ihrer Einbindung und von der Geschwindigkeit der Veränderung reagieren.

> **!** Je tiefer und umfassender eine Veränderung, desto intensiver sind die betroffenen Mitarbeiter zu informieren, zu beteiligen, in die Projektarbeit einzubeziehen und zu motivieren.

Einbindung beginnt mit Informieren und Aufklären, Herausarbeiten und Erläutern der Notwendigkeiten und Chancen. Hinzu kommt die Übertragung von Verantwortung an die Betroffenen. Die Mitarbeiter können auch durch den Einsatz in Projektgruppen eingebunden werden. Wichtig ist Raum zum Mitdenken und Mitgestalten. Wenn Sie den Mitarbeitern Verantwortung für die zu erarbeitenden Ergebnisse geben, sichern Sie sich deren Problembewusstsein und Kreativität. Im Ergebnis kommen Sie zu besseren Lösungen im Sinne Ihres Vorhabens.

Kontinuierliche Veränderungsprozesse im Sinne der Kaizen-Methode sind ohne direkten Einbezug der Mitarbeiter nicht möglich, da ansonsten Kreativität und Motivation für Veränderungen auf der Strecke bleiben. Veränderungsmanagement hat als oberstes Ziel, Motivation und Akzeptanz etwa für die neu zu schaffenden Strukturen und Prozesse, gesellschaftsrechtlichen Formen oder EDV-Lösungen zu erreichen. Dies kann ohne Motivation und Akzeptanz und damit ohne Beteiligung der Mitarbeiter nur oberflächlich geschehen.

7.11 Change-Fähigkeiten

Ein Veränderungsprojekt ist kein rein technisch abzuwickelndes Projekt. Der Prozess, die Faktoren des Verlernens und Lernens, die Sozialdynamik, die politischen Randerscheinungen, Konflikte, Einflusssphären, Angst vor Statusverlust usw. sind genauso zu managen wie Fragen der Teamentwicklung. Zur Sozialdynamik gehören z.B. Veränderungen des Vertrauens und der Effizienz jedes einzelnen Mitarbeiters zu unterschiedlichen Zeitpunkten des Veränderungsprozesses. Wenn man die Gefühlskurve in der Grafik zu 7.11 kennt, sind diesbezügliche Schwierigkeiten besser zu verstehen und zu handhaben.

Es ist weniger der Fachexperte als der Prozessberater gefragt. Ein Fachexperte ist im Projekt auf Problemerkennung, -analyse und -lösung ausgerichtet. Er setzt sein Fachwissen zur Problemlösung ein, nutzt derartiges Wissen der Projektmitarbeiter und bringt sich objektiv, aufgabenorientiert in die gemeinsame Arbeit ein. Letztlich ist er primär mit dem Problem identifiziert, weniger mit den Menschen aus dem Projekt bzw. den Betroffenen. Meist ist er daher auch kurzfristig engagiert, die »Spätfolgen« interessieren ihn weniger.

Dagegen ist der prozessorientierte Change Manager interessiert an der Früherkennung von Problemstellungen, an der Einbettung dieser offenen Fragen in den Gesamtzusammenhang. Er arbeitet eher an der

Problemlösungskapazität der am Projekt Beteiligten, weniger an der inhaltlichen Lösung selbst. Er bringt Kreativität ein, bietet Feedback über den Verlauf des Lösungsprozesses und der Zusammenarbeit, nutzt und vernetzt Erkenntnisse aus anderen Zusammenhängen, baut bewusst eine persönliche Beziehung zu den Beteiligten auf, bringt sich selbst persönlich ein, kann auf eine große Erfahrung mit Veränderungsprozessen zurückgreifen und ist damit langfristig engagiert. Eine systemische Sichtweise ist unabdingbar, um alle Möglichkeiten der Problembewältigung und Durchführung des Projektes zu nutzen, sowie eine partizipative, gemeinsame Vorgehensweise sicherzustellen. Ziel aller Bemühungen des Change Managers ist es, mit jeder seiner Handlungen einen Beitrag zu Akzeptanz und »inneren Selbstverpflichtung« (Commitment) zu leisten.

Ein Change Manager verfügt über Techniken des Change Management und Re-engineering. Mit den jeweiligen fachlichen Inhalten, z.B. eines Controlling-Projektes, muss er nicht voll und ganz vertraut sein. »Sprechfähigkeit« genügt. Eindeutig im Vordergrund stehen Fähigkeit und Erfahrung über das Erkennen und Eingehen, Lenken und Steuern von sozialdynamischen Prozessen in einem Projekt. Hohe soziale Kompetenz, Kommunikationsfähigkeit, nondirektive und direktive Führungsfähigkeit, Konfliktmanagement und Verhandlungsgeschick, Coachingbefähigung und die Qualifikation, Teams zu steuern und zu entwickeln, stehen absolut im Vordergrund. Ebenso muss ein Change Manager mit dem Phänomen »Kultur« umgehen können. Er muss wissen, was eine Kultur auszeichnet, wie diese transparent und damit handhabbar gemacht werden kann.

Zu den Fähigkeiten und Voraussetzungen gehören:
- Analysieren von Risikofaktoren,
- Erkennen von und Umgehen mit Widerständen,
- Wissen über die emotionalen Hintergründe des Verlaufs von Veränderungsprozessen,
- Ermitteln von Sponsorship und Entwickeln von Sponsors zu inhaltlich wie emotional beteiligten Promotoren,
- Analyse der Kultur und deren Beeinflussung,
- Erkennen, Umgehen und Aushalten politischer Entwicklungen,
- Wissen über Möglichkeiten, die »innere Selbstverpflichtung« in einem tiefgreifenden Veränderungsprozess bewusst zu initiieren und aufrecht zu erhalten (z.B. durch Partizipations- und Kommunikationskonzepte).

In diesem Sinne kehrt sich das gängige Bild eines Projektmitarbeiters um: Während der klassische Projektleiter zu ca. 2/3 auf technische und inhaltliche Kompetenz sowie zu 1/3 auf Erfahrungen mit Prozessen fokussiert ist, wird der Change Manager zu mehr als 2/3 auf Prozess-Wissen Wert legen. Der Grund liegt schlicht darin, dass Konzeption und Ausgestaltung der Inhaltsebene nur die eine Seite der Medaille sind. Implementierung und Umsetzung sind die andere, weitaus schwierigere, denn die weichen Faktoren sind die härtesten. Führungskräfte können erfahrungsgemäß nicht alle diese Anforderungen erfüllen. Unumstritten ist heute jedoch, dass eine entsprechende Qualifizierung in Change Management grundsätzlich vorausgesetzt werden soll. Erfolgreiche Firmen haben in den letzten Jahren entsprechende Entwicklungsprogramme aufgelegt, um Veränderungen besser meistern zu können.

7.12 Messgrößen

Während des ganzen Projektes dokumentiert der Change Manager über entsprechende Messkriterien den Fortschritt und den Fortgang der Arbeiten. Wie entwickeln sich Verständnis und Akzeptanz, weisen die Arbeiten auf Implementierungsrisiken hin? Gibt es Anzeichen für offenen und damit handhabbaren oder für versteckten und damit erst genauer zu erfassenden Widerstand? Lässt das Engagement in den Projektgruppen nach? Arbeiten die Teams gut zusammen? Sind die Ziele noch präsent? Kommen die Kommunikationsmedien an? Können erste Erfolge gefeiert werden? Was zeigt ein Check der eingangs erkannten Implementierungsrisiken früherer Projekte, tauchen diese Fragen im laufenden Projekt wieder auf?

Die fortlaufende Messung ist die Grundlage für ggf. notwendige inhaltliche Korrekturen oder Eingriffe in den Prozess. Es ist bei der Messung nicht ausschlaggebend über hundertprozentige, mathematisch exakte Kriterien zu verfügen. Es genügt beispielsweise zu beobachten, inwiefern die erforderlichen Entscheidungen pünktlich getroffen und inwiefern vereinbarte Arbeiten erledigt wurden, inwiefern die ergriffenen Maßnahmen zielführend sind, ob die Unterstützung durch die »Sponsoren« konstant bleibt oder abbröckelt, die erzielten Projektfortschritte kommuniziert werden, ob in der Einschätzung von wichtigen Entscheidern das Verständnis für den Fortgang noch besteht usw.

Messen heißt Transparenz schaffen und die offengelegten Sachverhalte für die Fortschrittskontrolle zu nutzen. Das kann durch einen immer wieder in den verschiedenen Phasen des Veränderungsprozesses eingesetzten strukturierten Fragenkatalog mit ausgewählten Personen geschehen, durch Checklisten (siehe z.B. zu 7.4 die wiederholt eingesetzte Liste zu Implementierungsrisiken) oder auch durch Check der Projektarbeiten mittels eines Ampel-Systems: Welche Arbeiten liegen gemessen an den vereinbarten Terminen und Ergebnissen welchem der drei Bereiche:
- grün: alles okay
- gelb: Vorsicht! oder
- rot: Achtung, Gefahr!!

Welche der zu Beginn festgestellten Implementierungsrisiken (siehe 7.4) haben welche »Farbe«?

> Wichtig ist, dass alle Beteiligten durch diesen fünften Change-Treiber wissen, an welcher Stelle der Umsetzung sich der Prozess befindet. Erfolge sollten sichtbar gemacht und Schwierigkeiten nicht unter den Teppich gekehrt werden, so dass ein gemeinsames Verständnis über die erzielten Ergebnisse wachsen kann.

B Rechtliche Aspekte von Führungsaufgaben

1 Individualrechtliche Grundlagen der Führung

1.1 Fürsorgepflicht des Arbeitgebers

Der Arbeitgeber ist berechtigt, die Leistungspflicht des Arbeitnehmers einseitig durch Weisungen zu konkretisieren, d.h. den Mitarbeiter konkret anzuweisen, wie er seine Arbeitspflichten erfüllen soll.

Siehe hierzu die Ausführungen zu Schutz- und Fürsorgepflichten in Kapitel II B/3.2.2.9 (Arbeitsvertrag).

1.2 Schranken der Führung

Einschränkungen für den Arbeitgeber im Hinblick auf Weisungsrechte und Führung ergeben sich zunächst aus dem Arbeitsvertrag. Der Arbeitgeber kann einem Mitarbeiter, dessen Position im Arbeitsvertrag konkret als Buchhalter (ohne Versetzungsvorbehalt) umschrieben ist, nicht dauerhaft die Position eines Sachbearbeiters oder Vertriebsmitarbeiters zuweisen. Auch bei einseitigen Zielvorgaben (siehe Zielvereinbarungsgespräche VI A/5.2) muss der Arbeitgeber im Rahmen des »billigen Ermessens« die Arbeitnehmerinteressen berücksichtigen. Ziele müssen realistisch und objektiv erreichbar sein.

1.2.1 Menschenwürde/ Persönlichkeitsrecht

Bei der Erteilung von Weisungen muss der Arbeitgeber das grundsetzlich geschützte Recht auf Achtung der Würde und der freien Entfaltung der Persönlichkeit des Arbeitnehmers beachten. Bei Führungsanweisungen darf die Grenze zum »Mobbing« nicht überschritten werden. Dem Arbeitnehmer sollte nicht vermittelt werden, er sei persönlich oder fachlich für die Stelle ungeeignet oder minderwertig. Kritik muss sachlich und konstruktiv bleiben. Schikane, offen Diskriminierung und bewusste Unhöflichkeit bewirken nichts für die Motivation, können aber umgekehrt Anlass für den Mitarbeiter geben, den Arbeitgeber oder auch Kollegen zu verklagen. Derartige Verfahren vor den Arbeitsgerichten sind in den letzten Jahren häufiger geworden. (Zum Thema Mobbing siehe auch IV A/3.10 und Forum III/1.)

1.2.2 Grundsatz der Gleichbehandlung

Fragen der Gleichbehandlung ergeben sich insbesondere zwischen
- Frauen und Männern
- Arbeitern und Angestellten
- Teil- und Vollzeitbeschäftigten
- Führungskräften und Arbeitnehmern

Gleichberechtigungssatz
Arbeitnehmerinnen sind ihren männlichen Kollegen gleich gestellt. Sie dürfen durch Gesetz, Tarifvertrag, Betriebsvereinbarung oder Einzelarbeitsvertrag nicht benachteiligt werden. Nach Art. 3 Abs. 2 GG und Art. 119 EU-Vertrag muss Männern und Frauen bei gleicher Arbeit der gleiche Lohn gezahlt werden. Bei der Gleichbehandlung von Mann und Frau im Betrieb ist die Rechtsprechung des Europäischen Gerichtshofs von großer Bedeutung. Beispiele zu Ungleichbehandlungen, die von Gerichten beanstandet worden sind, entnehmen Sie bitte der Übersicht zu 1.2.2.

Gleichbehandlungsgrundsatz
Mitarbeiter dürfen aus sachfremden Gründen nicht ungünstiger behandelt werden als andere in vergleichbarer Lage (Benachteiligungsverbot). Wenn Sie also Einzelne oder Mitarbeitergruppen von allgemein begünstigenden Regelungen des Arbeitsverhältnisses ausnehmen bzw. schlechter stellen, muss es hierfür immer sachliche Gründe geben. Der Gleichbehandlungsgrundsatz verbietet nicht die Bevorzugung einzelner oder mehrerer Arbeitnehmer, wenn dies sachlichen Kriterien entspricht.

> ! Individuelle Vereinbarungen haben grundsätzlich Vorrang. Nach dem Grundsatz der Vertragsfreiheit können Löhne und Gehälter individuell ausgehandelt werden, ohne dass der Gleichbehandlungsgrundsatz verletzt wird. Es muss sich allerdings um echte individuelle Gehaltsvereinbarungen handeln. Dies ist nicht der Fall, wenn die Vergütungsregelung für ganze Gruppen von Arbeitnehmern nach einheitlichen Gesichtspunkten erfolgt (siehe I B/1.5.2).

Wenn Sie über mehrere Jahre hinweg die Gehälter der überwiegenden Mehrzahl der Arbeitnehmer regelmäßig erhöhen, so spricht nach der Rechtsprechung eine Vermutung dafür, das in diesen Erhöhungen auch

---

Übersicht (zu 1.2.2) Ungleichbehandlungen

- Sie dürfen eine weibliche Bewerberin nicht deshalb ablehnen, weil Sie wegen der Einstellung einer schwangeren Frau Nachteile wegen der Mutterschutzvorschriften befürchten.

- Sie müssen dem Gericht nachweisen, dass Ihre Lohnpolitik nicht diskriminierend ist, wenn ein weiblicher Arbeitnehmer auf Basis einer relativ großen Zahl von Arbeitnehmern belegt, dass das durchschnittliche Entgelt der weiblichen Arbeitnehmer niedriger ist als das der männlichen Arbeitnehmer.

- Bei der Einstellung ist eine Unterscheidung zwischen Männern und Frauen wegen ihres Geschlechts nur erlaubt, wenn die konkrete Art der Tätigkeit dafür spricht (z.B. schwere körperliche Arbeit, Tätigkeit als Nachtclubtänzerin). Wenn Sie einen Bewerber oder eine Bewerberin in geschlechtsdiskriminierender Weise ablehnen, hat dieser/diese zwar keinen Anspruch auf Einstellung, doch müssen Sie ggf. Schadensersatz zahlen.

ein Grundbetrag zum Zwecke des Kaufkraftausgleichs enthalten ist. Zumindest diesen Grundbetrag müssen Sie nach dem Gleichbehandlungsgrundsatz allen Mitarbeitern gewähren, es sei denn, es liegen sachliche Gründe für einen Ausschluss einzelner Mitarbeiter vor. Im konkreten Fall hat das BAG derartige Gründe nicht gesehen und den Mitarbeitern zumindest diese anteilige Erhöhung zugestanden.

Teilzeitbeschäftigten steht anteilig eine nach den gleichen Grundsätzen wie bei den Vollzeitkräften bemessene Vergütung zu. Im proportionalen Verhältnis der unterschiedlichen Arbeitszeiten zueinander hat ein Teilzeitbeschäftigter daher Anspruch auf die gleiche Vergütung.

2 Rechtsfolgen bei Pflichtverletzung des Arbeitnehmers

Als Arbeitgeber haben Sie verschiedene Möglichkeiten, auf Pflichtverletzungen des Arbeitnehmers zu reagieren (siehe Checkliste zu 2).

Die Anforderungen der Rechtsprechung an eine wirksame Abmahnung (siehe auch VIII B/2.5.3 sind:
1. präzise Beschreibung des Fehlverhaltens mit Datum, Uhrzeit usw.,
2. Hinweis, dass dieses Fehlverhalten eine Vertragsverletzung darstellt,
3. konkrete Androhung der Kündigung im Wiederholungsfall.

Die Formulierung einer Abmahnung entnehmen Sie bitte dem Muster zu 2, das Sie auch auf der CD-ROM finden.

3 Beachtung spezieller Arbeitnehmerrechte

3.1 Unterrichtung und Erörterungspflicht durch den Arbeitgeber

Der Arbeitnehmer hat einen Anspruch darauf, vor Aufnahme der Beschäftigung vom Arbeitgeber über seinen Aufgabenbereich und seine Verantwortung sowie über die Art seiner Tätigkeit und ihre Einordnung in den Arbeitsablauf des Betriebs unterrichtet zu werden.

Die Einweisung muss präzise und individuell auf den einzelnen Arbeitnehmer und seinen Arbeitsplatz abgestellt sein. Der Mitarbeiter muss mit den Arbeitsgeräten sowie deren Bedienung und Wartung vertraut gemacht werden. Bei Bildschirmarbeitsplätzen muss die verwendete Software erläutert werden.

Die Einweisung kann auch mündlich erfolgen.

Der Arbeitgeber muss den Mitarbeiter auch über etwaige Unfall- und Gesundheitsgefahren sowie über die Maßnahmen unterrichten, die zur Abwendung dieser Gefahren bestehen.

3.2 Anhörungs- und Erörterungsrecht des Arbeitnehmers

Der Arbeitnehmer ist berechtigt, sich in allen betrieblichen Angelegenheiten, die ihn persönlich betreffen, an seinen unmittelbaren Vorgesetzen zu wenden. Er ist weiterhin berechtigt, zu Maßnahmen des Arbeitgebers, die Auswirkungen auf seinen Arbeitsplatz oder seine persönliche Stellung im Betrieb haben, Stellung zu nehmen. Er kann Vorschläge für die Gestaltung des Arbeitsplatzes und des Arbeitsablaufs machen.

All diese Rechte sind im Betriebsverfassungsgesetz niedergelegt. Sie gelten jedoch auch in betriebsratslosen Betrieben.

Der Mitarbeiter kann ferner eine näherer Erläuterung über die Berechnung oder Zusammensetzung seiner Vergütung verlangen. Er hat Anspruch darauf, dass er die Lohn- oder Gehaltsabrechnung entschlüsseln und verstehen kann. Ggf. ist ihm die Zusammensetzung der Vergütung (Grundgehalt, Überstundenzulagen, Prämien, Vermögenswirksame Leistungen, etc.) zu erläutern.

Checkliste (zu 2)
So reagieren Sie auf Pflichtverletzungen Ihres Arbeitnehmers

1. Erscheint der Arbeitnehmer schuldhaft nicht zur Arbeit, so verletzt er seine Arbeitspflicht. **Der Arbeitgeber kann das Gehalt für diesen Zeitraum einbehalten sowie eine Abmahnung aussprechen. Im Wiederholungsfall ist eine Kündigung möglich.**

2. Eine Klage auf Erfüllung der Pflicht zur Arbeitsleistung bringt in der Praxis wenig, da ein solcher Anspruch nicht vollstreckbar wäre, d.h., der Arbeitnehmer kann nicht zur Arbeit gezwungen werden. **Eine entsprechende Klage (bzw. einstweilige Verfügung) kann jedoch zur Vorbereitung von Schadensersatzansprüchen sinnvoll sein.**

3. Gegen Handlungen des Arbeitnehmers entgegen einem Wettbewerbs- oder Nebentätigkeitsverbot kann der Arbeitgeber eine Unterlassungsklage – gegebenenfalls im Wege der einstweiligen Verfügung – erheben.

4. Schadensersatzansprüche gegen den Arbeitnehmer kommen nur in Betracht, wenn der Arbeitgeber
   - ein schuldhaftes (vorsätzliches oder fahrlässiges) Verhalten des Arbeitnehmers, sowie
   - einen konkret eingetretenen, exakt bezifferbaren Schaden und
   - die Verursachung dieses Schadens durch das Verhalten des Arbeitnehmers

   nachweisen kann. Die Anforderungen der Rechtsprechung an die Beweislast des Arbeitgebers sind hier sehr streng, was in der Praxis häufig zu Schwierigkeiten führt.

5. Arbeits- und Nebenpflichtverletzungen berechtigen den Arbeitgeber zur Abmahnung; wiederholt der Arbeitnehmer die Pflichtverletzung trotz erfolgter Abmahnung, kommt eine Kündigung des Arbeitsverhältnisses in Betracht. Bei schwerwiegenden Vertragsverletzungen kann das Arbeitsverhältnis auch gekündigt werden, wenn nicht bereits vorher wegen eines ähnlichen Verhaltens eine Abmahnung ausgesprochen worden ist. Vor Ausspruch einer Kündigung wegen Arbeitsvertragsverletzungen sollten Sie einen Rechtsanwalt konsultieren. Der Betriebsrat muss vor Erteilung einer Abmahnung grundsätzlich nicht, aber sehr wohl vor Ausspruch einer Kündigung angehört werden.

Muster (zu 2) Abmahnung (Verhalten)

Herrn/Frau ...
[Adresse] [Datum]

Abmahnung

Sehr geehrte/r Frau/Herr ...,

wir haben zum wiederholten Male feststellen müssen, dass Sie die betrieblichen Anwesenheitszeiten nicht einhalten. Diese sind – wie Sie wissen – montags bis freitags von 9.00 bis 17.00 Uhr bei einer Stunde Mittagspause.

Am 2. Februar 2002 sind Sie erst gegen 9.20 Uhr im Büro erschienen, am 10. Februar erst um 9.30 Uhr. am 11. Februar 2002 haben Sie Ihren Arbeitsplatz bereits um 15.10 Uhr verlassen. In sämtlichen Fällen haben Sie sich weder bei Ihrem Vorgesetzten abgemeldet noch haben Sie Ihr Fehlen in irgendeiner Form begründet oder entschuldigt.

Wir sehen Ihr Verhalten als unentschuldigtes Fehlen und damit als Verletzung Ihres Arbeitsvertrages an. Im Interesse der Erreichbarkeit für unsere Kunden sowie aus Gründen der Fairness gegenüber Ihren Kollegen können wir derartige Pflichtverletzungen nicht hinnehmen. Sollten sich derartige Vorfälle wiederholen, müssen Sie mit arbeitsrechtlichen Konsequenzen bis hin zu einer Beendigung des Arbeitsverhältnisses rechnen.

Mit freundlichem Gruß

Geschäftsführer/Prokurist/Vorgesetzter
(Unterschrift)

Der Mitarbeiter kann weiterhin in angemessenen Zeitabständen verlangen, dass gemeinsam mit ihm eine Beurteilung seiner Leistungen vorgenommen und seine weitere berufliche Entwicklung im Betrieb erörtert wird (siehe VI A/3.4 und 5). Hierunter sind auch die Möglichkeiten eines beruflichen Aufstiegs zu verstehen. Bei diesen Gesprächen kann der Mitarbeiter, sofern er es wünscht, ein Mitglied des Betriebsrats hinzuziehen.

3.3 Beschwerderecht des Arbeitnehmers

Jeder Mitarbeiter hat das Recht, sich beim Arbeitgeber zu beschweren, wenn er sich »benachteiligt oder ungerecht behandelt oder in sonstiger Weise beeinträchtigt fühlt«. Er kann ein Mitglied des Betriebsrates hinzuziehen.

Derartige Beschwerden werden des öfteren von Mitarbeitern erhoben, die sich von Lärm, rauchenden Kollegen, Vibrationen, Geruchsbelästigung, etc. beeinträchtigt fühlen. Die Beschwerde kann sich jedoch auch auf Belästigung durch Kollegen, Beleidigungen, ausländerfeindliches Verhalten, etc. beziehen.

Als Arbeitgeber sind Sie verpflichtet, die Berechtigung der Beschwerde zu prüfen. Eine Ablehnung der Beschwerde sollte eine Begründung enthalten.

> ⚠ Wenn der Arbeitgeber die Berechtigung der Beschwerde anerkennt, ist er auch verpflichtet, Abhilfe zu schaffen. Insoweit hat der Mitarbeiter dann einen Rechtsanspruch.

Nach dem Gesetz dürfen dem Arbeitnehmer wegen der Erhebung einer Beschwerde keine Nachteile entstehen.

4 Mitwirkungsrechte des Betriebsrats

4.1 Personalfragebogen/ Beurteilungsgrundsätze

Die Aufstellung und Verwendung von Fragebögen für Bewerber bedarf der vorherigen Zustimmung des Betriebsrates. Auch wenn Sie einen bereits verwendeten Fragebogen ändern wollen, ist dies mitbestimmungspflichtig. Der Betriebsrat kann sowohl bei der Frage mitbestimmen, ob überhaupt ein standardisierter Fragebogen verwendet werden soll, als auch beim Inhalt der einzelnen Fragen.

Ebenso besteht ein Mitbestimmungsrecht bei der Aufstellung allgemeiner Beurteilungsgrundsätze. Dies sind Regelungen, mit Hilfe derer die Bewertung des Verhaltens oder der Leistung der Arbeitnehmer objektiviert und nach einheitlichen Kriterien ausgerichtet werden soll, damit Beurteilungserkenntnisse miteinander verglichen werden können.

Hiervon werden auch Personalinformationssysteme erfasst, die Beurteilungsprofile etc. enthalten. Gleiches gilt für die Auswertung von Assessment Centern, psychologischen und graphologischen Tests. Nicht mitbestimmungspflichtig sind dagegen nach der Rechtsprechung reine Arbeitsplatz- oder Stellenbeschreibungen.

4.2 Ausländerintegration, Bekämpfung von Rassismus und Ausländerfeindlichkeit

Zu den Aufgaben des Betriebsrates gehört es, die Integration ausländischer Arbeitnehmer im Betrieb und das Verständnis zwischen ihnen und den deutschen Arbeitnehmer zu fördern. Er soll auf den Abbau wechselseitiger Vorurteile hinwirken.

Nach der Reform des Betriebsverfassungsgesetzes im Jahre 2001 soll der Betriebsrat nunmehr auch Maßnahmen zur Bekämpfung von Rassismus und Fremdenfeindlichkeit im Betrieb beim Arbeitgeber beantragen. Er kann z. B. anregen, dass der Arbeitgeber diese Frage auf einer Betriebsversammlung anspricht. Erforderlich ist jedoch ein konkreter Vorfall im Betrieb, der Anlass gibt,

Maßnahmen zur Bekämpfung zu ergreifen. Der Arbeitgeber muss sich nicht an allgemeinen Aufklärungskampagnen ohne konkreten Bezug zum Betrieb beteiligen.

4.3 Grundsätze für die Behandlung von Betriebsangehörigen

Der Betriebsrat hat – zusammen mit dem Arbeitgeber – darüber zu wachen, dass alle im Betrieb tätigen Personen (dies umfasst Leiharbeitnehmer oder Montagearbeitnehmer anderer Unternehmen) nach den Grundsätzen von »Recht und Billigkeit« behandelt werden. Insbesondere soll eine Diskriminierung wegen ihrer Abstammung, Religion, Nationalität, Herkunft, politischen oder gewerkschaftlichen Betätigung oder wegen ihres Geschlechts oder (neu) ihrer sexuellen Identität unterbleiben. Eine Differenzierung zwischen Arbeitnehmern, ohne dass dies durch einen sachlichen Grund gerechtfertigt wäre, ist hierdurch verboten.

4.4 Anwesenheit bei Gesprächen auf Wunsch des Arbeitnehmers

Bei der Erörterung über Fragen des Arbeitsplatzes und der ausgeübten Tätigkeit sowie bei Beschwerden (siehe 3.3) kann der Arbeitnehmer ein Mitglied des Betriebsrats hinzuziehen. Der Arbeitgeber muss die Anwesenheit des Betriebsratsmitglieds hinnehmen.

VII Personalentwicklung und Qualifikation

Inhaltsübersicht

A Management der Entwicklung von Mitarbeitern
1. Personalenwicklung und Weiterbildung
2. Trainee-Programm und Führungsentwicklung
3. Instrumente und Maßnahmen der Personalentwicklung
4. Weiterbildungsmaßnahmen: Kriterien für Erfolg
5. Betriebliche Berufsausbildung
6. Neue und modernisierte Ausbildungsberufe

B Personalentwicklung und Recht
1. Rechtliche Rahmenbedingungen und Mitbestimmung
2. Fortbildungsvertrag und Fortbildungskosten im Arbeitsverhältnis

Inhalt Kapitel VII

A	Management und Entwicklung von Mitarbeitern 303	4.4	Trainer 320	5.17	Kontrolle der Berufsausbildung 332
1.	Personalentwicklung und Weiterbildung: Zielsetzung und Konzeption 303	4.5	Organisation und Durchführung der Weiterbildung 321		*Das Berichtsheft 332*
		4.6	Kosten der Weiterbildung 321		*Betriebliche Beurteilungen 332*
		4.7	Weiterbildungsberatung und -information 322	5.18	Zeugniserstellung 333
1.1	Ziele 303	4.8	Auswertung: Erfolgskontrolle und Transfersicherung 322	5.19	Qualitätsanforderungen an die Berufsausbildung 333
1.2	Konzept 303				
1.3	Zielgruppen 304	4.9	Benchmarking 322	6.	Neue und modernisierte Ausbildungsberufe 335
1.4	Verantwortliche und Beteiligte 305	5	**Betriebliche Berufsausbildung 325**	6.1	Modernisierungsprozesse im Aufwind 335
1.5	Personalmarketing und Praktika 305	5.1	Personalentwicklung und duales Ausbildungssystem 325	6.2	Perspektiven der Reform in 2002 335
1.6	Qualifikationsbedarfsermittlung und Bedarfsorientierung 306	5.2	Voraussetzungen zum Ausbilden 325	6.3	Die vier neuen IT-Berufe auf dem Prüfstand 336
1.7	Kompetenz und Qualifikation 306		*Fachliche und persönliche Eignung der Ausbildenden 325*	6.4	Mit Erfolg ausbilden 337
2.	**Trainee-Programm und Führungs(nachwuchs-)entwicklung 308**		*Die Eignung der Ausbildungsstätte 325*	B	**Personalentwicklung und Recht 338**
2.1	Trainee-Programm 308	5.3	Tarifvertragliche Vereinbarungen 325	1	Rechtliche Rahmenbedingungen und Mitbestimmung 338
2.2	Förderung von Nachwuchsführungskräften 308	5.4	Zuständige Stellen 326		
		5.5	Arbeitnehmervertretung 326	2	Fortbildungsvertrag und Fortbildungskosten im Arbeitsverhältnis 338
2.3	Management Audit und Management Development 308	5.6	Planung und Bedarfsanalyse 327		
3.	**Instrumente und Maßnahmen von Personalentwicklung (PE) 309**	5.7	Kosten der Berufsausbildung 327		*Was ist berufliche Fortbildung? 339*
		5.8	Auszubildendenmarketing 327		*Ausnahme und Spezialfall: Die Bildungsurlaubsgesetze der Länder 339*
3.1	Leistungsbeurteilung 309	5.9	Auswahl und Einstellung der Auszubildenden 327		
3.2	Potenzialermittlung und -einschätzung 309	5.9.1	Anforderungsprofile für Auszubildende 327	2.1	Arten der Fortbildung 340
3.3	Personalentwicklungsgespräch (Beratungs- und Fördergespräch) 310	5.10	Berufsschule 327		*Arbeitsverhältnis zum Zwecke der Fortbildung 340*
		5.11	Prüfungen 328		*Fortbildung im bestehenden Arbeitsverhältnis 340*
3.4	Assessment Center (AC) 311	5.12	Organisationsformen 328		*Fortbildung außerhalb von Arbeitsverhältnissen 340*
3.5	Karriereplan und Employability 312	5.12.1	Kooperationen 328		
		5.13	Ausbildungsziele 329	2.2	Träger und Teilnehmer der Fortbildung 340
3.6	Nachfolgeplanung 313	5.13.1	Berufliche Handlungskompetenz 329		
3.7	Förderkartei und Nachwuchspool 313	5.13.2	Soziale Kompetenz 329	2.3	Der Fortbildungsvertrag – Anforderungen und Inhalt 341
3.8	On-the-job und Off-the-job 314	5.13.3	Interkulturelle Kompetenz 330	2.3.1	Hauptpflichten des Arbeitgebers und des Arbeitnehmers 341
3.9	Job Rotation, Job Enrichment, Job Enlargement 314	5.14	Ausbildungsmethoden 330		
		5.14.1	Vier-Stufen-Methode 330	2.3.2	Vergütung und Fortbildungskosten 341
3.10	Maßnahmen- und Aktivitätenplan 315	5.14.2	Projektmethode 330		
		5.14.3	Juniorfirma 330	2.4	Beendigung des Fortbildungsvertrages 342
4.	**Weiterbildungsmaßnahmen: Kriterien für Erfolg 316**	5.15	Sozialpädagogische und überfachliche Maßnahmen 331	2.5	Tragung und Rückzahlung von Fortbildungskosten 343
4.1	Betriebliche Bildungsmaßnahmen 316		*Einführungswoche 331*		
			Sozialpädagogische Kurse 331		*Tarifliche Rückzahlungsklauseln 344*
4.2	Inhalte der Weiterbildung 317		*Aktions- und Projektwochen, Studienfahrten 331*		
4.3	Methoden in der Weiterbildung 318	5.16	Pädagogische und psychologische Grundlagen 332		*Einzelarbeitsvertragliche Rückzahlungsklauseln 344*
4.3.1	E-Learning 319				

A Management und Entwicklung von Mitarbeitern

1. Personalentwicklung und Weiterbildung: Zielsetzung und Konzeption

1.1 Ziele

Ihr Unternehmen verfolgt strategische Ziele. Aufbau- und Ablauforganisation müssen daraufhin überprüft, abgestimmt und ggf. rechtzeitig verändert werden. Unternehmen und Organisationsformen unterliegen somit ständigen Entwicklungsprozessen. Ob die Entwicklungen in der Praxis so erfolgen, wie Sie sich das vorstellen, hängt jedoch maßgeblich von der Qualifikation, Kompetenz und Motivation Ihrer Mitarbeiter ab. Den Marktanforderungen von morgen können Sie nur mit den Mitarbeitern von morgen erfolgreich begegnen. Ihr Personal zu entwickeln ist daher das wesentliche Element jeglicher Organisations- und Unternehmensentwicklung.

> **!** Machen Sie Personalentwicklung zur »Chef-Sache« und verdeutlichen Sie Ihren Führungskräften, dass die Entwicklung ihrer Mitarbeiter zu ihren Hauptaufgaben gehört und an niemanden sonst delegiert werden kann. Denn Qualifikation und Motivation der Mitarbeiter haben direkte Auswirkungen auf die Qualität Ihrer Produkte und Dienstleistungen und damit auch auf Ergebnisse und Erfolg Ihres Unternehmens.

Es empfiehlt sich, Personalentwicklung nicht eng abzugrenzen, gar im Gegensatz zur Aus- und Weiterbildung, sondern den Gesamtzusammenhang im Rahmen von Unternehmens- und Personalführung zu berücksichtigen. Die Übersicht zu 1.1 zeigt den systematischen Zusammenhang zwischen Training, Aus- und Weiterbildung, Personal-, Organisations- und Unternehmensentwicklung als ein Stufenkonzept. Ganzheitliche Personalentwicklung zielt bei Führungskräften und Mitarbeitern auf:

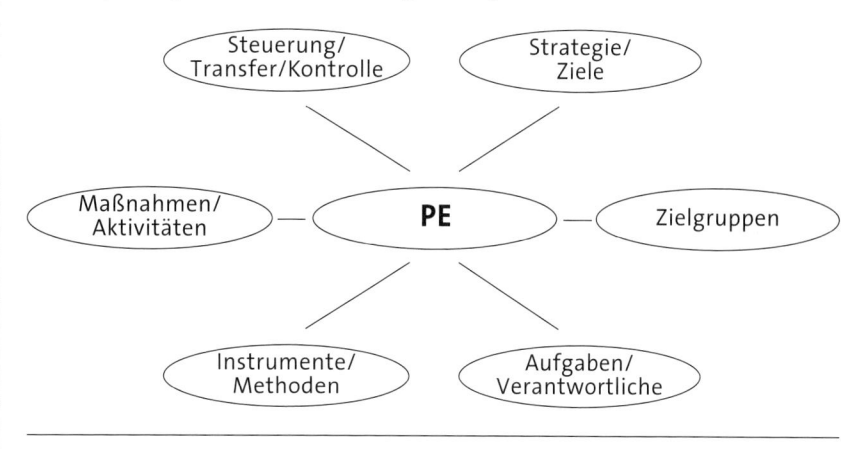

- Orientierung (Ziele, Prozesse, Ergebnisse),
- Zugehörigkeit, Identifikation und Akzeptanz,
- Selbstmotivation und Selbststeuerung,
- Kompetenz und Professionalität,
- Leistungsmotivation und Engagement,
- Eigenverantwortung, unternehmensbezogenes Denken und Handeln,
- Mobilität und Flexibilität,
- Innovationsfähigkeit,
- Lern- und Veränderungsbereitschaft,
- Selbstständigkeit und Entscheidungsfähigkeit,
- Markt- und Kundenorientierung,
- Qualitätsbewusstsein,
- Kooperation und Teamorientierung sowie
- Beschäftigungsfähigkeit (Employability).

Übersicht (zu 1.1) systematischer Aufbau: Stufenkonzept

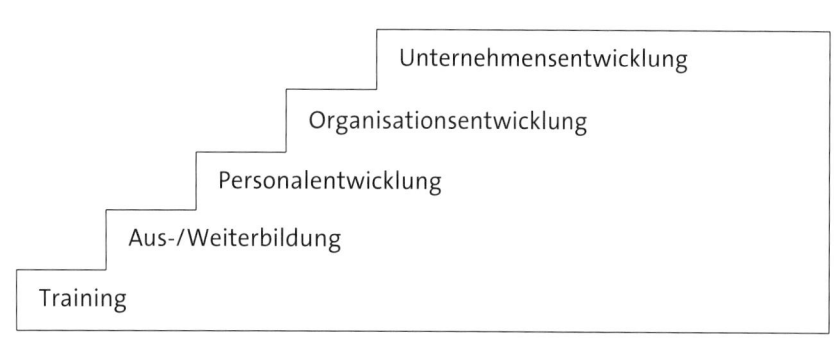

Stufen (von unten nach oben):
Training → Aus-/Weiterbildung → Personalentwicklung → Organisationsentwicklung → Unternehmensentwicklung

Stufen der Komplexität:
Die Elemente bauen aufeinander auf, sie sind Teil eines Ganzen.

Grafik (zu 1.2) Personalentwicklungskonzept

Zentrum: **PE**, umgeben von:
- Steuerung/Transfer/Kontrolle
- Strategie/Ziele
- Maßnahmen/Aktivitäten
- Zielgruppen
- Instrumente/Methoden
- Aufgaben/Verantwortliche

1.2 Konzept

> **!** Führen Sie Personalentwicklung systematisch ein.

Aus Ihren Zielvorstellungen entwickeln Sie zunächst ein Konzept, das darüber Auskunft gibt, wie Sie Ihre Ziele erreichen wollen. Das Personalentwicklungskonzept macht Aussagen zu den in Grafik zu 1.2 dargestellten Bereichen. Es kann darüber hinaus Prioritäten, Umsetzungsschritte sowie exemplarische Einzel-

Übersicht (zu 1.2) 10 Schritte zur Einführung

1. Entwurf erarbeiten
2. Entwurf in repräsentativem Team präsentieren, diskutieren und verabschieden
3. Information und Beratung mit dem Betriebsrat
4. Präsentation – Verteilung schriftlich (als »Entwurf«) an alle Führungskräfte
5. Überarbeitung auf Grund der Diskussionen, Anregungen, Kritik (Endfassung)
6. Entscheidung im Management: Verabschiedung Personalentwicklungskonzept
7. Veröffentlichung der Personalentwicklungskonzeption
8. Umsetzung in Personalentwicklungs-Aktivitäten
9. Transfer- und Erfolgskontrolle
10. Anpassung der Personalentwicklungskonzeption (Up-date)

Übersicht (zu 1.3) Zielgruppen

- Führungskräfte/Managemententwicklung
- Führungsnachwuchskräfte/Trainees
- einzelne Spezialisten, z.B.
  - Verkäufer im Innendienst/Außendienst
  - Servicetechniker/Kundendienstmonteure
  - Entwicklungsingenieure
  - Ausbilder/Trainer
- neue Mitarbeiter in der Einarbeitung
- Mitarbeiter mit neuen/anderen Aufgaben
- bestimmte Berufsgruppen/Funktionsgruppen (vgl. Spezialisten) für gemeinsames Handeln bzw. gleiches Auftreten
- bestimmte Personengruppen, z.B.
  - Frauenförderung
  - Reintegration nach Familienpause
  - Integration ausländischer Mitarbeiter
  - Reintegration von (Langzeit-)Arbeitslosen
- Projektteams
- Coaches, Trainer; Multiplikatoren
- Externe, wie Schüler, Studenten und Praktikanten

Übersicht 1 (zu 1.4) Aufgabenverteilung aller Beteiligten

Unternehmensleitung
- definiert Ziele, entscheidet Prioritäten
- lebt Lern- und Veränderungskultur vor
- berücksichtigt Weiterbildung bei technischen, organisatorischen (Grundsatz-)Entscheidungen
- stellt finanzielle Mittel bereit

Vorgesetzter/Führungskraft
- informiert, berät und fördert den Mitarbeiter hinsichtlich seiner Weiterbildung und Entwicklung
- erfasst Diskrepanz zwischen IST-Qualifikation des Mitarbeiters und SOLL-Zustand entsprechend der Arbeitsanforderungen direkt (Bedarfsermittlung)
- nutzt die Instrumente der Personalentwicklung für gezielte Maßnahmen
- führt Erfolgskontrolle durch und fördert den Transfer
- ist ggf. selbst als Trainer tätig

▼

schwerpunkte, die für Sie strategisch bedeutsam sind, enthalten. Veröffentlichen Sie Ihr Personalentwicklungskonzept schriftlich im Unternehmen (evtl. im Intranet), um Akzeptanz und Transparenz zu schaffen. Dabei kommt es nicht auf »Hochglanz-Broschüren« an. Viel wertvoller für den Erfolg ist es, Führungskräfte und Mitarbeiter in den Prozess einzubeziehen (siehe Übersicht zu. 1.2). Prüfen Sie, ob Sie für die Konzeptentwicklung externe Unterstützung (Beratungsdienstleistung) in Anspruch nehmen wollen. Wenn ja, achten Sie darauf, dass Ihr Personalentwicklungskonzept nicht durch unverbindliche Allgemeinplätze gekennzeichnet ist, sondern gezielt und konkret Ihre Unternehmenssituation aufgreift und einbezieht.

1.3 Zielgruppen

Personalentwicklung und Weiterbildung zielen auf künftig zu bewältigende Aufgaben und deren Anforderungen sowie auf künftig benötigte Mitarbeiter und deren Qualifikationen. Dabei stehen erfahrungsgemäß bestimmte Zielgruppen im Vordergrund (siehe Übersicht zu 1.3). In der Praxis kommt es darauf an, dass Sie die Wahl Ihrer Zielgruppen strategisch ausrichten und die richtigen Prioritäten setzen.

Definieren Sie die Zielgruppen und schränken Sie sie bewusst ein; vermeiden Sie die unproduktive Gefahr von »Versandhauskatalogen«. Konzentrieren Sie sich auf die für Sie wichtigen Zielgruppen. Hier können Sie durchaus von Zeit zu Zeit (z.B. jährlich) unterschiedliche Schwerpunkte setzen.

Wie bei anderen unternehmerischen Aufgabenstellungen fällt die Entscheidung, welche Zielgruppen Sie entwickeln wollen, auch vor dem Hintergrund von:
- Kosten und Nutzen (Input/Output),
- Zeitbedarf und Zeitdruck,
- Angebot und Nachfrage auf dem Arbeitsmarkt.

Die Frage »Make or Buy?« (machen oder Kaufen) können Sie grundsätzlich auch auf Personalentwicklung und Weiterbildung übertragen.

> Für bestimmte Zielgruppen gibt es teilweise Fördermittel, z.B. für Ausbildungsprogramme für Jugendliche, die Reintegration von Langzeitarbeitslosen u.s.w.. Die Arbeitsämter, Kammern und Verbände halten hierfür Informationsunterlagen bereit. (Siehe auch Forum I/1)

1.4 Verantwortliche und Beteiligte

Personalentwicklung wird durch das aktive Handeln aller Verantwortlichen und Beteiligten erreicht (siehe Übersicht 1 zu 1.4). Der Gedanke, dass der Mitarbeiter selbst zuallererst für seine Qualifikation und seine berufliche sowie persönliche Entwicklung verantwortlich ist, gewinnt an Bedeutung und kann mit dem Konzept »Selbstmanagement« gezielt gefördert werden. Die Aufgabenverteilung aller Beteiligten entnehmen Sie bitte der Übersicht 2 zu 1.4.

Im Rahmen eines »Employee Selfservice« entwickeln gegenwärtig vor allem international operierende moderne Unternehmen Personalinformationssysteme, die durch die Mitarbeiter selbst gespeist und gepflegt werden. Hierdurch entsteht eine größere Transparenz verfügbarer Qualifikationen und Potenziale auf dem internen, globalen Arbeitsmarkt.

1.5 Personalmarketing und Praktika

Durch ein gutes Personalmarketing gewinnen Sie qualifizierte und motivierte Mitarbeiter von außen für das Unternehmen und binden interne Mitarbeiter. Zwischen der Binnen- und Außenwirkung sowie der Fluktuation und Rekrutierung besteht ein enger Zusammenhang.

> In Zeiten knapper Spezialisten und hoher Fluktuation spielt die Bindung (Retention) Ihrer Leistungsträger eine wichtige Rolle für die Wettbewerbsfähigkeit.

Ein Praktikumsangebot hilft bei der frühzeitigen Personalakquisition schon in der Phase der Berufsvorbereitung. Praktika werden je nach den

Mitarbeiter
- ist zunächst für sich selbst verantwortlich (Selbstmanagement)
- ist Fachmann für die eigenen Stärken und Schwächen bei der Aufgabenbewältigung
- nennt Wünsche und Bedarf (intern/extern)
- organisiert selbst eigene Qualifizierungsmaßnahmen
- nutzt eigenständig unterschiedliche Medien, Quellen und Wege des Lernens
- setzt eigene Ziele für Qualifizierung und Entwicklung
- erkennt Defizite, wenn ihm die Anforderungen klar benannt werden
- entscheidet durch seine Lernbereitschaft über Erfolg oder Misserfolg der Qualifizierungsmaßnahme
- wirkt an der Erfolgskontrolle mit
- setzt Gelerntes in die Praxis um (Transfer)

Ausbilder/Trainer
- bereitet konkrete Bildungsmaßnahme vor
- führt Trainingsmaßnahme ziel- und teilnehmerorientiert durch
- organisiert den Lernprozess
- fördert den Transfer und wirkt an der Erfolgskontrolle mit

Betriebsrat
- hat Beratungs- und Mitbestimmungsrechte
- sollte die Durchführung unterstützen
- beeinflusst die Akzeptanz bei den Mitarbeitern

Personal- bzw. Weiterbildungsabteilung
- berät die Betriebsabteilung
- ermittelt »vor Ort« (mit Mitarbeiter und Vorgesetzten) den Bedarf
- plant und organisiert die Maßnahme
- informiert, vermittelt und unterstützt den Selbstlernprozess (Eigeninitiative) der Mitarbeiter
- wirkt an der Erfolgskontrolle mit

Übersicht 2 (zu 1.4) Aufgaben-Verantwortungs-Matrix

WAS Aufgaben	WER Verantwortliche	MIT WEM Beteiligte
Nachwuchs gewinnen und fördern	Personalfunktion	Führungskräfte
Qualifikationsanforderungen definieren	Führungskräfte	Personalfunktion
Qualifikation der Mitarbeiter sichern	Führungskräfte/ Mitarbeiter	Personalfunktion
institutionalisierte Mitarbeitergespräche führen	Führungskräfte/ Mitarbeiter	Personalfunktion
Karrierepläne realisieren	Führungskräfte/ Mitarbeiter	Personalfunktion
Potenzial ermitteln	Führungskräfte	Personalfunktion
Personalentwicklungsbedarf ermitteln	Personalfunktion	Führungskräfte

VII. Personalentwicklung und Qualifikation

Übersicht (zu 1.5) Praktikum

Personengruppe	Dauer (ca.)
Schüler	2 – 3 Wochen
Studenten	
▪ freiwilliges Praktikum, Semesterferien	1 – 3 Monate
▪ Grundpraktikum	6 – 12 Wochen
▪ Fachpraktikum	3 – 6 Monate
▪ fachpraktisches »Jahr«	4 – 12 Monate
▪ Semesterarbeit	3 – 4 Monate
▪ Diplomarbeit/Examensarbeit	3 – 6 Monate
Umschüler	4 – 12 Wochen
Lehrgangsteilnehmer	3 – 6 Monate

Grafik (zu 1.6) Bedarfsermittlung

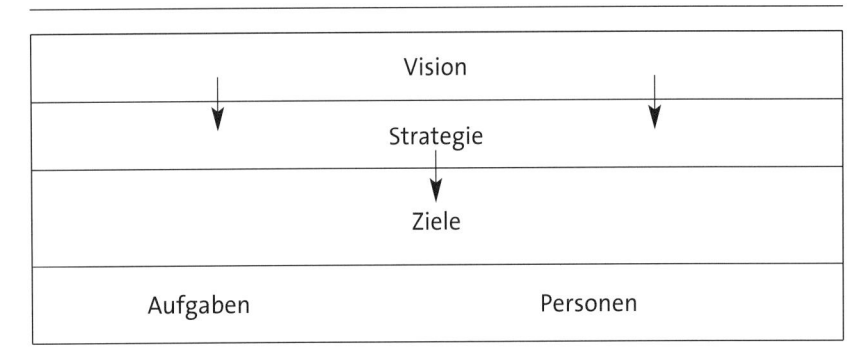

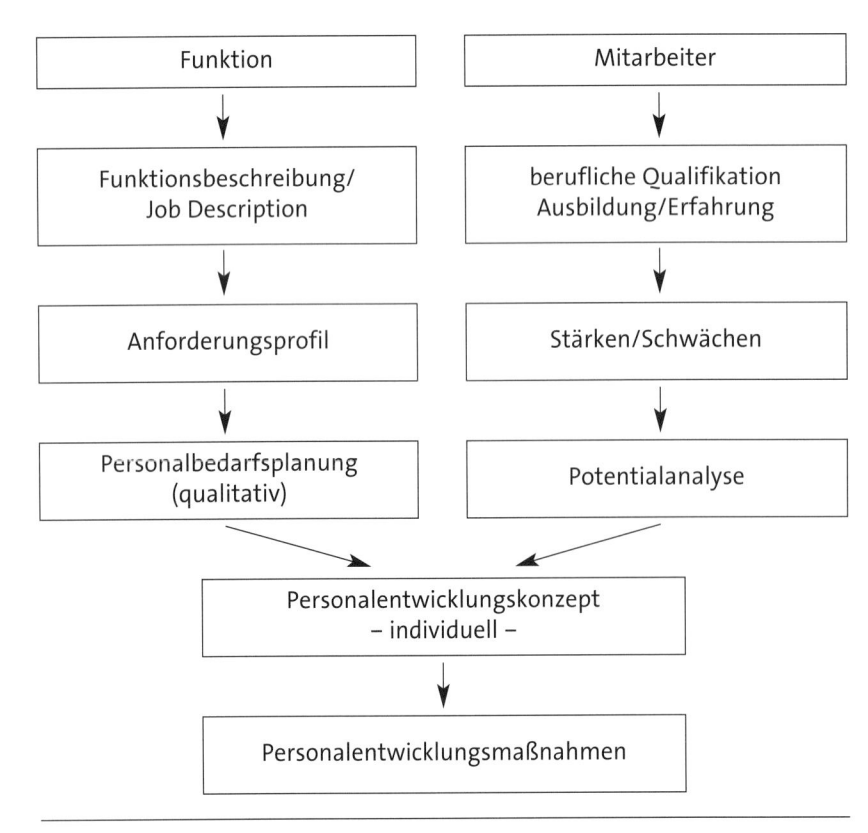

```
          Vision
            ↓
         Strategie
            ↓
           Ziele

    Aufgaben      Personen


    Funktion              Mitarbeiter
       ↓                       ↓
  Funktionsbeschreibung/  berufliche Qualifikation
    Job Description        Ausbildung/Erfahrung
       ↓                       ↓
  Anforderungsprofil       Stärken/Schwächen
       ↓                       ↓
  Personalbedarfsplanung   Potentialanalyse
    (qualitativ)
              ↓         ↓
      Personalentwicklungskonzept
           – individuell –
                  ↓
      Personalentwicklungsmaßnahmen
```

räumlichen, fachlichen und personellen Voraussetzungen für unterschiedliche Personengruppen angeboten (siehe Übersicht zu 1.5). Der Nutzen liegt auf der Hand. Der Praktikant lernt Berufsfeld, Aufgaben, Tätigkeiten, Personen und den betrieblichen Alltag des Unternehmens kennen. Das Unternehmen wirbt für Ausbildungs- und Arbeitsplätze und lernt potenzielle Mitarbeiter persönlich kennen. Praktikumsbetrieb und Praktikant sollten beide von der Integration in den Arbeitsalltag profitieren. Aber auch wenn sich herausstellt, dass keine gemeinsame Perspektive besteht, wird der Praktikant seine Zufriedenheit über das Praktikum nach »außen« tragen, eine sinnvolle Investition in Zeit und Geld! Viele Schulen, Hochschulen oder Institute geben Praktikumsrichtlinien oder Muster für Praktikumsverträge heraus. Prüfen Sie diese, bevor Sie Praktika vereinbaren. Die Frage der Vergütung wird bei Praktikanten recht unterschiedlich gehandhabt. Nicht immer entstehen überhaupt Personalkosten; falls doch, bildet die übliche Ausbildungsvergütung eine Richtschnur.

1.6 Qualifikationsbedarfsermittlung und Bedarfsorientierung

Ausgangspunkt für die Bedarfsermittlung sind die heute und künftig zu bewältigenden Aufgaben, die daraus abgeleiteten Anforderungen an die fachliche, methodische und soziale Kompetenz sowie die damit heute und künftig benötigten Qualifikationen der Mitarbeiter (siehe Grafik zu 1.6).

Die Gegenüberstellung von Anforderungsprofilen der Funktionen und Aufgaben zu Qualifikationsprofilen der Mitarbeiter ergibt den Qualifikationsbedarf . Wie Führungskräfte diesen Bedarf bei Ihren Mitarbeitern feststellen können, entnehmen Sie bitte der Checkliste zu 1.6 (auch als passendes Word-Dokument auf der beigefügten CD-ROM).

1.7 Kompetenz und Qualifikation

Kompetenz und Qualifikation sind auch in der Personalführung und der Ausbildung inzwischen zu Schlüssel-

begriffen geworden. Unterschiedliche Kompetenz- oder Qualifikationsbegriffe lassen sich den drei allgemein anerkannten Kategorien zuordnen:
- Fachkompetenz/fachliche Qualifikation,
- Methodenkompetenz/methodische Qualifikation (überfachlich),
- Sozialkompetenz/soziale Qualifikation (außer- oder nichtfachlich).

Fachliche, methodische und soziale Qualifikation zusammen bilden die berufliche Handlungskompetenz, wobei für das berufliche Alltagshandeln die verschiedenen Kompetenzfelder je nach
- konkreter Aufgabe/Tätigkeit,
- beteiligten Personen,
- situativen Erfordernissen,
- Rahmenbedingungen des Umfelds

unterschiedliche und wechselnde Bedeutung haben.

Kenntnisse, Fähigkeiten und Fertigkeiten (Kennen und Können) sind notwendige, aber noch nicht ausreichende Qualifikationen. Leistungsbereitschaft und Motivation (Wollen) sind die ausschlaggebenden Faktoren für Anwendung und Umsetzung sowie den Erfolg beruflichen Handelns.

> Setzen Sie diese allgemeine Erkenntnis in ein konkretes Kompetenz-Modell für Ihr Unternehmen bzw. Ihren Anwendungsbereich um:

- Definieren Sie die jeweils entscheidenden relevanten Kernkompetenzen;
- beschreiben Sie beispielhaft positive wie negative Verhaltensmerkmale;
- listen Sie die zugehörigen notwendigen Qualifikationen, Kenntnisse, Fähigkeiten und Einstellungen auf.

Qualifikationen aus den Bereichen Methodenkompetenz und Sozialkompetenz werden auch als »Schlüsselqualifikationen« bezeichnet, dazu gehören u.a.::
- Feedbackfähigkeit,
- Flexibilität,
- Führungsfähigkeit,
- Innovationsfähigkeit,
- Kommunikationsfähigkeit,
- Komplexitätsbewältigung,

Checkliste (zu 1.6) Qualifikationsermittlung

1. Was muss der Arbeitsplatzinhaber jetzt können?
Alle für den Arbeitsplatz relevanten fachlichen und überfachlichen Qualifikationsanforderungen:
- Fachwissen/Kenntnisse
- Methoden/Abläufe/Prozesse/Verfahren
- Information/Kommunikation/Kooperation/Führung

2. Was muss der Arbeitsplatzinhaber zukünftig können?
Zukünftige Arbeitsplatzanforderungen an den Mitarbeiter, wenn z.B.:
- neue Maschinen eingesetzt werden
- andersartige Produkte hergestellt werden
- neue Fertigungsverfahren eingeführt werden
- neue Rechtsvorschriften erlassen werden
- der Betriebsablauf umorganisiert wird
- neue Informationstechniken/Software (EDV) installiert werden

3. Was kann der jetzige Arbeitsplatzinhaber?
Fähigkeiten und Fertigkeiten des Mitarbeiters:
- Stärken
- Kompetenzen
- Erfahrungen
- Einstellung/Motivation
- Interessen

4. Was kann der Arbeitsplatzinhaber nicht/noch nicht gut genug?
Qualifikationsdefizite:
- Schwächen (fachlich/persönlich)

5. Lässt sich das Defizit durch Weiterbildung abbauen?
Weiterbildung: Ja oder Nein
Entscheiden Sie, ob das festgestellte Qualifikationsdefizit mit Weiterbildungsmaßnahmen abgebaut werden kann. Nicht hinter jedem Defizit steckt ein Bedarf nach Weiterbildungsmaßnahmen, ggf. sind andere Maßnahmen einzuleiten:
- Training kann helfen
- andere Personalentwicklungsinstrumente können eingesetzt werden
- richtiger Mitarbeiter am richtigen Platz?

6. Was muss der Mitarbeiter lernen, um 1./2. gerecht zu werden?
Art der Weiterbildung:
- welche Inhalte und welche Art (Training on-the-job, Seminar oder Lehrgang, innerbetrieblich oder außerbetrieblich u.a.)
- welcher Zeitaufwand (Tage, Stunden)
- welche Kosten

7. Wann muss die Weiterbildung spätestens begonnen werden?
Zeitpunkt der Weiterbildung:
Legen Sie fest, wann die Weiterbildung spätestens beginnen muss, damit die Wettbewerbsfähigkeit Ihres Betriebs nicht beeinträchtigt wird.

- Konfliktfähigkeit,
- Konzentrationsfähigkeit,
- Kooperationsfähigkeit,
- Kreativität,
- Kritikfähigkeit,
- Leistungsbereitschaft,
- Lernfähigkeit,
- Problemlösefähigkeit,
- Selbstständigkeit,
- Teamfähigkeit,
- Veränderungsbereitschaft,
- Verantwortungsbewusstsein,
- Zuverlässigkeit.

Während die Bedeutung der Fachkompetenz konstant bleibt, steigt die Relevanz von Anwendungswissen neuer Technologien, insbesondere der Informations- und Kommunikationstechniken (IT-Kompetenz). Durch höhere Komplexitätsgrade und Kooperationserfordernisse gewinnen auch Schlüsselqualifikationen stark an Bedeutung. Hierauf sollten Sie gezielt bei der Konzipierung und Umsetzung Ihrer Personalentwicklung achten.

2. Trainee-Programm und Führungs(nachwuchs-)entwicklung

2.1 Trainee-Programm

Wenn Sie für mittelfristig zu besetzende Positionen akademisch ausgebildete Nachwuchskräfte gewinnen und entwickeln wollen, sind gezielte Trainee-Programme ggf. das richtige Angebot. Trainee-Programme dauern meist 12, manchmal auch 18 Monate und bieten zielstrebigen Hochschulabsolventen mit hohem Potenzial einen attraktiven Unternehmenseinstieg. Indem der Trainee verschiedene Abteilungen durchläuft, erhält er einen Überblick über das gesamte Unternehmen und kann später unternehmensweite Fach- oder Führungsaufgaben übernehmen.

Klären Sie vor der Entscheidung für einen Trainee jedoch folgende Fragen:
- Welche Anforderungen werden an den Trainee gestellt?
- Welches Qualifikationsprofil soll der zukünftige Trainee mitbringen, fachlich und persönlich?
- Welche erste Einsatzmöglichkeit nach Abschluss des Trainee-Programms ist vorgesehen?
- Welche weiteren Einsatzperspektiven bestehen kurz-, mittel- und langfristig bei positiver beruflicher Entwicklung des Trainees?

Vermeiden Sie es, falsche oder überzogene Hoffnungen beim Trainee zu wecken (z.B. Karrieretempo, Karriereschritte oder -positionen). Vage Andeutungen oder optimistische Versprechungen in der Anwerbephase können sich sehr schnell negativ auf Motivation, Leistung und Fluktuation auswirken. Ohnehin sind bei dieser Zielgruppe die Erwartungen, »gefordert und gefördert« zu werden, sehr hoch. Hier helfen vor allem Realismus, Transparenz und Offenheit bei der kontinuierlichen Begleitung sowie Rückkopplungen über Leistung und Verhalten des Trainees.

2.2 Förderung von Nachwuchsführungskräften

Die meisten Maßnahmen und Instrumente der Personalentwicklung (PE) zielen in erster Linie auf die Entwicklung einzelner Mitarbeiter oder Führungskräfte ab. Ein weitergehender Ansatz ist die Organisationsentwicklung (OE). Hierbei geht es um gemeinsame Maßnahmen für ganze Organisationseinheiten oder Zielgruppen. Besonders lohnend, speziell in größeren Unternehmen, sind Programme für Nachwuchskräfte. Hier können als Synergie von PE und OE miteinander verbunden werden:
- Kennenlernen und Bindung (Retention),
- Bearbeitung konkreter, bereichsübergreifender Projekte (Action Learning) sowie
- Verhaltens- und Potenzialeinschätzung.

Das Strukturmerkmal Organisationsentwicklung bieten z.B. Führungskräftetagungen/-konferenzen, Führungsnachwuchskräftemeetings, regelmäßige Trainee-Treffen, die sich jeweils an die gesamte Zielgruppe gleichzeitig wenden. Sie dienen
- strategischen Orientierung,
- Zielfindung und Zielvereinbarung,
- Informationsvermittlung und
- Netzwerkbildung.

2.3 Management Audit und Management Development

Ein Management Audit oder Management Appraisal verschafft Ihnen Überblick über die Fähigkeiten und Potenziale Ihrer Führungskräfte. Es sollte längerfristig Bestandteil eines Change-Management-Prozesses sein, d.h. Veränderungen und Verbesserungen der Managementqualität zum Ziel haben. Für dieses Ziel muss ein Audit mit fundierten Methoden durchgeführt werden, am besten von unabhängigen externen Beratern. Verschiedene Anbieter haben hierfür jeweils eigenständige Verfahren entwickelt. Dabei ist unbedingt zu berücksichtigen, dass nicht jede Methode für jede Problemstellung geeignet ist. Die konkrete Anwendung der Methode richtet sich immer nach den individuellen Erfordernissen Ihres Unternehmens. Die meisten Audit-Verfahren weisen folgende Komponenten auf:
- Ein Briefing des Beraters durch die Unternehmensleitung informiert über den Anlass des Audits, die Unternehmenssituation und andere relevante Faktoren, sowie darüber, welche Führungskräfte in das Audit einbezogen werden.
- Das eigentliche Audit, also die Durchführung der Interviews einschließlich ihrer Vorbereitung. Dazu gehört auch die
- Vorstellung des Audits vor den Führungskräften, was für deren Akzeptanz besonders wichtig ist, sowie die
- Auswertung und Aufbereitung der Resultate wie auch ihre Präsentation vor der Unternehmensleitung und vor den Führungskräften.

Häufig bieten Berater den Betrieben die zusätzliche Nachbereitung an. Einige Wochen oder Monate nach Ende des Audits führen sie erneut Interviews mit verschiedenen Führungskräften über die Auswirkungen der Audits. Die Resultate geben sie an die Unternehmensleitung zurück, um ggf. weitere Veränderungen vorzunehmen.

Folgende Punkte haben die verschiedenen Audit-Verfahren gemeinsam:
- Audits basieren auf Indikatoren, d.h. auf Merkmalen, die ein gewünschtes Führungsverhalten beschreiben. Sie bilden den »harten Kern« des Audits. Die Auswahl der Indikatoren wechselt von Anbieter zu Anbieter.
- Es wird ein Anforderungsprofil für die Position erstellt, die der Manager einnimmt, oder für die Aufgabe, die er lösen soll,. Die Berater verwenden hierfür unterschiedliche Methoden.

In Zusammenarbeit mit erfahrenen Trainern und Beratern können Sie auch gezielte Management Entwicklungsprogramme durchführen. Diese sind besonders wirkungsvoll und treffen auf hohe Akzeptanz, wenn Trainingseinheiten (Learning Sessions) z.B. in Kooperation mit Hochschulen und speziellen Business Schools angeboten werden. Der Abgleich von Selbst- und Fremdbild, praxisbezogene Fallstudien (Case Studies), Projekte und neue Ansätze des Action Learnings (konkrete Veränderungsprojekte im eigenen Arbeitsalltag oder parallel zu den Hauptaufgaben im übergreifenden Bereich) gehören zu den erfolgreichen Methoden des Management Development.

3. Instrumente und Maßnahmen von Personalentwicklung (PE)

3.1 Leistungsbeurteilung

Die Leistungsbeurteilung ist Ausgangspunkt und Voraussetzung für PE- und Weiterbildungsmaßnahmen. Die Führungskraft hat hier, genauso wie bei der Potenzialeinschätzung (siehe 3.2) und dem Beratungs- und Fördergespräch (siehe 3.3), die Schlüsselfunktion. Sie beurteilt die Leistungen des Mitarbeiters nach Quantität und Qualität. Voraussetzungen sind genaue Beobachtungen des Leistungsverhaltens und kontinuierliche Rückkopplungsgespräche zwischen Führungskraft und Mitarbeiter im Arbeitsalltag.

> **!** Es dürfen keine Eigenschaften von Mitarbeitern beurteilt werden, sondern beobachtbares Verhalten, das sich auf die Anforderungen des Arbeitsplatzes bzw. der Funktion bezieht.

Muster (zu 3.1) Leistungsbeurteilung

	Beurteilungskriterien	Die Leistung ist nicht ausreichend	Die Leistung entspricht im Allgemeinen den Anforderungen	Die Leistung entspricht in vollem Umfang den Anforderungen (Normleistung)	Die Leistung übertrifft die Anforderungen	Die Leistung übertrifft die Anforderungen erheblich	erreichte Punkte	Bemerkungen
1	**Arbeitsqualität** Fehlerfreiheit, Verwendbarkeit, (Termin-)Genauigkeit, Sorgfalt, Ergebnisse	0–1	2–3	4–6	7–8	9–10		
2	**Arbeitsquantität** Menge, Belastbarkeit, Zeitnutzung, Ergebnisse	0–1	2–3	4–6	7–8	9–10		
3	**Kostenbewusstsein** Aufwand von Verfahren, Personen, Material	0–1	2–3	4–6	7–8	9–10		
4	**Arbeitseinsatz** Initiative, Selbstständigkeit, Flexibilität, Vielseitigkeit	0–1	2–3	4–6	7–8	9–10		
5	**Kundenorientierung** intern/extern, Problemlösung, Dienstleistung, Zuverlässigkeit	0–1	2–3	4–6	7–8	9–10		
6a	**Zusammenarbeit** Teamverhalten, Information, Beratung	0–1	2–3	4–6	7–8	9–10		
6b	**Mitarbeiterführung** (für Vorgesetzte) Zielsetzung, Information, Delegation, Kontrolle, Förderung, Beurteilung	0–1	2–3	4–6	7–8	9–10		
	Gesamtsumme							

Die Leistungsbeurteilung erfolgt gemeinsam mit dem Mitarbeiter und soll in Förder- und Entwicklungsmaßnahmen einmünden. Ein Ergebnis dieser Beurteilung ist in der Praxis jedoch häufig die Festlegung von Leistungszulagen. Wenn die Entgelthöhe mit einbezogen wird, sollten die Gespräche zur Leistungsbeurteilung von denen zur Personalentwicklung (Beratung und Förderung) organisatorisch getrennt werden.

> **◎** Das Muster zu 3.1 zeigt einen Beurteilungsbogen, den Sie zusammen mit anderen Dokumenten zum Thema auch auf der beigefügten CD-ROM finden.

3.2 Potenzialermittlung und -einschätzung

Wenn Sie Ihr Personal entwickeln möchten, müssen Sie zunächst die Potenziale Ihrer Mitarbeiter kennen. Während die Leistungsbeurteilung (siehe 3.1) Aussagen zur Gegenwart und Vergangenheit macht, werden durch die Ermittlung und Einschätzung des Potenzials eines Mitarbeiters dessen Leistungsreserven und Leistungsvermögen in der Zukunft prognostiziert. Hierbei geht es um die Entwicklungsrichtung (Wohin kann sich der Mitarbeiter entwickeln?) und um den Entwicklungshorizont (Wie weit kann er dabei kommen?).

Die frühzeitige Potenzialerkennung und -entwicklung ist besonders wichtig bei High Potentials. Das sind Personen einer Zielgruppe, die durch steigende Arbeits- bzw. Führungsverantwortung Leistungsträger bleiben. Ohne Entwicklung empfinden sich die High Potentials subjektiv unterfordert und sind am anfälligsten für innere oder tatsächliche Kündigung.

> **!** Vermeiden Sie die Gefahr,
> ■ Leistung mit Potenzial zu verwechseln und/oder
> ■ von erwiesener Fachkompetenz auf vermeintliche Führungskompetenz zu schließen.
> Der häufigste »Karriere-Fehler« ist es, den fähigsten Sachbearbeiter (Fachmann) deswegen zum Vorgesetzten (Führungskraft) zu machen, denn um Mitarbeiter zu führen, kommt es vor allem auf Sozialkompetenz an.

> **!** Für Potenzialeinschätzungen sind grundsätzlich die jeweiligen Führungskräfte verantwortlich und prinzipiell am besten geeignet.

Die Eignung eines Mitarbeiters auf Grund seiner Stärken/Schwächen festzustellen, ist auch ein Instrument der Personaleinsatzplanung (siehe Kapitel IV A/1).

Muster (zu 3.2) Potenzialeinschätzung, Stärken-Schwächen-Analyse

❏ Stelleninhaber ❏ Nachfolger
❏ Führungskraft ❏ Führungsnachwuchskraft

Name:	Position/Funktion:
Vorname:	
Geburtsdatum:	seit:

Stärken:	Schwächen:
–	–
–	–
–	–
–	–

Maßnahmen zur beruflichen Weiterbildung in der jetzigen Funktion:
–
–
–
–

Weitere Entwicklungsschritte/zukünftige Aufgaben/mögliche Positionen:	frühester Zeitpunkt:
–	
–	
–	
–	
–	

Anmerkungen:	Erstellt:
	Mitgewirkt:
	Datum:

Leitfaden 1 (zu 3.3) Ablauf eines Beratungs- und Fördergesprächs

Vorbereitung — Gesprächsvereinbarung und -vorbereitung

1. Schritt
- Termin rechtzeitig vereinbaren
- über Ziel/Zweck des Gesprächs informieren
- auf Gespräch vorbereiten
- für störungsfreien Ablauf sorgen (Zeit, Ort)

Durchführung — Einstieg/Gesprächseröffnung

2. Schritt
- entspannte, vertrauensvolle, störungsfreie Gesprächsatmosphäre schaffen
- über Zweck des Mitarbeitergesprächs informieren

3. Schritt — **Mitarbeiter-Schilderung**
- Mitarbeiter schildert aus seiner Sicht Hauptaufgaben, Tätigkeiten, Leistungen und Verhalten sowie Zusammenarbeit mit seiner Führungskraft

▼

Für die Potenzialermittlung nehmen Sie am besten eine Stärken-Schwächen-Analyse vor und vermerken, welche zukünftigen Aufgaben und Positionen erreichbar erscheinen (siehe Muster zu 3.2). Auch das Beratungs- und Fördergespräch (siehe 3.3 und VI A/5f.) liefert wichtige Informationen zur Potenzialanalyse.

> Nutzen Sie für die Potenzialeinschätzung die passenden Word-Dokumente auf der beigefügten CD-ROM.

3.3 Personalentwicklungsgespräch (Beratungs- und Fördergespräch)

Von zentraler Bedeutung für die Personalentwicklung ist das Mitarbeitergespräch, das in Form eines Beratungs- und Fördergesprächs (PE-Gesprächs) von den Führungskräften und ihren Mitarbeitern geführt wird:
- ziel- und entwicklungsorientiert
- mindestens einmal im Jahr
- als Vier-Augen-Gespräch
- kooperativ
- individuell.

Dieses Gespräch dient der Rückkopplung darüber, ob und wie zuvor vereinbarte Funktions-, Leistungs- und Verhaltensziele vom Mitarbeiter erreicht worden sind und schließt mit der Zielvereinbarung für die kommende Periode ab. Im besonderen Focus des PE-Gesprächs stehen die Stärken und Schwächen sowie Potenziale des Mitarbeiters sowie die Identifikation und Vereinbarung von geeigneten Förder- und Entwicklungsmaßnahmen.

Für dieses Gespräch müssen Sie sich als Führungskraft und auch der jeweilige Mitarbeiter gut vorbereiten (siehe Leitfaden 1-3 zu 3.3 und Word-Dokument auf der beigefügten CD-ROM). Daneben sollten Sie regelmäßig vor und nach gezielten individuellen Personalentwicklungs- und Trainingsmaßnahmen (on- und off-the-job) ein Gespräch mit dem Mitarbeiter über Zielsetzungen und Transferergebnisse führen (siehe 4.8). Der ständige Dialog in Alltagsaufgaben, bei aktuellen Anlässen der Information, Kommunikation und Konfliktbewältigung sowie zur Leistungsbeurteilung (siehe 3.1) gehört ebenso zu den Aufgaben einer Führungskraft im Rahmen der Personalentwicklung.

3.4 Assessment Center (AC)

Assessment-Center-Verfahren finden Anwendung bei der Personalauswahl (siehe auch II A/3.4) und sind für die Potenzialeinschätzung von Führungskräften das gegenwärtig aussagekräftigste und anerkannteste Verfahren. Das Assessment Center bestimmt den aktuellen Leistungsstand und das latent vorhandene Leistungspotenzial auf der Grundlage wissenschaftlich erarbeiteter Beziehungen zwischen Eigenschaften und Verhalten einer Person einerseits und organisatorischen Anforderungen und Situationen andererseits. Es misst objektivierbar das Verhalten in typischen Arbeitssituationen.

Beim Personalentwicklungs- oder Förder-Assessment-Center hat es sich bewährt, dass nicht nur die unmittelbar Vorgesetzten, sondern Führungskräfte nächst höherer hierarchischer Ebenen als teilnehmende Beobachter (Assessors) aktiv mitwirken. Es geht darum, die individuellen Stärken und Schwächen der Teilnehmer im Hinblick auf gezielte Förderung zu diagnostizieren. Insofern sorgen Sie im Interesse einer Akzeptanz für das Assessment Center konzeptionell dafür, dass es keine »Gewinner« und »Verlierer« gibt. Für alle Teilnehmer sollte es im Anschluss eine persönliche Entwicklungsperspektive geben. Das Assessment Center dient der Weichenstellung für die Entwicklungsrichtung, z.B.:
- Fachlaufbahn,
- Führungslaufbahn,
- Projektlaufbahn,
- Außendienst,
- Innendienst.

Ein Förder-Assessment-Center im Rahmen der Personalentwicklung sollte nicht nur Selektionsfunktion im Hinblick auf die Besetzung einer bestimmten vakanten Position haben. Wenn Sie Assessment-Center-Verfahren einsetzen wollen, bedenken Sie, dass der Entwicklungsaufwand (Zeit und Kosten) erheblich ist; er lohnt sich deshalb meist erst bei einer größeren Zahl von Teilneh-

4. Schritt **Führungskraft-Darstellung**
- Führungskraft gibt aus ihrer Sicht Einschätzung von Verhalten, Tätigkeit, Leistungen und Zusammenarbeit

5. Schritt **Gemeinsame Vereinbarung**
- konkrete Zielvereinbarungen aufgrund der Schritte 3 + 4, d.h. wie der Mitarbeiter und auch die Führungskraft durch ihr Verhalten (Zusammenarbeit und Leistung) dazu beitragen können, die Ziele zu erreichen
- Festlegung von Personalentwicklungs- und Fördermaßnahmen zur Zielerreichung

6. Schritt **Abschluss/Gesprächsbeendigung**
- gegenseitiger Austausch von Eindrücken und Empfindungen zu diesem Gespräch
- Ausblick auf nächsten Schritt

Nachbereitung	Follow-up
7. Schritt	die gemeinsam vereinbarten Ziele und Maßnahmen werden überprüft

Leitfaden 2 (zu 3.3) PE-Gespräch, Vorbereitung Führungskraft

Gesprächsvorbereitung (Führungskraft)

Arbeitsziele

Arbeitsbehinderung

Erfolgsförderung

Fähigkeitsentfaltung

Geeignetere Wunschtätigkeiten aus Sicht des Mitarbeiters

Zukünftige Arbeitsziele

Zukünftige Weiterbildungs- oder Personalentwicklungsmaßnahmen

Erwartungen/Vorstellungen beruflicher Entwicklung

Entwickelte Eigeninitiative des Mitarbeiters

Zusätzliche Anmerkungen des Mitarbeiters

Stärken

Schwächen

Potenzial

Leitfaden 3 (zu 3.3) PE-Gespräch, Vorbereitung Mitarbeiter

Gesprächsvorbereitung (Mitarbeiter)

Sie haben sicherlich eigene Vorstellungen über das, was Sie von sich aus besprechen wollen. Betrachten Sie die folgenden Fragen daher als Leitfaden oder Checkliste.

Waren Ihnen in der Vergangenheit Ihre Arbeitsziele genügend bekannt? ....

Was hat Sie bei Ihrer Arbeit behindert? ....

Was war für den Erfolg Ihrer Tätigkeit förderlich? ....

Konnten Sie Ihre Fähigkeiten voll einsetzen? ....

Welche Tätigkeit, die Sie kennen, wäre auf Grund Ihrer Fähigkeiten für Sie geeigneter? ....

Welche zukünftigen Arbeitsziele halten Sie für besonders wichtig? ....

Welche Weiterbildungs- oder Personalentwicklungsmaßnahmen halten Sie für die Zielerreichung für geeignet? ....

▼

VII. Personalentwicklung und Qualifikation

Wo sehen Sie Ihre eigenen Stärken und Schwächen bzw. Ihren Entwicklungsbedarf? ....

Welche Qualifizierungsmaßnahmen haben Sie selbst schon absolviert bzw. begonnen? ....

Welche Erwartungen und Vorstellungen haben Sie hinsichtlich Ihrer beruflichen Entwicklung? ....

Welche Initiativen haben Sie selbst schon ergriffen? ....

Bitte bringen Sie darüber hinaus alles zur Sprache, was für Sie wichtig ist... ....

Beispiel (zu 3.5) Laufbahnsystematik

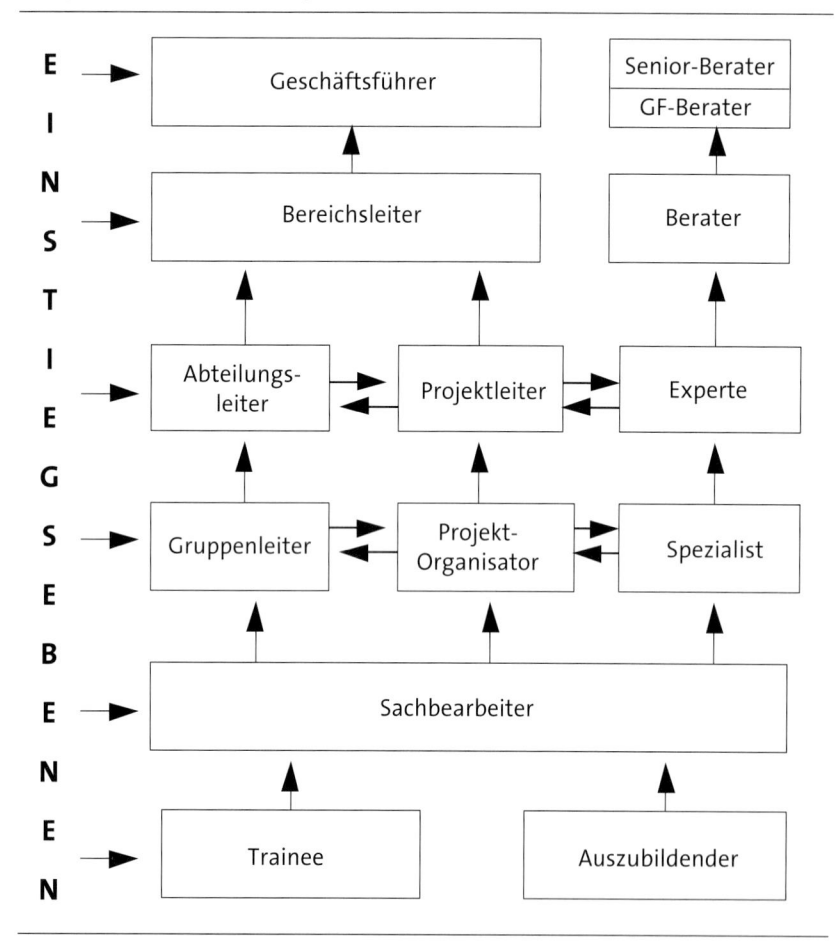

```
EINSTIEGSEBENEN

  → Geschäftsführer           Senior-Berater
                              GF-Berater
  → Bereichsleiter            Berater
  → Abteilungs-  → Projektleiter ← Experte
    leiter
  → Gruppenleiter → Projekt-    ← Spezialist
                   Organisator
  → Sachbearbeiter
  → Trainee                   Auszubildender
```

mern. Es empfiehlt sich, für Konzept, Design, Durchführung, Moderation und Auswertung professionelle Dienstleistung in Anspruch zu nehmen. Hierfür bieten sich spezialisierte Personal- und Unternehmensberater an. Achten Sie aber auf jeden Fall darauf, dass Ihre speziellen Anforderungen und betrieblichen Rahmenbedingungen berücksichtigt werden.

3.5 Karriereplan und Employability

Die Aufbauorganisation eines Unternehmens zeigt dem Mitarbeiter, welche Möglichkeiten einer Laufbahn für ihn in Frage kommen. Entsprechend kann er seine Karriere planen. Die Laufbahnsystematik (siehe Beispiel zu 3.5) erfordert auch systematische Weiterentwicklungsmöglichkeiten.

Grundsätzlich existieren zwei Möglichkeiten des beruflichen Werdegangs:
- Fachlaufbahn (z.B. Spezialist, Experte, Berater, Senior-Berater)
- Führungslaufbahn (z.B. Gruppen-, Abteilungs-, Bereichsleiter, stellvertretende Leitungsfunktionen, Projektleiter).

Wenn sich Mitarbeiter in ihrem Fachgebiet wohlfühlen, dort hohe Kompetenz entwickeln und keine Führungsverantwortung anstreben, bietet sich die Fachlaufbahn an. Da für Unternehmen bestimmte Experten genauso wichtig sind wie gute Führungskräfte, schließt die Karriere von Experten auch eine entsprechende Gehaltsentwicklung ein.

Projektmanagement ist eine Führungsaufgabe, die durch ihre ausgeprägte informelle und kooperative Struktur besondere Anforderungen an Projektleiter stellt. Insbesondere kommt es darauf an, Projektmitarbeiter zu überzeugen und nicht zu disziplinieren. Gelegentlich besteht bei jüngeren, akademisch ausgebildeten High Potentials eine gewissen Abneigung dagegen, Führungsverantwortung in klassischen Linienfunktionen zu übernehmen. Statt dessen existieren Illusionen über hierarchiefreie Projektmanagementfunktionen.

> Da projektbezogene Führung tatsächlich anspruchsvoller als klassische Führung ist, beugen Sie diesen falschen Vorstellungen durch klare Definition der jeweiligen Verantwortung vor.

In den letzten Jahren haben die Unternehmen verstärkt Führungsebenen und -positionen abgebaut (siehe 3.6). Insofern sind nun auch die Möglichkeiten für die klassische Führungslaufbahn nur noch im kleineren Umfang gegeben. Zur Vermeidung von Motivationsproblemen sollten Sie daher nicht erfüllbaren Erwartungen von vornherein entgegensteuern.

Karriereplan paradox:
Dynamische Märkte und globaler Wettbewerb stellen zunehmend höhere Anforderungen an Mobilität und Flexibilität der Unternehmensführung sowie an die Qualifikation

der Mitarbeiter. Dauerhaft wiederkehrender wirtschaftlicher Erfolg ist ebenso wenig zuverlässig vorhersehbar wie damit einhergehende Arbeitsplatzsicherheit und Beschäftigungsgarantien. Im Zuge von Selbstmanagementkonzepten planen Mitarbeiter ihre Karriere daher selbst. Sie kommen eigeninitiativ aus der passiven in die aktive Rolle, übernehmen Verantwortung für ihre interne und externe Beschäftigungsfähigkeit (Employability). Dieser Gedanke wird z.B. auch über Begriffe wie »Ich-AG« und »Selbst-GmbH« transportiert.

3.6 Nachfolgeplanung

Was aus der Sicht der Mitarbeiter die Laufbahn- bzw. Karriereplanung ist, spiegelt sich aus Unternehmenssicht in der Nachfolgeplanung wider. Bei der Nachfolgeplanung gehen Sie am besten in drei Schritten vor:

1. Es werden für Führungs- und Fachpositionen die »Critical Positions« festgelegt, für das Gesamtunternehmen sowie für die unterschiedlichen Organisationseinheiten. Critical Positions sind die Schlüsselpositionen, die für die Ergebnisse und den Erfolg der Organisationseinheit (Zielerreichung) von strategischer Bedeutung sind. Beziehen Sie hierbei Ihre Führungskräfte mit ein.
2. Für jede dieser Positionen wird eine Funktionsbeschreibung (Job Description) erstellt bzw. aktualisiert.
3. Für jede dieser Positionen werden Nachfolger namentlich benannt (siehe Muster zu 3.6), wenn intern niemand vorhanden ist: NN. Die Nachfolgekandidaten ergeben sich aus der Potenzialbeurteilung (siehe 3.2).

> **!** Im Rahmen einer systematischen Personalentwicklung sollten Sie Mitarbeiter und Nachwuchskräfte mit Potenzial gezielt entwickeln und zu Nachfolgern aufbauen. Im Interesse der Glaubwürdigkeit Ihrer Personalpolitik ist es dann aber auch zu empfehlen, Nachfolgekandidaten zu berücksichtigen und frei werdende Positionen nicht einfach extern zu besetzen.

Muster (zu 3.6) Nachfolgeplanung Back-up-Analyse für Critical Positions

Funktion:

Bereich/Abteilung:	Kostenstelle:
Name, Vorname:	Geburtsdatum:
Funktionsinhaber seit:	Austritt zum:

Vertretung durch:	Gegenwärtige Funktion:	seit:

Nachfolge-Kandidaten (Back-up)

1. Name, Vorname:	wann:	
Geburtsdatum:	sofort	○
	innerhalb eines Jahres	○
Derzeitige Position:	innerhalb von 2 Jahren	○
Förderung:	nach ca. 2 (bis 5) Jahren	○
2. Name, Vorname:	wann:	
Geburtsdatum:	sofort	○
	innerhalb eines Jahres	○
Derzeitige Position:	innerhalb von 2 Jahren	○
Förderung:	nach ca. 2 (bis 5) Jahren	○

> **!** Durch Lean Management und flache Hierarchien verlieren vertikale Karrierepläne an Bedeutung, zu Gunsten horizontaler Entwicklungen mit Job Rotation, Job Enrichment und Projektmanagement. Kultureller Wandel und Umdenken passen häufig nicht zu den traditionellen Karrierevorstellungen. Hier liegt eine der größten Herausforderungen für eine erfolgreiche Personalentwicklung (siehe auch 3.9).

3.7 Förderkartei und Nachwuchspool

Für die professionelle Personalentwicklung empfiehlt es sich, mit Förderkarteien bzw. Personalentwicklungs-Karteien zu arbeiten. In eine Förderkartei können Sie solche Mitarbeiter aufnehmen, die Sie für entwicklungsfähig und förderungswürdig halten. Dadurch verschaffen Sie sich Überblick über Ihren Nachwuchspool und haben die relevanten Daten stets parat (siehe Muster zu

Muster (zu 3.7) Mitarbeiterbezogene Förderkartei

Name:	Vorname		Pers.-Nr.							
Beruf:	Geb.-Datum		Eintritt Datum							
Funktion:										
Schulbildung/Studium Schulart	von	bis	Abschluss							
Berufsausbildung Ausbildungsbetrieb	von	bis	Ausbildungsberuf							
Praktikum Unternehmen	von	bis	Art der Tätigkeit							
Berufl. Werdegang Unternehmen	von	bis	Funktion							
Besondere Fähigkeiten (sonstiges) z.B. Sprachkenntnisse, Mobilität etc.										
Beschäftigung im Unternehmen Abteilung	von	bis	Funktion							
Teilnahme an Weiterbildung / Training Veranstalter	von	bis	Thema / Inhalt / Ziel							
Beratung und Förderung		Beratungstermine am								
Einschätzung durch Mitarbeiter selbst (MA) Führungskraft (FK)			MA	FK	MA	FK	MA	FK	MA	FK
Künftige Entwicklung										
– Beibehaltung d. jetzigen Aufgabe										
– Erweiterung d. jetzigen Aufgabe										
– Gleichwertige andere Aufgabe										
– Anspruchsvollere andere Aufgabe										
Entwicklungswunsch des Mitarbeiters		Entwicklungsziel								
vorgesehene Position	Entwicklungsmaßnahmen		voraussichtlicher Termin							

3.7). Es fördert die Motivation dieser Mitarbeiter, wenn Sie einen Förderkreis initiieren, mit dem Sie z.B. ein- bis zweimal jährlich eine gemeinsame Veranstaltung durchführen. Nachteil: Wer nicht in der Kartei ist, hat keine Chancen! Achten Sie deshalb darauf, die Förderkartei flexibel zu halten und kontinuierlich zu vervollständigen bzw. zu pflegen.

Neben der mitarbeiterbezogenen Förderkartei können Sie auch eine maßnahmenbezogene Förderkartei führen. Hier ordnen Sie Ihren jeweiligen Personalentwicklungsmaßnahmen die Teilnehmer zu. Wenn Sie die Förderkartei PC- bzw. EDV-gestützt führen wollen, müssen Sie die gesetzlichen Bestimmungen des Datenschutzes und der Mitbestimmung des Betriebsrats beachten (siehe auch VII B/4).

3.8 On-the-job und Off-the-job

Personalentwicklungsmaßnahmen lassen sich nach den Kriterien »on-« oder »off-« the-job unterscheiden (siehe Übersicht 1 zu 3.8), je nach dem, ob sie im Rahmen der täglichen Arbeit eingebaut werden können, oder bewusst losgelöst von der Alltagssituation stattfinden. Der Einsatz dieser Methoden bedeutet, dass Lernen und Entwicklung nicht Zufallsprodukte sind, sondern die konkreten Maßnahmen systematisch vor- und nachbereitet sowie kritisch mit gezieltem Feedback begleitet werden. Als Coach oder Mentor eignen sich engagierte interne Führungskräfte im Rahmen eines Patenschafts- oder Mentoring-Konzepts (siehe Übersicht 2 zu 3.8). Entscheidend für eine erfolgreiche Entwicklung sind persönliche Akzeptanz und gegenseitiges Vertrauen; deshalb sollten Sie das Prinzip Freiwilligkeit praktizieren.

Supervision soll Einzelne in Gruppen oder Gruppenprozesse insgesamt beobachten, analysieren und fördern. Diese Aufgabe sollten Sie speziell ausgebildeten externen Fachkräften übertragen.

3.9 Job Rotation, Job Enrichment, Job Enlargement

Sehr wirkungsvolle und unkomplizierte On-the-job-Personalentwick-

lungsinstrumente stellen Aufgabenwechsel (job rotation), Aufgaben- und Verantwortungszuwachs (job enrichment) und Aufgabenverbreiterung (job enlargement) dar. Beispiele für Job Enrichment/Job Enlargement sind:
- Leitung kleinerer, auch abteilungsübergreifender Projekte,
- Übernahme unternehmerischer Aufgaben (Übungsfirma, Junior-Board),
- Stellvertretung des Gruppen- bzw. Abteilungsleiters,
- systematische Einarbeitung neuer Mitarbeiter,
- Übernahme von Trainingsaufgaben unter Beibehaltung des eigentlichen Aufgabengebiets.

Aufgabenwechsel (job rotation) kann innerhalb einer Gruppe/Abteilung oder abteilungsübergreifend durchgeführt werden. Vorteile von Job Rotation:
- Erweiterung der Qualifikation des einzelnen Mitarbeiters,
- gegenseitige Vertretung in Abteilung/Gruppe wird erleichtert,
- eventuelle Fluktuation in Abteilung/Gruppe reißt kein so großes »Loch«,
- die wechselseitige Kommunikation wird verbessert,
- das Verständnis für andere Aufgaben und Abläufe wird verbessert.

! Der Erfolg dieser Maßnahmen hängt von einer guten Vorbereitung und der kritischen Begleitung und Auswertung ab.

3.10 Maßnahmen- und Aktivitätenplan

Globale Maßnahmen und Einzelaktivitäten sollten Sie in Maßnahmen- und Aktivitätenplänen nach den klassischen »W-Fragen« strukturieren:
- Warum? Wozu? Zielsetzung der Maßnahme
- Was? Aufgaben / Aktivitäten / Inhalte
- Wer? Wo? Verantwortliche / Beteiligte / Ort
- Wie? Instrumente / Methoden
- Wann? Zeitplan / Priorität / Start-Ende / Status
- Welches Ergebnis? Nutzen für das Unternehmen

Übersicht 1 (zu 3.8) On-the-job und Off-the-job

Personalentwicklung

On-the-job
- Einarbeitung
- Vertretung
- Job Enrichment
- Job Enlargement
- Job Rotation
- Projektarbeit
- Gruppenarbeit
- Qualitätszirkel
- Action Learning

Off-the-job
- Seminare fachorientiert
- Trainings persönlichkeitsorientiert
- Förder-AC/ PE-Seminare
- Strukturierte Ausbildungslehrgänge
- E-Learning

- Coaching
- Supervision
- Mentoring

Übersicht 2 (zu 3.8) Patenschafts- oder Mentoring-Konzept

»Titel«	Wer	Wen	Was
Führungskraft	Vorgesetzte	eigene Mitarbeiter	Führungsaufgaben
Pate/Sponsor	Unternehmer Topmanager	Führungskräfte Führungsnachwuchs High Potentials	Entwicklungsfunktion
Tutor	interessierte geeignete Kollegen	neue Mitarbeiter eigene Mitarbeiter	Einarbeitung Kontaktfunktion
Coach	Berater Trainer (intern/extern)	Mitarbeiter Führungskräfte (nicht spezifiziert)	Coaching individuelle Beratung
Mentor	erfahrene Führungskraft	Führungsnachwuchskraft	Begleitung bei Führungsentwicklung

Übersicht (zu 3.10) Zielgruppen-Maßnahmen-Matrix (Beispiel)

Maßnahmen \ Zielgruppe	Führungs-kräfte	Führungs-nachwuchs	Verkauf/ Vertrieb	Innen-dienst	Verwaltung	Fertigung Produktion	Einkauf/ Logistik	Kunden-dienst
Funktions-Beschreibung	x		x	x	x	x	x	x
Anforderungs-Profil	x	x	x	x	x	x	x	x
Leistungs-Beurteilung	x	x	x	x	x	x	x	x
Potenzial-Analyse	x	x						
Karriere-Plan		x						
Coaching	x	x	x					
Mitarbeiter-Gespräche	x	x	x	x	x	x	x	x
Assessment Center		x	x					
Gruppen-arbeit						x		
Qualitäts-Zirkel						x		
Job Rotation	x	x						
Job Enrichment	x	x			x			
Job Enlargement	x	x			x			
Verhaltens-Training	x	x	x					x
Produkt-Schulung			x					x

Muster (zu 3.10) Personenbezogener Entwicklungs- und Förderplan

Name, Vorname	geb.:
derzeitige Funktion:	seit:
Ziel/angestrebte Funktion:	ab:
aufgestellt:	am:
genehmigt:	am:

WANN von/bis	WAS Förderungsmaßnahme/Einsatz/ Fortbildung/Projekt	WIE WEIT Status

- Welche Kosten? Welche Risiken? Erstellen Sie nach Bedarf:
- einen integrierten Gesamtplan für das Unternehmen,
- gemeinsame Pläne für Organisationseinheiten, Funktionsbereiche oder Zielgruppen (siehe Übersicht zu 3.10),
- individuelle Einzelpläne für bestimmte Mitarbeiter, die gezielt entwickelt und gefördert werden sollen (siehe Muster zu 3.10).

4. Weiterbildungsmaßnahmen: Kriterien für Erfolg

4.1 Betriebliche Bildungsmaßnahmen

Häufige und weit verbreitete Personalentwicklungsmaßnahmen off-the-job sind betriebliche Bildungs-

maßnahmen. Sie werden als interne und externe Veranstaltungen durchgeführt. Wichtige Nachteile von Off-the-job-Maßnahmen sind:
- hoher Kostenaufwand durch Gebühren, Honorare, Spesen und Produktivitätsausfall;
- geringe Wirksamkeits- und Nutzenkontrolle hinsichtlich der Verwertbarkeit und Praxisanwendung des Gelernten.

Deshalb sollten Sie Bildungsmaßnahmen strategie- und zielorientiert, bedarfsorientiert, ergebnis- und anwendungsorientiert sowie transferorientiert konzipieren und durchführen.

> Eine der ersten Fragen ist also: Soll es eine interne oder externe Bildungsmaßnahme sein? Die Matrix der Übersicht zu 4.1 zeigt die Fülle möglicher Entscheidungen. Treffen Sie diese nach inhaltlichen und methodischen Kriterien auf Grund Ihrer Zielsetzung!

Für betriebliche Bildungsmaßnahmen werden unterschiedliche Bezeichnungen verwendet (z.B. Seminar, Kurs, Schulung, Lehrgang). In der betrieblichen Praxis setzt sich der Begriff »Training« mehr und mehr durch. Weiterbildung oder Training kennzeichnen zielgerichtete systematische Maßnahmen für organisierte Lernprozesse.

> Gehen Sie strukturiert an die Aufgabenstellung Weiterbildung heran. Die bekannten »W-Fragen« können Ihnen bei einer systematischen Arbeitsweise helfen (siehe Checkliste zu 4.1).

4.2 Inhalte der Weiterbildung

Trainingsmaßnahmen dienen der Qualifikationssicherung Ihrer Mitarbeiter und zielen darauf ab, die berufliche Handlungsfähigkeit in den verschiedenen Kompetenzfeldern (siehe 1.7) anzupassen oder zu erweitern.

Beachten Sie entsprechend der Bedarfsanalyse (siehe 1.6), dass Inhalte und Methoden (siehe 4.2) auf
- fachliche Qualifikation (Kenntnisse, Wissen),
- überfachliche Qualifikation (Methoden, Prozesse),

Übersicht (zu 4.1) Matrix intern/extern

	intern	extern
Maßnahme	In-house homogener TN-Kreis übergreifende TN-Zusammensetzung	firmeninterne Gruppe Seminaranbieter Einzelteilnehmer
Trainer	Spezialist Führungskraft Ausbilder Trainer	professioneller WB-Träger andere Unternehmen freier Trainer/Berater Hochschule
Ort	Arbeitsplatz Seminarraum	Veranstalter Bildungsstätte Hotel

Checkliste (zu 4.1) Training / Weiterbildung

Frage	Entscheidung	Kriterien (z.B.)
Warum?	Ziel, Zweck, Ursache	Unternehmensstrategie Bedarfsanalyse
Wen?	Zielgruppe Teilnehmer	Spezialisten Führungskräfte neue Mitarbeiter
Was?	Inhalte	Fachwissen neue Technik Teamtraining
Wer?	Trainer Referent	interne Führungskräfte externe Spezialisten
Wie?	Methoden	Fallstudien, Projekte, praktische Übungen Verhaltenstraining E-Learning (CBT, WBT)
Wann?	Zeitpunkt Dauer	vorher/just-in-time prozessbegleitend
Wo?	Ort	intern/In-house On-the-job/Arbeitsplatz Seminarhotel Intranet/Internet
Wohin?	Ergebnis	Erfolgsmessung
Wozu?	Nutzen	Praxisbezug Anwendung/Transfer

- außerfachliche Qualifikation (Persönlichkeit, Verhalten)

gezielt zugeschnitten sind.
Der rasante technologische und organisatorische Wandel erfordert, rechtzeitig und systematisch für die Qualifizierung der Mitarbeiter zu sorgen.

Ihre Mitarbeiter müssen das notwendige Fachwissen für die Anwendung neuer Techniken, Systeme und Verfahren haben und über die richtige persönliche Einstellung und das entsprechende Verhalten verfügen, um als Einzelkämpfer und im Team er-

Übersicht (zu 4.2) Kompetenz-Trainings-Matrix

Training \ Kompetenz	Fach	Methoden	Markt	Kooperation	Führung
Technologie	x	x			
Produkt	x	x	(x)		
Qualität		x	x	x	x
Kundenorientierung		x	x	x	
Arbeits-Techniken		x		x	x
Kommunikation			x	x	x
Konfliktmanagement			(x)	x	x
Führung		x		x	x
Train-the-Trainer		x	(x)	x	(x)
Fremdsprachen	x		(x)	x	
Projektmanagement		x		x	x
Arbeitsrecht	x				x
Moderation		x		x	x
EDV (E-Business)	x	x	(x)	(x)	
Arbeitssicherheit	x	x		x	x

Übersicht (zu 4.3) Welche Methoden wofür?

Kompetenzfeld	Inhalt	Methoden/Medien
Fachkompetenz	Fachwissen (rechtlich, technisch, kaufmännisch etc.) Fachkurse aller Disziplinen Produktkenntnisse Sprachkurse	Vortrag (mit Visualisierung) Texte, Arbeitsblätter Fallstudien Selbststudium CBT, Sprach»labor« Intranet/Internet (WBT)
Methodenkompetenz	Arbeitsorganisation Analyseverfahren Problemlösetechniken Projektmanagement Informationstechnik	Moderation/Metaplan Teilnehmerpräsentationen Team-/Gruppenarbeit Fallstudien praktische Anwendungsübungen
Sozialkompetenz	Kommunikation Führung Zusammenarbeit Konfliktmanagement Sprache/Kultur Veränderungsfähigkeit	Team-/Gruppenarbeit Moderation Kommunikations-/ Verhaltenstraining Feedback-Übungen Videoanalyse

folgreich kommunizieren und zusammen arbeiten zu können.

In einem Unternehmen werden alle Leistungen von Mitarbeitern erbracht. Die Effizienz Einzelner und der Teams hängt von deren Qualifikation und Motivation ab. Deshalb sind Investitionen in Personal und Bildung genauso wichtig wie Sachinvestitionen und sollten auch genauso zielorientiert eingesetzt werden. Bestimmte Trainings sind für die Entwicklung spezifischer Kompetenzen besonders geeignet (siehe Übersicht zu 4.2).

> Es ist erfolgversprechend, Mitarbeiter zu gewinnen und zu binden, die aus eigenem Antrieb eine hohe Lernbereitschaft und Lernfähigkeit besitzen. Ermutigen Sie Ihre Mitarbeiter, Verantwortung für die eigene berufliche Qualifikation zu übernehmen und sich durch ständiges Weiterlernen fit zu halten (siehe 3.5).

4.3 Methoden in der Weiterbildung

Bei internen Bildungsmaßnahmen sind Sie für Inhalte und Methoden mit verantwortlich. Auch bei externen Veranstaltungen achten Sie darauf, dass Sie es nicht nur mit guten »Fach- Experten« zu tun haben. Professionelle Trainer zeichnen sich durch Methodenkompetenz aus. Die angewandten Methoden müssen der Zielsetzung entsprechen und sie fördern.

Gerade in der Erwachsenenbildung kommt es darauf an, die pädagogischen Rahmenbedingungen der Teilnehmervoraussetzungen zu kennen, zu berücksichtigen und zu gestalten. Häufig ist die Teilnehmerzusammensetzung in Bezug auf Lerngewohnheit und Lernerfahrung (vordergründig festgemacht an Alter und Bildungsniveau) heterogen. Also ist es Aufgabe des Bildungsverantwortlichen und Trainers, ein förderliches Lernumfeld zu ermöglichen. Das bedeutet:

- den einzelnen Teilnehmer dort abholen, wo er sich befindet (Teilnehmer- oder Kundenorientierung),
- den Teilnehmern die Lernverantwortung zu übertragen (Lernorientierung),
- den Teilnehmern den Theorie-Praxis-Bezug aufzeigen (Nutzenorientierung),
- den Teilnehmern praktische Anwendungsübungen und Eigenaktivitäten bieten (Handlungsorientierung).

Die Übersicht zu 4.3 zeigt die meist verbreiteten Methoden in Weiterbildung und Training sowie die wesentliche Zuordnung zu den Inhalten und Kompetenzbereichen der Qualifikation.

4.3.1 E-Learning

E-Learning bedeutet lernen mit Hilfe elektronischer Medien. Informationstechnologien und elektronische Medien beeinflussen und unterstützen die Möglichkeiten betrieblicher Weiterbildung. Der Personal-Computer entwickelt sich zum interaktiven Lernmedium. Lernprogramme sind auf Videokassetten, in Diskettenversionen, auf CD-ROM, im Tele-learning/-coaching und im Internet bzw. Intranet abrufbar. CBT-Programme und Einzelbausteine werden von verschiedenen Anbietern zu fast allen Themenbereichen vermarktet. Die häufigsten Anwendungsfelder sind bislang: EDV, Sprache, Technik, betriebswirtschaftliche Grundlagen, Produktkenntnisse sowie Kommunikation und Verhalten.

Computer-based-training (CBT):
- qualifiziert flexibel und schnell,
- stellt bedarfsgerechtes Training zur rechten Zeit zur Verfügung,
- ermöglicht strukturiertes Lernen am Arbeitsplatz,
- ist offline und netzunabhängig möglich,
- fördert Lernen außerhalb der Arbeitszeit,
- individualisiert und verkürzt Zeitaufwand für Lernen und Training,
- nimmt auf individuelle Lerngewohnheiten und -geschwindigkeiten Rücksicht,
- stellt einheitliche Trainingsqualität sicher,
- erreicht Kostensenkung im Training.

Web-based-training (WBT) bietet in der Regel vergleichbare Inhalte, erfolgt aber online, »netzbasiert«.

Wenn auch mittel- und langfristig das Kostenargument sehr schlagkräftig ist, so erfordert der Einsatz von E-Learning zunächst einen nicht unerheblichen Investitionsaufwand, sowohl für die Lern- und Arbeitsplätze, da an die technische Ausstattung Mindestvoraussetzungen gekoppelt sind, als auch für hohe Entwicklungskosten von unternehmensspezifischen Trainingseinheiten, -modulen und -programmen.

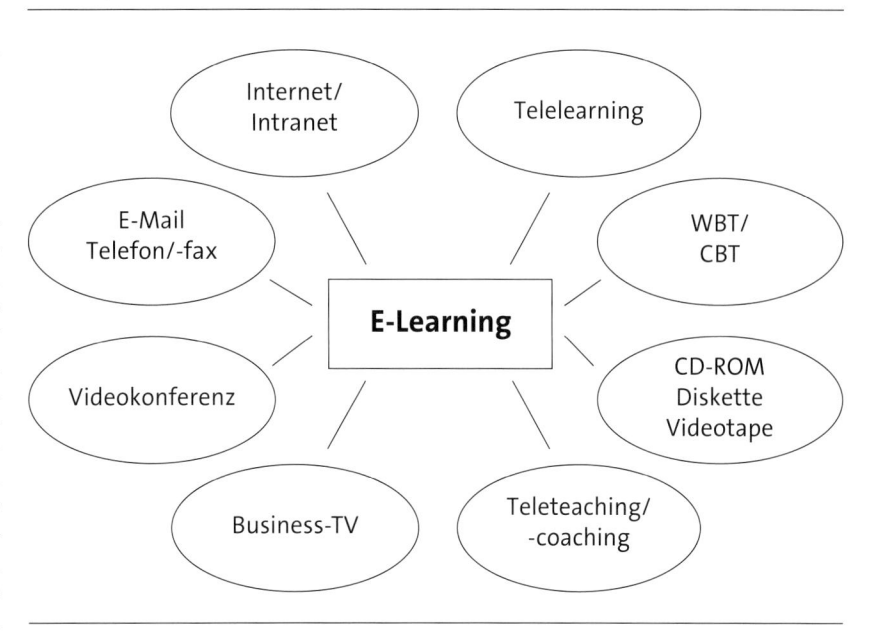

Im Zuge der schnellen Entwicklung der Computer-Technologie sind Mindestanforderungen an die Ausstattung heute meist keine Hürde mehr.

Grafik (zu 4.3.1) E-Learning

E-Learning:
- Internet/Intranet
- Telelearning
- WBT/CBT
- CD-ROM Diskette Videotape
- Teleteaching/-coaching
- Business-TV
- Videokonferenz
- E-Mail Telefon/-fax

> ! Überlassen Sie dieses Selbstlernmedium nicht sich selbst, sondern beziehen Sie es gezielt in Ihre Konzeption ein.

Machen Sie nicht einfach nur E-Learning, weil es modern ist. Erarbeiten Sie eine klare Zielsetzung, was Sie mit Hilfe von E-Learning erreichen wollen. Starten Sie früh mit ersten kleinen Schritten, um selbst praktische Erfahrungen zu sammeln. Berücksichtigen Sie von vornherein lange Anlaufphasen; erfahrene Unternehmen berichten über hohen Entwicklungsaufwand und einen Zeitbedarf von zwei bis drei Jahren Anlaufphase. Beachten Sie den »Knackpunkt Systemintegration«, Lerntools müssen zu der Systemumgebung in Ihrem Unternehmen passen (Kompatibilität). Lassen Sie sich nicht von theoretisch ermittelten Einsparpotenzialen blenden, schätzen Sie Kosten und Nutzen realistisch ein. Lassen Sie sich gleichwohl nicht abschrecken: Zur Zukunft gehört E-Learning. Engagierte Mitarbeiter erwarten hier Angebote. Nutzen Sie dieses Motivationstool für Ihren Erfolg.

Multimedia-Lernen und E-Learning reicht vom individuellen Selbststudium bis zum gesteuerten Lernprozess im Medienverbundsystem (siehe Grafik zu 4.3.1). Telelearning/-teaching ermöglicht, gestützt auf die Medien der Informationstechnologie (IT), vom Fernsehen, Business-TV, Video über Telefon und Fax bis zu DV-Leitungen, Intranet, Internet und E-Mail eine simultane Interaktion zwischen Lernenden und Veranstalter. Dadurch kann die Isolation des Lernprogrammteilnehmers überwunden werden, individuelles Arbeiten wird ergänzt durch Gruppenprozesse, z.B. in Video- oder Webkonferenzen und in Chat Rooms, und durch gezielte Unterstützung von Experten und Tutoren als Telecoaching oder in Virtual Classroom Training Sessions.

Wegen der sehr hohen Kosten für die Entwicklung von Programmen sowie für die Investition in Hard- und Software erfordert die Einführung spezieller Programme große Teilnehmer- bzw. Anwenderzahlen (Siehe hierzu auch die Informationen unter Forum IV/2).

Checkliste (zu 4.4) Trainer-Auswahl, -Beurteilung und -Förderung

»Der Trainer kann ...«

... Lernen als Prozess begreifen und gestalten

... Lerntheorie/Lernpsychologie anwenden

... Lernziele zielgruppengerecht formulieren

... Teilnehmervoraussetzungen erkennen

... Trainingsmaßnahmen planen und vorbereiten

... Trainings zielorientiert, aber situations- und teilnehmerbezogen flexibel durchführen

... Struktur, Ziele und Ablauf des Trainings kommunizieren

... Sach- und Beziehungsebene ausbalancieren

... Trainer-Rolle/-Person aktiv einbringen

... Feedback-Verhalten aktiv/passiv vorleben

... Kommunikation offen führen, aktiv zuhören

... Konflikte aktiv managen

... Lernmethoden und Medien teilnehmeraktivierend einsetzen

... Informationsvermittlung visualisieren

... Lernerfolg kontrollieren

... Transfer in die Praxis gezielt fördern

Das »E« steht vielleicht auch für die Entwicklung des elektronischen Lernens, von der Euphorie über die Ernüchterung zum Erfolg: In der Frühphase von E-Learning konzentrierte man sich vorwiegend auf die technische Seite der neuen Lernformen. Mittlerweile setzt sich nach einer Anfangseuphorie und erster Ernüchterung zunehmend die Erkenntnis durch, dass auch hier Inhalte und Methoden, also das Konzept und die Qualität des »Content« für Erfolg entscheidend sind. Zwei Trends zeichnen sich ab: E-Learning verbindet sich mit Wissensmanagement-Systemen, und E-Learning braucht die Verbindung mit Präsenzlernen (»Blended Learning«).

Achtung: Wenn Sie E-Learning in Ihrem Unternehmen einführen wollen, kann Ihnen die folgende Checkliste zur Einführung mit bekannten »W-Fragen« nützen:

- WAS genau soll mit E-Learning erreicht werden?
- WER ist die Zielgruppe? Ist die Zielgruppe technologisch versiert, mit dem Umgang mit neuen Medien vertraut und aufgeschlossen?
- WELCHE Themen sind geeignet?
- WELCHE Inhalte sollen vermittelt werden?
- WER ist für die Inhalte (Content) verantwortlich?
- WIE sind die Lern- und Arbeitsplätze ausgestattet?
- WER liefert geeignetes Training oder soll/muss es selbst entwickelt werden?
- WER hat das notwendige Know-how?
- WANN soll das Projekt E-Learning beginnen?
- WANN muss das Training verfügbar sein?
- WIE VIELE Anwender/Teilnehmer von E-Learning-Modulen sind zu erwarten (Amortisation der Investition)?
- WELCHES Budget steht zur Verfügung?
- WIE wird das E-Learning in andere Trainingseinheiten (konzeptionell) eingebunden?
- WER kontrolliert den Erfolg? Und WIE wird der Erfolg überprüft?

4.4 Trainer

So wie im Prozess der Personalentwicklung die jeweilige Führungskraft eine Schlüsselrolle spielt, hat in der Weiterbildung der Trainer eine zentrale Stellung. Qualifikation, Persönlichkeit und Verhalten des Trainers können ähnliche Auswirkungen auf Lernerfolg oder -misserfolg haben, wie die bekannte Lehrer-Schüler-Konstellation in der Schule. Gutes Fachwissen allein reicht nicht aus, entscheidend sind:

- die teilnehmerorientierte Vermittlung,
- die praxisorientierte Aufbereitung und
- die Hilfe zur Selbsthilfe.

> **!** Teilnehmer müssen beim Lernen unterstützt werden, damit sie das Lernen erlernen und die ständige Lernbereitschaft für »lebenslanges Lernen« gefördert wird.

In der Weiterbildung sind unterschiedliche Bezeichnungen für das Lehrpersonal gebräuchlich (z.B. Ausbilder, Dozent, Erwachsenenbildner, Kursleiter, Lehrer, Berater, Moderator, Referent, Schulungsleiter, Seminarleiter oder Weiterbildner). Analog zum Training gewinnt die Berufs- oder Funktionsbezeichnung »Trainer« an Bedeutung; z.T. drückt die Wortwahl auch ein gewisses Selbstverständnis aus.

Insbesondere bei internen Trainings werden häufig auch betriebsinterne Trainer eingesetzt (z.B. als Co-Trainer zusammen mit Externen).

> **!** Wählen Sie zwischen internen und externen Trainern so aus, dass die Vorteile überwiegen und Nachteile vermieden werden.

Konflikt-, Kommunikations-, Persönlichkeits- und Führungsthemen sind meist besser bei »neutralen«, unabhängigen, externen Trainern aufgehoben (Vertraulichkeit). Fach- und Organisationsthemen eignen sich besonders für den Einsatz von internen Spezialisten und Führungskräften. Das wichtigste Argument für interne Trainer: Der Trainer lernt selbst am meisten durch Vorbereitung und Aufarbeitung des Trainings sowie durch Erklärung und Beantwortung kritischer Fragen. Er trainiert selbst seine Präsentationsfähigkeit, kommunikative Kompetenz, Analyse- und Problemlösefähigkeit sowie seine

Führungskompetenz. Insofern ist die Tätigkeit eines internen Trainers zugleich ein aktiver Beitrag für seine eigene Personalentwicklung.

Um Erfolg und Qualität Ihrer Weiterbildung zu sichern, sollten Sie also die richtigen externen Trainer auswählen, beurteilen und kontrollieren und ebenso unter Ihren Mitarbeitern bereitwillige, geeignete, interne Trainer auswählen, fördern (Train-the-Trainer-Maßnahmen) und ihre Trainingsarbeit kontrollieren (siehe Checkliste zu 4.4).

4.5 Organisation und Durchführung der Weiterbildung

Die organisatorische Einbindung der Weiterbildung hängt im Wesentlichen von der Unternehmensgröße ab. Wichtig ist eine funktionale Kopplung an die Ausbildung und Personalentwicklung im Rahmen des Personalressorts, damit bei den Ressourcen Synergien entstehen und genutzt werden können:
- Personal: Ausbilder, Trainer, Organisatoren und
- Sachmittel: Räume, Medien, Unterlagen, Trainings-Ausrüstung, Budgets.

Eine konzeptionelle Verzahnung gewährleistet, dass die einzelnen Instrumente und Maßnahmen aufeinander abgestimmt sind; die Kostenkontrolle (siehe 4.6) fällt ebenfalls leichter.

Achten Sie darauf, dass die Ablauforganisation (Planung, Vorbereitung, Durchführung und Auswertung) reibungslos, qualitativ hochwertig und für die Beteiligten transparent erfolgt. Klare Verantwortlichkeiten bei den handelnden Personen sind wichtige Voraussetzung. Auch:
- standardisierte Prozesse und Abläufe,
- Checklisten,
- Maßnahmen und Aktivitätenpläne mit Statusberichten,
- definierte Kostenarten und Kostenstellen

erleichtern eine professionelle, möglichst PC-gestützte Seminarverwaltung. So sollte z.B. der Einkauf externer Seminare bzw. Trainer ebenso in einer Hand liegen wie Einladungen, Buchungen, Reservierungen und Abrechnungen.

Checkliste (zu 4.5) Seminarvorbereitung

Titel/Thema:
- Teilnehmeranzahl (Plätze):
- Teilnehmervoraussetzungen (Vorkenntnisse, Erfahrungen, Aufgaben ...):
- Lernziel(e):
- Lerninhalte:
- Methoden (Arbeitsweise):
- Trainer:
- Ort:
- Dauer:
- Termin(e):
- Organisation (Ansprechpartner, Anmeldeverfahren, besondere Hinweise):
- Kosten:

Erstellen Sie nach Ihrem Bedarf Checklisten für wiederkehrende Aufgaben, z.B.
- Seminarprogramm,
- Seminarvorbereitung,
- Seminarorganisation,
- Auswertung,
- Seminarraumgestaltung/-vorbereitung,
- Logistik, inkl. Unterbringung und Verpflegung,
- Abrechnung,

und aktualisieren Sie diese Checklisten nach Ihren Erfahrungen (siehe Checkliste zu 4.5).

So unstrittig der Nutzen eines Seminarprogramms für die einzelne Veranstaltung ist, so kontrovers wird diskutiert, ob die Weiterbildungsabteilung z.B. Jahresprogrammhefte herausgeben und an alle Mitarbeiter verteilen soll. Der »philosophische« Unterschied besteht in der Angebots- oder Bedarfsorientierung der Weiterbildung, der praktische Unterschied in der Zielsetzung oder im Aktualitätsbezug.

Je stärker Sie mit Ihrer Trainingsarbeit situativ und aktuell zur Problemlösung im Rahmen der Organisationsentwicklung beitragen (und damit Ihre unternehmensstrategische Relevanz beweisen), desto weniger relevant ist ein Programmheft (à la VHS-Katalog) mit wiederkehrenden Standardseminaren (z.B. Sprachkurse, Arbeitsrecht, Führungstraining).

Auch wenn Sie über Angebote Bedarf (Nachfrage) wecken wollen, gibt es im Rahmen eines Bildungsmarketings geeignetere Teilnehmeransprachen als den Katalogversand.

> Es kommt darauf an, der Eigeninitiative interessierter Mitarbeiter bzw. Teilnehmer ein transparentes und aktuelles Angebot entgegenzusetzen. Eine Trainingsdatenbank oder Schulungsverwaltung kann über eine externe Webadresse, die Unternehmens-Homepage oder im Intranet verfügbar gemacht werden. Sie ermöglicht z.B. Online-Anmeldungen und -buchungen samt administrativer Prozesse.

4.6 Kosten der Weiterbildung

Bildungsmaßnahmen gibt es nicht zum Nulltarif. Da Personalentwicklung und Training bestimmte Ziele verfolgen, muss dafür auch investiert werden. Das Verhältnis von Kosten und Nutzen ist im Trainingsbereich nur bedingt mess- und überprüfbar. Auch deshalb wird bei starkem Kostendruck häufig hier zuerst gespart. Um das Bildungsbudget effektiv zu bewirtschaften und (oft erst mittel- und langfristig wirksame) Bildungsinvestitionen zu rechtfertigen, sollten Sie die Trainingskosten möglichst differenziert erfassen. Folgende Kosten sind zu berücksichtigen:
- internes Trainingspersonal (haupt- und nebenberuflich),
- externe Trainer (Honorare, Reisekosten, Spesen usw.),
- Teilnehmerkosten (Ausfallzeiten, Reisekosten, Verpflegung, Unterbringung usw.),
- Trainingsräume (Ausstattung, laufende Kosten),
- Trainingsequipment, mobil (Notebooks, CBT, CD-ROM, Video),

- Trainingsmaterial (Teilnehmerunterlagen usw.),
- Teilnehmer-/Prüfungsgebühren,
- Sachkosten interner Administration und Organisation (Räume, Arbeitsplätze, Technik, Verbrauchsmaterial, Energie usw.),
- Betriebsräteschulung,
- Bildungsurlaubsfreistellung.

Unter bestimmten Bedingungen werden Bildungsmaßnahmen mit Zuschüssen oder Darlehen aus öffentlichen Mitteln gefördert. Das gilt vorrangig für Arbeitslose oder von Arbeitslosigkeit bedrohte Personen, in Bezug auf Fortbildung und Umschulung oder für Aufstiegsfortbildung bestimmter Fachberufe. Es gibt auch Fördermittel der EU sowie Modellversuche von Bundes- und Länderministerien (Bildung und/oder Wirtschaft). Diese meist befristeten finanziellen Förderprogramme sind oft politisch motiviert und damit veränderlichen gesetzlichen Grundlagen unterworfen.

> Konkrete Auskünfte erteilen auch der Arbeitgeberverband, das Arbeitsamt, die Kammern (z.B. IHK, HWK), Ministerien (Öffentlichkeitsressort) oder die Gewerkschaften. Aufwendungen für berufliche Bildung sind im gewissen Umfang auch steuerlich relevant.

4.7 Weiterbildungsberatung und -information

Über interne betriebliche Bildungsveranstaltungen sollten vorrangig die Führungskräfte ihre Mitarbeiter beraten und informieren, je nach Unternehmensgröße in Zusammenarbeit mit hauptverantwortlichen Spezialisten für Training, Entwicklung und Personalbetreuung.

Da der externe Weiterbildungsmarkt sehr unübersichtlich ist und die unzähligen Angebote so vielschichtig und schwer vergleichbar sind, ist die Information, Beratung und Auswahl geeigneter Veranstaltungen nicht einfach. Wichtige Informationsquellen sind:
- Weiterbildungsberatungsstellen (öffentlich),
- Bundesinstitut für Berufsbildung (BiBB), Checkliste zur Qualität der beruflichen Weiterbildung,
- IHK-Datenbank WiS (Weiterbildungsinformationssystem),
- Internet (Websites von Anbietern zu E-Learning).

Zu empfehlen ist die Weiterbildungsdatenbank KURS DIREKT, die das Institut der deutschen Wirtschaft Köln (IW) im Auftrag der Bundesanstalt für Arbeit als kostenlosen Informationsservice online anbietet. Die Datenbank enthält mehr als 300.000 Bildungsangebote, davon 80% zur beruflichen Qualifizierung aller Art (von CBT bis zum Fernstudium). Zu jedem Bildungsangebot gibt es bis zu 28 Informationsfelder (z.B. Veranstalter-Angaben, Ziele, Lehrinhalte, Kursaufbau, Teilnehmervoraussetzungen, Abschluss, Dauer, Kosten).

Wichtiger als die Informationsfülle von Datenbanken ist, dass Sie bei der Auswahl externer Bildungsangebote selbst klare Vorstellungen Ihrer Ziele und Ihres Bedarfs haben. Entwickeln Sie Ihre persönlichen Kriterien und arbeiten Sie nach eigenen Prioritäten, damit Sie systematisch auswählen und kritisch vergleichen können.

4.8 Auswertung: Erfolgskontrolle und Transfersicherung

Um den Erfolg von Personalentwicklungs- und Trainingsmaßnahmen zu kontrollieren, untersuchen Personal- oder Weiterbildungsverantwortliche z.B. Qualität, Relevanz und Transfer der durchgeführten Maßnahmen:
- Qualität (Hält die Maßnahme den Qualitätsanforderungen stand?)
- Relevanz (Inhalt auf den festgestellten Bedarf hin überprüfen.)
- Transfer (Sind in der Praxis tatsächliche Veränderungen als Nutzen feststellbar?)

> ! Das wichtigste Erfolgskriterium ist der Nutzen der Maßnahmen für die Praxis.

Lassen Sie die Maßnahmen daher durch die Mitarbeiter beurteilen, sowohl direkt danach, als auch 3-6 Monate später (siehe Muster 1 und 2 zu 4.8). Dann ist der erste Eindruck durch die Praxis bereits überprüft worden. Für den Transfer des Gelernten in die Praxis kommt es, neben der Anwendungs- und Veränderungsbereitschaft des Mitarbeiters, insbesondere auf die jeweilige Führungskraft an. Der Vorgesetzte nimmt bei Zielsetzung, Planung, Kontrolle und Unterstützung der Maßnahmen die Schlüsselfunktion ein. Er sollte den Prozess zusammen mit dem Mitarbeiter von Anfang bis Ende aktiv gestalten.

> Nutzen Sie für die Transfersicherung die drei Musterformulare auf der beigefügten CD-ROM.

4.9 Benchmarking

Durch härteren Wettbewerb am Markt und erhöhten Kostendruck werden in den Unternehmen alle Funktionsbereiche »unter die Lupe« genommen und daraufhin analysiert, welchen Beitrag sie für das Erreichen der Unternehmensziele leisten. Beim »Benchmark« und »Best-Practice« fragen sich erfolgreiche Unternehmen: »Wie machen es die Anderen?« »Die Anderen« sind Wettbewerber innerhalb der eigenen Branche und branchenfremde Top-Unternehmen bzw. Marktführer.

Nutzen Sie Benchmarking auch für Ihre Personalentwicklung und Weiterbildung, indem Sie:
- relevante eigene und fremde Erfolgskennzahlen ermitteln,
- eigene und fremde Erfolgsfaktoren bewerten und vergleichen (siehe Checkliste zu 4.9),
- für Ihre spezielle Unternehmens- und Wettbewerbssituation angemessene Konsequenzen ziehen,
- nach Priorität geeignete Maßnahmen umsetzen.

> ! Auch hier gilt, »weniger ist oft mehr«. Beschränken Sie sich auf wesentliche Aktivitäten, aber verwirklichen Sie diese konsequent.

> ! Benchmarking und Best-Practices heißt, sich nicht »abzuschotten«, sondern vom Erfolg der Besten zu lernen. Sie erhalten offene Informationen und ungeschönte Daten von Wettbewerbern eher dann, wenn Sie selbst bereit sind, Benchmark-Partnern Input über eigene Erfolgskennzahlen und -faktoren zu liefern: Profitieren Sie vom gezielten Leistungsvergleich!

Muster 1 (zu 4.8) Seminar/Trainingsbeurteilung

Thema:

Termin:

Teilnehmer:

1. **Wie beurteile ich das Seminar / Training allgemein? Wie war mein Gesamteindruck?**
   - ❏ sehr gut   ❏ gut
   - ❏ es ging so   ❏ schade um die Zeit

2. **Wie bewerte ich den Referenten / Trainer?**
   - ❏ sehr gut   ❏ gut   ❏ befriedigend
   - ❏ nicht zufriedenstellend, warum nicht?

3. **War ich mit der Organisation / den Rahmenbedingungen zufrieden?**
   - ❏ ja   ❏ es ging so
   - ❏ nein, warum nicht?

4. **Wurden alle angekündigten Inhalte / Themen behandelt?**
   - ❏ ja   ❏ nein, welche habe ich vermißt?

5. **Wie bewerte ich die Inhalte, ihre Klarheit und Verständlichkeit?**
   - ❏ gut   ❏ unterschiedlich
   - ❏ nicht zufriedenstellend, warum nicht?

6. **Wie beurteile ich die Dauer?**
   - ❏ genau richtig für die Themen/Inhalte
   - ❏ zu kurz, warum?   ❏ zu lange, warum?

7. **Wie beurteile ich die Methode(n)?**
   z.B. prakt. Übungen, Fallbeispiele, Gruppenarbeit, Diskussion u.s.w.
   - ❏ gut, warum?   ❏ unterschiedlich
   - ❏ nicht zufriedenstellend, warum nicht?

8. **Waren die Arbeitsunterlagen...**
   - ❏ nützlich/hilfreich
   - ❏ eher zuviel, überflüssig, warum?
   - ❏ fehlend, unbrauchbar, warum?

9. **Kann ich die Ergebnisse des Seminars für meine/n Aufgaben/Arbeitsplatz nutzen?**
   - ❏ ja, sehr gut   bestimmt zum großen Teil
   - ❏ weiß ich noch nicht
   - ❏ nein, wohl kaum, warum nicht?

10. **Mein Interesse an diesem Thema ist**
    - ❏ groß, weil
    - ❏ durchschnittlich   ❏ eher gering, weil

11. **Fand ein vorbereitendes Gespräch vor dem Seminar mit dem Vorgesetzten statt?**
    - ❏ ja   ❏ nein

12. **Ist ein Auswertungs-Gespräch nach dem Seminar mit dem Vorgesetzten geplant?**
    - ❏ ja   ❏ nein   ❏ weiß ich noch nicht

13. **Kann ich das Seminar weiterempfehlen?**
    - ❏ ja, warum   ❏ nein, warum nicht?

14. **Wie werde ich die Inhalte/Ergebnisse in die Praxis umsetzen?**

15. **Meine Anmerkungen/Verbesserungsvorschläge:**

VII. Personalentwicklung und Qualifikation

Muster 2 (zu 4.8) Seminar/Trainingsbeurteilung – Nachlese

Thema: _____

Termin: _____

Teilnehmer: _____

> *Vor einigen Monaten haben Sie am oben genannten Seminar/Training teilgenommen. Um den Nutzen für Ihre Praxis zu ermitteln, stellen wir Ihnen jetzt erneut einige Fragen.*

1. **Wie beurteilen Sie das Seminar / Training allgemein? Wie war Ihr Gesamteindruck?**
   - ❏ sehr gut   ❏ gut   ❏ es ging so   ❏ schade um die Zeit

2. **Kamen Inhalte/Themen rückblickend zu kurz?**
   - ❏ nein, war OK
   - ❏ ja, welche _____

3. **Sind die Arbeitsunterlagen aus dem Seminar/Training für Ihre Praxis ...**
   - ❏ nützlich/hilfreich
   - ❏ eher zuviel, überflüssig, warum? _____
   - ❏ fehlend, unbrauchbar, warum? _____

4. **Können Sie die Ergebnisse des Seminars/Trainings für Ihren Arbeitsplatz/Ihre Aufgaben nutzen?**
   - ❏ ja, sehr gut
   - ❏ ja, teilweise (welche?) _____
   - ❏ weiß ich immer noch nicht
   - ❏ nein, weil _____

5. **Hat im Anschluß an das Seminar/Training ein Gespräch zur Auswertung mit Ihrem/Ihrer Vorgesetzten stattgefunden?**
   - ❏ ja
   - ❏ nein, bisher noch nicht

6. **Wie haben Sie die Inhalte/Ergebnisse in die Praxis umgesetzt?**
   - ❏ vollständig
   - ❏ teilweise, weil _____
   - ❏ gar nicht, weil _____

5 Betriebliche Berufsausbildung

5.1 Personalentwicklung und duales Ausbildungssystem

Berufsausbildung ist der erste Schritt der Personalentwicklung. Durch eine enge Zusammenarbeit zwischen Ausbildern und Personalentwicklern werden schon frühzeitig Entwicklungspotenziale von zukünftigen Mitarbeitern entdeckt. Die Berufsausbildung legt den Grundstein für ein lebenslanges Lernen. Die Abschlussprüfung ist nicht das Ende der Wissensaneignung bzw. -vermittlung sondern der Anfang eines kontinuierlichen Weiterbildungsprozesses. Die enge Verknüpfung von betrieblicher Ausbildung und den Aufgabenfeldern der Personalentwicklung wird am besten in gemeinsamen Projekten kontinuierlich gefördert.

Ausbildung betrifft alle Maßnahmen, die der beruflichen Erstausbildung, also dem Abgangsschüler allgemein bildender Schulen als Adressat, zugeordnet werden.

Im dualen Ausbildungssystem der Bundesrepublik ist der Ausbildende für den praktischen Teil und die Berufsschule für den theoretischen Bereich der Ausbildung verantwortlich. Vertragspartner ist der Ausbildungsbetrieb.

Das duale Ausbildungssystem hat den Vorteil, dass Praxis und Theorie in idealer Weise verknüpft werden könnten. Die Überfrachtung der Berufsbilder mit Lerninhalten führte in der Vergangenheit jedoch dazu, dass Ausbildungsbetriebe auch Funktionen der Berufsschule übernahmen (z.B. innerbetrieblicher Unterricht). Die Gründe hierfür sind vielfältig und reichen von der abnehmenden Qualifikation der Auszubildenden bis zu den unbefriedigenden Bedingungen an den Berufsschulen. Hinzu kommt, dass sich in den letzten 20 Jahren die Rahmenbedingungen der Ausbildung maßgeblich änderten (siehe Übersicht zu 5.1). Die Berufsausbildung hat mit vielfältigen neuen Ausbildungsberufen und flexiblen Ausbildungsgängen (siehe auch VII A/6) zwischenzeitlich darauf reagiert.

Übersicht (zu 5.1) Veränderte Rahmenbedingungen der Ausbildung

Die Auszubildenden kommen mit veränderten Vorbildungen in den Betrieb.
- 1983 hatten ca. 40% der Auszubildenden den Hauptschulabschluss, ca. 8% das Abitur. Heute hat sich der Anteil der Abiturienten verdoppelt, der Anteil der Hauptschüler sank um 20%.

Das Durchschnittsalter der Auszubildenden ist deutlich gestiegen.
- Mitte der siebziger Jahre waren die Auszubildenden im Schnitt 16 Jahre alt, heute liegt das Durchschnittsalter bei 19 Jahren. 75% der Auszubildenden sind bereits volljährig.

Die technologische Entwicklung verändert/e den Berufsalltag stark.
- Durch die rasanten Fortschritte in der Informationsverarbeitung haben sich viele Arbeitsabläufe beschleunigt und schaffen neue Arbeitsfelder.

Die Berufsausbildungsverordnungen sind mehr und mehr im Fluss.
- Es ist nicht mehr damit getan, dass Auszubildende curriculare Aufgabenstellungen nachvollziehen können. Flexibilität und das Lernen lernen steht im Vordergrund. Eigenverantwortliches Lernen, Planen und Kontrollieren gilt es zu fördern.

Die betrieblichen Arbeitsformen und Arbeitsabläufe ändern sich.
- Durch kürzere Produktlebenszyklen, flexiblere Arbeitsformen und Arbeitszeiten wird für alle Mitarbeiter in Organisationen das Arbeiten in zeitlich begrenzten Projekten zunehmend zur Realität.

5.2 Voraussetzungen zum Ausbilden

Der Ausbildende (in der Regel der Ausbildungsbetrieb) ist der Vertragspartner des Auszubildenden, vertreten durch die Geschäftsführung, dem Personal- oder Ausbildungsleiter. Der Ausbildende delegiert häufig die Ausbildung an den Ausbilder. Der Ausbilder ist die Person, die den Auszubildenden direkt anleitet, fördert und unterweist. Hierfür muss die fachliche und persönliche Eignung vorliegen.

Fachliche und persönliche Eignung der Ausbildenden
Das Berufsbildungsgesetz regelt die Eignung nach dem Ausschlussprinzip: Persönlich nicht geeignet ist der, der Kinder und Jugendliche nicht beschäftigen darf oder der, der gegen dieses Gesetz verstoßen hat. Fachlich nicht geeignet ist der, der die erforderlichen beruflichen Kenntnisse und Fertigkeiten oder die erforderlichen berufs- und arbeitspädagogischen Kenntnisse nicht besitzt. Die berufs- und arbeitspädagogischen Kenntnisse sind in § 3 der Ausbildereignungsverordnung (AEVO) festgelegt und müssen durch eine Prüfung nachgewiesen werden. Die Handlungsfelder der Berufsausbildung entnehmen Sie bitte der Übersicht 1 zu 5.2. Die Aufgaben des Ausbilders im Innen- und Außenverhältnis sind in der Praxis vielfältig (siehe Übersicht 2 zu 5.2).

Die Eignung der Ausbildungsstätte
Art und Einrichtung der Ausbildungsstätte müssen für die Berufsausbildung geeignet sein. Dazu gehören z.B. Lehrwerkstätten, Lehrlabors, Ausbildungsecken oder besondere Ausbildungsräume im Bereich der kaufmännischen Ausbildung. Ebenso soll die Zahl der Fachkräfte und Auszubildenden in einem angemessenen Verhältnis stehen (nicht mehr Auszubildende als Fachkräfte im Unternehmen beschäftigt). Werden in der Ausbildungsstätte nicht alle Ausbildungsinhalte vermittelt, können Defizite in Kooperationen mit anderen Firmen oder Bildungsträgern abgedeckt werden (siehe 5.12.1).

5.3 Tarifvertragliche Vereinbarungen

In den Tarifverträgen der jeweiligen Sozialpartner sind in der Regel vereinbart:
- Höhe der Ausbildungsvergütungen,
- tägliche Arbeitszeit,

VII. Personalentwicklung und Qualifikation

Übersicht 1 (zu 5.2) Sieben Handlungsfelder der Berufsausbildung

Handlungsfeld	Thema	Inhalte und Kenntnisse
1.	allgemeine Grundlagen	Gründe der betrieblichen Berufsausbildung, Einflussgrößen auf die Berufsausbildung, rechtliche Rahmenbedingungen, Beteiligte und Mitwirkende an der Berufsausbildung kennen, Anforderungen an Ausbilder.
2.	Ausbildung planen	Ausbildungsberufe auswählen, Eignung des Ausbildungsbetriebes überprüfen, Organisation der Ausbildung, Ausbildungspläne erstellen, Beurteilungssysteme einsetzen.
3.	Auszubildende einstellen	Auswahlkriterien aufstellen, Einstellungsverfahren durchführen, Einstellungsgespräche führen, Ausbildungsverträge abschließen, Eintragungen und Anmeldungen bei den zuständigen Stellen, Einführung der Auszubildenden in den Betrieb, Probezeit planen.
4.	am Arbeitsplatz ausbilden	Arbeitsplätze auswählen und aufbereiten, praktisch anleiten, aktives Lernen fördern, Handlungskompetenz fördern, Lernerfolgskontrollen durchführen, Beurteilungsgespräche führen.
5.	Lernen fördern	Lern- und Arbeitstechniken, Lernerfolge sicherstellen, Zwischenprüfungen auswerten, auf Lernschwierigkeiten und Verhaltensauffälligkeiten eingehen, kulturelle Unterschiede berücksichtigen, mit externen Stellen kooperieren.
6.	Gruppen anleiten	Kurzvorträge halten, Lehrgespräche durchführen, moderierend ausbilden, Medien auswählen und einsetzen, aktives Lernen in Gruppen fördern, in Teams ausbilden.
7.	Ausbildung beenden	Auf Prüfungen vorbereiten, zur Prüfung anmelden, Zeugnisse ausstellen, Ausbildung vorzeitig beenden oder verlängern, auf Fortbildungsmöglichkeiten hinweisen, an Prüfungen mitwirken.

Übersicht 2 (zu 5.2) Aufgaben des Ausbilders

Im Innenverhältnis:
- Ausbildung planen und durchführen
- Ausbildungsinhalte didaktisch und methodisch aufbereiten
- Arbeitssicherheit und -hygiene gewährleisten
- Ausbildungserfolg überprüfen
- dem Auszubildenden Lehrinhalte vermitteln
- den Auszubildenden beurteilen
- den Auszubildenden erziehen
- ggf. Kontakt zum Meister in den Fachabteilungen halten
- Kontakt zum Ausbildungsbeauftragten halten

Im Außenverhältnis regelmäßige Gespräche bzw. punktuelle Kontaktaufnahme mit:
- der zuständigen Stelle
- berufsständischen Organisationen und Fachverbänden
- Arbeitsamt
- überbetrieblichen Ausbildungseinrichtungen
- Berufsschule
- Elternhaus des Auszubildenden

- Jahresurlaub,
- Freistellung von der Ausbildung bei familiären Anlässen und für Weiterbildung.

> **!** Die im Tarifvertrag festgelegten Vereinbarungen haben für die Ausbildung rechtsverbindlichen Charakter.

5.4 Zuständige Stellen

Die zuständigen Stellen sind den jeweiligen Kammern (z.B. Industrie- und Handelskammer, Handwerkskammer) zugeordnet. Von den dortigen Ausbildungsberatern erhalten Sie wertvolle Hilfen und Informationen für alle Bereiche der Berufsausbildung, z.B. zur Durchführung der Ausbildung oder zu juristischen Fragen. Verschiedene Erfahrungsgespräche (z.B. auf Ausbildungsleiterebene) bieten einen Austausch über die gesamte Kammerregion. Diese Kontakte können bis auf Landes- oder Bundesebene ausgeweitet werden.

Zu den Aufgaben der zuständigen Stellen gehören:
- Eignung der Ausbildungsstätte und Ausbilder prüfen,
- Ausbildungsverträge eintragen, ändern und löschen,
- Zwischen- und Abschlussprüfungen durchführen,
- Durchführung der Ausbildung überwachen,
- Betriebe, Ausbilder und Auszubildende beraten,
- Ausbildungsberater bestellen,
- Berufsbildungsausschuss einrichten.

5.5 Arbeitnehmervertretung

Der Betriebsrat hat bei der Berufsausbildung Beratungs- und Mitbestimmungsrechte. Für die Einrichtung im Unternehmen besteht Beratungsrecht; bei der Durchführung und der Bestellung oder Abberufung von Ausbildern hat der Betriebsrat ein Mitbestimmungsrecht. Beratende Tätigkeit für den Betriebsrat hat die Jugend- und Auszubildendenvertretung (JAV). Zur Wahl der JAV sind alle Auszubildenden wahlberechtigt.

Unabhängig von der juristischen Lage sollten Sie ein vertrauensvolles Verhältnis zum Betriebsrat aufbauen und ihn frühzeitig in die verschiedenen Bildungsmaßnahmen einbeziehen.

5.6 Planung und Bedarfsanalyse

Um die Ausbildung bedarfsgerecht zu planen, analysieren Sie im jährlichen Turnus mit den jeweiligen, übernehmenden Fachbereichen die Personalsituation nach den Kriterien:
- anzunehmendes Wachstum,
- altersbedingter Ruhestand,
- normale Fluktuation.

Danach ergeben sich die erforderlichen Ausbildungszahlen. Neben der quantitativen Bedarfsanalyse ist auch eine qualitative Planung durchzuführen, um die erforderlichen Qualifikationen der zukünftigen Mitarbeiter zu ermitteln (siehe auch IV A/1). Damit wird die Frage beantwortet, für welche Berufsbilder das Unternehmen ausbildet. Qualitative Daten sind schwer zu ermitteln, wenn z.B. die Ausbildungszeit drei Jahre dauert und das Wachstum in bestimmten Unternehmensbereichen in diesem Zeitraum falsch eingeschätzt wird. Wenn Sie über den eigenen Bedarf ausbilden, mindern Sie die Risiken erhöhter Fluktuation, eröffnen Jugendlichen die Chance einer Berufsausbildung und leisten damit einen wertvollen gesellschaftspolitischen Beitrag.

> Fördermittel für klein- und mittelständische Unternehmen stellt die Bundesregierung über die betreffenden Hausbanken zur Verfügung. Nähere Informationen erhalten Sie bei Ihrer zuständigen Stelle und den Kreditinstituten.

5.7 Kosten der Berufsausbildung

Verschiedene Erhebungen im industriellen Bereich ergeben derzeit Kosten pro Auszubildenden von 40.000 bis 65.000 € für eine Ausbildungszeit von 3,5 Jahren. Grundproblem ist oft, dass die Ausbildung nur als Kostenverursacher und nicht als Investition in das Humankapital angesehen wird. Außerdem erwirtschaften die Auszubildenden bereits Erträge bzw. erbringen eine Gegenleistung, die oft nicht unerheblich ist.

> Ausbildung und Personalentwicklung sind mit Forschung und Entwicklung Ihres Unternehmens gleichzustellen und somit ein strategisches Unternehmensziel!

5.8 Auszubildendenmarketing

Der Weg zu den Schulabgängern führt häufig über Eltern, Lehrer, Bekannte, über Presse und Medien oder direkt über das Internet (siehe VII A/1.5). Maßnahmen für diese Zielgruppen und die Kommunikationsmedien müssen systematisch und langfristig angelegt sein.

Marktvorteile haben Ausbildungsbetriebe, die für eine gute Ausbildung und für einen anspruchsvollen, sicheren Arbeitsplatz bekannt sind. Ausbildungsprogramme für Abiturienten zeigen z.B., dass betriebliche Ausbildungen keine Einbahnstraßen sind und unterschiedliche Entwicklungsmöglichkeiten bieten. Damit erhöht sich die Attraktivität eines Unternehmens.

5.9 Auswahl und Einstellung der Auszubildenden

Zur Vorauswahl dienen Bewerbungsunterlagen und Schulzeugnisse. Diese Unterlagen haben allerdings häufig nicht die gewünschte Aussagekraft hinsichtlich des Ausbildungs- oder gar des Berufserfolges. Aufschlussreicher ist auf jeden Fall das persönliche Gespräch (siehe auch II A/3.3).

> Wenn Sie in der aktuellen Lehrstellensituation häufig Absagen formulieren müssen, tun Sie dies bitte freundlich und konstruktiv, um das Selbstwertgefühl der Bewerber nicht noch mehr zu beschädigen. Die Jugendlichen sind auf der Suche nach Lehrstellen bereits so verunsichert und mutlos, dass sie zurückgeschickte Unterlagen und Briefe kaum noch zur Kenntnis nehmen!

Zur eigentlichen Auswahl sollten Sie ein Verfahren entwickeln, das den entscheidenden Auswahlkriterien des Berufsbildes entspricht. Verlassen Sie sich hierbei nicht nur auf die Tests der Kammern. Strukturierte Gruppenübungen (siehe II A/3.3) haben den Vorteil, dass Sie sich mehrere Bewerber zunächst gezielt in Gruppensituationen ansehen können. Beachten Sie hierbei auch die Mitbestimmung des Betriebsrats.

5.9.1 Anforderungsprofile für Auszubildende

Verschiedene Bereiche der Industrie, des Handels und der Dienstleistungsbranche stellen an die Auszubildenden unterschiedliche Anforderungen. Anforderungsprofile verdeutlichen den exakten Bedarf (siehe auch II A/1.4). Überlegen Sie genau, über welche Fähigkeiten ein Azubi in Ihrem Berufsfeld verfügen sollte, um bei seiner Arbeit erfolgreich zu sein. Wenn Sie sich mit einem Anforderungsprofil im Vorfeld festlegen, hilft es Ihnen z.B. dabei, den oder die richtige Auszubildende/Auszubildenden zu finden und sie oder ihn in der Entwicklung während der Ausbildung zu beurteilen (siehe Beispiel zu 5.9.1). Der Auszubildende weiß vom ersten Tag der Ausbildung an, worauf es Ihnen ankommt und wonach er eingeschätzt wird.

Orientieren Sie sich bei Erstellung der Anforderungsprofile an den vier Bereichen beruflicher Handlungskompetenz (siehe Übersicht zu 5.9.1).

5.10 Berufsschule

Der Berufsschulunterricht ist Teil der Ausbildung und somit Ausbildungszeit. Als Dualpartner übernimmt die Berufsschule den theoretischen und allgemein bildenden Teil der Ausbildung. Der Auszubildende ist für den Unterricht freizustellen und für den regelmäßigen Berufsschulbesuch zu motivieren. Kontrollieren Sie die Teilnahme am Unterricht in angemessener Art (z.B. Schulbesuchsnachweisliste).

Vergewissern Sie sich auch, wo der Berufsschulunterricht stattfindet. Nicht jede Gemeinde oder Stadt kann eine Fachklasse für den jeweiligen Ausbildungsberuf zusammenstellen.

VII. Personalentwicklung und Qualifikation

Übersicht (zu 5.9.1) Leitfragen für ein Anforderungsprofil

Kompetenzbereich	Leitfragen
Fachkompetenz	Welche fachlichen Kompetenzen sind erforderlich? ....
Methodenkompetenz	Welche methodischen Voraussetzungen sind erwünscht? Welche Ziele sollen methodisch erreicht werden? ....
Soziale/Kommunikative Kompetenz	Welches Bild haben Sie vom zukünftigen Auszubildenden? Welchem Ideal soll er/sie entsprechen? ....
Persönlichkeitskompetenz	Welche Wertvorstellungen verbinden sie mit dem mit dem Auszubildenden? Was sind Ihre Erwartungen an die Persönlichkeit des Auszubildenden?

Beispiel (zu 5.9.1)
Anforderungsprofil eines Auszubildenden im Dienstleistungsbereich

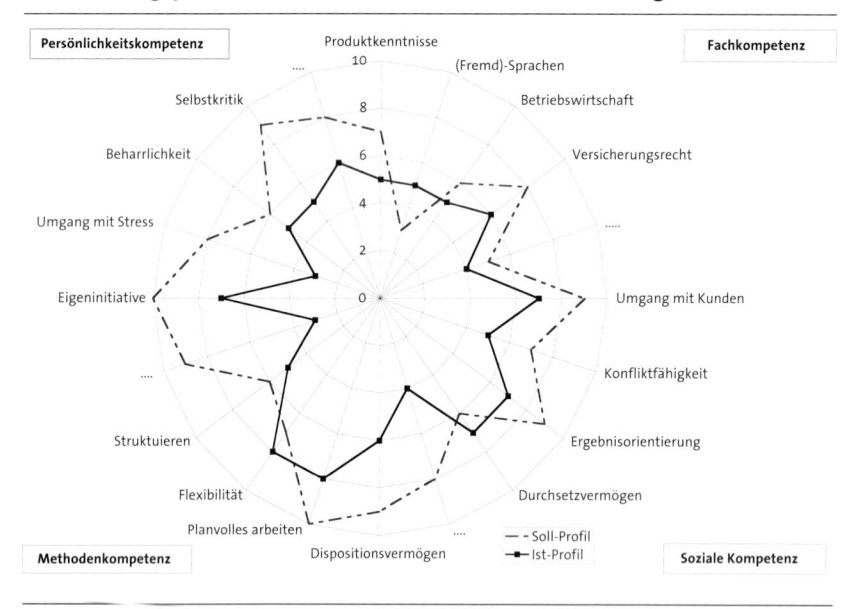

[Netzdiagramm mit Persönlichkeitskompetenz (Selbstkritik, Beharrlichkeit, Umgang mit Stress, Eigeninitiative), Methodenkompetenz (Strukuieren, Flexibilität, Planvolles arbeiten, Dispositionsvermögen), Soziale Kompetenz (Durchsetzvermögen, Ergebnisorientierung, Konfliktfähigkeit, Umgang mit Kunden) und Fachkompetenz (Produktkenntnisse, (Fremd)-Sprachen, Betriebswirtschaft, Versicherungsrecht); gezeigt werden Soll-Profil und Ist-Profil]

> **!** Die aktuelle Diskussion um den zweiten Berufsschultag zielt auf eine erhöhte Präsenz der Auszubildenden am Ausbildungsplatz. Hierfür bietet der Stundenplan der Berufsschulen auch bislang gestalterische Möglichkeiten (z.B. alternative Blockunterrichtsformen). Positiver Nebeneffekt: erweiterte methodische Vielfalt des Unterrichts an Berufsschulen!

Das Beispiel zu 5.10 zeigt, wie für zwei Gruppen von Auszubildenden die Berufsschultage so gelegt werden können, dass immer zusammenhängend sieben Tage im Betrieb gearbeitet werden kann.

5.11 Prüfungen

Zu den Prüfungen melden Sie den Auszubildenden bei der zuständigen Stelle an. Die genauen Prüfungsmodalitäten werden durch den Berufsbildungsausschuss der zuständigen Stelle geregelt (siehe Übersicht zu 5.11). Zur Ausbildung gehören die Zwischen- und die Abschlussprüfung der Kammern in Theorie und Praxis. Die Zwischenprüfung muss nicht bestanden werden. Die Teilnahme ist aber Voraussetzung für die Zulassung zur Abschlussprüfung. Hier müssen zum Bestehen 50 Punkte erreicht werden (Schulnote 4,4). Neben den Prüfungen der zuständigen Stellen werden auch in der Berufsschule Abschlussprüfungen durchgeführt. Unter bestimmten Voraussetzungen kann die Ausbildungszeit verkürzt und die Abschlussprüfung vorgezogen werden. In aller Regel betrifft dies die schulischen Vorleistungen (z.B. allgemeine Hochschulreife, gute Leistungen im Ausbildungsbetrieb und in der Berufsschule).

5.12 Organisationsformen

Die Organisationsform richtet sich nach Ihrer Betriebsgröße und nach der Anzahl der Ausbildungsplätze. In großen Betrieben regeln Versetzungspläne den Einsatz der Auszubildenden in den Fachabteilungen. Innerbetrieblicher Unterricht ergänzt die theoretische Wissensvermittlung in der Berufsschule.

Auch in kleinen und mittleren Betrieben erkundigen Sie sich nach den schulischen Leistungen und organisieren Sie insbesondere zur Prüfungsvorbereitung (siehe 5.11) fachkundige Unterstützung! Pädagogisch talentierte Mitarbeiter und auch Betriebsräte können hier wichtige Anleitungsfunktionen übernehmen. Gestaltung und Durchführung des Unterrichts oder die Art der Unterstützung sollten die Selbstständigkeit der Auszubildenden fördern.

5.12.1 Kooperationen

Manchmal kann es sinnvoll sein, mit anderen Unternehmen einen Ausbildungverbund zu gründen oder Ausbildungsinhalte an andere Unternehmen zu übertragen (siehe auch VII A/6.4 und Forum I/8). Der Ausbildungsverbund bietet sich an, wenn z.B. mehrere Betriebe nur über eine kleine Anzahl Auszubildender verfügen. Durch das Zusammenführen zu einem Ausbildungsjahr werden bestimmte Ausbildungsinhalte von dem Betrieb übernommen, der geeignete Mittel und geeignetes Personal zur Verfügung hat. Im Ausbildungsverbund werden dadurch große Synergieeffekte erreicht.

Wenn ein Unternehmen gewisse Ausbildungsinhalte des Berufsbildes nicht vermittelt, kann es diese an ein anderes Unternehmen oder an eine überbetriebliche Ausbildungsstätte übertragen. Diese Dienstleistung wird dann dem Kunden in Rechnung gestellt. Pro Ausbildungsmonat und Auszubildenden sind derzeit Kosten von 450 bis 900 € zu veranschlagen, abhängig vom personellen und maschinellen Aufwand.

5.13 Ausbildungsziele

5.13.1 Berufliche Handlungskompetenz

Neben der herkömmlichen Ausbildung, in der die Fachkompetenz ihren Schwerpunkt hatte, gewinnen in der beruflichen Ausbildung zunehmend Qualifikationen an Bedeutung, die die berufliche Handlungskompetenz fördern (siehe auch VII A/1.7). Um die berufliche Handlungskompetenz zu fördern, sind veränderte Unterweisungsmethoden nötig. Lernprozesse sind individuell auf die Auszubildenden abzustimmen (siehe 5.2, AEVO). Dies verändert die Anforderungen an die Ausbilder (siehe Übersicht zu 5.13.1).

Vor jeder Unterweisung sollten Sie als Unterweisender zunächst für sich klären:
- Wen will ich unterweisen (Adressatenbezug)?
- Was will ich unterweisen (Eingrenzung und Tiefe des Themas)?
- Welche Methode ist für den Adressatenkreis und das Thema am sinnvollsten?

5.13.2 Soziale Kompetenz

Die Förderung der sozialen Kompetenz sollte bei der Planung und Durchführung Ihrer Ausbildung einen besonderen Stellenwert einnehmen, denn diese Fähigkeiten sind Voraussetzungen für flexible, sich ständig ändernde Bedingungen im betrieblichen Umfeld. Denken Sie

Beispiel (zu 5.10) Gestaltung durch Wochenwechsel

Präsenz in der Berufsschule (ohne Unterbrechung durch Betrieb)	Präsenz im Betrieb (ohne Unterbrechung durch Schule)
3 Tage Berufsschule	7 Tage im Betrieb

Woche A (Gruppe A)

MO	DI	MI			DO	FR	MO	DI	MI	DO	FR
		MI	DO	FR			MO	DI	MI	DO	FR	MO	DI

Woche B (Gruppe B)

5 Tage Berufsschule	15 Tage im Betrieb

Übersicht (zu 5.11) Aufgaben der zuständigen Stellen im Prüfungsverfahren

- Auswahl der Prüfungsorte und der Prüfbetriebe
- Benennung der Prüfungsausschüsse (Besetzung paritätisch und mit einem Lehrervertreter)
- Zulassung zur Abschlussprüfung
- Termine und Einladungen zu den Prüfungen
- Überwachung des ordnungsgemäßen Verlaufs der Prüfungen

Übersicht (zu 5.12.1) Ausbildung im Ausbildungsverbund

Unterschiedlichste Konzepte für die Ausbildung im Ausbildungsverbund sprechen einen gemeinsamen Tenor: Nutzung vorhandener Ressourcen für eine effektive und effiziente Ausbildung, vorzugsweise im Rahmen der betrieblichen Erstausbildung, aber auch im Bereich der Weiterbildung. Differenziertere Anforderungen im technologischen Bereich und sich ständig weiterentwickelnde Arbeitsprozesse- und Abläufe machen flexiblere Handlungsweisen, Steuerungsmechanismen und Ausbildungsmethoden notwendig.

Zielgruppe	Vorzugsweise Klein- und Mittelständische Unternehmen und Organisationen, aber auch größere industrielle Unternehmen können an diesen Modellen partizipieren und können so die vielfältigen Chancen nutzen.
Ausbildungsinhalte	In aller Regel beziehen sich die Ausbildungsinhalte im Ausbildungsverbund auf Ausbildungsinhalte die schwer zu vermitteln sind oder erhebliche Investitionen notwendig machen und von einem überbetrieblichen Verbundpartner übernommen werden können. Gerade in kostenintensiven Bereichen wie z.B. in der CNC-Technik, der Informatik oder der Automatisierungstechnik kann dies von Vorteil sein.
Lernformen und Schlüsselqualifikationen	Lernen im Ausbildungsverbund geht damit einher, dass sich Auszubildende immer wieder auf neue Gegebenheiten einstellen müssen. Wechselnde soziale Beziehungen und das Einstellen auf andere Rahmenbedingungen sind besondere Herausforderungen für die Auszubildenden und

▼

eine weitreichende Möglichkeit die berufliche Handlungskompetenz zu fördern. Durch die Einbindung in betriebliche Arbeitsabläufe erfolgt ein optimaler Praxistransfer zwischen theoretischen Wissen und beruflichem Können.

Zeit	Die Hälfte der Ausbildungszeit soll der Auszubildende im Ausbildungsbetrieb ausgebildet werden. In aller Regel werden von 42 Monaten Ausbildungszeit 18 Monate mit dem Verbundpartner ausgebildet.
Kosten	Pro Monat und Auszubildenden sind Kosten von 450 bis 900 € einzuplanen, je nach Branche und Ausbildungsberuf.
Chancen	Die Ausbildung im Ausbildungsverbund bietet sehr breit gefächerte Entwicklungs- und Lernchancen. Durch die Nutzung der unterschiedlichsten Ressourcen, ergeben sich im methodischen wie im fachlichen Bereich enorme Entwicklungsmöglichkeiten und eine optimale Vorbereitung auf die berufliche Praxis.

Übersicht (zu 5.13.1) Veränderte Anforderungen an die Ausbilder

Fördern der beruflichen Handlungskompetenz

Fachkompetenz	Methodenkompetenz	Sozialkompetenz	Persönlichkeitskompetenz
▪ Mitarbeit in Projekten außerhalb der Ausbildungsabteilung ▪ Zeitlich begrenzter Einsatz in der Ausbildung ▪ Projekte mit den Berufsschulen und Fachabteilungen ▪ Fächerübergreifende Ausbildungsprojekte	▪ Projektmethode und Projektmanagement ▪ Moderations- und Visualisierungstechnik ▪ Methoden der Gesprächsführung ▪ Feedbacktechnik ▪ Berufliche Eignungsdiagnostik ▪ Umgang mit Konflikten	▪ Gedanken, Gefühle und Einstellungen wahrnehmen können ▪ Situativ und personenbezogen kommunizieren können ▪ zur Verständigung und Integration bereit sein ▪ Bereitschaft für das eigene lebensbegleitende Lernen	▪ Meine Person als Ausbilder und Führungskraft ▪ Meine Ziele als Ausbilder ▪ Meine Rolle als Vorbild ▪ Den Auszubildenden als Individuum anerkennen

hierbei an Anforderungen, die sich durch Teamarbeit ergeben, ebenso wie an Arbeitsprozesse, die den stärkeren Einbezug und die höhere Verantwortung des Einzelnen nötig machen. Gerade in der Ausbildung sollten Sie diese Fähigkeiten fördern. Die Juniorfirma (siehe 5.14.3) oder die Projektmethode (siehe 5.14.2) sind geeignete Methoden. Gerade in klein- und mittelständischen Betrieben fördert z.B. ein vielfältiger Kundenkontakt das soziale Lernen in idealer Weise. Soziales Lernen erfordert jedoch auch eine intensive Rückmeldung von Verhaltensweisen durch den Ausbilder an den Auszubildenden. Indem Sie dem Auszubildenden helfen, seinen Weg zu finden, werden Sie mehr und mehr zu seinem Berater.

5.13.3 Interkulturelle Kompetenz

Das Zusammenwachsen internationaler Märkte sowie des europäischen Marktes mit einer gemeinsamen Währung erfordern auch bei jugendlichen Auszubildenden zunehmend interkulturelle Kompetenzen. Bei der Förderung dieser Fähigkeiten stehen der Respekt und das Verständnis anderer Kulturen im Vordergrund. Worauf Sie während der Ausbildung achten können, entnehmen Sie bitte der Übersicht zu 5.13.3, ergänzend siehe VI A/3.

Das Ziel aller Maßnahmen besteht darin, von den persönlichen, positiven Erfahrungen der Einzelnen auszugehen und darauf aufbauend, die interkulturelle Kompetenz zu fördern. Fördermaßnahmen können u.a. auch von der Europäischen Gemeinschaft auf Antrag unterstützt werden.

5.14 Ausbildungsmethoden

5.14.1 Vier-Stufen-Methode

Für die Vermittlung von fachlichen Fertigkeiten, die handwerkliches Geschick erfordern, ist diese Ausbildungsmethode immer noch erste Wahl. Die Ausbildungsinhalte sollten jedoch nicht zu komplex sein (siehe Übersicht zu 5.14.1).

5.14.2 Projektmethode

Die Projektmethode wurde von amerikanischen Pädagogen (John Dewey, William Heard Kilpatrick) entwickelt. Sie zielt auf eine spannungsreiche Beziehung zwischen Unterricht und Aufgabe, Ausbilder und Auszubildenden sowie deren Umwelt.

Anhand konkreter Vorhaben sollen die Auszubildenden ein innovatives, fächerübergreifendes Lernen lernen. Der Ausbilder moderiert und berät die Gruppe in den Projektphasen:
▪ Anregung (welche Aufgabe soll gelöst werden?)
▪ Planung (welcher Lösungsweg soll eingeschlagen werden?)
▪ Ausführung (welche Mittel sind erforderlich, wer macht was bis wann?)
▪ Ergebnis (wie schätzen wir das Ergebnis ein?).

Gleichzeitig trägt er als Mitglied der Gruppe entscheidend zum Erfolg oder Misserfolg der Projektarbeit bei. Dies erfordert auch von ihm eine ausgeprägte Sozialkompetenz (siehe 5.13.2).

5.14.3 Juniorfirma

Das Konzept der Juniorfirma ist eine logische Weiterentwicklung der bekannten Übungsfirmen, die überwiegend im kaufmännischen Ausbildungsbereich eingesetzt werden. Während in der Übungsfirma kein echtes Erzeugnis produziert oder vertrieben wird, werden in Juniorfirmen echte Produkte verkauft und idealerweise selbst hergestellt. Eine Verknüpfung verschiedener Ausbildungsrichtungen und ein fächerübergreifendes Lernen sind in dieser Ausbildungsmethode hervorragend möglich. Welche Fähigkeiten und Kenntnisse durch Juniorfirmen entwickelt und erworben werden, entnehmen Sie der Grafik zu 5.15.3.

5.15 Sozialpädagogische und überfachliche Maßnahmen

Einführungswoche
Die Einführungswoche zielt darauf, den jungen Erwachsenen den Übergang von der Schule in den beruflichen Alltag zu erleichtern, und hat sich in der Praxis vielfach bewährt. Sie bietet Gelegenheit, Auszubildenden und Ausbildern bekannt zu machen. Themenschwerpunkte in der Einführungswoche können sein:
- Organisation des Unternehmens,
- Durchführung der Ausbildung,
- Unternehmensleitsätze,
- Produkte des Unternehmens,
- gemeinsame Unternehmungen (z.B. Sport, Spiel, Exkursionen).

Schon in der Einführungswoche sollten Sie die Auszubildenden auf Gruppenarbeit und Selbstständigkeit hin orientieren. Falls die finanziellen Mittel bereitstehen, ist die Maßnahme idealer Weise extern durchzuführen. Als preiswerte Tagungshäuser kommen z.B. Jugendherbergen, Naturfreundehäuser und Tagungsstätten der Kirchen in Betracht.

Sozialpädagogische Kurse
Themenschwerpunkte für diesen Bereich können sein:
- Wie lernen wir?
- Wie kommunizieren wir?
- Wie gehen wir mit Konflikten um?

Aktions- und Projektwochen, Studienfahrten
Unter einem vorgegeben oder von den Auszubildenden gewählten Thema sind diese Maßnahmen für übergreifendes Lernen ideal. Als Themenkomplexe bieten sich an:
- Umwelt/Naturschutz,
- Binnenverkehr und Europa,
- Tourismus und Ökologie,
- Wie leben andere Kulturen?
- Computerkurse,
- Sprachkurse, eventuell durch Austauschprogramme,
- Freizeiten (Segeln, Kanu, Wanderungen, Ski usw.).

> Insgesamt fördern sozialpädagogische und überfachliche Maßnahmen die Attraktivität der Ausbildung stark und stellen eine solide Werbung für Ihr Unternehmen dar (siehe 5.8).

Übersicht (zu 5.13.3) Interkulturelle Kompetenz

Herausforderungen	Förderungsmöglichkeiten
Unstrukturierte, uneindeutige und widersprüchliche Situationen aushalten können, ohne handlungsunfähig zu werden.	Klärung von - gesellschaftlich/kulturellen Vorstellungen - Konzepten - Traditionen, Normen - Wertvorstellungen und Handlungsmustern.
Mit konditionierten Erwartungen, die sich nicht erfüllen, zurecht kommen.	Klärung von »Normalitäten« - zur Zuverlässigkeit - zur Verbindlichkeit - zu glaubensbedingten Aussagen, »N'sha'llah« (So Gott will) oder .....
Fehlende Empathiefähigkeit erlernen.	Das Verstehen anderer Menschen - ihres Denkens und Verhaltens fördern - die dahinter stehenden Beweggründe kennenlernen - sich in andere hineindenken und fühlen und dadurch - Motive und Handlungsstrukturen verstehen.
Negative Vorurteile abbauen.	Kennenlernen anderer Kulturen: - hier insbesondere auch die nonverbale Kommunikation (z.B. Gestik) einbeziehen.
Lernbereitschaft fördern.	Lernen steht immer im Zusammenhang mit Veränderungen der eigenen Person und des Umfeldes. Veränderungen gehen oft einher mit Unsicherheit und führen daher vielfach zu einer »Veränderungsunlust«. - Eine offene Lernatmosphäre schaffen.
Frustrationstoleranz entwickeln.	Schwierigkeiten werden durch Flucht in Stereotype und pauschale Abwertung der fremden Kultur verarbeitet. - Verhindern Sie ein »Abschotten«, dann wachsen auch hier die Möglichkeiten, Lernerfolge zu erzielen.
Sich auf den »Kulturschock« vorbereiten.	Er tritt bei längeren Auslandsaufenthalten ein, wenn erlernte kognitive Strukturen nicht zu den dort erlebten Ereignissen passen. Dadurch wird eine Orientierungslosigkeit ausgelöst, die zur Handlungsunfähigkeit führen kann. - Durch konsequente Förderung der vorgenannten Punkte kann der Kulturschock eingeschränkt werden.

Übersicht (zu 5.14.1) Die Vier-Stufen-Methode

Stufe	Inhalte	Hinweise		
1. Vorbereiten	■ Eigenes Vorbereiten ■ Vorbereiten des Arbeitsplatzes ■ Vorbereiten der Teilnehmer	■ **Eigenes Vorbereiten** ■ Sind Sie selbst im Thema sicher? ■ Bereiten Sie sich optimal vor. Nehmen Sie sich Zeit zur Vorbereitung. ■ Machen Sie sich alle Schritte Ihrer Unterweisung nochmals klar.	■ **Vorbereiten des Arbeitsplatzes** ■ Haben Sie alle notwendigen Geräte und Hilfsmittel? ■ Sind die Geräte im einwandfreien Zustand? ■ Sorgen Sie für ein ungestörtes Arbeiten.	■ **Vorbereiten des Teilnehmers** ■ Machen Sie den Teilnehmer vom Thema betroffen. ■ Stellen Sie eine offene, angstfreie Atmosphäre her. ■ Vermeiden Sie »kumpelhaftes« Verhalten.
2. Vormachen	■ Vormachen und Erklären des Gesamtvorgangs ■ Herausheben der wichtigsten Inhalte ■ Vormachen ohne Erklären	■ **Vormachen und Erklären des Gesamtvorgangs** ■ Erklären Sie den gesamten Vorgang in einem dem Teilnehmer angemessenen Tempo. ■ Machen Sie deutlich warum, was und wie Sie etwas tun. ■ Legen Sie die Schwerpunkte auf das Wesentliche. ■ Verharren Sie **nicht** auf Nebensächlichkeiten.	■ **Herausheben der wichtigsten Inhalte** ■ Stellen Sie die wesentlichen Inhalte nochmals heraus. ■ Erklären Sie nochmals was, wie und warum Sie etwas tun.	■ **Vormachen ohne Erklären** ■ Machen Sie den gesamten Vorgang nochmals vor, ohne zu erklären. ■ Lassen Sie den Teilnehmer Rückfragen stellen, ob er alles verstanden hat.
3. Nachmachen	■ Nachmachen ohne zu sprechen ■ Nachmachen mit Erklärung	■ **Nachmachen ohne zu sprechen** ■ Der Teilnehmer macht den ganzen Vorgang nach. Unterstützen Sie durch loben. ■ Korrigieren Sie an Stellen, wo falsche Gewohnheiten aufkommen können.	■ **Nachmachen mit Erklärung** ■ Hier soll der Teilnehmer Ihnen erklären, warum er was tut. An dieser Stelle können Sie erkennen, ob Ihre Erklärung verstanden wurde.	
4. Üben	■ Üben bis zur Beherrschung der Tätigkeit	Die Übungsphase sollten Sie dann beginnen, wenn der Teilnehmer die Stufe drei ohne Probleme durchführte. Durch mehrfaches Üben kann die erforderliche Souveränität erreicht werden.		

5.16 Pädagogische und psychologische Grundlagen

Auffälliges Verhalten von Jugendlichen sollten Sie genau prüfen und nicht vorschnell beurteilen. Bedenken Sie, dass gerade Jugendliche mit ihrer eigenen Entwicklung große Probleme haben. »Liebeskummer«, Probleme im Elternhaus oder im Ausbildungsumfeld spielen oft eine entscheidende Rolle. Hier sind Sie in erster Linie als Mensch gefragt, der versteht, zuhört und sich in die Jugendlichen hineinversetzt.

Ideal wäre, wenn der Auszubildende sich von seinem Ausbilder ernst genommen fühlt und weiß, dass er in ihm einen Zuhörer hat und Unterstützung findet. Sie »führen« Ihren Auszubildenden, ähnlich wie ein Vorgesetzter seine Mitarbeiter »führt« (siehe VI A/1-5). Bei manchen Problemen (z.B. Drogenkonsum) sollten Sie unbedingt die Hilfe kompetenter Berater in Anspruch nehmen. Ein frühzeitiger Einbezug von Betriebsrat bzw. der Jugend- und Auszubildendenvertretung ist bei Problemfällen unbedingt zu empfehlen.

5.17 Kontrolle der Berufsausbildung

Das Berichtsheft
Den Verlauf der Berufsausbildung dokumentiert der Auszubildende in einem Berichtsheft, das er wöchentlich während der Arbeitszeit in Stichworten führt. Der Ausbildende überprüft es mindestens monatlich. Der Berufsbildungsausschuss der zuständigen Stelle regelt, in welcher Form das Berichtsheft bzw. der Ausbildungsnachweis zu führen ist. Grundsätzlich sind zwei Formen der Berichtsheftführung möglich: Tägliche Notizen oder wöchentliche Mitschriften und Checkliste (Vordrucke erhalten Sie bei Ihrer zuständigen Stelle und im Fachhandel). Ein nicht vollständig geführtes Berichtsheft kann den Ausschluss des Auszubildenden von der Abschlussprüfung zur Folge haben.

Betriebliche Beurteilungen
Teilen Sie dem Azubi regelmäßig Ihre Einschätzung über seinen Leistungsstand mit. Das Sammeln von

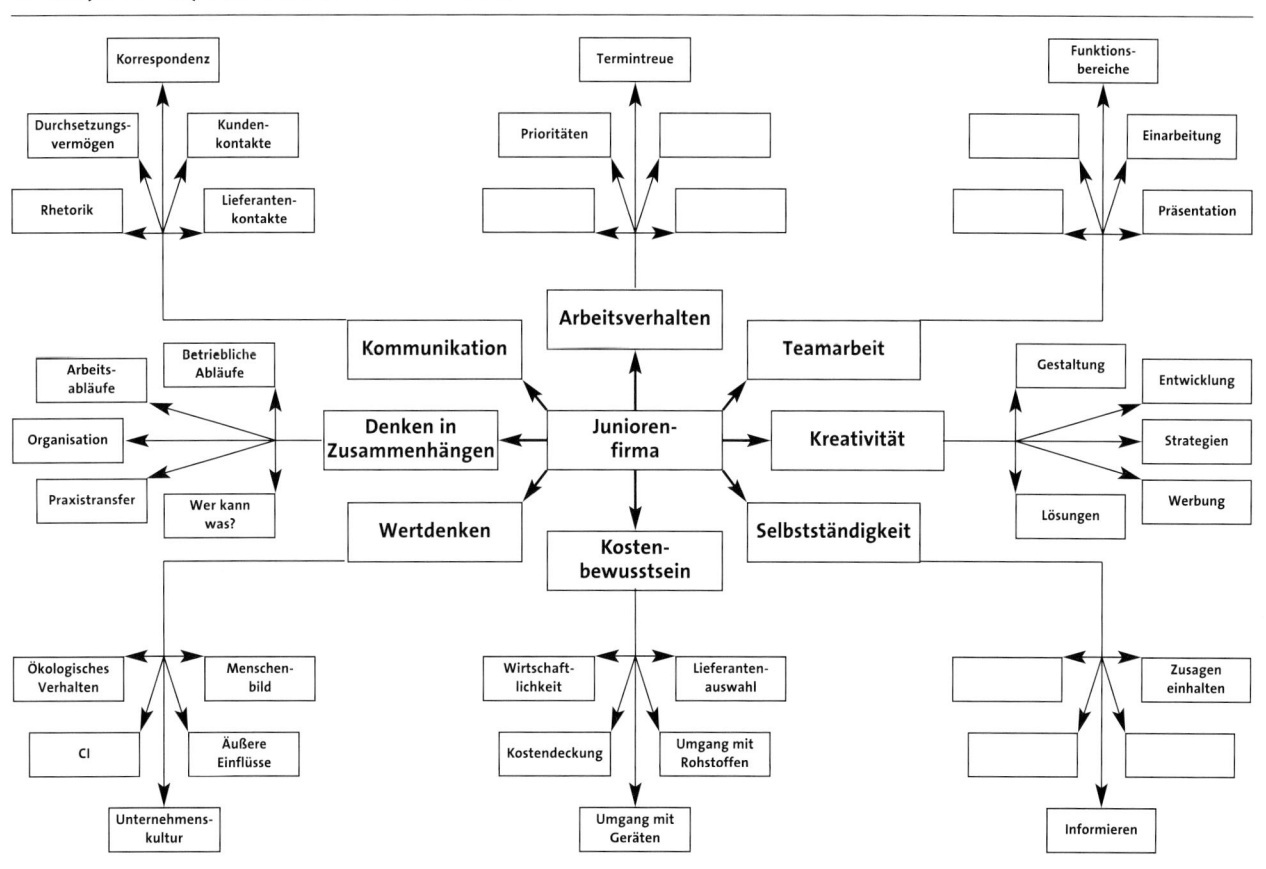

Grafik (zu 5.14.3) Lernfelder in der Juniorfirma

Fehlverhalten und den großen Knall am Tag X müssen Sie unbedingt vermeiden. Nehmen Sie sich in Gesprächen genügend Zeit und sorgen Sie für einen störungsfreien Rahmen. Neben den kurzzeitigen Bewertungsgesprächen sollten die Beurteilungskriterien und deren Ausprägungen beim Azubi mindestens einmal im Jahr auch schriftlich festgehalten werden (siehe Muster zu 5.17 auch auf der beigefügten CD-ROM). Dies dient dem Auszubildenden, dessen Eltern und Ihnen als Hilfe für den Abbau von Defiziten.

Beschränken Sie die Beurteilungen nicht auf die Schwächen des Auszubildenden. Gerade positive Verstärkungen sind gut und wichtig. Bei schwachen Auszubildenden sollten kleine Schritte des Erfolges besonders hervorgehoben werden. Beachten Sie, dass bei volljährigen Auszubildenden die Eltern nur nach Zustimmung des Azubis über Ihre Beurteilung informiert werden dürfen.

Bei der Beurteilung werden häufig subjektive Fehler gemacht, weil z.B. über das Verhalten einer Person unzulässige Schlüsse auf deren Charakter erfolgen. Die Übersicht zu 5.17 zeigt mögliche Fehlerquellen und gibt Hinweise zu deren Vermeidung (siehe auch VI A/3.1 und 3.4).

5.18 Zeugniserstellung

Wenn der Auszubildende seine Berufsausbildung beendet oder abbricht, hat er Anspruch auf ein Zeugnis, das zumindest Angaben über Art, Dauer und Ziel der Ausbildung macht sowie die erworbenen Fertigkeiten und Kenntnisse enthält. Für die Abfassung des Zeugnisses haben Sie je nach Leistungsstand des Azubi vielfältige Gestaltungsmöglichkeiten, die weitgehend denen regulärer Zeugnisse entsprechen (siehe VIII B/6) Leider wird in Bezug auf diese Zielgruppe von vielen Unternehmen hierfür zu wenig Gebrauch gemacht. Im Ergebnis haben leistungsstarke Abgänger für zukünftige Arbeitgeber zu wenig in der Hand. Oder der Chef ärgert sich darüber, dass der neue Mitarbeiter hinter den Erwartungen zurück bleibt.

5.19 Qualitätsanforderungen an die Berufsausbildung

Die Qualität der betrieblichen Ausbildung kann u.a. an den Parametern
- Planmäßigkeit der Ausbildung,
- Vielseitigkeit der Lernorte,
- Ausbilderqualifikationen und Ausbildereinsatz,
- Kooperation und Zusammenarbeit mit der Berufsschule,
- Prüfungsergebnisse

gemessen werden.
Mit der Einführung von Qualitätssicherungssystemen (QS-Systeme) in

Muster (zu 5.17) Beurteilungsbogen für Auszubildende

Beurteilungs-kriterium	Merkmalsausprägung										
	Stark ausge-prägt +5	+4	+3	+2	+1	0	-1	-2	-3	-4	Keine Ausprä-gung -5
Interesse an der Ausbildung											
Lernbereitschaft											
Zielstrebigkeit											
Zielorientiertes Erreichen des Ausbildungsziels											
Auffassungsgabe											
schnelles Begreifen											
Aufgewecktheit											
logisches Denken											
etc.											
Arbeitsausführungen Praktische Leistungen											
Arbeitstempo											
Arbeitsqualität											
Ordnung											
Systematik											
etc.											
Theoretische Leistungen											
Fachkunde											
Fachrechnen											
etc.											
etc.											
Persönliche Eigenschaften											
Selbstständigkeit											
Initiative											
Entschlossenheit											
Kooperationsbereitschaft											
Beharrlichkeit											
Offenheit											
Ehrlichkeit											
steht zu Aussagen											
Beständigkeit											
etc.											

Die einzelnen Punkte haben lediglich Beispielcharakter. Das Beurteilungsgespräch darf durch diesen Bogen nicht ersetzt werden.

allen Bereichen der Industrie- und Dienstleistungsunternehmen sind die Inhalte der QS-Systeme in die Ausbildung zu integrieren.

Aus- und Weiterbildungsabteilungen können sich auch nach der ISO-9000ff.-Norm zertifizieren lassen. Hierfür muss die Auf- und Ablauforganisation z.B. der Ausbildung systematisiert und gründlich beschrieben werden. Das geht bis zur Beschreibung kleinster, detailliertester Vorgänge, z.B. Verträge mit Dozenten, mit anderen Bildungsträgern und Weiterbildungsinstituten. Für die Ausbildung wird eine systematische und eine systematisierte Verwendung von Prüfmitteln vorgeschrieben (z.B. Tests, Lehrabgangsschlussprüfungen oder Seminarinhalte). Nach der Festschreibung aller Qualitätsmerkmale und Qualitätsstandards im Qualitätshandbuch werden in internen Prüfungen (Audits) die Qualtitätsanforderungen geprüft und ggf. vervollständigt.

Die internen Audits stellen eine Art Generalprobe vor einer Zertifizierung durch eine externe Stelle dar. Nach dem erfolgreichen externen Verfahren gilt die Ausbildungsabteilung als zertifiziert im Sinne der ISO 9000. Wertvolle Unterstützung bei der Zertifizierung von Ausbildungsabteilungen leistet die CERTQUA in Bonn.

6. Neue und modernisierte Ausbildungsberufe

6.1 Modernisierungsprozesse im Aufwind

Die anhaltenden strukturellen Veränderungen in Wirtschaft und Gesellschaft sowie der Übergang in eine Informations- und Wissensgesellschaft haben in den letzten Jahren auch erhebliche Bewegung in die deutsche Berufsbildungslandschaft gebracht. Innerhalb der letzten fünf Jahre (1996 bis 2001) wurden von den 350 Ausbildungsberufen im dualen System 114 Ausbildungsberufe auf den neuesten Stand gebracht und 39 Berufe völlig neu entwickelt. Dieser Modernisierungsprozess ist in der Gesamtschau von Neuordnungsverfahren in den letzten 20 Jahren beachtlich (siehe Grafik 1 zu 6.1).

Doch es sind nicht nur quantitative Leistungen, die die Modernisierungsbilanz der letzten fünf Jahre aufzuweisen hat. Vielmehr ist es mit den Reformvorhaben in der Neuordnung beruflicher Ausbildung gelungen, berufliche Bildungsprozesse genauer auf die Anforderungen der Wirtschaft auszurichten. Zugleich werden jungen Menschen durch ein breites Set an modernen Berufen sowie durch ein flexibleres Arrangement von Kernkompetenzen und Zusatzqualifikationen mehr berufliche Entwicklungsmöglichkeiten geboten. Denn zahlreiche neue, aber auch modernisierte Ausbildungsberufe bauen auf einem dynamischen Konzept auf. Danach können Ausbildungsinhalte – entsprechend den Anforderungen des Ausbildungsbetriebes und den Neigungen der Auszubildenden – durch unterschiedliche Kombinationen zwischen verbindlichen Kern- und Fachqualifikationen variiert und mit Wahlbausteinen verbunden werden.

Die steigende Tendenz bei Ausbildungsplätzen in neuen und modernisierten Ausbildungsberufen bestätigt diesen Reformkurs (siehe Grafik 2 zu 6.1). Die Entwicklung neuer Berufe, insbesondere für den Dienstleistungs- und Informationssektor, versehen mit einem dynamischen Qualifikationsprofil, schafft Voraussetzungen, um sowohl neue Branchen und jungen Unternehmen als auch immer mehr Jugendliche mit einem qualifizierten Schulabschluss für eine Berufsausbildung im dualen System zu gewinnen. (siehe Grafik 3 zu 6.1).

6.2 Perspektiven der Reform in 2002

Mit 21 neuen bzw. neugeordneten Ausbildungsberufen, die am 1. August 2002 in Kraft getreten sind, setzt sich dieser Modernisierungsprozess fort. Die Liste der neuen Berufe umfasst: »Bodenleger/-in«, »Fachkraft für Abwassertechnik«, »Fachkraft für Rohr- Kanal- und Industrieservice«, »Fachkraft für Kreislauf- und Abfallwirtschaft«, »Fachkraft für Wasserversorgungstechnik«, »Fachkraft für Schutz und Sicherheit«, »Fachkraft im Fahrbetrieb«, »Maskenbildner/-in«.

Übersicht (zu 5.17) Beurteilungsfehler vermeiden

Mögliche Fehlerquelle	Vermeidung
Selektives Wahrnehmen Menschen setzen in ihrer Wahrnehmung individuelle Schwerpunkte (z.B. Sauberkeit am Arbeitsplatz), auf die dann besonders Wert gelegt wird. Anderes wird ggf. übersehen. (»Ich sehe nur das, was ich sehen will.«) **Überstrahlungsfehler (auch Halo-Effekt)** Der erste Eindruck »überstrahlt« alle zukünftigen Wahrnehmungen, unabhängig ob positiv oder negativ. **Die »sich selbst erfüllende« Prophezeiung** Der Beurteilende verhält sich so, wie er es durch seine persönlichen Erfahrungen gelernt hat – »Mitglieder der Familie X sind dumm, alle Rothaarigen sind verhaltensauffällig« – und verhält sich so, dass bei dem Auszubildenden das gewünschte Verhalten auch eintritt.	■ Einheitliche Leistungskriterien festlegen. ■ Lernziele (über die Fachkompetenz hinaus) klar definieren. ■ Die Beurteilungskriterien auch für den Auszubildenden transparent halten. ■ Beobachten und Beurteilen von Kriterien, unterstützt z.B. durch verbindliche Checklisten oder Kriterienkataloge, üben (Beurteilungstraining). ■ Wenn möglich, mehrere Personen unabhängig voneinander beobachten und beurteilen lassen (Mehr-Augen-Prinzip).

Grafik 1 (zu 6.1) Neue und modernisierte Ausbildungsberufe 1980 bis 2001

Jahr	Neu	Modernisiert/erweitert	Gesamt
1980-1995	14	166	180
1996	3	18	21
1997	14	35	49
1998	11	18	29
1999	4	26	30
2000	4	9	30
2001 voraussichtlich	3	8	11
1996-2001 insgesamt voraussichtlich	39	114	153

Quelle: BIBB (Hrsg.): Neue und modernisierte Ausbildungsberufe 2001. Bonn 2001

Grafik 2 (zu 6.1)
Neu abgeschlossene Ausbildungsverträge in ausgewählten neuen Berufen

Beruf	1998	1999	2000	Veränd. zu 1999 in %
IT-Elektroniker/-in	2.174	2.812	3.375	20,0 %
Informatikkaufmann/-frau	1.467	1.947	2.476	27,2 %
IT-Kaufmann/-frau	1.433	2.051	2.881	40,5 %
Fachinformatiker/-in	3.763	6.027	9.292	54,2 %
Mediengestalter/-in Bild und Ton	454	584	717	22,8 %
Mediengestalter/-in Digital-/Printmedien	2.089	3.797	5.024	32,2 %
Fachangest. Medien-Informationsdienste IH	28	74	73	- 1,4 %
Mechatroniker/-in	1.185	3.643	4.732	29,9 %
Automobilkaufmann/-frau ICH	1.640	2.629	2.723	3,6 %
Automobilkaufmann/-frau HW	572	967	986	2,0 %
Mikrotechnologe/-in	119	173	202	16,8 %

Quelle: BIBB (Hrsg.): Neue und modernisierte Ausbildungsberufe 2001. Bonn 2001

Grafik 3 (zu 6.1) Vorbildung der Ausbildungsanfänger

	IT-Elktr.	IT-Kaufm.	Inform-Kfm.	Fachinf.	MGBT	MGDP
Hauptschule	10,0%	8,4%	5,5%	6,6%	4,0%	7,2%
Realschule	56,0%	31,0%	28,0%	27,3%	21,5%	27,2%
Abitur	24,6%	45,8%	51,2%	56,0%	70,9%	54,4%

Quelle: Raddatz u.a. »Ausbildungschancen 2001: 31 neue und 38 nicht überlaufene Ausbildungsberufe«. Bielefeld 2001

Zum 1. August 2002 in Kraft getretene modernisierte Ausbildungsberufe sind:

»Bauzeichner/-in«, »Feinwerkmechaniker/-in«, »Fachkraft für Veranstaltungstechnik«, »Verfahrensmechaniker/-in für Brillenoptik«, »Feinoptiker/-in«, »Industriekaufmann/-frau«, »Metallbauer/-in«, »Parkettleger/-in«, »Straßenwärter/-in«, »Textilreiniger/-in« und »Versicherungskaufmann/-frau«.

Wie diese Übersicht zeigt, werden zahlreiche Ausbildungsberufe im Dienstleistungsbereich modernisiert. Dazu zählen vor allem die Ausbildungsberufe »Industriekaufmann/-frau«, »Versicherungskaufmann/-frau« und »Fachkraft für Veranstaltungstechnik«. Diese sollen im folgenden kurz vorgestellt werden. Allen drei Berufen ist gemeinsam: Sie sind zwar nicht neu, aber nach wie vor gefragt. Ihr Ausbildungsprofil ist – gemessen an den dynamischen Anforderungen in diesen Branchen – überaltert. Fachlich qualifizierte Dienstleistungsfähigkeiten gepaart mit neuen Kompetenzen eines professionalisierten Qualitäts- und Prozessmanagements sind vorangige Anforderungsprofile, die in diesen Sparten benötigt werden:

- Der erst im Jahre 1998 neu geschaffene Ausbildungsberuf »Fachkraft für Veranstaltungstechnik« wurde daher um einen neuen Ausbildungsschwerpunkt »Aufbau und Organisation« erweitert, der neben aktuellen technischen Anforderungen auch erweiterten Qualifizierungserfordernissen im Bereich von Projektmanagement, Projektkalkulation und -koordination Rechnung trägt.
- Auch der 1996 verabschiedete Beruf des »Versicherungskaufmanns/-frau« ist einer Teilnovellierung unterzogen worden. Ziel ist es, durch die Öffnung der Ausbildung für neue Geschäftsfelder, wie die gewerbliche Versicherung und die Ausrichtung auf neue Finanzprodukte, wie Bausparen, Hypothekenfinanzierung und Fondsprodukte, dem Aspekt einer kundenorientierten Weiterentwicklung von Dienstleistungen in dieser Branche Rechnung zu tragen.
- Gleiches gilt für die Prinzipien der Neuordnung des »Industriekaufmann/-frau«. Die Aufgabenstellungen der Industriekaufleute erfordern heute in ihren Arbeitsfeldern ein geschäftsprozessorientiertes Handeln. Während der gesamten Ausbildung sollen deshalb – nach der überarbeiteten Ausbildungsordnung – in Verbindung mit Fachqualifikationen auch arbeitsfeldübergreifende Qualifikationen vermittelt werden wie z. B. Qualifikationen in der Anwendung von Informations- und Telekommunikationssystemen, Fremdsprachen sowie Maßnahmen zur Qualitätssicherung und Innovation. Leitbild ist nicht mehr der abwicklungsorientierte Sachbearbeiter in klassischen, kaufmännischen Funktionsbereichen, sondern der kundenorientierte Sachbearbeiter, der team-, prozess- und projektorientiert unter Verwendung aktueller Informations- und Kommunikationstechniken an der Erstellung kundengerechter Problemlösungen arbeitet.

6.3 Die vier neuen IT-Berufe auf dem Prüfstand

Auch gut vier Jahre nach ihrem Start zeigen die Ausbildungsbilanzen: die 1997 neu erlassenen vier IT-Berufe »Fachinformatiker/-in«, »IT-System-Elektroniker/-in«, »IT-System-Kaufmann/-frau« und »Informatikkaufmann/-frau« sind weiterhin bei den Jugendlichen ebenso wie bei den Betrieben gefragt.

2001 konnte die Anzahl der neu abgeschlossenen Ausbildungsverträge gegenüber dem Vorjahr nochmals um 12% gesteigert werden, so dass jetzt in den IT-und den neuen Medienberufen zusammen 60 000 Ausbildungsplätze verzeichnet werden können – eine Zahl, die vom Bündnis für Arbeit, Ausbildung und Wettbewerbsfähigkeit erst für das Jahr 2003 angepeilt war.

Wie aber ist die IT-Branche mit der inhaltlichen Ausgestaltung der IT-Berufe zufrieden? Sind Korrekturen erforderlich? Muss eine Überarbeitung der Ausbildungsordnungen eingeleitet werden? Im Rahmen der Studie »Evaluation der neuen IT-Berufe« ist das Bundesinstitut für Berufsbildung (BIBB) diesen und vielen weiteren Fragen nach Akzeptanz und Umsetzung der neuen IT-Berufe nachgegangen: 600 Betriebe mit über 1.000 Auszubildenden wurden befragt und ergänzende Fallstudien durchgeführt.

Die entscheidenden Ergebnisse lauten:

1. Die Ziele und Inhalte der neuen IT-Berufe treffen bei den Betrieben auf breite Zustimmung.
2. Die Praxis sieht keinen aktuellen Handlungsbedarf hinsichtlich einer Novellierung der vier Berufe. Es besteht vielmehr die Ansicht, dass die Berufe sich »in Ruhe« entwickeln müssten; eine Änderung störe den Aufbau von Ausbildungsplätzen und führe zu Verunsicherungen bei den Unternehmen.
3. Auch dem neuen Prüfungskonzept wird zugestimmt. Die Betriebe räumen allerdings ein, dass es Probleme bei der praktischen Durchführung und Umsetzung gibt. Sehr kritisch beurteilt wird der Prüfungsteil »ganzheitliche Aufgaben«.
4. Der Unterricht in der Berufsschule muss verbessert werden. Bemängelt wird die zu geringe Zahl kompetenter Lehrkräfte, das niedrige Anspruchsniveau und der dürftige Umfang der Ausbildungsinhalte im Berufsschulunterricht.

Weitere Ergebnisse der Evaluation der neuen IT-Berufe sind u.a.:

- Abiturienten sehen die vier Berufe als Alternative zum Studium: Mit Ausnahme des Berufs IT-System-Elektroniker/in weisen die Berufe einen Abiturientenanteil von ca. 50% auf.
- Nicht gelungen ist es, junge Frauen für die IT-Berufe zu interessieren: Der Frauenanteil liegt je nach Beruf unterschiedlich – zwischen 5% (IT-System-Elektroniker/in) und 30% (IT-System-Kaufmann/frau).
- Zwei Drittel aller Ausbildungsverhältnisse sind in der IT-Branche angesiedelt. Ein erhebliches Potential an neuen Ausbildungsplätzen scheint in den IT-Anwendungsbranchen zu liegen: Auf dem Arbeitsmarkt werden in diesen Branchen die meisten freien Stellen angeboten.

Und außerdem: Seit gut zwei Jahren gibt es nicht nur vier, sondern fünf neue IT-Berufe. 1999 wurde für den Bereich des Handwerks der IT-Beruf »Informationselektroniker/in« erlassen, ein Handwerksberuf, der mit den anderen vier IT-Berufen konkurriert und den Jugendlichen ebenfalls gute Arbeitsmarkchancen bietet.

6.4 Mit Erfolg ausbilden

Es ist bekannt, dass kleinere Unternehmen, speziell in neuen expandierenden Branchen, vielfach sehr innovativ und dynamisch sind, sich aber schwer tun, Ausbildungsplätze anzubieten. Dabei wissen die wenigsten Betriebe, dass es durchaus unterschiedliche Ausbildungsvarianten gibt. Ausbilden im Verbund ist nicht nur ein erfolgreicher Weg, Betriebe ohne Ausbildungserfahrung für den Einstieg in die Berufsaubildung zu gewinnen und so das Ausbildungsplatzangebot quantitativ zu steigern. Ausbilden im Verbund ist auch ein interessantes Modell zur Verbesserung der Qualität der Ausbildung, denn es eröffnet hochspezialisierten Klein- und Mittelbetrieben die Möglichkeit, sich an der Ausbildung in den neuen Berufen z.B. im IT- und Medienbereich zu beteiligen.

Von Vorteil ist die Berufsausbildung im Rahmen eines Ausbildungsverbundes für beide Seiten – für den Betrieb ebenso wie für die Jugendlichen: Die Betriebe sichern sich durch die eigene Ausbildung ihren gut ausgebildeten Fachkräftenachwuchs. Die Jugendlichen sammeln schon während ihrer Ausbildung in verschiedenen Betrieben Erfahrungen mit unterschiedlichen Organisationsformen und Verhaltensweisen und lernen, in wechselnden Gruppenzusammenhängen zu arbeiten. Nach der Ausbildung vergrößert sich außerdem ihre Chance auf einen Arbeitsplatz in einem der Verbundbetriebe.

Im Vergleich zu früheren Formen der Zusammenarbeit zwischen Ausbildungsbetrieben, die zum Teil allein auf mündlichen Absprachen beruhten, werden heute im Regelfall schriftliche Verträge zwischen den Verbundpartnern abgeschlossen. Häufig ist an einem Verbund auch ein Bildungsträger beteiligt, der die Koordination des Verbundes und Teile der Ausbildung – bis hin zum ganzen ersten Ausbildungsjahr – übernimmt.

Idealtypisch lassen sich folgende Verbundmodelle unterscheiden: Der Leitbetrieb mit Partnerbetrieben, die Auftragsausbildung, das Ausbildungs-Konsortium, der Ausbildungsverein und der Ausbildungsring. Doch unabhängig von dem jeweils praktizierten Modell – bei der Gründung von Ausbildungsverbünden stellen sich viele rechtliche Fragen, die geklärt werden müssen, bevor die Arbeit beginnen kann. Eine praxisnahe Hilfe ist hier der vom Bundesinstitut für Berufsbildung (BIBB) herausgegebene Ratgeber »Rechtsfragen der Verbundausbildung« (zu beziehen beim W. Bertelsmann Verlag GmbH & Co. KG, Postfach 10 06 33, 33506 Bielefeld, E-Mail: service@wbv.de). (Siehe auch den Praxisbericht unter Forum I/ 8)

B Personalentwicklung und Recht

1 Rechtliche Rahmenbedingungen und Mitbestimmung

Die wichtigsten gesetzlichen Grundlagen für die Durchführung von Weiterbildungsmaßnahmen sind:
- Berufsbildungsgesetz (BBiG),
- Sozialgesetzbuch (SGB; vormals: Arbeitsförderungsgesetz, AFG),
- Bildungsurlaubs- und Weiterbildungsgesetze der Länder,
- Betriebsverfassungsgesetz (BetrVG).
- In öffentlichen Betrieben und Verwaltungen die Personalvertretungsgesetze der Länder und des Bundes (LPersVG und BPersVG)

Für die betriebliche Alltagspraxis ist v.a. das Betriebsverfassungsgesetz (BetrVG) relevant.

Ob Sie überhaupt, und dann welche, Trainingsmaßnahmen für Ihre Mitarbeiter anbieten und durchführen, ist Ihre freie unternehmerische Entscheidung, die nicht rechtlich, sondern fachlich-sachlich bedingt ist. Wenn Sie sich aber für Trainingsmaßnahmen entscheiden, müssen Sie einige Spielregeln der Zusammenarbeit mit dem Betriebsrat beachten. Die spezifischen Beteiligungsrechte (Information, Beratung, Initiative, Vorschlagsrecht, Mitbestimmung) ergeben sich aus den »personellen Angelegenheiten«, insbesondere aus den §§ 92, 96-98 BetrVG (siehe Übersicht zu 1). So kann der Betriebsrat (BR) z.B. verlangen, dass der Berufsbildungsbedarf ermittelt und Fragen der Berufsbildung der Arbeitnehmer mit dem BR beraten werden (§ 96 BetrVG). Bei der Durchführung von Maßnahmen der betrieblichen Berufsbildung hat der BR mitzubestimmen; im Falle von Auffassungsunterschieden zwischen Arbeitgeber und BR, ersetzt der Spruch einer Einigungsstelle die fehlende Einigung (§ 98 BetrVG).

Rechtsstreitigkeiten im Zusammenhang mit Bildungsmaßnahmen sind wenig hilfreich. Wichtiger ist es, durch eine geeignete Informationspolitik den Betriebsrat als Partner für die Planung und Durchführung von Personalentwicklung und Training zu gewinnen (siehe auch VIIA/1.4). Nutzen Sie konstruktive Vorschläge, und erhöhen Sie dadurch die Akzeptanz bei Ihren Mitarbeitern. Ein Klima von Vertrauen und Kooperation ist für Lernerfolg und Veränderungen förderlicher, als unproduktive Konflikte.

2 Fortbildungsvertrag und Fortbildungskosten im Arbeitsverhältnis

Berufliche Fortbildung ist zunächst ein Begriff des Berufsbildungsrechts. Die arbeitsrechtlichen Beziehungen zwischen Arbeitgeber und Arbeitnehmer in bezug auf die Durchführung und den Inhalt beruflicher Fortbildungs- bzw. Qualifizierungsmaßnahmen sind durch spezifisch arbeitsrechtliche Gesetze nicht geregelt. Fortbildungsverträge zwischen Arbeitgebern und Arbeitnehmern müssen sich daher insbesondere an berufsbildungsrechtlichen Vorgaben orientieren (§§ 1 Abs. 3 und 5, 46 BBiG).

Für die Personalarbeit ist diese arbeitsrechtlichen Seite der Fortbildung von besonderem Interesse, dieser Beitrag befasst sich mit den individualrechtlichen Problemen (zur mitbestimmungsrechtlichen Seite siehe Punkt 1 in diesem Kapitel). Die berufliche Fortbildung hat daneben auch eine sozialrechtliche (arbeitsförderungsrechtliche) Dimension, soweit es um die Förderung von Maßnahmen der beruflichen Fortbildung durch die Bundesanstalt für Arbeit geht.

Seit dem Arbeitsförderungs-Reformgesetz vom 24.03.1997 (BGBl. I, S. 594) verwendet das Sozialrecht den Begriff der beruflichen Fortbildung nicht mehr. Fortbildung und Umschulung sind im sozialrechtlichen Sinne vielmehr im Begriff der »beruflichen Weiterbildung« enthalten. Weiterbildung ist im SGB III deren Oberbegriff. Die Förderung der beruflichen Weiterbildung ist in den §§ 77 ff SGB III geregelt; sie umfasst die bisherige Unterscheidung nach Fortbildung und Umschulung. Sofern es um die Förderung der beruflichen Weiterbildung von im Arbeitsprozess stehenden Arbeitnehmern geht, müssen die Unternehmen darüber hinaus auch die arbeitsmarktpolitischen Instrumente des Job-AQTIV-Gesetzes vom 10.12.2001 (BGBl. I, S. 3443) beachten, welche in den §§ 229 – 232 SGB III fixiert sind.

Da es arbeitsrechtlich nach wie vor zwingend geboten ist, zwischen beruflicher Fortbildung und Umschulung zu trennen und eine jeweils gesonderte Vertragsgestaltung vorzunehmen, wird im Folgenden den Begriff der beruflichen Fortbildung verwendet.

Übersicht (zu 1) Beteiligungsrechte des Betriebsrates

Information und Beratung ist erforderlich zu
- Personalplanung (incl. Vorschlagsrecht für Frauenförderpläne) (neu),
- Errichtung und Ausstattung betrieblicher Einrichtungen zur Berufsbildung,
- Teilnahme an außerbetrieblichen Maßnahmen,
- Initiativrecht zur Sicherung und Förderung der Beschäftigung (neu),
- Initiativrecht zur Einführung personeller Auswahlrichtlinien (ab 500 Beschäftigte) (neu).

Mitbestimmungsrechte bestehen bei
- Auswahl der Teilnehmer (Kriterien, Verfahren),
- Bestellung von Ausbildern (fachliche, pädagogische Eignung),
- Organisation, Inhalte und zeitliche Lage der Bildungsmaßnahmen,
- Tests, Prüfungen und Zeugnisse,
- Einführung betrieblicher Berufsbildungsmaßnahmen (neu).

Weiterbildung und Fortbildung werden in der rechtlichen Literatur häufig synonym verwendet. Gesetze haben keinesfalls eine eindeutige Unterscheidung bzw. Zuordnung von Weiterbildung einerseits und Fortbildung andererseits vorgenommen. Es wäre also falsch, von Weiterbildung dann zu sprechen, wenn es sich um sozialrechtliche Qualifizierungsmaßnahmen handelt und von Fortbildung, wenn es um arbeitsrechtliche bzw. berufsbildungsrechtliche Maßnahmen geht. Völlig zu Recht bemüht sich die neueste arbeitsrechtliche Literatur darum, einen einheitlichen Weiterbildungsbegriff zu finden, der für alle Rechtsgebiete relevant sein könnte.

Weiterbildung ist danach die Fortsetzung oder Wiederaufnahme organisierten Lernens nach Abschluss einer unterschiedlich ausgedehnten ersten Bildungsphase. Demnach handelt es sich um Weiterbildung, wenn der Arbeitnehmer sich an ständige technische und wirtschaftliche Entwicklungen an seinem Arbeitsplatz anpasst und dadurch mit diesen Schritt hält. Dies kann einerseits durch die Erhaltung seines bisherigen Standards geschehen. Darunter versteht man denjenigen Kenntnis- und Fähigkeitsstandard, den er gegebenenfalls durch eine vorherige Ausbildung oder durch bereits absolvierte Weiterbildung erworben hat. Dieser Standard wird begrifflich als Qualifikation bezeichnet. Ebenso kann das Schritthalten durch eine Erweiterung seiner Kenntnisse und Fähigkeiten im Hinblick auf tätigkeitsspezifische Veränderungen erfolgen.

Weiterbildung im Arbeitsverhältnis ist somit ein Schritthalten der Qualifikation mit Entwicklungen in der Arbeitssituation durch verschiedene Formen.

Was ist berufliche Fortbildung?
Berufliche Fortbildung ist zunächst eine wichtige Säule der Berufsbildung. § 1 Abs. 1 BBiG bestimmt, dass die Berufsbildung aus den drei Säulen
- Berufsausbildung,
- berufliche Fortbildung und
- Umschulung

besteht.

Nach § 1 Abs. 3 BBiG soll die berufliche Fortbildung ermöglichen, die beruflichen Kenntnisse und Fertigkeiten zu erhalten, zu erweitern, der technischen Entwicklung anzupassen oder beruflich aufzusteigen. Danach unterscheidet das BBiG drei unterschiedliche Arten der beruflichen Fortbildung bzw. Qualifizierung, und zwar
a) die Erhaltung und die Erweiterung beruflicher Kenntnisse und Fertigkeiten (die Erhaltungsfortbildung);
b) die Erweiterung beruflicher Kenntnisse und Fertigkeiten sowie ihre Anpassung an die technische Entwicklung (die Anpassungsfortbildung) und
c) die Vorbereitung des beruflichen Aufstiegs (die Aufstiegsfortbildung).

Berufliche Fortbildung setzt in aller Regel eine abgeschlossene Berufsausbildung, jedenfalls aber angemessene Berufserfahrungen, gegebenenfalls sogar beides voraus.

Die Unterscheidung von Erhaltungs- und Anpassungsfortbildung wird in der berufsbildungsrechtlichen Literatur oftmals übersehen oder unrichtigerweise unter den Begriff der Anpassungsfortbildung subsumiert (so z. B. bei Herkert, Kommentar zum BBiG, § 46, Rz. 7).

Diese Unterscheidung ist arbeitsrechtlich jedoch von Bedeutung.

So gehört die Erhaltung beruflicher Kenntnisse und Fertigkeiten für den Arbeitnehmer regelmäßig zum Inhalt der arbeitsvertraglich geschuldeten Leistung.

Sorgt der Arbeitnehmer nicht dafür, dass er ein bestimmtes Durchschnittsniveau von Kenntnissen und Fertigkeiten, welche zur Erfüllung der arbeitsvertraglich geschuldeten Leistung gehören, erhält, steht arbeitsrechtlich gegebenenfalls seine Eignung für die arbeitsvertraglich geschuldete Tätigkeit in Frage.

Wird hingegen eine erhebliche Erweiterung der beruflichen Fähigkeiten und Fertigkeiten erforderlich und ist eine Anpassung des Arbeitnehmers an neue technische Entwicklungen erforderlich, ist die Fürsorgepflicht des Arbeitgebers in weitaus stärkerem Maße gefragt.

Dies kann um so mehr gelten, wenn neue technische Entwicklungen mit einer Versetzung des Arbeitnehmers verbunden sind.

> **!** Eine gesetzliche (arbeitsrechtliche) Pflicht des Arbeitnehmers auf Fort- oder Weiterbildung kann es ebenso wenig geben wie einen Rechtsanspruch des Arbeitnehmers auf Fort- oder Weiterbildung gegenüber dem Arbeitgeber außerhalb eines Fortbildungsvertrages.

Ausnahme und Spezialfall: Die Bildungsurlaubsgesetze der Länder
Nach dem Bildungsurlaubsgesetz der Länder ist der Arbeitgeber verpflichtet, die Arbeitnehmer für mindestens 5 Arbeitstage pro Kalenderjahr unter Entgeltfortzahlung zum Zwecke der Weiterbildung freizustellen. Ein darüber hinausgehender Fort- oder Weiterbildungsanspruch des Arbeitnehmers ergibt sich nicht aus Gesetz, sondern lediglich aus einem Fort- bzw. Weiterbildungsvertrag.

Aber: Nach wie vor problematisch und umstritten ist, in welchem Umfang der Arbeitgeber dem Arbeitnehmer Fortbildungsmaßnahmen anbieten muss, um eine ansonsten unabweisbare betriebs- oder personenbedingte Kündigung abzuwenden. § 1 Abs. 2 Satz 3 KSchG wird in der Praxis oft zu wenig beachtet. Eine Kündigung ist nämlich auch dann sozial ungerechtfertigt, wenn die Weiterbeschäftigung des Arbeitnehmers nach zumutbaren Umschulungs- oder Fortbildungsmaßnahmen möglich ist und der Arbeitnehmer sein Einverständnis hiermit erklärt hat. Das bedeutet nicht, dass der Arbeitgeber verpflichtet ist, vor jeder Kündigung etwa eine Fortbildungsmaßnahme anzubieten oder durchzuführen. Allerdings muss er eine Fortbildungsmaßnahme anbieten, wenn die Weiterbeschäftigung des Arbeitnehmers nach einer zumutbaren Fortbildungsmaßnahme möglich ist. Ist bei Ausspruch einer Kündigung nicht hinreichend voraussehbar, dass nach Abschluss der Bildungsmaßnahme für den Arbeitnehmer eine Beschäftigungsmöglichkeit besteht, kann der Arbeitgeber nicht auf eine Fortbildungsmaßnahme verwiesen werden! (BAG, Urteil vom 07.02.199, Der Betrieb 1991, S. 1730)

2.1 Arten der Fortbildung

Die unterschiedlichen Arten der Fortbildung sind gesetzlich (leider) nicht geregelt.

Aus § 1 Abs. 5 BBiG ergibt sich lediglich, dass Fortbildung in Betrieben der Wirtschaft, in vergleichbaren Einrichtungen außerhalb der Wirtschaft, insbesondere des öffentlichen Dienstes sowie der Angehörigen freier Berufe und in Haushalten sowie in berufsbildenden Schulen und sonstigen Berufsbildungseinrichtungen außerhalb der schulischen und betrieblichen Berufsbildung durchgeführt wird.

§ 46 BBiG regelt, dass die zuständige Stelle Prüfungen durchführen kann. Diese Prüfungen müssen »den besonderen Erfordernissen beruflicher Erwachsenenbildung« entsprechen. Die zuständige Stelle regelt den Inhalt, das Ziel, die Anforderungen, das Verfahren dieser Prüfungen, die Zulassungsvoraussetzungen und errichtet Prüfungsausschüsse.

Als Grundlage für eine geordnete und einheitliche berufliche Fortbildung sowie zu ihrer Anpassung an die technischen, wirtschaftlichen und gesellschaftlichen Erfordernisse und deren Entwicklung kann das Bundesministerium für Bildung und Forschung im Einvernehmen mit dem Bundesministerium für Wirtschaft und Technologie oder dem sonst zuständigen Fachministerium nach Anhören des ständigen Ausschusses des Bundesinstituts für Berufsbildung durch Rechtsverordnung, die nicht der Zustimmung des Bundesrates bedarf, den Inhalt, das Ziel, die Prüfungsanforderungen, das Prüfungsverfahren sowie die Zulassungsvoraussetzungen und die Bezeichnung des Abschlusses bestimmen.

Aus § 1 Abs. 5 i.V.m. § 46 BBiG können unterschiedliche Fortbildungsarten abgeleitet werden:
1. Das Arbeitsverhältnis zum Zwecke der Fortbildung;
2. Fortbildung im Rahmen eines bestehenden Arbeitsverhältnisses;
3. Fortbildung außerhalb von Arbeitsverhältnissen.

Arbeitsverhältnis zum Zwecke der Fortbildung
Es ist zulässig, einen Arbeitsvertrag ausschließlich zum Zwecke der Fortbildung abzuschließen. Im Vordergrund steht sodann die Vermittlung bestimmter Kenntnisse, Fähigkeiten und Fertigkeiten, oftmals mit dem Ziel, gleichsam im Vorhinein diejenige Qualifikation oder den Kenntnisstand zu erwerben, der zur Erfüllung der arbeitsvertraglichen Tätigkeit benötigt wird. Zulässig ist auch, ein solches Arbeitsverhältnis zum Zwecke der Fortbildung als Probearbeitsverhältnis zu vereinbaren.

In diesen Fällen handelt es sich um ein »normales« Arbeitsverhältnis, auf das die Vorschriften des BBiG keine Anwendung finden (vgl. § 19 BBiG).

Fortbildung im bestehenden Arbeitsverhältnis
Hierbei handelt sich gleichsam um den Normalfall. Es besteht zwischen den Arbeitsvertragsparteien ein Arbeitsverhältnis (meist unbefristet) und die Fortbildung erfolgt im Rahmen des bestehenden Arbeitsvertrages und somit parallel zum (eigentlichen) Arbeitsverhältnis.

In diesem Falle sind die unterschiedlichsten Konstellationen denkbar, z. B. dass der Arbeitnehmer einen Abendkurs oder einen Fernlehrgang belegt. Sofern erforderlich, wird der Arbeitnehmer durch den Arbeitgeber für die Fortbildungsmaßnahme von der Arbeitsleistung freigestellt.

Denkbar ist auch, dass der Arbeitnehmer teilzeitbeschäftigt ist und im übrigen seine Fortbildung absolviert. Regelmäßig trägt der Arbeitgeber die Fortbildungskosten; Einzelheiten müssen im Fortbildungsvertrag vereinbart werden.

Fortbildung außerhalb von Arbeitsverhältnissen
Berufliche Fortbildung kann auch außerhalb bzw. unabhängig von Arbeitsverhältnissen durchgeführt werden. Zu denken ist einerseits an die berufliche Fortbildung von Arbeitslosen, jedoch auch an die Fortbildung von Arbeitnehmern, wenn die Arbeitsvertragsparteien vereinbart haben, dass für die Dauer der Fortbildungsmaßnahme das Arbeitsverhältnis, d. h. seine Hauptpflichten, ruhen sollen. Welche Art der Fortbildung die Vertragsparteien wählen, ist von dem Inhalt bzw. den Regelungen des zwischen ihnen geschlossenen Fortbildungsvertrages abhängig.

2.2 Träger und Teilnehmer der Fortbildung

In der betrieblichen Praxis wird häufig die Frage gestellt, wer als Träger von Fortbildungsmaßnahmen in Frage kommt. Dies ergibt sich letztlich aus § 1 Abs. 5 BBiG, obwohl hier lediglich von »Berufsbildungsmaßnahmen« die Rede ist. Da jedoch nach dem BBiG Fortbildung ein Teil der Berufsbildung ist, ergeben sich auch die Träger der Fortbildung aus § 1 Abs.5 BBiG.

Fortbildung kann demnach stattfinden

a) in Betrieben der Wirtschaft und in vergleichbaren Einrichtungen außerhalb der Wirtschaft (betriebliche Fortbildung);
b) in berufsbildenden Schulen (schulische Fortbildung) und
c) in sonstigen Berufsbildungseinrichtungen außerhalb der betrieblichen und schulischen Berufsbildung.

Diese sonstigen Berufsbildungseinrichtungen außerhalb von Betrieben und berufsbildenden Schulen können z. B. die Industrie- und Handelskammern, die Handwerkskammern, die Landwirtschaftskammern, die Bildungswerke von Arbeitgebern und Gewerkschaften, Träger der freien Wohlfahrtspflege, Beschäftigungs- und Qualifizierungsgesellschaften etc. sein.

Möglich ist auch eine Kooperation zwischen einem Betrieb und einer überbetrieblichen Bildungseinrichtung. Die Zusammenarbeit kann dann z. B. erfolgen, indem die praktische Ausbildung im Betrieb und die theoretische Ausbildung in der Bildungseinrichtung durchgeführt wird.

Aus den inhaltlichen bzw. begrifflichen Anforderungen an die Fortbildung ergibt sich, wer Teilnehmer an Fortbildungsmaßnahmen sein kann (ein bestimmtes Mindestalter respektive eine Altersgrenze für Fortbildungsmaßnahmen ist weder im BBiG noch im SGB III vorgesehen).

Teilnehmer an Fortbildungsmaßnahmen können somit z.B. sein:

a) Arbeitnehmer, welche sich in einem Arbeitsverhältnis befinden;
b) Arbeitnehmer, welche im Rechtssinne von Arbeitslosigkeit bedroht sind;
c) Arbeitslose;
d) Rehabilitanden;
e) sonstige Personen, wie z. B. Selbständige oder freiberuflich Tätige.

Bei dem unter b) genannten Personenkreis wird insbesondere die Wechselwirkung arbeitsrechtlicher und sozialrechtlicher Regelungen deutlich.

Arbeitnehmer können nämlich gemäß § 77 Abs. 1 SGB III bei Teilnahme an Maßnahmen der beruflichen Weiterbildung durch Übernahme der Weiterbildungskosten und Leistung von Unterhaltsgeld durch die Bundesanstalt für Arbeit gefördert werden, wenn die Weiterbildung notwendig ist, um sie bei Arbeitslosigkeit beruflich einzugliedern, eine ihnen drohende Arbeitslosigkeit abzuwenden, oder weil bei ihnen wegen fehlenden Berufsabschlusses die Notwendigkeit der Weiterbildung anerkannt ist.

Gerade für diesen Personenkreis hat das SGB III die Förderbestimmungen »gelockert«. Im Rechtssinne sind Arbeitnehmer von Arbeitslosigkeit dann bedroht, wenn sie
1. versicherungspflichtig beschäftigt sind,
2. alsbald mit der Beendigung der Beschäftigung rechnen müssen und
3. voraussichtlich nach der Beendigung der Beschäftigung arbeitslos werden.

(Niewald, in: Gagel, Kommentar zum SGB III, zu § 77, Rz. 35).

> Die sozialrechtlichen Förderungsmaßnahmen bei Fort- respektive Weiterbildung sollten in Vorbereitung von Personalabbaumaßnahmen bzw. in deren Verlauf genauso beachtet werden, wie die Vorschriften des SGB III über die Gewährung von strukturellem Kurzarbeitergeld nach §§ 175 ff SGB III und die Regelungen über die Zuschüsse für Sozialplanmaßnahmen nach den §§ 254 ff SGB III!

Die Prüfung und Inanspruchnahme dieser Fördermöglichkeiten kann das Unternehmen gegebenenfalls davor bewahren, aufwändige und »unsichere« Kündigungsschutzprozesse führen zu müssen.

Jedenfalls kann die Inanspruchnahme dieser Förderungsbestimmungen dazu führen, dass Arbeitnehmer entweder nicht entlassen werden müssen oder aber schnellstmöglich dem ersten Arbeitsmarkt wieder zugeführt werden können.

Zweck der Förderung zum Zwecke der Fort- bzw. Weiterbildung bei drohender Arbeitslosigkeit ist es, den Eintritt des potentiellen Leistungsfalles Arbeitslosigkeit zu verhindern.

Dieser Zweck kann entweder dadurch erreicht werden, daß der Arbeitnehmer bei seinem bisherigen Arbeitgeber weiter beschäftigt werden kann (Weiterbildung statt Entlassung) oder daß er durch die Weiterbildung einen Arbeitsplatz bei einem anderen Arbeitgeber erhalten kann (Weiterbildung zur Einstellung). Die Weiterbildung nach § 1 Nr. 1 zweiter Alternative des § 77 SGB III dient nur der Vermeidung von Arbeitslosigkeit, nicht dagegen dem Erhalt des konkreten Arbeitplatzes. Auch die »Weiterbildung statt Entlassung« hat deshalb nur zum Ziel, Beendigungskündigungen bzw. Auflösungsverträge – wenn möglich – abzuwehren (vgl. Niewald in Gagel: Kommentar zum SGB III, § 77, Rz. 36)

> Das Job-AQTIV-Gesetz vom 10.12.2001 hat die Vorschriften über die Förderung von beruflicher Weiterbildung durch sogenannte Job-Rotation als neues Förderungsinstrument in das SGB III eingefügt (§§ 229 – 233 SGB III). Diese neue Förderungsmöglichkeit besteht darin, die Beschäftigung eines Vertreters für einen anderen Arbeitnehmer, der sich beruflich fortbildet, zu ermöglichen. Die Verbindung von Förderungsmaßnahmen der sogenannten Job-Rotation mit anderen Förderungsarten ist zulässig.

Der Personalmanager muss dazu wissen, dass die Einstellung eines Arbeitslosen zur Job-Rotation den Arbeitgeber berechtigt, mit dem Arbeitslosen einen befristeten Arbeitsvertrag abzuschließen, denn die Einstellung des Vertreters bildet kraft ausdrücklicher gesetzlicher Regelung einen wichtigen Grund für die Befristung (§ 231 SGB III). Damit ist ein sachlicher Grund für den Abschluss eines befristeten Arbeitsvertrages im Sinne von § 14 Abs. 2 TzBfG gegeben!

2.3 Der Fortbildungsvertrag – Anforderungen und Inhalt

Entsprechend den unterschiedlichen Arten der Fortbildung sowie je nach Teilnehmern und Trägern der Fortbildungsmaßnahmen sind unterschiedliche Vertragskonstellationen denkbar, die im Fortbildungsvertrag Berücksichtigung finden müssen (siehe Beispiele zu 2.3).

Dieser Beitrag beschränkt sich auf die grundlegenden Regelungen im Fortbildungsvertrag zwischen Arbeitgeber und Arbeitnehmer, sofern es sich um Erhaltungsfortbildung, Anpassungsfortbildung oder Aufstiegsfortbildung im Arbeitsverhältnis handelt.

Ein solcher Fortbildungsvertrag muss vor allem folgende Regelungen enthalten (siehe hierzu auch das Vertragsmuster auf der beigefügten CD-ROM):

2.3.1 Hauptpflichten des Arbeitgebers und des Arbeitnehmers

Die Hauptpflicht des Arbeitgebers besteht darin, den Arbeitnehmer auf dem vereinbarten Gebiet zu schulen bzw. schulen zu lassen.

Die Hauptpflicht des Arbeitnehmers besteht darin, an der Fortbildungsmaßnahme teilzunehmen, alles Zumutbare zur Erreichung des Fortbildungszieles zu tun, die Fortbildungsveranstaltungen regelmäßig pünktlich und zuverlässig zu besuchen und den Unterrichtsstoff zu erarbeiten.

2.3.2 Vergütung und Fortbildungskosten

Hierzu bedarf es im Fortbildungsvertrag exakter Regelungen. In Rechtsprechung und Literatur ist nach wie vor umstritten, ob der Arbeitgeber zur Zahlung einer Vergütung während der Fortbildungsmaßnahme verpflichtet ist.

Ist ein Fortbildungsvertrag abgeschlossen, ergibt sich die Vergütungspflicht aus dem Gesetz. Sie be-

Beispiele (zu 2.3)
Mögliche Vertragskonstellationen bei Fortbildungsmaßnahmen

1. Der Arbeitgeber eines Wirtschaftsunternehmens führt Fortbildungsprogramme bzw. Maßnahmen im eigenen Betrieb für seine Mitarbeiter durch.
Oder:
Der Arbeitgeber ermöglicht seinen Arbeitnehmern auf Kosten des Unternehmens, an außerbetrieblichen Fortbildungsmaßnahmen respektive Fernlehrgängen teilzunehmen.
In diesen Fällen schließen die Arbeitsvertragsparteien ergänzend zum bestehenden Arbeitsvertrag einen (befristeten) Fortbildungsvertrag, der Haupt- und Nebenpflichten während der Fortbildung, die Tragung von Fortbildungskosten, die Fortzahlung der Vergütung regelt und Freistellungsregelungen sowie Vorschriften über die Beendigung des Fortbildungsvertrages enthält.

2. Wird z. B. die Fortbildung in einer überbetrieblichen Bildungseinrichtung oder in einer berufsbildenden Schule durchgeführt, wird nicht nur der Abschluss eines Fortbildungsvertrages zwischen Arbeitgeber und Arbeitnehmer, sondern regelmäßig ein dreiseitiger Fortbildungsvertrag zwischen Arbeitgeber, Arbeitnehmer und der Bildungseinrichtung bzw. Schule notwendig sein.
Zulässig und möglich sind auch zwei Verträge, zum einen zwischen Arbeitgeber und Arbeitnehmer und zum anderen zwischen dem Arbeitnehmer und der Bildungseinrichtung.

3. Wenn der Arbeitnehmer an Fernlehrgängen teilnimmt, so ist ein besonderer Fernunterrichtsvertrag zwischen dem Arbeitnehmer und dem Veranstalter abzuschließen. Auch in diesem Falle kann zwischen Arbeitgeber und Arbeitnehmer ein Fortbildungsvertrag sinnvoll sein. Dabei dürfen nur solche Fernlehrgänge verwendet werden, die nach dem Fernunterrichtsschutzgesetz zugelassen oder als geeignet anerkannt worden sind.

4. Denkbar ist auch die Konstellation, dass der Arbeitgeber für eigene Arbeitnehmer Fortbildungskurse bzw. Maßnahmen im eigenen Unternehmen durchführt; die Kosten der Maßnahme jedoch von der Bundesanstalt für Arbeit getragen werden. Teilnehmer werden in diesem Falle Arbeitnehmer sein, welche im Rechtssinne von Arbeitslosigkeit bedroht sind, bzw. an deren Fortbildung ein besonderes arbeitsmarktpolitisches Interesse besteht.
Auch in diesem Falle empfiehlt sich der Abschluss eines Fortbildungsvertrages zwischen Arbeitgeber und Arbeitnehmer. Eine Regelung über die Tragung der Fortbildungskosten ist in diesem Falle nicht notwendig; es ist darauf zu verweisen, dass diese von der Bundesanstalt für Arbeit übernommen werden. In diesem Falle ist auch eine vertragliche Gestaltung zwischen dem Unternehmen und der Bundesanstalt für Arbeit erforderlich. In einem schriftlichen Vertrag müssen Regelungen über die Durchführung der Auftragsmaßnahme, wesentliche Rechte und Pflichten, z. B. Ort der Maßnahme, zu vermittelnde Kenntnisse und Fertigkeiten, Dauer der Maßnahme, Höhe der zu erstattenden Kosten, Zahlungsmodalitäten etc. vereinbart werden.

5. Falls ein Unternehmen, eine berufsbildende Schule oder auch eine überbetriebliche Bildungseinrichtung Fortbildungsmaßnahmen für Dritte durchführt, d. h. beispielsweise für Arbeitnehmer anderer Betriebe, Arbeitslose oder von Arbeitslosigkeit bedrohte Mitarbeiter anderer Betriebe, so muss ein Fortbildungsvertrag zwischen dem Unternehmen, dem Betrieb, der Schule oder der überbetrieblichen Einrichtung einerseits und dem jeweiligen Teilnehmer andererseits geschlossen werden. Darüber hinaus besteht auch ein Vertragsverhältnis zwischen dem Maßnahmeträger und der Bundesanstalt für Arbeit.

steht aber auch, wenn die Fortbildungsmaßnahmen ausschließlich im Betrieb durchgeführt werden. Wenn der Arbeitgeber schon verpflichtet ist, einem Auszubildenden eine Vergütung zu zahlen (§ 10 BBiG), muss dies erst Recht für Fortzubildende gelten, da deren Arbeitsleistung im allgemeinen wertvoller ist.

Etwas anderes kann gelegentlich bei völliger Freistellung des Arbeitnehmers zur Wahrnehmung einer außerbetrieblichen längerfristigen Fortbildung und Vereinbarung unbezahlten Urlaubs gelten. Da die Fortbildung sich auf der Grundlage eines Arbeitsvertrages vollzieht, sind Urlaub und Entgelt bei Krankheit und bei Feiertagen zu gewähren.

Regelmäßig hat der Arbeitgeber die Kosten der Fortbildung zu tragen. Hierzu gehören Reisekosten, Übernachtungskosten, Verpflegungskosten und die Kosten für die Schulung und Unterweisung.

2.4 Beendigung des Fortbildungsvertrages

Der Fortbildungsvertrag muss Regelungen über die Beendigung enthalten. Grundsätzlich endet der Fortbildungsvertrag, wenn das Ziel der Fortbildungsmaßnahme erreicht ist. Dies wird regelmäßig in der Ablegung von vorgeschriebenen Prüfungen bestehen. Der Zweck des Fortbildungsvertrages kann auch allein dann erreicht sein, wenn die Zeit der Durchführung der Fortbildungsmaßnahme abgelaufen ist.

Der Fortbildungsvertrag ist somit stets zeit- bzw. zweckbefristeter Natur. Dies muss im Fortbildungsvertrag ausdrücklich fixiert werden. Damit ist auch klargestellt, dass das Recht zur ordentlichen Kündigung für die Dauer der Fortbildung grundsätzlich ausgeschlossen ist. Dies hat das BAG z. B. für einen Umschulungsvertrag bereits entschieden (BAG, Urteil vom 15.03.1991, Der Betrieb 1992, S. 896).

Außerordentlich hingegen, d. h. aus wichtigem Grund, kann der Fortbildungsvertrag stets gekündigt werden. Das ergibt sich aus § 626 Abs. 1 BGB. Einen wichtigen Grund zur Kündigung des Fortbildungsvertrages kann darstellen, wenn der fortzubildende Arbeitnehmer schuldhaft seine Pflichten verletzt, so dass er nach den bisher gezeigten Leistungen bei objektiver Betrachtung das vereinbarte Fortbildungsziel nicht erreichen kann.

Hat der Arbeitgeber zu Unrecht gekündigt und gerät er wegen Unterbrechung der Fortbildung in Schuldnerverzug, ist der daraus entstehende Ausbildungsschaden zu ersetzen. Es ist nicht als schadensmitverursachend anzurechnen, wenn der Arbeitnehmer während des länger dauernden Streits über die Berechtigung der Unterbrechung ein Studium aufnimmt (BAG, Urteil vom 30.05.1975, AP Nr. 2 zu § 284 BGB).

Ähnlich wie im Berufsausbildungsrecht nach § 15 Abs. 2 Nr. 2 BBiG kann der fortzubildende Arbeitnehmer ein Recht zur außerordentlichen Kündigung haben, wenn er die berufliche Fortbildung nicht fortführen will.

In diesem Fall muss der Arbeitnehmer jedoch dem Arbeitgeber etwaige Auslagen respektive Kosten ersetzen. Auch hierüber sollte eine ausdrückliche Vereinbarung im Fortbildungsvertrag getroffen werden.

2.5 Tragung und Rückzahlung von Fortbildungskosten

Gegenstand des Fortbildungsvertrages muss stets die Übernahme von Fortbildungskosten sowie eine Regelung über eine etwaige Rückzahlung derselben sein. Im Fortbildungsvertrag muss unbedingt eine Regelung über die Tragung, Erstattung und Rückzahlung von Fortbildungskosten enthalten sein. Regelmäßig wird vereinbart, dass der Arbeitgeber die Fortbildungskosten übernimmt.

Es versteht sich, dass der Arbeitgeber hiermit die Erwartung verknüpft, dass der Arbeitnehmer nach Beendigung der Fortbildungsmaßnahme einen angemessenen Zeitraum im Betrieb verbleibt, damit sich das höhere Fortbildungsniveau des Arbeitnehmers »amortisieren« kann. Deshalb werden in Fortbildungsverträgen oftmals Rückzahlungsklauseln für den Fall vereinbart, dass der Arbeitnehmer nach Beendigung der Fortbildung das Arbeitsverhältnis beendet oder vor Ablauf bestimmter Fristen die Arbeit aufgibt.

Die Vereinbarung solcher Rückzahlungsklauseln in Fortbildungsverträgen hat das Bundesarbeitsgericht in ständiger Rechtsprechung

Übersicht (zu 2.5)
Grundsätze des BAG für die Zulässigkeit von Rückzahlungsklauseln

1. Der Arbeitnehmer muss mit der Ausbildungsmaßnahme eine angemessene Gegenleistung für die Rückzahlungsverpflichtung erhalten haben. Insgesamt muss die Erstattungspflicht dem Arbeitnehmer zuzumuten sein. Die für den Arbeitnehmer tragbaren Bindungen sind aufgrund einer Güter und Interessenabwägung nach Maßgabe des Verhältnismäßigkeitsgrundsatzes unter Heranziehung der Umstände des Einzelfalles zu ermitteln (ständige Rechtsprechung in den Urteilen des BAG vom 23.02.1983 und vom 24.07.1991).
Die richterliche Inhaltskontrolle einzelvertraglicher Klauseln, durch die sich der Arbeitnehmer zur Rückzahlung von Ausbildungskosten verpflichtet, ist durch die Verfassung geboten. Der § 242 BGB begründet die Befugnis zu einer richterlichen Inhaltskontrolle von Verträgen.

2. Die bei der gerichtlichen Inhaltskontrolle von Rückzahlungsklauseln gebotene Interessenabwägung hat sich vorrangig daran zu orientieren, ob und inwieweit der Arbeitnehmer mit der Aus und Weiterbildung einen geldwerten Vorteil erlangt.

3. Die Zulässigkeit von Rückzahlungsklauseln hängt auch von der Fortbildungs und Bindungsdauer ab. Beide müssen in einem angemessenen Verhältnis stehen. Da der Arbeitgeber während der Fortbildung üblicherweise die Vergütung fortzahlt oder einen Unterhaltszuschuss gewährt, hängt von ihrer Dauer regelmäßig die Höhe der Arbeitgeberaufwendungen maßgeblich ab. Entscheidend ist aber, dass die Dauer der Fortbildung eine starkes Indiz für die Qualität der erworbenen Qualifikation ist.

4. Bei einer Lehrgangsdauer von bis zu zwei Monaten ohne Verpflichtung zur Arbeitsleistung darf im Regelfall höchstens eine einjährige Bindung vereinbart werden. (Dies hatte das BAG bereits in einem Urteil vom 15.12.1993 [5 AZR 274/93] entschieden.)
Eine Lehrgangsdauer von sechs Monaten bis zu einem Jahr ohne Arbeitsverpflichtung rechtfertigt im Regelfall keine längere Bindung als drei Jahre.
Bei einer mehr als zweijährigen Dauer der Fortbildungsmaßnahme ohne Arbeitsleistung hat das BAG eine Bindungsdauer von fünf Jahren für zulässig gehalten. (Urteile vom 19.06.1974 [5 AZR 299/73] und vom 12.12.1979 [5 AZR 1056/77]).
Eine Bindungsdauer von drei Jahren ist also keinesfalls im Regelfall unbedenklich. Der Grundsatz, dass die beiderseitigen Leistungen in angemessenem Verhältnis stehen müssen, erfordert vielmehr weitere Abstufungen.

5. Allerdings gelten die dargestellten Grundsätze nur für den Regelfall. Im Einzelfall kann auch bei kürzerer Dauer der Fortbildung eine verhältnismäßig lange Bindung gerechtfertigt sein, etwa wenn der Arbeitgeber erhebliche Mittel aufwendet und die Teilnahme an der Fortbildung dem Arbeitnehmer besondere Vorteile bringt. Umgekehrt kann auch bei längerer Dauer der Fortbildung nur eine verhältnismäßig kurze Bindung gerechtfertigt sein. Das kann etwa dann der Fall sein, wenn der Arbeitgeber nur verhältnismäßig wenig Mittel aufwendet und die Teilnahme an der Fortbildung dem Arbeitnehmer nur geringe Vorteile bringt.

6. Das BAG hat klargestellt, dass es keinen Grundsatz gebe, dass die Bindungsdauer höchstens sechsmal so lang wie die Dauer der Fortbildungsmaßnahme sein dürfe. (Davon war das Landesarbeitsgericht in seinem Urteil ausgegangen, welches der Entscheidung des BAG zugrunde lag).
Richtig ist vielmehr, dass der Arbeitnehmer (lediglich) vor einer übermäßig langen Bindungsdauer zu schützen ist. Bei einer vierjährigen Dauer der Bildungsmaßnahme ist deshalb keinesfalls eine zwölfjährige oder vierundzwanzigjährige Bindungsdauer zulässig. Auch wenn die Bildungsmaßnahme länger als zwei Jahre dauert, begnügt sich die Vertragspraxis mit einer vom Bundesarbeitsgericht gebilligten fünfjährigen Bindungsfrist. Auch der Bundesangestelltentarifvertrag (BAT) enthält keine längeren Bindungsfristen.

7. Hinzu kommt der Gesichtspunkt der Praktikabilität. Eine starre Relation würde zu einer Vielzahl zulässiger Bindungsfristen führen. Die Grundsätze über die Zulässig-

▼

keit von einzelvertraglichen Rückzahlungsklauseln müssen aber einfach und überschaubar sein; es darf nicht zu viele Abstufungen geben. Dies spricht dafür, die jeweilige Bindungsdauer auf volle Jahre zu bemessen.

8. Haben Arbeitgeber und Arbeitnehmer einzelvertraglich (also im Fortbildungsvertrag) eine zu lange Bindungsfrist für die Rückzahlung von Fortbildungskosten vereinbart, so ist sie nach der Rechtsprechung des Bundesarbeitsgerichts »auf das zulässige Maß« zurückzuführen.

Aus all den Gründen ist Arbeitgebern wie Arbeitnehmern anzuraten, unterschiedliche Rechtsauffassungen über die Zulässigkeit von Rückzahlungsklauseln in Fortbildungsverträgen im Gerichtswege überprüfen zu lassen, da sie einer (relativ strengen) Inhaltskontrolle unterworfen sind.

generell für zulässig gehalten, denn auch dafür gilt das Prinzip der Vertragsfreiheit. Letztere findet jedoch dort ihre Grenze, wo sie durch tarifliche Rückzahlungsklauseln eingeschränkt ist.

Tarifliche Rückzahlungsklauseln
Das Bundesarbeitsgericht (BAG) hat in einem Urteil vom 6. September 1995 (5 AZR 174/94) festgestellt, dass Rückzahlungsklauseln in Tarifverträgen nicht in demselben Umfang der gerichtlichen Inhaltskontrolle unterliegen, wie solche in Einzelarbeitsverträgen.

Ergibt sich eine Rückzahlungspflicht für Fortbildungskosten aus tarifvertraglichen Normen, so haben diese die Vermutung für sich, dass sie den Interessen beider Seiten gerecht werden und keiner Seite ein unzumutbares Übergewicht vermitteln. Die Tarifvertragsparteien haben somit im Unterschied zu den Arbeitsvertragsparteien eine weitgehende Gestaltungsfreiheit. Es ist nicht Sache der Gerichte zu prüfen, ob dabei jeweils die gerechteste und zweckmäßigste Regelung gefunden wurde. Das Gericht untersucht auch in Bezug auf die Rechtmäßigkeit von Rückzahlungsklauseln für Fortbildungskosten die Tarifverträge allein daraufhin, ob sie gegen die Verfassung, anderes höherrangiges oder zwingendes Recht oder gegen die guten Sitten verstoßen.

Einzelarbeitsvertragliche Rückzahlungsklauseln
Das Bundesarbeitsgericht hat entschieden, dass Rückzahlungsklauseln in Fortbildungsverträgen einer weitaus stärkeren gerichtlichen Inhaltskontrolle unterliegen als solche in Tarifverträgen. Sie sollen nur dann zulässig sein, wenn sie nicht zu einer unangemessenen Bindung des Arbeitnehmers führen oder in sein Grundrecht, den Arbeitsplatz frei zu wählen, eingreifen. Zum Grundrecht der freien Arbeitsplatzwahl gehört auch das Recht, den Arbeitsplatz beizubehalten, aufzugeben oder zu wechseln (Artikel 12 GG).

Unter Berücksichtigung dieser Grundsätze hat das Bundesarbeitsgericht in Einzelverträgen Rückzahlungsklauseln zugelassen, wenn sie unter Abwägung aller Umstände dem Arbeitnehmer »nach Treu und Glauben« zumutbar sind und vom Standpunkt eines verständigen Betrachters aus einem begründeten und zu billigenden Interesse des Arbeitgebers entsprechen (§ 242 BGB). In seinem Urteil vom 06.09.1995 (5 AZR 241/94) hat das BAG eine Reihe von Grundsätzen aufgestellt (siehe Übersicht zu 2.5).

> **!** Niemals sollte eine Rückzahlungsvereinbarung unter Druck und schon gar nicht während der Dauer der Fortbildung durch den Arbeitgeber erzwungen werden! Der Arbeitnehmer ist auf alle Folgen, die sich für ihn aus dem Abschluss einer Fortbildungsvereinbarung und in Bezug auf die etwaige Rückerstattung von Fortbildungskosten ergeben, zu Beginn der vereinbarten Ausbildung ausdrücklich hinzuweisen. (BAG AP Nr. 5 zu § 611 BGB Ausbildungshilfe).

Eine Rückzahlungsklausel kann unwirksam sein, wenn die durchgeführte Fortbildung zum Inhalt des zwischen den Parteien geschlossenen Arbeitsvertrages gehört. Das ist dann der Fall, wenn der Arbeitnehmer die geschuldete Arbeitsleistung auch ohne besondere Fortbildungsmaßnahmen erbringen konnte oder wenn die Fortbildung allein im Interesse des Arbeitgebers liegt, weil es zur Einarbeitung auf den konkreten Arbeitsplatz einer besonderen Einweisung oder Einarbeitung bedarf (BAG AP Nr. 26 zu Artikel 12 GG; BAG, Urteil vom 14.06.1995, 5 AZR 960/93).

VIII Beendigung von Arbeitsverhältnissen

Inhaltsübersicht

A Den Austritt aus dem Unternehmen managen

1. Personalbestandsanpassung
2. Maßnahmen der Personalanpassung
3. Betriebsbedingte Entlassungen
4. Kündigungsgespräche
5. Outplacement
6. Notwendige Aufbaumaßnahmen
7. Kommunikation nach innen und außen

B Rechtsfragen bei der Beendigung von Arbeitsverhältnissen

1. Umstände der Beendigung
2. Kündigung
3. Aufhebungsvertrag
4. Abfindungsrecht
5. Konkurs und Betriebsschließung
6. Das Arbeitszeugnis

Inhalt Kapitel VIII

A Den Austritt aus dem Unternehmen managen 347

1 Personalbestandsanpassung 347
1.1 Anlässe des Personalabbaus 347
1.2 Unternehmensentwicklung und Personalstruktur 347
1.3 Präventive Personalbestandspflege 347
1.4 Rechtliche, betriebliche, situationsbezogene Bedingungen 348
1.5 Vorbereitende Fragen 349
1.6 Analyse der Personalstruktur 349
1.7 Strategie – Abbauplan 349
1.8 Rolle des Betriebsrats 351

2 Maßnahmen der Personalbestandsanpassung 352
2.1 Einstellungsstopp 352
2.2 Reduzierung des Arbeitszeitvolumens 352
2.2.1 Mehrarbeit sofort einstellen 352
2.2.2 Kürzung der vertraglichen Arbeitszeit 353
2.2.3 Innerbetrieblicher arbeitszeitlicher Spielraum 353
2.2.4 Änderungen der Arbeitsverträge (Teilzeit usw.) 353
2.3 Vorzeitige Pensionierung 353
2.4 Aufhebungsverträge und Abfindungen 353
2.5 Beendigung befristeter Verträge 354
2.6 Eigenkündigungen 354
2.7 Um- und Versetzungen 354
2.8 Abspalten und Auslagern von Betriebsteilen(Outsourcing) 354
2.9 Fördern von Selbstständigkeit 355

3 Betriebsbedingte Entlassungen 355
3.1 Entlassung mit Rückkehrgarantie 355
3.2 Kostenplanung 355
3.3 Interessenausgleich 356
3.4 Sozialplan 357
3.5 Sozialauswahl 358

4 Kündigungsgespräche 359

5 Outplacement 360
5.1 Hilfe zur Selbsthilfe 360
5.2 Beschäftigungsgesellschaft 361

6 Notwendige Aufbaumaßnahmen 361

7 Kommunikation nach innen und außen 362

B Rechtsfragen bei der Beendigung von Arbeitsverhältnissen 363

1 Umstände der Beendigung 363
1.1 Nichtigkeit des Arbeitsverhältnisses 363
1.2 Anfechtbarkeit des Arbeitsverhältnisses 363
1.3 Kündigung 363
1.4 Aufhebungsvertrag 363
1.5 Gerichtlicher Vergleich 363
1.6 Auflösung durch Gerichtsurteil 363
1.7 Ende des Arbeitsverhältnisses nach Ablauf der Befristung 364
1.8 Ende des Arbeitsverhältnisses nach Zweckerreichung 364
1.9 Beendigung durch Tod 364
1.10 Erreichen der Altersgrenze 364
1.11 Pflichten nach Beendigung des Arbeitsvertrages 364

2 Kündigung 364
2.1 Kündigungsarten 364
2.1.1 Ordentliche Kündigung 364
2.1.2 Außerordentliche Kündigung 365
2.1.3 Ordentliche Kündigung durch den Arbeitnehmer 366
2.1.4 Ordentliche Kündigung durch den Arbeitgeber 367
2.1.5 Änderungskündigung 368
2.1.6 Teilkündigung 369
2.2 Abgrenzungsfragen 369
2.2.1 Widerruf 369
2.2.2 Suspendierung 369
2.2.3 Anfechtung 369
2.3 Kündigungserklärung 369
2.3.1 Formalien der Kündigung 369
2.3.2 Kündigungszeitpunkt und Kündigungsort 371
2.3.3 Inhalt 371
2.3.4 Kündigungsberechtigte Personen 371
2.3.5 Fristen 371
2.3.6 Zugang der Kündigung 372
2.3.7 Umdeutung 373
2.4 Kündigung ohne Kündigungsschutz 374
2.4.1 Kündigung vor Arbeitsaufnahme 374
2.4.2 Kündigung vor Eintritt des Kündigungsschutzes(= während der Probezeit) 374
2.4.3 Kleinbetriebsklausel 374
2.4.4 Leitende Angestellte 375
2.5 Allgemeiner Kündigungsschutz 376
2.5.1 Betriebsbedingte Kündigung 377
2.5.2 Personenbedingte Kündigung 378
2.5.3 Verhaltensbedingte Kündigung 380
2.6 Sonderkündigungsschutz für bestimmte Mitarbeiter 383
2.6.1 Schwerbehinderte / Mutterschutz und Elternzeit 383
2.6.2 Betriebsratsmitglieder 385
2.6.3 Wahlvorstand / sonstige gesetzliche Schutzvorschriften 385
2.7 Massenentlassungen 385
2.8 Beseitigungstatbestände 386
2.8.1 Widerruf 386
2.8.2 Rücknahme 386
2.8.3 Anfechtung 386
2.8.4 Kündigung und Betriebsrat 386
2.8.5 Kündigung und Arbeitsgericht 387
2.8.6 Kündigungsschutzprozess und Weiterbeschäftigung 388

3 Aufhebungsvertrag 388

4 Abfindungsrecht 388
4.1 Arbeitsrecht 388
4.2 Steuerrecht 388
4.3 Sozialversicherungsrecht 389

5 Konkurs und Betriebsschließung 390
5.1 Beendigung von Arbeitsverhältnissen bei Betriebsschließung 390
5.2 Ende von Arbeitsverhältnissen durch Konkurs 390
5.3 Beschäftigungs- und Qualifizierungsgesellschaften 390

6. Das Arbeitszeugnis 391
6.1 Zeugnisarten 391
6.1.1 Zwischenzeugnis 391
6.1.2 Schlusszeugnis 391
6.1.3 Einfaches Zeugnis 391
6.1.4 Qualifiziertes Zeugnis 391
6.1.5 Zeugnis-Fragebogen 391
6.2 Anspruchsberechtigung 392
6.3 Form 392
6.4 Inhalt 394
6.4.1 Wahrheit versus Wohlwollen 394
6.4.2 Angaben zur Person 394
6.4.3 Positions- und Aufgabenbeschreibung 394
6.4.4 Leistungsbeurteilung im Zeugnis 395
6.4.5 Erkrankung und Fehlzeiten 397
6.4.6 Zeugnisse für Führungskräfte 397
6.4.7 Herausragende Erfolge 397
6.4.8 Zufriedenheitsformel 398
6.4.9 Verhalten gegenüber Internen 399
6.4.10 Verhalten gegenüber Externen 400
6.4.11 Allgemeine soziale Kompetenz 400
6.4.12 Beendigungsformel 401
6.4.13 Dankes-Bedauern-Formel 402
6.4.14 Zukunftswünsche 403
6.5 Zeugnisänderung 403
6.5.1 Widerruf 403
6.5.2 Berichtigungsanspruch 403
6.5.3 Darlegungs- und Beweislast in Prozessen 404
6.6 Haftung des Arbeitgebers 404
6.7 Generelle Formulierungs- und Gestaltungshinweise 405
6.8 Erstellung mit PC-Programmen 407

A Den Austritt aus dem Unternehmen managen

1 Personalbestandsanpassung

Immer noch ist es ein beliebtes Mittel, Kosten möglichst schnell über Personalanpassungen zu reduzieren. Ungeachtet des damit verbundenen Abflusses von Qualifikationen, des Zerschlagens von bewährten informellen Netzwerken bleibt dies eine der klassischen ersten Maßnahmen, wenn ein Unternehmen in Schwierigkeiten kommt. Unter dem Vorzeichen »Personalfreisetzung« heißt Planung des Personalbestands, Maßnahmen zu erarbeiten, um die personelle Kapazität in quantitativer, qualitativer, örtlicher und zeitlicher Hinsicht im erforderlichen Maße zu vermindern (siehe auch IV A/1.14).

1.1 Anlässe des Personalabbaus

Personalabbau sollte nur dann erfolgen, wenn langfristig wirksame Strukturänderungen oder Rationalisierungen beabsichtigt sind. Denn ist erfahrenes Mitarbeiterpotenzial erst mal entlassen, gehen auch Wettbewerbsvorteile verloren. Erst wenn es sich um wesentliche, tief greifende Veränderungen handelt, sind Personalabbaumaßnahmen zu ergreifen. Fragen Sie sich in kritischen Situationen zunächst, ob Sie schon alles getan haben, um z.B. wegbrechende Kundenbeziehungen durch andere zu ersetzen. Lassen sich alternative Produkte finden? Oder neue Märkte? Stellen Sie sich als Unternehmer auch die selbstkritische Frage, ob die Ursache der Ergebnisverschlechterung auf eigenes Handeln zurückzuführen ist. Spielen gesamtwirtschaftliche Zusammenhänge eine Rolle oder bezieht sich die kritische Situation nur auf den eigenen Markt?

Für die Planung des benötigten Personalbestands sind Ihre Zukunftsvorstellung und Ihre darauf abgestimmte Unternehmensstrategie maßgebend. Sie müssen wissen, wohin Sie das Unternehmen steuern wollen und welche Mitarbeiterqualifikationen Sie dafür brauchen.

Übersicht (zu 1.2) Möglichkeiten, Personalabbaureserven zu schaffen

1. Nutzen Sie eine auf Abbaureserven ausgerichtete Altersstruktur (natürliche Fluktuation).
2. Prüfen Sie Möglichkeiten, Teilzeitarbeit einzuführen.
3. Schließen Sie befristete Arbeitsverträge im rechtlich zulässigen Umfang ab (siehe II /3).
4. Ziehen Sie sich langfristig einen Stamm an Aushilfskräften (auch Saisonkräfte) heran.
5. Nutzen Sie die Angebote von Leiharbeitsfirmen (siehe II A/2.3.3 und II B/3.4.6).
6. Prüfen Sie Möglichkeiten für die innerbetriebliche Job Rotation (siehe IV A/1.15 und VII A/3.9).

1.2 Unternehmensentwicklung und Personalstruktur

Die Tendenz, die Personalstärke entsprechend der Beschäftigungsschwankung auf das Maximum benötigter Kräfte einzurichten, gehört der Vergangenheit an. Um langfristig Kostenvorteile zu sichern, ist es heute wichtiger denn je, den Personalbestand so flexibel wie möglich zu handhaben. Setzen Sie Leistungs- und Personalbemessungsinstrumente ein, um eine bedarfsgerechte Personalplanung der benötigten Anzahl Mitarbeiter und der erforderlichen Qualifikation vorzunehmen.

Wie gehen Sie das an? Schreiben Sie den Bestand nicht einfach fort, kontrollieren Sie die Mitarbeiterzahl genau, vernetzen Sie die Personalplanung mit der Unternehmensplanung. Vor allem nutzen Sie, wo immer Sie können, Flexibilisierungsmaßnahmen wie Zeitkonten oder Leiharbeitskräfte. Bedenken Sie bei Abbaumaßnahmen, Änderungen sind kurzfristig weder im Bereich der Qualifizierung noch im Bereich des Personalbestands zu erreichen. Planen Sie deshalb langfristig. Entsprechend Ihren Überlegungen zur Gesamt-Unternehmensentwicklung ist daher frühzeitig auch das meist durch arbeitsrechtliche Gegebenheiten langfristig gebundene Mitarbeiterpotenzial zu berücksichtigen. Seien Sie daher auch mit dem Instrument Altersteilzeit vorsichtig. Allzu schnell verlieren Sie wichtiges Qualifikations- und Erfahrungspotenzial.

Genauso wie Sie rechtzeitig einen Mehrbedarf an Personal planen, können Sie auch einen Minderbedarf vorausschauend ermitteln.

Zu einer kostenorientierten und auch mitarbeiterorientierten Pflege des Personalbestands gehört es, eine langfristige, systematische Personalfreisetzung zu betreiben. Reduzierung von Personal als »unangenehme Maßnahme« sollte auf keinen Fall hinausgeschoben werden.

Die bewusste Planung einer Personalabbaureserve oder Flexibilisierungsreserve (wie Zeitkonten) fängt auch Beschäftigungsspitzen auf. Fahren Sie z.B. besondere Schichten oder decken Sie einen eventuellen Mehrbedarf zunächst mit Leiharbeitnehmern (siehe II A/2.3.3 und II B/3.4.6). Wie Sie in »Boom-Zeiten« eine Personalreserve aufbauen, können Sie auch in anderen Zeiten eine Personalabbaureserve aufbauen. Mit einer Personalabbaureserve sind die Voraussetzungen gegeben, diese im rechtlichen wie menschlichen Sinne schmerzlos abzubauen. Ihre Personalstruktur kann insofern schneller angepasst werden (siehe auch Übersicht zu 1.2).

1.3 Präventive Personalbestandspflege

Sind die Mitarbeiter am richtigen Platz eingesetzt? Stimmen Mitarbei-

Übersicht zu (1.4)
Zu beachtende Restriktionen bei Personalabbaumaßnahmen

1. **Rechtliche Restriktionen**

   a) Individuelles Arbeitsrecht (Kündigungsschutzgesetz, Arbeitszeit-, Mutterschutz- und Schwerbehinderten-Gesetz (VIII B/2.5).

   b) Kollektives Arbeitsrecht (Betriebsverfassungsgesetz), Beteiligungsrechte der Arbeitnehmervertretung.
   Inwiefern und wann hat der Betriebsrat Beteiligungsrechte bei der beabsichtigten Verminderung des Personalbestandes? Zumindest ist der Betriebsrat bei Kündigungen und Versetzungen (siehe III B/1.2.2 und VIII B/2.8.4) zu beteiligen. Bei wesentlichen Betriebsänderungen ist zudem vorab ein Interessenausgleich mit dem Betriebsrat zu versuchen und gegebenenfalls ein Sozialplan zu vereinbaren (siehe 3.3). Erkundigen Sie sich hinsichtlich der näheren Einzelheiten bitte bei Ihrem Verband oder Rechtsberater.

   c) Sonstige Vorschriften
   Arbeitsförderungsgesetz (siehe auch VIII B/4), Tarifverträge und Rationalisierungsschutzabkommen, Anmeldepflichten (Kurzarbeit, Massenentlassungen), Schutzfristen (Kündigungsfristen, Unkündbarkeit usw.).

2. **Betriebliche Restriktionen**
   Bestimmte Mitarbeiter sind wegen der Aufrechterhaltung der Produktion unverzichtbar.

3. **Situationsbezogene Bedingungen am Markt**
   Kunden müssen noch bedient werden, Aufträge erledigt werden usw.

Checkliste (zu 1.5) Vorbereitende Frage zum Personalabbau

1. Wie begründet sich der vorgesehene Personalabbau?
2. Ist dieser Minderbedarf genau festgestellt?
   – in quantitativer Hinsicht?
   – in zeitlicher Hinsicht?
   – in örtlicher Hinsicht?
3. Wo besteht der Personalminderbedarf?
   – Welche Abteilungen sind betroffen?
4. Wie entwickelt sich der Minderbedarf
   – in den nächsten Monaten?
   – in den nächsten Jahren?
5. Entwickelt sich der Minderbedarf gleichmäßig?
   – oder in Wellen?
   – wie verteilt er sich auf die nächste Zeit?
6. Wie ist die Haltung des Betriebsrats?
   – wann ist er zu unterrichten?
   – wann einzubeziehen?
7. Sind die Maßnahmen in den Gesamtunternehmensplan eingeflossen?
   – und daraufhin abgestimmt?
8. Wer wird mit dem Personalabbau federführend beauftragt?
9. Welche Anpassungsmaßnahmen ohne Personalabbau bestehen?
   – sind alle Möglichkeiten ausgeschöpft?
   – reichen diese Maßnahmen aus?
10. Wenn Entlassungen vorgenommen werden: welche rechtlichen Gesichtspunkte sind zu berücksichtigen?
    – sind alle bislang berücksichtigt?

▼

terqualifikationen und Anforderungen der Arbeitsplätze überein? Liegen Qualifikationen oder Potenziale brach? Können und wollen einige Mitarbeiter mehr tun, als sie tatsächlich tun? Was wird in Ihrem Unternehmen zur Personalbestandspflege getan?

Zur Personalbestandspflege gehört einerseits die Aufgabe, das vorhandene Mitarbeiterpotenzial bestens zu nutzen, um Leistungswillen und Leistungsfähigkeit der Belegschaft zu beiderseitigem Nutzen auszuschöpfen. Es gilt, vorhandene Leistungsreserven zu entdecken und einzusetzen.

Andererseits sind auch folgende Fragen zu stellen: Werden im Unternehmen die zwar engen, aber vorhandenen Möglichkeiten verhaltensbedingter und personenbedingter Kündigungen ausgeschöpft, bevor der Fall betriebsbedingter Kündigungen eintritt? Werden Minder- oder Schlechtleistungen besprochen? Werden ausgesprochene Abmahnungen konsequent verfolgt? Sind die möglichen, durch Mitarbeiter gegebenen Anlässe bekannt? Werden diese Vorfälle aufgegriffen? In der Regel leider nein!

> Die konsequente Arbeit an Problemfällen im Vorfeld eines möglichen Personalabbaus verringert die Anzahl der möglicherweise in einem Sozialplan zu berücksichtigenden Mitarbeiter.

Oft wird es im Ernstfall von den tatsächlich hart betroffenen Leistungsträgern als eine unbillige Härte empfunden, mit weniger guten Kollegen oder gar Problemfällen im Rahmen der Sozialauswahl verglichen zu werden oder gar auf Grund der abstrakten Sozialpunkte benachteiligt zu sein. Die Folge: Noch mehr Demotivation der Leistungsträger, noch mehr Verunsicherung im Fall eines Personalabbaus. Im Vorfeld zu reagieren ist deshalb produktiver und motivierender.

1.4 Rechtliche, betriebliche, situationsbezogene Bedingungen

Bei den vorgesehenen Personalabbaumaßnahmen sind eine Reihe von

Restriktionen zu beachten (siehe Übersicht zu 1.4).

1.5 Vorbereitende Fragen

Die in der Checkliste zu 1.5 zusammengefassten Fragen sollten vor Beginn der Planungen durchgearbeitet werden. Drängen Sie die Geschäftsführung, Ihnen Antworten zu geben, so dass Sie als Führungskraft zielgerecht handeln können. Vermeiden Sie so das meist bei Personalabbau vorhandene Informationsdefizit. Erkundigen Sie auch sich bei Ihrem Verband nach Erfahrungen, diskutieren Sie Ihre Überlegungen im Vorfeld mit Kollegen, die Ähnliches bereits durchgeführt haben.

Vor Beginn der eigentlichen Planungen muss Klarheit über die genannten Fragen bestehen, da mit Widerständen und Konflikten zu rechnen ist. Wesentliche Vorarbeiten für die folgenden Schritte sind damit geschaffen. Die gegenüber dem Betriebsrat, gegenüber den Mitarbeitern und eventuell gegenüber der Öffentlichkeit einzuschlagende Strategie ergibt sich hieraus.

- welche gesetzlichen Regelungen oder Bestimmungen des Tarifvertrags schränken meinen Handlungsspielraum ein?
11. Sind soziale, personalpolitische und wirtschaftliche Gesichtspunkte berücksichtigt?
12. Welche Personalkosten fallen zusätzlich an (Abfindungen)?
- welche lassen sich kurzfristig oder
  - welche mittelfristig einsparen?
13. Welche Strategie ist gegenüber dem Betriebsrat einzuschlagen?
14. Wie sollen und werden die Mitarbeiter informiert?
15. Wie kann und soll den betroffenen Mitarbeitern geholfen werden?
16. Wie wird sich die Mitarbeiterstruktur und Qualifikationsstruktur durch den Abbau ändern?
17. Welche Maßnahmen sind vorzudenken und zu ergreifen, um die verbleibenden Mitarbeiter zu motivieren und zu halten?

Übersicht (zu 1.6) Rechtlich benötigte Daten für die Abbauplanung

- die Kündigungsfristen,
- bestehende Schutzrechte (Kündigungsschutz, Bundeswehr, Mutterschutz, Schwerbehinderung, dienstältere Mitarbeiter, tariflicher Schutz),
- Alter, Familienstand, Anzahl unterhaltspflichtiger Kinder,
- Dienstalter,
- eventuell sonstige Vermögensverhältnisse (Sozialplan!)

1.6 Analyse der Personalstruktur

Ausgehend von der geplanten neuen Organisationsstruktur ist zu ermitteln, welche Mitarbeiter vom Abbau betroffen sind. Ohne klare Vorstellungen und verabschiedete Planungen für die neue Struktur ist diese Aufgabe nicht zu leisten.

> Ohne zu wissen, welcher Mitarbeiter Schutzrechte hat und welches Leistungsvermögen er mitbringt, lässt sich umgekehrt eine personenbezogene künftige Personalplanung nicht erstellen.

Wann kann dem einzelnen Mitarbeiter überhaupt gekündigt werden? Zu welchen Kündigungsterminen können wie viele Mitarbeiter gekündigt werden? Kann es sich das Unternehmen leisten, Mitarbeiter X zu verlieren? Welchen Mitarbeitern kann gar nicht gekündigt werden? Mindestens diese Fragen sind in diesem Schritt zu klären. Für die Kalkulation des Aufwands für einen Sozialplan bilden diese Daten ebenfalls die Grundlage. Die Planung einzelner Maßnahmen ist ohne Kenntnis der Kündigungstermine ebenfalls nicht möglich (siehe Übersicht zu 1.6).

Auch für die künftige Personalstruktur benötigen Sie Daten. Welches Personal brauchen Sie nach Alter, Qualifikation, Erfahrung und Engagement? Die Berufs- und Bildungshistorie der Mitarbeiter ist deshalb für die Planung entscheidend. Erfassen Sie diese Daten bereits im Vorfeld. Bewerten Sie die vorhandenen Fähigkeiten in Bezug auf die nach der Betriebsänderung geforderten Kenntnisse. Das persönliche Leistungsvermögen ist ebenfalls ein wichtiges Kriterium für die künftigen Aufgaben.

Zugegeben, diese Datensammlung ist teilweise mühevoll. Sie lohnt sich jedoch, da ansonsten mit einem ungesteuerten Personalabbau viel an Erfahrung und Qualifikation verloren geht und Sie keine Argumente gegenüber Geschäftsführung und Betriebsrat haben.

1.7 Strategie – Abbauplan

Wenn Sie alle vorbereitenden Aufgaben erledigt haben, machen Sie einen detaillierten Plan (siehe Checkliste zu 1.7).

Der Abbauplan enthält:
- alle wichtigen Rahmendaten,
- die Analyse der Personalstruktur,
- die Ergebnisse auf die vorbereitenden Fragen (siehe 1.5).

Legen Sie in dem Plan genau fest, wer welche Aufgabe zu erledigen hat. Versehen Sie den Ablaufplan mit einer Zeitschiene und korrigieren Sie je nach Verlauf ständig mit den Beteiligten den weiteren Fortgang.

Bedenken Sie, dass beim Personalabbau stets die Kündigungsfristen der zu entlassenden Mitarbeiter automatisch einen meist engen zeitlichen Rahmen vorgeben. Zudem benötigen Sie Zeit für die Beteiligung des Betriebsrats. Eine gründliche Vorbereitung schafft die erforderliche interne Schnelligkeit und steckt den Handlungsrahmen ab.

Während des ganzen Abbauprozesses muss das Unternehmen mit

**Checkliste (zu 1.7)
Abbauplan für betriebsbedingte Kündigungen (Arbeitsschritte)**

1. Gesamt-Unternehmensplan: formulierte, kommunizierte Ziele und Strategien als Leitgedanken.
2. Anlässe: Konkurrenz auf den Märkten, bessere Produkte, Rationalisierungen, neue Fertigungsmethoden, Betriebsstillegung.
3. Begründung für Abbau (Zahlen, Aussichten, Notwendigkeiten).
4. Struktur der neuen Organisation, Aufgaben, Tätigkeiten.
5. Qualitative, quantitative Bedarfsplanung erstellen
   – abstrakt,
   – stellenbezogen,
   – namentlich,
   – wer bleibt, wer soll Stelleninhaber sein?
6. Zeitliche Planung des Abbaus
   – wann sind die Mitarbeiter zu entlassen?
7. Erforderliche Maßnahmen des Personalabbaus
   – Alternativen,
   – Reihenfolge der Maßnahmen.
8. Personalfreisetzung
   – Auswahl der zu kündigenden Mitarbeiter.
   Kreis der »Sozialauswahl« insgesamt
   – Mitarbeiter-Struktur-Analyse.
   – Welche Mitarbeiter müssen betriebsnotwendig bleiben?
   – Welche Mitarbeiter sind nicht kündbar (Schutzrechte)?
   – Welche Mitarbeiter müssen nach den überzähligen Arbeitsplätzen gehen?
   Kriterien der Sozialauswahl
   – Lebensalter, Betriebszugehörigkeit, Familienstand,
   – Qualifikationen ...
   – eventuell Sozialpunkteschema – Betriebsvereinbarung.
   Auswahlgruppen
   – Wer ist mit wem vergleichbar?
   – Welche Gruppen ergeben sich?
   – Wer ist in diesen Gruppen erfasst?
   – Welche Mitarbeiter sind für den Betrieb unverzichtbar?
   – Rechtlich haltbare Begründung?
   – Wer sind die Betroffenen?
   – Rangfolge nach den eventuell anzuwendenden Sozialpunkten.
   Mit welchen Mitarbeitern kann u.U. verhandelt werden (Teilzeit, Aufhebungsverträge)?
9. Kostenplanung (mehrere Alternativen)
   – Szenarien je nach Leistungen des Sozialplans.
   – Budget.
   – Was dürfen Aufhebungsverträge im Vergleich zum Sozialplan kosten?
10. Information an Betriebsrat – Strategie der Verhandlung
    – Interessensausgleich,
    – Sozialplan.
11. Bei Nichteinigung – Vermittlung durch den Präsidenten des Landesarbeitsamtes und – oder sofort – Einigungsstellenverfahren.
12. Laufende Information und Diskussion mit den Führungskräften, Begründungen für zu Kündigende einholen.
    – Einzelfallbezogene Anhörung vorbereiten,
    – Hinweise für die Durchführung der Kündigungsgespräche geben.
13. Kündigungsverfahren
    – Betriebsrat, Anhörung,

▼

»einer Stimme sprechen«. Es verbietet sich, dass einzelne Bereiche mit dem Betriebsrat eigenständig verhandeln. Benennen Sie auf Ihrer Seite einen Ansprechpartner, der den gesamten Prozess steuert. Dies und die erarbeitete Strategie hat den Zweck, einheitlich, mit der erforderlichen flexiblen Unnachgiebigkeit das gesteckte Ziel zu verfolgen. Flexibel in der Ausgestaltung des Abbaus, d.h., welche Maßnahmen eingesetzt werden, wie die einzelnen Inhalte des Interessenausgleichs und des Sozialplans ausgestaltet sind. Unnachgiebig allerdings sollten Sie in der Verfolgung des eigentlichen Ziels, Personal abzubauen, bleiben.

Der gewünschte künftige Zustand des Unternehmens ist der Zielrahmen für diese Planung.

Daraus leitet sich ab:
- welche Struktur,
- welche Arbeitsplätze,
- wie viele Mitarbeiter,
- welche Qualifikation,
- welches Arbeitszeitmodell

usw. benötigt werden.

Die Strategie sollte auf keinen Fall nur auf die nächsten Monate – den unmittelbaren Personalabbau – beschränkt bleiben, sondern unbedingt mittelfristig (fünf Jahre) und langfristig (zehn Jahre) zumindest skizziert sein. Sonst sind Fehlentscheidungen zu erwarten (z.B. jene bekannte, dass wertvolle Mitarbeiter entlassen und in wenigen Monaten wieder mühsam gefunden werden müssen).

Es ist unabdingbar, dass Sie festlegen:
- wer die Beteiligten sind,
- zu welchen Zeitpunkten, wo, wie viele Mitarbeiter freizusetzen sind,
- wie lange bestimmte Mitarbeiter noch benötigt werden,
- welche rechtlichen Bedingungen zu wahren sind,
- welche Maßnahmen einzusetzen und auch wirksam umsetzbar sind,
- welche Kosten budgetiert werden müssen,
- wer wann zu informieren ist,
- welche Kommunikationspolitik intern und extern zu pflegen ist,
- wie die verbleibenden Mitarbeiter für eine motivierende Weiterbeit trotz Abbauprozess gewon-

nen werden können, was u. U. als Qualifizierungsmaßnahmen für die verbleibenden Mitarbeiter erforderlichen werden, um den Betrieb aufrecht zu erhalten.

Dieser Plan bildet für alle Beteiligten die verbindliche Vorgehensweise. Wird dieser Plan im Unternehmen kommuniziert, weiß jeder, was auf ihn zukommt. Wird der Plan konsequent durchgehalten, ergibt sich aus der Berechenbarkeit auch Klarheit für die Betroffenen. Eine entschiedene Vorgehensweise hilft meist Unruhe und Unsicherheit zu vermeiden helfen.

1.8 Rolle des Betriebsrats

Sobald Ihre Überlegungen konkreter werden, sollten Sie – nicht nur wegen der gesetzlichen Auflage – unbedingt den Betriebsrat einbeziehen. Im Falle wesentlicher Betriebsänderungen ist mit dem Betriebsrat ein Interessenausgleich zu verhandeln und gegebenenfalls ein Sozialplan zu vereinbaren (siehe 3.3f.). Unabhängig davon stehen dem Betriebsrat Beteiligungsrechte bei Kündigungen und Versetzungen zu (siehe auch VIII B/2.8.4 und III B/1.2.2).

Gewinnen Sie den Betriebsrat als Partner – so bald wie möglich. Der Zeitpunkt ergibt sich aus der Strategie. Sie kennen die aus Ihrer Sicht benötigte Zeit für den Personalabbau, wann welche Schritte notwendig sind, wann Kündigungen möglich und betriebswirtschaftlich erforderlich sind. Planen Sie die für die Mitwirkungs- bzw. Mitbestimmungsrechte des Betriebsrats erforderlichen Fristen sowie im Falle wesentlicher Betriebsänderungen die Zeit für den Verhandlungsprozess mit dem Betriebsrat ein.

Für die Verhandlungen mit dem Betriebrat empfiehlt es sich, Szenarien vorzudenken und Leitfragen zu entwickeln (siehe auch Checkliste zu 1.8).

Voraussetzungen für Ihre Verhandlungen sind immer:
- die neue Aufgabenstruktur,
- der künftige Stellenplan,
- Liste der Betroffenen/Nicht-Geschützten,
- die Begründungen der Sozialauswahl,
- Ordner der Sozialauswahl und der Kündigungen zusammenstellen,
- wohlüberlegte Begründungen schreiben,
- Auswahlverfahren genau beachten (dadurch Widersprüche minimieren),
- örtl. Richterrechtsprechung beachten!

14. Widersprüche des Betriebsrats bearbeiten.
15. Kündigungen aussprechen.
16. Gespräche mit der Belegschaft
    - Betriebsversammlung, Verhandlungen mit den Mitarbeitern (Aufhebungsverträge?).
17. Arbeitsamt
    - Anmeldung Kündigungen, § 17 KSchG.
18. Kontakte zu sonstigen Institutionen
    - Gewerkschaft(en), Verband, Stadt aufnehmen.
19. Abstimmungen mit Management
    - künftige Personaleinsatzplanung (welche Mitarbeiter erhält welche Abteilung ...).
20. Aufbaumaßnahmen im Betrieb
    - Personalplanung – qualitativ.
    - Welche Personalstruktur (nach Alter, Qualifikation) ist möglich?
    - Welche ist erforderlich?
    - Welche Instrumente der Personal- und Organisationsentwicklung sind anwendbar?
    - Motivationsmöglichkeiten, Teambildung.
    - Anreizsysteme.
    - Änderungen?
    - Führungsorganisation.
    - Führungsstil, Wandel der Anforderungen, neue Kompetenzverteilung?
21. Anhängige Kündigungsschutzklagen bearbeiten.

Checkliste (zu 1.8) Leitfragen für die Verhandlungen mit dem Betriebsrat

- Wie wird die Arbeitnehmervertretung auf die Zahl X zu Entlassender reagieren?
- Welche Begründungen sind wie zu geben?
- Welche Überzeugungsstrategie erscheint erfolgreich?
- Wie kann das Mitarbeitergremium für die geplanten Überlegungen gewonnen werden?
- Welche Abbaumaßnahmen wollen wir seitens der Arbeitgeber unbedingt durchsetzen?
- Wo liegt der Verhandlungsspielraum in Bezug auf die Mitarbeiterzahl?
- Wo in Bezug auf die Entlassungszeitpunkte?
- Wie reagiert der Betriebsrat auf einzelne Vorschläge?
- Hat er möglicherweise eigene Vorschläge?
- Auf welche Mitarbeiterinteressen oder Mitarbeitergruppen legt er besonderen Wert?
- Welche Überlegungen ergeben sich hieraus für meine Vorschläge?
- Welches Budget ist vorzusehen?
- Wo liegt hier der Spielraum?
- Mit welchen Themen für einen Interessenausgleich und Sozialplan ist zu rechnen?
- Welche Zugeständnisse sind möglich?
- Welche nicht?

VIII. Beendigung von Arbeitsverhältnissen

Übersicht (zu 2) Maßnahmen zur Personalreduzierung

1. Maßnahmen ohne Personalabbau
- Reduzierung des Arbeitszeitvolumens (siehe 2.2)
  - Abbau von Überstunden
  - Einführung von Kurzarbeit
  - Gezielte Urlaubsplanung
  - Umstellung von Voll- auf Teilzeit
  - Abbau von Schichten
- Versetzungen/Umsetzungen (siehe 2.7)

2. Maßnahmen mit Personalabbau ohne Entlassungen
- Einstellungstopp (siehe 2.1)
- Vorzeitige Pensionierung (siehe 2.3)
- Individuelle Aufhebungsverträge (siehe 2.4)
- Prüfung, Auslaufen befristeter Verträge (siehe 2.5)
- Beendigung von Vertragsverhältnissen mit Leiharbeitnehmern (siehe II B/3.4.6)
- Förderung von Eigenkündigungen (siehe 2.6)
- Auslagern von Betriebsteilen (siehe 2.8)
- Fördern von Selbstständigkeit (siehe 2.9)
- Entlassung mit Rückkehrgarantie (siehe 3.1)

3. Maßnahmen mit Personalabbau und Entlassungen
- Betriebsbedingte Kündigungen (siehe 3)
  - Interessenausgleich (siehe 3.3)
  - Sozialplan (siehe 3.4)
  - Sozialauswahl (siehe 3.5)
  - Kündigungen (siehe 4)
  - befristete Arbeitsverträge in einer Beschäftigungsgesellschaft (siehe 5.2)

- welche Mitarbeiter werden absolut wo, wann, bis wann, benötigt? Legen Sie sich in Szenarien Ihre möglichen Reaktionen zurecht, überlegen Sie sich im Vorfeld Ihren Verhandlungsspielraum und auch, welche Positionen zu Gunsten anderer zur Disposition gestellt werden können.

> **Beispiel**
> Kann ich mir bestimmte Kündigungstermine zu Gunsten späterer Termine abhandeln lassen?

Um sich eine gute Verhandlungsposition zu wahren, sind derart vorbereitete Szenarien sehr hilfreich. Je nach Entwicklung der Verhandlungen kann schnell reagiert werden und lassen sich rasch Alternativen anbieten.

Der Betriebsrat kann in dem Abbauprozess auch eine ganz entscheidende Hilfe sein. Meist sehen die Arbeitnehmervertreter ohnehin die Anlässe genauso wie der Unternehmer auch – allerdings unterscheiden sich oft die für die Gesundung erforderlichen Überlegungen. Wo liegt der gemeinsame Nenner? Lässt sich eine gemeinsame Linie finden? Auf jeden Fall sollten Sie diese Möglichkeit ausloten. Ist sie vorhanden, sparen Sie sich erheblichen Ärger und erhalten eine nicht zu unterschätzende Unterstützung.

2 Maßnahmen der Personalbestandsanpassung

Je nach Intensität des Eingriffs in den Besitzstand und des Status betroffener Mitarbeiter sowie des Umfangs des Personalabbaus lassen sich drei Bündel von Maßnahmen unterscheiden (siehe Übersicht zu 2).

2.1 Einstellungstopp

Während des Personalabbaus sollten Sie so weit wie möglich keine neuen Mitarbeiter einstellen. Führen Sie Neueinstellungen durch, werden Sie für die betroffenen Mitarbeiter unglaubwürdig und schüren die ohnehin vorhandene Unruhe. Zudem erschweren Sie betriebsbedingte Kündigungen. Ein genereller Einstellungsstopp lässt sich jedoch oftmals nicht durchhalten.

Es besteht die Wahl zwischen
- absolutem bzw. generellem Einstellungsstopp,
- bereichsbezogenem Einstellungsstopp,
- Einstellungsstopp mit der Ausnahme klar festgelegter Schlüsselpositionen,
- Einstellungsstopp mit der Ausnahme begründeter Einzelfälle nach Prüfung.

Alle Lösungen führen zu Diskussionen im Fall des Falls. Personalabteilung und Führungskräfte sollten deshalb bereits im Vorfeld eines drohenden Personalabbaus genau prüfen, inwiefern ein Einstellungsstopp sinnvoll ist, wie die Aufgaben neu zu verteilen sind oder welche Aufgaben entfallen könnten.

Niemand weiß, ob die geplanten Maßnahmen des Personalabbaus sich in die gewünschte Richtung entwickeln. Mitarbeiter, die Sie fest für die Zukunft einplanen, kündigen von sich aus oder streben Aufhebungsverträge an. Deshalb muss sich das Unternehmen die Möglichkeit offen halten, unter Umständen sogar Mitarbeiter mitten im Personalabbau einzustellen.

> ❗ Vermeiden Sie Absprachen mit dem Betriebsrat, die einen generellen, undifferenzierten Einstellungsstopp vorsehen. Seien Sie sich aber bewusst, dass jede Neueinstellung gegebenenfalls zur Unwirksamkeit betriebsbedingter Kündigungen führen kann.

2.2 Reduzierung des Arbeitszeitvolumens

2.2.1 Mehrarbeit sofort einstellen

Es sollte selbstverständlich sein, dass Zusatzschichten und Überstunden wenn irgend möglich sofort abgestellt werden. Das Unternehmen kann sogar hier die Mehrarbeitszuschläge einsparen, allerdings verbunden mit dem finanziellen Nachteil für die Mitarbeiter.

2.2.2 Kürzung der vertraglichen Arbeitszeit

Die vorübergehende Kürzung der vertraglich vereinbarten Arbeitszeit kann ein wirksames Mittel sein, vorhandene Engpässe zu überbrücken. Der vorhandene Personalbestand kann so gehalten werden. Diese Maßnahme lässt sich relativ schnell und kostengünstig realisieren. Nachteilig kann sein, dass der Verdienstausfall den einen oder anderen Mitarbeiter zur Abwanderung anregt. Der Verwaltungsaufwand ist zu berücksichtigen und ein eventueller Imageverlust. Die Mitbestimmungsrechte des Betriebsrats sind zu beachten.

Prüfen Sie auf jeden Fall genau:
- welche Fristen und Meldepflichten Sie gegenüber der Arbeitsverwaltung beachten müssen (Zahlung von Kurzarbeitergeld!),
- wo der Betriebsrat einzubeziehen ist,
- ob sich die Maßnahme wirtschaftlich rechnet,
- ob sie sich technisch-organisatorisch durchführen lässt.

2.2.3 Innerbetrieblicher arbeitszeitlicher Spielraum

- Vorgezogene Urlaubstage,
- vereinbarte Betriebsferien,
- die Ausnutzung von Brückentagen oder
- die Gewährung von unbezahltem Urlaub

ermöglichen ebenfalls die Überbrückung von Engpässen. Beachten Sie aber, dass nur erworbene Urlaubsansprüche (aktueller bzw. Resturlaubsanspruch) in Frage kommen. Einem Vorgriff stehen der gesetzliche Mindesturlaub und die garantierten Jahres-Tarifurlaubsansprüche entgegen. Beteiligen Sie dabei den Betriebsrat.

2.2.4 Änderungen der Arbeitsverträge (Teilzeit usw.)

Die Umwandlung von Vollzeit- in Teilzeitarbeitsplätze trifft in der Regel auf einige Wunschfälle; selten lässt sich diese Maßnahme auf breiter Basis umsetzen. Dennoch: Prüfen Sie auch dieses Mittel, das vorhandene Arbeitszeitvolumen zu reduzieren. Diese Maßnahme ist nur auf freiwilliger Basis durch Änderung des Arbeitsvertrags möglich (siehe IV B/5).

Einseitig ist es regelmäßig kaum durchsetzbar. Bei Versetzungen (siehe 2.7) müssen Sie den Betriebsrat beteiligen.

2.3 Vorzeitige Pensionierung

Mittlerweile ein weit ausgereiztes Instrument. Dennoch, prüfen Sie flexible Altersgrenzen, Altersruhegeld, betriebliche Regelungen für die vorzeitige Pensionierung. Arbeitsförderungs- und Altersteilzeitgesetz bestimmen den Rahmen. Prüfen Sie, in welcher Höhe Mitarbeiter finanziell abgesichert sein werden, denen Sie die vorzeitige Pensionierung oder den schrittweisen Ausstieg aus dem Arbeitsleben anbieten möchten.

Da bei vorzeitiger Pensionierung die sozialversicherungsrechtlichen Fragen sehr komplex sind, versichern Sie sich der Unterstützung des Arbeitsamtes. Laden Sie einen Vertreter des Amtes für Mitarbeiter-Sprechstunden ins Unternehmen ein. Die Personalabteilung sollte vorbereitend die einzelnen, zu erwartenden Renten ermitteln, jeden Einzelfall intensiv beraten und auf mögliche Rentenminderungen hinweisen. Ihr Verband oder Rechtsberater kann für die Vorbereitung ebenfalls nützliche Hinweise geben.

Beachten Sie, dass Sie als Unternehmer den Aufwand einschätzen müssen, der mit der Zuzahlung bis zum gesetzlich frühest möglichen Zeitpunkt eines regulären Bezugs von Altersruhegeld gegeben ist (Differenz zwischen Arbeitslosengeld und einem vereinbarten Prozentsatz des letzten Nettoverdienstes). Auch muss festgelegt werden, inwiefern eine Überbrückungszahlung während der Sperrfrist gewährt wird.

Diese Themen und eine genaue Abgrenzung, welche Jahrgänge in Vorruhestandsregelungen einbezogen werden sollen, können Gegenstand eines Interessenausgleichs mit dem Betriebsrat sein. Es bietet sich an, die Einzelheiten der Durchführung und vereinbarten Abfindungen, Zuzahlungen oder Sonderzahlungen (für vorzeitiges Ausscheiden, für noch unterhaltspflichtige Kinder) in besonderen Betriebsvereinbarungen zu regeln. Vorteil: Eine objektive, für alle einsehbare und einheitliche Regelung verhindert Gerüchte über Bevorzugungen und Sonderbehandlungen.

2.4 Aufhebungsverträge und Abfindungen

Für ältere Jahrgänge, für spezielle Mitarbeitergruppen oder für bestimmte Bereiche des Unternehmens können Aufhebungsverträge (siehe auch VIII B/3) angeboten werden. Es empfiehlt sich für diese Maßnahme, die gewünschte Zielgruppe genau einzugrenzen, um den gewünschten Effekt möglichst zu maximieren.

Ob die Maßnahme greift, hängt nicht zuletzt von der materiellen Ausgestaltung des Angebots ab. Um die erforderliche Unterstützung aus der Belegschaft für die Maßnahme zu erhalten, sollten Sie den Betriebsrat einbeziehen. Oft stellt er sich als ein unterstützender Verhandlungspartner dar. Er kann als überzeugender Berater für die möglichen Kandidaten eingesetzt werden.

Eine Betriebsvereinbarung (Geltungsdauer, Zielgruppe, Abfindungshöhe, besondere Zuzahlungen) gibt einen objektiven Rahmen ab, verschafft die erforderliche Publizität und sichert die Gleichbehandlung aller Ausscheidenswilligen (siehe auch I B/1.4). Damit Leistungsträger jedoch nicht ohne Rücksprache mit dem Vorgesetzten und entsprechende Versuche, diese zu halten, ausscheiden, vereinbaren Sie in der Betriebsvereinbarung eine Art Vetorecht des Unternehmens. Empfehlenswert ist eine den Austrittszeitpunkt regelnde Klausel.

Beispiel: »Der Arbeitgeber behält sich vor, für längstens sechs Monate dem Wunsch eines Mitarbeiters, von einem Angebot eines Aufhebungsvertrags Gebrauch zu machen, aus betrieblichen Gründen nicht zu entsprechen.«

Zur üblichen Abfindungshöhe und zu besonderen Zuzahlungen informieren Sie sich bei Ihrem Verband oder Rechtsberater. Mit den Änderungen der Versteuerung von Abfindungen hat diese Maßnahme erheblich an Attraktivität für Arbeitnehmer verloren bzw. wird für Arbeitgeber schlicht teurer.

> Vergessen Sie nicht, dass individuelle Rechte Einzelner nicht durch Vereinbarungen mit dem Betriebsrat ersetzt werden. Letztlich kommt eine Aufhebungsvereinbarung immer nur zu Stande, wenn Arbeitgeber und Mitarbeiter zustimmen. Bei Bestehen einer Betriebsvereinbarung über eine Ausscheidungsregelung sollten Sie sich jedoch so weit wie möglich an deren Parameter halten.

Auf die einzelnen sozial- und steuerrechtlichen Fragen müssen Sie vorbereitet sein. Die neuesten rechtlichen Regelungen sollten deshalb vorweg beim Finanzamt und Arbeitsamt eingeholt werden.

Noch so geschickt formulierte Aufhebungsverträge werden von der Arbeitsverwaltung genau geprüft; stellen Sie im Vorfeld sicher, inwiefern Sperrfristen für Arbeitslosengeldzahlungen drohen oder nicht.

Bedenken Sie auch die Regelungen zur Steuerfreiheit der Abfindung sowie Beitragsfreiheit zur Sozialversicherung.

Als Unternehmer müssen Sie darauf achten,
- dass Wettbewerbsverbote,
- Ansprüche auf Altersversorgung und Deputate,
- Anrechte auf Werkswohnungen oder
- Freistellungen vom Dienst
genau geregelt sind.

2.5 Beendigung befristeter Verträge

Alle bestehenden Verträge mit Fremdfirmen sind zu überprüfen. Lohnt es sich, fremd vergebene Aufträge von eigenen Kräften erledigen zu lassen? Können die von Leiharbeitnehmern durchgeführten Arbeiten von beschäftigungslosen eigenen Mitarbeitern übernommen werden? Bestehen im Unternehmen Verträge mit Drittfirmen, die auslaufen, können die Arbeiten von eigenen übernommen werden? Denken Sie auch an die Probezeit von Mitarbeitern – noch können Sie meist ohne Angabe von Gründen kündigen. Wo werden Aushilfen oder freie Mitarbeiter beschäftigt, wer kann deren Arbeiten übernehmen? Prüfen Sie diese Fragen, bevor Kündigungen mit eigenen, fest angestellten Mitarbeitern in Betracht gezogen werden (siehe III B/2.14.2 und II B/3.3.3).

2.6 Eigenkündigungen

Auch aktiv betrieben, lässt sich diese Maßnahme meist nur in begrenztem Umfang umsetzen. »Nahegelegte Kündigungen« sollten allerdings bei bekannten Problemfällen versucht werden, um die u.U. anstehende soziale Auswahl zu erleichtern (siehe VIII B/2.1.3). Führungskräfte und Personalabteilung sollten ein auf Eigenkündigung hinzielendes Gespräch an Beurteilungen und die mangelnden bzw. für den Mitarbeiter nicht vorhandenen Entwicklungsmöglichkeiten im Unternehmen knüpfen. Sie müssen aber darauf hinweisen, dass die Eigenkündigung im Regelfall eine Sperrfrist des Arbeitslosengeldes nach sich zieht.

Eigenkündigungen können andererseits ein Problem werden, wenn gerade die als Leistungsträger geschätzten Mitarbeiter das Unternehmen verlassen. Greift eine solche Entwicklung um sich, sollten Sie unbedingt nachfragen, die Gründe ermitteln und sofort gegensteuern. Stimmt die Informations- und Kommunikationspolitik seitens des Unternehmens? Verlassen Mitarbeiter aus Unklarheit über die Entwicklung des Unternehmens den Betrieb?

> Auch Eigenkündigungen können bei Wegfall des Arbeitsplatzes Sozialplansprüche auslösen.

2.7 Um- und Versetzungen

Gerade im Zusammenhang mit Personalabbau ist eine systematische Planung der jetzt häufiger vorkommenden Versetzungen oder Umsetzungen notwendig. Die absehbar frei werdenden Stellen müssen optimal besetzt sein, um einen reibungslosen Betriebsablauf zu gewährleisten. Bei der Planung muss das Unternehmen die u.U. notwendig werdenden Schulungsmaßnahmen bedenken. Die fachlichen Voraussetzungen können Zeitverzögerungen des Einsatzes und Umstellungsschwierigkeiten nach sich ziehen. Beachten Sie weiter, dass Versetzungen mitbestimmungspflichtig sind (siehe III B/3.2.2).

Organisieren Sie diese Maßnahme deshalb sehr frühzeitig und versichern Sie sich der Zustimmung des Betriebsrats. Oft werden Versetzungen mit dem Argument blockiert, die vielleicht noch anstehende soziale Auswahl werde damit verfälscht. Prüfen Sie auch, inwieweit Um- und Versetzungen gegenüber einzelnen Mitarbeitern arbeitsrechtlich durchgesetzt werden können.

Vorteilhaft kann die Bildung von »Personalausgleichsabteilungen« (Pools) für nicht ausgelastete Beschäftigte sein. Im Zuge des Personalabbaus und des damit zeitweilig breiteren Angebots an Arbeitsplätzen oder Arbeitskräften kann dieser Pool unter Berücksichtigung vorhandener Qualifikation und Leistungsfähigkeit als Überbrückung dienen. Zeitliche Engpässe durch vorgezogene Pensionierungen oder Eigenkündigungen lassen sich damit auffangen.

2.8 Abspalten und Auslagern von Betriebsteilen (Outsourcing)

Kostenreduzierung kann erreicht werden, indem die Betriebssicherheit, die Reinigungsarbeiten, die Kantine oder auch bestimmte Fertigungsschritte extern vergeben werden. Das bislang hiermit beschäftigte eigene Personal wird mit Hilfe des Unternehmens in die externen Betriebe überführt (Betriebsübergang). Entsprechende Verträge stellen den verpflichtenden Zusammenhang zwischen vergebenem Auftrag und Weiterbeschäftigung der bislang intern Beschäftigten bei der externen Firma her.

Kosten, Verantwortung für die Mitarbeiter, Arbeitseinsatzplanung, Ergebnisverantwortung für die Aufträge und Arbeiten gehen an die neue Firma über. Ein erheblicher Teil Verwaltungsaufwand entfällt. Die beim Betriebsübergang entstehenden Rechte und Pflichten regelt das Bürgerliche Gesetzbuch im § 613a (siehe auch IV B/5.3).

2.9 Fördern von Selbstständigkeit

Lassen sich bestimmte Arbeitsschritte in der Produktion (Teilefertigung), in der Verwaltung (Dienstleistungen wie Konstruktionszeichnungen, Statiken) mit bestimmten Mitarbeitern in Beziehung bringen, liegt die Idee der Ausgründung nahe.

Durch höhere Eigenverantwortung und selbstständiges Planen entsteht Unternehmertum. Kreativität und Kostenbewusstsein steigen. Beide Seiten können an dem gestifteten Nutzen teilhaben. Das abgebende Unternehmen reduziert seine Kosten, der neue Unternehmer erhält Freiheitsgrade und hat selbst Interesse, marktfähige Leistungen zu erbringen. In diesem Sinne kommen alle Optimierungspotenziale zum Tragen.

Fördern Sie diese Möglichkeiten durch finanzielle Unterstützung und Abnahme- bzw. Lieferverträge. Überlegen Sie, ob sich nicht in diesem Sinne Zulieferungen, Teilefertigungen oder Dienstleistungen in Ihren Produktionsprozess wesentlich kostengünstiger einbauen lassen (beachten Sie jedoch bitte auch die Abgrenzung zur Scheinselbstständigkeit II B/3.4.5.1). Möglicherweise hilft hier auch der Gesetzgeber, da zunehmend Hilfen für Existenzgründer als Maßnahme zur Förderung des Arbeitsmarktes diskutiert werden. Erkundigen Sie sich beim Arbeitsamt nach konkreten Leistungen.

3 Betriebsbedingte Entlassungen

Entfällt der Arbeitsplatz, können Sie betriebsbedingt Entlassungen in Betracht ziehen (siehe auch VIII B/2.5.1). Nach der Rechtsprechung sind folgende Voraussetzungen für eine betriebsbedingte Kündigung erforderlich:
- Der Arbeitsplatz entfällt aus dringenden betrieblichen Gründen (Auftragsmangel, erforderliche Rationalisierungen usw.).
- Der Mitarbeiter kann anderweitig im Unternehmen nicht beschäftigt werden.
- Sie haben eine korrekte Sozialauswahl (siehe 3.5 und VIII B/2.5.1.3) vorgenommen.

Im Falle wesentlicher Betriebsänderungen müssen Sie mit dem Betriebsrat einen Interessenausgleich versuchen und ggf. einen Sozialplan verhandeln (siehe 3.4 und VIII B/2.5.1.3).

Übersicht (zu 3.2) Grobplanung der Kosten

1. **Aufwand nach Interessenausgleich**
   a) Einführung von Teilzeitarbeitsplätzen, Produktivitätsverluste
   b) Aufwand für Qualifizierungsmaßnahmen
   c) Vorzeitige Einführung von Arbeitszeitverkürzung

2. **Aufwand nach Sozialplan**
   a) Abfindungen nach Sozialplan
      - Sockelbeträge für jeden zu Kündigenden
      - Abfindung (Betrag pro Dienstjahr mal Anzahl der Mitarbeiterjahre oder Divisorregelung: (Gehalt mal Betriebszugehörigkeit mal Alter) geteilt durch einen zu verhandelnden Divisor)
      - Zulagen für bestimmte Altersgruppen
      - Zulagen für Unterhaltsverpflichtungen
   b) Aufwand für Sonderregelungen
      - Outplacement
      - Härtefonds

3. **Aufwand für Aufhebungsverträge**
   a) Geschätzte Zahl der Mitarbeiter mal Abfindung pro Dienstjahr
   b) Besondere Zulagen für freiwilliges Ausscheiden
   c) Aufwand für Vorruhestandsregelungen (Anzahl Mitarbeiter, Abfindungen, Sonderzulagen)
   d) Aufwand für zu übernehmende gesetzliche Abgaben (minus eventueller Erstattungen durch das Arbeitsamt)

4. **Aufwand für Rechtsstreitigkeiten**
   - Geschätzte Anzahl Kündigungsschutzklagen × Aufwand pro Fall
   - Kosten Rechtsanwalt

3.1 Entlassung mit Rückkehrgarantie

Ein Verhandlungspunkt im Rahmen des Interessenausgleichs kann eine Wiedereinstellungsklausel sein. Die durch den geltenden Interessenausgleich und Sozialplan ausgeschiedenen Mitarbeiter werden bei Einstellungen besonders berücksichtigt. Halten Sie aber eine Formulierung eher vage. Verpflichten Sie sich nicht zur Wiedereinstellung zu einem bestimmten Termin. Meist können Sie nicht übersehen, wie sich das Unternehmen tatsächlich entwickelt. Vereinbart werden kann weiter, dass für den Fall der Wiedereinstellung die bis zum Ausscheiden geleisteten Dienstjahre auf Altersversorgung, Jubiläumszahlungen usw. angerechnet werden.

Erwägen Sie auch, Mitarbeiter nicht zu entlassen, aber den Arbeitsvertrag für eine bestimmte Zeit ruhen zu lassen. Befristen Sie eine solche Vereinbarung zu einem »Zwangs-Sabbatical« von »mindestens« bis »maximal«. Wird das Arbeitsverhältnis wieder aufgenommen, leben alle voraus gegangenen Verpflichtungen aus dem Arbeitsverhältnis wieder auf (z.B. Betriebsrente). Diese Maßnahme empfiehlt sich, wenn für die weitere Zukunft ein Personalbedarf abzusehen ist.

3.2 Kostenplanung

Bevor Sie in die Verhandlungen gehen, müssen Sie wissen, welche Kosten auf Sie zukommen. Kalkulieren Sie grob Ihr Budget. Stellen Sie fest, was überhaupt möglich ist. Vergleichen Sie, welche Konditionen und Summen in ähnlichen Fällen in der Umgebung gezahlt werden.

Benötigt werden die in der Analyse der Personalstruktur ermittelten Daten. Aus der Hochrechnung zu

Übersicht (zu 3.3) Inhalte des Interessenausgleichs (Beispiele)

1. Zielsetzung und persönlicher, zeitlicher, sachlicher Geltungsbereich
2. Begründung des Unternehmens
3. Vorgesehene Reorganisationsmaßnahmen im Einzelnen
4. Personelle Konsequenzen der Betriebsänderung
   - Wie viele Mitarbeiter können und werden in welchen Bereichen wann freigesetzt?
5. Maßnahmen der Reduktion von Personalkapazität im Einzelnen (z.B.)
   - Einführung Teilzeitarbeit
   - Maßnahmen der Personalfreisetzung (z.B. Vorruhestand)
   - Vorgezogener Urlaub
   - Verkürzung der Arbeitszeit
   - Übernahme in andere Gesellschaften
6. Besondere Unterstützungen für ausscheidende Mitarbeiter
   - Umschulungsmaßnahmen
   - Fortbildungsmaßnahmen
   - Hilfen bei der Suche einer neuen Arbeitsstelle
   - Outplacement-Beratung
7. Besondere Unterstützungen für die verbleibenden Mitarbeiter
   - Qualifizierungsplan
   - Überlegungen zu Versetzungen und Umsetzungen
8. Verweis auf den Sozialplan, inwiefern wirtschaftliche Nachteile ausgeglichen werden

kündigender Mitarbeiter, den Jahren der Betriebszugehörigkeit und den individuellen Daten der Mitarbeiter ergibt sich eine Aufwandsrechnung. Grundlage bilden auch die in den Varianten eines Sozialplans festgelegten Zahlungen und sonstigen Aufwendungen (siehe 3.4).

Wenn eine größere Zahl von Mitarbeitern zu kündigen ist, genügen Durchschnittszahlen (Betriebszugehörigkeit, Alter, Kündigungsfristen, Unterhaltsverpflichtungen) für die Hochrechnung.

> **!** Erarbeiten Sie eine Grobplanung der Kosten (siehe Übersicht zu 3.2). Worüber wird zu verhandeln sein? Wo liegt die Schmerzgrenze? Als Arbeitgeber müssen Sie eine Vorstellung der Ober- und Untergrenze Ihrer Belastung haben.

Es empfiehlt sich, Varianten einer Kostenplanung zu erarbeiten, basierend auf differenziert ausgestalteten Inhalten von Interessenausgleich- und Sozialplänen. Bei der Abschätzung sind nicht nur die Aufwendungen des Sozialplans zu berücksichtigen. Denken Sie auch an eventuelle Kosten aus Rechtsstreitigkeiten, Produktivitätsverluste durch gerichtlich erwirkte Weiterbeschäftigungsansprüche (auf nicht mehr bestehende Arbeitsplätze...) und die Aufwendungen für Schulungsmaßnahmen für die verbleibenden Mitarbeiter.

Die Höhe der Aufwendungen differiert nach der jeweiligen Situation. Den größten Kostenblock werden die Aufwendungen für den Sozialplan und die Aufhebungsverträge bilden. Welche Summen anzusetzen sind, hängt von den Umständen des Einzelfalls und Ihrem Verhandlungsgeschick ab. Im Regelfall werden sich die Abfindungssummen im Bereich eines Monatsgehalts für jedes Jahr der Betriebzugehörigkeit bewegen. Unter Berücksichtigung der Sachverhaltskonditionen können die Aufwendungen jedoch auch darunter liegen oder darüber hinausgehen (siehe auch III A/3.9)

Immer dann, wenn bei einzelnen Kündigungen die Kriterien der Rechtsprechung nicht erfüllt sind (z.B. wegen unzutreffender Sozialauswahl), haben die Mitarbeiter Potenzial zur Verhandlung von Abfindungen, die über einen Sozialplan hinausgehen. Dies sollten Sie bei der Budgetierung berücksichtigen.

3.3 Interessenausgleich

(siehe ergänzend III B/ 1.2.3)
Planungen zur Personalfreisetzung erfolgen in der Praxis im Zusammenhang mit Reorganisations- oder Rationalisierungsmaßnahmen Ihres Betriebs. Handelt es sich um beratungspflichtige Betriebsänderungen, haben Sie den Betriebsrat zu unterrichten und mit dem Arbeitnehmergremium einen Interessenausgleich zu versuchen (siehe Übersicht zu 3.3).

Führt die Personalfreisetzung über Kündigungen und Aufhebungsverträge zu bestimmten Grenzwerten, handelt es sich um eine wesentliche Betriebsänderung. Dabei kommt es allerdings nicht darauf an, ob die Entlassungen innerhalb der 30-Tage-Fristen stattfinden. Entscheidend ist vielmehr eine einheitliche Entscheidungsfindung bei Ihnen als Unternehmer.

Sie haben den Betriebsrat rechtzeitig und umfassend zu unterrichten, wann und in welcher Weise, wo Stellen abgebaut werden.

»Umfassend« bedeutet: Benennen aller Ursachen der bestehenden Situation und der zu erwartenden zukünftigen Entwicklung auf Grund der geplanten Maßnahmen und deren Auswirkung auf die Belegschaft.

»Rechtzeitig« bedeutet: so frühzeitig, dass noch über einen Interessenausgleich und Sozialplan verhandelt werden kann. Es ist ratsam, spätestens dann den Betriebsrat in die weiteren Überlegungen einzubeziehen, wenn klare Planungsskizzen vorliegen, auf alle Fälle aber, bevor eine endgültige Entscheidung getroffen wird.

> **!** Die vorübergehend geltende »Fristenlösung« wurde vom neuen Gesetzgeber ersatzlos gestrichen. Achten Sie deshalb umso mehr auf einen mit dem Betriebsrat abgestimmten Zeitplan.

Setzen Sie möglichst einvernehmlich Termine für Verhandlungen fest. Berücksichtigen Sie in Ihrer Zeitplanung, dass der Betriebsrat die Verhandlungen wieder verschleppen kann. Falls Sie zu keiner Einigung über einen Interessenausgleich kommen, müssen Sie die Einigungsstelle anrufen.

> Der Arbeitgeber sollte im Falle einer wesentlichen Betriebsänderung den Personalabbau erst vollziehen, wenn das formale Verfahren durchlaufen ist. Ohne einen zumindest versuchten Interessenausgleich kann die geplante Maßnahme für Sie sehr kostspielig werden!

3.4 Sozialplan

(siehe ergänzend III B/1.2.3)
Bei wesentlichen Betriebsänderungen wird regelmäßig ein Sozialplan erforderlich sein. Betriebsänderungen, die sich in einem reinen Personalabbau erschöpfen, sind von der Sozialplanpflicht ausgenommen, sofern nicht bestimmte Grenzwerte erreicht werden (siehe Übersicht 1 zu 3.4). Diese Grenzwerte liegen etwas niedriger, als die für den Interessenausgleich.

Gegenstand des Sozialplans ist der Ausgleich der Nachteile für die vom Arbeitsplatzverlust betroffenen Mitarbeiter entsprechend der finanziellen Situation des Unternehmens. Dabei geht es lediglich um wirtschaftliche und vermögenswerte Nachteile. Die immatriellen Beeinträchtigungen, die der einzelne Arbeitnehmer auf Grund der Personalfreisetzung zu erleiden hat, werden üblicherweise von einem Sozialplan nicht erfasst.

Beachten Sie unbedingt, dass ein Sozialplan den betroffenen Arbeitnehmern nicht ihre individuellen Schutzrechte (Kündigungsschutz usw.) nimmt. Ist z.B. ein Mitarbeiter nicht kündbar (z.B. aus Gründen der Sozialauswahl) und auch nicht freiwillig zum Ausscheiden bereit, kann er nicht unter Hinweis auf den Sozialplan zur Trennung gezwungen werden.

Beispielhaft zu regelnde Inhalte eines Sozialplans sind in der Übersicht 2 zu 3.4 zusammengefasst. Grundsätzlich sind Unternehmer und Betriebsrat in den Grenzen von Recht und Billigkeit frei, welche Nachteile in welcher Höhe ausgeglichen werden sollen. Es gibt kein allgemein gültiges oder gar verpflichtendes Schema. Allerdings gibt der Sozialplan Sicherheit für die Beteiligten,

Übersicht 1 (zu 3.4)
Größenordnung des Personalabbaus und Sozialplanpflicht

Betriebsgröße	freigesetzte Mitarbeiter	in %
21– 59 Mitarbeiter	mindestens 6	20 %
60–249 Mitarbeiter	mindestens 37	20 %
250–499 Mitarbeiter	mindestens 60	15 %
ab 500 Mitarbeitern	mindestens 60	10 %

Übersicht 2 (zu 3.4) Inhalte Sozialplan (Beispiele)

1. Geltungsbereich (zeitlich, für wen, für wen nicht, für welchen Betrieb)
2. Ausscheiden ohne Arbeitsplatzerhalt
   a) Freistellung
   b) Abfindung
   c) Höhe der Abfindung
      ■ Wie viel Monatsverdienste pro Dienstjahr?
   d) Höchstbegrenzungen für die Abfindungen
   e) Anrechnungen von Abfindungen (Aufhebungsverträge) auf Leistungen aus dem Sozialplan
   f) Ausnahmen
   g) Fälligkeit der Abfindung
   h) Rückzahlungsklausel bei Wiedereinstellung
   i) Sozialauswahl – Punktesystem
3. Reduktion der Arbeitskapazität
   a) Ausgleich für Verlust des Vollzeitarbeitsplatzes
   b) Ausgleich für Versetzung
   c) Beihilfen für Weiterbildungsmaßnahmen
   d) Ausgleich für Einsatz an einem anderen Ort
4. Sonstige Bestimmungen
   a) Sicherung von Ansprüchen auf Sozialleistungen bei vorzeitigem Ausscheiden, wie:
      ■ Weihnachtsgeld
      ■ Urlaubsgeld
   b) Regelungen zur Altersversorgung
   c) Weitergewährung von Firmendarlehen
   d) Weitergewährung von Deputaten
   e) Bestehenbleiben von Wohnrechten in Werkswohnungen
   f) Härtefälle
   g) Übernahme von Bewerbungskosten der Arbeitnehmer
   h) Hilfestellungen des Unternehmens
      ■ Maßnahmen
      ■ Outplacement-Kosten
5. Sonderfonds für Härtefälle beispielsweise für längere Arbeitslosigkeit
6. Schlussbestimmungen
   ■ Folgen durch Änderungen persönlicher Verhältnisse
   ■ Schlichtungsregeln für Streitfälle aus dem Sozialplan
   ■ Schriftform
   ■ Salvatorische Klausel
   ■ Inkrafttreten

VIII. Beendigung von Arbeitsverhältnissen

Übersicht 1 (zu 3.5) Allgemeine Kriterien für die Sozialauswahl

- Alter
- Dienstzugehörigkeit
- Kinderzahl
- Familienstand
- Einzelverdiener oder Doppelverdiener
- Qualifikation
- Ausbildung
- Berufserfahrung

Übersicht 2 (zu 3.5) Abgrenzkriterien für die Auswahlgruppen

a) arbeitsplatzbezogene Merkmale (Stellenbezeichnungen)
b) die in der unmittelbaren Vergangenheit von den Mitarbeitern ausgeübten Tätigkeiten
c) die erforderlichen Fertigkeiten und Fähigkeiten in einer Stelle
d) die erforderliche Ausbildungs- und Anlernzeit
e) die tarifliche Eingruppierung bzw. Gehalt
f) die erwarteten Fähigkeiten/das geforderte Leistungsbild
g) Merkmale, die sich aus der hierarchischen Einordnung der betrachteten Stellen ergeben

---

wie die Nachteile im Einzelnen ausgeglichen werden. Dies ist für die Abwicklung einer Personalfreisetzung von erheblicher Bedeutung.

Eine wichtige Grenze des Gestaltungsspielraums ist u.a., dass bereits erworbene Rechtsansprüche eines Mitarbeiters (z.B. auf Altersversorgung) nicht abbedungen werden können und eine Abhängigkeit zwischen Zahlung der Abfindung und dem Nicht-Erheben einer Kündigungsschutzklage unzulässig ist.

Sie können allerdings eine Verschiebung der Abfindungszahlung vorsehen. Üblicherweise ist die Abfindung bei Ausscheiden fällig. Zulässig ist es jedoch, im Sozialplan festzulegen, dass sich die Fälligkeit der Abfindungszahlung bei einer Kündigungsschutzklage des Arbeitnehmers verschiebt, bis die Kündigung durch das Arbeitsgericht rechtskräftig bestätigt wurde. Eine solche Regelung lässt viele Mitarbeiter intensiv darüber nachdenken, ob es sich lohnt, eine Kündigungsschutzklage zu erheben.

Vielfach haben Verbände und Rechtsberater Mustertexte zu dieser komplexen Materie zur Hand. Es empfiehlt sich, frühzeitig externe Hilfe für diese rechtlichen Schritte einzuholen.

3.5 Sozialauswahl

(siehe ergänzend VIII B/2.5.1.3)
Die künftige Personalplanung legt fest, wie viele Arbeitnehmer an welchen Plätzen verbleiben und wie viele, wann gehen müssen. Die Sozialauswahl umfasst die Frage, wie aus einer Gruppe vergleichbarer Arbeitnehmer diejenigen auszuwählen sind, die nach bestimmten Kriterien die am wenigsten schützenswerten Mitarbeiter sind. Sinn der Sozialauswahl ist es, eine Rangfolge der Mitarbeiter zu bilden, d.h. festzustellen, welche Arbeitnehmer am wenigsten auf den Erhalt des Arbeitsplatzes angewiesen sind. Nur diesen ausgewählten Mitarbeitern kann wirksam gekündigt werden.

Haben Sie sich auf die Kriterien mit dem Betriebsrat geeinigt, kann der einzelne Mitarbeiter bei einer Kündigungsschutzklage nur bei »grober Fehlerhaftigkeit« auf Erfolg hoffen.

Einen allgemein gültigen Kriterienkatalog gibt es nicht. Zwar sind die ersten drei Kriterien aus der Übersicht 1 zu 3.5 die Wichtigsten, allerdings müssen Sie ausreichend weitere soziale Gesichtspunkte berücksichtigen. Die Gewichtung der einzelnen Kriterien hängt von Recht und Billigkeit und den Umständen des Einzelfalls ab.

Sehr häufig werden Sozialauswahlerwägungen und betriebliche Belange nicht in Übereinstimmung stehen. In diesen Fällen müssen Sie überlegen, ob Sie mit den betroffenen Mitarbeitern einvernehmliche Lösungen verhandeln können. Im Kündigungsfall können Sie von Sozialauswahlerwägungen nur sehr eingeschränkt abweichen.

> **!** Einzelne Mitarbeiter aus der Sozialauswahl heraus zu nehmen, ist schwieriger geworden. Spezialkenntnisse, erhebliche Leistungsunterschiede oder betriebstechnische, wirtschaftliche oder sonstige berechtigte Gründe sind genau darzulegen, nachdem die volle Sozialauswahl innerhalb vergleichbarer Arbeitnehmer vorgenommen worden ist. Korrekturen sind erst anschließend möglich und an detailliertere Argumentationen gebunden.

Der Unternehmer kann sich einen Steuerungsvorteil schaffen, indem er selbst die einzelnen Auswahlgruppen definiert, die Sozialauswahl-Kriterien und die Gewichtung (die Punktzahl) der einzelnen Kriterien vorschlägt und dann erst hierüber die Abstimmung und Vereinbarung mit dem Betriebsrat sucht.

Um den Überblick zu erhalten, eignet sich am besten ein Schema. Für jede Gruppe vergleichbarer Mitarbeiter (z.B. alle Vorarbeiter, Konstrukteure, Bilanzbuchhalter oder Pförtner) erstellen Sie ein gesondertes Blatt. In der Vertikalen stehen die Namen der jeweiligen Auswahlgruppe. Auf der Horizontalen sind die für die Sozialauswahl wichtigen Kriterien und eine Spalte für die Schutzrechte vorzusehen. Tragen Sie auch die Kündigungsfristen der Mitarbeiter ein. Damit ist ein Überblick über alle Mitarbeiter gegeben. In der Auswahl bzw. der Verhandlung (Anhörung) mit dem Betriebsrat besteht dann die notwendige Transparenz. Ein solches Schema verschafft auch den notwendigen Überblick zu Ihrem Interessenkonflikt zwischen Leistungsträgern und sozialer Auswahl. Haben Sie diesen Überblick, sollten Sie die Kriterien der Sozialauswahl genau überlegen.

Die Auswahlgruppen sind nach bestimmten Abgrenzungskriterien zu bestimmen (siehe Übersicht 2 zu 3.5).

> ❗ Vergleichbar sind nur Arbeitnehmer, die auf gleicher betrieblicher Ebene einzuordnen sind. Nicht zulässig sind Vergleiche über mehrere Hierarchieebenen.

Eine Abgrenzung ist z.B. ein deutlicher Unterschied in der Tätigkeit auch innerhalb einer Berufsbezeichnung. So ist z.B. Konstrukteur nicht gleich Konstrukteur. Arbeitet der eine fachspezifisch für ein ganz bestimmtes Produkt, der andere eher als Gruppenleiter und mehr für ein anderes Produkt, sind die beiden Konstrukteure nicht vergleichbar. Der eine hat eine andersartige Arbeit und anderen Anforderungen zu genügen.

Der Unternehmer ist zwar in der Bildung der Auswahlgruppen im Rahmen der Kriterien prinzipiell frei. Es empfiehlt sich jedoch, früh den Betriebsrat einzubeziehen, so dass wesentliche Streitpunkte (Warum diese Gruppen? Weshalb ist jener Mitarbeiter in dieser Gruppe?) rechtzeitig geklärt werden.

Denken Sie an die Planung ihres künftigen Personalbestands. Wen wollen Sie unbedingt behalten, wen brauchen Sie in welcher Abteilung? Diskutieren Sie mit Ihren Abteilungsleitern, welche Mitarbeiter entbehrlich sind, welche gebraucht werden. Lassen sich für diese Mitarbeiter ggf. eigene Auswahlgruppen festlegen? Welche Mitarbeiter in den Auswahlgruppen haben Schutzrechte, welche nicht? Kann mit diesen über Aufhebungsverträge verhandelt werden? Wie sieht das Bild aus, wenn das Sozialpunkteschema Alternative A oder Alternative B usw. angewandt wird? Welches Schema ist für mich als Arbeitgeber vorteilhaft? Wie muss ich die Gewichtung ansetzen und verhandeln? Prüfen Sie die verschiedenen Varianten und legen Sie sich eine Strategie für die Verhandlung zurecht.

Es empfiehlt sich, für die Vorauswahl ein Punkteschema zu verwenden, über das Sie mit dem Betriebsrat einen Konsens gefunden haben. Viele Streitfälle lassen sich dadurch vermeiden. Die nach dem Punkteschema gefundenen Ergebnisse sind allerdings im Wege einer Einzelfallprüfung zu vertiefen. Sie müssen prüfen, ob nicht im Einzelfall eine Abweichung vom Punkteschema gerechtfertigt ist. Dies ist in den Anhörungen zu den einzelnen Kündigungen gegenüber dem Betriebsrat auch darzulegen.

4 Kündigungsgespräche

Ihre Führungskräfte und Sie selbst stehen vor der Aufgabe,
- ein schwieriges Kündigungsgespräch mit den Mitarbeitern zu führen,

Checkliste (zu 4) Grundsätze für Kündigungsgespräche

1. Unbedingt befolgen:
- die Kündigung als eine endgültige Unternehmensentscheidung mitteilen
- keinerlei Störungen zulassen (Telefon, Sekretärin)
- gleich zur Sache kommen, keine künstlichen Nettigkeiten
- Wahl des richtigen Zeitpunkts: Tageszeit, kein Folgetermin
- die eigene Körpersprache kontrollieren (keine Hektik verbreiten, nicht gereizt wirken)
- Sitzordnung in der richtigen Distanz wählen
- auf sorgfältige Vorbereitung achten
- Sorge tragen, dass der Mitarbeiter sein Gesicht und seine Selbstachtung nicht verliert
- Tatbestände/Fakten klar aussprechen, nicht um den heißen Brei herumreden oder im nächsten Satz abschwächen.

2. Grundsätzlich zu unterlassen:
- vereinbarten Gesprächstermin kurzfristig absagen
- zum Wochenende kündigen
- sich auf die Spirale von Rede und Gegenrede einlassen
- auf die Uhr sehen
- körpersprachlich zum Ausdruck bringen, dass einem das Gespräch zuwider ist
- Blickkontakt verlieren (besonders bei kritischen Aussagen)
- Einwände des Mitarbeiters abblocken, »das stimmt doch gar nicht«
- die Person angreifen
- auf weit zurückliegende Problemsituationen verweisen
- mit dem Kopf schütteln, während der Mitarbeiter argumentiert
- den Mitarbeiter unterbrechen
- den Mitarbeiter sofort mit Vorwürfen/Wertungen konfrontieren.

3. »Nach Gehör« spielen
- sich bewusst machen, dass die ersten 5 Minuten über Atmosphäre und Verlauf entscheiden
- Phänomen der selektiven Wahrnehmung beachten: wichtig ist, was der Mitarbeiter versteht, nicht, was Sie sagen
- einen guten Gesprächsausklang herstellen; der Abgang wird als »Stil« im Gedächtnis haften
- sich in die jeweilige Situation des Betroffenen versetzen
- bei der Darlegung der Gründe ehrlich argumentieren, dies wird fast immer honoriert
- vorher abgeklärte Hilfestellung anbieten und einhalten.

- mit den auftretenden Reaktionen umgehen zu können,
- die Mitarbeiter zu unterstützen und zu beraten,
- die verbleibenden Mitarbeiter zu halten und für die neuen Zielsetzungen zu motivieren und
- dabei zu wissen, dass es unter Umständen auch einige Kollegen aus den eigenen Reihen trifft.

Sie sollten diese Gespräche (siehe auch VI A/3.9 und 5) vorbereiten. Holen Sie sich eventuell externen Rat zur Gesprächsführung. Spielen Sie die zu erwartende Situation probeweise durch und stellen Sie sich so auf die Reaktionen der betroffenen Mitarbeiter ein. Die beauftragten Führungskräfte sollten mit den in

Übersicht 1 (zu 5.1) »Wie bewerbe ich mich richtig«

1. Vorbereitung der Mitarbeiter auf neue Situation
(Schock, Arbeitsplatzverlust), gegebenenfalls psychologische Betreuung

2. Stellensuche
- Analyse der eigenen Stärken und Schwächen
- Analyse der Wünsche, Neigungen, Vorstellungen
- Was kommt nicht in Frage?
- Ortswechsel?
- Wie viel Gehalt, welche Sozialleistungen?
- Wie sollte die Arbeitszeit sein (Lage und Länge)?

3. Bewerbungsunterlagen
- Checkliste – Was gehört in eine Bewerbungsunterlage?
  - Anschreiben
  - Lebenslauf
  - Zeugnisse – beruflich
  - Zeugnisse – Schule
  - Nachweise sonstiger Qualifikationen
- Ratschläge für das Abfassen
  - Musteranschreiben
  - Kopien oder Originale
  - Was für ein Foto?
  - Kopie für die eigenen Unterlagen, mit Absendedatum, Ansprechpartner usw., wann muss nachgehakt werden?

4. Stellenmarkt/Arbeitsmarkt
- Wo finde ich Informationen?
  - Tageszeitung (welche kommen in Frage?)
  - regionale, lokale Blätter
  - Wirtschaftsteil von Zeitungen
  - Nachrichten aus Handelsregister (Neueröffnungen von Firmen)
  - Arbeitsmarkthinweise im Rundfunk
  - Persönliches Netzwerk über Bekannte und Freunde
  - Erkundigungen bei Firmen auf »Verdacht«
- Wo kann ich mich erkundigen?
  - Arbeitsamt
  - Industrie- und Handelskammer
  - Handwerkskammer
  - Zeitarbeitsfirmen
- Soll ich ein Stellengesuch aufgeben?
- Wie nutze ich das Internet?

5. Verhalten im Bewerbungsgespräch
- Vorbereitungen
  - Kleidung
  - Unterlagen
  - Informationen
  - Auftreten – wie?
- Verhalten im Gespräch
  –zuhörend, klar seine Qualifikation darbietend, fragend
  - offene Punkte/Fragen klären
  - nicht ins Bockshorn jagen lassen
  - im Rollenspiel üben
  - sich auf Fragen vorbereiten, selbst Fragen vorbereiten

6. Telefon-Tipps
- Wie rufe ich an?
- Wen rufe ich an?
- Was darf ich sagen?
- Was kann ich fragen?

Kündigungsgesprächen gezeigten Reaktionen, wie z.B. Hilflosigkeit, Verzweiflung, Angst oder Bitten um Hilfe umgehen können. Seminare zur Gesprächsführung können sie hierbei genauso unterstützen wie schriftliche Unterlagen in Form von Checklisten (siehe Checkliste zu 4). Bei einem längerfristigen Personalabbau können die Verantwortlichen auch untereinander ihre Erfahrungen austauschen, über Schwierigkeiten in den Gesprächen sprechen und sich gegenseitig Rat und Hilfe geben. Im Einzelfall helfen auch externe Berater. Allerdings sollten die Kündigungsgespräche stets von Vertretern des Unternehmens geführt werden und keinesfalls Externen überantwortet werden.

Durch eine gezielte Vorbereitung erreichen die beauftragten Vorgesetzten Sicherheit. Dies wirkt sich auf das gesamte Klima positiv aus. Konflikte (Kündigungsgespräche sind das in aller Regel) werden offen angesprochen. Zumindest grundlegend wissen die Vorgesetzten, wie sie in diesen schwierigen Gesprächssituationen reagieren sollten. Belastenden Missverständnissen und Gerüchten wird vorgebeugt.

Voraussetzung für diese Vorgehensweise ist, dass die Vorgesetzten über die Inhalte von Interessenausgleich und Sozialplan genau informiert sind. Gerade hier zeigt sich, wie wichtig die beständige Information aller Beteiligten ist (siehe 7).

5 Outplacement

5.1 Hilfe zur Selbsthilfe

Sie unterstützen Mitarbeiter, in dem Sie sie an andere Unternehmen weiter vermitteln und zu gesetzlichen Leistungen im Falle einer betriebsbedingten Kündigung beraten. Die wichtigste Unterstützung ist jedoch die Hilfe zur Selbsthilfe (»Wie bewerbe ich mich richtig?«). Der Übersicht 1 zu 5.1 entnehmen Sie, was zu dieser Unterstützung gehört. Besonders langjährige Mitarbeiter haben meist keine Erfahrung, wie sie sich bewerben sollen. Oft fehlt es an wichtigen Kleinigkeiten, die eine Bewerbung erfolgreich machen. Bieten Sie diese Hilfestellung im Rahmen

▼

der Verhandlungen mit dem Betriebsrat an. Nicht unerheblich ist ein solches Vorgehen für die Motivation der verbleibenden Mitarbeiter. Diese sehen, Sie kümmern sich auch um die Betroffenen!

Die aufgeführten Themen können im Unternehmen von einem Beauftragten (Mitarbeiter der Personalabteilung zusammen mit einem Mitarbeiter des Arbeitsamts oder einem anderen Outplacement-Berater) durchgeführt werden. Stellen Sie diese Maßnahmen stets als freiwillige Angebote dar, die Sie auf die einzelnen, betroffenen Mitarbeitergruppen (kaufmännische, gewerbliche Mitarbeiter, Ungelernte) ausrichten. Jede Gruppe hat ihre spezifischen Fragen. Sie geben damit dem Einzelnen Sicherheit und tragen dazu bei, dass er baldmöglichst wieder einen Arbeitsplatz findet. Oft helfen die Arbeitsämter mit, indem diese besondere Hilfen anbieten. Erkundigen Sie sich deshalb bei dem für Sie zuständigen Amt.

Nutznießer des Outplacements sind sowohl die Betroffenen als auch Sie und Ihr Unternehmen (siehe Übersicht 2 zu 5.1).

5.2 Beschäftigungsgesellschaft

Die »Beschäftigungsgesellschaft« ist eine Variante des Outplacements. Hierfür gründen Sie eine eigene, unabhängige Qualifizierungsgesellschaft mit dem Betriebszweck, die abzubauenden Mitarbeiter zu trainieren, auf den Arbeitsmarkt vorzubereiten und weiter zu qualifizieren. Damit können Sie die neuen Möglichkeiten des § 254 SGB III und § 175 SGB III nutzen. Diese Auffanggesellschaft übernimmt die Mitarbeiter mit einem befristeten Arbeitsvertrag, der alte Arbeitsvertrag wird per Aufhebungsvertrag gelöst. Die Beschäftigungsgesellschaft meldet Struktur-Kurzarbeit nach § 175 SGB III an. Die Mitarbeiter erhalten Struktur-Kurzarbeitergeld und/oder eine Aufstockung auf etwa 90% des alten Nettoeinkommens. Die Diskussion um entlastende Initiativen für den Arbeitsmarkt ist im Flug. Informieren Sie sich daher beim Arbeitsamt über die mögliche, Sie unterstützende, neue Initiativen aus Nürnberg.

7. Angebote
- Wie prüfe ich einen Vertrag? Auf was muss ich achten?

8. Arbeitsantritt
- Welche Unterlagen sind mitzubringen?
  - Lohnsteuerkarte
  - Sozialversicherungsausweis
  - Personalfragebogen
- Was kann ich zur Einarbeitung beitragen?

9. Hilfestellungen vor Ort
- Wen kann ich, wen darf ich in der Firma ansprechen?

Übersicht 2 (zu 5.1) Nutzen des Outplacement

Für die Betroffenen:
- bessere Situationsverarbeitung
- Hilfestellung für die erforderliche berufliche Umorientierung
- überlegte, vorbereitete Bewerbungsstrategien
- Lernen, mit Fehlschlägen umzugehen
- ein Dauer-Ansprechpartner, der dem Mitarbeiter mit Rat und Tat hilft
- (vielleicht erstmaliges) umfassendes Feedback
- Vermeiden von Fehlentscheidungen

Für das Unternehmen:
- den ethischen Prinzipien der Mitarbeiterbetreuung und Fürsorgepflicht treu bleiben
- Entschärfung der unvermeidlichen Konfliktsituationen
- Beitrag zum sozialen Frieden
- Vermeiden von Imageverlust
- auch: Hilfe für die verantwortlichen Führungskräfte bei einer psychologisch schwierigen Aufgabe
- zeitliche Entlastung für Sie bzw. für die Personalverantwortlichen
- Vermindern des Risikos von Arbeitsgerichtsverfahren

> ⚠ Da die Arbeitsämter diese Modelle unterschiedlich handhaben, sollten Sie sich mit Ihrer Arbeitsverwaltung in Verbindung setzen, um die Voraussetzungen Ihres Falles zu klären.

Seien Sie kritisch mit privatwirtschaftlichen Anbietern solcher Modelle und erkundigen Sie sich genau nach Erfahrungen, lassen Sie sich die Erfolge nachweisen und prüfen Sie, ob nicht die Gründung einer eigenständigen, auf die Verhältnisse Ihres Unternehmens zugeschnittene Gesellschaft besser ist.

Meist wird zusammen mit dem Arbeitsamt der erforderliche individuelle Qualifizierungsbedarf ermittelt und durch unterschiedliche Maßnahmen von der Beschäftigungsgesellschaft gedeckt. Diese, meist auf zwei Jahre befristete Maßnahme verhilft Mitarbeitern zu einer besseren Vermittlung im Arbeitsmarkt, fordert diese zu Eigeninitiative auf, sichert unterstützende Gelder und hilft Ihnen, proaktiv zu handeln sowie letztlich Arbeitsgerichtsprozesse zu vermeiden.

6 Notwendige Aufbaumaßnahmen

Jeder quantitative Abbau von Personal erfordert gleichzeitig einen qualitativen Aufbau. Führungskräfte sind auf veränderte Anforderungen hin zu qualifizieren. Kernfunktionen müssen optimal besetzt sein. Infolge der organisatorischen Veränderungen und neuen Aufgabenverteilungen müssen Anpassungsqualifizierungen und Versetzungen vorgenommen werden, nicht zuletzt, da Sie auf Grund der sozialen Auswahl nicht unbedingt die Mitarbeiter behalten können, die Sie als Leistungsträger kennen.

Checkliste 1 (zu 6)
Fragen an eine am Zukunftsbild orientierte qualitative Planung

- Welche Mitarbeiter braucht das Unternehmen nach Qualifikation und Erfahrung?
- Welche Struktur ergibt sich nach dem Personalabbau?
- Wie soll diese aussehen?
- Haben die verbleibenden Führungskräfte die erforderliche Kompetenz?

Checkliste 2 (zu 6) Instrumente der notwendigen Aufbaumaßnahmen

1. Mitarbeitergespräche und Zielgespräche
2. Potenzialanalysen und Aufzeigen von Entwicklungsmöglichkeiten
3. Einbinden der Mitarbeiter in den weiteren Auf- und Ausbau des Unternehmens: »Wir und unser Unternehmen – was machen wir daraus?« (Stichwort: Strategieworkshop)
4. Bildungsbedarfsanalyse und spezielle Qualifizierungsmaßnahmen
5. Einräumen von Möglichkeiten, dass Mitarbeiter mitwirken können (Stichwort: Qualitätszirkel, kontinuierlicher Verbesserungsprozess)
6. Einbeziehen der Mitarbeiter in die Unternehmensentwicklung durch qualifizierte Kommunikation und Informationspolitik (Stichwort: Hauszeitschrift, Abteilungsversammlungen, Informationsmarkt)
7. Einbinden der Mitarbeitererwartungen und -kreativität (Stichwort: Vorschlagswesen, mehr Eigenverantwortung durch Arbeitsgestaltung)

Schließlich haben Sie die Aufgabe, die Anpassungsflexibilität für künftige noch notwendig werdende Veränderungen zu schaffen oder hochzuhalten. Verdichtete Leistungsanforderungen bedingen stets auch flexiblen Personaleinsatz motivierter, qualifizierter Mitarbeiter. Durch Aufbaumaßnahmen leisten Sie auch einen entscheidenden Beitrag gegen Orientierungslosigkeit und die frustrierende Frage: »Was wird aus uns?«

Mit Maßnahmen der Personalentwicklung muss die meist vorhandene Qualifikationslücke geschlossen werden (siehe IX/A); mit Maßnahmen der Organisationsentwicklung die neuen Strukturen, Arbeitsabläufe und Geschäftsprozesse optimiert werden.

Personalentwicklung hat die Aufgabe, die Qualifikationsträger zu identifizieren und zu unterstützen, die passenden Qualifizierungsmaßnahmen zu konzipieren, umzusetzen und Leistungsträgern im Unternehmen eine realistische Perspektive aufzuzeigen (siehe Checkliste 1 zu 6).

Mit den in Checkliste 2 zu 6 genannten Instrumenten werden die vorhandenen Potenziale an Ideen und an Engagement geweckt und genutzt.

Gerade in Krisenzeiten ist die Führung von besonderer Wichtigkeit. Das »Mitarbeitergespräch« als offener, konstruktiver Dialog ist eines der unentbehrlichen Instrumente. Sensibilität, Konsequenz in den Aussagen und entschiedene Führung sind gefordert. Defizite (Qualifikation, Verhalten) müssen angesprochen und durch Maßnahmen abgestellt werden. In aller Regel brauchen die Führungskräfte hierzu aber Hilfestellung. Eine entsprechende Qualifizierung trägt dazu bei, Unsicherheit und Angst der Führungskräfte zu mindern und sie als die wichtigste Mitarbeitergruppe für den Veränderungsprozess zu motivieren.

Um die vorhandene Unruhe aus dem Betrieb zu nehmen und eine eventuelle Aufbruchstimmung sinnvoll zu nutzen, empfiehlt es sich, die Unternehmensziele und die notwendigen Entwicklungsschritte mit dem Top-Management in einem Workshop zu erarbeiten. Anschließend können diese den Mitarbeitern in Form eines Informationsmarkts vermittelt werden. Fester Bestandteil sollte darin eine freie Aussprache sein. Tritt das Management als Hauptkommunikator auf, wird den Mitarbeitern das Gefühl vermittelt, in die Entwicklung einbezogen und gehört zu werden. Diese »Chance von Gestaltungsmöglichkeiten« ist ganz besonders wichtig für die Leistungsträger des Unternehmens.

Diese Veranstaltung bildet für alle Mitarbeitergruppen Ihres Unternehmens in gewisser Weise eine Klammerfunktion; denkbar ist, daraus zumindest für einige Zeit eine feste Einrichtung zu machen.

7 Kommunikation nach innen und außen

Beginnen Sie mit einer nach innen gerichteten, überlegten Informationspolitik. Allen Beteiligten dürfte klar sein, dass bei einer spürbaren Veränderung des Unternehmens Veränderungen der Unternehmensstrategie unabdingbar sind. Deshalb muss das Formulieren, Verabschieden und Kommunizieren der neuen Unternehmensziele und der erwarteten Umsatzentwicklung an erster Stelle stehen.

Dazu gehören:
- Strategie und Markt
- Produktpolitik
- Vertriebspolitik
- Geschäftsplanung
- Struktur und Personal
- Ertrag und Kosten

Wenn Sie die Frage »Wohin steuert unser Unternehmen?« mit einer positiven Orientierung beantworten, schaffen Sie eine wichtige Grundlage der Motivation und geben Ihren Mitarbeitern Sicherheit.

Nach innen gerichtet können Sie mit Kommunikation folgende Absichten verfolgen:
- Verständnis für die Ziele und
- Transparenz in die wirtschaftliche Entwicklung schaffen,
- damit die Notwendigkeit der ergriffenen Maßnahmen begründen,
- die Entwicklung den verbleibenden Mitarbeitern verdeutlichen,
- diese für das Unternehmen gewinnen und
- durch Kommunikation Unruhe, Gerüchte, Frustration und Demotivation vermeiden.

Wie kann dies erreicht werden? Binden Sie den Betriebsrat ein. Informieren Sie die Mitarbeiter ehrlich, offen, laufend und rechtzeitig über das Unvermeidliche. Erläutern Sie Maßnahmen, Entwicklungen und die sich im Verlauf ergebenden Veränderungen. Nutzen Sie verschiedene Informationswege.

Neben der Betriebsversammlung sind besonders Gespräche mit Meinungsbildnern wichtig. Bei tief greifenden und umfassenden Maßnahmen sind spezielle Informationsmärkte nützlich. Dort können Sie sich den Fragen und Unsicherheiten direkt stellen. In der Betriebszeitung werden Stellungnahmen und Erläuterungen veröffentlicht. Abteilungsversammlungen und Gruppen – besonders von Maßnahmen betroffener Mitarbeiter – bieten sich ebenfalls an, zusammenfassend informiert zu werden.

Eine aktive (nicht nur passiv reagierende) Kommunikationspolitik ist auch nach außen notwendig, da Personalabbau immer eine hohe Aufmerksamkeit in der Öffentlichkeit erfährt. Einem Imageverlust sollte deshalb von vornherein vorgebeugt werden. Kundenkreise sind weniger gefährdet, wenn die Attraktivität als Arbeitgeber erhalten bleibt. Ratsam ist es, sobald die Überlegungen zum Personalabbau konkret werden, z.B. die Vertreter der Gewerkschaften zu einem Gespräch einzuladen. Reagieren Sie nicht hilflos auf Pressemitteilungen, nutzen Sie aktiv die Chance, die Meinung zu beeinflussen.

Für das Image des Unternehmens am Arbeitsmarkt wie im Kundenmarkt ist es nicht ohne Belang, wie der Personalabbau gehandhabt wird. Mitarbeiter unterstützende Maßnahmen sollten deshalb genauso publiziert werden wie innovative Lösungen, Arbeitsplätze möglichst zu erhalten (etwa Teilzeit-Modelle, kapazitätsorientierte Arbeitszeitmodelle). In der Branche, in der Region und in den für Sie wichtigen Arbeitsmärkten verbessern Sie damit Ihre Chancen. Gleichzeitig kann auch die Attraktivität der ausscheidenden Mitarbeiter davon profitieren.

Welche Wege können hier beschritten werden? Denken Sie daran, Informationen an die Arbeitsämter zu geben. Über berufsständische Verbände erhalten andere Unternehmen über Ihre Lösungen Kenntnis. Auch lassen sich Bildungsträger für die externe Kommunikation gewinnen, ebenso gezielt ausgewählte Print-Medien (Branchenmedien, Verbandsmedien, Regionalzeitungen).

B Rechtsfragen bei der Beendigung von Arbeitsverhältnissen

1 Umstände der Beendigung

1.1 Nichtigkeit des Arbeitsverhältnisses

Siehe hierzu die Ausführungen im Zusammenhang mit dem Arbeitsvertrag in Kapitel II B/3.

1.2 Anfechtbarkeit des Arbeitsverhältnisses

Ein Arbeitsvertrag kann angefochten werden wegen
- Irrtum über eine wesentliche Eigenschaft (z.B. lang dauernde Krankheit des Arbeitnehmers, die es ihm unmöglich macht, die vertraglich vereinbarte Arbeit auszuführen),
- arglistiger Täuschung (bewusst falsche Antwort auf eine zulässige Frage im Bewerbungsgespräch, siehe II B/2.9).

Die Anfechtung hat zur Folge, dass der Arbeitsvertrag vor Arbeitsbeginn als von vornherein nichtig gilt. Nach Vollziehung des Arbeitsverhältnisses gilt der Arbeitsvertrag für die Zukunft als beendet. Die Anfechtung wirkt also in diesem Fall wie eine fristlose Kündigung (siehe VIII B 2.3.5 f.).

1.3 Kündigung

Eine Kündigung kann seitens des Arbeitnehmers wie des Arbeitgebers ausgesprochen werden, dabei ist zwischen ordentlicher und außerordentlicher Kündigung zu unterscheiden. Zu Formalien, Kündigungsgründen etc. siehe Punkt 2 in diesem Kapitel.

1.4 Aufhebungsvertrag

Statt durch Kündigung kann ein Arbeitsverhältnis auch mittels eines Aufhebungsvertrages beendet werden, siehe dazu Punkt 3 in diesem Kapitel.

1.5 Gerichtlicher Vergleich

Wenn ein Arbeitnehmer nach erhaltener Kündigung Kündigungsschutzklage beim Arbeitsgericht erhebt, kommt es im häufig gar nicht darauf an, den Prozess zu gewinnen und auf seinen alten Arbeitsplatz zurückzukehren. Vielmehr liegt es meist im Interesse beider Seiten, sich im Wege eines gerichtlichen Vergleichs und bei Zahlung eine Abfindung zu trennen. »Technisch« entspricht ein solcher Vergleich einem Aufhebungsvertrag (siehe 3). Wenn vereinbart wird, dass das Arbeitsverhältnis aufgrund der bereits ausgesprochenen Kündigung zum Ende der Kündigungsfrist enden soll, spricht man auch von einem Abwicklungsvertrag.

1.6 Auflösung durch Gerichtsurteil

Stellt das Arbeitsgericht fest, dass eine Kündigung sozial ungerechtfertigt war, besteht das Arbeitsverhältnis grundsätzlich fort. Entgegen diesem Grundsatz kann das Arbeitsgericht das Arbeitsverhältnis auf Antrag des Arbeitgebers oder des Arbeitnehmers durch Urteil auflösen, wenn

- dem Arbeitnehmer die Fortsetzung des Arbeitsverhältnisses nicht mehr zugemutet werden kann (Antrag des Arbeitnehmers), oder
- Gründe vorliegen, die eine den Betriebszwecken dienliche weitere Zusammenarbeit nicht erwarten lassen (Antrag des Arbeitgebers).

In beiden Fällen erfolgt die Auflösung zum Ende der ordentlichen Kündigungsfrist. Das Gericht setzt außerdem eine Abfindung fest.

Als Gründe für einen Antrag des Arbeitgebers kommen nur Umstände in Betracht, die das persönliche Verhältnis des Mitarbeiters zum Arbeitgeber oder zu seinen Kollegen betreffen. Hierunter fallen Beleidigungen des Arbeitgebers, z.B. auch in Schriftsätzen des Arbeitnehmer-Anwalts im Kündigungsschutzprozess.

Das Arbeitsgericht setzt die Höhe der Abfindung unter Berücksichtigung aller Umstände des Einzelfalls fest. Häufig wird die Faustformel »ein halbes Bruttomonatsgehalt pro Beschäftigungsjahr« angewandt, wobei das Gericht jedoch auch das jeweilige Prozessrisiko berücksichtigt, was zu Ab- oder Zuschlägen führen kann.

1.7 Ende des Arbeitsverhältnisses nach Ablauf der Befristung

Das Arbeitsverhältnis kann auch durch Befristung enden. Ausführliche Informationen zu befristeten Arbeitsverhältnissen finden Sie unter II B/3.3.2).

1.8 Ende des Arbeitsverhältnisses nach Zweckerreichung

Ähnlich wie das befristete Arbeitsverhältnis wird ein Arbeitsverhältnis behandelt, das eine vertraglich vereinbarte Zweckbestimmung enthält. Das Arbeitsverhältnis endet automatisch, wenn der vertraglich vereinbarte Zweck erreicht wird (z.B. bei Pflegepersonal für einen Kranken: Genesung oder Tod des Kranken).

1.9 Beendigung durch Tod

Mit dem Tod des Arbeitnehmers erlischt das Arbeitsverhältnis. Beim Tod des Arbeitgebers endet es grundsätzlich nicht, sondern nur, wenn sich dies aus den besonderen Umständen ergibt, z.B. bei einem Privatsekretär oder einer privaten Krankenpflegerin. Ansonsten treten die Erben die Nachfolge des früheren Arbeitgebers an.

1.10 Erreichen der Altersgrenze

Erreicht der Arbeitnehmer das Alter, in dem die Voraussetzungen für die staatliche Altersrente gegeben sind, berührt dies das Arbeitsverhältnis grundsätzlich nicht, insbesondere endet es nicht automatisch mit Erreichen des Rentenalters. Grundsätzlich ist daher für eine Beendigung ein Aufhebungsvertrag oder eine Kündigung erforderlich.

Allerdings ist es zulässig, im Arbeitsvertrag (oder in einem späteren Vertragszusatz) eine Vereinbarung zu treffen, wonach das Arbeitsverhältnis automatisch bei Erreichen des 65. Lebensjahres endet. Es empfiehlt sich beim Abschluss von neuen Arbeitsverträgen, eine solche Klausel aufzunehmen.

1.11 Pflichten nach Beendigung des Arbeitsvertrages

Auch nach Beendigung eines Arbeitsverhältnisses bestehen noch gewisse Pflichten fort. Hierzu gehört die Pflicht des Arbeitgebers, dem Arbeitnehmer ein Zeugnis (siehe Punkt 6 in diesem Kapitel) auszustellen. Außerdem müssen Sie dem Arbeitnehmer die Arbeitspapiere und die Lohnsteuerkarte aushändigen. Umgekehrt können Sie vom Arbeitnehmer verlangen, dass dieser alle Arbeitsmittel und Geschäftsunterlagen zurückgibt. Außerdem gelten gegenseitige Fürsorge- und Treuepflichten fort. Beide Parteien müssen sich auch nach Beendigung des Arbeitsverhältnisses so verhalten, dass Schäden für die andere Seite vermieden werden. Für den Arbeitnehmer bedeutet dies z.B., dass er verpflichtet ist, keine Betriebsgeheimnisse seines früheren Arbeitgebers zu verraten. Dies gilt auch dann, wenn eine nachwirkende Schweigeverpflichtung nicht ausdrücklich im Arbeitsvertrag enthalten ist.

Die Abgrenzung einer nachfolgenden Verschwiegenheitsverpflichtung zu einem nachvertraglichen Wettbewerbsverbot ist häufig nicht einfach. Ein nachvertragliches Wettbewerbsverbot bindet den Arbeitnehmer jedoch nur, wenn dies ausdrücklich vertraglich vereinbart worden ist (siehe II B/3.2.2.5).

> Nutzen Sie bei der Beendigung eines Arbeitsverhältnisses für das Bescheinigungswesen die passenden Word-Dokumente auf der beigefügten CD-ROM.

2 Kündigung

2.1 Kündigungsarten

Eine Kündigung ist eine einseitige empfangsbedürftige Willenserklärung, durch die das Arbeitsverhältnis entweder nach Ablauf der zu beachtenden Kündigungsfrist oder – bei einer außerordentlichen Kündigung – unmittelbar beendet werden soll. Eine Mitwirkung des Empfängers der Kündigung, wie z.B. die »Annahme der Kündigung« ist nicht erforderlich. Es sind folgende Kündigungsarten zu unterscheiden:

- Die ordentliche Kündigung löst das Arbeitsverhältnis unter Beachtung der vertraglichen, gesetzlichen oder tarifvertraglichen Kündigungsfrist auf.
- Die außerordentliche Kündigung aus wichtigem Grund hat gemäß § 626 Abs. 1 BGB die sofortige Beendigung des Arbeitsverhältnisses zur Folge.
- Die Änderungskündigung wird dann ausgesprochen, wenn eine Änderung von Arbeitsbedingungen erreicht werden soll, die nicht im Wege des Direktionsrechtes durchgesetzt werden kann.
- Von einer Teilkündigung spricht man, wenn einzelne Bestimmungen aus dem Arbeitsvertrag herausgenommen werden sollen und der Rest bestehen bleibt.

2.1.1 Ordentliche Kündigung

Die ordentliche Kündigung ist das klassische Mittel zur Lösung bzw. Änderung des Arbeitsverhältnisses. Abgesehen von zulässigen vertraglichen Einschränkungen kann Ihr Mitarbeiter das Vertragsverhältnis regelmäßig jederzeit ordentlich kündigen (siehe 2.1.3). Sie als Arbeitgeber haben jedoch entsprechende Kündigungsbeschränkungen zu beachten (siehe 2.1.4, 2.5, 2.6).

Will eine der Vertragsparteien das Vertragsverhältnis nicht endgültig beenden, sondern lediglich wesentliche Vertragsbestimmungen ändern, kommt das Mittel der Änderungskündigung in Betracht (siehe 2.1.5). In der Praxis werden Änderungskündigungen nur vom Arbeitgeber ausgesprochen. Der Arbeitnehmer hat drei Möglichkeiten, auf eine Änderungskündigung zu reagieren:
- Er kann das Änderungsangebot annehmen. In diesem Fall ist der Arbeitsvertrag geändert.
- Er kann das Änderungsangebot ablehnen. In diesem Fall wandelt sich die Änderungskündigung in eine Beendigungskündigung und ist durch die Arbeitsgerichte entsprechend überprüfbar.
- Schließlich kann der Arbeitnehmer das Änderungsangebot auch unter dem Vorbehalt annehmen, dass die Änderung der Arbeitsbedingungen wirksam ist. Dies wird dann vom Arbeitsgericht überprüft. In diesem Fall besteht das Arbeitsverhältnis fort; offen ist lediglich, zu welchen Konditionen.

Auf Arbeitgeberseite kommt die Änderungskündigung immer dann als gestaltendes Mittel zur Änderung wesentlicher Vertragsbestimmungen in Betracht, wenn eine Abänderung der Vertragsbestimmungen im Wege des Direktionsrechts nicht mehr möglich ist, d.h. wenn die arbeitsvertraglichen Vereinbarungen als solche geändert werden sollen. Die Abgrenzung von Direktionsrecht und Änderungskündigung kann im Einzelfall schwierige rechtliche Auslegungsfragen hervorrufen.

2.1.2 Außerordentliche Kündigung
Jede Vertragspartei kann ein Arbeitsverhältnis fristlos kündigen, wenn hierfür ein wichtiger Grund vorliegt. Bei der Klärung der Frage, ob ein wichtiger Grund für eine Kündigung vorliegt, ist zunächst zu prüfen, ob die Tatsachen überhaupt geeignet sind, einen wichtigen Grund zu bilden und, falls ja, ob die Umstände des Einzelfalls und die Berücksichti-

Übersicht 1 (zu 2.1.2)
Beispielsituationen einer außerordentlichen Kündigung durch den Arbeitgeber

1. Abwerbungshandlungen des Mitarbeiters
Plant Ihr Mitarbeiter, sein Arbeitsverhältnis zu beenden und sich selbstständig zu machen, kann er auch schon während des Bestandes des Arbeitsverhältnisses Vorbereitungshandlungen hierzu treffen. Er darf jedoch regelmäßig nicht auf Kollegen nachhaltig einwirken, in seine neue Firma hinüber zu wechseln. Tut er dies dennoch, kann dies eine außerordentliche Kündigung rechtfertigen. Gegebenenfalls abzugrenzen sind hiervon jedoch gelegentliche, unverbindliche Anfragen.

2. Anzeigen des Mitarbeiters gegen den Arbeitgeber
Diese sind grundsätzlich mit der Treuepflicht des Mitarbeiters nicht in Einklang zu bringen und können durchaus eine fristlose Kündigung nach sich ziehen. Etwas anderes kann jedoch bei schweren Straftaten durch den Arbeitgeber gelten. Anzeigen bei den Steuerbehörden sind als fristloser Kündigungsgrund durch die Rechtsprechung bislang regelmäßig bejaht worden.

3. Beleidigungen durch den Mitarbeiter
Erhebliche, grobe Beleidigungen können grundsätzlich eine fristlose Kündigung begründen. Dies ist z.B. anzunehmen, wenn der Beleidigte in erheblicher Weise gekränkt wird.

4. Fehlzeiten eines Mitarbeiters
Häufige Unpünktlichkeit kann einen Grund zur außerordentlichen Kündigung dann sein, wenn entsprechende Abmahnungen voraus gegangen sind. Notwendig ist allerdings, dass die Unpünktlichkeit schon einen erheblichen Beharrlichkeitsgrad erreicht hat. Andernfalls ist an eine ordentliche Kündigung zu denken. Auch bei unverschuldeten Fehlzeiten kann eine fristlose Kündigung in Betracht kommen, wenn hierdurch eine Unzumutbarkeit der Fortsetzung des Arbeitsverhältnisses hervorgerufen wird.

5. Krankheit
Regelmäßig kommt im Falle von Krankheit lediglich eine ordentliche Kündigung in Betracht (siehe 2.1.4). Ist die Krankheit jedoch Ekel erregend oder ansteckend oder ist der Arbeitnehmer tariflich unkündbar, kann im Einzelfall gegebenenfalls eine fristlose Kündigung denkbar sein.
Fristlos kündbar kann auch ein Mitarbeiter sein, der sich bewusst krank meldet, um bestimmte Forderungen gegenüber dem Arbeitgeber durchzusetzen (z.B. unberechtigte Krankmeldung zur Durchsetzung eines nicht genehmigten Urlaubs).

6. Schlechtleistungen
Schlechtleistungen Ihres Mitarbeiters im Arbeitsverhältnis rechtfertigen nach voraus gegangener Abmahnung regelmäßig nur die ordentliche Kündigung. Etwas anderes kann jedoch dann gelten, wenn der Grad der Schlechtleistung auch nach voraus gegangenen Abmahnungen einen solchen Umfang erreicht hat, dass Ihnen die weitere Fortsetzung des Arbeitsverhältnisses auch bis zum Ablauf der Kündigungsfrist gänzlich unzumutbar ist.

7. Straftaten des Mitarbeiters
Straftaten Ihres Mitarbeiters außerhalb des Arbeitsverhältnisses können eine fristlose Kündigung nur dann rechtfertigen, wenn hierdurch das Arbeitsverhältnis nachhaltig beeinträchtigt wird und Ihnen eine Fortsetzung des Arbeitsverhältnisses nicht zumutbar ist. Straftaten während des Arbeitsverhältnisses rechtfertigen allerdings regelmäßig die fristlose Kündigung. Dies gilt z.B. bei nachweisbarem Spesenbetrug, Bestechung oder Schmiergeldzahlungen.

8. Urlaubnahme durch den Mitarbeiter
Nimmt Ihr Mitarbeiter eigenmächtig Urlaub, kann dies regelmäßig eine fristlose Kündigung nach sich ziehen. Überschreitet Ihr Mitarbeiter seinen Urlaub unbefugt, kann dies ebenfalls zur fristlosen Kündigung führen, sofern noch besondere Umstände hinzukommen.

▼

9. Verdachtskündigung

Auch bereits ein Verdacht einer schweren Verletzung der arbeitsvertraglichen Pflichten, insbesondere im Falle von Straftaten, kann eine fristlose Kündigung rechtfertigen, wenn bereits der Verdacht das zur Fortsetzung des Arbeitsverhältnisses erforderliche Vertrauen in den Mitarbeiter zerstört hat. Sie müssen jedoch den Sachverhalt so gut wie möglich aufgeklärt haben, einschließlich einer Anhörung des Mitarbeiters. Ohne eine solche Aufklärung, insbesondere eine Anhörung des Mitarbeiters, werden die Arbeitsgerichte die Kündigung regelmäßig nicht bestätigen.

10. Verletzung der Verschwiegenheitspflicht durch den Mitarbeiter

Verletzt Ihr Arbeitnehmer die ihm obliegende Verschwiegenheitspflicht, so kann dies in schweren Fällen zu einer fristlosen Kündigung führen. Dies kann z.B. dann der Fall sein, wenn Ihr Mitarbeiter falsche Angaben über Ihre finanzielle Situation gegenüber Dritten tätigt und Sie hierdurch Nachteile erleiden.

11. Wettbewerbshandlungen des Mitarbeiters

Macht Ihnen Ihr Mitarbeiter Wettbewerb, so können Sie hierauf regelmäßig mit einer fristlosen Kündigung reagieren.

Übersicht 2 (zu 2.1.2)
Außerordentliche Kündigungsgründe für den Mitarbeiter

1. Allgemeine Vertragsverletzungen durch den Arbeitgeber

Kommen Sie Ihren Arbeitgeberpflichten zur Einhaltung des Arbeitsvertrags nicht nach, kann dies im Einzelfall zu einer fristlosen Kündigung durch Ihren Arbeitnehmer führen, wenn Sie durch den Arbeitnehmer vorher entsprechend abgemahnt wurden und wenn Ihr Verstoß entsprechend gravierend ist.

2. Ausbleiben von Lohnzahlungen

In einem solchen Fall kann der Mitarbeiter gegebenenfalls dann fristlos kündigen, wenn der Lohn bzw. das Gehalt über eine längere Zeit ausbleibt und Sie trotz entsprechender Abmahnung durch den Mitarbeiter nicht zahlen.

3. Verletzung von Arbeitsschutzbestimmungen

Kommen Sie Ihnen obliegenden Arbeitsschutzbestimmungen nicht nach, kann dies den Mitarbeiter gegebenenfalls zu einer fristlosen Kündigung berechtigen, sofern der Kündigung regelmäßig eine entsprechende Abmahnung voraus gegangen ist.

---

gung der beiderseitigen Interessen tatsächlich eine außerordentliche Kündigung rechtfertigen. Bei der Interessenabwägung sind alle Umstände einzubeziehen und nötigenfalls mildere Mittel (ordentliche Kündigung, Abmahnung) in Erwägung zu ziehen.

In der Rechtsprechung finden sich eine Vielzahl von Beispielen, wann und unter welchen Voraussetzungen eine fristlose Kündigung gerechtfertigt ist. Die häufigsten Sachverhaltskonstellationen für Arbeitgeber und Arbeitnehmer sind in den Übersichten 1 und 2 zu 2.1.2 aufgelistet.

Die außerordentliche Kündigung kann fristlos oder mit Auslauffrist erklärt werden. Die fristlose Kündigung tritt mit Zugang der Kündigungserklärung in Kraft. Eine mit Auslauffrist erklärte Kündigung wird mit Auslaufen der Auslauffrist wirksam. Die Auslauffrist kann z.B. diejenige Frist sein, die bei einer ordentlichen Kündigung einzuhalten wäre. Zur Vermeidung von Unklarheiten ist jedoch auf alle Fälle anzuraten klarzustellen, ob es sich um eine fristlose Kündigung mit Auslauffrist oder um eine ordentliche Kündigung handeln soll.

Der Kündigungsgrund ist – mit Ausnahme von Berufsausbildungsverhältnissen – nicht notwendigerweise anzugeben. Der Kündigungsgegner hat jedoch nach Erhalt der Kündigung Anspruch auf Mitteilung der Kündigungsgründe. Ansonsten drohen Schadensersatzansprüche.

Jede außerordentliche Kündigung kann nur innerhalb einer Ausschlussfrist von 2 Wochen ausgesprochen werden (§ 626 Abs. 2 BGB). Geht sie innerhalb dieser Frist nicht zu, wird das Arbeitsgericht die Kündigung nicht anerkennen.

Die Frist beginnt mit dem Zeitpunkt zu laufen, in dem der Kündigungsberechtigte von den für die Kündigung maßgeblichen Tatsachen sichere Kenntnis erlangt. Muss der Kündigungssachverhalt erst aufgeklärt werden, beginnt die Frist regelmäßig erst mit Abschluss der Aufklärung. Hierbei ist jedoch die gebotene Beschleunigung einzuhalten. Im Einzelnen kann dies zu schwierigen Abwägungsfragen führen. Zur Vermeidung von Fristproblemen sollte die Kündigung so früh wie möglich ausgesprochen werden.

> ! Wird die Kündigung nicht auf nachweisbare Verfehlungen, sondern auf den Verdacht derselben gestützt, ist es wichtig, den Mitarbeiter vorher im Rahmen der Aufklärung anzuhören. Ansonsten hält die Kündigung regelmäßig einer gerichtlichen Überprüfung nicht stand.

> ! In allen Fällen einer fristlosen Kündigung prüft das Arbeitsgericht immer die spezifischen Umstände des Einzelfalls. Nur wenn unter Berücksichtigung der Interessen beider Parteien eine Fortsetzung des Arbeitsverhältnisses für den Kündigenden unzumutbar ist, wird die fristlose Kündigung der arbeitsgerichtlichen Überprüfung standhalten.

Jeder Kündigung, die ihren Grund im Verhalten des Mitarbeiters hat, hat regelmäßig eine Abmahnung vorauszugehen (siehe 2.5.3.2). Dies gilt grundsätzlich auch für eine fristlose Kündigung. Etwas anderes gilt nur dann, wenn es sich um Verfehlungen des Mitarbeiters im Vertrauensbereich handelt.

2.1.3 Ordentliche Kündigung durch den Arbeitnehmer
2.1.3.1 Unbefristete Arbeitsverhältnisse

Ein unbefristetes Arbeitsverhältnis ist durch Ihren Arbeitnehmer ebenso wie durch Sie als Arbeitgeber grundsätzlich ordentlich kündbar. Eine Ausnahme gilt nur dann, wenn der Anstellungsvertrag etwas anderes vorsieht, wobei der Arbeitnehmer insoweit nicht schlechter als der Arbeitgeber gestellt werden darf. Eine einseitige Kündigungserschwerung zu Lasten des Arbeitnehmers ist somit nicht möglich.

> Die Kündigung stellt eine einseitige Willenserklärung einer Vertragspartei dar. Alleine durch ihren Ausspruch entfaltet sie rechtsgestaltende Wirkung. Im Gegensatz zu einer häufig in der Praxis anzutreffenden Auffassung bedarf sie insbesondere keiner Annahme durch die jeweils andere Vertragspartei, um wirksam zu sein.

Im Gegensatz zur Kündigung durch Sie als Arbeitgeber unterliegt die Kündigung durch Ihren Arbeitnehmer regelmäßig auch keinen inhaltlichen Restriktionen, insbesondere bedarf die Kündigung keiner Begründung.

Selbstverständlich muss Ihr Arbeitnehmer die Kündigungsfrist einhalten. Diese ergibt sich entweder aus dem Anstellungsvertrag, dem Tarifvertrag (falls anwendbar) oder dem Gesetz. Häufig sind die Kündigungsfristen im Anstellungsvertrag enthalten. Zu beachten ist jedoch, dass diese arbeitsvertraglich vereinbarten Fristen für Ihren Arbeitnehmer nicht ungünstiger als diejenigen Fristen sein dürfen, die Sie als Arbeitgeber einzuhalten haben.

Mangels entgegenstehender Regelung im Anstellungsvertrag oder einem Tarifvertrag (falls anwendbar) gilt nach Ablauf der vereinbarten Probezeit die gesetzliche Grundkündigungsfrist. Diese beträgt 4 Wochen zum 15. eines Monats oder zum Monatsende.

Die im BGB enthaltenen verlängerten Kündigungsfristen bei einem längerfristigen Beschäftigungsverhältnis gelten grundsätzlich nur für die von Ihnen als Arbeitgeber auszusprechende Kündigung. Allerdings kann im Arbeitsvertrag vereinbart werden, dass die Fristen des BGB auch für den Arbeitnehmer gelten sollen. Ist dies nicht geschehen und enthält weder der Arbeitsvertrag noch ein gegebenenfalls anwendbarer Tarifvertrag anderweitige Regelungen, kann Ihr Arbeitnehmer auch bei einem langfristigen Beschäftigungsverhältnis mit der Grundkündigungsfrist von 4 Wochen zum 15. oder zum Ende eines Kalendermonats kündigen.

Während der vereinbarten Probezeit, längstens für die Dauer von 6 Monaten, kann das Arbeitsverhältnis auch von Ihrem Arbeitnehmer mit einer Frist von 2 Wochen gekündigt werden. Der Ausspruch der Kündigung ist grundsätzlich bis zum letzten Tag des 6. Monats der Probezeit zulässig, es sei denn, der Anstellungsvertrag oder ein eventuell anwendbarer Tarifvertrag sieht etwas anderes vor. Ansonsten ist eine Verkürzung der Grundkündigungsfrist von 4 Wochen zum 15. oder zum Ende eines Kalendermonats nur vereinbarungsfähig, wenn Ihr Mitarbeiter zur vorübergehenden Aushilfe eingestellt ist und dieses Aushilfsverhältnis nicht über 3 Monate hinaus besteht. Sofern Sie als Abeitgeber in der Regel nicht mehr als 20 Arbeitnehmer ausschließlich der zu ihrer Berufsausbildung Beschäftigten beschäftigen, können Sie abweichend von § 622 Abs. 1 einen anderen Kündigungstermin als den 15. eines Monats oder das Monatsende vereinbaren – die Kündigungsfrist darf aber 4 Wochen nicht unterschreiten.

Bis Oktober 1993 galt eine Grundkündigungsfrist von 6 Wochen zum Quartal. Diese findet nur noch dort Anwendung, wo sie im Vertrag ausdrücklich in Bezug genommen wurde. Bei einer solchen Bezugnahme oder Klausel in Altverträgen stellt sich stets die Frage, ob nunmehr die alte, längere Kündigungsfrist (6 Wochen zum Quartal) oder die neue, kürzere gesetzliche Frist gilt. Als Regel gilt, dass diejenige Frist Anwendung findet, die zum Zeitpunkt der Kündigung für den Arbeitnehmer günstiger ist. Es ist deshalb zu empfehlen, auf Quartalstermine bei den Kündigungsfristen in Arbeitsverträgen zu verzichten, da hier in Einzelfällen schwierige Günstigkeitsvergleiche anzustellen sind. Verweist der Arbeitsvertrag jedoch nur allgemein auf die anwendbare »gesetzliche Kündigungsfrist«, so gilt die aktuelle Regelung.

Der Tarifvertrag kann von der gesetzlichen Kündigungsfrist abweichende Regelungen enthalten, die gegebenenfalls auch für den Arbeitnehmer ungünstiger sind.

Ebenso wie die Kündigung durch Sie bedarf nunmehr auch die Kündigung durch Ihren Arbeitnehmer der Schriftform (siehe 2.3.1).

> Nach Ausspruch einer ordentlichen Kündigung ist Ihr Arbeitnehmer bis zum Ablauf der Kündigungsfrist weiterhin zur Arbeitsleistung verpflichtet. Seinen Resturlaub kann er jedoch selbstverständlich nehmen, sofern hiergegen keine betrieblichen Gründe sprechen. Ansonsten ist der Resturlaub abzugelten.

Die Freistellung Ihres Mitarbeiters durch Sie ist nur eingeschränkt möglich. Sofern der Arbeitsvertrag nichts anderes vorsieht, können Sie Ihren Mitarbeiter nur dann von der Arbeitsleistung freistellen, wenn Sie hierzu ein berechtigtes Interesse haben (z. B. Wechsel des Arbeitnehmers zum Wettbewerber, nachweisbare herabsetzende Äußerungen durch den Arbeitnehmer usw.). Sein Recht auf Arbeit kann der Mitarbeiter gegebenenfalls auch im Wege der einstweiligen Verfügung durchsetzen.

2.1.3.2 Befristete Arbeitsverhältnisse
Im Rahmen befristeter Arbeitsverhältnisse kann Ihr Mitarbeiter nur dann eine ordentliche Kündigung des Anstellungsvertrags erklären, wenn dies vertraglich vorgesehen ist

Sowohl befristete als auch unbefristete Arbeitsverhältnisse sind bei Vorliegen eines wichtigen Grunds auch durch Ihren Mitarbeiter außerordentlich kündbar (siehe 2.1.2).

2.1.4 Ordentliche Kündigung durch den Arbeitgeber
Ebenso wie bei der Kündigung durch Ihren Arbeitnehmer handelt es sich auch bei der Kündigung durch Sie als Arbeitgeber um eine einseitige, gestaltende Willenserklärung (siehe auch VI A/3.9).

Im Gegensatz zu Ihrem Arbeitnehmer sind Sie als Arbeitgeber in Ihrer

Checkliste (zu 2.1.4) Vor Ausspruch einer Kündigung

1. Können Sie überhaupt kündigen oder ist die Kündigung ausgeschlossen (siehe 2.6 ff.)?
2. Haben Sie formal alles beachtet, einschließlich des Schriftformerfordernisses (siehe 2.3.1-2.3.6)?
3. Bei ordentlichen Kündigungen: Greift das Kündigungsschutzgesetz ein und, wenn ja, liegen die Voraussetzungen einer Kündigung vor (siehe 2.5.ff.)?
4. Bei außerordentlichen Kündigungen: Liegen Gründe für eine außerordentliche Kündigung vor und haben Sie die Zwei-Wochen-Frist beachtet (siehe 2.1.2)?
5. Bei Änderungskündigungen: Sind die Voraussetzungen hierfür gegeben (siehe 2.1.5)?
6. Bei Massenentlassungen: Haben Sie alle einschlägigen Vorschriften beachtet (siehe 2.7)?
7. Haben Sie den Betriebsrat korrekt beteiligt (siehe 2.8.4)?
8. Wie wird Ihr Mitarbeiter auf die Kündigung reagieren (siehe 2.8.5)?

Freiheit zum Ausspruch der Kündigung jedoch häufig beschränkt. Insbesondere ist der allgemeine (siehe 2.5) und besondere (siehe 2.6) Kündigungsschutz zu beachten.

Ebenso wie Ihr Arbeitnehmer haben auch Sie die ordentliche Kündigungsfrist einzuhalten. Sie ergibt sich entweder aus dem Arbeitsvertrag, einem gegebenenfalls anwendbaren Tarifvertrag oder dem Gesetz. Mangels anderweitiger Regelung im Arbeitsvertrag oder (falls anwendbar) Tarifvertrag gilt auch für Sie als Arbeitgeber nach Ablauf der vereinbarten Probezeit (maximal 6 Monate) eine Grundkündigungsfrist von 4 Wochen zum 15. oder zum Ende eines Kalendermonats (BGB). Bei längerfristigen Arbeitsverhältnissen haben Sie als Arbeitgeber jedoch eine längere Frist einzuhalten (siehe 2.3.5).

Sofern der Arbeitsvertrag oder der Tarifvertrag (falls anwendbar) nichts anderes vorsieht, beläuft sich die gesetzliche Kündigungsfrist während der Probezeit (maximal 6 Monate) auf 2 Wochen (siehe auch II B/2.3.2). Die Probezeit muss aber ausdrücklich als solche vereinbart sein, d.h. die kurze Kündigungsfrist gilt nicht automatisch während der ersten 6 Monate der Beschäftigung. Ist keine Probezeit vereinbart, gilt von Anfang an die reguläre Grundkündigungsfrist von 4 Wochen zum 15. bzw. Ende eines Kalendermonats. Im Wegen der Möglichkeit, eine kürzere Kündigungsfrist zu vereinbaren, siehe 2.1.3.1.

Der Tarifvertrag (falls anwendbar) kann von den gesetzlichen Fristen auch zum Nachteil Ihres Mitarbeiters abweichen. Einzelvertraglich ist eine Abweichung von den gesetzlichen Fristen zu Ungunsten des Arbeitnehmers jedoch nicht möglich.

Sofern der Arbeitsvertrag Kündigungsfristen vorsieht, die sich an den bis Oktober 1993 geltenden Regelungen orientieren, sind regelmäßig diese zu Grunde zu legen, sofern sie nicht gegen für Ihren Mitarbeiter günstigere, tarifliche Regelungen verstoßen oder im Einzelfall kürzer sind als die Fristen nach der neuen gesetzlichen Regelung. Hierbei stehen sich häufig die früher gebräuchliche Kündigungsfrist von 6 Wochen zum Ende des Quartals und die heutige gesetzliche Frist, die zum Ende des Kalendermonats wirkt, gegenüber. Dann ist in jedem Einzelfall zu entscheiden, ob für den Mitarbeiter die vertragliche Regelung oder die aktuelle gesetzliche Regelung günstiger ist. Dies ist davon abhängig, wann die Kündigung ausgesprochen wird. Wird die Kündigung eines Mitarbeiters mit einer vertraglichen Kündigungsfrist von 6 Wochen zum Ende des Quartals und einer gesetzlichen Kündigungsfrist von 2 Monaten zum Monatsende z.B. am 15. Mai ausgesprochen, würde sie nach dem Vertrag zum 30. Juni, nach Gesetz hingegen erst zum 31. Juli wirksam. Hier wäre daher die gesetzliche Regelung günstiger. Wäre die Kündigung aber bereits im März ausgesprochen worden, wäre wiederum die vertragliche Regelung günstiger (Quartalsende!), da nach Gesetz die Kündigung bereits zum 31. Mai wirken würde. Man sieht daher, dass es in diesen Fällen keinen eindeutigen Vorrang für eine der beiden Regelungen gibt. Sicher ist aber, dass sich der Mitarbeiter nicht die Vorteile aus beiden Regelungen »herauspicken« kann (also 2 Monate Kündigungsfrist, aber erst zum Ende des Quartals).

Worauf Sie vor Ausspruch der Kündigung achten sollten, entnehmen Sie bitte der Checkliste zu 2.1.4. Insbesondere sind dem Betriebsrat die Kündigungsgründe mitzuteilen. Im Kündigungsschreiben selbst sollten jedoch regelmäßig keine Gründe angeführt werden. Eine Ausnahme gilt nur für Berufsausbildungsverhältnisse bzw. für Fälle, in denen der Tarifvertrag eine Begründung verlangt. Widerspricht der Betriebsrat allerdings fristgerecht der Kündigung, so ist der Widerspruch dem Kündigungsschreiben beizufügen.

Eine einmal ausgesprochene Kündigung kann regelmäßig als einseitige Willenserklärung nicht mehr einseitig »zurückgenommen« werden. Eine Rücknahme der Kündigung ist vielmehr ein Angebot auf Fortsetzung des Arbeitsverhältnisses. Der jeweils anderen Vertragspartei steht es frei, dieses Angebot anzunehmen oder abzulehnen. Bieten Sie als Arbeitgeber die Fortsetzung des Arbeitsverhältnisses an und lehnt Ihr Arbeitnehmer dies ab, so läuft Ihr Mitarbeiter dabei jedoch Gefahr, für die Zeit nach Ablehnung des Angebots seiner Gehaltsansprüche verlustig zu gehen. Hierzu sind jedoch die Grundsätze der zu dieser Frage sehr komplizierten Rechtsprechung zu beachten.

2.1.5 Änderungskündigung

Eine Änderungskündigung liegt dann vor, wenn Sie das Arbeitsverhältnis kündigen und im Zusammenhang mit der Kündigung die Fortsetzung des Arbeitsverhältnisses zu geänderten Bedingungen anbieten (siehe auch IV B/5.1.4). Die Änderungskündigung beinhaltet mithin eine echte Kündigung, verbunden mit einem Vertragsangebot zur Fortsetzung des Arbeitsverhältnisses.

Da in der Änderungskündigung eine echte Kündigung steckt, müssen Sie insoweit alle für eine Kündigung maßgeblichen formellen und materiellen Grundsätze beachten. Insbesondere müssen die Formalien in Ordnung sein (siehe 2.3.1), bei der ordentlichen Änderungskündigung ist die Kündigungsfrist einzuhalten, die Regeln des Sonderkündigungsschutzes für bestimmte Mitarbeitergruppen (siehe 2.6), sowie die Regeln des allgemeinen Kündigungsschutzes (siehe 2.5) müssen beachtet werden.

Ihr Mitarbeiter kann auf eine Änderungskündigung in folgender Weise reagieren:

- Der Mitarbeiter nimmt das Änderungsangebot an. In diesem Fall ändern sich die Konditionen des Arbeitsverhältnisses entsprechend des Angebots.
- Der Mitarbeiter lehnt das Änderungsangebot ab. In diesem Fall wandelt sich die Änderungskündigung in eine echte Beendigungskündigung, die nach Erhebung der Kündigungsschutzklage durch das Arbeitsgericht entsprechend der allgemeinen Grundsätze überprüft werden kann.
- Der Mitarbeiter kann das Änderungsangebot unter dem Vorbehalt der Bestätigung durch das Arbeitsgericht annehmen. In diesem Fall muss der Mitarbeiter innerhalb der dreiwöchigen Klagefrist Klage zum Arbeitsgericht erheben. Versagt das Arbeitsgericht der Änderungskündigung ihre Wirksamkeit, besteht das Arbeitsverhältnis zu den alten Konditionen weiter. Ansonsten gelten die Konditionen des Änderungsangebots.

Da in der Änderungskündigung eine echte Kündigung steckt, ist der Betriebsrat entsprechend zu beteiligen (siehe 2.8.3). Ist mit der Änderungskündigung eine Versetzung verbunden, müssen Sie auch die Beteiligungsrechte des Betriebsrats (nach § 99 BetrVG) beachten (siehe III B/3.2.2).

> **!** Die Änderungskündigung ist gegenüber der Beendigungskündigung regelmäßig das mildere Mittel. Vor Ausspruch einer Beendigungskündigung müssen Sie daher immer prüfen, ob nicht zur Erreichung des gewollten Zwecks statt einer Beendigungskündigung auch eine Änderungskündigung als milderes Mittel in Betracht kommt.

2.1.6 Teilkündigung

Ziel der Teilkündigung ist, einzelne Regelungen aus dem Arbeitsvertrag isoliert zu kündigen, während der übrige Teil des Arbeitsvertrages unverändert bleiben soll. Da sich hierdurch das Verhältnis von Leistung und Gegenleistung verändern würde, ist die Teilkündigung nach der herrschenden Meinung in der Literatur und insbesondere der Rechtsprechung des BAG unzulässig und damit unwirksam. Grund: Kein Vertragspartner soll sich einseitig zum Teil der Bindung aus dem Arbeitsvertrag entziehen können, ohne zugleich den anderen Partner daraus zu entlassen.

2.2 Abgrenzungsfragen

Die Kündigung ist abzugrenzen gegenüber dem Widerruf, dem Wegfall der Geschäftsgrundlage und der Suspendierung.

2.2.1 Widerruf

Ein Widerruf liegt vor, wenn im Arbeitsvertrag das Recht zur einseitigen Änderung von einzelnen Vertragsbedingungen vereinbart ist. Er ist grundsätzlich wirksam, darf aber nicht zu einer Umgehung des Kündigungsschutzes führen. Daher darf die Vereinbarung des Widerrufs nicht in den Kernbereich des Arbeitsverhältnisses eingreifen. In der Praxis finden sich Widerrufsklauseln häufig bei Vereinbarungen über besondere finanzielle Zusatzleistungen (Gratifikationen) etc. oder auch im Rahmen der Zurverfügungstellung von Dienstwagen, die auch zur privaten Nutzung überlassen werden.

2.2.2 Suspendierung

Eine Suspendierung führt zum Ruhen der Rechte und Pflichten aus dem Arbeitsverhältnis, ohne dass dieses selbst beendet wird. Praktisch relevant wird die Suspendierung insbesondere beim unbezahlten Urlaub. Wichtig ist, dass im Falle der Suspendierung der Wegfall der Vergütungspflicht ausdrücklich vereinbart wird, da dieser sich nicht automatisch ergibt.

2.2.3 Anfechtung

Ein Anstellungsvertrag kann grundsätzlich auch angefochten werden. Genauer gesagt wird nicht der Vertrag selbst, sondern die auf seinen Abschluss gerichteten Willenserklärungen, also Angebot oder Annahme, angefochten. Voraussetzung der Anfechtung ist, dass ein Anfechtungsgrund nach § 119 bzw. § 123 BGB vorliegt. Eine Anfechtung kommt insbesondere in Betracht, wenn der Arbeitnehmer den Arbeitgeber arglistig über Umstände täuscht, die für den Arbeitgeber bei Vertragsabschluss wesentlich waren. Im Unterschied zur Kündigung müssen die Anfechtungsgründe stets bereits bei Vertragsabschluss vorliegen, während die Kündigungsgründe erst später im Verlauf des Anstellungsverhältnisses entstehen. Die Anfechtung beim Arbeitsvertrag wirkt – anders als im Gesetz vorgesehen – nicht zurück. Vielmehr kommt ihre Wirkung der einer außerordentlichen Kündigung gleich. Die Frist des § 626 Abs. 2 BGB gilt hingegen nicht. Daher können Arbeitsverträge wegen Täuschung oder Drohung innerhalb eines Jahres nach Bekanntwerden der Täuschung bzw. Drohung immer noch angefochten werden.

2.3 Kündigungserklärung

Eine Kündigungserklärung ist eine einseitige, empfangsbedürftige Willenserklärung. Sie wird gemäß § 130 BGB mit ihrem Zugang wirksam.

2.3.1 Formalien der Kündigung

Gemäß § 623 BGB ist die Schriftform Voraussetzung für Wirksamkeit der Kündigung eines Arbeitsverhältnisses. Dieses konstitutive Schriftformerfordernis kann weder durch die Arbeitsvertragsparteien, noch Betriebsvereinbarungen oder Tarifvertrag abbedungen werden.

VIII. Beendigung von Arbeitsverhältnissen

Muster 1 (zu 2.3.1) Ordentliche Beendigungskündigung

Briefkopf des Arbeitgebers
Frau/Herrn .... (bitte Adresse des Arbeitnehmers einsetzen)

Sehr geehrte(r) Frau/Herr ......
hiermit kündigen wir das zwischen Ihnen und uns bestehende Anstellungsverhältnis fristgerecht mit Wirkung zum .... (bitte Datum des Auslaufs der Kündigungsfrist einsetzen).

(Gegebenenfalls: Der Betriebsrat wurde gemäß § 102 BetrVG zur Kündigung angehört. Er hat der Kündigung widersprochen. Eine Kopie der Stellungnahme des Betriebsrats ist beigefügt.)

Mit freundlichen Grüßen
(Bezeichnung und Unterschrift des/der kündigenden Personen)

Muster 2 (zu 2.3.1) Ordentliche Änderungskündigung

Briefkopf des Arbeitgebers
Frau/Herrn .... (bitte Adresse des Arbeitnehmers einsetzen)

Sehr geehrte(r) Frau/Herr ......
hiermit kündigen wir das zwischen Ihnen und uns bestehende Anstellungsverhältnis fristgerecht mit Wirkung zum .... (bitte Datum des Auslaufs der Kündigungsfrist einsetzen). Gleichzeitig bieten wir Ihnen an, ab dem ...... (bitte Datum des ersten Tages nach Auslauf der Kündigungsfrist einsetzen) als .... weiter tätig zu sein. Einzelheiten über Ihre neue Tätigkeit können Sie der beigefügten Stellenbeschreibung entnehmen. Die übrigen Arbeitsbedingungen gelten unverändert weiter.

(Gegebenenfalls: Der Betriebsrat wurde gemäß § 102 BetrVG zur Kündigung angehört. Er hat der Kündigung widersprochen. Eine Kopie der Stellungnahme des Betriebsrats ist beigefügt.)

Mit freundlichen Grüßen
(Bezeichnung und Unterschrift des/der kündigenden Personen)

Muster 3 (zu 2.3.1) Außerordentliche Kündigung

Briefkopf des Arbeitgebers
Frau/Herrn .... (bitte Adresse des Arbeitnehmers einsetzen)

Sehr geehrte(r) Frau/Herr ......
hiermit kündigen wir das zwischen Ihnen und uns bestehende Anstellungsverhältnis fristlos mit sofortiger Wirkung/alternativ: mit Auslauffrist bis zum ....

(Gegebenenfalls: Der Betriebsrat wurde gemäß § 102 BetrVG zur Kündigung angehört. Er hat der Kündigung widersprochen. Eine Kopie der Stellungnahme des Betriebsrats ist beigefügt.)

Mit freundlichen Grüßen
(Bezeichnung und Unterschrift des/der kündigenden Personen)

Die Vertragsparteien können jederzeit strengere Formen vereinbaren. In Formulararbeitsverträgen ist jedoch die Vereinbarung einer strengeren Form als der Schriftform oder das Aufstellen besonderer Zugangserfordernisse unzulässig (§ 309 Nr. 13 BGB). Betriebsvereinbarungen oder Tarifverträge können strengere Formvorschriften enthalten.

Die Schriftformregelung hat Warn-, Feststellungs- und Beweisfunktion. Sie gilt für arbeitnehmer- und arbeitgeberseitige Kündigungen. Erfasst sind:
- ordentliche Kündigung,
- befristete außerordentliche Kündigung,
- unbefristete außerordentliche Kündigung und
- Änderungskündigung.

Das Kündigungsschreiben muss vom Aussteller eigenhändig unterzeichnet sein (§ 126 Absatz 1 BGB). Ein Vertreter kann mit dem Namen des Vollmachtgebers unterzeichnen. Besser ist es, er unterschreibt mit seinem eigenen Namen mit dem Zusatz i.V., damit die Stellvertretung in der Urkunde zum Ausdruck kommt. Erforderlich ist jedoch die eigenhändige Unterzeichnung durch den Vertreter. Bei der Kündigung durch einen Bevollmächtigten sollte der Kündigung die Vollmacht beigefügt werden, da die Kündigung sonst unverzüglich zurückgewiesen werden kann. Die Zurückweisung macht die Kündigung nichtig. Eine Neuvornahme ist erforderlich (siehe 2.3.4).

Beachten Sie bei der Änderungskündigung die Schriftform für die Kündigung und für das Änderungsangebot. Es handelt sich in tatsächlicher und rechtlicher Weise um einen einheitlichen Tatbestand, der sich lediglich aus zwei Willenserklärungen zusammensetzt. Die Annahme des Änderungsangebots selbst durch den Arbeitnehmer ist nicht formbedürftig. Wird die gesetzliche Form nicht eingehalten, ist die Kündigung nichtig (§ 125 Satz 1 BGB). Eine Heilung ist nicht möglich.

> **!** Telefax-, Telegramm- und E-Mail-Kündigungen genügen den gesetzlichen Anforderungen nicht.

Die Kündigung muss als empfangsbedürftige Willenserklärung in der Form zugehen, die für ihre Abgabe erforderlich ist. Eigenhändig unterzeichnete Faxvorlagen werden den Anforderungen nicht gerecht, da die zugehende Erklärung nur eine Kopie des beim Absender verbleibenden Originals ist. Aus gleichen Gründen genügt auch eine E-Mail nicht, selbst wenn sie durch Einfügung einer Unterschriftsdatei unterschrieben worden ist.

Beachten Sie, dass eine Kündigung regelmäßig nicht von Bedingungen abhängig gemacht werden kann, mit denen der Mitarbeiter in Unsicherheit über die Beendigung des Arbeitsverhältnisses gesetzt wird (z.B. »Kündigung für den Fall der Nichtverbesserung der Arbeitsleistung«).

2.3.2 Kündigungszeitpunkt und Kündigungsort

Eine Kündigung kann grundsätzlich immer und überall erklärt werden. Eine Ausnahme besteht lediglich dann, wenn sie zu einer unziemlichen Zeit oder an einem unpassenden Ort erfolgt.

> **!** Häufig anzutreffen ist die Auffassung, dass eine Kündigung während Krankheitszeiten des Mitarbeiters nicht ausgesprochen werden könne. Dies ist ausdrücklich falsch. Auch während Krankheit kann das Arbeitsverhältnis grundsätzlich gekündigt werden.

Von der Rechtsprechung wurden als Kündigungen zur unziemlichen Zeit oder zum unpassenden Ort z.B. Kündigungen außerhalb der Arbeitszeit um Mitternacht, nach Aufwachen aus einer Narkose, am Tag eines schweren Unfalls usw. angesehen. In diesen Fällen kann der Kündigungsgegner die Kündigung zurückweisen. Eine Kündigung an Sonn- und Feiertagen ist ansonsten grundsätzlich in Ordnung.

Schließt der Anstellungsvertrag eine Kündigung vor Dienstantritt aus, so kann sie selbstverständlich nicht erklärt werden. Ansonsten ist eine Kündigung auch bereits vor Dienstantritt zulässig. Fraglich ist lediglich, ab wann die Kündigungsfrist

---

Muster 4 (zu 2.3.1.) Außerordentliche / hilfsweise ordentliche Kündigung

Briefkopf des Arbeitgebers
Frau/Herrn .... (bitte Adresse des Arbeitnehmers einsetzen)

Sehr geehrte(r) Frau/Herr ......
hiermit kündigen wir das zwischen Ihnen und uns bestehende Anstellungsverhältnis fristlos mit sofortiger Wirkung/mit Auslauffrist bis zum ...., hilfsweise ordentlich zum ..... (bitte Datum des Auslaufs der Kündigungsfrist einsetzen).

(Gegebenenfalls: Der Betriebsrat wurde gemäß § 102 BetrVG zur Kündigung angehört. Er hat der Kündigung widersprochen. Eine Kopie der Stellungnahme des Betriebsrats ist beigefügt.)

Mit freundlichen Grüßen
(Bezeichnung und Unterschrift des/der kündigenden Personen)

Wichtig:
Sollten Sie einen Betriebsrat in Ihrem Betrieb haben, sind die Kündigungsschreiben durch folgenden Text zu ergänzen:
»Der Betriebsrat ist entsprechend den gesetzlichen Vorschriften angehört worden. Er hat der Kündigung zugestimmt/nicht widersprochen/innerhalb der gesetzlichen Frist nicht widersprochen/Bedenken gegenüber der Kündigung geäußert/der Kündigung widersprochen. [Im Falle des Widerspruchs des Betriebsrats: Die Stellungnahme des Betriebsrats ist gemäß §102 IV. Betriebsverfassungsgesetz beigefügt.]«

---

zu laufen beginnt. Enthält der Arbeitsvertrag Hinweise darauf, dass der Lauf der Kündigungsfrist erst mit Beginn des Arbeitsverhältnisses beginnen sollte, fängt die Kündigungsfrist auch bei vorher ausgesprochener Kündigung erst dann zu laufen an. Ansonsten beginnt der Lauf der Kündigungsfrist unmittelbar mit Ausspruch der Kündigung.

2.3.3 Inhalt

Das Kündigungsschreiben muss nicht das Wort »Kündigung« enthalten. Entscheidend ist nur, dass der Wille zur Beendigung des Anstellungsverhältnisses eindeutig zum Ausdruck kommt. Zur Angabe von Kündigungsgründen sind Sie als Arbeitgeber auch nach der neuen Regelung nicht verpflichtet. Grundsätzlich sollte klargestellt werden, in welcher Art und zu welchem Zeitpunkt gekündigt wird (ordentliche Kündigung, außerordentliche Kündigung, außerordentliche und hilfsweise ordentliche Kündigung, Beendigungskündigung oder Änderungskündigung oder Teilkündigung, siehe Muster 1-4 zu 2.3.1 und auf der beigefügten CD-ROM).

2.3.4 Kündigungsberechtigte Personen

Viele Kündigungen scheitern daran, dass der Arbeitgeber durch die falsche Person vertreten wird. Ist dies der Fall und wird dies unverzüglich durch den Arbeitnehmer gerügt, ist die Kündigung unwirksam. Eine Heilung ist nicht möglich. Hierdurch kann eine eventuelle Kündigungsfrist versäumt werden. Die Kündigung kann jedoch zu jeder Zeit wiederholt und dann von der kündigungsberechtigten Person ausgesprochen werden. (siehe Übersicht zu 2.3.4).

2.3.5 Fristen

Die gesetzlichen Kündigungsfristen sind in § 622 BGB enthalten. Daneben werden Kündigungsfristen häufig im Anstellungsvertrag selbst oder auch in Tarifverträgen vereinbart. Im Verhältnis Anstellungsvertrag – Gesetz gilt bei einer Kündigung durch den Arbeitgeber immer die für den Arbeitnehmer günstigere Frist. Ist die Kündigungsfrist in einem Tarifvertrag vorgesehen, so geht dieser der gesetzlichen Regelung vor, auch wenn die tarifliche Regelung ungünstiger sein sollte.

Übersicht (zu 2.3.4) Kündigungsberechtigte Personen

1. Ist der Arbeitgeber ein Einzelunternehmer, so kann er selbstverständlich selbst kündigen.
2. Handelt es sich bei dem Arbeitgeber um eine GmbH oder AG, so wird diese durch ihre(n) Organvertreter vertreten. Dies sind bei einer GmbH der/die Geschäftsführer und bei einer Aktiengesellschaft das Mitglied/die Mitglieder des Vorstands. Auf alle Fälle zu beachten ist dabei jedoch, dass die Organmitglieder nur im Umfang ihrer durch die Gesellschafter eingeräumten Vertretungsvollmacht handeln können. Ein Geschäftsführer, der z.B. lediglich zusammen mit einem anderen Geschäftsführer vertretungsberechtigt ist, kann die Kündigung nicht alleine aussprechen, sondern bedarf hierzu noch seines Mitgeschäftsführers. Ansonsten ist die Kündigung angreifbar und gegebenenfalls unwirksam.
3. Ist Arbeitgeber eine OHG, so wird diese durch jeden Gesellschafter vertreten. Sofern der Gesellschaftsvertrag jedoch Gesamtvertretung vorsieht, ist dies auch im Rahmen der Kündigungsberechtigung zu beachten.
4. In einer Kommanditgesellschaft ist der Komplementär (persönlich haftender Gesellschafter) vertretungs- und damit auch kündigungsberechtigt. Kommanditisten haben keine Kündigungsvollmacht. Der Gesellschaftsvertrag kann jedoch durchaus vorsehen, dass für eine Kündigung die Zustimmung der Kommanditisten erforderlich ist. Ist Komplementär eine GmbH oder AG, gelten für die Vertretung dieser die oben stehend genannten Regeln.
5. In der GmbH & Co. KG erfolgen Kündigungen durch die GmbH, diese wiederum vertreten durch ihre oben genannten Organvertreter.
6. Unterhalb der Ebene der Organvertreter können auch Prokuristen die Kündigung aussprechen. Auch hier ist jedoch zu beachten, dass dies nur in soweit gilt, als die Prokuristen gemäß eingeräumter Vertretungskompetenz, die im Handelsregister vermerkt ist, vertretungsbefugt sind. Bedarf ein Prokurist z.B. der Mitunterschrift eines weiteren Prokuristen oder eines Geschäftsführers, so hat er diese entsprechend einzuholen und kann nicht alleine kündigen.
7. Unterhalb der Ebene der Prokuristen ist die Vertretungsbefugnis zum Ausspruch einer Kündigung regelmäßig durch Originalvollmacht, die dem Kündigungsschreiben beizufügen ist, und die von dem/den vertretungsberechtigten Organvertreter(n) oder Prokuristen zu unterzeichnen ist, zu belegen. Ansonsten besteht eine substanzielle Gefahr der Angreifbarkeit der Kündigung. Etwas anderes gilt nur dann, wenn Ihr Mitarbeiter weiß, dass die betreffende Person kündigungsberechtigt ist. Hierbei kann es jedoch zu erheblichen Beweisschwierigkeiten kommen.
8. Beim Personalleiter eines größeren Unternehmens kann die Wahrscheinlichkeit dafür sprechen, dass er tatsächlich kündigungsbefugt ist. Kleinere Unternehmen sollten sich auf diese Beweisvermutung jedoch nicht verlassen.
9. Im Rahmen von Konzernverhältnissen kommt es immer wieder zu formalen Fehlern, insbesondere dann, wenn die Personalfunktionen zentral von einer Muttergesellschaft ausgeführt werden. Häufig kündigt dann der Personalverantwortliche der Muttergesellschaft, obwohl eventuell das Anstellungsverhältnis des Arbeitnehmers mit der Tochtergesellschaft besteht. Wird in diesen Fällen nicht klar gestellt, dass die Kündigung namens der Tochtergesellschaft erfolgt, scheitert die Kündigung regelmäßig schon daran. Selbst wenn eine solche Erklärung jedoch abgegeben wird, bedarf es regelmäßig des Nachweises durch Originalvollmacht, dass der Personalverantwortliche der Muttergesellschaft für die Tochtergesellschaft tatsächlich handlungsbefugt ist. Diese Vollmacht ist durch die für die Tochtergesellschaft kündigungsberechtigte(n) Person(en) zu unterzeichnen. Zur Vermeidung dieser Schwierigkeiten sollten auch in diesen Fällen die gesetzlichen Vertreter der Tochtergesellschaft unter Beachtung der Vertretungskompetenzen die Kündigung erklären.
10. Sonderregelungen gelten für die Kündigung von Organmitgliedern.

Die gesetzlichen Kündigungsfristen sind wie folgt:
- Während einer ausdrücklich vereinbarten Probezeit kann jede Partei das Anstellungsverhältnis mit einer Frist von zwei Wochen kündigen. Zu beachten ist, dass die Kündigung hier nicht zum Monatsende bzw. zum 15. eines Monats, sondern zum Ende eines jeden Tages erklärt werden kann.
- Nach Ablauf der Probezeit beträgt die Grundkündigungsfrist vier Wochen zum 15. bzw. zum Ende eines Kalendermonats. Mit fortdauernder Beschäftigungszeit verlängert sich die Kündigungsfrist für den Arbeitgeber wie folgt:
  – nach 2 Jahren:
    1 Monat zum Monatsende
  – nach 5 Jahren:
    2 Monate zum Monatsende
  – nach 8 Jahren:
    3 Monate zum Monatsende
  – nach 10 Jahren:
    4 Monate zum Monatsende
  – nach 12 Jahren:
    5 Monate zum Monatsende
  – nach 15 Jahren:
    6 Monate zum Monatsende
  – nach 20 Jahren:
    7 Monate zum Monatsende

Bei der Berechnung der Beschäftigungszeiten werden Zeiten vor dem 25. Lebensjahr nicht berücksichtigt.

Wegen der Möglichkeit, eine kürzere Kündigungsfrist zu vereinbaren siehe unter 2.1.3.1.

2.3.6 Zugang der Kündigung

Wirksamkeitsvoraussetzung für eine Kündigung ist, dass sie dem Empfänger zugegangen ist. Für den Zugang einer schriftlichen Kündigung ist Folgendes zu beachten:
- Eine unter Anwesenden übergebene schriftliche Kündigung ist mit Übergabe zugegangen.
- Unter Abwesenden gilt eine Kündigung als zugegangen, wenn sie so in den Einfluss- und Verfügungsbereich des Kündigungsgegners gelangt ist, dass bei Annahme normaler Verhältnisse damit gerechnet werden kann, dass er von ihr Kenntnis nehmen konnte. Unerheblich ist dabei, ob der Kündigungsempfänger die Kündigungserklärung z.B. wegen fehlender Sprachkenntnis nicht lesen oder verstehen kann.

Wird die Kündigung dem Kündigungsgegner an der Wohnungstür ausgehändigt, so ist insoweit Zugang anzunehmen. Regelmäßig gilt gleiches, wenn sie an Familienangehörige, Lebensgefährten oder unterstelltes Personal ausgehändigt wird. Erfolgt die Aushändigung dagegen an einen Empfangsboten, so geht die Kündigung erst zu, wenn üblicherweise die Übermittlung an den Adressaten zu erwarten ist. Insoweit kann es durchaus Zugangsprobleme geben. Am sichersten ist es, die Kündigung entweder Ihrem Mitarbeiter direkt auszuhändigen oder in seinen Briefkasten zu werfen. Nach ständiger Rechtsprechung ist mit Einwurf der Kündigung in den Briefkasten Zugang regelmäßig anzunehmen. Eine Ausnahme gilt dann, wenn der Einwurf in den Briefkasten erst nach der üblicherweise vorgenommenen Postleerung erfolgt und der Mitarbeiter erst am kommenden Tage erneut in den Briefkasten hereinschaut. Um dies zu vermeiden, sollte die Kündigung, sofern ein Fristablauf droht, zeitlich vor oder spätestens mit der normalen Postaustragung zugehen. Ansonsten droht die Gefahr, dass der Kündigungszugang erst am nächsten Tag liegt.

> Am sichersten ist es, die Kündigung, sofern sie nicht unter Anwesenden übergeben wird, per Boten zuzustellen. Der Bote sollte die Kündigung entweder unmittelbar an den Kündigungsgegner aushändigen oder in dessen Briefkasten werfen. Wird dagegen der Kündigungsbrief per Normalpost geschickt, fehlt es regelmäßig am Zugangsnachweis. Bei Versendung per Einschreiben mit Rückschein besteht die Gefahr, dass der Kündigungsgegner bei Austragung der Post nicht anwesend ist und er daher nur per Nachricht gebeten wird, das Schriftstück auf der Post abzuholen. Zugang erfolgt in diesem Falle erst, wenn tatsächlich die Abholung bei der Post erfolgt. Es ist offensichtlich, dass es hierbei zu erheblichen Zugangsproblemen kommen kann.

Während des Urlaubs, während einer Krankheit oder während der Kur kann die Kündigung grundsätzlich am regelmäßigen Wohnort zugestellt werden. Gleiches gilt bei Inhaftierung des Arbeitnehmers. Bei einem Umzug des Mitarbeiters kann an die zuletzt bekannte Anschrift zugestellt werden, bis der Mitarbeiter die neue Anschrift bekannt gegeben hat.

Hat der Arbeitnehmer z.B. während Urlaubszeiten einen Nachsendeantrag gestellt, gilt als Zugang regelmäßig erst der Zeitpunkt des Erhalts des Schriftstücks am Nachsendeort. Eine entsprechende Verzögerung geht jedoch regelmäßig zu Lasten des Mitarbeiters. Eine Kündigungserklärung gilt auch dann als zugegangen, wenn sie nach den Vorschriften der ZPO durch den Gerichtsvollzieher zugestellt wird.

> Vorsicht geboten ist bei Vereinbarungen in Arbeitsverträgen, wonach im Falle von Kündigungen das Datum der Aufgabe zur Post gelten soll. Regelmäßig akzeptieren Arbeitsgerichte derartige Vereinbarungen nicht.

2.3.7 Umdeutung

Grundsätzlich kann eine unwirksame Kündigung nach § 140 BGB in ein anderes Rechtsgeschäft umgedeutet werden. Dies bedeutet, dass z.B. die außerordentliche Kündigung in eine ordentliche Kündigung umgedeutet werden kann, wenn ein wichtiger Grund im Sinne des § 626 BGB nicht vorliegt. Ebenso ist eine Kündigung mit zu kurz bemessener Kündigungsfrist im Wege der Umdeutung regelmäßig als Kündigung zum nächst zulässigen Termin zu behandeln. Allerdings setzt jede Umdeutung voraus, dass die umgedeutete Kündigung dem hypothetischen Willen der Parteien entspricht. Es ist nicht notwendig, dass sich der Arbeitgeber ausdrücklich auf die Möglichkeit der Umdeutung beruft, da das Arbeitsgericht die Umdeutung selbst vornimmt, wenn der Sachvortrag des Arbeitgebers darauf schließen lässt, dass das Arbeitsverhältnis auf jeden Fall beendet werden soll. Liegen die Voraussetzungen für die Umdeutung vor, unterliegt die durch die Umdeutung gewonnene Kündigung der üblichen Prüfung der gesetzlichen Wirksamkeitsvoraussetzungen einer Kündigung. Im Geltungsbereich des Kündigungsschutzgesetzes muss die personen-, verhaltens- oder betriebsbedingte Kündigung also sozial gerechtfertigt sein. Sofern ein Betriebsrat gemäß § 102 BetrVG vor Ausspruch der Kündigung angehört werden muss, scheitert die Umdeutung einer außerordentlichen Kündigung in eine ordentliche Kündigung häufig an der fehlenden Anhörung des Betriebsrates zu der ordentlichen Kündigung, es sei denn, der Betriebsrat hat der außerordentlichen Kündigung ausdrücklich und vorbehaltlos zugestimmt. Liegt eine solche Zustimmung nicht vor, ist die ohne Anhörung des Betriebsrates durch Umdeutung gewonnene ordentliche Kündigung unwirksam.

Die Umdeutung einer ordentlichen Kündigung in eine außerordentliche Kündigung ist ausgeschlossen, da die umgedeutete außerordentliche Kündigung unter Wegfall der Kündigungsfrist über die ursprünglich beabsichtigte ordentliche Kündigung hinausgeht. Die ordentliche Kündigung kann auch nicht in eine außerordentliche Kündigung mit einer der ordentlichen Kündigung entsprechenden Auslauffrist umgedeutet werden. Die unwirksame außerordentliche oder ordentliche Kündigung kann ebenso wenig in ein Angebot zum Abschluss eines Aufhebungsvertrages umgedeutet werden.

> Der Arbeitgeber kann sich noch in der Berufungsinstanz auf die Umdeutung berufen und die Tatsache, die ihre Zulässigkeit ergeben, vortragen. Allerdings genügt die Anhörung des Betriebsrates vor einer außerordentlichen Kündigung dem Anhörungserfordernis für eine ordentliche Kündigung nach § 102 BetrVG nur, wenn der Arbeitgeber dem Betriebsrat vorher zu erkennen gegeben hat, dass die geplante außerordentliche Kündigung im Falle der Unwirksamkeit auch als ordentliche aufrechterhalten bleiben oder von vornherein hilfsweise auch als ordentlichen Kündigung ausgesprochen werden soll. Diese

gleichzeitige Doppelanhörung des Betriebsrates ist als Regel zu empfehlen. Die Umdeutung einer außerordentlichen Kündigung in eine ordentliche Kündigung scheidet stets aus, wenn eine ordentliche Kündigung des Arbeitsverhältnisses aufgrund gesetzlicher oder vertraglicher Verbote ausgeschlossen ist (z.B. § 15 BBiG, § 9 MuSchG, § 15 Abs. 1 KSchG).

2.4 Kündigung ohne Kündigungsschutz

Die Kündigung eines Arbeitsverhältnisses unterliegt deutlich geringeren gesetzlichen Wirksamkeitsvoraussetzungen, wenn auf das Arbeitsverhältnis noch nicht die allgemeinen Kündigungsschutzregeln (insb. KSchG) Anwendung finden.

2.4.1 Kündigung vor Arbeitsaufnahme

Grundsätzlich kann jede Vertragspartei ein Arbeitsverhältnis vor vertraglich vereinbartem Dienstbeginn kündigen, wenn eine solche Kündigung nicht arbeitsvertraglich ausgeschlossen ist. Eine solche arbeitgeberseitige Kündigung vor Arbeitsaufnahme unterliegt den gleichen Wirksamkeitsvoraussetzungen wie eine gewöhnliche Kündigung nach Dienstantritt. So ist insbesondere auch bei einer derartigen Kündigung der Betriebsrat vor Ausspruch der Kündigung anzuhören. Unsicher ist allerdings, wann die Kündigungsfrist bei einer Kündigung vor Dienstantritt in Gang gesetzt wird.

Das BAG stellt auf eine Würdigung der Interessenlage im Einzelfall unter Berücksichtigung der jeweiligen Vertragsgestaltung ab. Danach spricht die arbeitsvertragliche Vereinbarung der kürzest möglichen Kündigungsfrist oder die Vereinbarung einer Probezeit dafür, dass die Kündigungsfrist mit dem Zugang der Kündigungserklärung beginnen soll. Für die Praxis bedeutet dies, dass das Arbeitsverhältnis überhaupt nicht in Vollzug gesetzt wird, wenn die Kündigungsfrist vor dem vereinbarten Zeitpunkt der Arbeitsaufnahme abläuft. Endet hingegen die Kündigungsfrist nach Arbeitsaufnahme, und nimmt der Arbeitgeber die Arbeitsleistung des Arbeitnehmers für die Restlaufzeit der Kündigungsfrist nicht an, behält der Arbeitnehmer seinen Anspruch auf Vergütung.

> **!** Ohne vertraglichen Ausschluss der Kündigungsmöglichkeit vor Dienstantritt besitzt auch der Arbeitnehmer das Recht zur Kündigung, ohne vertragsbrüchig und damit schadensersatzpflichtig gegenüber dem Arbeitgeber zu werden.

2.4.2 Kündigung vor Eintritt des Kündigungsschutzes (= während der Probezeit)

Der allgemeine Kündigungsschutz greift nach § 1 KSchG erst nach einer Beschäftigungszeit von mehr als 6 Monaten. Dies gilt unabhängig davon, ob im Arbeitsvertrag eine Probezeit vereinbart ist oder nicht. Andererseits ist zu beachten, dass auch durch eine einvernehmlich vereinbarte »Verlängerung« der Probezeit, die über 6 Monate hinausgeht, der Eintritt des allgemeinen Kündigungsschutzes nicht verhindert werden kann.

Nach neuester Rechtsprechung des BAG (Urteil vom 07.03.2002) ist es allerdings möglich, dass der Arbeitgeber, der die Probezeit eines Arbeitnehmers als nicht bestanden ansieht, statt das Arbeitsverhältnis zu kündigen, mit dem Arbeitnehmer einen Aufhebungsvertrag abschließt, der einen über die kurze Probezeitkündigungsfrist hinausgehenden Beendigungszeitpunkt vorsieht.

Im vom BAG entschiedenen Fall betrug dieser Bewährungszeitraum immerhin 4 Monate, was angesichts der eigentlich maximal 6 Monate dauernden Probezeit ein durchaus beträchtlicher Zeitraum ist. Wichtig ist aber, dass Sie als Arbeitgeber die entsprechenden Gespräche mit dem Arbeitnehmer bereits VOR Ablauf der Probezeit führen, damit Sie, für den Fall, dass sich der Arbeitnehmer weigert, einen solchen Aufhebungsvertrag abzuschließen, immer noch eine Kündigung während der Probezeit aussprechen können.

Der Sonderkündigungsschutz für Schwerbehinderte greift gleichfalls erst nach einer Wartezeit von 6 Monaten ein. Ohne jede zeitliche Einschränkung gilt hingegen das Kündigungsverbot gegenüber Schwangeren. Für das Probearbeitsverhältnis gilt gemäß § 622 Abs. 3 BGB eine verkürzte gesetzliche Grundkündigungsfrist von zwei Wochen, aber auch hier nur soweit die Probezeit die Dauer von 6 Monaten nicht übersteigt (eine »Verlängerung« der Probezeit ist daher in jeder Hinsicht bedeutungslos). Die Tarifvertragsparteien können gemäß § 622 Abs. 4 BGB eine noch kürzere als die gesetzliche zweiwöchige Mindestkündigungsfrist vereinbaren. Grundsätzlich bleibt es dem Arbeitgeber unbenommen, längere Kündigungsfristen während der Probearbeitszeit in den Arbeitsvertrag aufzunehmen. Solange der Zugang der Kündigung während der Probezeit erfolgt, gilt die arbeitsvertraglich vereinbarte oder gesetzlich verkürzte Kündigungsfrist von zwei Wochen, auch wenn der Beendigungszeitpunkt außerhalb der Probezeit liegt. Auch für den Eintritt des Kündigungsschutzes kommt es auf das Datum des Zugangs der Kündigung an. Das Probearbeitsverhältnis kann durch außerordentliche Kündigung beendet werden, wenn die Voraussetzungen für eine außerordentliche Kündigung gemäß § 626 BGB vorliegen.

> **!** Auch die Kündigung während der Probearbeitszeit setzt die vorherige Anhörung des Betriebsrates voraus.

2.4.3 Kleinbetriebsklausel

Das Kündigungsschutzgesetz setzt eine bestimmte Mindestarbeitnehmerzahl voraus. Nach § 23 Abs. 1 S. 2 KSchG unterfallen solche Kleinunternehmen nicht dem Kündigungsschutzgesetz, in denen in der Regel 5 oder weniger Arbeitnehmer ausschließlich der zu ihrer Berufsbildung Beschäftigten tätig sind. Damit greift das Kündigungsschutzgesetz dann nicht ein, wenn nicht mehr als 5 Arbeitnehmer beschäftigt werden, wobei Teilzeitbeschäftigte nach § 23 Abs. 1 S. 3 KSchG rechnerisch quotal je nach Umfang ihrer Beschäftigung berücksichtigt werden. Diese sogenannte »Kleinbetriebsklausel«

soll den kleineren Unternehmen eine größere Flexibilität bei der Auflösung von Arbeitsverhältnissen schaffen. Bei der Feststellung der Zahl der »in der Regel« beschäftigten Arbeitnehmer ist auf die Zahl der normalerweise Beschäftigten abzustellen, nicht entscheidend ist die Zahl der Arbeitnehmer, die gerade im Kündigungszeitpunkt zufällig beschäftigt werden. Die Feststellung der regelmäßigen Beschäftigtenzahl gemäß § 23 Abs. 1 KSchG erfordert die Berücksichtigung der Personalstärke in der Vergangenheit, als auch eine Einschätzung der künftigen Personalentwicklung. Eine nur vorübergehende geringere Zahl von Beschäftigten ist nicht aussagekräftig. Nicht mitzuzählen sind Leiharbeitnehmer, Arbeitnehmer, die sich im Erziehungsurlaub befinden oder Heimarbeiter bzw. arbeitnehmerähnliche Personen sowie Aushilfen, die zur Vertretung von Stammpersonal (z.B. wegen Krankheit) oder eines vorübergehenden erhöhten Bedarfs eingestellt worden sind. Keine Berücksichtigung finden auch Organvertreter einer juristischen Person sowie freie Mitarbeiter oder Handelsvertreter. Ferner sind Ersatzkräfte für nur vorübergehend ruhende Arbeitsverhältnisse (z.B. infolge von Wehrdienst oder Mutterschaft) nicht hinzuzurechnen. Da das Kündigungsschutzgesetz grundsätzlich nur für Betriebe auf dem Gebiet der Bundesrepublik Deutschland gilt, müssen die Voraussetzungen für ein Überschreiten des Schwellenwertes nach § 23 Abs. 1 S. 2 KSchG im Inland erfüllt sein.

Zu beachten ist, dass mehrere Unternehmen im Rahmen einer gemeinsamen Arbeitsorganisation unter einer einheitlichen Leitungsmacht einen Gemeinschaftsbetrieb bilden können. Bei rechtlich selbständigen Unternehmen mit Betrieben mit jeweils fünf oder weniger Arbeitnehmern, die allerdings einen einheitlichen Betrieb bilden, findet das Kündigungsschutzgesetz Anwendung, solange nur die Gesamtzahl der Beschäftigten im Gemeinschaftsbetrieb den Schwellenwert nach § 23 Abs. 1 übersteigt. Die in den verschiedenen Unternehmen beschäftigten Arbeitnehmer werden also zusammengerechnet. Für das Vorliegen eines Gemeinschaftsbetriebes verschiedener Unternehmen spricht, dass Arbeitgeberfunktionen im Bereich der sozialen und personellen Angelegenheiten von einem einheitlichen Leitungsapparat gesteuert werden. Dafür ist z.B. maßgeblich, ob ein arbeitgeberübergreifender Personaleinsatz praktiziert wird, der charakteristisch für den normalen Betriebsablauf ist und Arbeitsleistungen erbracht werden, in dem die notwendigen Arbeitsabläufe personell, technisch und organisatorisch miteinander verknüpft sind. Soweit das arbeitgeberseitige Direktionsrecht in seiner faktischen Ausübung derart koordiniert wird, dass die Umstände des Einzelfalls ergeben, dass der Kern der Arbeitgeberfunktionen im sozialen und personellen Bereich von derselben institutionellen Leitung ausgeübt wird, so deutet dies auf eine einheitliche Leitung eines Gemeinschaftsbetriebes hin. Ein Gemeinschaftsbetrieb liegt folglich noch nicht vor, wenn die Unternehmen lediglich arbeitstechnisch eine Einheit bilden um geschäftliche Ziele gemeinsam zu erreichen. Ebenso wenig reicht die tatsächliche unternehmerische Zusammenarbeit alleine aus, um das Vorliegen eines Gemeinschaftsbetriebes im Sinne des § 23 Abs. 2 S. 1 KSchG zu begründen.

> Im Ergebnis führt das Vorliegen eines Gemeinschaftsbetriebes mit einer Gesamtmitarbeiterzahl von mehr als fünf Arbeitnehmern dazu, dass sich für die Rechtswirksamkeit der Kündigung die Sozialauswahl und die Prüfung der Versetzungsmöglichkeit unternehmensübergreifend auf sämtliche Mitarbeiter des Gemeinschaftsbetriebes erstreckt.

Für den Fall der Kündigung im Kleinbetrieb hat das BAG jedoch unter Hinweis auf eine Entscheidung des Bundesverfassungsgerichts festgestellt, dass auch der Arbeitgeber im Kleinbetrieb bei Ausspruch einer Kündigung ein durch Art. 12 GG gebotenes Mindestmaß an sozialer Rücksichtnahme zu beachten hat. Dieses Gebot der sozialen Rücksichtnahme gebietet, dass z.B. ein durch langjährige Mitarbeit erdientes Vertrauen in den Fortbestand des Arbeitsverhältnisses bei der Auswahlentscheidung des Arbeitgebers über den zu kündigenden Mitarbeiter nicht unberücksichtigt bleiben darf. Das BAG hat gleichwohl hervorgehoben, dass dieser grundgesetzlich vermittelte Schutz nicht dazu führen darf, dass dem Kleinunternehmer praktisch die im Kündigungsschutzgesetz vorgegebenen Maßstäbe für die Wirksamkeit einer Kündigung auferlegt werden. In sachlicher Hinsicht geht es allein darum, dass die betroffenen Arbeitnehmer vor willkürlichen oder auf sachfremden Motiven beruhenden Kündigungen geschützt werden. Infolgedessen müssen Kündigungen in Kleinbetrieben lediglich daraufhin überprüft werden, ob spezifische betriebliche, persönliche oder sonstige wirtschaftliche Interessen des Arbeitgebers unter Berücksichtigung des Vertrauens des Arbeitnehmers am Erhalt seines Arbeitsplatzes die Kündigung rechtfertigen. Das BAG erkennt dabei an, dass der unternehmerischen Freiheit des Arbeitgebers bei dieser Abwägung ein erhebliches Gewicht zukommt.

> Die Nichtanwendbarkeit des Kündigungsschutzgesetzes führt gleichfalls dazu, dass der Arbeitnehmer nicht an die dreiwöchige Klagefrist des § 4 KSchG gebunden ist. Ein Arbeitnehmer, der eine Kündigung aus einem der allgemeinen Unwirksamkeitsgründe (Grundrechtsverletzung, Sittenwidrigkeit, Treuewidrigkeit, gesetzlicher Sonderkündigungsschutz, Kündigungsverbote) angreift, ist mit der Klage nur ausgeschlossen, wenn das Klagerecht prozessual verwirkt ist.

2.4.4 Leitende Angestellte

Grundsätzlich finden auf leitende Angestellte im Sinne des Kündigungsschutzgesetzes nach § 14 Abs. 2 KSchG die Vorschriften des allgemeinen Kündigungsschutzes (§§ 1–13 KSchG) ebenso Anwendung, wie auf andere Arbeitnehmer. Allerdings bestehen im Hinblick auf den sozialen Schutz nach dem Kündigungsschutzgesetz für leitende Angestellte zwei Ausnahmen. Zum einen können leitende Angestellte gegen die Kündigung keinen Einspruch beim Betriebsrat gemäß § 3 KSchG einlegen. Zum anderen – und dies ist in der Praxis wesentlich wichtiger – bedarf ein Antrag des Arbeitgebers nach § 9 KSchG auf gerichtliche Auflösung des Arbeitsverhältnisses keiner Begründung. Dies bedeutet, dass das Arbeitsgericht trotz Sozialwidrigkeit einer Kündigung das Arbeitsverhältnis mit dem leitenden Angestellten gegen Zahlung einer Abfindung auflöst, ohne dass der Arbeitgeber Gründe für einen Auflösungsantrag zu nennen braucht.

Der Gesetzgeber hat mit dieser Bestimmung berücksichtigt, dass zwischen dem Arbeitgeber und dem leitenden Angestellten in der Regel ein besonderes Vertrauensverhältnis besteht und bestehen muss, um in Zukunft weiter erfolgreich zusammenzuarbeiten. Hier ging der Gesetzgeber davon aus, dass nur der Arbeitgeber nach einer Kündigung entscheiden kann, ob das nötige Vertrauen für eine Fortsetzung des Arbeitsverhältnisses noch besteht. Aus diesem Grund soll der Arbeitgeber, auch bei Sozialwidrigkeit der Kündigung die Auflösung des Arbeitsverhältnisses gegen die Hinnahme einer vom Gericht festgesetzten Abfindungszahlung erzwingen zu können. Aus Arbeitgebersicht empfiehlt es sich jedoch, stets ausführlich ausreichende Gründe vorzutragen, um der richterlichen Festsetzung einer Höchstbetragsabfindung zwischen 12 bis 18 Monatsgehältern vorzubeugen.

Für die Frage, wer leitender Angestellter im Sinne des Kündigungsschutzgesetzes ist, ist zu berücksichtigen, dass sich der Begriff des leitenden Angestellten im Sinne des Kündigungsschutzgesetzes nicht mit dem des Betriebsverfassungsrechts deckt. Es gibt also Arbeitnehmer, die zwar leitende Angestellte im Sinne des Betriebsverfassungsrechts sind, nicht aber als leitende Angestellte nach dem Kündigungsschutzgesetz gelten. Leitende Angestellte im Sinne des Kündigungsschutzgesetzes müssen Geschäftsführer oder Betriebsleiter sein oder eine ähnliche leitende Stellung haben. Ein solcher Betriebsleiter, Geschäftsleiter oder ähnlich leitende Person muss zur selbständigen Einstellung oder Entlassung von Arbeitnehmern befugt sein. Erforderlich ist also die Ausführung von unternehmerischen Führungsaufgaben. Vor allem Betriebsleiter oder ähnlich leitende Angestellte müssen unternehmerische Teilaufgaben für den Betrieb oder Betriebsteil eigenverantwortlich wahrnehmen und gegenüber einer nicht geringen Anzahl von Arbeitnehmern eine Vorgesetztenstellung innehaben und das Weisungsrecht innerhalb eines eigenen Entscheidungsspielraums ausüben. Es genügt nicht, wenn das Direktionsrecht nur gegenüber einem oder ganz wenigen Arbeitnehmern ausgeübt wird.

Für den Geschäftsführer, den Betriebsleiter und den ähnlich leitenden Angestellten gilt, dass für die Einstellungs- oder Entlassungsbefugnis neben dem rechtlichen Können auch das rechtliche Dürfen erforderlich ist. Der Angestellte muss sowohl im Außen- als auch im Innenverhältnis zur Einstellung oder Entlassung berechtigt sein. Eine Prokura allein genügt also nicht, wenn die leitende Position fehlt oder im Innenverhältnis die selbständige Einstellungs- oder Entlassungsbefugnis beschränkt ist. Ebenso wenig liegt eine selbständige Einstellungsbefugnis vor, wenn der Angestellte zwar im Innenverhältnis verbindliche Einstellungsvorschläge machen kann, die Abwicklung und Einstellung im Außenverhältnis allerdings die Zustimmung weiterer Personen voraussetzt. Außerdem muss die Einstellungs- oder Entlassungsberechtigung einen wesentlichen Teil der Tätigkeit ausmachen. Die bloße vertretungsweise Wahrnehmung dieser Befugnisse genügt nicht. Unter Zugrundelegung der gesetzlichen Kriterien für einen leitenden Angestellten zeigt sich in der betrieblichen Praxis regelmäßig, dass sich in weit weniger Fällen die betriebliche Wahrnehmung oder Zuweisung einer Leitungsposition mit der gesetzlichen Definition des leitenden Angestellten deckt.

> ! Da der Begriff des leitenden Angestellten im Sinne des Kündigungsschutzgesetzes nicht identisch ist mit dem des Betriebsverfassungsrechts gemäß § 5 Abs. 3 BetrVG ist immer zu prüfen, ob der Betriebsrat auch vor der Kündigung eines leitenden Angestellten im Sinne des Kündigungsschutzgesetzes nach § 102 BetrVG anzuhören ist. Die Anhörungspflicht entfällt nur dann, wenn der Arbeitnehmer Generalvollmacht oder Prokura besitzt, zur selbständigen Einstellung und Entlassung befugt ist oder regelmäßig unternehmerische Leitungsaufgaben von nicht unbedeutendem Umfang wahrnimmt (§ 5 Abs. 3 BetrVG).

2.5 Allgemeiner Kündigungsschutz

Nachdem der Gesetzgeber 1996 die Voraussetzungen für das Eingreifen des allgemeinen Kündigungsschutzes zu Gunsten der Arbeitgeber verändert hatte, reformierte die neue Bundesregierung nach der Bundestagswahl 1998 das Gesetz durch Änderung der Kleinbetriebsklausel wiederum zu Gunsten der Arbeitnehmer.

Der Kündigungsschutz besteht in Betrieben nicht, in denen in der Regel 5 oder weniger Arbeitnehmer beschäftigt sind (§ 23 Absatz 1 Satz 2 Kündigungsschutzgesetz). Bei genau 5 Arbeitnehmern ist das Kündigungsschutzgesetz also nicht anwendbar. Bei der Feststellung der Zahl der Mitarbeiter sind Teilzeitkräfte mit einer regelmäßigen wöchentlichen Arbeitszeit von

- nicht mehr als 20 Stunden mit 0,5 und
- nicht mehr als 30 Stunden mit 0,75

zu berücksichtigen (siehe im Einzelnen 2.4.3).

Weitere Voraussetzung ist, dass der Mitarbeiter mindestens 6 Monate beschäftigt war.

Mitarbeiter, auf die diese Voraussetzungen nicht zutreffen, unterliegen nicht dem allgemeinen Kündigungsschutz. Treffen die Voraussetzungen für das Bestehen von Kündigungsschutz auf einen zur Kündigung anstehenden Mitarbeiter zu, kann er das Arbeitsgericht anrufen und überprüfen lassen, ob die Kündigung sozial gerechtfertigt ist. Für den Fall, dass das Arbeitsgericht dies verneint, wird es die Kündigung für unwirksam erklären mit der Folge, dass das Arbeitsverhältnis fortbesteht (siehe 2.8.5).

> **!** Für die Berechnung der sechsmonatigen Wartezeit kommt es nicht auf den Beginn einer bestimmten Tätigkeit, sondern lediglich auf den Beginn des Arbeitsverhältnisses mit dem Arbeitgeber als solchem an. Maßgeblich für die Berechnung der Wartezeit ist allein der Zeitpunkt des ursprünglichen Vertragsbeginns.

Der allgemeine Kündigungsschutz erfasst Arbeiter und Angestellte, Vollzeit- oder Teilzeitmitarbeiter (siehe II B/ 3.3) in gleicher Weise.

Kommt das Kündigungsschutzgesetz zur Anwendung, wird das Arbeitsgericht im Fall seiner Anrufung durch Ihren Mitarbeiter eine Kündigung nur dann als sozial gerechtfertigt ansehen, wenn sie durch die Person, das Verhalten oder dringende betriebliche Erfordernisse begründet ist.

2.5.1 Betriebsbedingte Kündigung

Rechtfertigen die betrieblichen Verhältnisse eine Weiterbeschäftigung eines Mitarbeiters nicht, so kommt eine betriebsbedingte Kündigung in Betracht. Im Einzelnen hat eine betriebsbedingte Kündigung folgende Wirksamkeitsvoraussetzungen:
- Es muss ein dringendes betriebliches Bedürfnis für den Entfall des Arbeitsplatzes vorliegen;
- Sie dürfen als Arbeitgeber keinen sonstigen freien Arbeitsplatz im Unternehmen zur Verfügung haben, auf dem der Mitarbeiter tätig sein könnte;
- Sie müssen als Arbeitgeber innerhalb der vergleichbaren Mitarbeiter des Betriebs eine korrekte Sozialauswahl (siehe 2.5.1.3) getroffen haben, wobei Betriebszugehörigkeit, Alter und Familienstand maßgebliche Kriterien sind.

> **!** Leistungsgesichtspunkte können dadurch in die Bewertung eingeführt werden, dass Sie Arbeitnehmer von der Sozialauswahl ausnehmen können, deren Weiterbeschäftigung (insbesondere wegen ihrer Kenntnisse, Fähigkeiten und Leistungen oder zur Sicherung einer ausgewogenen Personalstruktur des Betriebs) im berechtigten betrieblichen Interesse liegt.

2.5.1.1 Dringendes betriebliches Erfordernis für den Wegfall des Arbeitsplatzes

Während die Gründe für personen- oder verhaltensbedingte Kündigungen in der Sphäre Ihres Arbeitnehmers liegen, handelt es sich bei den dringenden betrieblichen Gründen um Umstände aus Ihrem Einflussbereich als Arbeitgeber. Das Bestandsschutzinteresse des einzelnen Mitarbeiters an seinem Arbeitsplatz hat insofern dann zurückzutreten, wenn die betrieblichen Verhältnisse einen Personalabbau notwendig machen.

Im Hinblick auf die vielfältigen Marktentwicklungen hat es der Gesetzgeber bewusst unterlassen, den Begriff der betrieblichen Erfordernisse zu konkretisieren. Das Bundesarbeitsgericht geht in Übereinstimmung mit dem Gesetzgeber insoweit von dem Grundsatz der freien Unternehmerentscheidung aus, in dem es immer wieder darauf hinweist, dass die Arbeitsrichter nicht dazu befugt seien, unternehmerische Entscheidungen auf ihre Zweckmäßigkeit und Notwendigkeit hin zu prüfen.

Die gerichtliche Überprüfung dürfe sich, so das Bundesarbeitsgericht, nur darauf erstrecken, ob die auf Grund der Unternehmerentscheidung getroffenen betrieblichen Maßnahmen offenbar unsachlich, unvernünftig oder willkürlich seien. Insofern ist stets nachzuprüfen, ob zum Zeitpunkt des Ausspruchs der Kündigung feststeht, dass zum Zeitpunkt des Endes der Kündigungsfrist keine Beschäftigungsmöglichkeit für den gekündigten Arbeitnehmer mehr besteht. Hierzu verlangt das Arbeitsgericht zunächst die Benennung der inner- oder außerbetrieblichen Gründe, die die Unternehmerentscheidung zum Personalabbau motiviert haben. Klassischer Fall eines externen Grunds ist ein dauerhafter Umsatzrückgang. Führt dieser unmittelbar zur Verringerung einer bestimmten Arbeitsmenge, so können Sie die Kündigung eines Mitarbeiters darauf stützen, dass durch den Umsatzrückgang ein dringendes betriebliches Erfordernis zur Entlassung entstanden ist. Sind Umfang und Dauer des Umsatzrückgangs streitig, hat das Gericht zu überprüfen, ob ein dauerhafter Umsatzrückgang vorliegt und in welchem Umfang er sich auf die Arbeitsmenge bestimmter Arbeitnehmer auswirkt.

Typische interne Gründe für eine Personalabbaumaßnahme können innerbetriebliche Rationalisierungsmaßnahmen, Einschränkungen der Produktion oder endgültige Stilllegung des Betriebs sein. Rückgang der Gewinnmargen und schlechte Rentabilität allein stellen regelmäßig kein dringendes betriebliches Erfordernis dar, da sie auf verschiedenen Gründen beruhen können und sich nicht unmittelbar auf die Arbeitsplätze auswirken.

Inner- bzw. außerbetriebliche Gründe begründen im Übrigen nur dann ein dringendes betriebliches Erfordernis zur Beendigung des Arbeitsverhältnisses, wenn sie sich konkret auf die Einsatzmöglichkeit des gekündigten Arbeitnehmers auswirken. Das Bundesarbeitsgericht hat jedoch klargestellt, dass Sie als Arbeitgeber nicht darlegen müssen, dass der konkrete Arbeitsplatz des gekündigten Mitarbeiters entfallen ist. Darzulegen ist vielmehr lediglich, dass durch einen bestimmten inner- oder außerbetrieblichen Grund ein Überhang an Arbeitskräften entstanden ist, durch den unmittelbar oder mittelbar das Bedürfnis zur Weiterbeschäftigung eines oder mehrerer Arbeitnehmer entfallen ist.

2.5.1.2 Kein sonstiger freier Arbeitsplatz

Eine betriebsbedingte Beendigungskündigung darf nur ausgesprochen werden, wenn keine sonstige zumutbare Weiterbeschäftigung auf einem anderen freien Arbeitsplatz besteht. Zu beachten ist dabei, dass sich die Verpflichtung zur Suche eines freien Arbeitsplatzes nicht nur auf Ihren Betrieb, sondern auf Ihr gesamtes Unternehmen erstreckt. In Einzelfällen kann diese Verpflichtung auch konzernweit ausgedehnt werden. Dies hat das Bundesarbeitsgericht für den Fall festgestellt, dass der entsprechende Arbeitsvertrag einen konzernweiten Versetzungsvorbehalt enthält. Als Korrelat zu dieser Erleichterung für den Arbeitgeber sieht das Bundesarbeitsgericht die Verpflichtung des Arbeitgebers, im potenziellen Kündigungsfall auch konzernweit nach einer freien Stelle zu suchen.

Im Prozess ist die Darlegungslast abgestuft. Zunächst reicht es, wenn Sie als Arbeitgeber behaupten, dass in Ihrem Unternehmen/Konzern kein sonstiger freier Arbeitsplatz vorhanden ist, auf dem der Mitarbeiter tätig sein könnte. Es obliegt dann Ihrem Mitarbeiter, entsprechende Arbeitsplätze konkret zu benennen. Sie haben daraufhin die Verpflichtung, wenn Sie eine Beschäftigung auf diesen Arbeitsplätzen für nicht möglich halten, dies im Einzelnen darzulegen.

Ist eine Beschäftigung auf einem sonstigen freien Arbeitsplatz möglich, so ist zunächst eine Änderungskündigung auszusprechen (wenn nicht die Versetzung bereits im Rahmen des Direktionsrechts möglich ist); siehe hierzu IV B/ 5.1.4.

2.5.1.3 Sozialauswahl

Die korrekte Sozialauswahl ist eine wesentliche Voraussetzung für betriebsbedingte Kündigungen. Gekündigt werden sollen nämlich nur die Arbeitnehmer, die im Vergleich zu anderen, vergleichbaren Arbeitnehmern sozial von der Kündigung am wenigsten betroffen wären.

Der Gesetzgeber hat 1996 zu Gunsten des Arbeitgebers die Kriterien bei der Sozialauswahl auf die Bewertung der Betriebszugehörigkeit, das Alter und die Zahl der Unterhaltsberechtigten beschränkt. Nach der Bundestagswahl 1998 wurden die bei der Sozialauswahl zu prüfenden Kriterien auf die zusätzliche Berücksichtigung von »weichen Kriterien«, wie z.B. familiäre Situation, allgemeine soziale Situation des Mitarbeiters, Vermittlungsfähigkeit auf dem Arbeitsmarkt, usw. wieder erweitert.

Nach der seit 1998 geltenden Rechtslage können Sie Arbeitnehmer bzw. Arbeitnehmergruppen »deren Weiterbeschäftigung insbesondere wegen ihrer Kenntnisse, Fähigkeiten und Leistungen oder zur Sicherung einer ausgewogenen Personalstruktur des Betriebes im berechtigten betrieblichen Interesse liegt« nicht mehr bereits im Vorfeld aus der Sozialauswahl herausnehmen. Sie müssen stattdessen wieder die volle Sozialauswahl innerhalb vergleichbarer Arbeitnehmer vornehmen und können erst anschließend eine Korrektur vornehmen, »wenn betriebstechnische, wirtschaftliche oder sonstige berechtigte betriebliche Bedürfnisse die Weiterbeschäftigung eines oder mehrerer bestimmter Arbeitnehmer bedingen und damit der Auswahl nach sozialen Gesichtspunkten entgegenstehen«. Hierzu ist regelmäßig detaillierter Sachvortrag notwendig.

Innerhalb der Sozialauswahl sind diejenigen Arbeitnehmer vergleichbar, die auf der gleichen hierarchischen Ebene des Betriebs stehen (sog. horizontale Vergleichbarkeit) und auf ihren Arbeitsplätzen objektiv ähnliche Tätigkeiten verrichten. Entscheidende Frage ist, ob der zur Kündigung anstehende Mitarbeiter die Tätigkeit eines anderen Mitarbeiters übernehmen könnte. Ein bestimmter Umschulungsaufwand ist zumutbar. Es gilt der Grundsatz: Alle Arbeitsplätze, auf denen die Mitarbeiter ohne Änderungskündigung nach dem Direktionsrecht versetzt werden können, sind einzubeziehen.

> **!** Die Sozialauswahl muss im Gegensatz zur Suche nach einer freien Position nicht unternehmens-, sondern rein betriebsbezogen sein. Die Auswahl hat sich auf den gesamten Betrieb zu erstrecken, eine nur abteilungsbezogene Betrachtung scheidet aus.

Geblieben ist die Regelung, dass immer dann, wenn ein Tarifvertrag, eine Betriebsvereinbarung oder eine Auswahlrichtlinie festlegt, wie die sozialen Gesichtspunkte im Verhältnis zueinander zu bewerten sind, dies der einzelne Arbeitnehmer dann nur noch auf grobe Fehlerhaftigkeit hin gerichtlich überprüfen lassen kann. Auch weiterhin bietet es sich im Rahmen umfangreicher Entlassungsmaßnahmen mithin an, mit dem Betriebsrat entsprechende Regelungen zu treffen.

> **!** Es bringt nicht mehr viel, die zu kündigenden Arbeitnehmer im Rahmen eines Interessenausgleichs (siehe auch III B/3.2.3) zwischen Arbeitgeber und Betriebsrat namentlich zu bezeichnen (Namensliste). Diese Erleichterung zu Gunsten der Arbeitgeber hat der Gesetzgeber nach der Bundestagswahl 1998 wieder gestrichen.

2.5.2 Personenbedingte Kündigung

Eine Kündigung ist dann als personenbedingt gerechtfertigt, wenn sie auf Gründen beruht, die in den persönlichen Eigenschaften und Fähigkeiten Ihres Mitarbeiters liegen.

Kern der personenbedingten Kündigung ist, dass es regelmäßig auf ein Verschulden des Mitarbeiters nicht ankommt, sondern die Kündigung ausschließlich darin begründet liegt, dass Ihnen als Arbeitgeber vor dem Hintergrund des Vorliegens der personenbedingten Gründe eine weitere Fortsetzung des Arbeitsverhältnisses nicht mehr zugemutet werden kann. Die personenbedingte Kündigung ist also zukunftsbezogen.

In jedem Einzelfall müssen Sie die Interessen beider Seiten sorgfältig abwägen. Insbesondere zu berücksichtigen sind dabei z.B. die Dauer des Arbeitsverhältnisses, das Bestehen eventuell alternativer Arbeitsplätze, die Möglichkeit von Umschulungs- oder Fortbildungsmaßnahmen sowie allgemeine soziale Erwägungen.

> **!** Sehr häufig ist die Abgrenzung zwischen personen- und verhaltensbedingten Gründen schwierig. Es mag z.B. im Einzelfall schwer feststellbar sein, ob bestimmte Leistungsmängel Ihres Mitarbeiters auf fehlende grundsätzliche Eignung oder lediglich auf Nachlässigkeit zurückzuführen sind. In solchen Fällen sollten Sie vorsorglich die Kündigung nicht nur auf personen-, sondern auch auf verhaltensbedingte Gründe stützen. Dabei sind jedoch die Voraussetzungen für eine

verhaltensbedingte Kündigung zu beachten (siehe 2.5.3). Insbesondere wird regelmäßig vor Ausspruch der Kündigung eine einschlägige Abmahnung erforderlich sein (siehe 2.5.3.2). Eine Abmahnung verlangt die Rechtsprechung im Übrigen auch bei personenbedingten Kündigungen, die den Leistungsbereich berühren.

> In allen Fällen einer personenbedingten Kündigung prüft das Arbeitsgericht immer die spezifischen Umstände des Einzelfalls. Nur wenn unter Berücksichtigung der Interessen beider Parteien eine Fortsetzung des Arbeitsverhältnisses für Sie unzumutbar ist, wird die personenbedingte Kündigung der arbeitsgerichtlichen Überprüfung standhalten.

2.5.2.1 Krankheit und Kündigung

Die krankheitsbedingte Kündigung ist der klassische Fall einer personenbedingten Kündigung. Zwar ist die Krankheit als solche kein Kündigungsgrund. Dann jedoch, wenn auf Grund der zukünftig zu erwartenden krankheitsbedingten Ausfallzeiten substanzielle betriebliche Störungen oder wirtschaftliche Belastungen zu erwarten sind und eine ergänzende Interessenabwägung ergibt, dass Ihnen als Arbeitgeber ein weiteres Festhalten an dem Arbeitsverhältnis nicht mehr zugemutet werden kann, können Sie das Arbeitsverhältnis krankheitsbedingt kündigen.

Maßgeblich für die soziale Rechtfertigung einer krankheitsbedingten Kündigung sind die objektiven Verhältnisse im Zeitpunkt des Zugangs der Kündigungserklärung. Insoweit ist zu prüfen, wie zu diesem Zeitpunkt die künftige Entwicklung des Gesundheitszustands des Mitarbeiters zu bewerten und mit welchen betrieblichen und wirtschaftlichen Auswirkungen zu rechnen ist. Umstände, die erst nach Zugang der Kündigung eintreten, können dabei keine Berücksichtigung mehr finden. Lehnt z.B. Ihr Mitarbeiter vor Ausspruch der Kündigung eine medizinisch erforderliche Behandlung ab und ändert seine Meinung erst nach Ausspruch der Kündigung, rechtfertigt sein ursprüngliches Verhalten regelmäßig die Kündigung.

> Da es lediglich auf die objektiven Umstände im Moment des Kündigungszugangs ankommt, spielt es keine Rolle, ob diese Ihnen vor Ausspruch der Kündigung insgesamt bekannt waren. Zur Minimierung von Prozessrisiken sollten Sie dennoch vor Ausspruch einer krankheitsbedingten Kündigung sehr sorgfältige Untersuchungen über alle in Betracht kommenden Aspekte des Falls vornehmen. Insbesondere ist es angeraten, dass Sie nähere Informationen über den Gesundheitszustand des Arbeitnehmers und die weitere Einschätzung des Krankheitsverlaufs einholen. Sofern ein Werksarzt vorhanden ist, sollte dieser konsultiert werden (siehe IIIB/ 2.9). Gegebenenfalls ist es auch sinnvoll, den Arbeitnehmer selbst vor Ausspruch der Kündigung anzuhören.

Kündigung wegen häufiger Kurzerkrankungen

Eine Kündigung wegen häufiger Kurzerkrankungen setzt voraus, dass die folgenden Kriterien erfüllt sind:
- Der Mitarbeiter muss in der Vergangenheit einen überdurchschnittlich hohen Krankheitsstand aufgewiesen haben.
- Es liegt eine negative Gesundheitsprognose für die Zukunft vor.
- Es ist zu gewärtigen, dass die prognostizierten Fehlzeiten zu erheblichen wirtschaftlichen Belastungen und/oder betrieblichen Störungen führen.
- Eine Interessenabwägung ergibt, dass die wirtschaftlichen Belastungen und/oder betrieblichen Störungen auf Grund der Besonderheiten des Einzelfalls von Ihnen als Arbeitgeber nicht länger hinzunehmen sind.

Die Rechtsprechung zu der Frage, ab wann von einem Vorliegen hoher Fehlzeiten auszugehen ist, ist nicht einhellig. Unterhalb einer Fehlzeitenrate von 14% im Jahr dürfte eine krankheitsbedingte Kündigung jedoch regelmäßig ausscheiden. Außerdem bewertet das BAG erst erhebliche Fehlzeiten in einem Referenzzeitraum von wenigstens 2-3 Jahren als kündigungsrechtlich aussagefähig. Bei der Berechnung der Fehlzeiten sind nach überwiegender Auffassung Abwesenheitszeiten wegen Schwangerschaft nicht mitzurechnen. Fehlzeiten wegen Kuren können allerdings berücksichtigt werden.

Welche Umstände ausreichend sind, eine negative Prognose zu rechtfertigen, hängt von der Sachverhaltskonstellation im Einzelfall ab. Für das Bestehen einer negativen Prognose sind Sie als Arbeitgeber vor Gericht beweispflichtig. Sie müssen zunächst die in der Vergangenheit aufgetretenen Fehltage im Einzelnen darlegen. Ergibt sich hieraus, dass das Kriterium »häufiger« Kurzerkrankungen erfüllt ist, wird vermutet, dass auch in der Zukunft mit entsprechenden Fehlzeiten zu rechnen ist.

Es obliegt sodann Ihrem Arbeitnehmer darzulegen, weshalb die Besorgnis weiterer Erkrankungen unberechtigt sein soll. Ist dies im Einzelfall nicht darstellbar, muss der Mitarbeiter seinen Arzt oder einen Gutachter von der Schweigepflicht entbinden, der dann durch das Gericht gehört wird. Der Nachweis einer negativen Prognose gelingt in diesem Fall nur dann, wenn der Arzt bzw. Gutachter darlegt, dass auch in Zukunft mit weiteren Fehlzeiten zu rechnen ist.

Das Vorliegen von Fehlzeiten sowie einer negativen Prognose reichen allerdings zur Begründung der Kündigung allein nicht aus. Sie müssen als Arbeitgeber weiterhin erhebliche wirtschaftliche Belastungen oder betriebliche Störungen darlegen. Hierzu müssen Sie im arbeitsgerichtlichen Verfahren alle relevanten Einzelheiten vortragen. Hieran scheitern viele krankheitsbedingte Kündigungen.

Relevante wirtschaftliche Belastungen nimmt das Bundesarbeitsgericht an, wenn Ihren Leistungen als Arbeitgeber keine adäquate Gegenleistung Ihres Mitarbeiters mehr gegenübersteht. Dies kann insbesondere dann vorliegen, wenn – wie bei häufigen Kurzerkrankungen in der Regel der Fall – hohe Lohnfortzahlungskosten angefallen sind; aber auch wenn an Ersatzkräfte zusätzliche Zahlungen geleistet werden müssen oder wenn Überstundenvergütungen für andere Mitarbeiter anfallen.

Wesentliche Betriebsablaufstörungen durch hohe Fehlzeiten können z.B. vorliegen, wenn die Fehlzeiten zu einem erheblichen Arbeitsaufwand bei der Beschaffung von Ersatzkräften führen, wenn die Personalplanung infolge häufiger Fehlzeiten erheblich erschwert wird, wenn durch die Fehlzeiten Maschinenstillstände und Produktionsausfälle eintreten, wenn bei der Neuverteilung der Arbeit des erkrankten Mitarbeiters erheblicher Mehraufwand entsteht oder wenn es zu konkreten negativen Auswirkungen auf das Betriebsklima kommt.

Abschließend prüfen die Arbeitsgerichte im Rahmen einer Interessenabwägung, ob bei Vorliegen der vorgenannten Voraussetzungen Ihnen dennoch eventuell zugemutet werden kann, das Arbeitsverhältnis fortzusetzen. Hierbei wird u.a. berücksichtigt, ob und wie lange das Arbeitsverhältnis ungestört verlaufen ist, das Alter und der Familienstand Ihres Mitarbeiters, die Gründe für die Krankheit (z.B. auf einen Betriebsunfall oder externe Ursachen) oder ob es nicht Möglichkeiten der Umsetzung des Mitarbeiters auf einen Arbeitsplatz gibt, an dem Betriebsablaufstörungen nur in geringerer Weise auftreten würden.

Kündigung wegen lang anhaltender Krankheit
Hier wendet das Bundesarbeitsgericht folgende Prüfungskriterien an:
- Der Arbeitnehmer ist schon längere Zeit arbeitsunfähig krank;
- es ist noch mit einer längerfristigen Fortdauer der Arbeitsunfähigkeit zu rechnen;
- hierdurch kommt es zu erheblichen betrieblichen oder wirtschaftlichen Belastungen für Sie als Arbeitgeber;
- auch eine allgemeine Interessenabwägung ergibt, dass Ihnen als Arbeitgeber eine Fortsetzung des Arbeitsverhältnisses nicht länger zugemutet werden kann.

Wann von einer lang anhaltenden Krankheit auszugehen ist, wird in der Rechtsprechung nicht einheitlich beurteilt. Hierbei sind insbesondere folgende Umstände zu berücksichtigen: Ursache der Erkrankung, Dauer, Art und Häufigkeit früherer Erkrankungen, Alter Ihres Mitarbeiters, Dauer der Betriebszugehörigkeit, Länge der Kündigungsfrist, Auswirkungen auf den Betrieb usw. Im Regelfall wird davon auszugehen sein, dass eine Kündigung erst dann in Betracht kommt, wenn Ihnen die Durchführung von Überbrückungsmaßnahmen weder möglich noch zumutbar ist.

Dauernde Arbeitsunfähigkeit
Ist Ihr Mitarbeiter auf Grund seiner Erkrankung dauernd unfähig, die geschuldete Arbeitsleistung zu erbringen, berechtigt Sie dies regelmäßig zur ordentlichen personenbedingten Kündigung des Arbeitsverhältnisses.

2.5.3 Verhaltensbedingte Kündigung
Sind Sie mit einem Mitarbeiter aus verhaltensbedingten Gründen unzufrieden, können Sie nicht ohne weiteres eine Kündigung aussprechen. Notwendig ist vielmehr, dass der Mitarbeiter durch sein Verhalten seine arbeitsvertraglichen Verpflichtungen verletzt hat, Sie das entsprechende Verhalten abgemahnt haben und der Mitarbeiter dennoch eine gleich gelagerte Verletzungshandlung wieder begeht.

Im Übrigen reicht nicht jedes Fehlverhalten für eine Abmahnung (siehe 2.5.3.2) bzw. nachfolgende verhaltensbedingte Kündigung aus. Entscheidend ist vielmehr, dass Ihr Mitarbeiter gegen konkrete vertragliche Verpflichtungen verstoßen hat. Die Nicht-Erfüllung lediglich bestimmter, in ihn gesetzter Hoffnungen ist grundsätzlich irrelevant.

In aller Regel wird es zusätzlich erforderlich sein, dass die Vertragsverletzungen durch Ihren Mitarbeiter schuldhaft begangen worden sind.

Der verhaltensbedingten Kündigung vorzuschalten ist üblicherweise eine Abmahnung. Hiervon ausgenommen sind lediglich Fälle der Vertragsverstöße im Vertrauensbereich sowie Konstellationen, in denen der Mitarbeiter unter keinen Umständen damit rechnen konnte, dass Sie als Arbeitgeber sein Verhalten tolerieren werden.

> **!** Wie viele Abmahnungen erforderlich sind, bevor eine verhaltensbedingte Kündigung ausgesprochen werden kann, ist gesetzlich nicht geregelt. Auch die Rechtsprechung hat insoweit keine Praxis etabliert. Das vielfach kursierende Gerücht, dass nach drei Abmahnungen automatisch eine verhaltensbedingte Kündigung wirksam ausgesprochen werden kann, ist jedenfalls falsch.
> Gehen Sie davon aus, dass nur geringfügige Vertragsverstöße eher mehrere Abmahnungen vor Ausspruch der Kündigung erfordern, während gravierende, schwer wiegende Vertragsverletzungen auch bereits nach einmaliger Abmahnung und nachfolgender Wiederholung des Fehlverhaltens zur Kündigung führen können. (Siehe auch Forum, II/ 2.1)

Nach Ausspruch der Abmahnung kommt eine Kündigung erst dann in Betracht, wenn Ihr Mitarbeiter ein gleich gelagertes Fehlverhalten erneut an den Tag gelegt hat. Nicht notwendig ist, dass das Fehlverhalten mit dem abgemahnten Verhalten identisch sein muss. Es gilt regelmäßig als ausreichend, wenn das neuerliche Fehlverhalten mit dem abgemahnten Verhalten gleich gelagert ist. Ist auch dies nicht anzunehmen, bedarf es einer neuerlichen Abmahnung. Beispielsweise werden Sie regelmäßig einen wegen Nicht-Befolgung bestimmter Anordnungen abgemahnten Mitarbeiter, der anschließend zu spät kommt, nicht ohne weiteres verhaltensbedingt kündigen können. Das »Zu-spät-Kommen« wird mit dem Komplex »Nicht-Befolgung von Anordnungen« nicht vergleichbar sein. In diesem Fall müssen Sie den Mitarbeiter wegen des Zu-spät-Kommens erneut abmahnen.

Auch eine verhaltensbedingte Kündigung wird durch die Arbeitsgerichte nur akzeptiert, wenn eine Interessenabwägung zwischen Arbeitgeber und Arbeitnehmer zu dem Ergebnis führt, dass Ihnen als Arbeitgeber die Fortsetzung des Arbeitsverhältnisses nicht länger zumutbar ist. Dabei wird unter anderem die Schwere der Verletzungshandlung, die Häufigkeit ihres Auftretens, Vorverhalten des Arbeitnehmers, Mitverschulden der Arbeitgeberseite, Dauer der Betriebszugehörigkeit, Lebensalter, Versetzungsmöglichkeit eine Rolle spielen (siehe Übersicht zu 2.5.3).

> In allen Fällen einer verhaltensbedingten Kündigung prüft das Arbeitsgericht immer die spezifischen Umstände des Einzelfalls. Nur wenn unter Berücksichtigung der Interessen beider Parteien eine Fortsetzung des Arbeitsverhältnisses für Sie unzumutbar ist, wird die verhaltensbedingte Kündigung der arbeitsgerichtlichen Überprüfung standhalten.
> Genauso wie die personenbedingte Kündigung ist die verhaltensbedingte Kündigung auf das zu erwartende zukünftige Verhalten des Arbeitnehmers bezogen und soll das Risiko weiterer arbeitsvertraglicher Verstöße ausschließen.

2.5.3.1 Alkohol, Drogen und Kündigung

Bei einer Kündigung wegen Alkohol- oder Drogenmissbrauch ist zu unterscheiden, ob bei Ihrem Arbeitnehmer eine Sucht vorliegt oder ob er lediglich mehrfach alkoholisiert oder narkotisiert angetroffen wurde.

Kündigung in Suchtfällen
Alkoholismus oder Drogenabhängigkeit stellt eine Krankheit dar. Eine Kündigung wegen der Sucht ist daher ebenfalls eine personenbedingte Kündigung, deren Wirksamkeit nach den unter 2.5.2.1 genannten Kriterien für krankheitsbedingte Kündigungen zu beurteilen ist. Insbesondere kommt es dabei auf den voraussichtlichen Krankheitsverlauf und die zu erwartenden weiteren Beeinträchtigungen des Arbeitsverhältnisses einschließlich der wirtschaftlichen Belastungen oder betrieblicher Störungen an. Nach Auffassung der Rechtsprechung kann sich aus den Besonderheiten der Sucht und der Berücksichtigung der jeweiligen Aufgabenstellung Ihres Mitarbeiters allerdings die Notwendigkeit ergeben, an die Prognose geringere Anforderungen als in sonstigen Krankheitsfällen zu stellen.

Übersicht (zu 2.5.3) Beispiele für verhaltensbedingte Kündigung

1. Alkohol
Besteht in Ihrem Betrieb ein Alkoholverbot, kann ein wiederholter Verstoß hier gegen nach vorheriger Abmahnung eine ordentliche Kündigung rechtfertigen. Besteht ein betriebliches Alkoholverbot nicht, so reicht der Genuss von Alkohol im Betrieb allein noch nicht aus, um eine verhaltensbedingte Kündigung zu begründen. Es muss vielmehr eine wiederholte Verletzung der vertraglichen Verpflichtungen des Mitarbeiters durch den Alkoholkonsum vorliegen. Im Einzelnen müssen Sie konkrete Vertragsverletzungen sowie voraufgegangene Abmahnungen entsprechend nachweisen.

2. Anstiftung
Stiftet Ihr Mitarbeiter Kollegen zu negativem Verhalten Ihnen gegenüber oder zum Vertragsbruch (z.B. kollektives Krankfeiern) an, kann eine verhaltensbedingte Kündigung gerechtfertigt sein.

3. Anzeigen
Grundsätzlich kann die Erstattung einer Anzeige gegen Sie als Arbeitgeber eine ordentliche Kündigung (siehe 2.1.1) rechtfertigen. Dies gilt üblicherweise selbst dann, wenn der der Anzeige zugrundeliegende Sachverhalt zutreffend ist. Eine Ausnahme gilt nur dann, wenn der Mitarbeiter die Anzeige zum Schutz höherwertiger Rechtsgüter erstattet hat. Oftmals kann sogar eine fristlose Kündigung in Betracht kommen (siehe 2.1.2).

4. Arbeitsunfähigkeitsbescheinigung
Kommt Ihr Mitarbeiter seiner Pflicht zur Vorlage von Arbeitsunfähigkeitsbescheinigungen im Krankheitsfall nicht nach, kann dies zu einer verhaltensbedingten Kündigung führen. Traditionell besteht die Vorlagepflicht ab dem 3. Tag der Krankheit. Der Arbeitgeber kann sie jedoch bereits früher verlangen, sofern dem nicht vertragliche oder tarifliche Vereinbarungen entgegenstehen. Voraussetzung für eine Kündigung ist jedoch, dass Ihr Mitarbeiter die Arbeitsunfähigkeitsbescheinigung wiederholt nicht eingereicht hat, er entsprechend abgemahnt wurde und durch das Fehlverhalten des Mitarbeiters betriebliche Schwierigkeiten aufgetreten sind. Hat die Nicht-Vorlage der Arbeitsunfähigkeitsbescheinigung zu konkreten Schäden geführt, kommt soweit eine außerordentliche Kündigung in Betracht.

5. Arbeitsverweigerung
Bei nachhaltiger Arbeitsverweigerung ist üblicherweise eine außerordentliche Kündigung gerechtfertigt. In allen sonstigen Fällen kommt eine verhaltensbedingte Kündigung in Betracht, wenn Sie Anspruch auf Arbeitsleistung haben und Ihr Mitarbeiter dem nicht nachkommt. Vor Ausspruch einer Kündigung wird regelmäßig eine Abmahnung notwendig sein.

6. Beleidigungen
Werden Sie oder Vorgesetzte des Mitarbeiters durch den Mitarbeiter beleidigt, so kann dies eine verhaltensbedingte Kündigung nach sich ziehen. In groben Fällen kommt sogar eine fristlose Kündigung in Betracht (siehe 2.1.2). Im Einzelfall ist darauf abzustellen, in welcher Weise die Beleidigung erfolgt ist, welchen Hintergrund sie hat, in welchem Rahmen sie gefallen ist usw.

7. Betriebsfrieden
Stört Ihr Mitarbeiter den Betriebsfrieden, kann nach vorheriger Abmahnung eine verhaltensbedingte Kündigung in Betracht kommen. Voraussetzung ist jedoch in jedem Fall, dass das geordnete Zusammenleben oder der Produktionsablauf durch Ihren Mitarbeiter nachweisbar beeinträchtigt wird.

8. Intimes Verhältnis
Grundsätzlich wird ein intimes Verhältnis unter Mitarbeitern eine Kündigung nur rechtfertigen, wenn hierdurch das Arbeitsverhältnis konkret beeinträchtigt wird. Dies kann z.B. dann vorliegen, wenn ein Vorgesetzter ein intimes Verhältnis mit einer Auszubildenden anfängt und trotz Abmahnung nicht beendet.

▼

9. Konkurrenz

Begibt sich ein Mitarbeiter während seines Arbeitsverhältnisses in eine Wettbewerbsituation zu Ihnen, können Sie regelmäßig das Arbeitsverhältnis fristlos (siehe 2.1.2), zumindest jedoch - selbst ohne voraufgegangene Abmahnung - verhaltensbedingt ordentlich kündigen (siehe 2.1.1).

10. Kontrollmaßnahmen

Haben Sie zulässigerweise Kontrollen bei Betreten oder Verlassen des Betriebs eingeführt und werden diese unparteiisch ausgeführt, muss ein Mitarbeiter grundsätzlich mit einer verhaltensbedingten Kündigung rechnen, wenn er sich den Maßnahmen entzieht. Regelmäßig muss jedoch eine Abmahnung vorausgehen. Macht sich der Mitarbeiter durch Manipulationen der Kontrollmaßnahmen (z.B. falsches Stempeln) sogar strafbar, wird regelmäßig eine fristlose Kündigung (siehe 2.1.2) gerechtfertigt sein.

11. Krankheitsandrohung

Droht ein Mitarbeiter mit Krankheit für den Fall, dass er eine bestimmte Arbeit erledigen muss oder Ihnen eine bestimmte Bitte nicht erfüllt wird, kann grundsätzlich eine fristlose, zumindest jedoch eine verhaltensbedingte Kündigung in Betracht kommen. Einzelheiten sind in der Rechtsprechung allerdings noch umstritten, insbesondere, ob eine tatsächlich auftretende Krankheit zu Gunsten des Mitarbeiters entlastend wirken soll. Teilweise wird dies von den Gerichten bejaht.

12. Nebentätigkeiten

Verstößt Ihr Mitarbeiter gegen ein berechtigterweise bestehendes Nebentätigkeitsverbot, kann dies eine verhaltensbedingte Kündigung nach entsprechender Abmahnung nach sich ziehen. Nebentätigkeiten sind dann untersagt, wenn dies berechtigterweise vertraglich vereinbart ist oder wenn betriebliche Belange durch die Nebentätigkeit berührt sind.

13. Leistungsmängel

Einmalige Leistungsmängel rechtfertigen regelmäßig keine verhaltensbedingte Kündigung. Verletzt Ihr Mitarbeiter jedoch seine vertraglichen Leistungspflichten, ist er deshalb bereits abgemahnt worden und verändert sein Verhalten dennoch nicht, kommt eine verhaltensbedingte Kündigung in Betracht. Insbesondere bei Mitarbeitern des Außendienstes ist zu beachten, dass fehlender verkäuferischer Erfolg alleine eine Kündigung noch nicht rechtfertigt. Regelmäßig schulden Mitarbeiter keinen Erfolg, sondern lediglich die Erbringung einer vertragsgerechten Leistung. Misserfolge können auf vielerlei Gründen basieren. Wichtig ist daher, dass Sie einzelne Fehlverhalten, die in ihrer Gesamtheit zu dem schlechten Verkaufsergebnis führen, konkret darlegen. Zu den Erfordernissen an die Abmahnung siehe 2.5.3.2.

14. Lohnpfändung

Üblicherweise ist das Bestehen von Lohnpfändungen (siehe auch V A/2.2.6) kein Anlass für eine verhaltensbedingte Kündigung. Etwas anderes kann sich jedoch dann ergeben, wenn Sie mit einer Vielzahl von Lohnpfändungen für einen Mitarbeiter belastet sind und es hierdurch im betrieblichen Ablauf zu erheblichen Störungen kommt. Streitig ist, ob es vorab einer Abmahnung bedarf. Sicherheitshalber sollten Sie eine solche aussprechen.

15. Schmiergelder

Nimmt Ihr Arbeitnehmer Schmiergelder an oder zahlt er diese an Dritte, kommt eine verhaltensbedingte Kündigung in Betracht. Ist durch das Verhalten Ihres Mitarbeiters das Vertrauensverhältnis bereits endgültig zerstört, wird gegebenenfalls sogar die Notwendigkeit einer Abmahnung entfallen können. In Einzelfällen kann gegebenenfalls sogar eine fristlose Kündigung in Betracht kommen (siehe 2.1.2).

16. Straftaten

Begeht Ihr Mitarbeiter im Betrieb Straftaten, so kann dies regelmäßig eine fristlose Kündigung (siehe 2.1.2), zumindest jedoch eine verhaltensbedingte ordentliche Kündigung nach sich ziehen. Auf den Wert der gestohlenen Sachen kommt es dabei nicht an. Bei außerdienstlichen Straftaten kommt eine Kündigung nur dann in Betracht, wenn hierdurch betriebliche Interessen verletzt und ein verständiger Arbeitgeber bei

▼

Bei der Einschätzung der künftigen Entwicklung kommt es entscheidend darauf an, ob Ihr Mitarbeiter zum Zeitpunkt des Zugangs der Kündigung bereit ist, eine Entziehungskur bzw. Therapie durchzuführen. Falls er dies ablehnt, kann davon ausgegangen werden, dass er in vorhersehbarer Zeit von seiner Abhängigkeit nicht geheilt werden wird. Die Therapiebereitschaft, die erst nach Zugang der Kündigung erklärt wird, kann bei der Prüfung der sozialen Rechtfertigung der Kündigung nicht mehr berücksichtigt werden.

Wenn Ihr Arbeitnehmer an einer Entziehungs- oder Rehabilitationsmaßnahme teilnimmt, müssen Sie das Resultat dieser Maßnahme zunächst abwarten, bevor eine Kündigung in Betracht kommt. Eine Ausnahme soll nur dann bestehen, wenn es Ihnen aus betrieblichen Gründen absolut unzumutbar ist, das Ende der Maßnahme abzuwarten. Im Regelfall ist an eine personenbedingte Kündigung allerdings erst dann zu denken, wenn der Mitarbeiter entweder mit negativem Erfolg von der Maßnahme zurückkehrt oder später wieder rückfällig wird.

Wie bei allen krankheitsbedingten Kündigungen ist im Übrigen auch bei einer personenbedingten Kündigung wegen Suchtkrankheit Ihres Mitarbeiters eine umfassende Interessenabwägung vorzunehmen, bei der alle denkbaren Argumente für und gegen die Kündigung gegeneinander abgewogen werden müssen.

Kündigung wegen Trunkenheit oder Drogeneinnahme ohne Vorliegen eines Suchttatbestands

Ob in derartigen Konstellationen eine Kündigung zulässig ist, wird nach den Regeln, die für verhaltensbedingte Kündigungen entwickelt wurden, zu prüfen sein (siehe 2.5.3). Hiernach gilt Folgendes:

- Außerdienstlicher Alkohol- oder Drogengenuss rechtfertigt eine Kündigung nur in Ausnahmefällen;

- besteht in Ihrem Betrieb ein Alkoholverbot, kann wiederholter Verstoß nach vorheriger Abmahnung eine ordentliche Kündigung des Arbeitsverhältnisses rechtfertigen;

- besteht ein betriebliches Alkoholverbot nicht, so soll der bloße Alkoholgenuss allein im Regelfall noch keine Kündigung rechtfertigen. Im Einzelnen sind gegebenenfalls konkrete Vertragsverletzungen sowie voraus gegangene Abmahnungen nachzuweisen.

2.5.3.2 Abmahnung und verhaltensbedingte Kündigung

Im Regelfall kommt eine verhaltensbedingte Kündigung nur nach voraus gegangener Abmahnung (siehe auch VI B/2) in Betracht. Ausnahmen gelten dann, wenn der Pflichtenverstoß Ihres Arbeitnehmers ausschließlich den Vertrauensbereich berührt.

Die Abmahnung erfüllt sowohl eine Hinweis- als auch eine Warnfunktion. Mit der Hinweisfunktion soll der Mitarbeiter darauf hingewiesen werden, dass er etwas getan hat, was Sie als Arbeitgeber nicht zu tolerieren bereit sind. Die Warnfunktion soll dem Mitarbeiter aufzeigen, dass er im Wiederholungsfall mit der Beendigung des Arbeitsverhältnisses rechnen müsse. Aus diesen beiden Gründen (Hinweis- und Warnfunktion) ist es erforderlich, dass in der Abmahnung eine konkrete Vertragsverletzung exakt benannt und der Mitarbeiter ausdrücklich darauf hingewiesen wird, dass er im Wiederholungsfall mit der Kündigung rechnen müsse. Fehlt es an einer der beiden Voraussetzungen, wird die Abmahnung durch die Rechtsprechung regelmäßig nicht anerkannt.

Hat Ihr Mitarbeiter eine Abmahnung erhalten, kann er sie im Fall des Bestehens eines Rechtschutzinteresses gerichtlich anfechten. Dies muss er allerdings nicht tun. Er kann sich auch darauf beschränken, zu warten, bis es zu einem späteren Kündigungsschutzprozess kommt, in dem die Wirksamkeit der Abmahnung dann als Vorfrage für die Kündigung geprüft wird.

Hat sich Ihr Mitarbeiter längere Zeit (1 bis 2 Jahre) nach Erhalt einer Abmahnung nichts mehr zu Schulden kommen lassen, ist es gerechtfertigt, die Abmahnung aus der Personalakte zu entfernen.

gerechter Abwägung aller Umstände des Einzelfalls eine Kündigung aussprechen würde.

17. Telefonate
Nutzt Ihr Mitarbeiter unerlaubterweise das Diensttelefon für private Ferngespräche, kann dies unter Berücksichtigung der Verhältnisse eine verhaltensbedingte Kündigung nach sich ziehen.

18. Unpünktlichkeit
Ist Ihr Mitarbeiter häufig unpünktlich, rechtfertigt dies regelmäßig nach voraufgegangener Abmahnung eine verhaltensbedingte Kündigung.

19. Urlaubsüberschreitung
Nimmt oder verlängert Ihr Mitarbeiter eigenmächtig Urlaub, kann dies regelmäßig eine verhaltensbedingte Kündigung nach sich ziehen. Gegebenenfalls können Sie sogar mit einer fristlosen Kündigung reagieren (siehe 2.1.2).

2.6 Sonderkündigungsschutz für bestimmte Mitarbeiter

Unabhängig vom Bestehen des allgemeinen Kündigungsschutzes (siehe 2.5) sind bestimmte Gruppen Ihrer Mitarbeiter gegen Kündigungen zusätzlich geschützt. Dies bedeutet, dass Sie in diesen Fällen nicht nur prüfen müssen, ob die Bestimmungen des allgemeinen Kündigungsschutzes eingehalten sind, sondern zusätzlich, ob Sie auch die einschlägigen Sonderkündigungsschutzregelungen beachtet haben. Der Sonderkündigungsschutz betrifft insbesondere folgende Mitarbeitergruppen:

2.6.1 Schwerbehinderte / Mutterschutz und Elternzeit

Schwerbehinderte
Sofern keine der nachfolgenden Ausnahmeregelungen eingreifen, bedarf die Kündigung eines Arbeitsverhältnisses Schwerbehinderter oder ihnen Gleichgestellter durch Sie als Arbeitgeber grundsätzlich der vorherigen Einschaltung des zuständigen Integrationsamts (früher: Hauptfürsorgestelle). Ausgenommen von diesem Erfordernis sind jedoch folgende Bereiche:

- Der besondere Entlassungsschutz Schwerbehinderter greift nur für Kündigungen solcher Arbeitsverhältnisse, die zum Zeitpunkt des Zugangs der Kündigung bereits länger als 6 Monate bestanden haben. Während der ersten 6 Monate der Beschäftigung kann das Arbeitsverhältnis auch Schwerbehinderter oder ihnen Gleichgestellter nach den allgemeinen Regeln gekündigt werden.
- Ausgenommen von dem besonderen Entlassungsschutz sind bestimmte Mitarbeitergruppen, die auf Arbeitsplätzen im Sinne von § 73 Abs. 2 Nr. 2-6 SGB IX beschäftigt sind. Dies sind insbesondere bestimmte Mitarbeiter im karitativen, erzieherischen und Arbeitsbeschaffungsbereich.
- Der besondere Entlassungsschutz Schwerbehinderter oder ihnen Gleichgestellter gilt nicht für Mitarbeiter im Knappschafts- oder Bergbaubereich, deren Arbeitsverhältnis durch Kündigung beendet wird, sofern sie das 58. Lebensjahr vollendet haben und Anspruch auf eine Abfindung, Entschädigung oder ähnliche Leistung auf Grund eines Sozialplans oder bestimmter Sozialleistungen haben, vorausgesetzt, dass der Arbeitgeber die Kündigungsabsicht rechtzeitig mitgeteilt hat und die Mitarbeiter der Kündigung nicht widersprechen.
- Kein besonderer Entlassungsschutz besteht bei Schwerbehinderten oder ihnen Gleichgestellter für den Fall, dass die Kündigung aus witterungsbedingten Gründen erfolgt und die Wiedereinstellung bei Wiederaufnahme der Arbeit gewährleistet ist.
- Ausgenommen vom besonderen Entlassungsschutz sind auch Kündigungen, die alleine aus Anlass eines Streiks oder einer Aussperrung außerordentlich ausgesprochen werden.

Eine ordentliche Kündigung dürfen Sie nur aussprechen, wenn das Integrationsamt der Maßnahme ausdrücklich zugestimmt hat und die Kündigungsfrist mindestens 4 Wochen beträgt. Dabei entscheidet das Integrationsamt grundsätzlich nach freiem pflichtgemäßen Ermessen. Die Entscheidung soll innerhalb einer Monatsfrist erfolgen. Überschreitet das Integrationsamt diese Frist, kann dies jedoch allenfalls zu Schadensersatzansprüchen gegen das Integrationsamt führen. Der Entscheidungsspielraum für das Integrationsamt ist unter gewissen Bedingungen eingeschränkt. So hat das Integrationsamt die Zustimmung zur Kündigung zu erteilen, wenn der Betrieb dauerhaft eingestellt wird, sofern zwischen dem Tag der Kündigung und dem Ende der Gehaltszahlung mindestens 3 Monate liegen (§ 89 Abs. 1 Satz 1 SGB IX). Das Integrationsamt soll die Zustimmung erteilen, wenn Betriebe wesentlich eingeschränkt werden, sofern die Gesamtzahl der verbleibenden Schwerbehinderten zur Erfüllung der Pflichtzahl ausreicht (§ 89 Abs. 1 Satz 2 SGB IX). Die Einschränkung des Ermessens gilt dann aber nicht, wenn die Weiterbeschäftigung auf einem anderen Arbeitsplatz desselben Betriebs oder in einem Betrieb des Arbeitgebers zumutbar ist und der Schwerbehinderte zustimmt (§ 89 Abs. 1 Satz 3 SGB IX). Auch dann, wenn dem Schwerbehinderten ein anderer angemessener und zumutbarer Arbeitsplatz gesichert ist, soll das Integrationsamt positiv entscheiden.

Hat das Integrationsamt die Zustimmung erteilt, können Sie als Arbeitgeber innerhalb eines Monats nach Zustellung der Entscheidung die Kündigung aussprechen. Im Falle des Versagens der Zustimmung müssen Sie prüfen, ob sich ein verwaltungsgerichtliches Rechtsmittel lohnt.

Im Falle der außerordentlichen Kündigung hat das Integrationsamt ihre Entscheidung innerhalb von 2 Wochen ab dem Eingang des Antrags zu treffen. Wird innerhalb dieser Frist eine Entscheidung durch das Integrationsamt nicht getroffen, so gilt die Zustimmung als erteilt (§ 91 Abs. 3 SGB IX). Auch bei der außerordentlichen Kündigung ist der Ermessensspielraum des Integrationsamts eingeschränkt: Gemäß § 91 Abs. 4 SGB IX soll das Integrationsamt nämlich die Zustimmung erteilen, wenn die Kündigung aus einem Grund erfolgt, der nicht im Zusammenhang mit der Behinderung steht. Dies dürfte bei einer außerordentlichen Kündigung in der Regel gegeben sein, so dass das Integrationsamt die Zustimmung zu einer außerordentlichen Kündigung in aller Regel erteilt.

> ❗ Im Falle einer außerordentlichen Kündigung (2.1.2) eines Schwerbehinderten oder Gleichgestellten durch Sie ist immer Eile geboten. Im Hinblick auf die Frist des § 626 Abs. 2 BGB muss der Antrag an das Integrationsamt auf Erteilung der Zustimmung zu einer außerordentlichen Kündigung innerhalb von 2 Wochen nach Kenntnis des Kündigungsgrunds gestellt werden. Ansonsten würde eine außerordentliche Kündigung ausscheiden. Hat das Integrationsamt die Zustimmung erteilt, so müssen die Kündigung Sie unverzüglich, d.h. ohne schuldhaftes Zögern aussprechen. Eine erforderliche Betriebsratsanhörung führen Sie am besten parallel zu dem Zustimmungsverfahren beim Integrationamt durch.

Häufig kommt es in der Praxis vor, dass Sie als Arbeitgeber von einer Schwerbehinderung Ihres zur Kündigung anstehenden Mitarbeiters nichts wissen. Lange war umstritten, ob sich der Mitarbeiter auch unter diesen Umständen noch auf den besonderen Entlassungsschutz Schwerbehinderter berufen kann. Diese Frage ist allerdings von der Rechtsprechung mittlerweile weitestgehend gelöst. Das Bundesarbeitsgericht wendet insoweit folgende Grundsätze an:

- Ist die Schwerbehinderung zum Zeitpunkt des Ausspruchs der Kündigung nicht festgestellt und hat auch Ihr Mitarbeiter keinen entsprechenden Antrag gestellt, gilt der Sonderkündigungsschutz für Schwerbehinderte regelmäßig nicht. Eine Ausnahme kann gegebenenfalls lediglich dann gelten, wenn die Schwerbehinderung offensichtlich ist.
- Ist die Schwerbehinderung zum Zeitpunkt des Ausspruchs der Kündigung festgestellt oder hat Ihr Mitarbeiter zu diesem Zeitpunkt zumindest einen entsprechenden Antrag beim zuständigen Versorgungsamt gestellt, kann er sich auf den besonderen Schwerbehindertenschutz berufen, auch wenn Sie als Arbeitgeber hiervon nichts wissen. Ihr Mitarbeiter ist allerdings verpflichtet, unverzüglich nach Ausspruch der Kündigung auf seinen Status hinzuweisen. Die Rechtsprechung billigt dem Mitarbeiter insoweit eine Mitteilungsfrist von einem Monat zu. Diese Frist kann Ihr Mitarbeiter in vollem Umfange ausnutzen. Steht die Schwerbehinderung fest, ist eine zuvor ausgesprochene Kündigung unwirksam. Hat der Mitarbeiter lediglich einen Antrag auf Anerkennung der Schwerbehinderung gestellt, so hängt die Wirksamkeit der Kündigung vorrangig davon ab, ob diesem Antrag stattgegeben wird. Unterlässt der Mitarbeiter allerdings die fristgerechte Mitteilung, kann er sich auf den besonderen Entlassungsschutz Schwerbehinderter nicht mehr berufen.

Mutterschutz und Elternzeit
Ist Ihnen die Schwangerschaft Ihrer Mitarbeiterin bekannt bzw. teilt Ihnen Ihre Mitarbeiterin die Schwangerschaft innerhalb von 2 Wochen nach Ausspruch der Kündigung mit, können Sie Ihrer Mitarbeiterin nicht kündigen. Eine bereits ausgesprochene Kündigung ist unwirksam. Dieser besondere Kündigungsschutz erstreckt sich für die Zeit ab Beginn der Schwangerschaft bis 4 Monate nach der Entbindung.

In besonders schwer wiegenden Fällen (z.B. Schließung eines kompletten Betriebs ohne Möglichkeit anderweitiger Beschäftigung) kann die für den Arbeitsschutz zuständige oberste Landesbehörde in Einzelfällen eine Ausnahme von dem Kündigungsverbot gestatten. Von diesem Recht macht die Behörde jedoch regelmäßig nur sehr zurückhaltend Gebrauch.

Mitarbeiter – dies können sowohl Mütter als auch Väter sein -, die nach der Geburt Elternzeit (früher Erziehungsurlaub) beanspruchen, genießen ebenfalls einen besonderen Kündigungsschutz. Ab dem Zeitpunkt der Beantragung der Elternzeit, frühestens jedoch 6 Wochen vor ihrem Beginn, bis zum Ende der Elternzeit ist der Mitarbeiter nicht kündbar. Auch hiervon kann die zuständige Behörde allerdings in eng umgrenzten Sonderfällen Ausnahmeregelungen gestatten. Zu beachten ist, dass der Kündigungsschutz streng an den Zeitraum der Elternzeit gebunden ist. Nimmt ein Mitarbeit daher nicht durchgehend Elternzeit in Anspruch, sondern teilt diese in mehrere Zeitabschnitte auf, so genießt er in den Zeiten, in denen er außerhalb der Elternzeit regulär tätig ist, keinen besonderen Kündigungsschutz.

2.6.2 Betriebsratsmitglieder

Mitglieder eines Betriebsrats können während der Dauer ihrer Amtszeit sowie innerhalb eines Jahres nach Ablauf der Amtszeit grundsätzlich nicht gekündigt werden. Von diesem Grundsatz gibt es lediglich zwei relevante Ausnahmen:

- Der Mitarbeiter hat seine arbeitsvertraglichen Pflichten in so hohem Maße verletzt, dass Gründe für eine außerordentliche Kündigung vorliegen (siehe 2.1.2). Ist dies der Fall, können Sie das Arbeitsverhältnis des Mitarbeiters während der Dauer der Amtszeit unter der Voraussetzung kündigen, dass der Betriebsrat der Kündigung zustimmt oder das Arbeitsgericht die fehlende Zustimmung des Betriebsrats ersetzt hat. Letzteres kann ein sehr langwieriges Verfahren beinhalten. Ist die Amtszeit beendet und unterliegt das Betriebsratsmitglied lediglich noch dem nachwirkenden Sonderkündigungsschutz von einem Jahr nach Ablauf der Amtszeit, bedarf es der Zustimmung des Betriebsrats nicht mehr. In diesem Fall ist der Betriebsrat lediglich zur Kündigung ordnungsgemäß anzuhören (siehe 2.8.4).
- Sie schließen den Betrieb vollständig oder zumindest eine Betriebsabteilung, in der das Betriebsratsmitglied tätig ist. In diesem Fall kommt auch eine ordentliche Kündigung des Arbeitsverhältnisses des Betriebsratsmitglieds in Betracht, sofern ansonsten kein anderweitiger zumutbarer Arbeitsplatz zur Verfügung steht. Gegebenenfalls ist dabei auch zu prüfen, ob nicht ein Arbeitsplatz für das betroffene Betriebsratsmitglied freigekündigt werden könnte. In diesen Fällen der Durchbrechung des Sonderkündigungsschutzes aus Gründen der Schließung eines Betriebs oder einer Abteilung ist der Betriebsrat lediglich ordnungsgemäß anzuhören. Es bedarf jedoch keiner Zustimmung des Betriebsrats zu der beabsichtigten Kündigung.

Ersatzmitglieder des Betriebsrats genießen keinen besonderen Kündigungsschutz, solange sie nicht in den Betriebsrat nachgerückt sind oder in ihm tätig werden. In diesem Falle genießen sie den Sonderkündigungsschutz während der gesamten Dauer ihrer Vertretung eines ordentlichen Betriebsratsmitglieds. Grundsätzlich steht auch den Ersatzmitgliedern der nachwirkende Kündigungsschutz von einem Jahr ab Ende der Amtszeit zu. Auch Ersatzmitgliedern kann während des Bestehens des Sonderkündigungsschutzes nur unter den vorstehend genannten Ausnahmen für Betriebsratsmitglieder gekündigt werden.

2.6.3 Wahlvorstand / sonstige gesetzliche Schutzvorschriften

Wahlbewerber und Mitglieder des Wahlvorstands. Vom Zeitpunkt der Aufstellung des Wahlvorschlages bis zum Ablauf von 6 Monaten nach Bekanntgabe des Wahlergebnisses unterliegen auch diese Personen einem besonderen Kündigungsschutz. Sie können in dieser Zeit nur in den gleichen Ausnahmefällen gekündigt werden, wie Betriebsratsmitglieder während der Dauer ihrer Amtszeit.

Für Mitglieder und Ersatzmitglieder einer Schwerbehindertenvertretung, Jugend- und Auszubildendenvertretung, einer Bordvertretung, eines Seebetriebsrates und eines Personalrats (sofern ein Arbeitsverhältnis vorliegt) sowie für Bewerber zu diesen Organen und Mitglieder des Wahlvorstands zur Wahl dieser Gremien gelten entsprechende Regelungen.

Wehrpflichtige und Zivildienstleistende
Nach Erhalt eines Einberufungsbescheids dürfen Sie dem betreffenden Mitarbeiter bis zur Beendigung des Grundwehrdienstes und für die Dauer einer Wehrübung nicht kündigen. Eine Kündigung darf auch nicht aus Anlass der wehrdienstlichen Tätigkeit ausgesprochen werden.

Im Rahmen betriebsbedingter Kündigung (2.5.1) ist darauf zu achten, dass dem betreffenden Mitarbeiter eine Wehrdiensttätigkeit im Rahmen der Sozialauswahl (2.5.1.3) nicht zum Nachteil gereichen kann. Die gleichen Regelungen gelten auch für Zivildienstleistende.

Sonstige gesetzliche Schutzvorschriften
Beachten müssen Sie auch Sonderkündigungsschutzregelungen für Dienstpflichtige im Zivilschutzkorps, für im Bergbau Geschädigte, Landesgesetze zum Schutz politisch Verfolgter sowie Gesetze zum Schutz von Inhabern politischer Wahlämter.

2.7 Massenentlassungen

Von Massenentlassungen spricht man, wenn der Arbeitgeber
- in Betrieben mit in der Regel mehr als 20 und weniger als 60 Arbeitnehmern mehr als 5 Arbeitnehmer,
- in Betrieben mit in der Regel mindestens 60 und weniger als 500 Arbeitnehmern 10% der regelmäßig beschäftigten Arbeitnehmer oder aber 25 Arbeitnehmer,
- in Betrieben mit in der Regel mindestens 500 Arbeitnehmern mindestens 30 Arbeitnehmer

innerhalb von 30 Kalendertagen entlässt, wobei es nicht auf das Datum des Ausspruchs, sondern die Wirksamkeit der Kündigung ankommt.

Liegt der Tatbestand einer Massenentlassung vor, müssen Sie dies dem zuständigen Arbeitsamt anzeigen. Besteht in Ihrem Betrieb ein Betriebsrat, so ist dessen Stellungnahme beizufügen. Für die Anzeige halten die Arbeitsämter Formblätter bereit, die Sie sich in diesen Fällen besorgen sollten.

Ist der Tatbestand einer Massenentlassung gegeben, so werden Kündigungen erst nach Ablauf eines Monats nach Eingang der Anzeige beim zuständigen Arbeitsamt wirksam. Das Landesarbeitsamt kann diese Sperrfrist auf längstens 2 Monate ausdehnen.

> Soweit die Entlassungen nicht innerhalb von 90 Tagen nach Ablauf der Sperrfrist durchgeführt werden, bedarf es gegebenenfalls einer erneuten Anzeige. Zur Vermeidung von Fehlern im Rahmen von Massenentlassungen sollten Sie die zeitlichen Abläufe exakt vorplanen. Unterbleibt eine erforderliche Massenentlassungsanzeige, ist die Kündigung allein deshalb nichtig und muss wiederholt werden.

2.8 Beseitigungstatbestände

Die einseitige Rücknahme einer ausgesprochenen Kündigung gegenüber dem Gekündigten ist nur unter gesetzlich eingeschränkten Voraussetzungen möglich. Im allgemeinen lässt sich die einmal ausgesprochene Kündigung nur noch durch formlose Vereinbarung mit dem Gekündigten und gegenseitiger Zustimmung wieder rückgängig machen. Ohne die Mitwirkung des Gekündigten kommt nur ausnahmsweise ein Widerruf oder die Rücknahme der Kündigung in Frage.

2.8.1 Widerruf

Die Kündigungserklärung kann als einseitige Willenserklärung nur widerrufen werden, wenn dem Gekündigten der Widerruf gemäß § 130 Abs. 1 BGB vorher oder gleichzeitig mit der Kündigung zugeht. Geht erst die Kündigung zu und dann der Widerruf, ist die Kündigung grundsätzlich wirksam. Entscheidend für einen wirksamen Widerruf der Kündigung ist also der rechtzeitige Zugang und nicht der Zeitpunkt der Kenntnisnahme der Kündigung durch den Arbeitnehmer. Dies bedeutet, dass auch dann ein wirksamer Widerruf der Kündigung vorliegt, wenn der Arbeitnehmer zunächst die Kündigung liest, der Widerruf jedoch wenigstens zeitlich zugegangen ist. Sofern die Kündigung jedoch einmal zugegangen ist, kann selbst dann nachträglich kein wirksamer Widerruf erfolgen, wenn der Gekündigte von der Kündigung noch keine Kenntnis genommen hat, weil er sich z.B. in Urlaub befindet.

2.8.2 Rücknahme

Nach dem Zugang der Kündigung kann diese nicht mehr einseitig zurückgenommen werden. Der Arbeitnehmer kann also auch die objektiv unwirksame Kündigung gegen sich geltend und wirksam werden lassen, indem er die dreiwöchige Klagefrist nach § 4 KSchG verstreichen lässt. Dem Arbeitnehmer ist es unbenommen, durch Verstreichen lassen der Klagefrist die wirksame Beendigung des Arbeitsverhältnisses herbeizuführen. Nach Zugang oder Wirksamwerden der Kündigung kann die Rücknahme folglich nur noch durch Vereinbarung zwischen Arbeitgeber und Arbeitnehmer erfolgen. Dabei liegt in der Rücknahmeerklärung des Arbeitgebers regelmäßig das Angebot, das Arbeitsverhältnis einverständlich fortzusetzen.

Die tatsächliche Vereinbarung der Fortsetzung kann dann formlos erfolgen. Dies bedeutet, der Arbeitnehmer kann das Angebot ausdrücklich oder stillschweigend annehmen, z.B. indem er mit Wissen und Wollen des Arbeitgebers weiter arbeitet. Die Erhebung der Kündigungsschutzklage kann jedoch nicht als Einverständnis des Arbeitnehmers für die Rücknahme der Kündigung angesehen werden. Der Arbeitnehmer, der eine Kündigungsschutzklage erhebt, hat grundsätzlich das Recht, die Rechtsunwirksamkeit der unwirksamen Kündigung feststellen zu lassen. Haben Arbeitgeber und Arbeitnehmer hingegen die Rücknahme der Kündigung vereinbart, besteht das Arbeitsverhältnis mit altem Inhalt fort. Allerdings befindet sich der Arbeitgeber mit der Kündigung und Freistellung des Arbeitnehmers in Annahmeverzug, so dass die vereinbarten Bezüge nach § 615 BGB (rückwirkend) auszuzahlen sind. Der Arbeitgeber kann den Annahmeverzug nur beenden, wenn er nach der Rücknahmeerklärung den Arbeitnehmer gleichzeitig zur Wiederaufnahme der Arbeit auffordert. Für den Fall, dass die Kündigungsfrist bereits abgelaufen und das Arbeitsverhältnis beendet ist, stellt die Rücknahme regelmäßig das rückwirkende Angebot einer Verlängerung des alten Arbeitsverhältnisses dar. Selbstverständlich können Arbeitgeber und Arbeitnehmer eine solche Rückwirkung durch eindeutige Vereinbarung ausschließen, so dass es zu einer Neubegründung eines Arbeitsverhältnisses kommt. Die Pflicht zur Lohnzahlung für die Vergangenheit hängt dann davon ab, ob die Kündigung berechtigt war oder nicht. Demgegenüber besteht grundsätzlich kein Anspruch auf rückständigen Lohn, wenn die Parteien es bei der Kündigung belassen und ein neues Arbeitsverhältnis begründen.

2.8.3 Anfechtung

Wie jede Willenserklärung kann auch eine Kündigung nach den allgemeinen Vorschriften §§ 119 ff. BGB) angefochten werden. Wurde z.B. der Arbeitnehmer unter Androhung von Repressalien zur Eigenkündigung gedrängt, kommt eine Anfechtung nach § 123 BGB wegen Drohung in Betracht

2.8.4 Kündigung und Betriebsrat

Vor Ausspruch jeder Kündigung ist der Betriebsrat von Ihrer Kündigungsabsicht zu informieren. Dies gilt für alle Kündigungen.

Im Rahmen ordentlicher Kündigungen hat der Betriebsrat eine Woche Zeit zur Stellungnahme. Bei außerordentlichen Kündigungen verkürzt sich diese Frist auf 3 Tage. Maßgeblich sind dabei allerdings nicht Arbeitstage, sondern ausschließlich Kalendertage.

Äußert sich der Betriebsrat nach Anhörung innerhalb der genannten Frist nicht, gilt seine Zustimmung zur Kündigung als erteilt. In vielen Fällen kann der Betriebsrat der Kündigung widersprechen (siehe Übersicht zu 2.8.4).

Auch wenn der Betriebsrat widersprochen hat, können Sie dem Mitarbeiter kündigen. Im Fall eines Widerspruchs müssen Sie jedoch eine Abschrift der Stellungnahme des Betriebsrats der Kündigung beifügen.

Dies ist aber kein Wirksamkeitserfordernis für die Kündigung, d.h. die Kündigung ist nicht allein deshalb unwirksam, weil der Widerspruch des Betriebsrats dem Kündigungsschreiben nicht beigefügt war. In Betracht kommen in diesem Fall jedoch Schadensersatzansprüche des Arbeitnehmers, z.B. weil ihm Informationen vorenthalten wurden, bei deren Kenntnis er den Kündigungsschutzprozess gegen den Arbeitgeber gewonnen hätte.

Hat der Betriebsrat einer Kündigung aus einem der Gründe in der Übersicht widersprochen und hat Ihr Mitarbeiter fristgerecht Kündigungsschutzklage erhoben, kann er bis zum rechtskräftigen Abschluss des Rechtsstreits verlangen, zu bisherigen Konditionen temporär weiterbeschäftigt zu werden. Gegebenenfalls kann er dieses Recht auch im Wege der einstweiligen Verfügung durchsetzen (siehe 2.8.6).

> **!** Viele Kündigungen scheitern bereits daran, dass die Anhörung des Betriebsrats nicht ordnungsgemäß erfolgt ist.

Eine korrekte Anhörung des Betriebsrats setzt voraus, dass Sie nicht nur pauschal mitteilen, einen bestimmten Mitarbeiter kündigen zu wollen. Vielmehr müssen Sie den Betriebsrat umfassend informieren, um ihn in die Lage zu versetzen, sich ein eigenes Bild der Angelegenheit zu verschaffen.

> **!** Ist die Anhörung des Betriebsrats nicht korrekt erfolgt, so wird dieser Fehler selbst durch eine Zustimmung des Betriebsrats zur Kündigung nicht geheilt. Maßgebliche Voraussetzung für die Wirksamkeit einer Kündigung ist nicht die Zustimmung des Betriebsrats, sondern die korrekte Anhörung durch den Arbeitgeber.

> **!** Der Betriebsrat ist auch bei Kündigungen anzuhören, die innerhalb der Probezeit ausgesprochen werden. Unterbleibt dies, so ist die Kündigung allein deshalb nichtig. Dies ist besonders ärgerlich, wenn kurz vor Ablauf der Probezeit (unwirksam) gekündigt wird und

Übersicht (zu 2.8.4)
Der Betriebsrat darf der Kündigung in folgenden Fällen widersprechen:

- Sie haben im Rahmen betriebsbedingter Kündigungen die Grundsätze der Sozialauswahl nicht oder nicht ausreichend berücksichtigt;
- die Kündigung verstößt gegen eine Auswahlrichtlinie;
- der zu kündigende Mitarbeiter kann an einem anderen Arbeitsplatz im selben Betrieb oder in einem Betrieb des Unternehmens weiter beschäftigt werden;
- die Weiterbeschäftigung des Mitarbeiters ist nach zumutbarem Umschulungs- oder Fortbildungsaufwand möglich;
- der Mitarbeiter wäre mit einer Weiterbeschäftigung zu geänderten Arbeitsbedingungen einverstanden.

der Mitarbeiter bei Zugang der zweiten Kündigung – nach erfolgter Anhörung des Betriebsrats – den allgemeinen Kündigungsschutz genießt.

2.8.4.1 Rolle des Betriebsrats bei der Personalbestandsanpassung
(siehe VIII A/1.8)

2.8.5 Kündigung und Arbeitsgericht

Haben Sie einem Mitarbeiter gekündigt und findet auf ihn das Kündigungsschutzgesetz Anwendung, so kann der Mitarbeiter innerhalb von 3 Wochen nach Erhalt der Kündigung das Arbeitsgericht anrufen und um Feststellung der Unwirksamkeit der Kündigung bitten. Das Arbeitsgericht wird daraufhin zunächst einen Gütetermin anberaumen, in dem der Fall erörtert und versucht wird, eine gütliche Einigung herbeizuführen. Ist die Kündigung mit voraussichtlichen Rechtsmängeln behaftet, wird es dabei regelmäßig um die Zahlung einer Abfindung gehen. Kommt eine Einigung nicht zu Stande, beraumt das Gericht einen so genannten Kammertermin an. Bis zu diesem müssen beide Seiten, sofern dies nicht bereits vor dem Gütetermin geschehen ist, gegenüber dem Gericht zu der Kündigung Stellung nehmen. Zunächst werden regelmäßig Sie als Arbeitgeber die Kündigung im Einzelnen exakt unter entsprechendem Beweisantritt zu begründen haben. Anschließend kann Ihr Mitarbeiter darauf erwidern. Ist vor der Entscheidung eine umfangreiche Beweisaufnahme notwendig, kann gegebenenfalls sogar ein zweiter Kammertermin anberaumt werden.

Im Zuge der derzeitigen Belastungen der Arbeitsgerichte, insbesondere in Großstädten, kann der Kündigungsschutzprozess in erster Instanz bereits viele Monate dauern. Durch diese lange Prozessdauer werden regelmäßig Risiken für beide Seiten begründet. Ihr Mitarbeiter weiß während der gesamten Zeit nicht, ob er noch in einem Beschäftigungsverhältnis zu Ihnen steht oder nicht. Sie selbst müssen als Arbeitgeber damit rechnen, im Fall der Feststellung der Unwirksamkeit der Kündigung mit erheblichen Lohn- bzw. Gehaltsnachzahlungspflichten konfrontiert zu werden. Vor diesem Hintergrund sind, natürlich unter Berücksichtigung der jeweiligen Sach- und Rechtslage, wirtschaftlich vernünftige Einigungen häufig sinnvoller als ein Durchprozessieren vor der Arbeitsgerichtsbarkeit, zumal nach Ablauf der ersten Instanz die unterlegene Partei Berufung zum Landesarbeitsgericht einlegen kann und, falls das Landesarbeitsgericht dies zulässt, sogar unter Umständen das Mittel der Revision zum Bundesarbeitsgericht offen steht und sich der Prozess dadurch auf mehrere Jahre erstrecken kann.

> **!** Die 3-Wochen-Frist zur Erhebung der Kündigungsschutzklage gilt nur insoweit, als Ihr Mitarbeiter die Sozialwidrigkeit der Kündigung rügt. Auch nach Ablauf der 3-Wochen-Frist kann Ihr Mitarbeiter andere Unwirksamkeitsgründe geltend machen, z.B. mangelhafte Anhörung des Betriebsrats, Missachtung von Sonderkündigungsschutzrechten usw.

2.8.6 Kündigungsschutzprozess und Weiterbeschäftigung

Ist das Arbeitsverhältnis gekündigt, müssen Sie den Mitarbeiter grundsätzlich bis zum Ende der Kündigungsfrist weiterbeschäftigen, es sei denn, der Mitarbeiter akzeptiert eine Freistellung oder Ihr Freistellungsrecht ist bereits im Arbeitsvertrag vereinbart. Auch wenn Ihr Interesse an der Freistellung rechtlich höher zu bewerten ist als das Weiterbeschäftigungsinteresse des Mitarbeiters, müssen Sie ihn nicht weiter beschäftigen. Gegebenenfalls kann Ihr Mitarbeiter einen Beschäftigungsanspruch im Wege der einstweiligen Verfügung durchsetzen.

Nach Ablauf der Kündigungsfrist hat der Mitarbeiter zunächst keinen Weiterbeschäftigungs- und Gehaltsfortzahlungsanspruch. Etwas anderes gilt nur, wenn die Kündigung offensichtlich unwirksam ist oder der Betriebsrat einer Kündigung form- und fristgerecht unter Bezugnahme auf einen zulässigen Widerspruchsgrund widersprochen hat. Besteht ein Weiterbeschäftigungsrecht des Mitarbeiters, kann er dies gegebenenfalls per einstweiliger Verfügung durchsetzen.

Hat Ihr Mitarbeiter in der ersten Instanz obsiegt, müssen Sie ihn auch bei Fortsetzung des Rechtsstreits weiterbeschäftigen. Erstinstanzliche Urteile der Arbeitsgerichtsbarkeit sind bereits vor Rechtskraft vollstreckungsfähig.

3 Aufhebungsvertrag

Zur Vermeidung einer Kündigung bietet ein Aufhebungsvertrag (siehe auch VIII A/2.4) Vorteile:
- Der Betriebsrat braucht nicht beteiligt zu werden.
- Bei Schwerbehinderten, Betriebsratsmitgliedern, Schwangeren oder Mitarbeitern im Erziehungsurlaub braucht die vorherige Genehmigung der zuständigen Behörde bzw. die Zustimmung des Arbeitsgerichts nicht eingeholt zu werden.
- Sie ersparen sich einen langwierigen Kündigungsrechtsstreit.

Nachteilig für den Arbeitgeber ist der Umstand, dass in der Regel eine Abfindung gezahlt werden muss.

Für den Arbeitnehmer kann ein Aufhebungsvertrag eine Sperrfrist beim Bezug von Arbeitslosengeld nach sich ziehen. Außerdem kann ein Teil der Abfindung auf das Arbeitslosengeld angerechnet werden (siehe 4.1).

> **!** Wenn Sie den Abschluss des Aufhebungsvertrags wünschen und der Mitarbeiter nicht durch einen Anwalt oder die Gewerkschaft beraten wird, müssen Sie ihn darauf hinweisen, dass infolge des Aufhebungsvertrags Nachteile beim Bezug von Arbeitslosengeld eintreten können. Es empfiehlt sich, in den Aufhebungsvertrag einen Satz aufzunehmen, wonach der Mitarbeiter auf eventuelle nachteilige Folgen hingewiesen wurde.

> **!** Für Aufhebungsvereinbarungen ist zwingend die Schriftform vorgeschrieben. Die gesamte Vereinbarung muss von beiden Parteien im Original unterzeichnet werden. Ein Vertragsschluss per Telefax, E-Mail oder in einem aufeinander Bezug nehmenden Briefwechsel ist nicht ausreichend. Bei einem Verstoß gegen diese Formvorschrift ist der Vertrag nicht wirksam zustande gekommen.

In der Praxis versuchen Arbeitnehmer zuweilen, einen Aufhebungsvertrag im Nachhinein anzufechten, z.B. mit der Begründung, sie seien durch eine Drohung des Arbeitgebers mit einer Kündigung zum Abschluss des Aufhebungsvertrags genötigt worden. Die Drohung mit einer Kündigung ist jedoch nur dann widerrechtlich, wenn der Arbeitgeber keine Gründe für eine Kündigung gehabt hätte. Hätte dagegen ein »verständiger Arbeitgeber« im konkreten Fall eine (fristlose oder fristgerechte) Kündigung ernsthaft erwogen, ist es zulässig, dem Mitarbeiter eine fristlose Kündigung für den Fall zu signalisieren, dass er den Aufhebungsvertrag nicht abschließt.

Es ist nicht erforderlich, dem Arbeitnehmer eine Bedenkzeit einzuräumen, bevor er den Aufhebungsvertrag unterzeichnet.

4 Abfindungsrecht

4.1 Arbeitsrecht

Abfindungen werden üblicherweise in einzelnen Aufhebungsverträgen vereinbart. Ein Anspruch auf Abfindungszahlung kann sich jedoch auch aus einem Sozialplan oder aus einem Abfindungsurteil des Arbeitsgerichts (siehe oben 1.6) ergeben. Viele Mitarbeiter meinen, dass sie im Fall der Beendigung des Arbeitsverhältnisses auf jeden Fall einen Anspruch auf Abfindung haben. Dies ist jedoch nicht generell der Fall, sondern nur in den genannten Fällen.

Eine einzelvertraglich festgelegte Abfindung wird zwischen Arbeitgeber und Arbeitnehmer frei ausgehandelt. Eine Faustregel besagt, dass eine Abfindung üblicherweise zwischen einem halben und einem ganzen Monatsgehalt pro Jahr der Beschäftigung des Mitarbeiters liegt. Die Höhe hängt jedoch von den konkreten Einzelheiten des Falls ab, insbesondere von den Aussichten der Parteien, einen potentiellen Kündigungsrechtsstreit zu gewinnen oder zu verlieren, von der wirtschaftlichen Leistungskraft des Arbeitgebers, von der Bereitschaft des Mitarbeiters, eine neue Stelle anzunehmen, und nicht zuletzt vom Verhandlungsgeschick der Parteien.

Verstirbt der Mitarbeiter vor der vereinbarten Beendigung des Arbeitsverhältnisses, geht der Anspruch nur dann auf die Erben über, wenn die Vererblichkeit ausdrücklich im Aufhebungsvertrag vereinbart worden ist.

4.2 Steuerrecht

Abfindungen wegen Auflösung eines Arbeitsverhältnisses sind steuerbegünstigt. Der früher geltende halbe Steuersatz für Abfindungen gilt jedoch nicht mehr.

Entscheidend ist, dass die Auflösung des Arbeitsverhältnisses vom Arbeitgeber veranlasst war. Es kommt darauf an, ob der Arbeitgeber die entscheidenden Ursachen für die Auflösung gesetzt hat. Um hier Risiken zu vermeiden, sollte im Aufhebungsvertrag ausdrücklich festgehalten werden, dass die Beendigung »auf Veranlassung des Arbeitgebers«

erfolgt. Hat der Arbeitnehmer das Arbeitsverhältnis selbst gekündigt, ist für eine steuerbegünstigte Abfindung kein Raum. Die Steuerfreibeträge sind wie folgt:

Grundfreibetrag: € 8.181,00

Hat der Arbeitnehmer das 50. Lebensjahr vollendet und hat das Arbeitsverhältnis mindestens 15 Jahre bestanden: € 10.226,00

Hat der Arbeitnehmer das 55. Lebensjahr vollendet und hat das Arbeitsverhältnis 20 Jahre bestanden: € 12.271,00.

Beträge, die darüber hinausgehen, können als Entschädigung steuerbegünstigt sein. Entschädigungen sind Zahlungen, die als Ersatz für entgangene oder noch entgehende Einnahmen gewährt werden.

> Wenn ein Vergütungsbestandteil bereits verdient ist (z. B. eine Provision oder ein Bonus), kann dieser nicht im nachhinein als Abfindung deklariert und damit steuerermäßigt werden.

4.3 Sozialversicherungsrecht

Abfindungszahlungen wegen der Beendigung des Arbeitsverhältnisses unterliegen nicht der Beitragspflicht zur Sozialversicherung.

Der Anspruch auf Arbeitslosengeld ruht bei einer Entlassungsentschädigung (§ 143a SGB III). Diese Vorschrift entspricht weitgehend dem alten § 117 Abs. 2 bis 3a AFG. Der Anspruch des Arbeitnehmers auf Arbeitslosengeld ruht maximal bis zu dem Tag, an dem das Arbeitsverhältnis bei Einhaltung der Kündigungsfrist geendet hätte, wenn der Arbeitnehmer anlässlich seines Ausscheidens eine Abfindung erhalten hat und das Arbeitsverhältnis ohne Einhaltung der maßgeblichen Kündigungsfrist beendet worden ist. Regelmäßig tritt diese Folge beim Abschluss von Aufhebungsverträgen unter Vereinbarung einer Abfindung und unter Abkürzung der Kündigungsfrist ein. Bei einer Kündigung ohne Abfindung und Verkürzung der Kündigungsfrist wird § 143a SGB III nicht angewandt.

Für einen Anspruch auf Arbeitslosengeld, der ab dem 1.1.1998 entstanden ist, gilt § 144 SGB III: Ruhen des Anspruchs auf Arbeitslosengeld bei einer Sperrzeit. Genau wie bei den §§ 119, 119a AFG tritt nach dieser Vorschrift eine Sperrzeit von maximal 12 Wochen ein, wenn Ihr Arbeitnehmer das Beschäftigungsverhältnis gelöst und dadurch vorsätzlich oder grob fahrlässig seine Arbeitslosigkeit herbeigeführt hat. Dies ist regelmäßig bei einer Eigenkündigung Ihres Arbeitnehmers der Fall, die nicht durch einen wichtigen Grund in Ihrem Verhalten als Arbeitgeber gedeckt ist. Auch der Abschluss eines Aufhebungsvertrags oder die Hinnahme einer offensichtlich rechtswidrigen Kündigung im Hinblick auf finanzielle Vergünstigungen durch Ihren Arbeitnehmer wird von der Arbeitsverwaltung häufig als selbst veranlasstes Lösen des Beschäftigungsverhältnisses betrachtet. Hierbei ist insbesondere die Sperrzeit-Dienstanweisung der Bundesanstalt für Arbeit zu beachten (siehe Übersicht zu 4.3).

Beim Ausscheiden langjährig beschäftigter älterer Arbeitnehmer besteht nach § 147a SGB III die Pflicht zur Erstattung von Arbeitslosengeld. Es handelt sich um den früheren § 128 AFG. Für einen Anspruch auf Arbeitslosengeld, der ab dem 1.4.1999 entstanden ist, gilt § 147a SGB III, es sei denn die Kündigung

Übersicht (zu 4.3) Sperrzeit-Dienstanweisung (Runderlass)

Abwicklungsvertrag

Trotz formaler Arbeitgeberkündigung kann eine einvernehmliche Lösung dann vorliegen, wenn eine nachfolgende ausdrückliche oder konkludente Vereinbarung zwischen Ihnen und Ihrem Mitarbeiter getroffen wird oder Ihr Mitarbeiter im Hinblick auf finanzielle Vergünstigungen eine offensichtlich rechtswidrige Kündigung hingenommen hat. Dies ist dann der Fall, wenn Ihr Mitarbeiter ohne Weiters erkennen musste, dass die Kündigung gegen Bestimmungen über Kündigungsschutz oder -fristen verstößt.

Aufhebungsvertrag

Ist die Kündigung offensichtlich nicht rechtswidrig, prüft die Arbeitsverwaltung eingehend nach dem tatsächlichen Geschehen, ob der Kündigung ein (ggf. auch mündlich geschlossener) Aufhebungsvertrag voraus gegangen ist. Davon ist auszugehen, wenn Ihr Mitarbeiter die Rechtswidrigkeit der Kündigung erkannt hat. Ist die Rechtswidrigkeit hingegen nach Erkundigung bei einer kompetenten Stelle (Betriebsrat, Gewerkschaft, Rechtsanwalt) ungewiss geblieben, ist ein arbeitsgerichtliches Vorgehen gegen die Kündigung nicht zuzumuten. Demnach ist eine nach Ausspruch der Kündigung mit Ihrem Arbeitnehmer erfolgte Vereinbarung über die Zahlung einer Abfindung wegen des Verlustes seines sozialen Besitzstandes nicht ohne Weiteres sperrzeitauslösend.

Ein Auflösungssachverhalt liegt auch dann nicht vor, wenn Ihr Mitarbeiter für den Abschluss des Aufhebungsvertrags einen wichtigen Grund hatte. Dies gilt immer dann, wenn Ihr Mitarbeiter einer unmittelbar drohenden rechtmäßigen Kündigung zuvorkommt, um Nachteile einer solchen Kündigung für sein berufliches Fortkommen zu verhindern oder um andere Nachteile von vergleichbarem Gewicht zu vermeiden.

Prozessabsprache

Einigen sich Sie sich mit Ihrem Mitarbeiter nach Erhebung einer Kündigungsschutzklage gegen die ausgesprochene Kündigung durch arbeitsgerichtlichen Vergleich, sieht die Arbeitsverwaltung darin in aller Regel keinen Auflösungssachverhalt, da der Runderlass feststellt, dass »der Arbeitslose nach aller Erfahrung nicht mehr die Möglichkeit hat, eine Fortsetzung des Beschäftigungsverhältnisses und damit eine Beendigung seiner Arbeitslosigkeit durchzusetzen«. Diese Bewertung gilt allerdings nicht, wenn der Weg über eine rechtswidrige Arbeitgeberkündigung mit anschließender Klage vor dem Arbeitsgericht einvernehmlich mit dem Ziel beschritten worden ist, durch einen arbeitsgerichtlichen Vergleich den Eintritt der Sperrzeit zu verhindern.

des Arbeitsverhältnisses wurde vor dem 10.2.1999 ausgesprochen oder die Auflösung des Arbeitsverhältnisses wurde bereits vor dem 10.2.1999 vereinbart.

> Als Arbeitgeber müssen Sie bei der Trennung von über 56-jährigen Arbeitnehmern damit rechnen, dass Sie zur Erstattung von Arbeitslosengeld und der darauf entfallenden Sozialleistungen für die Zeit nach Vollendung des 58. Lebensjahres Ihres Arbeitnehmers für den Zeitraum von 2 Jahren durch die Bundesanstalt für Arbeit herangezogen werden.

§ 147a SGB III enthält allerdings eine Vielzahl von Ausnahmetatbeständen, bei deren Vorliegen die Erstattungspflicht nicht besteht, entfällt oder sich mindert. Die Erstattungspflicht entfällt bei Beendigung des Arbeitsverhältnisses vor Vollendung des 57. Lebensjahrs wenn der Arbeitnehmer bei Ihnen noch keine 15 Jahre beschäftigt war. Bei Beendigung des Arbeitsverhältnisses nach Vollendung des 57. Lebensjahres entfällt die Erstattungspflicht, wenn der Arbeitnehmer bei Ihnen noch keine 10 Jahre beschäftigt war. Beachten Sie dabei, dass Zeiten vor dem 3.10.1990 bei Arbeitgebern in dem in Artikel 3 des Einigungsvertrags genannten Gebieten unberücksichtigt bleiben.

Ferner gilt die Vorschrift nicht für Betriebe mit in der Regel 20 oder weniger Arbeitnehmern. Hat der Betrieb nicht mehr als 40 bzw. 60 Arbeitnehmer, reduziert sich die Erstattungspflicht um zwei bzw. ein Drittel.

Die Erstattungspflicht kann weiterhin bei größeren Personalabbaumaßnahmen entfallen. Dies hängt allerdings davon ab, inwieweit sich die Altersstruktur des Betriebs in den ausscheidenden Arbeitnehmern widerspiegelt. Bei Entlassungen von mehr als 3% der Belegschaft muss die Altersstruktur identisch sein. Bei Entlassungen von mehr als 10% der Belegschaft darf der Anteil der entlassenen, älteren Arbeitnehmern höchstens doppelt so hoch sein.

Die Erstattungspflicht entfällt auch dann, wenn der Arbeitnehmer durch einen kurzfristigen, drastischen Personalabbau (mindestens 20% der Belegschaft) aus dem Betrieb ausgeschieden ist, in dem er zuletzt mindestens 2 Jahre beschäftigt war, und dieser Personalabbau für den örtlichen Arbeitsmarkt von erheblicher Bedeutung ist.

Außerdem tritt die Erstattungspflicht nicht ein, wenn Ihr Arbeitnehmer Anspruch auf Sozialleistungen aus einem anderen Grund hat (Krankengeld, Erwerbs- oder Berufsunfähigkeitsrente).

Keine Erstattungspflicht besteht ferner, wenn Sie nachweisen, dass der Arbeitnehmer durch Eigenkündigung ausgeschieden ist und keine Abfindung oder ähnliche Leistungen wegen der Beendigung des Arbeitsverhältnisses erhalten hat. Wenn Sie das Arbeitsverhältnis durch sozial gerechtfertigte Kündigung beendet haben, tritt die Erstattungspflicht ebenfalls nicht ein. Die Beendigung des Arbeitsverhältnisses durch einen Aufhebungsvertrag wird dagegen von diesen Ausnahmevorschriften nicht umfasst.

Auf jeden Fall sollten Sie die Trennung von einem über 56-jährigen Arbeitnehmer sorgfältig vorbereiten und mit Ihrem Arbeitsamt vorab Kontakt aufnehmen.

§ 148 SGB III beinhaltet die Pflicht zur Erstattung von Arbeitslosengeld bei einer Konkurrenzklausel. Das Bundesverfassungsgericht hat § 148 SGB III am 10.11.1998 für unvereinbar mit Art. 12 Abs. 1 GG (Freiheit der Berufsausübung) erklärt. Der Gesetzgeber wurde aufgefordert, bis 1.1.2001 das Gesetz zu ändern. Die Arbeitsämter schreiben die betroffenen Unternehmen derzeit an und teilen mit, es könne deshalb momentan nicht über eine Erstattungspflicht entschieden werden, die Behörde werde dies aber nach Abschluss des Gesetzgebungsverfahrens prüfen.

5 Konkurs und Betriebsschließung

5.1 Beendigung von Arbeitsverhältnissen bei Betriebsschließung

Die Einstellung des Geschäftsbetriebs führt nicht ohne Weiteres zur Beendigung des Arbeitsverhältnisses. Vielmehr muss der Arbeitgeber eine Kündigung aussprechen. Auch hierbei sind die ordentlichen Kündigungsfristen (siehe 2.1.1) zu beachten. Selbst wenn die vollständige Betriebsschließung vor Ablauf der Kündigungsfrist vorgenommen wird, muss das Gehalt grundsätzlich bis zum Ablauf der Kündigungsfrist fortgezahlt werden.

5.2 Ende von Arbeitsverhältnissen durch Konkurs

Der Konkurs berührt die Arbeitsverhältnisse zunächst nicht. Er beinhaltet weder eine automatische Kündigung des Arbeitsverhältnisses, noch ist er ein Grund für eine Kündigung. Es gelten die allgemeinen Kündigungsgrundsätze. So ist z.B. eine Kündigung grundsätzlich wirksam, wenn der Konkursverwalter den Betrieb einstellt. Grund für die Kündigung ist dann nicht der Konkurs selbst, sondern die Betriebsschließung (siehe 5.1).

5.3 Beschäftigungs- und Qualifizierungsgesellschaften

Insbesondere bei Insolvenzen von Großunternehmen sind mittlerweile Beschäftigungsgesellschaften eine Alternative zur Massenentlassung mit nachfolgender Arbeitslosigkeit geworden. Durch Beschäftigungsgesellschaften wird verhindert, dass die Mitarbeiter gegen Sozialplanabfindung ausscheiden und arbeitslos werden. Stattdessen wechseln sie in der Regel auf Basis eines dreiseitigen Aufhebungsvertrages, der zugleich ein neuer Arbeitsvertrag ist, in die Beschäftigungsgesellschaft über. Das Arbeitsverhältnis mit der BQG ist in der Regel auf ein bis zwei Jahre befristet. In der BQG nimmt der Arbeitnehmer an Qualifizierungsmaßnahmen teil oder wird im Rahmen einer Arbeitnehmerüberlassung an dritte Arbeitgeber vorübergehend vermittelt. Der Arbeitnehmer hat das Recht, das Arbeitsverhältnis mit der BQG mit einer kurzen Frist zu kündigen, um eine neue Stelle anzutreten.

Beschäftigungsgesellschaften können von dem insolventen Unternehmen selbst für den konkreten Einzelfall gegründet werden. Da die Kosten einer BQG erheblich sein können und nur schwer im vorhinein zu berechnen sind, sollten Sie auf jeden Fall kompetente Beratung einholen. Es bestehen jedoch auch eine Reihe von regionalen und überregionalen Beschäftigungsgesellschaften, die der Arbeitgeber nutzen kann.

Finanziert wird die BQG aus Mitteln der Bundesanstalt für Arbeit (Struktur-Kurzarbeitergeld) und des ehemaligen Arbeitgebers.

Wenn Sie das Instrument einer BQG nutzen wollen, ist rechtliche Beratung und eine gute Vorbereitung unerlässlich. Die Konstruktion ist nur dann erfolgreich, wenn auch der Betriebsrat (und in der Regel auch die Gewerkschaften) das Konzept mittragen. Risiken bestehen insbesondere deshalb, weil noch immer umstritten ist, ob insbesondere bei Auffanggesellschaften nicht eine Umgehung der Betriebsübergangsregelungen (§ 613 a BGB) vorliegt (siehe auch Forum II/2). Das Bundesarbeitsgericht hat insoweit jedoch bereits in einem Fall entschieden, dass hier eine zulässige Vermeidung eines Betriebsübergangs vorlag.

6. Das Arbeitszeugnis

6.1 Zeugnisarten

6.1.1 Zwischenzeugnis

Der Anspruch auf ein Zwischenzeugnis ist gesetzlich nicht geregelt. Vielfach enthalten Tarifverträge einen Anspruch auf ein Zwischenzeugnis bei speziellen Anlässen. Auch ohne Vorliegen einer tariflichen Bestimmung besteht auf Grund der Rechtsprechung ein Anspruch, wenn Ihr Arbeitnehmer einen triftigen und anzuerkennenden Grund hat.

Typische Gründe sind:
- Versetzung
- Vorgesetztenwechsel
- Abkehrwille
- Erziehungsurlaub
- Betriebsübergang und
- Weiterbildung.

Die Beurteilung in einem Zwischenzeugnis ist in der Gegenwartsform zu formulieren. Wird ein Zwischenzeugnis in großer zeitlicher Nähe zum Schlusszeugnis ausgestellt und deckt es den größten Teil des Arbeitsverhältnisses ab, so kann auf Grund seiner Bindungswirkung nur ein sehr triftiger Grund zu einer teilweisen Revision der Beurteilung im Endzeugnis führen.

Ein Zwischenzeugnis wird wie ein Schlusszeugnis mit seiner Aushändigung Eigentum des Arbeitnehmers. Es muss daher bei Erhalt des Schlusszeugnisses nicht zurückgegeben werden, sofern es keine entsprechende Verpflichtung gibt.

6.1.2 Schlusszeugnis

Alle Arbeitnehmer können bei Beendigung des Arbeitsverhältnisses ein Schlusszeugnis fordern. Sie können dabei ein Zeugnis verlangen, welches das gesamte Arbeitsverhältnis darstellt. Die Arbeitnehmer haben dabei die Wahl zwischen einem einfachen Zeugnis ohne Beurteilung und einem qualifizierten Zeugnis mit Leistungs- und Verhaltensbeurteilung.

6.1.3 Einfaches Zeugnis

Ein einfaches Zeugnis enthält die Fakten des Arbeitsverhältnissen und eine umfassende Darstellung der Aufgaben des Arbeitnehmers. Einfache Zeugnisse kommen in der Regel nur nach kurzzeitigen Arbeitsverhältnissen in Frage. Nach einem mehrjährigen Arbeitsverhältnis mit qualifizierter Tätigkeit erzeugt ein einfaches Zeugnis bei Bewerbungen Misstrauen.

6.1.4 Qualifiziertes Zeugnis

Auf Verlangen des Arbeitnehmers muss das Zeugnis eine Beurteilung der Leistung und des Sozialverhaltens enthalten. Das gilt auch bei einer Beschäftigungszeit von nur wenigen Wochen.

6.1.5 Zeugnis-Fragebogen

Als Arbeitgeber können Sie die Zeugniserstellung an Führungskräfte (Fachvorgesetzte, Personalleiter) delegieren. Das Arbeitszeugnis sollte möglichst von der fachkundigen Personalabteilung ausgefertigt werden.

Muster (zu 6.1.5) Zeugnis-Fragebogen

Name:	Vorname
Geburtsdatum:	Geburtsort:
Eintrittstermin:	Austrittstermin:
1. Abteilung: von: bis:	2. Abteilung: von: bis:

Die Aufgaben sind auf einem gesonderten Blatt aufzulisten.
Bei Versetzungen sind alle Stellen darzustellen.

Leistungsbeurteilung	Note
Arbeitsbereitschaft (Initiative, Engagement, Zielstrebigkeit)	
Arbeitsbefähigung (Belastbarkeit, Auffassungsgabe, Flexibilität)	
Wissen und Weiterbildung (Umfang, Tiefe, Aktualität)	
Arbeitsweise (Selbstständigkeit, Systematik, Sorgfalt, Zuverlässigkeit)	
Arbeitserfolg (Qualität, Quantität, Termintreue, Zielerreichung)	
Führungserfolg (Abteilungsleistung und -klima)	
Gesamtzufriedenheit	
Sozialverhalten	**Note**
zu Vorgesetzten und Kollegen (Kooperation, Teamfähigkeit)	
zu Kunden und anderen Externen (Qualität als Gesprächspartner)	
Soziale Kompetenz (Vertrauenswürdigkeit, Durchsetzungsvermögen)	

Alternative Beendigungsformeln (Zutreffendes ankreuzen)		
Auf eigenen Wunsch:	Einvernehmlich:	Vertragsablauf:
Verhaltensbed. Künd.:	Personenbed. Künd.:	Betriebsbed. Künd.:
Mit Dank und Bedauern:	Ohne Dank und Bedauern:	

Die dazu nötigen Informationen kommen in erster Linie vom direkten oder nächsthöheren Vorgesetzten des Arbeitnehmers und können mit Hilfe eines Zeugnis-Fragebogens eingeholt werden (siehe Muster zu 6.1.5 und auf der beigefügten CD-ROM).

Sie sollten vorab eine Besprechung über den Zeugnisinhalt mit dem Mitarbeiter führen. Zusätzliche Informationsquellen sind die Personalakte, aktuelle Stellenbeschreibungen, Tätigkeitsbeschreibungen in Lohn- bzw. Gehaltsrahmentarifverträgen, Kompetenzregelungen, Leistungsstatistiken und bei Auszubildenden deren Berichtshefte über ihre Tätigkeiten in verschiedenen Ausbildungsstationen. Bei Endzeugnissen kann gegebenenfalls auf ein Zwischenzeugnis zurückgegriffen werden.

6.2 Anspruchsberechtigung

Sie müssen das Schlusszeugnis nicht unaufgefordert ausstellen. Allerdings wird dies in vielen Unternehmen so praktiziert. Zum Zeitpunkt der Kündigung oder des Abschlusses eines Aufhebungsvertrages besteht schon Anspruch auf eine vorläufiges Zeugnis. Meist wird jedoch erst bei Ausscheiden aus dem Unternehmen das Zeugnis erstellt und ausgehändigt.

Ein Zeugnisanspruch auf ein Endzeugnis – nicht nur auf ein Zwischenzeugnis – besteht auch dann, wenn Ihr Arbeitnehmer Kündigungsschutzklage erhoben hat.

Ein Zeugnisanspruch besteht auch bei Teilzeitbeschäftigung, bei einer so genannten geringfügigen Beschäftigung, bei einem Probearbeitsverhältnis, einem befristeten Arbeitsverhältnis, einem Beschäftigungsverhältnis im Rahmen einer Arbeitsbeschaffungsmaßnahme (ABM), bei Heimarbeit und bei einem Leiharbeitsverhältnis gegen den Verleiher (Mitwirkungspflicht des Entleihers). Schließlich können Arbeitnehmer auch bei ihrer Pensionierung ein Zeugnis fordern.

Auszubildenden müssen Sie bei Beendigung oder bei Abbruch der Berufsausbildung unaufgefordert ein Zeugnis ausstellen, das Angaben über Art, Dauer und Ziel der Ausbildung sowie über die erworbenen Fertigkeiten und Kenntnisse enthält.

Auch GmbH-Geschäftsführer und AG-Vorstände, die nicht Mehrheitsgesellschafter sind, haben einen Zeugnisanspruch. Selbstständige Handelsvertreter haben keinen Zeugnisanspruch; eine Ausnahme besteht nur für Einfirmenvertreter.

Ihr Arbeitnehmer kann nicht vor Beendigung des Arbeitsverhältnisses auf den Zeugnisanspruch verzichten. Ein Verzicht muss ausdrücklich und vorbehaltlos erklärt werden. Allgemein formulierte Ausgleichsquittungen ohne ausdrückliche Nennung des Zeugnisses stellen regelmäßig keinen Verzicht dar. Sie können ein Zeugnis, z.B. wegen noch nicht zurückgezahlter Lohnvorschüsse oder wegen eines vom Arbeitnehmer zurückbehaltenen Zwischenzeugnisses, nicht verweigern. Allerdings muss ein berichtigtes Zeugnis erst gegen Rückgabe des zuvor erstellten unrichtigen Zeugnisses ausgehändigt werden.

Ihr Arbeitnehmer kann den Zeugnisanspruch drei Jahre lang erheben. Oft bestehen aber kürzere tarifvertragliche Ausschlussfristen.

6.3 Form

Den Aufbau eines vollständigen und wohlgeordneten Zeugnisses gibt die Übersicht wieder (siehe Übersicht zu 6.3).

Eine übliche Einleitung lautet: »Herr/Frau ..., geboren am ..., war vom ... bis zum ... in unserer Abteilung ... als ... tätig.« Bei Teilzeit-Mitarbeitern, deren Arbeitszeitvolumen erheblich unter der Vollzeit liegt, ist der Teilzeitstatus zu erwähnen.

Das Wort »tätig« zeigt schon im Eingangssatz einen aktiven Mitarbeiter. Weniger gut sind Formeln wie »wurde beschäftigt«, die auf ein mehr passives Verhalten des Mitarbeiters hindeuten. Wird im Eingangssatz nur die rechtliche Existenz eines Arbeitsverhältnisses betont (»Das Arbeitsverhältnis dauerte von/bis«, »war von/bis Angehöriger unseres Unternehmens«), so kann dies andeuten, dass der Mitarbeiter auf Grund langer Fehlzeiten nur kurze Zeit wirklich arbeitete.

Die Dauer des Arbeitsverhältnisses erlaubt unter Berücksichtigung des jeweiligen Berufs eine erste Beurteilung des Informationswerts eines Zeugnisses. Je kürzer das Arbeitsverhältnis dauerte, umso geringer ist Ihre zeitliche Beurteilungsbasis. Ein sehr kurzes Arbeitsverhältnis, insbesondere die Beendigung schon in der Probezeit, wirkt meist sehr negativ.

Wird das Arbeitsverhältnis noch zum Zeitpunkt der Zeugniserstellung durch eine längere Abwesenheit (Wehrdienst, Zivildienst, Erziehungsurlaub, Delegation in außerbetriebliche Organisationen, Freistellung für Studium) in erheblichem Maße mitgeprägt, so kann diese Fehlzeit erwähnt werden.

Austrittstermin: Der Termin des Ausscheidens aus dem Unternehmen ist beachtenswert, wenn er nicht mit einem der üblichen Kündigungstermine übereinstimmt. Insbesondere ein »krummes Datum« (abweichend von der Monatsmitte oder dem Monatsende) kann auf eine fristlose Kündigung oder einen gerichtlichen Vergleich hindeuten. Weniger bedeutsam ist die Datumsfrage, wenn aus dem Lebenslauf ersichtlich ist, dass der Arbeitnehmer ohne zeitliche Lücke ein anderes Arbeitsverhältnis aufgenommen hat.

Ausstellungsdatum: Das Zeugnis muss als Dokument ein genaues Ausstellungsdatum tragen. Manchmal wird das Endzeugnis schon einige Zeit vor dem rechtlichen Ende des Arbeitsverhältnisses, z.B. zum Kündigungszeitpunkt, ausgestellt. Auch kann es sein, dass der Arbeitnehmer zwecks Urlaub schon einige Zeit vor dem Ende des Arbeitsverhältnisses real das Unternehmen verlässt. Ein Ausstellungsdatum, das zwei oder drei Monate vor dem Vertragsende liegt, wird oft als Andeutung einer Freistellung interpretiert. Solche Freistellungen sind aber in Bereichen wie Außendienst oder Datenverarbeitung nicht selten und sollten daher nicht von vornherein negativ gedeutet werden. Das Ausstellungsdatum sollte also, um Fehlinterpretationen zu vermeiden, möglichst mit dem formell letzten Tag des Arbeitsverhältnisses übereinstimmen. Kleinere Differenzen bis zu vier Wochen sollten aber nicht überinterpretiert werden.

Großunternehmen stellen Zeugnisse in der Regel termingerecht aus;

hier irritiert eine wesentlich spätere Ausfertigung.

> ⚠ Wird das Zeugnis berichtigt und daher neu ausgefertigt, so hat Ihr Arbeitnehmer Anspruch darauf, dass es auf das Vertragsende bzw. das Datum der Erstausstellung zurückdatiert wird.

Eine Bezugnahme auf einen vorangegangenen Gerichtsstreit oder auf eine Kündigungsschutzklage ist unzulässig. Das »neue« Zeugnis ist wie eine Erstausfertigung auszustellen. Die Überschrift »Zweitausfertigung« oder »Duplikat« ist nicht statthaft.

Ein Arbeitnehmer, der erst zwei oder drei Jahre nach Beendigung des Arbeitsverhältnisses ein Arbeitszeugnis verlangt, hat keinen Anspruch darauf, das Ausstellungsdatum auf den Tag des Vertragsendes datieren zu lassen. Dies folgt aus der Wahrheitspflicht, die auch den Beurteilungszeitpunkt einschließt. Der Zeugnisleser muss erkennen können, wenn ein Zeugnis aus der Erinnerung heraus erstellt wurde. Wird das Zeugnis dagegen nur wenige Monate nach Vertragsende ausgestellt, so können Sie es wohlwollend auf das Vertragsende zurückdatieren.

Unterschrift: Es genügt eine Unterschrift. Zwei Unterschriften erhöhen die Glaubwürdigkeit des Zeugnisses. Der Arbeitnehmer hat Anspruch darauf, dass sein Zeugnis auch von einem Fachvorgesetzten unterschrieben wird. Die Unterschrift des Personalleiters allein genügt nicht. Ist ein Zeugnis vom Personalleiter mitunterschrieben, kann man tendenziell davon ausgehen, dass es in Kenntnis der Zeugnistechnik und der Zeugnissprache ausgestellt wurde.

Wird ein qualifiziertes Zeugnis nicht vom Arbeitgeber (Inhaber, Vorstand, Geschäftsführer) selbst, sondern von einem Vertreter unterzeichnet, so muss dessen Vertretungsmacht durch Funktionsangabe oder durch Zusätze wie i.V. oder ppa. erkennbar sein. Die Bedeutung eines Zeugnisses kann gesteigert werden, wenn es nicht nur durch den unmittelbaren Vorgesetzten und/oder den Personalleiter, sondern vom Arbeitgeber oder durch ein Mitglied des Vorstands oder der Geschäftsführung unterschrieben wird.

Bei leitenden Angestellten und vergleichbaren Mitarbeitern fällt es negativ auf, wenn ihr Zeugnis nicht von einem Mitglied der Geschäftsleitung unterschrieben ist. Dies könnte als Herabwürdigung interpretiert werden. Ein leitender Angestellter mit direkter Unterstellung unter den Vorstand kann demnach die Ausstellung des Zeugnisses auf einem Vorstandsbogen und die Unterschrift des Vorstandsvorsitzenden verlangen.

Ausbildungszeugnisse sollen gemäß Berufsbildungsgesetz auch vom Ausbilder unterschrieben werden, wenn der Ausbildende (Arbeitgeber) die Berufsausbildung nicht selbst durchgeführt hat. Der Ausbilder ist nicht zur Unterschrift verpflichtet, wenn seine Beurteilung von der des Ausbildenden wesentlich abweicht.

Übersicht (zu 6.3)
Aufbau und Bestandteile eines vollständigen und wohlgeordneten Zeugnisses

Eingangsteil				
Titel, Vorname, Name (Geburtsname), Geburtsdatum (Geburtsort), Tätigkeitsbezeichnung(en), Dauer des Arbeitsverhältnisses, Befristung, Teilzeitumfang, ABM, längere Unterbrechungen					
Unternehmensskizze (Branche, Produkte, Marktstellung, Mitarbeiter, Konzernzugehörigkeit)				
Positions- und Aufgabenbeschreibung				
Hierarchische Position Einordnung, Berichtspflicht Stellvertretung		Haupt- und Sonderaufgaben Projekte, Ausschüsse Versetzungen		Prokura, Handlungsvollmacht Kompetenzen, Verantwortung für Umsatz, Ergebnis, Budget
Beurteilung der Leistung und des Erfolgs				
Arbeitsbereitschaft Motivation Wollen	Arbeitsbefähigung Können	Fachwissen Weiterbildung	Arbeitsweise Arbeitsstil	Arbeitserfolg Ergebnisse
Identifikation Engagement Initiative Dynamik, Elan Pflichtbewusstsein Zielstrebigkeit Energie, Fleiß Interesse Einsatzwille Mehrarbeit	Ausdauer Belastbarkeit Flexibilität Stressstabilität Positives Denken Auffassungsgabe Denkvermögen Urteilsvermögen Organisationstalent Kreativität	Inhalt Aktualität Umfang Tiefe Anwendung Nutzen Eigeninitiative berufsbegleitend Bildungserfolg Zertifikate	Selbstständigkeit Eigenverantwortung Zuverlässigkeit Sorgfalt Gewissenhaftigkeit Planung Systematik Methodik Sicherheit Sauberkeit, Hygiene	Qualität Verwertbarkeit Quantität Tempo, Intensität Produktivität Umsatz, Rendite Termintreue Zielerreichung Sollerfüllung
Konkrete herausragende Erfolge				
Führungsumstände und Führungsleistung (bei Vorgesetzten)				
Zahl der Mitarbeiter Art der Mitarbeiter		Abteilungsleistung Arbeitsatmosphäre		Betriebsklima Mitarbeiterzufriedenheit
Zusammenfassende Leistungsbeurteilung (Stetigkeit und Grad der Zufriedenheit)				
Beurteilung des Sozialverhaltens				
Verhalten zu Vorgesetzten und Kollegen		Verhalten zu Externen (insbesondere Kunden)		Soziale Kompetenz
Einwandfreiheit Vorbildlichkeit Teamfähigkeit, Kooperation Wertschätzung Anerkennung Beliebtheit		Auftreten Kontaktfähigkeit Gesprächsverhalten Verhandlungsstärke Akquisitionsfähigkeit Kundenzufriedenheit		Vertrauenswürdigkeit Ehrlichkeit, Integrität Loyalität, Diskretion Teamfähigkeit, Commitment Durchsetzungsvermögen Überzeugungsvermögen
Schlussabsatz				
Kündigungsformel Beendigungsformel (evtl. mit Begründung)		Dankes-Bedauern-Formel Empfehlung, Verständnis Wiederbewerbungsbitte		Zukunftswünsche Erfolgswünsche
Ausstellungsdatum				Unterschriften

6.4 Inhalt

6.4.1 Wahrheit versus Wohlwollen

Oberster Grundsatz der Zeugniserstellung ist die Wahrheitspflicht. Ohne Wahrheitspflicht wären Arbeitszeugnisse für Arbeitgeber wie für Arbeitnehmer wertlos. Dieser Grundsatz dient der Informationsfunktion von Zeugnissen.

Sie sind gehalten, bei der Beurteilung und bei der Formulierung keine eventuell vorhandene, extrem subjektive Überzeugung auszudrücken, sondern sich als verständig und gerecht denkender und handelnder Beurteiler um Objektivität zu bemühen. Die Beurteilung ist mit einem verkehrsüblichen Normalmaßstab vorzunehmen.

Aus der Wahrheitspflicht und der Informationsfunktion kann auch der Grundsatz der Vollständigkeit abgeleitet werden. Ein qualifiziertes Zeugnis darf nichts auslassen, was der Leser üblicherweise erwartet.

Die Informationsfunktion bedeutet keine Pflicht zu schonungsloser und vernichtender Offenheit.

Sie sind auch gehalten, das Zeugnis mit »verständigem Wohlwollen« auszustellen, um Ihrem Arbeitnehmer das weitere Fortkommen auf dem Arbeitsmarkt nicht unnötig zu erschweren. Auch hat der Grundsatz des verständigen Wohlwollens aus Ihrer Sicht eine Akzeptanzfunktion, da wohlwollend formulierte Zeugnisse eher als Zeugnisse mit offener Kritik vom Mitarbeiter akzeptiert werden. Das verständige Wohlwollen äußert sich in der Konzentration auf den Gesamteindruck (Gesamtwürdigung).

> **!** Atypische Fehlhandlungen, kleine Schwächen oder kurze Zeiten labiler Leistung, insbesondere wenn diese Sachverhalte lange zurückliegen, sollen nicht im Zeugnis »verewigt« werden.

6.4.2 Angaben zur Person

Das Zeugnis beginnt mit dem Vornamen und dem Namen des Arbeitnehmers. Hat ein Arbeitnehmer ein Studium abgeschlossen, so wird der erworbene akademische Grad vorangestellt. Zum Beispiel: »Frau Diplom-Betriebswirtin Annegret Sommer, geb. ... « Es ist üblich, das Geburtsdatum anzugeben. Der Geburtsort sollte im Hinblick auf regionale Herkunftsvorurteile fortgelassen werden. Bei Arbeitnehmern mit ausländischen Namen kann ein Geburtsort in Deutschland allerdings signalisieren, dass sie mit der deutschen Kultur und Sprache vertraut sind. Die Angabe der Wohnanschrift ist überflüssig.

6.4.3 Positions- und Aufgabenbeschreibung

Die Position bezeichnet die hierarchische Einordnung des Mitarbeiters im Unternehmen. Insbesondere in Zeugnissen für Führungskräfte muss die hierarchische Einordnung, z.B. die direkte Unterstellung unter die Unternehmensleitung, klar zum Ausdruck kommen. Formulierung: »Er berichtet direkt der Geschäftsführung.«

Die Beschreibung der Aufgaben ist eine wichtige Zeugniskomponente. Der Leser des Zeugnisses muss sich von der Tätigkeit ein klares Bild machen können. Eine bloße Bezeichnung der hierarchischen Position oder der Zuordnung (Meister, Vorstandssekretärin), des Berufs (Industriekaufmann), des akademischen Abschlusses (Diplom-Ingenieur), der Funktion (Einkäufer oder gar nur die Angabe kaufmännischer Angestellter) oder der Abteilung (in der Kostenrechnung) genügt aber nicht, da sich in der Praxis hinter gleichen Begriffen extrem unterschiedliche Aufgaben und Kompetenzen verbergen können. Die notwendige Ausführlichkeit der Beschreibung hängt von der Position, von der Qualität der Aufgaben und von der Dauer der Aufgabenerfüllung ab.

Um die Bedeutung der beschriebenen Aufgaben deutlich zu machen, sind in die Aufgabenbeschreibung auch informative Angaben zum Schwierigkeitsgrad aufzunehmen. Wichtig sind auch Angaben zum Verantwortungsumfang und zu Vollmachten und Kompetenzen. Die Beschreibung wird oft mit einem Hinweis auf den Grad der Selbstständigkeit bei der Aufgabenerfüllung verbunden.

Übt Ihr Arbeitnehmer eine Doppelfunktion oder eine gemischte Tätigkeit aus, so ist in diesen Fällen nur ein Zeugnis auszustellen, in dem auf alle Funktionen einzugehen und ein zutreffender Gesamteindruck zu vermitteln ist. Eine Aussage über eine Nebentätigkeit außerhalb des Arbeitsverhältnisses gehört nicht ins Zeugnis. Ist der Arbeitnehmer im Unternehmen versetzt oder befördert worden, so ist seine Betriebsbiografie chronologisch mit ihren Daten, Arbeitsinhalten und eventuell den Wechselgründen zu beschreiben.

Eine langjährige unveränderte Beschäftigung auf ein und demselben Arbeitsplatz spricht nicht für Bewerber, von denen auf Grund ihrer Eintrittsqualifikation eine gewisse Karriere erwartet werden konnte.

Die Aufgabenbeschreibung sollten Sie von den Hauptaufgaben zu den weniger wichtigen Nebenaufgaben abstufen. Nach den Daueraufgaben werden im Zeugnis auch nennenswerte temporäre Sonderaufgaben (Projektarbeit) und regelmäßige Vertretungsfunktionen, insbesondere von übergeordneten Funktionen, beschrieben. Auch die Mitwirkung in internen Ausschüssen und die Vertretung des Unternehmens in externen Gremien können genannt werden.

Es spricht nichts dagegen, die Aufgaben tabellarisch anzuordnen. So können bei einzeiliger Schreibweise der Aufzählung viele Aufgaben ins Zeugnis aufgenommen werden.

Oft müssen Sie, um die Bedeutung der Position und der Aufgaben klar zu machen, die Größe des Unternehmens und seine Stellung im Absatz-, Beschaffungs- oder im Arbeitsmarkt skizzieren. Dies gilt z.B. für Zeugnisse von GmbH-Geschäftsführern. Im Zeugnis eines Personalleiters ist die Angabe der Mitarbeiterzahl wichtig.

Bei der Aufgabenbeschreibung sagen Formulierungen wie »ihm oblag« oder »zu seinen Aufgaben gehörte« noch nichts darüber aus, ob und wie der Arbeitnehmer seine Arbeit ausführte. Auch sagen Verben, die den Anfang, den Verlauf oder das Ziel von Arbeiten ausdrücken (»aufgreifen«, »beginnen«, »in Angriff nehmen«, »anstreben«, »sich bemühen«), noch nichts über den Erfolg. Das Bild eines dynamischen Mitarbeiters erzeugen aktive sowie erfolgsbezogene Verben wie »erledigte«, »vervollkommnete«, »beendete«, »verbesserte«, »optimierte«, »modernisierte«, »realisierte«, »führte ein«, »beschleunigte«, »erreichte«, »steigerte«, »senkte«, »setzte durch«, »erzielte«, »steuerte« oder »verkaufte«. Passiv formulierte Tätigkeitsaussagen wie »wurde beschäftigt/eingesetzt«, »wurde versetzt« oder gar »fand Verwendung als« sowie bloße Bereitschaftsaussagen wie »war in dringenden Fällen bereit, sich über die übliche Arbeitszeit hinaus einzusetzen« signalisieren oft fehlende Initiative, unbefriedigende Leistungen oder Unselbstständigkeit.

> ! Eine Tätigkeit als Betriebsrat oder Personalrat, als gewerkschaftlicher Vertrauensmann, Arbeitnehmervertreter im Aufsichtsrat oder als Vertrauensmann der Schwerbehinderten darf nur dann ins Zeugnis aufgenommen werden, wenn Ihr Arbeitnehmer dies wünscht.

Das Gleiche gilt für Jugend- und Auszubildendenvertreter. Auch eine Umschreibung und damit Andeutung der Arbeitnehmervertretung muss unterbleiben. Nach längerer Freistellung für die Betriebsratsarbeit kann bei inzwischen eingeführten grundlegenden technischen Neuerungen und einer dadurch bewirkten Entfremdung von der Tätigkeit eine Nennung der Betriebsratstätigkeit unumgänglich sein, wenn Sie beim besten Willen nicht mehr in der Lage sind, Ihren Arbeitnehmer mit Bezug auf die frühere Tätigkeit zu beurteilen.

6.4.4 Leistungsbeurteilung im Zeugnis
(siehe Musterformulierungen 1-6 zu 6.4.4 und auf der CD-ROM)

Arbeitsbereitschaft: Die Arbeitsbereitschaft oder Leistungsbereitschaft ist die Arbeitsmotivation eines Mitarbeiters. In diesem Zusammenhang werden häufig die Begriffe Einsatzbereitschaft, Engagement, Fleiß, Interesse, Zielstrebigkeit und Eigeninitiative verwendet.

Arbeitsbefähigung: Sie umfasst die Beschreibung der geistigen, psychischen und körperlichen Fähigkei-

Musterformulierungen 1 (zu 6.4.4) Arbeitsbereitschaft

sehr gut: *Herr NAME hatte stets eine bewundernswerte Arbeitsmoral. Er realisierte sehr aktiv und zielstrebig die Abteilungs- und Unternehmensziele.*

gut: *Alle Aufgaben führte sie mit großem Elan und mit Pflichtbewusstsein aus.*

befriedigend: *Herr NAME hatte eine gute Arbeitsmotivation.*

ausreichend: *Herr NAME zeigte auch Einsatzbereitschaft und Gelassenheit.*

mangelhaft: *Seine Tätigkeit erforderte zielstrebiges und energisches Entscheiden und Handeln.*

Musterformulierungen 2 (zu 6.4.4) Arbeitsbefähigung

sehr gut: *Er entschied und handelte bei konstant hoher Belastung und in Stresssituationen besonnen und richtig. Bei neuen geschäftlichen Entwicklungen agierte er stets sicher, flexibel und sehr gut.*

gut: *Er verfügte über ein sicheres Urteilsvermögen und hat von den ihm eingeräumten und schrittweise erhöhten Kompetenzen verantwortungsvoll und risikobewusst Gebrauch gemacht.*

befriedigend: *Er war den Anforderungen und Belastungen seiner Funktion gut gewachsen.*

ausreichend: *Herr NAME war den üblichen Belastungen dieser Funktion gewachsen.*

mangelhaft: *Er trug verschiedene diskussionswürdige Einfälle vor.*

Musterformulierungen 3 (zu 6.4.4) Berufserfahrung und Fachwissen

sehr gut: *Sie beherrscht absolut sicher und virtuos das Instrumentarium moderner BEZEICHNUNG-Arbeit. Sie war auf diesem Gebiet unsere wichtigste Know-how-Trägerin.*

gut: *Sein gutes Fachwissen und seine große Berufserfahrung befähigten ihn bei speziellen Fragen und in schwierigen Situationen zu durchdachten und realistischen Entscheidungen.*

befriedigend: *Das Unternehmen profitierte von seiner Funktions- und Branchenerfahrung.*

ausreichend: *Seine umfangreiche Bildung machte ihn zu einem gesuchten Gesprächspartner. (Andeutung umfangreicher Unterhaltungen)*

mangelhaft: *Herr NAME erledigte seine Aufgaben mit gesundem Selbstvertrauen.*

Musterformulierungen 4 (zu 6.4.4) Weiterbildung

sehr gut: *Durch Selbststudium während seiner Freizeit vervollkommnete er sein berufliches Wissen, aber auch seine Kenntnisse über moderne Führungsmethoden und Managementtechniken.*

gut: *Seine umfangreichen und fundierten Kenntnisse hielt er durch kontinuierliche Fortbildung stets auf dem neuesten Wissensstand.*

befriedigend: *Er verfügt über eine gute Berufserfahrung. Die Geschäftsleitung hat seine Ratschläge gern berücksichtigt.*

ausreichend: *Sie hat sich durch Besuche von Fachkursen und durch das Wahrnehmen anderer Fortbildungsmöglichkeiten über die Entwicklung orientiert und sich mit dem gegenwärtigen Erkenntnisstand ihres Fachgebietes beschäftigt.*

mangelhaft: *Besonders begrüßten wir sein Bestreben, sich durch Besuche von Fachkursen über neuere Entwicklungen zu orientieren und sich mit seinem Fachgebiet zu beschäftigen.*

VIII. Beendigung von Arbeitsverhältnissen

Musterformulierungen 5 (zu 6.4.4) Arbeitsweise

---

sehr gut: *Seine Arbeitsweise war stets durch Umsicht geprägt. Bei seinen Vorschlägen bedachte er vorab alle möglichen Fälle, so dass sich seine Lösungen in der Praxis stets sehr gut bewährten.*

gut: *Er hatte einen sicheren Blick für das Wichtige und Wesentliche und arbeitete planvoll, methodisch und sehr gründlich.*

befriedigend: *Er war ein selbstständig arbeitender Mitarbeiter, der seine Aufgaben systematisch bearbeitete und erledigte.*

ausreichend: *Er erwies sich als ein Mitarbeiter, der an die Aufgaben, die wir ihm übertrugen, geschäftig heranging.*

mangelhaft: *Die Funktion von Frau NAME erforderte einen durch sorgfältige Planung, Systematik und klare Strukturierung geprägten Arbeitsstil.*

Musterformulierungen 6 (zu 6.4.4) Arbeitserfolg

---

sehr gut: *Frau NAME zeigte bei der Aufgabenerledigung außergewöhnlichen Einsatz und hervorragende Leistungen in qualitativer und quantitativer Hinsicht. Sie hat ihre Eignung für eine noch anspruchsvollere Führungsfunktion bewiesen.*

gut: *Durch ihre zielorientierte und eigenverantwortliche Arbeit hat sie stets gute Ergebnisse erzielt.*

befriedigend: *Die von ihm geführten Verhandlungen führten zu einem für uns vorteilhaften Ergebnis.*

ausreichend: *Frau NAME arbeitete nach Plan und erreichte auch praktikable Lösungen.*

mangelhaft: *Herr NAME peilte nicht unbedeutende Umsätze an. Bei unseren Außendienstwettbewerben platzierte er sich jedes Mal.*

---

ten des Arbeitnehmers. Hier werden erwähnt:
1. Auffassungsgabe und Intelligenz, logisch-analytisches und konzeptionelles Denkvermögen, Urteilsvermögen, Kreativität,
2. Belastbarkeit, Ausdauer, Beharrlichkeit und Stressresistenz,
3. Ausbildung, Berufserfahrung, Fachwissen und seine Anwendung und sein Nutzen sowie
4. Weiterbildungsaktivitäten. Besonders häufige Begriffe sind Auffassungsgabe, schnelle Einarbeitung, Belastbarkeit und Weiterbildung.

Berufserfahrung und Fachwissen: Beim Fachwissen sind der konkrete Inhalt, der Umfang (= breite Einsetzbarkeit), die Tiefe (Qualifikationsgrad), die Aktualität sowie die Anwendung (Praxistransfer) und/oder der Nutzen (Praxiswirksamkeit) für das Unternehmen herauszustellen. Da Ihr Arbeitnehmer auch nach der Beendigung des Arbeitsverhältnisses noch über sein Fachwissen verfügt, werden die Aussagen oft in der Gegenwartsform formuliert. Negativ wirkt es, wenn nur Anforderungen beschrieben werden. Beispiele: »Er löste dank seines umfassenden, fundierten und jederzeit aktuellen Fachwissens alle Aufgaben sehr gut.« oder »Diese Stelle erfordert gute Kenntnisse der französischen Sprache.«

Weiterbildung: Nennenswert bei der Weiterbildung sind insbesondere längere Schulungen bei namhaften Fortbildungsinstitutionen, die mit einer staatlich anerkannten oder offiziellen Prüfung abschließen (z.B. Besuch der Sparkassen-Akademie oder Ausbildung zur Bilanzbuchhalterin). Die übliche Anpassungsfortbildung durch einzelne Tagesseminare sowie weit zurückliegende Weiterbildungsaktivitäten ohne erkennbare Gegenwartsbedeutung gehören in der Regel nicht ins Zeugnis. Wollen Sie einzelne Fortbildungsmaßnahmen nicht ins Zeugnis aufnehmen, so können Sie dem Arbeitnehmer vielleicht eine separate Aufstellung aushändigen. Entscheidend ist, dass der Lernerfolg sowie die Wissensanwendung und der Nutzen für das Unternehmen deutlich werden. Beispiel: »Sie hat sich in den Jahren 2001 und 2002 mit gutem Erfolg in Eigeninitiative berufsbegleitend zur Personalkauffrau weitergebildet.«

Hat Ihr Arbeitnehmer im Rahmen seiner Weiterbildung eine Prüfung nicht bestanden, so ist dies in der Regel nicht ins Zeugnis aufzunehmen. Etwas anderes kann gelten, wenn es um Wissen geht, das in der Stelle unverzichtbar benötigt wird. Negativbeispiel: oder »In einem Kursus der IHK hatte sie Gelegenheit, ihre Kenntnisse in kommerziellem Französisch zu verbessern.«

Arbeitsweise: Die Arbeitsweise oder der Arbeitsstil zeigen die praktische Umsetzung von Arbeitsbereitschaft (Wollen) und Arbeitsbefähigung (Können). Dazu kann eine Würdigung der Selbstständigkeit, der Sorgfalt, Gewissenhaftigkeit und Zuverlässigkeit, der Planung, Systematik und Methodik und anderer arbeitsbezogener Eigenschaften, Einstellungen, Motive und Verhaltensweisen gehören. Die fachlichen und die sozialen Anforderungen sind berufsspezifisch. Was bei einzelnen Berufen wichtig ist, darüber informieren gut die in Personalinseraten genannten Anforderungen.

Arbeitserfolg: Da es bei der Arbeit (fast) immer auf das Ergebnis ankommt, sollten Sie bei der Leistungsbeurteilung auch den persönlichen Arbeitserfolg herausstellen. Er zeigt sich in der Zielerreichung, der Arbeitsquantität, der Termineinhaltung und in der Arbeitsqualität, z.B. in der Verwertbarkeit der Arbeitsergebnisse. Bei der Beurteilung des Arbeitserfolgs sollte auf die Positions- und Aufgabenbeschreibung Bezug genommen werden. Heißt es dort zum Beispiel, der Mitarbeiter sei für die Neukundengewinnung oder für die Produktentwicklung zuständig, so sollte die Leistungsbeurteilung konkret aussagen, ob und inwieweit er dabei Erfolg hatte. Insbesondere quantifizierte Erfolge (Umsatz, Stückzahlen, Prozentsteigerungen) objektivieren die Beurteilung.

Beurteilungsmaßstab: Sie müssen sich um eine objektive Beurteilung mit verkehrsüblichen Maßstäben bemühen und eine unterdurchschnittliche Beurteilung im Streitfall vor Gericht begründen können. Maßgebend für Ihr Urteil sind zum einen das Anforderungsprofil (siehe II A/1.4 und IV A/1f) und die Wertigkeit der jeweiligen Stelle(n) sowie dem Mitarbeiter speziell gesetzte Ziele. Zum anderen können Sie die Leistung an derjenigen vergleichbarer Mitarbeiter messen. Existiert im Unternehmen ein formalisiertes Beurteilungssystem, so kann auf frühere Beurteilungen zurückgegriffen werden.

> Die Beurteilung ist eine Gesamtwürdigung. Sie ist auf das charakteristische Gesamtbild im Laufe des gesamten Arbeitsverhältnisses und nicht auf atypische einzelne kritische Ereignisse oder kurzzeitige Leistungstiefs oder nur die Leistung zum Ende des Arbeitsverhältnisses auszurichten. Insbesondere überwundene Einarbeitungs- und Anfangsschwierigkeiten oder geringfügige Mängel beim Aufbau oder bei Reorganisationen eines Arbeitsgebiets sind nicht zu erwähnen.

Hatte Ihr Arbeitnehmer im Zeitablauf mehr als eine Stelle inne, so kann die Leistungsbeurteilung nach Abteilungen differenziert werden. Es erfolgt jedoch in der Regel eine zusammenfassende Beurteilung, die sich auf alle Aufgabenbereiche bezieht.

Eine Kritik wird angedeutet, wenn Sie die letzte Stelle des Mitarbeiters bewusst nicht in eine positive Beurteilung einbeziehen.

6.4.5 Erkrankung und Fehlzeiten

Krankheitsfehlzeiten und Krankheitsarten dürfen grundsätzlich nicht im Zeugnis vermerkt werden. Krankheitszeiten dürfen nicht addiert und als Summe im Zeugnis angegeben werden. Eine Nennung ist möglich, wenn der Arbeitnehmer mehr als die Hälfte des Arbeitsverhältnisses wegen Arbeitsunfähigkeit gefehlt hat. Da Fehlzeiten fast nie in Zeugnissen genannt werden, ist klar, dass die Einstellungschancen eines so »gebrandmarkten« Arbeitnehmers drastisch sinken.

Übersicht (zu 6.4.6) Aspekte und Indikatoren der Führungsleistung

- Zahl und Qualifikation der geführten Mitarbeiter
- Auswirkung der Führung auf das Gruppen- oder Abteilungsergebnis
- Auswirkung der Führung auf die Zufriedenheit der Mitarbeiter
- Anwendung der Führungsrichtlinien des Unternehmens
- Individueller Führungsstil (autoritär - kooperativ)
- Sach- und personenbezogenes Durchsetzungsvermögen
- Motivationsvermögen, Gerechtigkeitssinn
- Umfang der Delegation von Aufgaben und von Verantwortung
- Erfolge bei der Bewerber- und Mitarbeiterauswahl
- Erfolge bei der Einarbeitung neuer Mitarbeiter
- Erfolge bei der Ausbildung von Auszubildenden
- Erfolge bei der Mitarbeiterförderung
- Verbindung von Spezialisten zu einem kreativen Team
- Senkung der Fluktuationsrate oder der Abwesenheitsquote

Auch ist es angesichts des Rechts auf informationelle Selbstbestimmung nicht Aufgabe des Arbeitgebers, potenzielle künftige Arbeitgeber des Arbeitnehmers über die Krankheitsart zu informieren. Dies gilt auch bezüglich Alkoholismus, der im Arbeitsrecht als Krankheit gilt. Offiziell kennt ein Arbeitgeber die Krankheit eines Mitarbeiters auch nicht, da die Krankheitsart auf den ärztlichen Arbeitsunfähigkeitsbescheinigungen nicht angegeben ist. Es ist demnach grundsätzlich Sache eines potenziellen Arbeitgebers, im Vorstellungsgespräch im Rahmen seines Fragerechts nach Krankheiten zu fragen und eine Einstellungsuntersuchung zu verlangen.

Im Einzelfall kann es erwägenswert sein, eine Krankheit mit Einverständnis des Arbeitnehmers im Zeugnis zu nennen, wenn nur so die Beendigung des Arbeitsverhältnisses erklärt werden kann. Beispiel bei einem Bäcker: »Zu unserem außerordentlichen Bedauern musste die gute Zusammenarbeit mit Herrn X enden, da dieser an einer Mehlstauballergie leidet.«

6.4.6 Zeugnisse für Führungskräfte

Im Arbeitszeugnis eines Vorgesetzten ist nicht nur dessen fachliche Eigenleistung, sondern auch das Ergebnis seiner Mitarbeiterführung zu beurteilen. In Abhängigkeit von den Führungsumständen können im Zeugnis eine Reihe von Führungsaspekten und Führungserfolgen angesprochen werden (siehe Übersicht und Musterformulierungen zu 6.4.6). Wichtig sind insbesondere Aussagen zur Leistung der Gruppe oder Abteilung und zur Mitarbeiterzufriedenheit bzw. zum Betriebsklima. Beispiel: »Seine Mitarbeiter motivierte er durch eine ergebnis- und personenbezogene Führung bei angenehmem Betriebsklima zu vollem Einsatz und zu stets sehr guten Leistungen.« Ergänzend können Punkte wie der Führungsstil, die Delegation von Aufgaben und Verantwortung und die Förderung von Mitarbeitern erwähnt werden.

Nicht charakteristische negative Einzelfälle gehören nach dem Grundsatz des verständigen Wohlwollens nicht ins Zeugnis. So sind überwundene Anfangsprobleme, z.B. anfängliche Autoritätsprobleme jüngerer Vorgesetzter, im Zeugnis nicht nennenswert.

6.4.7 Herausragende Erfolge

Dieser Punkt gehört nur in ein gutes oder sehr gutes Zeugnis. Nach dem Grundsatz der Individualität muss die unverwechselbare Besonderheit Ihres Arbeitnehmers im Zeugnis zum Ausdruck kommen. Daher sollten Sie herausragende Erfolge des Mitarbeiters ansprechen (siehe Über-

Musterformulierungen (zu 6.4.6) Führungsleistung

sehr gut: *Durch seine verbindliche, aber fordernde und konsequente Art hatte er ein ausgezeichnetes Verhältnis zu seinen Mitarbeitern, was zu einem jederzeit sehr produktiven Arbeits- und Betriebsklima führte. Auch ausländische Arbeitnehmer arbeitete er mit großem Geschick ein.*

gut: *Herr NAME war ein gradliniger und zugleich geachteter und engagierter Vorgesetzter. Er verstand es jederzeit gut, Teamgeist zu wecken und durch Verbesserungen im Arbeitsprozess die Effektivität seiner Abteilung zu steigern.*

befriedigend: *Als Projektleiter bewies er bei der Realisierung der gemeinsam mit einer externen Unternehmensberatung erarbeiteten Vorschläge psychologisches Geschick, so dass die Reorganisationsmaßnahmen im Management und bei den Mitarbeitern Zustimmung fanden.*

ausreichend: *Als Vorgesetzter legte er bei seinen Mitarbeitern auf Pünktlichkeit und andere wichtige Arbeitstugenden Wert.*

mangelhaft: *Herr NAME war ein fürsorglicher und in jeder Hinsicht sehr geduldiger Vorgesetzter.*

Musterformulierungen (zu 6.4.7) Herausragende Erfolge

Geschäftsführung: *Frau NAME denkt und handelt unternehmerisch. Sie hat ein intuitives Gespür für Trends und erkennt frühzeitig Chancen für neue Aktivitäten. Als Meisterleistung und herausragender Erfolg ist die Erschließung des BEZEICHNUNG-Marktes zu würdigen, der sich für uns in diesem Produktbereich zu einem zweiten Standbein entwickelt hat.*

Vertrieb: *Frau NAME hat herausragende Erfolge in der Gewinnung von Neukunden und Referenzkunden sowie in der Bindung der Stammkunden erzielt. Das Akquisitionspotenzial des Verkaufsbezirks wurde durch ihr systematisches und beharrliches Vorgehen voll ausgeschöpft.*

Projektarbeit: *Die bei der innovativer Projektarbeit notwendigerweise auftretenden Barrieren und die daraus resultierenden personellen und sachlichen Abstimmungsprozesse meisterte sie dank ihres Durchsetzungs- und Überzeugungsvermögens stets sehr gut.*

Konstruktion: *Unter seiner Federführung wurde unser heutiges Hauptprodukt BEZEICHNUNG entwickelt, patentiert und Gewinn bringend im Markt etabliert.*

Produktion: *Durch eine sehr systematische und gründliche Produktionsplanung und -steuerung erreichte er eine hohe Maschinenauslastung und erzielte auf diese Weise eine deutliche Produktionssteigerung.*

Lagerhaltung: *Logistik und Warendistribution hat er den neuen Anforderungen unserer Kunden angepasst. Zwei kleinere Außenlager mit überdurchschnittlich hohen Kosten hat er geschlossen. Durch vielfältige ablauforganisatorische Verbesserungen konnte das steigende Absatzvolumen ohne Personalerhöhung bewältigt werden.*

Personalwesen: *Frau NAME hat sich als Ausbildungsleiterin sehr intensiv um unsere Auszubildenden gekümmert und mit ihnen über Jahre hinweg sehr gute und gute Ergebnisse in der Abschlussprüfung erzielt.*

Kompetenzerweiterung: *In Anerkennung ihrer beständig sehr guten Leistungen und sichtbaren Erfolge erteilten wir Frau NAME im MONAT JAHR Handlungsvollmacht für BEREICH.*

Förderungswürdigkeit: *Seine Leistungen und herausragenden Erfolge prädestinieren ihn zur Übernahme noch anspruchsvollerer Aufgaben und Herausforderungen.*

sicht und Musterformulierungen zu 6.4.7). Fragen Sie Ihren Mitarbeiter oder ihre Mitarbeiterin, auf welche Leistungen und Erfolge sie besonders stolz sind, und nehmen Sie diese in nüchternen Worten ins Zeugnis auf. Solche konkreten Erfolgsaussagen wirken besser als allbekannte Standardfloskeln oder das Springen von einem Superlativ zum anderen.

6.4.8 Zufriedenheitsformel

Sehr viele Zeugnisse enthalten eine zusammenfassende Leistungsbeurteilung mit der Zufriedenheitsformel. Sie dient beim diagonalen Lesen des Zeugnisses im Rahmen der Personalauswahl für eine schnelle Vorentscheidung, ob eine Bewerbung weiterhin berücksichtigt wird (siehe Musterformulierungen 1 zu 6.4.8). Gar nicht so selten besteht die Leistungsbeurteilung nur in dieser Formel, was dann aber wegen der Knappheit negativ wirkt. Die Passage »stets vollste Zufriedenheit« allein bedeutet noch keine sehr gute Gesamtbeurteilung. Im Falle einer sehr guten Beurteilung müssen Sie diese Passage oder eine Formulierung wie »Ihre Leistungen waren immer sehr gut« verwenden. Die Formulierung »stets volle Zufriedenheit« signalisiert im Rahmen der Zeugnissprache eine gute, aber keine sehr gute Beurteilung. Wollen Sie Zwischennoten ausdrücken, so verwenden Sie bitte Klartext: »Seine Leistungen waren jederzeit gut bis sehr gut.«

Ein Arbeitnehmer, der eine sehr gute Zufriedenheitsformel fordert, muss mehr als eine nur beanstandungsfreie Arbeit vorweisen, z.B. ein überdurchschnittliches Arbeitstempo oder eine besonders hohe Arbeitsqualität. Ein Arbeitnehmer, dessen Leistung niemals beanstandet wurde, hat auf eine gute Wertung Anspruch. Wenn die Leistungen Ihres Arbeitnehmers vorher lange Zeit nicht beanstandet haben, können Sie bei der Zeugnisausstellung regelmäßig nicht argumentieren, der Arbeitnehmer habe die Anforderungen des Arbeitsplatzes nicht erfüllt.

Bei einer unterdurchschnittlichen Beurteilung müssen Sie als Arbeitgeber darlegen und beweisen, dass der Arbeitnehmer Fehler gemacht hat und dass Sie ihn wegen dieser ermahnt oder abgemahnt haben.

Beachten Sie, dass allein eine gute oder sehr gute Zufriedenheitsformel noch keine gute Beurteilung darstellt. Für eine gute Beurteilung müssen Sie differenziert auf verschiedene Leistungsaspekte eingehen (siehe auch Musterformulierungen 2 zu 6.4.8).

6.4.9 Verhalten gegenüber Internen

Sowohl das Verhalten gegenüber Vorgesetzten als auch das Verhalten gegenüber Gleichgestellten wird beurteilt (siehe Musterformulierung zu 6.4.9). Wird im Zeugnis die Kollegialität nicht erwähnt (Leerstelle), so deutet dies auf Differenzen mit den Arbeitskollegen hin. Wird nur die Kollegialität herausgestellt, so deutet dies auf Schwierigkeiten mit dem Vorgesetzten hin. Es sollten zuerst die Vorgesetzten und erst danach die Kollegen genannt werden, um den Eindruck zu vermeiden, das Verhältnis zu den Kollegen sei besser als das zu den Vorgesetzten gewesen.

Eine positive Formel, die häufig zur Beurteilung des Sozialverhaltens eingesetzt wird, lautet: »Sein Verhalten zu Vorgesetzten und Mitarbeitern war jederzeit einwandfrei/vorbildlich.« Negativ zu werten ist unter Umständen die Aussage: »Sein Verhalten hat nie zu Klagen/Beanstandungen Anlass gegeben.« Damit kann ausgedrückt sein, das Verhalten sei aber auch nicht lobenswert gewesen. Ferner stört die Worte »Klagen« und »Beanstandungen«, die normalerweise einen negativen Sachverhalt bezeichnen. Die Formel »anspruchsvoller und kritischer Mitarbeiter« bezeichnet einen gegenüber anderen anspruchsvollen Querulanten.

> ⚠ Da Zeugnisse auf das charakteristische Gesamtbild und nicht auf atypische Einzelvorkommnisse auszurichten sind, gehören »verjährte« Verhaltensmängel nicht ins Zeugnis. Auch Disharmonien während der Kündigungsfrist sollten nach einem mehrjährigen guten Arbeitsverhältnis keinen Niederschlag im Zeugnis finden.

Übersicht (zu 6.4.7) Beispiele für herausragende Erfolge

- Laufend hohe Bezahlung über den Tarif hinaus (bei Arbeitern und Tarifangestellten)
- Frühe Übernahme in den übertariflichen Gehaltsbereich
- Übernahme einer Führungsposition in relativ jungem Alter
- (Geplante) Beförderungen, Prokura
- Maßgeblicher Beitrag beim Aufbau von Abteilungen und Filialen und die Bewältigung des dabei anfallenden Arbeitsvolumens
- Deutliche Entlastung des Vorgesetzten
- Längere wirkliche Stellvertretung
- Effiziente, gleichwertige Urlaubsvertretung
- Lösung schwieriger Spezialaufgaben
- Leitung von Projekten und Reorganisationsprozessen
- Einhaltung von Terminen unter besonders schwierigen Bedingungen
- Einführung neuer Systeme oder Methoden, die sich bewährten
- Umsatzsteigerung trotz schwieriger Konkurrenzsituation
- Gewinnung neuer Kunden, Steigerung des Marktanteils
- Neuer Jahresverkaufsrekord oder neuer Saisonrekord
- Steigerung des Anteils der Barverkäufe
- Markteinführung neuer Produkte
- Aufbau eines neuen Vertriebswegs
- Erfolgreiche Erschließung ausländischer Märkte
- Kostensenkung in Höhe von x Prozent
- Sanierung eines Betriebs oder Betriebsteils
- Akquirierung eines Großauftrags
- Gewinnung von Großkunden oder bedeutsamen Kunden
- Reduzierung der Abhängigkeit von einem Großkunden
- Verbesserung der Kreditwürdigkeitsprüfung
- Verringern von Schwund (Nachweis durch Inventur)
- Senkung der Reklamationsfälle
- Deutliche Verkürzung von Durchlaufzeiten
- Senkung der Ausschussquote in der Produktion
- Qualitätssicherung auf hohem Niveau
- Senkung der Zahl von Arbeitsunfällen
- Unfallfreiheit bei gefahrgeneigter Arbeit
- Prämierte Verbesserungsvorschläge
- Neuentwicklung eines Produkts
- Patentierte Erfindungen
- Sparsamer Materialverbrauch und geringer Werkzeugverschleiß
- Sehr guter Ausbildungsabschluss
- Verkürzte Ausbildungszeit

Schließlich sollten Sie bedenken, ob nicht manche Verhaltensweise des Mitarbeiters nur eine Reaktion auf inakzeptables Kollegen- oder Vorgesetztenverhalten war. Abmahnungen dürfen nicht erwähnt werden.

Bei Mitarbeitern mit Querschnittsfunktionen, die vielfältige innerbetriebliche Kontakte haben, ist auf das Verhalten besonders einzugehen. So kann z.B. bei einem Produktmanager, einem Projektmanager oder einem Organisator im Zeugnis hervorgehoben werden, dass er bei allen innerbetrieblichen Kontaktpersonen als fairer Gesprächs- und Kooperationspartner anerkannt war und dass produktive Synergie-Effekte auftraten.

Musterformulierungen 1 (zu 6.4.8) Zufriedenheits- sowie Erwartungsskala

sehr gut: *Mit seinen Leistungen waren wir stets außerordentlich zufrieden.*
Seine Leistungen haben unseren Anforderungen und Erwartungen stets in jeder Hinsicht in allerbester Weise entsprochen.
Frau NAME hat stets zu unserer vollsten Zufriedenheit gearbeitet.
gut: *Mit seinen Leistungen waren wir stets voll zufrieden.*
Seine Leistungen haben unseren Anforderungen und Erwartungen stets voll entsprochen.
befriedigend: *Mit seiner Leistung waren wir voll zufrieden.*
Seine Leistung hat unseren Anforderungen/Erwartungen voll entsprochen.
ausreichend: *Mit seiner Arbeit waren wir zufrieden.*
Seine Arbeit hat unseren Anforderungen/Erwartungen genügt.
mangelhaft: *Mit seiner Arbeit waren wir insgesamt zufrieden.*
Sie war stets nach Kräften bemüht, unseren Anforderungen/Erwartungen gerecht zu werden.

Musterformulierungen 2 (zu 6.4.8) Weitere Zufriedenheitsformeln

sehr gut: *Die beschriebene berufliche Entwicklung und die Beförderungen zeigen, dass wir mit den Leistungen von Herrn NAME stets außerordentlich zufrieden waren.*
gut: *Die beschriebene berufliche Entwicklung und die Beförderungen zeigen, dass wir mit den Leistungen von Frau NAME außerordentlich zufrieden waren.*
befriedigend: *Er setzte Akzente am Markt und nahm die Unternehmensinteressen zu unserer vollen Zufriedenheit wahr.*
ausreichend: *Sie hat die Aufgaben der Position zu unserer Zufriedenheit wahrgenommen.*
mangelhaft: *Er hat sich stets angestrengt, die Aufgaben und Herausforderungen seiner schwierigen Funktion zu unserer Zufriedenheit zu bewältigen.*

Musterformulierung (zu 6.4.9) Verhalten zu Internen

sehr gut: *Auf Grund ihrer teamorientierten Zusammenarbeit und ihres kollegialen und aufgeschlossenen Verhaltens war sie stets bei Vorgesetzten und Mitarbeitern gleichermaßen sehr geschätzt und anerkannt.*
gut: *Frau NAME war eine fachlich und persönlich geschätzte Mitarbeiterin, die sich gut in die Gruppe einfügte. Ihr Verhalten gegenüber Vorgesetzten und Kollegen war einwandfrei.*
befriedigend: *Seine Zusammenarbeit mit Vorgesetzten und Mitarbeitern war gut.*
ausreichend: *Er vertritt konsequent seine Auffassungen. Mit den Kollegen und den Vorgesetzten ist er zurecht gekommen.*
mangelhaft: *Das Verhalten gegenüber dem Vorgesetzten war durchaus korrekt. Er war stets bemüht, den Mitarbeitern auf kollegialer Basis entgegenzutreten.*

6.4.10 Verhalten gegenüber Externen

Die Beurteilung des Sozialverhaltens kann auf das Verhalten gegenüber Lieferanten, Kunden, Klienten, Mandanten, Patienten, Gästen, Behörden, Publikum oder Besuchern ausgedehnt werden (siehe Musterformulierungen zu 6.4.10). Im Außendienst und in anderen Funktionen mit Kundenkontakt ist diese Beurteilung unverzichtbar, da andernfalls der Verdacht einer bewussten Leerstelle aufkommen kann. Beziehen Sie die Kunden in die allgemeine Verhaltensaussage ein, sollten diese an erster Stelle genannt werden. Beispiel: »Sein Verhalten gegenüber Kunden, Vorgesetzten und Mitarbeitern war stets vorbildlich.« Besser wirkt es jedoch meist, wenn zu den Kunden eine spezielle Aussage gemacht wird. Zum Beispiel: »Bei unseren Kunden wurde er, auch auf Geschäftsleistungsebene, wegen seiner konstruktiven und zuverlässigen Art als Gesprächs- und Verhandlungspartner sehr geschätzt.«

6.4.11 Allgemeine soziale Kompetenz

Um die Beurteilung des Sozialverhaltens individueller und informativer zu formulieren, können auch Aspekte wie Teamfähigkeit, Loyalität, Kameradschaftlichkeit, Aufgeschlossenheit, Diskretion, Kooperationsbereitschaft, Kontaktvermögen oder Auftreten und Ausstrahlung angesprochen werden (siehe Musterformulierungen zu 6.4.11). Aussagen zum Verhalten im Privatbereich gehören nicht ins Zeugnis. Nur im Öffentlichen Dienst findet man gelegentlich den Satz »Über sein außerdienstliches Verhalten ist uns nichts Nachteiliges bekannt«, der dann nicht negativ gemeint ist.

Bei Führungskräften kann die übermäßige Betonung von Basistugenden, Selbstverständlichkeiten, minimalen Erfolgen, Nebenaufgaben und Nebenpflichten wie Pünktlichkeit, ordentliche Kleidung oder gepflegter Dienstwagen eine bewusste Abwertung signalisieren. Beispiel: »Hervorzuheben, dass Herr Dr. X unseren Betriebsausflug jedes Jahr sehr gut organisierte.«

> ⚠ Straftatbestände dürfen nur genannt werden, wenn sie mit dem Arbeitsverhältnis in einem unmittelbaren Zusammenhang stehen. Ein bloßer Verdacht, selbst wenn er zur Verdachtskündigung berechtigt, darf wegen der Langzeitwirkung des Zeugnisses nicht erwähnt werden.

Feststehende gravierende Fehlverhaltensweisen oder Straftaten im Unternehmen, wie z.B. Körperverletzung, Diebstahl und Unterschlagung oder Sexualkontakt mit Abhängigen, können zu einer Kündigung führen (siehe auch VIII B/2). Je nach der Bedeutung der Verhaltensweise kann eine Nennung oder Umschreibung in einem qualifizierten Zeugnis unumgänglich sein, wenn andernfalls das Interesse künftiger Entscheidungsträger bei der Personalauswahl an einer zuverlässigen Beurteilungsgrundlage verletzt würde. Will sich ein Zeugnisaussteller bei Beendigung des Arbeitsverhältnisses wegen Unterschlagung gegen Schadensersatzforderungen künftiger Arbeitgeber, bei denen der Arbeitnehmer erneut Unterschlagungen begeht, schützen, so muss die Unterschlagung im Zeugnis andeuten. Zum Beispiel: »Er verstand es geschickt, seine Interessen mit denen des Unternehmens zu verbinden.«

> Wird ein Arbeitnehmer, der eine Vertrauensstellung innehat, wegen einer strafbaren Handlung im Rahmen seines Arbeitsverhältnisses fristlos entlassen, so verstößt der Arbeitgeber gegen die guten Sitten, wenn er diesen Tatbestand nicht im Zeugnis erkennen lässt, sondern nur positive Sachverhalte hervorhebt und seine uneingeschränkte Zufriedenheit betont. Es ist bei schwer wiegendem Fehlverhalten Vorsicht vor wahrheitswidrigen Aussagen anzuraten.

Eine Aussage zur Ehrlichkeit, Vertrauenswürdigkeit oder Zuverlässigkeit ist zur Vermeidung von Missverständnissen erforderlich bei Mitarbeitern, die über Geld oder Konten des Arbeitgebers verfügten. Sie kommt auch in Betracht bei Verkäufern kleiner, aber wertvoller Gegenstände, z.B. im Juwelier-Geschäft, bei Revisoren, Lagerleitern und Lagermitarbeitern, bei Werkschutzkräften und bei Wach- und Schließpersonal, bei Personal von Reinigungsfirmen, das fremde Gebäude reinigt, bei Service-Technikern mit Reparaturen in Privathaushalten, bei Mitarbeitern mit regelmäßigen Spesenabrechnungen (Außendienst-Mitarbeiter, Verkaufsfahrer) sowie bei sonstigen Mitarbeitern in besonderen Vertrauensstellungen wie z.B. bei Einkäufern.

Bei Mitarbeitern, die Zugang zu Betriebs- und Geschäftsgeheimnissen und zu vertraulichen Informationen haben (Forscher und Entwickler, Bilanzbuchhalter, Controller, Personalsachbearbeiter, Sekretärin beim Geschäftsführer) oder die Ziel von Bestechungsversuchen sein können (Einkäufer, Auftragsbearbeiter), sollte ihre Vertrauenswürdigkeit, Integrität oder Diskretion erwähnt werden. Bei Mitarbeitern in Vertrauenspositionen, z.B. bei leitenden Angestellten, sollte betont werden, dass sie stets mit der Geschäftsleitung loyal zusammengearbeitet haben. Geschäftsführer haben gegebenenfalls Anspruch auf die Erwähnung, dass sie das volle Vertrauen der Gesellschafter, des Aufsichtsorgans bzw. des Managements der Muttergesellschaft besaßen. Sie können ein bewusst oder unbewusst falsch ausgestelltes Zeugnis widerrufen (siehe 6.5.1).

Musterformulierungen (zu 6.4.10) Verhalten zu Externen

sehr gut: *Er genoss bei unserer Kundschaft, insbesondere auch bei unseren Key-Accounts und Referenzkunden, stets sehr hohes Ansehen. In Verhandlungen verband er erfolgreich Flexibilität mit Stehvermögen und Überzeugungsfähigkeit.*

gut: *Auch von unseren Geschäftsfreunden wurde sie sehr geschätzt. Sie besaß die Gabe, bei ihren Verhandlungspartnern rasch eine Vertrauensbasis zu schaffen, was in unserer Branche sehr wichtig ist.*

befriedigend: *Sein Kontaktvermögen und seine Gradlinigkeit führten zu einer positiven und erfolgreichen Zusammenarbeit mit unseren Kunden.*

ausreichend: *Sie wurde von unserer Kundschaft durchaus als Ansprechpartnerin anerkannt.*

mangelhaft: *Er bemühte sich stets sehr um die Anerkennung unserer Kundschaft.*

Musterformulierungen (zu 6.4.11) Allgemeine soziale Kompetenz

sehr gut: *Sie war in jeder Hinsicht absolut loyal und genoss stets das absolute Vertrauen der Geschäftsleitung. Ihre Spezialaufträge, zu deren Lösung sie Zugang zu allen streng vertraulichen strategischen Planungen und geschäftspolitischen Daten hatte, erledigte sie jederzeit mit höchster Diskretion.*

gut: *Er war je nach der Art der Aufträge vielseitig einsetzbar. Er kann Projektaufträge gut eigenständig lösen. Er wirkte aber auch sehr produktiv und kooperativ in den wechselnden Projektgruppen mit.*

befriedigend: *Sie bewies Geschick im Umgang mit den Betriebsangehörigen aus den verschiedenen Abteilungen.*

ausreichend: *Seine Loyalität war nicht zu kritisieren.*

mangelhaft: *Er verstand es, seine Interessen mit denen des Unternehmens in Einklang zu bringen.*

> Haben Sie bewusst oder unbewusst ein falsches Zeugnis ausgestellt, z.B. wahrheitswidrig Ehrlichkeit und Zuverlässigkeit attestiert, so können Schadensersatzansprüche Dritter auf Sie zukommen.

6.4.12 Beendigungsformel

Die Kündigungsinitiative des Arbeitnehmers (»verlässt uns auf eigenen Wunsch«) und auch eine betriebsbedingte Kündigung (Rationalisierung, Einschränkung, Stilllegung) müssen im Zeugnis erwähnt werden, wenn Ihr Arbeitnehmer dies wünscht (siehe Musterformulierungen 1 zu 6.4.12, VIII B/2.3.1 und 2.5.1).

Die Kündigungsgründe des Arbeitnehmers dürfen nur mit seiner Zustimmung genannt werden. Es spricht nichts dagegen, auf Wunsch

Musterformulierungen 1 (zu 6.4.12) Beendigungsformeln

sehr gut: *Er genoss bei unserer Kundschaft, insbesondere auch bei unseren Key-Accounts und Referenzkunden, stets sehr hohes Ansehen. In Verhandlungen verband er erfolgreich Flexibilität mit Stehvermögen und Überzeugungsfähigkeit.*

gut: *Auch von unseren Geschäftsfreunden wurde sie sehr geschätzt. Sie besaß die Gabe, bei ihren Verhandlungspartnern rasch eine Vertrauensbasis zu schaffen, was in unserer Branche sehr wichtig ist.*

befriedigend: *Sein Kontaktvermögen und seine Gradlinigkeit führten zu einer positiven und erfolgreichen Zusammenarbeit mit unseren Kunden.*

ausreichend: *Sie wurde von unserer Kundschaft durchaus als Ansprechpartnerin anerkannt.*

mangelhaft: *Er bemühte sich stets sehr um die Anerkennung unserer Kundschaft.*

Musterformulierungen 2 (zu 6.4.12) Ausstellungsanlässe für Zwischenzeugnisse

Feststehendes Ende des Arbeitsverhältnisses: *Herr NAME erhält dieses Zwischenzeugnis, da das Arbeitsverhältnis zum AUSTRITTSTERMIN wegen Schließung/Verlegung des Betriebes enden wird.*

Mögliches Ende des Arbeitsverhältnisses: *Frau NAME erhält dieses Zwischenzeugnis anlässlich der Aufnahme von Sozialplanverhandlungen.*

Versetzung: *Herr NAME erhält dieses Zwischenzeugnis anlässlich seines Wechsels in die Abteilung BEZEICHNUNG.*

Vorgesetztenwechsel: *Herr NAME erhält dieses Zwischenzeugnis anlässlich eines Vorgesetztenwechsels.*

Unterbrechung: *Dieses Zwischenzeugnis wird anlässlich des Beginns des Erziehungsurlaubes (unaufgefordert) erstellt.*

Weiterbildung: *Frau NAME erhält dieses Zwischenzeugnis zur Vorlage bei der IHK Musterstadt.*

des Arbeitnehmers plausible und akzeptable Gründe wie Wechsel zu einem anderen Konzernunternehmen, Wohnortwechsel oder Ablauf des Erziehungsurlaubs als Beendigungsgrund zu nennen. Ein plausibler Beendigungsgrund kann mögliche Zweifel an der Kündigungsinitiative des Arbeitnehmers zerstreuen. Manche Beendigungsgründe wie zum Beispiel die Aufnahme eines Studiums oder einer selbstständigen Tätigkeit können im nachhinein zum Problem werden, wenn diese Maßnahmen nicht realisiert oder abgebrochen werden. Bestehen Zweifel am Erfolg, sollten solche Pläne im Zeugnis besser nicht erwähnt werden.

Eine Besonderheit der arbeitnehmerseitigen Beendigung des Arbeitsverhältnisses kann darin liegen, dass dieser das Unternehmen ohne Einhaltung der Kündigungsfrist verlässt. Sie dürfen diesen Vertragsbruch grundsätzlich nicht ausdrücklich erwähnen. Sie können ihn lediglich umschreiben.

Bei einem Aufhebungsvertrag (siehe VIII B/3) oder bei einer Beendigung des Arbeitsverhältnisses per gerichtlichem Vergleich (siehe VIII B/1.5) kann der Arbeitnehmer die Angabe verlangen, dass das Arbeitsverhältnis »einvernehmlich« beendet wurde. Allerdings wird dieses Wort von vielen Lesern im Sinne einer arbeitgeberseitigen Kündigung oder zumindest einer arbeitgeberseitigen Initiative gedeutet. Manche Aussteller versuchen, eine vom Arbeitnehmer nicht zu vertretende einvernehmliche Beendigung durch die Formel »in bestem Einvernehmen« klarzustellen. Aus Arbeitnehmersicht ist es aber zur Vermeidung von Missverständnissen in der Regel besser, den Arbeitgeber mit verständigem Wohlwollen die Formel »auf eigenen Wunsch« ins Zeugnis schreiben zu lassen.

Bei einer betriebsbedingten Kündigung kann es insbesondere für Arbeitnehmer mit längerer Betriebszugehörigkeit förderlich sein, den wirklichen Beendigungsgrund und einen Hinweis auf die Notwendigkeit der Sozialauswahl anzugeben (siehe VIII B/2.5.1.3).

Arbeitgeberseitige Kündigungen oder Unstimmigkeiten bei der Beendigung des Arbeitsverhältnisses werden meist daran erkannt, wenn dem Zeugnis nicht zu entnehmen ist, von welcher Seite die Auflösung ausging. Eine fristlose Kündigung durch den Arbeitgeber darf im Zeugnis als Beendigungsmodalität in der Regel nicht ausdrücklich erwähnt werden (siehe VIII B/2.1.2). Es genügt und sichert Sie gegen Schadensersatzansprüche, wenn dieser Sachverhalt indirekt aus dem ungewöhnlichen Beendigungsdatum hervorgeht. Ungewöhnlich sind grundsätzlich alle Beendigungstermine außer dem 15. eines Monats und dem Monatsultimo.

Der Schlussabsatz eines Zwischenzeugnisses (siehe Musterformulierungen 2 zu 6.4.12) nennt statt der Beendigungsformel möglichst den Anlass der Ausstellung wie z.B. Versetzung des Mitarbeiters oder Vorgesetztenwechsel.

6.4.13 Dankes-Bedauern-Formel

Dank, Bedauern und auch Zukunftswünsche sind nach der neuesten Rechtsprechung des Bundesarbeitsgerichts kein notwendiger Bestandteil von Arbeitszeugnissen. Dies bedeutet allerdings nicht, dass diese Aussagen aus Zeugnissen verschwinden werden. Im Gegenteil: Die Bedeutung dieser Aussagen wird steigen, da Sie als Aussteller hierzu nicht gezwungen werden können. Sie können also differenzieren und Dank und Bedauern dosieren. In ein sehr gutes und in ein gutes Zeugnis sollten Dank und Bedauern aufgenommen werden. Bei einem Zeugnis mit befriedigender Beurteilung passt das Bedauern, dass im Sinne einer unverbindlichen Wiedereinstellungsbereitschaft interpretiert wird, fortgelassen werden. Bei einer ausreichenden oder mangelhaften Beurteilungen sollte auch der Dank fortgelassen werden.

Vereinzelt werden Dank und Bedauern noch durch eine Würdigung bleibender Verdienste, eine ausdrückliche Empfehlung oder die Bitte um Wiederbewerbung nach Besserung der Unternehmenslage oder nach Abschluss der Weiterbildung ergänzt (siehe Musterformulierung zu 6.4.13). Die Tatsache, dass der Arbeitnehmer die Dankes-Bedauern-Formel nicht erzwingen kann und dass sie nicht in jedem Zeugnis enthalten ist, gibt ihr besonderes Gewicht.

Mit Dank und Bedauern bekräftigen Sie die vorangehenden positiven Aussagen. Umgekehrt wirkt es als Herabstufung einer guten Leistungsbeurteilung, wenn im Schlussabsatz dem Mitarbeiter nicht gedankt und/oder sein Ausscheiden nicht bedauert wird.

6.4.14 Zukunftswünsche

Auch wenn Zukunftswünsche nicht zum gesetzlich notwendigen Inhalt eines Zeugnisses gehören, so sollten sie doch in nahezu jedem Zeugnis enthalten sein. Aus ihrem Fehlen wird auf eine ernstliche Auseinandersetzung zwischen Arbeitgeber und Arbeitnehmer geschlossen (siehe Musterformulierungen zu 6.4.14). Das Fehlen der Zukunftswünsche wirkt wie ein grußloser und unversöhnlicher Abschied, der auf eine tiefe Verstimmung hindeuten kann. (Siehe hierzu ausführlicher unter Forum III/2.)

6.5 Zeugnisänderung

6.5.1 Widerruf

Hat der Arbeitgeber bewusst oder unbewusst ein falsches Zeugnis ausgestellt, zum Beispiel wahrheitswidrig Ehrlichkeit attestiert, so können Schadensersatzansprüche Dritter auf ihn zukommen. Unbewusst und insoweit ohne Verschulden kann ein unwahres Zeugnis zum Beispiel erstellt worden sein, wenn der Aussteller erst nach dem Ausscheiden des Arbeitnehmers Verfehlungen ent-

---

Musterformulierungen (zu 6.4.13) Dankes-Bedauern-Formel

sehr gut: *Wir bedauern den Weggang von Herrn NAME sehr. Zugleich haben wir Verständnis dafür, dass er seine berufliche Bildung vertiefen will. Wir würden es begrüßen, wenn er sich nach Abschluss seiner Meisterausbildung wieder bei uns bewerben würde.*

gut: *Wir danken Frau NAME für ihre hohen Leistungen und bedauern den Verlust dieser guten Facharbeiterin.*

befriedigend: *Wir bedauern danken dieser bewährten Fachkraft für die angenehme Zusammenarbeit.*

ausreichend: *Wir haben keine Bedenken, uns bei Herrn NAME zu bedanken.*

mangelhaft: *Frau NAME hat sich im Rahmen ihrer Fähigkeiten engagiert, wofür wir uns bedanken.*

Hinweis: *Bei negativer Beurteilung kann auch auf Dank und Bedauern verzichtet werden.*

Musterformulierungen (zu 6.4.14) Zukunftswünsche

sehr gut: *Wir wünschen Herrn NAME beruflich weiterhin den Erfolg des Tüchtigen und für seine persönliche Zukunft in jeder Hinsicht alles Gute.*

gut: *Wir wünschen dieser guten Fach- und Führungskraft für den weiteren Berufs- und Lebensweg alles Gute und weiterhin Erfolg.*

befriedigend: *Auch wünschen wir für die Zukunft alles Gute.*

ausreichend: *Unsere besten Wünschen begleiten ihn.*

mangelhaft: *Wir wünschen ihm für die Zukunft alles nur erdenklich Gute. (Ironie durch Übertreibung)*

Hinweis: *Negative Zukunftswünsche kommen nur in Ausnahmefällen in Frage.*

---

deckt. Der Arbeitgeber kann ein unbewusst oder bewusst falsch ausgestelltes Zeugnis widerrufen. Einen Zeugniswiderruf gibt es aber nur bei tatsächlichen Unrichtigkeiten und nicht bei Werturteilen, es sei denn, dass neue Tatsachen den früheren Wertungen die Grundlage entzogen haben. Der Widerruf ist vollzogen, wenn er dem Arbeitnehmer zugeht. Der Arbeitgeber kann bei Widerruf die Rückgabe des unrichtigen Zeugnisses verlangen, um eine weitere Verwendung gegenüber Dritten zu verhindern.

6.5.2 Berichtigungsanspruch

Der Arbeitnehmer hat Anspruch auf ein richtiges Zeugnis. Dieser Anspruch ist nach der Rechtsprechung des Bundesarbeitsgericht verwirkt, (1) wenn der Arbeitnehmer ihn längere Zeit nicht geltend gemacht hat (Zeitmoment), (2) wenn er beim Arbeitgeber die Überzeugung hervorgerufen hat, er werde sein Recht nicht mehr geltend machen und sich der Arbeitgeber darauf eingerichtet hat (Umstandsmoment) und (3) wenn dem Arbeitgeber die Erfüllung des Zeugnisanspruches nach Treu und Glauben unter Berücksichtigung aller Umstände des Einzelfalles nicht mehr zumutbar ist. Das Umstandsmoment ist zum Beispiel nicht erfüllt, wenn der Arbeitgeber selbst in Gesprächen oder Schreiben den Arbeitnehmer auffordert, seine Änderungs- oder Ergänzungswünsche zu nennen. Die Verwirkung des Berichtigungsanspruchs bei Erfüllung des Zeitmoments und des Umstandsmoments gilt auch bei Zwischenzeugnissen.

Der Aussteller kann keine Verwirkung geltend machen, wenn er durch ein Zeugnis mit verdeckt negativen Aussagen, also durch Geheimfloskeln im Sinne von § 113 Abs. 3 Gewerbeordnung, das späte Berichtigungsverlangen des Arbeitnehmers verursacht hat. Hier ist das für eine Verwirkung notwendige Umstandsmoment nicht erfüllt.

Der Berichtigungsanspruch kann vom Arbeitnehmer auch nach Unterzeichnung allgemein gehaltener Ausgleichsquittungen und Abgeltungsklauseln, welche das Zeugnis nicht ausdrücklich erwähnen, geltend gemacht werden. Der Berichtigungsanspruch unterliegt aber allgemeinen tarifvertraglichen oder einzelvertraglichen Ausschlussfristen. Diese Ausschlussfristen beginnen mit dem Zeitpunkt, an dem der Arbeitnehmer das Zeugnis erhalten hat, da er erst ab diesem Zeitpunkt das Zeugnis prüfen kann. Hat ein Arbeitgeber trotz Ablauf der Ausschlussfrist kulanterweise doch noch ein Zeugnis ausgestellt, so lebt ein Berichtigungsanspruch ggf. wieder auf.

Die Mitwirkung des Arbeitnehmers an der Zeugniserstellung führt nicht zum Ausschluss seiner Berichtigungsansprüche. Wird das Zeugnis auf Wunsch des Arbeitnehmers, aufgrund eines Vergleichs oder Urteils berichtigt und daher neu ausgefertigt, so hat der Arbeitnehmer Anspruch darauf, dass es auf das Datum der Erstausstellung zurückdatiert wird, damit Dritte nicht auf die vorangegangenen Auseinandersetzungen aufmerksam werden und nachteilige Schlüsse ziehen. Der Arbeitgeber muss ein berichtigtes Zeugnis nur Zug um Zug gegen Rückgabe des zuvor erstellten unrichtigen Zeugnisses aushändigen.

6.5.3 Darlegungs- und Beweislast in Prozessen

Der Arbeitgeber ist beweispflichtig für die ordnungsgemäße Erfüllung des Zeugnisanspruches.

Die Formulierung der Leistungsbeurteilung ist Sache des Arbeitgebers, dem in Grenzen ein Beurteilungsspielraum zusteht. Der Aussteller muss sich um eine objektive Beurteilung mit verkehrsüblichen Maßstäben bemühen. Er muss seine Beurteilung im Streitfall vor Gericht beweisen. Allerdings muss ein klagender Arbeitnehmer zunächst schlüssig dartun, dass und welcher Anspruch ihm noch zusteht, also inwieweit sein Zeugnisanspruch noch nicht erfüllt ist. Maßgebend für die Beurteilung ist die Erfüllung der dauerhaften Anforderungen und speziell vereinbarter Ziele.

Existiert im Unternehmen ein formalisiertes turnusmäßiges Beurteilungssystem, so kann zu Beweiszwecken auf diese früheren Beurteilungen zurückgegriffen werden. Dies kann für den Arbeitgeber dann problematisch sein, wenn er früher aus Motivationsgründen zu gut beurteilte. Der Beweiswert von turnusmäßigen Beurteilungen in einem Gerichtsstreit hängt unter anderem von der Unterschriftsformel (»gesehen« oder »einverstanden«) ab.

Ein Arbeitnehmer, dessen Leistung niemals beanstandet wurde, hat auf eine gute Wertung Anspruch. Mit aller Vorsicht kann man sagen, dass ein Arbeitgeber, der einen Arbeitnehmer nach mehrjähriger Beschäftigung sehr schlecht beurteilt, sich damit in Widerspruch zu dieser langen Beschäftigung stellt. Ein Aussteller, der die Leistungen des Arbeitnehmers vorher lange Zeit nicht beanstandet hat, kann bei der Zeugnisausstellung nicht argumentieren, der Arbeitnehmer habe die Anforderungen des Arbeitsplatzes nicht erfüllt. Die Fürsorgepflicht gebietet ihm eine rechtzeitige Klarstellung. Bei einer unterdurchschnittlichen Beurteilung muss der Arbeitgeber darlegen und beweisen, dass der Arbeitnehmer Fehler gemacht hat und dass er ihn wegen dieser Fehler ermahnt oder abgemahnt hat. Gründe für eine negative Beurteilung können ein beständig langsames Arbeitstempo, eine vergleichsweise geringe Arbeitsmenge, häufiges Überschreiten von Terminen sowie Arbeitsverweigerungen mit dem Ziel der Gehaltserhöhung sein.

Leistungen sind dann mit »sehr gut« zu bezeichnen, wenn der Arbeitnehmer seine Arbeit ohne jede Beanstandung erbracht hat und darüber hinaus ihn besonders auszeichnende Umstände, z.B. eine schnellere Erledigung als üblich oder die Entwicklung neuer Ideen, vorliegen. Hat der Arbeitgeber die Leistungen des Arbeitnehmers anlässlich eines Arbeitsjubiläums belohnt und der Hoffnung Ausdruck gegeben, auch in den nächsten Jahren auf die Mitarbeit des Arbeitnehmers rechnen zu dürfen, so ist diese Zeit der beruflichen Tätigkeit des Arbeitnehmers sehr gut zu bewerten. Kann der Arbeitgeber für die zweite Hälfte des Arbeitsverhältnisses nichts Greifbares vortragen, was eine schlechtere Gesamtbeurteilung rechtfertigen könnte, muss es bei der genannten Bewertung bleiben.

Ein Arbeitnehmer, der eine sehr gute Beurteilung fordert, muss mehr als eine nur beanstandungsfreie Arbeit vorweisen, z.B. ein überdurchschnittliches Arbeitstempo oder eine besondere, über die einwandfreie Erledigung hinausgehende Arbeitsqualität. Er muss substantiiert und schlüssig Tatsachen dafür vortragen und ggf. beweisen, dass er mit seinen Aktivitäten überdurchschnittliche Leistungen erbracht hat. Das Gleiche gilt, wenn ein Arbeitnehmer nach einem insgesamt nur sechs Monate dauernden Arbeitsverhältnis, welches durch Kündigung des Arbeitgebers endete, eine gute Beurteilung haben will.

6.6 Haftung des Arbeitgebers

Haftungs- und Schadensersatzfragen können auftreten im Verhältnis zum Arbeitnehmer und zu anderen Arbeitgebern. Das Haftungs- und Schadensersatzrisiko ist praktisch aber gering und durch rechtzeitige Ausstellung eines richtigen Zeugnisses beherrschbar.

Haftung gegenüber dem Arbeitnehmer: In seltenen Fällen kann ein Arbeitnehmer einen Schadensersatzanspruch wegen einer Einkommenseinbuße haben. Eine erste Möglichkeit ist im Falle des Verzuges gegeben, wenn also der Arbeitgeber trotz Anforderung und Mahnung kein Zeugnis oder erst verspätet ein (ordnungsgemäßes) Zeugnis ausstellt, wenn er dieses Nichtleisten oder verspätete Ausstellen zu vertreten hat und wenn dem Arbeitnehmer deshalb eine Beschäftigungschance entgeht.

Ist der Zeugnisanspruch gegeben, so ist er ohne schuldhaftes Zögern zu erfüllen. Eine Regelfrist existiert nicht. Sind alle zu beteiligenden Personen verfügbar, so dürften bei einem qualifizierten Zeugnis zwei Wochen ausreichend sein. Ein einfaches Zeugnis ist in wenigen Tagen zu erstellen. Sind für die Erstellung wichtige oder unverzichtbare Personen abwesend (Geschäftsreisen, Urlaub, Krankheit) und existieren keine ausreichenden schriftlichen Beurteilungen, ist je nach den Umständen die Rückkehr dieser Personen abzuwarten. Eine etwas längere Erstellungszeit wird man dem Arbeitgeber auch im Falle eines massenhaften Zeugnisverlangens (Massenentlassung, Sozialplan, Betriebsübergang) einräumen müssen.

Immer dann, wenn ein Arbeitnehmer erklärt, er benötige das Zeugnis oder Zwischenzeugnis dringend für eine Bewerbung, sollte zur Vermeidung von Schadensersatzansprüchen alles Mögliche getan werden, um den Anspruch schnell zu erfüllen.

Eine zweite Möglichkeit für einen Schadensersatzanspruch des Arbeitnehmers kann bestehen, wenn das Arbeitszeugnis objektiv zu ungünstig und somit unrichtig ausgestellt wird und wenn der Arbeitnehmer wegen dieser Schlechterfüllung eine seinem Leistungsvermögen entsprechende Stelle erst später oder überhaupt nicht findet. Auch verdeckt negative oder nachteilige Aussagen, z.B. die Andeutung betriebsrätlicher oder gewerkschaftlicher Arbeit (»Als engagierter Kollege hatte er das Vertrauen der Mitarbeiter«), können bei längerer Arbeitslosigkeit einen Schadensersatzanspruch des Arbeitnehmers begründen.

Bei der Geltendmachung eines Schadensersatzanspruches wegen Schuldnerverzuges oder wegen Schlechterfüllung sind geltende tarifliche oder einzelvertragliche Ausschlussfristen zu beachten. Hat der Arbeitnehmer (Gläubiger) vom Schadensereignis (erfolglose Bewerbung wegen des fehlenden oder unrichtigen Zeugnisses) Kenntnis erlangt, so muss er diesen Anspruch unter Mitteilung der ungefähren Höhe seiner Schadensersatzforderung innerhalb der tariflichen oder einzelvertraglichen Ausschlussfrist gegenüber dem Arbeitgeber (Schuldner) geltend machen.

Die Darlegungs- und Beweislast dafür, dass die Nichterteilung, die verspätete Erteilung oder die Erteilung eines unrichtigen Zeugnisses für einen Schaden des Arbeitnehmers ursächlich ist, liegt beim Arbeitnehmer. Dabei gibt es keinen Erfahrungssatz dahingehend, dass bei leitenden Angestellten allein das Fehlen des Zeugnisses für erfolglose Bewerbungen ursächlich ist. Macht ein Arbeitnehmer also geltend, er habe wegen des fehlenden oder unrichtigen Zeugnisses einen Verdienstausfall oder einen Minderverdienst erlitten, so muss er darlegen und beweisen, dass ein bestimmter Arbeitgeber bereit gewesen sei, ihn einzustellen, sich aber wegen des fehlenden Zeugnisses davon habe abhalten lassen. Es ist klar, dass der vorausgesetzte Sachverhalt nicht leicht zu beweisen ist. Der Arbeitnehmer muss allerdings keinen zwingenden Beweis führen. Ihm kommen die Darlegungs- und Beweislasterleichterungen des § 252 Satz 2 BGB zugute. Es genügt, wenn er mit ausreichender Wahrscheinlichkeit belegt, dass er mit einem Zeugnis bei der Stellensuche mehr Erfolg gehabt hätte.

Haftung gegenüber anderen Arbeitgebern: Die Technik des »beredten Schweigens« hat Grenzen. Wird ein Arbeitnehmer, der eine Vertrauensstellung innehat, wegen einer strafbaren Handlung im Rahmen seines Arbeitsverhältnisses fristlos entlassen, so verstößt der Arbeitgeber gegen die guten Sitten, wenn er diesen Tatbestand nicht im Zeugnis erkennen lässt, sondern nur positive Sachverhalte hervorhebt und seine uneingeschränkte Zufriedenheit betont.

Formulierungsbeispiel: »Diese Stelle erforderte in allen Fällen absolute Ehrlichkeit und Zuverlässigkeit.« Oder: »Er erledigte alle Aufgaben mit er ihm eigenen Vertrauenswürdigkeit.« Oder: »Die Grundsätze ordnungsmäßiger Kassen- und Buchführung waren ihm bekannt.«

Das Zeugnis hat auch eine Warnfunktion. Es ist bei schwerwiegendem Fehlverhalten Vorsicht vor ehrenden Aussagen und vor wahrheitswidrigen Beendigungsformeln (»in bestem Einvernehmen«) anzuraten. Auch bei länger zurückliegenden kleinen Unredlichkeiten (z.B. einem sog. Bagatell-Diebstahl) sollten möglichst Prädikate wie »ehrlich«, »vertrauenswürdig«, »zuverlässig« oder »gewissenhaft« vermieden werden. Weiterhin sollte in diesem Falle die Dankes-Bedauern-Formel fortgelassen werden. Es sei aber betont: Zur Haftung und zur Schadensersatzleistung kommt es nur unter der Voraussetzung, dass der Arbeitnehmer bei einem folgenden Arbeitgeber erneut Unterschlagungen begeht.

Kommt es wegen der Ehrlichkeits-Frage zu einem Streit zwischen Arbeitgeber und Arbeitnehmer, so sollte sich der Arbeitgeber notfalls verklagen lassen. Muss er das Zeugnis dann aufgrund eines Urteils neu ausfertigen, so scheidet eine Haftung gegenüber Dritten aus.

Stellt ein Arbeitgeber bei gegebener Unehrlichkeit des Arbeitnehmers auf dessen Verlangen nur ein einfaches Zeugnis ohne Verhaltensbeurteilung und damit ohne Erwähnung der Unehrlichkeit aus, macht er sich nicht schadensersatzpflichtig.

6.7 Generelle Formulierungs- und Gestaltungshinweise

Unternehmen stellen sich mit Zeugnissen in gewissem Maße selbst ein Zeugnis aus. Ein Großunternehmen, das im Laufe der Jahre Hunderte von Zeugnissen ausstellt, kann über die Zeugnisse sein Image als attraktiver Arbeitgeber oder als technisch fortschrittliches Unternehmen mitprägen. Ein Zeugnis gewinnt durch konkrete, sachliche, individuelle Formulierungen. Am besten ist es wohl, wenn im Zeugnis bekannte und individuelle Formulierungen fachmännisch kombiniert werden (siehe Übersicht zu 6.7).

Klarheit: Die Formulierungen sollten klar und verständlich sein. Betriebsspezifische Ausdrücke (Betriebsjargon) und interne Abkürzungen (»betreute unser Verkaufsgebiet III«, »war in unserer Abteilung PuK tätig«, »reparierte unser Gerät MX 26«), funktionsspezifische Abkürzungen wie »überarbeitete unser PPS-System« (PPS = Produktionsplanung und -steuerung) oder spezielle Funktions- oder Branchenbegriffe (z.B. im Speditionsgewerbe Bordero = Ladeliste) sind vielen Lesern nicht verständlich.

Namensnennung: Im Zeugnis sollten nach dem Eingangssatz nicht nur die Personalpronomen (er, sie) ver-

Übersicht (zu 6.7) Techniken der Zeugnissprache.

- **Positiv-Skala-Technik: Negative Beurteilungen in positiver Formulierung**
Insgesamt waren wir mit den Leistungen zufrieden. / Sie war stets mit Fleiß und Interesse bei der Arbeit. / Besonders betonen wir seine Pünktlichkeit (= am Feierabend).

- **Leerstellen-Technik: Warnsignale durch beredtes Schweigen**
Sein Verhalten gegenüber den Kollegen (= aber nicht gegen über dem Vorgesetzen) *war stets einwandfrei. / Er genoss stets das Vertrauen seiner Mitarbeiter* (= aber nicht der Geschäftsleitung). */ Frau X verlässt uns auf eigenen Wunsch. Wir wünschen ihr für die Zukunft viel Glück* (= Es fehlen Dank für die geleistete Arbeit und Bedauern über das Ausscheiden). / Fehlende Aussage zur Mitarbeiterführung bei Vorgesetzten / Fehlende Aussage zur Diskretion bei Direktionssekretärin).

- **Reihenfolge-Technik: Nennen von weniger Wichtigem vor Wichtigem**
In der Aufgabentabelle werden weniger wichtige Aufgaben vor den wichtigen genannt. / Das Verhalten wird vor der Leistung beurteilt. / Beim Verhalten werden die Kollegen vor den Vorgesetzten genannt.

- **Ausweich-Technik: Betonung von Nebensächlichem anstelle von Wichtigem**
Bei einem Außendienstler oder einem Bankmitarbeiter im Firmenkreditgeschäft werden die gepflegte Kleidung und die guten Umgangsformen gelobt, es wird aber nichts zum Umsatz oder zum Erfolg gesagt. / Betonung von Grundkenntnissen anstelle von Spitzen- und Sonderqualifikationen.

- **Einschränkungs-Technik: Raumzeitliche Einschränkung von Aussagen**
Er engagierte sich in unserem Fachverband und galt dort (= nicht bei uns) *als Fachmann. / Er hatte dabei* (= sonst nicht) *großen Erfolg. / Relativsätze: Die Aufgaben, die wir ihm übertrugen* (= aber sonst keine), *erledigte er zu unserer Zufriedenheit. / Sie verlässt uns auf eigenen Wunsch. Wir danken ihr bei dieser Gelegenheit* (= anlässlich des Ausscheidens). */ Wir wünschen ihm für seine Tätigkeit in einem anderen Unternehmen* (= nicht bei uns) *alles Gute und künftig* (= hatte er bisher nicht) *viel Erfolg.*

- **Andeutungs-Technik: Andeutung durch interpretierbare Begriffe**
Er war ein anspruchsvoller (= Ansprüche an andere) *und kritischer* (= nörgelnder) *Mitarbeiter. / Sie erledigte alle Aufgaben mit der ihr eigenen* (= geringen) *Sorgfalt. / Diese Position erfordert viel Engagement* (= hat er nicht gezeigt). */ In dieser Position hatte sie Gelegenheit* (= hat sie nicht genutzt), *sich fundierte Kenntnisse anzueignen. / Besonders betonen wir seine große Kompromissbereitschaft bei allen Problemen* (= Durchsetzungsschwäche).

- **Negations-Technik: Abwertung durch negativ besetzte Begriffe**
Er erzielte nicht unbedeutende (= aber auch keine bedeutenden) *Umsatzsteigerungen. / Ihr Verhalten war stets ohne Tadel und Beanstandungen* (= aber nicht besonders lobenswert).

- **Passivierungs-Technik: Andeutung von Passivität durch gehäufte Passivsätze**
Herr X ... wurde eingestellt. Zunächst wurden ihm folgende Aufgaben ... übertragen. Dann wurde er in die Abteilung Y versetzt. Dort wurde er mit ... beschäftigt.

- **Widerspruch-Technik: Abwertung und Unklarheit durch Kontextwidersprüche**
Gerne bestätigen (= weil er es fordert) *wir ihm* (= niemandem sonst), *daß er stets zu unserer vollsten Zufriedenheit gearbeitet hat.* (= Entwertung der positiven Beurteilung durch die Einleitung) / Unterschrift durch Gleichgestellten.

- **Knappheitstechnik: Abwertung durch eine kurze Beurteilung und ein kurzes Zeugnis**
Bei einem langjährigen leitenden Mitarbeiter besteht die gesamte Beurteilung nur in den Sätzen »*Er hat stets zu unserer vollsten Zufriedenheit gearbeitet. Sein Verhalten gegenüber Vorgesetzten und Mitarbeitern war jederzeit einwandfrei.*« (= Trotz sehr positiver Einzelsätze negativer Eindruck aufgrund der Kürze.)

wendet werden. Der Name sollte an geeigneter Stelle erneut erwähnt werden.

Zeitform: Endzeugnisse werden in der Regel in der Vergangenheitsform formuliert. Formulierungen in der Gegenwartsform unterstreichen in einzelnen Fällen aber die aktuelle Geltung einer Aussage. Insbesondere bei Aussagen über Eigenschaften und Sachverhalten, die das Ende des Arbeitsverhältnisses überdauern (z.B. bei Kenntnissen), wird diese Zeitform verwendet. Beispiel: »Er verfügt über fundierte und aktuelle Kenntnisse und hat daher alle Aufgaben sehr gut erledigt.«

Ein Zwischenzeugnis muss in der Regel weitgehend in der Gegenwartsform erstellt werden, um den Eindruck zu vermeiden, die Beendigung des Arbeitsverhältnisses stehe schon fest.

Gliederung in Absätze: Zur positiven Wirkung eines Zeugnisses trägt es bei, wenn es entsprechend den Zeugniskomponenten in Absätze gegliedert ist. Dabei sollte der Umfang der einzelnen Absätze in einem angemessenen Verhältnis zueinander stehen. Eine umfangreiche Aufgabenbeschreibung mit Beurteilung irritiert ebenso wie eine knappe Aufgabenbeschreibung mit einer ausufernden Würdigung. Die Leistungsbeurteilung sollte in der Regel umfangreicher als die Verhaltensbeurteilung sein.

Zeugnisumfang: Der Umfang hängt unter anderem von der Dauer der Unternehmenszugehörigkeit und der Zahl der Positionen ab. Der Umfang und die Präzision sollten insgesamt so sein, dass sich Rückfragen künftiger Leser erübrigen. Als Obergrenze für den Gesamtumfang kann man in der Regel zwei DIN-A4-Seiten angeben, die möglichst nicht überschritten werden sollten. Sehr lange Zeugnisse können ein Indiz für eine so genannte Selbstausstellung sein. Dabei formuliert der Arbeitnehmer selbst sein Zeugnis. Der Arbeitgeber unterschreibt lediglich.

Zeugnisbogen: Ihr Arbeitnehmer kann verlangen, dass das Zeugnis auf einem Firmenbogen erteilt wird, wenn das Unternehmen Firmenbogen besitzt und diese im Geschäftsverkehr verwendet. Leitende Ange-

Beispiel 1 (zu 6.7) Sehr gutes Zeugnis

Frau Petra Muster, geb. am 8. Januar 1966, war vom 1. April 1996 bis zum 30. Juni 2002 in unserem Hause als Personalsachbearbeiterin tätig. Wir sind ein mittelständisches Unternehmen des Spezialmaschinenbaus und stellen Kehrmaschinen, Schneefräsen und Schneepflüge her.

Frau Muster betreute insgesamt rund 200 Tarif-Angestellte und Arbeiter in den Bereichen Arbeitsvorbereitung, Qualitätskontrolle und Auftragsabwicklung. Sie war Kooperationspartnerin für die Vorgesetzten und Mitarbeiter ihres Zuständigkeitsbereiches und erledigte selbstständig insbesondere folgende Aufgaben:

- administrative Unterstützung bei der Suche neuer Mitarbeiter (interne und externe Ausschreibung, Bewerberkorrespondenz; Terminkoordination),
- Mitwirkung bei der Ein- und Höhergruppierung der Mitarbeiter sowie bei der tariflichen Leistungsbeurteilung im gewerblichen Bereich,
- Abwicklung der Lohn- und Gehaltsabrechnung und der Stammdatenpflege mit dem System SAP HR,
- Abwicklung des Mitbestimmungsverfahrens bei personellen Einzelmaßnahmen nach § 99 und § 102 BetrVG,
- Personaladministration (Arbeitsverträge, Ein- und Austrittsformalitäten, Personalakten, Statistiken),
- Kontakt zu Zeitarbeitsunternehmen, Arbeitsamt, Krankenkassen und anderen Behörden,
- Erstellung von Arbeitszeugnissen,
- Betreuung der im Personalbereich eingesetzten Auszubildenden,
- maßgebliche Mitwirkung an Projekten (Euro-Umstellung, Einführung eines neuen Zeiterfassungssystems).

Frau Muster identifizierte sich absolut mit ihren Aufgaben und unserem Unternehmen und zeigte stets eine ausgezeichnete Leistungsbereitschaft und Einsatzfreude auch über die übliche Arbeitszeit hinaus. Als engagierte und belastbare Mitarbeiterin hat sie oftmals auch schwierige Sonderaufgaben und Zusatzaufgaben verschiedener Art in Fällen der Urlaubs- und Krankheitsvertretung übernommen, in die sie sich dank ihrer raschen Auffassungsgabe jeweils schnell einarbeitete. Auf diese Weise hat sie den Personalleiter nachhaltig entlastet.

Sie setzte ihre fundierten und aktuellen Spezialkenntnisse in der Sozialversicherung und im Lohnsteuerrecht, im Tarifvertragssystem und im Abrechnungssystem SAP HR sicher bei der Arbeit ein. Die Office-Programme beherrscht sie perfekt. In den Jahren 1998 und 1999 hat sie sich mit sehr gutem Erfolg in Eigeninitiative berufsbegleitend zur Personalkauffrau weitergebildet.

Frau Muster zeichnete sich bei der Erledigung aller Aufgaben durch Verantwortungsbewusstsein aus. Auch bei schwierigen Arbeiten kann man sich absolut auf sie verlassen. Sie war zuverlässig und arbeitete konzentriert und zügig. Sie beachtete den Datenschutz und erledigte alle Personalangelegenheiten vollkommen vertraulich. Arbeitsquantität und Arbeitsqualität waren konstant sehr gut. Wir lernten sie als eine aktive und im positiven Sinne sachkritische Mitarbeiterin schätzen, die hinsichtlich der Arbeitsabläufe im Personalbereich sowie der Kooperation mit verschiedenen Abteilungen drei sehr gut durchdachte Verbesserungen vorschlug, die effizienzsteigernd realisiert wurden. Den ihr anvertrauten kaufmännischen Auszubildenden hat sie gute Kenntnisse der Personalarbeit, insbesondere in der Lohn- und Gehaltsabrechnung und in der Sozialversicherung, vermittelt.

Mit dem Engagement und den Leistungen von Frau Muster waren wir stets außerordentlich zufrieden. Sie war eine wertvolle Mitarbeiterin.

Das Verhalten von Frau Muster zu Vorgesetzten und Mitarbeitern war immer vorbildlich. Sie war eine loyale und vertrauenswürdige Mitarbeiterin, die wegen ihrer serviceorientierten Haltung und ihrer Gradlinigkeit allseits anerkannt war. Hervorzuheben sind ihr Takt und ihr gutes Gespür für den Umgang mit Bewerbern und den Mitarbeitern aller Abteilungen und Ebenen. Auch im Kontakt mit den Sozialversicherungsträgern und anderen Behörden sowie mit Zeitarbeitsunternehmen hat sie unser Unternehmen gut vertreten.

Frau Muster verlässt unser Unternehmen auf eigenen Wunsch, da sie eine Funktion als Personalreferentin in einem Schwesterunternehmen in Leipzig übernimmt. Wir bedauern sehr, sie zu verlieren und danken ihr für die angenehme Zusammenarbeit. Für ihren weiteren Berufs- und Lebensweg wünschen wir ihr alles Gute und weiterhin viel Erfolg.

Ort, Datum, Unterschriften

---

stellte, die dem Vorstand direkt unterstehen, können die Ausstellung auf einem vorhandenen Vorstandsbogen verlangen. Weniger geeignet erscheint ein Firmenbriefbogen mit markiertem Anschriftenfeld und vorgedruckter Bezugszeichenzeile. In diesem Falle darf das Anschriftenfeld nicht ausgefüllt werden. Der Zeugnisbogen muss die exakte Firma des Unternehmens sowie die Anschrift enthalten. Wird für die Zeugnisausstellung ein Bogen verwendet, der lediglich das Unternehmenslogo zeigt, so müssen Firma und Anschrift schriftlich eingesetzt werden.

Falten oder Knicken: Ein Zeugnis darf für die Übersendung geknickt werden. Bitte senden Sie es aber besser in einem DIN-A4-Umschlag.

Das Beispiel 1 zu 6.7 verdeutlicht Ihnen in seiner Gesamtheit ein sehr gutes Zeugnis. Da angesichts der zunehmenden Internationalisierung mehr und mehr Zeugnisse in englischer Sprache verfasst werden, gibt Ihnen hierfür das Beispiel 2 zu 6.7 einen Überblick.

6.8 Erstellung mit PC-Programmen

Seit einiger Zeit bringen Verlage und andere Anbieter Programme auf den

Beispiel 2 (zu 6.7) Zeugnis in englischer Sprache

Letter of Reference / Letter of Recommendation

To whom it may concern

Mr VORNAME NAME, born on GEBURTSDATUM in ORT, worked for our company from EINTRITTSTERMIN to AUSTRITTSTERMIN.

In his position Mr NAME was mainly responsible for the following tasks: AUFZÄHLUNG.

Mr NAME always identified himself in an ideal manner with the company and with his duties and had excellent job motivation. He displayed a lot of his own initative and exemplary professional commitment and coped with the demands and the pressures of his position very well. Mr NAME familiarised himself quickly with his new position and tasks due to his quick grasp and flexibility. He combined strategic and conceptual thinking with practical operative solutions that he carried out purposefully. In his field he had a broad and sound knowledge which he always used very effectively when carrying out his duties. He extended and deepend this knowledge and brought it up to date through further training courses.

Mr NAME distinguished himself through his efficient working style. He had a good sense for everything that was important and essential and always worked independently, methodically and thoroughly. In his position he used his scope of authority creatively and responsibly to our advantage. The results were always of an excellent standard even with very difficult tasks, when facing numerous problems and when having to cope with time pressure. He was engaged in a number of projects and contributed substantially to our joint success.

He was always a good example to his ZAHL subordinates. As a result of his amenable but challenging manner he had an excellent relationship with his staff. He motivated his team through his task-oriented style of leader ship and his good rapport to total commitment. There was a positive and constructive atmosphere in his team.

His tasks were always completed to our highest satisfaction and our demands were met totally in every respect. He greatly exceeded our expectations. His outstanding success predestines him to take up new demanding challenges.

His behaviour towards superiors, colleagues and subordinates was always exemplary. His ability to work in a team and his reliability were very valued. When cooperating and negotiating with him he was always very respected and highly valued by our customers. He is able to communicate easily and has very strong negotiating skills. We particular appreciate his absolute loyalty and his highly outstanding ability to assert himself and his power of persuasion.

Mr NAME left our company on AUSTRITTSTERMIN on his own request. / The employment ended on AUSTRITTSTERMIN by an agreement. / Unfortunately the employment had to be terminated on AUSTRITTSTERMIN, since our company is suffering from economic difficulties. / The dismissal took place on AUSTRITTSTERMIN.

We thank him for his always very productive cooperation and greatly regret his leaving the company. We wish him well for the future, in both his professional and personal life, and every continued success.

Checkliste (zu 6.8.) Qualitätskriterien für PC-Programme

- Ist die Anzahl der Textbausteine für Ihren Bedarf ausreichend?
- Sind die Bausteine nach Arbeitnehmergruppen differenziert?
- Gibt es spezielle Bausteine für Führungskräfte, Tarifangestellte, Arbeiter, Praktikanten und Auszubildende?
- Ermöglicht das Bausteinsystem eine ausreichend differenzierte Beurteilung (sind die Stufen sehr gut, gut, befriedigend, ausreichend und mangelhaft enthalten)?
- Werden Sie systematisch und in übersichtlicher Weise von der Überschrift bis zu den Zukunftswünschen durch die Komponenten eines Zeugnisses geführt?
- Ist die Wahl der Notenstufe zu jedem Beurteilungskriterium neu möglich, um z.B. eine gute Motivation mit weniger guten Fachkenntnissen zu kombinieren?
- Ist bei den einzelnen Kriterien mehr als ein Baustein wählbar?
- Können Sie bei der Arbeit mit dem Programm zunächst gewählte Bausteine wieder gegen andere Bausteine austauschen, wenn dies bei fortschreitender Erstellung eines Zeugnisses sinnvoll erscheint?
- Ist der schrittweise entstehende Zeugnistext jederzeit als Ganzes sichtbar?
- Können Sie in das System eigene betriebsspezifische Bausteine und ggf. auch betriebsspezifische Musterzeugnisse aufnehmen?
- Können Sie in das Zeugnis für einen einzelnen Mitarbeiter neben den Bausteinen auch eigene Formulierungen aufzunehmen, da kein Bausteinsystem alle betrieblichen Spezifika erfasst?
- Kann das Zeugnisprogramm mit anderen Programmen, insbesondere zur Textverarbeitung, verbunden werden?

Markt, mit deren Hilfe Sie für Ihre Mitarbeiter Zeugnisse erstellen können. Dabei sind Programme mit Musterzeugnissen und mit Textbausteinen zu unterscheiden. Programme mit Textbausteinen eignen für den betrieblichen Einsatz besser, da sie durch Kombinationsmöglichkeiten differenzierte Zeugnisse ermöglichen.

> Achten Sie beim Erwerb eines solchen Programms auf die Zahl und die Qualität des Bausteinsystems und die Bedienerfreundlichkeit des Programms.

Wichtige Fragen für die Kaufentscheidung zu den Textbausteinen und zur Benutzerfreundlichkeit der Programme entnehmen Sie bitte der Checkliste zu 6.8.

Klären Sie vor dem Erwerb auch die Voraussetzungen hinsichtlich Hardware und Betriebssystem. Hierher gehört die Frage, ob das Programm auch netzwerkfähig ist, ob es also von mehreren Anwendern gleichzeitig genutzt werden kann. Weitere Vorzüge sind ggf., wenn ein Handbuch für Installation und Nutzung mitgeliefert wird und wenn die Bausteine auch ausgedruckt (Buchform) vorliegen. Für die Seriosität eines Anbieters spricht es, wenn zunächst eine Demo-Version angesehen werden kann.

Programme mit Musterzeugnissen bzw. mit Textbausteinen bieten u.a. der Boorberg-Verlag in Stuttgart (Zeugnis-Manager 2.0), der Haufe-Verlag in Freiburg, der Franzis-Verlag in Poing, die Bürohandels- und Verlagsgesellschaft in Korschenbroich sowie die Alpenland GmbH in Grafrath. Ein Programm, das die genannten Anforderungen umfassend erfüllt, ist das PC-Progamm Zeugnis-Manager02 des Boorberg-Verlags.

> Auf der beigefügten CD-ROM finden Sie die Musterformulierungen vergangener Personaljahrbücher so aufbereitet, dass Sie damit ein Zeugnis erstellen können.

Forum I
Best Practice

Inhaltsübersicht

1. Finanzielle Förderung durch die Arbeitsämter
2. Dem Headhunter auf der Spur
3. Proinno – ein Tool zur Optimierung des Managements internationaler Projekte
4. Aktiv in die Zukunft – Sozialverträglicher Personalabbau
5. Mitarbeiter kultivieren ihr Unternehmen
6. Mitarbeiterportale – Leitfaden zur Einführung
7. Work-Life-Balance
8. Lehrstellen schaffen durch Kooperation – Ausbildungsverbund Celle
9. Betriebsversammlungen aktiv gestalten – eine Chance für den Unternehmer

Inhalt Forum I

1 **Finanzielle Förderung durch die Arbeitsämter** 413
   Das Angebot der Bundesanstalt für Arbeit (BA) 413
   Eingliederungszuschüsse 413
   Einstellungszuschuss bei Neugründungen 413
   Einstellungszuschuss bei Vertretung (»Job-Rotation«) 414
   Eingliederungszuschuss für besonders betroffene schwerbehinderte Menschen 414
   Zuschüsse zur Ausbildungsvergütung schwerbehinderter Menschen 414
   Beschäftigungshilfen für Langzeitarbeitslose 414
   Lohnkostenzuschüsse für arbeitslose Jugendliche 414
   Maßnahmen der Eignungsfeststellung/Trainingsmaßnahmen 415
   Arbeitsentgeltzuschüsse bei Weiterbildung 415
   Leistungen zur beruflichen Eingliederung behinderter Menschen 415
   Probebeschäftigung behinderter Menschen 415
   Strukturanpassungsmaßnahmen Ost für Wirtschaftsunternehmen 415
   Förderung der ganzjährigen Beschäftigung in der Bauwirtschaft 415
   Kurzarbeitergeld 416
   Leistungen nach dem Altersteilzeitgesetz 416
   Vermittlungsgutschein 416

2 **Dem Headhunter auf der Spur** 417
   Know-how bedeutet Geld und Zeit 417
   Teure Suche nach Ersatz 417
   Spion am Telefon 418
   Vor Feierabend größte Trefferquote 418
   Prämie für gemeldeten Headhunter 419
   Schulung im Antiheadhunting 419
   Abwehrleistung steigern 419
   Jagd auf Headhunter 419
   Kundenfreundlichkeit trotz Antiheadhunting 420
   Antiheadhunting billiger als Fluktuation 420
   Attraktiver Arbeitgeber als Selbstschutz 420

3 **Proinno – ein Tool zur Optimierung des Managements internationaler Projekte** 420
   Die Idee dahinter 420
   Konzeption und empirische Grundlage 421
   Didaktischer Aufbau des Tools 422
   Die Bausteine – Meilensteine zum Erfolg internationaler Projekte 423
   Projektlebensläufe 423
   Fallbeispiele 423
   Interkulturelle Kompetenz des Projektteams 424
   Innovations- Projekt- Management 425
   Unternehmenskultur 425
   Kulturelle Differenzen und Stereotype 425
   Anwendungsbereiche 426

4 **Aktiv in die Zukunft – Sozialverträglicher Personalabbau** 427
   Zeit der Neuorientierung 427
   Aktive Hilfe zum Wandel 427
   Ein unbürokratisches Beratungsteam 427
   Individuelle Hilfe 428
   Unterstützung durch die Geschäftsleitung 428
   Offene und ehrliche Kommunikation 428

5 **Mitarbeiter kultivieren ihr Unternehmen** 428
   Das Prinzip der systemischen Organisationsentwicklung 429
   Skepsisüberwindung als Aufgabe 429
   Controlling über Access-Anwendung 429
   Kultur-Audit mit Beteiligung des Betriebsrats 429
   Leitthesen zur neuen Unternehmenskultur 430
   Vom Multiplikator zum internen Consultant 430
   Familien als Kernzellen 430
   Umsetzung im Alltag schafft Vertrauen 431
   Der Ideenspeicher 431
   Erste Projektergebnisse 431
   Ergebnisse aus LUK 2000 431

6 **Mitarbeiterportale – Leitfaden zur Einführung** 432
   Per Maus-Klick verfügbar 432
   Die ultimative Portalsoftware existiert nicht 432
   Strategische Ziele mit individuellem Portal erreichen 432
   Planung und Umsetzung 432
   Kontinuierlicher Aufbau der Funktionen 432
   Wichtige Anwendungen zuerst 434
   Auswahl der Inhalte ist aufwändig 434
   Direkt zuzuordnende Einsparungen 434
   Prozessoptimierung senkt Kosten 434
   Portalprojekte sind keine kostengünstigen Kleinprojekte 435
   Die Zukunft ist mobil 435

7 **Work Life Balance** 435
   Die aktuelle Situation 435
   Folgen fehlender »Balance« 437
   Flexible Arbeitszeitregelungen 437
   Fallbeispiele 438
   Deutsche Telekom 438
   DaimlerChrysler 438
   Landesbank Schleswig-Holstein 439
   Elternzeit 439
   Flexible Arbeitsorte 440
   Kinderbetreuung 440

8 **Lehrstellen schaffen durch Kooperation: Ausbildungsverbund Celle** 441
   Initiative und Gründung 441
   Organisation und Konzept 441
   Finanzierung 441
   Partnerschaftliche Zusammenarbeit mit den Trägern 441
   Die Arbeitsweise 442
   Ausbildungsbetriebe finden 442
   Erst kennen lernen, dann einstellen 442
   Ausbildung organisieren 442
   Die Bewerber 442
   Mit Betreuung zum Erfolg 443
   Kooperation bei der Förderung 443
   Die ausbildenden Unternehmen 443
   Rückblick und Ausblick 443
   Berufsspektrum 443
   Bildungsniveau 444
   Zahl der Auszubildenden 444
   Erfolge 444

9 **Betriebsversammlungen aktiv gestalten – eine Chance für den Unternehmer** 444
   Betriebsversammlungen – lästiges Übel oder Chance? 444
   Betriebsversammlung – ein Forum des Dialogs 445
   Ohne Grundlagen keine Ergebnisse 445
   Nichtöffentlichkeit und Leitungsverantwortung 445
   Vertrauensverhältnis 445
   Häufigkeit 445
   Berichte 446
   Aktiv informieren 446
   Zeitrahmen 447
   Themen 447
   Erfolgreich – nur durch gute Vorbereitung? 448
   Einstellung und Wissen prägen das Verhalten 448
   Rollen, Vorurteile, Wissen 448
   Wirkung 448
   Erfolgsfaktoren 448
   Tipps für die Praxis 449
   Themen 451
   Fehler – und ihre Folgen! 452

1 Finanzielle Förderung durch die Arbeitsämter

Das Angebot der Bundesanstalt für Arbeit (BA)

Arbeitsämter stehen Arbeitgebern gerne mit Rat und Tat zur Seite. Die Arbeitsämter beraten Sie bei der Einrichtung von Ausbildungsstellen, bei der Suche und Auswahl potenzieller Mitarbeiter und helfen dabei, Arbeitsplätze zu schaffen und zu erhalten. Bei bestimmten Voraussetzungen bieten Ihnen die Arbeitsämter hierfür finanzielle Förderungen an. Neben vielen länderspezifischen Förderungen entnehmen Sie der Übersicht zu 1 die Möglichkeiten, die es bundesweit für die freie Wirtschaft gibt.

Vor einer Förderung durch die Arbeitsämter sollten zunächst betriebliche Maßnahmen greifen, um die Entlassung von Mitarbeitern zu vermeiden. In Zeiten hoher Arbeitslosigkeit können Sie jedoch davon ausgehen, dass der Pool der Arbeitslosen ein vergleichsweise hohes Qualifikationspotenzial birgt. Sollten die beim Arbeitsamt gemeldeten Bewerber dennoch nicht über die erforderlichen Kenntnisse und Fertigkeiten verfügen, kann mit Geldern der Bundesanstalt für Arbeit die berufliche Eingliederung unterstützt werden. Hierfür sieht das Sozialgesetzbuch für die Betriebe ein umfangreiches Förderinstrumentarium vor. Sprechen Sie aber in jedem Fall vor dem Abschluss eines Arbeitsvertrags mit einem neuen Mitarbeiter mit dem örtlichen Arbeitsamt, um zu klären, ob eine finanzielle Förderung möglich ist.

> **!** Leistungen der aktiven Arbeitsförderung sind prinzipiell Kann-Leistungen, auf die kein Rechtsanspruch besteht. Ihre Gewährung ist sowohl im Grunde als auch nach Dauer und Höhe in das Ermessen der Arbeitsämter gestellt. Das gilt nicht für die Förderung der ganzjährigen Beschäftigung in der Bauwirtschaft und die Leistungen nach dem Altersteilzeitgesetz.

Übersicht 1 Finanzielle Förderungen der BA

- Eingliederungszuschüsse/Eingliederungszuschüsse für besonders betroffene schwerbehinderte Menschen
- Einstellungszuschuss bei Neugründungen
- Einstellungszuschuss bei Vertretung (»Job-Rotation«)
- Beschäftigungshilfen für Langzeitarbeitslose
- Lohnkostenzuschüsse für arbeitslose Jugendliche
- Trainingsmaßnahmen
- Arbeitsentgeltzuschüsse
- Zuschüsse zur Ausbildungsvergütung schwerbehinderter Menschen
- Leistungen zur beruflichen Eingliederung behinderter Menschen
- Probebeschäftigung schwerbehinderter Menschen
- Förderung der ganzjährigen Beschäftigung in der Bauwirtschaft
- Leistungen nach dem Altersteilzeitgesetz

Übersicht 2 Eingliederungszuschüsse für förderungsbedürftige Arbeitnehmer

	Eingliederungszuschuss bei Einarbeitung	Eingliederungszuschuss bei erschwerter Vermittlung	Eingliederungszuschuss für ältere Arbeitnehmer
Personenkreis	Arbeitnehmer die einer besonderen Einarbeitung bedürfen	Langzeitarbeitslose, schwerbehinderte Menschen	Arbeitnehmer, die das 50. Lebensjahr vollendet haben
Regelförderhöhe	Bis 30% des berücksichtigungsfähigen Entgelts	Bis 50% des berücksichtigungsfähigen Entgelts	Bis 50% des berücksichtigungsfähigen Entgelts
Regelförderhöhe	Bis 6 Monate	Bis 12 Monate	Bis 24 Monate

Eingliederungszuschüsse

Eingliederungszuschüsse sind Zuschüsse zu den Lohnkosten eines neu eingestellten förderungsbedürftigen Arbeitnehmers, der z.B. vorher arbeitslos war oder aus anderen Gründen einer besonderen Einarbeitung bedarf (siehe Übersicht zu 2). In bestimmten Fallen ist eine erhöhte und/oder verlängerte Förderung möglich. Informieren Sie sich bei Ihrem Arbeitsamt!

Einstellungszuschuss bei Neugründungen

Arbeitgeber, die vor nicht mehr als zwei Jahren eine selbstständige Tätigkeit aufgenommen haben und bis zu fünf Mitarbeiter beschäftigen, können für die unbefristete Beschäftigung eines zuvor arbeitslosen förderungsbedürftigen Arbeitnehmers auf einem neu geschaffenen Arbeitsplatz einen Zuschuss zum Arbeitsentgelt erhalten. Er wird höchstens 12 Monate in Höhe von 50% des berücksichtigungsfähigen Arbeitsentgelts gezahlt.

> **!** **Was sind förderungsbedürftige Arbeitnehmer?**
> Förderungsbedürftig sind Arbeitnehmer, die z. B. unmittelbar vor der Einstellung mindestens drei Monate Arbeitslosengeld oder Arbeitslosenhilfe bezogen haben oder

Übersicht 3 Beschäftigungshilfen für Langzeitarbeitslose

	1.–6. Monat des unbefristeten Arbeitsverhältnisses	7.–12. Monat des unbefristeten Arbeitsverhältnisses
Mitarbeiter war vorher 3 Jahre oder länger arbeitslos	bis zu 80% des Entgelts	bis zu 60% des Entgelts
Mitarbeiter war vorher bis unter 3 Jahre arbeitslos	bis zu 70% des Entgelts	bis zu 50% des Entgelts
Mitarbeiter war vorher 1 bis unter 2 Jahre arbeitslos	bis zu 60% des Entgelts	bis zu 40% des Entgelts

* Der Begriff des Entgelts bezieht sich bei sämtlichen Angaben dieser Übersicht auf das regelmäßig gezahlte, tarifliche/ortsübliche Arbeitsentgelt zu Beginn des Arbeitsverhältnisses.

eine Beschäftigung ausgeübt haben, die als Arbeitsbeschaffungsmaßnahme oder als Strukturanpassungsmaßnahme gefördert worden sind.

Was ist berücksichtigungsfähiges Arbeitsentgelt?

Das berücksichtigungsfähige Arbeitsentgelt ist das regelmäßig vom Arbeitgeber bezahlte, höchstens jedoch das ortsübliche oder tarifliche Entgelt sowie der Anteil des Arbeitgebers am Gesamtsozialversicherungsbeitrag.

Einstellungszuschuss bei Vertretung (»Job-Rotation«)

Arbeitgeber, die einem Arbeitnehmer die Teilnahme an einer beruflichen Weiterbildung ermöglichen und dafür einen Arbeitslosen einstellen, können einen Zuschuss zum Arbeitsentgelt des Vertreters erhalten. Wird ein Arbeitsloser von einem Verleiher eingestellt, um ihn als Vertreter für einen anderen Arbeitnehmer, der sich beruflich weiterbildet, zu verleihen, kann der Entleiher einen Zuschuss für das dem Verleiher zu zahlende Entgelt erhalten.

Der Einstellungszuschuss beträgt mindestens 50 und höchstens 100 % des berücksichtigungsfähigen Arbeitsentgelts. Er darf 12 Monate nicht überschreiten. Im Falle des Verleihs beträgt der Zuschuss 50 % des vom Entleiher an den Verleiher zu zahlenden Entgelts.

Eingliederungszuschuss für besonders betroffene schwerbehinderte Menschen

Dieser Zuschuss zu den Lohnkosten fördert schwerbehinderte Menschen bzw. gleichgestellte behinderte Menschen, die wegen Art oder Schwere ihrer Behinderung oder sonstiger Umstände im Arbeits- und Berufsleben besonders betroffen sind (§ 104 Abs. 1 Nr. 3 Buchst. a-d SGB IX).

Die Förderung beträgt im Regelfall bis zu 36 Monate und bis zu 70 % des tariflichen oder ortsüblichen Arbeitsentgelts einschließlich des pauschalierten Arbeitgeberanteils am Gesamtsozialversicherungsbeitrag. Die Förderungshöhe sinkt nach Ablauf von 12 Monaten um mindestens 10 Prozentpunkte jährlich, jedoch nicht unter die Mindestförderung von 30 %.

Die Förderungsdauer verlängert sich nach Vollendung des 50. bzw. 55. Lebensjahrs auf bis zu 60 bzw. 96 Monate. Mit Vollendung des 50. Lebensjahres sinkt die Förderungshöhe erstmals erst nach 24 Monaten. Nur bis zu 12 Monate beträgt die Förderungsdauer im Anschluss an eine abgeschlossene Aus- oder Weiterbildung, sofern für diese bereits Zuschüsse erbracht wurden.

Zuschüsse zur Ausbildungsvergütung schwerbehinderter Menschen

Arbeitgeber können für die betriebliche Aus- oder Weiterbildung von schwerbehinderten Menschen im Sinne des § 104 Abs. 1 Nr. 3 Buchstabe e des SGB IX durch Zuschüsse zur Ausbildungsvergütung oder vergleichbaren Vergütung gefördert werden, wenn die Aus- oder Weiterbildung sonst nicht zu erreichen ist.

Beschäftigungshilfen für Langzeitarbeitslose

Wenn Sie mit Langzeitarbeitslosen ein unbefristetes sozialversicherungspflichtiges Arbeitsverhältnis mit einer Wochenarbeitszeit von mindestens 15 Stunden begründen, können Sie Beschäftigungshilfen erhalten (siehe Übersicht zu 3). Die Beschäftigungshilfe wird für längstens 12 Monate gewährt und liegt im ersten halben Jahr höher als in den letzten 6 Monaten. Die Höhe der Beschäftigungshilfe richtet sich danach, wie lange der Mitarbeiter vorher arbeitslos war.

Lohnkostenzuschüsse für arbeitslose Jugendliche

Arbeitslosen Jugendlichen soll durch die Gewährung von Lohnkostenzuschüssen an Arbeitgeber die Eingliederung in das Erwerbsleben erleichtert werden. Jugendlichen ohne Ausbildung sollen vorrangig Qualifizierungsmaßnahmen nach diesen Richtlinien angeboten werden.

Zweckmäßige ergänzende Qualifizierungsmaßnahmen nach diesen Richtlinien können auch während einer mit Lohnkostenzuschüssen geförderten Beschäftigung durchgeführt und gefördert werden.

Jugendliche können gefördert werden, wenn sie arbeitslos sind und von längerer Arbeitslosigkeit bedroht sind. Die Arbeitsämter sollen aktiv darauf hinwirken, dass junge Frauen auch in für sie untypische Berufstätigkeiten vermittelt werden können.

Arbeitgeber, die mit einem förderfähigen Jugendlichen ein sozialversicherungspflichtiges Beschäftigungs-

verhältnis mit einer Wochenarbeitszeit von mindestens 15 Stunden begründen, können zum Ausgleich anfänglicher Minderleistungen des Jugendlichen einen Lohnkostenzuschuss erhalten, wenn das Arbeitsverhältnis sonst nicht oder erst zu einem späteren Zeitpunkt begründet werden könnte. Der Lohnkostenzuschuss kann für längstens 24 Monate gewährt werden und beträgt
- bei einer Bewilligungsdauer von bis zu 12 Monaten bis zu 60 % und
- bei einer Bewilligungsdauer von bis zu 24 Monaten bis zu 40 % des berücksichtigungsfähigen Arbeitsentgelts.

Maßnahmen der Eignungsfeststellung/Trainingsmaßnahmen

Bei diesen Maßnahmen handelt es sich um Tätigkeiten oder Maßnahmen, die zur Verbesserung der Eingliederungsaussichten von Arbeitslosen und von Arbeitsuchenden, die von Arbeitslosigkeit bedroht sind, beitragen sollen. Sie können auch in Betrieben durchgeführt werden. Dadurch bieten sie Arbeitgebern die Möglichkeit, sich von der Eignung und Qualifikation von Arbeitslosen bzw. den von Arbeitslosigkeit bedrohten Arbeitsuchenden direkt am Arbeitsplatz und über längere Zeit zu überzeugen, bevor ein Arbeitsverhältnis begründet wird. Zu den Maßnahmen der Eignungsfeststellung gehören alle Verfahren, die der Einschätzung bzw. Beurteilung der Eignung oder der Leistungsfähigkeit eines Arbeitnehmers dienen. Trainingsmaßnahmen können auch den Erwerb notwendiger Kenntnisse und Fertigkeiten direkt am Arbeitsplatz umfassen. Für die Dauer von betrieblichen Maßnahmen – maximal bis zu 12 Wochen – erhalten Arbeitslose weiterhin Arbeitslosengeld bzw. Arbeitslosenhilfe sowie berücksichtigungsfähige Fahrkosten. Dem Betrieb werden keine Kosten erstattet.

Arbeitsentgeltzuschüsse bei Weiterbildung

Arbeitsentgeltzuschüsse anlässlich der Weiterbildung von Arbeitnehmern können vom Arbeitsamt übernommen werden, wenn

- die berufliche Weiterbildung des Arbeitnehmers wegen fehlenden Berufsabschlusses notwendig ist und im Rahmen eines bestehenden Arbeitsverhältnisses durchgeführt wird,
- ein von Arbeitslosigkeit bedrohter Arbeitnehmer im Rahmen eines bestehenden Arbeitsverhältnisses unter Fortzahlung des Arbeitsentgelts an einer Maßnahme der Eignungsfeststellung, Trainingsmaßnahme oder an einer beruflichen Weiterbildungsmaßnahme, die für die Weiterbildungsförderung anerkannt ist, teilnimmt, sofern die Maßnahme bis zum 31.12.2005 begonnen hat.

Die Zuschüsse können bis zur Höhe des Betrages gezahlt werden, der sich als anteiliges Arbeitsentgelt einschließlich des darauf entfallenden Arbeitgeberanteils am Gesamtsozialversicherungsbeitrag für Zeiten ohne Arbeitsleistung während der Teilnahme an der Maßnahme errechnet.

Leistungen zur beruflichen Eingliederung behinderter Menschen

Leistungen zur Förderung der Teilhabe am Arbeitsleben können erbracht werden, soweit sie zur beruflichen Eingliederung behinderter Menschen und von Behinderung Bedrohter erforderlich sind, insbesondere
- Ausbildungszuschüsse zur betrieblichen Ausführung von Bildungsleistungen,
- Eingliederungszuschüsse,
- Zuschüsse für eine behindertengerechte Ausstattung von Ausbildungs- oder Arbeitsplätzen,
- Kostenerstattung für eine befristete Probebeschäftigung.

Probebeschäftigung behinderter Menschen

Arbeitgebern können die Kosten für eine befristete Probebeschäftigung behinderter, schwerbehinderter und ihnen gleichgestellter Menschen im Sinne von § 2 des SGB IX bis zu einer Dauer von drei Monaten erstattet werden, wenn dadurch die Möglichkeit einer Teilhabe am Arbeitsleben verbessert wird oder eine voll-

ständige und dauerhafte Teilhabe am Arbeitsleben zu erreichen ist.

Strukturanpassungsmaßnahmen Ost für Wirtschaftsunternehmen

Diese pauschalierten Lohnkostenzuschüsse können Wirtschaftsunternehmen im gewerblichen Bereich in den neuen Ländern und Berlin erhalten, wenn sie zusätzlich Arbeitslose einstellen, die vor der Zuweisung die Voraussetzungen für Arbeitslosengeld oder Arbeitslosenhilfe erfüllen und ohne die Zuweisung auf absehbare Zeit nicht in Arbeit vermittelt werden können und die außerdem entweder
- unter 25 Jahre alt sind und bei denen mindestens ein Vermittlungserschwernis vorliegt oder
- langzeitarbeitslos sind bzw. innerhalb der letzten 12 Monate vor der Förderung mindestens sechs Monate beim Arbeitsamt arbeitslos gemeldet waren oder
- behindert sind oder
- das 50. Lebensjahr vollendet haben.

Der Personalstand des Unternehmens darf sich in einem Zeitraum von mindestens sechs Monaten vor, sowie während der Förderung nicht verringern. Weiterhin müssen die geförderten Arbeitnehmer während der Maßnahme beruflich qualifiziert werden, so dass sich ihre Vermittlungschancen im Anschluss verbessern.

Der Zuschuss beträgt höchstens 691 Euro monatlich und wird höchstens bis zur Höhe des monatlich ausgezahlten Arbeitsentgelts gezahlt.

Der Lohnkostenzuschuss wird bis zu 12 Monaten gezahlt. Die Rechtsgrundlage für den Zuschuss entfällt jedoch am 1.1.2003, so dass eine Zahlung über den 31.12.2002 hinaus nur möglich ist, wenn die Bewilligung der Leistung und die Einstellung des zugewiesenen Arbeitnehmers bis zum 31. Dezember 2002 erfolgt sind.

Förderung der ganzjährigen Beschäftigung in der Bauwirtschaft

Ziel der Bundesanstalt für Arbeit ist es, die Bauleistungen in den Wintermonaten nachhaltig zu steigern, die Kapazität der Baufirmen auf das ganze Jahr zu verteilen und damit die Aufrechterhaltung der Arbeitsverhältnisse in der Bauwirtschaft in den Wintermonaten zu ermöglichen. Sowohl aus Mitteln der Bundesanstalt für Arbeit als auch der Arbeitgeber / Arbeitnehmer des Baugewerbes werden Leistungen in Form von Wintergeld, Winterausfallgeldvorausleistungen, Winterausfallgeld und die Erstattung der vom Arbeitgeber allein zu tragenden Beiträge zur Sozialversicherung gewährt. Bedingungen und Verfahren können im Detail einschlägigen Veröffentlichungen entnommen werden, die bei der BA und in allen Arbeitsämtern erhältlich sind.

Kurzarbeitergeld

Durch die Gewährung von Kurzarbeitergeld sollen dem Betrieb die eingearbeiteten Arbeitnehmer und den Arbeitnehmern die Arbeitsplätze erhalten werden. Das Kurzarbeitergeld dient dem Ausgleich der Einkommensverluste der Arbeitnehmer, die durch eine vorübergehende Verkürzung der Arbeitszeit im Betrieb infolge eines unvermeidbaren Arbeitsausfalls eintreten, der auf den im Gesetz genannten wirtschaftlichen Ursachen beruht.

Durch den Arbeitsausfall muss das Entgelt im jeweiligen Kalendermonat für mindestens ein Drittel der im Betrieb oder der kurzarbeitenden Betriebsabteilung beschäftigten Arbeitnehmer um mehr als zehn Prozent gemindert sein.

Durch das sogenannte *strukturelle Kurzarbeitergeld* wird die Möglichkeit eingeräumt, das Kurzarbeitergeld als Mittel der präventiven Arbeitsmarktpolitik bei Transfermaßnahmen einzusetzen. Es wird den von dauerhaftem Arbeitsausfall betroffenen Arbeitnehmern in betriebsorganisatorisch eigenständigen Einheiten (beE) gewährt, die nicht die Eigenschaft eines Betriebes oder einer Betriebsabteilung zu haben brauchen. Der Arbeitsausfall im bisherigen Beschäftigungsbetrieb muss durch Strukturveränderungen hervorgerufen sein, die die Einschränkung und Stilllegung des ganzen Betriebes oder von wesentlichen Betriebsteilen und erhebliche Personalanpassungsmaßnahmen zur Folge haben. Davon betroffene Arbeitnehmer müssen zur Vermeidung von Entlassungen einer erheblichen Zahl von Arbeitnehmern (§ 17 Abs. 1 Kündigungsschutzgesetz) in eine beE übernommen werden. Die Kündigung oder Auflösung ihres bisherigen Arbeitsverhältnisses ist leistungsunschädlich.

Die Zahlung von strukturellem Kurzarbeitergeld soll vom Träger der beE zur beruflichen Qualifizierung der Arbeitnehmer genutzt werden und die Schaffung und Besetzung neu entstandener Arbeitsplätze erleichtern (z. B. nach einer Reorganisation des Betriebes). Maßnahmen zur Verbesserung der Vermittlungsaussichten der Bezieher von strukturellem Kurzarbeitergeld sind für die Zeit nach Ablauf einer Bezugsfrist von sechs Monaten vorzusehen und damit obligatorisch.

Leistungen nach dem Altersteilzeitgesetz

Das Altersteilzeitgesetz (AtG) ermöglicht den gleitenden Übergang älterer Arbeitnehmer in den Ruhestand. Dadurch sollen die Sozialhaushalte von den Frühverrentungen entlastet werden und Arbeitslose sowie Arbeitnehmer nach dem Ende ihrer Ausbildung mehr Beschäftigungsmöglichkeiten erhalten.

Die Leistungen nach dem Altersteilzeitgesetz gelten für Arbeitnehmer, die das 55. Lebensjahr vollendet haben und mit dem Arbeitgeber Altersteilzeitarbeit vereinbart haben. Die Bewilligung der Leistungen setzt voraus, dass der ältere Arbeitnehmer innerhalb der letzten 5 Jahre vor Beginn der Altersteilzeitarbeit mindestens drei Jahre versicherungspflichtig beschäftigt war und die Arbeitszeit auf die Hälfte der bisherigen wöchentlichen Arbeitszeit vermindert. Der Arbeitgeber muss das Arbeitsentgelt für die Altersteilzeitarbeit aufstocken und zusätzliche Beiträge zur Rentenversicherung des älteren Arbeitnehmers entrichten. Darüber hinaus muss der Arbeitgeber den durch die Altersteilzeitarbeit frei gemachten oder frei gewordenen (Teil-)Arbeitsplatz mit einem beim Arbeitsamt arbeitslos gemeldeten Arbeitnehmer oder einem Ausgebildeten wieder besetzen. Arbeitgeber mit bis zu 50 Arbeitnehmern können alternativ auch einen Auszubildenden beschäftigen.

Darüber hinaus besteht bei kleineren und mittleren Unternehmen mit bis zu 50 Arbeitnehmern die unwiderlegbare Vermutung der Wiederbesetzung, wenn aus Anlass des Übergangs eines älteren Arbeitnehmers in Altersteilzeit ein beim Arbeitsamt arbeitslos gemeldeter Arbeitnehmer oder ein Ausgebildeter im Unternehmen entsprechend der frei gewordenen Arbeitszeit beschäftigt wird. Diese Regelung findet in größeren Unternehmen entsprechende Anwendung, soweit es sich um eine eigenständige Organisationseinheit mit nicht mehr als 50 Arbeitnehmern handelt.

Der Arbeitgeber, der das Bruttoarbeitsentgelt für die Altersteilzeitarbeit um 20 %, mindestens aber auf 70 % des um die gewöhnlichen Abzüge verminderten Arbeitsentgelts bei Vollzeitarbeit aufgestockt und daneben zusätzliche Beiträge zur Rentenversicherung des Arbeitnehmers entrichtet hat, erhält die zusätzlichen Leistungen von der BA erstattet.

Zu allen Leistungen gibt es bei den Arbeitsämtern weitere, detaillierte Informationen. Vor allem lohnt sich ein Blick in das Internetangebot der BA unter www.arbeitsamt.de. Der Arbeitgeber-Informations-Service AIS enthält über 1,5 Millionen Bewerberprofile. Auch Stellenangebote kann man dort online dem Arbeitsamt übermitteln. Weitere Datenbanken und Informationen ergänzen das Angebot.

Vermittlungsgutschein

Arbeitnehmer, die Anspruch auf Arbeitslosengeld (Alg) oder Arbeitslosenhilfe (Alhi) haben, erhalten auf Wunsch von ihrem Arbeitsamt einen Vermittlungsgutschein. Voraussetzung für die Ausstellung des Gutscheins ist, dass der Arbeitsuchende nach drei Monaten Arbeitslosigkeit weder vom Arbeitsamt noch von einem privaten Vermittler vermittelt ist.

Arbeitnehmer, die in Arbeitsbeschaffungsmaßnahmen (ABM) oder traditionellen Strukturanpassungsmaßnahmen (SAM) beschäftigt sind, haben ebenfalls Anspruch auf den Gutschein.

Der Gutschein kann beim Arbeitsamt persönlich abgeholt oder dort formlos per Telefon, Brief, Fax oder E-mail unter Angabe der Kunden-Nr. angefordert werden.

Mit dem Vermittlungsgutschein kann der Arbeitsuchende einen privaten Arbeitsvermittler seiner Wahl einschalten. Ist dieser Vermittler bereit, für ihn tätig zu werden, muss er mit ihm einen schriftlichen Vermittlungsvertrag schließen, aus dem insbesondere die Vermittlungsvergütung hervorgeht, die der Arbeitsuchende im Falle einer Vermittlung zahlen soll. Erlaubt ist maximal der im Gutschein genannte Betrag. Der Arbeitsuchende muss diesen Betrag jedoch nicht selbst zahlen. Die Vermittlungsvergütung ist vielmehr kraft Gesetzes bis zur Auszahlung des Gutscheins an den Vermittler gestundet. Mit der Auszahlung ist die Forderung des Vermittlers beglichen.

Die Vermittlungsgutscheine werden in Höhe von

- 1.500 Euro (nach einer Arbeitslosigkeit von bis zu 6 Monaten),
- 2.000 Euro (nach 6 bis 9 Monaten),
- 2.500 Euro (nach mehr als 9 Monaten)

ausgestellt und sind dann jeweils drei Monate gültig. Bei Beschäftigten in ABM oder SAM ist die Arbeitslosigkeit vor Beginn der Maßnahme entscheidend. Erfolgte die Zuweisung in ABM oder SAM ohne vorherige Arbeitslosigkeit, wird ein Gutschein in Höhe von 1.500 Euro ausgestellt.

Wenn der private Vermittler den Arbeitsuchenden innerhalb der dreimonatigen Gültigkeitsdauer des Gutscheins

- in ein versicherungspflichtiges Beschäftigungsverhältnis im Inland
- mit einer Dauer von mindestens drei Monaten
- und einer wöchentlichen Arbeitszeit von mindestens 15 Stunden
- bei einem Arbeitgeber vermittelt hat, bei dem er im letzten Jahr vor der Arbeitslosmeldung entweder nicht oder kürzer als drei Monate beschäftigt war,

erhält er den Gutschein in zwei Raten ausgezahlt. Die erste Rate in Höhe von 1.000 Euro bei Beginn des Beschäftigungsverhältnisses und den Restbetrag, wenn das Beschäftigungsverhältnis mindestens sechs Monate bestanden hat.

Hat der Vermittler dem Arbeitsuchenden lediglich ein Beschäftigungsverhältnis mit einer Dauer von drei bis unter sechs Monaten vermittelt, erhält er nur einmalig 1.000 Euro. Die Zahlungen müssen vom Vermittler jeweils bei dem Arbeitsamt beantragt werden, das den Gutschein ausgestellt hat.

Der Vermittler hat erst dann Anspruch auf die Vermittlungsvergütung, wenn infolge seiner Vermittlung ein Arbeitsvertrag zustande kommt. Er darf keine Vorschüsse auf die Vergütung verlangen oder entgegennehmen. Informationen zum Vermittlungsgutschein (u.a. mit Antragsvordruck für den Vermittler) gibt es unter www.arbeitsamt.de > Services > Vermittlungsgutschein.

2 Dem Headhunter auf der Spur

Es gehört zur täglichen Arbeit eines Headhunters den Kontakt zu qualifizierten Vermittlungskandidaten zu suchen und diese im Kundenauftrag abzuwerben. Die Tele Atlas Deutschland GmbH entwickelte eine besondere Art des Selbstschutzes: Sie belohnt ihre Mitarbeiter für jeden aufgespürten Headhunter.

Know-how bedeutet Geld und Zeit

Als Verlust von Wissen, Kapital und Zeit lassen sich die Nachteile zusammenfassen, die einem Betrieb durch Headhunting entstehen. Deshalb hat die Tele Altas Deutschland GmbH ein Antiheadhunting-Projekt initiiert und umgesetzt, das Headhuntern den Zugang zu den Mitarbeitern und Informationen des Unternehmens erschwert. Die Entscheidung für Antiheadhunting-Maßnahmen fiel vor dem Hintergrund der zunehmenden Anzahl von Headhunter-Anrufen in allen Teilbereichen der Organisation. Der Weltmarktführer im Bereich digitaler Kartografie bewegt sich in einem engen Markt im Bereich moderne Medien, in dem qualifizierte Fach- und Führungskräfte rar sind. Aus diesem Grund hat die Tele Atlas Deutschland GmbH ihre knapp 200 Mitarbeiter zum großen Teil selbst ausgebildet.

Das Know-how eines Tele-Atlas-Mitarbeiters ist daher das Ergebnis von viel Zeit und Kapital, die das Unternehmen investiert hat, um ihn auszuwählen, einzuarbeiten und weiterzubilden. Mit seinem Weggang verliert das Unternehmen sein während der Berufstätigkeit erworbenes Wissen. Durch die Rekrutierung, Einarbeitung und Fortbildung eines Nachfolgers lässt sich ein Teil des Wissens wieder im Unternehmen aktivieren. Der nicht dokumentierte, nicht mit Kollegen geteilte Part des Wissens des ausgeschiedenen Mitarbeiters ist aber nicht gänzlich zu ersetzen.

Sollte der Mitarbeiter zudem von einem Konkurrenz-Unternehmen abgeworben worden sein, geht sein Wissen nicht nur der Tele Atlas Deutschland GmbH verloren, sondern wird bei ihrer Konkurrenz gegebenenfalls zu ihrem Schaden eingesetzt.

Teure Suche nach Ersatz

Der Ersatz eines Mitarbeiters verursacht jedem Unternehmen Kosten in verschiedenen Bereichen. Zu den Personalkosten der mit der Suche beauftragten Mitarbeiter der Personalabteilung und denen des zuständi-

Übersicht 1
Verhaltensregeln für Telefonate bei der Tele Atlas Deutschland GmbH

1. Lieber einen Headhunter unabsichtlich durchlassen, als einen ehrlichen Kunden abschrecken.
2. Von jedem Anrufer die Identität und den Zweck des Anrufes in Erfahrung bringen.
3. Der Kollege, der den Anruf erhalten soll, sollte im Vorfeld über den Anrufer informiert werden.
4. Nicht weitergegeben werden dürfen Namen und Durchwahlnummern von Kollegen.
5. Aufgeregten Anrufern sollte man höflich erklären, dass man solche Informationen nicht herausgeben darf.
6. Im Zweifelsfall immer Rückruf anbieten und eine Nachricht aufnehmen.
7. Anrufer, die sich verwählt haben, sollten immer über die Zentrale oder das zuständige Sekretariat vermittelt werden.
8. Niemals Organigramme oder Listen mit Namen oder Telefonnummern an Unbekannte herausgeben.
9. Bei Anrufern, die viele Informationen erfragen, immer ein Fax oder eine E-Mail mit Hintergrundinformationen erbitten.
10. Selbst wenn man einen Headhunter auf frischer Tat ertappt, sollte man höflich bleiben.
11. Nicht vergessen, dass solche Anrufe in der Minderzahl sind.

gen Abteilungsleiters kommen Anzeigenkosten sowie gegebenenfalls das Honorar für einen Personalberater. Zudem kann ein Verlust dadurch entstehen, dass die frei gewordene Stelle für einige Zeit unbesetzt ist, dort also kein Gewinn erwirtschaftet wird. Dies kann sich noch während der Einarbeitungszeit des neuen Mitarbeiters fortsetzen.

Auch wenn ein Mitarbeiter nach einem Kontakt mit einem Headhunter das Unternehmen nicht verlässt, so hat er gegebenenfalls im Laufe der Kontakte vertrauliche Informationen preisgegeben oder ist womöglich demotiviert, weil er den angebotenen Job doch nicht bekommen hat. Möglicherweise hat er zudem aufgrund der Umwerbung durch den Headhunter überzogene Vorstellungen bezüglich seines Marktwertes, auf Grund derer er dann Forderungen an seinen Arbeitgeber stellt. Um die Verluste für die Tele Atlas Deutschland GmbH zukünftig zu minimieren, hat sich das Unternehmen dafür entschieden, gegen Headhunter vorzugehen und ein Antiheadhunting-Konzept aufgesetzt, um Abwerbung von Mitarbeitern, Informationsdiebstahl und Unruhe in den Abteilungen zu reduzieren.

Spion am Telefon

Um Headhunter erfolgreich bekämpfen und ihre Strategien durchbrechen zu können, muss man zunächst ihre Vorgehensweise kennen. Als Grundlage für die Kandidatensuche erarbeitet ein Headhunter zunächst eine Zielfirmenliste, die diejenigen Unternehmen enthält, welche für seinen Auftraggeber potenziell interessante Kandidaten beschäftigen. Dafür greift er auf sein wirtschaftliches Knowhow, seine persönlichen Datenbanken, das Internet, Fachzeitschriften oder auf Informanten aus der Branche zurück. Sind die Zielfirmen bekannt, müssen die passenden Mitarbeiter in diesen Unternehmen identifiziert werden. Diese Aufgabe wird häufig nicht vom Headhunter, sondern von Researchern durchgeführt, deren Aufgabe das namentliche Ausfindigmachen potenzieller Kandidaten ist. Dazu bedienen sich die Researcher unter anderem der Internet- und Publikationsrecherche. Vor allem aber rufen sie in den Zielfirmen an und versuchen, Namen und möglichst auch Telefonnummern potenzieller Kandidaten zu ermitteln.

Die so identifizierten Kandidaten werden dann vom Researcher oder vom Headhunter angerufen. In einem ersten Telefonat wird geklärt, ob Interesse an einem Wechsel besteht und ob der Mitarbeiter dem Anforderungsprofil entspricht. Bei beiderseitigem Interesse folgen persönliche Gespräche, die in der Abwerbung des Kandidaten münden können.

Da sich die Headhunter und Researcher überwiegend des Telefons bedienen, basiert erfolgreiches Antiheadhunting auf der Kontrolle dieses Zugangsweges. Dabei sollten weitere mögliche Zugangswege wie zum Beispiel E-Mail aber nicht außer Acht gelassen werden.

Da das Anrufen bei den Zielfirmen durch die Researcher inzwischen ein Massengeschäft ist, werden Firmen, bei denen sie nicht sofort durchkommen, rasch von der Liste der interessanten Unternehmen gestrichen.

Vor Feierabend größte Trefferquote

Informationen über Mitarbeiternamen und Durchwahlnummern erreichen die Researcher und Headhunter oft mit Tricks und Lügengeschichten, die ihr wahres Interesse verdecken. Auch der Einsatz von falschen Namen oder erfundenen Telefonnummern ist üblich. Viele Anrufe werden gezielt kurz vor der Mittagspause oder dem Feierabend getätigt, da sich zu diesen Zeiten die größten Trefferquoten erzielen lassen. In der Regel haben die Mitarbeiter es eilig, in die Pause oder nach Hause zu kommen und wollen Anrufer möglichst schnell loswerden.

Daher nennen sie in dieser Situation unter Umständen vorschnell Namen und Durchwahlnummern der gewünschten Ansprechpartner. Da viele Mitarbeiter Headhuntern aus Hilfsbereitschaft und ohne Verdacht zu hegen Auskunft geben, erfordert erfolgreiches Antiheadhunting zunächst umfassende Information der Mitarbeiter. Deshalb wurde die gesamte Belegschaft der Tele Atlas Deutschland GmbH via E-Mail über die Nachteile von Headhunting, die Vorgehensweise der Headhunter und Abwehrmöglichkeiten informiert. Verhaltensregeln (siehe Übersicht 2) für Telefonate wurden an alle Mitarbeiter verteilt und zudem an zentraler Stelle ausgehängt.

Prämie für gemeldeten Headhunter

Außerdem wurde ein Notification-Bonus eingeführt, über den Mitarbeiter für die erfolgreichen Jagd auf Headhunter belohnt werden. Mit Hilfe eines Formulars konnten die Mitarbeiter ihnen verdächtig erscheinende Anrufe an die Personalabteilung melden. Da es der Tele Atlas Deutschland GmbH darum ging, bei den Mitarbeitern sportlichen Ehrgeiz zu wecken, wurden auch Meldungen prämiert, bei denen Headhunting-Verdacht nicht zweifelsfrei bestätigt werden konnte. Die Prämie fiel mit 50 Euro pro Meldung daher moderat aus. Dafür können Mitarbeiter unbegrenzt Meldungen abgeben, die bei erfolgreichem Headhunter-Fang alle prämiert werden. Die Überprüfung der Meldungen erfolgt durch die Mitarbeiterinnen der Personalabteilung und ist häufig ein schwieriges Unterfangen, da Headhunter und Researcher oft nur spärliche und zum Teil auch falsche Informationen zu ihrer Person hinterlassen. Durch geschicktes Recherchieren per Internet und Telefon ist es jedoch in den meisten Fällen möglich, die Identität des Anrufers herauszufinden.

Schulung im Antiheadhunting

Im nächsten Schritt wurde in Zusammenarbeit mit der Firma David Charles Consulting GmbH (DCC) die Schulung derjenigen Mitarbeitergruppen geplant, bei denen die meisten externen Anrufe in einem Unternehmen eingehen und die deshalb eine zentrale Rolle beim Antiheadhunting spielen: die Mitarbeiter in den Sekretariaten, an der Rezeption und in der Personalabteilung. Sie erhielten in mehreren Gruppen eine vierstündige Schulung durch DCC im Antiheadhunting. Dabei wurden ihnen Hintergrundinformationen über Ziele und Vorgehensweise im Rahmen des (Anti-)Headhunting vermittelt. Bei Testanrufen durch den Seminarleiter im Unternehmen wur-

---

Übersicht 2
Die Rollen der Headhunter

Zu den von Headhuntern häufig genutzten Identitäten gehören:
- Wichtiges Kundenunternehmen, das den Verkauf sprechen möchte.
- Namhafter Seminaranbieter oder Konferenzveranstalter, der Referenten sucht.
- Student, der Informationen oder Interviewpartner für Diplomarbeit benötigt.
- Journalist, der für prestigeträchtigen Artikel recherchiert.
- Firmenmitarbeiter einer entfernten Filiale oder Abteilung.

---

de allen Teilnehmern deutlich, wie leicht Anrufer an schützenswerte Informationen kommen und wie aktuell und unternehmensbezogen demnach das Thema Antiheadhunting für die Tele Atlas Deutschland GmbH ist. In praktischen Übungen wurden im Seminar Telefonate mit Headhuntern simuliert und die Teilnehmer erhielten Rückmeldungen zu ihrem Telefonverhalten und gegebenenfalls Verbesserungsvorschläge.

Abwehrleistung steigern

Anschließend wurde ein Konzept für Testanrufe entworfen, mit dessen Hilfe DCC die Wirksamkeit der bisherigen Maßnahmen überprüfen sollte. Alle Mitarbeiter wurden über die geplanten Testanrufe im Vorfeld informiert. Sie waren inhaltlich genauso aufgebaut wie die Anrufe von Researchern, die Unternehmen ihrer Zielfirmenliste anrufen: Die DCC-Mitarbeiter versuchten durch direkte Fragen oder Lügengeschichten von den Mitarbeitern der Tele-Atlas Namen und Telefonnummern zu erfragen. Am Ende jedes Telefonats legten sie ihre Identität offen und erklärten den Zweck des Anrufes im Rahmen des Antiheadhunting-Projektes. Jeder Mitarbeiter erhielt eine Rückmeldung über den Grad seiner »Abwehrleistung« und persönliche Anregungen zur möglichen Optimierung seiner Reaktionen. Parallel dazu wurden systemische Mängel im Unternehmen behoben. Es wurden zum Beispiel die Nachrichten auf den Anrufbeantwortern überarbeitet und ein einheitlicher Sprachcode definiert. So sollen zum Beispiel keine Mobilfunknummern mitgeteilt und Namen nicht zusammen mit Funktionen genannt werden. Die Anzeigen, Internetseiten und Unternehmensbroschüren wurden auf die unnötige Weitergabe von kritischen Informationen überprüft und teilweise überarbeitet.

Jagd auf Headhunter

Kurz nach Einführung des Notification-Bonus gingen bereits die ersten Meldungen bei der Personalabteilung ein, bei deren Überprüfung sich zeigte, dass der Verdacht der Mitarbeiter in den meisten Fällen berechtigt war. Eine erfolgreiche Jagd auf die Headhunter hatte begonnen. Die Meldungen mit Headhunting-Hintergrund wurden prämiert und in der internen Mitarbeiterzeitung der Tele Altas veröffentlicht.

Die Auswertung der durch die Mitarbeiter vorgenommenen Beurteilungen der Antiheadhunting-Schulungen von DCC und weitere Rückmeldungen zeigen, dass diese Weiterentwicklung den Mitarbeitern der Tele Atlas Deutschland GmbH Spaß gemacht hat und immer noch macht. Viele Seminarteilnehmer hatten in der Vergangenheit bereits Anrufe erhalten, die ihnen seltsam erschienen, aber nicht gewusst, wie sie damit umgehen sollten. Sie waren froh darüber, nun Verhaltensratschläge bekommen zu haben, die sie leicht in die Praxis umsetzen konten. Innerhalb eines Quartals gingen 100 Testanrufe von DCC bei den Mitarbeitern der Tele Atlas ein. Je zur Hälfte wurden die Mitarbeiter direkt nach Informationen gefragt oder mit Hilfe von Lügengeschichten über Umwege ausgefragt. Lediglich bei zwei Telefonaten erhielten die Testanrufer von DCC Namen und Durchwahlnummer eines Mitarbeiters. In allen übrigen Fällen wurden die Anrufer an das zuständige Sekretariat oder an die Zentrale weitergeleitet oder unter Angebot eines Rückrufes nach Namen und Telefonnummer gefragt. Dieses Verhalten verdeutlicht, dass die Mitarbeiter der Tele Atlas Deutschland GmbH die Verhaltensregeln des Antiheadhunting beherrschen und umsetzen.

Kundenfreundlichkeit trotz Antiheadhunting

Die Beherrschung der Gratwanderung zwischen Kundenfreundlichkeit und Antiheadhunting war ein wichtiges Anliegen der Personalabteilung, denn die Sensibilisierung der Mitarbeiter zu diesem Thema sollte nicht dazu führen, dass ein generelles Misstrauensklima entsteht und verdächtige Anrufer unfreundlich behandelt werden. Aus diesem Grund hatten die Testanrufer den Auftrag, die Telefonate hinsichtlich Kundenfreundlichkeit zu beurteilen. Sie kamen zu dem Ergebnis, dass die Mitarbeiter mit jedem Anrufer freundlich umgingen.

Das Projekt Antiheadhunting hat sowohl technische als auch menschliche Schwachstellen im Unternehmen aufgezeigt. Die technischen Mängel wurden soweit möglich behoben. Den menschlichen Schwachstellen für Informations- und Mitarbeiterverluste kam man im Wesentlichen durch vier Aspekte bei:
- Eine umfassende und überzeugende Informationspolitik, die auf einer Vorteilsargumentation für Antiheadhunting basierte.
- Das Erwecken eines sportlichen Ehrgeizes bei den Mitarbeitern zur Jagd auf Headhunter.
- Die praxisnahe Schulung der Mitarbeiter durch Seminare und Testanrufe.
- Ein entsprechendes Lernklima, in dem jeder Mitarbeiter dazulernen und für etwaige Kommunikationsschwachstellen sensibilisiert werden kann, ohne sich angegriffen zu fühlen.

Daneben wurden durch die eingeleiteten Maßnahmen kleine Erfolge belohnt und das Wir-Gefühl durch Artikel in der Mitarbeiter-Zeitung gestärkt.

Die Kosten-Nutzen-Relation des Antiheadhunting-Projektes zeigt für das Unternehmen eine sehr positive Bilanz. Alles in allem haben die genannten Maßnahmen Kosten produziert, für die sich nicht einmal eine repräsentative Stellenanzeige in einer regionalen Tageszeitung schalten ließe.

Antiheadhunting billiger als Fluktuation

Der Projektverlauf hat gezeigt, dass es unter Einsatz weniger Mittel möglich ist, eine Antiheadhunting-Strategie umzusetzen, die von den Mitarbeitern eines Unternehmens nicht nur mitgetragen, sondern auch befürwortet wird. Dies belegen die positiven Rückmeldungen der Seminarteilnehmer und die sehr guten Ergebnisse der Testanrufe. Die beschriebenen Maßnahmen haben nur einen kleinen Teil der Kosten verursacht, die einem Unternehmen durch die Abwerbung eines seiner Mitarbeiter entstehen würden. Sollte durch das Antiheadhunting-Projekt nur eine einzige Abwerbung verhindert werden, so sind die dadurch entstandenen Kosten mehr als beglichen. Aus diesen Gründen führt die Tele Atlas Deutschland GmbH die Jagd auf Headhunter kontinuierlich weiter. Es wird weiterhin Prämien für gemeldete Anrufe mit Headhunting-Hintergrund geben, und alle Mitarbeiter werden regelmäßig über Maßnahmen und Erfolge im Rahmen des Antiheadhunting informiert. Um dem sich mit der Zeit natürlicherweise einstellendem Vergessen vorzubeugen, sind weitere Schulungen und Testanrufe in Planung.

Attraktiver Arbeitgeber als Selbstschutz

Trotz der vielen positiven Aspekte des Antiheadhuntings ist der Geschäfts- und Personalleitung der Tele Atlas bewusst, dass sich ein Unternehmen nie vollständig vor Headhunting schützen kann. Zum anderen ist der Umgang der Mitarbeiter mit Headhuntern im Wesentlichen durch die Personal- und Informationspolitik eines Unternehmens bestimmt. Um qualifizierte Mitarbeiter im Unternehmen halten zu können, ist eine attraktive Personalpolitik von entscheidender Bedeutung. Sie muss Entwicklungsperspektiven aufzeigen und interessante Arbeitsaufgaben und Rahmenbedingungen bieten. Wenn dies gewährleistet ist, werden von Headhuntern angesprochene Mitarbeiter die Angebote kritisch betrachten und mit großer Wahrscheinlichkeit ablehnen. Aus diesem Grund führt die Tele Atlas viele weitere Projekte zur Steigerung der Mitarbeiterzufriedenheit und Attraktivität der Personalpolitik durch.

3 Proinno – ein Tool zur Optimierung des Managements internationaler Projekte

Die Idee dahinter

Im Zeitalter »grenzenloser Wirtschaftsbeziehungen«, multinationaler Märkte und grenzüberschreitender Fusionen wird interkulturelle Kompetenz zunehmend zum Erfolgsfaktor für alle Facetten der Personalarbeit, von der Personal-Auswahl (Assessments zur Interkulturellen Kompetenz) über die Vertragsgestaltung (Endsenderichtlinien), von der internationalen Personalentwicklung (z.B. Vorbereitung und Betreuung von Auslandstätigkeit und Post-Merger-Integrationen) über die internationale Karriereplanung (Reintegration, Rotation und internationales Wissensmanagement).

Viele Unternehmen haben mittlerweile die Erfahrung gemacht, dass es nicht ausreichend ist, eine Zusatzqualifikation »Interkulturelle Kompetenz« als Auswahl – oder Weiterbildungskriterium zu entwickeln, um diese Herausforderungen bedarfsorientiert und kundengerecht meistern zu können. Ein effizientes und brauchbares internationales Human Resource Management muss zwei Entwicklungen vorantreiben: Die Anforderungsprofile für Mitarbeiter müssen internationalisiert und die Lasten- und Pflichtenhefte für die zentralen Managementprozesse müssen an die vielfältigen internationalen Kontexte angepasst werden.

Internationalisierung heißt dabei aber nicht einfach Anpassung an die neuen Partner und Kunden oder die Übernahme von anderen Konzepten und Verfahrensweisen. Erfolgreiche internationale Personalarbeit sollte wie internationales Management allgemein daran ausgerichtet sein, bewusst die Stärken beider (oder aller beteiligten) Partner zu nutzen und zu integrieren, um die vielzitierten Synergieeffekte zu erzielen und international erfolgreiche »best practices« auf den Weg zu bringen. Eben diese Leitidee liegt dem hier vorgestellten Tool »Proinno« zugrunde: interkulturell bewusstes Handeln als Schlüssel zum erfolgreichen Projektmanagement in multikulturellen Projektgruppen.

Konzeption und empirische Grundlage

Bei der Entwicklung des Lern- und Trainingtools haben wir uns zuerst mit der Frage beschäftigt, was eigentlich im Vergleich zu nationalen Projekten die besondere Herausforderung internationaler Projektarbeit darstellt. Ist ein guter Projektleiter für abteilungsübergreifende innerbetriebliche Projekte immer auch ein guter Projektleiter für internationale Joint Ventures? Sind gute Projektmitarbeiter im nationalen Rahmen immer auch prädestiniert für internationale Herausforderungen?

Ja und nein! Ja, weil es eine Vielzahl sozialer, fachlicher und methodischer Kompetenzen gibt, die sowohl für die Arbeit in nationalen wie auch in internationalen Projektgruppen

Grafik 1 Der 3 K-Ansatz - die drei Säulen interkultureller Kompetenz

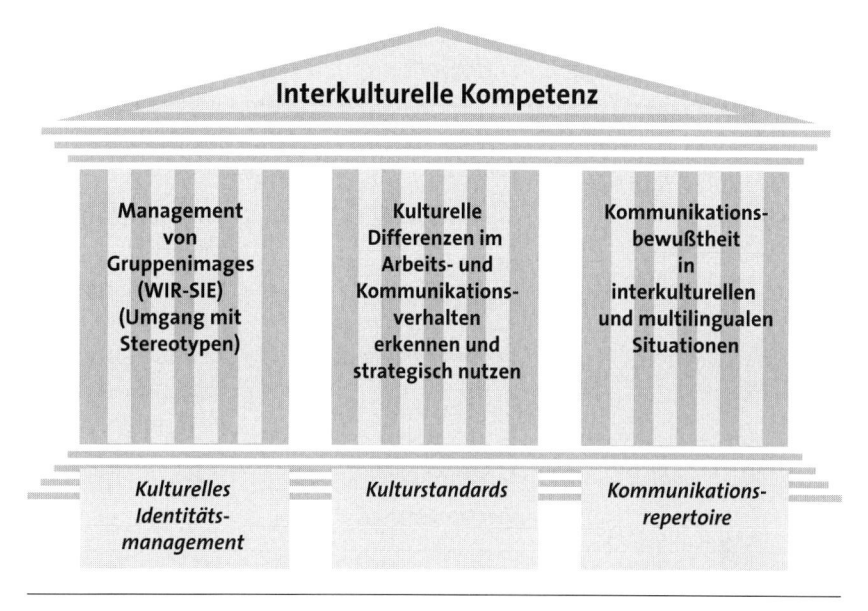

Interkulturelle Kompetenz

- Management von Gruppenimages (WIR-SIE) (Umgang mit Stereotypen)
- Kulturelle Differenzen im Arbeits- und Kommunikationsverhalten erkennen und strategisch nutzen
- Kommunikationsbewußtheit in interkulturellen und multilingualen Situationen

Kulturelles Identitätsmanagement — *Kulturstandards* — *Kommunikationsrepertoire*

förderlich sind, wie etwa Teamfähigkeit, Umgang mit Unsicherheiten und Flexibilität, kompetentes und sozial sensibles Beziehungs- und Informationsmanagement. Nein, weil die internationale Projektarbeit zusätzlich spezifische Herausforderungen an die Projektmitarbeiter stellt, die nicht ohne weiteres im heimischen Kontext ausgebildet werden.

In unserer Arbeit im Bereich des interkulturellen Trainings haben wir einen Ansatz entwickelt, der auf drei Kernbereiche interkultureller Kompetenz abzielt (siehe Grafik zu 1):
- Der bewusste Umgang mit kulturellen Stereotypen, d. h. mit Vorannahmen über die kulturellen Besonderheiten der Partner, die besonders im Konfliktfalle herangezogen werden, um die eigene Position zu rechtfertigen oder das unübliche Vorgehen seiner Partner als »typisch xyz« zu bezeichnen, ohne sich inhaltlich damit auseinandersetzen zu müssen. Auch wenn »aufgeklärte« Zeitgenossen eine solche Denkweise in der Regel weit von sich weisen, lässt sich in vielen internationalen Projekten die häufig versteckte Dynamik solcher Stereotype nachweisen, die sachliche Auseinandersetzung, gegenseitige Akzeptanz und insbesondere das wechselseitige voneinander lernen erheblich behindern können. Das diplomatische Geschick der Mitarbeiter in internationalen Projekten ist hier gefragt, der bewusste Umgang mit dem, was »die anderen« über »uns« und »wir« über »sie« denken.
- Die Kenntnis und das Verstehen unterschiedlicher Standards im Verhalten und in der Organisation von Arbeitsprozessen. Häufige Konfliktquellen in internationalen Projekten sind unausgesprochene Erwartungen an die Qualität und Quantität der Planung, an die Organisation wechselseitiger Verantwortlichkeiten, an die Form von Kommunikation und Arbeits-/Teambeziehungen (z.B. wie viel Anteile und welche Inhalte durch schriftliche, telefonische oder direkte Kommunikation in Meetings vermittelt werden?) oder an die Teamführung und das Controlling. Dahinter steht häufig, dass man einfach von unterschiedlichen Standards ausgeht, die in der gewohnten Alltagswelt mit Kollegen normal sind und nie in Frage gestellt werden. Solche Standards in multikulturellen Projektgruppen zu erkennen und deren Vielfalt strategisch zu nutzen, erfordert von den Mitarbeitern kulturelle Kenntnis und Sensibilität und die

Forum I – Best Practice

Grafik 2 Projektlebenslauf internationaler Innovationsprojekte

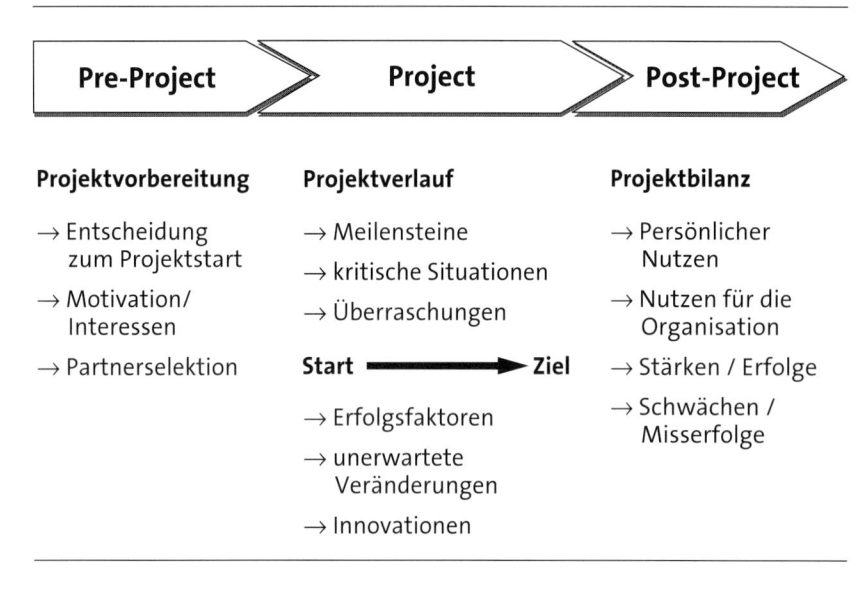

Pre-Project → Project → Post-Project

Projektvorbereitung
→ Entscheidung zum Projektstart
→ Motivation/ Interessen
→ Partnerselektion

Projektverlauf
→ Meilensteine
→ kritische Situationen
→ Überraschungen
Start ⟶ Ziel
→ Erfolgsfaktoren
→ unerwartete Veränderungen
→ Innovationen

Projektbilanz
→ Persönlicher Nutzen
→ Nutzen für die Organisation
→ Stärken / Erfolge
→ Schwächen / Misserfolge

Übersicht 1 Diagnoseleitfaden

1. Interkulturelle Kompetenz
Wie steht es mit der Ebene der persönlichen und zwischenmenschlichen Kompetenzen der beteiligten Partner: Interkulturelle Kompetenz als Kommunikations- und Managementfähigkeiten.

2. Innovations-Projekt-Management
Prüfung der Ebene des Innovationsprojektmanagements: angemessene Verfahren zum Management der Zusammenarbeit internationaler Teams.

3. Organisationskultur
Betrachtung der Ebene von Organisationskultur und des Umfelds der Partnerorganisationen: unterschiedliche Vorstellungen und Ansätze, was Innovationen, Arbeitsorganisation und Veränderungsmanagement anbelangt.

4. Kulturelle Unterschiede
Prüfung der Ebene kultureller Unterschiede: grundlegende Wertunterschiede und unterschiedliche Standards, die bestimmten Gewohnheiten und Präferenzen zugrunde liegen, die Arbeitsverhalten, Organisationsgewohnheiten, Kommunikation und Zusammenarbeit steuern.

Bereitschaft, gewohnte und liebgewonnene Arbeitsweisen und Prinzipien in Frage zu stellen.
■ Schließlich stellen internationale Projekte erhöhte Anforderungen an die Kommunikationsfähigkeit der Projektmitarbeiter. Dabei geht es nicht nur um das Arbeiten in einer Fremdsprache, sondern allgemein um sprachliche und kommunikative Sensibilität und Flexibilität, um die vielfältigen »Missverständnisfallen« zu umgehen. Wie sagt man höflich und angemessen »nein«, wie lobt man oder bringt seine Kritik an Mann/Frau oder wie kommt man, ohne unhöflich zu sein, in einer angeregten Diskussion dazu, seiner Meinung Gehör zu verschaffen. Sprachkompetenz allein reicht in der Regel nicht aus, um diese Klippen zu meistern. Um diese drei Kompetenzbereiche möglichst realitätsgerecht in ein Managementtool zur Unterstützung internationaler Projektgruppen einbauen zu können, wurde im Auftrag der Europäischen Kommission (DG XIII Innovation and Technology) in den Jahren 1998 und 1999 eine Begleitstudie zu dem Programm »Innovation« der Europäischen Kommission organisiert, in dem eine Vielzahl von europäischen, multinationalen Technologie-Entwicklungsprojekten zusammengefasst waren. Die Studie wurde auf der Basis von Projektbegleitungen, Interviews, Auswertung von Projektdokumentationen und Analyseworkshops mit Projektkoordinatoren durchgeführt. Ziel der Analyse war es, erfolgskritische Aspekte des internationalen Projektmanagements zu erfassen und »best practices« zur optimalen Nutzung des in den internationalen Projektteams vorhandenen Know-hows zu dokumentieren.

Didaktischer Aufbau des Tools

Das Tool integriert die empirischen Ergebnisse unserer Studie und die theoretischen Überlegungen zu interkulturell kompetentem Management in ein Instrument, das internationalen Projektgruppen und einzelnen Mitarbeitern möglichst praxisnahe Unterstützung in ihrer alltäglichen Zusammenarbeit bietet. Es ist deshalb auf der Basis von Fallberichten aufgebaut, deren »kritische Situationen« mit Hilfe des Tools interaktiv bearbeitet werden können, um die entscheidenden Erfolgsfaktoren für die eigene Projektkonstellation gezielt angehen zu können. Das Arbeitsmaterial liegt in drei verschiedenen Sprachversionen vor (deutsch, französisch, englisch) und existiert als Print-Version (ca. 200seitiges Arbeitsbuch) und CD-Version. Die Bearbeitung des Tools vermittelt:
■ Einsicht in die Praxis internationaler Projektverläufe
■ ein Analyseraster zum Qualitäts-Check internationaler Projekte
■ Selbsttests und Ratschläge zur Optimierung der persönlichen und der projektgruppenbezogenen Kompetenz, die Vielfalt der Ressourcen in Projektteams voll auszuschöpfen
■ Selbstanalysetests zur Erhebung kultureller Differenzen im Team und zur Identifikation von Synergiepotentialen

Die Bausteine – Meilensteine zum Erfolg internationaler Projekte

Projektlebensläufe

Im ersten Teil werden die Ergebnisse der Studie zur europäischen Technologieentwicklungsprojekten (Innovation Program der DG XIII) verlauforientiert dargeboten, um eine Art Innen- und Erlebenssicht der Teilnehmer solcher Projekte zu vermitteln. Hierzu haben wir die Information entlang einer Lebenslauflinie internationaler Projekte strukturiert, wobei zu jeder Phase, bzw. zu jedem Meilenstein typische Projekterfahrungen und wichtige Managemententscheidungen abrufbar sind. Folgende Rahmendarstellung ermöglicht es, gezielt die verschiedenen Projektmanagementerfahrungen zu ergründen (siehe Grafik 2).

Fallbeispiele

Sieben ausführlich beschriebene Fallbeispiele bilden das Ausgangsmaterial für die verschiedenen Inhaltsfelder des Tools. Die Fälle spielen bis auf einen (ein europäisch-japanisches Joint-Venture) in Europa und basieren auf den Erfahrungen von Projektgruppen, die sich aus Partnern verschiedener Länder und Institutions- und Unternehmenstypen zusammensetzen. Die Projektgruppen arbeiten in der Regel mit einer begrenzten Zeitperspektive an der Entwicklung einer technologischen Innovation, wobei die Projektteammitglieder die Projektverantwortlichen ihres Mutterhauses sind und ein Großteil der Projektzusammenarbeit im virtuellen Raum erfolgt, d.h. von den jeweiligen Standorten der beteiligten Organisationen aus. Die Fälle sind so aufgebaut, dass es im Verlauf der Zusammenarbeit zu einer »kritischen Situation« kommt, deren Zustandekommen aus der vorgegeben Fallgeschichte heraus erklärt werden soll. Im Unterschied zum klassischen »Critical Incident«-Ansatz gibt es jedoch nicht eine Lösung zur Erklärung der Situation, sondern in jedem Fall sind mehrere Ansätze versteckt, die als mögliche Ursache für beschriebene Projektsituation betrachtet werden können. Diese vier Erklärungsansätze finden sich in unterschiedlicher Form in allen Fällen wieder und bilden gleichzeitig das Diagnoseraster zur Qualitätskontrolle internationaler Projekte (siehe Übersicht 1).

Zu jedem Fall gibt es für jede der vier Diagnosekategorien eine spezifische Auswertung, über die man dann zu den Detailanalysen gelangt. Diese umfassen Informationen und Erklärungen, Strategien, Self-Assessments und Management-Ratschläge zu den einzelnen Facetten des internationalen Projektmanagements.

Durch diese Darstellungsweise ermöglicht das Tool sowohl ein breiten, allgemein gültigen Diagnoseschlüssel für das internationale Projektmanagement als auch eine sehr spezifische Vertiefung einzelner Aspekte je nach persönlichem Bedarf der Nutzer.

Dieser Struktur entsprechend sind die einzelnen Inhaltsteile (mit Erläuterungen, Selbsttests und Ratschlägen) in ein Navigationssystem eingeordnet (siehe Grafik 3).

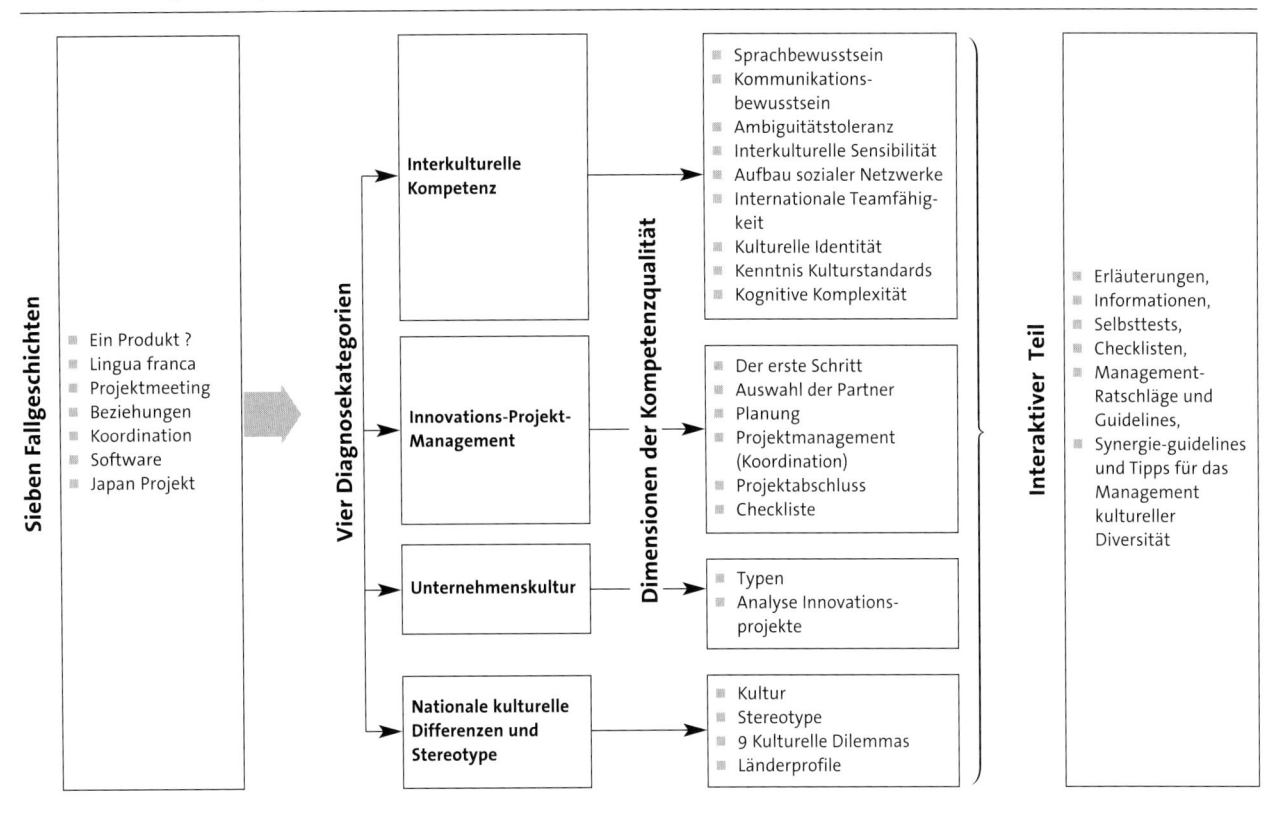

Grafik 2 Navigationssystem

Sieben Fallgeschichten:
- Ein Produkt?
- Lingua franca
- Projektmeeting
- Beziehungen
- Koordination
- Software
- Japan Projekt

Vier Diagnosekategorien:
- Interkulturelle Kompetenz
- Innovations-Projekt-Management
- Unternehmenskultur
- Nationale kulturelle Differenzen und Stereotype

Dimensionen der Kompetenzqualität:

Interkulturelle Kompetenz:
- Sprachbewusstsein
- Kommunikationsbewusstsein
- Ambiguitätstoleranz
- Interkulturelle Sensibilität
- Aufbau sozialer Netzwerke
- Internationale Teamfähigkeit
- Kulturelle Identität
- Kenntnis Kulturstandards
- Kognitive Komplexität

Innovations-Projekt-Management:
- Der erste Schritt
- Auswahl der Partner
- Planung
- Projektmanagement (Koordination)
- Projektabschluss
- Checkliste

Unternehmenskultur:
- Typen
- Analyse Innovationsprojekte

Nationale kulturelle Differenzen und Stereotype:
- Kultur
- Stereotype
- 9 Kulturelle Dilemmas
- Länderprofile

Interaktiver Teil:
- Erläuterungen,
- Informationen,
- Selbsttests,
- Checklisten,
- Management-Ratschläge und Guidelines,
- Synergie-guidelines und Tipps für das Management kultureller Diversität

Beispiel 1
Fragebogen zur Selbstanalyse einer internationalen Projektgruppe

Was ist los in unserem Team?

	☺	😐	☹
Unsere Projektziele sind allen Teilnehmern klar.			
Unsere Projektziele werden von allen Teilnehmern voll mit getragen.			
Wir besprechen und kritisieren unsere Arbeitsergebnisse in einer Weise, die von allen akzeptiert wird.			
Wir kennen gegenseitig unsere Stärken und Schwächen.			
Unser Team ist gut zusammengesetzt: die Kompetenzen ergänzen sich gut und stimmen genau mit unseren Projektzielen überein.			
Jeder weiß, was er zu tun hat.			
Unser Teamklima wird bestimmt durch gegenseitigen Respekt und Interesse.			
Konflikte werden behandelt und gelöst.			
Meinungsunterschiede werden ausgedrückt und behandelt.			
Alle Mitglieder beteiligen sich am Teamgeschehen.			
Wir haben uns über geeignete Formen der Zusammenarbeit verständigt und versuchen, uns als Team ständig zu verbessern.			
Wir haben eine gemeinsames Verständnis von Qualität der Teamarbeit entwickelt.			
Unser Teamklima ist entspannt und geprägt durch Vertrauen.			
Unsere Teammeetings sind kreativ, effizient und zielorientiert.			
Gemeinsame Planung und Controlling läuft nach Regeln, auf die wir uns gemeinsam geeinigt haben.			
Wir tauschen uns regelmäßig über unterschiedliche Standards aus, was Qualität und Gestaltung unserer Zusammenarbeit betrifft.			
Wir versuchen, regelmäßig unsere Teamerfahrung zu bilanzieren und voneinander zu lernen.			
Wir haben ein gut funktionierendes System des Informationsaustausches: alle Projektmitglieder sind bei wichtigen Fragen schnell auf dem gleichen Stand.			
Wir haben häufig das Gefühl, wir ziehen alle an einem Strang.			
Wir haben unser Sprachproblem (Arbeiten in der Fremdsprache) gemeinsam behandelt und Strategien festgelegt, wie wir damit umgehen			

Interkulturelle Kompetenz des Projektteams

Viele Hürden in der internationalen Zusammenarbeit werden durch die persönlichen und sozialen Kompetenzen der Manager aufgefangen. Dies gilt auch für das Management multinationaler Projekte. Um diese Kompetenzen genauer zu erfassen, haben wir neun Dimensionen unterschieden, die erfolgreiche internationale Projektmitarbeiter mitbringen sollten:

■ Sprachkompetenz
Gute Fremdsprachenkompetenz ist eine wichtige Voraussetzung für die Zusammenarbeit in multikulturellen Teams. Das Arbeiten in einer Fremdsprache hat viele Besonderheiten, die sich auf die Qualität der Kommunikation und der Organisation der Zusammenarbeit im Projektteam auswirken.

■ Kommunikations-Bewußtsein
Kommunikationskompetenz ist mehr als bloßes Sprechen und Verstehen können: Verschiedene Kommunikationskanäle werden bedeutsam (nonverbales Handeln, Gestaltung von Situationen) und verschiedene Standards für die Gestaltung von sozialen Beziehungen und sozialen Situationen (Meetings, Vorträge, Gruppenarbeit) im Arbeits- und Privatbereich. Bewusster Umgang mit diesen kulturellen Regeln der Kommunikation verhindert Missverständnisse und optimiert die Zusammenarbeit.

■ Ambiguitätstoleranz
Interkulturelle Situationen sind häufig mehrdeutig. Die Projektpartner verstehen nicht klar, was ihr Gegenüber sagen möchte, warum er in einer Situation so handelt, wie er es tut. Eigene Handlungsentscheidungen müssen häufig mit größerer Unsicherheit getroffen werden, da notwendige Informationen, wichtige Regeln oder die wesentlichen Schlüsselpersonen nicht bekannt sind. Nur diejenigen, die solche Unsicherheit und Mehrdeutigkeit tolerieren können, haben gute Chancen, international erfolgreich zu arbeiten.

■ Interkulturelle Sensitivität
Wie sensibel sind Sie für kulturelle Unterschiede? Gelingt es Ihnen, sich in die Rolle Ihres Gegenüber hineinzuversetzen und dessen Handlungsorientierung zu verstehen? Erkennen Sie die Ursachen und Quellen möglicher Missverständnisse in der interkulturellen Kommunikation? Häufig erklären wir das Verhalten anderer Menschen auf der Grundlage von Ihnen zugeschriebenen Persönlichkeitsmerkmalen oder Eigenschaften; gerade dabei verlieren wir die kulturelle Bedingtheit von Handlungen aus dem Auge.

■ Aufbau sozialer Netzwerke
Erfolgreiche internationale Tätigkeit macht es notwendig, in neuen und unbekannten Kontexten wichtige Schlüsselpersonen zu identifizieren, vertrauensvolle Beziehungen aufzubauen und beste-

hende soziale Netze zu erkennen und sich zu ihnen Zugang zu verschaffen. Je schneller und je beständiger dies gelingt, um so höher ist die Wahrscheinlichkeit, sich sicher und gut orientiert in fremden kulturellen Umwelten zu bewegen. Soziales Kontaktmanagement ist gerade dann bedeutsam, wen man nicht auf seine gewohnten Auffangnetze zurückgreifen kann.
- Internationale Teamfähigkeit
Projektarbeit verlangt die Integration verschiedener Personen, Kompetenzen oder Organisationen. Die internationale Zusammensetzung vom Teams erhöht diese Diversität und ist zusätzlich noch durch weniger eindeutige Kommunikationsmedien (Fremdsprache, Notwendigkeit von Telekommunikation) erschwert. Gerade aber in der Integration von Verschiedenheit besteht die eigentliche Ressource internationaler Zusammenarbeit, weshalb die Teamfähigkeit aller Mitglieder zum entscheidenden Erfolgsfaktor wird.
- Kulturelles Identitätsmanagement
Die Zusammenarbeit mit Partnern unterschiedlicher Herkunft bringt es mit sich, dass Sie nicht nur als Individuum oder Person auftreten, sondern auch als Vertreter von sozialen Gruppen betrachtet und beurteilt werden. Gerade wenn man sich noch wenig persönlich kennt, wird die Zugehörigkeit zu einer Nation, zu einer Region, zu einer Berufsgruppe oder zu bestimmten Organisationen zu einem wesentlichen Merkmal der Person. Deshalb ist es wichtig zu wissen, wie man sich diesbezüglich darstellt und wie man seine Partner diesbezüglich beurteilt, um den Fallen der Vorurteile und Stereotype zu entgehen.
- Kenntnis von Kulturstandards
Seinen Partner kennen und verstehen, erfordert nicht nur persönliche Kenntnis, sondern auch ein Kennen der Regeln und Standards, die in dessen gewohntem Umfeld bedeutsam sind. Was sind dessen Ideen von idealer Teamzusammenarbeit, wie steht man in dessen Organisation zur Hierarchie, welche Erwartung knüpft mein Partner an eine vertrauensvolle Arbeitsbeziehung. Die Kenntnis solcher Kulturstandards stellt sicherlich eine Hilfe bei der ersten Orientierung in multikulturellen Feldern dar, sollte jedoch ständig auf ihre Gültigkeit hin überprüft werden.
- Kognitive Flexibilität und Komplexität
Wie denken eigentlich Menschen, von denen man sagt, sie seien »offen für Neues«, »flexibel« oder würden schnell komplexe Zusammenhänge begreifen. Forschungen im Bereich der kognitiven Psychologie und der interkulturellen Forschung haben gezeigt, dass erfolgreiche interkulturelle Manager ihre Arbeit häufig auf eher breite Kategorisierungen mit offenen Grenzen und auf vorläufige und veränderbare Vorannahmen aufbauen. Sie planen und überprüfen ihre Entscheidungen und Handlungen im Rahmen »systemischer Wirkungsanalysen, also unter Berücksichtigung von Nebenwirkungen und längerfristigen Folgen.

Die einzelnen Komponenten interkultureller Kompetenz sind jeweils hinsichtlich ihrer Variationsbreite und strategischen Bedeutung für den Projekterfolg erläutert. Kurze Selbsttests und Checklisten zum persönlichen Benchmarking oder zur Selbstevaluation des Projektteams und Tipps zur Verbesserung der Projektzusammenarbeit oder des persönlichen Handlungsstils ergänzen die Diagnose, wie etwa der Fragebogen zur Selbstanalyse einer internationalen Projektgruppe (siehe Beispiel 1).

Innovations- Projekt-Management
Die zweite Diagnosekategorie stellt nach Phasen geordnet die wesentlichen Anforderungen an die Organisation internationaler Projekte zusammen:
- von der Entscheidung über den Projektstart
- über die Partnerselektion,
- die Projektplanung,
- das Management des Projektverlaufes (insbesondere die Anforderungen an die Projektkoordination)
- bis zum Projektabschluss und dem dazu notwendigen Transfer der Produkte in Richtung nationaler Märkte und Kunden und der »lessons learned« in den nationalen Arbeits- und Organisationsalltag. Checklisten und Erfahrungsberichte über best practices vermitteln Unterstützung und Ideen für die Organisation.

Unternehmenskultur
Gerade in Innovationsprojekten treffen häufig Projektpartner aufeinander, deren gewohnte Unternehmenskultur in vielen Bereichen sehr voneinander abweicht. Dies führt nicht nur zu Frustrationen und Enttäuschungen, weil die gewohnten, nicht hinterfragten Standards von Qualität, Effizienz oder Güte der zwischenmenschlichen Zusammenarbeit in der Projektarbeit nicht umgesetzt werden können. Häufig sind auch die Zielvorstellungen über die Qualität der angestrebten Innovation, deren spätere Nutzung und Implementierung nicht im Einklang, da beispielsweise Manager von Produktionsbetrieben, Leiter von Forschungsanstalten und Geschäftsführer von kleinen, marktnahen Consulting-Unternehmen mit dem zu entwickelnden Produkt ganz unterschiedliche Perspektiven verbinden.

Das Tool stellt die wesentlichen Dimensionen von Unternehmenskulturen (Typen) vor und bietet ein Selbstanalyseraster an, mit dem sich die Projektpartner in einem Vierfelderschema unterschiedlicher Unternehmenskulturausprägungen verorten können. Je nach Projektkonstellation werden auf der Basis dieser Analyse bestimmte Managementstrategien vorgeschlagen.

Kulturelle Differenzen und Stereotype
Das Kernstück des Tools bildet der Analyseteil für die Erkennung und Nutzung unterschiedlicher Kulturstandards in internationalen Projekten. Aufbauend auf Ergebnissen der internationalen Managementforschung und der kulturvergleichenden Psychologie wird die Bedeutung kultureller Unterschiede für die Dynamik von internationalen Teams dargestellt. Das Tool ist so aufgebaut, dass zuerst ein bewusstes Erkennen und Identifizieren wichtiger kultu-

Übersicht 2 Dilemma-Konzeption kultureller Unterschiede

Fokus auf Gruppe	⇔	Fokus auf Individuum
Bedeutung formeller Regelungen und Funktionen	⇔	Bedeutung persönlicher und kontextabhängiger Strategien
Hierarchie und Autorität	⇔	Mitbestimmung und Autonomie
Wettbewerb und Durchsetzungsfähigkeit	⇔	Verantwortlichkeit und Fürsorge
Pragmatisch	⇔	Konzeptuell
Monochrone Zeitorientierung	⇔	Polychrone Zeitorientierung
Implizite Kommunikation, hohe Kontextabhängigkeit	⇔	Explizite Kommunikation, niedrige Kontextabhängigkeit
Konfliktorientierung	⇔	Harmonieorientierung
Aufgabenorientierung	⇔	Beziehungsorientierung

reller Unterschiede ermöglicht wird. Dann werden Wege aufgezeigt, wie diese Unterschiede gewinnbringend in die Projektarbeit eingebaut werden können (Synergiepotential).

Dabei geht es nicht nur um objektiv vorhandene Unterschiede in den Präferenzen des Projektmanagements, sondern um deren subjektive Bedeutung und Bewertung durch die Projektpartner. Entsprechend wird auch die Dynamik von Stereotypen für die internationale Zusammenarbeit diskutiert, und dabei kommt auch der Humor nicht zu kurz.

> »Im Himmel arbeiten die Briten als Polizisten, die Franzosen als Küchenchefs, die Deutschen als Mechaniker, die Italiener als Liebhaber und das alles wird von den Schweizern organisiert. In der Hölle arbeiten die Deutschen als Polizisten, die Briten als Küchenchefs, die Franzosen als Mechaniker, die Schweizer als Liebhaber und das alles wird von den Italienern organisiert.«

Die Tatsache, dass man über solche Scherze schmunzeln muss, zeigt, dass diese Stereotype durchaus geläufige Bilder ansprechen. Das Tool vermittelt Hilfsmittel, wie man der Bedeutung solcher Bilder für die Gruppendynamik internationaler Teams und für die Qualität der Zusammenarbeit Rechnung tragen kann.

Sind diese beschriebenen Bilder aber wirklich nur bloße Erfindungen zur Belustigung oder karikieren sie auch durchaus unterschiedliche Kulturstandards? Um dieser Frage konkret in ihrem Projektteam nachgehen zu können, vermittelt Proinno Einblick in grundlegende Kulturstandard-Differenzen, die sich besonders auf unterschiedliche Orientierungen, Bewertungen und Ansprüche an das Management von Projekten auswirken.

Auf der Grundlage kulturvergleichender Managementforschung (Hofstede, Hall, Trompenaars, Hampden-Turner, Triandis, Mole, Laurent) und eigener Forschung und Praxis im Bereich der internationalen Projektberatung (insbesondere im Rahmen des Projektes »Innovation across cultural borders«) haben wir einen Ansatz entwickelt, der auf neun grundlegenden Handlungsdilemmas basiert. Die Dilemmas lassen sich als mögliche Reaktionen auf die gleiche Problemstellung verstehen, wobei unterschiedliche (kulturelle) Prioritätensetzung zu entgegengesetzten Handlungsweisen führt. Eine solche Dilemmakonzeption kultureller Unterschiede hat den Vorteil, dass sie die Position des Gegenübers verständlich werden lässt, da man auf die gemeinsame Ausgangsproblematik und Lösungsorientierung zurückgreift und darauf aufbauend gemeinsam die »best practice« für das anstehende Projekt entwickeln kann.

In diesem Sinne werden in dem Tool neun Dilemmas als Grundlage zur Analyse kultureller Unterschiede in der Projektgruppe eingeführt (siehe Übersicht 2)

In der interaktiven Nutzung des Tools werden nun für die Bearbeitung dieser Dilemmas folgende Schritte angeboten, um die jeweils erfolgskritischen kulturellen Unterschiede zu identifizieren und sie im Sinne synergetischer innovativer Lösungen nutzbar zu machen:

- Erkennen der wesentlichen kulturellen Differenzen in den Fallgeschichten
- Verstehen des zugrundeliegenden kulturellen Dilemmas
- Selbstanalyse bezüglich der eigenen Position in diesem Dilemma mittels eines Tests
- Verstehen der mit der kulturellen Grundorientierung verbundenen eigenen Handlungspräferenzen
- Verstehen der Handlungspräferenzen des oder der Partner im Projekt (mittels Länderprofilen oder direkten Ergebnisvergleich)
- Verstehen der wechselseitigen Wahrnehmung der Partner, die durch die unterschiedlichen Handlungspräferenzen bedingt ist (Wie wirken sie auf *uns*? Wie wirken wir auf *sie*?)
- Bewusste Nutzung und partnerorientierte Erklärung der eigenen Stärken
- Erkennen und Nutzung der Stärken des Partners für die Erreichung der gemeinsamen Projektziele
- Entwicklung integrativer und innovativer neuer Formen des Management des eigenen Projektes zur Optimierung des Projekterfolges

Diese einzelnen Reflektionsschritte werden jeweils durch Ergebnisrückmeldung und entsprechende Handlungsvorschläge konkret unterstützt.

Anwendungsbereiche

Da das Tool nach dem Baukastenprinzip aufgebaut ist, kann es im Bereich der Personalarbeit unterschiedlich eingesetzt werden und richtet sich sowohl direkt betroffene Projektmitarbeiter als auch an Verantwortliche des Personalbereichs. Einsatzmöglichkeiten sind:

- Unterstützung und Begleitung von Trainings zur interkulturellen Vorbereitung und zum Projektmanagement,
- Selbstlerntool für Mitarbeiter und Projektleiter internationaler Projektteams,

- Unterstützung für Teamleiter internationaler Projektgruppen (Diagnose und Moderation von Verbesserungsprozessen),
- Inhaltliche und methodische Vorbereitung und Durchführung von internationalen Assessments (insbesondere die Fallgeschichten und der Teil zur interkulturellen Kompetenz).

Falls Sie Interesse an dem interaktiven Tool haben, finden Sie eine Schnupperversion auf www.krewer-consult.com unter der Sparte »Aktuelles«.

4 Aktiv in die Zukunft – Sozialverträglicher Personalabbau

Stellenbau ist ein Thema, das derzeit sehr viele Unternehmen beschäftigt. Geschäftsleitung, Betriebsrat und engagierte Mitarbeiter des Bremer Energieversorgers swb Synor haben gemeinsam einen Weg gefunden, der dem Anspruch der Sozialverträglichkeit gerecht wird, Kosten spart und damit als vorbildlich angesehen werden kann. Die Zeitschrift »Personalwirtschaft« und die IIR Deutschland GmbH haben das innovative Konzept »Aktiv in die Zukunft« mit dem Human-Resource-Management-Award ausgezeichnet.

Früher war der eigene Kraftwerkspark der Stolz eines jeden Stadtwerks. Das änderte sich mit der Liberalisierung des Strom-Marktes. Wo der Markt den Preis diktiert und vom Überangebot gekennzeichnet ist, da werden eigene Kraftwerke zu einer schwierigen Herausforderung. Für die swb Synor in Bremen war schon vor der Marktliberalisierung eines klar: Wenn sie als Gesellschaft für Energieerzeugung innerhalb der norddeutschen swb-Gruppe langfristig existieren wollte, musste sie zunächst ihren Kraftwerkspark wirtschaftlicher gestalten. Schließungen alter Anlagen standen für diese aus den Stadtwerken Bremen hervorgegangene Gesellschaft ebenso auf der Agenda wie die Optimierung der verbleibenden Anlagen.

Der damit zusammenhängende Personalabbau von 185 Stellen bis Ende 2003 kann nicht nur durch die gängigen Maßnahmen wie Vorruhestandsregelungen realisiert werden. Betriebsbedingte Kündigungen sollen jedoch nach dem Willen der swb Synor und ihrer Holding swb AG unbedingt vermieden werden. Doch auch für die im Unternehmen verbleibenden Mitarbeiter verändern sich die Anforderungen zum Teil erheblich.

Übersicht Betreuungsangebote im Team »Dreh- und Angelpunkt«

- Qualifizierung / Weiterbildung / Ausbildung
- Persönliche Beratung
- Persönliche Stärken kennen
- Bewerbungstraining
- Ideenwerkstatt
- Existenzgründung
- Einstiegsberatung

Zeit der Neuorientierung

Für die Mitarbeiterschaft hieß es seit Ende 1999 ganz drastisch: Wer muss gehen? Wer kann bleiben? Und wenn man bleibt, wie sehen die Aufgaben, wie sieht der Arbeitsplatz aus? In dieser für alle Mitarbeiter und das Management schweren und anstrengenden Situation zeigte sich, dass der jahrelange Prozess zur Festigung einer mitarbeiterorientierten Unternehmenskultur in der swb-Gruppe nicht erfolglos war. Die Holding swb AG und die swb Synor wollten die Mitarbeiter in dieser Zeit der Ungewissheit, Angst und Neuorientierung nicht allein lassen. Bereits seit 1996 läuft in der swb AG das Change-Management-Großprojekt »Kultureller Wandel«, welches das Unternehmen auf die veränderten Anforderungen des liberalisierten Marktes vorbereitet. Aus diesem Projekt heraus wurde, begleitet von der Beratergruppe Neuwaldegg, zusammen mit der swb Synor das Konzept »Aktiv in die Zukunft« entwickelt und anschließend vom Team »Dreh- und Angelpunkt« umgesetzt.

Aktive Hilfe zum Wandel

Das Projekt »Aktiv in die Zukunft« hat zwei Aufgaben: Erstens begleitet es vom Stellenabbau betroffene Mitarbeiter mit einem ganzen Bündel von Maßnahmen bei ihrer Neuorientierung. Ziel ist es, die Mitarbeiter nicht alleine zu lassen, sondern sie dabei zu unterstützen, auf dem externen oder internen Arbeitsmarkt eine Alternative zu finden und die Verantwortung für ihre weitere Entwicklung selbst zu tragen. Zweitens soll das Projekt Veränderung im Denken und dadurch auch im Handeln der im Unternehmen verbleibenden Mitarbeiter bewirken, damit sie für die neuen Anforderungen vorbereitet sind.

Ein unbürokratisches Beratungsteam

Die Mitarbeiter werden vor Ort vom Team »Dreh- und Angelpunkt« unterstützt. Dieses Team besteht aus Mitarbeitern der swb Synor, die für das Projekt ganz oder teilweise freigestellt wurden und auch am Wochenende erreichbar sind. Sie nehmen sich viel Zeit für jedes Gespräch und die persönliche Situation der

Mitarbeiter. Dabei garantieren sie absolute Anonymität. Alle Entscheidungen über Maßnahmen werden eigenverantwortlich und vor allem unbürokratisch getroffen. Nur bei Sonderfällen ist die Rücksprache mit der Geschäftsführung erforderlich.

Von September 2000 bis Mitte 2001 haben 170 Mitarbeiter aus dem gewerblich-technischen Bereich den Kontakt gesucht. Die einzelnen Zahlen bei den jeweiligen Bausteinen sind anschließend in den Klammern genannt. Die Bausteine von »Aktiv in die Zukunft« sind: Einstiegsberatung (99 Mitarbeiter), persönliche Beratung (18 Mitarbeiter), persönliche Stärken kennen lernen (49 Mitarbeiter), Bewerbungstraining (102 Mitarbeiter), Ideenwerkstatt (27 Mitarbeiter), Existenzgründungsberatung (6 Mitarbeiter) sowie Weiterbildung/Ausbildung (19 Mitarbeiter). Die meisten Mitarbeiter nutzten zuerst die Einstiegsberatung, um sich zu informieren. Einige Mitarbeiter wählten sich auch sofort bestimmte Bausteine aus, die ihnen für ihre Situation am hilfreichsten erschienen (siehe Übersicht).

Individuelle Hilfe

Der »Dreh- und Angelpunkt« ist die zentrale Anlaufstelle für Information, Kommunikation, Beratung. Hier werden die Mitarbeiter individuell und ausführlich in Bezug auf die Bausteine betreut. Dabei haben sich in der Beratung auch unkonventionelle Lösungen ergeben, die dann von der Geschäftsführung unterstützt wurden. Hierzu zählt zum Beispiel beim Ausscheiden eines Mitarbeiters aus der swb Synor das Abfedern der unsicheren Probezeit über Arbeitnehmerüberlassung mit Rückkehrrecht. »Wir verstehen unsere Beratung nicht als direktes Instrument des Personalabbaus, sondern wir wollen dem einzelnen Mitarbeiter helfen. So raten wir auch mal von wilden Ideen ab, wenn diese nicht Erfolg versprechend scheinen«, sagt Sabine Lorenz. »Viele Mitarbeiter entscheiden sich anfangs für das praxisnahe Bewerbungstraining und melden sich anschließend für weitere Bausteine an. Damit sind erste Schritte zu einer neuen Sicht einer veränderten Arbeitswelt getan.«

Unterstützung durch die Geschäftsleitung

Ohne bestimmte Faktoren im Umfeld hätte das Projekt nicht so erfolgreich sein können, da ist sich das Team von »Dreh- und Angelpunkt« ganz sicher. Zu diesen Faktoren gehören die bedingungslose Unterstützung des Projektes durch Geschäftsführung, Bereichsleiter und Betriebsrat ebenso wie Ehrlichkeit und Offenheit in der Personalpolitik des Unternehmens, etwa bei der frühzeitigen Bekanntgabe der Freisetzungsdaten. Entscheidend war auch, dass die Mitarbeiter Vertrauen zum Team haben können. Außerdem werden Mitarbeiter, die vor dem geplanten Freisetzungsdatum gehen wollen, unterstützt, obwohl es so zeitweise zu Personalengpässen kommt.

Weitere Erfolgsfaktoren: Betreuung und Beratung in den Kraftwerken durch das ausschließlich aus internen Mitarbeitern bestehende Team ohne zeitliche Restriktionen, sehr gute Erreichbarkeit (Öffnungszeiten, Mobiltelefon, räumliche Nähe fern der Führungskräfte), regelmäßige Reviews mit Trainern, Dreh- und Angelpunkt und Betroffenen, bedarfsorientierte Anpassung der Bausteine nach Feedback der Mitarbeiter und/oder Review.

Offene und ehrliche Kommunikation

Was selbstverständlich sein sollte, aber längst nicht immer ist: Vertrauen wird auch durch eine verständliche Sprache gefestigt. Wer meint, sich durch den Gebrauch vieler Fachbegriffe und Fremdwörter als Experte positionieren zu müssen und dadurch Akzeptanz zu finden, ist in einem schweren Irrtum befangen. Das Gleiche gilt für die Information der Mitarbeiter. Eigentlich liegt es auf der Hand, dass in solch unsicheren Zeiten die laufende Ansprache helfen kann. Aus Scheu vor Auseinandersetzung wird in manchen Betrieben lieber geschwiegen. »Die kontinuierliche Information der Mitarbeiter, etwa durch Besuche auf den Schichten, Flyer, Mails und Aushänge hat das Programm bekannt gemacht, am Laufen gehalten und das Signal gesetzt: Wir tun was«, so Thomas Kasparak vom Dreh- und Angelpunkt. Ohne Kommunikation läuft eben gar nichts.

5 Mitarbeiter kultivieren ihr Unternehmen

Der Zukauf von Unternehmen ist nur der formale Akt einer Konzernerweiterung. Erst mit dem Aufbau einer inneren Einheit wird der Zusammenschluss vollendet. Die Mitarbeiter der Linde Gas Niederlassungen in Österreich haben gemeinsam eine Unternehmenskultur entwickelt und selbst eingerichtet.

Linde Gas Österreich ist ein erfolgreiches Unternehmen auf dem Gasmarkt, das durch Zukäufe in den letzten zehn Jahren auf sieben Niederlassungen und 347 Mitarbeiter angewachsen ist. Im Januar 2000 begann die Planung des Projektes »Linde-Unternehmenskultur 2000« (LUK 2000). Es galt, eine abgestimmte, einheitliche Ausrichtung der Werte, Verhaltensweisen und der relevanten Strukturen, Systeme und Methoden in den österreichischen Unternehmen zu etablieren. Bei aller Beachtung der länderübergreifend gültigen Leitlinien des Linde Konzerns sollten jedoch auch die spezifischen österreichischen Gegebenheiten be-

rücksichtigt werden. Die Hauptziele des Kulturwandels waren:
- Eine offene Diskussionen über alle Hierarchieebenen hinweg
- Effizienzsteigerung
- mehr Eigenverantwortung
- stärkere Kundenorientierung und weniger
- interne Reibungsverluste

Das Prinzip der systemischen Organisationsentwicklung

Die Personalentwicklung plante das Projekt entsprechend der Prinzipien der systemischen Organisationsentwicklung. Bei diesem Ansatz wird das Unternehmen als komplexes System mit gegenseitigen Abhängigkeiten verstanden (Mitarbeiter, Führungskräfte, Betriebsrat, Organisationseinheiten, Zentrale). Dementsprechend wurden vorhandene interne Kräfte genutzt und gefördert, um innerhalb des Unternehmens verändernd zu wirken. Es sollte aber nicht nur der aktuelle Zustand, sondern generell die Anpassungsfähigkeit der Gesellschaft und ihrer Mitarbeiter an dynamische Veränderungen optimiert werden.

Ein klares Projektmanagement ermöglichte die Durchführung des gesamten Veränderungsprozesses mit einem Budget von 100 000 Euro. Die Leitung lag beim Lenkungsausschuss und der Projektleiterin, unterstützt von einem Kernteam und einer Betriebsrätin. Einzelne Teilprojekte, wie Kommunikation, Kulturspiegel, Orientierungs-Workshops, Transfermaßnahmen und das Projekt-Controlling führten eigene Projektteams durch. Dabei nutzten alle Projektbeteiligten das Linde-interne Projektmanagementmodell und wurden dementsprechend geschult und unterstützt.

Skepsisüberwindung als Aufgabe

Gleich zu Beginn, im Februar 2000 zeigte sich die Bedeutung des Teilprojekts Kommunikation. Die anfängliche Skepsis des Betriebsratsforums (Abgesandte der Betriebsräte aus den jeweiligen Niederlassungen) und der Mitarbeiter musste schrittweise in ein Vertrauensverhältnis umgewandelt werden. Um Projektanliegen im Unternehmen permanent zu repräsentieren entwickelte das Projektteam ein eigenes Leitmotiv und das Kürzel LUK für »Linde-Unternehmens-Kultur«.

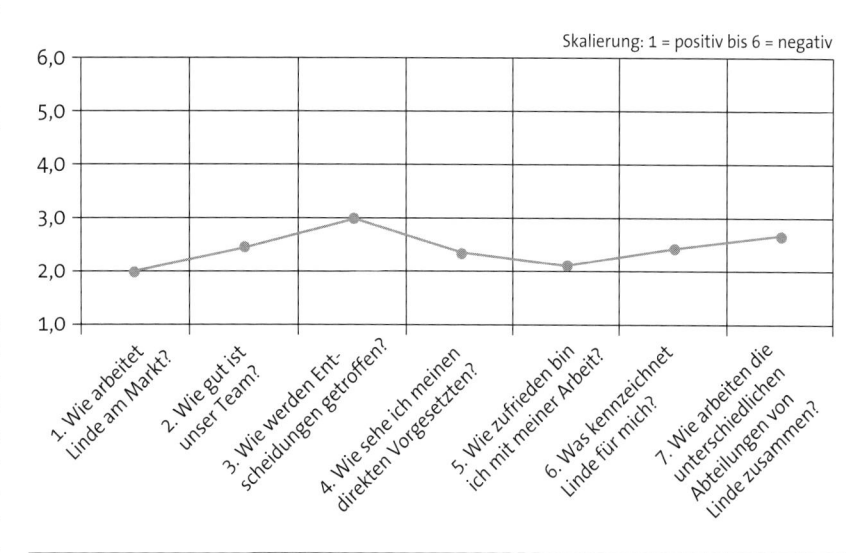

Alle mit dem Projekt in Zusammenhang stehenden Schriftstücke wurden mit einem eigens entwickelten Logo gekennzeichnet. Das Projekt-Symbol der Ähre verweist auf die österreichische Verwurzelung des Unternehmens, das angestrebte Wachstum und die dafür notwendige Zusammenarbeit aller Ährenkörner. Info-Boxen mit LUK-Postern informierten die Mitarbeiter an jedem Standort in Österreich mit Flyern über die angestrebten Ziele und den Stand des Projekts.

Controlling über Access-Anwendung

Das Teilprojektteam Controlling erarbeitete die exakte inhaltliche und kostenrechnerische Erfassung, Buchung und Auswertung der Einzelaktivitäten. Es sorgte auch dafür, dass Veranstaltungsteilnehmer und Vorgesetzte über die richtige administrative Handhabung von Kostenstelle, Konto oder Lohnart unterrichtet wurden. Die wichtigste Aufgabe bestand jedoch darin, in der Transferphase die Ausführung der vereinbarten Maßnahmen zu kontrollieren. Es entwickelte hierzu eine kleine, intelligente Access-Anwendung, mit der die 529 Maßnahmen erfasst und verfolgt wurden. Projektleitung, Multiplikatoren und Vorgesetzte konnten stets den aktuellen Stand ihrer Maßnahmen abrufen.

Kultur-Audit mit Beteiligung des Betriebsrats

Im Teilprojekt Kultur-Audit erfassten eine standardisierte Fragebogenaktion und ausgewählte Interviews den Ist-Zustand der Unternehmenskultur. Anregungen und Kritik waren erwünscht. Eine im Vorfeld mit dem Betriebsrat getroffene Vereinbarung regelte die Durchführung der Fragebogenaktion sowie die Auswertung und Speicherung der Daten. Die Anonymität der Befragten blieb gewahrt. Am 10. März 2000 verteilten die örtlichen Betriebsräte die Fragebögen an die Mitarbeiter. Da sie bei der Gestaltung der gesamten Aktion mitgewirkt hatten, konnten sie bei Unsicherheiten und Fragen unterstützend eingreifen.

Die Rücklaufquote der eine Woche später eingesammelten Bögen lag trotz der freiwilligen Teilnahme mit 85 Prozent erfreulich hoch. Bereits vor der Auswertung hatte der Lenkungsausschuss beschlossen, dass der aus der Befragung erstellte Kulturspiegel öffentlich gemacht wird (siehe Übersicht). Eine langjährige

Grafik Linde Kultur-Spiegel

Skalierung: 1 = positiv bis 6 = negativ

1. Wie arbeitet Linde am Markt?
2. Wie gut ist unser Team?
3. Wie werden Entscheidungen getroffen?
4. Wie sehe ich meinen direkten Vorgesetzten?
5. Wie zufrieden bin ich mit meiner Arbeit?
6. Was kennzeichnet Linde für mich?
7. Wie arbeiten die unterschiedlichen Abteilungen von Linde zusammen?

Forum I – Best Practice

Übersicht Übergreifende Maßnahmen

Priorität 1

- Einführung eines Mitarbeitergesprächs für alle Mitarbeiter mit Zielvereinbarung und Beurteilung der Aufgabenerledigung, der Zusammenarbeit, der Kompetenzen sowie des Verhaltens.
- Aufgaben- und Stellenbeschreibungen werden auf den neuesten Stand gebracht.
- Jeder Mitarbeiter erhält so weit gehende Entscheidungsfreiheiten wie möglich – gekoppelt mit entsprechender Verantwortung und Konsequenzen.
- Die Führung soll zielorientierter sein.
- Entscheidungen werden besser kommuniziert. Beteiligte werden bei Entscheidungen stärker eingebunden.

Priorität 2, Themenbereich »Markt«:

- Auf Kundenwünsche wird schneller reagiert und auf dem Markt schneller agiert. (Dieses Aufgabenpaket wird in dem Folgeprojekt »Prozessoptimierung« weiter bearbeitet.)

Priorität 3, Themenbereich »Organisation«:

- Die Organisation wird einfacher und transparenter – ebenso die Geschäftsprozesse (Diese Maßnahme wird ebenfalls im Folgeprojekt »Prozessoptimierung« durchgeführt.)

Priorität 4, Themenbereich »Kommunikation«:

- Periodische Infos und eine Mitarbeiterzeitung. (Dieses Aufgabenpaket erhielt den Projektstatus. Die neue Mitarbeiterzeitung »Wir sind Linde« erscheint bereits in ihrer 4. Ausgabe.)
- Einführung des Intranets als interne und der Homepage im Internet als externe Kommunikationsplattform (realisiert; www.linde.at).

Die Themenbereiche »Führung«, »Unternehmensstrategie«, »Permanente Innovation« und »Gleichberechtigung« erhielten nachrangige Prioritäten. Alle Mitarbeiter wurden über die derart geplanten Maßnahmen informiert.

Mitarbeiterin, die von vielen Kollegen geschätzt wird, führte als Projektleiterin ergänzend 14 Einzel- und zwei Gruppeninterviews durch. Diese persönlichen Interviews haben großes Vertrauen in das LUK-Projekt aufgebaut und Interesse geweckt.

Leitthesen zur neuen Unternehmenskultur

Schon eine Woche nach der Erstellung des Kultur-Spiegels diskutierten die ersten 12 von insgesamt 48 Führungskräften und Repräsentanten (etwa 15 Prozent der Belegschaft) in einem anderthalbtägigen Orientierungs-Workshop den Kulturspiegel und die anzustrebende Unternehmenskultur. Diese Plattform wurde gewählt, um alle Führungskräfte rasch und intensiv mit dem LUK-Projekt vertraut zu machen und sie aktiv in die Gestaltung einzubinden. Unmittelbar nach dem letzten Workshop konsolidierte das Projektteam die Ergebnisse aller Workshops. Die angestrebten Ziele wurden für jeden Themenbereich mit Slogans versehen:

- Kunde: »Kunden bestimmen das Handeln der Linde-Mitarbeiter«
- Produkt: »Wer an Gase denkt, denkt an Linde«
- Öffentlichkeit: »Linde – ein kompetenter Auftritt«
- Mitarbeiter: »Wir sind Linde«
- Führung: »Führung-gemeinsam in die Zukunft«

Die Leitthesen wurden vom Lenkungsausschuss zur verbindlichen Arbeitsgrundlage erklärt. sollten sie sich in den kommenden Diskussionen bewähren, würden sie am Ende des LUK-Projekts zum Leitbild erklärt werden. Zur Information der Mitarbeiter gestaltete das Kommunikationsteam eine Broschüre und eine Kurzinfo mit den Leitthesen. Sie wurden zu Beginn der Transfer-Workshops verteilt, um aus dem Vergleich mit der täglichen Praxis Veränderungsbedarf konkretisieren zu können.

Vom Multiplikator zum internen Consultant

Nach einem zweieinhalbtägigen Multiplikatorentraining sorgten zwölf Nachwuchsführungskräfte für einen betriebsnahen und raschen Transfer der Leitthesen in jede einzelne Organisationseinheit. Die Multiplikatoren kennen das Unternehmen, viele Kollegen und sprechen die Sprache der Mitarbeiter. Heute haben viele dieser Multiplikatoren wichtige Führungsfunktionen bei Linde übernommen. Dank ihrer Erfahrungen in der Gestaltung von Veränderungsprozessen können sie bei weiteren Projekten als interne Consultants eingesetzt werden.

Familien als Kernzellen

Kulturarbeit kann nur durch direkte, tägliche Kommunikation der Mitarbeiter untereinander erfolgreich sein. Nach dem Prinzip der überlappenden Gruppen wurde das gesamte Unternehmen in insgesamt 34 Familien gruppiert. Zu einer Familie gehören die Führungskraft (Familienoberhaupt) und alle unmittelbar zugehörigen Mitarbeiter, wie etwa der Geschäftsführer, seine Bereichsleiter und sein Stab. In diesen Familien findet die tägliche Kommunikation statt; hier wird die Unternehmenskultur gelebt. Von Juni 2000 bis März 2001 fanden 34 jeweils eintägige Transfer-Workshops statt. In diesen diskutierten sämtliche Mitarbeiter von Linde Gas Österreich in ihrer jeweiligen Familie die Vision, Strategie und die Leitthesen des Unternehmens. Sie bezogen diese auf ihren Arbeitsalltag und entwickelten aus dem Abgleich von Theorie und betrieblicher Wirklichkeit jeweils angemessene Maßnahmen zur Optimierung. Für die Planung und Moderation der einzelnen Workshops war jeweils ein Multiplikator verantwortlich. Die Workshops galten als dienstliche Veranstaltung und wurden während der normalen Arbeitszeit in einem externen Schulungsraum in den Nähe des Standortes durchgeführt.

Umsetzung im Alltag schafft Vertrauen

Noch vor der Urlaubszeit begann der erste Transfer-Workshop mit der Topebene (Geschäftsführer, Stab, Bereichsleitung). Acht konkrete Maßnahmen wurden fest vereinbart, andere geplant oder mit der Absicht zur Realisierung geprüft. So sollen künftig alle bedeutsamen Vorhaben nach den Regeln des Linde-Projektmanagements durchgeführt werden. Unter dem Motto »Fehler dürfen gemacht werden!« wurde ein neues Fehlermanagement konzipiert, das sich bereits in der Einführungsphase befindet. Im Herbst 2000 setzten die Multiplikatoren die Workshops mit den Familien der nächsten Hierarchieebenen fort. In den Workshops wurde vorwiegend arbeitsplatzbezogen diskutiert; häufig wurden auch Familieninterna offen angesprochen. Den Mitarbeitern lag die schnelle, merkbare Umsetzung ihrer vielen kleineren, aber persönlich sehr wichtigen Vorhaben am Herzen. Die Kulturveränderung wird für sie in dem Maß glaubwürdig, wie sie die Umsetzung ihrer Vorschläge in ihrem Alltag erleben.

Der Ideenspeicher

Die Abteilungsübergreifenden Vorschläge aus den Workshops wurden zunächst in einen Ideenspeicher aufgenommen. Hier sammelten sich Anregungen und Vorschläge aus der Mitarbeiterbefragung, den Orientierungs-Workshops und den Transfer-Workshops mit abteilungsübergreifender Auswirkung. Letztlich blieben etwa 20 unterschiedliche Maßnahmen übrig, die nach ihrer anzunehmenden Wirkungen auf die verschiedenen Ziele des LUK-Projekts bewertet wurden. Im Oktober 2000 nahm der Lenkungsausschuss die Priorisierung der Maßnahmen vor und genehmigte den daraufhin erstellten Umsetzungsplan (siehe Übersicht »übergreifende Maßnahmen«).

Erste Projektergebnisse

Das LUK-Projekt wurde plangerecht im Herbst 2001 abgeschlossen. 529 unterschiedliche Maßnahmen zur Kulturveränderung wurden initiiert, annähernd die Hälfte sind schon umgesetzt. Nach Abschluss des Projekts wird die Unternehmenskultur von den Führungskräften und Mitarbeitern weiter aktiv gelebt. Im Frühsommer 2002 wurden alle Führungskräfte in Seminaren speziell auf diese neue Führungsaufgabe vorbereitet. So findet der LUK-Prozess eine nachhaltige, lebendige Fortführung. Der Kasten »Ergebnisse aus LUK 2000« zeigt, welche Ziele das Projekt erreicht hat und in welcher Art sie die Unternehmenskultur verbessert haben. Die abgeschlossenen und noch im Prozess befindlichen Maßnahmen tragen dazu bei, dass sich jeder Mitarbeiter bei Linde Gas Österreich gut aufgehoben und anerkannt fühlt.

Ergebnisse aus LUK 2000

Die sofort installierten Mitarbeitergespräche ermöglichen eine offenere Kommunikation über Chancen und Störungen im eigenen Aufgabenbereich. Jeder kann mit seiner Kompetenz und seinen Ideen zum Erfolg des Unternehmens beitragen. Vor allem eröffnet die Kommunikation über eine konstruktive Fehlerkultur die Fähigkeit zu kontinuierlichen Verbesserungsprozessen. Gemachte Fehler werden als Chance und Ausgangspunkt positiver Veränderung verstanden, nicht als persönliche Schuld des Mitarbeiters. Die Effizienz wird durch die bessere Kommunikation, intensivere persönliche Kontakte, aber auch durch die vielen kleinen Maßnahmen in den Familien gesteigert. Die aktive Zusammenarbeit aller Mitarbeiter im LUK-Projekt stärkte das Bewusstsein für eine eigene Identität des Unternehmens Linde Gas Österreich. Die Mitarbeiterzeitung »Wir sind Linde«, das jetzt verfügbare Intranetangebot und gemeinsame Aktivitäten unterstützen den Identifikationsprozess mit dem Unternehmen (siehe Grafik 2). Die früheren, unterschiedlichen Unternehmenskulturen werden harmonisiert und alle Beschäftigten der Linde Gas Österreich werden nach den gleichen Standards arbeiten; etwa beim Mitarbeitergespräch, dem Projektmanagement, dem Leitbild oder in der Mitarbeiterführung.

Der systemische Ansatz des gesamten LUK-2000-Projekts mit seinen Workshops, dem Multiplikatorentraining und Abläufen hat die fachliche und soziale Kompetenz der Teilnehmer verbessert. Die Beteiligten lernten, neue Verantwortung zu übernehmen und erlebten erfolgreiche Eigeninitiative. Sie haben mehr Verständnis für die betrieblichen und sozialen Zusammenhänge. Der partnerschaftliche Umgang mit den Betriebsräten stärkte die Vertrauensbasis und ermöglichte deren kreative Mitwirkung.

Das interne Consulting hat sich sehr bewährt. Es zeigte sich, dass ein spezielles Know-how für die Unternehmensentwicklung vorhanden ist und dass im Projekt neue Kompetenzen durch viele Mitarbeiter erworben wurden. Die genaue Kenntnis des Unternehmens und seiner Beschäftigten war für die Projektleitung und speziell die Multiplikatoren sehr wertvoll. Der Transferprozess gelang vor allem, weil die internen Berater einen hinreichend langen Atem hatten, die Umsetzung nachhaltig einzufordern.

Die Kulturveränderung als Projekt zu managen, wird bei künftigen betrieblichen Projekten Vorbild für die verbindliche Nutzung dieser Vorgehensweise sein. Eine klarer Zielvorgabe, der Strukturplan und die Projektorganisation ermöglichten durch festgelegte Verantwortlichkeiten eine weit gehende Eigenverantwortung der parallel arbeiteten Teilprojektteams und Multiplikatoren. Die Mischung aus vorgegebener Struktur und Flexibilität bei der operativen Umsetzung war ausbalanciert. Die zügige Durchführung, vor allem in der eher konzeptionellen Auditphase, erhielt die Dynamik des Prozesses.

6 Mitarbeiterportale – Leitfaden zur Einführung

Neue Technologien können helfen, Arbeitsabläufe zu straffen und Kosten zu sparen. Zu diesen Neuentwicklungen gehören die so genannten Unternehmens- oder Mitarbeiter-Portale. Sie dienen der Verbesserung des internen Informationsmanagements und liegen damit im aktuellen Trend. Ein Unternehmens-Portal ist eine Plattform für verschiedene Anwendungen mit einer einheitlichen, browserbasierten Oberfläche. Der Zugang erfolgt nach einer Autorisationsprozedur. Die in einem Portal integrierten Anwendungen werden in Bedienung und Aussehen miteinander harmonisiert.

Per Maus-Klick verfügbar

Über ein solches Portal können Mitarbeiter und Manager ihre täglichen administrativen Aufgaben erledigen. Das Portal greift dabei über einen Browser auf die verschiedenen internen und externen Datenquellen zu.

Zu den wichtigen Datenlieferanten gehören Enterprise-Resource-Planning-Systeme (ERP-Systeme). Systeme dieser Art verwalten Daten aus allen Bereichen des Unternehmens (wie Finanzen, Logistik, Personalwirtschaft, Materialwirtschaft). Diese werden im ERP-System nach betriebswirtschaftlicher Logik verarbeitet und für den Anwender oder andere Programme zur weiteren Nutzung bereitgestellt.

Aber auch die Standard-Office-Anwendungen oder Services wie Reiseroutenplaner oder Börsendienste lassen sich in ein Portal integrieren. Anders als in der bisherigen Praxis müssen dabei die verschiedenen Programme nicht einzeln gestartet werden. Sie werden ohne weitere Anmeldung des Anwenders einfach durch Klicken eines Buttons gestartet. Personalisierte Portale, erlauben jedem Mitarbeiter den Zugriff auf genau die Informationen und Anwendungen, die für ihn wichtig sind und auf die er auch zugreifen darf. Er kann diese zu jeder Zeit via Intranet abrufen, im Internet auch von jedem Ort.

Die ultimative Portalsoftware existiert nicht

Wenn Entscheider fragen, welche Software für ihr Unternehmen die beste sei, muss die Antwort lauten: »Die ultimative Portalsoftware gibt es nicht.« Auf dem Markt konkurrieren verschiedene Anbieter mit ihren Produkten. Neben bekannten Namen wie SAP, IBM, HP, BEA oder Oracle, bieten auch kleinere Firmen ihre Lösungen an. Alle diese Produkte haben je nach Einsatzbedürfnissen ihre Stärken und Schwächen.

Die Auswahl des Produkts sollte von den späteren Einsatzbedingungen und den Anforderungen im täglichen Gebrauch abhängig gemacht werden. Häufig wird hier der Fehler begangen, an einem bestimmten Produkt fest zu halten, weil im Unternehmen bereits Software des gleichen Herstellers im Einsatz ist. Auch die Funktionalitäten eines Portals sollten sich immer an den aktuellen Anforderungen des Unternehmens orientieren. Aufgrund der vorhandenen, individuellen Bedürfnisse stellt sich dann die Frage, welche Funktionen umgesetzt werden sollen und mit welchen Mitteln man die benötigten Funktionalitäten umsetzt. Eine einheitliche Standardlösung gibt es nicht. Ein Portal ist ein individuelles, von den aktuellen Forderungen abhängiges, nutzerorientiertes Tool.

Strategische Ziele mit individuellem Portal erreichen

Um die jeweilige Unternehmensstrategie über das Portal verwirklichen zu können, beginnt die KPMG-Consulting AG ein Portalprojekt mit der Ableitung einer so genannten E-Business-Roadmap. Diese Roadmap beschreibt die Vorgehensweise, wie mit Internettechnologie die vereinbarten strategischen Ziele erreicht werden sollen und welcher Zeithorizont dabei für die Zielerreichung vorgesehen ist.

Schließlich stellt sich die Frage, ob die Portalsoftware selbst programmiert oder gekauft werden soll (make-or-buy). Ein Portal lässt sich durchaus erstellen, ohne auf Standardsoftware zurückzugreifen. Neben den nicht zu vernachlässigenden Kosten von Portalsoftware, muss berücksichtigt werden, dass sich die technologischen Standards rasant weiterentwickeln. Da sich der Portal-Markt erst noch konsolidiert, ist heute noch nicht abzusehen, welche Anbieter morgen den Markt bestimmen. Eine weitere Rahmenbedingung der oben genannten Make-or-buy-Entscheidung sind die teilweise langwierigen Entscheidungszyklen in Großunternehmen.

Da im Fall eines großen Konzerns der High-tech- und Elektroindustrie zum Zeitpunkt der Entwicklung noch keine Konzernentscheidung zugunsten eines speziellen Softwareanbieters gefallen war, installierte die KPMG Consulting AG ein Portal auf Basis der Java-Servlet-Technologie. Dieses Vorgehen stellt sicher, dass jede später zu erwerbende Software problemlos integriert werden kann. An die vorbereitenden Schritte schloss sich die Entwicklung des Portals in einem Vorgehensmodell mit drei Hauptschritten an. Das Ende des Metakonzepts bildet der Relaunch des Portals am Ende der vorgesehenen Betriebsdauer.

Planung und Umsetzung

Bei einer kurzfristigen Einführung eines Tools, das von allen Mitarbeitern unternehmensweit genutzt werden soll, ist ein systematisches Vorgehen für die erfolgreiche Umsetzung unbedingt notwendig. Für die Entwicklung eines Portals mit einem straffen Zeithorizont hat sich deshalb eine Vorgehensweise mit drei Hauptschritten als sinnvoll erwiesen (siehe Grafik).

Kontinuierlicher Aufbau der Funktionen

Um im aktuellen Fall den Kundenanforderungen gerecht zu werden, wurde eine schnelle Inbetriebnahme

Das KPMG-Vorgehensmodell

Mitarbeiter-Akzeptanz durch straffe Einführung

Zunächst werden die Zielvorstellung und die zur Verbesserung der Ist-Situation entscheidenden Faktoren zusammen mit dem Kunden definiert. Ausgehend von einer klaren Vorstellung der zu verbessernden Prozesse wird hierfür ein Best/Worst-Case-Szenario erarbeitet. Nach der Definition des Zieloutputs wird die aktuelle Ist-Situation des Unternehmens analysiert, das künftig mit einem Mitarbeiterportal arbeiten möchte. Diese Situationsbeschreibung mündet in einer Analyse der Soll-Ist-Unterschiede (GAP-Analyse).

Aus dieser GAP-Analyse wird dann im gleichen Schritt der Leistungsumfang mit den zu erbringenden Arbeitspaketen erstellt. Schließlich wird für die Lösung aufgrund der Kosten, die aus dem Projektplan abgeleitet worden sind, und dem Nutzen, der aus der Definition der Ziele und Faktoren abgeleitet wurde, eine Return-on-Investment-Rechnung erstellt. Dieser ROI dient dann als Entscheidungsgrundlage über die Fortsetzung des Projektes. Aus der vorherigen Ist-Definition und der Kosten-Nutzen-Analyse ergeben sich meistens Rückkopplungen, durch die verschiedene Zielvorstellungen verändert werden können. Dies ermöglicht Ziele zu definieren, die sowohl technisch als auch politisch im Kundenunternehmen umsetzbar sind.

Umsetzung

In der anschließenden Phase wird das Pilot-System entwickelt. Dabei werden in der Regel verschiedene externe Applikationen in ein selbst entwickeltes Portalumfeld oder in eine Standardsoftware aufgenommen. Auch die in der Planungsphase festgelegten Inhalte werden in das Portal integriert. Am Ende dieser Phase steht ein mit eingeschränkten Funktionalitäten arbeitendes Testsystem in der Version 0.1.

An diesem System können dann die verschiedenen Funktionen und Applikationen von Entwicklern getestet und abgestimmt werden. Diese erste Version wird soweit perfektioniert und erweitert, bis eine Version des Portals vorliegt, die über alle Funktionen für den praktischen Einsatz, das »Go-Live« verfügt. Auf dieses System kann dann ein begrenzter Kreis von ausgewählten Mitarbeitern als Pilotanwender zugreifen (Pilotsystem 0.1).

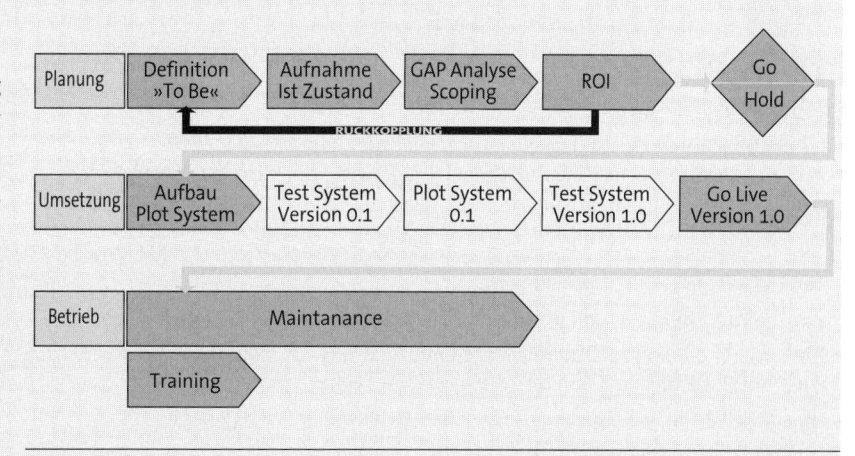

Die Pilotuser geben ihre Erfahrungen und Verbesserungsvorschläge bei der Nutzung des Portals über eine Hotline an eine dafür geschaffene Portal-Redaktion weiter. Diese Redaktion sollte aus IT-Spezialisten und Fachleuten für Prozessmanagement bestehen. Jedes eingehende Feedback wird von den Fachleuten auf seine Umsetzbarkeit hin überprüft und wenn möglich sofort umgesetzt. Durch dieses Feedback wird das System dann soweit verbessert, bis schließlich eine nochmals verbesserte Test-Version vorliegt. Mit dieser Testversion werden dann die nötigen Volllast- und Stresstests durchgeführt, um die technischen Kapazitäten des Portals zu prüfen.

Schließlich wird in der Phase der endgültigen Einsetzung (Deploy- Phase) zum Go-Live-Termin, das Portal in der Version 1.0 für alle Mitarbeiter geöffnet.

Betrieb

In dieser Phase kann das Portal bei neu auftretenden Kundenwünschen, die im Zuge der Nutzung des Portals entstanden sind, weiter angepasst werden. Zudem können zusätzliche Funktionen, sofern diese notwendig sind, freigeschaltet und die Mitarbeiter in die Nutzung der sich nicht intuitiv erklärenden Applikationen geschult werden. Aus hierfür geschulten Mitarbeitern des Kundenunternehmens wird eine permanente Portalredaktion eingerichtet. Sie hat die Aufgabe, das Portal sowohl technisch als auch inhaltlich zu verwalten.

Auf die Mitglieder der Projektgruppe kommt es an

- Bei der Feststellung des Ist-Zustandes zahlt sich ein schlankes Team aus wenigen Beratern und Mitarbeitern des Unternehmens aus.
- Berater und Mitarbeiter sollten den Bereich, in dem das Portal später betrieben werden soll, gut kennen.
- Am Projekt beteiligte Mitarbeiter sollten mit ausreichenden Entscheidungsbefugnissen ausgestattet sein.
- Besonders die Meinungsbildner im Unternehmen sollten in das Projekt eingebunden werden. Ein Portalprojekt steht und fällt mit seiner Akzeptanz innerhalb des Unternehmens. Die Kommunikation des Projekts in die Organisation hinein ist deshalb für den Erfolg eines Portals von entscheidender Bedeutung.
- Eine Fragebogenaktion eines Unternehmensbereiches oder gar eines gesamten Unternehmens ist qualitativ wenig sinnvoll und sehr zeitintensiv.
- Im Portal muss genau der Content abrufbar sein, den die Mitarbeiter für ihre tägliche Arbeit verwenden können.

Übersicht Der Portal-Begriff

Der Begriff Portal wird häufig missverstanden.

Portal ist keine

- Intranet-Homepage,
- Office-Anwendung mit der man operative Tätigkeiten erledigen kann,
- einheitliche Oberfläche für verschiedene Programme ohne eigene Funktionen.

Portal ist

- eine personalisierte Kommunikations- und Interaktionsplattform für die Mitarbeiter und Partner eines Unternehmens,
- ein Tool zur effektiven und effizienten Gestaltung der täglichen Arbeit,
- ein sicherer Zugang zu allen relevanten Informationen, Applikationen und Services über unterschiedliche Kommunikationswege im Unternehmen,
- eine Möglichkeit, die eigenen persönlichen Daten dezentral zu pflegen,
- eine Plattform, um Prozesse webfähig, Zeit sparend und schlank zu gestalten,
- ein Hilfsmittel zum Treffen von Entscheidungen aufgrund aktueller Informationen.

(Go-Live) zehn Wochen nach Projektbeginn geplant. Zum Go-Live-Termin sollte das Portal zu 80 Prozent funktionsfähig sein. Die restlichen 20 Prozent der vereinbarten Funktionalitäten sollten dann in einem Zeitraum von drei Monaten nach dem Starttermin verfügbar sein. Diese Vorgehensweise hat sich noch aus einem weiteren Grund als äußerst hilfreich erwiesen. Nach der Inbetriebnahme und den ersten Erfahrungen mit dem neuen Portal wurden von Kundenseite neue Wünsche und Vorstellungen hinsichtlich der Funktionalitäten des Portals genannt, die auch während der Testphase nicht erkannt wurden. Somit konnten in der für die Entwicklung der letzten Funktionalitäten vorgesehenen Zeit auch spezielle Kundenwünsche berücksichtigt werden. Zusätzlich hatten die Mitarbeiter genügend Zeit, sich an das Portal und seine Funktionalitäten zu gewöhnen, bevor sie mit allen Funktionen während ihrer täglichen Arbeit konfrontiert wurden.

Wichtige Anwendungen zuerst

Zunächst wurden diejenigen Daten und Anwendungen integriert, die aufgrund des Projektplans unbedingt im Portal enthalten sein mussten, etwa das weltweite Telefonbuch des Kunden. Andere Anwendungen waren zunächst nicht in das Portal integriert, also von dort aus nicht ansteuern, aber weiterhin voll funktionsfähig. Sie wurden später integriert um dann zusammen mit weiteren, selbstentwickelten Funktionen, die Funktionalität des Portals zu vervollständigen.

Einige Alt-Applikationen wurden endgültig nicht in das Portal aufgenommen. Es wurde lediglich innerhalb des Portals ein Link zu ihnen etabliert. Mit Hilfe dieses Links kann vom Portal aus auf die Daten innerhalb dieser Applikationen direkt zugegriffen werden. Schließlich wurden wieder andere Applikationen nicht integriert, da sie einige Zeit nach dem Start des Portals abgeschaltet wurden. Diese unterschiedlichen Integrationsstufen der Alt-Applikationen zeigen, dass die Erarbeitung eines Rahmenkonzepts immer sinnvoll ist. Dieses Konzept sollte weit reichende Planungen zu Neuentwicklungen oder den Zukauf von Software und Applikationen und deren Integration in das Portal beinhalten.

Auswahl der Inhalte ist aufwändig

Als besonders umfangreiche Aufgabe stellte sich die Übernahme des beim Kunden vorhandenen Datenbestands, des Content heraus. Hier wurde von Anfang an das Ziel verfolgt, nicht den gesamten verfügbaren Altbestand an Daten zu übernehmen. Damit wurde allerdings ein Qualitäts-Check und eine damit verbundene Selektion des vorhandenen Content nötig, was auf Kundenseite zu einem erheblichen Aufwand führte.

Es hat sich als eine aus Kostensicht wichtige Erfahrung erwiesen, dass die für das Gelingen eines Portalprojekts entscheidenden Faktoren aus den Bereichen Content- und Change-Management stammen. Vor allem hier sollte deshalb ausreichend Zeit und Budget eingeplant werden. Die Technik eines Portals ist letztlich nur der Mittler für die Umsetzung der prozessualen Veränderungen.

Direkt zuzuordnende Einsparungen

Kosteneinsparungen, die sich direkt dem Portal zurechnen lassen, die Hard Facts, ergeben sich in verschiedenen Bereichen. Zur Administration einer einheitlichen Oberfläche innerhalb des Portals müssen nicht wie bisher üblich eine ganze Reihe von verschiedenen Intranet-Homepages gepflegt werden. Die dafür benötigten Fachkräfte konzentrieren sich an einem Punkt, nämlich in der Redaktion des Portals. Die webbasierte intuitive Benutzerführung ermöglicht einen deutlich reduzierten Schulungsaufwand im Vergleich zu einer firmenweiten ERP-Lösung und trägt damit ebenfalls zu einer Senkung der Kosten bei.

Die Standardisierung der portalverbundenen Software im Unternehmen, reduziert die Kosten nochmals. Auch die im Zuge der Portaleinführung vorgenommene Linearisierung der IT-Landschaft auf eine Integrationsplattform (weniger Server, weniger heterogene Anwendungsinseln), kann die Instandhaltung und die damit verbundenen Kosten stark verringern.

Prozessoptimierung senkt Kosten

Bei den Kosteneinsparungen im Bereich der Soft Facts, also der Bereiche, die sich nicht eindeutig der Portaleinführung zuordnen lassen, steht vor allem die Optimierung der internen Prozesse im Vordergrund. Durch die Integration von Prozessen des Unternehmens in das Portal können diese stark beschleunigt werden. Die Mitarbeiter müssen nicht mehr mit Aktenmappen und Formularen von Tür zu Tür laufen, weil elektronische Prozesse diese Arbeiten ablösen.

Einen entscheidenden Vorteil hat der Nutzer zudem durch die Bündelung und Gliederung der Informationen innerhalb des Portals. Die Mitarbeiter finden Informationen, statt sie nur zu suchen. Schwierig gestaltet sich die Zurechnung der Kostenersparnisse durch die so genannten Galerie-Effekte einer Portallösung. Diese sind größtenteils nicht direkt dem Portal zuzuordnen und ihre Messung ist nahezu unmöglich. Ein Beispiel dafür ist die einheitliche Präsentation der verschiedenen Unternehmensbereiche und deren Mitarbeiter innerhalb des Portals. Sie führt in der Praxis zu einer besseren Identifikation des Mitarbeiters mit dem jeweiligen Bereich. Aus dieser Identifikation folgt dann meist eine größere Arbeitszufriedenheit. Die positiven Auswirkungen dieser Zufriedenheit, die sich in geringerer Fluktuation oder reduzierten Fehlzeiten niederschlagen, können allerdings nur sehr schwer erfasst werden. Auch der durch ein Portal deutlich verbesserte Service für die Mitarbeiter, durch die schnelle und umfassende Bereitstellung der für sie wichtigen Informationen, trägt zu höherer Motivation und Zufriedenheit bei, lässt sich aber nur schwer als Kostenvorteil verbuchen.

Portalprojekte sind keine kostengünstigen Kleinprojekte

Bei der von der KPMG Consulting AG durchgeführten Return-on-Investment-Berechnung wurde versucht, auch die schwer zurechenbaren Größen aus dem Bereich der Soft Facts und Galerie-Effekte zu erfassen. Bei der beschriebenen Portaleinführung wurde zusammen mit dem Kunden ein Return-on-Investment von 25 Prozent bei Gesamtprojektkosten von sieben Millionen Euro, inklusive Entwicklung und Betrieb über die gesamte Betriebsdauer errechnet. Dazu wurden folgende Punkte herangezogen:

Einführung im kompletten Unternehmen, 10.000 Anwender, europaweite Einführung, Nutzung von Standardkomponenten wie Content-Management-System, zentrale Nutzerverwaltung, Employee-Self-Service, Ablösung weniger Alt-Systeme, Gesamtprojektlaufzeit zwölf Monate. Die Berechnung basiert auf der Annahme, dass die Betriebsdauer vier Jahre beträgt und dass nur etwa 50 Prozent der angestrebten Kostenreduktionen und Prozessoptimierungen realisiert werden.

Diese konservative Betrachtung wurde vor allem deshalb vorgenommen, da die oben beschriebenen Kostenreduktionen schwer messbar und zurechenbar sind. Zudem sind zukünftige Entwicklungen der Kosten nur annähernd abschätzbar. Legt man die prognostizierten Ziele und Erwartungen der Roadmap zugrunde, so ergibt sich ein Return-on-Investment von über 60 Prozent. Dieser Wert deckt sich auch mit Erfahrungen der bisherigen Praxis.

Die Betrachtung zeigt deutlich, dass Portalprojekte keine schnell umsetzbaren, billigen Kleinprojekte sind. Die Kosten müssen allerdings vor dem Hintergrund der sehr großen Einsparungspotenziale einer Portallösung gesehen werden.

Die Zukunft ist mobil

Das Portal als eine Kommunikationsplattform ist nur der erste Schritt. Weitere personalwirtschaftliche Prozesse wie das Recruitment von Mitarbeitern, das Reisemanagement und das Trainingsmanagement können neben dem Employee-Self-Service jederzeit integriert werden. Auch alle im Unternehmen verfügbaren und für die individuelle tägliche Arbeit notwendigen Applikationen sollten aufgenommen werden. So kann ein und dasselbe Portal in unterschiedlichen Abteilungen völlig verschiedene Applikationen enthalten. Zu welchen Informationen, Applikationen, Tools und Prozessen der einzelne Mitarbeiter Zugang erhält, hängt von seiner Funktion im Unternehmen ab.

Das Ziel des portalgestützten Informationsmanagements im Unternehmen ist die elektronische Zusammenarbeit oder E-Collaboration. Diese beschreibt den intensiven Austausch von Informationen und die schnelle Kommunikation innerhalb des Unternehmens und mit Partnern von außerhalb. Auf diese Weise kann ein Unternehmen den sich in immer kürzeren Zyklen auftretenden Veränderungen der Unternehmensumwelt und dem stetig steigenden Informationsbedarf effektiv beggnen. Technisch sind bereits sprachgesteuerte, mobile Lösungen möglich. Mit dem neuen Mobilfunkstandard »UMTS« und drahtlosen »Wlan«-Netzwerken steht der nächste Quantensprung in diesem Bereich bereits vor der Tür.

7 Work Life Balance

Ein neues Schlagwort macht die Runde. In Seminaren, in Artikeln, auf Tagungen, in Handbüchern und Ratgebern wird das verlorene Gleichgewicht zwischen Arbeit und Leben, zwischen Beruf und Familie beklagt. Namhafte Trendforscher entwickeln daraus gar den neuen Megatrend des Jahrtausends. Doch was verbirgt sich dahinter und wie sieht es in der Praxis tatsächlich mit der Balance aus? Müssen Unternehmen umdenken? Wie können sie auf diese Entwicklung reagieren?

Die aktuelle Situation

Noch immer gelten lange Arbeitszeiten als Garant für den beruflichen Erfolg. Nur wer durch lange Anwesenheit auffällt, gilt als belastbar, flexibel und karrieregeeignet. Auch

Grafik zu Gemini Consulting Worforce 2000 Analyse

Welche Attribute einer Arbeitssituation sind für Sie von großer Bedeutung?

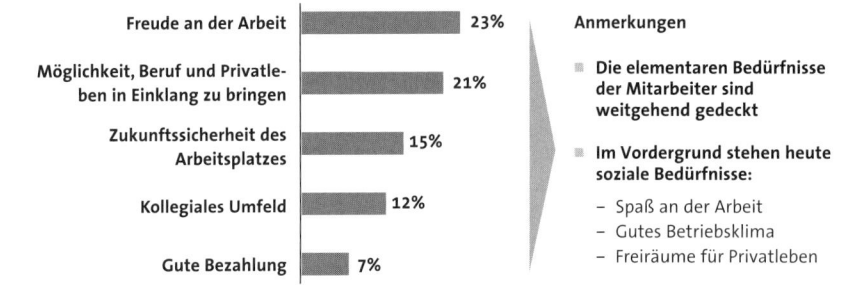

- Freude an der Arbeit: 23%
- Möglichkeit, Beruf und Privatleben in Einklang zu bringen: 21%
- Zukunftssicherheit des Arbeitsplatzes: 15%
- Kollegiales Umfeld: 12%
- Gute Bezahlung: 7%

Anmerkungen

- Die elementaren Bedürfnisse der Mitarbeiter sind weitgehend gedeckt
- Im Vordergrund stehen heute soziale Bedürfnisse:
  - Spaß an der Arbeit
  - Gutes Betriebsklima
  - Freiräume für Privatleben

> Die neue Arbeitsformel für die Zukunft lautet: 0,5 x 2 x 3, d.h. die Hälfte der Mitarbeiter verdient doppelt soviel und muss dafür dreimal soviel leisten wie früher
> (Horst W. Opaschowski).

wenn Personalberater betonen, dass es auf Leistung und nicht auf Dauer ankomme – in den meisten Unternehmen ist nach wie vor die Länge der Arbeitszeit das Qualitätsmerkmal. Nach einer Umfrage des Verbandes der angestellten Führungskräfte arbeiten Manager zwischen 50 und 55 Stunden die Woche. Zahlen aus der Telekommunikationsbranche weisen für Führungskräfte in der Unternehmensleitung sogar durchschnittlich 60 Stunden, bei Fachkräften rund 45 Stunden aus.

Besonders Berufsanfänger und Einsteiger sind lange an ihren Arbeitsplätzen zu finden. Der Arbeitsmarathon gilt quasi als »Feuertaufe« für den späteren Karriereweg. Allgemein gilt: Wer zu früh nach Hause geht, bringt nicht genügend Einsatz.

Fragt man die Betroffenen, wie dies Horst W. Opaschowski für sein Buch »Deutschland 2010« getan hat, zeigt sich, dass 67% der 18- bis 29-jährigen der Meinung sind, ihr Privatleben käme zu kurz. Zwei Drittel aller Deutschen wünschen sich für die Zukunft neue Arbeitszeitmodelle. Sie möchten genauso viel arbeiten wie bisher, sich ihre Arbeitszeit aber flexibler und individueller einteilen. Dafür wären sie auch bereit, länger zu arbeiten.

Auch viele Führungskräfte sind der Meinung, ihr Privatleben käme zu kurz. Jeder fünfte Mitarbeiter wünscht sich z.B. mehr Möglichkeiten, Beruf und Privatleben in Einklang zu bringen (siehe Analyse-Grafik). Bereit, die Wochenarbeitszeit zu reduzieren, sind sie aber nicht. Zu groß ist die Angst vor dem Verlust von anspruchsvollen Aufgaben, von Macht und Einfluss, von Ansehen und Geld. Denn nach wie vor gilt, wer erfolgreich ist, hat viel zu tun und hat keine Zeit und umgekehrt. So bleibt es dabei, Arbeit bis spät in den Abend, häufige Dienstreisen, nicht endende Meetings, berufsbedingte Verpflichtungen auch am Wochenende. Zeit für Familie, Hobbys, Freunde bleibt nicht viel übrig. Und ein Großteil der Führungskräfte nimmt diesen Zustand seit Jahrzehnten widerspruchslos, quasi als naturgegeben hin.

Dass sich trotzdem hier und da der Wunsch nach einem ausgewogenen Verhältnis zwischen Beruf und Freizeit, zwischen Arbeitszeit und Lebenszeit regt, hängt mit verschiedenen Faktoren zusammen.

Noch in den 70er Jahren ging man davon aus, dass die wöchentliche Arbeitszeit kontinuierlich weiter sinken würde. In den 80er und 90er Jahren trat genau das Gegenteil ein. Ein sinkendes Arbeitsvolumen wurde nicht auf mehr Menschen verteilt, damit jeder Einzelne über ein ausgewogeneres Verhältnis von Arbeitszeit und Freizeit hätte verfügen können, sondern auf weniger. Ungebrochen geht die Tendenz dahin, dass immer weniger Menschen immer mehr Arbeit verrichten. Gleichzeitig wird dadurch die Arbeit als Faktor, der den sozialen Status bestimmt, immer wichtiger. Während immer weniger Menschen eine qualifizierte Arbeit haben, steigen die Anforderungen, die diese Arbeit an sie stellt.

Zu Beginn des 21. Jahrhunderts ist es eher wahrscheinlich, dass die Hälfte der Arbeitnehmer auf eine 60-Stunden-Arbeitswoche kommt und ein Großteil der anderen Hälfte überhaupt keine Arbeit haben wird. Allen Beteuerungen der Politiker zum Trotz wird es so etwas wie Vollbeschäftigung nicht mehr geben. Befristete Beschäftigungsverhältnisse und Dienstleistungen sind bereits heute fast die Regel. Viele Unternehmen schließen grundsätzlich nur noch befristete Verträge über drei bis fünf Jahre, die höchstens einmal verlängert werden. Jeder Einzelne muss sich selbst am Arbeitsmarkt »verkaufen«. Den Beruf fürs Leben, die lebenslange Arbeitsplatzgarantie gibt es nicht mehr. Jobwechsel, Teilzeitarbeitsplätze und Zweitjobs werden das Arbeitsleben bestimmen. Arbeitnehmer müssen permanent flexibel und mobil sein und auf Dauer mit einem hohen Maß an Unsicherheit leben. Bereits heute hat nur jeder dritte deutsche Arbeitnehmer das Gefühl, sein Arbeitsplatz sei sicher. Und ein Großteil hat bereits Phasen von kurzer Arbeitslosigkeit erlebt.

Auch die neuen Informationstechnologien sorgen dafür, dass sich die Arbeitsintensität erhöht. In vielen Branchen wird nur noch ein Teil der ehemals dort Beschäftigten gebraucht. Und diejenigen die gebraucht werden, müssen vor allem gut ausgebildete Spezialisten und Fachleute sein.

Immer deutlicher wird: Arbeit ist nicht mehr an einen bestimmten Ort gebunden, sondern an eine bestimmte Person. Fax, Mobiltelefon und Laptop machen es möglich. Dadurch wird für die, die Arbeit haben, die Rund-um-die-Uhr-Beschäftigung zur neuen Norm. Die Normalarbeitszeit hat schlicht ausgedient, Schicht- oder Wochenendarbeit werden zur Regeln. Mitarbeiter sind ständig erreichbar, rufen am Wochenende ihre E-Mails ab und sind auch im Urlaub online zu erreichen. Besonders in den USA legen Unternehmen Wert auf ständige Verfügbarkeit ihrer Mitarbeiter. Immer für den Kunden da zu sein, ist mit das Wichtigste in einer Kultur, in der 24-Stunden-Service schon lange üblich ist.

In Europa sind jedoch immer weniger Menschen bereit, immer längere Arbeitszeiten in Kauf zu nehmen. Besonders Frauen sind nicht bereit, permanent verfügbar zu sein, und lehnen die vor allem männlich geprägte Kultur der langen Arbeitszeiten ab.

Langsam steigt auch das Interesse der Männer an flexibleren Arbeitszeiten. Besonders die höher Qualifizierten und die besser Verdienenden sind an einer Flexibilisierung und Veränderung ihrer Arbeitszeit interessiert. Da ihre Tätigkeit aber nicht ohne weiteres von einem geringer qualifizierten Mitarbeiter übernommen werden kann, müssen sich Unternehmen etwas einfallen lassen.

Die demografische Entwicklung in Deutschland beschleunigt ebenfalls den Umdenkungsprozess zum Thema Work-life-balance. Die Bevölkerung im erwerbstätigen Alter ist überaltert. Dieser Trend wird sich in den kommenden Jahrzehnten verstärken. Ursachen sind die niedrige Geburtenrate und die gestiegene Lebenserwartung. Nach Angaben des Statistischen Bundesamtes konnte der Zuwanderungsüberschuss den Sterbefallüberschuss seit Ende der 90er Jahre nicht mehr ausgleichen, so dass die Bevölkerungszahl insgesamt abnimmt.

Immer mehr Frauen entscheiden sich für eine berufliche Karriere und gegen Kinder, beziehungsweise verschieben ihren Kinderwunsch auf später. Um dann den Anschluss im Beruf zu halten, bekommen sie nur ein Kind und verzichten auf ein zweites. Denn die Unterbringung eines Kindes im Kindergarten oder bei einer Tagesmutter ist bei einem Kind einfacher zu bewältigen als bei mehreren.

Folgen fehlender »Balance«

Künftig werden Unternehmen um den immer weniger werdenden Fach- und Führungsnachwuchs konkurrieren. Der bereits heute von einigen Unternehmen ausgerufene »War for talents« wird sich verschärfen. Unternehmen müssen ihren gut ausgebildeten 30- bis 40-jährigen Mitarbeitern etwas bieten. Vor allem kommende Berufseinsteiger werden darauf achten, welche Gestaltungsmöglichkeiten ihnen der künftige Arbeitgeber bietet.

Die Konsequenzen einseitig ausgerichteter Lebensentwürfe sind erheblich. Mediziner und Arbeitspsychologen wissen seit langem, dass sich beruflicher Leistungsdruck, fehlender Ausgleich und Stressfaktoren, wie z.B. Zeit-, Entscheidungs- und Kostendruck, auf Dauer negativ auf die Gesundheit auswirken. Die Folgen sind Magenbeschwerden, Bluthochdruck und Herz-Kreislaufstörungen. Häufig kommen Erschöpfungszustände bis hin zu Depressionen vor. Um diese zu bekämpfen, greifen viele Betroffene zu Tabletten oder flüchten sich in vermehrten Alkoholkonsum. Diese so genannten Burn-out-Syndrome sind längst nicht mehr nur in der Chefetage zu finden, auch in den mittleren Hierarchieebenen fühlen sich Mitarbeiter inzwischen stark gefordert, teilweise überfordert.

Begleiterscheinung ständiger Belastung sind mangelnde Konzentrationsfähigkeit, sinkende Gedächtnisleistung sowie verminderte Kreativität und Motivation. Fehlentscheidungen häufen sich, die Urteilsfähigkeit ist eingeschränkt. Alles Faktoren, die einem Unternehmen nicht gleichgültig sein können, führen sie doch auf lange Sicht zu steigenden Kosten. Wenn Mitarbeiter nicht »bei der Sache« sind, ist ihre Leistung schwächer. Auf Dauer stellt sich eine negative Grundhaltung ein, die notwendige Veränderungen erschweren kann und Reibungsverluste unterschiedlicher Art produziert. Nicht selten führen Burn-out-Symptome auch dazu, dass sich dringend benötigte Fach- oder Führungskräfte entschließen, das Unternehmen zu verlassen. Hätte das Unternehmen rechtzeitig die Belastung des Mitarbeiters erkannt, müsste jetzt nicht Ersatz gesucht werden.

Flexible Arbeitszeitregelungen

Work-life-balance ist Ausdruck des gesellschaftlichen Wandels, der den Menschen vielfältige Optionen bietet, ihr Leben zu gestalten. Auf diesen Wandel sollten sich innovative Arbeitgeber einstellen. Denn nur zufriedene Mitarbeiter sind gute Mitarbeiter.

Unabhängig von der Größe eines Unternehmens gibt es eine Fülle von Maßnahmen, die es dem einzelnen Mitarbeiter oder der Mitarbeiterin ermöglichen, eine sinnvolle Balance zwischen Arbeit und Privatleben herzustellen. Dies betrifft insbesondere flexible Arbeitszeitregelungen (siehe Übersicht 1 und Kapitel IVA in diesem Buch).

> Von dem Vorurteil, Teilzeitkräfte seien nicht karriereorientiert, freizeitorientiert und wenig engagiert, sollte man sich endgültig verabschieden.
> In Deutschland sind die rechtlichen Grundlagen bereits umfassend geschaffen. Die Väterkampagne des Bundesministeriums für Familie, Senioren, Frauen und Jugend soll vor allem Männern Mut machen, sich neben ihrem Beruf auch im Privatleben zu engagieren. Unterstützt wird diese Kampagne von namhaften großen Unternehmen.

Auch wenn es zunächst den Anschein hat, als sei bei flexiblen Arbeitszeiten kaum noch jemand im Büro oder in der Produktion anzutreffen, die Verfügbarkeit der Mitarbeiter wird durch flexible Arbeitszeiten nur unwesentlich eingeschränkt. Im Gegenteil, meist überwiegen die positiven Effekte für das Unternehmen: Auftragsschwankungen können besser abgefedert werden, teilweise können kostenintensive Überstunden vermieden werden, die Produktionszeiten können u.U. verlängert werden. Auch sind durch flexible Arbeitszeiten längere Öffnungs- und Servicezeiten möglich, denn es findet sich sicher jemand, der auch gern später oder länger arbeiten möchte.

Die rechtlichen Grundlagen sind vor allem durch das neue »Gesetz über Teilzeitarbeit und befristete Arbeitsverträge – Teilzeit und Befristungsgesetz« und das aktualisierte »Arbeitszeitgesetz« gegeben (siehe auch II B/3.3.2 und 3.3.3).

Übersicht 1
Maßnahmen zur besseren Vereinbarkeit von Beruf und Privatleben

Ansatzpunkte	Beispiele
Lage und Verteilung der Arbeitszeit am Tag	Gleitzeit Schichtarbeit Teilzeitarbeit mit flexibler Stundenzahl familienbedingte Arbeitsverkürzung
Verteilung der Arbeitszeit auf mehrere Mitarbeiter	Job-sharing autonome Teams
Lage und Verteilung der Arbeitszeit in der Woche oder im Monat	Bewältigung von Arbeitsspitzen kundenorientierte Dienstleistungszeiten
Lage und Verteilung der Arbeitszeit im Jahr	Zeitkonten familienfreundliche Urlaubsregelung Saisonarbeit Sonderurlaub
Lage und Verteilung der Arbeitszeit über mehre Jahre hinweg	Sabbatical Altersteilzeit lebensphasenorientierte Zeitkonten
Verteilung von Arbeitszeit während und nach einer Freistellung	abgestufte Teilzeit nach Erziehungsfreistellung Arbeit während der Erziehungsfreistellung

> Am besten lassen sich neue Arbeitszeitregelungen im Gespräch mit den betroffenen Mitarbeiterinnen und Mitarbeitern gestalten.

Häufig haben diese gute Ideen, wie sich die technischen und organisatorischen Gegebenheiten des Unternehmens mit den eigenen Wünschen in Einklang bringen lassen. Da sich die Mitarbeiter in ihren Wünschen ernst genommen fühlen, steigt die Bereitschaft, sich dauerhaft für das Unternehmen zu engagieren.

Schwierig ist meist der Anfang: »Geht nicht, funktioniert nicht, zu teuer, zu aufwändig, nicht machbar oder unwirtschaftlich«, sind häufige Einwände. In der praktischen Umsetzung zeigt sich jedoch, dass sich die meisten Modelle in jedem Fall rechnen.

Sicher steigen zu Beginn der Umstellung die Kosten im Unternehmen. Bestehende Zeiterfassungssysteme müssen umgerüstet, eventuell neue installiert werden. Vielleicht werden aus Vollzeitstellen zwei Teilzeitarbeitsplätze und ein neuer Mitarbeiter muss gefunden werden. Da aber nachweislich die Produktivität und Arbeitsleistung der Mitarbeiter durch diese Maßnahmen steigt, amortisieren sich diese Kosten schnell.

Das größte Problem, berufliche und familiäre Verpflichtungen miteinander zu vereinbaren, liegt in der mangelnden Flexibilität der Arbeitszeit. Und das ist sicher auch eine Frage des Bewusstseins, vor allem bei den Führungskräften. Die Verhaftung insbesondere der älteren Führungskräfte in überholte Arbeitszeitmodelle ist nach wie vor sehr hoch. Wenn Führungskräfte in Teilzeit arbeiten, ist der Erfolg an einige wichtige Voraussetzungen gebunden (siehe Übersicht 2).

Fallbeispiele

Deutsche Telekom

Für die Deutsche Telekom ist Work-life-balance keine Modeerscheinung. Im Konzern gibt es bereits umfassende Gleitzeitregelungen. Bisher werden die Rahmenbedingungen aber noch nicht voll ausgeschöpft. Martina D. Dolderer, Leiterin Gleichstellungsprojekte im Konzern: »Deswegen sind wir in der Vorphase, um das Thema näher zu beleuchten, um zu untersuchen, wie die bestehenden Angebote im Konzern genutzt werden und um weitere Maßnahmen zu entwickeln, die uns noch fehlen. Wir stellen aber eindeutig die Tendenz fest, dass vor allem junge Väter mehr Zeit mit ihren Kindern verbringen möchten. Unsere Aufgabe ist es daher vor allem, dass Bewusstsein zu verändern: Männer müssen sich mehr trauen, sie brauchen positive Vorbilder, die am besten aus dem Führungskräftebereich kommen oder anerkannte Spezialisten sind.«

Nicht nur die Telekom tut etwas, damit ihre Mitarbeiterinnen und Mitarbeiter ihr berufliches und privates Leben besser vereinbaren können. Auch in vielen anderen Unternehmen werden Versuche unternommen, Arbeitszeiten zu flexibilisieren, Kinderbetreuungsmöglichkeiten anzubieten (siehe unten) und Arbeitsabläufe zu überprüfen.

DaimlerChrysler

Bei DaimlerChrysler steht man dem Thema Teilzeit sehr offen gegenüber. Zwar werde Teilzeit noch überwiegend von Frauen genutzt, berichtet Heike Tyrtania, Leiterin personalpolitische Projekte der DaimlerChrysler AG. Im Konzern arbeiten in Deutschland im Angestelltenbereich 6% der Mitarbeiter in Teilzeit. Auch auf den Führungsebenen drei und vier gibt es bereits einige Mitarbeiterinnen und Mitarbeiter in Teilzeit. Männer sind aber eher die Ausnahmen. Da sie auf verschiedene Standorte verteilt arbeiten, betrachtet man sie fast noch als »Exoten«. Teilzeit wird in dem Maß attraktiver werden, in dem mehr Männer sie nutzen. Neu ist im Konzern die Möglichkeit, sich auch als Teilzeitkraft in verantwortliche Positionen weiter zu entwickeln. Von diesen Angeboten profitieren immer mehr Frauen und Männer.

Seit zehn Jahren gibt es bei DaimlerChrysler eine hauseigene, sehr umfangreiche Betriebsvereinbarung »Familienpause«, die jungen Eltern viele Möglichkeiten bietet. Diese Betriebsvereinbarung wird zurzeit mit dem Ziel aktualisiert, mehr »Vereinbarkeit« als »Pause« zu erreichen.

Landesbank Schleswig-Holstein

Die LB Kiel hat zurzeit eine Teilzeitquote von 12,8%. Frauen haben daran einen Anteil von 88%. Allerdings sagt die Quote nach Meinung der Gleichstellungsbeauftragten des Unternehmens, Christiane Möller, so viel nicht aus, denn schließlich arbeiten die meisten Leute, um Geld zu verdienen und können es sich schlicht gar nicht leisten, ihre Arbeitszeit zu reduzieren. Entscheidend ist die Einstellung zum Thema und wie es gelebt und umgesetzt wird.

In den Fachbereichen wird unter Berücksichtigung der betrieblichen Belange für Teilzeitwünsche geworben. Eine Dienstvereinbarung »Arbeit zu Hause« ist in Vorbereitung. Aktuell wird ein Mentoring für Nachwuchskräfte durchgeführt, das insbesondere bei den Mentoren das Bewusstsein für das Thema Worklife-balance bilden soll, denn die Führungskräfte erhalten eine sehr direkte Rückmeldung, worin junge Leute heute ihre Ziele sehen. Das könnte Einfluss auf weitere Modelle und Vereinbarungen, z.B. Verfügbarkeit von Zeit in Langzeitkonten, haben.

Christiane Möller: »Als sich 1990 unser zweites Kind ankündigte war für meinen Mann und mich ganz klar: Wir wollen mehr Zeit für unsere Kinder! Bisher waren wir beide Vollzeit berufstätig. Das hing auch damit zusammen, dass wir sehr jung Eltern geworden sind und beruflich Boden unter die Füße bekommen wollten. Unser Sohn wurde von der Oma betreut. Wir haben überlegt, welche Lösung für uns als Familie die günstigste wäre und haben relativ schnell entschieden, dass mein Mann zu Hause bleiben wird. Der war nämlich als Ingenieur ständig beruflich auf Reisen, einschließlich wochenlanger Auslandsaufenthalte. Bei der LB Kiel dagegen, konnte ich mit geregelten Arbeitszeiten rechnen. Darüber hinaus bestand die Möglichkeit auch in qualifizierten Fach- und Führungspositionen Mobilzeit zu arbeiten. Zu dieser Zeit war ich stellvertretende Gruppenleiterin im Bereich Immobilien Banking.

Direkt im Anschluss an ein Jahr Erziehungsurlaub hatte ich dann die Chance eine Gruppenleitung zu übernehmen. Und da ich die Zeit mit meiner kleinen Tochter auch genießen wollte, habe ich meine Arbeitszeit auf 75% reduziert. Das war natürlich eine spannende neue Herausforderung für mich. In der Bank war dies ein Pilotprojekt, dass auch Signalwirkung hatte.

Das Projekt hat gut funktioniert und so bestärkt habe ich nach der Geburt unseres dritten Kindes 1994 wieder ein Jahr Erziehungsurlaub genommen. So hatte auch mein Mann die Gelegenheit zum Training-on-the-job. Seine Firma hat unsere Situation berücksichtigt und ihm überwiegend Projekte gegeben, die in Schleswig-Holstein und Skandinavien zu erledigen waren. Nach Rückkehr in die Bank konnte ich diesmal eine neue und größere Gruppe leiten. Drei Jahre habe ich diese Funktion mit 30 Stunden in der Woche an 5 Tagen ausgeübt. Auf die Dauer ist es aber natürlich auch eine finanzielle Frage, ob man sich Mobilzeit leisten kann. Mit Rücksicht auf unser Budget für einen Fünf-Personen-Haushalt arbeite ich seit 1998 wieder Vollzeit. Auch das wurde in der Bank unproblematisch akzeptiert. Nachdem mein Mann seit 1995 Hausmann war, hat er seit Mai 2001 eine qualifizierte Mobilzeit-Stelle (20 Stunden/Woche) gefunden.«

Elternzeit

In den meisten Unternehmen ist Teilzeitarbeit überwiegend Frauensache. Sind die Kinder bereits im Kindergarten oder in der Schule, arbeiten über die Hälfte der erwerbstätigen Frauen in Teilzeit. Sind die Kinder noch keine drei Jahre alt, nehmen meistens die Frauen den Erziehungsurlaub. Fast 80% würden gern in Teilzeit weiter arbeiten. Da es jedoch einerseits an Betreuungsmöglichkeiten mangelt und häufig der Arbeitgeber keine Angebote zur flexiblen Arbeitszeit macht oder machen kann, bleiben die meisten schließlich ganz zu Hause. Nach dem neuen Gesetz über Elternzeit (Bundeserziehungsgeldgesetz) können Beschäftigte in Betrieben mit mehr

---

Übersicht 2 Erfolgsfaktoren für Teilzeitführungskräfte

Aufgeschlossenes Klima
Wichtig ist die Unterstützung der nächsthöheren Führungsebene für die Teilzeitarbeit einer Führungskraft. Wird in einem Bereich erstmalig eine Gruppenleitung in Teilzeit besetzt, sollte eine Probezeit hierfür z.B. von einem Jahr vereinbart werden. Erklären Sie außerdem das Modell allen Kollegen ausreichend. Eine Bitte um Unterstützung seitens der nächsthöheren Führungsebene bewirkt bei den Mitarbeitern nicht selten Wunder.

Verstärkte Delegation und Kommunikation
Um das Arbeitspensum in der verkürzten Zeit zu schaffen, muss die Effizienz gesteigert werden. Dies ist nur möglich, wenn Aufgaben weitestgehend delegiert werden und man versucht, sich auf das Wesentliche zu konzentrieren, Arbeitsabläufe zu straffen und zu gewichten.
Die Delegation an die Mitarbeiter beschränkt sich meist auf fachliche Aufgaben. Dies bedeutet für sie eine zusätzliche Arbeitsbelastung, beinhaltet aber auch Chancen für ihre persönliche Weiterentwicklung z.B. Erweiterung der Selbstständigkeit und die Übernahme von zusätzlicher Verantwortung.
Neben dem erforderlichen Fachwissen ist die Teamfähigkeit eine wichtige Voraussetzung. Hierzu ist eine hohe Kommunikations- und Kooperationsbereitschaft erforderlich. Wichtig ist die Vertretungsbereitschaft in wichtigen und/oder eiligen Fällen, wenn die Teilzeit-Führungskraft nicht erreichbar ist.

Flexibilität hinsichtlich der Arbeitszeit
beinhaltet die Bereitschaft ggf. auch länger zu bleiben, wenn dies betrieblich erforderlich ist, z.B. Spitzenzeiten (Jahresabschluss), stark termingebundene Arbeiten, Dienstreisen, Veranstaltungen am Nachmittag.

Grafik Väter im Erziehungsurlaub

267 338 — 1987
394 545 — '95
388 787 — 2000

Mütter und Väter insgesamt

1824 (0,7%) — 1987
6841 (1,7%) — '95
2,0%* — 2000

Väter

1987 '88 '89 '90 '91 '92 '93 '94 '95 '96 '97 '98 '99 2000

Quelle: BMFSF *geschätzt

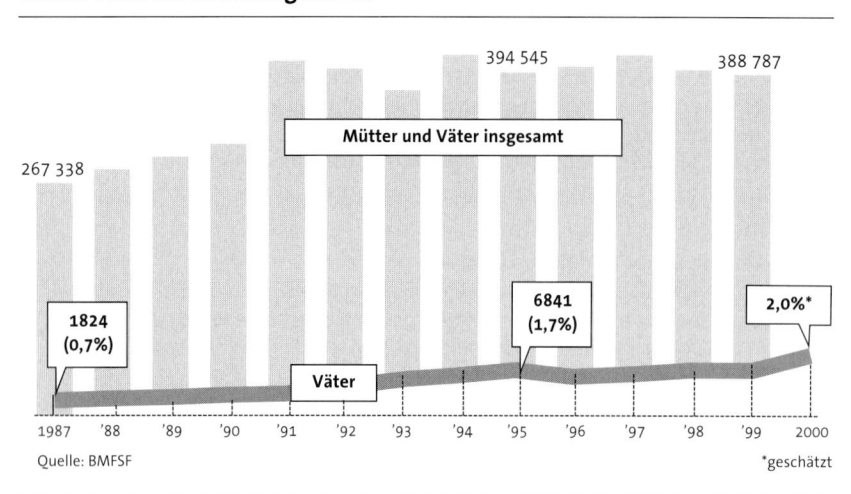

als 15 Mitarbeitern jetzt eine Familienpause einlegen und erhalten drei Jahre nach der Geburt des Kindes gemeinsam einen Rechtsanspruch auf Teilzeit von 15 bis maximal 30 Stunden. Die Auszeit kann künftig sogar bis zum 8. Lebensjahr des Kindes verteilt werden. Neu und für Unternehmen und Eltern interessant ist der Anspruch auf Teilzeitarbeit. Er soll vor allem auch Väter animieren, sich für eine Erziehungs-Auszeit zu entscheiden. Bisher sind es noch nicht einmal 2% der Väter, die sich für den Elternurlaub entscheiden (siehe Grafik).

Flexible Arbeitsorte

Nicht nur die Arbeitszeit kann flexibel gestaltet werden. Auch der Arbeitsort ist heute nicht mehr an den Sitz des Unternehmens gebunden. Noch nie hat es jemanden gekümmert, wenn der Vertriebsmitarbeiter einen Großteil seiner Zeit im Auto oder beim Kunden zubringt und nicht im Unternehmen anzutreffen ist. Sein Arbeitsort ist flexibel. Und das ist normal. Wenn Mitarbeiter, die traditionell ihre Arbeitszeit im Unternehmen verbringen, sich für einen Telearbeitsplatz interessieren, kommen häufig Probleme auf. Wenn Sie auf die Selbstorganisation der Mitarbeiter vertrauen können, ist es einen Versuch wert. Unter Umständen kann ein Telearbeitsplatz für das Unternehmen sogar kostengünstiger sein als ein Präsenzarbeitsplatz. Die Einrichtung kostet einmalig zwischen 4.000 und 5.000 Euro. Es eigenen sich besonders die Tätigkeiten für Telearbeit, bei denen der Kontakt auch schon vorher überwiegend über Telekommunikation läuft. Telearbeiter können nur zu Hause, alternierend zu Hause und im Büro oder flexibel im Büro arbeiten. Damit der Kontakt zum Unternehmen, zu den Kollegen nicht abreißt, sollten Sie darauf achten, möglichst einen Anwesenheitstag pro Woche einzuplanen. Auch bei betrieblichen Fortbildungen, Weihnachtsfeiern und anderen wichtigen Ereignissen sollten sie stets anwesend sein. Ganz wichtig ist, dass Telearbeiter ihr internes Netzwerk ausbauen und pflegen. Sonst fühlen sie sich schnell ausgeschlossen und haben das Gefühl, nicht mehr richtig »dabei« zu sein.

Kinderbetreuung

Zur besseren Vereinbarkeit von Beruf und Familie gehört auch eine gute Betreuung der Kinder. Die LB bietet auch hierfür einzelfallbezogene Unterstützung an. Zum Konzept gehört die Vermittlung von Tagesmüttern über Adressen, die die Gleichstellungsbeauftragte vorhält und 20 Belegungsrechte für alle AWO-Kindertagesstätten in Kiel.

Bisher selten ist ein Kinderhort für Notfälle, wie in die Commerzbank AG ihren Mitarbeiterinnen und Mitarbeitern in Frankfurt anbietet. Kinder im Alter von ein bis zwölf Jahren werden dort kurzfristig aufgenommen, wenn die normale Betreuung unverhofft erkrankt oder die Schule ausfällt. Barbara David, Projektleiterin Chancengleichheit der Commerzbank, ist mit dem Erfolg von »Kids & Co.« sehr zufrieden. Die Europäische Zentralbank in Frankfurt konnte ihren Betrieb erst aufnehmen, nachdem ein Kindergarten eingerichtet worden war. Vorher waren die dringend benötigten Fachkräfte nicht bereit, nach Frankfurt zu kommen.

Aber es muss ja nicht gleich ein eigener Kinderhort sein, oft reicht auch schon die Unterstützung bei der Suche nach Betreuungsmöglichkeiten. Deshalb arbeiten viele Personalabteilungen inzwischen mit dem Familienservice zusammen. Dabei übernimmt der Arbeitgeber die Kosten für Beratung und Vermittlung, die Kosten der Betreuung tragen die Eltern. Häufig ist vielen Eltern schon geholfen, wenn sie sich um die Betreuung ihrer Kinder keine Sorgen machen müssen. Natürlich ist bei der Kinderbetreuung vor allem auch die Politik gefordert. Denn seit Jahren ist und bleibt die Betreuungssituation in Deutschland miserabel. So gibt es nur für 10% der Kleinkinder unter drei Jahren einen Krippenplatz und nur die wenigsten Einrichtungen sind ganztags geöffnet.

Insgesamt haben Unternehmen eine breite Palette von Möglichkeiten, ihren Mitarbeitern die Balance zwischen Arbeit und Leben zu erleichtern. Notwendig sind vor allem Aufgeschlossenheit, Neugier und die Bereitschaft, auch bewährte Verfahren zu verändern. Individualisierung und Flexibilisierung sind die Stichworte, die es Unternehmen möglich machen, auf die Wünsche ihrer Mitarbeiterinnen und Mitarbeiter einzugehen.

8 Lehrstellen schaffen durch Kooperation: Ausbildungsverbund Celle

Initiative und Gründung

Die bundesweit wie regional schwierige Situation auf dem Ausbildungsmarkt, mit steigende Zahlen von Lehrstellenbewerbern, denen zu wenig Ausbildungsplätze gegenüberstehen, war der Ausgangspunkt für die Idee, im niedersächsischen Celle einen regionalen Ausbildungsverbund zu gründen. Die Initiative ergriffen 1998 der Leiter der Celler Geschäftsstelle der Industrie- und Handelskammer Wolfsburg Lüneburg und der Leiter des Arbeitsamtes Celle. Die Institutionen stellten die Mittel für die Finanzierung des Projektes bereit, das auch die Stadt Celle unterstützte. Die Ziele:
- Schulabgänger fördern, die besondere Schwierigkeiten haben, einen Ausbildungsplatz zu finden.
- Kleine und mittlere Betriebe, die nicht alle Ausbildungsinhalte vermitteln können, oder denen die Ausbilderqualifikation fehlt, über die Kooperation mit dem Ausbildungsverbund in die Gruppe der Anbieter von Lehrstellen einbinden und so zusätzliche Ausbildungsplätze schaffen.

Der Verbund sollte dabei aus der Wirtschaft heraus gegründet werden, und frei von Einflüssen aus Politik und Verwaltung agieren können. Regionale Unternehmen wurden angesprochen und eine Gründungsversammlung einberufen. Im Oktober 1998 gründeten sechs Unternehmen der Celler Region und die IHK einen eingetragenen Verein. Unter den Gründungsunternehmen befanden sich auch größere Ausbildungsbetriebe, die Teile der Ausbildung im Verbund übernehmen und die Lücken schließen konnten. Der Verbund nahm seine Arbeit sofort auf und es gelang, noch im bereits angelaufenen Ausbildungsjahr neue Plätze zu schaffen und Auszubildende zu vermitteln.

Organisation und Konzept

Ein für 3 Jahre gewählter Vorstand trifft die erforderlichen Entscheidungen. Der Vorstand setzt sich aus Firmenvertretern zusammen, die Träger der Initiative haben im Verbund weder Sitz noch Stimme. Die tägliche Arbeit übernimmt eine Vollzeit-Geschäftsführerin, unterstützt von Teilzeitkräften für Lohnbuchhaltung und Sachbearbeitung. Während andere Ausbildungsverbünde häufig an kommunale Institutionen, Bildungsträger oder die Bildungseinrichtungen größerer Industrieunternehmen angeschlossen sind, ist die organisatorische Unabhängigkeit des Celler Verbundes in recht einmalig.

Eine zentrale Aufgabe des Verbundes ist die Akquisition von Betrieben,
- die im Verbund mit anderen einzelne Ausbildungsabschnitte übernehmen können,
- die mangels Ausbilderqualifikation nicht ausbilden, oder
- die bereits ausbilden, aber mit Unterstützung des Verbundes ein neues, bisher nicht besetztes Berufsbild anbieten könnten.

Der Verbund tritt als Arbeitgeber, also als »Ausbildungsbetrieb« auf und übernimmt alle Verwaltungsaufgaben und die Personalbetreuung. Er organisiert die Ausbildung und koordiniert die verschiedenen Abschnitte. Die Überwachung des Ausbildungserfolgs und Begleitung der Auszubildenden ist ebenfalls seine Aufgabe.

Finanzierung

Die Initiatoren des Ausbildungsverbundes tragen die damit verbundenen Kosten. Das Arbeitsamt finanziert das Personal. (2002 waren dies 2,1 Stellen für die Geschäftsführung und zwei Teilzeit-Bürokräfte) sowie die laufenden Kosten. Die IHK stellt einen Büroraum im eigenen Haus sowie PCs, Kopierer und Fax.

Auch ein Teil der Ausbildungsplätze wird subventioniert: Das Arbeitsamt trug bei den seit 1998 geschaffenen Ausbildungsplätzen für jährlich 12 Auszubildende anteilig die Kosten. Im ersten und zweiten Lehrjahr werden 179 € zugeschossen, im dritten und vierten 230 €.

Zwei Gemeinden des Landkreises Celle, Nienhagen und Bergen, haben sich ebenfalls der Initiative angeschlossen und finanzieren in gleicher Weise Ausbildungsplätze in der jeweiligen Gemeinde.

Eine große Zahl von Ausbildungsplätzen kann jedoch auch ohne Finanzspritze geschaffen werden. In diesen Fällen zahlt das Unternehmen die gesamte Ausbildungsvergütung und nimmt lediglich die Hilfestellung des Verbundes in Anspruch. Im Jahr 2002 lag der Anteil der nicht subventionierten Ausbildungen im Verbund bei ca. 50%. Umgerechnet auf den Ausbildungsplatz kostet ein Ausbildungsplatz mit Zuschuss zu den Ausbildungskosten monatlich 384 €, ohne Zuschuss 87 €.

Partnerschaftliche Zusammenarbeit mit den Trägern

Der Verbund arbeitet eng mit Arbeitsamt und IHK zusammen. So müssen alle Kandidaten zunächst die Berufsberatung des Arbeitsamtes durchlaufen. Die Berufsberater schlagen Kandidaten für die Vermittlung durch den Verbund vor. Die Arbeitsamtsberater kennen meist die Vorgeschichte der Kandidaten, Negatives wie Positives, außerdem müssen Eignungs- und Fördervoraussetzungen vor Vertragsabschluss mit dem Arbeitsamt abgestimmt werden. Stellt sich während einer Ausbildung heraus, dass ein Kandidat doch nicht für eine Ausbildung in der freien Wirtschaft geeignet ist, kann das Arbeitsamt die Vermittlung in betreute Ausbildungsgänge unterstützen.

Die IHK hilft beim ersten Kontakt zu den Unternehmen, indem die Ausbildungsberaterin die Betriebe auch hinsichtlich einer Beteiligung am Verbund anspricht. Wenn Betriebe ohne Ausbildereignung mit einer Ausbildung im Verbund positive Erfahrungen gesammelt haben, kann dies der erste Schritt sein, die Eignung selbst zu erwerben.

Die Arbeitsweise

Ausbildungsbetriebe finden
Der Ausbildungsverbund spricht gezielt Unternehmen an, die nicht ausbilden. Die Gründe dafür sind vielfältig. Betriebe bilden z.B. nicht aus, weil:
- sie keine vollständige Ausbildung anbieten können,
- die Erfahrung fehlt,
- sie den für kleine Firmen erheblichen Verwaltungs- und Betreuungsaufwand scheuen,
- in der Vergangenheit schlechte Erfahrungen gemacht haben,
- nicht über die erforderliche Ausbildereignung verfügen.

Diese Schwierigkeiten kann der Verbund ausgleichen.

Die Geschäftsführung in Celle stützt sich bei der Akquisition vor allem auf persönliche Kontakte. Auch Hinweise aus Mitgliedsunternehmen helfen oft weiter, Firmen zu finden, die Interesse haben könnten, oder in denen ein Ausbilderschein fehlt. Eine weitere Quelle möglicher Ansprechpartner ist das Telefonbuch. Wenn die Situation eines Unternehmens (Größe und Tätigkeitsfelder) Chancen für eine Kooperation eröffnet, erläutert der Verbund sein Konzept und die Geschäftsführung versucht im direkten Gespräch ein konkretes Interesse zu wecken. Im nächsten Schritt kann dann besprochen werden, welchen Beitrag ein Betrieb zu einem Ausbildungsgang leisten könnte. Wenn sich geeignete Kandidaten beim Verbund bewerben, folgen Vorstellungsgespräche.

Erst kennen lernen, dann einstellen
Bevor Verträge geschlossen werden, können sich Unternehmen und Kandidat noch näher kennen lernen. Im Ausbildungsverbund Celle ist ein Schnupperpraktikum üblich. Diese Vorsichtsmaßnahme hat sich gut bewährt, denn Auszubildende wie Unternehmen können einander »ausprobieren«. Bei manchen ist nach drei Tagen klar, dass sie eine Ausbildung beginnen können, bei anderen dauert die Schnupperphase länger, oder es wird klar, dass man nicht zusammen passt.

Ausbildung organisieren
Wenn sich Unternehmen, Bewerber und Verbund einig sind, schließt der Verbund einen Ausbildungsvertrag mit dem Kandidaten. Das Unternehmen wird Mitglied im Verbund und geht entsprechende vertragliche Verpflichtungen zur Zahlung der Ausbildungsvergütung ein.

Die Geschäftsführung des Verbundes verfügt über die Ausbildereignung und übernimmt die Verantwortung für ordnungsgemäße Durchführung der Ausbildung. Sie hat einen Handapparat entwickelt, in dem sie für nahezu alle Vorgänge und möglichen Probleme im Rahmen der Ausbildung Vordrucke, Checklisten und Erläuterungen bereithält. Dazu gehört auch ein Ausbildungsplan für das jeweilige Berufsbild.

Anmeldung an der Berufsschule, Gesundheitszeugnisse, Kontrolle der schulischen Leistungen, all diese Aufgaben übernimmt der Verbund in seiner Eigenschaft als Lehrherr. Ausbildungsverlauf, begleitende Maßnahmen, und Gespräche werden protokolliert.

Neben dem Tagesgeschäft der allgemeinen Verwaltung und Abwicklung der Ausbildung erfordert die Organisation der Verbundausbildungen, bei denen der Auszubildende die verschiedenen Ausbildungsabschnitte in unterschiedlichen Unternehmen absolviert, erheblichen Aufwand. Die Unternehmen, bei denen die verschiedenen Abschnitte absolviert werden, stehen dabei nicht alle zu Beginn fest. Der Verbund pflegt einen Pool von Firmen, die fehlende Abschnitten der Verbundausbildung übernehmen könnten. Es sind häufig Kleinstunternehmen und Neugründungen. Deren künftige Entwicklung zwei Jahre im Voraus abzuschätzen wäre problematisch, darum werden die Unternehmen, schrittweise im Verlauf der Ausbildung eingebunden.

Die Bewerber

Die Kandidaten kommen in der Regel über das Arbeitsamt. Von dort werden Ausbildungssuchende, die schwer zu vermitteln sind, an den Verbund geleitet. Die erfolgreiche Arbeit hat sich jedoch auch herumgesprochen, und mancher Schulabgänger bewirbt sich direkt beim Verbund, wenn die Bewerbungen bei den Unternehmen erfolglos waren. Auch solche Bewerber werden zunächst zur Berufsberatung des Arbeitsamts geschickt. Schließlich sollen vorzugsweise solche Kandidaten betreut werden, die ohne Unterstützung keine Chance haben.

Die Gründe, warum viele Schulabgänger trotz intensiver Bewerbungen keinen Ausbildungsplatz finden können, sind vielfältig.
- Der Großteil der Bewerber kann einen mittlern Bildungsabschluss vorweisen, bleibt aber angesichts mäßiger Noten und besserer Konkurrenten auf der Strecke. Die meisten suchen schon länger nach einem Ausbildungsplatz und haben bereits mit Unterstützung des Arbeitsamtes berufsvorbereitende Maßnahmen absolviert.
- Es bewerben sich viele ausländische Jugendliche, oft mit Sprach- und Integrationsproblemen. In Celle sind es vor allem junge Menschen aus der großen Gruppe yezidischer Kurden und Kinder von Aussiedlern aus dem Osten Europas. Ihr Anteil an den Auszubildenden des Verbunds liegt mit 24 % aus nichtdeutscher Abstammung vergleichsweise hoch.
- Im Kandidatenkreis des Verbundes finden sich Bewerber, die eine begonnene Ausbildung nicht beenden konnten weil eine Abteilung oder das ganze Unternehmen aufgelöst wurde. Andere hatten Schwierigkeiten mit ihrem Arbeitgeber und mussten ein Schlichtungsverfahren der Kammer durchlaufen. Ohne Unterstützung und Betreuung finden sie nur schwer einen neuen Arbeitgeber.
- Gesundheitsprobleme durch chronische Krankheiten können ebenfalls der Grund für Schwierigkeiten bei der Vermittlung sein.
- Erhebliche Defizite im Sozialverhalten Ein problematischer familiärer Hintergrund ist nach der Erfahrung der Geschäftsführung ein weiteres Merkmal der jungen Leute, die auf direktem Weg oft keine Ausbildungsplätze finden können. Sozial schwache Familien, Heimerziehung oder Scheidung der Eltern

sind oft der Grund für erhebliche Defizite im Sozialverhalten.

Mit Betreuung zum Erfolg
Es können nicht alle vermittelt werden, deren Bewerbung auf dem Tisch des Verbundes landet. Aber diejenigen, die untergebracht werden, haben eine echte Chance. Die Zahl abgeschlossener Ausbildungen zeigt, dass auch solche Bewerber mit Erfolg einen Beruf erlernen können. Das gelingt vor allem auf Grund der intensiven Betreuung.

Das beginnt bereits bei der Auswahl und Vermittlung. Hier bemüht sich der Ausbildungsverbund Ausbildungsplätze zu finden, die zu Vorbildung und persönlicher Eignung des Kandidaten passen. Man will vermeiden, dass Ausbildungen begonnen werden, deren Abbruch vorprogrammiert ist – im Interesse des Bewerbers wie auch der Unternehmen. Einem schlechten Hauptschüler wird beispielsweise abgeraten, eine Ausbildung zum Industriekaufmann zu beginnen. Eine kürzere, zweijährige Ausbildung zum Verkäufer ist erfolgversprechender und kann gegebenenfalls durch eine weiterführende Ausbildung ergänzt werden.

Ein zentrales Merkmal der Verbundausbildung ist die enge Betreuung und Kontrolle während der Ausbildung. Der Verbund sucht regelmäßig das Gespräch mit dem Auszubildenden, den Ausbildern oder der Schule, und auch die jungen Leute können jederzeit mit ihren Problemen zum Verbund kommen.

Diese intensive Begleitung wäre in einem einzelnen kleinen Unternehmen kaum möglich. Unentschuldigtes Fehlen und schlechte schulische Leistungen sind ein häufiges Problem, daher werden Verhalten, Fehlzeiten und besondere Vorkommnisse der Kandidaten monatlich per Fax bei den Schulen abgefragt und entsprechend behandelt: Es folgen klärende Gespräche oder Abmahnungen. Bei Fehlen ohne Attest droht Lohnabzug.

Kooperation bei der Förderung
Oft ist schon bei Einstellung eines Bewerbers abzusehen, dass er oder sie Hilfestellung beim Lernen benötigt. Die Berufsschulen bieten bereits Förderunterricht an, das reicht aber in vielen Fällen nicht aus. Der Verbund arbeitet hier eng mit verschiedenen örtlichen Bildungsträgern zusammen und hilft den Auszubildenden entsprechende Nachhilfe zu finden, die auch finanziell gefördert werden kann.

Regen Austausch gibt es auch mit anderen Institutionen, die sich die Ausbildung junger Menschen auf die Fahnen geschrieben haben. Ein Beispiel ist die Regionale Arbeitsstelle zur beruflichen Eingliederung junger Menschen in Niedersachsen (RAN), eine Einrichtung des Landes Niedersachsen.

Die ausbildenden Unternehmen

Ohne Betrieb keine Ausbildung. Das Angebot des Verbundes motiviert viele Betriebe, neue Ausbildungsplätze zu schaffen, Ausbildungsabschnitte zu übernehmen oder eine Ausbildung in einem neuen Berufsbild anzubieten. Die Unternehmen sind so lange Mitglied, wie sie mit dem Verbund ausbilden und scheiden anschließend wieder aus. Die Vorteile:

- Sie können Fachkräfte speziell für ihren Bereich ausbilden.
- Sie zahlen lediglich die Ausbildungskosten, die in einigen Fällen auch subventioniert werden können.
- Den Verwaltungsaufwand in der Personalbetreuung trägt weitgehend der Verbund.
- Der Verbund kümmert sich darum, dass alle erforderlichen Ausbildungsinhalte abgedeckt werden.
- Der Verbund übernimmt einen Großteil der Erfolgskontrolle.
- Die enge persönliche Betreuung der Kandidaten durch den Verbund federt mögliche Probleme ab, die das Tagesgeschäft in kleinen Betrieben beeinträchtigen.

Der Erfolg hat gezeigt: Auch Bewerber, die nicht zur ersten Wahl gehören, können hervorragende Mitarbeiter werden.

Die Mitgliederzahl des Verbundes lag 2002 bei über 100. Der Schwerpunkt liegt bei den kleinen Betrieben mit 1 bis 10 Mitarbeitern. Die meisten haben keinen Ausbilderschein und noch nie ausgebildet.

Für die Begleitung der Ausbildungsbetriebe hat der Verbund für die verschiedenen Ausbildungsgänge einen »Fahrplan« erstellt, welche Ausbildungsinhalte in welchem Lehrjahr abgehandelt werden müssen. Hinzu kommen Formulare, Hinweise und Hilfen für die Kontakte mit Kammern und Ämtern sowie die enge Zusammenarbeit mit den Berufsschulen.

Die Ausbildung in sehr kleinen Unternehmen bedarf oft inhaltlicher Begleitung und zusätzlicher Förderung. Wenn nach der Größe des Unternehmens abzusehen ist, dass es einen speziellen Teil der Ausbildung nicht im erforderlichen Umfang abdecken kann, sorgt der Verbund für Ausgleich und organisiert Seminare zur Vorbereitung auf Prüfungen z.B. in Warenkunde für Gastronomie und Einzelhandel.

> Das Bildungszentrum des Einzelhandelsverbandes in Springe bietet Seminare in Warenkunde an. Für Köche und Gastgewerbe gibt es bei der Deutsche Angestellten Akademie (DAA), spezielle Kurse. Vor der Prüfung können sie dort Dinge lernen, die im Ausbildungsbetrieb möglicherweise zu Kurz kamen, z.B. Flambieren oder spezielle Fachbegriffe.

Manche Firmen bilden inzwischen schon zum zweiten mal gemeinsam mit dem Verbund aus. Das geht aber nicht immer, denn frei werdende Ausbildungsplätze dürfen nicht ohne Rücksprache mit dem Arbeitsamt und der IHK wieder durch den Verbund besetzt werden.

Rückblick und Ausblick

Berufsspektrum
Die Berufsbilder, in die der Ausbildungsverbund Celle vermittelt, liegen im Bereich Industrie und Handel. Ausbildungsplätze in kaufmännischen Berufen und Berufen in Büro/Verwaltung stellten den größten Anteil (Verkäufer, Industriekaufleute, Kaufleute Bürokommunikation, Groß- und Außenhandelskaufleute). Hinzu kamen einige Berufsausbildungen im gewerblich-technischen Bereich (IT-Systemelektriker, Mechatroniker, Mechaniker, Maurer, Floristen, Tierpfleger) sowie in der Gastronomie (Fachkraft Gastgewer-

be). Als geeignet erwiesen sich insbesondere Berufe mit maximal 2-jähriger Ausbildung,

Bildungsniveau
Die meisten Bewerber haben Hauptschulabschluss oder mittlere Bildungsabschlüsse bis zur Fachhochschulreife, vereinzelt bewarben sich auch Abiturienten. Der Schwerpunkt lag beim mittleren Bildungsniveau.

Zahl der Auszubildenden
Seit Beginn der Initiative im Herbst 1998 wurden 220 Arbeitsverträge geschlossen. Bedingt durch die knappe Zeit für Auswahl der Auszubildenden und Gespräche mit den Unternehmen war die Zahl der Ausbildungsabbrüche im ersten, vom Verbund betreuten Jahrgang mit nahezu 30% recht hoch (die Gründe: Kündigung während der Probezeit, Schwangerschaft, Wohnungswechsel und Änderung des Berufswunsches). Bei denen, die durchgehalten hatten lag die Durchfallquote unter dem Durchschnitt dieses Prüfungsjahres, und am Ende konnten 26 junge Leute erfolgreich ins Arbeitsleben entlassen werden. De Zahl der Abbrecher sank mit wachsender Erfahrung, im dritten Jahr brachen nur noch rund 20% ab.

Bereits zwei Jahre nach dem Start betreute der Ausbildungsverbund Celle über 100 Auszubildende und wurde damit zu einem der größten Ausbilder der Region. Die Auszubildenden des Verbundes schlossen ihre Prüfungen in der Regel erfolgreich ab, einige kamen sogar in die Bestenehrung der IHK.

Erfolge
- Der Verbund hat sich das Vertauen der regionalen Wirtschaft erworben. Das zeigt sich nicht nur an der großen Zahl teilnehmender Unternehmen, sondern auch daran, dass auch dort, wo Kandidaten die Ausbildung abbrachen, die Unternehmen weiterhin bereit sind, es mit dem nächsten vom Verbund betreuten Bewerber zu versuchen.
- Gemessen an der schlechteren Ausgangssituation der Bewerber ist der Notendurchschnitt der in den Beruf entlassenen Jahrgänge sehr gut.
- Zur Erfolgsbilanz zählt auch die Quote der Eingliederung in den ersten Arbeitsmarkt: Rund zwei Drittel der Absolventen wurden in feste Arbeitsverhältnisse übernommen. Andere haben Fuß gefasst und streben eine weiterführende Ausbildung an oder fanden eine Beschäftigung auf dem freien Arbeitsmarkt.
- Die wirtschaftsnahe Organisation des Verbundes – ohne Leitbetrieb und ohne steuerndes Einwirken öffentlicher Gremien – funktioniert. Die Arbeit des Ausbildungsverbundes Celle wurde 2002 sogar mit einem Preis bedacht. Er zählte zu den vom niedersächsischen Bündnis für Arbeit und Ausbildung mit der neugeschaffenen »Goldenen Treppe 2002« prämierten Projekten.
- Durch den Verbund wurden neue Ausbildungskapazitäten geschaffen, ohne dass es zu Verzerrungen in anderen Bereichen kam. Eine Institution aus der Wirtschaft, für die Wirtschaft.

9 Betriebsversammlungen aktiv gestalten – eine Chance für den Unternehmer

Betriebsversammlungen sollten nicht als lästige Pflicht, sondern als Chance für die Führungsverantwortlichen des Unternehmens verstanden werden. Sie können auch als Unternehmer oder als Unternehmensvertreter eine Betriebsversammlung erfolgreich gestalten, wenn Sie über die richtigen Themen informieren und Konfliktpotentiale und -ursachen vermeiden.

Betriebsversammlungen – lästiges Übel oder Chance?

Diese Frage wird – je nach Intensität der Zusammenarbeit mit dem Sozialpartner Betriebsrat und den im Betrieb vertretenen Gewerkschaften – immer wieder unterschiedlich zu beantworten sein. Denn: Wer partnerschaftlich denkt und handelt (ich meine dies im wesentlichen unter der Prämisse, dass alle Partner trotz unterschiedlicher Aufgabenstellungen und gedanklicher Ansätze sozusagen »auf einer Wellenlänge« schwimmen), wird in einer Betriebsversammlung eher eine Chance sehen. Wer allerdings im täglichen Miteinander mehr »über Kreuz« ist, der neigt wohl dadurch bedingt eher zur Definition Übel. Wer hat nun recht? Was wäre richtig? Die Beantwortung überlasse ich selbstverständlichen Ihnen, allerdings mit der Bitte, nach dem Lesen des Beitrags den eigenen Standpunkt noch einmal zu überprüfen.

Damit hätten wir schon die wichtigste Voraussetzung angesprochen – Zusammenarbeit oder Partnerschaft bedingt gleichzeitig ein Miteinander, ein Ringen um die beste Lösung für Betrieb und Belegschaft. Wenn die gemeinsame Grundeinstellung getragen wird von gegenseitiger Akzeptanz und Anerkennung der Kompetenz, dann sind alle Betriebsversammlungen immer eine Chance, Information und Kommunikation nicht als Einbahnstraße, sondern als pulsierende Autobahn zu verstehen. Die Folge: keine Einseitigkeit, klare und nachvollziehbare Informationen und ein bewusstes (sogar gemeinsames) Lenken der täglichen Probleme zur Lösung – nicht zum Konflikt!

Gegnerschaft dagegen bedingt ein ständiges Ringen um Kleinigkeiten, das unbedingt und immer »recht haben« müssen, das sich verzetteln in Scharmützeln, die letztlich keinem dienen, oder immer nur »sein« Recht zu suchen, »koste es was es wolle« (und meistens zahlt der Arbeitgeber das dann auch noch!). Wo Kleinkriege auf der Betriebsversammlung ausgefochten werden, da wird Sachlichkeit durch Emotion ersetzt und nützt im Endergebnis keinem, es sei denn: dem Betriebsrat. Auch eine bekannte Verhaltensweise, das »Glänzen durch Abwesenheit«, ist keine Lösung, denn die Führungsrolle bleibt immer beim Unternehmer bzw. seinem Beauftragten, auch wenn er »nur Gast« auf der Betriebsversammlung ist!

Betriebsversammlung – ein Forum des Dialogs

Jede Betriebsversammlung sollte immer als ein Forum des Dialogs zwischen Arbeitnehmerschaft und Betriebsrat gesehen werden. Es kann damit zwar nicht die klassische Informationsveranstaltung des Unternehmers sein, gleichwohl darf sie auch nicht aus dessen Sicht als ausschließlich »reaktiv« oder notwendiges »Übel« verkümmern. Würde ein Unternehmer alleine oder überwiegend diese Veranstaltung gestalten (wollen), dann hätte sie nicht nur den gesetzlichen Charakter, sondern der Betriebsrat auch sein Gesicht verloren – und ein schwacher Betriebsrat war noch nie ein guter Betriebsrat! Würde sie dagegen nur vom Betriebsrat bestritten werden, dann könnte sich die Belegschaft zu Recht die Frage stellen, welche Rolle Sie als Unternehmer der Betriebsversammlung zuweisen. Insoweit ist zwar angemessene Zurückhaltung angebracht, Zurückhaltung darf jedoch nie Schweigen oder Inaktivität bedeuten!

> § 2 des Betriebsverfassungsgesetzes gibt allen handelnden Personen den Rahmen für die tägliche Zusammenarbeit vor; das gilt unverändert auch für die Betriebsversammlungen: »Arbeitgeber und Betriebsrat arbeiten unter Beachtung der geltenden Tarifverträge vertrauensvoll und im Zusammenwirken mit den im Betrieb vertretenen Gewerkschaften und Arbeitgebervereinigungen zum Wohl der Arbeitnehmer und des Betriebs zusammen.«

Damit wäre die rechtliche Grundlage ausreichend beschrieben – auch zur häufigen »Infragestellung« der manchmal nicht gerade mit Beifall begrüßten Vertreter der Arbeitnehmerorganisationen. Sie sind Bestandteil der Betriebsversammlung – das hat der Gesetzgeber festgelegt -, und wenn es von allen auch so gewollt ist, wenn sie nicht die Rolle des Überbetriebsrates einnehmen, ihre außerbetriebliche Meinung zur Meinungsvorgabe für den Betrieb erheben, dann sind sie mit ihrem Wissen und der ihnen zugewiesenen Rolle immer akzeptierte Gesprächspartner.

Ohne Grundlagen keine Ergebnisse

Nichts geht ohne Regelungen, sie sind die Leitlinie, an der wir uns immer orientieren wollen – besonders dann, wenn sie uns nützt! Deshalb einige Vorbemerkungen dazu. Grundlage für die Betriebsversammlungen ist das Betriebsverfassungsgesetz mit seinen §§ 42 bis 46 – oder der für die Betriebsräteversammlung heranzuziehende § 53 (Gesamtbetriebsrat). Es soll nun an dieser Stelle das Gesetz nicht wiederholt werden, allerdings sind zum Verständnis einige Punkte dennoch wichtig, ohne die auch die Überlegungen nicht nachzuvollziehen wären. (Siehe hierzu die Übersicht)

Nichtöffentlichkeit und Leitungsverantwortung

Der § 42 BetrVG regelt die Zusammensetzung der Betriebsversammlung und gleichzeitig die Nichtöffentlichkeit sowie die Leitungsverantwortung. Dies ist ganz wichtig, wenn es darum geht, immer wieder auftretende kritische Punkte zu lösen (Wer kann teilnehmen? Ist die Einladung an einen Politiker eigentlich von den Grundsätzen der Nichtöffentlichkeit gedeckt? Bedingen tiefgreifende Veränderungen im Unternehmen, für die die Öffentlichkeit einen Unterrichtungsanspruch durch die Journalisten reklamiert, Ausnahmen von der Regel?). Wer ist eigentlich Hausherr einer solchen Veranstaltung? Es mag manchem schwer fallen, sich im eigenen Haus nur als Gast zu fühlen, verständlich kann diese Situation letztlich erst aus der vom Gesetzgeber gewollten Grundlage einer Betriebsversammlung werden. Die Betriebsversammlung besteht primär aus den Arbeitnehmern des Betriebs und dient der Aussprache zwischen Betriebsrat und Belegschaft sowie ihrer Unterrichtung über die »sie interessierenden wesentlichen Fragen« – so definiert es das Gesetz selbst.

Leider – wie im Betriebsverfassungsgesetz immer wieder vorkommend – eher »unklar« und demnach auszulegen. Denn: Was ist wichtig für die Arbeitnehmer? Für alle Arbeitnehmer oder nur einzelne? Wo sind die Grenzen? Fragen, die nicht trennscharf beantwortet werden können, unabhängig davon, dass es eine Reihe von Einzelentscheidungen der Arbeitsgerichtsbarkeit gibt, die im besonderen Fall auch beachtet werden sollten.

Vertrauensverhältnis

Aber es geht nicht darum – besser, es darf nicht darum gehen – juristisch bis ins letzte »I-Tüpfelchen« alles auszuloten. Viel wichtiger ist es, gemeinsam einen Weg zu finden, der für beide Seiten akzeptabel und der Aufgabe gerecht wird – wieder nur möglich, wenn zwischen den Partnern ein gewisses Vertrauensverhältnis besteht, sogenannte unsichtbare Grenzen gezogen sind, die keine Seite überschreitet.

Häufigkeit

Der § 43 BetrVG schreibt vor, in welchen Abständen die regelmäßigen Betriebs- oder Abteilungsversammlungen abzuhalten sind und wer was zu sagen hat. Allein diese Formulierung lässt schon darauf schließen, dass es in der Praxis nicht immer so läuft, wie es sich der Gesetzgeber vorgestellt hat. Vier Versammlungen im Jahr, dazu zwei weitere zusätzlich und dann auch noch die Möglichkeit, außerordentliche Versammlungen abzuhalten. In der Praxis sind es überwiegend weniger als drei Versammlungen im Jahr. Ob das nun gut oder schlecht ist, ist immer nur aus der Situation des jeweiligen Betriebes zu beantworten. Ich meine, das es kaum Sinn macht, über etwas zu reden, wo es nichts zu reden gibt, also Versammlungen nur abzuhalten, um dem Gesetzgeber Rechnung zu tragen. Das Interesse der Beleg-

Übersicht
Überblick über die wichtigsten Regelungen des Betriebsverfassungsgesetzes

Betriebsversammlung

§ 42 BetrVG

Die Betriebsversammlung besteht *aus den Arbeitnehmern des Betriebes*. Sie wird von dem *Vorsitzenden des Betriebsrates geleitet*. Sie ist *nicht öffentlich*.

Gibt es keinen Betriebsrat können auch keine Betriebsversammlungen im Sinne des § 42 ff. stattfinden, aber: möglich sind Betriebsversammlungen nach § 17 zur Bestellung des Wahlvorstandes.

Die Betriebsversammlung *hat keine Funktion nach außen*. Sie kann *keine rechtsgeschäftlichen Erklärungen* mit Wirkung für die Arbeitnehmer/innen abgeben, *auch keine BV mit dem AG abschließen*.

Auch fehlt es an der rechtlichen Einflussmöglichkeit auf die Tätigkeit des Betriebsrates, sie hat *kein Weisungsrecht gegenüber dem Betriebsrat* und sie ist auch *dem Betriebsrat nicht übergeordnet*.

Sie kann Anregungen geben und Anträge (§ 45) stellen, auch ein Misstrauensvotum gegenüber dem BR oder einem/ mehreren Mitglied(ern) stellen.

Aufgaben der Betriebsversammlung

Forum der *Aussprache* zwischen Betriebsrat und Arbeitnehmern/innen, der *Unterrichtung* der Arbeitnehmer/innen über die sie interessierenden wesentlichen Fragen, *Verpflichtung* des Betriebsrates, *Rechenschaft über seine Tätigkeit zu geben*, *Verpflichtung des Arbeitgebers*, mindestens einmal im Kalenderjahr einen *Bericht über das Personal- und Sozialwesen* und die *wirtschaftliche Lage und Entwicklung* zu geben.

Andere Versammlungen und Informationsmöglichkeiten

Keine Ausschließlichkeit der Betriebsversammlungen nach § 42 BetrVG.

Möglichkeiten:
- Der Arbeitgeber kann alle oder nur Teile des Betriebes; einer Versammlung einladen und mit ihnen betriebsbezogene Fragen erörtern. Aber: *kein Missbrauch als Gegenveranstaltung* und *diese Art kann die Betriebsversammlung nicht ersetzen!*
- Durchführung einer Fragebogen-Aktion des Betriebsrates außerhalb der Betriebsversammlung mit Themen aus dem gesetzlichen Rahmen.
- Herausgabe eines Informationsblattes durch den Betriebsrat.
- Monatsgespräche nach § 74 BetrVG.

Arten und Formen der Betriebsversammlung

- *regelmäßige Betriebsversammlung* in jedem Kalendervierteljahr eine während der Arbeitszeit
- *zusätzliche Betriebsversammlung* in jedem Kalenderhalbjahr eine während der Arbeitszeit, soweit dem Betriebsrat ihre Durchführung aus besonderen Gründen zweckmäßig erscheint
- *außerordentliche Betriebsversammlung* wenn der Betriebsrat dies für notwendig erachtet (besondere Gründe) oder dies 1/4 der wahlberechtigten Arbeitnehmer (außerhalb der Arbeitszeit) oder der Arbeitgeber (innerhalb der Arbeitszeit) beantragt
- *Vollversammlung* alle Arbeitnehmern/innen
- *Teilversammlung* Ausnahme, wenn wegen der Eigenart des Betriebes arbeitsorganisatorisch nicht anders möglich
- Abteilungsversammlung besondere Form der Betriebsversammlung, ersetzt diese, deshalb zumindest für die überwiegende Zahl der Betriebsteile erforderlich.

▼

schaft wird sehr schnell schwinden, wenn nicht wirkliche Themen (nämlich die sie interessierenden) auf der Tagesordnung stehen. Also Kosten ohne Nutzen! Da sollten sich Betriebsrat und Arbeitgeber einig sein und eher auf eine Veranstaltung verzichten, als sie zur Farce werden zu lassen. Wenn die tägliche Zusammenarbeit konfliktfrei oder problemlösend verläuft, dann wird so manche Betriebsversammlung vielleicht sogar entbehrlich oder nimmt den Charakter eines Informationsgremiums auf breitester Basis anstelle der auf solchen Veranstaltungen beliebten gegnerischen Standpunkteklärung ein.

Berichte
Ein Rechenschaftsbericht des Betriebsrates muss/soll seine Arbeit widerspiegeln, die er in dem Berichtszeitraum geleistet hat, dasselbe gilt auch für den mindestens einmal in jedem Kalenderjahr abzugebenden Bericht über das Personal- und Sozialwesen durch den Arbeitgeber. Einmal im Jahr?

Aktiv informieren
Wer eine Betriebsversammlung als Chance versteht, sollte in jeder Betriebsversammlung als festen Tagesordnungspunkt einen Überblick über das Geschehen aus der Sichtweise des Unternehmens geben, Erfolge und Probleme gleichermaßen referieren, um Verständnis und Motivation zu schaffen. Aktiv gestalten heißt in diesem Zusammenhang auch und besonders aktiv zu informieren, Hintergründe, Folgen und Erfordernisse sachlich und zukunftsgerichtet zu berichten. Aktiv informieren steht dann dafür, nicht erst auf Anfrage (reaktiv) sondern aus eigenem Antrieb (aktiv gestaltend) über das Notwendigste hinausgehend das aus der eigenen Betrachtungsweise Wichtigste mitzuteilen. Die Vorstellungen der Arbeitnehmer dürften sich mehr darauf konzentrieren, nicht nur nackte Zahlen, sondern verständliche Zusammenhänge zu erfahren: wie es im Betrieb vorangeht, wie die Zukunft eingeschätzt wird, welche Besonderheiten zu erwarten sind (auch und insbesondere die positiven) und was der Arbeit-

nehmer selbst dazu beitragen kann und soll.

Zeitrahmen
Der § 44 BetrVG beschreibt neben der Kostenpflicht des Unternehmers auch den Zeitpunkt der Versammlungen. Natürlich während der Arbeitszeit, ausgenommen die außerordentlichen Versammlungen, es sei denn, der Arbeitgeber stimmt einer Abhaltung während der Arbeitszeit zu. Dies wird immer dann der Fall sein, wenn tiefgreifende Probleme innerhalb des Unternehmens gegeben sind, z.B. Rationalisierungen etc. Der Arbeitgeber selbst sollte auch diese Versammlungen, wenn es denn auch Versammlungen und keine Tribunale sind, als Chance begreifen, Aufklärung zu betreiben, Standpunkte zu vertreten, sich unternehmerisch darzustellen. Denn: Wer das Feld anderen zur Bestellung überlässt, muss auch mit deren Saat leben! Was wiederum – trotz aller Problematik – mehr dafür spricht, sich aktiv überlegt in den Informationskreislauf einzubinden.

Themen
Der § 45 BetrVG befasst sich mit den Themen einer Betriebsversammlung. Angelegenheiten, die den Betrieb und seine Arbeitnehmer unmittelbar betreffen, ist die offizielle Formulierung. Dazu zählen dann auch Angelegenheiten, tarifpolitischer, sozialpolitischer und wirtschaftlicher Art, ohne dass es auf diesem offenen Feld wiederum eine klare Abgrenzung gibt. Nur eines ist klar – keine Streikaufrufe, weder durch die Gewerkschaften noch durch die Betriebsräte. Aber – wer hat nicht schon erlebt, dass eine tarifpolitische Auseinandersetzung manchmal sehr schnell diese Grenzen streift oder überschreitet – maßvolle, aber konsequente Reaktion ist angezeigt! Standpunkte deutlich machen – gut vorbereitet sein, auch in solchen kaum lösbaren Situationen Kompetenz beweisen!
Der § 46 letztlich regelt die Teilnahme der Beauftragten der Verbände, also der Gewerkschaften bzw. Arbeitgeberverbände.

Teilnehmer
- *Alle Arbeitnehmer des Betriebes* (inkl. der nichtselbständigen Nebenbetriebe und Betriebsteile, dem Betrieb zugeordnete Nebenbetriebe oder Betriebsteile). Dazu gehören auch in Urlaub oder Erziehungsurlaub befindliche Arbeitnehmer/innen, Jugendliche (nicht der gesetzliche Vertreter), Heimarbeiter und Leiharbeitnehmer. Wesentlich ist der Arbeitsvertrag und die Eingliederung in den Betrieb. Damit ist eine Versammlung der Arbeitnehmer mehrerer Betriebe eines Unternehmens keine Betriebsversammlung.
- *Leitende Angestellte* nach § 5, Abs. 3 BetrVG: nicht von Rechts wegen, aber als Gäste (eigene Versammlung bei Sprecherausschuss), es sei denn: sie sind als *Vertreter des Arbeitgebers* anzusehen oder bei *Begleitung des Arbeitgebers*, als *Sachverständige* oder *Auskunftsperson*.
- *Beauftragte Gewerkschaften*,
- *Beauftragte der Arbeitgebervereinigungen*,
- *Mitglieder des Gesamtbetriebsrates/Konzernbetriebsrates/Vertreter der Arbeitnehmer im Aufsichtsrat*,
- *Sachverständige* (nach Einverständnis §80 BetrVG),
- *Gäste*, wenn die Teilnahme sachdienlich ist und wenn der Arbeitgeber *gegen die Einladung und damit Teilnahme keine Einwände erhebt* sowie evt. *Dolmetscher*;

jedoch nicht: Presse oder Fernsehen etc.

Einberufung
Einberufung durch
- den Betriebsrat oder
- auf *Antrag einer im Betrieb vertretenen Gewerkschaft* oder
- auf *Antrag von 1/4 der wahlberechtigten Arbeitnehmer/innen* oder
- auf *Antrag des Arbeitgebers*.

Der Arbeitgeber ist unter Mitteilung der Tagesordnung zu den Betriebs-/Abteilungsversammlungen einzuladen.

Der Zeitpunkt wird nach pflichtgemäßen Ermessen vom Betriebsrat unter Berücksichtigung der betrieblichen Notwendigkeiten entschieden. Keine Zustimmung des Arbeitgebers erforderlich.

Der Betriebsrat hat in der Betriebsversammlung »Hausrecht« er entscheidet als Sitzungsleiter, wer wann spricht.

Die Versammlungen finden während der Arbeitszeit statt, es sei denn, besondere betriebliche Gründe erfordern es, die Versammlung außerhalb der Arbeitszeit abzuhalten. Auf jeden Fall ist für die Zeit der Teilnahme einschließlich eventueller Wegezeiten das Arbeitsentgelt zu zahlen.

Inhalte

Rechenschaftsbericht des Betriebsrates, mindestens *einmal im Kalenderjahr Bericht des Arbeitgebers* zum Personal- und Sozialwesen und zur wirtschaftlichen und Lage und Entwicklung des Betriebes, alle Angelegenheiten, die *den Betrieb oder seine Arbeitnehmer unmittel bar betreffen;* dazu zählen auch Angelegenheiten tarifpolitischer, sozialpolitischer oder wirtschaftlicher Art.

Auch die Behandlung *gewerkschaftlicher Angelegenheiten* ist nicht ausgeschlossen, allerdings darf *keine Werbung* für die Gewerkschaft gemacht werden.

Es gilt die *Friedenspflicht*, deshalb: keine Erörterung von Maßnahmen des Arbeitskampfes und von Themen, *die den Arbeitsablauf oder den Frieden des Betriebes beeinträchtigen*.

Der Vorsitzende des Betriebsrates (Versammlungsleiter) hat darüber zu wachen, dass unzulässige Themen weder auf die Tagesordnung gesetzt werden noch erörtert werden. Er muss die Erörterung unterbinden. Erst bei groben Verstößen steht dem Arbeitgeber das Hausrecht wieder zu.

Erfolgreich – nur durch gute Vorbereitung?

Ja, denn eine gute Vorbereitung ist mehr als erforderlich! Wie immer im Leben: Nur der, der gut vorbereitet ist, vermeidet unliebsame Überraschungen oder begrenzt das Risiko auf Ausnahmefälle. Auf einer Betriebsversammlung nicht Rede und Antwort stehen zu können (das kann auch ein Aufnehmen und späteres Behandeln einschließen), dürfte für den Unternehmer (-vertreter) das Schlimmste sein, was seine Kompetenz und Akzeptanz bei der Belegschaft in Frage stellen könnte. Deshalb: Betriebsversammlungen aktiv nutzen, heißt, sie auch aktiv vorzubereiten, sie als solche zu akzeptieren und ganz besonders natürlich auch die eigene, veränderte, Rolle!

Eine aktive Nutzung der Betriebsversammlungen setzt zunächst einmal voraus, festzustellen, warum es bisher nicht so erfolgreich verlaufen ist, wie man es sich vorgestellt hat, also unvoreingenommene Ursachenforschung. Dazu sollte es auch möglich sein, andere zu Wort kommen zu lassen, um wirklich Wirkung und Ursache erkennen zu können. Selbst ein Gespräch mit dem Betriebsratsvorsitzenden unter vier Augen kann zur Klärung erheblich beitragen, zum besseren Verständnis führen und damit zum Beginn der Veränderung avancieren. Berührungsängste sind da völlig fehl am Platze!

Darüber hinaus gibt es aber sicherlich auch Konfliktpotentiale grundsätzlicher Art, die das Zusammenarbeiten oftmals so schwierig gestalten, die über Erfolg oder Misserfolg entscheiden. Deren Ursachen gilt es zu erforschen und dadurch letztlich verhältnismäßig einfach zu erkennen, was zu verändern ist.

Einstellung und Wissen prägen das Verhalten

Es ist allgemein bekannt, dass Einstellung und Wissen das Verhalten prägen. Was bedeutet das für unseren Prozess der Zusammenarbeit auf Betriebsversammlungen? Für Betriebsrat und Unternehmensleitung gleichermaßen? Sehr viel, denn es sind immer Menschen, die miteinander umgehen, die in einem sachlichen Prozess mit unterschiedlichen Einstellungen und einem meistens auch unterschiedlichen Wissen zu gemeinsamen Lösungen, zum Ziel kommen sollen, ohne dass einer »das Gesicht verliert«, ohne dass die Mittel zum Ziel gleichgerichtet oder -gewichtet verteilt sind!

Was bedeutet nun Einstellung? In einem Nachschlagewerk auch als Denkweise, Denkart, Mentalität, Gesinnung, Welt- oder Lebensanschauung und Ideologie umschrieben, prägt uns die Einstellung als Mensch, bestimmt unser eigenes Verhalten. Dies geschieht entweder bewusst. Das wäre das Beste, weil wir uns dann selbst am besten einschätzen könnten. Oder es geschieht unbewusst, sozusagen fremdgesteuert. Das wäre weniger gut, weil wir dann die Ursachen unseres möglichen Misserfolges in der falschen Richtung suchen würden.

Rollen, Vorurteile, Wissen
Tradition, Herkunft und unsere eigene Position bedingen ein Rollenverhalten, das wiederum geprägt davon ist, was wir darstellen wollen oder glauben, darstellen zu müssen. Auf welches Niveau glauben wir, uns begeben zu können? Oder unvoreingenommen auch die Sprache des Anderen sprechen und verstehen zu wollen. Last but not least sind es noch die Erfahrungen, die wir in den vielen Jahren unseres Lebens haben machen dürfen, die uns zu einem (unserem) Selbstverständnis geleitet haben, mit dem wir sachlich oder emotional unsere (jede) Aufgabe angehen.

Wer nicht aufgeschlossen und offen, vorurteilsfrei und zuhören könnend seinem Gegenpart gegenübertritt, der hat den Kopf nicht frei, die Nuancen zu spüren, die sein Gegenüber vermitteln möchte. Wer schon mit der Einstellung »Auch das werde ich überstehen« in ein Gespräch oder die Versammlung geht, der ist nicht frei, hat sich abgeschottet und sollte am besten nicht als Unternehmensvertreter auftreten.

Es ist aber nicht nur unsere Einstellung – auch wenn sie die entscheidende Triebfeder jeden Handelns ist – die allein unser Verhalten prägt. Das Wissen gehört unzweifelhaft dazu. Und Wissen bedeutet nicht nur Kenntnisse/Erfahrung/Können, sondern auch deren Anwendung, die Bereitschaft, davon Gebrauch zu machen. Gebrauch machen heißt auch vermitteln können, darstellen, glaubwürdig dem anderen mitteilen, nicht oberlehrerhaft, sondern souverän, verständlich. Herrschaftswissen ist sicher gut, aber ist es auch nützlich für das Gesamte?

Wirkung
Wer Sicherheit ausstrahlt, kann überzeugen, kommt an, dem wird das abgenommen, was er sagt, auch wenn es vielleicht nicht so ganz in die Politik oder zur eigenen Meinung passt. Wer Unsicherheit erkennen lässt (oder durch allzu forsches Auftreten versucht, die Unsicherheit zu verbergen) der wird weniger überzeugend und auch weniger erfolgreich sein. Sicherheit durch Kenntnisse kann jeder erlangen, eben durch gute Vorbereitung. Daran dürfte es am wenigsten mangeln – wäre da nicht die Einstellung.

Wenn nun Einstellung und Wissen das Verhalten prägen, dann kann dieses Verhalten, das der »Andere« spürt – nach Einstellung oder Wissen ausgeprägt – partnerschaftlich, konstruktiv, aber auch überheblich wirken. Souveränität und Zielsetzungskonformität sollte man zwar immer unterstellen, wäre da nicht wieder die Einstellung.

Drohungen sind immer schlecht, weil sie dem Gegenpart Gefahr signalisieren, und das führt immer zur Abwehrhaltung, zur Suche nach der Entschuldigung, also weg von der Lösung. Ganz schlimm ist es, wenn die Fernlenkung als Ausdruck fremdbestimmten Verhaltens beherrschend ist, denn dann fehlt es an der Verantwortlichkeit. Wer sich hinter andern verstecken will oder muss, der hat sich entweder nicht richtig vorbereitet oder ist kein verantwortungsvoller Gesprächspartner. Solche Partner sind die am wenigsten effizienten, egal von welcher Seite man es betrachtet.

Erfolgsfaktoren
Einstellung und Wissen prägen das Verhalten und damit letztlich die ge-

genseitige Akzeptanz oder Ablehnung, sind also die Kernfaktoren zum Erfolg. Nicht nur auf der Betriebsversammlung, natürlich auch im beruflichen und privaten Leben. Eigentlich ist uns allen dieser Zusammenhang geläufig. Handeln wir aber immer danach, haben wir unsere Einstellung schon einmal kritisch durchleuchtet? Vielleicht ist darin ein Kernpunkt des Misserfolgs bei uns oder bei dem Partner zu erkennen. Wenn ja, dann ist eigentlich der Weg in bessere Zeiten vorgezeichnet, so wir – und damit meine ich beide Seiten, alle Partner, die miteinander umgehen – bereit sind, uns zu verändern. Und trotz aller konträren Zielsetzungen wird es uns dann mehr denn je gelingen, Unvereinbares vereinbar zu gestalten.

Tipps für die Praxis

Jeder Vorbereitungsprozess ist sicher individuell und unterschiedlich, je nach Person und Situation im Unternehmen. Die nachfolgenden zehn Thesen sollen dazu dienen, Sie bei Ihrem Vorbereitungsprozess zu unterstützen und vielleicht auch mehr Verständnis zu schaffen.

These 1:
Je konstruktiver die tägliche Arbeit, desto konfliktfreier die Betriebsversammlung!
Fast ein Selbstgänger, denn wer die wenigen großen und vielen kleinen Probleme im Vorfeld behandelt, vielleicht sogar schon ausräumen kann, der zeigt nicht nur den (häufig bekundeten) Willen zur Zusammenarbeit und zum konstruktiven Miteinander, er beweist ihn auch. Und Beweise sind immer die bessere Alternative.

Was eignet sich besser als das vom Betriebsverfassungsgesetz vorgesehene Monatsgespräch? Und natürlich auch das Gespräch ohne eigentlichen Grund zu jeder Zeit! Der Vorteil liegt auf der Hand, Konflikte werden so nicht auf das Forum der Arbeitnehmer verlagert und dort emotionalisiert, vielleicht sogar dramatisiert, sondern sind normaler Gegenstand des Berichtes über die geleistete Arbeit und spiegeln damit den täglichen Umgang miteinander wider.

These 2:
Die nächste Betriebsversammlung beginnt mit dem Ende der letzten Betriebsversammlung!
Nach einer Versammlung sind die Eindrücke von den Beiträgen bei Arbeitnehmern, Belegschaftsvertreten und Gewerkschaften noch frisch im Gedächtnis. Sie Revue passieren zu lassen und zu sortieren nach wichtig oder besonders wichtig, nach Trends und Entwicklungen, trägt viel dazu bei, seine eigenen Schritte konstruktiv zu überdenken, Ziele zu überprüfen, zu variieren oder Themen aktiv selbst aufzugreifen:
- Was war unbeantwortet geblieben?
- Was muss nachgearbeitet werden?
- Welche Anregungen sind zu verfolgen?
- Welche Themen könnten/müssten für die nächste Betriebsversammlung vorbereitet werden?

Wenn eine Betriebsversammlung nicht nur ein Hören und Entgegennehmen von Reden und Belanglosigkeiten oder der routinemäßige Beschimpfungsprozess ist, sondern ein Dialog der Belegschaft mit den Betriebsräten und Arbeitgebervertretern (vielleicht sogar unter Einbeziehung der Unternehmensvertreter?), dann ergeben sich die Punkte von selbst.

These 3:
Immer selbst initiativ werden!
Information ist Bringschuld
Es sind doch die Arbeitnehmer des Betriebs, nicht die des Betriebsrates. Wer das Heft des Handelns aus der Hand gibt, kann immer nur reagieren, ist zunächst einmal in der Erklärer- oder Begründerrolle. Informationen sind nicht nur eine Holschuld, Informationen sind, aktiv gestaltet, immer eine Bringschuld. Wer informiert, der kann sicher sein, dass die damit verbundene Absicht auch transportiert wird, wer nicht informiert, der muss damit leben, dass seine Gedanken und Vorstellungen von anderen nicht nachvollzogen werden können und damit den Betriebsablauf nur negativ beeinträchtigen. Auch nicht immer positive Informationen sind besser als zu schweigen und damit Gerüchte entstehen zu lassen. Der Mitarbeiter ist in der Regel »verständiger« als man glaubt – er will nur die Gründe nachvollziehen können.

These 4:
Gute Vorbereitung ist die halbe Miete!
Wer sich auf eine Rede oder eine Präsentation vorbereitet, der durchdenkt die Thematik von allen Seiten. Er beschäftigt sich mit den Problemfeldern, strukturiert und argumentiert, legt sich die besten Worte zurecht – stellt den Nutzen oder Vorteil heraus, verschweigt auch nicht die Hürden – kurz und gut, er beweist Kompetenz. Warum soll das nicht auch für eine Betriebsversammlung gelten? Deshalb ist es richtig, immer neben den aktuellen Themen des Betriebsrates auch eigene Punkte, Themen und Informationen einzubringen, quasi als dauerhaften Punkt der Tagesordnung zu etablieren.

Gedanken, die vor einer Betriebsversammlung aufgearbeitet werden sollten, sind z. B.
- was auf der letzten Betriebsversammlung thematisiert wurde,
- welche Themen in der Zwischenzeit abgearbeitet wurden, neu hinzugekommen sind, welchen Entscheidungsstand sie haben,
- welche Gerüchte aufgekommen sind,
- welche zukunftsgerichtete Veränderungen man selber plant, was davon schon einmal in Ansätzen vorbereitend eingebracht werden kann (nicht ohne vorher mit dem Betriebsrat darüber gesprochen zu haben, denn Überraschungen dieser Art liebt er bestimmt genauso wenig wie Sie!),
- zu welchen Punkten man Meinungsbildung erkennen will,
- was sozial-, tarif- oder wirtschaftspolitisch außerhalb des Betriebes aktuell ist, mit welchen Folgen für die Belegschaft oder das Unternehmen selbst,
- welche Informationen man zu allgemeinen sozialpolitischen Veränderungen geben kann,
- wo Ansätze zur Wissensvermittlung sind.

These 5:
Alle Punkte der Tagesordnung vorher mit dem Betriebsrat erörtern, über die eigenen Themen informieren!

Natürlich sind Überraschungen das »Salz in der Suppe«, aber zu viele Überraschungen können die Suppe auch ganz schön versalzen! Also offen und informativ miteinander umgehen, dies auch vom Betriebsrat fordern. Diese Forderung wird immer dann auf fruchtbaren Boden treffen, wenn sie nicht nur einseitig gelebt wird. Zunächst selbst vorangehen, der Rest kommt von alleine. Nicht immer wird ein Betriebsrat »die Katze voll aus dem Sack lassen«, weil auch er von der Darstellung gegenüber »seinen« Mitarbeitern lebt, sich nur auf einer solchen Veranstaltung vor der gesamten Belegschaft das Mandat bestätigen lassen kann. Das sollte man immer im Auge behalten. Aber die große Linie wird er bestimmt nennen, wenn das Vertrauen ungetrübt ist, und das ist meistens schon ausreichend, um die Trends seiner Aussagen zu erkennen und sich gut darauf vorbereiten zu können.

Es gibt auch keine Überraschungen mehr, wenn man seine eigenen Themen, über die man informieren möchte, nennt – einmal weil der Betriebsrat sich dann auch vorbereiten kann und selbst nicht überrascht wird, eventuell emotional reagiert und zum anderen, weil dadurch ein beiderseitiges Vertrauensverhältnis nur unterstützt wird.

These 6:
Betriebsversammlungen aktiv als Kommunikationsforum mit der Belegschaft nutzen!
Einseitige Information ist nie problemaufklärend und damit problemlösend. Als Unternehmer ist die Verpflichtung zur Information ein Führungsgrundsatz überhaupt. Warum dieses anerkannte Führungsinstrument nur im Führungsprozess zwischen Führungskraft und Mitarbeiter einsetzen? Ist eine Betriebsversammlung nicht auch eine besondere Form des Führungsprozesses? So gesehen müsste neben der mündlichen Einzelinformation, den vielfältigen schriftlichen Informationen, den häufig institutionalisierten Informationskreisen wie »Runder Tisch« oder »Schwarzes Brett« doch auch eine Betriebsversammlung das richtige Gremium sein, um wichtige arbeitsplatzbezogene oder allgemeingültige Informationen auszutauschen!

Natürlich darf die eigene Aktivität nicht dazu führen, dass die Betriebsversammlung zum Unternehmerforum umgewandelt wird. Es muss und soll immer das Gremium für den Betriebsrat mit der Belegschaft bleiben. Aber der Spielraum ist doch groß genug und das Argument, dass dadurch nur die Betriebsversammlung verlängert würde, sollte dann keine Bedeutung mehr haben, wenn damit die Ziele einer offensiveren Informationspolitik positiv verfolgt werden können. Und: Wer sagt, dass ohne die eigenen Informationen die Versammlung wirklich kürzer gewesen wäre? Wenn Meinungen unwidersprochen im Raume stehen geblieben sind und damit einen anderen Eindruck hinterlassen als beabsichtigt oder aus Sicht des Unternehmers nicht oder so nicht als richtig erkannt werden? Meinungen, die einmal gefasst sind, zu korrigieren ist immer schwer, überzeugen kann man am besten sofort und nicht hinterher.

These 7:
Sich selbst nicht emotionalisieren lassen! Sachlich bleiben
Souveränität beweist den Souverän. Emotionen sind vielleicht manchmal ganz gut, aber nicht immer bedacht. Gefühle kann man schon zeigen, aber nur, wenn man sich im Griff hat. Sachlichkeit und überlegtes Handeln zeichnen die wirkliche Führungskraft aus. Wer sich nicht zur Unsachlichkeit provozieren oder hinreißen lässt, sammelt auch beim größten Gegner immer die meisten Punkte!

These 8:
Immer einen klaren und begründeten Standpunkt vertreten!
Nicht drum herumreden, nichts verschweigen, sachlich bleiben, auf Fragen auch konkret antworten, Stellung beziehen. Wenn Sie dies im Einzelfall nicht können, dann muss auch gesagt werden, wenn Entscheidungen noch nicht reif sind zur Veröffentlichung; dann sollte man auch das nicht »verlügen«, sondern die Antwort auf einen späteren Zeitpunkt verschieben. Damit ist wohl einer der schwierigsten Punkte überhaupt angesprochen. Leider gibt es dazu kein Patentrezept. Wie viele Entscheidungen sind am Horizont sichtbar, aber noch im Stadium der Vorüberlegungen, nicht spruchreif, in der Konsequenz noch nicht beleuchtet, eben nicht berichtenswert. Es ist besser, nicht mit Halbwissen oder Halbwahrheiten zu operieren, sondern dann die Antwort zu verlagern. Eine Information auf der Betriebsversammlung, die mehr Verwirrung denn Aufklärung beinhaltet, mehr Unsicherheit denn Sicherheit hervorruft, bedeutet nichts anderes, als das Gegenteil zu erreichen. Die Verantwortung auf andere zu schieben – auch diese Methode sollte man nie anwenden. Es sei denn, es betrifft wirklich nicht den eigenen Führungs- oder Verantwortungsbereich. Denken Sie immer daran: Sie sind es, der von der Belegschaft als kompetent angesehen wird und sicherlich auch werden will!

These 9:
Nach jeder Betriebsversammlung immer ein »Feedback-Gespräch« mit dem Betriebsrat/den Gewerkschaftsvertretern führen!
Eine Betriebsversammlung ist nicht mit dem Schluss der Veranstaltung selbst zu Ende. Meines Erachtens erst dann, wenn bei einer guten Tasse Tee oder Kaffee noch einmal mit den Beteiligten zusammen die wichtigsten Essentials erörtert und hinterfragt sind. Punkte, die zu bemängeln waren, können bewusst eingebracht werden, ohne dass Rechtfertigungsüberlegungen vor der Belegschaft zwangsläufig mit einer Störung des Klimas begleitet sind. Gleichwohl sollte man Unverschämtheiten aber sofort angemessen korrigieren. Im übrigen wird oft wieder die Sachlichkeit groß geschrieben, wenn das Publikum fehlt.

These 10:
Zusagen erfüllen und Glaubwürdigkeit beweisen!
Wer Zusagen macht, der muß sie auch einhalten, um seine Glaubwürdigkeit eindeutig unter Beweis zu stellen. Vertrösten, dann nicht reagieren: Vergessen ist immer die

schlechteste Methode. Glaubwürdigkeit verhilft zur Akzeptanz – und es gibt sicher auch einmal Zeiten, in denen Glaubwürdigkeit für Sie selbst Berge versetzen kann, weil man Ihnen vertraut!

Themen vermitteln

Welche Themen sollen denn nun arbeitgeberseits eingebracht werden, wie und in welcher Form dargestellt und von wem präsentiert werden? Ansprechpartner des Betriebrats ist immer der für Personal zuständige Verantwortliche in der Unternehmensführung. Assistenz von seinen Fachleuten kann er erwarten, aber präsentieren sollte er immer selbst.

Auch für Auswahl und Darstellung selbst gibt es einige Grundsätze, die beachtenswert erscheinen, allerdings kommt es immer besonders darauf an, wie das Klima untereinander ist, die bisherige Informationspolitik gestaltet war und welche besonderen Ziele aus aktueller Sicht dargestellt werden müssen. Deshalb verstehen Sie die Punkte bitte als Anregung aus der Praxis.

- *Auswirkungen auf Betrieb verdeutlichen*
  Das bedeutet nicht anderes, als Bedeutung und Wirkung aller Maßnahmen, egal ob sie ihren Ursprung in der betrieblichen Sphäre oder außerhalb des Betriebs hatten oder haben, betriebsbezogen in der Auswirkung oder Gestaltung, in der Bedeutung für die Arbeitnehmer und die Arbeitsplätze selbst darzustellen. Dies gilt auch für alle Themen, die von außen, z.B. bei Konzernen, in das Unternehmen selbst hineinwirken oder hineingetragen werden, wenn die Information oder Entscheidung direkte Auswirkungen auf die Belegschaft und damit den Betrieb hat.
- *Informationsgehalt für die Mitarbeiter?*
  Aktualität und Zeitnähe, aber auch Perspektiven für die überschaubare Zukunft gehören dazu, nie über das reden, was jeder schon mehrmals gehört hat, und nie etwas sagen, was der Betriebsrat noch nicht weiß! Sind es wirklich neue Informationen, dann das Vorbereitungsgespräch nutzen. Sich auch zusätzlich zu Wort melden, wenn Sie glauben, dass damit eine wichtige Ergänzung der Information oder Richtigstellung/Verdeutlichung erfolgt, ist selbstverständlich.
- *Kurz, knapp und verständlich sein!*
  Besserwisserei ist immer schlecht, Korrekturen des Vorredners nur dann, wenn sie sachlich erforderlich sind. Nie Kleinigkeiten korrigieren, das interessiert niemanden, würde eher für Sie ins Negative laufen. Denken Sie immer daran, nicht jeder kennt das Thema so gut wie Sie, kann das Verständnis für die Zusammenhänge haben und die damit einhergehenden Auswirkungen auf den ersten Blick erfassen.
- *Zahlenfriedhöfe vermeiden, Schaubilder und Beispiele zeigen*
  Nichts ist so ermüdend wie eine lange Liste von Zahlen und Fachbegriffen. Mit Beispielen untermauert, aufklärend, nicht belehrend, das ist gefragt, wenn man wirklich informieren will und nicht erschlagen. Die Zeit ist zu kostbar, um sie zu verschwenden, sie ungenutzt und nicht mit dem Umsetzungsgehalt versehen zu verbringen.
- *Tagesordnung: nach Betriebsrat und Gewerkschaften reden*
  Erstens ist es die Veranstaltung des Betriebsrates und der Belegschaft und zweitens können Sie bei einer solchen Regie unmittelbar auf das vorher Gesagte, so es erforderlich sein sollte, eingehen. Das ständige Hin- und Herlaufen zu jedem einzelnen Beitrag kann auch dazu führen, sich vorgeführt zu fühlen. Anders haben Sie Gelegenheit, auf alles, was für sie wichtig ist, einzugehen.
- *Nichts vergessen!*
  Klingt ziemlich trivial, aber es gibt einige Standardpunkte, die, werden sie vergessen, eher nachteilige Folgen haben können:
  Den Dank für die Zusammenarbeit oder für besondere Ergebnisse in der vergangenen Periode aussprechen, und zwar sowohl der Belegschaft, Teilen der Belegschaft als auch dem Betriebsrat selbst, Perspektiven für die nächste (überschaubare) Zeit aufzeigen nach dem Motto: Wo stehen wir, wo müssen wir hin, welchen Weg haben wir deshalb noch vor uns, alle Fragen von der letzten Veranstaltung beantworten, auch wenn Sie sie dem Betriebsrat gegenüber schon beantwortet haben. Es ist Ihre Antwort auf die Fragen der Belegschaft, Ihr Adressat ist die Belegschaft. Hat der Betriebsrat sie schon (in Ihrem Sinne) beantwortet, dann kurz darauf verweisen!

Themen

Die nachstehenden Themen stellen nur eine kleine Auswahl und Anregung dar. Grundsätzlich kann über alles, was wichtig ist oder wichtig erscheint, gesprochen werden. Die Auswahl grenzt sich letztlich dadurch von selbst ein, wenn mehr Zeit damit verschwendet als Nutzen erzielt wird.

- *Die Entwicklung der Geschäftstätigkeit*
  Nicht nur Zahlen, sondern lebendige Erläuterungen, Zeitreihenvergleiche und die Auswirkungen. Bedeutung von Kennziffern und ihre Ableitungen, was war das Ziel, wo sind wir, was muss noch geschehen. Wie begründen sich die Ergebnisse.
  Personalveränderungen von allgemeinem Interesse, Jubiläen, besondere Leistungen, auch außerhalb des Betriebs für die Gemeinschaft etc.
  Sozialpolitische, wirtschaftspolitische und tarifpolitische Vorhaben hinsichtlich der Auswirkungen auf den Betrieb und die Belegschaft.
- *Besondere Vorhaben*
  Investitionen, Verfahren etc., die die Geschäftstätigkeit maßgeblich unterstützen, die Konkurrenzsituation verändern.
  Rationalisierungsmaßnahmen.
  Organisatorische Veränderungen im Betrieb (nicht nach, sondern vor der Umsetzung!), Arbeitsabläufe, Zuständigkeiten etc., Veränderungen in den Arbeitsbedingungen, z.B. Umweltfragen oder Unfallsituation.
  Neue Systeme wie z.B. Arbeitzeitfragen, Entgeltfragen etc.
  Kurz gesagt, alles das, was kurz-, mittel- oder langfristig auf die Arbeitsverhältnisse Einfluss hat.

- *Besondere Vorkommnisse*
  Aktuelle Themen/Probleme des täglichen Alltags.
  Fragen der Zusammenarbeit.
  Besonders positives oder besonders negatives Verhalten (ohne Namensnennung natürlich).
  Also alles das, was aufklärend oder richtungsweisend angesprochen werden soll oder muss, um ein Verhalten oder eine Leistung zu verändern, auf Verbesserung hinzuwirken oder an die Solidarität zu appellieren.
- *Was sonst noch interessant sein kann*
  Aktuelle bzw. zukünftige Veränderungen steuerlicher oder sozialversicherungsrechtlicher Art. Tipps zu besonderen Terminen oder Themen des allgemeinen Lebens.

Fehler – und ihre Folgen!

Wo Menschen zusammenarbeiten, gibt es Reibungen, wo unterschiedliche Gedanken und Meinungen zusammenprallen, gibt es Probleme, aber es muss sie nicht geben! Eine kleine Auswahl von Fettnäpfchen oder Fallgruben soll Ihnen abschließend aufzeigen, was Sie besser vermeiden sollten:
- Keine partnerschaftliche Zusammenarbeit mit dem Betriebsrat zu pflegen.
- Eine Betriebsversammlung nicht sorgfältig genug vorzubereiten.
- Sich auf der Betriebsversammlung zu verstecken.
- Sich provozieren zu lassen und immer wieder zu vertrösten.
- Zusagen in der Betriebsversammlung direkt an die Belegschaft zu machen.

Betriebsversammlungen aktiv zu nutzen, heißt Chancen wahrzunehmen, seine eigenen betrieblichen Interessen, Vorstellungen und Meinungen der Belegschaft vermitteln zu können, gemeinsam mit dem Betriebsrat die Zusammenarbeit zu pflegen, die das Gesetz als Vorgabe in seinem Eingangsparagraphen gesetzt hat und die immer erfolgreicher ist, als wenn Sie im Dauerkonflikt die »Grenzen des Betriebsverfassungsgesetzes juristisch neu abstecken wollen«. Kosten entstehen sowieso, warum sie nicht auch im eigenen, im unternehmerischen Interesse besser nutzen!

Forum II
Diskussion aktueller Rechtsprobleme

Inhaltsübersicht

1 Die Auswirkungen von Basel II auf den Personalbereich mittelständischer Unternehmen
2 Rechtsprechungsreport

1 **Die Auswirkungen von BASEL II auf den Personalbereich mittelständischer Unternehmen** 455
Rating-Begriff 455
Rating-Kultur für mittelständische Unternehmen 455
Rating-Agenturen werten Informationen aus 455
Basler Ausschuss für Bankenaufsicht 456
Internationale Neuregelung ab 2005 456
Was ist zu erwarten? 457
Idealtypisches Rating 457
Unternehmensspezifische Risiken und Risiken des Personalmanagements 458

2 **Rechtsprechungsreport** 459
Verhaltensbedingte Kündigung nach zahlreichen Abmahnungen BAG, 15.1.2001 – 2 AZR 609/00. 459

Rückzahlung eines Gebührendarlehens für das Studium an einer Berufsakademie BAG, 25.4.2001 – 5 AZR 509/99 –, EzA § 5 BBiG Nr. 8. 460

Abgrenzung zwischen regelmäßiger Arbeitszeit und Überstunden bei der Entgeltfortzahlung im Krankheitsfall BAG, 21.11.2001 – 5 AZR 296/00 –, EzA § 4 EntgeltfortzG Nr. 4. 461

Kein Anspruch auf Schlussformel im Arbeitszeugnis BAG, 20.2.2001 – 9 AZR 44/00 –, EzA § 630 BGB Nr. 23. 462

Verweisung auf den einschlägigen Tarifvertrag im Arbeitsvertrag und Verbandsaustritt des Arbeitgebers BAG, 26.9.2001 – 4 AZR 544/00 –, EzA § 3 TVG Bezugnahme auf Tarifvertrag Nr. 19. 462

Verweisung auf den einschlägigen Tarifvertrag im Arbeitsvertrag und Betriebsübergang BAG, 20.6.2001 – 4 AZR 295/00 –, EzA § 613 a BGB Nr 203. 464

Betriebsvereinbarung als ablösende Regelung bei Betriebsübergang BAG, 1.8.2001 – 4 AZR 82/00 –, EzA § 613 a BGB Nr. 199. 465

Verwirkung der Erstattung zuviel gezahlten Arbeitsentgelts BAG, 25.4.2001 – 5 AZR 497/99; EzA § 242 BGB Verwirkung Nr. 1. 466

Kündigungsschutz in Kleinbetrieben BAG, 21.2.2001 – 2 AZR 15/00 –, EzA § 242 BGB Kündigung Nr. 1. 467

Tariflohnerhöhung auf Grund betrieblicher Übung BAG, 16.1.2002 – 5 AZR 715/00 –, EzA § 4 Tariflohnerhöhung Nr. 37. 468

1 Die Auswirkungen von BASEL II auf den Personalbereich mittelständischer Unternehmen

Die zukünftige Bedeutung des Ratings für das Kreditgeschäft der Banken und dessen Auswirkungen auf die Kreditvergabe an den Mittelstand hat vor dem Hintergrund des vorgeschlagenen neuen Eigenkapitalstandards (Basel II) eine verwirrende Relevanz erhalten. Dabei werden mögliche sich ergebende Chancen und Problemfelder von Unternehmen aufgrund von Basel II diskutiert, also auch auf das Rating-Kriterium »Management« bzw. die Auswirkungen auf den Personalbereich, ohne genau zu wissen, inwiefern tatsächlich hier bereits Handlungsbedarf besteht.

Nach Due Diligence, dem KonTraG von 1997 mit seinen Auswirkungen auf das flexible Entgeltmanagement sowie der Balanced Scorecard im Sinne eines Shareholder Value Ansatzes sehen sich Personaler nun mit einer weiteren Welle der Quantifizierung der Personalarbeit konfrontiert. Banken und Rating-Agenturen nehmen nämlich für sich in Anspruch, bei der Bewertung von Unternehmen in Zukunft bei der Kreditvergabe in erheblich stärkerem Maße auf bisher vermeintlich »qualitative Kriterien« (wie Innovationsfähigkeit, Management) im Zusammenhang mit der Jahresabschlussanalyse zu setzen, die in Analysegesprächen abgeprüft werden. Hierzu gehören beispielsweise auch die Führung, die Führungsinstrumente und damit auch das Personalmanagement zumindest bei forschungs- und technologieorientierten Unternehmen, sofern sich diese als Engpassfaktoren herausstellen sollten. Es wird aber auch überprüft, inwiefern der hohen Bedarf an Fach- und Führungskräften in den unterschiedlichen operativen Bereichen durch mittelständische Unternehmen gedeckt werden kann, um ihnen ein unproblematisches Wachstum zu ermöglichen.

Rating-Begriff

Der derzeit so intensiv gebrauchte Begriff »Rating« kommt ursprünglich aus dem anglo-amerikanischen Sprachgebrauch und steht dort allgemein für Einschätzung. Er hat sich inzwischen auch im deutschen Sprachraum etabliert und bedeutet zunächst allgemein eine Beurteilung durch Vergabe von Zensuren. Dabei steht der Begriff Rating für eine allgemeine Leistungsbeurteilung und kann eine Vielzahl unterschiedlichster Beurteilungsverfahren und Beurteilungsobjekte umfassen. In der Praxis wird der Begriff Rating synonym sowohl für den Prozess als auch das Ergebnis der Bewertung verwendet.

Rating-Kultur für mittelständische Unternehmen

Die heutigen Finanz- und Kapitalmärkte sind durch eine fortschreitende Liberalisierung und Deregulierung charakterisiert. Unter dem weltweiten Konkurrenzdruck gleichen sich die nationalen Kapitalmarktvorschriften internationalen Standards an. Beispielsweise wurde 1985 das Emissionsmonopol deutscher Banken aufgehoben und Floating Rate Notes, Zerobonds und Doppelwährungsanleihen zugelassen; Japan ließ den Yen als Währung für Euroanleihen und Eurokredite zu. Die zunehmende Privatisierung von staatseigenen Betrieben in den Neuen Bundesländern, aber auch in Osteuropa, sowie die EU mit dem Euro als gemeinsamer Währung trugen zu einem Wachstum des Gesamtvolumens und damit zu einer verbesserten Marktattraktivität bei. Im Gegenzug wird damit jedoch das Kreditrisiko auf private Investoren übertragen. Es nahm aber auch die Anzahl der Unternehmen zu, die aufgrund ihrer Größe und Bonität direkt am Kapitalmarkt auftreten.

Nicht zuletzt ist es der Globalisierung und Verbesserung der Informationstechnologie zu verdanken, dass die nationalen Märkte immer weiter zusammenwachsen, die Informationen schnell und in großer Menge ausgetauscht werden und somit einen Handel mit Finanzinstrumenten weltweit und rund um die Uhr ermöglichen.

Mittlere Unternehmen, die auf dem Wachstumspfad sind, benötigen immer mehr Beteiligungskapital, Fremdkapital sowie Mischformen aus Eigen- und Fremdkapital. Dabei kommen Überlegungen auf, wie immer mehr Venture Capital zu gewinnen ist oder wie über die Verbriefung ihrer Forderungen (Asset Backed Securities) und mezzaninen Kapitals (z.B. Nullkupon-Anleihe, Wandelanleihe, Optionsanleihen etc.), mittels Kapitalerhöhungen in Verbindung mit dem Gang an die Börse mehr Kapital aufzubringen ist. Hierfür benötigen Mittelständler die unterschiedlichsten Kapitalnachfrager/Investoren, die nur gerateten Unternehmen positiv gegenüberstehen, weil sonst im zunehmenden Maße Risiken für sie entstehen, die nicht handhabbar sind. Diese Risiken für Investoren resultieren z.B. aus der Unkenntnis nationaler Besonderheiten, unterschiedlicher Kulturkreise, mangelnder Informationsbasis über einzelne Emittenten, also unbekannte mittlere Unternehmen, und nicht zuletzt aus Sprachbarrieren.

Rating-Agenturen werten Informationen aus

Angesichts der Wandlungsgeschwindigkeit und zunehmenden Komplexität der Märkte kommt dabei der Informationsbeschaffung und -auswertung eine zentrale Rolle bei Investitions- und Finanzierungsentscheidungen zu. Die von (internationalen) Rating-Agenturen erstellten unabhängigen Bonitätsbewertungen leisten einen wichtigen Beitrag bei der Sammlung und Auswertung der verfügbaren Informationen und führen somit insgesamt zum Abbau von Informationsdefiziten bei Kreditgebern und Investoren. So verdichten Rating-Einschätzungen eine Vielzahl von Informationen über die Kreditwürdigkeit der Schuldner, d.h. der mittleren Unternehmen. Das Unternehmen oder nur die verbrieften Forderungen oder die Anleihen des Unternehmens können in einer Kernaussage ausgedrückt werden, d.h. in Form einer an den internationalen Finanz- und Kapitalmärkten etablierten Rating-Note z.B. BBB+.

Den gleichen Informationsstand zu erreichen wie die Rating-Agenturen und analytische Fähigkeiten vorausgesetzt, wäre durch eine von den Investoren selbst durchgeführte Auswertung des Informationsangebotes zwar möglich, jedoch wäre dies mit erheblichem Zeit- und Arbeitsaufwand (Kosten) verbunden. Insofern kommt dem Rating auch eine Bedeutung zur Reduzierung des Beschaffungs- und Auswertungsaufwandes der Investoren zu.

Letztendlich erleichtern Rating-Einschätzungen die Bewertbarkeit von unbekannten Risikoadressen durch die Investoren und ermöglichen dadurch dem Emittenten die Erschließung bislang nicht zugänglicher Märkte. Dabei bestimmt die Rating-Einschätzung Konditionen und Akzeptanz einer Emission und dies nicht nur auf dem Emissionsmarkt, sondern auch auf dem Sekundärmarkt für Unternehmensanleihen bzw. bis zum Unternehmensverkauf. Rating-Einschätzungen schaffen Transparenz und Vergleichbarkeit von Finanztiteln bezüglich ihres Risikogrades und einer adäquaten Risikoabgeltung in einer bonitätsorientierten Rendite nach Maßgabe des Ratings. Darüber hinaus hat das Rating als »internes Rating« für Banken große Bedeutung bei der gezielten Rendite- und Risikosteuerung, beispielsweise im Rahmen moderner Portfolioansätze.

Basler Ausschuss für Bankenaufsicht

Der Basler Ausschuss für Bankenaufsicht wurde Ende 1974 durch die Präsidenten der Zentralbanken der wichtigsten Industrieländer gegründet. Mitglieder des Ausschusses sind die Zentralbankpräsidenten der Mitgliedstaaten und – sofern die nationale Bankenaufsicht nicht in den Zentralbanken angesiedelt ist – die Chefs der nationalen Bankenaufsichtsinstanzen. Die Mitgliedsstaaten sind im einzelnen Belgien, Deutschland, Frankreich, Italien, Japan, Kanada, Luxemburg, Niederlande, Schweden, Schweiz, Spanien (seit 01.02.2001), USA und Großbritannien. Deutschland ist in diesem Ausschuss durch den Präsidenten der Deutschen Bundesbank und den Präsidenten des Bundesaufsichtsamtes für das Kreditwesen vertreten.

Der Ausschuss verbindet mit seiner Arbeit drei grundlegende Ziele:
- Austausch von Informationen über nationale Bankaufsichtsregelungen,
- Verbesserung der Techniken der Internationalen Bankenaufsicht sowie
- Einrichtung von Mindeststandards für die Bankenaufsicht.

Der Basler Ausschuss für Bankenaufsicht hat im Juli 1988 seine erste Eigenkapitalvereinbarung (Basel I) veröffentlicht, die bis Ende 1992 erstmals umgesetzt wurde. Wesentlicher Inhalt von Basel I sind u.a. die Festlegung einer Mindesteigenkapitalquote von acht Prozent im Verhältnis zu den risikogewichteten Aktiva, d.h. beispielsweise bei der Kreditvergabe an mittelständischen Unternehmen, sowie die Eigenkapitaldefinition.

Hier setzt auch die Kritik an Basel I an und führt nach Basel II. So sind bei einem Risikogewichtungsfaktor von 100 Prozent Forderungen gegen private Nichtbanken als Kreditnehmer, unabhängig von der Bonität des Kreditnehmers, mit acht Prozent Eigenkapital zu unterlegen. Dies bedeutet, dass mittelständische Unternehmen zwar nach einem internen Schema bewertet werden, dies jedoch keinen Einfluss auf die Höhe der Eigenkapitalunterlegungspflicht des Kreditinstituts hat und die Risikokosten des Kredites unabhängig von der Bonität für alle Unternehmen gleich sind. Dies führt letztendlich dazu, dass Kreditnehmer guter Bonität Kreditnehmer schlechter Bonität subventionieren. Hinsichtlich der gesamten Kreditkosten findet eine Differenzierung bisher lediglich über die unterschiedliche Stellung von Sicherheiten seitens der Unternehmung statt.

Internationale Neuregelung ab 2005

Mit der Überarbeitung der Eigenkapitalvereinbarung von 1988 wird u.a. der Weiterentwicklung an den Kapitalmärkten sowie der sich in den letzten Jahren vollzogenen Weiterentwicklung der Risikomess- und -managementsysteme der Banken, die eine bessere risikoadäquatere Eigenkapitalmittelunterlegung ermöglichen, Rechnung getragen. Durch die Entwicklung einer risikogerechteren Regelung mit mehreren Möglichkeiten zur Messung von Kreditrisiken und operationalen Risiken ist die neue Eigenkapitalvereinbarung komplexer und umfassender als in Basel I.

> Die Standardkosten werden demnächst folgendermaßen berechnet:
>
> Ausfallwahrscheinlichkeit (entsprechend dem gerateten Risikotyp)
>
> x
>
> erwartete Inanspruchnahme (nach Kreditart in Euro)
>
> x
>
> erwartete Verlustquote (definiert nach erhaltenen Sicherheiten)

Abhängig von der Komplexität, dem Risikoprofil sowie dem Know-how einer Bank als auch in Abhängigkeit von der aufsichtsrechtlichen Überprüfung kann jede Bank aus den verschiedenen Möglichkeiten zur Risikomessung auswählen und das für sich effizienteste Verfahren einsetzen. Banken, die darüber hinaus eine strengere und präzisere Risikomessung bevorzugen, werden im Rahmen der neuen Eigenkapitalvereinbarung (Basel II) durch geringere Mindestkapitalunterlegungspflichten (20%, 50 %, 100% aber auch 150 %) gezielt belohnt. Die Höhe des aufsichtsrechtlich gebundenen Eigenkapitals wirkt – in Verbindung mit einer angestrebten Eigenkapitalverzinsung der Bank – direkt auf die Kreditkosten bzw. Standardkosten und bestimmt damit die Kreditkonditionen des mittelständischen Unternehmens. Ist die Bonität des mittelständischen Unternehmens sehr gut, muss das Kreditinstitut nach den neuen Unterlegungsregeln weniger Eigenkapital vorhalten, und der Kredit kann für den Kreditnehmer tendenziell günstiger werden. Ist die Bonität hingegen schlecht – und das trifft auf immer mehr mittelständische Unternehmen in Deutschland zu – ist das Risiko für die Bank höher. Höheres Risiko, z.B. die mögliche Insolvenz des Unternehmens, bedeutet zukünftig für die Banken, mehr Eigenkapital vorzuhalten, und das heißt, dass die Kredite auf Seiten der Bank und der Kunden bzw. Kreditnehmer teurer werden.

Das interne Rating einer Bank stellt die zusammengefasste Meinung einer Bank oder das externe Rating die Meinung einer Rating-Agentur über die zeitgerechte und vollständige Bezahlung von Zins- und Tilgungsverpflichtungen hinsichtlich des Fremdkapitals einer Unternehmung dar.

Zwar finden einerseits in Deutschland im Mittelstand immer noch typische Hausbankbeziehungen statt, die Banken mit exklusiven Informationen versorgen. Andererseits sind Mittelständler oft nicht in der Lage, eine umfassende, systematische Analyse und Bewertung ihrer Erfolgs- und Risikopotenziale durchzuführen. Eine angefertigte Befragung der PWC Deutsche Revision von 2001 unter mittelständischen Unternehmen ergab folgendes Bild:

- Nur 50 % der mittelständischen Unternehmen können eine Berichterstattung nach Segmenten erstellen,
- nur 50 % der Unternehmen besitzen eine aussagefähige Analyse der Ertragslage bezüglich zentraler Erfolgs- und Risikofaktoren,
- nur 50 % dokumentieren ihre Strategie plausibel
- nur 30 % verfügen über ein schriftlich fixiertes Personalkonzept und
- nur 50 % haben ihre Organisation gut dokumentiert.

Ähnlich der »Equity Story«, mit deren Hilfe Aktiengesellschaften Anleger zu begeistern suchen, bedarf es einer substanziellen, glaubwürdigen »Rating-Story«, die Banken oder Rating-Agenturen überzeugt. Für die Analysten der Bank oder Agentur kommt es darauf an, die strategischen Perspektiven sowie Denk- und Handlungsweisen der Unternehmensleitung kennen zu lernen. Die Unternehmensvision muss klar machen, dass das Management zukunftsorientiert denkt und handelt.

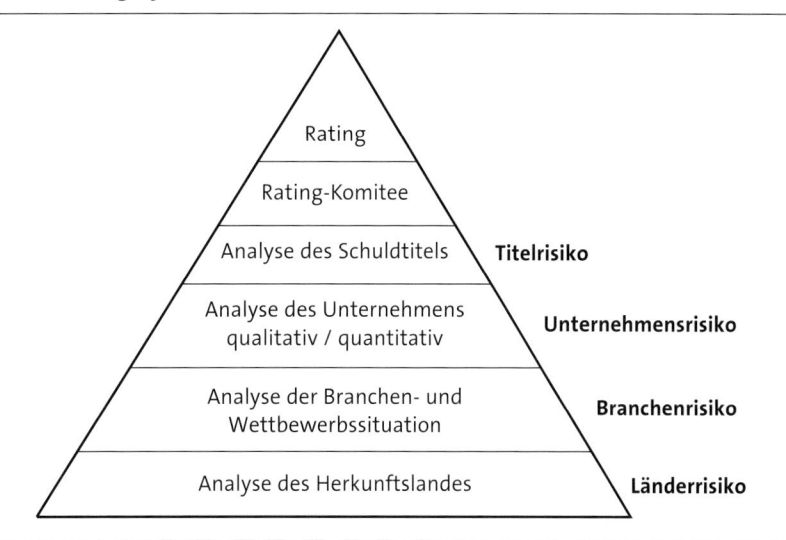

Was ist zu erwarten?

Was letztendlich genau Basel II einmal verabschiedet, ist aufgrund des zu erwartenden Konsultationspapiers III im Mai 2003 nicht voraussehbar und die Ergebnisse werden im Laufe der Zeit aus Sicht der verschiedensten Interessengruppen noch kontrovers diskutiert. Sicherlich wird man sich an dem Aussagegehalt bestehender Rating-Verfahren orientieren.

Das Rating-Verfahren ist ein Verfahren der externen Finanzanalyse mit der Besonderheit, dass es im Regelfall auf die Initiative des Emittenten im Interesse Dritter (im Allgemeinen potenzieller Kapitalmarktteilnehmer) erfolgt. Die genauen Verfahren zur Bestimmung eines Unternehmensratings stellen die Geschäftsgrundlage der Rating-Agentur dar und werden insofern weitgehend geheim gehalten. Rating-Verfahren erfolgen zudem nicht anhand einer starren Standardformel, sondern sind flexibel nach Maßgabe des Beurteilungsobjektes. Dennoch sind inzwischen grundlegende Verfahrensabläufe und wesentliche Beurteilungskriterien bekannt, so dass an dieser Stelle der allgemeine Ablauf eines idealtypischen Rating-Verfahrens vorgestellt werden kann.

Grafik Rating-Pyramide

Rating
Rating-Komitee
Analyse des Schuldtitels — **Titelrisiko**
Analyse des Unternehmens qualitativ / quantitativ — **Unternehmensrisiko**
Analyse der Branchen- und Wettbewerbssituation — **Branchenrisiko**
Analyse des Herkunftslandes — **Länderrisiko**

Idealtypisches Rating

Bei der Einschätzung der Risiken, die einem Unternehmen und dessen Finanzmarktpapieren anhaften, orientieren sich die Rating-Agenturen am »Top Down Approach«. Das bedeutet, Ausgangsbasis aller Untersuchungen ist zunächst die Betrachtung des Herkunftslandes. Hier könnten z.B. arbeitsmarktpolitische Rahmenbedingungen und Mitbestimmungsrechte bis zur Tarifpolitik aus personalpolitischer Sicht ein Thema sein, wenn dies relevant für die Rating-Story ist.

In einem weiteren Schritt werden die Risiken des Wirtschaftszweiges, dem das Unternehmen zugerechnet wird, untersucht. Hier ist bei technologie- und forschungsintensiven Branchen die Frage nach der Bedarfsdeckung mit genügend Professionals eventuell ein Problem, wie dies bei den Informatikern in der Internetbranche noch vor kurzem öffentlich diskutiert worden ist.

Anschließend wird eine Analyse der unternehmensspezifischen Risiken vorgenommen, wozu möglicherweise auch der Personalbereich und die Organisation gehören können. Dabei bestimmt die länderspezifische Risikoanalyse die Obergrenze für das gesamte Unternehmensrating. (siehe Grafik)

Die Betrachtungspunkte werden in einer auf die betroffenen Emitten-

Übersicht Bonitätsbezogene Interpretation von Ratingklassen/Ratingtypen

Standard & Poor's	Moody's	Fitch IBCA	Erläuterungen
AAA	Aaa	AAA	Höchste Bonität, geringstes Ausfallrisiko
AA+ AA AA−	Aa1 Aa2 Aa3	AA+ AA AA−	Hohe Bonität, kaum höheres Risiko
A+ A A−	A1 A2 A3	A+ A A−	Überdurchschnittliche Bonität, etwas höheres Risiko
BBB+ BBB BBB−	Baa1 Baa2 Baa3	BBB+ BBB BBB−	Mittlere Bonität, stärkere Anfälligkeit bei negativen Entwicklungen im Unternehmensumfeld
BB+ BB BB−	Ba1 Ba2 Ba3	BB+ BB BB−	Spekulativ, Zins- und Tilgungszahlungen bei negativen Entwicklungen gefährdet
B+ B B−	B1 B2 B3	B+ B B−	Geringe Bonität, relativ hohes Ausfallrisiko
CCC CC C	Caa Ca C	CCC CC C	Geringste Bonität, höchstes Ausfallrisiko
D	−	D	Schuldner bereits in Zahlungsverzug oder Konkurs

ten zugeschnittenen Art und Weise präzisiert und gewichtet. Zur Erstellung von Emissionsratings ermitteln die Agenturen anschließend auf der Basis der Unternehmenseinschätzung eine Wahrscheinlichkeit des Verzugs unter Berücksichtigung von Art und Ausstattung der Anleihe sowie Rang und Art der Sicherheiten.

Ungeachtet der Komplexität des Verfahrens und der analytischen Expertise der Rating-Agentur bleibt das gewonnene Urteil zwischen AAA, AA+ .... bis B-, CCC und D ein subjektiver Eindruck der beteiligten Analysten. So argumentiert Standard and Poor's: »Bear in mind that ratings represent an art as much as a science. A rating is, in the end, an opinion.« (Siehe die Übersicht)

Unternehmensspezifische Risiken und Risiken des Personalmanagements

Kernpunkt der Analyse des Bonitätsrisikos des Emittenten stellt jedoch die Einschätzung des spezifischen Unternehmensrisikos dar. Die Risikoeinschätzung erfolgt anhand quantitativer und qualitativer Faktoren und lässt sich analytisch in folgende Komponenten gliedern:

- Wettbewerbliche und betriebliche bzw. geschäftliche Risiken,
- finanzwirtschaftliche Risiken,
- Unternehmensstruktur und gesellschaftsrechtliche Risiken und
- Managementqualität und Organisationsstruktur.

Das Rating soll eine Aussage über das Bonitätsrisiko des Emittenten, also seine Fähigkeit zur ordnungsgemäßen Bedienung seiner vertraglich vereinbarten Zins- und Tilgungszahlungen, treffen. Daher geht es zunächst darum, die Stärke, Stabilität und die Prognostizierbarkeit der laufenden Finanz- und Ertragskraft eines Emittenten zu ermitteln, da diese als primäre Träger des zu leistenden Kapitaldienstes anzusehen ist. Daneben können auch weitere leistungswirtschaftliche Aspekte wie der Personalbereich ins Spiel gebracht werden, und zwar insoweit als die laufende Finanzkraft dadurch berührt werden kann.

Die Entwicklung eines Unternehmens hängt in grundlegendem Maße von den Fähigkeiten des Managements zur flexiblen Reaktion auf geänderte Umweltfaktoren ab. Insbesondere in schwierigen Zeiten (z.B. Konjunkturabschwünge, Marktsättigung, Auslandsengagement, etc.) kommt dem strategischen Management eine besondere Rolle zu. Dabei wird dem Management aufgegeben, eine möglichst objektive Darstellung seiner Stärken und Schwächen, eine überzeugende Dokumentation der Unternehmensstrategie sowie der Notwendigkeit der Fremdmittelaufnahme zu geben. Zur Einschätzung der Managementqualitäten bewerten die Agenturen diese Angaben und weitere Informationen wie Probleme bei der Bedarfsdeckung von Fach- und Führungskräften, Nachfolgeregelungen, Abstimmung der Organisationsstruktur mit der Unternehmensstrategie sowie die Plausibilität und Durchführbarkeit der Unternehmensstrategie. Insgesamt erfolgt eine Einschätzung der Konsistenz der operativen Maßnahmen und Personen mit den strategischen Zielsetzungen.

Daneben überzeugen sich die Analysten vom Vorliegen angemessener Steuerinstrumente zur Unternehmensführung. Dazu gehören aussagekräftige Planungs- wie auch adäquate Controlling- und Informationssysteme.

2 Rechtsprechungsreport

Die folgenden Entscheidungen aus der neueren Rechtsprechung des Bundarbeitsgerichts sind unter dem Gesichtspunkt ihrer Wichtigkeit für die aktuelle betriebliche Praxis ausgewählt worden. Die Darstellung referiert die Leitsätze des Gerichts sowie den Sachverhalt und die tragenden Gründe der jeweiligen Entscheidung. Die Rubrik »Praxisrelevanz« enthält Hinweise und Ratschläge zur praktischen Umsetzung. Soweit die Urteile in der Entscheidungssammlung zum Arbeitsrecht (EzA) aus dem Luchterhand Verlag veröffentlicht worden sind, ist die entsprechende Fundstelle neben dem Aktenzeichen ausgewiesen.

Verhaltensbedingte Kündigung nach zahlreichen Abmahnungen
BAG, 15. 1. 2001 – 2 AZR 609/00.

Leitsatz:
Zahlreiche Abmahnungen wegen gleichartiger Pflichtverletzungen, denen keine weiteren Konsequenzen folgen, können die Warnfunktion der Abmahnungen schwächen. Der Arbeitgeber muss dann die letzte Abmahnung vor Ausspruch einer Kündigung besonders eindringlich gestalten, um dem Arbeitnehmer klar zu machen, dass weitere derartige Pflichtverletzungen nunmehr zum Ausspruch einer Kündigung führen werden.

Sachverhalt:
Der Kläger erhielt seit 1983 bis zu seiner im Jahre 1999 erfolgten verhaltensbedingten Kündigung insgesamt sieben schriftliche Abmahnungen wegen verspäteter Arbeitsaufnahme. Der zeitliche Abstand zwischen den einzelnen Abmahnungen bewegte sich zwischen einem und fünf Jahren. Die zuletzt erteilte Abmahnung war als letztmalige gekennzeichnet und mit dem deutlichen Hinweis auf kündigungsrechtliche Konsequenzen für den Fall abermaliger Pflichtverletzungen versehen. Dennoch kam der Kläger weiterhin mehrfach zu spät; dies sogar während eines beim Arbeitsgericht anhängigen Beschlussverfahrens, mit welchem der Arbeitgeber die Zustimmung zur außerordentlichen Kündigung des Klägers als ehemaligem Betriebsratsmitglied verfolgte. Gegen die – nach Auslaufen des nachwirkenden Kündigungsschutzes – ausgesprochene Kündigung erhob der Kläger Kündigungsschutzklage. Diese hatte in der Revisionsinstanz keinen Erfolg.

Entscheidungsgründe:
Der Kläger macht zu Unrecht geltend, spätestens ab der dritten Abmahnung habe er Konsequenzen für den Fortbestand seines Arbeitsverhältnisses auf Grund seiner häufigen Verspätungen nicht mehr ernsthaft befürchten müssen. Zwar kann die Warnfunktion einer Abmahnung erheblich abgeschwächt werden, wenn der Arbeitgeber bei ständig neuen Pflichtverletzungen des Arbeitnehmers stets nur mit einer Kündigung droht, ohne jemals arbeitsrechtliche Konsequenzen folgen zu lassen. Denn eine Abmahnung kann nur dann ihre Warnfunktion erfüllen, wenn der Arbeitnehmer die Drohung der Kündigung ernst nehmen muss. Das bedeutet jedoch nicht, dass nach einer bestimmten Anzahl folgenlos gebliebener Abmahnungen und sich anschließender weiterer Pflichtverletzungen überhaupt nicht mehr gekündigt werden könnte. Gerade bei geringfügigeren Pflichtverletzungen, z. B. wegen häufiger Unpünktlichkeit bei Arbeitsbeginn, befindet sich der Arbeitgeber in einem Konflikt. Einerseits muss er damit rechnen, dass eine einzige Abmahnung nicht ausreicht, um den Arbeitnehmer hinreichend zu warnen, andererseits läuft er Gefahr, beim Ausspruch zu vieler Abmahnungen sein Kündigungsrecht zu verlieren. Diesen Konflikt kann der Arbeitgeber nur lösen, indem er, wenn er zuvor durch mehrere Abmahnungen deren Warnfunktion abgeschwächt hat, die letzte Abmahnung vor Ausspruch der Kündigung besonders eindringlich gestaltet. Dies ist im Ausgangsfall durch die im letzten Abmahnungsschreiben angekündigte Letztmaligkeit der Warnung geschehen. Was die für die Beurteilung der sozialen Rechtfertigung der Kündigung erforderliche Interessenabwägung anbelangt, so kommt den früheren Abmahnungen insofern Bedeutung zu, als sie belegen, dass das Arbeitsverhältnis zumindest während fünfzehn Jahren keineswegs beanstandungsfrei verlaufen ist.

Praxisrelevanz:
Die Entscheidung relativiert die in der Praxis geltende Faustregel, eine verhaltensbedingte Kündigung müsse spätestens nach der dritten Abmahnung ausgesprochen werden. Anderenfalls verlören die Abmahnungen ihre Wirkung, da sie der Arbeitnehmer nicht mehr ernst zu nehmen brauchte und er mit einer späteren Kündigung folglich auch nicht mehr zu rechnen habe. Zwar hält das BAG an dem Grundsatz fest, dass zu viele Abmahnungen die von ihnen ausgehende Warnfunktion abschwächen können, anerkennt aber zugleich den Konflikt, in dem sich der Arbeitgeber befindet, wenn er befürchtet, zu wenige Abmahnungen könnten für eine Kündigung nicht »ausreichen«. Denn wie viele Abmahnungen für welche Arten von Pflichtverletzungen als angemessen zu betrachten sind, war weder in der Vergangenheit ganz geklärt, noch steht es nach der vorliegenden Entscheidung eindeutig fest. Allerdings hat diese den Konflikt des Arbeitgebers insofern entschärft, als er im Zweifel besser eine Abmahnung zu viel erteilt, sofern er nur die letzte mit dem unmissverständlichen Hinweis verbindet, dass die nächste Pflichtverletzung unweigerlich die (ordentliche) Kündigung nach sich zieht.

In diesem Zusammenhang ist interessant, dass das BAG im Ausgangsfall sämtliche zurückliegenden Abmahnungen als Indiz für das immer wieder mit Störungen behaftete Arbeitsverhältnis während der vergangenen fünfzehn Jahre wertet. Dies ist insofern bemerkenswert, als zwischen zwei Abmahnungen bis zu fünf Jahren lagen, und nach bislang geltendem Rechtsverständnis ein so langer Zeitraum beanstandungsfreier Tätigkeit zur Unbeachtlichkeit der früheren Abmahnungen geführt hat. Es bleibt abzuwarten, ob die vorliegende Entscheidung die Rechtsprechung veranlassen wird, ihre Meinung zur »Verjährung« von Abmahnungen und deren Entfernung aus der Personalakte zu ändern. Soviel scheint aber festzustehen: Sind frühere Abmahnungen – aus welchen Gründen auch immer – noch in der Personalakte vorhanden, so können sie zur Gesamtwürdigung der Umstände im Kündigungsschutzprozess auch herangezogen werden.

In Anlehnung an die Entscheidung des BAG sind bezüglich der »Dramaturgie«, die bei der Abfassung der sog. Schlussformel in einer Abmahnung zu beachtenden ist, folgende Formulierungsabstufungen zu empfehlen:
(1) »Wir fordern Sie auf, sich zukünftig ihren arbeitsvertraglichen Pflichten gemäß zu verhalten. Anderenfalls gefährden Sie den Fortbestand Ihres Arbeitsverhältnisses«.
(2) »Im Interesse des Fortbestands Ihres Arbeitsverhältnisses fordern wir Sie nochmals auf, sich zukünftig Ihrer arbeitsvertraglichen Pflichten gemäß zu verhalten«.
(3) »In Verbindung mit den in den Abmahnungen vom ... gerügten Pflichtwidrigkeiten sehen wir uns im Wiederholungsfalle veranlasst, das Arbeitsverhältnis im Hinblick auf seinen Fortbestand zu überprüfen«.
(4) »Sollten Sie sich in Anbetracht dieser Aufforderung in Verbindung mit den vorausgegangenen Abmahnungen vom ... dem Vorwurf einer weiteren Verletzung Ihrer arbeitsvertraglichen Pflichten aussetzen, werden wir das Arbeitsverhältnis durch Kündigung beenden«.

Rückzahlung eines Gebührendarlehens für das Studium an einer Berufsakademie
BAG, 25. 4. 2001 – 5 AZR 509/99 –, EzA § 5 BBiG Nr. 8.

Leitsätze:
§ 5 I 1 BBiG führt zur Nichtigkeit einer Vereinbarung, durch die der Auszubildende für die Zeit nach Beendigung des Berufsausbildungsverhältnisses in der Ausübung seiner beruflichen Tätigkeit beschränkt wird. Diese Bestimmung ist entsprechend anzuwenden, wenn durch eine Rückzahlungsvereinbarung mittelbarer Druck auf den Auszubildenden ausgeübt wird, der die Berufsfreiheit des Auszubildenden unverhältnismäßig einschränkt.

Sachverhalt:
Der Kläger ist ein Unternehmen, das mit der Beklagten einen »Ausbildungsvertrag zum Betriebswirt/zur Betriebswirtin (BA)« abgeschlossen hat. Darin war vereinbart, dass das Unternehmen die Gebühren für das – im blockweisen Wechsel mit der betrieblichen Ausbildung – an der Berufsakademie zu absolvierende Studium in Höhe von monatlich 440 DM darlehensweise übernimmt. Die Tilgung sollte laut Vertrag dergestalt erfolgen, dass das Darlehen für jeden vollen Monat, den die Beklagte nach Abschluss der dreijährigen, zu 1/3 in der Berufsakademie stattfindenden Ausbildung im Unternehmen verbleibt, mit 1/24 der Darlehenssumme als getilgt gilt. Bei einem früheren, also vor Ablauf von 24 Monaten erfolgenden Ausscheiden sollte der verbleibende Betrag in einer Summe zur Zahlung fällig sein. Nach bestandener Abschlussprüfung lehnte die Beklagte das Angebot des Klägers auf Übernahme in ein Arbeitsverhältnis ab. Der Kläger verlangte daraufhin die Rückzahlung des Darlehens.

Entscheidungsgründe:
Vorliegend handelt es sich um eine sog. Bindungsvereinbarung mit Rückzahlungsklausel (siehe VII). Nach der ständigen Rechtsprechung des BAG muss die Rückzahlungsverpflichtung einem billigenswerten Interesse des Arbeitgebers entsprechen. Dieses ist im Ausgangsfall zu bejahen. Die Ausbildung stellt einen geldwerten Vorteil für den Auszubildenden (Arbeitnehmer) dar, weil ihm die erlangte Qualifikation gute Berufsaussichten auf dem allgemeinen Arbeitsmarkt eröffnet. Als Gegenleistung ist ihm bei Abwägung der beiderseitigen Interessen zuzumuten, diese Qualifikation seinem Arbeitgeber für die Dauer von zwei Jahren zur Verfügung zu stellen. § 5 I 1 BBiG, wonach »eine Vereinbarung, die den Auszubildenden für die Zeit nach Beendigung des Ausbildungsverhältnisses in der Ausübung seiner beruflichen Tätigkeit beschränkt«, nichtig ist, wird hierdurch ebenso wenig berührt, wie § 5 II Nr. 1 BBiG, der »die Verpflichtung des Auszubildenden, für die Berufsausbildung eine Entschädigung zu zahlen«, verbietet. Die Studiengebühren stellen keine Ausbildungskosten dar, weil die Studienphasen an der Berufsakademie nicht zu der vom Unternehmen geschuldeten Ausbildung gehören.

Praxisrelevanz:
Trotz dieser aus Arbeitgebersicht positiven Entscheidung des BAG empfiehlt es sich, in den Ausbildungsvertrag den folgenden Passus aufzunehmen:

»Wir sind bereit, Ihnen die im Rahmen des Studiums an der Berufsakademie anfallenden Studiengebühren als zinsloses Darlehen zu gewähren. Das Darlehen gilt für jeden Monat, den Sie nach Abschluss der Ausbildung in unserem Unternehmen beschäftigt sind, zu 1/24 als getilgt. Sollten Sie nach Abschluss Ihrer Ausbildung unser Angebot auf die anschließende Übernahme in ein Arbeitsverhältnis nicht annehmen oder dieses vor Ablauf von 24 Monaten beenden, wird das Darlehen in der entsprechenden Höhe mit sofortiger Wirkung zur Zahlung fällig. Eine Rückzahlungsverpflichtung besteht nicht, sofern das Arbeitsverhältnis aus einem Grund, den wir zu vertreten haben, nicht zustande kommt, nicht aufgenommen oder vor Ablauf des Bindungszeitraums beendet wird. Für den Fall des vorzeitigen, von Ihnen zu vertretenden Abbruchs der Ausbildung behalten wir uns die

Rückforderung der bis dahin aufgelaufenen Darlehenssumme vor.«

Abgrenzung zwischen regelmäßiger Arbeitszeit und Überstunden bei der Entgeltfortzahlung im Krankheitsfall
BAG, 21. 11. 2001 – 5 AZR 296/00 –, EzA § 4 EntgeltfortzG Nr. 4.

Leitsätze:
- Die für die gesetzliche Entgeltfortzahlung im Krankheitsfall maßgebliche individuelle regelmäßige Arbeitszeit des Arbeitnehmers (§ 4 I EFZG) ergibt sich in erster Linie aus dem Arbeitsvertrag. Dabei ist auf das gelebte Rechtsverhältnis als Ausdruck des wirklichen Parteiwillens und nicht auf den Text des Arbeitsvertrags abzustellen. Wird regelmäßig eine bestimmte, erhöhte Arbeitszeit abgerufen und geleistet, ist dies Ausdruck der vertraglich geschuldeten Leistung. Schwankt die Arbeitszeit, weil der Arbeitnehmer stets seine Arbeitsaufgaben vereinbarungsgemäß zu erledigen hat, bemisst sich die Dauer nach dem Durchschnitt der vergangenen zwölf Monate.
- Überstunden i.S.d. § 4 I a EFZG liegen vor, wenn die individuelle regelmäßige Arbeitszeit des Arbeitnehmers überschritten wird. Überstunden werden wegen bestimmter besonderer Umstände vorübergehend zusätzlich geleistet.
- Die gesetzliche Entgeltfortzahlung im Krankheitsfall umfasst nicht (tariflich geregelte) Zuschläge für Über- oder Mehrarbeit.

Sachverhalt:
Der Kläger war bei der Beklagten als LKW-Fahrer mit einer tariflichen Arbeitszeit von 39 Std./ Woche (= 7,8 Std./Tag) beschäftigt. Seine tatsächliche Arbeitszeit belief sich seit einem längeren Zeitraum auf 12 Stunden täglich. Für jede das tarifliche Arbeitszeitvolumen überschreitende Arbeitsstunde erhielt er einen Zuschlag von 25%. Während einer mehrwöchigen Arbeitsunfähigkeit des Klägers berechnete die Beklagte die Entgeltfortzahlung auf der Basis der Grundvergütung. Der Kläger beanspruchte, der Entgeltfortzahlung die durchschnittliche Arbeitszeit von 12 Stunden täglich einschließlich des entsprechenden Zuschlags zu Grunde zu legen.

Entscheidungsgründe:
Nach § 4 I EFZG ist dem Arbeitnehmer das ihm bei der für ihn maßgebenden regelmäßigen Arbeitszeit zustehende Arbeitsentgelt fortzuzahlen. Maßgebend ist hiernach allein die individuelle Arbeitszeit des erkrankten Arbeitnehmers. Denn das Gesetz stellt darauf ab, welche Arbeitsleistung tatsächlich ausgefallen ist. Es kommt darauf an, in welchem Umfang der Arbeitnehmer gearbeitet hätte, wenn er arbeitsfähig gewesen wäre. Unterliegt die Arbeitszeit und damit die Entgelthöhe vereinbarungsgemäß unregelmäßigen Schwankungen und kann deshalb der Umfang der ausgefallenen Arbeit nicht exakt bestimmt werden, bedarf es der Festlegung eines Vergleichszeitraums, dessen durchschnittliche Arbeitsmenge maßgebend ist. Diese Vorgehensweise bezweckt die sichere Erfassung dessen, was die Arbeitsvertragsparteien als regelmäßige Arbeitszeit gewollt haben. Der Vergleichszeitraum ist dabei so zu bemessen, dass das Arbeitsverhältnis mit seinen Besonderheiten möglichst umfassend erfasst wird und Zufallsergebnisse vermieden werden. Insoweit ist grundsätzlich ein Zeitraum von zwölf Monaten vor Beginn der Arbeitsunfähigkeit heranzuziehen. Hat das Arbeitsverhältnis vor Beginn der Arbeitsunfähigkeit weniger als ein Jahr gedauert, ist dessen gesamter Zeitraum maßgebend.

Nach § 4 I a 1 EFZG gehört das für Überstunden geleistete Entgelt nicht zum fortzuzahlenden Arbeitsentgelt. Dies gilt sowohl für die auf die Überstunden gezahlte Grundvergütung als auch für die darauf entfallenden Zuschläge. Überstunden i.S.d. § 4 I a 1 EFZG liegen vor, wenn der Arbeitnehmer aufgrund besonderer Umstände zusätzliche Leistungen erbringt und er dadurch seine individuelle regelmäßige Arbeitszeit vorübergehend überschreitet. Leistet der Arbeitnehmer ständig eine bestimmte Arbeitszeit, die mit der betriebsüblichen oder tariflichen wöchentlichen Arbeitszeit nicht übereinstimmt, kann von Überstunden nicht gesprochen werden. Denn für die Entgeltfortzahlung ist weder die betriebsübliche noch die tarifliche sondern allein die individuelle Arbeitszeit maßgebend.

Praxisrelevanz:
Die Entscheidung betrifft einen Sachverhalt, in dem der einschlägige Tarifvertrag auf die Anwendung des Entgeltfortzahlungsgesetzes verweist. Deshalb ist sie in erster Linie für diejenigen Unternehmen von Bedeutung, in welchen entweder der Tarifvertrag eine solche Verweisungsklausel enthält oder mangels Tarifbindung das Gesetz unmittelbar Anwendung findet.

Das Urteil macht deutlich, dass es für die Bemessung der Höhe des bei Arbeitsunfähigkeit nach § 4 EFZG fortzuzahlenden Entgelts entscheidend auf die Abgrenzung zwischen fortzahlungspflichtigem Entgelt, das auf der Grundlage der regelmäßig geleisteten Arbeitszeit geleistet wir, einerseits und nicht fortzahlungspflichtiger Überstundenvergütung andererseits ankommt. Die Frage ist also, was unter regelmäßiger Arbeitszeit bzw. Überstunden (Mehrarbeit) zu verstehen ist. Die Schwierigkeit besteht darin, dass der Begriff »Überstunden« im Sinne des § 4 I a EFZG weder definiert noch dem Wortlaut nach eindeutig ist. Unter »Überstunden« könnte beispielsweise diejenige Mehrarbeit verstanden werden, die über die tarifliche (wöchentliche) Arbeitszeit hinaus geleistet worden ist. Diese Definition trifft zweifelsohne auf die tatsächlich geleistete, mit tarifvertraglich festgelegten Zulagen-Prozenten versehene Mehrarbeit zu. So hat z. B. auch jener Arbeitnehmer in dem vom BAG entschiedenen Fall für jede über das tarifliche Arbeitszeitvolumen hinausgehende Arbeitsstunde einen Mehrarbeitszuschlag erhalten. Das bedeutet aber noch lange nicht, dass es sich hierbei auch um Überstunden(-vergütung) im Sinne der Entgeltfortzahlung handelt.

Als Zwischenergebnis ist deshalb zunächst erst einmal festzuhalten: Die Tatsache, dass der Arbeitnehmer Zuschläge für geleistete Mehrarbeit erhalten hat, bedeutet nicht notwendig, dass er sie im Krankheitsfalle nicht zu beanspruchen hätte. Denn zur Auslegung des Überstundenbegriffs nach § 4 I a EFZG zieht das BAG nicht die regelmäßige tarifliche (oder betriebliche) Arbeitszeit heran; vielmehr stellt es auf die individuelle Arbeitszeit, die der Arbeitnehmer aufgrund seines Arbeitsvertrags bzw. des daraus resultierenden Direktionsrechts seines Arbeitgebers regelmäßig zu leisten hat, ab. Die individuelle regelmäßige Arbeitszeit kann also über die regelmäßige tarifliche bzw. tarifliche Arbeitszeit hinausgehen und deshalb mit Überstundenzuschlägen vergütet werden, ohne dass es sich dabei um Überstunden(-zuschläge) im Sinne des Entgeltfortzahlungsrechts handelt. Wo die Abgrenzung verläuft, muss jeweils auf den Einzelfall bezogen festgestellt werden. Generell gilt nach der Entscheidung des BAG, dass insoweit ein Vergleichszeitraum von zwölf Monaten herangezogen werden muss. Was sich innerhalb dieses Zeitraums als individuelle regelmäßige Arbeitszeit darstellt, ist (einschließlich der darauf gezahlten »Mehrarbeitszuschläge«) im Krankheitsfalle fortzuzahlen. Nur was in diesem Zusammenhang – so das BAG – »wegen besonderer Umstände vorübergehend zusätzlich« geleistet worden ist, bleibt als »Überstunden« von der Fortzahlung ausgenommen. Welche Konsequenzen sich aus dieser Abgrenzung für den Ausgangsfall ergeben, hat das BAG offen gelassen, indem es den Fall zur weiteren Sachaufklärung an die Vorinstanz zurückverwiesen hat.

Kein Anspruch auf Schlussformel im Arbeitszeugnis
BAG, 20. 2. 2001 – 9 AZR 44/00 –, EzA § 630 BGB Nr. 23.

Leitsatz:
Der Arbeitgeber ist gesetzlich nicht verpflichtet, das Arbeitszeugnis mit Formulierungen abzuschließen, in denen er dem Arbeitnehmer für die gute Zusammenarbeit dankt und ihm für die Zukunft alles Gute wünscht.

Sachverhalt:
Nachdem die Klägerin das Arbeitsverhältnis auf eigenen Wunsch beendet hatte, erhielt sie von ihrem Arbeitgeber ein qualifiziertes Zeugnis, in dem ihr bescheinigt wurde, dass sie die ihr übertragenen Aufgaben immer zuverlässig und gewissenhaft zur vollsten Zufriedenheit erfüllt hat. Außerdem enthielt das Zeugnis den Hinweis, die Beendigung des Arbeitsverhältnisses sei auf eigenen Wunsch erfolgt. Die Klägerin hielt das Zeugnis für unvollständig und begehrte, es um folgende Schlussformel zu ergänzen: »Wir bedauern ihr Ausscheiden und danken ihr für die stets gute Zusammenarbeit. Für die Zukunft wünschen wir Frau H. alles Gute und weiterhin viel Erfolg«.

Entscheidungsgründe:
Der Anspruch der Klägerin ist unbegründet. Die verlangten Schlusssätze gehören nicht zum gesetzlich geschuldeten Inhalt eines Arbeitszeugnisses. Der Arbeitgeber hat nach § 630 BGB bei Beendigung des Arbeitsverhältnisses dem Arbeitnehmer ein Zeugnis über Art und Dauer des Arbeitsverhältnisses zu erteilen. Auf Verlangen des Arbeitnehmers muss sich das Zeugnis auf Führung und Leistung erstrecken. In diesem Rahmen ist der Arbeitgeber in der Formulierung frei, sofern das Zeugnis inhaltlich wahr und zugleich von verständigem Wohlwollen gegenüber dem Arbeitnehmer getragen ist. Inhaltlich »falsch« ist ein Zeugnis dann, wenn es Merkmale enthält, die den Zweck haben, den Arbeitnehmer in einer aus dem Wortlaut des Zeugnisses nicht ersichtlichen Weise zu kennzeichnen und denen entnommen werden muss, der Arbeitgeber distanziere sich vom buchstäblichen Wortlaut seiner Erklärungen, indem er den Arbeitnehmer ungünstiger, als im Zeugnis bescheinigt, beurteilt. Ein solches unzulässiges »Geheimzeichen« kann auch im Auslassen eines an sich erwarteten Zeugnisinhalts bestehen.

Das Fehlen der Schlussformel stellt kein unzulässiges Geheimzeichen dar. Zwar ist die Schlussformel nicht beurteilungsneutral, sondern geeignet, die objektiven Zeugnisaussagen zu Führung und Leistung des Arbeitnehmers zu bestätigen oder zu relativieren. Soweit der Arbeitgeber solche Redewendungen verwendet, müssen sie daher mit dem übrigen Zeugnisinhalt in Einklang stehen. Ob er sie dagegen verwendet, steht in seinem Ermessen; verpflichtet ist er hierzu jedenfalls nicht. Soweit ein Zeugnis ohne abschließende Formeln in der Praxis als negativ beurteilt wird, ist dies hinzunehmen.

Praxisrelevanz:
Die Entscheidung ist, so praxisfremd sie sich auch ausnimmt, im Ergebnis begrüßenswert; gibt sie der Praxis doch die Möglichkeit, durch Weglassen der Schlussformel dem kundigen Leser zu signalisieren, wie es um einen weniger empfehlenswerten Bewerber tatsächlich bestellt ist – eine Erkenntnis, die er aus den unter dem Wohlwollensgebot stehenden »gesetzlich geschuldeten« Passagen eines Zeugnisses nicht ohne Weiteres entnehmen kann. Die wesentlichen Erkenntnisse aus der Entscheidung zusammenfassend kann also festgehalten werden: Es ist zulässig, ein durch das Wohlwollensgebot »geschöntes« Zeugnis wieder »auf Wahrheitskurs« zurückzubringen, indem man es mit dem Hinweis schließen lässt, »das Arbeitsverhältnis endete im gegenseitigen Einvernehmen / auf eigenen Wunsch etc. zum ...«. Unzulässig ist es dagegen, eine Schlussformel in den Zeugnistext aufzunehmen, die mit der zuvor bescheinigten wohlwollenden Beurteilung nicht in Einklang steht.

Verweisung auf den einschlägigen Tarifvertrag im Arbeitsvertrag und Verbandsaustritt des Arbeitgebers
BAG, 26. 9. 2001 – 4 AZR 544/00 –, EzA § 3 TVG Bezugnahme auf Tarifvertrag Nr. 19.

Leitsatz:
Eine dynamische Bezugnahme auf die einschlägigen Tarifverträge in einem vom tarifgebundenen Arbeitgeber vorformulierten Vertrag ist typischerweise eine Gleichstellungsabrede.

Sachverhalt:
Die wegen fehlender Gewerkschaftszugehörigkeit nicht tarifgebundene Klägerin war bei dem beklagten Unternehmen seit 1985 als Mitarbeiterin beschäftigt. Zu jenem Zeitpunkt war das Unternehmen als Mitglied des zuständigen Arbeitgeberver-

bands tarifgebunden. Laut Arbeitsvertrag fanden auf das Arbeitsverhältnis die tarifvertraglichen Bestimmungen in ihrer jeweils geltenden Fassung Anwendung. Das Unternehmen hatte seine Verbandsmitgliedschaft mit Wirkung zum 31. 12. 1998 gekündigt. Im Juni 1999 fand eine Erhöhung der Tarifgehälter statt, die das Unternehmen an seine Mitarbeiter nicht weitergegeben hat. Die Klägerin, die diese Vorgehensweise für arbeitsvertragswidrig hielt, begehrte die Teilnahme an der Tariferhöhung.

Entscheidungsgründe:
Der geltend gemachte Anspruch ist nicht begründet. Bei dem als dynamische Verweisungsklausel auszulegenden Vertragspassus handelt es sich um eine sog. Gleichstellungsabrede. Diese ersetzt die durch die Mitgliedschaft in der zuständigen Gewerkschaft begründete Tarifgebundenheit. Ihr Zweck besteht in der Anwendung derjenigen Arbeitsbedingungen, die für die tarifgebundenen Arbeitnehmer nach §§ 3 I, 4 I TVG unmittelbar und zwingend gelten. Gleichstellungsabrede heißt mithin, dass die nicht tarifgebundenen Mitarbeiter ihren Kollegen, die kraft Gewerkschaftszugehörigkeit der Tarifbindung unterliegen, bezüglich der Arbeitsbedingungen gleichgestellt sind. Das heißt, dass sie nicht schlechter aber auch nicht besser als diese gestellt werden dürfen. Letzteres wäre aber der Fall, wenn der Dynamik der arbeitsvertraglichen Verweisungsklausel die Wirkung beigemessen würde, dass Tarifänderungen, die erst nach dem Verbandsaustritt des Arbeitgebers in Kraft getreten sind, den nicht tarifgebundenen Mitarbeitern zugute kämen. Denn im Verhältnis zu den in der tarifschließenden Gewerkschaft organisierten Mitarbeitern entfalten tarifvertragliche Änderungen wegen der nunmehr fehlenden Tarifbindung des Arbeitgebers keine normative Geltungskraft. Zwar unterliegt der Arbeitgeber nach Verbandsaustritt der Nachbindung gem. § 3 III TVG, dies jedoch nur solange, bis der Tarifvertrag endet. Ein Tarifvertrag endet entweder durch Kündigung, Fristablauf oder durch Änderung seines Inhalts. Letzteres war zum Zeitpunkt der im Juni 1999 in Kraft getretenen Tariferhöhung der Fall.

Praxisrelevanz:
Tarifgebundene Arbeitgeber pflegen nahezu ausnahmslos die Arbeitsverträge ihrer Mitarbeiter mit einer sog. dynamischen Verweisungsklausel auszustatten. Durch sie werden die Regelungen des einschlägigen Tarifvertrags in der jeweils gültigen Fassung in Bezug genommen und damit zum Inhalt der Arbeitsverträge gemacht. Zweck dieser Praxis ist es, die wegen fehlender Mitgliedschaft in der tarifschließenden Gewerkschaft nicht tarifgebundenen Mitarbeiter denen gleichzustellen, auf deren Arbeitsverhältnisse der Tarifvertrag kraft einschlägiger Gewerkschaftszugehörigkeit der betreffenden Mitarbeiter unmittelbar normative Kraft entfaltet. Das »Dynamische« an einer solchen Klausel ist darin zu sehen, dass durch die Formulierung »in der jeweils geltenden Fassung« jede tarifliche Änderung Eingang in die Arbeitsverträge findet. (siehe Grafik)
Wenn das BAG feststellt, dynamische Verweisungsklauseln seien typischerweise als Gleichstellungsabreden zu betrachten, so will es damit zum Ausdruck bringen, dass sie nur solange verbindlich sind, wie der Tarifvertrag kraft Tarifbindung entsprechend Punkt A in der Grafik für die gewerkschaftlich organisierten Mitarbeiter unmittelbar und zwingend gilt, nicht aber ein »Eigenleben« entfalten, indem sie unabhängig bestehender Tarifbindungen »für immer«, d.h. auch dann noch weitergelten, nachdem der Tarifvertrag gegenüber dem Arbeitgeber (z.B. wegen Verbandsaustritts) nicht mehr verbindlich ist.
Zu Recht wird in der juristischen Fachliteratur darauf hingewiesen, dass die vom BAG typischerweise als Gleichstellungsabrede qualifizierten dynamischen Bezugnahmeklauseln nicht zwingend die Gewähr bieten, den Arbeitgeber vor der arbeitsvertraglichen Fortgeltung späterer Tarifänderungen zu schützen. Dies wäre z. B. dann der Fall, wenn infolge einer missverständlich formulierten Bezugnahmeklausel ein Gericht zu dem Schluss gelangte, dass diese nicht dem Typus der Gleichstellungsabrede unterfiele. Des Weiteren kann angesichts mancher Kehrtwendung, welche die höchstrichterliche Rechtsprechung in der Vergangenheit vollzogen hat, nicht ausgeschlossen werden, dass das BAG irgendwann einmal zu einer anderen Überzeugung hinsichtlich der rechtlichen Bewertung der Bezugnahmeklauseln gelangt, indem es ihnen den Charakter der Gleichstellungsabrede ab-

Grafik Tarifbindung und Arbeitsverhältnis

A Es besteht beiderseitige Tarifbindung:

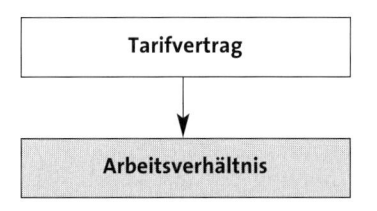

Tarifvertrag → Arbeitsverhältnis

B Tarifbindung besteht nur auf Arbeitgeberseite:

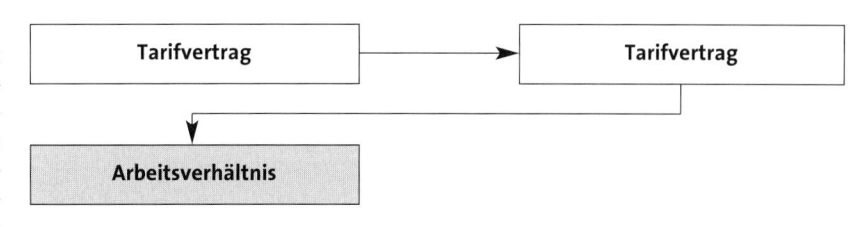

Tarifvertrag → Tarifvertrag
Tarifvertrag → Arbeitsverhältnis

spricht. In diesem Fall ergäbe sich folgende Konsequenz: Mit dem Wegfall der Tarifbindung des Arbeitgebers erlangte die Bezugnahmeklausel auch für die bislang tarifgebundenen Mitarbeiter konstitutive Wirkung; d. h. die bisher kraft Tarifvertrags das Arbeitsverhältnis bestimmenden Rechte und Pflichten gingen – wie bei den nicht tarifgebundenen Mitarbeitern – nunmehr »über den Arbeitsvertrag« in das Arbeitsverhältnis ein, und zwar mit der einer solchen Bezugnahmeklausel innewohnenden Dynamik. Denn der in ihr enthaltene Verweis auf die Geltung des einschlägigen Tarifvertrags »in der jeweils geltenden Fassung« schriebe sodann auch zukünftige Tarifänderungen fest – und fort.

Arbeitsverträge mit dynamischer Bezugnahmeklausel sind nur dann gegen das soeben geschilderte Szenario gefeit, wenn sie deren Gleichstellungsfunktion unmissverständlich zum Ausdruck bringen. Zum Inhalt einer entsprechenden Ergänzung des Arbeitsvertrags siehe die Musterformulierung unter 2.6.

Verweisung auf den einschlägigen Tarifvertrag im Arbeitsvertrag und Betriebsübergang

BAG, 20. 6. 2001 – 4 AZR 295/00 –, EzA § 613 a BGB Nr 203.

Leitsätze:
- Nach § 613 a I BGB werden die dort umschriebenen Tarifnormen in dem Rechtsstand zum Inhalt des Arbeitsverhältnisses, der im Zeitpunkt des Betriebsübergangs besteht.
- Die dynamische Blankettverweisung hat beim Übergang der verweisenden Tarifnorm in das Arbeitsverhältnis gem. § 613 a I 2 BGB zur Folge, dass auch die Regelung der in Bezug genommenen Tarifnorm nur in dem Rechtsstand in das Arbeitsverhältnis übergeht, der im Zeitpunkt des Betriebsübergangs bestand.

Sachverhalt:
Zwischen der Rechtsvorgängerin der Beklagten und der Gewerkschaft, welcher der Kläger angehörte, bestand ein Firmentarifvertrag (FTV). Der FTV sah u. a. vor, dass die einschlägigen Verbandstarifverträge in der jeweils geltenden Fassung auf die Arbeitsverhältnisse Anwendung finden. Die tariflich nicht gebundene Beklagte übernahm den Betrieb, in dem der Kläger beschäftigt war, zum 1. 11. 1995. Das am 18. 12. 1996 zwischen dem Arbeitgeberverband und jener Gewerkschaft abgeschlossene Lohnabkommen sah ab 1. 4. 1998 eine Erhöhung um 2,5 % vor. Der Kläger macht die daraus resultierende Anpassung seines monatlichen Bruttoentgelts mit der Begründung geltend, die Bezugnahmeklausel des FTV rechtfertige den diesbezüglichen Anspruch unabhängig davon, ob der FTV kollektivrechtlich fortgelte oder dessen Rechtsnormen mit Betriebsübergang Inhalt des Arbeitsvertrags geworden seien.

Entscheidungsgründe:
Der Anspruch ist unbegründet. Durch den Betriebsübergang ist für die Beklagte keine tarifrechtliche Bindung an den FTV begründet worden. Nach § 613 a I 1 BGB tritt der Betriebserwerber lediglich in die Rechte und Pflichten aus den zum Zeitpunkt des Betriebsübergangs bestehenden Arbeitsverhältnissen ein; er wird dadurch nicht Tarifvertragspartei. Letzteres wäre jedoch erforderlich, um die Tarifgebundenheit an den FTV zu begründen. Auch aus § 613 a I 2 BGB lässt sich der klägerische Anspruch nicht ableiten. Die Vorschrift begründet einen statischen Bestandsschutz im Hinblick auf die bei Betriebsübergang geltenden Rechte und Pflichten. Letztere werden nach dem eindeutigen Gesetzeswortlaut zum Inhalt des Arbeitsvertrags. Mit dieser Rechtsfolge ist es unvereinbar, über die Bezugnahmeklausel im FTV eine Bindung an zukünftige Tarifentwicklung des in Bezug genommenen Flächentarifvertrages begründen zu wollen. Verändert sich nach dem Betriebsübergang die Tarifnorm, deren Regelung in das Arbeitsverhältnis übergegangen ist, so nimmt die übergegangene Regelung hieran nicht mehr teil.

Praxisrelevanz:
Der dem Urteil zugrunde liegende Sachverhalt weist die Besonderheit aus, dass durch einen – zwischen dem Unternehmen und der zuständigen Gewerkschaft abgeschlossenen – Firmentarifvertrag die Geltung eines Verbandstarifvertrags vereinbart wird. Diese Gestaltungsvariante wird seit einiger Zeit immer öfter beschritten, um Arbeitgeber, die nicht Mitglied eines Arbeitgeberverbands sind, in die Tarifbindung einzubeziehen. Deshalb spricht man in diesem Zusammenhang auch von »Anerkennungstarifvertrag«. Er ist zulässig, sofern der in Bezug genommene Verbandstarifvertrag zu dem verweisenden Firmentarifvertrag in einem engen sachlichen Zusammenhang steht.

Was die Wirkung einer dynamischen Verweisungsklausel im Arbeitsvertrag anbelangt, so verhält sie sich beim Betriebsübergang auf einen nicht tarifgebundenen Arbeitgeber analog zum Austritt des Arbeitgebers aus dem Arbeitgeberverband (siehe 2.5). Im Einzelnen heißt das:
- Die vor dem Betriebsübergang durch Tarifvertrag geregelten Rechte und Pflichten fließen bei den bisher tarifgebundenen Mitarbeitern gem. § 613 a I 2 BGB in deren Arbeitsvertrag ein (der Übergang bei den nicht tarifgebundenen Mitarbeitern vollzieht sich nach § 613 a I 1 BGB).
- Erfährt der in Bezug genommene Tarifvertrag nach dem Betriebsübergang eine Änderung, z. B. indem eine Erhöhung der Tarifgehälter stattfindet, so fließt die Änderung nicht mehr in den Arbeitsvertrag ein.

Wegen des Rechtscharakters der dynamischen Verweisungsklausel als Gleichstellungsabrede und der damit verbundenen Problematik (siehe 2.5), empfiehlt es sich, die Arbeitsverträge um eine entsprechende Klarstellung zu ergänzen.

Klarstellung zur dynamischen Verweisklausel

»Bei der vorstehenden Bezugnahmeklausel handelt es sich um die Zusage, dass der Mitarbeiter im Falle seiner fehlenden Tarifgebundenheit den tarifgebundenen Mitarbeitern gleichgestellt wird. Die Klausel verliert unter den Voraussetzungen des § 613a I 2 BGB oder des § 3 III i. Verb. m. § 4 V TVG ihre dynamische Wirkung.«

Aus personalpolitischen Erwägungen erscheint es allerdings empfehlenswert, zunächst nur neue Arbeitsverträge mit dieser Ergänzung zu versehen, im übrigen aber zuzuwarten, bis sich eine eventuelle Neuorientierung in der Rechtsprechung abzeichnet, vorausgesetzt die derzeit praktizierte Bezugnahmeklausel lässt sich zweifelsfrei dem Typus der Gleichstellungsabrede zuordnen.

Betriebsvereinbarung als ablösende Regelung bei Betriebsübergang
BAG, 1. 8. 2001 – 4 AZR 82/00 –,
EzA § 613 a BGB Nr. 199.

Leitsatz:
Eine vor dem Betriebsübergang für einen anderen Betrieb geschlossene Betriebsvereinbarung ist nur dann eine andere Regelung i.S.d. § 613 a BGB, wenn sie der Sache nach denselben Gegenstand regelt und betriebsverfassungsrechtlich im übernommenen Betrieb gilt.

Sachverhalt:
Der Kläger bezog eine tarifvertragliche Jahressonderzuwendung, die nach dem Verbandsaustritt des Arbeitgebers kraft Nachwirkung (§ 4 V TVG) fortgalt. Der Betrieb wurde von der Beklagten übernommen. Diese hatte in einem anderen Betrieb ihres Unternehmens eine Betriebsvereinbarung abgeschlossen, auf deren Grundlage sie eine deutlich geringere Jahressonderzuwendung zahlte. Diesen Betrag zahlte sie auch an die Arbeitnehmer des übernommenen Betriebs. Der Kläger fordert für das Jahr des Betriebsübergangs die Zahlung der Differenz.

Entscheidungsgründe:
Die Klage ist begründet. Der Anspruch des Klägers richtet sich auch nach dem Übergang des Betriebs auf die Beklagte nach den nachwirkenden Bestimmungen des Tarifvertrags. Gemäß § 613 a I 1 BGB tritt der Erwerber eines Betriebs in die Rechte und Pflichten ein, die im Zeitpunkt des Betriebsübergangs zwischen dem Arbeitnehmer und seinem früheren Arbeitgeber bestanden haben. Dabei werden die durch (nachwirkende) Tarifnormen geregelten Rechte und Pflichten Inhalt des Arbeitsverhältnisses mit dem neuen Arbeitgeber und unterliegen einer einjährigen Veränderungssperre (§ 613 a I 2 BGB). Die Nachwirkung einer Tarifnorm kann nach § 4 V TVG jederzeit beseitigt werden, indem sie durch eine andere Abmachung ersetzt wird. Eine solche Abmachung kann grundsätzlich in Form einer Betriebsvereinbarung erfolgen. In diesem Fall wäre die Betriebsvereinbarung als eine andere Regelung i.S.d. § 613 a I 3 BGB anzusehen. Dies hätte zur Folge, dass die nach § 613 a I 2 BGB in das Arbeitsverhältnis eingegangenen Rechte und Pflichten vor Ablauf der Jahresfrist abgeändert werden könnten. Die Zahlung der geringeren Jahressondervergütung wäre rechtmäßig gewesen. Die Voraussetzungen für die Anwendbarkeit des § 613 a I 3 BGB liegen im Ausgangsfall jedoch nicht vor.

Die bei der Beklagten bereits bestehende Betriebsvereinbarung konnte im übernommenen Betrieb keine Geltung entfalten. Dieser blieb auch nach der Übernahme ein selbständiger Betrieb mit einem weiterhin im Amt befindlichen Betriebsrat. Denn der bloße Wechsel in der Betriebsinhaberschaft stellt keinen Grund zur Auflösung und Neuwahl des Betriebsrats dar. Mithin blieb der Betriebsrat des übernommenen Betriebs – vorbehaltlich eines (nicht bestehenden) Gesamtbetriebsrats – der alleinige Ansprechpartner für den Abschluss, bzw. die Übernahme der in dem anderen Betrieb der Beklagten bestehenden Betriebsvereinbarung. Um sich – unter wirksamer Aufhebung der einjährigen Veränderungssperre des § 613 a I 2 BGB – im übernommenen Betrieb auf die Zahlung der geringeren Jahressonderzuwendung beschränken zu können, hätte die Beklagte folglich mit dessen Betriebsrat eine diesbezügliche Betriebsvereinbarung abschließen müssen.

Praxisrelevanz:
Die Entscheidung behandelt wichtige Fragen des Tarif- und Betriebsverfassungsrechts im Rahmen des in der Praxis immer häufiger vorkommenden Betriebsübergangs, verbunden mit dem nicht minder oft erfolgenden Austritt des Arbeitgebers aus dem Arbeitgeberverband. In tarifrechtlicher Hinsicht geht es um das Problem der nachwirkenden Geltung der (beim früheren Arbeitgeber) erworbenen tariflichen Rechte. Hierbei ist folgendes zu berücksichtigen: Verlässt der Arbeitgeber den Arbeitgeberverband, so erlischt formal seine Tarifbindung. »Formal« deshalb, weil nach § 3 III TVG die sog. Nachbindung eintritt. Das heißt, die Tarifgebundenheit bleibt solange bestehen, bis der Tarifvertrag endet. Ein Tarifvertrag endet entweder durch Kündigung, Fristablauf oder durch Änderung seines Inhalts (siehe 2.5). Nach dem »Ende« des Tarifvertrags und der damit einhergehenden Beendigung der Tarifbindung tritt gem. § 4 V TVG die sog. Nachwirkung ein. Sie besagt, dass die Rechte und Pflichten aus dem Tarifvertrag solange weitergelten, bis sie durch eine andere »Abmachung« ersetzt werden. Wird der Betrieb zwischenzeitlich durch einen anderen Arbeitgeber übernommen, so werden die kraft Nachwirkung gegenüber dem früheren Arbeitgeber geltenden Rechte und Pflichten zum Inhalt des Arbeitsvertrags mit dem neuen Arbeitgeber und dürfen vor Ablauf eines Jahres nicht geändert werden (§ 613 a I 2 BGB). Eine Ausnahme von der Änderungssperre gilt für den Fall, dass die Rechte und Pflichten durch eine andere – durch Tarifvertrag oder Betriebsvereinbarung herbeigeführte – Regelung ersetzt werden (§ 613 a I 3 BGB). Die »andere Regelung« entspricht der »anderen Abmachung« im Sinne des § 4 V TVG.

Diese andere Regelung, bzw. Abmachung, lag im Ausgangsfall in Gestalt der in einem anderen Betrieb des neuen Arbeitgebers geltenden Betriebsvereinbarung vor. Sie wäre auf den übernommenen Betrieb auch anwendbar gewesen, sofern er in den anderen Betrieb eingegliedert und damit in ihm aufgegangen wäre. Da das nicht der Fall war und der bisherige Betriebsrat im Amt blieb, war dieser der alleinige Abschlusspartner für die kraft Nachwirkung in das Arbeitsverhältnis mit dem neuen Arbeitgeber eingeflossene Regelung über die Jahressonderzahlung. Dem neuen Arbeitgeber verblieb deshalb nur die Möglichkeit, mit dem Betriebsrat des übernommenen Betriebs zum Abschluss einer entsprechenden Betriebsvereinbarung zu gelangen oder die einjährige Änderungssperre abzuwarten, um danach (z.B. durch Änderungskündigung) auf eine geringere Jahressonderzahlung hinzuwirken.

Verwirkung der Erstattung zuviel gezahlten Arbeitsentgelts
BAG, 25.4. 2001 – 5 AZR 497/99; EzA § 242 BGB Verwirkung Nr. 1.

Leitsätze:
- Der Tatbestand der Verwirkung setzt voraus, dass neben das Zeitmoment das Umstandsmoment tritt. Es müssen besondere Umstände sowohl im Verhalten des Berechtigten als auch des Verpflichteten vorliegen, die es rechtfertigen, die spätere Geltendmachung des Rechts als mit Treu und Glauben unvereinbar und für den Verpflichteten als unzumutbar anzusehen.
- Wer keine Kenntnis von einem möglichen Anspruch eines Dritten hat, kann auf das Ausbleiben einer entsprechenden Forderung allenfalls allgemein, nicht aber konkret hinsichtlich eines bestimmten Anspruchs vertrauen.

Sachverhalt:
Der beklagte Arbeitnehmer erhielt über einen Zeitraum von 14 Monaten hinweg irrtümlich eine Gehaltsüberzahlung. Der Abrechnungsfehler wurde erst zwei Jahre später im Zuge einer Betriebsprüfung durch das Finanzamt festgestellt, der Rückzahlungsanspruch sogar erst nach weiteren sechs Jahren gegenüber dem Beklagten erhoben. Der Arbeitgeber forderte den überzahlten Betrag zurück.

Entscheidungsgründe:
Ob der Anspruch kraft Verwirkung untergegangen ist, richtet sich nicht allein nach dem Zeitablauf. Hinzukommen müssen besondere Umstände im Verhalten beider Parteien, wonach die späte Geltendmachung mit Treu und Glauben (§ 242 BGB) als unvereinbar und für den Verpflichteten als unzumutbar anzusehen ist. Dies ist der Fall, wenn der Beklagte aus dem Verhalten des Klägers den Eindruck gewinnen konnte, mit einer verspäteten Geltendmachung der Rückzahlungsforderung nicht mehr rechnen zu müssen. Diese Voraussetzung liegt nicht vor. Der Kläger hatte erst durch die Betriebsprüfung des Finanzamtes, der Beklagte erst durch die Geltendmachung des Rückzahlungsanspruchs von der Gehaltsüberzahlung Kenntnis erlangt. Fehlt es aber schon an der Kenntnis vom möglichen Anspruch eines Dritten, so kann der Betroffene auf das Ausbleiben der Geltendmachung dieses Anspruchs – mangels eines konkreten Bezugspunktes – auch nicht vertrauen.

Ob ein Rückzahlungsanspruch aus ungerechtfertigter Bereicherung (§ 812 I 1 BGB) begründet ist, hängt davon ab, inwieweit sich der Beklagte mit Erfolg auf den Einwand der Entreicherung (§ 818 III BGB) berufen kann. Entreicherung liegt vor, wenn der Beklagte die rechtsgrundlos erlangte Gehaltsüberzahlung im Vertrauen auf deren rechtmäßigen (§ 819 I BGB) Empfang zur Deckung seiner laufenden Lebensbedürfnisse verbraucht hat. Dagegen ist der Einwand der Entreicherung ausgeschlossen, wenn der Beklagte die Mittel eingesetzt hat, um sich – noch in seinem Vermögen befindliche – Werte oder Vorteile, wie z.B. die Tilgung von Schulden, zu verschaffen. Dem Beklagten obliegt diesbezüglich die Darlegungs- und Beweislast. Ein konkreter Nachweis ist allerdings entbehrlich, sofern es sich lediglich um eine gleichbleibend geringe Überzahlung handelt. In diesem Falle wird davon ausgegangen, dass die Überzahlung für konsumtive Ausgaben des laufenden Lebensunterhalts verwendet worden ist. Als geringe Überzahlung sieht der Senat eine solche an, die 10% des Nettogehalts nicht überschreitet.

Praxisrelevanz:
Die Prüfung der Verwirkung eines Anspruchs hat sich an drei Kriterien zu orientieren,
- dem Zeitmoment, d. h. der Berechtigte hat seinen Anspruch längere Zeit nicht verfolgt,
- dem Umstandsmoment, d. h. er hat beim Verpflichteten den Eindruck erweckt, den Anspruch nicht mehr geltend zu machen,
- dem Zumutbarkeitsmoment, d. h. der Verpflichtete hat sich darauf eingestellt, so dass ihm die Erfüllung des Anspruchs nicht mehr zugemutet werden kann.

Welcher Zeitraum anzusetzen ist, innerhalb dessen eine Verwirkung in Betracht kommt, lässt sich nicht losgelöst vom Einzelfall bestimmen. Insoweit kommt es wesentlich auf die Wechselwirkung mit dem Umstandsmoment an. Je schwerer dieses wiegt, desto kürzer kann die Zeitspanne sein, je länger der Anspruch nicht geltend gemacht worden ist, desto stärker nimmt die Bedeutung des Umstandsmoments ab.

Von der Verwirkung zu unterscheiden ist – neben der in diesem Zusammenhang weniger bedeutsamen Verjährung – die Ausschluss- bzw. Verfallfrist. Eine solche Frist sehen in aller Regel die Tarifverträge vor, indem sie die Geltensmachung von Ansprüchen aus dem Arbeitsverhältnis innerhalb einer bestimmten – oft nur dreimonatigen – Frist vorschreiben. Nach Fristablauf ist der Anspruch erloschen. Theoretisch kann die Verwirkung bereits vor dem Ende der Verjährungs- oder der Verfallfrist eintreten. Soweit kurze Verfallfristen gelten, werden diese jedoch früher eingreifen, so dass für eine Verwirkung kein Raum bleibt.

Ungeachtet ob der Arbeitgeber den Anspruch auf Rückzahlung zuviel entrichteten Arbeitsentgelts vor Eintritt der Verwirkung oder vor Ablauf der Verfallfrist geltend macht, kann der Arbeitnehmer den Einwand der Entreicherung nach § 818 III BGB erheben. Diesbezüglich hat das BAG eine klare Grenze gezogen. Solange die Überzahlung 10% des Nettoentgelts nicht überschreitet, gilt sie als verbraucht und kann nicht mehr zurückgefordert werden. Erst wenn dieser Grenzwert überschritten wird, bleibt zu prüfen, ob der Arbeitnehmer sie in einer Weise verwendet hat, die über die Deckung des täglichen Lebensbedarfs hinausgeht. Nur in diesem Fall kommt ein Rückforderungsanspruch in Betracht.

Kündigungsschutz in Kleinbetrieben
BAG, 21. 2. 2001 – 2 AZR 15/00 –,
EzA § 242 BGB Kündigung Nr. 1.

Leitsätze:
- Soweit im Fall der Kündigung unter mehreren Arbeitnehmern eine Auswahl zu treffen ist, hat auch der Arbeitgeber im Kleinbetrieb, auf den das Kündigungsschutzgesetz keine Anwendung findet, ein durch Art 12 GG gebotenes Mindestmaß an sozialer Rücksichtnahme zu wahren. Eine Kündigung, die dieser Anforderung nicht entspricht, verstößt gegen Treu und Glauben (§ 242 BGB) und ist deshalb unwirksam.
- Ist bei einem Vergleich der grundsätzlich von dem gekündigten Arbeitnehmer vorzutragenden Sozialdaten evident, dass dieser erheblich sozial schutzbedürftiger ist als ein vergleichbarer weiterbeschäftigter Arbeitnehmer, so spricht dies zunächst dafür, dass der Arbeitgeber das gebotene Mindestmaß an sozialer Rücksichtnahme außer Acht gelassen hat. Setzt der Arbeitgeber dem schlüssigen Sachvortrag des Arbeitnehmers weitere (betriebliche, persönliche etc.) Gründe entgegen, die ihn zu der getroffenen Auswahl bewogen haben, so hat unter dem Gesichtspunkt von Treu und Glauben eine Abwägung zu erfolgen. Es ist zu prüfen, ob auch unter Einbeziehung der vom Arbeitgeber geltend gemachten Gründe die Kündigung die sozialen Belange des betroffenen Arbeitnehmers in treuwidriger Weise unberücksichtigt lässt. Der unternehmerischen Freiheit des Arbeitgebers im Kleinbetrieb kommt bei dieser Abwägung ein erhebliches Gewicht zu.

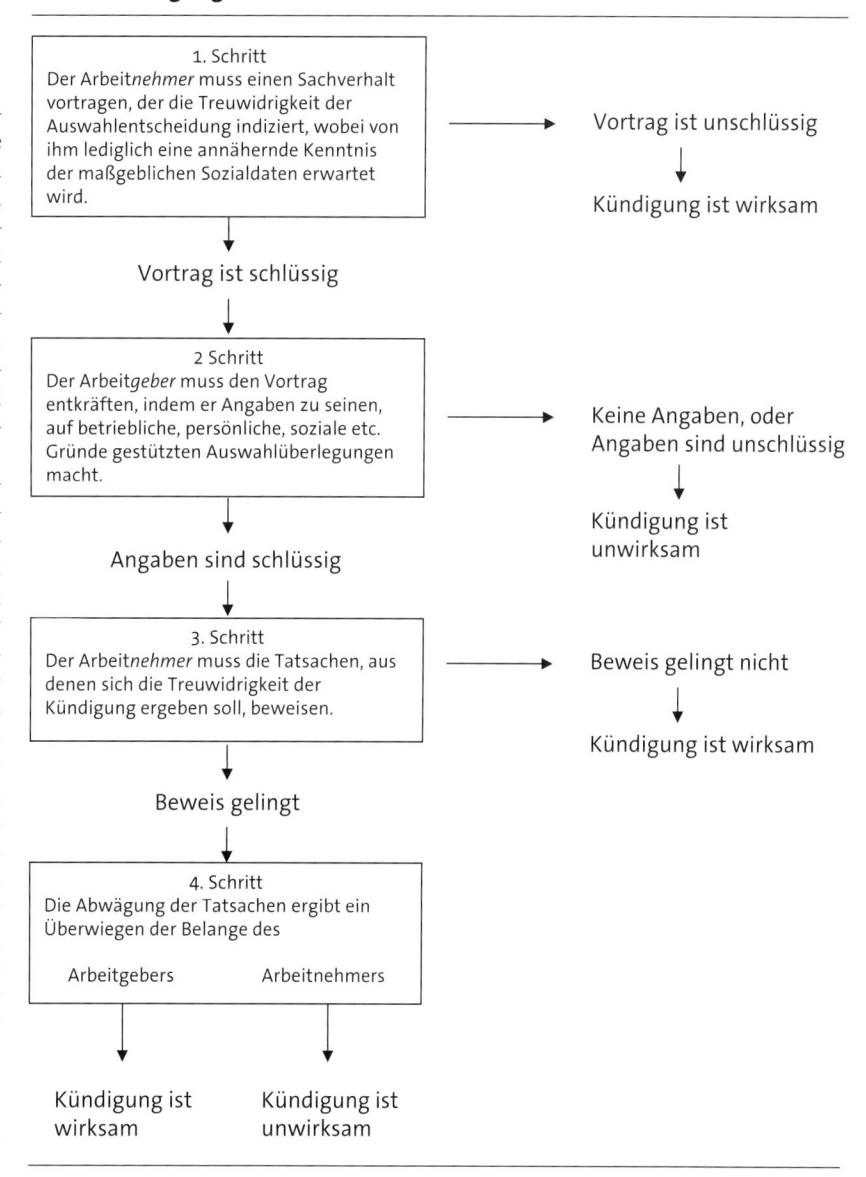

Sachverhalt:
Der beklagte Arbeitgeber beschäftigte in seinem Unternehmen insgesamt fünf Mitarbeiter, unter ihnen den Kläger. Dessen Arbeitsverhältnis kündigte der Arbeitgeber ohne Begründung fristgemäß. Der Kläger hielt die Kündigung für unwirksam. Er vertrat die Auffassung, auch außerhalb des Anwendungsbereichs des Kündigungsschutzgesetzes sei der verfassungsrechtlich gebotene Mindestschutz zu gewährleisten. Insoweit habe der Arbeitgeber bei seiner Entscheidung berücksichtigen müssen, dass sich unter den Beschäftigten auch solche befanden, die jünger und mit einer kürzeren Betriebszugehörigkeit als er im Unternehmen tätig waren.

Entscheidungsgründe:
Für die Bestimmung des Inhalts und der Grenzen eines Kündigungsschutzes außerhalb des Kündigungsschutzgesetzes ist die Bedeutung grundrechtlicher Schutzpflichten zu beachten. In diesem Rahmen kommt es vor allem auf die Tragweite der Grundrechte aus Art. 12 I GG (Berufsfreiheit) und Art. 3 I GG (Gleichheitssatz) sowie des Sozialstaatsprinzips nach Art. 20 I GG an. Die Beachtung dieser verfassungsrechtlichen Prinzipien findet über die Generalklausel von Treu und Glauben des § 242 BGB Eingang in die Beurteilung der Rechtmäßigkeit der Kündigung. Danach hat der Arbeitgeber, soweit er unter mehreren Arbeitnehmern eine Auswahl trifft, ein gewisses Maß an sozialer Rücksichtnahme zu üben und darf ein

Grafik Kündigungsschutz in Kleinbetrieben

1. Schritt
Der Arbeit*nehmer* muss einen Sachverhalt vortragen, der die Treuwidrigkeit der Auswahlentscheidung indiziert, wobei von ihm lediglich eine annähernde Kenntnis der maßgeblichen Sozialdaten erwartet wird.
→ Vortrag ist unschlüssig ↓ Kündigung ist wirksam

↓ Vortrag ist schlüssig

2 Schritt
Der Arbeit*geber* muss den Vortrag entkräften, indem er Angaben zu seinen, auf betriebliche, persönliche, soziale etc. Gründe gestützten Auswahlüberlegungen macht.
→ Keine Angaben, oder Angaben sind unschlüssig ↓ Kündigung ist unwirksam

↓ Angaben sind schlüssig

3. Schritt
Der Arbeit*nehmer* muss die Tatsachen, aus denen sich die Treuwidrigkeit der Kündigung ergeben soll, beweisen.
→ Beweis gelingt nicht ↓ Kündigung ist wirksam

↓ Beweis gelingt

4. Schritt
Die Abwägung der Tatsachen ergibt ein Überwiegen der Belange des
- Arbeitgebers → Kündigung ist wirksam
- Arbeitnehmers → Kündigung ist unwirksam

durch langjährige Mitarbeit erdientes Vertrauen in den Fortbestand des Arbeitsverhältnisses nicht unberücksichtigt lassen. Der hiernach dem Arbeitnehmer zukommende Schutz reicht allerdings nicht so weit, dass im Ergebnis vom Arbeitgeber verlangt würde, die Maßstäbe der Sozialwidrigkeit nach § 1 KSchG anzulegen. Vielmehr soll der Arbeitnehmer vor willkürlichen oder sachfremden Motiven des Arbeitgebers geschützt werden, wobei die Belange des Arbeitgebers am wirtschaftlichen Bestand des Kleinunternehmens gegen die des Arbeitnehmers an der Erhaltung seines Arbeitsplatzes abzuwägen sind.

Was den Verstoß der Kündigung gegen § 242 BGB anbelangt, hat der Arbeitnehmer den Sachverhalt darzulegen, der die Annahme der Treuwidrigkeit nahe legt. Hierzu reicht es aus, wenn er die für ihn sprechenden ungünstigeren Sozialdaten eines vergleichbaren Kollegen vorträgt. Ergibt sich daraus, dass der Arbeitgeber einen erheblich weniger schutzbedürftigen Arbeitnehmer weiterbeschäftigt, spricht dies für das Außerachtlassen des erforderlichen Mindestmaßes an sozialer Rücksichtnahme und damit für die Treuwidrigkeit der Kündigung. Dem Arbeitgeber obliegt es, den Vortrag zu entkräften, indem er seine Auswahlüberlegungen darlegt. Gelingt dies dem Arbeitgeber, muss der Arbeitnehmer die Tatsachen, aus denen sich die Treuwidrigkeit der Kündigung ergeben soll, beweisen.

Praxisrelevanz:
In Kleinbetrieben herrscht weitgehend die Auffassung, die Befreiung vom Kündigungsschutzgesetz gebe dem Arbeitgeber freie Hand, Kündigungen nach Gutdünken auszusprechen. Dieser Vorstellung setzt die vorliegende Entscheidung ein Ende, indem sie die Maßstäbe vorschreibt, an die sich der Arbeitgeber bei Kündigungen in Zukunft zu halten hat. Sie konkretisiert damit die Vorgaben, die das Bundesverfassungsgericht in seinem sog. Kleinbetriebsbeschluss aus dem Jahre 1998 gesetzt hat. Die Grafik zu 2.9 zeigt den Ablauf der zu prüfenden Faktoren bei Kündigungen.

Tariflohnerhöhung auf Grund betrieblicher Übung
BAG, 16. 1. 2002 – 5 AZR 715/00 –, EzA § 4 Tariflohnerhöhung Nr. 37.

Leitsatz:
Hat ein nicht tarifgebundener Arbeitgeber in der Vergangenheit die Löhne und Gehälter entsprechend der Tarifentwicklung erhöht, begründet dies allein keine betriebliche Übung der Erhöhung der Arbeitsentgelte entsprechend der Tarifentwicklung.

Sachverhalt:
Das beklagte Unternehmen erhöhte in der Vergangenheit alljährlich die Arbeitsentgelte der bei ihr beschäftigten Arbeitnehmer, obwohl es an keinen Tarifvertrag gebunden war. Die Erhöhungen entsprachen der tariflichen Entwicklung im Bereich des Tarifbezirks, in dem das Unternehmen seinen Sitz hatte. Im Jahre 1999 nahm es von der bisherigen Praxis Abstand, indem es sich den stattgefundenen Tariferhöhungen nicht anschloss. Hiergegen wendet sich die Klage.

Entscheidungsgründe:
Ein Anspruch aus dem Rechtsgrund der betrieblichen Übung ist nicht gegeben. Unter einer betrieblichen Übung ist die regelmäßige Wiederholung bestimmter Verhaltensweisen des Arbeitgebers zu verstehen, aus denen die Mitarbeiter schließen können, ihnen solle eine bestimmte Leistung auf Dauer eingeräumt werden. Entscheidend für die Entstehung eines Anspruchs ist nicht der Verpflichtungswille des Arbeitgebers, sondern wie der Mitarbeiter die Erklärung oder das Verhalten des Arbeitgebers nach Treu und Glauben unter Berücksichtigung der Begleitumstände (§§ 133, 157, 242 BGB) verstehen durfte.

Bei einem nicht tarifgebundenen Arbeitgeber kann eine betriebliche Übung der Erhöhung der Arbeitsentgelte entsprechend der Tarifentwicklung in einem bestimmten Tarifgebiet nur angenommen werden, wenn es deutliche Anhaltspunkte im Verhalten des Arbeitgebers dafür gibt, dass er die von den Tarifvertragsparteien ausgehandelten Entgelterhöhungen auf Dauer übernehmen will.

Davon kann in der Regel nicht ausgegangen werden. Denn die fehlende Tarifbindung verdeutlicht den Willen des Arbeitgebers, die Erhöhung der Arbeitsentgelte zukünftig nicht ohne weitere Prüfung vorzunehmen. Indem der Arbeitgeber sich der Tarifbindung nicht unterwirft, bringt er zum Ausdruck, die einer jeden Tarifentwicklung innewohnenden und unvorhersehbaren Dynamik nicht mitvollziehen zu müssen. Darin unterscheidet sich der vorliegende Sachverhalt von der betrieblichen Übung bei der Gewährung von Zulagen oder Sonderzahlungen. Hierbei entstehen zwar auch weitere Kosten; diese sind aber statisch und damit vorhersehbar ausgestaltet.

Praxisrelevanz:
Das Urteil könnte einen Arbeitgeber in falscher Sicherheit wiegen. Denn was in dem entschiedenen Fall richtig gewesen ist, muss auf einen anderen nicht gleichermaßen zutreffen. Das BAG hat ausdrücklich darauf hingewiesen, dass die Bewertung wiederholt gewährter Leistungen des Arbeitgebers als betriebliche Übung eine »tatrichterliche Aufgabe« sei. Das bedeutet, dass ein (erstinstanzliches) Arbeitsgericht aufgrund der konkreten Umstände des Einzelfalles durchaus zu dem Schluss gelangen kann, die wiederholte Weitergabe von Tariferhöhungen als betriebliche Übung, die auch für die Zukunft anspruchsbegründend wirke, zu betrachten. Deshalb empfiehlt es sich in Fällen dieser Art, im Mitteilungsschreiben an die Mitarbeiter – oder per Aushang – eine Klarstellung formulieren.

Klarstellung zur Vermeidung einer betrieblichen Übung

»Wir freuen uns, auch in diesem Jahr wieder an die Tarifentwicklung in der ...-Industrie anknüpfen und die Arbeitsentgelte entsprechend dem Verhandlungsergebnis der Tarifvertragsparteien zum ... um ... Prozent erhöhen zu können. Aus Rechtsgründen weisen wir jedoch darauf hin, dass wir damit keine betriebliche Übung begründen wollen sondern uns vorbehalten, anlässlich der nächsten Tariferhöhung neu zu entscheiden.«

Forum III
Hintergrund / Expertenmeinung

Inhaltsübersicht

1. Expertendiagnose Mobbing
2. Die Psychologie der Kündigung
3. Change Management, Rahmenbedingungen gesellschaftsrechtlicher Umwandlungen

1 Expertendiagnose Mobbing 471
Eindeutige Definition schwierig 471
Es gibt keine Checkliste 471
Täter und Opfer agieren verdeckt 472
Fachkompetente Beurteilung ist wichtig 472
Mobbing oder Selbstschutz für die Psyche 472
Unklare Rolle des Betriebsrates 473
Gegenteiliger Effekt durch Dienstvereinbarungen 473
Fallstricke bewusst umgehen 474

2 Die Psychologie der Kündigung 474
Täter, Opfer oder Helfer? 474
Das Opfer 474
Der Verfolger 474
Der Retter 474
Rollentausch 475
Rollenprägung und Rollentausch vermeiden 475
Sandwich-Position der Führungskraft 475
Reaktionstypologie bei Vorgesetzten 475
Der Verdänger 475
Der Konfrontierer 476
Verhaltenstipps für Konfrontierer 476
Der Konsens-Sucher 476
Verhaltenstipps für Konsens-Sucher 476
Experten-Tipp für alle drei Reaktionstypen 476
Reaktionen von Personalprofis als »Betroffene« 476

3 Change Management, Rahmenbedingungen gesellschaftsrechtlicher Umwandlungen 477
Ausgangssituation 477
Gesellschaftsrechtliche Fragen 477
Arbeitsverhältnis 477
Rechte und Pflichten bestehen fort 477
Änderungssperre 480
Tarifvertrag oder Betriebsvereinbarung im neuen Unternehmen 480
Wegfall der Änderungssperre 481
Bezugnahmeklausel 481
Unterrichtung 482
Widerspruchsrecht 483
Kündigungsrechtliche Stellung des Arbeitnehmers 483
Betriebsrat 483

1 Expertendiagnose Mobbing

Auch wenn jeder davon spricht, Mobbing ist für Laien kaum zu erkennen. Schon die Begriffsdefinition ist schwierig und selbst für Experten sind die Fallstricke eng gespannt. Da es sich bei Mobbing um ein Phänomen handelt, das sich im Verborgenen abspielt, kann man keine vernünftige Zahlenangaben zur Verbreitung von Mobbing machen. Es wird also mit Dunkelziffern gearbeitet und sei es nur der Hinweis darauf, dass diese sehr hoch seien. Die Anzahl der Mobbingfälle gerät also oft zur rein interessengeleiteten Spekulation. So wird beispielsweise in den Informationen zur Angestelltenpolitik des Deutschen Gewerkschaftsbundes DGB (3/1997) ohne nähere Erklärung von 1,5 Millionen Betroffenen gesprochen. Auch lassen sich aus den Dunkelziffern zur Verbreitung von Mobbing scheinbar sehr präzise Angaben über Milliardenschäden machen, die durch Mobbing entstehen. Ein Beispiel dafür sind mehr oder weniger sinnvolle Berechungen zu den Kosten von Mitarbeiterfluktuationen: für einen Facharbeiter: 7500 Euro, für einen qualifizierten Angestellten: 25.000 Euro, für eine Führungskraft: 200.000 Euro.

Bei diesen Zahlen handelt es sich um allgemein akzeptierte Zahlen, die nur einen geringen Interpretationsspielraum bieten. Sie gewinnen ihre Schein-Relevanz durch die Multiplikation der Kosten mit der Zahl mutmaßlicher Mobbing-Fälle. Eine Meldung in der Stuttgarter Zeitung vom 6. Mai 2000 besagt: »Eine bundesweite Hochrechnung der Bundesanstalt für Arbeit für das Jahr 1998 beziffert den Verlust durch krankheitsbedingte Abwesenheit von Arbeitnehmern auf etwa 80 Milliarden Mark. Wir gehen davon aus, dass rund 30 Prozent der Kosten wegen Krankheit durch schlechte Arbeitsbedingungen beeinflusst sind.

Um der Spekulation mit Dunkelziffern zu entgehen, kann man versuchen, das Thema empirisch anzugehen. Diese empirische Untermauerung ist jedoch aufgrund der Verdecktheit des Mobbings sehr schwierig. Nach den Regeln der empirischen Sozialforschung sind Schlüsse aus derartigem empirischen Material nicht sinnvoll zu ziehen. Als Legitimation zur Beschäftigung mit Mobbing reicht jedoch aus Sicht des Autors die Phänomenologie und die Alltagserfahrung völlig aus. Eine Pseudo-Untermauerung mit fragwürdigem Material schadet mehr als sie nützt. Eine Legitimation der Beschäftigung mit dem Thema Mobbing kann sinnvoller Weise allein aus dem Einzelfall heraus erfolgen.

Eindeutige Definition schwierig

Der Begriff Mobbing ist in den letzten Jahren Teil des allgemeinen Sprachschatzes geworden. Mit zunehmender Verbreitung ist der Begriff jedoch auch unpräziser geworden. Dieser Verwässerung des Begriffes wurde versucht, mit Operationalisierungen zu begegnen. Am bekanntesten dürfte wohl die Zusammenstellung der 45 Mobbing-Handlungen von Leymann sein.

Diese Operationalisierung verspricht zwar, dass man eine einheitliche und vermeintlich präzise Definition zur Verfügung hat, sie birgt jedoch ein allgemeines Dilemma sowie die Schwierigkeit der inhaltlichen Definition. Stellt man einen Katalog von Mobbing-Handlungen auf, schließt man damit gleichzeitig auch diejenigen Handlungen aus, die nicht in dem Katalog definiert sind. Das Universum der potenziellen Mobbing-Handlungen wird dadurch unzulässigerweise reduziert. Fasst man dagegen den Katalog der Mobbing-Handlungen sehr allgemein und flexibel, so verliert er sehr stark an Verbindlichkeit. Da es sich bei Mobbing gerade um kreative und sehr stark situationsflexible Verhaltensweisen handelt, scheint der Versuch einer handhabbaren Operationalisierung und eindeutigen Definition aus prinzipiellen Gründen zum Scheitern verurteilt.

Es gibt keine Checkliste

Wie schwierig es ist, Mobbing-Handlungen inhaltlich zu definieren, wird anhand des Katalogs von Leymann deutlich. Leymann nennt in seinem Katalog unter anderem folgende Mobbing-Handlungen:
- Man stellt die Entscheidungen des Betroffenen in Frage.
- Man übt ständige Kritik an der Arbeit.
- Man gibt ihm ständig neue Aufgaben.

Diese so genannten Mobbing-Handlungen müssen nicht unbedingt von vornherein Mobbing-Handlungen sein. Sie können sogar für die Zusammenarbeit innerhalb einer Organisation überaus wichtig sein. Wie würde eine Organisation aussehen, in der Entscheidungen nicht kritisiert werden dürfen oder in der die Arbeit nicht kritisiert werden darf? In jeder halbwegs offenen Organisation ist die Kritik ein zentrales Mittel zur Verbesserung von Entscheidungen und Arbeitsergebnissen. Organisationen die keine Kritik zulassen verkrusten.

Die Beispiele zeigen, dass es schwer möglich ist, Mobbing-Handlungen inhaltlich verbindlich zu definieren. Natürlich können die beschriebenen Handlungen auch Mobbing-Handlungen sein. Handlungen stehen jedoch immer in einem Bezugsrahmen. Dieser Kontext kann die Bedeutung der Handlungen relativieren oder auch komplett in das Gegenteil verkehren. Durch eine Operationalisierung besteht die Gefahr, Mobbing-Handlungen in einer Art Checkliste aufzuführen, die nur abgearbeitet werden muss. Diese Gefahr ist sehr real. In einem Seminar wurde die langjährige Leiterin eines Mobbing-Telefons bei einer Krankenkasse gefragt, was man tun solle, wenn sich der Vorgesetzte weigert, Handlungen als Mobbing zu sehen. Sie empfahl, man solle dann auf die Liste von Leymann verweisen, in der Mobbing genau definiert sei, das sei dann eine ausreichende Begründung.

Mobbing kann nicht einfach und verbindlich definiert werden. Pseudo-Operationalisierungen und pseudoexakte Definitionen helfen daher wenig; jeder Kontext ist anders. Es bleibt nur der mühevolle und unsichere Weg, in jedem Einzelfall und in jedem einzelnen Kontext zu prüfen, ob Mobbing vorliegt, ohne den Begriff zuvor exakt definieren zu können. Dabei sollte man sich bewusst sein, dass es für Mobbing kein sicheres Kriterium gibt und auch nicht geben kann. Man kann daher nur im ersten Schritt den relativ inhaltsleeren Begriff Mobbing zur Kenntnis nehmen und versuchen, ihn dann in der weiteren Bearbeitung des Einzelfalles individuell zu präzisieren. Generell bleibt jedoch die unbefriedigende Situation, sich mit etwas beschäftigen zu müssen, das man nicht exakt beschreiben oder definieren kann.

Täter und Opfer agieren verdeckt

Mobbing zeichnet sich gerade dadurch aus, dass ein Konflikt nicht offen ausgetragen wird. Effizientes Mobbing ist nur dann möglich, wenn es verdeckt abläuft. Häufig bestehen Mobbing-Opfer darauf, dass sie anonym bleiben. Dies ist im Falle eines tatsächlichen Opfers auch verständlich. Man hat es also mit einem doppelt intransparenten Prozess zu tun. Der Täter agiert verdeckt und das Opfer möchte den Konflikt verdeckt bearbeiten. Bei dieser mehrfachen Intransparenz der Sachlage kann ein Mobbing-Helfer leicht selbst ein Werkzeug geschickten Mobbings werden. Wer sich mit dem Thema Mobbing beschäftigt, läuft sehr oft Gefahr, von geschickten Tätern instrumentalisiert zu werden. Man muss sich daher darüber im Klaren sein, dass man eventuell eine Rolle in einem übergeordneten Kalkül eines Täters spielen kann.

Man sollte andererseits auf keinen Fall unkritisch die Sichtweise des Mobbing-Opfers übernehmen. Hier besteht leicht die Gefahr dem impliziten oder expliziten Appell des Mobbing-Opfers nachzukommen. Mit der Zuteilung der Kategorien Opfer und Täter sollte der Helfer sehr vorsichtig sein. Im Laufe der Fallbearbeitung sollte die Anonymität des Opfers schrittweise, aber nur mit dessen Einwilligung, aufgehoben werden. Gibt es diese Einwilligung nicht, kann der Fall nicht sinnvoll weiter bearbeitet werden. Es besteht dann immer die Gefahr, dass man zum Mittäter gemacht wird. Der Wunsch des Opfers nach Anonymität sollte anfangs respektiert werden, aber eben nur am Anfang.

Fachkompetente Beurteilung ist wichtig

Im Umgang miteinander gibt es durch die geschriebenen und ungeschriebenen Regeln des Anstandes, der Sitte, der Ethik und der Moral allgemein akzeptierte Grenzen. Diese all-gemeine Akzeptanz der Grenzen kann jedoch nur so lange bestehen, wie Täter und Opfer die gleiche Vorstellung und Wahrnehmung des geschützten Raumes und dessen Grenzen haben. Im Falle von Mobbing durchbricht der Täter diese Grenzen und dringt in den geschätzten Raum des Opfers ein. Eine Verletzung der Grenzen kann jedoch auch dann entstehen, wenn einer der beiden Beteiligten eine übersensible Wahrnehmung besitzt, in der die Grenzen sehr schnell überschritten werden. Die Wahrnehmung einer Grenzüberschreitung kann ein Problem der Grenzüberschreitung oder ein Problem der Eigenheiten der Wahrnehmung des Opfers sein.

Eine weitere Schwierigkeit bei der Identifikation von Mobbing besteht in der Abgrenzung von tatsächlichem Mobbing zum Vorliegen psychischer Störungen bei dem Opfer. Potenzielle Mobbing-Opfer sollten auf keinen Fall voreilig als psychisch gestört abgestempelt werden. Genauso wenig kann man davon ausgehen, dass keine psychische Störung vorliegt.

Beim Umgang mit dem Thema Mobbing muss allerdings deutlich zwischen beiden Gruppen unterschieden werden. Da dies für den Laien kaum möglich sein dürfte, sollte man auf die Unterstützung entsprechender Fachkompetenz zurückgreifen. Von besonderer Schwierigkeit dürfte dabei die Abgrenzung von echtem Mobbing und der sozialen Phobie sowie der ängstlichen Persönlichkeitsstörung sein. Nach einer inter-nationalen Klassifizierung (ICD 10) besteht eine soziale Phobie in einer: »Furcht vor prüfender Betrachtung durch andere Menschen, die zur Vermeidung sozialer Situationen führt. Umfassende soziale Phobien sind in der Regel mit niedrigem Selbstwertgefühl und Furcht vor Kritik verbunden«. Im klinischen Bereich zählt die soziale Phobie zu der zweithäufigsten Angsterkrankung. Die Wahrscheinlichkeit, dass jemand im Laufe seines Lebens an sozialen Phobie leidet, liegt zwischen zwei und drei Prozent. In einem Betrieb mit entsprechender Größe ist es daher gut m glich, eine entsprechende Menge an Personen mit dieser Symptomatik anzutreffen.

Personen, die an einer solchen Störung leiden, werden sich häufiger als Mobbing-Opfer sehen. Mobbing-Opfer und Menschen mit psychischen Störungen können also sehr ähnlich Symptome zeigen. Man sollte sich also davor hüten, potenzielle Mobbing-Opfer leichtfertig als Menschen mit psychischen Problemen zu fehldiagnostizieren. Man muss sich jedoch immer bewusst sein, dass die vom Ratsuchenden beschriebene Problematik im Falle von Mobbing, der sozialen Phobie und der ängstlichen Persönlichkeitsstörung sehr ähnlich ist und sollte das Vorliegen dieser Störungen auch nicht vorzeitig ausschließen.

Mobbing oder Selbstschutz für die Psyche

Man kann die angenehmen oder unangenehmen Dinge, die sich im Leben ereignen, prinzipiell auf zwei unterschiedliche Quellen zurückführen. Entweder auf die Eigenheiten der eigenen Person (Kompetenz, Intelligenz, Einsatz) oder auf die jeweiligen Gegebenheiten der Situation (günstig, ungünstig). Empirische Un tersuchungen zeigen ebenso wie die simple Lebenserfahrung, dass derjenige zufriedener ist, der seine Erfolge mit internen Faktoren erklärt, seine Misserfolge dagegen mit den Widrigkeiten der Situation. Dieses natürliche Erklärungsmuster stellt sicher, dass der subjektiv erlebte Selbstwert einer Person durch Ereignisse in der Außenwelt möglichst wenig beeinträchtigt wird. Es stellt somit einen generellen Mechanismus dar, mit dessen Hilfe eine Person sich gut fühlt. Dieser psychohygienische Reflex ist für das Individuum ein Mechanismus, der das psychische (Über-)Leben erleichtert. Jeder Mensch hat daher die gesunde Tendenz, die Widrigkeiten des Alltags eher den Umstände in der Außenwelt in die Schuhe zu schieben als sich selbst. Die oben beschriebene Geläufigkeit des Begriffes Mobbing unterstützt diese natürliche Tendenz noch zusätzlich. Der Modebegriff legitimiert diese Sichtweise, indem er suggeriert, es handle sich dabei um ein Phänomen, das allgegenwärtig sei, um das sich die Wissenschaft kümmert, das alle betrifft. Es empfiehlt sich daher prinzipiell kritisch gegenüber der Selbstdiagnose Mobbing zu sein. Es könnte sich auch nur um den psychohygienischen Reflex handeln.

Unklare Rolle des Betriebsrates

Der Betriebsrat hat eine schwierige und ungewohnte Rolle, wenn es zu konkreten Disziplinarmaßnahmen gegen Mobbing-Täter kommt. Er muss daher von Anfang an voll in den gesamten Ablauf eingebunden sein und braucht Mut, seine gewohnte Rolle zu überdenken. Bei der Behandlung praktischer Mobbing-Fälle tritt oft folgender Effekt auf: Schildert ein Opfer seine Situation, so macht sich derjenige, dem er die Situation schildert, sehr schnell zum Anwalt des Opfers. Der primäre Ansprechpartner büßt dabei rasch seine eher neutrale Rolle ein und läuft dann Gefahr, in eine der vielen sonstigen Fallen zu tappen. Es sollten sich daher immer mehrere Personen mit einem Fall beschäftigen. Der primäre Ansprechpartner erhält dadurch eine Art der Supervision.

Gegenteiliger Effekt durch Dienstvereinbarungen

Oft wird versucht, dem Thema Mobbing mit Dienst- oder Betriebsvereinbarungen zu begegnen. Solche Vereinbarungen alleine bewirken nicht viel. Ihre Wirkung besteht darin, dass man nach außen demonstriert, dass sich die Organisation mit dem Thema befasst und über Regularien verfügt, dieses Thema anzugehen.

Übersicht Handlungskonzept

Stufe 1	**Vier-Augen-Gespräch** Betroffener mit persönlichem Berater ■ Werksarzt oder ■ Betriebsrat oder ■ Personalabteilung	Ziel: Erklärung des Prozesses »Es tut sich was«
Stufe 2	**Vier-Augen-Gespräch nach etwa 1 – 2 Wochen.** Wird vom persönlichen Berater initiiert. Entscheidung: Beratungsteam einbeziehen oder individuelles Hilfsangebot?	Ziel: Der Betroffene merkt, dass er nicht vergessen wird. Entscheidung über weiteres Vorgehen bzw. Beendigung
Stufe 3	**Voraussetzung für Stufe 3:** **Einverständniserklärung des Betroffenen** 3a) Gespräch Betroffener – Beratungsteam 3b) Gespräch des Beratungsteams ohne den Betroffenen und Diagnose 3c) Kommunikation der Diagnose des Beratungsteams an den Betroffenen durch den persönlichen Berater	Ziel: Diagnosesicherheit, vorläufige Diagnose: Persönliches Problem? Organisatorisches Problem? Kommunikationsproblem? Mobbing? Einigungszwang!
Stufe 4	**Voraussetzung für Stufe 4:** **Diagnose = Mobbing** Gespräch Beraterteam – Beteiligter	Ziel: Trennung von absichtlichem und unabsichtlichem Mobbing
Stufe 5	**Voraussetzung für Stufe 5:** **keine Veränderung im Verhalten des Beteiligten** 5a) Gespräch Betroffener, Beteiligter, Beratungsteam 5b) Persönlicher Berater bereitet Vereinbarung zwischen Betroffenem und Beteiligtem über die weitere Zusammenarbeit vor Betroffener und Beteiligter unterschreiben 5c) Persönlicher Berater überprüft spätestens 3 Monate später, ob die Vereinbarung eingehalten wurde	Ziel: Erzielen einer Vereinbarung zur weiteren Zusammenarbeit zwischen Betroffenem und Beteiligtem
Stufe 6	**Voraussetzung für Stufe 6:** **Vereinbarung wird nicht eingehalten** Vereinbarung an den Personalbetreuer, arbeitsrechtliche Schritte	

Damit kann man unter Umständen einen Teil potenzieller Mobber abschrecken. Man kann aber auch den gegenteiligen Effekt erzielen. Gibt man die Spielregeln des Verfahrens preis, macht man es geschickten Mobbern möglich oder zumindest leichter, ihr Mobbing-Verhalten so zu gestalten, dass sie nicht in Konflikt mit den jeweiligen Vereinbarungen kommen können. Man liefert dann eine implizite Anleitung, wie man die in der Vereinbarung definierten Sanktionierungsmechanismen umgehen kann. Man darf sich daher von einer Vereinbarung nicht allzu viel erwarten. Sie kann nur ein Signal sein, dass sich die Organisation ernsthaft mit dem Thema beschäftigt. Die oben beschriebenen Probleme kann sie nicht lösen.

Fallstricke bewusst umgehen

Die beschriebenen Mechanismen machen es in der Praxis sehr schwierig, sich mit dem Thema Mobbing auseinander zu setzen. Die praktische Arbeit mit dem Thema ist ungleich schwieriger als die propagandistische Auseinandersetzung. Dies sollte jedoch kein Grund sein, dieses Thema wieder unter seinen ihm angemessenen Stellenwert absinken zu lassen.

Man muss sich jedoch bewusst sein, dass man es mit einem höchst komplexen Sachverhalt zu tun hat und die Beschäftigung mit ihm viele Fallstricke bereithält. Diese sind jedoch zu umgehen, wenn man sich ihrer bewusst ist und über entsprechende Strategien verfügt, mit ihnen umzugehen. Wie es mit dem Thema Mobbing weitergeht, ob es einen angemessenen Stellenwert erhält, oder ob es wieder in der Versenkung verschwindet, hängt davon ab, ob praktikable Handlungskonzepte entwickelt werden, die die oben aufgeführten Schwierigkeiten berücksichtigen (siehe Übersicht Handlungskonzept).

2 Die Psychologie der Kündigung

Der direkte Vorgesetzte ist derjenige, der die schlechte Botschaft überbringen und eine Kündigung aussprechen sollte. Oft genug wird diese unangenehme Aufgabe auf den Personalverantwortlichen abgewälzt, denn viele Kündiger fühlen sich in der Konfrontation mit den Reaktionen der Gekündigten schlecht. Wie kommt das?

Wissenschaftliche Daten über die Psychologie des Kündigenden – ob Führungskraft oder Personalverantwortlicher – fehlen völlig. Zwar wird an der einen oder anderen Stelle auf die schwierige Rolle der Vorgesetzten als Betroffene, »Überlebende« (Survivor), Täter oder Opfer, hingewiesen, konkrete Handlungsanweisungen für Manager fehlen jedoch. Einige Fragen helfen, Modelle zum Verständnis der Reaktionen zu entwickeln:

- Wie grenzen sich die Rollen zwischen Führungskraft und Personalprofi voneinander ab?
- Warum überlassen Vorgesetzte Kündigungsgespräche allzu gerne den Personalverantwortlichen?
- Warum lassen sich Personalprofis immer wieder diese Gespräche aufdrängen?
- Wie geht es der Führungskraft mit dem Kündigungsgespräch persönlich?

- Inwieweit ist sie selbst als Kündigender im Trennungsprozess und im Kündigungsgespräch emotional betroffen?

Von Mitarbeitern wird immer wieder beschrieben, dass sie ihren Vorgesetzten im Kündigungsgespräch als schnoddrig, zynisch, cool oder arrogant erlebt haben. Das wirft die Frage auf, ob überwiegend Menschen in einer Führungsrolle sind, die eben zynisch und nicht empathisch sind. Oder sind manche Vorgesetzte durch ihre Funktion erst so geworden? Oder handelt es sich um eine Haltung, um mit den eigenen Ängsten besser zurechtzukommen? Zynismus sozusagen als Selbstschutz? Nach eigenem Bekunden der befragten Führungskräfte handelt es sich bei diesen Verhaltensweisen meist um den Ausdruck von Selbstschutz oder Hilflosigkeit. Das entschuldigt jedoch nichts. Die meisten Führungskräfte haben sich noch nie bewusst mit der Thematik auseinandergesetzt.

Täter, Opfer oder Helfer?

Für ein besseres Rollenverständnis und zum professionelleren Umgang mit sich selbst ist es hilfreich, wenn Sie sich bewusst machen, wer in welcher Situation und zu welchem Zeitpunkt des Trennungsprozesses in welcher Rolle ist.

Das Opfer
Es liegt auf der Hand, dass sich der Gekündigte als Opfer erlebt und/oder in seinem Umfeld als Opfer gesehen wird. Diese Rolle steht ihm in gewisser Weise zu, dieses Gefühl ist nachvollziehbar und allzu menschlich. Dennoch sollten Sie sich als Vorgesetzter bewusst machen, dass Sie einiges dazu beitragen können, dass der Gekündigte nicht so tief in die Opferrolle hinein sinkt oder wieder schnell aus ihr herauskommt.

Der Verfolger
Als Verfolger werden in erster Linie die Personen erlebt, die den Personalabbau beschlossen haben (Vorstand, Geschäftsleitung).»Die da oben »,die »in der Zentrale », die sind die »Bösen«. Darüber hinaus wird der unmittelbare Vorgesetzte als Verfolger erlebt, denn er hat ja letztendlich die Wahl mitgetroffen und ihr zugestimmt.

Der Retter
Im Rahmen von Trennungsprozessen werden die Mitarbeiter der Personalabteilung oft als »Retter »erlebt. Das gilt auch dann, wenn der Mitarbeiter oder Leiter der Personalabteilung die

Trennungsbotschaft übermittelt, weil man weiß, dass er ja nur Erfüllungsgehilfe der Geschäftsleitung oder des Vorgesetzten ist. Der Mitarbeiter weiß, dass die Personalabteilung nur ausführendes Organ ist.

Rollentausch

Im Laufe eines Trennungsprozesses können die beschriebenen Rollen wechseln. So wird beispielsweise der betroffene Mitarbeiter, der sich zunächst in der Rolle des Opfers sah, nach dem Gesprächen mit seinem Anwalt und der Erkenntnis, dass er im Arbeitsgerichtsprozess gute Karten hat, plötzlich innerlich stark und wird zum Verfolger des Vorgesetzten. Auch ein Mitarbeiter, der aggressiv reagiert und die innerliche Haltung einnimmt »das lasse ich mir nicht bieten «und entsprechend auftritt, wird zum Verfolger. Der Vorgesetzte wird folglich in diesem Moment zum Opfer. Derjenige, der zunächst die Rolle des Retters inne hatte, kann ebenso einen Rollenwechsel erfahren. Dies geschieht zum Beispiel, wenn der Betroffene zu der Auffassung gelangt, dass der Mitarbeiter der Personalabteilung – oder der Betriebsrat – ihn nicht genügend unterstützen oder nicht die geforderten Konditionen durchsetzen. Es bleibt die Frage, was Sie vorsorglich tun können, um die Rollen bewusster und den Ausprägungsgrad geringer zu gestalten oder den Rollentausch zu vermeiden.

Rollenprägung und Rollentausch vermeiden

Eine entscheidende Grundlage ist eine generelle, klare Rollendefinition von Personalverantwortlichen und Führungskräften im Unternehmen, auch ohne einen anstehenden Trennungsprozess. Ist dies nicht geschehen, bleibt nur, möglichst frühzeitig zu Beginn eines Trennungsverfahrens zu klären, wer welche Rolle übernimmt und wer wofür zuständig ist. Ein weiterer Beitrag ist, die Art und Weise, wie Kündigungsgespräche geführt werden, gemeinsam mit anderen Führungskräften und den Personalprofis zu reflektieren. Überdenken Sie Ihre eigene Grundhaltung als Kündigender. Wenn Sie dem Mitarbeiter, der von einer Kündigung betroffen ist, mit einer inneren Grundhaltung der Wertschätzung und Achtung gegenübertreten, so ist die Wahrscheinlichkeit, dass er sich nicht persönlich angegriffen und als Opfer fühlt, relativ hoch. Wenn Sie im Sinne der Trennungskultur das Trennungsangebot so gestalten, dass der Betroffene beim ersten Gespräch mit seinem Rechtsanwalt feststellt, dass das Angebot fair ist, so gibt es eine gewisse Wahrscheinlichkeit, dass er sich zumindest hinsichtlich der Konditionen nicht als Opfer fühlt. Seien Sie sensibel, was Ihre eigene Rolle betrifft, und aufmerksam für mögliche Anzeichen eines Rollentausches. Lassen Sie sich durch Ihre Personalprofis im Unternehmen beraten oder einen externen Trennungsprofi coachen.

Sandwich-Position der Führungskraft

Als Führungskraft der mittleren Ebenen befinden Sie sich in Kündigungs- und Trennungssituationen in einer Sandwichposition. Sie sind Grenzgänger zwischen den Welten. Die Geschäftsleitung erwartet, dass Sie die vom Topmanagement beschlossene Reorganisation und den Personalabbau durchsetzen. Die Personalabteilung rät Ihnen, die Kündigung fair und human zu gestalten. Der Betriebsrat pocht darauf, dass die Trennung sozial und gerecht erfolgen -oder erst gar nicht stattfinden sollte. Ihre Kunden verlangen die schnelle Lösung des Zuständigkeitsproblems.

Die Survivors erwarten von Ihnen die Unterstützung personeller Engpässe. Und Ihre Familie möchte, dass Sie auch mal wieder vor 22 Uhr nach Hause kommen -und vor allen Dingen ein freundliches Gesicht machen. Der einzige Ausweg aus dem Rollen-Dilemma ist, zunächst die eigene Rolle zu verstehen und für sich selbst zu klären. Machen Sie sich bewusst, dass Sie, wenn die Rollen nicht klar definiert sind, zwischen den Mühlsteinen sitzen bleiben und zermahlen werden. Zwischen der Führungskraft als Botschafter, den Betroffenen, den Verbleibenden und dem Topmanagement gibt es ein systemimmanentes Spannungsfeld. Führungskräfte und Personalverantwortliche, die Trennungsgespräche zu führen haben, stellen sich früher oder später die Frage, ob sie lediglich ausführendes Organ der Unternehmensentscheidungen sind und ob sie ihren Handlungsspielraum ausreichend genutzt haben.

Diese Überlegungen sollten in der Phase der Vorbereitung von Trennungsprozessen angestellt werden. Im Trennungsgespräch selber ist es Ihre Aufgabe, die Position und Interessen des Unternehmens zu vertreten. Durch die Sandwichposition kommt es bei nicht ausreichender Klärung der Rollen nicht selten vor, dass der Vorgesetzte zu einem Doppel-Verräter wird. Verräter der Unternehmensentscheidungen und Verräter der Mitarbeiterinteressen. Oder sogar zu einem Dreifach-Verräter, wenn der Manager gegen die eigene Überzeugung handelt.

Der entscheidende Schritt für die Führungskraft ist es in dieser Situation, eigene Gefühle zuzulassen und zu reflektieren. Da die meisten Führungskräfte »Macher «sind oder sich zu diesen entwickelt haben, fällt es vielen Managern schwer, sich überhaupt auf die Gefühlsebene einzulassen. Zudem glauben viele Manager, alles im Griff haben zu müssen, vor und während des Trennungsprozesses erleben sie möglicherweise zum ersten Mal, dass sich manche Dinge anders entwickeln, als sie es gedacht haben. Sie spüren die Ohnmacht und Hilflosigkeit. Und einige glauben, besonders in dieser Situation noch tougher sein zu müssen.

Reaktionstypologie bei Vorgesetzten

Kündigende können in drei Reaktionstypen unterschieden werden: Der Verdränger, der Konfrontierer, der Konsens-Sucher.

Der Verdänger

Die Verdrängung gehört zu einer der beliebtesten Flucht- und Abwehrmechanismen. Bei genauerer Betrachtung nimmt die Verdrängung unterschiedliche Ausdrucksformen an. Man kennt verschiedene Verdrängungsstrategien. Eine ist die innere

Abspaltung: »Ich muss das nicht vertreten, da ich nur ausführendes Organ bin«. Der Rückzug auf eine Funktionärsposition ist eine weitere Strategie: »Das ist ein Job wie jeder andere«. Ausstiegsphantasien: »In drei Jahren mache ich sowieso alternativen Landbau«, Rationalisieren: »Irgendeiner muss den Job ja machen«, und Hoffnung auf bessere Tage: »So kann es ja nicht immer weitergehen«, sind ebenso verbreitet wie die Überlegung, aussteigen zu wollen: »Ich wechsle den Job.«

Verhaltenstipps für Verdränger
- Machen Sie sich die Komplexität und Emotionalität der Trennungssituation intensiv bewusst.
- Sprechen Sie über Ihre Situation und Ihre Gefühle mit erfahrenen Kollegen, Personalprofis oder einem Coach.
- Bleiben Sie innerlich am Ball und erlauben Sie sich keine Ausflüchte.
- Stehen Sie zu Ihren Fluchttendenzen aber geben Sie ihnen nicht nach.

Der Konfrontierer

Der zweite Typus ist der »Konfrontierer«. Im Zusammenhang mit der Bewältigung von Trennungsprozessen hat der Typus des Konfrontierers das positive Image des Problemlösers, andererseits aber auch das des »Vernichters »und »Zerstörers«. Eine häufige Beobachtung: Je unsicherer sich dieser Typus in der Rolle des Kündigenden fühlt, um so aggressiver und härter glaubt er, vorgehen zu müssen. Er versucht, das Problem technisch durch die Einschaltung der Fachleute (Anwalt, Personalabteilung) zu lösen. Er löst sein eigenes emotionales Problem durch die Einschaltung der Instanzen. Dass diese Vorgehensweise in aller Regel zu einer Eskalation beiträgt und die Standpunkte verhärtet, wird als »systemimmanent »billigend in Kauf genommen.

Verhaltenstipps für Konfrontierer
- Machen Sie sich bewusst, dass es auch anders geht.
- Überdenken Sie Ihre Grundeinstellungen zur Trennung.
- Versuchen Sie, Ihre Gefühle bewusst wahr zu nehmen.
- Überdenken Sie Ihr Menschenbild und Mitarbeiterbild.
- Verschaffen Sie sich »Sicherheit«- innere Sicherheit. Wenn Sie sich selber sicher fühlen, besteht keine Notwendigkeit mehr, den anderen klein zu machen, indem sie ihn abwerten.

Der Konsens-Sucher

Als Konsens-Sucher bezeichne ich die Führungskraft, die im Sinne einer fairen und professionellen Vorgehensweise handelt. Er zeigt sich als der empathische, einfühlsame Chef, der auch in dieser Situation den menschlichen Aspekt in den Vordergrund stellt. Allerdings besteht für ihn die Gefahr darin, dass er in den Augen anderer als zu nett, zu soft erlebt wird. Er ist der Kümmerer und sucht Kompromisse. Aber er läuft Gefahr, Zugeständnisse zu machen, die er nicht machen sollte und wollte. Er hat tendenziell Probleme, sich selbst abzugrenzen, neigt dazu, sich zu sehr in den Gekündigten und dessen Gefühlswelt hineinzuversetzen.

Verhaltenstipps für Konsens-Sucher
- Bleiben Sie innerhalb der für Sie tolerablen Grenzen – emotional und sachlich.
- Sagen Sie sich immer wieder: »Ich muss es nicht allen recht machen.«
- Sagen Sie sich: »Die Gefühle des Anderen gehören nur zu ihm – nicht zu mir..«
- Sagen Sie sich: »Ich habe einen Auftrag und den werde ich gewissenhaft und professionell ausführen.«
- Lassen Sie sich nicht irritieren durch Angriffe und Aufforderungen zu mehr Härte.

Experten-Tipp für alle drei Reaktionstypen

In einer extremen Situation, wie sie das Trennungs-Management darstellt, erscheint es sinnvoll, sich die eigenen Schlüsselqualifikationen bewusst zu machen, die Sie gezielt einsetzen können, um diese Aufgabe professionell zu bewältigen. Hier eine Auswahl der vom Center of Creative Leadership als rettend und helfend identifizierten Schlüsselqualifikationen:

- Einfühlungsvermögen,
- zwischenmenschliches Geschick,
- Erreichbarkeit,
- Umgang mit Paradoxien,
- Fassung und Gelassenheit.

Ob Sie über diese verfügen und in welcher Ausprägung, das wissen nur Sie. Bitten Sie interne und externe Experten um Unterstützung der Reflexion und suchen Sie eine Möglichkeit, sich hinsichtlich der rettenden und helfenden Schlüsselqualifikationen weiter zu entwickeln.

Reaktionen von Personalprofis als »Betroffene«

Gerne werden die Mitarbeiter der Personalabteilung als Experten bezeichnet. Zur Vervollständigung der Betrachtungen gehört ein Blick auf ihre Rolle im Trennungsprozess. Personalverantwortliche klagen immer wieder über die Tatsache, dass Vorgesetzte das Führen von Trennungsgesprächen an sie delegieren wollen. Einige von Ihnen, die sich nichts anderes vorstellen können, als diesen Job zu übernehmen, werden mir jetzt an die Gurgel gehen. Da das Klagen allerdings lauter in meinen Ohren klingelt als die anderen Stimmen -und ich persönlich der Überzeugung bin, dass Kündigungsgespräche in die Hand des Vorgesetzten gehören –, stelle ich einige Fragen der alltäglichen Praxis zur kritischen Diskussion. Es ist eine Tatsache, dass die Mitarbeiter der Personalabteilung täglich mit Personalakten und Arbeitsrechts-Paragraphen umgehen. Aber dies ist kein Grund, sie im Rahmen von Kündigungsgesprächen als Erfüllungsgehilfen zu missbrauchen. Allerdings: Zu einer Delegation gehören immer zwei. Und so frage ich mich: Warum lassen Personalleiter und Personalreferenten denn immer wieder und immer noch zu, dass man diese Aufgabe an sie delegiert?

Könnte es sein, dass der Mut fehlt, »Nein« zu sagen und sich abzugrenzen? Oder ist denkbar, dass sich der ein oder andere in dieser Situation als Kümmerer mehr für den Mitarbeiter verantwortlich fühlt als der direkte Vorgesetzte? Oder gefällt die Rolle als »Helfer« zu gut?

3 Change Management, Rahmenbedingungen gesellschaftsrechtlicher Umwandlungen

Ausgangssituation

Nichts ist so beständig wie der Wandel. Die jüngste Fusionswelle trifft die Großen und die Kleinen. Der umgangssprachliche Fusionsbegriff ist rechtlich jedoch zu ungenau, um juristisch tragfähige Aussagen daraus abzuleiten. Zu fragen ist vielmehr: Handelt es sich bei einer Fusion z.B. um eine Verschmelzung oder Spaltung, genauer um eine Auf- oder Abspaltung bzw. um eine Ausgliederung? Welche arbeitsrechtlichen Konsequenzen folgen daraus? Wie verhält es sich mit der Zuständigkeit des Betriebsrats? Die Gesetzestexte des Umwandlungsgesetzes (UmwG) des Betriebsverfassungsgesetzes (BetrVG) und die Vorschriften des Bürgerlichen Gesetzbuches (BGB) zum Betriebsübergang stellen diejenigen, die mit der Umsetzung getroffener Beschlüsse, Vereinbarungen und Verträge befasst sind, vor schwierige Auslegungsfragen. Im Folgenden wird versucht, Ihnen über entsprechende Visualisierungen das Verständnis dieser komplizierten Sachverhalte zu erleichtern. Die steuerliche Betrachtung bleibt hierbei unberücksichtigt.

Die rechtlichen Rahmenbedingungen, in denen sich Change Management vollzieht, sind unter zwei Aspekten zu betrachten. Da ist zunächst die rechtliche Gestaltungsform, der sich das Unternehmen bedient. Berührt ist das Gesellschaftsrecht. Aus der gewählten Gestaltungsform ergeben sich arbeitsrechtliche Konsequenzen, die sowohl die Mitarbeiter als auch die Betriebsräte der in den Umwandlungsprozess einbezogenen Unternehmen bzw. Betriebe betreffen.

Gesellschaftsrechtliche Fragen

Wenn ein Unternehmen sich mit einem anderen zusammen schließt, ist damit noch nichts über den Rechtscharakter der Maßnahme ausgesagt. Das Gleiche gilt für Ausgründungen einzelner Unternehmensbereiche oder sonstige gesellschaftsrechtlich relevante Umstrukturierungen. Es ist also zunächst zu prüfen, ob es sich bei der Veränderung um eine gesellschaftsrechtlich relevante Umwandlung nach dem Umwandlungsgesetz (UmwG) handelt. Das Umwandlungsgesetz unterscheidet die in der Grafik 1 festgelegten Umwandlungsarten.

Die Vermögensübertragung vollzieht sich als Voll- oder Teilübertragung und findet nur unter Versicherungsunternehmen statt oder erfolgt von einer Kapitalgesellschaft auf die öffentliche Hand. Der Formwechsel betrifft lediglich die Änderung der Rechtsform. Die in der Praxis wichtigsten Umwandlungsarten in Zusammenhang mit Changeprozessen bilden Verschmelzung und Spaltung. Die genaue Unterscheidung von Verschmelzung, Aufspaltung, Abspaltung und Ausgliederung entnehmen Sie bitte den Gesetzestexten in der Übersicht. Arbeitsrechtliche Fragen betreffen das Arbeitsverhältnis und die Betriebsverfassung.

Arbeitsverhältnis

Das Bürgerliche Gesetzbuch regelt in § 613 a das Recht der Arbeitsverhältnisse bei Betriebsübergang. Nach § 324 des Umwandlungsgesetzes bleiben die Vorschriften des § 613 a Abs. 1 und 4 BGB bei Verschmelzung, Spaltung oder Vermögensübertragung unberührt. Der Unterschied zwischen den Arten der Umwandlung und dem Betriebsübergang besteht darin, dass

- es sich bei Verschmelzung, Spaltung und Vermögensübertragung um (partielle) Gesamtrechtsnachfolge mit allen Aktiva und Passiva handelt;
- Betriebsübergang hingegen die Einzelrechtsnachfolge, also die rechtsgeschäftliche Übertragung der Leitungsmacht betrifft.

> Mit seinem Verweis auf § 613 a Abs. 1 und 4 stellt § 324 UmwG klar, dass die den Betriebsübergang betreffenden Vorschriften – trotz des unterschiedlichen Rechtscharakters – im Rahmen des Umwandlungsrechts Anwendung finden.

Der systematische Aufbau des BGB-Gesetzes ist schwierig. Vier Sätze im § 613 a Absatz 1 regeln das Wesentliche.

Rechte und Pflichten bestehen fort

Satz 1: Geht ein Betrieb oder Betriebsteil durch Rechtsgeschäft auf einen anderen Inhaber über, so tritt dieser in die Rechte und Pflichten aus den im Zeitpunkt des Übergangs bestehenden Arbeitsverhältnissen ein.

Das Arbeitsverhältnis geht zu unveränderten Bedingungen auf den neuen Inhaber über (siehe Grafik 2). Die beim alten Inhaber zurückgelegte Dauer der Betriebszugehörigkeit bleibt dem Mitarbeiter ebenso erhalten wie seine Entgeltbezüge, Gratifikationen (unverfallbaren) Pensions-

---

Grafik 1 Gesellschaftsrechtliche Umwandlungsarten

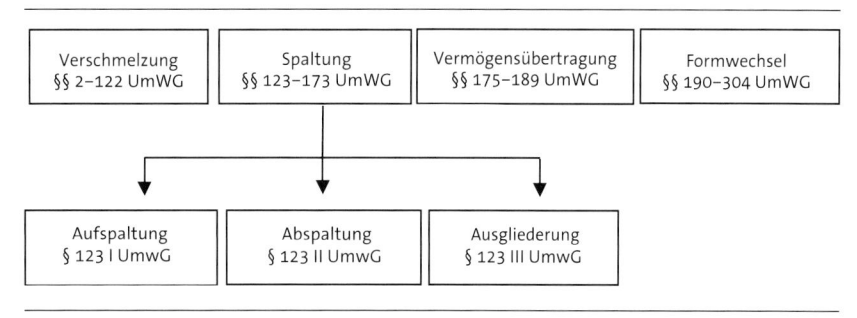

| Verschmelzung §§ 2–122 UmwG | Spaltung §§ 123–173 UmwG | Vermögensübertragung §§ 175–189 UmwG | Formwechsel §§ 190–304 UmwG |

Spaltung →
- Aufspaltung § 123 I UmwG
- Abspaltung § 123 II UmwG
- Ausgliederung § 123 III UmwG

Übersicht Verschmelzung und Spaltung

Umwandlungsart	Gesetzestext
Verschmelzung § 2 UmwG	Rechtsträger können unter Auflösung ohne Abwicklung verschmolzen werden 1. im Wege der Aufnahme durch Übertragung des Vermögens eines Rechtsträgers oder mehrerer Rechtsträger (übertragende Rechtsträger) als Ganzes auf einen anderen bestehenden Rechtsträger (übernehmender Rechtsträger) oder 2. im Wege der Neugründung durch Übertragung der Vermögen zweier oder mehrerer Rechtsträger (übertragende Rechtsträger) jeweils als Ganzes auf einen neuen, von ihnen dadurch gegründeten Rechtsträger gegen Gewährung von Anteilen oder Mitgliedschaften des übernehmenden oder neuen Rechtsträgers an die Anteilsinhaber (Gesellschafter, Aktionäre, Genossen oder Mitglieder) der übertragenden Rechtsträger.
Aufspaltung § 123 I UmwG	Ein Rechtsträger (übertragender Rechtsträger) kann unter Auflösung ohne Abwicklung sein Vermögen aufspalten 1. zur Aufnahme durch gleichzeitige Übertragung der Vermögensteile jeweils als Gesamtheit auf andere bestehende Rechtsträger (übernehmende Rechtsträger) oder 2. zur Neugründung durch gleichzeitige Übertragung der Vermögensteile jeweils als Gesamtheit auf andere, von ihm dadurch gegründete neue Rechtsträger gegen Gewährung von Anteilen oder Mitgliedschaften dieser Rechtsträger an die Anteilsinhaber des übertragenden Rechtsträgers.
Abspaltung § 123 II UmwG	Ein Rechtsträger (übertragender Rechtsträger) kann von seinem Vermögen einen Teil oder mehrere Teile abspalten 1. zur Aufnahme durch Übertragung dieses Teils oder dieser Teile jeweils als Gesamtheit auf einen bestehenden oder mehrere bestehende Rechtsträger (übernehmende Rechtsträger) oder 2. zur Neugründung durch Übertragung dieses Teils oder dieser Teile jeweils als Gesamtheit auf einen oder mehrere, von ihm dadurch gegründeten neuen oder gegründete neue Rechtsträger gegen Gewährung von Anteilen oder Mitgliedschaften dieses Rechtsträgers oder dieser Rechtsträger an die Anteilsinhaber des übertragenden Rechtsträgers.
Ausgliederung § 123 III UmwG	Ein Rechtsträger (übertragender Rechtsträger) kann aus seinem Vermögen einen Teil oder mehrere Teile ausgliedern 1. zur Aufnahme durch Übertragung dieses Teil oder dieser Teile jeweils als Gesamtheit auf einen bestehenden oder mehrere bestehende Rechtsträger (übernehmende Rechtsträger) oder 2. zur Neugründung durch Übertragung dieses Teils oder dieser Teile jeweils als Gesamtheit auf einen oder mehrere, von ihm dadurch gegründeten neuen oder gegründete neue Rechtsträger gegen Gewährung von Anteilen oder Mitgliedschaften dieses Rechtsträgers oder dieser Rechtsträger an den übertragenden Rechtsträger.

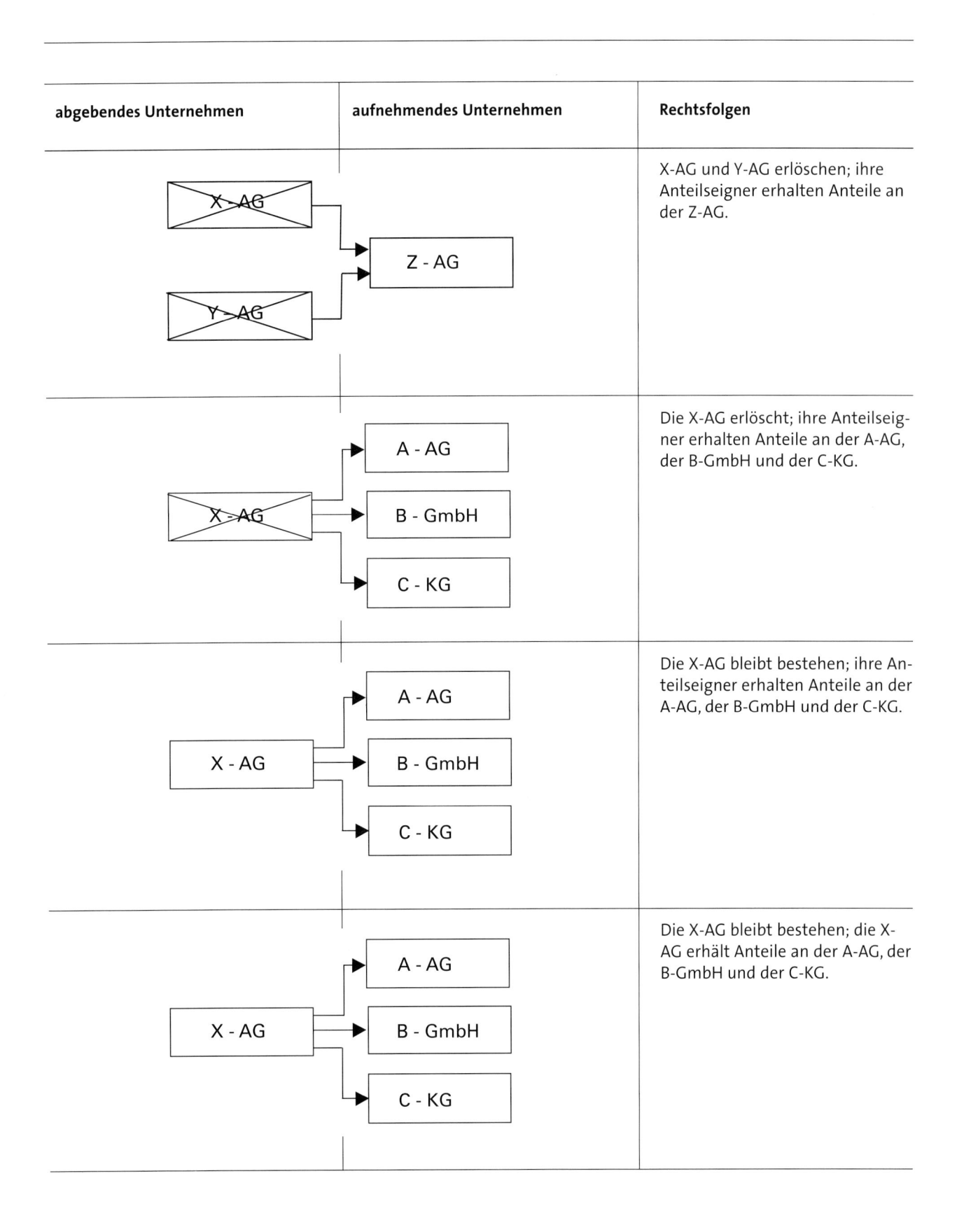

abgebendes Unternehmen	aufnehmendes Unternehmen	Rechtsfolgen
X-AG, Y-AG	Z-AG	X-AG und Y-AG erlöschen; ihre Anteilseigner erhalten Anteile an der Z-AG.
X-AG	A-AG, B-GmbH, C-KG	Die X-AG erlöscht; ihre Anteilseigner erhalten Anteile an der A-AG, der B-GmbH und der C-KG.
X-AG	A-AG, B-GmbH, C-KG	Die X-AG bleibt bestehen; ihre Anteilseigner erhalten Anteile an der A-AG, der B-GmbH und der C-KG.
X-AG	A-AG, B-GmbH, C-KG	Die X-AG bleibt bestehen; die X-AG erhält Anteile an der A-AG, der B-GmbH und der C-KG.

Grafik 2 § 613 a Abs. 1 Satz 1 BGB

»Geht ein Betrieb oder Betriebsteil durch Rechtsgeschäft auf einen anderen Inhaber über, so tritt dieser in die Rechte und Pflichten aus den im Zeitpunkt des Übergangs bestehenden Arbeitsverhältnissen ein.«

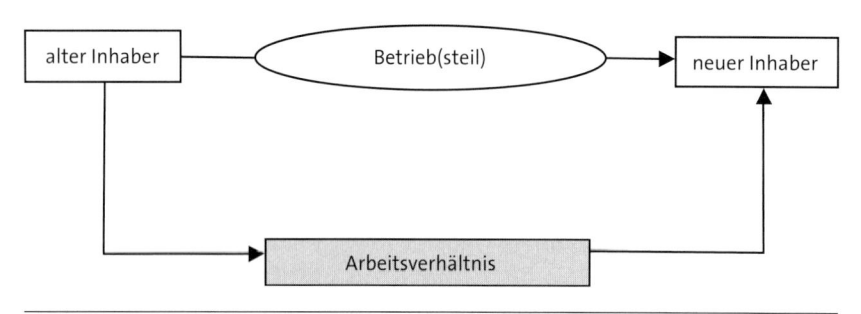

```
alter Inhaber ──── Betrieb(steil) ────▶ neuer Inhaber
                                              │
                                              ▼
                                      Arbeitsverhältnis
```

Grafik 3 § 613 a Abs. 1 Satz 2 BGB

»Sind diese Rechte und Pflichten durch Rechtsnormen eines Tarifvertrags oder durch eine Betriebsvereinbarung geregelt, so werden sie Inhalt des Arbeitsverhältnisses zwischen dem neuen Inhaber und dem Arbeitnehmer und dürfen nicht vor Ablauf eines Jahres nach dem Zeitpunkt des Übergangs zum Nachteil des Arbeitnehmers geändert werden.«

```
Tarifvertrag ──────────────┐
                           │
                           ▼
Betriebsvereinbarung ───▶ Arbeitsvertrag
                           │
                           ▼
                  1 Jahr Änderungssperre
                           │
                           ▼
                  Arbeitsverhältnis
```

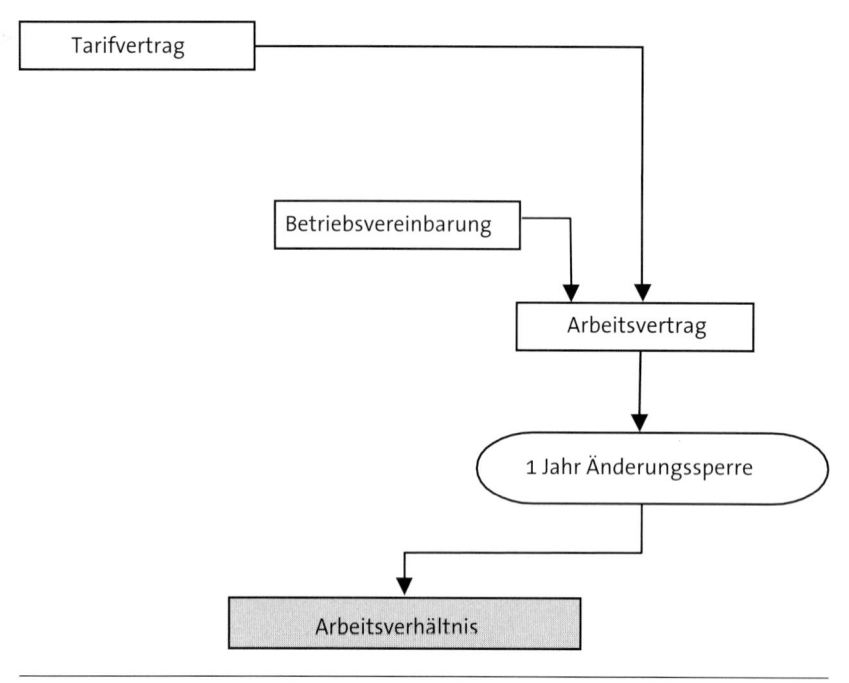

zusagen oder die sonstigen mit dem alten Inhaber arbeitsvertraglich vereinbarten Leistungen. Auch die – durch Anrechnung der Betriebszugehörigkeit evtl. längeren – Kündigungsfristen bleiben bestehen, so dass der neue Inhaber sich grundsätzlich vom Mitarbeiter trennen, bzw. der Leistungsverpflichtungen des früheren Inhabers entledigen kann. Allerdings statuiert § 613 a Abs. 4 eine Einschränkung. Danach ist die Kündigung unwirksam, wenn sie wegen des Betriebsübergangs, sprich: wegen der Verschmelzung, Spaltung oder Vermögensübernahme erfolgt. Eine weitere Einschränkung sieht § 613 a Abs. 1 Satz 2 BGB vor.

Änderungssperre

Satz 2: Sind diese Rechte und Pflichten durch Rechtsnormen eines Tarifvertrags oder einer Betriebsvereinbarung geregelt, so werden sie Inhalt des Arbeitsverhältnisses zwischen dem neuen Inhaber und dem Arbeitnehmer und dürfen nicht vor Ablauf eines Jahres nach dem Zeitpunkt des Übergangs zum Nachteil des Arbeitnehmers geändert werden.

Tarifvertrag (sofern Tarifbindung besteht) und Betriebsvereinbarung wirken, wie auch der Arbeitsvertrag, grundsätzlich auf das Arbeitsverhältnis unmittelbar ein. Da in aller Regel jedoch der (bisherige) Tarifvertrag und die (bisherigen) Betriebsvereinbarungen beim neuen Arbeitgeber nicht gelten, können sie folglich auch keine unmittelbare Geltung mehr auf das Arbeitsverhältnis entfalten. Damit aber die in ihnen statuierten Rechte dem Mitarbeiter erhalten bleiben, bedient sich § 613 a Abs. 1 Satz 2 BGB eines »Kunstgriffs«, indem er diese Rechte (und Pflichten) in den Arbeitsvertrag und über diesen in das Arbeitsverhältnis einfließen lässt (siehe Grafik 3). Um der damit begründeten Gefahr der Kündigung durch den neuen Arbeitgeber zu begegnen, hat das Gesetz die einjährige Änderungssperre verfügt. Eine Ausnahme hiervon regeln die Sätze 3 und 4 des § 613 a Abs. 1 BGB.

Tarifvertrag oder Betriebsvereinbarung im neuen Unternehmen

Satz 3: Satz 2 gilt nicht, wenn die Rechte und Pflichten bei dem neuen Inhaber durch Rechtsnormen eines anderen Tarifvertrags oder durch eine andere Betriebsvereinbarung geregelt werden.

Des »Kunstgriffs« nach Satz 2 bedarf es nicht, wenn die bisherigen Rechte und Pflichten im neuen Unternehmen durch Tarifvertrag oder Betriebsvereinbarung geregelt sind (siehe Grafik 4). Sind die Rechte und Pflichten zwar geregelt jedoch inhaltlich anders ausgestaltet, so muss der Mitarbeiter ggf. auch Verschlechterungen hinsichtlich seiner Rechtsstellung hinnehmen. Im Unterschied zu Betriebsvereinbarungen, die für den Mitarbeiter kraft seiner Zugehörigkeit zum Betrieb gelten (sofern er nicht leitender Angestellter nach § 5 Abs. 3 BetrVG ist), ist der Tarifvertrag für ihn nur dann verbindlich, wenn sowohl er als auch der neue Arbeitgeber tarifgebunden ist.

Bei umwandlungsbedingtem Arbeitgeberwechsel geschieht es nicht selten, dass der Mitarbeiter einer Gewerkschaft angehört, die gegenüber dem früheren nicht aber gegenüber dem neuen Arbeitgeber bzw. seinem Verband zuständige Tarifpartei ist. In diesem Fall liegt keine Tarifbindung vor. Der im neuen Unternehmen verbindliche Tarifvertrag findet folglich auf den Mitarbeiter keine Anwendung. Insoweit gilt für ihn der Inhalt des alten Tarifvertrages gemäß Satz 2 arbeitsvertraglich fort.

Wegfall der Änderungssperre

Satz 4: Vor Ablauf der Frist nach Satz 2 können die Rechte und Pflichten geändert werden, wenn
- der Tarifvertrag oder die Betriebsvereinbarung nicht mehr gilt (1. Alternative) oder
- bei fehlender beiderseitiger Tarifgebundenheit im Geltungsbereich eines anderen Tarifvertrags, dessen Anwendung zwischen dem neuen Inhaber und dem Arbeitnehmer vereinbart wird (2. Alternative).

Die in den Arbeitsvertrag eingeflossenen Inhalte des (früheren) Tarifvertrages oder einer (früheren) Betriebsvereinbarung haben zwar auch dann noch Bestand, wenn der Tarifvertrag oder die Betriebsvereinbarung nicht mehr gilt. Die erste Alternative regelt jedoch, dass in diesem Fall die Änderungssperre entfällt und der Arbeitsvertrag vor Ablauf der Jahresfrist gekündigt werden kann (siehe Grafik 5). »Nicht mehr gelten« heißt, dass der Tarifvertrag oder die Betriebsvereinbarung gekündigt worden oder – bei Befristung – aufgrund Fristablaufs außer Kraft getreten ist. Die bei Tarifverträgen und den aus der zwingenden Mitbestimmung hervorgegangenen Betriebsvereinbarungen übliche Nachwirkung ist unbeachtlich.

Die Änderungssperre entfällt ebenfalls, wenn der neue Arbeitgeber mit dem Mitarbeiter den Inhalt des räumlich und fachlich geltenden Tarifvertrages arbeitsvertraglich vereinbart hat (2. Alternative, siehe Grafik 6). Voraussetzung ist allerdings, dass keiner der Parteien des Arbeitsvertrages tarifgebunden ist (Arbeitnehmer ist in keiner oder in einer nicht tarifzuständigen Gewerkschaft organisiert, und Arbeitgeber unterliegt nicht dem Tarifvertrag, z.B. wegen unterbliebener Verbandszugehörigkeit).

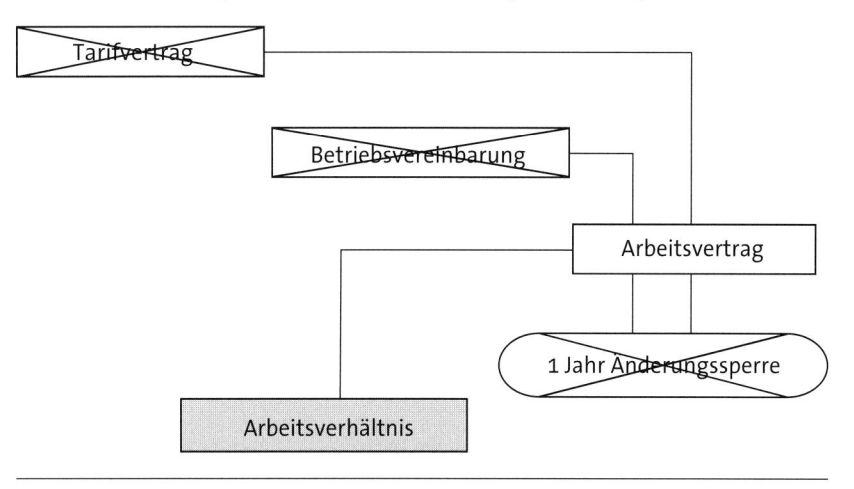

Bezugnahmeklausel

Es entspricht einer weit verbreiteten Gepflogenheit, in den Arbeitsverträgen eine so genannte

Grafik 4 § 613 a Abs. 1 Satz 3 BGB

»Satz 2 gilt nicht, wenn die Recht und Pflichten bei dem neuen Inhaber durch Rechtsnormen eines anderen Tarifvertrags oder durch eine andere Betriebsvereinbarung geregelt werden.«

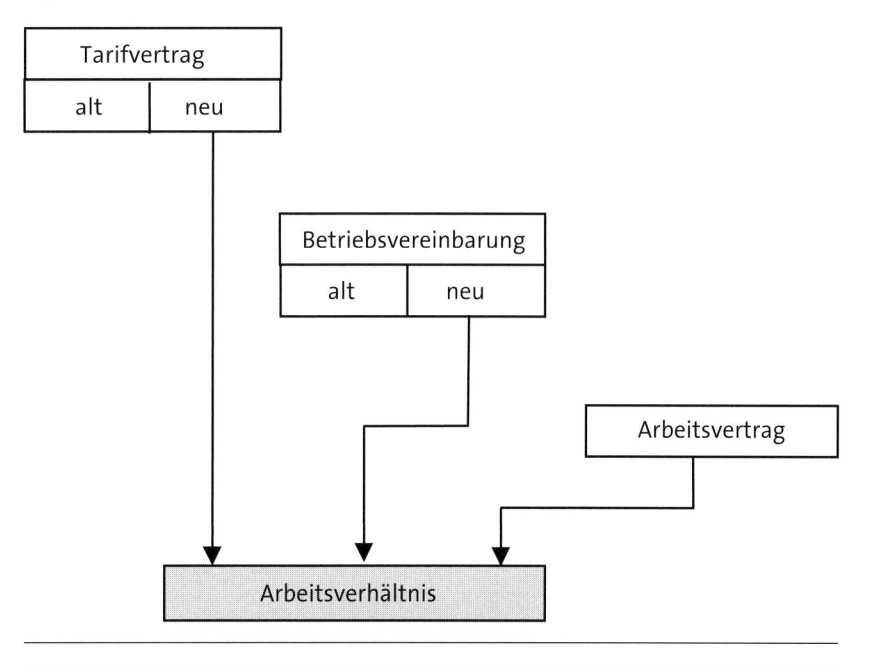

Grafik 5 § 613 a Abs. 1 Satz 4.1 BGB

»Vor Ablauf der Frist nach Satz 2 können die Rechte und Pflichten geändert werden, wenn der Tarifvertrag oder die Betriebsvereinbarung nicht mehr gilt oder...«

Grafik 6 § 613 a Abs. 1 Satz 4.2 BGB

»...bei fehlender beiderseitiger Tarifgebundenheit im Geltungsbereich eines anderen Tarifvertrags dessen Anwendung zwischen dem neuen Inhaber und dem Arbeitnehmer vereinbart wird.«

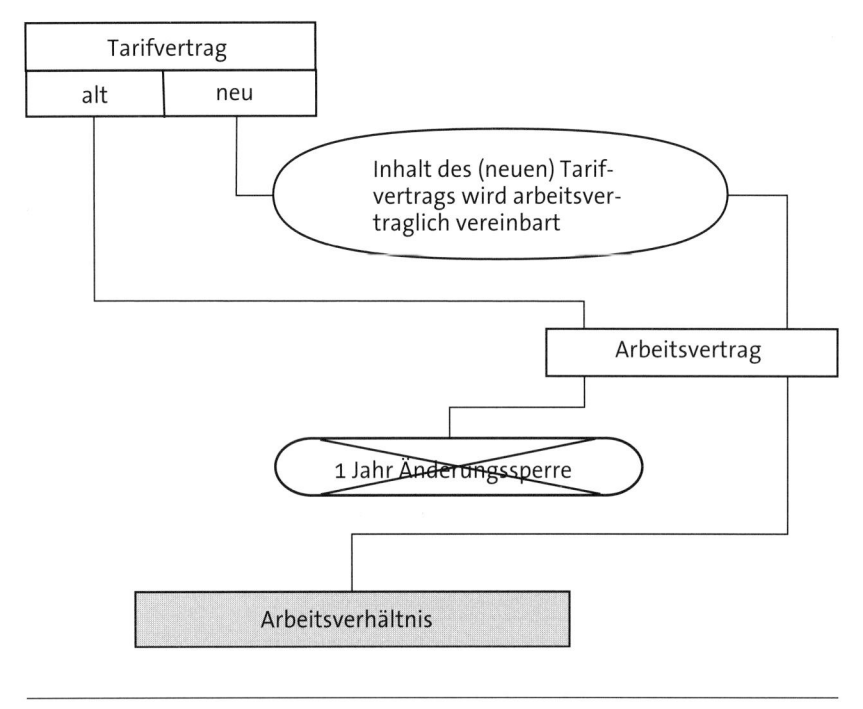

```
┌─────────────────────┐
│    Tarifvertrag     │
├──────────┬──────────┤
│   alt    │   neu    │
└──────────┴──────────┘
           │
     ╭─────────────────────╮
     │ Inhalt des (neuen) Tarif-│
     │ vertrags wird arbeitsver-│
     │  traglich vereinbart │
     ╰─────────────────────╯
                    │
              ┌──────────────┐
              │ Arbeitsvertrag│
              └──────────────┘
                    │
           ╭────────────────────╮
           │ 1 Jahr Änderungssperre│
           ╰────────────────────╯
                    │
           ┌──────────────────┐
           │  Arbeitsverhältnis │
           └──────────────────┘
```

Übersicht BGB & 613 a Abs.1 und Bezugnahmeklausel

im alten Unternehmen ... \ im neuen Unternehmen ...	tarifgebunden	nicht tarifgebunden
tarifgebunden	Es gilt der neue Tarifvertrag unmittelbar (§ 613 a Abs.1 Satz 3 BGB).	Der Inhalt des alten Tarifvertrages wirkt arbeitsvertraglich weiter und unterliegt der einjährigen Veränderungssperre (§ 613 a Abs.1 Satz 2 BGB).
nicht tarifgebunden	Es gilt der neue Tarifvertrag unmittelbar (§ 613 a Abs.1 Satz 3 BGB).	Je nach Bezugnahmeklausel: **Variante 1:** Es gilt der alte Tarifvertrag arbeitsvertraglich mit jederzeitiger Kündigungsmöglichkeit fort (§ 613a Abs.1 Satz 1 BGB) **Variante 2:** Es gilt der neue Tarifvertrag vertraglich als vereinbart (§ 613 a Abs.1 Satz 4, 2. Alternative BGB)

Bezugnahmeklausel zu verankern. Diese kommt in zwei Varianten vor.

1. Variante: Im Übrigen gelten die für unser Unternehmen einschlägigen tarifvertraglichen Bestimmungen (in ihrer jeweils gültigen Fassung).

2. Variante: Im Übrigen gelten die einschlägigen tarifvertraglichen Bestimmungen (in ihrer jeweils gültigen Fassung).

Je nachdem, mit welcher der beiden Varianten ein Mitarbeiter in ein anderes Unternehmen übernommen wird, zieht dies unterschiedliche rechtliche Konsequenzen nach sich (siehe Übersicht).

Unterrichtung

Seit 1. 4. 2002 gilt folgender § 613a Abs. 5 BGB: »Der bisherige Arbeitgeber oder der neue Inhaber hat die von einem Übergang betroffenen Arbeitnehmer vor dem Übergang in Textform zu unterrichten über:
1. den Zeitpunkt oder den geplanten Zeitpunkt des Übergangs,
2. den Grund für den Übergang,
3. die rechtlichen, wirtschaftlichen und sozialen Folgen des Übergangs für die Arbeitnehmer und
4. die hinsichtlich der Arbeitnehmer in Aussicht genommenen Maßnahmen.«

Die Vorschrift überlässt es den an der Betriebsveräußerung beteiligten Parteien, wer von ihnen die Unterrichtung der Mitarbeiter übernimmt. Dabei ist es durchaus auch möglich, dass beide zusammen dieser Pflicht nachkommen. Diese Variante erscheint vorzugswürdig, weil sie den Vorteil bietet, dass einerseits der bisherige Arbeitgeber selbst die Information über die geplante Betriebsveräußerung an seine Mitarbeiter weitergeben kann; andererseits erfahren die Mitarbeiter zugleich vom neuen Arbeitgeber, welche Konsequenzen in Zukunft auf sie zukommen werden. Welche Variante auch immer gewählt wird, die Unterrichtung muss »in Textform«, d. h. – alternativ – durch

- individuelles Rundschreiben (z. B. als Anlage zur monatlichen Entgeltabrechnung),
- Mitteilung im Intranet,
- Information in (einer Sonderausgabe) der Werkszeitschrift,
- Aushang

erfolgen. In allen vier Fällen ist zu berücksichtigen, dass der einzelne Mitarbeiter die Möglichkeit haben muss, von der Information Kenntnis zu erlangen. Denn erst ab dem Zeitpunkt der Kenntnisnahme beginnt die Widerspruchsfrist nach Absatz 6 (siehe unten) zu laufen. Ein Beispiel für die entsprechend der Ziffern 1 bis 4 zu gestaltende Information in einem fiktiven Fall zeigt die Musterformulierung.

Widerspruchsrecht

Der ebenfalls seit 1. 4. 2002 geltende Absatz 5 lautet: »Der Arbeitnehmer kann dem Übergang des Arbeitsverhältnisses innerhalb eines Monats nach Zugang der Unterrichtung nach Absatz 5 widersprechen. Der Widerspruch kann gegenüber dem bisherigen Arbeitgeber oder dem neuen Inhaber erklärt werden.«

Macht der Mitarbeiter von seinem Widerspruchsrecht Gebrauch, so bleibt zwar sein Arbeitsverhältnis beim bisherigen Arbeitgeber bestehen, jedoch geht sein Arbeitsplatz auf den neuen Arbeitgeber über. Das hat zur Konsequenz, dass ihm die Grundlage für seine weitere Tätigkeit im Unternehmen entzogen ist. Der Mitarbeiter riskiert damit, dass der Arbeitgeber das Arbeitsverhältnis wegen Wegfalls des Arbeitsplatzes aus betriebsbedingten Gründen ordentlich, also unter Einhaltung der Kündigungsfrist zum nächst möglichen Termin kündigt.

Kündigungsrechtliche Stellung des Arbeitnehmers

Der Regelungsgehalt des § 323 Abs. 1 UmwG ist in der juristischen Fachdiskussion umstritten. Nach seinem Wortlaut darf sich die kündigungsrechtliche Stellung eines Arbeitnehmers »auf Grund der Spaltung oder Teilübertragung für die Dauer von zwei Jahren ab dem Zeitpunkt ihres Wirksamwerdens« nicht verschlechtern. Hiermit gemeint sind offenbar Tatbestände wie

- Beibehaltung des Kündigungsschutzes auch dann, wenn der Betrieb nach der Spaltung weniger als sechs Mitarbeiter beschäftigt und damit nicht mehr dem Kündigungsschutzgesetz unterliegt,

Musterformulierung
Unterrichtung der Mitarbeiter über eine geplante Betriebsveräußerung

Übergangszeitpunkt:

Die X-GmbH, in welcher Sie tätig sind, wird (voraussichtlich) mit Wirkung vom TT.MM.JJJJ an die Y-GmbH veräußert. Ab dem Tag der Veräußerung geht Ihr Arbeitsverhältnis gemäß § 613 a I BGB auf dieses Unternehmen über.

Übergangsgrund:

Der Grund, der uns zu diesem Schritt veranlasst hat, ist darin zu sehen, dass wir uns zukünftig auf unser Kerngeschäft konzentrieren möchten. Unter Berücksichtigung dieser unternehmerischen Zielsetzung sehen wir die in der X-GmbH produzierten Vorprodukte bei der Y-GmbH, mit der wir eng zusammen arbeiten werden, besser platziert.

Folgen für den Mitarbeiter:

Die aus Ihrem Arbeitsverhältnis mit der X-GmbH sich ergebenden Rechte und Pflichten gehen auf die Y-GmbH über. Da die Y-GmbH nicht tarifgebunden ist, können die in der X-GmbH tarifvertraglich erworbenen Rechte nicht vor Ablauf eines Jahres gekündigt werden. Gleiches gilt für die kraft Betriebsvereinbarung erworbenen Rechte, es sei denn, diese sind oder werden durch eine zwischen der Y-GmbH und deren Betriebsrat abgeschlossene Betriebsvereinbarung geregelt. Insoweit weisen wir darauf hin, dass folgende Sachverhalte in der Y-GmbH bereits durch Betriebsvereinbarung geregelt sind:
An dieser Stelle folgt gemäß der Unterrichtungspflicht die vollständige Aufzählung der betreffenden Sachverhalte und deren Regelung.

Sollten Sie mit dem Übergang Ihres Arbeitsverhältnisses auf die Y-GmbH nicht einverstanden sein, so haben Sie innerhalb eines Monats ab Kenntnisnahme vom Inhalt dieses Schreibens das Recht, dem Übergang zu widersprechen. Eine Kündigung durch den bisherigen oder den neuen Arbeitgeber wegen des Betriebsübergangs ist gesetzlich ausgeschlossen. Das Recht zur Kündigung des Arbeitsverhältnisses aus anderen, insbesondere in Ihrer Person oder in ihrem Verhalten liegenden Gründen bleibt unberührt.

Geplante Maßnahmen:

Soweit mit der Eingliederung des Unternehmens in die Y-GmbH Produktionsumstellungen oder sonstige Umstrukturierungen, die Auswirkungen auf Ihre berufliche Entwicklung haben könnten, verbunden sind, wird die Y-GmbH die zu Ihrer Weiterbildung erforderlichen Maßnahmen einleiten.

- Fortbestand tarifvertraglicher Kündigungsverbote, z.B. für ältere Arbeitnehmer,
- Ausdehnung der Sozialauswahl auf Arbeitnehmer in anderen abgespaltenen oder übertragenen Betriebsteilen, selbst wenn letztere nunmehr in ein anderes Unternehmen eingegliedert sind.

Betriebsrat

Die Unternehmensspaltung wirkt sich in aller Regel auch auf die Rechtsstellung des Betriebsrats aus. Die zentrale Vorschrift hierfür ist § 21 a BetrVG, der nach Abs. 3 auch für Spaltungen im Zusammenhang mit dem Umwandlungsgesetz (d.h. bei Gesamtrechtsnachfolge) gilt. Die maßgebenden Vorschriften finden sich im § 21 a BetrVG:

(1) Wird ein Betrieb gespalten, so bleibt dessen Betriebsrat im Amt und führt die Geschäfte für die ihm bislang zugeordneten Betriebsteile weiter, soweit sie die Voraussetzungen des § 1 Abs. 1 Satz 1 (= mindestens 5 wahlberechtigte Arbeitnehmer) erfüllen und nicht in einen Betrieb eingegliedert werden, in dem ein Betriebsrat besteht (Übergangsmandat, siehe Grafik 7). Der Betriebsrat hat unverzüglich Wahlvorstände zu bestellen. Das Übergangsmandat endet, sobald in den Betriebsteilen ein neuer Betriebsrat gewählt und das Wahlergebnis be-

Grafik 7 Fallkonstellation § 21 a BetrVG

	Übergangsmandat	
	ja	nein
1. Der abgespaltene Betriebsteil wird zum selbstständigen Betrieb		
▪ mit mindestens 5 Arbeitnehmern	x	
▪ mit weniger als 5 Arbeitnehmern		x
2. Der abgespaltene Betriebsteil wird Teil eines anderen Betriebs		
▪ im anderen Betrieb besteht ein ein Betriebsrat		x
▪ im anderen Betrieb besteht kein Betriebsrat	x	

Grafik 8 § 21 a Abs. 2 BetrVG

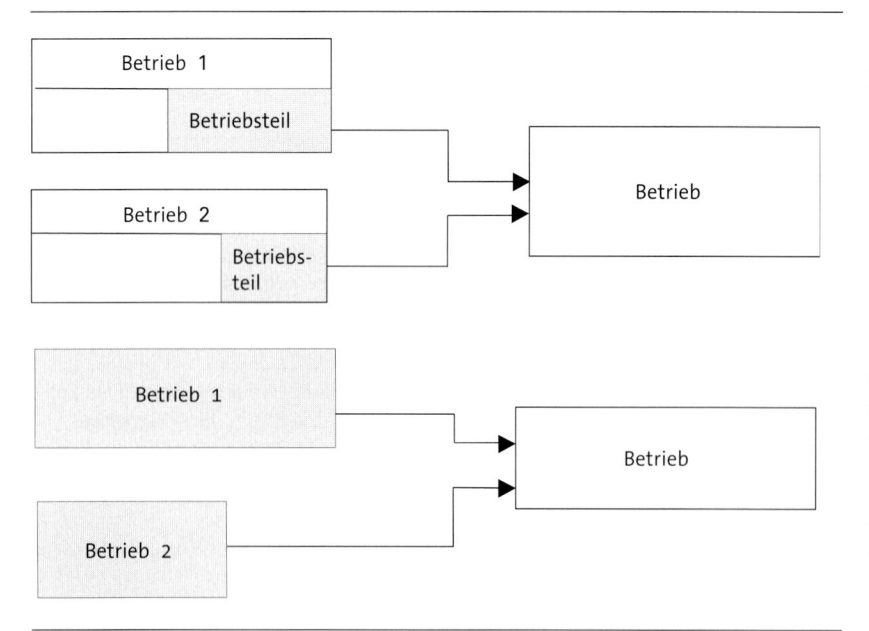

Betrieb 1 → Betriebsteil ⎫
Betrieb 2 → Betriebsteil ⎬ → Betrieb

Betrieb 1 ⎫
Betrieb 2 ⎬ → Betrieb

Grafik 9 § 1 BetrVG

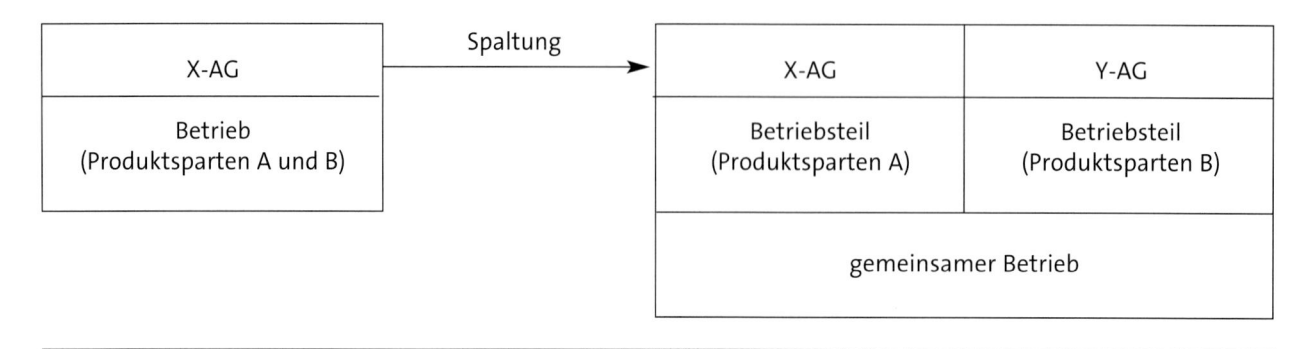

X-AG, Betrieb (Produktsparten A und B) — Spaltung → X-AG Betriebsteil (Produktsparten A) | Y-AG Betriebsteil (Produktsparten B) → gemeinsamer Betrieb

kannt gegeben ist, spätestens jedoch 6 Monate nach Wirksamwerden der Spaltung. Durch Tarifvertrag oder Betriebsvereinbarung kann das Übergangsmandat um weitere 6 Monate verlängert werden.

(2) Werden Betriebe oder Betriebsteile zu einem Betrieb zusammengefasst, so nimmt der Betriebsrat des nach der Zahl der wahlberechtigten Arbeitnehmer größten Betriebs oder Betriebsteils das Übergangsmandat wahr. Absatz 1 gilt entsprechend (siehe Grafik 8).

Die Spaltung eines Unternehmens nach § 123 UmwG muss nicht notwendig mit einer Betriebsspaltung einhergehen. Das ist dann der Fall, wenn die Spaltung eines Unternehmens zur Folge hat, dass von einem Betrieb ein oder mehrere Betriebsteile einem an der Spaltung beteiligten anderen Unternehmen zugeordnet werden, ohne dass sich dabei die Organisation des betroffenen Betriebes wesentlich ändert (§ 1 Abs. 2 Nr. 2 BetrVG). Insoweit liegt kraft gesetzlicher Vermutung ein gemeinsamer Betrieb mehrerer Unternehmen vor (§ 1 Abs. 1 BetrVG).

Zwar geht in einem solchen Fall ein Teil der Arbeitsverhältnisse ebenso wie ein Teil der Betriebsmittel auf das andere Unternehmen über. Der Betrieb bleibt aber unverändert, denn in ihm wird zu den gleichen organisatorischen Bedingungen und an denselben Maschinen weiter gearbeitet (siehe Grafik 9). Wegen fortbestehender Betriebsidentität bleibt der Betriebsrat – ohne Übergangsmandat – im Amt.

Forum IV
Service

Inhaltsübersicht

1 Arbeitsrechtsportale im Praxis-Test
2 Nützliche Hinweise
3 Stichwortverzeichnis

Inhalt Forum IV

1 Arbeitsrechtsportale im Praxistest 487

2 Nützliche Hinweise 493

3 Stichwortverzeichnis 497

1 Arbeitsrechtsportale im Praxistest

CPS Schließmann Rechtsanwälte testete im Auftrag der Fachzeitschrift »Personalwirtschaft« ausgewählte Arbeitrechtsrechtsportale. Der Clou: Anhand eines fiktiven Rechtsfalls wurde die Praxistauglichkeit bewertet, den die meisten Portale nicht bestanden. Ist das World Wide Web geeignet, arbeitsrechtliche Fragestellungen zu lösen?

Gerade Arbeitsrecht ist ein Bereich, der die Interessen unterschiedlicher Gruppen vereinen kann. Der Arbeitnehmer ist in der Regel daran interessiert, erste wichtige Hinweise über seine Rechte und Pflichten aus dem Arbeitsverhältnis zu erhalten. Dies sollte nicht in der Juristensprache erfolgen. Für den Juristen dagegen steht eher die gezielte Suche nach aktuellen Gesetzestexten und Urteilen sowie nach Reformen im Vordergrund; also Informationen, die sein Arbeiten effizienter machen. Der Personalverantwortliche sucht nach einem Portal, das ihn in Bezug auf seine Arbeitgeberpflichten up to date hält und ihm nützliche Tipps und Anregungen für den Umgang mit seinen Mitarbeitern gibt, Mustertexte bereithält oder ihn über Seminare informiert. Für diese unterschiedlichen Zielgruppen bietet das Internet die idealen Voraussetzungen.

Das Internet und seine entsprechenden Angebote können jedoch nur so gut wie der Nutzer sein. Ein Nutzer, der sein Rechtsproblem nicht erkannt hat, wird auch die falschen Suchbegriffe eingeben und damit unbefriedigende Ergebnisse bekommen. Auch ist eine verlässliche Rechtsauskunft von einer Suchmaschine ebenso wenig zu erwarten, wie die vollständige Lösung eines juristischen Problems, zumal die einzelnen Rechtsprobleme individuell sind und die Lösungshinweise einer Suche nur pauschal sein können.

Unbekannte Suchbegriffe

Im Ergebnis ist festzuhalten, dass die getesteten Portale den Praxistest nicht oder nur schlecht bestanden. Entweder waren die Suchbegriffe nicht bekannt oder es wurden Trefferlisten ausgeworfen, die für Lösungshinweise schlichtweg unbrauchbar waren. Der bewusst gewählte Fall weist keine unüberwindbaren Schwierigkeitsstufen auf, jedoch zeigt sich, dass vermeintlich leichte aber nicht alltägliche juristische Fragestellungen ohne eine schematisierte Betrachtungsweise und damit einer einfachen Lösungsskizze nicht zugänglich sind.

Mit herkömmlichen arbeitsrechtlichen Suchbegriffen wie zum Beispiel Kündigung oder Abmahnung, kamen durchweg alle Portale gut zurecht und lieferten dazu sinnvolle und ausführliche Informationen. Zu berücksichtigen ist, dass nicht alle getesteten Portale für die juristische Recherche konzipiert sind. Es ließ sich feststellen, dass unter den für eine Recherche geeigneten Portalen die kostenpflichtigen besser bei dem Praxistest abschnitten. Insgesamt sind aber alle getesteten Seiten für einen Besuch zu empfehlen und zwar nicht nur für den juristischen Laien, sondern auch für Professionals und solche, die es noch werden wollen, was die Themenbereiche betrifft. Die Sprache auf den Testseiten war durchgängig gut verständlich, wobei anzumerken ist, dass diejenigen Portale, die sich speziell an Experten aus dem arbeitsrechtlichen Bereich wenden, wie Arbeitsrecht-competence-center.de, eine Sprache verwenden, die dieser Zielgruppe auch entspricht.

Breite und aktuelle Inhalte

Fast alle Portale verfügen über ein sehr breit gefächertes und aktuelles Angebot. Besonders hervorzuheben sind die umfangreichen Linklisten, die Community, die Diskussionsforen und die Newsletter bei Arbeitsrecht.de und Recht-in.de. Hier kann auch der Nichtjurist versuchen, ein möglichst vielfältiges Antwortenspektrum auf seine individuellen arbeitsrechtlichen Fragenstellungen zu erhalten. Die Qualität der Antworten und der damit erfolgten kostenlosen Rechtsberatung durch oftmals selbst ernannten Rechtskundige mag jeder Nutzer für sich selbst bewerten. Potenzielle Verstöße gegen das Rechtsberatungsgesetz werden von den Teilnehmern nicht so ernst genommen. Bis auf wenige Ausnahmen kann der Nutzer bei fast allen getesteten Anbietern auf kostenlose Musterverträge und -texte Zugriff nehmen. Trotzdem sollte vor dem Gebrauch dieser Verträge immer eine juristische Beratung in Anspruch genommen werden. Bei keinem der getesteten Portale können die ausgeworfenen Ergebnisse oder Hinweise den Rat eines sachkundigen Juristen und die zwingend erforderliche Einzelfallprüfung ersetzen. Vor einer unreflektierten Übernahme sollte dringend abgesehen werden. Dies ist sicherlich auch nicht das Ziel und der Zweck der meisten Anbieter. Bereits aus Gründen möglicher Haftungstatbestände sollte den Ratsuchenden nur eine Unterstützung angeboten werden.

Testkriterien

Im Rahmen der Übersichtlichkeit wurde großer Wert auf das Layout und die Aufmachung der Seite, die Gliederung und die Überschaubarkeit der angebotenen Informationen gelegt. Für die Bewertung der Benutzerfreundlichkeit waren Orientierung, Hilfe und die Führung des Benutzers wichtig. Die Inhalte wurden auf das Vorhandensein und die Qualität der zur Verfügung stehenden Datenbanken, Links, vorhandene Diskussionsforen und andere Extras wie zum Beispiel die Möglichkeit zum Bezug eines Newsletters beurteilt. Effektive juristische Hilfestellung steht und fällt oftmals mit den vorhandenen Verlinkungen und damit der Möglichkeit eines direkten Zugriffs auf die unendlichen – aber oftmals für die juristische Arbeit unerlässlichen – Informationsangebote der Ministerien, Gerichte, Verbände.

Die Urteilsdatenbanken wurden dahingehend beurteilt, ob sie weitgehend vollständig sind und ob sie nur

Leitsätze enthalten oder auch Urteile im Volltext bieten. Nur Letztere sind geeignet, dem Ratsuchenden wirklich bei der Lösung eines aktuellen Problems zu dienen. Sind nur Leitsätze verfügbar, kommt man in der Regel um eine umfangreiche Literaturrecherche nicht herum.

Überprüft wurde zudem die Schnelligkeit des Seitenaufbaus und der Recherche. Ferner sollte das getestete Portal auch allgemein und schnell auffindbar sein. Im Wege einer Gegenprobe wurde daher geprüft, ob und wie schnell die getesteten Portale von den gängigen Metasuchmaschinen wie Google, Alta Vista, Fireball, Lycos und Exite gefunden werden.

Rechtsfall im Test

Ein Arbeitsrechtsportal nützt dem Anwender nur, wenn er dabei tatsächlich individuelle Hilfe angeboten bekommt. Um die Praxistauglichkeit zu testen, wurde daher ein Rechtsfall zugrunde gelegt, aus dem sich bestimmte Problematiken ergeben. Dieser Testfall geht über die klassischen Probleme des Arbeitsrechts, wie Kündigung oder Abmahnung, hinaus. Festgestellt werden sollte, inwiefern das jeweilige Portal einem auf Arbeitsrecht spezialisierten Juristen bei außergewöhnlichen Fällen hilft. Dabei wurde nicht erwartet, dass das Portal eine umfassende Lösungsskizze entwirft, sondern dass es erste Hinweise oder Fundstellen vermittelt.

Der Fall lautet vereinfacht: Der Arbeitnehmer arbeitet in einer Sicherheitsfirma. Er wird tagsüber übertariflich bezahlt, nachts erhält er den Mindesttariflohn, der 25 Prozent über dem Mindesttagestariflohn liegt. Der Arbeitnehmer ist der Ansicht, dass der zu zahlende Nachtzuschlag von seinem übertariflichen Stundensatz ausgehen müsse und nicht von dem Mindesttariflohn, so dass sich auf jeden Fall ein Abstand von 25 Prozent zwischen Tages- und Nachtlohn ergeben müsse.

Zum Einstieg in die Lösung des Falles wurden zuvor zentrale und wichtige Stichworte in Form von vier Suchbegriffen und Kombinationen unterschiedlicher Komplexität definiert und in die zu testende Suchmaske eingegeben:
- Nachtarbeitszuschlag/-zuschläge
- Nachtarbeitszuschlag/-zuschläge + übertariflicher Tageslohn
- Abstandsgebot + Tageslohn + Nachtlohn
- Aufsaugprinzip

Die Testergebnisse

---

www.arbeitsrecht-competence-center.de

Zielgruppe: Personalmanager, Führungskräfte
Schwerpunkte: Expertennetzwerke, Plattform zum Thema Management und Führung
Allgemein: Diese professionell aufgemachte Seite ermöglicht den Austausch von Experten und enthält umfassende Informationen aus Wissenschaft und Praxis. Gerichtet ist die Seite an Personen, die sich schon mit Arbeitsrecht befasst haben. Leider bauen sich die Seiten relativ langsam auf. Das Portal bietet 130 Artikel, 260 Entscheidungen, 800 Diskussionsbeiträge und 30 Gesetzestexte an sowie aktuelle Beiträge von Anwälten, die auf Arbeitsrecht spezialisiert sind. Ferner existiert eine Community mit Diskussionsforen, in denen der Interessierte Fragen zum allgemeinen Arbeitsrecht, Arbeitsverhältnissen und Personalmanagement stellen kann.

Praxistest: Die Eingabe von »Nachtarbeitszuschlägen« ergab zwei Treffer, die relevante Informationen für den Testfall enthielten. Zu den anderen Suchbegriffen wurden keine Treffer gefunden. Es fällt im Vergleich zu anderen Testportalen die sehr lange Wartezeit auf.

Fazit: Diese Seite enthält viele arbeitsrechtlich relevante Informationen und News auf hohem Niveau. Ein weiterer Bonus ist der ausführliche und aktuelle Newsletter, der eine Vielfalt von interessanten Themen abdeckt. Wer diese Seite besucht, sollte genau wissen, was er sucht, da er ansonsten verwirrt wird. Widersprüchlich fällt die Recherche aus: Mit der normalen Suchfunktion erhält man zumindest einen relevanten Treffer, während die Komfortsuche völlig versagt.

www.juriforum.de

Zielgruppe: Juristen
Schwerpunkte: Online-Bibliothek
Kosten: Eine Registrierung ist erforderlich. Nur die Nutzung der Bibliothek ist kostenpflichtig: Ein 24-Stunden-Ticket kostet 10 Euro, ein Monatsabonnement 99 Euro.
Allgemein: Ein »Rundgang« zeigt dem Besucher, was er alles auf dieser Seite finden kann. Das Portal bietet zum Beispiel einen sehr umfangreichen Veranstaltungskalender, der für die Zielgruppe zahlreiche Informationen und Weiterbildungsangebote (in der Regel des Deutschen Anwaltsvereins, aber auch anderer Fachanbieter) präsentiert. Die übersichtliche Gliederung und die Suchfunktion lassen den Besucher nicht lange nach der gewünschten Veranstaltung suchen. Die Gerichtsliste unter »Verzeichnisse« lässt das Buch im Schrank stehen, aber Vorsicht: Das Obergericht des OLG Frankfurt ist nicht das LAG Niedersachsen! Eine Verbindung zur juristischen Fachbuchhandlung Soldan gestattet die Benutzung eines gut sortierten Buchshops. Sehr positiv zu bewerten sind die Informationen und Sternchen-Bewertungen einer großen Zahl umfassender Links, die nochmals unterteilt sind in Bereiche wie Vorschriften, Beruf und Kanzlei, Gerichte.
Praxistest: Die Suche in der sehr umfangreichen Bibliothek nach »Nachtarbeitszuschlag« ergab in der Kategorie Rechtsprechung 52 Ergebnisse. Insgesamt 83 Dokumente erzielte die Suchmaschine bei der Auswahl mehrerer Kategorien wie Gesetze, Rechtsprechung, Kommentare, Aufsätze, Handbücher, Zeitschriften, der hinter dem Portal stehenden Verlage. »Nachtarbeitszuschlag + übertariflicher Tageslohn« hingegen hatte einen Treffer, der ansatzweise bei der Problemlösung behilflich ist.
Fazit: Juriforum.de ist alles in allem eine sehr aktuelle Seite, die nichts Überflüssiges in ihren Archiven aufbewahrt und die jedem Juristen hervorragende Unterstützung bieten kann. Der Rundgang und die Sternchenbewertung der weiterführenden Links sind die freundlichste und beste Benutzerführung, die es in diesem Test gab. Der Praxistest ergab immerhin 83 gefundene Treffer, unter denen sich wenige befanden, die ein Heranführen an die Fallproblematik ermöglichen. Die Bibliothek bietet für arbeitsrechtliche Problematiken sehr umfangreiches Material.

www.legios.de

Zielgruppe: Personalmanager, Führungskräfte, Juristen, Studenten
Schwerpunkte: Datenbanken, News aus Recht und Wirtschaft
Kosten: Das Abonnement kostet je nach Datenbank zwischen 99 und 396 Euro im Jahr. Es besteht die Möglichkeit einer vierwöchigen kostenlosen Probemitgliedschaft mit einem Startguthaben von 250 Euro. Die Suche selbst ist kostenlos. Ab 2003 ist auch der Abruf einzelner Dokumente gegen Bezahlung möglich (Preise: 50 Cent bis 12 Euro).
Allgemein: Die Datenbank bietet Zugriff auf Daten- und Urteilsbestände mit circa 20 000 Dokumenten von arbeitsrechtlichen Zeitschriften wie »Betriebs-Berater«, »Der Betrieb« und Entscheidungen zum Arbeitsrecht. Darüber hinaus verfügt das Portal durch Vernetzung mit Verlagen über umfassende Informationsangebote und kostenlose News zum Bereich Wirtschaft und Recht. Des Weiteren gibt es ein Newsarchiv sowie Buchempfehlungen der Verlage. News zu bestimmten Themenbereichen können abonniert werden; Bücher kann man online bestellen. Der Servicebereich bietet eine Adressen- und Linkliste zu anderen Rechtsgebieten, Gerichten und Verbänden. Die Unterscheidung zwischen kostenfreien und kostenpflichtigen Informationen ist durch die unterschiedliche farbliche Gestaltung sehr einfach.
Praxistest: Der Suchbegriff »Nachtarbeitszuschläge« bringt 27 Treffer – in der Regel Urteile der Arbeitsgerichte. Sie enthalten im Volltext allgemeine Rechtsprechung zur Nachtarbeit. Bei der Eingabe von »Nachtarbeitszuschläge und übertariflicher Lohn« erscheint ein Urteil des BAG, welches ansatzweise Hilfe für den Testfall bietet: Die Suche nach den anderen Begriffen blieb erfolglos.
Fazit: Der Nutzer kann auf den ersten Blick die Inhalte überschauen und die Führung durch das System ist einfach und logisch. Was noch fehlt, ist ein Diskussionsforum für Experten aus Recht und Wirtschaft, das einen Informationsaustausch oder die Bildung von Netzwerken ermöglicht. Im Praxistest hat Legios zumindest einen relevanten Treffer erzielt. Anhand der Literatur- und Rechtssprechungshinweise in den gefundenen Dokumenten kann der Jurist die Suche fortsetzen und sicherlich der Lösung des Testfalles näher kommen. Alles in allem erhält man hier hochwertige juristische Informationen.

www.arbeitsrecht.de

Zielgruppe: Führungskräfte, Juristen
Schwerpunkte: aktuelle Informationen über juristische Entwicklungen und Veranstaltungen für Führungskräfte
Allgemein: Das Portal mit reichhaltigem Angebot ist gegliedert in einzelne Rubriken wie zum Beispiel »Gesetze«, »interessante Urteile«, »Tipps von A bis Z« oder sogar »Berufswelt der Frauen« und diese wieder in verschiedene Unterpunkte. Der Internetbesucher hat auf den ersten Blick den Eindruck, hier alles zu finden, was mit Arbeitsrecht – auch im entfernteren Sinne – in Verbindung steht. Das Portal bietet Informationen über Seminare, Veranstaltungen und Anwälte aus verschiedenen Fachgebieten. Zusätzlich besteht die Möglichkeit, sich per E-Mail einen Newsletter zu bestellen. Im Diskussionsforum können die Besucher arbeitsrechtliche Fragen stellen, die meist umgehend beantwortet werden. Im Aufbau befindet sich eine Kommentierung der gängigen arbeitsrechtlichen Fragen. Des Weiteren bietet Arbeitsrecht.de eine Rubrik mit Musterverträgen, Vorlagen für Bewerbungsschreiben und Tipps für Bewerbungsgespräche. Links zu anderen Websites ermöglichen den Einblick in die aktuelle Rechtssprechung und andere Rechtsgebiete. Insgesamt lässt die Themenliste keine Wünsche offen.
Praxistest: Auf die Suchfrage »Nachtarbeitszuschlag + übertariflicher Tageslohn« oder »Abstandsgebot Tages- und Nachtlohn« gab es keine Treffer. Ebenso nicht zu »Aufsaugprinzip«.
Fazit: Arbeitsrecht.de ist ein sehr vielseitiges Portal, das für Profis und Laien gleichermaßen interessant und gebräuchlich ist. Die Seite bietet Rechtssprechung, Gesetze und alle Themen rund um das Arbeitsrecht. Leider kann die Suchfunktion bei der Lösung des Falles nicht helfen, obwohl das Thema Nachtarbeit praxisrelevant ist.

www.jurion.de

Zielgruppe: Juristen
Schwerpunkte: Kurzzusammenfassung juristischer News aller Rechtsgebiete in einem Newsletter
Kosten: Jurion.de kostet je nach gewähltem Produkt zwischen 38 und 100 Euro im Monat. Studenten und Referendare zahlen die Hälfte. Das Abonnement wird günstiger, je mehr Nutzer sich beteiligen. Es gibt die Möglichkeit eines vierwöchigen Probeabonnements. **Allgemein:** Jurion.de ist ein juristischer Informationsdienst mehrerer unabhängiger Rechtsanwälte und hat sich der Aufgabe verschrieben, die Flut neuer Informationen aus Rechtsprechung, Gesetzgebung und Fachzeitschriften in Form eines Newsletters zusammenzufassen und zu filtern. Der Newsletter geht wöchentlich den Abonnenten zu. Der Nutzer kann sich den Inhalt seines Newsletters individuell aus 57 Rechtsgebieten zusammenstellen oder eines der Newsletter-Pakete auswählen. Nur der registrierte Abonnent kann auch in der bestehenden Datenbank recherchieren. Die aktuelle Datenbank ist nach Angaben des Anbieters aber lediglich ein Nebenprodukt, das sich aus den Inhalten der Newsletter seit April 2001 zusammensetzt.
Praxistest: Die kombinierten Begriffe ergaben umfangreiche Trefferlisten, die jedoch größtenteils andere Problemgebiete behandelten. Herausragend ist der Aufbau der Trefferlisten. Die Treffer sind übersichtlich nach Rechtsgebieten und Quellen sortiert. Dies ermöglicht einen schnellen Zugriff.
Fazit: Dieses Portal ist in seinem Konzept neuartig und hebt sich positiv von anderen ab. Bei klassischen arbeitsrechtlichen Problemen leistet die Datenbank gute Dienste. Der Newsletter ist in individueller Form eine große Hilfe für alle, deren Zeit es nicht erlaubt, Magazine und Entscheidungssammlungen zu lesen. Insofern lohnt sich auch der finanzielle Aufwand.

www.recht-in.de

Zielgruppe: Juristen
Schwerpunkte: keine speziellen Schwerpunkte
Allgemein: Der Aufbau der Seite ist sehr verwirrend und nicht sehr benutzerfreundlich. Trotzdem bietet das Portal viel Brauchbares für Juristen und Nichtjuristen: Branchenbuch, Recherche, Ratgeber, Newsletter, kostenlose Formulare. Es handelt sich um die Plattform mit den umfangreichsten Inhalten zum Thema Recht. Recht-in.de bietet unter unseren Testkandidaten die größte frei zugängliche Datenbank mit über 400 Gesetzen, die teilweise kommentiert sind. Urteile sind nach Rechtsgebieten und Datum sortiert. Zum Arbeitsrecht befinden sich zurzeit 137 Urteile (insgesamt circa 8000) in der Datenbank.
Praxistest: Mit dem Suchbegriff »Nachtarbeitszuschläge« findet die Suchmaschine ein Dokument, das aber nicht zum Testfall passt. Jede weitere Suche verlief trotz des großen Datenbestandes erfolglos.
Fazit: Recht-in.de ist eine hervorragende Seite für die Gesetzesrecherche; dies erspart den mühsamen Weg in die Bibliothek. Positiv zu bewerten ist die Vielseitigkeit und Aktualität der Seite. Enttäuschend verlief die Recherche.

www.alexis.de

Zielgruppe: Führungskräfte, Juristen
Schwerpunkte: Datenbankrecherche
Kosten: Die Premium-Mitgliedschaft kostet eine monatliche Grundgebühr von 25,56 Euro plus Datenbank-Nutzungsgebühren. Die Standard-Mitgliedschaft enthält keine Grundgebühr, sondern lediglich erhöhte Datennutzungsgebühren. Die Kosten fallen an, sobald ein Dokument angezeigt wird, unabhängig davon, ob es gespeichert oder gedruckt wird.
Allgemein: Alexis.de ist eine Online-Bibliothek mit zahlreichen Datenbanken aus Recht und Wirtschaft. Diese werden von insgesamt zwölf Anbietern gestellt. Aus einem zentral angeordneten Katalog wird das betreffende Fachgebiet gewählt. Zwar liegt nach Aussage der Betreiber die Stärke der Seite nicht direkt im Arbeitsrecht, dennoch gelangt man über die Auswahl des Themas »Arbeit und Personal« zu einer guten, übersichtlichen Auflistung an arbeitsrechtlichen Gesetzen, Urteilen, Literatur, Musterformularen und Hintergrundinformationen. In den Gesetzesdatenbanken sind alle arbeitsrechtlich relevanten Gesetzestexte im Volltext zu finden. Darüber hinaus bietet Alexis.de einen Newsletter und einen Newsticker an, der täglich aktuelle Nachrichten aus Politik und Recht anzeigt.
Praxistest: Bei Eingabe des Suchbegriffs »Nachtarbeitszuschläge«, der Angabe des entsprechenden Gesetzes sowie Rechtsbereichs, erscheinen keine Treffer. Auch bei den übrigen drei Suchkombinationen gab es keinen Erfolg.
Fazit: Der Test hat sich auf das arbeitsrechtliche Angebot der Seite beschränkt, so dass das restliche Angebot unberücksichtigt blieb. Bedauerlich ist, dass zu einer effektiven Urteilsrecherche, bis auf eine Ausnahme bei Lexxion (einer der Links zu anderen Sites), Vorinformationen nötig sind. Insgesamt handelt es sich um eine Seite für Profinutzer, die Informationen zu Aktenzeichen und Gericht haben, denn eine Suche ins Blaue gibt es hier nicht.

Für Ihre Reservierung 2004

BESTELLKARTE

Das PersonalJahrbuch 2004

Standardausgabe ohne CD-ROM

Ja, ich möchte mit dem Personal Jahrbuch 2004 arbeiten!

Bitte senden Sie mir

☐ Exemplar(e)

Franke/Boden (Hrsg.): PersonalJahrbuch 2004
2003, ca. 450 Seiten, gebunden
Standardausgabe ohne CD-ROM
**Subskriptionspreis bis 2 Monate nach Erscheinen
ca. € 52,–/sFr 104,–,** danach ca. € 65,–/sFr 130,–
Sie sparen € 13,–!

Datum/Unterschrift

Für Ihre Reservierung 2004

BESTELLKARTE

Das PersonalJahrbuch 2004

Premiumausgabe inkl. CD-ROM

Ja, ich möchte mit dem Personal Jahrbuch 2004 arbeiten!

Bitte senden Sie mir

☐ Exemplar(e)

Franke/Boden (Hrsg.): PersonalJahrbuch 2004
2003, ca. 450 Seiten, gebunden
Premiumausgabe inkl. CD-ROM
**Subskriptionspreis bis 2 Monate nach Erscheinen
ca. € 75,–/sFr 150,–,** danach ca. € 85,–/sFr 170,–
Sie sparen € 10,–!

Datum/Unterschrift

Für die praktische Personalarbeit

BESTELLKARTE

Das Formularbuch zum Arbeitsrecht

inkl. CD-ROM

Ja, ich möchte mit dem Formularbuch zum Arbeitsrecht arbeiten!

Bitte senden Sie mir

☐ Exemplar(e)

Worzalla (Hrsg.):
Arbeitsrechtliche Formulare
für die betriebliche Praxis
Individualarbeitsrecht
2002, 412 Seiten, gebunden
€ 79,–/sFr 158,–

Datum/Unterschrift

L Luchterhand

22204/001

Name

Firma

Position

Straße

PLZ, Wohnort

Tel.-Nr./Fax-Nr.

Bezug über Buchhandel oder Verlag.

Luchterhand Postfach 2352 · 56513 Neuwied
Telefon 02631.801-329 · Telefax 02631.801-210
www.luchterhand.de · e-mail info@luchterhand.de

Bitte ausreichend frankieren

Antwort

22204/002

Name

Firma

Position

Straße

PLZ, Wohnort

Tel.-Nr./Fax-Nr.

Bezug über Buchhandel oder Verlag.

Luchterhand Postfach 2352 · 56513 Neuwied
Telefon 02631.801-329 · Telefax 02631.801-210
www.luchterhand.de · e-mail info@luchterhand.de

Bitte ausreichend frankieren

Antwort

22205/001

Name

Firma

Position

Straße

PLZ, Wohnort

Tel.-Nr./Fax-Nr.

Bezug über Buchhandel oder Verlag.

Luchterhand Postfach 2352 · 56513 Neuwied
Telefon 02631.801-329 · Telefax 02631.801-210
www.luchterhand.de · e-mail info@luchterhand.de

Bitte ausreichend frankieren

Antwort

www.recht-leicht.de

Zielgruppe: Juristen, Studenten
Schwerpunkte: Linklisten, Service für Juristen
Allgemein: Recht-leicht.de ist eine Linkpage; die Informationen stammen von zahlreichen vernetzten Anbietern – oftmals von Anwälten. Das Schwerpunktgebiet Arbeitsrecht bietet ein Lexikon, das die wichtigen, aber bei weitem nicht alle Bereiche des Individual- und Kollektivarbeitsrechts abdeckt. Unter dem Stichwort »Gesetze und Verordnungen« sind alle arbeitsrechtlich relevanten Texte zu finden, größtenteils Internetadressen zum Bundesministerium der Arbeit. Beim Auswählen eines bestimmten Gesetzes gelangt man nicht zum Gesetzestext, sondern auf die Seite des Bundesministeriums. Dort beginnt die Suche von vorne – nicht sehr zeitsparend. Sehr interessant für Studenten ist die Möglichkeit, auf arbeitsrechtliche Skripte oder Vorlesungsmaterial zugreifen zu können. Recht-leicht.de bietet über das Arbeitsrecht hinaus einen umfassenden Service für Anwälte mit Informationen und Software für den Juristenalltag.

Praxistest: Die Seite findet nur bei dem Suchbegriff »Nachtarbeitszuschläge + übertariflicher Tageslohn« Treffer zum Thema Lohn. Von den sieben arbeitsrechtlichen Datenbanken zeigt lediglich die der AOK Ergebnisse zu »Nachtarbeitszuschläge«.
Fazit: Diese Seite bietet einen sehr umfangreichen Service zu arbeitsrechtlichen Fragestellungen. Dabei liegt die Stärke der Seite nicht unbedingt in der Wissensvermittlung, sondern gewährleistet einen umfangreichen und geordneten Überblick über Links zu den gewünschten Themen. Hilfreich ist dabei die Liste der Top-Ten-Links, in der die nach Ansicht der Betreiber zehn besten juristischen Suchmaschinen aufgeführt sind. Aber leider konnte zu vielen Links kein Zugang gefunden werden.

www.arbeitsrecht4free.de

Zielgruppe: Personalmanager, Führungskräfte
Schwerpunkte: Datenbanken, Handbuchfunktion für Führungskräfte
Allgemein: Arbeitsrecht4free.de bietet über 15000 Seiten strukturierte Fachinformationen. Das Portal hat einen klaren Aufbau mit vier großen Rubriken: Arbeitshilfen, Urteile, Themengebiete und Vorschriften. Unter diesen lassen sich weitere Bereiche auswählen, die sich nochmals gliedern, so dass Schritt für Schritt nach dem gewünschten Thema gesucht werden kann. Die Abfragemaske ermöglicht eine Detailsuche in speziellen Rechtsbereichen und Bundesländern sowie nach Veröffentlichungsdatum. Aktualisierungen der Gesetze werden unter der Rubrik »Änderungen und Neufassungen« im Volltext dargestellt. Arbeitsrecht4free.de bietet Musterformulare für Kündigungen, Aufhebungsverträge, Organisationsanweisungen und Checklisten für das richtige Verhalten eines Arbeitgebers. Links zu anderen Websites oder Diskussionsforen sind nicht vorhanden.

Praxistest: Das Stichwort »Nachtarbeitszuschlag« brachte in der Suchmaske zwei Ergebnisse hervor, die aber unbrauchbar für den Fall waren. Die anderen drei Suchbegriffe blieben ohne Ergebnis. Die Trefferlisten auf Arbeitsrecht4free.de machen auf den Nutzer einen verwirrenden Eindruck, da vorerst nur zu sehen ist, in welchen Rubriken dieser Suchbegriff gefunden wurde. Der Nutzer kann erst über Umwege an sein Rechercheergebnis gelangen.
Fazit: Arbeitsrecht4free.de ist eine zuverlässige Seite ohne schmückendes Beiwerk. Es ist optimal für die praktischen Bedürfnisse im Personalwesen gerüstet und aktuell. Leider existiert auf dieser Seite kein Diskussionsforum. Die Recherche ist oftmals unübersichtlich und umständlich.

www.arbeitsrechtliches-im-net.de

Zielgruppe: Juristen, Studenten
Schwerpunkte: Datenbankrecherche, Linklisten
Allgemein: Diese übersichtlich gestaltete Seite besteht aus Vernetzungen zu anderen Anbietern und Informationen zu einer Vielzahl von Rechtsgebieten: von Arbeitsrecht bis Wettbewerbsrecht. Die Inhalte dieser Seite sind aufgeteilt in wenige Bereiche, wie »Recht aktuell«, »Recht von A bis Z«, »Rechtslexikon« und einer »Anwaltssuche«. Innerhalb dieser Bereiche sind Links zu aktuellen Urteilen, aktuellen Gesetzestexten und Tipps zu verschiedenen Rechtsgebieten zu finden. Die Urteile sind nach Themenbereichen sortiert wie Kündigung und Gehalt.
Praxistest: Leider wurde keiner der Suchbegriffe in den Datenbanken gefunden. Befremdlich ist es, dass das Rechtslexikon das Wort Kündigung nicht kennt. Auf einige ausgesuchte Informationen zu diesem Thema stößt man allerdings unter »Tipps und Rat« zum Arbeitsrecht.
Fazit: Die Seite ist unkompliziert und eignet sich zur schnellen Recherche bei lediglich alltäglichen juristischen Problemen. Die Autoren haben darauf geachtet, dass die Erklärungen leicht verständlich sind. Leider beschränken sich die Treffer oftmals auf die Verlinkung zu Seiten qualifizierter Anwälte, die nur allgemeine Informationen bereithalten.

Forum IV – Service

	Kosten	Verfügbarkeit über Meta-Suchmaschinen	Übersichtlichkeit	Benutzerführung	Inhalte	Quantitative Abdeckung aller Arbeitsrechtsgebiet	Schnelligkeit des Seitenaufbaus	Datenbanken	Aktualität	Praxistauglichkeit anhand des Fallbeispiels	Fazit
Gewichtung	0%	5%	5%	5%	10%	10%	5%	15%	15%	30%	100%
www.arbeitsrecht-competence-center.de Netskill AG	nein	+4	+1	+2	+5	+2	+2	+2	+5	+1	gut (sehr empfehlenswert)
www.juriforum.de Juriforum GmbH	ja	-5	+4	+5	+4	+2	+3	+3	+4	+3	gut (sehr empfehlenswert)
www.legios.de Legios GmbH	ja	-5	+5	0	+5	+4	+3	+3	+4	+3	gut (sehr empfehlenswert)
www.arbeitsrecht.de Bremer Media Desing GmbH	nein	+5	+3	+4	+4	+2	+5	-4	+4	-4	befriedigend (empfehlenswert)
www.jurion.de Jurion GmbH	ja	-5	+5	+4	+2	+4	+4	+3	+5	-5	befriedigend (empfehlenswert)
www.recht-in.de Gate2Future Agentur	nein	-1	-1	-1	+5	+1	+3	+3	+4	-4	befriedigend (empfehlenswert)
www.alexis.de Hans Soldan GmbH	ja	-5	+4	+4	+4	+4	+3	+3	+4	-5	befriedigend (noch empfehlenswert)
www.recht-leicht.de Thorsten Freudenberger	nein	-2	+4	+4	+4	+3	+5	+1	-2	-3	befriedigend (noch empfehlenswert)
www.arbeitsrecht4free.de UB Media AG	nein	+4	+5	+3	-1	+3	+5	0	+4	-5	ausreichend (eingeschränkt empfehlenswert)
www.arbeitsrechtliches-im-net.de Judsi Businessconcepts GmbH	nein	-1	+3	+3	-2	-1	+3	-2	+1	-5	ausreichend bis mangelhaft (nicht zu empfehlen)

2 Nützliche Hinweise

Hier finden Sie weiterführende Informationen, Adressen und Kontakte zu einigen Stichworten des Jahrbuches.

Personalbeschaffung

Personalleasing / Zeitarbeit
Weiterführende Informationen (siehe die Beiträge in II A/2.3.3 und II B/3.4.6) erhalten Sie vom:
Bundesverband Zeitarbeit Personal-Dienstleistungen e.V. (BZA)
Prinz-Albert-Straße 73
53113 Bonn
Tel. 0228/766120
Internet: http://www.bza.de.

Personalberatung
Ergänzung zu II A/2.3.4, International tätige Personalberater sind u.a.:
- Kienbaum Executive Consultants GmbH
- Heidrick & Struggles, Mülder & Partner
- Ray & Berndtson Unternehmensberatung GmbH
- TMP Worldwide Search GmbH
- Baumann Unternehmensberatung AG
- Korn / Ferry Hofmann Herbold International GmbH
- Egon Zehnder International GmbH
- Delta Management Consultants GmbH
- Steinbach & Partner GmbH
- Deininger Unternehmensberatung GmbH
  Informationen über Beratungsunternehmen und deren Spezialgebiete finden Sie z.B.
- online im Consulting-Guide des Manager Magazins www.experten.manager-magazin.de
- zum Nachschlagen im jährlich erscheinenden Consulting Guide des BranchenMedien Verlags, München, Hrsg.: Florian Schmid und Michael Schumann.

Jobbörsen
Crosswater Systems Ltd. stellt folgende quantitative Rangliste der Jobbörsen auf (Stand April/Mai 2002, siehe II A/2.3.5.1)

Rang 2002	Stellenangebote	Stellengesuche
1	Arbeitsamt SIS	Arbeitsamt SIS
2	Arbeitsamt ASIS	Monster.de
3	Wordlwidejobs	alma mater
4	Versum	Jobscout24
5	JobJet	Arbeitsamt ASIS
6	jobpilot	StepStone
7	Randstad	jobfair24
8	Stellenmarkt.de	Jobpilot
9	Persys	Gulp Portal
10	StepStone	StepStone-IT

Eine Marktforschung zum Thema Jobbörsen findet sich auch im Sonderheft der Zeitschrift *Personalwirtschaft* 6/2002, Jobbörsen, Der Kampf ums Überleben.

Online-Dienstleistungen der Bundesanstalt für Arbeit
Siehe den Beitrag in Kapitel II A/2.3.5.1
- AIS Arbeitgeber-Informations-Service
- SIS Stellen-Informations-Service
- ASIS Ausbildungs-Stellen-Informations-Service
- Vermittlungsbörse für IT-Fachkräfte
- Bewerberbörse für Ingenieurinnen und Ingenieure
- Vermittlungsbörse für Firmennachfolgen, Kooperationen und Existenzgründungen
- Praktikantenbörse
- JOB-Vermittlungsbörse (Nebenbeschäftigungen)
- Internationale Vermittlungen
- Europäische Arbeitsverwaltungen
- Managementvermittlungen
- Künstlerdienste
- ZBF: Zentrale Bühnen-, Fernseh- und Filmvermittlung
- ZIHOGA: Zentrale und internationale Management- und Fachvermittlung für Hotel- und Gaststättenpersonal
- Arbeitsmarktportal

Recruiting-games
Welchen »Umsatz« an Bewerberinformationen mit einem Online-Recruiting-Spiel (siehe II A/3.4) erzielen kann, zeigt das Beispiel »Challenge-Unlimited« von Siemens. Es startete am 01. Juni 2000 und eröffnete Studierenden und Young Professionals die Möglichkeit, über sechs Wochen hinweg spielerisch mit dem Unternehmen in Kontakt zu treten. Innerhalb der Spielzeit im Netz nahmen fast 13.000 Spieler daran teil und über 10.000 User schalteten ihre Profile zur Prüfung durch die Recruiter frei. Als weitere Beispiele können hier auch die Online-Spiele »Erfolg-Reich-Spiel« und »Karrierejagd durchs Netz« oder »Karrierejagd durchs Netz 2« genannt werden. (siehe hier unter www.cyquest.de).

Mobbing

Literatur
Literatur zum Thema Mobbing (siehe Beiträge in VI A/3.10 und Forum III/1):
DGB-Informationen zur Angestelltenpolitik, 3/1997
Leymann, Heinz, *Äthiologie und Häufigkeit von Mobbing am Arbeitsplatz – eine Übersicht über die bisherige Forschung*, in: *Zeitschrift für Personalforschung*, 7 (2), 1993
Leymann, Heinz, *Der neue Mobbing-Bericht*, in: Damman, H.; Strickstrock, F. (Hrsg.), Reinbeck 1995
Von Rosenstiel, L, *Humanisierung der Arbeitswelt, vergessene Verpflichtung?*, Stuttgart 1980.

EDV in der Personalarbeit

HR-IT-Landschaft im Überblick

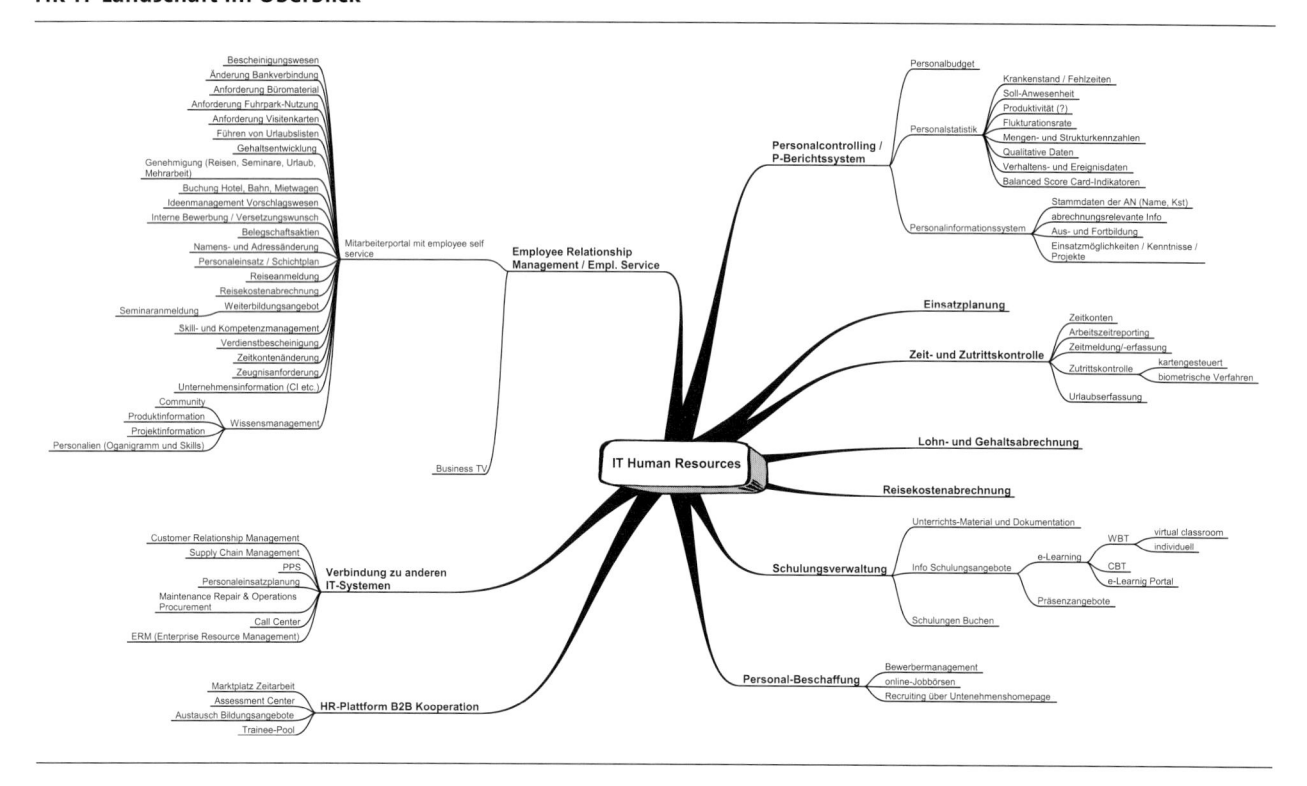

[Mindmap: IT Human Resources mit folgenden Hauptästen:]

- **Employee Relationship Management / Empl. Service**
  - Mitarbeiterportal mit employee self service:
    - Bescheinigungswesen
    - Änderung Bankverbindung
    - Anforderung Büromaterial
    - Anforderung Fuhrpark-Nutzung
    - Anforderung Visitenkarten
    - Führen von Urlaubslisten
    - Gehaltsentwicklung
    - Genehmigung (Reisen, Seminare, Urlaub, Mehrarbeit)
    - Buchung Hotel, Bahn, Mietwagen
    - Ideenmanagement Vorschlagswesen
    - Interne Bewerbung / Versetzungswunsch
    - Belegschaftsaktien
    - Namens- und Adressänderung
    - Personaleinsatz / Schichtplan
    - Reiseanmeldung
    - Reisekostenabrechnung
    - Weiterbildungsangebot
    - Seminaranmeldung
    - Skill- und Kompetenzmanagement
    - Verdienstbescheinigung
    - Zeitkontenänderung
    - Zeugnisanforderung
    - Unternehmensinformation (CI etc.)
  - Wissensmanagement:
    - Community
    - Produktinformation
    - Projektinformation
    - Personalien (Organigramm und Skills)
  - Business TV

- **Verbindung zu anderen IT-Systemen**
  - Customer Relationship Management
  - Supply Chain Management
  - PPS
  - Personaleinsatzplanung
  - Maintenance Repair & Operations
  - Procurement
  - Call Center
  - ERM (Enterprise Resource Management)

- **HR-Plattform B2B Kooperation**
  - Marktplatz Zeitarbeit
  - Assessment Center
  - Austausch Bildungsangebote
  - Trainee-Pool

- **Personalcontrolling / P-Berichtssystem**
  - Personalbudget
  - Personalstatistik:
    - Krankenstand / Fehlzeiten
    - Soll-Anwesenheit
    - Produktivität (?)
    - Fluktuationsrate
    - Mengen- und Strukturkennzahlen
    - Qualitative Daten
    - Verhaltens- und Ereignisdaten
    - Balanced Score Card-Indikatoren
  - Personalinformationssystem:
    - Stammdaten der AN (Name, Kst)
    - abrechnungsrelevante Info
    - Aus- und Fortbildung
    - Einsatzmöglichkeiten / Kenntnisse / Projekte

- **Einsatzplanung**

- **Zeit- und Zutrittskontrolle**
  - Zeitkonten
  - Arbeitszeitreporting
  - Zeitmeldung/-erfassung
  - Zutrittskontrolle (kartengesteuert, biometrische Verfahren)
  - Urlaubserfassung

- **Lohn- und Gehaltsabrechnung**

- **Reisekostenabrechnung**

- **Schulungsverwaltung**
  - Unterrichts-Material und Dokumentation
  - Info Schulungsangebote
  - e-Learning (WBT: virtual classroom, individuell; CBT; e-Learnig Portal)
  - Präsenzangebote
  - Schulungen Buchen

- **Personal-Beschaffung**
  - Bewerbermanagement
  - online-Jobbörsen
  - Recruiting über Unternehmenshomepage

Anbieter

Die Anbieter von elektronischen Lösungen zur Unterstützung des Personalmanagements präsentieren sich u.a. auf IT-Messen, die größte darunter ist die »CeBIT« (www.cebit.de), aber auch auf Messen wie z.B. »Personal« (www.hrforum.de) in Frankfurt und »Zukunft Personal« (www.zukunft-personal.de in Köln, oder Messen zu Bildungsthemen. Personalzeitschriften berichten in der Regel schon im Vorfeld über Schwerpunkte, Neuerungen und Trends.

Ein Großteil der Anbieter im Bereich HR-IT bietet Beratung, Software-Produkte und -entwicklung sowie Hardware aus einer Hand an. Das kann auch heißen, dass die Unternehmen mit Partnern zusammenarbeiten, die das jeweilige Angebotsspektrum ergänzen.

Hier einige Beispiele führender Anbieter von HR-Technologie:

Beratung
- KPMG (www.kpmg.de)
- Accenture (www.accenture.de)
- UBK GmbH (www.software-auswahl.de)

Lohn und Gehalt, ESS (Portale), Resource Management, Bewerbermanagement etc.
- ADP Employer Services GmbH (www.de.adp.com)
- Astrum GmbH (www.astrum.de)
- ATOSS Software AG (www.atoss.com)
- AtosOrigin GmbH (www. atosorigin.com)
- H.R.-Software (www.hrsoftware.de)
- Inveos CTH GmbH (www.inveos.com)
- Pecaso Deutschland GmbH (www.pecaso.de)
- Peoplesoft (www.peoplesoft.com)
- Personal & Informatik AG (www.pi-ag.com)
- SAP (www.sap.de)
- SBS Software GmbH (www.sbs-software.de)
- W&R Informationssysteme AG (www.personalsoftware.de)

Zeit und Zutritt:
(Rangliste nach einer Marktübersicht der Zeitschrift Personalwirtschaft, Anbieter nach Anzahl der Unternehmensinstallationen)
- Interflex Datasysteme GmbH & Co. KG (www.interflex.de)
- Isgus J. Schlenker-Grusen GmbH (www.isgus.de)
- MBB Gelma GmbH (www.mbb-gelma.de)
- AIDA Geschäftsführungs-Organisations-Systeme GmbH (www.aida-orga.de)
- Timesys AG (www.timesys.de)
- Miditec Datensysteme GmbH (www.miditec.de)
- Hoffmann Datentechnik (www.hdt-gmbh.com)
- SAP (www.sap.de)
- GFOS mbH (www.gfos.de)

- ATOSS Software AG und ATOSS CSD Software GmbH (www.atoss.com)
- PCS Systemtechnik GmbH (www.pcs.com)

Literatur

Weiterführende Literatur zum Thema E-HR (siehe III A/4 und 5):

Abts, D., Mülder, W., *Grundkurs Wirtschaftsinformatik – Eine kompakte und praxisorientierte Einführung*, 4. überarbeitete Aufl., Braunschweig/Wiesbaden 2002 (Vieweg-Verlag).

Altmann, W., *Internet und Intranet im Personalbereich bei Siemens*, in: Copers, 4/1999, S. 44-48.

Die Aktivierung der Mitarbeiter beim Knowledge Management, Band 1 aus der Schriftenreihe Knowledge Management in der Praxis vom Institut für e-Management, 2002.

Jäger, M., Jäger, W., *Personalarbeit im Intranet*, 1999.

Mocker, H., E-Nutzen, *Weil ihr Unternehmen Zukunft braucht*, 2002.

Mülder, W., *Human Resource Information Systems*, in: agplan-Handbuch zur Unternehmensplanung (Loseblattwerk), 52. Ergänzungslieferung.

Mülder, W., *Personalinformationssystem*, in: Lexikon der Wirtschaftsinformatik, 4. Aufl., Hrsg.: P. Mertens et al., Berlin u.a. 2001 (Springer-Verlag).

Mülder, W., Störmer, W., *Arbeitszeitmanagement und Zutrittskontrolle mit System*, 3. Aufl., Neuwied 2002 (Luchterhand-Verlag).

Mülder, W.: *Personalinformationssysteme*, in: *Personal-Management für den Mittelstand*, Hrsg.: V. T. Stelzer-Rothe, Heidelberg 2002, (Sauer-Verlag), S. 247-280.

Ringling, S., *Toolgestützte Optimierung von Prozessen*, in: Copers e-HR Personalmanagement, 1/2001, S. 18-21.

Arbeitszeit

Literatur

Hoff, Andreas, *Vertrauensarbeitszeit: einfach flexibel arbeiten*, Wiesbaden 2002.

Hoff, Andreas, Schlottfeldt, Christian, *Vertrauensarbeitszeit und arbeitszeitrechtliche Aufzeichnungspflicht nach § 16 II ArbZG*, www.arbeitszeitberatung.de.

Glißmann, W. *Vertrauensarbeitszeit und die neue Selbständigkeit in der Arbeit*, in: Arbeitsrecht im Betrieb, 10/2000, S. 585ff.

Personalentwicklung und Qualifikation

Hintergrundinformationen und Trends zum Thema Weiterbildung finden Sie in Fachzeitschriften wie z.B. der Zeitschrift *Management + Training* (Luchterhand Verlag). Einen Überblick über aktuelle Angebote und Techniken die Möglichkeiten der Aus- und Weiterbildung bieten Messen wie die Learntec.

Die Liste der Anbieter im Bereich E-Learning ist lang und breit gefächert, vom Beratungs-Unternehmen in Kooperation mit Partnern aus den Bereichen Technologie und Content, über Plattform-Anbieter bis hin zu Unternehmen, die aus dem Verlags- und Bildungsbereich kommen und Bildungsinhalte (Content) anbieten oder im Auftrag entwickeln,. Hier sind beispielhaft einige Plattform-Anbieter aufgeführt, die im Zuge der Marktkonsolidierung in diesem Bereich z.T. auch Beratung und Content abdecken.

E-Learning ist für kleine und mittlere Unternehmen vielfach auf Angebote »von der Stange« beschränkt (in der Hauptsache CBT oder WBT für IT-Schulung, z.B. Office-Programme). Eine übergreifende Plattform des Deutschen Industrie- und Handelskammertages (DIHK) öffnet hier neue Wege (www.ihk-online-akademie.de).

E-Learning-Plattformen / Content:
- www.im-c.de
- www.docent.com
- www.iplanet.com
- www.knowledgeplanet.com
- www.lotus.de
- www.saba.com
- www.trilog-net.com
- www.netg.de
- www.m2s.com
- www.macgraw-hill.com
- www.interwise.com

Personalentwicklung und Recht

Weiterführende Literatur und Quellen zum Beitrag 2 in Kapitel VII B, Fortbildungsvertrag und Fortbildungskosten im Arbeitsverhältnis:

Käufer, *Weiterbildung im Arbeitsverhältnis*, Baden-Baden 2002, S. 29f
(Definition von Weiterbildung, in Anlehnung an die Definition des Deutschen Bildungsrates aus den 70er Jahren).

Voelzke/Willikonsky, in: Weiss/Gagel, *Handbuch des Arbeits- und Sozialrechts*, Baden-Baden 1993 ff., § 3 A
(Arten der Fortbildung)

Goetz, *Berufsbildungsrecht*, München 1992
(zu Möglichkeiten bei der Durchführung von Fortbildung siehe S. 112, zum Teilnehmerkreis siehe S. 113, zu Vertragskonstellationen siehe S. 115)

Schaub, *Arbeitsrechtshandbuch*, 9. Auflage
(zur Frage der Arbeitsvergütung bei Fortbildungsmaßnahmen siehe S. 1729, zur Wirksamkeit von Rückzahlungsklauseln siehe S. 1732)

Reinecke, in: Küttner, *Personalhandbuch 2002*
(zur Gewährung von Urlaub und Entgelt bei Krankheit und Feiertagen und Kündigung des Fortbildungsvertrags siehe S. 981)

Internetadressen relevanter Institutionen

Auf den angegebenen Sites finden Sie neben aktuellen Informationen z.T. auch Gesetzestexte und Erläuterungen

Bundesministerium für Arbeit
www.bma.bund.de
Gesetze unter www.bma.bund.de/download/gesetze.htm;
Tarife unter www.bma.de/de/arbeit/arbeitsrecht/tarifverzeichnis.htm.

Bundesvereinigung der deutschen Arbeitgeberverbände
www.bda-online.de

Deutscher Industrie- und Handelskammertag
www.dihk.de

Zentralverband des deutschen Handwerks
www.zdh.de

Deutscher Gewerkschaftsbund
www.dgb.de

3 Stichwortverzeichnis

A

Abfindung 87, 212, 353, 388
– Sozialversicherungsrecht 389
– Steuerrecht 388
Abmahnung 259, 298, 383, 459
Abtastverfahren 219
Abwicklungsvertrag 363, 389
Action Learning 308
Aktienoptionspläne 196
Aktivitätenplan 253, 262, 269, 274
Akzeptanz 287, 289 f., 295, 303 ff., 308
Akzeptanzstrategie (Change Management) 289
Alkohol; siehe Fehlverhalten und Kündigung (verhaltensbedingt)
Altersgrenze 364
– Fortbildung 308
Altersrente; siehe Betriebliche Altersversorgung
Altersteilzeit 53, 353, 416; siehe auch Lebensarbeitszeit
– Öffnungsklauseln 238
Altersteilzeitgesetz 53, 214, 416
Altersversorgung; siehe Betriebliche Altersversorgung
Ambiguitätstoleranz 424
Änderungskündigung 368; siehe auch Kündigung
Änderungssperre, Wegfall 481; siehe auch Betriebsübergang
Änderungsvertrag 45, 176
Andeutungs-Technik (Zeugnissprache) 406
Anforderungsprofil 24, 327
Anhörungsrecht 297
Anpassungsqualifizierung 361
Anreiz; siehe Motivation
Anreizsysteme 82, 148, 264, 351; siehe auch Vergütungspolitik und Arbeitszeit
Arbeit auf Abruf (KAPOVAZ) 54 f.
Arbeitgeber-Informations-Service (AIS) 35
Arbeitgeberverbände 14
Arbeitnehmer, ausländische 60
Arbeitnehmererfindungen 48
Arbeitnehmerrechte 297
Arbeitnehmersparzulage; siehe Vermögenswirksame Leistungen
Arbeitnehmerüberlassung; siehe Personalleasing
Arbeitsamt 35, 79, 413; siehe auch Bundesanstalt für Arbeit
– Eignungsfeststellung 415
– Eingliederungsvertrag 57
– Finanzielle Förderung 413
– Strukturanpassungsmaßnahme Ost 415
– Vermittlungsgutschein 416
Arbeitsanfall, Erfassung 142
Arbeitsbefähigung; siehe Zeugnis
Arbeitsbefreiung 207
Arbeitsbesprechung 261
Arbeitserlaubnis 44
Arbeitsgemeinschaft (ARGE) 60; siehe auch Arbeitsvertrag
Arbeitsgerichtsverfahren 18
Arbeitsgruppen
– Gruppen- und Teambildung 263
– Gruppenarbeit steuern 262
– Gruppenführung 262
Arbeitskräfteverleih; siehe Personalleasing
Arbeitspapiere 44, 72
Arbeitspflicht 45
Arbeitsplatzgestaltung 126
Arbeitsproduktivität 141
Arbeitsschutz 104, 112 ff.
– Anforderungen an Arbeitsmittel 126 f.
– Ausschuss 119
– Erstunterweisung 115
– Fremdfirmen 120
– Kleinbetriebe 119
– Koordinator 120
– Leiharbeitnehmer 120
– Pflichten 115, 117
– Rechte des Betriebsrates 119
– Umweltschutz 120
– Unternehmensziel 105
– Vorschriften 112
Arbeitssicherheit 117 f., 124
– und Verkehrssicherheit 124
Arbeitsunfähigkeit 380
Arbeitsunfall 124; siehe auch Arbeitsschutz
Arbeitsverhältnisse, besondere 48 ff.
– Altersteilzeit 53
– Änderung 174, 477
– AT-Angestellte 48
– auf Abruf (KAPOVAZ) 54
– Auszubildende 52
– beenden; siehe Beendigung von Arbeitsverhältnissen
– befristete 49, 354
– faktisches Arbeitsverhältnis 57
– Geringfügig Beschäftigte 50, 216
– Leitende Angestellte 48
– Praktikanten 53
– Schwerbehinderte 54
– Tele- und Heimarbeit 51
– Umwandlung; siehe Änderungskündigung und Betriebsübergang
Arbeitsvermittlung 30, 31; siehe auch Arbeitsamt
Arbeitsvertrag 12, 43, 464; siehe auch Arbeitsverhältnisse
– Abschluss und Inhalt 43
– Änderung; siehe Änderungskündigung und Betriebsübergang
– Anfechtbarkeit 363
– Arbeitserlaubnis, Arbeitspapiere 44
– ARGE 60
– Ausländische Arbeitnehmer 60
– Auslandseinsatz 161
– Berufsausbildungsvertrag; siehe dort
– Bindung an Vertragsangebot 44
– Ende; siehe Beendigung von Arbeitsverhältnissen
– Haupt- und Nebenpflichten 45
– Mindestanforderungen 44
– Nebenpflichten des Arbeitnehmers 45
– Nichtvollzug 61
– Unterschrift und Vertretung 44
– Weisungsrecht des Arbeitgebers 45
– Wettbewerbsverbot 46
– Zustandekommen 43
Arbeitsverweigerung; siehe Kündigung (verhaltensbedingt)
Arbeitszeit 74, 151 ff., 352, 461
– Besetzungsstärke 156
– Erfassung 157
– flexible 151, 437
– Lebensarbeitszeit 158
– Vertrauensarbeitszeit 158
– Zeitmeldung 74
– Zeitwirtschaftssysteme 101
Arbeitszeitkonto 158 ff.
Arbeitszeugnis; siehe Zeugnis
Arbeitszufriedenheit 258
Arbeitzeit 170
Assessment Center 39 f., 311
AT-Angestellte 48
– Vergütung 183
Aufenthaltsgenehmigung; siehe Arbeitserlaubnis
Aufgabenbeschreibung; siehe Stellenbeschreibung, siehe Zeugnis
Aufhebungsvertrag 353, 388
Ausbildung; siehe Betriebliche Berufsausbildung
Ausbildungsberufe 335

Ausbildungskooperation 328, 337, 441 ff.
Ausbildungskosten 327
Ausbildungs-Stellen-Informations-Service (ASIS) 35
Ausbildungssystem, duales 325; siehe auch Betriebliche Berufsausbildung
Ausbildungsverbund Celle 441
Ausbildungsverhältnis; siehe Arbeitsvertrag und Betriebliche Berufsausbildung
Ausbildungszeugnis 333
Ausgliederung; siehe Auslagern von Betriebsteilen und Outsourcing
Ausgründung 355
Auskunftspflichten 88, 204
Auslagern von Betriebsteilen 170, 354
Auslandseinsatz; siehe Internationaler Einsatz von Mitarbeitern
Ausländerintegration 298
Ausschreibung, innerbetriebliche; siehe Personalbeschaffung
Außertarifliche Mitarbeiter; siehe AT-Angestellte
Aussperrung 7 f.
Auswahlgespräche; siehe Personalauswahl
Ausweichtechnik (Zeugnissprache) 406
Auszahlungsbetrag; siehe Entgeltabrechnung
Auszubildende 52
– Anforderungsprofile 327
– Auszubildendenmarketing 327; siehe auch Personalmarketing
– Beurteilung 332 ff.

B

Back-up-Analyse; siehe Personalplanung (Nachfolgeplanung)
Balanced Score Card 88; siehe auch Wertschöpfungsbeitrag des Personalwesens
Barabgeltung des Erholungsurlaubs 207
BASEL II 455
Bedarfsarbeitsvertrag 54 f.
Beendigung von Arbeitsverhältnissen 363 ff.
– Betriebsschließung 390
– Pflichten nach Beendigung 364
Beendigungsformel im Zeugnis 401; siehe auch Zeugnis, Anspruch auf Dankesformel
Begünstigte Besteuerung 212
Beitragsbemessungsgrenzen 218
Beitragszusage (Altersvorsorge) 199, 235

Belastungen, psychomentale 129
Belegschaftsaktien; siehe Mitarbeiterbeteiligung
Beleuchtung 130
Benachteiligungsverbot (Gleichbehandlung) 296
Benchmarking 85, 322
Beratervertrag 58
Beratungs- und Fördergespräch 272, 310; siehe auch Mitarbeitergespräche
Berichtsheft (Ausbildung) 332
Berufliche Fortbildung; siehe Fortbildung und Personalentwicklung
Berufsausbildungsvertrag 53
Berufsbildungsgesetz 53, 325
Berufsgenossenschaft 113
Berufskrankheit 114
Berufsschule 327; siehe auch Betriebliche Berufsausbildung
Berufsunfähigkeit 199, 231
Berufsverbot 210
Beschäftigung
– geringfügige; siehe Geringfügige Beschäftigung
– Jugendliche; siehe Arbeitsverhältnisse, Auszubildende
– sozialversicherungspflichtige; siehe Scheinselbständigkeit
Beschäftigungsförderung Bauwirtschaft 415
Beschäftigungsgesellschaft 361, 390
Beschäftigungshilfen für Langzeitarbeitslose; siehe Arbeitsamt, finanzielle Förderung
Beschäftigungssicherung 170
Bescheinigungspflichten des Arbeitgebers; siehe Nachweispflichten
Beschwerderecht 298
Besetzungspläne 148
Besetzungsstärke 156; siehe auch Arbeitszeit
Besprechungen 261
Best-Practice 411 ff.; siehe auch Vergütungspolitik
– Personalentwicklung 322
Beteiligungsrechte des Betriebsrats; siehe Betriebsrat
Betriebliche Altersversorgung 198, 231 f.
– Finanzierungsformen 232
– kapitalgedeckte 236
– Leistungszusage 235
– und Auslandseinsatz 164
– Unverfallbarkeitsfristen 231, 236
Betriebliche Arbeitnehmervertretung; siehe Betriebsrat
Betriebliche Berufsausbildung 325 ff.
– Aufgaben 326

– Ausbildungsziele 329
– Auszubildendenvertretung 326
– Beratung; siehe Bundesinstitut für Berufsbildung
– Berichtsheft 332
– Berufsschule 327
– Betriebsrat 326
– duales Ausbildungssystem 325
– Handlungsfelder 326
– Kontrolle 332
– Kooperation 328; siehe auch Ausbildungsverbund
– Kosten 327
– Methoden 330
– Organisationsformen 328
– Prüfungen 328
– Qualitätsanforderungen 333
– Voraussetzungen 325
– Zeugnis 333
– Zuständige Stellen 326
Betriebliche Einheitsregelung 13
Betriebliche Gesundheitsförderung 105
Betriebliche Sozialleistungen 79, 197, 206
Betriebliche Übung 12, 468
Betriebliches Vorschlagwesen 82
Betriebs- und Abteilungsversammlungen 111, 444 ff.
Betriebsangehörige 299
Betriebsarzt 117, 123, 210
Betriebsaufspaltung; siehe Umwandlung, gesellschaftsrechtliche
Betriebsrat 15, 106, 170, 298, 351, 356, 385, 483
– Arbeitsschutz 119
– Auszubildendenvertretung 106
– Betriebs- und Abteilungsversammlungen 111, 444 ff.
– Change Management 293
– Einblicksrecht 242
– Entgeltgrundsätze 241
– Europäischer Betriebsrat (EBR) 17
– Freistellung 109
– Gehaltslisten 242
– Gesamtbetriebsrat 16
– Geschäftsführung 15
– Interessenausgleich und Sozialplan; siehe dort
– Konzernbetriebsrat 16
– Kostenübernahme 110
– Mitbestimmung 107
– Mitwirkungsrechte, abgestufte 106
– neue Betriebsratsformen 16
– Personalbeschaffung 25, 30, 41
– Personalplanung 170
– Personelle Angelegenheiten 107
– Schulung 109
– Sitzungen und Beschlüsse 16

- Soziale Angelegenheiten 107
- Sprecherausschuss der leitenden Angestellten 17
- Sprechstunden 110
- Technische Veränderungen 109
- und Fortbildung 338
- und gesellschaftsrechtliche Umwandlung 483
- und Kündigung 386
- Verfahren bei Streitigkeiten 112
- Wahlen und Amtszeit des ~ 15
- Wirtschaftliche Angelegenheiten 16, 109
- Wirtschaftsausschuss 16, 111, 170
- Zusammenarbeit, Personalverwaltung 106
- Zustimmungsersetzungsverfahren 112
- Zutritts- und Rederecht; siehe Betriebs- und Abteilungsversammlungen

Betriebsschließung 390
Betriebsübergang 176, 354, 464 f.; siehe auch Umwandlung, gesellschaftsrechtliche
- Änderungssperre 480
- und Tarifvertrag 464 f.
- Widerspruchsrecht 483
- Zwischenzeugnis 391

Betriebsvereinbarung 10, 87, 465, 480
- Einigungsstellenverfahren 11 f.
- Verfahrensstrategie 10 f.

Betriebsverfassungsgesetz 150
- Betriebsversammlungen 444 ff.
- Change Management 477
- Eigenverantwortung fördern 151
- Personalplanung 150

Betriebsversammlungen; siehe Betriebs- und Abteilungsversammlungen

Beurteilung von Auszubildenden 332
Beurteilungsgrundsätze 298; siehe auch Leistungsbewertung
Bewerberauswahl; siehe Personalauswahl
Bewerbungsgespräch; siehe Personalauswahlgespräch
Bewerbungskosten (Erstattungspflichten) 43
Bewerbungsunterlagen 37; siehe auch Personalauswahl
Bezüge; siehe Entgelt
Bezugnahmeklausel; siehe Arbeitsvertrag
- Betriebsübergang 481

Bildschirmarbeitsplätze 127
Bildungsinvestitionen; siehe Fortbildung, Kosten

Bildungsmaßnahmen; siehe Fortbildung
Bildungsurlaub 339
Biometrische Risiken 233
Biometrische Verfahren 101
Bonus 191, 193
Brandschutz 131
Bruttolohn; siehe Entgeltabrechnung
Bruttopersonalbedarf 139
Bruttoverdienstermittlung 206, 208; siehe auch Entgeltabrechnung
Bundesanstalt für Arbeit 33, 413; siehe auch Arbeitsamt
- Vermittlungsangebote 33, 35

Bundesdatenschutzgesetz; siehe Datenschutz
Bundesimmissionsschutzgesetz 121
Bundesinstitut für Berufsbildung 322, 337
Bundesumzugskostengesetz 77
Bundesverband Zeitarbeit Personal-Dienstleistungen e.V. (BZA); siehe Personalleasing
Bundesversicherungsanstalt für Angestellte; siehe auch Scheinselbständigkeit
- Personalverwaltung 78

Bündnisse für Arbeit 10
Burn-out-Syndrom 435
Business-TV 319

C

Cascading Pool 192
Change Management 70, 286, 477
- gesellschaftsrechtliche Fragen 477
- Kommunikationskonzept 293

Change-Treiber 292
Check-ups, medizinische 201
Coaching; siehe Mitarbeitergespräche und Management-Coaching
Competencies 205
Computer Output Microfilm; siehe Entgeltabrechnung, Mikrofilmverfahren
Computer-based-training (CBT) 319
Consultant, interner 430; siehe auch Personalberater
Critical Positions; siehe Nachfolgeplanung

D

Dankes- und Bedauernsformel; siehe Zeugnis
Datenerfassungs- und Übermittlungsverordnung 226
Datenschutz 47, 91
Deferred Compensation 200; siehe Entgeltumwandlung
Delegieren 254

Dienstreise 75
- Reisekostenabrechnung 76

Direktansprache; siehe Headhunter
Direktionsrecht; siehe Arbeitsvertrag, Weisungsrecht
Direktversicherung 81, 200, 233
Direktzusage 232
Drittschuldnererklärung 223
Drogen und Drogenmissbrauch; siehe Kündigung
Durchführungspflicht; siehe Tarifvertrag, Durchsetzung

E

EDV-Entgeltabrechnung; siehe Entgeltabrechnung, elektronisch
E-HR (Elektronisches Human Resource Management) 26, 87, 95 ff.
- E-Change; siehe Mitarbeiterbefragung und Change Management
- E-Recruitment; siehe dort
- HRM-Homepage 34

Ehrenämter 174
Eigenkapitalstandard; siehe Rating bei Kreditvergabe
Eigenkapitalstandards 455
Eigenkündigung 354
Eigenvorsorge, private 232
Eignungsfeststellung 415
Einfirmenvertreter; siehe Handelsvertreter
Einführung neuer Mitarbeiter 66
Eingliederung behinderter Menschen 415
Eingliederungsvertrag 57
Einkommenspflege im internationalen Einsatz 168
Einschränkungstechnik (Zeugnissprache) 406
Einstellung; siehe Personalbeschaffung und Arbeitsvertrag
Einstellungsstopp 352
Einstellungszuschuss (Neugründungen); siehe Arbeitsamt, finanzielle Förderung
E-Learning 96, 319
Elektronische Marktplätze 36
Elektrosmog 128
Elternzeit 55, 207, 383, 439
Employability 312
Employee Self Service 95, 97; siehe auch E-HR
Endzeugnis; siehe Schlusszeugnis
Enterprise-Resource-Planning-Systeme 432
Entgelt, siehe auch Vergütungspolitik
- Aktienoptionspläne 196
- erfolgsorientierte Vergütung 204
- Grundvergütung 185 f.

– variable Vergütung 185
– werteorientierte Vergütung 204
– Wertsteigerungsrechte 196
Entgeltabrechnung 100, 206
– Anspruchsverjährung 225
– Aufzeichnungspflichten 226
– Auszahlung 225
– elektronisch 100, 102, 230
– Jahresabschluss 225
– Lohnpfändungen; siehe dort
– Microfilmverfahren 227
– Outsourcing 230
– Urlaub 207
Entgeltfortzahlung 207, 461
Entgeltumwandlung 232, 236; siehe auch Deferred Compensation
Entlassung mit Rückkehrgarantie 355; siehe auch Kündigung
Entscheiden 252
Entscheidungsfehler 252
Entsendung ins Ausland 161; siehe Internationaler Einsatz von Mitarbeitern
Entsendungsverträge 165
Entwicklungs- und Förderplan 315
E-Recruitment 27, 95; siehe auch Personalbeschaffung
Erfindungen von Arbeitnehmern; siehe Arbeitnehmererfindungen
Ergonomische Arbeitsgestaltung 125
Erholungsurlaub; siehe Urlaub
Erkrankungen und Fehlzeiten; siehe Kündigung
ERP 432
Erstattungspflicht (Sozialversicherungsrecht) 389; siehe auch Abfindung
Erste Hilfe 124
Erwerbsminderungsrente 231
Erwerbsunfähigkeit; siehe Betriebliche Altersversorgung
Erziehungsurlaub; siehe Elternzeit
EU-Richtlinien 6
Europäischer Betriebsrat; siehe Betriebsrat
Expatriates 161

F
Fachlaufbahn; siehe Karriere
Farbplan 131
Feedback 276
Fehlen, unentschuldigt 210
Fehlverhalten 259
Fehlzeiten 74, 91; siehe auch Kündigung
Feiertagsvergütung 171
Finanzamt 78
Finanzielle Förderung der Arbeitsämter; siehe Arbeitsamt

Firmenwagen 201
Flexarbeit; siehe Personalleasing
Flexible Benefits 201
Fluktuation 73, 420
Fördergespräch; siehe Mitarbeitergespräche
Förderkartei 313
Fortbildung; siehe auch Training, Personalentwicklung und Mitarbeitergespräche
– Arten 340
– Erfolgskriterien 316
– finanzielle Förderung 415
– Inhalte 317
– Kosten 321, 343
– Methoden 318
– Rückzahlungsfragen 460
– Träger 340
– Transfersicherung 322
Fortbildungsvertrag 341
Fragebögen; siehe Mitarbeiterbefragung
Freie Mitarbeiter 58
Freistellung 207, 209 f.
Freistellung von Arbeitnehmern 174
Friedenspflicht 8
Führung 245, 292
– Aktivitäten vereinbaren 253
– Change-Fähigkeiten 294
– Hierarchien 248
– in Gruppen 262
– Kontrolle 254
Führungsaufgaben 249
Führungsdefizite 248
Führungseigenschaften 266
Führungsgespräche; siehe Mitarbeitergespräche
Führungsinstrumente 246
Führungskräfte
– Anforderungsprofil 267
– Auswahl 267
– Qualifizierung 268
– Typologie 267
Führungskräftemodell 67
Führungslaufbahn; siehe Karriere
Führungsleistung; siehe Zeugnis
Führungsleitlinien 247
Führungsnachwuchs 308; siehe Personalentwicklung, Potenzialermittlung
Führungspersönlichkeit/Führungsprofil 265
Führungsstile 245
Funktionsfamilien; siehe Vergütungspolitik
Fürsorgepflicht des Arbeitgebers 296
Fusionen; siehe Umwandlung, gesellschaftsrechtliche

G
Gain Sharing 192
Gefährliche Stoffe 129
Gehälter
– im Auslandseinsatz 168
– im Marktvergleich 185, 206
– und Karriere 185, 205
Gehaltsbänder; siehe Gehaltsstrukturen
Gehaltsfortzahlung; siehe Entgeltfortzahlung
Gehaltsstrukturen 189
Gehörschutz; siehe Lärmschutz
Gemeinkostenwertanalyse 141
Genussrechte; siehe Mitarbeiterbeteiligung
Gerichtlicher Vergleich 363
Geringfügige Beschäftigung 50; siehe auch Arbeitsverhältnisse
Gesamtvergütung; siehe Vergütungspolitik
Gesamtzusage 13
Geschäftsführer 57
Geschäftsführermodell 65
Geschäftsprozessoptimierung 103
Gesellschafter 57
Gesetze 6
– Altersteilzeitgesetz, siehe dort
– Berufsbildungsgesetz 325
– Betriebsverfassungsgesetz 6
– Bundesdatenschutzgesetz; siehe Datenschutz
– Bundesimmissionsschutzgesetz, siehe dort
– Bundesumzugskostengesetz; siehe Umzugskosten
– Bundesurlaubsgesetz 172
– EU-Richtlinien 6
– Gesetz zur Kontrolle und Transparenz (KONTRAG) 89, 195
– Grundgesetz 6, 296
– Heimarbeitsgesetz; siehe dort
– Job-AQTIV-Gesetz; siehe dort
– Schwerbehindertengesetz (SchwbG) 6
– Teilzeit- und Befristungsgesetz (TzBfG) 6
– Umwandlungsgesetz, siehe dort
Gesundheitsgefahren 129
Gewerbeaufsicht 113
Gewerkschaften 14
Gleichbehandlungsgrundsatz 296
Gleichberechtigungssatz 296
Grundvergütung 185
Gruppen- und Teams; siehe Arbeitsgruppen
Gruppeninterviews; siehe Mitarbeiterbefragung
Günstigkeitsprinzip; siehe Tarifvertrag

H

Haftungs- und Schadensersatzfragen
- Altersversorgung 234 f.
- Angaben Arbeitsamt 79
- Arbeitsvertrag 43, 61
- Berufsgenossenschaft 113
- Bewerber 41
- Einstellung Behinderte 54
- externer sicherheitstechnischer Dienst 117
- Kündigung 365, 386
- Leiharbeitnehmer 31
- Pflichtverletzungen Arbeitnehmer 297
- Rückzahlungsklausel Fortbildung 343
- Schwerbehinderte 383
- Selbstständige 59
- Streik 9
- Umzugskosten 77
- Urlaubsanspruch 172
- Zahlung von Bezügen 225
- Zeugnis 400 ff.

Halo-Effekt (Beurteilungsfehler) 333
Handelsvertreter 57
Hauptprozessverdichtung; siehe Prozesskostenrechnung
Haustarifverträge; siehe Tarifvertrag
Headhunter 31
- Maßnahmen gegen Abwerbung 417
- Verhaltensregeln 417 f.

Heimarbeit 51 f.
Heimarbeitsgesetz 122
Hierarchien und Führung 248
High Potentials; siehe Personalentwicklung, Potenzialermittlung
Hinterbliebenenversorgung 200
Hochschulabsolventen; siehe Personalmarketing
Homeoffice 51
Homepage 34, 432 ff.; siehe auch Portale
HR-Portale; siehe E-HR, siehe Portale
Human Resource Management; siehe Personalmanagement
- elektronisches; siehe E-HR

I

Immissionsschutz; siehe Bundesimmissionsschutzgesetz und Arbeitsschutz
Incentives 192
- Long-term 194 f.
- Short-term 192

Information 42, 95, 250, 284, 322; siehe auch Motivation
Informationsgespräch 250

Inhouse-Stellenmärkte 26
Integration von Expatriates 164
Interessenausgleich 356
Interkulturelle Kompetenz 161, 330, 421
Internationale Projekte managen 420
Internationaler Einsatz von Mitarbeitern 161 ff., 175
- Auswahl 420 ff.
- Externe Dienstleister 169
- Integration im Einsatzland 164
- Kosten 168
- Rückkehr 164
- Vergütung 167
- Vorbereitung 162

Interner Consultant 430
Internet; siehe Online-* und E-HR und E-Recruitment
Internet-Jobbörsen; siehe Jobbörsen
Invalidenleistungen; siehe Betriebliche Alterversorgung
IT-Berufe 336
IT-Integration 432
- Vorgehensweise 432

J

Jahresabschlussarbeiten; siehe Entgeltabrechnung
Jahresarbeitsentgeltgrenze 218
Jahreslohnsteuer 211
Job Description (Funktionsbeschreibung); siehe Stellenbeschreibung
Job Enlargement 314
Job Enrichment 314
Job Rotation 57, 314
Job Sharing 51; siehe auch Teilzeit
Job-AQTIV-Gesetz 341; siehe auch Fortbildung
Jobbörsen 28 f., 30, 32 f.
- Vergleichskriterien 32

Job-families 190
Job-Ticket 124
Jugendliche 52, 211
Juniorfirma 330

K

KAPOVAZ 54 f.
Karriere 312
Karriereplan 312
Kassenführung 80 f.
Kinderbetreuung 210, 440
Kindererziehungszeiten; siehe Elternzeit
Kirchensteuer 215
Kleinbetriebe, siehe Arbeitsschutz und Kündigungsschutz
Kleinbetriebsklausel 374
Klima 131

Knappheitstechnik (Zeugnissprache) 406
Kommt-Geht-Zeiterfassung 74
Kommunikation
- bei der Vergütung 203
- bei Mitarbeiterbefragungen
- bei Personalbestandsanpassung 362
- im Change Management 293

Kompetenz
- interkulturelle; siehe Interkulturelle Kompetenz
- soziale; siehe Soziale Kompetenz
- und Qualifikation 306

Konfliktgespräch; siehe Mitarbeitergespräche
Konfliktlösungsschema 276
Konkurs 390
KONTRAG; siehe Gesetze
Kontoführungsgebühren 225
Korrespondenz mit Behörden 78
Krankenkassen 78; siehe auch Sozialversicherung
Krankenkassenwahl 221
Kritik 277
Kundenorientierung 68, 429
Kündigung 259 364 ff., 474; siehe auch Personalbestandsanpassung
- Abmahnung 383
- Änderungskündigung 368
- Anfechtung 369, 386
- außerordentliche 365
- betriebsbedingt 350, 355, 377
- Eigenkündigung 354
- Fehlzeiten 365, 379
- Formalien 369
- Fristen 371
- in Suchtfällen 381
- Inhalt 371
- krankheitsbedingt 379
- kündigungsberechtigte Personen 372
- Kündigungsgespräch 259, 359
- Mitglieder eines Betriebsrats 385
- ordentliche 364
- ordentliche Kündigung durch den Arbeitgeber 367
- ordentliche Kündigung durch den Arbeitnehmer 366
- Ort 371
- personenbedingt 378
- Rolle des Betriebsrats 386 f.
- Rücknahme 386
- Sozialauswahl 378
- sozialwidrige 348, 376
- Suspendierung 369
- Teilkündigung 369
- Umdeutung 373
- Unwirksamkeit 386
- verhaltensbedingt 380

– Wahlvorstand 385
– wegen Trunkenheit oder Drogeneinnahme 382
– Widerruf 369, 386
– Zeitpunkt 371
– Zugang 372
Kündigung von Arbeitsverhältnissen
– Betriebsschließung 390
Kündigungsgespräch 474
Kündigungsschutz 376, 483
– in Kleinbetrieben 467
– Kleinbetriebsklausel 374
– leitende Angestellte 375
– Sonderkündigungsschutz 383
– vor Arbeitsaufnahme 374
Kündigungsschutzprozess 388
Kuren 210
Kurzarbeit 209
Kurzarbeitergeld 416
Kurzfristige variable Vergütung; siehe Incentives

L

Landesversicherungsanstalt; siehe Korrespondenz mit Behörden, Rentenversicherung und Scheinselbständigkeit
Langfristige variable Vergütung; siehe Incentives
Langzeitarbeitslose; siehe Arbeitsamt, finanzielle Förderung
Lärmschutz 131
Lasten, zumutbare 128
Laufbahn; siehe Karriere
Leadership 292
Learning-by-doing; siehe Training on-the-job
Lebensarbeitszeit 158; siehe auch Arbeitszeit
Lebenshaltungskosten im Ausland 167
Lebenslauf-Datenbank-Recherchen 33
Leiharbeitnehmer; siehe Personalleasing
Leistungsbeurteilung 309
Leistungsbewertung 193, 204, 332
Leistungsdisposition 149
Leistungsfähigkeit 149
Leistungszusage 235
Leitende Angestellte 18, 48 f., 375
– Vergütung 184
Lernprogramme; siehe E-Learning und Personalentwicklung
Lob 277
Lohn und Gehalt; siehe Entgelt
Lohnabtretung 224
Lohnausfallprinzip (Freistellung) 207

Lohnersatzleistungen 211, 214
Lohnkonto 227
Lohnkostenzuschüsse; siehe Arbeitsamt, finanzielle Förderung
Lohnpfändungen 222 f.
Lohnsteuer 211; siehe auch Scheinselbständigkeit
– Anmeldung und Abführung 214
– Ermittlung 212 f.
Lohnsteuerabzug 212
Lohnsteuerbescheinigung; siehe Sozialversicherung, Nachweispflichten
Lohnsteuer-Jahresausgleich 215
Lohnsteuerkarte; siehe Jahresabschlussarbeiten
Lohnzahlungspflicht 47

M

Management Audit 308
Management Development 308
Management-Coaching 278
Marktvergleiche zur Vergütung; siehe Gehälter, Gehaltsstrukturen
März-Klausel 218
Massenentlassungen 385
Medizinische Untersuchungen 43, 123
Meetings 261
Menschenwürde 296
Mentoringkonzept 314
Mikrofilmverfahren (Entgeltabrechnung) 227
Mindesttemperatur 131
Mitabeiterauswahl (Führungsaufgabe) 255; siehe auch Personalauswahl
Mitarbeiter entwickeln; siehe Personalentwicklung
Mitarbeiterbefragung 280
Mitarbeiterbeteiligung 196 f.
Mitarbeiterbeurteilung 257; siehe Leistungsbewertung
Mitarbeiterbindung 258; siehe auch internes Marketing
Mitarbeiterdarlehen; siehe Mitarbeiterbeteiligung
Mitarbeitereinbindung 293
Mitarbeitereinführung 256
Mitarbeitergespräche; siehe auch Führung
– Beratungs- und Fördergespräch 271 f., 310, 360
– Beurteilungsgespräch 271
– Coachinggespräch 273
– Feedback 276
– Konfliktgespräch 274
– Kündigungsgespräch 259
– Leadership Coaching 269
– Zielvereinbarungsgespräch 269

Mitarbeiterportale 432
Mitarbeiterzirkel 262
Mitbestimmung; siehe Betriebsrat
Mitführungspflicht des Sozialversicherungsausweises; siehe Sozialversicherungsausweis
Mitwirkung; siehe Betriebsrat
Mobbing 260, 471
– Handlungskonzept 473
Motivation 264
– im Change Management 289
– im Trainee-Programm 308
Multimediales Lernen; siehe E-Learning
Mutterschutz 55, 209, 383

N

Nachfolgeplanung 313
Nachtarbeit 124
Nachweispflichten, gesetzliche 229; siehe auch Sozialversicherung
Nachwuchspool 313
Nebentätigkeiten 46
Negationstechnik (Zeugnissprache) 406
Nettolohnbesteuerung 213
Nettopersonalbedarf 142
Nettoverdienstermittlung 207, 209
Nettovergleichsrechnung; siehe Internationaler Einsatz von Mitarbeitern

O

Öffnungsklausel, siehe Tarifvertrag
Off-the-job (Training) 314
Online-Assessment 40
Online-Stellenanzeige 28 f.
On-the-job (Training) 314
Organisation und Verwaltung der Personalarbeit 65
Outplacement 360; siehe auch Scheinselbständigkeit
Outsourcing 68, 230, 354
– gesellschaftsrechtliche Ausgliederung; siehe Umwandlung

P

Pauschalbesteuerung 213; siehe auch Teilzeit
PC-Zeugnisprogramme; siehe Zeugnis, Erstellung mit PC-Programmen
Pensionierung, vorzeitige 353
Pensionsfonds 235
Pensionskasse 233
Personalabbau 347
– Abbauplan 349
– Intressenausgleich; siehe dort
– Kostenplanung 355
– Rolle des Betriebsrats 351

– Sozialplan; siehe dort
Personalabteilung 92
– Dienstleistungen 92
– Preisermittlung 92
– Profit-Center-Organisation 68
– Verrechnungspreise für Personaldienstleistungen 93
Personalakte 72
Personalanforderung 23
Personalauswahl
– als Führungsaufgabe 255
– Anfechtung/Schadensersatz 43
– Auszubildende 327
– Bewerbungsunterlagen 37, 42
– Erstattungspflichten 43
– internationaler Einsatz 161
– Medizinische Untersuchungen 43
– Prozess 27, 36
– Rechtsbeziehungen im Rekrutierungsverfahren 41
– Workflow-Management 27
– Zeugnisse und Qualifikationsnachweise 38
– Zwischenbescheid 28
Personalauswahlgespräch 38 f.
– Aufklärungspflichten; siehe Personalauswahlgespräch
– Verkehrssicherungspflichten 42
Personalbedarfsermittlung 139
Personalbedarfsmeldung 139
Personalbedarfsplanung 138
Personalberater 31; siehe auch Headhunter
Personalbereich; siehe Personalabteilung
Personalbeschaffung 23, 28, 99, 143
– Beschaffungsplan 135
– extern 26
– intern 25, 41
– online 27
– Personalfragebogen 298
– Personal- und Stellendatenbank 99
– Prozess 29
Personalbestandsanpassung 144, 347, 387; siehe auch Personalabbau
Personalbestandspflege 347
Personalbogen 73
Personalbudget 85
– retrograde Budgetierung 86
Personalcontrolling 83, 151
– Aufgabe und Instrumente 83
– Benchmarking 85
– Kostendaten 84
– Mengen- und Strukturkennziffern 84
– Qualitative Daten 84
– System 88
– Verhaltens- und Ereignisdaten 85

Personaleinsatz 146 f., 170
– international; siehe Internationaler Einsatz von Mitarbeitern
– und Betriebsrat 170
Personaleinsatzplanung 96
Personalentwicklung 96, 145, 256, 303; siehe auch Fortbildung
– elektronisch 96
– Potenzialermittlung 310
– und Führung; siehe Mitarbeitergespräche
Personalentwicklungsgespräch 310; siehe auch Mitarbeitergespräche
Personalentwicklungskonzept 303
Personalerhaltungsplanung 148
Personalfragebogen; siehe Personalbeschaffung
Personalführung; siehe Führung
Personalinformationssystem 72, 87, 98 f.
Personalkosten 149
Personalleasing 30, 60, 120
– und Betriebsrat 15
– Personalstruktur 347
Personalleitermodell 66
Personalmanagement 66, 70
– Aufgaben 66
– elektronisches; siehe E-HR
– Employee Self Service 95 ff.
– Unternehmensstrategie E-HR 98
Personalmanagement als Bonitätsrisiko 458
Personalmarketing 142 f., 305
Personalplanung 23, 135 ff., 170
– in Klein- und Mittelbetrieben 138
– Informationsbasis 138
– Nachfolgeplanung, siehe dort
– Teilfunktionen 136
– und Betriebsrat 170
– Zeiträume 137
Personalreduzierung 352
Personalreferentenmodell 66
Personalstatistik 73
Personalstruktur 347, 349
Personalvorausschau; siehe Personalplanung
Persönlichkeitsrecht 296
Pfändung; siehe Lohnpfändungen
Pflegeversicherung 219
Pflichtverletzung des Arbeitnehmers 297
Portale 96, 432
Potenzialermittlung 309
Praktika 305
Prämien 192
Probearbeitsverhältnis, befristetes 48
Probezeit 48
Profit Sharing 192
Profit-Center-Organisation 68

Progressionsvorbehalt 213
Projekteinsatz im Ausland 166
Projektmethode (Betriebliche Berufsbildung) 330
Provision 192
Prozesskostenrechnung 149
Psychomentale Belastungen 129
PZW-Systeme; siehe Arbeitszeit

Q

Qualifikation 307; siehe auch Führungspersönlichkeit
Qualifikationsbedarfsermittlung 306
Qualifikationsnachweis 38
Qualifizierungsgesellschaft 390
Qualitätsmanagement; siehe Personalcontrolling
Qualitätszirkel 82

R

Rating bei Kreditvergabe 455
Rauchen 123
Rechtsprechung 459
Rechtsquellen; siehe Gesetze
Recruiting-games 40
Recruitment; siehe Personalbeschaffung
Regelungsabrede 12
Reisekostenabrechnung 76
Relocation Service 164, 169
Rentenversicherung 79; siehe auch Betriebliche Altersversorgung
Reservebedarf (Personalplanung) 141
Retention Management; siehe Mitarbeiterbindung
Riester-Förderung 238
Risikoabsicherung 197, 200
Rückzahlung
– von Aus- und Fortbildungskosten 460
Rückzahlungsanspruch
– zuviel gezahltes Entgelt 466
Rückzahlungsklauseln 343
Ruhestand, vorzeitiger; siehe Pensionierung

S

Scheinselbstständigkeit 58 f., 216
Schlechtleistung 348
Schlusszeugnis; siehe Zeugnis
Schmiergelder (Kündigungsgrund) 380
Schulbesuchsnachweisliste; siehe Betriebliche Berufsbildung, Berufsschule
Schutz- und Fürsorgepflichten 47
Schutzausrüstung 132
Schwerbehinderte 54, 383

Selbständigkeit; siehe Scheinselbständigkeit
Selbstlern-Medien; siehe E-Learning
Seminarprogramme; siehe Fortbildung
Sicherheitsbeauftragter 118
Sicherheitskennzeichnung 132
Situationsanalyse 288
Sofortmeldung; siehe Sozialversicherung
Soft Skills; siehe Training
Solidaritätszuschlag 215
Sonderkündigungsschutz 383; siehe auch Kündigungsschutz
Sonderzuwendung und Sozialversicherung 218
Sonn- und Feiertagsarbeit 171
Sozialauswahl 358, 378
Soziale Kompetenz 329, 400
Sozialplan 357
Sozialversicherung 217
– Abzug und Aufbringung der Beiträge 219
– Auszubildende 220
– Beitragsbemessungsgrenzen 218
– Beitragsberechnung 217
– Beitragssätze 219
– Beitragszeit 219
– Jahresarbeitsentgeltgrenze 218
– Krankenkassenwahl 221
– Meldeverfahren 220, 227
– Nachweise 220, 229
– Pflegeversicherung 219
– Scheinselbstständigkeit 216
– Sofortmeldungen 221
– Zahlung und Fälligkeit der Beiträge 220
Sozialversicherungsausweis 221
Sozialversicherungspflicht 215
Sperrzeit 389; siehe Abfindung
Sprecherausschuss 17
Staatsbürgerliche Rechte und Pflichten 210
Statistik; siehe Personalcontrolling
Stellenanzeige 28 f., 41
– Inhalte 30
Stellenbeschreibung 23 f.
Stellenbesetzungsplan 148
Stellenbörse; siehe Jobbörse
Stelleninformationsservice; siehe Personalbeschaffung
Stellenplan; siehe Personalplanung
Stock options; siehe Mitarbeiterbeteiligung
Straftaten; siehe Kündigung und Zeugnis
Strategisches Personalmanagement 3
Streik 7, 209
– Arbeitgebermaßnahmen 9

– begleitende Maßnahmen 8
– Rechte bei rechtswidrigem ~ 9
– Rechtsfolgen 9
– Zulässigkeit und Unzulässigkeit von ~ 8
Strukturanpassungsmaßnahme Ost 415

T

Tantiemen 191
Tarifbindung / Tarifgeltung 8; siehe auch Tarifvertrag
– bei Verbandsaustritt 462
Tarifvertrag 7, 240, 464, 480
– bei Umwandlung des Unternehmens 480
– Durchsetzung 7
– Entgeltgrundsätze 240
– Günstigkeitsprinzip 9
– Öffnungsklausel 9
– Zulagen 240
Tarifvorrang 238
Tatsächliche Beschäftigung 47
Teams; siehe Arbeitsgruppen
Teilzeit 50, 53
Teilzeitführungskräfte 439
Telearbeit 51, 123, 440
Telefonate, private; siehe Kündigung, verhaltensbedingte
Telelearning; siehe E-Learning
Temperaturstrahlung; siehe Klima
Test 39, 42
Total-Rewards-Strategie 181
Trainee-Programm 308
Trainer-Auswahl 320
Training 317, 320; siehe auch Fortbildung und Personalentwicklung
Training on-the-job 314
Trainingsbeurteilung 323
Trainingskosten; siehe Fortbildung
Transfer Policy; siehe internationaler Einsatz von Mitarbeitern
Treuepflicht 45, 364 f.

U

Überstrahlungseffekt (Beurteilungsfehler); siehe Halo-Effekt
Übungsfirma; siehe Juniorfirma
Umschulung 338
Umstrukturierungsmaßnahmen; siehe Change-Management
Umwandlung, gesellschaftsrechtlich 477; siehe auch Change-Management und Betriebsübergang
– Betriebsrat 483
– Bezugnahmeklausel 481
– Unterrichtung 482 f.
– Widerspruchsrecht 483
Umwandlungsgesetz 477
Umweltbeauftragter 122

Umweltschutz 120
Umzugskosten 77
Unbezahlter Urlaub 174
Unfall; siehe Arbeitsunfall
Unfallversicherung 197; siehe auch Risikoabsicherung
Unpünktlichkeit; siehe Kündigung, außerordentliche
Unternehmens- und Personalstrategie; siehe Vergütungspolitik
Unternehmenskultur 425, 428
Unterstützungskasse 234
Unverfallbarkeitsfristen; siehe Betriebliche Altersversorgung
Urlaub
– unbezahlt 207
– und Freistellung 207
Urlaubsantrag 74
Urlaubsentgelt 173
Urlaubsrecht 172
Urlaubsüberschreitung; siehe Kündigung, verhaltensbedingte

V

Veränderungsmanagement; siehe Change Management
Veränderungsprozesse bewerten 295
Verbandkästen 124
Verdachtskündigung; siehe Kündigung, außerordentliche
– im Zeugnis 400
Vereinbaren von Zielen; siehe Mitarbeitergespräche und Vergütungspolitik
Vergütung; siehe Entgelt
Vergütungspolitik 181 f.
– Best practices 183
– Funktions- und Stellenbewertung 187
– im internationalen Einsatz; siehe dort
– Mitarbeiterbeteiligung 197
Vergütungsstrategie 202 f.
Verhaltensbedingte Kündigung 459
Verhaltensregeln / Verhaltensstandards 246
Verjährung
– Entgeltanspruch 225
– Personalakte 72
Vermittlungsgutschein 416
Vermögenswirksame Leistungen 79 f.
Verschwiegenheitspflicht; siehe Kündigung, außerordentliche
Versetzung 354
Versetzung ins Ausland 166
Versetzungsklausel; siehe Arbeitsvertrag, Weisungsrecht des Arbeitgebers

Versorgungslücke; siehe Risikoabsicherung
Vertrauensarbeitszeit 103, 154, 158
Vier-Stufen-Methode (Betriebliche Berufsausbildung) 330
Vorenthaltung von Lohn; siehe Lohnzahlungspflichten
Vorpfändung 224
Vorschusszahlungen 79, 224
Vorstellungsgespräch; siehe Personalauswahlgespräch
Vorstellungskosten; siehe Personalauswahl, Erstattungspflichten

W

Wandlungsprozesse; siehe Change Management
Web-based-training (WBT) 319; siehe auch E-Learning
Wedding Cake 192
Wehr- und Zivildienst 210
Wehr- und Zivildienstleistende 56, 385
Weisungsrecht; siehe Arbeitsvertrag
Weiterbildung 303; siehe Fortbildung und Personalentwicklung
Werksarzt; siehe Betriebsarzt
Werkzeuge und Maschinen; siehe Arbeitsschutz
Wertorientierte Vergütung 204; siehe auch Vergütungspolitik
Wertschöpfungsbeitrag des Personalwesens 89
Wertsteigerungsrechte 196
Wettbewerbsverbot 46
Widerspruchstechnik (Zeugnissprache) 406
Wiedereingliederung in das Erwerbsleben; siehe Arbeitsamt, finanzielle Förderung
Wiedereingliederung nach Auslandseinsatz; siehe Internationaler Einsatz von Mitarbeitern, Rückkehr
Wiedereinstellungsklausel 355
Wissensmanagement; siehe Personalinformationssystem und E-HR
Witwenrente; siehe Betriebliche Altersversorgung
Wohlwollensgrundsatz 394; siehe auch Zeugnis
Work Life Balance 435

Z

Zeitarbeit; siehe Personalleasing
Zeiterfassung; siehe Kommt-Geht-Zeiterfassung und siehe Arbeitszeit
Zeitwirtschaft; siehe Arbeitszeit
Zeugnis 391 ff.
– Anspruch auf Dankesformel 462
– Anspruchsberechtigung 392
– Erstellung mit PC-Programmen 407
– Form 392
– in englischer Sprache 408
– Inhalt 394
– Leistungsbeurteilung 395
– Muster 407
– und Schadensersatz 404
– Zeugnis-Fragebogen 391
– Zwischenzeugnis 83
Zeugnisänderung 403
– Berichtigungsanspruch 403
– Darlegungs- und Beweislast 404
– Widerruf 403
Zeugnissprache 406
Zielvereinbarung; siehe Vergütungspolitik und Mitarbeitergespräche
Zivildienstleistende; siehe Wehr- und Zivildienstleistende
Zulagen 225; siehe auch Entgeltabrechnung und Vergütung
– übertarifliche 241
Zuschüsse; siehe Arbeitsamt, finanzielle Förderung